国家自然科学基金项目　国家社会科学基金项目
上海市社会科学重大项目

中國行政區劃通史

周振鶴 ◎ 主编

辽金卷

余蔚 著

復旦大學出版社

中国行政区划通史

周振鹤　主编

总论　先秦卷　　　　　周振鹤　李晓杰　著
秦汉卷　　　　　　　　周振鹤　李晓杰　张　莉　著
三国两晋南朝卷　　　　胡阿祥　孔祥军　徐　成　著
十六国北朝卷　　　　　牟发松　母有江　魏俊杰　著
隋代卷　　　　　　　　施和金　著
唐代卷　　　　　　　　郭声波　著
五代十国卷　　　　　　李晓杰　著
宋西夏卷　　　　　　　李昌宪　著
辽金卷　　　　　　　　余　蔚　著
元代卷　　　　　　　　李治安　薛　磊　著
明代卷　　　　　　　　郭　红　靳润成　著
清代卷　　　　　　　　傅林祥　林　涓　任玉雪　王卫东　著
中华民国卷　　　　　　傅林祥　郑宝恒　著

国家 "十二五"规划重点图书
国家出版基金资助项目

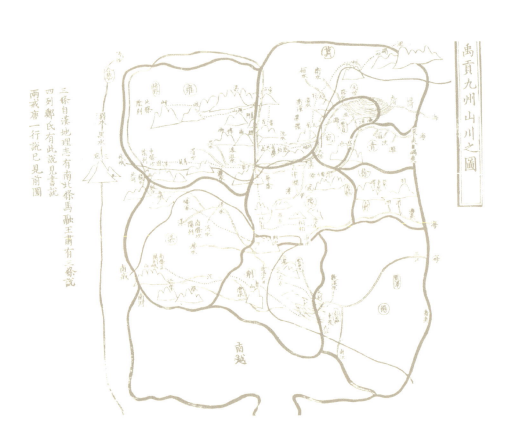

全书简介

本书研究自先秦至民国时期的中国行政区划变迁史。这一研究不仅是传统的关于历时政区沿革的考证（纵向），而且对同一年代各政区并存的面貌作出复原（横向），在条件许可的情况下相关的复原以详细至逐年为尺度。全书在总论外，分为十三卷，依次是先秦卷、秦汉卷、三国两晋南朝卷、十六国北朝卷、隋代卷、唐代卷、五代十国卷、宋西夏卷、辽金卷、元代卷、明代卷、清代卷及中华民国卷。

在掌握传世与出土历史文献的基础上，本书充分吸收前人的研究成果，力求最大可能地反映历史真实。全书以重建政区变迁序列、复原政区变迁面貌为主要内容，而由于历史时期中国行政区划的变化很大，在正式政区以外又有准政区的形式存在，加之政区层级、幅员及边界在不同时期的变迁程度不一，因此各卷又独立成书，其考证过程和编写结构有各自的侧重点。

本书是中华人民共和国成立以来第一部学术意义上的行政区划变迁通史。各卷作者在相关领域有长期的学术积累，全书的写作也倾注了十余年之功，希望能成为中国行政区划变迁史研究的重要参考著作。

作者简介

余蔚,1974年生,浙江宁波人。2004年毕业于复旦大学中国历史地理研究所,获历史学博士学位。现任复旦大学历史学系教授。主要从事历史政治地理及宋、辽、金政治史的研究。

著有《中国古代地方行政监察体系运作机制研究》。在《历史研究》、《中国社会科学》、《文史》、《中华文史论丛》、《历史地理》等刊物发表学术论文二十余篇。

辽金卷 提要

本卷主要利用宋、辽、金、元四朝史书，辅以文集、方志及金石等考古材料，系统阐述了辽、金两代的地方行政建置，并对其疆域及行政制度作了全面的梳理。

全卷四编，前两编为辽代行政区划研究，后两编为金代政区研究。

第一编探讨了辽代疆域及政区制度。其中着重对辽代的道—路体制与州制作了全面的分析，指出，辽代的高层区划是五京道与军事路、财政路并行的体制，五京道虽非辽代自始至终最重要的高层政区，但却是实际存在的，并且是后两者的前身。此外，对州的种类划分作了全新的梳理，重点论述了方州形成的过程，并合路、州两级的研究，得出辽代政区是以四级制为主干的多种统辖模式并存的结论。第二编以道及军事路为纲，对辽代州、县建置沿革作了详尽的考述，并列出三个时间断面的政区设置情况，从而使辽代的政区在通代变迁的具体考证之外，更由几个时间上的剖面，配合地图，得到更直观的呈现。

第三编对金代疆域频繁变迁的状况与背景作了细致的分析，并推导出金代行政区划乃路、镇、州、县四级体制，同时对军事路的建置作了全面的探究。第四编以军事路为纲，对金代统县、县级政区作了具体考述，亦给出三个时间断面，使金代各个层级的政区得以展现其全貌。

本卷通过对辽、金两代行政区划沿革与相关政治制度的全面考述，力求给出两代政区制度的完整面貌及建置沿革的政治背景。因体例及研究便利的需要，本卷将辽、金两代分述，但笔者始终关注两个相承接的朝代之间制度、具体政区的延续性，力求体现二者之间的关联性。

目 录

绪 言 1
  一、辽代政区之研究状况 1
  二、关于辽代政区沿革史料之评判 7
  三、辽代京府州县沿革考辨的疑难之处与处理手法 14
  四、金代政区之研究状况 16

第一编　辽代疆域变迁与政区制度考述

第一章　辽代疆域 25

第二章　辽代政区五京制与高层政区 31
  第一节　辽代的"复式"政区体制 31
  第二节　五京之沿革 33
  第三节　辽疆域的三种分区模式及五京道的意义 42
    一、财政路 44
    二、军事路 44
      1. 南京路 47
      2. 山北路—西京路 53
      3. 西南面 57
      4. 西北路 62
      5. 乌古敌烈路 63
      6. 东北路 67
      7. 黄龙府路 71
      8. 咸州路 72

　　　　9. 东京路 ··· 76
　　　　10. 南路 ·· 80
　　　　11. 保州路 ··· 82
　　　　12. 平州路 ··· 85
　　　　13. 治安区——以辽西路为例 ··· 87
　　三、五京道——辽代的行政区和中央监察分区 ·························· 88
　　四、辽诸种高层区划之综述 ··· 92

第三章　辽代州县制度 ·· 97

第一节　州的种类 ··· 97
第二节　隶宫州县 ··· 99
第三节　头下州军 ··· 100
第四节　方州 ·· 107
　　一、方州之始置 ··· 107
　　二、统县政区与县级政区的体系化 ··· 108
　　三、州之等第之完善 ·· 112
　　四、统县政区与县的遍置——政区分布格局的变迁及其战略
　　　　意义 ··· 114
　　五、与方州相关的统辖关系 ·· 117
第五节　边防城 ··· 121
第六节　遥领虚封与辽代州军的虚实之辨 ···································· 124
　　一、辽代遥领使职体系的发展及其与唐五代、宋制的关系 ······ 126
　　二、辽代遥领使职与州的等第的关系 ······································ 129

第二编　辽代政区建置沿革考

凡　例 ·· 137

第一章　上京道府州城县沿革 ··· 141

第二章　东京道府州军城县沿革 ·· 170

第三章　中京道府州城县沿革 ··· 259

第四章　南京道府州军县沿革 …… 299

第五章　西京道府州县沿革 …… 338

第六章　平州路州县沿革 …… 359

第七章　西南面州军城沿革 …… 366

第八章　西北路州城沿革 …… 376

第九章　乌古敌烈路州城沿革 …… 381

第十章　头下州 …… 386
 第一节　上京道境内 …… 386
 第二节　东京道境内 …… 399
 第三节　中京道境内 …… 403
 第四节　西京道境内 …… 404
 第五节　不知所在之州 …… 406

第十一章　未知所属的府州军城县 …… 409

第十二章　辽前、中、后期的政区 …… 416
 第一节　太宗大同元年(947)辽政区 …… 416
 第二节　圣宗太平十年(1030)辽政区 …… 421
 第三节　天祚天庆三年(1116)辽政区 …… 428

第三编　金代疆域与制度

第一章　金代疆域变化及政区之出入置废 …… 441
 第一节　金初疆域的确立过程 …… 441
  一、太祖朝取辽境之过程 …… 442
   1. 辽天庆四至六年：获取辽之东境 …… 442
   2. 天辅元年至四年：经略上京道 …… 443
   3. 天辅六年至七年：获辽全境 …… 444

二、获取北宋北境之过程 ································· 445
　　1. 天会三年至九年：取宋秦岭—淮河以北之地 ············· 445
　　2. 天会九年至皇统二年：对河、淮之间的争夺与金南界的
　　　 形成 ··· 448
三、金、夏关于西南路、麟府路以及"陕西北部"之争夺 ········ 452
第二节　皇统二年之疆域 ·· 455
第三节　金中期边地之得失 ··· 456
第四节　金境陷蒙之漫长过程 ·· 462
一、金蒙对华北之争夺 ·· 465
　　1. 大安二年至贞祐二年：西北、西南路之沦陷 ············· 465
　　2. 至宁元年至贞祐四年：陷西京路大部及中都路北部
　　　 ·· 466
　　3. 兴定元年至元光二年：金失中都路南部及河北、河东
　　　 ·· 466
　　4. 正大中的反攻及失败 ·· 468
　　5. 兴定至正大间山东两路、大名府路之陷落 ················ 469
　　6. 正大八年至天兴二年：灭金战役中河南、陕西之大部
　　　 陷落 ··· 470
　　7. 天兴三年之后：陕西陷落—全境陷落 ····················· 471
二、大安以后的东北疆 ·· 471
　　1. 贞祐二、三年：失咸平路、北京路、临潢府路、东北路、
　　　 蒲裕路全境及东京路北部 ·· 472
　　2. 兴定元年：失上京及隆安、曷懒、速频、胡里改、婆速路
　　　 ·· 474
　　3. 正大三年：辽阳府以南至辽东半岛的陷落 ················ 476
　　4. 金末东北疆失守次第之总结及原因探析 ···················· 478
　　　附　蒲鲜万奴东夏国疆域政区 ································· 481
三、金疆域陷蒙过程之特点及解释 ······································ 489
第五节　金末与宋之战争及疆域之出入 ·································· 493
第六节　金末西夏之扰边 ·· 494

第二章　金代政区制度：路、镇、州、县四级统辖体制 ··············· 495

第一节　高层政区之一：路制概说 ······································· 495

第二节　高层政区之二：金代的地方高层军事区划 …………… 497
　一、北境路制之草创 ………………………………………… 498
　　1. 金初"路"之缘起及性质之辨——关于万户路 ………… 498
　　2. 都统路的生成及推广以及万户、都勃堇、都统、军帅、
　　　统军之关系 ………………………………………………… 501
　　3. 招讨司 ………………………………………………………… 504
　二、进据中原时期对宋制与伪齐制度的吸收 ……………… 505
　三、海陵朝对全国高层军事区划的整饬 …………………… 506
　四、关于北境"节度使路"的层级——对于金代"路下有路"说的
　　质疑 ………………………………………………………… 508
　五、定制之后军事路的种类与数量 ………………………… 509
　六、大安以后总管府的淡出 ………………………………… 515

第三节　高层政区之三：金各军事路沿革 ………………………… 517
　一、上京路 …………………………………………………… 517
　二、隆州路 …………………………………………………… 518
　三、胡里改路 ………………………………………………… 519
　四、蒲裕路 …………………………………………………… 519
　五、速频路 …………………………………………………… 520
　六、曷懒路 …………………………………………………… 521
　七、咸平路 …………………………………………………… 521
　八、东京路 …………………………………………………… 526
　九、婆速路 …………………………………………………… 527
　十、北京路 …………………………………………………… 529
　十一、临潢府路 ……………………………………………… 530
　十二、东北路 ………………………………………………… 533
　十三、西南路 ………………………………………………… 536
　十四、西北路 ………………………………………………… 538
　十五、中都路 ………………………………………………… 541
　十六、河北东路 ……………………………………………… 544
　十七、河北西路 ……………………………………………… 544
　十八、大名府路 ……………………………………………… 545
　十九、西京路 ………………………………………………… 545
　二十、河东北路 ……………………………………………… 547

二十一、河东南路 ... 547
二十二、南京路 ... 548
二十三、山东东路 ... 550
二十四、山东西路 ... 550
二十五、京兆府路 ... 551
二十六、凤翔路 ... 553
二十七、鄜延路 ... 553
二十八、庆原路 ... 554
二十九、临洮路 ... 554
三十、(废)耶懒路 ... 554
三十一、(废)南京路 ... 554
三十二、(废)麟府路 ... 555
三十三、(废)乌古迪烈路 ... 557
三十四、(废)曷苏馆路 ... 558

第四节 高层政区之四：转运司路 ... 561
第五节 高层政区之五：提刑司、按察司路与地方监察制度 ... 564
　一、提刑司、按察司的变迁：大定二十九年至贞祐三年 ... 567
　　1. 建立提刑司的政治需要 ... 567
　　2. 提刑司之建立、隶属关系与建制 ... 568
　　3. 提刑司改按察司及两者的主要区别 ... 570
　　4. 按察司与转运司的合并 ... 572
　　5. 按察司的撤销及其政治背景 ... 573
　　6. 提刑司与按察司的职责 ... 575
　二、中央官员的地方监察工作：监察御史与其他特使 ... 578
　三、提刑司及按察司辖区、治所 ... 581
　　1. 九路提刑司辖区及治所 ... 581
　　2. 按察司辖区及治所 ... 582
　四、金制与宋制 ... 585

第六节 金代的京、府、州、县制度 ... 589
　一、京制 ... 589
　二、统县政区 ... 591
　　1. 金前期的统县政区制度及其阶序的调整 ... 591
　　2. 统县政区的阶序与等第 ... 593

  3. 遥领州、府 ·· 594
 三、县及警巡院、录事司、司候司辖区 ································ 597
第七节 跨高层地方军政机构：金初枢密院及行台尚书省 ············ 600
第八节 金后期地方军政机构：行省及其他军政区 ························ 602
 一、行尚书省 ··· 602
 二、行枢密院、行元帅府、总帅、经略司 ····························· 604
 三、宣抚司、安抚司、经略司 ·· 605
第九节 由割据而分封——封建九公 ·· 608

第四编 金代京府州县沿革

凡 例 ··· 613

第一章 金代京府州县沿革（上） ·· 615
 第一节 上京路州县沿革 ·· 615
 第二节 隆州路州县沿革 ·· 627
 第三节 胡里改路州县沿革 ·· 629
 第四节 蒲裕路州县沿革 ·· 629
 第五节 咸平路州县沿革 ·· 630
 第六节 东京路州县沿革 ·· 635
 第七节 婆速路州县沿革 ·· 647
 第八节 北京路州县沿革 ·· 649
 第九节 临潢府路州县沿革 ·· 667
 第十节 东北路州县沿革 ·· 671
 第十一节 西南路州县沿革 ·· 675
 第十二节 西北路州县沿革 ·· 683

第二章 金代京府州县沿革（中） ·· 688
 第一节 中都路州县沿革 ·· 688
 第二节 河北东路州县沿革 ·· 710
 第三节 河北西路州县沿革 ·· 720
 第四节 大名府路州县沿革 ·· 737

第五节　西京路州县沿革……744
  第六节　河东北路州县沿革……756
  第七节　河东南路州县沿革……774

第三章　金代京府州县沿革（下）……794
  第一节　南京路州县沿革……794
  第二节　山东东路州县沿革……836
  第三节　山东西路州县沿革……853
  第四节　京兆府路州县沿革……867
  第五节　凤翔路州县沿革……877
  第六节　鄜延路州县沿革……888
  第七节　庆原路州县沿革……893
  第八节　临洮路州县沿革……900

第四章　金代政区断代……911
  第一节　皇统三年政区……912
  第二节　大定二十九年政区……921
  第三节　泰和八年政区……930
  第四节　关于全国政区数之变化的简单分析……939

主要参考文献……943

绪　　言

一、辽代政区之研究状况

关于辽代政区及相关制度的研究，起步不迟于其他诸代。以乾嘉以来考据之作计之，钱大昕、赵翼于其传世之作中，关于《辽史》之考证，篇幅、条目不在少数，于辽之沿革，不无裨益。然则，也仅仅是"不无"裨益而已。辽代传于后世的文献极寡，《辽史》也极简单疏陋，作为北方皇朝，与中原的沟通及相互的文化传承又相当有限，赵氏诸《史》互校的手法往往无法见功，故而《廿二史札记》、《陔余丛考》之中，除了"书法"之外，具体考证，多见的是所记互异之类。钱氏《十驾斋养新录》、《廿二史考异》则要高出一等，尤为精彩者，在其以碑传校史之手法。然而囿于材料，发覆之处仍是有限。

乾嘉以后，专就辽代史实、制度所作的整理与校订工作，颇有其例。乾嘉学者厉鹗之《辽史拾遗》，为《辽史》考校补定工作开了先声。此后，杨复吉之《辽史拾遗补》，陈汉章之《辽史索隐》，对辽代政制之探究——包括对政区制度——皆有其贡献。李有棠之《辽史纪事本末》，虽是转换一种体裁以叙辽代史事，然在整理之外，考订之功，亦不可忽视。又李慎儒著《辽史地理志考》，专治沿革，是有清一代著作中，与本研究最相关者。惜乎以上诸种著作，多就《辽史》而言《辽史》，或就《辽志》而言《辽志》，补述虽多，校正实少。体例上更是屈就《辽史》，考订之内容多散落于《辽史》原文各句之下，即使就一种制度的细节、一个政区的沿革而言，亦未整理出完整的发展过程，遑论对总体制度有通盘的思考。即以最为专业的李慎儒《辽史地理志考》而言，其考订所据之资料，除《辽史》其他部分之外，主要来自《大清一统志》、《满洲源流考》、《吉林外纪》等清人所编舆地之书，颇含实地考察之成果，故长于山水城池所在地之考定，这是该著作对辽代沿革的最大贡献。然而正因体例造成的破碎格局，故于政区制度及具体政区的发展过程的考察，其成果是不容高估的。乾嘉学者只容补史而不得撰史，故有此学术特点，但另一方面，我们也不应以今日学术研究之体系化之要求，反求诸古人也。

辽代政区制度进入现代史学研究的视野，始自20世纪初日本学者对"满洲"的关注。"帝国政府"于明治四十年（1907）委托"南满洲铁道株式会社"经营满洲经济、文化，而"会社"又将学术上的经营委托给白鸟库吉博士，遂有1913年《满洲历史地理》之面世，其中有松井等《满洲与辽朝疆域》及《许亢宗行程录所见之辽金时代满洲交通路线》①。由此，辽代政区研究进入体系化的时代。如和田清、池内宏等，都同时着力于辽代民族史与政区沿革、地名考释②，使1910年代成为日本学者研究辽史的一个高峰期。津田左右吉为其中佼佼者。博学的津田氏，在多篇论文中——集中见于其论文集《满鲜历史地理研究》一书——对辽代外交、战争、国内政治等方面进行了探讨。其后继者岛田正郎则在"社会史"的名义下，对政治史予以极度关注。然津田、岛田二氏不约而同地对州县制度及部分州县的沿革，作出精到研究③。不过，白鸟、松井的倾向，津田与岛田同样是存在的，后两者所注目之处，大约即在后来的"满洲"境内，尤以朝鲜与"满洲"交界处为甚。对于中国东北地区的部分政区，两者都有所涉，而岛田对于蒙东辽西，曾亲自进行踏勘，并形诸文字。另一方面，对于制度的考究，岛田似较才思飞扬的津田更为着力，并为后世关于辽代政区甚至政治制度，提供了讨论的范式。与岛田同时的田村实造，也在州县制度方面有所贡献④。

另需提及一笔的是法国学者闵宣化神甫。1912年以后，他沿着宋使薛映所记录的行程，进行了两次实地踏勘，考察了多个辽代古城址，正如翻译其作品的冯承钧先生所说，是"应用科学方法整理""中国历史"的典范⑤。

---

① 在此之前，松井等已有相关文章散见各处，如《渤海之扶余府及辽之黄龙府考》，《史学杂志》21编2号，1910年2月；《契丹与汉人》，《东洋学报》1卷1号，1911年1月。
② 如和田清对辽代渤海遗裔之定安国、兀惹部有过研究（见《论定安国》，《东洋学报》6卷1号，1916年2月；《兀惹考》，《东洋学报》38卷1号，1955年6月），同时对辽代丰州的位置有过探讨（见《论丰州天德军的位置》，《史林》16卷2号，1931年4月）。池内宏对女真、铁利等族曾作探讨（见《辽圣宗之女真征伐》，《史学杂志》26编6号，1915年6月；《铁利考》，《满鲜历史地理研究报告》第3册，1916年12月），又考证了辽贵德州及混同江之所在（见《关于辽金时代贵德州之位置》，《东方学》，1949年11月；《辽代混同江考》，《东洋学报》6卷1号，1916年2月）。
③ 由何天明翻译的岛田氏著作《大契丹国——辽代社会史研究》（内蒙古人民出版社，2007年），为其经典之作。然在此之外，岛田氏著作甚多。其关于中京、祖州之踏勘考证，成果见：《祖州城》，中泽印刷株式会社，1956年刊行；《辽代的中京城址》，《考古学杂志》41卷2号，1956年1月。另有辽金长城、木叶山、辽代墓葬、村落遗迹等多项成果，不赘。
④ 田村实造关于辽史研究的成果颇多，与政区制度及建置相关者，如《辽代的移民政策和州县制的建立》，原文载《满蒙史论丛》第3辑，1940年，汉译文见《日本学者研究中国史论著选译》，中华书局，1993年。
⑤ 《东蒙古辽代旧城探考记》译者序，中华书局，2006年。

差相同时,中国学者的相关研究也在取得进展。自1908年刘师培作《辽史地理考》(载《国粹学报》4卷3、5期)至1934年谭其骧作《辽史地理志补正》,冯家昇作《辽金地理志互校》(分载《禹贡》1卷2、4期),传统的补校向全面的沿革考述发展①。金毓黻在1941年出版的《东北通史》,虽是通代著作,但对于最早在中国东北地区构筑起成熟的州县体系的辽代,赋予浓墨重彩,就其摆脱《辽史》的体系以及研究对象的全面性而言,应是至此为止辽代沿革研究的巅峰之作。同时,其他相关制度研究,也有个别作品推出,如陈述关于头下制度的研究。20世纪三四十年代相关论著数量有限,但较之此前及此后数十年,这些论著的分量仍是不应忽视的。此后迟至70年代末,辽史学界长期致力于社会结构的争论,政区沿革及政治制度的研究成果则极为少见②。

大约1979年始,中国的辽史研究进入全新的持续发展的时期。同时,日本学界的辽史研究,也在持续稳定地发展。时至今日,与政区相关的各方面的研究,皆已有相当的成果。

政区研究的背景问题,大多已有了较坚实的研究基础。譬如辽代疆域与边界,早在1979年,刘凤翥、于志耿、孙进己先生发表《辽朝北界考》一文(载《北方论丛》1979年第5期),与半个世纪以前日本学者对辽朝东疆的关怀相呼应。1981年,就已由张博泉先生领衔撰成《东北历代疆域史》(吉林人民出版社,1981年)一书,对辽的疆域有详细的考察。其后林荣贵先生又长期致力于动态的边疆开拓史③,撰成《辽朝经营与开发北疆》一书(中国社会科学出版社,1995年)。对于本研究来说,疆域方面的基础工作已经大部分具备,笔者所要着力的,不过是将诸前辈的成果进行全面的整理,对不够精确之处加以进一步考辨,使辽朝四境的形成过程更加完整、更为体系化。

关于辽代都城制度,谭其骧先生曾于1980年撰文指明其性质,以及中期

---

① 其间尚值得一提的是王国维的《金界壕考》(初载于《燕京学报》1927年创刊号,后收入中华书局1959年出版《观堂集林》),其于辽、金东北建置,亦有所及。且其不限于简单的政区考证,而是置之于辽、金东北地区复杂的民族关系与军事形势之大背景中,其学术价值,不可以其所涉政区之多寡来衡量。
② 此时期仍有罗继祖之《辽史校勘记》(上海人民出版社,1958年),冯家昇之《辽史初校》(中华书局,1959年)。当然,历时二十多年的《中国历史地图集》的绘制工作即这一期间进行,对于辽代政区沿革研究来说,《图集》可能是当时最重要的工作。但《图集》的成果,是1979年以后才面世的。
③ 见《北宋与辽并立时期的疆域格局》,《中国边疆史地研究》1998年第3期;《北宋与辽的边疆经略》,《中国边疆史地研究》2000年第1期。

由上京迁都中京之举①。此后,关于都城的这两个问题的讨论,仍持续了相当长的时间,该争议主要由辽代捺钵②与都城的关系而来。此后杨若薇、李锡厚等学者,因相当重视捺钵的政治地位而持不同意见③,争议迄未平息。故笔者对于这一最重要的政区类型,仍花了少许笔墨,予以澄清。

对辽代高层政区——道、路——制度的研究,历来有向南、杨若薇、关树东、傅林祥等先生由不同角度提出极有价值的看法④。而关于个别道、路的研究,成果亦已不少,如长泽和俊、陈得芝先生对于西北路的研究,王德忠、高井康典行先生对于东京道的研究,高井康典行关于南京道的研究,皆有较高的价值⑤。最应一提的是2007年康鹏先生的博士论文⑥,这是至今为止辽代高层政区研究的最新与最佳成果。其关于辽代五京道的研究,不仅追求对制度的发展过程与状态的全面把握,并且对各个区划的形成与内部特点有精到研究。虽然笔者在几种高层区划的关系、具体的区划方式及内部管理形态等方面,仍有不同意见,但其研究对笔者仍有相当大的借鉴价值。

研究辽代州、县制度,关涉辽代的两大根本制度:斡鲁朵与头下。围绕斡鲁朵,辽代存在一支皇帝的私属力量。后人讨论辽代国家体制之多元化,首及斡鲁朵——它意味着皇帝与政府的力量分割,此后方是政府分别以南、北面官制管理汉、蕃。斡鲁朵问题自日本学者箭内亘、白鸟库吉、津田左右吉以后,争议不绝⑦,直至杨若薇对其隶属关系、下辖户口、隶宫(斡鲁朵)州县的作用等

---

① 谭其骧:《辽后期迁都中京考实》,发表于《中华文史论丛》1980年第2辑,后收入《长水集》(下),人民出版社,1987年。
② 傅乐焕先生曾专文论述捺钵的问题,见《辽代四时捺钵考五篇》,《辽史丛考》,中华书局,1984年。
③ 杨若薇:《契丹王朝政治军事制度研究》,中国社会科学出版社,1991年;李锡厚:《辽中期以后的捺钵及其与斡鲁朵中京的关系》,《临潢集》,河北大学出版社,2001年。
④ 向南、杨若薇:《辽代经济机构试探》,《文史》第17辑,中华书局,1983年6月;关树东:《辽朝州县制度中的"道""路"问题探研》,《中国史研究》2003年第2期;傅林祥:《辽朝州县制度新探》,《历史地理》第22辑,上海人民出版社,2007年。
⑤ 长泽和俊:《关于辽代的西北路经营》,《史学杂志》66编8号,1957年8月;陈得芝:《辽代的西北路招讨司》,中国社会科学院历史研究所编:《宋辽金史论丛》第1辑,中华书局,1985年;王德忠:《辽朝对东丹国的统治政策及其评价》,《昭乌达蒙族师专学报》1987年第2期;高井康典行:《契丹国与东京道》,《史滴》18卷,1996年;高井康典行:《辽朝对燕云十六州的统治和藩镇体制》,《早稻田大学纪要·哲学史学卷》21号,1995年。
⑥ 康鹏:《辽代五京体制研究》,北京大学博士论文(未刊),2007年11月。
⑦ 白鸟库吉著,方壮猷译:《东胡民族考》,商务印书馆,1934年;箭内亘著,陈捷、陈清泉译:《元朝怯薛及斡耳朵考》,商务印书馆,1933年;津田左右吉:《辽制度之二重体系》,收入《津田左右吉全集》第12卷,岩波书店发行,1964年。

多个方面进行系统阐述,斡鲁朵问题的许多细节,方得以昭然①。当然,其建立与完善过程、驻地、作用、管理方式等一系列问题,仍有待于作进一步的考察,但杨若薇已解决的隶宫州县的性质、归属,大有助于我们解决辽代的州、县管理体制问题。至于头下制度,早先陈述、田村实造先生所作的考察,使头下有扩大化的趋势,且这一趋势在此后的研究中长期未见收敛的迹象②。但刘浦江先生据史实对头下予以规范化③之后,头下与斡鲁朵、方州之间的界隔,终得以显明,而我们也得以清晰区分辽代的州县种类。

辽代行政区划相关的各类制度与背景问题,得益于张博泉、林荣贵、刘浦江、杨若薇等学者的长期研究,许多问题已然解决④。而对于辽代政区体系的整体研究,至今仍当首推周振鹤先生的《中华文化通志·地方行政制度志》(上海人民出版社,1998 年)。该著作对政区层级、种类、组织、统辖关系作全方位的考察,仍是迄今唯一对辽代政区各种特征予以全面关注且构建完整体系的研究,且其基本结论,如今看来,需修正处实少。当然,在其框架之下,仍有不少内容需要充实。

关于具体政区的沿革,至今覆盖面最广的成果,仍数 1982 年公开出版的《中国历史地图集》,以及绘图过程中编成的《〈中国历史地图集〉东北地区资料汇篇》——后者的研究对象涵盖了辽代的东京道。张修桂、赖青寿所撰《辽史地理志汇释》(安徽教育出版社,2001 年),则从另一个角度赋予辽代政区完整的面相。该著作编撰目次虽仍从《辽史·地理志》,然其体例完备,采撷众家之长,是至今辽代政区沿革研究最为详赡的成果。此外,三十年来关于个别政区的建置沿革的成果,已经积累颇丰,其中向南、冯永谦、李健才、孙进己、项春松等先生成果最丰,贡献尤大⑤。也正是在众

---

① 《契丹王朝政治军事制度研究》,中国社会科学出版社,1991 年。另,日本学者高井康典行对于斡鲁朵的管理的研究,亦有所贡献,见《辽朝斡鲁朵的存在形态》,《内陆亚细亚史研究》14 号,1999 年 3 月。
② 见陈述:《头下考(上)》,《历史语言研究所集刊》第 8 本,中华书局 1987 年影印(原刊出版于 1939 年);田村实造:《辽代的移民政策和州县制的建立》,《满蒙史论丛》第 3 辑,1940 年;李锡厚:《头下与辽金"二税户"》,见《文史》第 38 辑,中华书局,1994 年 7 月。
③ 刘浦江:《辽朝的头下制度与头下军州》,《中国史研究》2000 年第 3 期。
④ 张博泉、林荣贵、杨若薇上揭专著。刘浦江:《辽金史论》,辽宁大学出版社,1999 年;《松漠之间:辽金契丹女真史研究》,中华书局,2008 年。
⑤ 以下论著,皆有大量考释政区沿革之内容,或以沿革研究为主要甚至全部内容。向南:《辽史地理志补正》,《社会科学辑刊》1990 年第 5 期;冯永谦:《辽代头下州探索》,《北方文物》1986 第 4 期;《辽上京道州县丛考》,《辽金史论集》第 8 辑,吉林文史出版社,1994 年;《辽史地理志考补——上京道、东京道失载之州军》,《社会科学战线》1998 第 4 期;《辽史地理志考补——中京道南京道西京道失载之州军》,《北方文物》1998 年第 3 期;《辽代部分州县今地考》,《北方文物》1994 第 4 期;《辽东京道失载州县新探》,《辽金历史与考古》第 1 辑,辽宁教育出版社,2009 年;李健才:《东北史地考略》,吉林文史出版社,1986 年;孙进己、冯永谦主编:《东北历史地理》,黑龙江人民出版社,1989 年;项春松:《辽代历史与考古》,内蒙古人民出版社,1996 年。

多研究者的共同努力下,辽代政区研究的基础,不复三十年前的薄弱状态。

较为良好的研究处境使本卷研究的各个部分多有可凭藉之处。即便对前贤之论点未必同意,也仍是受其启发而知所用力。当然查漏补阙毕竟不应成为本卷最核心的任务。笔者期望本卷应完成的任务、应达成的目标,包括以下几项:

第一,厘清各个政区的具体沿革。尽可能为所有行政区划提供一个贯穿整个辽代的变迁概貌。包括其由来(始置或以何种状态传袭自其他政权)、建置废改、层级与等第升降、政区名称变化、治所变迁、上隶及下辖政区变化。厘清空间大致确定的研究对象因时间而发生的各种变化,这是笔者最为着力、在本研究中占据主要篇幅的内容。

第二,展示特定时间的政区状态。若上述目标达到,那么,特定时间的政区之空间分布,自然也不成为问题。但应强调:仅凭本政区遗留至今的记载无法确定具体沿革者不在少数,相关记载发生错误,对于这一研究时段来说又是极为常见的。故而,因各个政区之间的相互联系,由此而推及彼,在本研究中是不得不经常使用的方法。虽然囿于辽代的相关文献的质与量,在任何一个特定时间,都无法给出全国范围内的非常确定的政区状态,但这种方法,毕竟有助于尽量减少未知的因素。

第三,描绘政区体系的整体结构。行政区划有空间范围,故须知其所在;它随时而变,故须知其因革。但同时,它又是一个政治现象。且每个政区是各别的政治现象,有其相关联的其他政治现象与制度值得剖析;而政区体系作为一种整体的政治现象,又与国家生活和其他各类重要政治制度互相勾连,在具体政区的考释之外,对整体结构作一概括与总结,或可对我们全面了解辽代政治史,略有促进。本研究未能将这一工作提到相当的高度,不过,主要是在高层区划的研究中,还是作了些许思考。

第四,余力所及,本研究也时常寻求政区制度和个别政区的变迁背景。政区毕竟不是纯以决策者一时意念而置废,探究政区因革之缘由,可显示政区与其他政治因素之勾连关系。而反过来,背景研究又或有助于判定本属模棱的政区沿革。故而,无论在制度考察还是具体政区考释中,笔者都不惮于大耗篇幅探讨相关政治背景。现代的行政区划研究应纳入有学术规范的政治地理的范畴而与传统沿革史相区别,持续关注政区本身之外的政治现象,应是重要的判别因素。

二、关于辽代政区沿革史料之评判

对大多数朝代的政区研究,似不必特意评述史料价值,大抵以正史《地理志》为主体,参考多种资料即可。但辽代情形不同,《辽史·地理志》质量极低,而参考资料又甚为有限,并且同样也疏漏极多,至今,部分学者在应用这些材料时,对于其适用于何种情况,有哪些需要特别警惕之处,认识仍有所不足。在材料极其缺乏,并且疏谬甚多的情况下,若仍不能掌握几种主要材料各自不同的适用性、必须规避的阻障,那么辽代政区的厘清,必会离完善的境地过远。是以,笔者以为对这些材料的优劣之处稍作梳理,并非蛇足。

对于本卷考辨辽代之政区——尤其是府、州等统县政区,最为重要之史籍,无疑为《辽史》、《契丹国志》、《亡辽录》与《武经总要》四部。此四部要籍因其所载政区的时间断面不同,对于我们考辨辽代不同时期的政区——从而也是政区个体的沿革过程——有互补的作用。然而,它们有各自的问题,令我们在使用这些资料时,需要极度的谨慎。

《辽史》无疑提供了最多信息。与其他大部分正史一样,不仅《地理志》,而且其他《志》、《表》、《纪》、《传》,都涵藏着丰富资料,往往可补《地理志》缺漏的信息(此例下文考辨中极多,不赘),有时甚至提供了《地理志》所未载的政区。比如,上京道的头下全州与威武、崇德、会蕃、新、大林、紫河、驼等七州(《纪》)、东京道的定理府(《百官志》)、乌州(《营卫志》《食货志》)、慎州(《纪》)、头下卫州(《纪》)、神虎军城(《兵卫志》)、威寇城及振化城(《纪》),中京道的圣州、祥州(《百官志》、《传》),在《辽史·地理志》中皆未提及而见于《纪》、《传》和其他《志》中。至于《地理志》所载各州沿革需借助《辽史》其他部分方得以见其概貌者,更是数不胜数。

不过,总体来看,一部《辽史》,篇幅较小而取材不精,谋篇布局、叙事轻重详略,皆不甚得当。其中最为粗陋之部分,或者正是研究辽代政区不可或缺的《地理志》。关于地方行政制度之主干、州县总数之变化、于各区域之分布,总叙中几未提及;各府、州之沿革,或仅提供政区名,或述前代沿革全然错误,或将不同政区之沿革互相掺杂,或将同一政区之沿革分置于不同条目,或叙事前后倒置,或知有某政区而不知其名,更漏载许多政区。其弊举不胜举,张修桂等《辽史地理志平议》对此有详细分析。

在《地理志》满卷疏谬的同时,是其他资料的极度缺乏。如《纪》之系年谬误,相关事件前后难以相连;《传》之系年不清,记传主之阅历,动辄跨越十数年;《食货志》内容过简;《百官志》所记制度亦是笼统疏略,全未见有选取某一时间断面之理念,也极乏层级之区别。这都对所涉政区沿革之厘清,造成很大困扰。本属《辽史》一大特色的《营卫志》与《兵卫志》,本可藉以补充《地理志》之不足,但笔者发现,其实用价值相当低。如《兵卫志》"五京乡丁"条详列有全国各州各县的乡丁数,但这份政区名单与《地理志》基本相同,而内容则远为简略,只可藉之以考校极个别县份之名,而未能有全面的参考价值。又如《营卫志》载有辽诸帝所建宫卫,一律称"某帝以某俘户某提辖司某州某县置",看似初置行宫之时的情况,但事实绝非如此,其所列州、县往往是后世方划属该行宫(并且应仅仅是财政上和劳役方面的联系,详见下文第二章第二节)。如世宗积庆宫,"以……高、宜等州户置",高州置于圣宗开泰三年(1014),世宗时何尝有高州?穆宗延昌宫,以"咸、信、韩等州户置",但韩州置于圣宗时,咸州置于圣宗开泰八年,穆宗时何尝有咸州、韩州?景宗章愍宫"以章肃皇帝侍卫及武安州户置",武安州置于圣宗时,景宗初置行宫,必不能辖有武安州。同样是一个缺乏时间断面的问题,使得《营卫志》所载内容对于考实辽代政区的沿革基本失去了作用。

可以说,《辽史》不仅前后未予统稿,矛盾纷呈,疏漏百出,并且撰者对于历史的"时间"概念是相当有限的。作为研究辽代政区沿革的基本材料,一部《辽史》构成了一个相当粗陋的研究基础,对于后世沿革史研究者来说,这是颇为残酷的事,故辽代政区研究的成熟程度远不如前后的其他朝代,也就不难理解了。

《辽史》,尤其是其《地理志》之难以凭藉,使我们更须借重其他材料。除《辽志》以外,北宋曾公亮主撰的《武经总要》之《北蕃地理》部分是辽代政区最集中的史料之一,治辽之沿革史者常用此书,然对这一部分的价值和弊病却少有分析判断。据笔者的经验,《北蕃地理》意义最重大之处在于它提供了一个政区断面。据《武经总要》四库提要,该书于康定(1040—1041)中"奉敕撰",成于五年后,即庆历五年(1045)前后,成书之时,当辽重熙十四年,详核其内容可以发现,当时辽境内最新的政区变化亦已载入其中。如辽于重熙十三年升云州为西京大同府,此为辽境最后升京府之处,五京道之建置分划完成,而次年撰成《武经总要》,于《北蕃地理》部分即已将各州系于五京道之下,有"西京州军十一"之目,实时反映了当时辽境政区的新情况——虽然大同府仍被称为"云州"以显示中原仍保留对这些失地的"命名权"。由于宋人对辽政区的情况不可能有完全的掌握,故肯定有不少政区仍是圣宗朝之制,但比起《辽史·地理志》(以下简称《辽志》)的很多模糊记载,《北蕃地理》所载与重熙年间的情况相对接近,对后人了解辽前期、中期的制度有极大的帮助,部分弥补了《辽志》

记载政区沿革不提供断面的缺陷①。

此外,《北蕃地理》记载政区有较高的准确性,即所载政区基本上是当时实际存在之政区,很少像《辽志》那样列入了已废罢的政区且不述废罢之事实。政区名也相当准确,可校《辽志》之误,比如《辽志》沈州、锦州属下皆有"岩州",而在《北蕃地理》中,则区分为"岩州"与"严州"。甚至还提供了一些辽境曾经存在但《辽志》不载的政区,如中京道的头下禄、晖、穆三州,南京道的平塞军,以及东京道为熟女直而置的十七州。可以说,《北蕃地理》虽然不可能像一部正史《地理志》那样作为整个辽代的政区沿革之基础,但能够提供一份较为全面的概貌,已是难得的宝贵材料了。

当然,其弊处也不容略过。今之学者,往往会应用《北蕃地理》所载的里距数为辽代政区定点,即使四至无法切合,仍照用不误。然而,辽既禁止本国图书外传,宋之谍者,又不见得能得到辽境州县山川的实情,故而,宋人对于辽之政区具体所在,所知往往不确,尤其是非使辙经由之处,更是无从得知。可以想象,曾公亮等撰《武经总要》,已是竭力收集了当时宋所保有的信息,但只能是由一鳞半爪的材料拼合起来,自有明显不足。据南宋周煇记载:

> 至和三年,刘原父(敞)使契丹,檀州守李翰劳其行役,刘云:"跋涉不辞,但山路迂曲,自过长兴,却西北行,六程到柳河,方稍南行。"意甚不快。又云:"闻有直路,自松亭关往中京,才十余程,自柳河才二百余里。"翰笑曰:"尽如所示。"乃初踏逐修馆舍已定,至今迂曲。后范中济(子奇)出使,辽道使者由迂路以示广远。范诘之曰:"抵云中有直道,旬日可至,何乃出此耶?"虏情得,嘿然。缘二公素精地理学,故毋得而欺。②

辽地方官及伴使欺宋人不识辽境山川路程,故意迂曲而行,显示本国疆域之广袤,刘敞、范子奇虽识破其中奥妙,但想来这也是辽人通行的做法,宋使识不破的,或是多数。更何况刘、范精于地理学,也只表现在熟识唐代幽云平营一带,此应是由本国古图籍而得悉,若是"戎狄旧地",恐难有如此细致的了解。

---

① 《武经总要》今较为常见的两个版本,一为文渊阁四库全书本,一为解放军出版社和辽沈书社1988年影印明代李鼎所订之唐福春刻本。后者内容较为近实,然经李鼎调整后,其篇章次序较原书有很大出入,如正文前仍载宋仁宗原序,称"勒为四十卷",其目录载为20卷,"北蕃地理"一卷,编为第16卷下,在河北路之后,河东路之前,与四库同。然正文中,却将此卷编为第22卷,置于广南路之后矣。前、后集合计,总卷数亦增至43卷,与仁宗序文中所称40卷不合,其篇章显然经李鼎大幅调整。本文引《武经总要》,仍用四库本,而以唐福春刻本校之,尤其是四库本该卷卷目称"北蕃地里",本文径改"北蕃地理"。

② (宋)周煇撰,刘永翔校注:《清波杂志》卷10《虏程迂回》,中华书局,1994年,第451页。

并且也仅是对世代难有大变的山川道途知悉较多,至于"人工"意味较强的政区建置,所知难免有限。故而,《北蕃地理》关于辽境政区之四至八到或有较大出入,亦不得责备前贤,要在后人处理这些信息时,不可"尽信书"。或可参酌其他史籍,或者不要作很绝对的判断。

与《武经总要》相对应,叶隆礼所撰《契丹国志》之《州县载记》,与徐梦莘《三朝北盟会编》(以下简称《会编》)所引史愿《亡辽录》,提供的大致是辽末的政区建置情况。据陈振孙所载:"《金人亡辽录》二卷,燕山史愿撰,或称《辽国遗事》。"①晁公武则载为《北辽遗事》,且以为"不题撰人,盖辽人也"②。《宋史·经籍志》载为《北辽遗事》,但载明为史愿所撰③。而《会编》多处引该书,皆称《亡辽录》。相较《契丹国志》,《亡辽录》为早出之史料。史愿本为辽末燕京人,辽亡后入宋,绍兴元年(1131),在南宋任衢州添差通判,当时《亡辽录》应已面世④。至迟,亦不得过绍兴十五年。史愿在宋供职多年,至该年,秦桧"遣敷文阁待制周檖、马观国、史愿北还"⑤。显然,史愿撰此书之时,距辽之灭亡极近。并且,史愿在辽亡之前应非平民,而曾于辽境燕京一带任官。于燕京所属诸州甫入宋之时,得益于宋廷为录用原辽朝官员而推行的辽、宋官资之互换令⑥,遂于宋境继续官场生涯。此事虽未载于史籍,然由史愿在绍兴元年即已得任添差通判之类中级官员,便可推得。若非如此,并非由辽入宋的"归明人"皆得以在宋境为官。此后,史愿更于绍兴五年"为江东宣抚使张俊辟客"⑦,此应是史愿由辽归宋,较熟悉北境情况,且"有学问",故为张俊所看重。正因史愿以辽境名士兼官员的身份,他对辽的政区情况会有较深入全面的了解,非辽境平民或宋谍可比。《亡辽录》所载内容的可信度,应是较高的。

至于《契丹国志》,其面世之时,已是南宋后期,李锡厚先生甚至以为已在入元之后⑧,后出的《契丹国志》,在其《州县载记》部分中,主要借鉴了《亡辽录》记载的辽政区。此由下表,可见其迹。

---

① (宋)陈振孙:《直斋书录解题》卷5《伪史类》,上海古籍出版社,1987年。
② (宋)晁公武:《郡斋读书志》卷2下《伪史类》,上海古籍出版社,1990年。
③ (元)脱脱:《宋史》卷203《艺文志二》,中华书局,1985年。
④ (宋)李心传:《建炎以来系年要录》(以下简称《要录》)卷43,中华书局,1988年,绍兴元年四月庚辰条:"朝议大夫、添差通判衢州史愿直秘阁。愿,燕山人,有学问。上召见而命之。愿尝著《金人亡辽录》行于世。"则绍兴元年,史愿或已著此书矣。
⑤ 《要录》卷153,绍兴十五年三月甲子条。
⑥ (清)徐松辑:《宋会要辑稿》(中华书局,1957年)兵17之12—13,载有一份辽、宋官资互换的材料,对由辽入宋的"归明人"授官。
⑦ 《要录》卷94,绍兴五年十月庚申条。
⑧ 李锡厚:《叶隆礼和契丹国志》,见《契丹国志》附录2,上海古籍出版社,1985年,第284页。

表1 《契丹国志·州县载记》与《亡辽录》所载政区之异同

	三者共有之州
《国志》、《亡辽录》共有之州	"五京",六"大藩府",奉圣州,云内州,长春州,龙化州,海北州,蔚州,应州,朔州,锦州,乾州,显州,双州,辽州,咸州,沈州,苏州,复州,庆州,祖州,川州,成州,懿州,宜州,平州,辰州,兴州,同州,信州,饶州,建州,泰州,高州,利州,宁江州,归州,德州,榆州,营州,滦州,胜州,岩州(一本作严),归化州,恩州,通州,韩州,乌州,靖州,宁边州,祥州,新州,卫州,降圣州,海州,渌州,银州,辽西州,铁州,保州,北安州,嵒州,嘉州,集州,连州,演州,文州,兰州,慎州,拱州,安州,涿州,易州,檀州,顺州,蓟州,雍州,景州,康州,金肃,河清,曷董,五花,振武,濠州,骣州,澄州,义州,豫州,福州,荣州,茂州,麓州,崇州
《亡辽录》独有	丰州,骧州,吉州(有二),可汗州,泽州,赋州
《国志》独有	贵德府,广州,潭州,惠州,开州,弘东州*,威州,双州,宋州**,东胜州,海州,许州,锦州(有二),来州,儒州,云州,平州,荆州,和州

*"弘东州"应是"弘州"。**"宋州"应是"宁州"。

表2 《契丹国志·州县载记》与《亡辽录》不同名之相同政区

《国志》	莱	坤	武安	永	黔	隰	松、山	榆(两见)
《亡辽录》	业	宜坤	安武	允	点	温	松山	桓
正确名	来	仪坤	武安	永	黔	隰	松山	桓
《国志》	东	仙涧	宾	蘋	嵒	古*	肃	武德
《亡辽录》	陈	迁、润	寅	濒	山石	吉	萧	武、安德
正确名	东	迁、润	宾	?	嵒(或岩)	吉	肃	武、安德
《国志》	安	渝、河	微	全	燕、招	间	随	卫(两见)
《亡辽录》	安远	榆河	徽	金	招燕	阎	隋	衡
正确名	安	榆河	徽	全	招燕	闫	随	卫
《国志》	遂昌	员	唐	粟	黑、河			
《亡辽录》	遂、昌	圆	康	萧	里河			
正确名	遂、昌	圆	康	肃	黑河			

*《国志》之"古州",向南以为对应于《亡辽录》之"石州"(向南:《〈辽史地理志〉补正》,《社会科学辑刊》1990年第5期,第80页),其实对应于"吉州"也。而项春松(《辽代历史与考古》,第169页)、冯永谦(《辽史地理志考补——上京道、东京道失载之州军》,《社会科学战线》1998年第4期,第199页)以为辽实有古州,并以天泰二年铜印"古州之印"以证辽之古州。按天泰二年为金末蒲鲜万奴割据政权之年号,蒲鲜万奴建古州之时,距辽之灭亡已百年,何得谓万奴之古州承辽之旧乎?

正因《国志》之晚出,能采用其他材料,故其所载之政区,颇较《亡辽录》为多,表1中《国志》独有之政区,亦多可与《辽志》所载者相对应,为辽末实际存在之州。故而,虽然《国志》、《亡辽录》两书各有误漏,但若能与《辽志》参校,仍能提供许多信息,包括不少《辽志》中未载之州。两书之价值不容忽视。

当然,也不能忽视《国志》与《亡辽录》的不足之处。首先,两书各只有一份政区名单,而没有各政区的沿革,大大局限了它们对于辽代沿革史研究的价值。其次,虽然两书所载政区以辽末为断是众所周知之事,这不仅是从事理上推断,并且从两书皆载有天庆六年(1116)所置的靖州(《辽志》作静州),以及将清宁七年(1061)升为节度州的云内州,列入"节镇三十三处"之目,知其所载为辽末之制。然而却不是那么严格的断代。如黑河、榆河等州,至辽末已久废,而二书仍载入。与《辽志》一样,《国志》与《亡辽录》之断代不严格,降低了它们的价值。另外,由于两书在传抄过程中发生了颇多错误,故有时反使我们对辽代政区名的判断更增困惑。如《契丹国志》,甚至因四库馆臣有意篡改,而致与原来面貌大相径庭。这些问题,都使学者对两书的运用,更为谨慎。

李攸《宋朝事实》卷20《经略幽燕》也集中记载了辽代府州,其中共载有九十二州府之名,并分为上镇、中镇、下镇、观察、刺史上、刺史中、刺史下七个等第。李书只列有州府名而不载具体沿革、四至八到等,与《亡辽录》、《国志》同,此其不如《北蕃地理》之处。九十二州府,较之《亡辽录》、《国志》约百五十州,其数远少,离辽代曾有过的州数更远。而其中所列等第与州的对应,更不可信,比如既载辽五京,"上镇"之州,又列有"云州",显是重复。辽节度州属下的宣、可汗等刺史州被列为"下镇",即下等节度州,而后世被证实为头下州的豪州,则被列入刺史中州。又有一些双名之州,被分拆为二,比如通化州被分为通州、化州,同样,归化州也误分为二。《经略幽燕》一部所载诸州,大体被《辽志》、《亡辽录》等所包,推测其史料来源,可能与《亡辽录》等相近而略少,故所得更为粗略,对其所载诸州,不作详论,仅在表3校其误处。但需强调的是,它仍能提供有价值的信息,其中少数州名不见于《辽志》或《亡辽录》等,但可与其他史料相互印证,如朝州、晖州、泉州、昭延州、三河州即是。

除了上述信息最为集中的主要材料之外,用于五代史与宋史研究的几部正史,包括两《五代史》、两《唐书》、《资治通鉴》、《宋史》、《续资治通鉴长编》、《宋会要》,都或多或少是辽代政区研究的臂助。尤其是后属辽南京、西京两道的原中原政权辖下幽云十六州之地,其于五代、宋初(辽前期)之沿革,多见于上述诸史籍,且往往较《辽史》所载更为详尽。然而,后世中原政权对于这些入辽地区,仍远不如对仍属中原的地区那样熟悉。故而《五代史》等记载亦有错漏、矛盾之处,其记载之可信度,仍是有限的。

表3 《宋朝事实·经略幽燕》所载辽州府校误略表

记载无误之州府	奉圣、云、平、祖、怀、显、乾、建、宜、庆、应、饶、白川、锦、蔚、湖、连、同、宣、可汗、宁、河、高、耀、德、遂、信、三河、咸、朝、营、涿、易、保、昌、义、吉、昭延、顺、儒、海、原、惠、新、凤、睦、集、卫、泉、宗、银、岩、慈、麓、朝、长春、泽、严、润、兰、间、双、铁、晖、渭、福、乌、懿州,兴中府、黄龙府
重复记载之州	云州,番州,朝州
记载有误之州	番州(沈州);永利州,利州(永州,利州);宜州,坤思州(宜坤州,恩州);归州、化州(归化州);瀛州(滦州);濠州(豪州);京州(荆州);长安州(北安州);陈州(东州);通州、化州(通化州);钤州(黔州);叶州(莱州);温州(隰州);般州(?);还州(迁州);元州(圆州);金州(全州)

此外,碑刻资料的作用自然也无法轻视,尤其在资料如此有限的情况下,有时依靠一方铭文,即可解决一个关键问题(见第二编第二章懿州条考证)。可惜的是,辽代之碑刻,数量不多,对于政区研究来说,碑刻材料与史籍一样,都存在覆盖面不广和叙述不够深入细致的问题。而且相当多的碑文是残缺的,也减弱了其价值。并且,辽的碑刻材料质量较差,不能与唐、宋碑刻相比。相当大一部分,是由未能熟练掌握汉文和中原制度的文人所撰,比如下文"遥领虚封"部分所举二例:《耶律庶几墓志铭》之撰者,甚至误以中原之"福州"为"副州",误其军额"威武军"为"戚武军";《秦德昌墓志铭》则误写中原之"相、澶、卫"三州为"湘、泾、渭",不仅有音误,尚有形误,简直可视作金石学研究的一个标靶。耶律庶几与秦德昌二人官至节度使,爵至开国公、开国侯,而撰其墓志者,仍不过是此等文才甚乏而识见凡下之士,大部分地位较低的墓主,其墓志之内容,恐更是等而下之了。故而,明知其难得,仍不可尽信。

笔者具述上述材料之价值与不足,目的自然不仅限于评判。既是在如此薄弱的史料基础上作研究,自不宜再抛去部分史籍不用,故而更需有十二分之谨慎,更应对唐、宋制度有充分的把握,作为考析辽制之知识背景。理想的情况是同一个具体问题有多条材料可予互质,这在本卷研究中是不多见的。大多数情况下,在仅有孤证(甚或全无证据)以及从当时政制及形势出发所作的逻辑推断立足不稳的情况下,宁置之为悬疑而不可匆忙作出判断。要之,质疑之精神绝不可缺。虽然,即有质疑之精神,因于无奈、由于疏忽、限于学识,疏误之处必是所在多有。然若不抱此心,则必与真相愈行愈远。

三、辽代京府州县沿革考辨的疑难之处与处理手法

按上文所述,辽代官制存在颇多不明朗的成分,比如遥领制度即是一例。它们影响了研究者对辽代政区等第的判断,甚至对特定政区存在与否作出误判。不过,由此产生的误差,所及仍是个别的州。并且其促成误差,主要是在我们判断《辽志》所未载的政区是否为辽实有之政区之时。相比之下,史料的缺失和体例不当,影响面则远为广泛。

本卷研究的目的在于尽可能彻底地理清每一个政区在每一时间节点的变化(这当然不可能完全达到),就这一目标而言,《辽志》对于各州沿革极为简略而充满谬误的阐述,使研究过程布满荆棘。维、防、湖、渤、郢、铜、涞、冀、东、尚、吉、麓、荆、媵、连、肃、安、荣、率、荷、源、渤海、河等州,以及率宾、定理、铁利、安定、长岭等府,这二十余个府州,皆未有具释沿革之文,或者,有等若无。而绝大部分州军,皆须经由《辽志》以外的材料的补充和纠正,才能达到眉目清晰的程度。这使本研究的工作量大幅增加,甚至引发一些无法解决的困难。

其次,《辽志》似有实无的时间断面,也是极大的干扰因素。一般认为,《辽志》以辽末为断,但这一时间断面并不严格,也是公认的事实①。许多例证说明,其实《辽史》撰者并无一个清晰的时间界断的概念。《辽志》所撰的最晚的建置变化,是天庆六年(1119)以泰州金山县置静州。但若以天庆六年为断,其他许多条目所载的政区状态,便是错误的。

比如,某些州在天庆六年之前,归属状态早已改变,而仍按原先的状态记录。如中京道闻义(应作"开义")县后属海北州,海北州条亦有明载,然在宜州下却仍有闻义县条目。又如懿州、成州,早已由头下州转归朝廷所有,然《辽志》仍于上京道诸头下州之中,保留此二州。若说懿、成二州分别于东京道、中京道再次记录其官收以后的情况,因此仍属情有可原的话,那么渭州早已官收而仅记载其作为头下州的状况,错误就更明显了。不过,这种界断不严,尚只及于少数政区。

较严重的是,大量州府早在辽前、中期已废,但《辽志》仍作尚存之政区记录下来,且无任何说明。如上京道境内的遂、宁等头下州,早在圣宗统和八年(990)已省,但《辽志》保留此二州,对其废罢之事实,却未作任何说明。东京道

---

① 张修桂、赖青寿:《〈辽史·地理志〉平议》:"《地理志》所见载的府州军城县等,盖以辽末制度为断(有的可能仅表明见存于辽代,并非终辽之制),但并不完整。"见《历史地理》第15辑,上海人民出版社,1999年,第319页。

有数十州府,在辽末早已不存,其中部分,或者在天显四年(929)东徙渤海国民之时已废,《辽志》却一一记录在案,这更是使后世研究者对于辽代政区的概貌产生很大误解,乃至忽视辽廷于两百多年统治期间,就境内政区的简化和规范化所作的努力。

更有,自天庆四年底女真阿骨打起兵之后,辽政权在一年之内,迅速丧失了其东北境的大片领土,或失于女真,或为高永昌叛军所据。故而,若《辽志》真以天庆六年为断,有静州,则无东京道之大部(若以天庆六年底的情况看,东京道几乎全境沦陷)。若说《辽志》并非断于天庆六年,而是之前的某年,则静州一条当然不该出现,但仅作此处之改动亦无济于事,因为,于《辽志》所载,未有任何迹象可以见撰者试图给出的是另一个年份的政区状态。

在以各府、州、军、城为纲的纵向的考证中,应付这些困扰,尚属容易,将实在无法解决的沿革问题置为悬疑,还不致令行文支离破碎。但当笔者试图给予几个时间点的政区设置状况时,史料的缺漏及缺乏时间观念,其困扰便充分显露出来。笔者尽力梳理亦无法呈现出许多政区在特定时间点的存在状态。一份政区名单,满纸"待定",实是大不如意。

尽管如此,笔者仍不怀疑给出某几个时间点的政区状况的价值。以府、州、军等政区为纲,详其沿革,并不能直观地体现政权的整体政区建置的变化,展示辽政权政区制度的改革趋势,终究有所缺憾。是故,给出几个固定时间点的建置表,还是非常必要的。尽管许多州的信息不明,令任一时期的建置表都不免颇显断烂,但总是聊胜于无,可以勾勒出不同时间的政区建置的粗略面貌。

要给出辽代政区建置几个横向的剖面,时间节点不难寻求,太宗朝、圣宗朝末期是较合适的选择。这不是因为这两个时间节点的政区建置较其他时间更为清晰,而是因为,这两朝是政区变化较频繁的两个时期。太祖、太宗两朝是疆域和政区两方面连续的迅速发展时期。在辽代可以考定出的 240 余个(不包括异名同地)曾经存在的府、州、军、城之中,大约有 100 个可以大致确定是置于(或新得于)太祖、太宗朝。至太宗末,疆域面积和政区数目的扩张期基本结束,辽代政区制度和数目的变化,进入了相对稳定时期,故于太宗末作一断面,实有其必要性。另有 30 余个政区置于圣宗朝。两个时期所置(新得)政区相加,远远超过了所有可确定建置时间的政区的半数。故于辽朝极盛之圣宗朝作一断面,似亦颇为必要。

另一个至关重要的时间点,自然是接近辽末之某年。关于这一年的选取,应当结合两方面的要求。一是尽量靠近辽政权灭亡之时,以显示辽最后的政区状态。二是避开辽宋金三国交战的混乱时期,也就是说,应定于天庆四年十二月女真起兵反辽之前。笔者毫不犹豫地选定了最合适的一年——天庆三年。事实上,在天庆三年至《辽志》所载政区变动的最后时间天庆六年之间,亦很少有政区建置的变动。相对前两个节点,厘清辽末的政区状态要容易得多,因有关于辽宋金混战期间的各种材料和金代史籍所反映的金初情形可作佐证,绝大部分政区在辽末的存在状态可得确切的信息。

综上所述,虽因《辽志》及其他相关史料的信息缺漏严重,但笔者仍试图在以下各章中,给予纵、横两个面相的政区状态,即各别政区沿革之详考,及某个时间节点的全国政区建置状况。纵的面相,仍以五京道为纲,但将五京道事实并未辖有的西南、西北、乌古敌烈、平州路析出各为一部。虽然辽另有相对完整的军事区划,但甚为破碎,各区划之间,面积与所辖政区数相差悬绝。至于财政路,因未能包括西南、西北、乌古敌烈等军事区划,亦不宜选取。故笔者仍选取相对较为齐整且大致符合《辽志》叙述次第的五京道与其他四路之分划方式。

至于横的面相,则以大同元年(947,太宗之末年)、太平十年(1030,圣宗之末年)、天庆三年(1113,辽末动荡前夕)为时间节点。在任一年份,某些不能确定其存废的政区,则于政区后加(?),以示有存在之可能性但无法确定。笔者期望,从这些频频出现的问号后面,辽代政区的发展历程,仍得以展露其概貌。

四、金代政区之研究状况

关于金源氏史地之记载及考辨,虽可见于明清学者之边疆舆地作品及元以后总志,清代诸通志、州志、县志①,清代学者施国祁撰《金史详校》,关于史地之内容,更堪称宏富。然以现代史学研究方法加诸金代史地,则始于20世纪初之日本学者。松井等、箭内亘、津田左右吉、池内宏等一批有志于"满洲"研究的学者,在1910年之前已开始成长,其研究与日本在朝鲜与中国东北的政治"进展"同步。而"满铁"这个身份特殊的经济体的介入,更促进了军、学、商一体,使日本对中国东北的研究盛于20世纪前期。松井、箭内之后,继之以

---

① 除元、明、清之《一统志》及清代方志之外,若明人顾祖禹之《读史方舆纪要》、毕恭之《辽东志》、李辅之《全辽志》,清人曹廷杰之《东三省舆地图说》、《东北边防辑要》,萨英额之《吉林外纪》,屠寄之《黑龙江舆图说》等,对金代史地皆有所涉及。

三上次男等,于疆域、政区、山川、民族等方面,皆有精研①。至20年代后期,中国学者亦已展开相关研究,其中首推王国维之《金界壕考》②。

1945年之后的三十余年,应当说是金代史地研究较为沉寂的时代。在日本,政治条件改变之后,热衷于中国东北研究的动力与环境已无从延续③。而在中国,考古界的成果固然于50年代之后仍在不断积累,又因《中国历史地图集》编绘工作的推动,史地方面的很多研究工作在此期间已经展开。但成果集中推出于1979年之后。该年《〈中国历史地图集〉东北地区资料汇篇》(以下简称《汇篇》)④的印行,可视作对此前多年工作的总结。至1982年,《中国历史地图集》⑤公开出版,既是对此前多年金代史地研究成果的集中展示,同时,也促动了政区研究的进一步发展。而1980年谭其骧先生《金代路制考》⑥一文,更是金代行政区划制度研究的划时代力作。此后三十年,制度研究也取得连续的进展,至今视之,可称成就斐然。

不少断代史或政治史专著,在行政区划制度、政治区革方面用力甚著。程妮娜、都兴智先生关于军事路、地方监察机构等制度的研究,集中于他们的专著中⑦,在行政制度方面都颇有贡献。王曾瑜先生之《金朝军制》,对关乎军事的地方区划有精审的研究,并及于临时性机构如行省、宣

---

① "满铁"享有"著作权"的《满洲历史地理》,可称初期的集大成之作。其中与金代相关的部分,收入了松井等《许亢宗之行程录中所见辽金时代满洲的交通路线》、《满洲在金代的疆域》,箭内亘《东真国的疆域》。此外,与金代史地密切相关者,松井等尚有《金东京城考》(载《历史地理》15卷1号,1910年1月)。池内宏有《金末的满洲》(载《满鲜地理历史研究报告》10册,1924年6月)等。至1930年代之后,则有三上次男专研史地、民族,其成名之作《金代女真研究》刊于1937年(满日文化协会发行,金启孮中文译本于1984年由黑龙江人民出版社出版),后复有《金初的都统司及军帅司》(载《满洲史学》2卷3号,1938年11月)、《金正隆大定年间契丹人的叛乱》(载《东洋学报》26卷3、4号,1939年5、8月)、《金初与高丽的关系——以保州问题为中心》(载《历史学研究》9卷4号,1939年5月)、《关于金朝的蒲与路——有关金朝北边的研穵之一》(载《东方学报》13册之2,1942年7月)、《金代的地方统治制度》(载《东方学报》14册之2,1943年7月)、《金初的路制》(载《北亚细亚学报》2号,1943年5月)等重要作品问世。
② 稍后又有朱希祖之《〈鸭江行部志〉地理考》(载《地学杂志》第20年第1号,1932年1月)、《金曷苏馆路考》(载《地理杂志》第1期,1932年)及叶秉诚之《金会宁考》(载《国立四川大学季刊》第1期,1935年7月)等。
③ 当然也不应无视老一代日本学者在此期间所作的持续探索。如三上次男集多年研究成果,在1970年以后推出的三卷本《金史研究》(中央公论美术出版,1970年,1972年,1973年)与其三十多年前的专著一样,在包括地方行政制度的多项研究中,有突出的成就。
④ 中央民族学院编辑组出版,1979年。
⑤ 中国地图出版社,1982年。
⑥ 载《中国历史地理论丛》第1辑,1980年。后收入《长水集》下卷,人民出版社,1987年。
⑦ 程妮娜:《金代政治制度研究》,吉林大学出版社,1999年;都兴智:《辽金史研究》,人民出版社,2004年。其中后者尤重于金代东北地区的行政制度。

抚司等①。至如张博泉先生的《金史简编》，作为最早的断代史，简述了金代路制，并对军政区划都总管路的区划体系有较完整的介绍②。尤其是所附"金辽、金宋行政区划比较表"，为金代各统县政区的隶属关系、沿革、治所，提供了一个概貌。而张先生领衔的《东北历代疆域史》③，其研究对象更近于本研究的论述范围，于金之疆域、政区制度及沿革，都可提供重要参考。而就具体的政区沿革之考辨而言，贾敬颜先生的两部著作④具有极大的参考价值，并提供宝贵的启示。当然最应提及的是王颋的《完颜金行政地理》⑤。此专著对金代各路、府、州、县作了全面的具体考证，是目前为止关于金代行政区划沿革的最为完整的研究，它与《中国历史地图集》，是本研究的重要基础。

作为与行政区划直接相关的政治空间问题，金代疆域、边界的变迁显然是极为重要的研究对象。不过，迄今可见的研究成果比较有限。除上引各部专著有所论述外，较具代表性的作品有邹逸麟先生《宋金分界考》⑥、李之勤先生《天水麦积山石窟的题记、碑刻与宋金利州路、凤翔路间的分界线》⑦、杨蕤先生《夏金疆界考论》⑧等数篇。此外，李昌宪先生对伪齐国疆域、政区的考释⑨，也与本研究有非常密切的关系。

关于制度史的研究成果则数量较多，也较为全面。都城制度方面，刘浦江先生关于金代捺钵的研究⑩，揭示了捺钵的规律与重要性，我们对金代都城的相对政治地位由此获得了充分的了解。关于金代京都体系成熟过程的细致论述，则见诸程妮娜先生的专文⑪。高层行政区划方面，转运司路则有康鹏先生曾作精研⑫；提刑司路有蒋松岩先生曾撰专文考其详，徐松巍先生于研究金之

---

① 《金朝军制》，河北大学出版社，1996年。
② 张博泉：《金史简编》，辽宁人民出版社，1984年。另需提及的是，何俊哲等所著《金朝史》（中国社会科学出版社，1992年）亦有相当的篇幅论述行政制度、政区沿革，并及于疆域变动所引起的政区的出入。
③ 张博泉、苏金源、董玉瑛：《东北历代疆域史》，吉林人民出版社，1981年。
④ 《东北古代民族古代地理丛考》，中国社会科学出版社，1993年；《五代宋金元人边疆行记十三种疏证稿》，中华书局，2004年。
⑤ 香港天马出版有限公司，2005年。
⑥ 载《历史地理研究》第2辑，复旦大学出版社，1990年。
⑦ 载《中国历史地理论丛》1997年第1期。
⑧ 载《北方文物》2005年第2期。
⑨ 《试论伪齐国的疆域与政区》，《中国史研究》2007年第4期。
⑩ 刘浦江：《春水秋山——金代捺钵研究》，《文史》第49、50辑，收入氏著《松漠之间：辽金契丹女真史研究》，中华书局，2008年。
⑪ 《金代京、都制度探析》，《社会科学辑刊》2000年第3期。
⑫ 康鹏：《金代转运司路研究》，北京大学硕士论文，2003年。

监察制度时,亦有所涉及①;继谭其骧先生之后,张帆先生对路制之整体情况作了新的很有价值的考察,其重点在于机构性质、职掌以及金元之间制度的继承关系②;李昌宪先生则对金初路制在其疆域的东北部分的发展状况作了深入探讨③。至于府、州、县制度在金初的确立过程及相关建制,程妮娜先生亦有专文论及④。

在这些常设的高层行政区划之外,金代前、后期存在多种临时性军政机构——尤其是中央派出机构,关于它们的建制、沿革、辖区,研究已相当成熟。上已提及,王曾瑜先生对这些机构曾全面加以论述。此外,不乏专门针对某一种机构的研究,其中最受关注者,莫过于金末以挽回危亡局面为主题的政治生活中起过重大作用的行省。自台湾学者丁崑健之后,全面研究行省之相关制度及建制变迁的研究成果,先后有景爱、鲁西奇、杨清华诸先生的专文或博士论文⑤。李涵先生之于金初汉地枢密院,鲁西奇之于金初行台尚书省,杨清华之于金末行枢密院,姚朔民之于金末宣抚使⑥,各备极详尽,作为行政区划制度的外围,包括金末行省在内的各种主要的临时性地方军政机构的研究现状,较之路、州等主体部分更为成熟。

具体政区的考释,以王颋先生之专著最为全面,上引张博泉、贾敬颜先生的专著亦颇多涉及。此外,研究特定区域内的政区,也是部分学者的兴趣所在⑦。至于辨析各个政区的创革、治所,则所见多矣,然而学者对各区域的政区,关注程度大有不同。对中原地区的政区,因向来争议不大,所受关注相应较少。而对于史籍记载极略、古之沿革家无法断定其址的东北地区的州、县,

---

① 蒋松岩:《金代提刑司与按察司初探》,《平原大学学报》1987年第3期;徐松巍:《金代监察制度初论》,《民族研究》1992年第2期。此外,程妮娜先生于其专著《金代政治制度研究》中对提刑司亦曾展开论述。
② 《金朝路制再探讨》,《燕京学报》新12期,北京大学出版社,2002年。
③ 《金初原辽地的路制与路级政区试探》,北京大学中国古代史研究中心编:《邓广铭教授百年诞辰纪念论文集》,中华书局,2008年。
④ 《金初府、州、县考略》,《北方文物》1989年第3期。
⑤ 丁崑健:《元代行省制度之形成及其职权》,私立中国文化学院史学研究所博士论文,1977年;景爱:《金代行省考》,《历史地理》第9辑,上海人民出版社,1990年;鲁西奇:《金末行省考述》,《湖北大学学报(哲学社会科学版)》1995年第1期;杨清华:《金章宗时期的行省建置》,《鞍山师范学院学报》2004年第1期;杨清华:《金朝行省制度研究》,吉林大学博士论文,2009年。
⑥ 李涵:《金初汉地枢密院试析》,中国辽金史学会编:《辽金史论集》第4辑,书目文献出版社,1989年;鲁西奇:《金初行台尚书省与汉地统治政策》,《江汉论坛》1994年第10期;杨清华:《金朝后期行枢密院考》,韩世明主编:《辽金史论集》第10辑,中国社会科学出版社,2007年;姚朔民:《宋金的宣抚使》,韩世明主编:《辽金史论集》第9辑,中国社会科学出版社,2007年。
⑦ 如张晖宇、王禹浪:《金代黑龙江地区的行政建制述略》,《哈尔滨师专学报》2000年第7期;田淑华、白光:《承德地区辽金时代古城址调查综述》,韩世明主编:《辽金史论集》第10辑。

今之学者借助新近不断涌现的考古材料,辨析踊跃①,其中连接上京路与东北路的要地肇州,学者论难最为激烈,以笔者所见,仅专以肇州为论述内容的论文,即有十篇左右②,尚不计专著中所及者。但总体而言,相比金代近二百之州数、逾六百之县数,相应的研究成果并不能算是繁富。

如上所述,金代史地研究的成果为数固然不少,然较之其他中原皇朝,仍显简略。与宋、明相较,其基础甚显薄弱,此固不待言,甚至较之汉、唐,亦大有不如。相关的空间问题与制度的研究,力度畸轻畸重,详者如金末行省,略者如疆域变迁。地方行政制度作为一个体系的发展过程,固然远欠明朗,即便是各个政区的考释,亦或流于简略。故而要给出金代行政区划的全貌,仍需重新考虑很多制度与政治背景方面的问题,至于具体政区的沿革,提出新的问题,作出新的解释,更是在在需之。在现有成果的基础上,本研究仍需尽力完成以下任务。

首先,要对疆域的变迁及导致变化的政治要素有完整的把握。金祚不及二甲子,然而战争不断,初期、末期固然有边界的大幅进退,中期皇统至泰和间,与宋、夏的交争也不同程度地改变金的疆域。这种变动有时是可回复的,如正隆末、泰和末的两次金宋战争,和议签订后南界恢复到皇统六年(1146)的状态。但金、夏的间断冲突,却使金之西界逐渐但却持续地发生变化。而即便疆土与政区得而复失、失而复得,其得、失,仍是一个值得关注的政治过程。本研究对疆域变迁甚为重视,在具体的考释中也极其关注各个政区在不同政权之间的转移,期望本研究的论述能达到这样的目标:为绘制金政权在任何一个年份的实际控制区域与行政区划图提供完整的材料。

---

① 如金之上京会宁府,自白鸟库吉 1909 年发表《关于金上京》一文(载《考古界》第 8 篇 9 号,1909 年 12 月 20 日),近百年来,我国学者一直在推进相关研究。如景爱先生在《金上京》之专著(三联书店,1991 年)外,又有《金上京的行政建置与历史沿革》(载《求是学刊》1986 年第 5 期),至本世纪,讨论仍在进行,如王可宾有《金上京新证》(载《北方文物》2002 年第 2 期)一文,继续讨论上京的建置沿革。蒲与路(景爱:《关于金代蒲与路的考察》,《文史》第 10 辑,中华书局,1980 年)、胡里改路(李英魁:《金代胡里改路》,《北方文物》,1994 年第 3 期)、速频路(郭毅生:《率宾府、恤品路和开元城》,《历史地理》第 2 辑,上海人民出版社,1982 年)、宜春县(王禹浪:《金代宜春县考》,《东北地方史研究》1986 年第 2 期;王国志:《金宜春故城考辨》,《黑龙江史志》1996 年第 5 期)、曲江县(王禹浪:《金曲江县考》,《东北地方史研究》1985 年第 1 期)等,亦有相关专文。对其他政区的沿革研究散见下文,此不赘。

② 自清曹廷杰及 20 世纪初松井等即已尝试为肇州定治,1980 年代之后,争论再起。自金源于 1980 年作《肇州考》(载《社会科学战线》1980 年第 1 期)一文,根据史载肇州之位置及今所见之相关文物作出论述,学者所见难以一致,故 20 余年之后仍未定论。至 2006 年,尚有樊恒发先生《关于金代肇州地理位置的探讨》(载《博物馆研究》2006 年第 2 期)一文论之。其间诸文不详具,可见肇州条考述。

其次，要对行政区划制度有全盘的了解。较之辽、宋等皇朝，金代政区制度更为多变。金灭辽耗时十余年（太祖自辽天庆四年即1114年起兵，至太宗天会三年即1125年擒辽天祚帝），此后灭北宋（1127）、与南宋交争，若计至绍兴十二年（1142）和议签订，又是十余年。与此相应的是，包括政区制度在内的制度创建、改变，经历了一个很长的过程。同时，宋的北部疆土以及内部地理差异远为明显的辽的旧疆合并于金，整齐制度的要求在地理差异与旧政权的制度惯性面前作出变通，确乎需要较长的调适时间，故不同区域之间的制度划一，费时费力，可想而知。而金朝诸帝之间不太正常的传承关系，也成为改制的一大"动力"，从太宗到世宗，六十余年，诸帝无一例外地推陈出新，四颁官制，即是明证。

政区制度的发展历程，似乎在金代的相关史籍中未有清晰的表述，这可能是因为，金前期诸帝改制，较受后人注意的是官制尤其是中央官制之改革。如天会十二年改制①、天眷二年（1139）新制②、正隆元年（1156）新制③、大定二年（1162）新制④，涉及政区制度的内容较少。但事实上，政区制度在太宗至世宗朝并未被忽略，只是相关的重大变革都未与历次新官制的全面、隆重推行同时，《金史》遂对此略而不及，改制的内容，零落于字里行间——甚至《地理志》中的表述也是舛谬纷纭、破绽百出。面对如此频繁的变化，我们对政区制度的认识停留在某个固定的时间截面上，显然是不太合适的——将实行于不同时代、不同方面的制度糅为一体，如此缺乏时间概念的做法当然不符合历史学的要求。若不经梳理而仅限于对《金史》各《志》的浮于表面的理解，这种错误是不难发生的。但经逐条的分析、剥离撰者的误解及忽视所致的谬误，历次改制带来了哪些政区制度方面的新变化，尚可大体辨清。前人在这方面已作出的成就固然不容忽视，但仍有较大的推进余地。例如，层级制度不清，对路制的了解不够全面，对路、府、州统属关系不甚明了，自会令我们对整个政区体系存在重大误解。又如混淆金、元制度，也会令我们无法确切掌握某些政区在金末的形态。这些问题都有赖于制度之厘清。

再则，力求理解政区变迁的原因。变迁，可能牵涉到战争与和谈、首都之

---

① 《金史》（中华书局，1975年）卷3《太宗纪》：天会十二年正月甲子，"初改定制度，诏中外"。
② 天眷二年《奏请定官制札子》及翰林学士韩昉所撰答《诏》，载《松漠纪闻》（丛书集成初编本）卷2。
③ 《金史》卷5《海陵纪》，正隆元年五月，"颁行正隆官制"。具体颁定内容，在卷52《选举志二》、卷55《百官志一》等处有所反映。
④ 《颁新定官制诏》，见《三朝北盟会编》（上海古籍出版社，1987年，以下简称《会编》）卷245，绍兴三十一年十一月二十八日。

迁徙、军事布局、交通运输、人口、民族、经济、财政或者是文化,即便对其形式之变动有清晰的了解,但若不知其所以然,不去力求空间变化背后所隐藏的复杂政治背景,则无以与更广阔的政治环境相联系,相当于以行政区划的研究范围划地自限。若然,稍遇沿革不清晰之处,即难以理解何种政治因素或政治事件会通过怎样的方式推动政区形式的变化,亦无法将不同政区的变动联系起来。毕竟有不少政区的沿革在史籍中的记载是相当模糊,甚至极度缺乏素材,若使沿革问题孤立于其他政治因素之外,则相当于拒绝利用大量的间接证据。最终,不知所以然反会导致不知其然。

最后,也是本研究最主要的任务,是尽量呈现金代所有行政区划之沿革全貌。述其置废、层级、治所、隶属关系,自是题中应有之义。如上所述,东北地区的行政区划,相对而言沿革较不清晰,本研究固然有继续廓清的责任,其他边疆地区如西边、南边,也有某些政区变迁甚繁而记载甚简者,亦将不吝篇幅予以考辨(如南境之寿、泗、秦州,西境之会州即是)。至于个别政区易手于不同势力,更是判断该政区在特定时期是否成为金国家的构成部分的基础,而这恰恰是此前的研究未予足够关注之处,故本研究于此尤为着力。

当然,使原本模糊的制度与政区呈现清晰的面貌,有时或需较显累赘的论证过程。至于前人研究成果较为丰富的部分(不仅限于各个政区的考释,也包括某些制度,若行省、宣抚使等临时军政机构),固然需纳入阐述范围以保证本研究的系统性,使得金代行政区划制度与具体政区沿革展现其全貌,但理当作简化处理,在撷取前人精华之同时突出笔者本人的分析与观点,故篇幅是否均衡,有时难以顾及。

第一编 辽代疆域变迁与政区制度考述

第一章　辽代疆域

辽之疆域,大致形成于太祖耶律亿(阿保机)和太宗耶律德光统治期。具体说来,太祖时期,是一个持续的全面扩张的时期:唐天祐三年(906)前后,降服东北方的女真;太祖五年(911),吞并南面的奚族地区;神册四年(919),大致完成对北方室韦、于厥的征服;天赞三年(924)通过第二次西征,掠地至阿尔泰山以西,后撤军,但西北据有胪朐河流域,西南囊括吐浑、党项等部族;而自阿保机建国之初就已开始的对渤海的蚕食,以天显元年(926)突袭成功、灭亡渤海告终。只有对南面的中原地区,他掌兵和在位期间,虽不断进行侵扰,但终未获得堪与太宗会同元年(938)收获十六州相比的成就。

《辽史》载,唐天复元年(901)十月,阿保机为"大迭烈府夷离堇"[①],执掌部落联盟兵权。此时,契丹的力量正处于迅速上升的时期,用兵的节奏非常频密,成效也极为显著。阿保机掌权之初,已向南面的奚和北面的室韦、于厥发动进攻。二十余年间,契丹政权在各个方向都获得极大的进展,疆域扩展数十倍,契丹由一个仅仅占据初唐松漠都督府辖域的部落联盟,成长为主导东北亚局势的唯一政权。其功业,大部分完成于阿保机掌兵和在位的二十余年间。

阿保机时代契丹的扩张有一点不同于此前大部分游牧族:他不仅掠人掠财,而且表现出强烈的占地倾向,只要能够立足,就不放弃城池和土地。这种倾向,在对渤海的战争中也体现得淋漓尽致。在对各个方向交替用兵的二十余年中,契丹没有停止对其东面的渤海的步步进逼,沿着辽东湾持续向东、向北扩展其控制区,这种态势可用"蚕食"来形容。到了阿保机统治的最后一年,才最终一举灭亡了渤海。对南的攻伐也呈现同样的特色,只是成效不著,仅在东、西两端获得平、营、丰、云内州及振武军之地,其成果不能与其他方向相比。

在太宗耶律德光统治期,最大的进展无疑是获得了中原北部的幽云十六州之地。阿保机向南征战多年未能完成的领土诉求,德光通过中原的一次改朝换代得以达成。会同十年(947,改元大同,即石晋开运四年,后汉天福十二年)甚至

---

① (元)脱脱:《辽史》卷1《太祖纪上》,中华书局,1974年。

一度占据石晋领土,成为中原之主。德光像他父亲一样,死于一次重大胜利之后的返回途中,但此时契丹却不能像阿保机灭亡渤海那样,占据后者的领土,而是立足不稳迅速撤出,只能满足于继续占据幽云十六州(参见图1)。尽管继位的辽世宗仍有进取中原之心,但终究未能付诸实施。947年以后的一个世纪,契丹疆域虽有多次调整,但在南疆,却仅有"微调"(参见图2)。

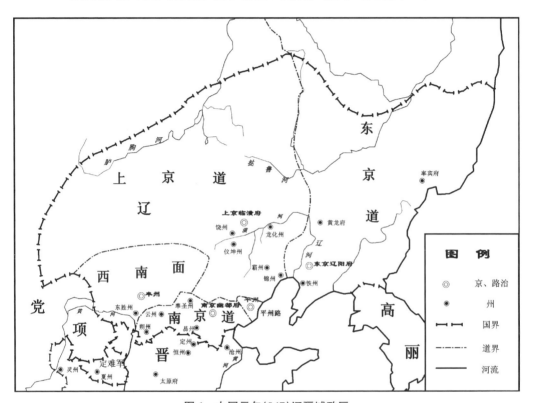

图1　大同元年(947)辽疆域政区

此后较重要的领土变动有:东南与高丽界,统和十一年(993),以鸭绿江下游东岸数百里地赐高丽,但开泰三年(1014),辽复踏进至鸭绿江下游东岸,建保、宣、定三州。南面与五代、宋边界,先于应历九年(959)失瀛、莫、易、泰、宁五州于后周,统和七年,辽复取易州。西面,统和中在蒙古高原连续用兵,遂据有阻卜之地。重熙十二年(1043),取河套东北部黄河以西之地,置金肃、河清二军及宁边州。至此,辽之疆域大致稳定,其走向如下(参见图3):

东北至鄂霍茨克海,东至日本海,东南自今朝鲜境内龙兴江,经大同江上游,直西至鸭绿江入海口以东,今朝鲜平安北道义州与新义州之间。南界东起

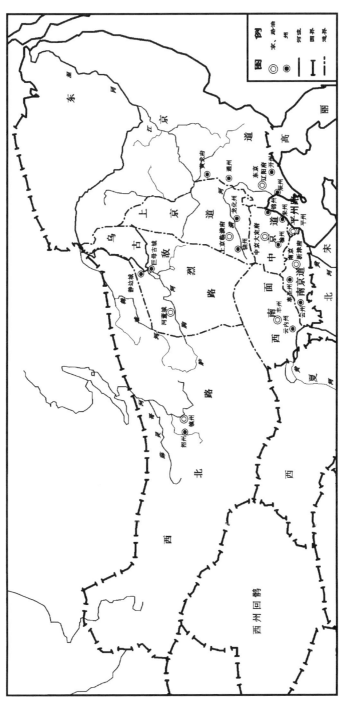

图 2 太平十年(1030)辽疆域政区

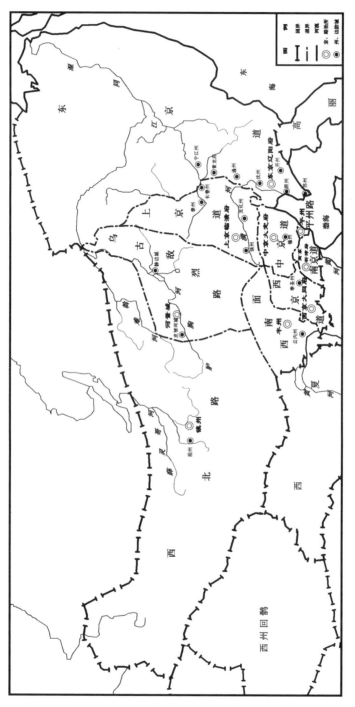

图 3　天庆三年(1113)辽疆域政区

今天津塘沽海河入海口,西经今河北霸州市、容城县、徐水县、满城县北,至今阜平县东北神仙山,西行至今山西五台山以东,东北行至平型关东,再西北行至应县南,西南经雁门关至今神池县南,在今五寨县西南西北行至今河曲县北黄河。西南界,过河又西北行,经今内蒙古准格尔旗以南,西行至今东胜以西南,西北行越黄河,在今包头市西折西行,经乌拉山,在乌拉特前旗以东折北行,再沿中蒙边境西行,在阿尔泰山以南,近乌伦古南岸行,经今新疆吉木乃县南、塔城市以北,至哈萨克斯坦萨斯克湖北面折北行。西界,由此经斋桑泊以西至俄罗斯阿尔泰边疆区巴尔瑙尔至新库兹涅茨克一线。北界,由此东南行至乌布苏湖以北俄、蒙边界,东行经库苏泊南、贝加尔湖南、赤塔以北至涅尔琴斯克,至我国黑龙江省漠河以北折北,再沿外兴安岭东行至鄂霍茨克海①。

辽的疆域,无疑是极为广阔的。但是其疆域处于北温带与寒带,且以草原和荒漠为主。而城市的密集分布,只有在农业发展地区才可能发生,辽境大部分地区达不到这一要求。这就决定了辽境内以城市为中心的汉式政区——州、县——的分布范围:主要存在于辽境东部和南部的少数地区。即使在今天看来,也只有这些地区的自然条件允许农耕的生产方式在空间上连续分布。而在东、北、西三个方向,外围都有极广阔的疆土,却极少有州县分布。比如西面,那些所谓州一级的政区,多是边防军镇。

此外,自然条件与州、县的分布又导致了疆域不同方向的边界的清晰程度不同。南面,随着统和二十二年(1004)前后辽与中原政权的激烈冲突平静下来,军事占领线通过和约,转化为清晰的边界。甚至一度存在于辽之代北与宋之河东之间狭窄的(最宽不过数十里)、不连续的缓冲区(禁耕地带),也在辽后期道宗朝完全划清,其精确程度已达到应用分水岭、挖掘界壕边墙②、

---

① 参《中国历史地图集》第六册辽代图集,中国地图出版社,1982年,北京,第 3—4 页;张博泉、苏金源、董玉瑛:《东北历代疆域史》,第 169—175 页;林荣贵:《北宋与辽并立时期的疆域格局》,《中国边疆史地研究》1998 年第 3 期,第 13—26 页;杨树森:《〈辽史·地理志〉所记辽朝北界辨误》,《东北师范大学学报(哲学社会科学版)》1991 年第 4 期,第 37—41 页。
② (宋)李焘:《续资治通鉴长编》(以下简称《长编》)卷 268,中华书局,1992 年,熙宁八年(1075)九月壬申,"上批付韩缜等:'今月六日,得卿等缴奏北人来牒,岢岚军地分见守把壕,非元初分立界至处所。详料北敌之意,必以卿等累督其先开立芦茅山以西壕堠,疑已尚有准拟分画之地,谓我含而不泄,幸而议不及之,急欲承就了当,故复反复侵贪,不肯休已。'"又同书卷 304,元丰三年(1080)五月丁丑,"河东缘边安抚司乞移牒止约北人缘边创置铺屋。上批:'如北人于分划壕堠之北修建城池,即是有违誓书。若止增铺屋,毋得止约。或于土门以东,接真定界以南侵犯,增铺屋、壕堠,即先谕以理道;不从,即约阗出界。'……麟府路走马承受中言:'闻府州久良津、贾胡赵有北人拆界壕石墙取水。'诏河东路经略司密量当何处置,此本处斥堠不谨,亦案劾之。"则是既有界壕,又有边墙,并且有边军严密巡视壕、墙,禁止对方军民越界。

树立界碑①的程度。辽、宋领土已是通过线而非面来分割,且其划界之严格程度,与19、20世纪欧亚诸国划界方式相比,实无本质区别。在东南方,辽与另一个农业族的政权即高丽的边界西南段,今鸭绿江下游一带的界线,也通过辽圣宗朝几次战争与谈判,使清晰的界至逐渐成形。但是,对于东部女真、北部室韦、西部阻卜等分布地区,辽未能进行直接控制,故而在大部分方向,边界无以呈现线性的清晰程度。事实上,游牧族政权或部落之间的界至,从来都是无法严格分划的,反而是辽、宋边界之精确,在古代世界是极为罕见的,这也反映了辽这个政权的极端多样性。

---

① 《辽史》卷92《萧韩家传》,大康三年(1077),韩家"经画西南边天池旧堑,立堡砦,正疆界,刻石而还"。界碑之立定,显然有严格之程序。《长编》亦多载熙宁后期、元丰前期双方划界使臣实地踏勘边界之事。

第二章　辽代政区五京制与高层政区

第一节　辽代的"复式"政区体制

辽政权对于国家所属各种力量的管理,采用一种复式的体制。所谓"复式",第一个层面,是宫卫(斡鲁朵)作为皇帝直属力量,与政府所属力量(部族、州县)的分治。宫卫制度较其他游牧族政权以核心部落来压服震慑其他部落的体制更进一步,它直接从属于首领个人而非部落。建立这支力量,很大程度上,正是为了防备核心部落内部反对首领的势力。而宫卫的组成人员,也自不同部落抽取。宫卫制度的出发点,似乎与中原政权的禁卫军制度,有异曲同工之妙,并且对于数百年后蒙古人以组建"千户"的方式彻底打破原来的部落结构,或有相当大的启发。或许可以说,宫卫制度不但不是契丹部落时代的遗存物,反而是为了将较为松散的部族政权改建为中央集权的国家体制的强力手段,虽然因涉及部族,而成为契丹的特殊制度,但却更多地体现出中原制度的影响。

第二个层面,就是在辽代的政治制度中占据核心地位的南、北面分治的体制,即岛田正郎提出的,"以契丹人掌握军国大权,汉人主管行政事务,即所谓以契丹人的独裁制为基础之二元制"[①]。落实到政权对于各个民族、各种组织的管理,则具体为北枢密院管理契丹族为主的游牧民族的部族组织,南枢密院则主管以汉人为主的农耕民族的州、县等地方行政组织[②]。此等便于管理不

---

① 《辽朝北面中央官制的特色》,原载《大陆杂志》第 29 卷第 12 期,1964 年,见台湾大陆杂志社编《辽金元史研究论集》,《大陆杂志史学丛书》第 2 辑第 3 册,1970 年,第 31 页下。
② 据李锡厚研究,北、南面不过是就捺钵中契丹官员与汉人官员的官衙行帐相对于皇帝的大帐的方位而言,契丹在北,汉官在南。因只有中央官员跟随捺钵,部族、州县官则不随从捺钵,故只是中央官员有北、南面之分,并不存在北枢密院分领部族、南枢密院主管州县的清晰界隔(见《论辽朝的政治体制》,李锡厚:《临潢集》,第 19—20 页)。杨若薇亦以为,"北南二院本来就是一个整体,是同一最高机构的两个组成部分"(见《契丹王朝政治军事制度研究》,第 131 页),也就是说,在管理对象和职能上,两院并无明确分工。不过,李焘记载:"其官有契丹枢密院及行宫都总（转下页）

同民族、便于保护不同生产方式的体制,同时也便于控制不同群体参与辽政权的不同方式(主要功能)与程度。这种深具灵活性与实用性的体制,被某些学者看作是辽代"一国两制"的重要方面①。

以上两个层面,既反映了辽政权对于中原制度的继承(如对于方州的管理),也有辽自身的创设(部族与方州分治)。即使在管理方州的南面体系中,同样是既有继承,又有创设。辽代对于汉式的州县,其地方的上级统辖机构是五京道与路,其中五京道见于《辽史》记载,最为后人所熟知。京,即都城,政治中心,是历代中原皇朝必不可少的建置;道,则是唐代制度。然而经过辽的改造,京与道相合,演化出一种以首都与陪都为地区政治中心的新的行政管理体制。路亦非辽所首创,而是得自于宋。而辽结合五京制与路制,创造出一种道与路相混合、辖有州县的模式,此为辽所独具。再则,唐虽然前期有作为监察区划的道,而后期则以藩镇为道,但藩镇林立之际,监察道已失去实际意义。而辽则建立起一套道、路辖有节镇再下辖州的统辖模式,较之唐,又有变化。

最后,游离于皇帝直接控制之外的头下制度,貌似契丹的本族制度,但就其实质而言,亦非中原无有其匹。姑不论"州"之称谓,是借用中原地方政区之名,即便是头下的私属性质,也不过是秦统一之前与汉初封建的翻版,不得谓其有迥异群伦之特质。

辽代国家体制在各个层面皆有中原制度的痕迹与其自身的创新,地方行政制度尤然。就单种制度而言,似乎更主要的是体现中原制度对辽政权的影响。不过,这些制度相叠加,却示后人以一种特具独创意味的整体观感:即是前面所强调的"复式"的国家管理体制。也就是说,辽代体制最大的独创性,反映于它的整体结构(具见下图)。前所未有的复杂层级(行政区划自道一级算起,至少达到四级),三条路径互相平行、集权程度不同,但又最终集权于皇帝,这两点,都是此前历代未尝一见的。

(接上页)管司,谓之北面,以其在牙帐之北,以主蕃事;又有汉人枢密院、中书省、行宫都总管司,谓之南面,以其在牙帐之南,以主汉事。"(《长编》卷110,天圣九年六月丁丑)李锡厚对于这条记载是表示赞同的,但对于其中所谓北南面分主"蕃事"与"汉事"——这应当可以证明部族属北面而方州属南面的说法——却未置一词。笔者以为,是否从中央两枢密院到地方的方州、部族,存在截然分明的北南两面体制,仍有待进一步研究。因此,暂仍持南院管方州、北院管部族的旧说。但是,对于李、杨二先生提出的斡鲁朵在两枢密院控制之外,笔者表示深切的赞同。

① 杨福瑞:《辽朝徙民置州考论》,《昭乌达蒙族师专学报(汉文哲学社会科学版)》1990年第3期,第86页。

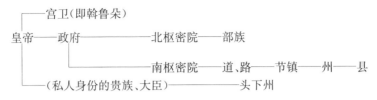

辽代国家管理体制示意图

需对上图作一点解释：对其他中原政权来说，由中央至县的逐层统制方式，应可称之为行政体制。然而，上图所显示的模式，却包含着无法称为"行政"的内容，比如北枢密院对于部族的管理，就是一种政治控制、一种统治，而非一种行政管理的关系——即使辽代部族的游徙范围较此前诸游牧族狭窄得多，辽代部族之间也仍然不存在清晰的边界，各部族的政治中心，也非全然固定，所以部族难称是一种行政区划。故而，对于上图所反映的内容，我们只得称之为"国家管理体制"，而本研究的对象，限于主题所在，不包括与部族直接相关的内容。宫卫历来被认为与所谓"隶宫州县"相关，而州县显然不能排除于政区之外。本卷不得不予一定的篇幅，阐明宫卫与"隶宫州县"的关系。但事实上两者之间不存在直接的上下级关系，所以由宫卫而下的一条路径，事实上与行政区也是无关的。至于头下州，因其私属性质，也可排除在行政区之外，不过，由于它在其他各方面都与方州接近，并且辽代的头下州处于不断向方州转化的过程中，故而既可视作方州的一种类似物，又可视作方州的源头之一，正如阿保机私属之城也被视作方州之起源。故而，本卷研究的对象，包括头下州在内，虽然它的重要性及本研究给予它的篇幅，远不如南枢密院下辖的州县系统。

第二节　五京之沿革

辽之五京，其建置经历了漫长的过程，自太祖神册三年（918）创建"皇都"，出现正式的首都，至兴宗重熙十三年（1044）建云州为西京，五京制齐备，历时126年。五京制度具体发展过程如下。

神册三年，阿保机在契丹的势力中心"西楼"创建"皇都"："城皇都，以礼部尚书康默记充版筑使。"①既称"城"，又以重臣为"版筑使"，则由西楼而皇都，应是从无到有，新修城隍，契丹自是而有了真正的都城。会同元年（938），改为

---

① 《辽史》卷1《太祖纪上》，神册三年二月癸亥。

上京临潢府。

第二个都城之形成在天显三年(928)。该年十二月,"诏遣耶律羽之迁东丹民以实东平……升东平郡为南京"①。这个"南京",初置之时是东丹国的南京,据康鹏研究,至会同元年,辽太宗废东丹国,又建幽州为南京,东丹国之南京东平郡,遂入辽且改为东京辽阳府②。

因石晋献入十六州,契丹在南方获得了大片领土,而幽州的战略地位与契丹当时将南方视作主要发展方向的方针相契合,故升幽州为南京幽都府,而原来的南京东平郡则改为东京,改东平郡为辽阳府,同时,亦改皇都为上京,命名为临潢府③。该年的升、改,不仅使都城增加为三个,并且建立了统一的命名体系,即建府,并以区位或地位定各都城之名,此例为后来所建的两京所袭用。至开泰元年(1012),改幽都府名为析津④。

中京大定府之建立,在圣宗统和二十五年(1007),在辽西这片农牧两便的土地陆续建置了不少州县之后,奚族于统和二十四年"进故奚王牙帐地",次年,辽建中京大定府于此⑤。

重熙十三年,升山后重镇云州为西京大同府⑥。

至此,五京的漫长建置过程完成。

在此需略提及,辽曾有另一"中京"。在会同十年(947)契丹大军灭后晋、占领中原之时,曾"升镇州为中京"⑦,又废石晋都城——东京开封府为汴州宣武军节度⑧。则当时辽有四京:上京临潢府、中京镇州、东京辽阳府、南京幽都府。然而当年契丹即退出了中原,中京镇州只是昙花一现。

对于辽五京的形成过程,固然没有疑义,然而,关于辽代都城的意义,以及

---

① 《辽史》卷3《太宗纪上》。
② 康鹏:《辽代五京体制研究》,第63页。
③ 《辽史》卷4《太宗纪下》,会同元年十一月;卷38《地理志二》东京辽阳府条。若按中原唐、五代之制,由州、郡改府,当称"升",然在契丹,该年以前,政区制度并不完善,郡、府仅是称呼不同,在地位上似无明显区别,故初建皇都,以及天显三年建南京,皆无府名。
④ 《辽史》卷15《圣宗纪六》,开泰元年十一月甲午朔。
⑤ 《辽史》卷39《地理志三》中京大定府条。
⑥ 《辽史》卷19《兴宗纪二》,重熙十三年十一月丁卯;卷41《地理志五》西京大同府条。
⑦ 《辽史》卷4《太宗纪下》,大同元年二月丁巳朔;《资治通鉴》卷286《后汉纪一·高祖上》,天福十二年二月丁巳朔。
⑧ 按《辽史》卷4《太宗纪下》,大同元年正月"戊子,以枢密副使刘敏权知开封府";然而,至"三月丙戌朔,以萧翰为宣武军节度使。早在后唐同光元年十二月戊寅,"改宋州宣武军为归德军,汴州开封府复为宣武军",即降后梁都城开封为宣武军节度,至后晋天福三年十月庚辰,又将汴州"升为东京,置开封府"(见《旧五代史》卷30《唐书·庄宗纪四》,卷76《晋书·高祖纪二》)。则辽大同元年又恢复"宣武军节度"之建置,是再降开封府为普通节镇,废其都城之地位。

五京之间的地位差异,学界却颇有分歧。根据对《辽志》的认识,辽之都城制度,应是一主四辅,即上京临潢府为首都,其他四京为陪都。然而谭其骧先生提出,辽曾有事实上的迁都之举,即辽中期首都由上京迁至中京大定府,然一主四辅之制则如一①。不过,自1990年代之后,又有多位学者持辽无都城之说,虽然表述各异,但大体认为,五京只是名义上的都城,而缺乏实际意义。笔者以为,关于辽都城的意义,尚需一辨。

认为辽代无都城者,对辽代都城地位的认识,主要是受辽"捺钵"制度的影响。简单说来,辽之皇帝"出有行营,谓之捺钵"②。《辽史·营卫志》曰:"辽国尽有大漠,浸包长城之境,因宜为治。秋冬违寒,春夏避暑,随水草就畋渔,岁以为常。四时各有行在之所,谓之'捺钵'。"③由此语可知,辽之"四时捺钵",是辽之统治者将游牧族的生产与生活习惯,融入政治生活中。由《营卫志》所载"四时捺钵"的具体地点与出发、到达、停留之时间以及处置政务的内容和方式来看,辽帝及政府处理重要政务多在捺钵,因此,捺钵的规模极大,"皇帝四时巡守,契丹大小内外臣僚并应役次人,及汉人宣徽院所管百司皆从","兼受南宋及诸国礼贡"④,内政外交,一例于捺钵解决,捺钵的重要性可见一斑——《辽史》将《营卫志》置于诸《志》之首,或亦由此。

捺钵,意味着不固定,捺钵作为辽廷处理政务的主要场所,遂使都城失去了政治作用,于是也失去了称为"都城"的根本内涵,这是否定辽有真正都城的主要理由。杨若薇即认为,辽之中书省、枢密院等主要中央机构皆随驾而迁,故辽人自称其中央政府为"行朝",而宋人亦承认辽之"官署随帐",因此,"五京中任何一京都没有实际起着首都的作用",只不过是"象征"性的。如果一定要找一个"名义"的首都,那么,因为上京是契丹族根基所在,在五京中地位最高,所以辽后期"事实上"迁都的问题也就不应存在了⑤。李锡厚也认为,"辽朝的五京实际上只是各自所在地区的行政中心,并不是全国的政治中心"⑥。他承认辽中期辽都中京,但中京大定府,又"只是名义上的都城"⑦。

笔者以为,对于"首都"或者"都城"(包括陪都在内)的认识,应随政权性

---

① 谭其骧:《辽后期迁都中京考实》,《长水集》(下),第278—289页。曹显征亦持此说,见《辽中期徙都中京原因管窥》,《昭乌达蒙族师专学报(汉文哲学社会科学版)》1989年第2期,第25—31页。
② 《辽史》卷31《营卫志上》。
③④ 《辽史》卷32《营卫志中》。
⑤ 杨若薇:《契丹王朝政治军事制度研究》,第95—96、109、213页。
⑥ 李锡厚、白滨:《辽金西夏史》,上海人民出版社,2003年,第129页。
⑦ 李锡厚:《辽中期以后的捺钵及其与斡鲁朵中京的关系》,《临潢集》,第82页。

质的不同而给予不同的定位,对于辽这一以游牧族契丹为立国之本的政权,它绝不会有一个像中原政权那样严格意义上的、其政治上的重要性绝对超乎其他所有地方的首都。但它同时又统治着数量庞大、广泛分布于其统治地区的汉、渤海等农业族的居民,故而,它不像一般的游牧族政权——如匈奴、突厥——只依赖一个可能游走不定的牙帐来实行统治。这种两面性,使其首都具有一种特殊的意义,但它绝不是可有可无、仅仅保持着一种"名义",而是从多种政治事务上显示其实际作用。康鹏先生提到,中京或可"算是辽朝统治汉地州县的一个行政中心"①,此中肯之语,然中京实不止于"行政中心"。

契丹政权需要一个固定的政治中心,因为它在多个方面借用中原的方式统治大量农业民族,"内外官多仿中国者"②,政府的架构非常庞大。这就带来两个问题:其一,行宫不可能容纳整个中央政府。其二,对于治理汉民的"南面"体系来说,从决策到执行,是一个漫长而复杂的过程,并非任何政事的任何步骤都可在行宫中处理。是故,完全流动的中央政府当然是无法存在的。《辽史·营卫志》固然说,"契丹大小内外臣僚并应役次人,及汉人宣徽院所管百司皆从",但治理汉民的中枢机构,却只择取少数官员随行,"汉人枢密院、中书省唯摘宰相一员,枢密院都、副丞旨二员,令史十人,中书令史一人,御史台、大理寺选摘一人扈从",并且,这部分南面官员随驾,每岁只在夏、冬捺钵"南北臣僚会议"时,至于平时,"宰相以下,还于中京居守,行遣汉人一切公事",小事自行决断,大事待捺钵之会商决策③。这一记载当然突出了捺钵的意义,但也未忽视首都的政治中心地位。

庞大的政府需要一个安置之处,皇室又何尝不是如此。捺钵必然有部分皇室人员随行,但可能有更多成员留居首都。圣宗母承天太后固然是经常随皇帝出行,最终"崩于行宫"④,而兴宗母法天太后,却并非总是随驾,故而重熙十六年四月,"皇太后不豫",皇帝需"驰往视疾",病愈,皇帝重返捺钵所在之黑水泺。那么,法天太后居址何处?当年十一月,皇帝"幸中京,朝皇太后"⑤。与始终干政的承天太后不同,法天太后于重熙三年政争失败,被兴宗幽于庆

---

① 康鹏:《辽代五京体制研究》,第78页。
② 《长编》卷110,天圣九年(1031)六月己卯。
③ 《辽史》卷32《营卫志中》。
④ 《辽史》卷14《圣宗纪五》,统和二十七年十二月辛卯。
⑤ 《辽史》卷20《兴宗纪三》,重熙十六年四月乙巳朔、丙午,十一月己丑。

州,"躬守庆陵"①,后虽被迎往中京居住②,却失去了干政之权,故而长期留居中京。同样不随捺钵行动,居守京师的皇室,恐在多数。景宗崩于行宫前夕,耶律"隆运(即韩德让)不俟诏,密召其亲属等十余人并赴行帐。……时赵王等俱在上京,隆运奏召其妻子赴阙"③。赵王等当时显然是对嗣君最有威胁者,非权臣即贵戚,但却未在捺钵,而是留居于上京,而隆运所谓召其妻子"赴阙",却是赴行宫之意。无疑,这个捺钵,无论对于皇室贵戚还是大臣百官来说,都非无所不包,京师,仍有它不可替代的作用。

此外,四时捺钵——包括其途中所耗费的时间——也并不占据一年中的全部时间。《辽史·营卫志》的记载,予后人一种印象:似乎辽的皇帝,一年四季便在行宫之中。"春捺钵,曰鸭子河泺。皇帝正月上旬起牙帐。……春尽乃还。"夏捺钵,"无常所,多在吐儿山……四月中旬起牙帐……七月中旬乃去"。秋捺钵,"曰伏虎林。七月中旬,自纳凉处起牙帐"。冬捺钵"曰广平淀……兼受南宋及诸国礼贡"。既然连会见诸国使臣都在捺钵,那么京师还有什么用呢?并称:"每岁四时,周而复始。"④不仅四时捺钵大多有固定地点,并且几乎占满了一年的时间,似乎京师完全不起作用。然而,不仅捺钵地点并不遵循严格的规律,并且在时间上——包括出发的时间、赴捺钵途中历时、到达时间、停留时间、离开时间、离捺钵途中历时——年年不同,有时甚至可以放弃一次、数次捺钵。于是,《营卫志》所载的捺钵过程,就只是一种理想状态,而它所掩盖的京师的功能,就不应被忽视。

按傅乐焕先生考证,捺钵在圣宗朝以后相对固定,春捺钵主要在长春州鱼儿泊,夏捺钵主要地点在永安山、炭山,秋捺钵主要在庆州伏虎林,冬捺钵主要在永州广平淀⑤。检核《辽史·本纪》,捺钵之地,其实例外甚多。以统和二十五年营建中京以后十年计,其中载及春捺钵所至之处有八年,无一在鱼儿泊。夏捺钵所至见载者八年,仅一年曾至炭山,倒是有两年曾居于中京,上京亦两次。秋捺钵四,仅一年曾在庆州北境的赤山,又有一次提到"秋山",或即伏虎林。冬捺钵三次,亦仅有一次在广平淀,倒是有四年居于中京⑥。故而,虽然可用"主要"一词来表示或有例外,但例外似乎太多。笔者以为,四时捺钵赴何

---

① 《辽史》卷18《兴宗纪一》,重熙三年五月。
② 《长编》卷127,康定元年(1040)四月甲午,"初,契丹幽其母法天后于庆州……遣使迎法天后,馆至中京门外,筮日以见,母子如初"。
③ 《契丹国志》卷18《耶律隆运传》,第175页。
④ 本段所引,并见《辽史》卷32《营卫志中》。
⑤ 傅乐焕:《辽代四时捺钵考五篇》,《辽史丛考》,中华书局,1984年,第36—172页。
⑥ 《辽史》卷14《圣宗纪五》、卷15《圣宗纪六》。

地,虽然必受地理环境、传统等因素作用,某些地方更受欢迎,但因每年所关注的重大政务、所涉及的地区不同,以及辽诸帝偏好不同,给捺钵所赴之地带来重大影响。比如统和末,因圣宗特别重视中京且关注中京的营造,故而不但时常居停中京,且捺钵之地,常在中京附近(统和二十八年五月,"清暑七金山";开泰五年,"猎于松山","驻跸杏埚",皆在中京附近)。可见,捺钵所在地,虽有一定的"规律"可循,但这种规律性是很弱的。而京师在辽帝的居停地点中,反占了重要位置,在圣宗朝,中京大定府犹然。

辽上京临潢府、中京大定府的规划,也是与其政治功能相适应的。按《辽志》:上京"幅员二十七里",而中京"郭郛、宫掖、楼阁、府库、市肆、廊庑,拟神都之制"①。《辽史》之称"神都",自然是上京无疑。它们虽然无法与宋之京师开封府相比,但作为京师的应有设施,却很齐全。上、中两京,外城之内有皇城,与中原皇朝一样,此为皇室居住、升朝之所②。皇城中殿阁甚多。据《辽志》所载,上京皇城仅天赞一宫及开皇、安德、五銮三殿③,然实不止此,至少据宋使薛映之说,另有昭德、宣政二殿④。至于中京,据宋使宋抟记载:"契丹所居曰中京……宫中有武功殿,国主居之,文化殿,国母居之。"⑤又有观德⑥、延庆、永安⑦、万寿、昭庆⑧、

---

① 《辽史》卷39《地理志三》大定府条。宋使王曾称:"中京大定府城垣库小,方圆才四里许。"(见《长编》卷79,大中祥符五年(1012)十月己酉条)然宋使路振则称其"幅员三十里",仅皇城即有"幅员七里"(《乘轺录》,见贾敬颜:《五代宋金元人边疆行记十三种疏证稿》,中华书局,2004年,第60页)。临潢府既有"幅员二十七里",则大定府之规模与之相称,而较王曾所述略广。王曾或有故意贬低之意,又将大定府与宋之开封相较,故称其"库小"耳。

② 李锡厚根据宋人路振所说"房所止之处,官属皆从,城中无馆舍,但于城外就车帐而居焉"(载《乘轺录》)一语,断定"中京虽有相当规模的宫殿建筑群,但自圣宗及以下诸帝并不住在宫内"(《辽中期以后的捺钵及其与斡鲁朵中京的关系》,见《临潢集》,第83页)。这恐怕是误解了路振的意思。路振所说,是指捺钵或其他巡行过程中,皇帝遇"无馆舍"之城,即居于城外帐幕中。按捺钵之惯例,这情况当然是极为正常的。但是,在中京之时,空置中京之宫殿而居于城外"车帐",却非路振此语之意。

③ 《辽史》卷37《地理志一》上京临潢府条。"五銮殿",《辽史》卷3《太宗纪上》天显三年十月甲子条则载为"五鸾殿"。据《会编》卷4《政宣上帙四》,宣和二年(1120)三月六日条引赵良嗣《燕云奉使录》,载为"五銮"。

④ 《长编》卷88,大中祥符九年(1016)九月己酉,宋赴辽生辰使薛映言。又《辽史》卷3《太宗纪上》天显二年十一月,亦见宣政殿:"戊辰,还都。壬申,御宣政殿,群臣上尊号曰嗣圣皇帝。"《会编》卷4《政宣上帙四》,宣和二年三月六日条引赵良嗣《燕云奉使录》:"约入上京看契丹大内居室,相与上马,并耸由西偏门入,并乘马过五銮、宣政等殿。"则宣政殿辽末犹存。

⑤ 《长编》卷68,大中祥符元年(1008)三月丁卯。

⑥ 《辽史》卷15《圣宗纪六》,开泰元年十二月丙寅,"奉迁南京诸帝石像于中京观德殿"。

⑦ 《辽史》卷16《圣宗纪七》,开泰七年十月,"名中京新建二殿曰延庆,曰永安"。

⑧ 《辽史》卷16《圣宗纪七》,太平元年"九月,幸中京……(十月辛酉)升玉辂,自内三门入万寿殿,奠酒七庙御容,因宴宗室……十一月癸未,上御昭庆殿"。

会安①等殿。又辽代册皇太后、皇帝、皇后、太子,其仪式涉及元和殿、弘政殿、端拱殿、紫宸殿、宣庆殿等②,诸殿之中,仅元和殿见于南京③,然册仪不应施于南京,且其他诸殿亦未见于南京,其或在上京,或在中京。按谭其骧先生曾引《辽史·刘六符传》"礼仪国之大体,帝王之乐,不奏于野。今中京四方之极,朝觐各得其所,宜中京行之"④,以证中京之都城地位。刘六符提及的即将施行的礼仪,是道宗之册仪。而《贾师训墓志》则记载,师训于道宗时"寻诏按察河东路刑狱。……以奏簿至中京,属封册皇子燕国王开宴,召授太常少卿、枢密都承旨"⑤。按道宗诸子,未见有封燕王者,参《辽史·道宗纪》,应指大康九年(1083)册皇孙延禧为燕国王事⑥。故知此册礼亦行于中京也。这些记载至少说明,在道宗、天祚朝,册仪已倾向于在中京施行。

除了上文花了相当笔墨来说明的日常政治事务之外,我们也绝不能忽视礼仪、祭祀在帝制时代的意义,这些关系到统治合法性、皇室威严的制度,实为皇朝之精神象征与凝聚力之重要来源。礼仪与祭祀集中于首都,这正是首都功能之一,也是首都代表国家精神的表征,自有皇朝以来,任何时代,概莫能外。若因为首都集中了礼仪、祭祀这些不太实在的政治文化要素,有着一种"象征"的意义,而得出它只不过是"名义"上的,而缺乏实际功能之判断,显然对首都意义的了解过于"实际"。辽中京建有祖庙、太祖庙等最为重要的皇家祭祀场所,谭先生已论及⑦。而它又是与政治关涉最密切的礼仪集中举行的场所,这正是其帝都地位的重要体现。与这些仪式相应,辽的首都有一套完善的设备与人员配备。先是辽灭石晋时,将开封的"诸司僚吏、嫔御、宦寺、方技、百工、图籍、历象、石经、铜人、明堂刻漏、太常乐谱、诸宫县、卤簿、法物及铠仗,悉送上京"⑧,于是引入了中原的人员与设备,也在某种程度上学得了这套制度。而到了金灭辽时,这一整套人员、设备,已是在辽之中京,当时金太祖下令:"若克中京,所得礼乐、仪仗、图书、文籍,并先次津会赴阙。"⑨于是制度又附着于设备之上,其影响由辽而及金。

---

① 《辽史》卷21《道宗纪一》,清宁二年九月庚子,"幸中京,祭圣宗、兴宗于会安殿"。
② 《辽史》卷52《礼志五》。
③ 《辽史》卷40《地理志四》南京析津府条。
④ 《辽史》卷86《刘六符传》。
⑤ (辽)杨□□:《故同中书门下平章事致仕赠侍中贾公墓志铭并序》(寿昌三年),《全辽金文》,山西古籍出版社,2002年,第556页。
⑥ 《辽史》卷24《道宗纪四》,大康九年十一月丙午,"进封梁王延禧为燕国王,大赦"。
⑦ 上揭谭文,《长水集》(下),第284页。
⑧ 《辽史》卷4《太宗纪下》,大同元年三月壬寅。按"宫县"或当作"宫架"。
⑨ 《金史》卷2《太祖纪》,天辅五年十一月戊申。

或许礼仪与祭祀中心的地位,不太容易受到关注,那么,辽之首都作为财政中心的地位,就不应视若无睹了。辽之陪都南京,贮藏颇丰,"太宗得燕,置南京,城北有市,百物山偫",又"统和出内藏钱,赐南京诸军司"①。此因南京为汉地之中心,物产最盛之故,又因辽之边防,重心多在南方,故南京军需甚多,不得不贮积也。然辽之财货,仍有向首都集中的趋势。自辽"有国,内建宗庙朝廷,外置郡县牧守,制度日增,经费日广,上下相师,服御浸盛,而食货之用斯为急",从需求上来说,首都的开销自然最广,有集中一国财力的必要——很难想象,朝廷之开销会自各处集中到行宫去。《食货志》载辽代头下州之赋税去向:"凡市井之赋,各归头下,惟酒税赴纳上京,此分头下军州赋为二等也。"②然则普通州县之财赋,去向如何? 似可不言自明,经层层向上集中后,终有部分辇至京师。故而,上京有"赡国、省司"等仓以供贮积。而中京应是辽中期的财政中心,因此辽末天祚帝由中京出逃时,"潜令内库三局官,打包珠玉、珍玩五百余囊,骏马二千匹,夜入飞龙院喂养为备"③。为供应皇室与朝廷的巨大需求,早期的首都上京,还仿照中原京师,置有绫锦院、八作司等机构④。惜乎史料对于这类机构与运作的记载颇为不足,上京、中京的相关机构,大多无从得知。但我们仍大体可以认识到,辽代的京师,仍是吸纳全国财赋之处,京师的消费、贮藏等,不是其他地点或者不断游动之中的行宫可以替代的。

至于首都作为外交中心的地位,在辽的上京和中京也有体现——虽然其中心地位并非像中原皇朝的京师那样明确。北宋真宗时期,曾充贺生辰使赴辽的宋人王曾言:"初,奉使者止达幽州,后至中京,又至上京或西凉淀、北安州、炭山、长泊。"⑤因为宋、辽澶渊议和之后仅三年,辽之中京已落成,故"幽州"之后,即言"中京",辽前期的首都上京,似未占重要地位。而中京虽已成为新都,据王曾的反映,亦未为宋使的主要目的地。不过,王曾留下这条记载之时,两国交聘尚未到十年,其代表性似有欠缺。在王曾出使之后,情况应有改变:正旦使多往中京,而其他使节则目的地不一。考宋代留有相关记载的赴辽正旦使之中,仅知路振于大中祥符元年(1008,辽统和二

---

① 《辽史》卷60《食货志下》。
② 《辽史》卷59《食货志上》。
③ 《契丹国志》卷10《天祚皇帝上》,天庆八年正月。
④ 《辽史》卷37《地理志一》上京临潢府条。
⑤ 《长编》卷79,大中祥符五年(1012)十月己酉。

十六年)至中京①,政和五年(1115,辽天庆五年)罗选至中京②。但这是因为关于正旦使之记载较少,事实上,因贺正旦之礼仪、场所素定,一般不至于突然改变。宋人也很习惯于这种情况,视契丹主接见宋正旦使于大定府,为理所当然的事③。至于其他使节如生辰使、国信使等,则所至多不同,且终辽之世如此,此正合王曾所言。辽帝自然不会为了国信使这类可能"突如其来"的使节,而特意从捺钵赶回首都,但亦有生辰、国信使至中京者,如王曾、苏颂即是④,这亦可反证辽帝居中京乃是寻常之事,恐非"只是为了会见宋朝和高丽等国的使节才来中京"⑤。

综上,辽的首都,是皇帝结束不定期的捺钵和巡游之后,回归的目的地,因为他的家庭成员的很大一部分,以及政府的很大一部分在首都,他的物资储备、供应中心在首都。它不仅仿照中原的统治机构和方式,统治着定居的农业族民众,并且,即使对契丹、奚等游牧族,辽政权也以近似于中原皇朝的中央集权方式,强有力地组织起来。它主要依赖游牧族契丹的武力来维持统治,但早已超越了一般的草原政权在统治纯游牧人群的情况下通常采用的离部落联盟不远的那种方式,在新的政治结构之下,于流动的政治中心捺钵之外,辽也需要一个固定的政治中心,行宫虽然不断移动,但是有一个"向心"的大势。这当然使首都成为事实上的首都,岂可以"象征"或"名义"之说将之高高挂起,视若无物?而礼仪、祭祀、外交等方面的作用也加固了其作为政治中心的作用。当然,必须承认,辽代首都的政治中心地位不像宋之开封那样强固,这个政权是

---

① 路振撰,贾敬颜疏证:《路振〈乘轺录〉疏证稿》:"自通天馆东北行,至契丹国三十里","见虏主于武功殿","见国母于文化殿","虏名其国曰中京,府曰大定"。见贾著《五代宋金元人边疆行记十三种疏证稿》,第60、59、61、64、66页。
② 《契丹国志》卷10《天祚皇帝上》,天庆五年。
③ 《长编》卷74,大中祥符三年(1010)十月戊辰,知雄州李允则言:"契丹由显州东侵高丽,期以十二月还中京,盖虑朝廷使臣至彼地。"
④ 如王曾于祥符五年(辽开泰元年)至中京(《长编》卷79,大中祥符五年十月己酉);晁迥于次年至长泊(《长编》卷81,大中祥符六年九月乙卯);薛映于祥符九年至上京(《长编》卷88,大中祥符九年九月己酉);宋绶于天禧四年(1020,辽开泰九年)经中京至木叶山(《长编》卷97,天禧五年九月甲申);富弼于庆历二年(1042,辽重熙十一年)至上京(《契丹国志》卷24《富郑公行程录》);次年,余靖至九十九泉(《长编》卷152,庆历四年九月甲申);至和元年(1054,辽重熙二十三年),王拱辰至混同江(《长编》卷177,至和元年九月辛巳);治平四年(1067,辽咸雍三年),苏颂至中京,熙宁十年再使,至广平淀(孙冬虎:《北宋诗人眼中的辽境地理与社会生活》,《北方论丛》2005年第3期,第32页);熙宁八年(1075,辽大康元年)沈括至永安山(沈括:《熙宁使虏图抄》,见贾著《五代宋金元人边疆行记十三种疏证稿》,第123页);元祐四年(1089,辽大安五年)苏辙至木叶山(《长编》卷431,元祐四年八月癸丑,"刑部侍郎赵君锡、翰林学士苏辙为贺辽国生辰使。"苏辙《栾城集》卷16《奉使契丹二十八首·木叶山》,见《苏辙集》,中华书局,1990年,第321页)。
⑤ 李锡厚:《辽中期以后的捺钵及其与斡鲁朵中京的关系》,见《临潢集》,第83页。

行、坐并行，首都作用也并不完全。谭先生在论及辽代首都问题的时候，也并不把它与中原政权的首都置于同样的高度，有时或谨慎地以"常驻地"一说指之。但是，将辽的首都与其他游牧族政权的牙帐作出区分，难道是不必要的吗？对于辽的首都问题的认识，其实是对辽的政权性质的认识的具体而微者。

关于辽代首都的争论，主要在于首都本身的性质，既揭开了这一层，至于迁都的问题，谭其骧先生论之甚详，上文亦有多处涉及，不拟另作展开。

第三节　辽疆域的三种分区模式及五京道的意义

辽之五京，除了作为首都、陪都之外，同时也是地区中心——这种说法或许还有略作阐释的必要，即历代皇朝的陪都，其实通常都兼有地区中心的意味——这一看法，应当说是无可置疑的。但是，按本研究的角度继续追问下去：它是否是地区"行政"中心？如果答案是肯定的，那么，其作为行政中心的地位，通过怎样的方式体现，即：是否以这五个等级略同的城市为中心的、有着划一的职官设置与行政界限的区划，可以覆盖辽的全部疆域？或者它们只是数目更多的行政中心之一部分？这一系列问题，仍是有待解答的。并且解答它们，也正是解答至今悬而未决的"五京道"的问题。

五京作为地区行政中心的地位，也是被普遍认同的。李锡厚先生否定辽五京作为全国政治中心的可能，但却同意它们是"各自所在地区的行政中心"①。岛田正郎先生说："五京作为行政区划而成为五京道的中心。"②《剑桥中国辽西夏金元史》著者也认为，"当云州（今大同）升为西京时，地方行政管理体系通过以五京为中心的道而告完成"③。显然，后二者对于五京—五京道的体系是持明确肯定态度的。这应是早期研究者的共同看法。

但是，"五京道"引起的质疑越来越多。1987年，李逸友先生提出："《辽史·地理志》将辽的京、府、州、县、军划分为五个'道'，只是表明这些政权机构

---

① 李锡厚、白滨：《辽金西夏史》，第129页。
② 〔日〕岛田正郎著，何天明译：《大契丹国——辽代社会史研究》，内蒙古人民出版社，2007年，第167页。
③ 〔德〕傅海波、〔英〕崔瑞德编，史卫民译：《剑桥中国辽西夏金元史（907—1368年）》，中国社会科学出版社，1998年，第132页。

和城郭所在的区域,并无'道'一级政权,不是都由五京管辖。"①张修桂先生等进一步探析了《辽志》中以"道"来分划全国州县的原因:"《地理志》援引了两《唐书》、《五代史》的惯例,采用'道'这一名称作为总的纲目,即以五京府为核心,总为五道,来加以罗列……只是撰者借以作较好地谋篇的方式而已。"②关树东先生更是将作为高层政区的"道"在文献上的产生,归咎于"元代史官自己臆加"③。大体而言,后出的研究成果,一般认为辽代的"五京道",并非实际存在的高层政区。早期认为"道"为实际存在的看法,似渐有难以立足的趋势。

相反,辽代的"路",轮廓倒是越来越清晰了。在辽代,"路"是一种确实存在过的区划,至少到了辽末,"契丹天下八路"④之说,已是时人非常清晰的概念。向南、杨若薇与关树东,分别于1983年、2003年就辽代"路"的问题,作了非常充分的阐述,不同的是,向南、杨若薇侧重于各"路"所设的财政管理机构,并且对"道"和"路"有等同视之的倾向,未作明显区分⑤。而关树东则主要以整齐区划为目的,突出强调"路"的形成过程和事实存在,结论是"辽代的路尚难构成一级政区,它始终只是一个财务督理区",而"道",却只是一个虚拟的概念⑥。向、关二文似可代表不同时代的看法,并使辽的"道"、"路"制度的研究呈现这种趋势:坐实路,否定道,使"区划"更清晰,更成体系。

由上述关于"道"和"路"的研究成果来看,尽管各有不同意见,但发展至近年,对辽的高层区划,大致有如此认识:道为虚,路为实。但路不是高层行政区划,只是一种财政区划。如此一来,则辽并不存在普遍设置的、以同类机构来分区管理全部领土的高层行政区划。

事实真是如此?笔者以为,这一认识有部分是正确的,但仍应有所修正,有以下三点需作补充:

一是路固为实,道亦不虚。五京道是实际的存在,有其实际的功能。

二是"道"与"路"在称法上并无截然区别,"道"是作为财政区划的"路"的前身。

三是辽有三个高层区划体系,财政"路"、军事"路"与民政"道","道"的功

---

① 李逸友:《辽代城郭营建制度初探》,《辽金史论集》第3辑,书目文献出版社,1987年,第51页。
② 《〈辽史·地理志〉平议》,见《历史地理》第15辑,第318页。杨福瑞亦有相同看法,认为《辽志》之"道",是"受到唐宋道、路的启示而虚拟的,使其有系统性而方便读者",见《〈辽史·地理志〉杂识》,《赤峰学院学报(汉文哲学社会科学版)》2007年第3期,第7页。
③ 关树东:《辽朝州县制度中的"道""路"问题探研》,《中国史研究》2003年第2期,第130页。
④ 《契丹国志》卷12《天祚皇帝下》,保大三年五月张毂言。
⑤ 向南、杨若薇:《辽代经济机构试探》,《文史》第17辑,中华书局,1983年6月,第105—121页。
⑥ 关树东:《辽朝州县制度中的"道""路"问题探研》,《中国史研究》2003年第2期,第129—143页。

能最为多样,但最关"行政"之事,然而不能覆盖全境。而财政、军事两种路,又非正式的行政区划。

为了阐明"五京道"的功能、地位,下文拟对辽代各式高层区划加以梳理。

一、财政路

各种区划体系中最清晰的,莫过于因财政之分路。辽末之八路,即五京路与长春(驻长春州)、平州(驻平州)、辽西路(驻兴中府),虽未同时见于史籍,但据《契丹国志》、《亡辽录》与《辽史·天祚皇帝纪》,八路之区划、治所已可了然①,故此处不赘。此八个财政路的相关负责机构也很明确:上京盐铁使司,中京度支使司,东京户部使司,南京三司使司,西京都转运司,以及长春路、辽西路、平州路三处钱帛司②。这一分区方式,据向南、杨若薇考证,其完全形成在兴宗晚期,至辽末,已成为最正式,也是公文中最常提及的分区方式,《辽志》虽以五京道系辽之诸州,但在《本纪》中,天祚帝天庆以后的辽、金纷争与谈判中,即以此八路来分划辽之疆土。

二、军事路

另一种路,是军事区划,这是辽代最为复杂的区划体系,屈指可数的辽代史籍,如《辽史》(包括《兵卫志》、《营卫志》与《百官志》,在《地理志》中亦有相关内容)、《契丹国志》、《亡辽录》,虽然都详述了辽代的各种地方军事机构,但即使是罗列各机构名目最详之《百官志》"北面边防官"条,也不过是将全境分为上京、辽阳、长春、南京、西京、西北、东北、东、西南边、西十大区,然后将各种军事机构罗列于各区之下。除此之外,在《百官志》"南面京官"、"南面边防官"

---

① 可见上揭向南、杨若薇及关树东文。
② 此八个机构,向南、杨若薇虽已辨明,然在诸史籍不同记载之间,似仍有稍作考释之必要。按《契丹国志》载:"建五京五处:燕京三司,西京转运,中京度支,上京盐铁,东京户部钱铁司。钱帛司三处:长春路,辽西路,平州。"《会编》卷21《政宣上帙二十一》,宣和七年正月二十四日条引《亡辽录》:"建五京五计司,如燕王司两转运、中(都)度支、上(都)盐铁、东(都)户部,三路钱帛司:长春、辽西、平州。"而《辽史》卷48《百官志四》之"南面京官·五京诸使职名总目"条载:"上京盐铁使司,东京户部使司,中京度支使司,南京三司使司,南京转运使司,亦曰燕京转运使司,西京计司。"又同卷"南面财赋官·诸钱帛司职名总目"条载:"长春路钱帛司……辽西路钱帛司,平州路钱帛司。"按三条记载,三处钱帛司并无歧异,不过,《辽史》中又曾出现"兴中路",关树东以为,此路当即辽西路也(《辽朝州县制度中的"道""路"问题探研》,《中国史研究》2003年第2期,第141页)。对上、中两京之机构,后世亦无歧见,其他三京需作一辨。按《契丹国志》所载"东京户部钱铁司"之"钱铁",对照其他二处记载,似为衍文。《亡辽录》所载"燕王司两转运",显为"燕(京)三司、西(京)转运"之误。又西京路都转运司,或称"山西路转运司",见《辽史》卷89《杨晳传》。

条,又列有可能是地方军职的名称二十余种①。仅一部《百官志》,即混杂列入五京诸种军职达数十种,仅机构名,就有统军司、都部署司、招讨司、详稳司、都指挥使司、制置司、安抚司、统领司、总领司、巡检司等十余种,既不介绍始置时间与具体沿革,又不述相互之间的统属关系,也不说明其辖境,更不谈及其职责,大量名称之罗列使人徒增困惑。至于极少数宋人述辽制的作品,亦仅有寥寥数笔提到有限的几个机构,不仅信息远为不足,并且其所述亦值得怀疑。

对史籍所载辽代的军事机构分区体系和各机构如何归入几大区,史家早有质疑。杨若薇指出《辽史·百官志》给后人研究辽代地方军事机构造成的困扰:该《志》所载不分主属,将上下隶属机构平行并列,如《百官志二》"北面边防官·南京诸司"条下并列的 14 个机构,其实际结构应是南京都元帅府下辖其他机构;重复罗列,将同一机构多次以异名标出,如"北面边防官"条下"西南面安抚使司",与"南面边防官"条下"西南面招安使司"、"易州飞狐招安使司",实为同一机构;无中生有,将职名、职务误以为机构名而列出,如据《辽史·萧图玉传》所载"总领西北路军事"而生造"西北路总领司"之职;将其他性质的机构列入边防机构中,如"沓温司"、"杓窊司"、"遥里军诸详稳司"等性质不明的机构,被《百官志》当作专门军事机构载入②。关于第一点,陈得芝先生在关于西北路的研究中也曾指出:

> "西北路诸司"下列有西北路招讨司、西北路管押详稳司、西北路总领司、领西北路十二班军使司、西北路兵马都部署司、西北路阻卜都部署司、西北路统军司……西北部镇抚司、西北路巡检司等二十四个司,而且统统并列……实际上……辽代管辖西北方面边区的最高军政机构只有一个,这就是西北路招讨司,或称西北路都招讨府。③

陈先生又指出,《辽史·百官志》"北面边防官"条所列的全境十大军事分区中,"西京、西南边、西路,实际上就是一个西南面招讨司"④,如此,就推翻了《百官志》的整个区划体系。

陈、杨二文对《辽史·百官志》所刻画的辽代地方军事区划体系的破解,对于个别大区的地方军事机构之梳理,予本研究以相当的启发。不过,最值得一提的是康鹏先生的博士论文《辽代五京体制研究》。此文对辽境的军事区划进

---

① 《辽史》卷 46《百官志二》"北面边防官"条,卷 48《百官志四》"南面京官"、"南面边防官"条。
② 杨若薇:《契丹王朝政治军事制度研究》,第 217、218 页。
③④ 陈得芝:《辽代的西北路招讨司》,中国社会科学院历史研究所编:《宋辽金史论丛》第 1 辑,中华书局,1985 年,第 267 页。

行了分划,其中大部分区划,就现有的史料来看,无可改易,可称是至今所见的对辽代高层区划制度中最为全面、细致而精确的研究。虽然,笔者仍将根据本研究的需要和个人的认识,对与各个区划相关的细节问题进行考释,最终在层级、统辖关系和"五京道"的性质上得到一个颇为不同的结果,但康鹏的区划方式,是笔者这一工作最重要的研究基础。在展开各路的具体分析之时,笔者将尽量突出自己对于区划、机构变迁之理解,尤其是看法不同之处;对康鹏已得出的结论,则仅予以简单的叙述。

就空间分布格局而言,笔者以为,高层地方军事区划,不能覆盖辽之全境。首先是,上京、中京一带并无高层地方军事机构之建置。尽管《辽史·百官志》"北面边防官"条载有"控制诸奚"之"上京路诸司",但此所谓"诸司"者,包括奚王府、大惕隐司、大国舅司、大常衮司、五院司、六院司、沓温司等①。其中奚王府、五院司、六院司所管奚六部及契丹迭剌部分置之五院部、六院部,与乙室部合称四大部族,为辽诸部中最强大者②。而大惕隐司、大国舅司、大常衮司则管遥辇九帐族、横帐三父房族、国舅帐拔里乙室己族,与国舅别部同称"内四部族",为辽太祖由契丹诸部中析出者,地位尤在各部之上③。它们居守上京、中京道,地位都极高。以奚王府为例,余靖载:"奚王府,掌奚兵,在中京之南,与留守相见,则用客礼。"④与留守平起平坐,则两道之内,尚有何等地方机构在其之上?除沓温司职责与所属不详,其他诸司皆掌管辽代最为尊贵及实力最强的部族,直隶南、北宰相府,也即是朝廷直接控制的最重要的力量,绝非隶属于上京道任何一个地方机构,岂得以"上京路诸司"视之?

而剔除所谓"上京路诸司"的这些机构,上京周边,以及与《辽史·地理志》中京道相对应的地区,似未见有重要的地方高层军事机构⑤。这或许是因为此二道是中央直属的部族及部族军队驻扎最密集的区域,也可以说是辽的战斗力最集中的地区,地方的安全便不用再偏劳其他军事机构了。由是,上京、中京周边地区,也就是契丹政权建立之前契丹与奚族的世居之地,完全是中央军事力量直接控制的地区,与南京、西京、东京道情况全然不同。高层地方军

---

① 《辽史》卷46《百官志二》。《契丹国志》卷22《州县载记》及《会编》卷21《政宣上帙二十一》宣和七年正月二十四日条引《亡辽录》所载略同,然皆载为"中、上京路"。疑《百官志》与《契丹国志》此条皆转抄自《亡辽录》。
② 《辽史》卷46《百官志二》"北面部族官"条。
③ 《辽史》卷33《营卫志下》。
④ (宋)余靖:《武溪集》卷22《契丹官仪》,文渊阁四库全书本。
⑤ 《辽史》卷48《百官志四》"南面京官条"载有"中京都总管府",该机构仅见于此,不知《辽史》撰者从何处阑入。

事机构遂未能建置于辽疆域内最核心的部分①。

至于周边地区,则由一系列高层地方军事机构——都总管、都招讨、都统军、都部署司——分割管辖,它们紧紧围绕着上、中京附近的地区,形成核心地区外围的致密保护层。虽然辽的疆土很不规则,但简化之后,地方军事机构的空间分布呈现出非常清晰的扩散状,这种空间结构与辽境内的民族分布——核心地区为契丹与奚,周边为汉、渤海、女真、室韦、鞑靼、党项等族——相结合,异常醒目地揭示了辽政权控制领土的方式,当然,其中尚有与周边政权的攻、防关系在起作用。这些高层地方军事机构在整个辽代逐渐形成,到辽后期,其数目超过十个(参见图4)。

在对这些区划和机构的分析展开之前,需确定辽代高层军事区划的通名。《国志》、《亡辽录》以"路"来称各大分区,如"云中路","燕山路","辽东(阳)路"②等。《辽史·百官志》亦有"辽阳路"、"长春路"等,以分划军事区③。若说上述各"路"尚有可能与财政之分路相混淆,那么"西北路"、"东北路"则是军事区划才有的分区,故而,军事区划同样以"路"称之,应是辽代的通例。虽然辽代与宋初之情况相同,"道"、"路"往往混称,称高层军事区划为"道"者,亦有其例④,但却是少数。下文即以"路"为军事区划之通名。

1. 南京路

南京路形成于太宗天显十三年(938)。该路原辖南京析津府和檀、顺、景、蓟、涿、易六州,及云、弘、奉圣、归化、可汗、儒、蔚、应、朔州。统和以后以云、弘等州建山北路,南京路辖有一府六州。其军事管理制度,大体可用元帅(兵马都总管)府—都统军司、侍卫亲军马步军都指挥使司的体制来概括,三个机构皆驻于南京析津府。

南京兵马都总管府为辖区内最高军事领导机构,时或改都总管府为元帅府⑤。都总管、元帅之职,例由南京留守兼任。南京留守一职始置极早,在幽云十六州入辽之初,"改幽州为南京",后晋初担任幽州节度使的赵延寿"迁留

---

① 康鹏亦提到,由于上、中京地区处于腹地,周边未有强敌,故未尝置统一的军事管理机构。见上引康鹏博士论文,第72页。
② 《契丹国志》卷22《州县载记》。《会编》卷21《政宣上帙二十一》宣和七年正月二十四日条引《亡辽录》。
③ 《辽史》卷46《百官志二》"北面边防官"条。
④ 如《辽史》卷95《耶律弘古传》,统和中弘古为"山北道兵马都部署"。
⑤ 《辽史》卷18《兴宗纪一》,重熙四年十一月壬午,"改南京总管府为元帅府"。然康鹏指出,其称都总管或元帅,并非以重熙四年为界,截然分开。重熙四年前固有称元帅者,而此后亦有任都总管者,见康鹏博士论文第18页。

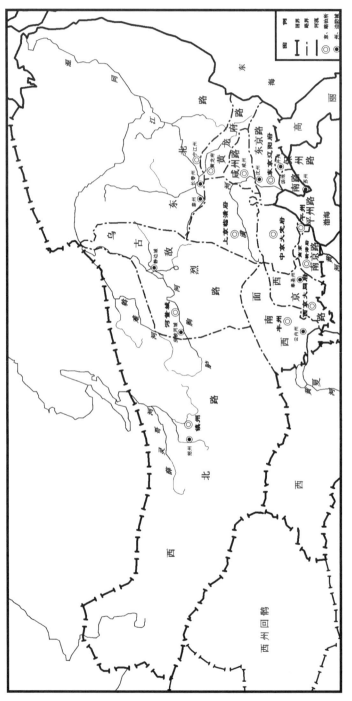

图 4 天庆三年(1113)辽军事路

守,总山南事"①。五代陪都留守之制,或随十六州而传入辽,而留守带京尹、都总管之制,于其时或已行之,其后沿用不辍,其衔大略如下:"南京留守、析津尹、兵马都总管②。"改都总管为元帅后,则衔名为"燕京留守、兵马大元帅"③,或"南京留守、知元帅府事"④。留守兼任元帅或都总管,故其需为本路军事或辽与宋之战事担负重责。有时,其所掌管之军队,尚不止于本路常驻兵马。圣宗统和元年(983),南境谨斥堠以备宋,"以于越休哥为南京留守,仍赐南面行营总管印绶,总边事"⑤,则不但南京本路大军,连同战时调来之中央军队,亦暂时归于耶律休哥麾下,此至少可见留守(都总管)在本路独当一面,就军事指挥权而言,一路之内无出其右者。

在《辽史·百官志》"北面边防官"条所述的南京路诸军司,南京侍卫亲军马步军都指挥使司(以下简称马步司)⑥、南京都统军司(《辽史》中常略称为南京统军司)两者,皆隶属于元帅(兵马都总管)府,治于南京而各有所司。然而,都统军司与马步司在地位、职能分工等方面多有不同。马步司应是辽朝仿五代、宋制所设置的"禁军"管理机构,此与"殿前都点检"⑦之设置同理,其始置亦应在十六州入辽之初。南京为汉人最密集与汉制实施最多的地区,故虽为陪都,而夸大其制,有此类名似直属中央而实为地方军事机构的设置。然马步司乏独立之意味,任职者既不多见,亦未见其以本职独率一军参加重大军事行动之记载,其职责,平时或是负责南京之治安,战时则以南京城防为主职,故多在南京元帅府直接管理之下。如保宁十一年(979,同年改乾亨元年),辽于高梁河一战获胜之后,"以权知南京留守事韩德让、权南京马步军都指挥使耶律学古、知三司事刘弘皆能安人心、捍城池,并赐诏褒奖"⑧,可知在城防事务上,

---

① 《辽史》卷76《赵延寿传》。
② 《辽史》卷16《圣宗纪七》,开泰九年十一月丁巳,任者为韩制心。
③ (辽)萧孝穆:《画像发愿记事碑》(重熙三年),《全辽金文》,第222页。
④ 《辽史》卷112《逆臣传上·耶律重元传》,时为兴宗重熙中。
⑤ 《辽史》卷10《圣宗纪一》,统和元年正月丙子。
⑥ 《辽史》卷46《百官志二》"北面边防官"条载为"南京马步军都指挥使司",然全称或应是"南京侍卫亲军马步军都指挥使司"。耶律勃古哲于景宗保宁中"历南京侍卫马步军都指挥使",萧讨古于景宗乾亨初年任"南京侍卫亲军都指挥使",应是各取其全称之一部分。而在《萧惠传》中,则见其全称"南京侍卫亲军马步军都指挥使"。见《辽史》卷82《耶律勃古哲传》、卷84《萧讨古传》、卷93《萧惠传》。此全称亦见于卷48《百官志四》。
⑦ 《辽史》卷7《穆宗纪下》,应历十六年十二月甲子,"幸殿前都点检耶律夷腊葛第";卷15《圣宗纪六》,开泰四年五月辛巳,"命北府宰相刘晟为都统,枢密使耶律世良为副,殿前都点检萧屈烈为都监,以伐高丽";卷20《兴宗纪三》,重熙十七年八月戊午,"以殿前都点检耶律义先为行军都部署";等等。卷48《百官志四》列入南面军官条。
⑧ 《辽史》卷9《景宗纪下》,保宁十一年七月辛丑。

马步军都指挥使所负之责,应是仅次于元帅。

都统军司初置不知其时,始见于应历十三年(963),有南京统军使崔延勋①,较之南京留守司始置之会同元年,迟二十余年,然统军司始置之时,或亦距会同元年不远,可算是辽前期所设。统军司与马步司虽同在元帅府之辖下,但前者地位更高,更受朝廷及史家重视,故而关于南京统军使的记载极多,尤其是《辽史·本纪》,常将任命此职当作重大事件录入,显将该职当作辽最重要的官职之一。其地位及出现之频率,在一道诸职中,仅次于留守(即元帅)。如耶律弘古,"徙南京统军使……攻宋,以战功迁东京留守"②。萧孝先,先为南京统军使,由此职"迁上京留守……改东京留守"③。则五京之留守地位略同,而都统军使则稍下于留守。但都统军使较之马步军都指挥使又略高。萧讨古先为南京统军使,战不力,"降为南京侍卫亲军都指挥使"④。太平七年,萧惠亦由"南京侍卫亲军马步军都指挥使"任上,"迁南京统军使"⑤。

作为辽政权特有的机构,都统军司与沿用五代之制而设的马步司,其最本质的区别在于,前者掌握了南京道的精锐部队,余靖称:"大抵契丹以元帅府守山前,故有府官。又有统军,掌契丹、渤海之兵,马军、步军,一掌汉兵。"⑥即南京一路最重要的军事机构是元帅府,在其麾下,本路战斗力最强的部队归都统军使指挥,而在辽代不太受重视的南京本地汉军,则属侍卫马步军都指挥使。由辖下军队战斗力的区别来看,统军司的地位,马步司难以望其项背。

至于职责方面,都统军司地位仅次于元帅(都总管),且相对后者有一定的独立性。其独立性表现在多个方面。平时,都统军使负责巡徼边境及与沿边军事直接相关的事务。如统和十三年,南京统军使耶律弘古"徇地南鄙,克敌于四岳桥,斩首百余级"⑦。此平日之小战,统军使主其事。统和元年,"南京统军使耶律善补奏,宋边七十余村来附"⑧。辽、宋仍处于战争状态之时,对于边民之争夺易引发两国军事冲突,此事由统军使奏上,可知职责在其身也。在辽、宋大战之时,南京统军使之责任更见其重。若是进攻,统军使例为前锋。

---

① 《辽史》卷6《穆宗纪上》,应历十三年正月丙寅。
②⑦ 《辽史》卷88《耶律弘古传》。
③ 《辽史》卷87《萧孝先传》。
④ 《辽史》卷84《萧讨古传》。
⑤ 《辽史》卷93《萧惠传》。
⑥ 《武溪集》卷22《契丹官仪》。
⑧ 《辽史》卷10《圣宗纪一》,统和元年二月辛丑。

统和四年宋第二次北伐(雍熙北伐)失败后退师,辽分军追击,"(南京)统军使耶律颇德败宋军于固安……奚王筹宁、北大王蒲奴宁、(南京)统军使颇德等以兵追蹑,皆胜之",而南京留守则"以大军继进,赐剑专杀"①。统和二十年辽军南侵,"南京统军使萧挞凛破宋军于泰州"②。若需被动防御,则统军使与元帅分任其责。太平八年(1028),圣宗未雨绸缪,设计南京的城守方案:若遇宋军北来,则"总管备城之东南,统军守其西北,马步军备其野战,统军副使缮壁垒、课士卒,各练其事"③,都统军使之责任,与都总管等同,而马步司所统,则仅得为后备力量。都统军使管边地、为前锋,甚至南京城防,亦与元帅(都总管)分任其责,而元帅则总诸事之成,前者虽然是后者之下属,但地位相差不大,且统军使之职也专,责任亦重,元帅虽主一道之事,却很难插手统军使之边防事务,故而,两者在事实上更接近于一种合作的状态,朝廷颁布有关边防的诏令,有时或同时下达两司。如应历十三年(963),"宋欲城益津关,命南京留守高勋、统军使崔延勋以兵扰之"④。

南京路之元帅府与统军司、马步司,地位依次略有下降,也存在隶属关系,但同时也有分任内外的合作性质,相互之间亦无明确的分区,即元帅府为主,下辖统军司(外)、马步司(内)两个辅助机构,故而,笔者以《辽史·地理志》所载南京道为一区,认为其内部是元帅(兵马都总管)府—统军司、马步司共同负责的体制。

至于侍卫控鹤都指挥使司、燕京禁军详稳司、南皮室军详稳司、北皮室军详稳司等,在层级和地位上,更较统军司、马步军司低一级。控鹤、禁军详稳二司,应是马步司的下辖机构。如控鹤,五代时只是禁军殿前司辖下诸班之一,辽应是由中原引入此机构,且置于马步司管理之下。至于南、北皮室军详稳司,则应是驻扎于南京之契丹部族军之该管机构,属统军司所辖⑤。而《百官志》竟将控鹤等与统军司等一例置于南京路诸司之中,谓其"并隶元帅府",这一错误,恐是袭《契丹国志》与《亡辽录》而来⑥。而《百官志》甚至还将成长等

---

① 《辽史》卷11《圣宗纪二》,统和四年三月甲戌、丙子,四月戊申。
② 《辽史》卷14《圣宗纪五》,统和二十年四月甲戌。
③ 《辽史》卷17《圣宗纪八》,太平八年十月。
④ 《辽史》卷6《穆宗纪上》,应历十三年正月丙寅。
⑤ 《旧五代史》卷114《周书·世宗纪一》,显德元年十月己未,"大阅,帝亲临之……选武艺超绝者,署为殿前诸班,因是有散员、散指挥使、内殿直、散都头、铁骑、控鹤之号"。又余靖《契丹官仪》:"又有左右等五比室,契丹调金刚为比室,取其坚利之名也。汉人亦有控鹤等六军。""比室"即"皮室",为契丹军,则南皮室、北皮室应属统军司所辖,而控鹤等"汉人"军,自应属马步司所管。
⑥ 见《契丹国志》卷22《州县载记》。《会编》卷21《政宣上帙二十一》,宣和七年正月二十四日条引《亡辽录》。

低级军官同统军司等并列，撰者不晓辽之建制，亦已甚矣。

另需略微提及"西南面安抚（招安）司"。这一机构初见于景宗保宁初："（耶律合住）加右龙虎卫上将军。以宋师屡梗南边，拜涿州刺史、西南兵马都监、招安、巡检等使。"①此后，其名称、治所、职责等方面有多次调整，反映了辽、宋两国关系及边境事务在不同时代的变化。由刺史所兼的多种使职来看，"西南面招安使"一职，当时尚未臻于成熟，但是，置此职之目的却是很明显的，即以山前之涿州（还包括侨置于涿州岐沟关的东易州）、山后之蔚州，对北宋突入辽境、离辽南京极近的易州形成包围，使宋人不至于自易州北出，任意西东。作为一个刺史州的长官，它自然无法领导西邻的蔚州节度使，重点守御的也不过就是涿州沿边之地，但涿州刺史带"招安使"衔，必然负有联络、援救山后的责任。因此，当宋于雍熙三年（986，辽统和四年）北伐之时，中路"田重进至飞狐北界，（辽）西南面招安使大鹏翼等帅众来援"②。

至圣宗统和十五年，西南面招安使大约已成为专职，不再由某州刺史兼。《耿延毅墓志》称："旧以飞狐为理所，其副居灵丘。"③既以蔚州属县为治所（按蔚州治灵仙），招安使自然不应是蔚州节度使兼任，也不再与涿州有直接关系。这一变化，必与统和七年辽收复易州有关。易州为辽所得，在辽南方的防御线上，涿州的位置不再是最紧要的，而西南面招安司管理的边面，也变为易州—（蔚州）飞狐—（蔚州）灵丘一线，这由西南面招安司的另一名称"易州飞狐招安司"即可知晓。随着边境的变化，西南面招安司由涿州踏进至易州，但联络山前、山后仍是其主要职责。

统和二十三年，"改易州飞狐招安使为安抚使"④，改名之事，是上一年宋辽缔结和约的反映。"招安"，乃是以寇盗视宋，而"安抚"，只不过是保持辖境安宁，无褒贬之意，这一变化表现了宋辽关系进入新时期之后，辽对宋的尊重。

---

① 《辽史》卷86《耶律合住传》。按耶律合住，或即耶律琮也。保宁十一年郭青曾撰耶律琮《神道碑》，称"保宁癸酉……授推忠奉国功臣、昭武军节度、利巴等州观察处置等使、特进、检校太傅、兼涿州刺史、西南面招安巡检使……"（《辽代石刻文续编》，辽宁人民出版社，2010年，第342页）。按保宁癸酉，保宁五年（973）也。据《神道碑》，琮于保宁中任涿州刺史，后"遥授镇国军节度使，卒"。此与《辽史》卷86《耶律合住传》同，故疑是一人。而关于涿州刺史兼西南面招安等使，两处亦相合。
② 《长编》卷27，雍熙三年三月辛巳。
③ （辽）李万：《大契丹国故户部使武平军节度使澧朗等州观察处置等使使持节朗州诸军事朗州刺史金紫崇禄大夫检校太尉兼御史大夫上柱国巨鹿郡开国伯食邑七百户赠耿公墓志铭并序》（开泰九年），《全辽金文》，第161页。
④ 《辽史》卷14《圣宗纪五》，统和二十三年二月丁丑。

至咸雍四年(1068),西南面安抚司又有一变:辽"改易州兵马使为安抚使"①,且以易州刺史兼之②。何以统和二十三年已改"安抚使",此次又改"安抚使"呢?按统和二十三年所改,乃是置于蔚州飞狐县的机构。至于在易州,刺史或知州全称为"易州刺史(或知易州军州事)、兼沿边安抚屯田使、充兵马钤辖"③,兵马使当即兵马钤辖,原来就应是易州刺史的兼职,而"沿边安抚屯田(劝农等)使",虽有"安抚"字样,却与"西南面安抚使"无关,与辽代其他州的刺史兼"管内巡检安抚屯田劝农等使"④相近,唯因易州近边,故不称"管内"而称"沿边"。至咸雍四年,应是撤销了蔚州飞狐县的"西南安抚司",将这一名目转与易州,且仍由刺史兼。这一废一置,就相当于安抚司由飞狐徙治易州。

南境战事停歇之后,西南面安抚司的军事职责颇有弛缓之势,这是辽不再以西南面安抚司为专职机构,而由州刺史兼任的原因。从此,该机构改而在两国交涉中扮演重要角色。不过,其管理之边面从来不广,且前、后期皆由南京路之州刺史兼任,中期虽有专司,也仅据有南京、山北两路交界处易、蔚两州近边之地,从各方面来看,皆不足以由中央直辖,应是南京元帅府的下辖机构。

2. 山北路—西京路

山北路—西京路形成于圣宗统和中,先治应州。重熙十三年(1044)以后治西京大同府。下辖西京大同府及弘、德、奉圣、归化、可汗、儒、蔚、应、朔、武十州。

同样是石晋所献的汉地,后来的西京所属诸州,在辽前期军事机构之设置至为复杂而晦暗不明。《辽史·百官志》所载该地区的军事建置,亦极为混乱。不但将该区的军事机构于"西京诸司"、"西路诸司"两处分述,且两处所列的机构,还混杂着非在此区域之内的其他高层军事机构,如西南面都招讨司即是。更有甚者,位于"西路诸司"之首的"山西兵马都统军司",完全是战争时期的临

---

① 《辽史》卷22《道宗纪二》,咸雍四年正月辛巳。
② 《辽史》卷105《能吏传·萧文》:"寿昌末,知易州,兼西南面安抚司。"则易州之安抚司,确称"西南面"无疑。
③ (辽)李万:《大契丹国故宣徽南院使归义军节度沙州管内观察处置等使金紫崇禄大夫检校太尉使持节沙州诸军事沙州刺史□□□□□□□(兼御史大夫柱国昌?)黎郡开国侯食邑一千五百户食实封壹佰伍拾户韩公墓志铭并序》(重熙六年),《全辽金文》,第165页。
④ 如《全辽金文》即多处载有"知涿州军州事兼管内巡检安抚屯田劝农等使",见无名氏:《杨晢造像题记》(重熙二十四年),第740页;无名氏:《萧福延造经记》(清宁九年),第749页;无名氏:《齐毂等造经题记》(大安二年),第764页;无名氏:《萧知善等造经记》(不知年份),第831页。

时建置，统和四年(986)为应付宋之第二次北伐，以北院枢密使耶律斜轸暂任此职，以统一调度当时集结于西南边的中央、地方军队，大约事罢即撤，此后再未见任者，而《辽史》竟误以此职为常驻地方之"北面边防官"。另外，像"金肃军都部署司"未见他处有载，不知其所从来，估计是重熙十三年第二次辽夏战争末期的临时建置，亦不应与西京地区各"边防官"同置一处。至于三四个层级的军事机构并列，亦与南京路情形相同。

西京路应是重熙十三年升云州为西京大同府之后的称法。会同元年获此山后之地，分五节度、九州（云、弘、奉圣、归化、可汗、儒、蔚、应、朔州），当时在军事上应属南京路管辖。据《辽史·景宗纪》：乾亨元年，宋灭北汉之后北伐幽云，七月，辽军于高梁河一役击溃宋军，旋即"燕王韩匡嗣为都统，南府宰相耶律沙为监军，惕隐休哥、南院大王斜轸、权奚王抹只等各率所部兵南伐。仍命大同军节度使善补领山西兵分道以进"①。而《辽史·耶律善补传》则载："及伐宋，韩匡嗣与耶律沙将兵由东路进，善补以南京统军使由西路进。"②《纪》、《传》相较可知："由西路进"，即是"领山西兵分道以进"；而耶律善补当时实任之职，或是刚刚由"大同军节度使"转任"南京统军使"，或是身兼统军使与大同节度，然则以南京统军之职统山西之兵则无疑。

后来的西京路辖境，最早见到的高层军事长官，是穆宗应历五年耶律屋质以北院大王"总山西事"，圣宗乾亨四年（982），又以南院大王耶律勃古哲"总领山西诸州事"③，至统和四年宋曹彬等北伐时，命勃古哲"总知山西五州"④，"五州"者，指云、应、蔚、朔、奉圣州，这是山后所有五个节度州，意指整个山后地区，并"以北大王蒲奴宁居奉圣州，山西五州公事，并听与节度使蒲打里共裁决之"⑤。当时的中心可能是奉圣州，而非云州。

以上四例所涉三人，皆以南、北院大王兼领山西事，是出于应付战争而作的战斗力的临时统合。而战时需特别指定山西地区的军事长官，说明由南京控制山西颇为不便。山西地区有从南京路脱离出来的倾向。

至圣宗朝，稳定的最高军事机构形成，称为"山北路都部署司"，驻应州。此机构在《契丹国志》、《亡辽录》中则略过不提，不过在《辽史·百官志》中曾提到一笔。又有《辽史·耶律弘古传》为证：弘古于太平元年（1021）"出为彰国

---

① 《辽史》卷9《景宗纪二》，乾亨元年九月。
② 《辽史》卷84《耶律善补传》。
③ 《辽史》卷10《圣宗纪一》，乾亨四年十月辛酉。
④ 《辽史》卷82《耶律勃古哲传》。
⑤ 《辽史》卷11《圣宗纪二》，统和四年十一月辛巳。

军节度使,兼山北道兵马都部署"①,则当时都部署治应州(彰国军节度),且由应州长吏兼。在五代与辽,应州本难称重镇,然此州南境为宋辽边境,近于前线,且起到连接东面之蔚州、西面之朔州之作用,都部署司治此,有深意焉。由是,山前、山后分为两路,然皆以宋为攻防对象的格局,大体形成。

至重熙十三年升云州为西京大同府,遂迁都部署司于大同府,并改名为西京兵马都部署司。令人疑惑的是,西京都部署司似乎很受忽略,《辽史》之《纪》、《传》,竟未提到一人出任该职者,甚至《百官志》亦略不提及。除了《契丹国志》、《亡辽录》载有此机构②外,仅在《辽史·地理志》中记载奉圣、蔚、应、朔州"兵事属西京都部署司"③,此司自非虚构。而奉圣等四州下辖的归化、可汗、儒、武四州,其兵事自然有同样的归属。反是西京大同府未提及其兵事所属,然而,大同府在空间上处于本路之核心,自然无法例外,并且,由该机构之名称,可知其治于西京,而这与兴宗升州为府、建陪都的目的也是一致的。

西京兵马都部署司在《辽史》中难得一见,其原因,首先应是都部署一职由留守兼领,史家载官职,大多略去兼职,故而应该出现此职之记载,皆为"留守"所覆盖,今遂不得见。其次,称为"山后"或"山北"的云属诸州,其在辽之重要性,次于被称为"山前"或"山南"的幽属诸州,故关于其境内之机构,在《辽史》中的记载较之南京路更略。第三个原因,则是圣宗朝以后宋辽战事不再发生,山北都部署司—西京都部署司作为针对宋而设的军事机构,只是在长期和平状态下聊尽镇守之职,已逐渐失去活力。云州建为西京之时,都部署司由应州北移,即是前线不再有战事的结果,移至西京之后,都部署司治所稳定下来,但西京路沿边的军事形势却发生新变化,机构的状况与大局的分道而行,导致辽后期西京路的高层军事机构建置产生了很奇怪的变化趋势,即副都部署司与都部署司在职能和治所两方面的分离,这种形势,与其他军事路是有所差异的。

军事形势的主要变化是,辽宋的形势已到了双方不敢随意起衅的地步,宋已不再是目前的威胁,但西京路以北的鞑靼部落达里底、拔思母等部,却在兴宗、道宗朝活跃起来。自咸雍至寿昌的四十余年间,这些部落与辽政权的不间断冲突是有确切记载的。动荡局势长期无法平定,以致道宗最后要借重西夏

---

① 《辽史》卷95《耶律弘古传》。
② 《契丹国志》卷22《州县载记》。《会编》卷21《政宣上帙二十一》,宣和七年正月二十四日条引《亡辽录》。
③ 《辽史》卷41《地理志五》西京道条。

之力讨伐拔思母部①。由此，西京路的军事准备和军事行动，其矛头被迫由南转北②，但这种转向，却未反映为西京都部署司的变化，而是由"副（都）部署司"的建置与行动来体现。"副（都）部署"作为官职，或许早已有之，自然是都部署司之副职。然而，兴宗以后，任副部署者却作为主将，长期经营固定区域的军务。《辽史》于大安九年（1093）至寿昌元年（1095）间，密集记载了"山北路副部署"萧阿鲁带与达里底、拔思母部的战事③，却与都部署毫无关涉，可知，副部署当时已成为专管西京路北部军务、与都部署有分工合作关系的专职④，只是笔者尚不敢揣测副都部署分管之区是否已与都部署辖区并列，将西京路明确分为两个军事区。但因长期在外带兵作战，可以推测，副部署司不太可能仍然治于远离前线的西京大同府，而应在西京路北境之州。该路诸州中唯一近于达里底、拔思母等部落活动的倒塌岭节度使辖境者，是唐末以来的传统军事重镇奉圣州（即唐、五代之新州），该州向来是兼摄边塞南北、控扼山前（幽属七州）山后（云属九州）的枢纽之地，晚唐、李晋与后唐曾在该州境内置有八个军垒——即"山北八军"——驻重兵镇守，辽后期西京路以北的塞外复乱，奉圣州重又凸显其地缘价值，故副部署当治于此州。

既然在辽后期，副部署仍沿用了前期"山北路"的称法，那么，都部署或仍可以传统的"山北路"来称呼，与"西京路"之称并用。而另一称呼——"山西都钤辖司"——则确有实例可见。大康元年（1075，宋熙宁八年），"雄州缴奏北界涿州来牒一道，称：'准枢密院札子，据山西都钤辖司申，近巡历缘山口铺有双井地蔡家口，南人阻当北界人旅过往等事，已降付枢密院讫。'"⑤宋人因避英宗之讳，而改"部署"为"钤辖"，至于"山西"，应是宋人沿用辽人之称法。除此

---

① 《辽史》卷26《道宗纪六》，寿昌五年春正月乙巳。
② 长泽和俊且将这种军事上的转向，强调为西京大同府重要性下降，而"西南道与漠北联结的重要据点倒塌岭重要性上升"，见长泽氏文《关于辽的西北路经营》，《史学杂志》66编8号，1957年8月，第77页。事实上，在军事以外的各方面（比如交通、经济等），是否存在这种此兴彼衰的变化，还需要进行更多的考释与分析。
③ 《辽史》卷25《道宗纪五》，大安九年十月庚戌，"达里底、拔思母并寇倒塌岭"；十年正月戊子，"达里底、拔思母二部来侵，四捷军都监特抹死之"；二月"丙午，西南面招讨司奏讨拔思母捷"，癸丑，"达里底来侵"；三月壬申朔，"山北路副部署萧阿鲁带奏讨达里底捷"；闰四月庚子，"赐西北路贫民钱。达里底、拔思母二部来降"；十月"壬午，山北路副部署萧阿鲁带以讨达里底功，加左金吾卫上将军"；十一月乙巳，"达里底及拔思母等复来侵，山北副部署阿鲁带击败之"。卷26《道宗纪六》，寿昌元年正月"庚戌，西南面招讨司奏拔思母来侵，萧阿鲁带等击破之"。
④ 这种以"副部署"专管一区的做法，似非孤例。按《辽史》卷87《萧蒲奴传》，蒲奴于重熙六年"改北阻卜副部署"。"副部署"衔前有明确的区位、部族，则此副职自然有明确的人群和空间上的针对性。
⑤ 《长编》卷268，熙宁八年九月壬申。

之外,"副部署"之前甚至可加"西南路"字样。萧韩家奴于兴宗重熙中上疏言:"今宜徙可敦城于近地,与西南副都部署、乌古敌烈、隗乌古等部声援相接。"① 仅提到副都部署而未提都部署,可见名为副职者,其实有相当大的独立性。按乌古敌烈部、乌古敌烈统军司皆在胪朐河(今克鲁伦河)流域,至于隗乌古部,据《辽史》载,咸雍九年(1073)七月"戊申,乌古敌烈统军言,八石烈敌烈人杀其节度使以叛,己酉,诏隗乌古部军分道击之"②,则其成地亦近于胪朐河。按韩家奴之意,应将驻于可敦城的西北路招讨司,东徙至乌古敌烈统军司(驻胪朐河中游河董城)之南、西南路副都部署辖地之北,如此则三个机构之兵力,足以在今蒙古高原东部构成坚实的防线,远胜于西北路招讨司孤悬高原中部、与其他两个机构难于互援之现状。就其语境分析,西南副都部署在兴宗时已是镇服阻卜、乌古敌烈等蒙古高原部族的重要力量,它应与早有"都部署"之置的西京路(山北路)对应,是"山北路副部署"的别称,而与当时主职为镇守西夏之边的西南面招讨司应无统属关系。

又,据《耶律庆嗣墓志》所载,咸雍三年,"朝廷又以达里、勃思不部民叛,命公为西南路兵马副部署"③。这位"西南路兵马副部署"耶律庆嗣的主职,与萧阿鲁带在"山北路副部署"任上所负之责完全相同,更可证"西南路副都部署"即是"山北路副部署"。

据以上分析大略可知,西京(山北)一路以西京(山北)都部署司为最高军事机构,但至兴宗升云州为西京并将都部署司由应州迁西京之后,又令山北(西南)路副都部署以处置西京路北面与鞑靼部落相关的军务,副都部署有相当大的独立性,故可将它看作是一个独立机构——副都部署"司"。至于它是否有独立的区划,在两可之间,但视之为都部署司的派出机构,或许更妥当一些。若将辽后期的西京路看作是一个完整的高层军事区划,那么,其管理体制的主要特点,反映为西京(山北)都部署司—山北(西南)路副都部署司之间既有隶属又有合作的关系,正如南京路的元帅府与统军司。不过,与南京路不同的是,辽后期的山北路副都部署司应已在奉圣州建立治所,而非与西京都部署司同治。

3. 西南面

西南面形成于太祖神册元年(916)。此区的最高军事机构是西南面都招

---

① 《辽史》卷103《萧韩家奴传》。
② 《辽史》卷23《道宗纪三》。
③ (辽)赵孝严:《大辽尽忠平乱功臣兼侍中赠中书令谥贞愍耶律公墓志铭并序》(大安十年),《全辽金文》,第455页。

讨司①，神册五年以后治丰州。辖丰、云内州，会同元年（938）后增辖东胜州，重熙十二年（1043）增辖宁边州及金肃、河清军，次年增天德军、威塞州，二十二年废威塞州。此后辖丰、云内、东胜、宁边州，金肃、河清、天德军，以及活动于此区域的党项、鞑靼等部族。这一军事区划，虽或有称"西南路"或"西南边"者②，但称为"西南面"的，为数要多得多。不仅《辽史》如此，《契丹国志》与《亡辽录》亦无例外③。西南面与西京路的关系，在《亡辽录》等史籍中，记载是较模糊的。《亡辽录》称："云中路则置西南面都招讨府，西京兵马都部署司，金肃、河清军，五花城，南北大王府，乙室王府，山金司，控制夏国。"④显是将西南面都招讨司所辖，与西京兵马都部署司的辖区相混淆，合二为一。而上文提到，在《辽史·百官志》之"北面边防官"条之中，也将西南面都招讨司与西京路的军事机构相互穿插之后，又随意分列于"西京诸司"与"西路诸司"条目之下。但是，西南面与西京路，实际上有非常明确的区分。

西京路的最高军事机构，先是山北路都部署司，后是西京都部署司。即使是前者，总也在石晋献入十六州之后，方得以建立。而西南面招讨司之置，早在太祖神册元年进攻代北之时。该年攻克李晋政权武州、妫州，"自代北至河曲，逾阴山，尽有其地"，且有意进一步经营代北之地，遂"置西南面招讨司"⑤，其治所不详。武、妫两州次年复失于李晋，不知西南面招讨司曾撤销否。但在石敬瑭谋夺大位之时，献入十六州前夕，曾向辽"西南路招讨卢不姑求救"⑥。则西南面招讨司在当时仍有其建置、辖区，显与山北路（西京路）无干。其治所

---

① "西南面都招讨司"应为机构之正式名称，见《辽史》卷46《百官志二》"北面边防官"条。《契丹国志》卷22《州县载记》"云中路控制夏国条"，则载为"西南面都招讨府"。但《辽史》大多略为"西南面招讨司（使）"。
② 如《辽史》卷10《圣宗纪一》统和元年四月辛丑，有西南路招讨使大汉；五月壬戌，"西南路招讨请益兵讨西突厥诸部"；戊寅，"西南路招讨使大汉奏……"卷15《圣宗纪六》，开泰六年七月辛酉，"以西南路招讨，置宁仁县于胜州"。卷17《圣宗纪八》，太平七年五月，"西南路招讨司奏，阴山中产金银，请置冶，从之"。重熙六年李万所作《大契丹国故宣徽南院使归义军节度沙州管内观察处置等使金紫崇禄大夫检校太尉使持节沙州诸军事沙州刺史□□□□□□□（兼御史大夫柱国昌?）黎郡开国侯食邑一千五百户食实封壹佰伍拾户韩公（楷）墓志铭并序》（见《全辽金文》，第165页）亦载："西南路招讨、晋昌军节度、行京兆尹、尚父、秦王讳匡嗣，（楷之）伯祖父也。"《辽史》卷4《太宗纪下》天显十三年四月己亥条则载有"西南边大详稳耶律鲁不古"。但称"西南面"者远多。且其始置之时，即称"西南面招讨司"，见《辽史》卷1《太祖纪上》，神册元年十一月。
③ 《契丹国志》卷22《州县载记》。《会编》卷21《政宣上帙二十一》宣和七年正月二十四日条引《亡辽录》。
④ 《会编》卷21《政宣上帙二十一》宣和七年正月二十四日条引《亡辽录》。《契丹国志》所载亦同。
⑤ 《辽史》卷1《太祖纪上》，神册元年十一月。
⑥ 《辽史》卷3《太宗纪上》，天显十一年七月丙申。

在丰州①。《辽志》有载：天德军"后置招讨司,渐成井邑,乃以国族为天德军节度使"。此天德军条下之文,乃误窜入丰州之内容,兹不赘。丰州为西境重镇,且建州设节度早在神册五年,西南路都招讨司固定设置于该州,应于此后不久。至于其辖区之稳定,则迟至兴宗重熙十二年辽、宋、夏三边关系稳定下来,辽建置宁边、金肃州及河清军之时。

又《辽史·天祚皇帝纪》载,当金军由东北而西南一路势如破竹、天祚播迁之保大二年(1122),其叔父耶律淳在南京称帝,"遂据有燕、云、平及上(、中)京、辽西六路。天祚所有,沙漠已北,西南、西北路两都招讨府、诸蕃部族而已"②。辽末八路,除此处所列燕(南京路)、云(西京路)等六路之外,辽东、长春二路已为女真所有,此八路,自为财政路无疑。但八个财政路,并未包括西南、西北两个招讨司辖区,辽末仍习惯于将两招讨辖区与八路并列以通举"天下"了。直至辽末,西南面与西京路,仍是各自独立的。

《辽志》所载更能证实,即使仅以军事区划而言,西京路都部署司的辖境,亦与西南面都招讨司有清晰的分界。属于前者的有奉圣、蔚、应、朔四个节度州,《辽志》皆载明"兵事属西京都部署司",四节度下辖的归化、可汗、儒、武四州,以及西京路的中心——西京大同府及下辖弘、德二州更在其中,西京都部署司共辖十一州,即《辽志》"西京道"的东南面。而其西北的丰、云内、宁边、东胜、金肃州及河清军,皆称"兵事属西南面招讨司"。据此,则可轻而易举地划清西南面、西京路的分界。

在西南面都招讨司的职责上,《亡辽录》《辽史·百官志》亦将其与西京路都招讨司相混,谓两者皆为"控制西夏"。事实上,两者负责的边面既不相同,且各自有一个变化过程。辽早期尚未从中原获山北诸州之时,西南面招讨司固然是为经营山北而置。但在幽云十六州入辽之后,辽南向的防守之责,即交由云、应等山北五节度兵负责(后来是山北路都部署司与西京都部署司)。至于西南面招讨司,若非宋、辽战争时期,那么,它的职责几乎全部在于河套及其以西、以北地区③。

---

① 如"西南面五押招讨大将军"韩德威于统和十四年"薨于天德部内之公署",知西南面招讨治丰州天德军也。见(辽)郑从范:《故推诚忠亮竭节功臣西南面五押招讨大将军开府仪同三司同政事门下平章事上柱国昌黎郡开国公食邑五千户食实封五百户韩公墓志铭并序》(统和十一年),《辽代石刻文续编》,第35页。
② 《辽史》卷29《天祚皇帝纪三》,保大二年三月。
③ 平日亦有与宋接洽之职,但事例极少,非其主职也。《长编》卷229,熙宁五年正月己丑条载:"府州言:'宁化军送北界西南面都招讨府牒称,南朝兵骑越境……'诏河东缘边安抚司劾元承牒官吏,仍移牒北界招讨府依理施行。"因西南面招讨司辖境最南面之宁边州,正对宋境之府州,故有此交涉事宜。但西南面与宋接境之边面极短,唯南部宁边州一带,稍西即与西夏接界。

如会同元年，"西南边大详稳耶律鲁不古奏党项捷"①，此"鲁不古"，即两年前石敬瑭曾求援的"西南路招讨卢不姑"②；乾亨二年（980），又有"西南面招讨副使耶律王六"等"献党项俘"③；统和元年（983）正月，"西南面招讨使韩德威奏党项十五部侵边，以兵击破之"，至五月，"西南路招讨请益兵讨西突厥诸部……西南路招讨使大汉奏，近遣拽剌跋剌哥谕党项诸部，来者甚众"④；九年，"夏国王李继迁潜附于宋，遣招讨使韩德威持诏谕之"⑤。至兴宗重熙中两度伐夏，西南面招讨使的活动更为积极，因西夏方向正是其责任之所在也。

至重熙十九年二度伐夏失败之后，辽、夏关系趋于缓和，双方不再有大规模战事发生，而北面之鞑靼诸部则活跃起来。与西京路一样，西南面的军事重心也同时北移。在道宗朝，西南面招讨司的活动，主要见于镇服拔思母部的军事行动：大安十年（1094），"西南面招讨司奏讨拔思母捷"；寿昌元年（1095），"西南面招讨司奏拔思母来侵，萧阿鲁带等击破之"；次年，"西南面招讨司讨拔思母，破之"⑥。此与上文西京路条所析"山北路副都部署"萧阿鲁带讨达里底、拔思母部的行动相对照，可知在西南、南部边境宁定之后，主管此两面的高层军事机构西南面都招讨司和西京路的山北副都部署司着手于合作应付北面军事。当时西南招讨司自西面、山北副都部署司自东面合击，大约拔思母部活动范围较大，而达里底部则主要活动于东面，故招讨司一般仅与拔思母部作战，而副都部署则常需应付两部的共同攻击。

那么两机构合击的主要空间范围何在？据《辽史》所载，拔思母与达里底部曾"寇倒塌岭"⑦，又由两司合力平服二部的事实来看，他们的行动目标，无疑是西南面、西京路北面的倒塌岭。至此，我们又需解决倒塌岭一地在军事上的归属。

倒塌岭见于记载较晚，在《辽史》中出现，已是重熙十九年（1050），该年"置

---

① 《辽史》卷4《太宗纪下》，会同元年四月己亥。
② 《辽史》卷76《耶律鲁不古传》既载天显十一年石敬瑭向鲁不古求援事，亦有鲁不古于会同初伐党项事，两相观照，便知"卢不姑"即此"鲁不古"也。关于招讨司与详稳之关系，见下乌古敌烈路正文。
③ 《辽史》卷9《景宗纪下》，乾亨二年三月丁亥。
④ 《辽史》卷10《圣宗纪一》，统和元年正月甲申，五月壬戌、戊寅。
⑤ 《辽史》卷13《圣宗纪四》，统和九年十二月。
⑥ 《辽史》卷25《道宗纪五》，大安十年二月丙午；卷26《道宗纪六》，寿昌元年正月庚戌、二年正月癸卯。
⑦ 《辽史》卷25《道宗纪五》，大安九年十月庚戌。

倒塌岭都监"①。至道宗清宁三年（1057），又"置倒塌岭节度使"②。倒塌岭地区军事机构的级别越来越高，与这一地区鞑靼部落日渐活跃的趋势是一致的。《辽史·百官志》又载有"倒塌岭统军司"③，这大约是撰者发现，清宁中西北路招讨使萧夺剌曾"请以本路诸部与倒塌岭统军司连兵屯戍"④。如此一来，似乎倒塌岭地区的军事机构设置，于节度使之后又上升到统军司。而有独当一面的统军司之设置，这一地区便可算作是独立的军事路了。但笔者以为，"倒塌岭统军司"或非确然存在的机构。它仅见于萧夺剌的疏请之中，恐是传抄之误。在道宗朝大安至寿昌间辽抵御达里底、拔思母之时，参与军事活动的主要机构是西南面都部署司和山北路副都部署，而当大安十年"阻卜等寇倒塌岭，尽掠西路群牧马去"时，是由"东北路统军使耶律石柳以兵追及，尽获所掠而还"⑤。而对于"倒塌岭统军司"这一或然存在的机构，竟然不置一词。在《辽史》之《列传》中，载耶律特麽于大安四年，耶律那也于大安九年皆曾任"倒挞岭节度使"，且后者曾于寿昌元年"讨达理、拔思"部的战争中立功⑥。《耶律庆嗣墓志》亦载，庆嗣早在咸雍中，曾"迁倒挞岭太师"⑦，"太师"者，是辽代对部族节度使之称谓。而"倒塌岭统军司"若存在，其地位更高，职任更重，却何以从无任职者之实例？从倒塌岭地区的军事活动可知，若倒塌岭节度使手中的力量不足以抵御诸部侵寇之时，则由西南面都部署、山北路副都部署，甚至较为辽远的东北路统军司出面。而作为最高地方军事机构的"统军司"，若真在倒塌岭地区存在却从未在重要军事行动中出现过，那未免太不合理。

那么，倒塌岭节度使辖区又从属于哪个上级军事机构呢？它与西北招讨司辖区相邻，并且西北招讨司主要应付的阻卜部，曾侵入倒塌岭，故西北招讨司有可能是倒塌岭节度使辖区的上级管理机构，而《亡辽录》与《契丹国志》，也皆将"倒挞岭徜"与"西北路都招讨府"同置于"控制沙漠"一条⑧。但萧夺剌作为西北路招讨使，既曾"请以本路诸部与倒塌岭统军司连兵屯戍"，那么，"本路"——西北招讨司辖区——自然不包括倒塌岭地区。两个机构之间，不过是

---

① 《辽史》卷20《兴宗纪三》，重熙十九年六月丙辰朔。
② 《辽史》卷21《道宗纪一》，清宁三年正月丙戌。
③ 《辽史》卷46《百官志二》"北面边防官"条。
④ 《辽史》卷92《萧夺剌传》。
⑤ 《辽史》卷25《道宗纪五》，大安十年七月。
⑥ 《辽史》卷94《耶律那也传》、卷95《耶律特麽传》。
⑦ 赵孝严：《大辽尽忠平乱功臣兼侍中赠中书令谥贞愍耶律公墓志铭并序》（大安十年），《全辽金文》，第455页。
⑧ 《契丹国志》卷22《州县载记》"控制沙漠·沙漠府控制沙漠之北"条。《会编》卷21《政宣上帙二十一》宣和七年正月二十四日条引《亡辽录》。

在应付鞑靼诸部的军事任务上,有密切的合作关系而已。而倒塌岭也不应远隶于镇守辽东北境的东北路统军司。大安十年东北路统军使为倒塌岭追回阻卜所掠的群牧之马,应当是由于阻卜南掠之后,向东北方退走,而东北路统军使西行不远,便可于途中截击之。它最有可能的上级机构是西南面与西京路(由山北副都部署代管)。但相比之下,西南面都招讨司更有可能。"阻卜等寇倒塌岭,尽掠西路群牧马去",部分揭示了倒塌岭与"西路"的关系。此"西路"者,非西北路招讨司,即是西南面招讨司辖区。当寿昌元年辽军击退拔思母部南侵之后,"西南面招讨司奏拔思母来侵,萧阿鲁带等击破之"①。若西南面招讨司与拔思母屡屡入侵的倒塌岭地区无隶属关系,由山北路副都部署萧阿鲁带所从事的战役,何以要招讨司奏上?由此可知倒塌岭节度使与西南面招讨司应有从属关系。而倒塌岭节度使大致的驻地,据长泽和俊认为,应"于白塔(即丰州治所)北之阴夹山附近考求"②。

要之,西南面招讨司除辖有丰、云内、宁边、东胜、金肃州及河清军等邻近西夏的诸州之外,也领有这些州北面的倒塌岭节度使辖区。相比邻近的西京路,西南面都招讨司辖区包举了辽西南面绝大部分的部族居住区。

4. 西北路

西北路形成于景宗保宁三年(971)之前。最高军事机构是西北路都招讨司,统和二十二年之后治镇州,又有维、防、招三州,很可能尚有其他边防城,比如魏州、窝鲁朵城(见下文考辨部分),其初辖胪朐河流域,至统和以后,西向拓地,遂辖有蒙古高原中、西部,直至阿尔泰山以西。陈得芝先生的研究③,使该路的情况,成为诸高层军事区划中最为清晰的一个:招讨司为该路的唯一最高机构,而其他机构诸如西北路管押详稳司、西北路总领司、西北路兵马都部署司、西北路阻卜都部署司、西北路统军司,或是同一机构的异称,或是《辽史·百官志》误将临时的官职"固定"为"司"。当然,尚有许多在《百官志》"北面边防官"条中罗列的机构和官职,如西北路巡检、领西北路十二班军等,则是招讨司的属下。

陈先生尚指出,首次出现"西北路招讨使"职名,在辽景宗保宁三年,由耶律贤适任之。自此以后,西北路招讨使的任命连续不断。不过,其早期驻于胪朐河流域,迟至统和二十二年(1004)辽于蒙古高原中心置镇、维、防三州之后,

---

① 《辽史》卷 26《道宗纪六》,寿昌元年正月庚戌。
② 〔日〕长泽和俊:《关于辽的西北路经营》,《史学杂志》66 编 8 号,1957 年 8 月,第 77 页。
③ 陈得芝:《辽代的西北路招讨司》,《宋辽金史论丛》第 1 辑,第 267—276 页。

方移治于镇州。招讨司管辖着"东起克鲁伦河,西至额尔齐斯河,北至色楞格河下游,南抵沙漠与西南路辖境"的广袤疆土上的阻卜、梅里急、粘八葛、萌古等部落。

西北路自始至终以鞑靼部族——主要是阻卜各部落——为控御防范对象。在阿保机通过第二次西征臣服蒙古高原各部之后,辽廷逐渐倾向于对诸部实行直接控制,而诸部则以不断起兵反抗相报。故而,自西北路招讨司设置以后,这个方向的军事行动长期延续,消耗了辽大量的国力,但却从未得以平定,至后期,阻卜各部甚至扩大活动范围,南下西南面招讨司辖区,尽掠西路群牧马,可见西北招讨司无力完成它的使命。随着阻卜与其南面的达里底等部势力相联、合作行动,西北招讨司也不得不加紧与西南面招讨司的合作。但是,西北路的辖境始终是明确的,在辽代诸高层军事机构中,它管理着最大的区域和最强悍的部落,该路的中心,自圣宗朝以后,也长期稳定在阻卜等部落最活跃的蒙古高原腹心地带。

5. 乌古敌烈路

乌古敌烈路形成于统和末,由原西北路析出。该路最高机构先为乌古敌烈都详稳,道宗咸雍四年(1068)以后,为乌古敌烈部统军司。治于河董城,初置时,辖河董、静边、皮被河、巨母古城。道宗大康九年(1083),增辖塔懒王城。天祚天庆六年(1116),又增静州。对于其辖区,史籍中并无固定的名称。本卷为使军事区划名称较为统一,以及行文方便,为其定名为"乌古敌烈路"。《亡辽录》与《契丹国志》载有"芦沟河统军司"①,是以其治所河董城所在的胪朐河名之。该机构在辽中后期管理着今蒙古高原东部、大兴安岭以西克鲁伦河(辽胪朐河)流域的乌古、敌烈诸部。

在《辽史》中,乌古敌烈部都详稳最早见于开泰初。耶律的琭于统和二十九年(1011)任北院人王,"出为乌古敌烈部都详稳"②。又开泰三年(1014)耶律韩留"迁乌古敌烈部都监,俄知详隐事"③,详隐者,详稳也。至此之后,任乌古敌烈都详稳者,《辽史》中记载颇多。大约圣宗统和中辽据有蒙古高原,原西北路辖境广,所统部族众多,遂于统和末割其东境,专置乌古敌烈路。

开泰初,耶律的琭由北院大王出任、太平六年(1026)耶律直鲁衮以南院大

---

① 《会编》卷21《政宣上帙二十一》宣和七年正月二十四日条引《亡辽录》。《契丹国志》卷22《州县载记》"控制沙漠·沙漠府控制沙漠之北"条载为"驴驹河统军司"。
② 《辽史》卷88《耶律的琭传》。
③ 《辽史》卷89《耶律韩留传》。

王出任乌古敌烈部都详稳①，其品秩绝不低于其他诸路都统军司、都招讨司，故而以详稳司为领导机构的区划，在等级上与统军、招讨司路大体相同，只是，详稳与统军、招讨使，职责毕竟有所不同，故而，置都详稳之后，该区划的军事意义不如统军司、招讨司路那么强烈。

详稳一职，《辽史·国语解》释为"诸官府监治长官"②，今若简称为"长官"亦可通。详稳乃辽朝最广泛建置的职官，任何性质的机构都可置详稳，此可见《百官志》，不赘。就周边诸路而言，详稳的设置，大多是出于管理部族的目的，据《辽史·百官志》记载，辽各大、小部族，皆有"部族详稳司"③。如奚族这样的"国内"大部族，"有二详稳"，即使像回跋部、敌烈八部等所谓"国外"部族，也置有详稳④。对于"国内"诸部，详稳为治理部族民之长官。耶律唐古在统和中"历豪州刺史、唐古部详稳，严立科条，禁奸民鬻马于宋、夏界"⑤，乃是直接治理民事。《辽史》之中，详稳用兵之事亦非罕见。总体上看，详稳的职责，与州之刺史极类似。"国内"部族，详稳一般由朝廷直接派出，是辽参照州县制度，强化中央集权的有效手段。圣宗时，"划离部请令后详稳止从本部选授"之时，圣宗回答说："诸部官惟在得人，岂有定以所部为限。"拒其所请⑥。部族当然希望详稳能由本族人担当，以尽量照顾本族的利益。但是，若是部族详稳仍改"流官"为"土官"，那么设置详稳的目的不就落空，辽廷与部族的关系不就回复到"羁縻"了吗？

对"国外"诸部来说，则有双重的"详稳"之置。各部虽然或多或少得以自决本部之事，其本族酋长亦得从辽廷获封"详稳"之职⑦，但辽又直接派出详稳，作为朝廷的代表，行"监治"之权。此职并非虚置，于部族之事，得以总其大纲。景宗时耶律盆奴"为乌古部详稳，政尚严急，民苦之"⑧，可见其于民事影响甚大。女真完颜部酋长阿骨打与旁近部族的纠纷，仍要至咸州详稳司聚讼⑨，可知"国外"之部族即使有本族裔的详稳，亦不过是辽对其部分自治权的

---

① 《辽史》卷17《圣宗纪八》，太平六年十月辛巳。
② 《辽史》卷116《国语解》。
③ 《辽史》卷46《百官志二》"北面部族官"条。
④ 《辽史》卷19《兴宗纪二》，重熙十二年四月己亥，"置回跋部详稳、都监"。卷15《圣宗纪六》，开泰三年"九月丁酉，八部敌烈杀其详稳稍瓦，皆叛"。
⑤ 《辽史》卷91《耶律唐古传》。
⑥ 《辽史》卷10《圣宗纪一》，统和二年三月乙卯。
⑦ 按《金史》卷1《世纪》，颇拉淑（金立国后谥肃宗）为完颜部酋长（"节度使"）时，辽命其弟盈哥为详稳，大安十年颇拉淑卒，盈哥袭节度使。
⑧ 《辽史》卷88《耶律盆奴传》。
⑨ 《辽史》卷27《天祚皇帝纪一》，天庆二年九月己未、三年三月。

承认,详稳之职,相当于宋廷予国内外各少数族以"刺史"衔名以羁縻之。实际上仍需另有详稳司代表辽廷的利益。

较详稳高一级的是都详稳,是否加"都"字,标准并非唯一。小部落置一详稳,大部落或置二员,或置都详稳以重其事,如耶律朔古于天显七年(932)任"三河乌古都详稳"①。但很多部族都详稳所管不止一个部落,乌古敌烈都详稳即辖有乌古与敌烈诸部。统和十二年萧挞凛任"阻卜都详稳"②,也辖有多个阻卜部落。而辖有多个部落的详稳,又不一定衔前加"都"字,如女真诸部,以东北女直、北女直、南女直详稳司领之,此三详稳司者,未见有"都详稳"之称。故而,是"都详稳"还是"详稳",不仅与所管部落的大小、多少相关,还因其所管地区的面积、所领兵力的数目、所辖部族对国家生活的重要程度而定,当然,还要以该详稳是否尚有上级地方机构来判断其层级。

若仅置详稳,那么该地区的事务,由详稳全面管理,兵事亦在其中。《辽史·营卫志》提到,契丹、奚族部落民,"胜兵甲者即著军籍,分隶诸路详稳、统军、招讨司"③。不过,在某些较重要的方向,设置了都详稳司或详稳司之后,因军事行动越来越多,遂有专门将军事部门独立出来的需要,因此而有都招讨司、都统军司等军事机构之置,高层军事区划由此产生。如乌古敌烈路、东北路,皆是先置详稳或都详稳,后置统军、招讨使。那么,有了招讨司,是否还有详稳?此不可一概而论,因时代与地区不同而异。

像西南面、西北路等管辖大量部族的区划,详稳一职是存在的。西南面在早期大约是以招讨使兼详稳,故"西南路招讨"耶律鲁不古,或载为"西南边大详稳"(见前西南面文)。会同末,太宗曾以其堂弟刘哥为"西南边大详稳"④,世宗时,安端亦曾为"西南面大详稳"⑤,或亦以招讨使兼领。而辽中后期的西南面招讨使,则与详稳分置矣。兴宗重熙十三年四月,"西南招讨都监罗汉奴、详稳斡鲁等奏,山西都部族节度使屈烈以五部叛入西夏",至五月,罗汉奴又奏,"所发部兵与党项战不利,招讨使萧普达、四捷军详稳张佛奴殁于阵"⑥,则西南路详稳为斡鲁,招讨使为萧普达,显非一人也。既有招讨使,则详稳主管民事,党项五部之叛,与军事、民事官员皆有关,故斡鲁亦附奏。

---

① 《辽史》卷76《耶律朔古传》。
② 《辽史》卷85《萧挞凛传》。
③ 《辽史》卷32《营卫志中》。
④ 《辽史》卷113《逆臣传中·耶律刘哥》。
⑤ 《辽史》卷112《逆臣传上·耶律察割》。
⑥ 《辽史》卷19《兴宗纪二》,重熙十三年四月丙辰,五月壬戌朔。

至于西北路,似以招讨兼详稳。如统和十二年皇太妃开边西北,"(萧)挞凛为阻卜都详稳,凡军中号令,太妃并委挞凛"①,然又有称挞凛为"西北路招讨使"者②,其或以西北路招讨使兼阻卜都详稳。

乌古敌烈路在咸雍四年(1068)置统军司③之后,或与辽中后期西南面相同,详稳与统军使分为两职。如咸雍八年,"乌古敌烈部详稳耶律巢等奏克北边捷","以讨北部功,乌古敌烈部详稳耶律巢知北院大王事,都监萧阿鲁带乌古敌烈部详稳,加左监门卫上将军"④,此已是置乌古敌烈部都统军司之后四年,而仍有详稳存焉。耶律巢因军功得为"知北院大王事",较之"北院大王"至少有一级之差。这与大康八年(1082)耶律马五由乌古敌烈统军使直接转任北院大王相比较,可知详稳较之统军使为低。由此例看来,当时似乎乌古敌烈统军使出缺,详稳为该路第二位的官员,故暂时统管军务。

东北路详稳与统军司的关系又不同。在东北路统军使建置以前,多有详稳之置,但自从大康三年出现第一任统军使之后,便不再有详稳一职的设置。且可以肯定,这不是《辽史》漏载,而是此职确实废罢。考东北路的辖境,自泰州直至宁江州,遮蔽着女真完颜部向南、向西的通路,从空间上看,完颜部与东北统军司辖境最近,故而,完颜部与东北路统军司是有联系的⑤。当天庆四年(1114)阿骨打起兵反辽前夕,"备冲要,建城堡,修戎器",是统军司遣人来质问,当年辽应付阿骨打发动的首次战事,又是辽东北统军司主持⑥。可见辽与东北生女真之间,与军事有关的,由统军司负责。但是,反辽前两年,阿骨打与旁近部落纷争,却被诉至辽之咸州详稳司,诉状由咸州详稳司上报辽北枢密院,又下达至咸州,令详稳司责阿骨打,"欲使自新",当年,阿骨打称疾不至,至次年,"率五百骑突至咸州,吏民大惊。翌日,赴详稳司……阿骨打不屈,送所

---

① 《辽史》卷85《萧挞凛传》。
② 《辽史》卷104《耶律昭传》:"统和中,坐兄国留事,流西北部。会萧挞凛为西北路招讨使,爱之,奏免其役,礼致门下。"
③ 《辽史》卷22《道宗纪二》,咸雍四年七月壬申。又,刘凤翥先生于《辽〈萧兴言墓志〉和〈永宁郡公主墓志〉考释》一文中,也印证了改详稳为统军,正在此时。见《辽上京地区出土的辽代碑刻汇辑》,社会科学文献出版社,2009年,第330—331页。
④ 《辽史》卷23《道宗纪三》,咸雍八年正月癸未、二月壬戌。
⑤ 《金史》卷2《太祖纪》:辽大安十年,"世祖(劾里钵)寝疾,太祖(阿骨打)以事如辽统军司","太祖往见曷鲁骚古统军,既毕事,前世祖没一日还至家。世祖见太祖来,所请事皆如志,喜甚"。按曷鲁骚古者,或耶律何鲁扫古也。《辽史》卷94《耶律何鲁扫古传》载其大康末于西北路招讨使任上削官后,直至寿昌中"迁惕隐",中间有十余年的履历空白,或在其间曾出任东北路统军使。而阿骨打代表劾里钵见辽统军使,或与完颜部当时的内战有关。
⑥ 《辽史》卷27《天祚皇帝纪一》,天庆四年七月。

司问状,一夕遁去,遣人诉于上,谓详稳司欲见杀,故不敢留"①。这一事件,原本在民事诉讼的范围内,尚未至于由统军司来镇服,此可见详稳司与统军司的分工。而生女真之争,并未诉至较近的东北路统军司治所宁江州,而是到了数百里之遥的咸州,这显然说明,统军司置后,东北路详稳司已不存,其对生女真部落民事的管理,已转交与咸州详稳司。

正如陈得芝先生所说:"辽制,各较大的部属置详稳以治之。而'都详稳'则是统辖某一方面诸部的大员。"②不过,该方面是否置招讨使或统军使,直接影响都详稳的实际地位。北部近边地区,往往先置都详稳,而后置统军司,对于乌古敌烈路、东北路来说,都详稳是统军使的前身。在置统军使之前,都详稳本是全面监管部族事务的,且地位较他路招讨使、统军使并不逊色,但一旦本路设置统军使,都详稳的管理对象就限于民事,其地位亦下降,任此官者往往较统军使低一级。总体上说,统军管军、详稳管民,两者的分别,主要在职责上的分工,而非所管部落不同③,自然也非互为别称、可以等同。

笔者在前文疆域部分曾经提到,辽太宗以后,辽西北疆的各游牧部族,有两个活跃期:圣宗朝与道宗朝。建都详稳司以加强对乌古敌烈诸部的管理,后又设统军司为主管机构,形成一个高层军事区划,与这两朝的形势密切相关。圣宗统和中对整个西北疆(包括乌古与敌烈诸部)的大力经营、予以直接控制的意图,使得西北路都统军司的活动力度越来越强,范围越来越大,与蒙古高原各部的冲突也越来越激烈。终于在统和二十二年前后,招讨司将治所由原驻地胪朐河流域向着力经营的西方迁徙,改治于镇州④。但是迁治之后,新治所镇州周边的阻卜各部的抵抗活动有增无减,招讨司无法自阻卜的活动范围内抽身出来,故而需要单独设置机构驻于胪朐河流域,代替原来的西北路招讨司,对乌古敌烈诸部进行管理,这应是建置乌古敌烈都详稳司的缘由。而道宗朝是阻卜、敌烈等部再度活跃时期,用兵不断,故将无所不管的"长官"都详稳,改为首重军事的都统军司。

6. 东北路

东北路形成于圣宗统和末、开泰初。其主管机构先为东北路都详稳司,治所不详。道宗咸雍、大康间,改为东北路都统军司。兴宗朝,辖长春、泰州,道

---

① 《辽史》卷27《天祚皇帝纪一》,天庆二年九月己未、三年三月。
② 《辽代的西北路招讨司》,《宋辽金史论丛》第1辑,第269页。
③ 如王国维即认为,"都详稳统国外诸部,统军可则统国内诸部也"。见《金界壕考》,《观堂集林》第720页。李锡厚亦袭用此说。见《辽朝的边防》,《中国边疆史地研究》1993年第2期,第22页。
④ 西北路招讨司迁治事,见陈得芝:《辽代的西北路招讨司》,《宋辽金史论丛》第1辑,第271页。

宗朝又增辖宁江州，并徙治宁江州。至辽末，尚辖有达鲁古、来流、寥晦、特邻等城，并管理其东、其北的生女真部族，辖区东包混同江（今松花江流域），西跨金山（今大兴安岭），与乌古敌烈统军司辖境相接。

《辽史·百官志》记载东北路的机构颇多，有东北路都统军使司，置于"长春路诸司"中；又有"东北路兵马详稳司。亦曰东北面详稳司"，以及"东北路女直详稳司"，系于"东北路诸司"之中①。《亡辽录》与《契丹国志》，皆将东北路都统军司置于"长春路"之中②，除了"长春路"之外，何处又另有一个"东北路"？《辽史》此误实甚离奇。而且，"兵马详稳司"这种名称是否存在，很值得质疑。我们在一部《辽史》中，只看到它在《百官志》中两处出现："东北路兵马详稳司"与"咸州路兵马详稳司"③。后一条尚有释文云："有知咸州路兵马事、同知咸州路兵马事、咸州紏将"。按《辽史·奚回离保传》："徙北女直详稳，兼知咸州路兵马事。"④是以管理"北女直"诸部事务之长官的身份，兼总咸州路军事。两相参照，可知《百官志》所谓"咸州路兵马详稳司"，只不过是《辽史》的撰者按回离保的官职，合二为一而已⑤。将"兵马"与"详稳"直接合在一起的官职，却未得见，知是撰《百官志》者生造。而"东北路详稳"与"东北路女直详稳"确应存在，在《辽史》中皆可找到实例⑥。

与乌古敌烈路一样，东北路亦是先置详稳，再设统军司。早在统和三年，就已有"东北路兵马监军"的记载⑦，不过，当时正值辽伐东北女真之际，此"东北路"恐是用兵时临时所置的"行军路"，并不是常驻地方的高层军事区划。至开泰八年，"以东北路详稳耶律独迭为北院大王"⑧，才首次出现"东北路详稳"之职，这也是东北路第一次有一个独立的管理机构出现，详稳司的建置，或是统和间连续征高丽、伐女真的结果，其始置，不至于太早，应在统和末、开泰初。耶律独迭自详稳转北院大王，可知东北路详稳之品级大约与都统军使、都招讨使同（详见上文乌古敌烈路分析）。

事实上"东北路详稳"或应是"东北路都详稳"之省称，此亦即《辽史·百

---

①③ 《辽史》卷46《百官志二》"北面边防官"条。
② 《会编》卷21《政宣上帙二十一》宣和七年正月二十四日条引《亡辽录》；《契丹国志》卷22《州县载记》"长春路镇抚女真室韦"条。
④ 《辽史》卷114《逆臣传下·奚回离保》。
⑤ 《亡辽录》与《契丹国志》所载亦同。或应作"咸州兵马、详稳司"，即合两个机构名为一，而非一个机构的全称。
⑥ 《辽史》卷21《道宗纪一》，清宁七年"六月戊午朔，以东北路女直详稳高家奴为惕隐"。至于"东北路详稳"，在《辽史》中多矣，可散见本部分。
⑦ 《辽史》卷10《圣宗纪一》，统和三年十一月甲戌。
⑧ 《辽史》卷16《圣宗纪七》，开泰八年七月庚申。

官志》列于"辽阳路诸司"之中的"东京都详稳司"①。至于上述"东北路女直详稳",则与"东北路挞领详稳"②一同,上隶于东北路都详稳。宋使余靖言,"其西南路招讨掌河西边事,西北路招讨掌挞笪等边事,其东北则有挞领相公,掌黑水等边事,正东则有注展相公,掌女真等边事(蕃语注展即女真也)"③。陈得芝释云:"挞领相公应即铁骊部详稳,注展相公即女真详稳。"④铁骊、女真二详稳分管本路两个主要民族,且有空间上的分划,共同向都详稳负责。

东北路统军使的出现,在道宗大康三年(1077)。该年,"东北路统军使萧韩家奴加尚父,封吴王"⑤,而在六年之前的咸雍七年,耶律合里只为东北路长官时,官职尚称"详稳"⑥,故由详稳而统军,当在此七年间也。详稳司既改统军司,则《亡辽录》、《契丹国志》等遂不载东北路详稳司,而仅有统军司⑦。

东北路之置详稳、统军司,主职皆为处理东北女真事务,故而其官衔于"详稳"之前加"女直"。但是,随着西面乌古敌烈统军司,甚至西北路招讨司形势的恶化,辖境跨越大兴安岭的东北路统军司,也开始参与应付西北部落的战争,遂有东北路统军使耶律石柳向西追获阻卜部所劫"西路"官马之事⑧。东北路统军司所管辖的州县地区似乎不算太大,仅北面三州而已。但是,它掌控着东北的生女真与辽的核心地区的通道,且其辖境横跨金山,需作两面顾,职责甚为繁重,故至辽末,其辖下有突吕不室韦、涅剌拏古、伯斯鼻古德、遥里、伯德、奥里、南剋、北剋、图卢、述者违鲁虢、河西、达马鼻古德部⑨,所统部族众多,兵力自然雄厚。或许正因东北路强大兵力的弹压,辽廷认为当地局势不至于起大波澜。天祚乾统中,临海军节度使萧兀纳上书言:"(女真)有轻朝廷心,

---

① 《辽史》卷46《百官志二》"北面边防官"条。
② (辽)乐某:《竭诚奉国竭节功臣凤翔军节度使岐州管内观察巡检处置等使特进检校人师同中书门下平章事开府仪同三司前南宰相韩王耶律宗福墓志铭》:约重熙末、清宁初,宗福"授东北路挞领详稳"。见《辽代石刻文续编》,第142页。
③ 《武溪集》卷22《契丹官仪》。
④ 陈得芝:《辽代的西北路招讨司》,《宋辽金史论丛》第1辑,第267—268页。陈先生又称:"这两部是东北面大部,同时东北面其他部族也有置详稳的,但都不是东北面的最高机构。"
⑤ 《辽史》卷22《道宗纪二》,大康三年二月壬午朔。
⑥ 《辽史》卷22《道宗纪二》,咸雍七年七月甲申朔,"以东北路详稳合里只为南院大王";卷86《耶律合里只传》。
⑦ 《会编》卷21《政宣上帙二十一》,宣和七年正月二十四日条引《亡辽录》;《契丹国志》卷22《州县载记》"长春路镇抚女真室韦"条。
⑧ 《辽史》卷25《道宗纪五》,大安十年七月。
⑨ 《辽史》卷33《营卫志下》、卷35《兵卫志中》。

宜益兵以备不虞。"天祚不听。天庆中，萧兀纳已改任东北路统军使，复言："臣治与女直接境，观其所为，其志非小。宜先其未发，举兵图之。"奏章数上，天祚仍不以为然①。不久，女真起兵灭辽。

若不计部族居地，东北路仅辖三州，但其治所竟无法确定，三州皆有研究者指为治所：孙秀仁、项春松以为在泰州，因为泰州是"辽廷控扼北方地区的军事重镇"②；李锡厚以为在宁江州，"东北路统军使，驻节宁江州，此地为防御女真的最前哨"③；而三上次男、张博泉则以为在长春州。三上次男称，该州"是防御生女真的军事基地……这里设有东北路统军司"④。此纷争之起，全在于辽代史料根本就没有提到东北路统军司的治所，故研究者仅能据形势推测。首先可以肯定的是，辽的东北路统军司绝不会驻于泰州。辽置此司，自始至终，主要针对女真，泰州虽是重镇，却已伸向西方，近于乌古部，离女真远矣。至金代，因女真建国，这一带的防御，自然转为针对鞑靼诸部，故东北路招讨司治于泰州。但辽金大兴安岭附近的防御形势完全相反，辽向东，金向西，不可以金代东北招讨司的情况逆料辽代东北统军司。

至于长春州与宁江州之间，殊难作出判断。两地各有其区位上的优势。宁江州则近边，便于震慑女真。长春州则连接东西，与宁江、泰州声势相接。故天庆五年天祚帝亲征，十万大军，兵分两路，"自长春州分道而进，发数月粮，期必灭女直"⑤，长春州处于控制东北女真的中枢位置，可见一斑。故《亡辽录》等皆将东北路统军司称为"长春路"之机构⑥，以示长春州区位之重要，当然，也可能是因为财政路"长春路"驻地在长春州。但是笔者以为，东北统军司驻地以宁江州的可能性更大。《大金国志》载金收国元年(1115)事云："阿骨打之十四年……六月，括宁江州一路金银粟帛，尽数以往，民间有隐者斩。"⑦既称"宁江州一路"，则该州应即东北统军司之治所。

又，《辽史》之《兵卫志》及《营卫志》又载有"东北路招讨司"，下辖乌隗部。

---

① 《辽史》卷98《萧兀纳传》。
② 孙秀仁：《黑龙江地区辽金考古与历史研究的主要收获》，《北方文物》1983年第1期，第4页；项春松：《辽代历史与考古》，内蒙古人民出版社，1996年，第120页。
③ 李锡厚：《辽朝的边防》，《中国边疆史地研究》1993年第2期，第28页。
④ 〔日〕三上次男著，金启孮译：《金代女真研究》，黑龙江人民出版社，1984年，第112页；张博泉：《东北历代疆域史》，第139页。
⑤ 《辽史》卷28《天祚皇帝纪二》，天庆五年八月丙寅。
⑥ 《会编》卷21《政宣上帙二十一》宣和七年正月二十四日条引《亡辽录》："上京、长春路则……东北路都统军司，镇抚女真、室韦诸部。"《契丹国志》卷22《州县载记》"长春路镇抚女真、室韦"条。《辽史》卷46《百官志二》"北面边防官"条："东北路都统军使……已上长春路诸司，控制东北诸国。"
⑦ 《大金国志》卷1《纪年·太祖武元皇帝上》。

该机构未见于他处,或是短期内临时之建置,或是撰者因"西北路招讨司"、"西南面招讨司"而衍,李锡厚已提及,辽只有两处招讨司,即西北、西南,东北路招讨司为金改乌古敌烈统军司而置①,辽未尝有此。

7. 黄龙府路

黄龙府路约形成于圣宗开泰九年(1020),主管机构为黄龙府兵马都部署司,治黄龙府。辖黄龙府与信、宾、祥三州,以及本府管下益、安远、威、清、雍州,共一府八州之地,弹压东京路北部的渤海,并管理诸州以东、东北方向的兀惹、铁骊与女真蒲卢毛朵、五国等部。

有研究者认为,辽之都部署皆为行营所置,与宋之都部署一样,未尝为固定的地方军事机构,故而黄龙府都部署司本不存在,只是在天庆五年(1115)天祚亲征时,因有行营之置,方才设置该部署司②。若果如此,则《辽志》所说信、宾、祥等州"兵事属黄龙府都部署司"③,自是无稽之谈。而《营卫志》与《兵卫志》中,黄龙府都部署司下辖隗衍突厥、奥衍突厥、北唐古、五国等部④,看似言之凿凿,其实也全不可信。

事实上,宋之都部署司为固定建置,统管一路军事,而辽之西京(山北)、东京都部署司,亦非暂设机构,自《辽史》至《亡辽录》、《国志》等,无不载有各路都部署司,它与各宫卫长期固定存在的行宫都部署,以及临时率大军作战的行军都部署,显然是有区别的。至于任职之实例,至少耶律弘古之为"山北道兵马都部署",是以应州节度使兼,非为临时行军而置。"山北路副部署"萧阿鲁带的业绩,吝惜笔墨的《辽史》,也给予不少篇幅。此见上文西京路,不赘。

黄龙府都部署司之所以未见有实例,道理同西京路是一样的,既由知黄龙府兼都部署,故都部署之职,遂为知府之职所掩盖矣。由其军事地位、防御对象来看,置黄龙府都部署为一路最高机构,实有其必要。《辽史·兵卫志》称辽、丽边境的北段为"东京至鸭渌西北峰为界",载其辖境戍兵仅有"黄龙府正兵五千,咸州正兵一千","以备高丽、女直等国"⑤,可见两处对于东境镇守的重要性。

景宗、圣宗时期渤海人燕颇之乱以及燕颇余党与兀惹联合抗辽,且兀惹、铁骊等部长期不能完全平服,这应是圣宗后期设置黄龙府都部署司的主要目

---

① 李锡厚:《辽朝的边防》,《中国边疆史地研究》1993年第2期,第22页。
② 同上书,第28—29页。
③ 《辽史》卷38《地理志二》。
④ 《辽史》卷33《营卫志下·部族下》;卷35《兵卫志中》"众部族军"条。
⑤ 《辽史》卷36《兵卫志下》"边境戍兵"条。

的。此外,黄龙府路之职责,还包括其东面与女真接界处的防御事宜,以及对松花江以南某些女真部落的弹压。故《辽史》称:道宗大康八年(1082),有"黄龙府女直部长术可乃率部民内附"①。而早在兴宗重熙九年(1040)有"女直侵边,发黄龙府铁骊军拒之"②。其东南的女真蒲卢毛朵部,似亦在其管辖之下。圣宗开泰中,知黄龙府大康乂"善绥抚,东部怀服。……且言蒲卢毛朵界多渤海人,乞取之。诏从其请。康乂领兵至大石河驼准城,掠数百户以归"③。又兴宗重熙十三年,"遣东京留守耶律侯哂、知黄龙府事耶律欧里斯将兵攻蒲卢毛朵部"④。大康乂与耶律欧里斯参与进攻蒲卢毛朵之事,说明黄龙府都部署对于蒲卢毛朵这一方向的"边事",是负有责任的。

辽之黄龙府,其址有二。天显元年(926)至保宁七年(975),在南部,今四平市附近。保宁七年因燕颇之变而废府,开泰九年又重建于北面,在今吉林农安县。黄龙府都部署之置,或与开泰九年重建黄龙府同时,置府与设都部署司,大约皆与当时平服兀惹、经营铁骊有关。而同时亦得与北面的东北都详稳司与南面的东京都部署司进行合作,加强对南北两区的交界地带的女真的控制。

8. 咸州路

咸州路形成于道宗朝。该路最高机构为咸州路兵马司、北女直详稳司,两个机构应合于一体,治于咸州。辖咸、辽、祺、韩、双、银、同、郪、肃、安、通等州,弹压其东面、今松花江以南的"非生非熟"女真。

关于咸州路各机构的名称,《辽史·百官志》于"长春路诸司"中,载有"咸州兵马详稳司,有知咸州路兵马事、同知咸州路兵马事、咸州糺将",又于"东北路诸司"中,载有"北女直兵马司,在东京辽州置"⑤。辽之"东北路"即是"长春路",又知咸州者,既兼"北女直详稳",又兼"知咸州路兵马事",此二事,上东北路条中皆已辨之。而《百官志》之撰者竟随意颠倒之,造出"北女直兵马司"来,又合二名为一,生出一个"咸州路兵马详稳司",此后,撰者自己亦不知身在何处,竟信口说,"在东京辽州置",或是因为看到《地理志》中"兵事属北女直兵马司"字样在辽州第一次出现的缘故,遂有如此荒谬之结论。

在《地理志》中,除了咸、辽等十州属"北女直兵马司",又有铜州,"兵事隶

---

① 《辽史》卷24《道宗纪四》,大康八年三月庚戌。
② 《辽史》卷18《兴宗纪一》,重熙九年十一月甲子。
③ 《辽史》卷88《大康乂传》。
④ 《辽史》卷19《兴宗纪二》,重熙十三年四月己酉。
⑤ 《辽史》卷46《百官志二》"北面边防官"条。

北兵马司"。按辽除咸州路外,未见他处置有机构名类似于"北兵马司"者。而铜州为辽阳附近之州,何得远隶于咸州之兵马司?此亦误耳。至于《地理志》中未提及军事隶于何司的通州,因与咸州及咸州路所属韩、安等州极近,故应属于咸州路。又《辽史·营卫志》载,乙室奥隗部"节度使属东北路兵马司",而《兵卫志》则有"东北路女直兵马司",下辖乙室奥隗部①。疑"东北路(女直)兵马司"为"北路女直兵马司"之误,即指咸州兵马司、北女直详稳司也。但"北路女直兵马司"若是指咸州路兵马司的话,那么它辖有上京之南的龙化州,则可谓匪夷所思。

咸州本"耗里太保城",至开泰八年(1019),改为咸州,"建节以领之"②,这只是建咸州节度而已,大约与次年重置黄龙府一样,为巩固东北路与东京路之间的防御薄弱地带,强化对女真、铁骊等诸部族的控制。至于兵马司、详稳司之置在何时则未见。在《辽史》中,至天祚帝天庆间,始见萧幹(奚回离保)任"北女直详稳,兼知咸州路兵马事"③,耶律章奴、萧特烈"同知咸州兵马事"④,则兵马、详稳司之置,或在道宗、天祚朝。按咸州路北面的东北路,正是在咸雍、大康间由东北都详稳司改置东北路统军司,咸州路兵马司及北女真兵马司之置,或当在同时。

尚需解释的是,何以咸州应自成一路呢?"兵马司"这一机构,似易州亦曾置。《辽史·道宗纪》称:道宗咸雍四年(1068),"改易州兵马使为安抚使"⑤。《百官志》则谓:"易州飞狐兵马司。道宗咸雍四年改易州安抚司。"⑥但易州兵马司所辖的易州及蔚州灵丘、飞狐县,却并非独立于南京路的高层军事区划。咸州又有何不同?

"兵马司"这一机构,既不像元帅府、统军司、招讨司那样,《辽史》中记载累累,易发现其独当一面的地位,又不像都部署司那样,实例虽不多,但《辽史》、《亡辽录》、《国志》等众口一词,指其为地方高层军事机构,而宋北境数路之都部署,亦为一路最高军事长官,可供比拟。"兵马司"这一机构名本身也并不说明它的层级。笔者将咸州路列入高层军事区划之中,有其他五条理由,与"兵马司"关系不大。

---

① 《辽史》卷33《营卫志下·部族下》、卷35《兵卫志中》"众部族军"条。
② 《辽史》卷16《圣宗纪七》,开泰八年十月甲辰。
③ 《辽史》卷114《逆臣传下·奚回离保》。
④ 《辽史》卷100《耶律章奴传》,事在天庆五年;卷114《逆臣传下·萧特烈》,事在天庆四年。
⑤ 《辽史》卷22《道宗纪二》,咸雍四年正月辛巳。
⑥ 《辽史》卷48《百官志四》"南面边防官"条。

其一，史籍中屡称"咸州路"。辽之"路"，或是行军路，以大军途经的重镇或方向指称行军路线，如"东路"①、"山西路"②、"长春路"、"宁江路"③、"濠懿路"、"显州路"④之类，并非指明常设机构之区位与方向。但如"知咸州路兵马"一职，实为固定官职。"咸州路"这一称法，意味着这一区划与西南面、西北路、东北路等具有相同的性质与等级。而金代置咸州路都统司，亦应是沿辽之制耳⑤。

其二，据《辽志》所载，咸州兵马司（《地理志》载为"北女直兵马司"）与其他各高级军事区划一样，下辖多个州。除咸州之外，尚有辽、双、铜等节度州。故而，咸州路显然较节度使辖区要高一级，应为高层军事区划。

其三，咸州兵马司独力担负重要的使命。据载：

> 阿保机虑女真为患，乃诱其强宗大姓数千户，移置辽阳之南，以分其势，使不得相通。迁入辽阳著籍者，名曰"合苏款"，所谓熟女真者是也。自咸州之东北分界，入山谷，至于粟沫江，中间所居，隶属咸州兵马司者，许与本国往来，非熟女真，亦非生女真也。居粟沫之北、宁江之东北者，地方千余里，户口十余万，散居山谷间，依旧界外野处，自推雄豪为酋长，小者千户，大者数千户，则谓之生女真。⑥

可知，居于咸州以东、粟沫江即今松花江以南的女真，与辽有较密切的关系，但尚未如熟女真一般受辽的控制。管理这部分女真的职责，就由咸州兵马司来承担。如此，则辽对女真的管理，形成了东北路、咸州路、南路分管生女真、非生非熟女真、熟女真的格局，咸州兵马司独当一面，职责甚为重要，自应与东北路、南路相同，为独立的高层区划。

其四，从空间上分析，咸州路也是自成一区。咸州兵马司与东北统军司所

---

① 《辽史》卷12《圣宗纪三》，统和六年八月丁丑，"东路林牙萧勤德及统军石老以击败女直兵，献俘"，勤德等当时率军伐女真也。
② 《辽史》卷83《耶律斜轸传》，统和初，"宋将曹彬、米信出雄、易，杨继业出代州。太后亲帅师救燕，以斜轸为山西路兵马都统"。则此"山西路"指明斜轸出兵之方向也。
③ 《契丹国志》卷10《天祚皇帝上》：天庆五年"八月，天祚下诏亲征女真，率蕃汉兵十余万出长春路。……别以汉军步骑三万……南出宁江州路"。则此长春路、宁江路，亦是分兵出击的两个方向。
④ 《契丹国志》卷10《天祚皇帝上》，天庆六年十一月。当时耶律淳东征高永昌，留此数路兵备女真。
⑤ 《金史》卷24《地理志上》，咸平路咸平府条："辽为咸州，国初为咸州路，置都统司。"按《金史》卷2《太祖纪》，咸州路都统，始见于太祖收国二年（1116，辽天庆六年）四月，任职者为斡鲁古。而太祖二年（1114）十一月，正是斡鲁古"败辽军于咸州西，斩统军实娄于阵。完颜娄室克咸州"。应是甫占领咸州，便置咸州路都统司，草创之时，这一建置，应是受辽制影响。
⑥ 《会编》卷3《政宣上帙三》，重和二年正月十日。

管范围似有重合。据《辽史》所载,天庆二年(1112)九月,"阿骨打混同江宴归,疑上知其异志,遂称兵,先并旁近部族。女直赵三、阿鹘产拒之,阿骨打庀其家属。二人赴诉咸州,详稳司送北枢密院"。次年三月,"阿骨打一日率五百骑突至咸州,吏民大惊。翌日,赴详稳司,与赵三等面折庭下。阿骨打不屈,送所司问状。一夕遁去。遣人诉于上,谓详稳司欲见杀,故不敢留"①。完颜部属生女真,应属东北路管下②,而阿骨打既曾至咸州应诉,似乎说明咸州兵马司兼北女直详稳可能是东北统军司的下属。但是,咸州路与东北路之间,完全被黄龙府路所隔开,从未有史料可以证明,黄龙府都部署司会是东北统军司的下属,当然,咸州路也无法作为飞地,遥隶于东北路。阿骨打至咸州,很可能是因为与完颜部发生纠纷的以赵三、阿鹘产为首的"旁近部族",在完颜部之东南、粟沫江之南,当属咸州路管,二人既诉于咸州,阿骨打亦应至咸州应诉。故此例应不能视作咸州兵马司隶于东北路之证据。而若说负责东北路所属北面女直民事,《亡辽录》等载为"长春路"军事机构的咸州详稳司,竟然隶于东京,这也是难以想象的,亦未有资料能证明这一点。

其五,咸州路长官——知咸州路兵马事——与东北、东京统军使同级。天庆中,萧幹由"北女直详稳,兼知咸州路兵马事,改东京统军"③。耶律章奴于"天庆四年,授东北路统军副使。五年,改同知咸州路兵马事"④。乃是在两路副职之间的平级调动。主官之间平级,很难想象区划与机构之间会有隶属关系。

咸州路南面的东京路、北面的黄龙府路和东北路军事力量较强,相比之下,咸州路虽辖十个州,兵力却可能有限。如辽于辽、丽边境布防的兵力,"黄龙府正兵五千,咸州正兵一千"⑤,咸州远不如黄龙府。又由两路所辖部族来看,黄龙府至少辖有四部族,其下有一支铁骊军,《辽史》曾记载,以此部抗击女真之"入侵",似乎有较强的战斗力。而咸州路仅辖乙室奥隗部而已。而所辖部族大小、多少,一般意味着该区划的军事力量。可见,咸州路的军事地位尚不及北边的黄龙府路,与东北路,东京路相差更远,故而其震慑之境域亦小,其管区内的回跋部等"非生非熟"的女真⑥,似较为驯服,在有辽一

---

① 《辽史》卷27《天祚皇帝纪一》。
② 《金史》卷2《太祖纪》载:大安八年,"太祖以事如辽统军司"。在《金史》之《世纪》及《太祖纪》中,仅见完颜部与东北路统军数有联系,未见其与咸州兵马司的交往。
③ 《辽史》卷114《逆臣传下·奚回离保》。
④ 《辽史》卷100《耶律章奴传》。
⑤ 《辽史》卷36《兵卫志下》"边境戍兵"条。
⑥ 张博泉云,回跋女真兵事属咸州兵马司。见氏著《东北历代疆域史》,第133页。

代,未见有关于这些部落的重大军事行动。但是,由以上诸种理由可知,咸州兵马司辖区自成一路。军事上相对次要的地位,并不妨碍它的独立性。这或许是出于辽廷对女真分而治之的政治思路,故将非生非熟女真另归于一个机构管理。

9. 东京路

东京路形成于太宗会同元年(938)。其军事管理体制与南京路较为接近,是东京兵马都部署司—东京都统军司相结合的体制,两机构皆驻东京辽阳府,都部署由留守兼。初置时,辖州已难以详考。后陆续析分出东北路部分及黄龙府路、咸州路、南路、保州路,仍辖有《辽史·地理志》东京道的大部分州及辽、丽之间鸭绿江、长白山一带的女真。尽管《地理志》并未载明辽后期事实上归属于东京路的各州,但据已载明者并顾及各州之方位,仍可约略言之:辽阳府、率宾府、辰、兴、汤、崇、海、耀、嫔、显、嘉、辽西、康、宗、乾、海北、贵德、沈、岩、集、广、遂、乌、湖、渤、冀、东、尚、吉、胜、懿、连、衍、荷州,顺化城。

至于辽前期,当然需计入黄龙府等诸路所属之地。

《辽志》东京道地区的军事区划,是最为复杂的。仅《百官志》所载,可能是地方高层军事机构的,就有如下十余个:东京留守司、辽阳大都督府、东京安抚使司①、东京兵马都部署司、东京都统军使司、东京都详稳司、保州都统军司、汤河详稳司、铜州北兵马指挥使司、涞州南兵马指挥使司②,东路都统军使司③。

其他应是隶属于上述机构者,不赘。

按上述诸机构中,"辽阳大都督府"见于《百官志》:"太宗会同二年置。辽阳大都督。会同二年,都督曷鲁泊等关防辽阳东都。"此外不见他处。但"都督曷鲁泊等关防辽阳东都"一语似从某处截来,语意不甚完整,"关防"之后应断,"东都"之后似应有他语,难由此得出东京置有"辽阳大都督"的结论。即有,亦恐是极短期之建置。而"东京安抚使司",应是据太平九年大延琳于东京起事后,辽廷任命萧朴"安抚东京,以便宜从事"而来④,但这一任命,显然只是危机时期的临时之制,事罢则撤,绝非稳定建置于东京路的管理机构。至于"东京都详稳司"者,其或是"东北路详稳"之误,又或是辽前期于东京所置,以辖女真事务者,而后移其事于汤河司乎?东京之东、南、北三面固多女真,然辽后期女

---

① 《辽史》卷48《百官志四》"南面京官"条。
② 《辽史》卷46《百官志二》"北面边防官"条,以上机构列入"辽阳路诸司"。
③ 《辽史》卷46《百官志二》"北面边防官"条,以上机构列入"东路诸司"。
④ 《辽史》卷80《萧朴传》。

真民事多交由北女直详稳（咸州）、南女直详稳（汤河）二司处理。其与"汤河详稳司"不应同时存在。

"铜州北兵马指挥使司"、"涞州南兵马指挥使司"二者，则全然是误载。《百官志》之撰者采《地理志》之记载，并予以错误的理解。《地理志》称铜州"兵事隶北兵马司"，本来就是误载。"北兵马司"应即置于咸州的北女直详稳司、咸州路兵马司，但在《地理志》中一般以"北女直兵马事"字样出现，如此简称者，仅见于铜州条。但隶属于"北兵马司"的，是咸州附近的"同"州而非辽阳府以南的"铜"州。《百官志》在采用《地理志》的记载之后，不仅沿其误，并以"北兵马司"为区别于"北女直兵马司"的另一机构，并自然而然地定其治所于"唯一属州"铜州。而"涞州"则是"涑州"之误。在《地理志》中，"南女直详稳、汤河兵马司"在卢、归、苏、复等州及镇海府条下，皆称"南女直汤河司"，唯有涑州条下，则简称为"南兵马司"。于是，与铜州条相似，《百官志》撰者将"南兵马司"看作与"南女直汤河司"不同的机构，并以涑州为"南兵马司"的唯一属州，定治于此，最后且误"涑"为"涞"。

至于"东路都统军使司"，其实与"东京路都统军使司"是一个机构，《辽史》《纪》、《传》，或是漏一"京"字，并误将二者区分开来，故曾数次载及"东路统军使"：统和中有萧柳①，重熙间有耶律铎轸，大康四年（1078）有耶律王九②。除耶律王九情况不详，萧柳和耶律铎轸任"东路统军使"之时，远在道宗朝置东北路都统军司之前，显然并非"东北路"，而是"东京路"统军使。《百官志》对此显然并不了解，不但相信有"东路都统军使司"的存在，还由此编出一群"东路诸司"："东路都统军使司。遥里等十军都详稳司。遥里军诸详稳司。未详。九水诸夷安抚使。已上东路诸司。"③按《兵卫志》、《营卫志》，东北路统军司下辖遥里、伯德、突吕不室韦、涅剌拏古、伯斯鼻古德部等十二部，"遥里等十军都详稳司"、"遥里诸详稳司"皆应是由这些部族构成的军队，显属东北统军司无疑，与"东路"——其实是东京路——都统军司风马牛不相及。

如此梳理之后，所谓"辽阳路诸司"，便仅余东京留守司、东京兵马都部署司、东京都统军使司、保州都统军司、汤河详稳司五大机构，可能是高层地方军事机构。保州、汤河二司自成一路，详见下文。至于东京兵马都部署司，笔者疑是东京留守司之兼职。由《地理志》所载可知，"东京道"有显、乾、贵德、沈州

---

① 《辽史》卷85《萧柳传》。
② 《辽史》卷23《道宗纪三》，大康四年二月戊辰。
③ 《辽史》卷46《百官志二》"北面边防官"条。

等,"兵事属东京都部署司",《亡辽录》"辽阳路"、《契丹国志》"辽东路"皆载有"东京兵马都部署司"①,这一机构,显非虚构。而其未见记载者,当与辽后期西京路的情况相同,由留守兼都部署,史载省略各兼职,故都部署之名为之湮没。而南京路以留守兼都总管,或兼元帅,其意相近耳。

但是,按照《地理志》所载的"东京道"各州兵事的隶属关系,却又产生了新的问题。除了南女直汤河司、北女直兵马司所属,"东京道"各州又分隶于"东京留守司"、"东京统军司"、"东京都部署司"。但若东京的情况与西京、南京情况相似,那么,留守司与统军司,前者应是总领一路兵事,但平日以镇守陪都为主,而后者则实管一路兵事,且重在边事,它们之间,怎么会有如此清晰的分管区呢? 而若是留守兼都部署的话,两职合于一官,相互之间也不应有分区。莫非东京路的情形,与他路皆不同,分区更加细致? 然细审《地理志》之记载,此实为撰《志》者之"率性"而致。

《地理志》所载东京统军司下辖诸州,位置非常分散:开州、保州、来远城,接近辽、丽边界;宁州,在辽东半岛西北部;顺化城,在辽阳以东南;连州、衍州,确址不详,但大约也在东京东南数十里;湖州、渤州不知其所在。统军司的辖地,至少分为不相连接的三块,这样破碎的格局当然是甚为奇特的。而东京留守司所辖的定、辰、渌三州,竟然也分在三处:辰州在辽东半岛西北端,定州在鸭绿江入海口,而渌州(应当也包括其下属桓、丰、正、慕四州)则在鸭绿江上游。两相参照,发现辽、丽争执最剧的鸭绿江入海口保州、定州、来远城,竟然分属两个机构,不知攻防进退,当从何司之命? 很难想象,这种纷繁的插花状态可以成为一个国家军事区分划的方式。

至于东京都部署司,《地理志》载其下辖显、乾、贵德、沈四州。此四州倒是连成一片,不过它是辽阳府北部一个东西极长的条状地带,不知密迩东京之地,何需另设一个形状极不利于管理的军事区? 更有甚者,东京附近的贵德、沈、连、衍等州为都部署司和统军司所辖,而东京留守司却在辽远的东部边境有定、辰、渌等属州。这又是出于何种战略意图?

上述所有出于区位和军事形势的分析,都指向一种可能性:《地理志》强行将东京路划分为留守司、统军司、都部署司辖区,这是与事实相悖的。尽管留守司与统军司在职责上有所分工,但它们是一个军事区内的两个合作机构。都部署一职,是留守在军事职能上的反映,两种职事是一官兼领。所以,隶属

---

① 《会编》卷21《政宣上帙二十一》宣和七年正月二十四日条引《亡辽录》。《契丹国志》卷22《州县载记》"辽东路控扼高丽"条。

于留守司、都部署司、统军司之中任一机构的州,同时也是其他两个机构的属州。

也正因三者之间在东京路这一军事区划上是一体的,所以有些史料只提其中之一,而省略其他两个机构。《亡辽录》说:"辽阳路则东京兵马都部署司、契丹、奚、勃海四军都指挥使,保州都统军司,汤河详稳司,金吾营,枸宨司,控扼高丽。"①此语事实上只提到了"辽阳路"的三个机构——东京都部署司、保州都统军司、汤河详稳司,却将东京留守司、东京都统军司隐于东京都部署司之下。同样,在《会编》提到辽对女真的控制,也只是说:"辽国沿边置东京黄龙府兵马都部署司、咸州汤河兵马详稳司、东北路统军司,(以女真)分隶之。"②东京路内,亦仅提到都部署司。是否东京留守与统军使不涉及女真事务呢?显然不是如此。自辽前期景宗保宁八年(976),东京统军使对于女真事务就负有一定职责,故而当东京路南面归州五寨遭女真袭击、剽掠之后,由东京统军使与女直详稳共同奏报③。圣宗开泰十年(1021),"女直三十部酋长"遣质子来辽廷,由东京留守奏上④。到重熙十三年(1044)东京路与黄龙府路对女真蒲卢毛朵部进行联合军事行动,则以东京留守为统帅⑤。作为一路最高长官的留守,作为辽各路军事行动中最常发现其形迹的统军使,怎能想象他们与东部女真事务全不相干呢?反而是《会编》载为女真管理机构之一的都部署司,倒未在《辽史》中发现其活动。

《会编》只列都部署司,而未提到留守、统军司,理由只能是:它们与都部署司,共管一个军事区划,若是将三者一一列出,与黄龙府都部署司、咸州详稳司、汤河详稳司并列,反易令人误以为东京路由三者分管——《辽史·地理志》不就发生了这种误解了吗?不过即使是《地理志》,也有这样一条记载:"开州……隶东京留守,兵事属东京统军司。"比其他各条多出一个"隶东京留守",显示撰者全然不知东京路之内是不是应再分为留守区、统军区,在给予大部分州"清晰"的归属之后,终于在开州条露出破绽。

大体上,东京一路与南京路情况相同,留守是一个全方位统管本路事务的职位,而它又通过兼都部署,而突出其在军事上的职责。留守(都部署)又与统军司构成一个既成互补又有隶属关系的军事体系。统军司作为留守之下主管

---

① 《会编》卷21《政宣上帙二十一》宣和七年正月二十四日条引《亡辽录》。
② 《会编》卷3《政宣上帙三》,重和二年正月十日条。
③ 《辽史》卷8《景宗纪上》,保宁八年九月辛未。
④ 《辽史》卷16《圣宗纪七》,开泰十年四月戊申。
⑤ 《辽史》卷19《兴宗纪二》,重熙十三年四月己酉。

军务的机构,其职责更是重点突出于对边境地区的管理。有个别东京统军使曾"兼沿边巡检使"①,不知辽东京统军使例兼沿边巡检而《辽史》记载中省此兼职,抑或萧孝恭只是一个特例?但无论如何,边境的军事活动中,统军使总是最活跃的,而《地理志》认为东京统军司有一个单独的辖区,包括开州、保州、来远城在内,大约也是想强调它在边事上的突出位置吧。

关于东京路的形成,本应以留守的出现来判断。早在天显二年(927),就已有耶律觌烈"留守南京"②。但此时十六州尚未入辽,南京自然并非幽州,东平郡(即后来的东京辽阳府)虽曾为南京,但那是天显三年事,天显二年岂有"南京留守"一职?笔者以为,"二年"应是"三年"之误,并且此处"留守"是作为动词,天显中根本不存在"留守"一职,否则又何以解释会同元年之前仅此一例"留守"呢?首都、陪都留守之置,应是在会同元年得十六州、当年统一调整全国政治制度——包括地方行政制度——之时,于当时已有之三京同时置留守之职,并确定其职责。

10. 南路

南路形成于辽前期,主管机构为汤河兵马司兼南女直详稳司,治辽阳府南50里汤河。初辖铜、铁、卢、归、涞等州及镇海府,旋废镇海府。统和二十九年(1011)增辖宁州,重熙十二年(1043)增复州,二十年,又增苏州。并管治辽阳以南至辽东半岛的熟女真。

按"南路"之称法未见于《辽史》,而见于《金史》③。至于其主管机构,则有"南女直汤河司"④、"汤河详稳司"⑤或"汤河兵马详稳司"⑥之称。参上文咸州路"北路女直详稳司、咸州路兵马司"之名,南路的机构名,或应为"南路女直详稳司、汤河兵马司",则"南路"之名,应非《金史》撰者之杜撰。"汤河详稳司"之称,应为略称耳。汤河司之自统一路,林荣贵曾论及之:"辰州上属东京留守司;复州、苏州、镇海府等上属南女真汤河司。"⑦是以"南女直汤河司"与东京留守司为同级单位。《辽志》载明其下属数州(包括苏、复等节度州),则其与东京都部署司、咸州路兵马司一样,亦是高层地方军事机构,且所属诸州,集中于

---

① 《辽史》卷16《圣宗纪七》,太平三年六月戊申,任职者为萧孝恭。
② 《辽史》卷75《耶律觌烈传》。
③ 《金史》卷2《太祖纪》,收国二年五月。
④ 《辽史》卷38《地理志二》东京道卢州、归州、苏州、复州、镇海府等条。
⑤ 《会编》卷21《政宣上帙二十一》宣和七年正月二十四日条引《亡辽录》。
⑥ 《会编》卷3《政宣上帙三》,重和二年正月十日条。
⑦ 林荣贵:《北宋与辽的边疆经略》,《中国边疆史地研究》2000年第1期,第44页。

辽东半岛,应有明确之辖区无疑。《地理志》与《会编》①等,无不将汤河详稳司与东境的其他高层军事机构并列,足证其自成一区。

但或许南路所在,并非辽的核心区域,也非富庶之区和重要的用兵方向,故有关该路的信息极少。其初次出现,应是景宗保宁八年"东京统军使察邻、详稳涓奏女直袭归州五寨"②一条,其文虽未载明此"详稳"为何处、何部族之详稳,但归州正是南路女直详稳司辖境,"涓"此人,自是南女直详稳无疑。那么,南女直详稳司管的是哪一部分女真呢?据《会编》载:"阿保机虑女真为患,乃诱其强宗大姓数千户,移至辽阳之南,以分其势,使不得相通。迁入辽阳著籍者,名曰合苏款,所谓'熟女真'者是也。"③迁到辽阳以南的著辽籍女真,其始迁早在辽太祖时,则辽前期已置司统之,亦属情理中事。

此路自辽前期至辽末,一直存在。《金史》称:收国二年(1116),"斡鲁等败高永昌……东京州县及南路系辽女直皆降"④。"南路"既与"东京州县"并列,显见并非在东京路统辖之下,而既是"系辽(籍)女直"之聚居区,则定是汤河司所统之地无疑。

汤河司的管理对象,既是辽初迁入辽阳以南至辽东半岛一带的女真豪户。管理这些熟女真的汤河司,也应在此间。史籍中虽未提到汤河司之所在,但据《大清一统志》所载,汤河在"辽阳州东南五十二里","北流入太子河"⑤。此河并不长,自千山发源之后北流至太子河,不过百余里,而恰在辽阳之东"五十二里"左右,汤河东岸,有一个标志性的地点,即《中国历史地图集》定为辽衍州及宜丰县之处,今辽阳市安平镇⑥,应是汤河司的治所。

据此定位,则不仅《地理志》所提到的处于辽东半岛的苏、复、归、卢诸州及镇海府属汤河司管辖,鹤野县境以南的铁州、汤河司以南的铜州,亦应在汤河司的辖境之内。此外,宁州也应属于南路,而非《地理志》所记载的"兵事隶东京统军司"。据《辽史·圣宗纪》所载,宁州乃统和二十九年与归州同时以高丽

---

① 《会编》卷21《政宣上帙二十一》,宣和七年正月二十四日条引《亡辽录》;卷3《政宣上帙三》,重和二年正月十日条。
② 《辽史》卷8《景宗纪上》,保宁八年九月辛未。
③ 《会编》卷3《政宣上帙三》,重和二年正月十日条。
④ 《金史》卷2《太祖纪》,收国二年五月。卷71《斡鲁传》则谓"辽之南路系籍女直及东京州县尽降"。"南路"与"东京"虽倒置,其意则全同。
⑤ (清)穆彰阿等纂:《嘉庆一统志》(四部丛刊本)卷59《奉天府一》"山川·汤河"条。
⑥ 《中国历史地图集》第6卷《宋辽金时期》图集东京道图。王绵厚则定衍州于今辽阳西南约90里太子河左岸的唐马寨古城,见王绵厚:《辽代"衍州"与"鹤野"探考——兼论东京曷术馆女真部》,载陈述主编:《辽金史论集》第3辑,第136、137页。

俘户置①，归州既属南路，宁州之所属亦当相同。而金初徙治曷苏馆路于宁州②，显是因为宁州自辽以来就居住着相当多的女真人，有作为治所的人口基础，故辽时应在汤河司管辖之下，而不当为东京路之飞地。

当然，南路辖境有一个不断增置州县的过程。太祖初徙女真户至南路之时，此区域尚无州县之建置，太祖末年灭渤海，遂于天显元年（926）、四年，陆续徙渤海户置归、涞、卢、铁、铜等州及镇海府。后废归州，但又于圣宗统和二十九年以高丽俘户置归、宁州，至兴宗朝，又置苏、复二州。或许正因渤海人、高丽人自外界不断迁入，引起女真人的反感，故而在景宗朝发生了先进入半岛的熟女真起兵袭"归州五寨"之事③。但也是因为辽廷在辽东半岛徙户置州，使南路也与东、北、西面其他诸路一样，成为既统大量部落民，又辖有不少州县人户的高层军政区。

11. 保州路

保州路形成于兴宗重熙中，主管机构为保州路都统军司，治来远城。辖保、定、宣、开、盐、穆、贺州，怀化军，来远、合主、毕里围城。后废盐、穆、贺州。

《辽史》虽于《百官志》中载"保州都统军司"于"辽阳路诸司"之列④，但是在《地理志》中，却未见有"保州都统军司"所辖州军，保州本身，亦被列为东京统军司之属州。但是，除《辽史·百官志》之外，尚有《亡辽录》等，认为"辽阳路"有"保州都统军司"这个机构，与东京都部署司等并列，"控扼高丽"⑤。大康五年（1079），有萧十三"为保州统军使"⑥，此"统军使"，与南京、东京、东北路一样，应是"都统军使"之简称。

保州路都统军司之治所，并非如其名所示置于保州，而在来远城。圣宗开泰三年（1014），辽以保、宣、定州，怀化军及来远城，完成鸭绿江下游两岸的防线构筑之后，早在二十余年前就已建置的来远城，遂成为这一军事区域的核心、最重要的军事基地。其附近置军营八，驻军三千六百。这在重于野战、驻防军规模向来不大的辽代，是一个很大的数字。至于保州，则是突进至鸭绿江东岸的前哨，驻有大批渤海士兵，其地位不可谓不重要，但不是一个可以居中

---

① 《辽史》卷25《圣宗纪六》，统和二十九年十二月。《契丹国志》卷22《州县载记·刺史州七十余处》有"宋州"，当为宁州之误。
② 《金史》卷24《地理志上》上京路曷苏馆路条。
③ 《辽史》卷8《景宗纪上》，保宁八年九月辛未。
④ 《辽史》卷46《百官志二》"北面边防官"条。
⑤ 《会编》卷21《政宣上帙二十一》，宣和七年正月二十四日条引《亡辽录》。
⑥ 《辽史》卷110《奸臣上·萧十三》："及乙辛出知南院大王事，亦出十三为保州统军使，卒。"检卷24《道宗纪四》，耶律乙辛出为南院大王，在大康五年三月壬辰。

调控的位置,故辽将此区域的最高军事机构,置于鸭绿江西岸的来远城,并通过来远城与高丽交涉。辽末,保州路受女真攻击,"辽来远城牒(高丽)曰……及金兵攻取辽开州,遂袭来远城及大夫、乞打、柳白三营,尽烧战舰,掳守船人。统军、尚书左仆射、开国伯耶律宁,与来远城刺史、检校尚书右仆射常孝孙等,率其官民,载船一百四十艘出泊江头,移牒宁德城曰……"①此即保州路都统军司驻于来远之明证。来远城虽仅相当于刺史州,但刺史之上,却有"统军"常驻此地,这与其他路的情况是不太相同的。

保州路下属之州,除了来远城、江东岸的保州、定州,以及保州节度使下辖之宣州、怀化军(两城同在鸭江东岸),还应包括保州以西百余里、作为保州路与"大后方"东京辽阳府中转站的开州。兴宗重熙中,萧韩家奴上奏云:"今宜……并开、保州,皆隶东京。"②则开州显然与保州同在一路,而不属东京路也。《地理志》中"兵事属东京统军司"的开、保州,来远城,以及属东京留守司的定州,其实皆应是保州路的属州。

当然,如果《地理志》并不考虑应有一个记载制度的时间断面,那么,将保州路下属诸州归入东京统军司或者东京留守司的辖域之内,也不是毫无道理。但那是圣宗朝初置诸州至兴宗初年之事。来远城及开、保等州,大部分建置于圣宗朝,在圣宗朝末年,它们仍是归属于东京路。此由大延琳起事为例以证明之。

太平九年(1029),渤海王族后裔大延琳叛于东京,当时渤海人夏行美为保州戍将,"延琳密驰书,使图统帅耶律蒲古。行美乃以实告,蒲古得书,遂杀渤海兵八百人,而断其东路"③。这位"统帅"耶律蒲古,即是当时的东京统军使④。保州戍将遇如此重大之事,并不就近与来远城的保州都统军使联络,而是向东京统军使告变,这一方面是因为延琳之变的中心是东京城,但另一方面,亦可见当时并未设置保州路都统军司。又,兴宗太平十一年(1031),"以比岁丰稔,罢给东京统军司粮"⑤。辽廷拨粮给东京路,何以不是予留守,而是予统军司呢?此必是供给边地驻军之粮。参照天庆七年(1117)来远城与高丽的两份文牒:"昨为生女真及东京渤海背乱,致不广收得田禾,官司虽有见在谷粟,所有正军外平闲民户阙少粮储,权时拨借米货五万石","女真背乱,并东

---

① 《高丽史》卷14《世家十四·睿宗三》,睿宗十二年(1117,辽天庆七年,金天辅元年)三月辛卯。
② 《辽史》卷103《萧韩家奴传》。
③ 《辽史》卷17《圣宗纪八》,太平九年八月己丑。
④ 《辽史》卷87《耶律蒲古传》、《夏行美传》。
⑤ 《辽史》卷18《兴宗纪一》,太平十一年七月乙卯。

京、渤海续有背叛,道路不通,统军部内,田禾未收,米谷踊贵"①,可知保州、来远城等地,若非丰岁,则常年由后方接济军、民用粮,太平十一年之前,东京统军司之粮必有相当大部分是拨予东境驻军的,这也说明,至该年,东京统军司仍为来远城、保州等地的领导机构。

从耶律元宁之经历,亦可探知统和中来远城一带与东京的关系。统和十年(992)辽首次伐高丽,时"东京统军兵马都监"耶律元宁,"躬率锐旅,首为前锋……高丽岁时之贡,不绝于此,由公之力也。因是□□□之□建来辽[远]城,为兵马都部署"②。"兵马都部署"者,显为东京兵马都部署也。则当时辽东重镇来远城仍为东京路之所辖,亦已明矣。

建置保州路都统军司、保州路自成一区,自然是在太平十一年之后,而在重熙十三年之前。重熙中,萧韩家奴上奏,建议"并开、保州,皆隶东京",自然说明保州路已自东京路分离出去。据《辽史·萧韩家奴传》,此奏上于重熙四年之后、重熙十三年之前,则保州路之置,必不能晚于重熙十三年。

检圣宗后期、兴宗朝的东境形势,略可知兴宗朝以东境数州之地建置保州路的原因。圣宗开泰三年第三次辽、丽战争开战之初,即攻取鸭绿江下游东岸之地,置保、定、宣等州,对这一前线之地自然甚为关注。但当时因大军不断开入高丽之境,在这一带固定设置高层军事机构的动力尚不大。至开泰八年,两国战争最终以高丽表示臣服,而辽亦再次确认将鸭绿江下游东岸之地(保州所属之小块地区除外)"赐予"高丽而告终。此后,两国之间虽无战争,但形势却仍甚紧张,东征之大军撤出这个地区,地方军事机构反而更有必要对此地加以关注。或许正是出于这种需要,太平三年任命萧孝恭为东京统军使之时,会特意强调其所兼"沿边巡检使"之职③。东京之"边",主要应是辽、丽之"边"。至重熙中,高丽沿当时辽、丽边境修建许多边城,以此为基础,构筑了一条坚固的防线④。相应的,辽廷对于鸭绿江下游的防务也不得不予以进一步的关注。这种持续紧张的局势,使东京路负责边事的统军使,来自鸭绿江下游和东北面的女真事务两方面的压力都持续增强。保州路的设置,即出于分担东京路军事职责之故,正是当时顺应这种局势的结果。

---

① 《高丽史》卷14《世家十四·睿宗三》,睿宗十二年三月辛卯。
② (辽)杨又玄:《大契丹国故忠义奉节功臣金紫崇禄大夫检校太尉东京中台省左平章事上柱国漆水县开国子食邑五百户耶律公墓志铭并□[序]》(统和二十六年),《辽代石刻文续编》,第43—44页。
③ 《辽史》卷16《圣宗纪七》,太平三年六月戊申。
④ 金渭显:《契丹的东北政策——契丹与高丽女真之关系研究》,台北:华世出版社,1981年,第111页。

12. 平州路

平州路形成于辽天赞二年(923),治于平州。辖平、营、滦三州,防东南海道。

平州辽兴军节度使辖区,是辽境内一个极为特殊的区域,首先,以三州之地,成为军政、民政事务直隶中央的区域。而在辽后期,在财政上也是自成一区,为辽末财政分区"契丹八路"之一。《大金国志》详释云:"关内之地,平、滦、营三州自后唐为契丹阿保机陷之,后改平州为辽兴府,以营、滦二州隶之,号平州路。至石晋之初,耶律德光……建燕山为燕京,以控六郡,号燕京路,与平州自成两路。"①这不仅仅限于财政区划上与燕京路"自成两路",且是指所有方面。《辽史》中多有提及平州之处,全与诸京——尤其是南京并列。民事方面,统和中"免南京、平州租税";"南京、平州麦秀两岐"②;"南京、平州水,振之"③;"南京、平州岁不登,奏免百姓农器钱"④。军事上,自契丹初得幽州镇,"改幽州为南京,迁(幽州节度使赵延寿为南京)留守,总山南事"⑤。当时,延寿仅仅是"山南"地区的最高长官,与平属三州无涉。至统和四年(986)宋第二次北伐,辽遣"林牙勤德以兵守平州之海岸以备宋",后又"将军化哥统平州兵马,横帐郎君奴哥为黄皮室都监,郎君谒里为北府都监,各以步兵赴蔚州以助斜轸",战争胜利,遂"以朔州之捷宣谕南京、平州将吏"⑥。中央遣兵进驻平州要地、调平州兵西去赴援、下达重要军事信息,全都与平州直接联系而不是通过南京路,这当然意味着在军事区划上也存在着独立于南京路的"平州路"——虽然平州"路"之称法,并不见于辽前期,但这并不能改变其自成一体的格局。

又有称平州为"军"者:"平州自入契丹别为一军。"⑦此处所谓"军",与"路"不同,是指节度使辖区。平、营、滦三州的第二个特殊性即在于,平州路以一个节度使辖区,得与诸路并列。其他各路,即使是辖境狭如保州路者,亦有保、定、开三节度州。节度使与留守、招讨使等不同,它在辽之其他区域,本非最高层的地方军事区划。但在平州路却将节度使辖区抬高为路。这是缘于平

---

① 《大金国志》卷2《纪年·太祖武元皇帝下》,天辅六年夏四月。又(元)马端临:《文献通考》卷315《舆地考一》"总叙":"契丹改平州为辽兴府,以营、滦二州隶之,号为平州路。"(中华书局,1986年)
② 《辽史》卷14《圣宗纪五》,统和十九年十二月庚辰、二十年。
③ 《辽史》卷15《圣宗纪六》,统和二十九年三月庚寅。
④ 《辽史》卷82《耶律隆运传》。
⑤ 《辽史》卷76《赵延寿传》。
⑥ 《辽史》卷11《圣宗纪二》,统和四年三月壬午、四月戊申、七月辛卯。
⑦ 《金史》卷133《叛臣传·张觉》。

州路本身在空间上即有其特殊性,在辽的疆域史上又占有很特别的地位。契丹虽然早在唐末已俘汉民、学汉制建龙化州,又得唐营州之地(后置霸州),但是,天赞二年所得的平州,是阿保机进窥刘氏幽州镇之后,所得的第一个整建制的州,一个极重要的进取的踏板,故立即置节度以重其地。至天显十三年(938)十六州入辽,辽始对疆土进行划区管理,以原石晋幽属七州(幽、蓟、檀、顺、涿、瀛、莫)一节镇之地,升置南京道。而平属诸州虽然偏在一隅,已失去踏板的作用,但辽仍然重视它在海路防御上的地位,遂维持了旧有的建置。另一方面,平属三州在天显十三年以后单列,或许存有以平属诸州监幽属诸州的意图,当时幽州新附,自无必要以"熟地"平州益"生地"幽州。

　　而就辽的高层区划的整体发展趋势而言,我们应当注意到,十六州甫入辽,辽并未打散原来的区划体系,庞大的幽州镇固然维持了原状,山后九州也仍保持多个节镇(云、应、朔、奉圣皆为后唐方镇,蔚州入辽方后升节度)各自直属中央的体制,形成破碎的局面。经过宋的两次北伐,辽廷认识到调整山后的军事布局的必要,故而进入辽中期,山后诸州置"山北都部署"统领其兵事。但区位偏僻的平州镇,却仍得以自成一区。可以说,平州路是唐代藩镇"道"被辽代继承的最佳案例,甚至直到辽末,仍然如此。

　　正因平州虽为独立之区而辖境、领导机构的等级皆与其他军事路不伦,诸史籍皆不知置之于何等地位。《契丹国志》、《亡辽录》等分辽境为六大军事区划①,其中平州不但未能自为一区,且各区之内,亦未载与平州有关的军事机构。而《辽史·百官志》则在"南京诸司"之内,莫名其妙地列入一个"管押平州甲马司"②,显见撰者之无所适从。事实上,平州路的领导机构极为简单,无论军政、民政,只有节度使方是长官,仅负责财政的钱帛司,不知与节度使是否有横向的隶属关系。"管押平州甲马"之属,只是平州辽兴军节度使管下的一个军官,是不是存在着相应的"司",尚且不得而知。至于《百官志》"南面边防官"条所载的"三州处置使司,韩德枢太宗时为平、滦、营三州处置使",更是误处非一。韩德枢任此职在穆宗应历间,非太宗时,此误非关宏旨,不赘。要紧的是,韩德枢当时的官衔,据其《传》所载,是"遥授天平军(宋境郓州)节度使,平、滦、营三州管内观察处置等使,门下平章事"③,"天平军"虽不关平州事,应是遥授,但"管内观察处置等使",乃是中唐以降节度使所兼诸多使职的略称,唐、五

---

① 《契丹国志》卷22《州县载记》,第211页。《会编》卷21《政宣上帙二十一》,宣和七年正月二十四日条引《亡辽录》。
② 《辽史》卷46《百官志二》"北面边防官"条。
③ 《辽史》卷74《韩德枢传》。

代、宋之节度使，无论实授或是遥领，无论平州还是郸州，详细之衔名中必带此等字样，而《辽史》撰者竟误以此为另一专设军事机构，生造了一个"三州处置使司"，岂不谬甚！

13. 治安区——以辽西路为例

辽又有一种治安区划，主管机构有管军之名而甚少用兵之实，重在治内而非防外。如曾有辽西路，治于霸州。圣宗统和中置，以霸州彰武军节度使兼霸、建、宜、锦、白川州制置使，为一路之军事首脑。开泰末改为乾、显、宜、锦、建、霸、白川七州都巡检。旋仍统五州。其辖境、主管的军事机构名称虽有变动，但与财政上的"辽西路"同治于兴中府，故亦可以"辽西路"名之。

先是应历中，有霸、济、宜、祥、顺圣五州都总管①，然都总管所辖者，除霸、宜二州较重要外，其他诸州，后皆不见于史籍，恐非较有规模的政区。而圣宗统和中所置的霸、建、宜、白川、锦五州制置使，所辖五州皆为节度州，范围也较五州都总管辖区大得多，应属地方高层军事区划。除此五州之外，开泰二年划属霸州的安德州、锦州下辖的严州，也应在制置司辖区之内。

《辽史》中所载五州制置司之沿革，颇为混乱。《地理志》载，"统和中，制置建、霸、宜、锦、白川等五州，寻落制置"，似在统和末即已撤销。《圣宗纪》亦载，统和二十七年（1009），"废霸州处置司"②，虽有"处置司"与"制置司"之别，但亦可与《地理志》相呼应。然而，开泰中却屡见五州制置。《圣宗纪》记载，开泰七年（1018），"以萧进忠为彰武军节度使兼五州制置"③。《百官志》亦载："圣宗开泰九年见霸、建、宜、泉、锦五州制置使。"④"泉"显为"白川"之误。又开泰六年《朝阳东塔经幢记》云："建、霸、宜、白川、锦等州制置使，金紫崇禄大夫，检校太尉，守左千牛卫上将军，知彰武军节度使事韩绍基施财。"⑤

开泰末，出现了"七州都巡检"："（韩橁）授乾、显、宜、锦、建、霸、白川七州都巡检，太平初授长宁军节度、白川州管内观察处置"⑥。此七州，亦皆节度

---

① 按霸州等五州都总管，考辨见下文中京道顺圣州条。
② 《辽史》卷14《圣宗纪五》，统和二十七年四月庚戌。
③ 《辽史》卷16《圣宗纪七》，开泰七年闰四月壬子。
④ 《辽史》卷48《百官志四》，"南面边防官"条。
⑤ （辽）无名氏：《朝阳东塔经幢记》，《全辽金文》，第732页。
⑥ （辽）李万：《大契丹国故宣徽南院使归义军节度沙州管内观察处置等使金紫崇禄大夫检校太尉使持节沙州诸军事沙州刺史□□□□□□□□（兼御史大夫柱国昌？）黎郡开国侯食邑一千五百户食实封壹佰伍拾户韩公墓志铭并序》（重熙六年），《全辽金文》，第165页。按韩德威之子、韩德让（耶律隆运）之侄耶律遂正亦曾任"彰武军节度、五州制置使"（见《耶律遂正墓志铭》，《辽上京地区出土的辽代碑刻汇辑》，社会科学文献出版社，2009年，第15页，时间不确，但按其历任官职推算，约在开泰末。

州。此例说明,当时"五州制置司"已被"七州都巡检"所代替。但正如五州制置亦尝置建州于首位,而事实上却治于霸州,《韩橁墓志》中乾州虽被置于首位,却不一定意味着都巡检之治所已徙至乾州。因为霸州(兴中府)不仅是契丹最早得到的汉地(得之于天祐三年,即906年),最早建置的节度州之一(神册元年,916),且户口甚众(皆见于下文中京道兴中府条)。空间上又处于中、东二京之中,都巡检治此,有多方面的便利和必要,而乾州则未免过于偏东。

但"七州都巡检"之存在,大约并不长久。据《耶律遂正墓志铭》,约圣宗太平初,遂正任"彰武军节度、五州制置使"①,仍开泰七年以前之旧。至道宗大康六年(1080),"省同知广德军节度使事,命奉先军节度使兼巡警乾、显二州"②。这说明,太平初乾、显等州复从"七州都巡检"之辖境内分离出来之后,兴中府等五州仍为一个集群得以长久存在。而"巡警乾、显二州"这一职务的存在,或是"乾显路"③之来由。至于大康以后未见,或是以节度使(知府)兼之,而未获史家重视耳。但主要原因,应是制置司、都巡检并无镇抚异族、守卫边境之责,而重于当地治安之故。其他各军事路,皆有辽政权自己的创意,唯辽西路则几乎完全袭自宋制,与宋之南方诸路首州长官兼"提举本路兵马巡检事"或"钤辖(都钤辖)",用意全然相同。而北宋的南方诸路,用兵极少,辽之辽西路,情况亦同。此类治安区划,久乏军事行动,则沦为形式,与上述诸军事区划不能等伦,故另作一类略及之。

三、五京道——辽代的行政区和中央监察分区

最近二十余年,学者否认辽代"五京道"的存在,主要论据在于,除《辽志》之外,史籍中未见统管各"京道"的机构,也未见有诏令之类载明五道之具体辖境。不过,北宋中期编撰的《武经总要》,其中《北蕃地理》一部所载之辽政区,编排方式却与《辽志》之分区相近,即以五京为核心,将周边各州编为五部。虽然这五大区域在该文献中称为"幽州四面州军"、"中京四面诸州"……然其所载有限的州军,分区却大致同于《辽志》。只是,在《辽志》中是先"内"后"外",先述北方三道,再及汉地两道,而《武经总要》则反之,先是汉地,再记"戎狄旧

---

① (辽)佚名:《大契丹国故忠勤守节功臣辽兴军节度平滦营等州观察处置巡检屯田劝农等使崇禄大夫检校太师同政事门下平章事使持节平州诸军事平州刺史上柱国漆水郡开国侯食邑一千户食实封壹伯户耶律公墓志并序》(太平七年),《辽代石刻文续编》,第68页。
② 《辽史》卷24《道宗纪四》,大康六年十月己未朔。
③ 《娄室神道碑》载:"天辅,及斡鲁古、阿思□等平乾显路,攻克显州,遂与辽大帅耶律淳□□□战于蒺藜山,大破之。"见杨宾:《柳边纪略》卷4附,《续修四库全书》第731册,上海古籍出版社,1999年。

地",此特重中原而轻"夷狄"耳。据《武经总要》之四库提要,该书成于庆历五年(1045)前后,成书之时,当辽重熙十四年,恰为辽升云州为西京大同府之后一年,应反映了辽之五京建置完全之后的一种区划状况。这似乎说明,《辽志》之"五京道",未为无本之木。然关树东以为,《武经总要》必有辽之史籍为本,也就是说,《武经》之分区并非始创,而是沿用了辽史官之分区。而后者以五京系各州,只不过是"仿照《唐书》按区域分道编排"以"便于操作",直于元人编《辽史》之时,方臆度辽之五京分辖全国州军①。

既然"五京道"不存在,那么《辽史》中出现的许多"道",是何种区划呢?或以为,"道"与"五京"相联,仅见于《辽志》,辽代诸史籍于他处所载之"道",俱指"直隶宫卫或朝廷、不同级别的州",尤其是指节镇州,此是唐制影响的结果。故而,超乎节镇的道是不存在的,辽的行政区划是府、节镇州(道)—(防御使、观察使、刺史)州—县三级制度,这一体系,亦与唐相同②。

元史官之不学与"率性",众所周知。然而,辽之史官对于本朝之制,或不至如此任意上下。所谓以五京编排全境州县仅仅是为了便于操作,实是令人难以置信。而由辽史官"首创"以五京为首的五大区之假设,而将编撰《辽志》、《武经总要》所依据的制度一笔抹杀,笔者以为不太合适。

而所谓辽代之"道"在《辽志》以外,规模皆在节镇以下,就笔者所见,事实亦非如此。随举几例:统和二年(984)八月辛未,"以景宗忌日,诏诸道京镇遣官行香饭僧";十二年十月戊戌,"弛东京道鱼泺之禁";十四年"十二月甲寅,以南京道新定税法太重,减之"③。可见"道"之系于京者,并非除《辽志》以外便不得见。仅就一部《辽史》而言,"道"之指五京道,以及指称节度使所辖之藩镇,皆属寻常。此或可视为辽代"京道"存在的证据之一。

笔者深表赞同的是,辽代之道,受唐制影响很大。但是,这不仅限于唐人指方镇为"道"为辽所袭用,也包括唐前期曾疆理天下为"十道"、"十五道",这一制度也为辽所引入。唐代十道、十五道,以及藩镇之道,皆未成为正式、合法的高层政区,且于唐存在一定程度的混称,《辽史》混杂节镇之道与五京道,又何尝不是无意中受到了唐制的影响?我们既不能否认唐代的"道"是实际存在的,且不能指责唐之史官按"道"来编排全国州县属"臆度"之行为,那么,或可以同样的态度来看待辽的"京道"与辽之史官。

---

① 关树东:《辽朝州县制度中的"道""路"问题探研》,《中国史研究》2003 年第 2 期,第 130 页。
② 上揭关树东文,《中国史研究》2003 年第 2 期,第 131、133 页。
③ 《辽史》卷 10《圣宗纪一》、卷 13《圣宗纪四》。

那么，诸"京道"的存在，有何现实的政治意义呢？

首先，辽很可能沿袭了唐代与"十道"、"十五道"紧密联系的政制：遣使廉察制度。辽代史料中，有多处载及辽前期之"采访使"：会同三年（940）耶律颇德"加采访使"①；世宗即位，耶律吼"以功加采访使"②。又萧酬斡"祖阿剌，终采访使"③，以酬斡活动于道宗后期及天祚朝观之，阿剌为采访使，恐是辽中期约圣宗朝之事。《辽史》"加采访使"之表述方式，似以采访使为加官之类的虚衔，不知是撰者不晓官制，抑或辽制果如此耶？ 而若袭用唐之道制，则"采访使"正是朝廷遣出巡行一道之监察官。至兴宗朝，则有"中京路按问使"耶律和尚④，暂时忽略前期为"道"而后期改称"路"之差别，辽之按问使亦颇似唐代遣出分道廉察之职。

更常见的是分"道"、"路"决狱之官。早在统和九年（991），即已分遣"翰林承旨邢抱朴、三司使李嗣、给事中刘京、政事舍人张干、南京副留守吴浩分决诸道滞狱"，"复遣库部员外郎马守琪、仓部员外郎祁正、虞部员外郎崔祐、蓟北县令崔简等分决诸道滞狱"⑤。开泰二年（1013），"遣北院枢密副使高正按察诸道狱"⑥，当时出至诸道者，恐非止高正一人。六年，"遣礼部尚书刘京、翰林学士吴叔达、知制诰仇正己、起居舍人程翥、吏部员外郎南承颜、礼部员外郎王景运分路按察刑狱"⑦。道宗大康中，诏鸿胪少卿、知永州观察使事贾师训"按察河东路刑狱"⑧，辽无"河东路"，应是"辽东路"之误也。大安五年（1089），复以邓中举"充辽东路按察使"⑨。约道宗晚期至天祚帝朝，左企弓曾"按刑辽阳"⑩。可知中央派出按察刑狱之官，这一制度由辽中期一直延续至辽末。又，从上述诸例尚可得知：首先，各使者分决之区，先称"道"而后称"路"，此或显示了辽代

---

① 《辽史》卷73《耶律颇德传》："会同初，改迭剌部夷离堇为大王，即拜颇德，既而加采访使。"按48《百官志四》"南面分司官"条，"太宗会同三年命于骨邻为采访使"。颇德"字兀古邻"，应即此"于骨邻"也。
② 《辽史》卷77《耶律吼传》。
③ 《辽史》卷100《萧酬斡传》。
④ 《辽史》卷48《百官志四》"南面京官"条、卷89《耶律和尚传》。
⑤ 《辽史》卷13《圣宗纪四》，统和九年闰二月壬申、三月戊申。
⑥ 《辽史》卷15《圣宗纪六》，开泰二年二月壬午。
⑦ 《辽史》卷15《圣宗纪六》，开泰六年七月辛亥。按《辽史》卷48《百官志四》"南面分司官"条载为"开泰五年遣刘泾等分路按察刑狱"，所载亦是同一事件。
⑧ （辽）杨□□：《故同中书门下平章事致仕赠侍中贾公墓志铭并序》（寿昌三年），《全辽金文》，第556页。师训为道宗时人，按铭文云："寻诏按察河东路刑狱。……以奏簿至中京，属封册皇子燕国王开宴……"道宗诸子，未知有封燕王者，检《辽史》卷24《道宗纪四》，大康九年"十一月丙午，进封梁王延禧为燕国王，大赦"，则铭文"皇子"当作"皇孙"，且事在大康九年前不久。
⑨ （辽）龚谊：《大辽故保安军节度使邓君墓志铭并序》（寿昌四年），《全辽金文》，第564页。
⑩ 《金史》卷75《左企弓传》。

各类地方高层区划由"道"而"路"的趋势。其次,按察刑狱之使臣,似皆为中央临时遣出而非地方长期固定之建置,此制类于唐也。再次,遣出之使臣官阶虽然较高,但较之财政路、军事路之负责人户部使、统军使等则不及,更在留守之下。由此数条,可见按察刑狱之"道"、"路",既无正式建置,其重要性远在军事路、财政路之下,仍近于唐"道"而非宋"路"也。惜乎史籍记载极简,难以从历次遣出的使臣人数上,探知当时分道(路)之数。但采"道"制且同时以"道"为遣使廉访、按察刑狱之地域单位,此当是辽袭唐代"道"制的两个相辅相成的方面。

其次,"京道"在辽前期也是作为财政区而存在的。向南、杨若薇指出,直至圣宗统和中,即西京、中京建置以前,辽之财政区划,"止按三京划分三道",后来的"西京道"、"中京道",其财政在辽前期分归南京三司、上京盐铁司管辖①。若我们关注到辽前期"三京道",分别是契丹与奚、渤海、汉三大族属之居处,那么,就大可理解按照各族生产方式的不同而实行不同的财政政策,是非常切合实际的政治理念。上文也提到,统和十二年"弛东京道鱼泺之禁","南京道新定税法太重,减之",这意味着,诸"京道"在辽前期是有具体职司、当然也有明确施政边界的区域,它至少是地方财政区。圣宗朝以后,不仅随着西京与中京的建置而又增加了两个新的"道"一级的财政机构,并且也陆续析置了平州路、辽西路与长春路。从财政区划的角度看,"三京道"是辽后期"契丹八路"的前身。

同样是财政区划,辽前期是"道"而后期为"路",若联系到唐、宋制度的不同,就是一种较易理解的现象了。否认"京道"制度者,一般都承认财政路的实际存在,但似未想到,"路"之作为地方区划——财赋路也好,监察路也罢,军事路亦然——是宋代的事,辽用"路"之名,明显是受宋制的影响。那么,在宋立国之前,在有"路"之称法之前,辽何以名其高层区划?难道辽前期不存在任何类型的高层区划?难道"八路"之制是在辽中后期突然出现的?显见用后期的"八路"来否定前期的三京道,未免欠妥。

因三京或者五京道之下,各道民生之不同,而相应施以不同的财政,那么,道之边界作为政策界限,是否还可推广到其他方面的民政呢?傅林祥认为,诸州县的乡丁,归所在的"道"的京府留守司所辖,进而,留守司也应在行政上承担对这些乡丁的管理职责,这是五京留守司与本"道"州县隶属关系的一种体现②。这种推论甚有道理,且隶属关系并不限于乡丁的管理,而及于多种民

---

① 向南、杨若薇:《辽代经济机构试探》,《文史》第17辑,中华书局,1983年,第109页。
② 傅林祥:《辽朝州县制度新探》,《历史地理》第22辑,第86页。

政。比如统和元年,"南京留守奏,秋霖害稼,请权停关征,以通山西籴易。从之"①。显而易见,南京留守所奏的不是南京一府的利害,而是南京道所属诸州的粮食贸易问题。又《辽史·食货志》载:"道宗初年……东京如咸、信、苏、复、辰、海、同、银、乌、遂、春、泰等五十余城内,沿边诸州,各有和籴仓,依祖宗法,出陈易新,许民自愿假贷,收息二分。所在无虑二三十万硕,虽累兵兴,未尝用乏。迨天庆间,金兵大入,尽为所有。"②尽管不能肯定"和籴仓"及"许民借贷"等制度,在他处是否施行,但此段所述,显然尽属东京道之事,以东京一道为一个政策推行的地理单元。而作为民事单位的"东京"道属下之"五十余城",包括咸、银、同(军事属咸州路)、信(黄龙府路)、苏、复(南路)甚至春、泰(军事上属东北路,但民政上应归上京路,此或误)等州,这也证实了包括数个财政路或军事路在内的"东京道"的存在。道既经常作为推行某种地方政策的单位,并且由留守司承担管理本道所辖诸州民政的职责,那么留守司与本道诸州长官因民政上的统属而强化其上、下级关系,这是不言而喻的。这种民政上的统属关系,正是五京道得以成立的主要基础,惜乎难以在史料中发掘出丰富的细节。

四、辽诸种高层区划之综述

至此,我们应可综合考量辽代各种高层区划的问题。笔者于上文中再三强调"京道"的存在,辽有五京,又有五京道,五京道是实非虚,它不但可能是一种中央监察官员的履职分区,还是行政区划。但是,仍需承认,五京道不是完整的一级行政区划。何以如此说呢?理由有二:作为"五京道"最高机构的留守司,其对本道之境的行政管理权不完全,至少头下州的行政管理权,在五京留守的掌控之外;五京道不是一级普遍建置的政区,或说五京道的辖境不能涵括辽的全境,这一点是因于西北、西南、乌古敌烈和平州等数个军事路,民政不隶于五京留守,而由本路军事主管机构兼领。

"京道"的产生,应在辽前期会同元年(938)"三京"建立之时,但当时辽境内大片土地却非三京道所辖,比如,早在神册元年(916)已经存在的西南面,即一直自成一区。随着其他两道的建置,亦未见哪个道对于西南面——以及辽中期建置的西北路——的诸项事务,有统辖之权。西南面由最高军政机构招讨司负责其民事。开泰六年(1017),"以西南路招讨请,置宁仁县于胜州"③;太平七年

---

① 《辽史》卷10《圣宗纪一》,统和元年九月丙辰。
② 《辽史》卷59《食货志上》。
③ 《辽史》卷15《圣宗纪六》,开泰六年七月辛酉。

(1027)，"西南路招讨司奏，阴山中产金银，请置冶，从之"①。至于西北路，辖有镇、维、防、招等州，然此类"边防城"，皆是驻扎边军之所，虽有民夫的徙入，亦是出于屯田或其他军事后勤的目的。统和中耶律昭曾云："西北诸部，每当农时，一夫为侦候，一夫治公田，二夫给糺官之役，大率四丁无一室处。刍牧之事，仰给妻孥。"②陈述概括道："（西北边防城）虽有驻屯，只在守护，住民也是为军城供应。城镇未能超出边防工事的意义之外。有人根据这些边防城的城址遗迹，便以为当时当地人民已营定居生活，显然不够正确。"③对于这些屯戍之夫，其有限的民事，应不至于远隶上京留守司，故而陈得芝曾作出如下论断：西北路招讨司"兼掌境内屯田以及镇、防、维、招各州民事"④。西北路，是民事全然从属于军事、由最高军事机构兼管的纯粹军政区。颇疑乌古敌烈路亦然⑤，而西南面也颇有这种意味，只是在辖境南部之丰州民户较多。即使是同属汉地的平、营、滦三州，亦从无证据表明，该区的民政与南京留守司有何关系。笔者虽强调"五京道"并非《辽志》之生造，但就此情形而言，《辽志》将西南面所统的丰、东胜、云内、宁边、金肃、河清等军州系于西京道下，将西北路和乌古敌烈路所统诸边防城系于上京道下，确有贪图整齐便利之嫌。倒是平州辽兴军，其于《辽志》中，与南京同格，表明该节度使辖区与南京道同等，如此则近于实际施行的制度。

与西面三路不同的是，辽之东境逐渐析出东北路、黄龙府路、咸州路、南路与保州路，由东京一道及上京道的一部分变为六路，但新析出诸路的民事统辖权，却未相应独立，而当仍属上、东京留守司。与契丹自创、管理草原地区的制度不同，东面诸路可能采用了宋制，军事主管机构不兼领民事。"都部署司"之名袭自宋，其职权等相关制度，或亦同时引入。至于"知咸州路兵马事"，其职名亦不似同时掌一路民事者。一部《辽史》中，论及民事，则称"东京路（道）"云云⑥，"南京路（道）"如何⑦，甚至西南面、西北路皆有涉及民事之材料，而黄龙府路、咸

---

① 《辽史》卷17《圣宗纪八》，太平七年五月。
② 《辽史》卷104《文学传下·耶律昭》。
③ 陈述：《契丹社会经济史稿》，三联书店，1963年，第105页。
④ 陈得芝：《辽代的西北路招讨司》，见《宋辽金史论丛》第1辑，第270页。
⑤ 《辽史》卷91《耶律唐古传》：圣宗后期，"命唐古劝督耕稼以给西军，田于胪朐河侧。是岁，大熟。明年，移屯镇州，凡十四稔，积粟数十万斛，斗米数钱"。卷59《食货志上》系此事于道宗初年，误耳。不仅是镇州所在之西北路，且以胪朐河流域为中心的乌古敌烈路，亦以屯田为重。乌古敌烈路境内除边防城外亦无州县，所有"民事"，亦与军人直接相关，与西北路无异。
⑥ 如《辽史》卷13《圣宗纪四》，统和十五年十月戊戌，"弛东京道鱼泺之禁"。
⑦ 《辽史》卷13《圣宗纪四》，统和十四年十二月甲寅，"以南京道新定税法太重，减之"。卷15《圣宗纪六》，开泰六年十月丁卯，"南京路饥，挽云、应、朔、弘等州粟振"。卷23《道宗纪三》，太康二年二月癸丑，"南京路饥，免税租一年"。

州路等,竟至无一笔及之。而《辽史·兵卫志》所载五京乡丁之归属,亦将此数路分归上京、东京两道之下。由此看来,五京道大致覆盖了辽代农业人口聚居、农业经济最发达、州县集中建置的地区,而将部族为主的一大部领土,留给了西南、西北、乌古敌烈三个军政区。

辽的三个分区体系中,不仅是民政之五京道与十二个军事路不相重合,且五京道与财政路、财政路与军事路亦不重合。但相对而言,五京道与财政路的关系较为密切,这两个体系都集中于东部地区,作为财政区的所谓"契丹八路"中,上京、西京、南京、平州路之区划,则与五京道同;合东京、长春两路约对应于东京道,长春路应包括黄龙府、咸州附近州县,此所以《亡辽录》等载"咸州详稳司"、"黄龙府都部署司"等军事机构为"长春路诸司"之故。长春路的主体在东京道,不过长春、泰州,则属上京道;合中京、辽西两路约对应于中京道,但辽西路可能还包括东京道的乾、显两州。这样,每一两个财政路,可大致对应于一道,只是边界仍或有一二州之出入。

至于军事路与财政路之间,在东面大致亦能对应起来,如军事路东北、黄龙府、咸州三路之境,当财政路长春路,军事路东京、南路与保州路合为财政路东京路,南京、平州、西京三路则同。至于财政上的中京、上京两路,在军事上则为中央直属。

表3 辽后期三种高层区划的空间关系

财政八路	五京道	军事十二路	备　　注
上京路	上京道	中央直属	
长春路		东北路	财政之长春路、军事之东北路,其中长春、泰二州在上京道。又财政之长春路应包有东北、黄龙府、咸州诸路
	东京道	黄龙府路	
		咸州路	
东京路		南路	
		保州路	
		东京路	
辽西路	中京道	中央直属	财政之辽西路,应有东京道乾、显州,但应以兴中府为中心,主体在中京道境内
中京路			

续表

财政八路	五京道	军事十二路	备注
西京路	西京道	西京路	
南京路	南京道	南京路	
平州路		平州路	
		乌古敌烈路	
		西北路	
		西南面	

不仅五京道作为行政区,不成其为完整的区划体系,辽之财政与军事区划,同样不完整。财政路与五京道一样,并未设置于西南面、西北路。而军事区划中,则留下核心地区的上京(泰、长春州除外)、中京路,军事直隶于中央机构枢密院,不存在地方性质的军事区。三种区划的不完整,更增加了辽代地方区划的复杂性。

三种区划的分异,自辽前期即有,但有一个逐渐复杂化的过程。如会同年间,不过是军事区划西南面、平州路独立存在于三道之外,而三道划分的情况应是:云、应等山后诸州,皆属南京道,东面为东京道,契丹、奚故地属上京道,且其时并无"路"的称法①。财政路的区划应当还未成型,有限的财政事务在留守职责之内。随着辽政权向四边开拓程度之早晚、深浅不同,或以新开发之地(如西北路),或以当前用兵的重要方向(如东北、黄龙府等东面新设诸路),建置新的军事区。由是而军事区与诸京道的界线日益分离。另一方面,财政路亦相应成熟。其建置,或者是为了配合军事行动、与军事区相契合(如长春路),或是为了对某道较边缘、但人口和州县建置较集中的地区(如辽西路)强化财政管理,而建立了专门的财政机构,形成独立的区划。至于行政区,就如辽前期那样,仍需考虑到各大区域的民族和主要生产方式不同,且其差异以辽前期的道界来区分,仍是较为妥当的,故而没有太大必要将前期的道再析出新的行政区。再则,辽代民政管理的深度,以及高层行政机构的民事职责,远不及中原皇朝,这也使得析分新行政区的动力不大,于是稳定的"道",与变动的"路",渐行渐远。三种区划的日渐分离,并非刻意为之,但却受到实际政治需

---

① 《辽史》卷4《太宗纪下》,会同二年四月"癸巳,东京路奏狼食人"。恐此"路"乃是后有之称法,撰史者取以称前代之区划。

要的推动。

这一变化,蕴含着辽政权引进中原制度之时,制度本源的变化——辽制前期学唐,而后期类宋。前期仅有的高层区划——"道"——的体系,是两个层面的道:唐前期"十道"、"十五道"这类作为中央官员监察分区的"道",以及将留守司的行政统辖权坐实之后,产生近似于方镇意义的"道",而此二者,皆为唐制。大约自圣宗时期加速的三种区划之日渐分离,使整个地方区划体系的特征,越来越接近于宋:多种区划由不同高层地方机构分管;不同体系的区划,边界不重合。而区划之间空间上的分异则尤甚于宋。辽、宋趋同的另一个表现则是,至辽末"路"占了上风,而"道"的体制渐被忽略。但是可以想象的是,就像北宋前期那样,在辽中期,必然有一个"道"、"路"通用,难分彼此的时期,甚至某"京道",亦或等同于某"京路"。也正因如此,笔者虽赞同用一些标准的术语为不同阶段、不同种类的高层区划定名,但不认为辽人对于"道"和"路"已有清晰的界定。除了少数极正式的文件之外,可能大部分时间、大部分情况下,甚至政权内也是"道"、"路"不分。对于辽代地方区划只能在"道"和"路"之间选择其一的说法,就更不敢认同了。

辽以军事立国,且持续向外开拓,故军事路实为其最重要的区划。兼负军、民之职的留守,以及招讨使、统军使等,为品秩最高的地方官员,而一部《辽史》中,所载军事又远多于民事,正是军政首要性之明证。然则《辽志》为何以五京道为编撰之纲?而辽末又为何以财政之"八路"区划辽之疆域?中央政府重视财政路,不独于辽为然。辽末重财政路,应是对八个财政机构的岁入越来越倚重之故,国家的这种生活方式,离游牧族政权渐远,而与中原政权愈近,故亦受宋以转运使路为首的影响。至于《地理志》编撰体例之抉择,不外乎以下理由:首先,五京道既为实际存在的行政区划,编撰《地理志》重于民政体系之区划,按道分区是较易理解的。其次,五京道为辽疆域之东、中部各军事、财政路之母体,又与辽疆域不同部分的民族、经济等方面的界限最为契合,以道为纲更易反映辽代社会与政治生活的空间差异。其三,五道之间空间规模相差不至太大,较之其他区划体系清晰、均衡得多,以之为纲,则不至散漫,只要稍作"加工",将少数"边防城"纳入各道,以平属三州归于南京道,即可"包举天下"。而军事、财政任一体系,各路所辖州军数目多至数十,少则四五,相差悬绝,各部篇幅无法齐整。且不同财政路主管机构名目不一,至于军事路,更是管理体制差异绝大,即从制度层面来看,也很难同一。故辽之史官在重熙中五京道齐备之时,即以道为纲而疆理辽之天下,此例为宋、元史官所袭,以编排《武经总要》与《辽志》。

第三章　辽代州县制度

在中原式的分划土地、治理人民的区划制度中，州可以说是"骨干"的层级，它不像道、路那样变化较快，其规模也决定了它比县更受关注，故而，辽如何引入州制并且使之发生变异、产生独创内容，被视作契丹的游牧传统如何与中原制度相结合、改造其政权结构的过程中，最具典型意义的一个层面。对于早期关注"东北亚"政治史的学者来说，尤为如此，这是相关研究起步较早的原因——在20世纪前期日本学者津田左右吉的成果中已推进到相当程度，至岛田正郎而有了较为成熟的州之分类与发展过程的看法。而与州制相关的背景制度，如斡鲁朵、头下，经过陈述、李锡厚、杨若薇、刘浦江等学者的磨砺，就极有限的史料而言，其面貌至今已臻于清晰。本章在以下分析过程中，对前辈学者的成果将一一提及。

第一节　州　的　种　类

《辽史·百官志》略述辽之州县制度如下：

> 至辽，五京列峙，包括燕、代，悉为畿甸，二百余年，城郭相望，田野益辟。冠以节度，承以观察、防御、团练等使，分以刺史、县令。大略采用唐制。其间宗室、外戚、大臣之家，筑城赐额，谓之头下州军。①

则是分辽之州为二种，从节度、观察、防御、团练到刺史州，是仿唐制而建的体系，隶属于中央南枢密院，《辽史》称之为"方州"或"南面方州"②。后之研究者或称之为"行政州"③，或详细表述为"南枢密院所属的州"④。这一类州，大率同于中原之州。第二类是"宗室、外戚、大臣之家"所置的"头下州军"，近于私

---

① 《辽史》卷48《百官志四》"南面方州官"条。
② 《辽史》卷47《百官志三》："节度、观察、防御、团练、刺史，咸在方州，如唐制也。"《辽史》卷48《百官志四》"南面方州官"条。
③ 杨福瑞：《辽朝徙民置州考论》，《昭乌达蒙族师专学报（汉文哲学社会科学版）》1990年第3期，第84页。
④ 〔日〕岛田正郎著，何天明译：《大契丹国——辽代社会史研究》，第153页。

产,在隶属关系上与方州不同。

《营卫志》又载:

> 辽国之法,天子践位置宫卫,分州县,析部族,设官府,籍户口,备兵马。崩则扈从后妃宫帐,以奉陵寝。有调发,则丁壮从戎事,老弱居守。

则又有第三类州,即"置宫卫"之时,划拨于宫卫的州,岛田称之为"斡鲁朵所属的州",现一般称为"隶宫州"。照此记载,这一类州在某种程度上具有皇帝(或皇室)私有的性质,故既不同于归属于政府的方州,也不同于臣下私有之头下州军,但与两者又各有相似之处。

这三类州异中有同,甚至其下又可细分,学者对辽代州的分类,就此产生分歧。田村实造将辽之京、府、州、军、城分为四类:"诸王、后妃、公主、驸马、外戚、功臣等领有的头下州、军";"隶属于斡鲁朵(宫卫)的州县";"给历朝帝后陵寝服务的奉陵邑";"隶属于中央政府南枢密院的州县"①。岛田正郎的看法亦完全相同②。于是,从"斡鲁朵所属的州"也就是隶宫州中,又分出一类"奉陵邑"来(共祖、怀、庆、乾、显五州)。不过笔者以为,区分州的种类,必须有一个标准。若我们区分辽代州的目的,就是希望由地方的建置反观政权内部同时存在的管理民众的多种方式,那么,以县、州一直上溯到中央的统辖体系——也就是州的归属——为依归,应当是最合适的了,事实上大部分相关成果也正是立足于这一点。而由这一标准来看,将奉陵州从其他三类州中区别出来,似乎没有必要。因为奉陵州的归属,与方州并无区别。岛田氏自己也提到:"奉陵州从最初就是节度使统率的受南枢密院管辖的机关。……人户被规定服务于陵寝……成为仅仅以租税来承担陵寝维持费用的人户了。"③杨若薇更是明确指出:"奉陵州县民户的租赋虽然被用于陵寝之费用,但他们仍是以向国家交纳的形式付出,这些民户的身份地位与普通州县民户不应有何差别,只是他们所贡纳的具体对象不同罢了。"④也就是说,民户的身份所寓示的州的归属,以及从财政方面考察民户租赋的征收途径,都无法将奉陵州与方州区别开来。其实《地理志》并未单列出一个"奉陵州"或"奉陵邑"的系列,显然撰者本无特别区分出此类州的意图。

---

① 〔日〕田村实造:《辽代的移民政策和州县制的建立》,见刘俊文等编:《日本学者研究中国史论著选译》,中华书局,1993年,第498页(原作见于《满蒙史论丛》第3辑,1940年)。
② 《大契丹国——辽代社会史研究》,第153页。
③ 同上书,第159—160页。
④ 杨若薇:《契丹王朝政治军事制度研究》,第60页。

林荣贵则将辽的政区建置分为三种模式：方州系政区，宫卫斡鲁朵和头下州系政区，以及部族和属国属部系政区①。其中前两种与州县制相关。按上文所述，将斡鲁朵和头下州置于一体，在某些条件上是符合《辽史》所载的：两者都非属于政府"公有"，而是"私有"的州，前者为皇帝或皇室私有，而后者为贵族臣僚私有。林先生的分类方式，是最为简单的一种。

笔者亦赞同将隶宫州并入其他种类，只是，隶宫州应并入方州，而非与头下州合并。按上述《营卫志》所载诸斡鲁朵"分州县，析部族"而置，此言非虚，但是，其表达过于简单，并未将隶宫州对皇帝（皇室）的从属方式表达清楚。结合多种相关材料之后，即可得知，隶宫州与诸宫卫的关系，不牵涉民事与兵事，辽廷对它们的统辖管理，方式实与方州无异。反而是《地理志》中别为一类的州——边防城，应置为与方州、头下州并列的类目。因为，边防城在中央的统辖机构，应是主理军事的北枢密院而非主民事之南枢密院，归属与方州、头下既不同，故应自成一类，与前两者相并列。

综合上述，辽代之州，应归为以下三类：（1）方州、隶宫州，属南枢密院；（2）边防城，隶北枢密院；（3）头下州军，隶贵戚大臣。

隶宫州缘何可与方州归并，边防城何以可自成一类，以及三类州的管理体制，具见下文。

第二节　隶宫州县

辽有"斡鲁朵"，又称"行宫"、"宫卫"，是直属于皇帝的力量。"隶宫州县"，即名义上隶属于"斡鲁朵"的州、县。那么实质上，它们是否归行宫管辖呢？关于这一问题，杨若薇作了迄今最令人信服的考察，指出：斡鲁朵对隶宫州县，不存在直接统辖关系②。但是，既称"隶宫"，那么这些州县与斡鲁朵应当是存在联系的。这种联系，应表现于哪些方面？

杨若薇赞同岛田正郎之说，认为隶宫州县与斡鲁朵之联系，全在于前者为后者承担徭役。即隶宫州县之民户，为移动的斡鲁朵完成勤务。此由《贾师训墓志铭》所载"永州……龙化、降圣等州岁供行在役调"之说，可得而证③。不过，在此之外还可发现，隶宫州县尚须为斡鲁朵提供财政支持。

---

① 林荣贵：《辽朝经营与开发北疆》，中国社会科学出版社，1995年，第65—67页。
② 杨若薇：《契丹王朝政治军事制度研究》，第42—49页。
③ 同上书，第57—58页。

契丹族自建国以前，其部众的游牧范围逐渐趋于狭小，甚至固定下来，农耕亦由此发展起来，其经济生活颇不同于蒙古高原之游牧族，此固不待言。然而建国之后，渐实行部众与部兵分离，形成老弱耕牧、少壮从伍的状态，这对农、牧生产必然造成很大的影响。随着政权的强大，疆域内不断增多的农业族人口，可用以补助契丹部众——尤其是军队。对于各部族来说，补助物资可以通过役属俘户的方式，也可以通过政权机构的调剂来获得。斡鲁朵同样有蕃汉转户、私奴，但斡鲁朵军作为皇帝亲卫，征伐巡幸之时，从行频繁，更无力从事生产，又不在南、北枢密院的管辖范围内，故而，只能由皇帝指定特别的财源补其不足，这种财源，即来自隶宫州县。余靖说："每主嗣位，即立宫，置使领（之）。臣僚每岁所献牲口及打房外国所得之物，尽隶宫使。每宫皆有户口钱帛，以供房主私费，犹中国之内藏也。"①"每宫皆有户口钱帛"，收支皆取决于皇帝而不由政府，犹中原之内藏，此固是实。然而"内藏"财物的来历却不止于贡献打房，亦有自隶宫州县转拨者，财货之使用，更不止于"房主"私费，而是要以各宫所联系的隶宫州县，济该宫之不足。尤其当捺钵数以万计的非生产人口移动之时，在境内又不像出境作战，可以"人马不给粮草，日遣打草谷骑四出抄掠以供之"（《辽史·兵卫志上》）。其他军队可由该管之枢密院提供补给，斡鲁朵户的馈饷，则须由隶宫州县来提供了。除提供徭役之外，财物的供给与接纳，是隶宫州县与斡鲁朵之间另一重要联系。而这种财、物的供给与接纳，应通过上隶南枢密院的州、县管理机构完成，斡鲁朵下属机构则不参与日常管理。是故，就这些州、县的管理之责来看，它们与方州并无差异。

第三节 头 下 州 军

头下州军的大致概念，是比较清晰的。建头下州军的主体，是贵戚大臣；充实于其中的，主要是俘户（公主媵户置州除外，详下），隶于头下主个人，称"私奴"或"生口"；其合法性，来自朝廷"赐额"，即政府予以建制。在州、军以下，又有城、堡、县，就建置种类而言，似乎与方州体系同样完整，不过各种头下建制之间，可能不存在相互之间的隶属关系，比如头下县非头下州所属。然则头下城、堡、县几未有见于《辽史》者，故无从了解它们的具体情况。今人对《辽

---

① 《武溪集》卷 22《契丹官仪》。

史》中关于头下州军的三条记载的矛盾之处有所纠正①,不过建立头下州军的各项标准,在一部《辽史》中,各条记载的矛盾之处尚不足以令后人产生对头下州军概念的致命的混淆。最根本的问题是,在考察契丹族"头下"制度的起源,甚或中国史上"头下"的起源之时,头下州军的范围,被无限扩大化了。

　　陈述先生在论及契丹族的头下制度时,曾谓:"所谓头下,实是一种通制。"大致说来,迭剌部为遥辇氏之头下,皮室、属珊军分别为阿保机与其妻述律后之头下,甚至利润庄亦为州县官之头下,故而"契丹一代,上而亲军,下而部族城堡,无不笼罩于头下制度,不止军州而已"②。遂将"头下"的范围,扩展到辽代政治制度的所有主要方面。仅就"头下州军"而言,陈述先生将隶宫州县包括在内:"地理志所载某州隶某宫者,亦头下无疑。"差相同时,田村实造也提出,"辽朝的斡鲁朵制,是作为北方民族特有制度的头下州、军通过君主的极权而特殊化了的制度,换句话说就是君主个人的投下州"③。杨树森先生在此基础上,又将皇后以俘户所建的州(如述律后以俘奴建置的仪坤州广义县)收入头下州的范围④。至李锡厚先生提出,"凡是由俘户、头下构成的州,不论其隶属关系如何,都应视为头下州"⑤,也就是说,上、中、东三京地区,几乎所有的州都应列为头下州,此外,还要包括西南路的丰州、东胜州等,头下州的范围至此而极。若考虑到很长一段时间以来,认为斡鲁朵直接统辖隶宫州县是一种主流观点,那么,将隶宫州县比于头下州亦不为过。但在今天看来,在契丹建国以后的绝大部分时间,隶宫州县是接近于方州而与头下州军有较大的区别。若是更加扩大其范围,以头下统括"戎狄旧地"的所有州县,那么,辽代州县的分类体系就面临着重构的压力。刘浦江先生对于头下州的泛化,有精辟的评析⑥,此不赘。

　　头下州军之出现,早在契丹政权建立之初。"建于太祖神册初年的豪剌军是目前可以知道的最早的头下军,而创建于太宗天显初年的榆州则是有据可考的最早的头下州。据此可以得出结论:辽朝的头下军州制度,早在

---

① 三处记载,见《辽史》卷37《地理志一》"头下军州"条、卷48《百官志四》"南面方州官"条、卷59《食货志上》。三处记载之间的矛盾,包括得建头下州军的贵族大臣的身份与资历问题,以及头下单位是否需要通过朝廷赐额才得以正式列入"头下州军"。对这些矛盾之处的辨析,见李锡厚:《头下与辽金"二税户"》,《文史》第38辑,第85—86页。
② 陈述:《头下考(上)》,《历史语言研究所集刊》第8本,第388—390、394页。
③ 《辽代的移民政策和州县制的建立》,《日本学者研究中国史论著选译》,第507页。
④ 杨树森:《辽史简编》,辽宁人民出版社,1984年,第68页。
⑤ 李锡厚:《头下与辽金"二税户"》,见《文史》第38辑,第87页。
⑥ 刘浦江:《辽朝的头下制度与头下军州》,《中国史研究》2000年第3期,第86—101页。

耶律阿保机建国之初就已创立。"①或者可以说，契丹族原有的头下单位，随着州、县制被引入，在政权建立前后，有一部分被加以"州"、"军"等建制。当然这些建制的成立，其后果并不仅仅体现于名称的变化，同时发生的，还有头下单位与政权的关系的渐变。不过，其本质的特征，似在政权建立以前即已形成。

若我们暂时搁置宋人习用的契丹"投下"之说，就《辽史》所反映的情况来看，头下州军有一些明显区别于方州（包括隶宫州县）的特征，以作为其界定因素。首先当然是其"私属"性质。这是头下州军在人事制度上的特殊性所在。当然，属于朝廷或属于私人，这种人事上的分界，并非泾渭分明。刘浦江先生已指出，既有朝廷官员任头下州刺史者，又有某头下主的部曲，担任其他头下主的州刺史，"似乎两途可以通融，即头下官员与国家官员是可以相互转任的"②。除此之外，作为头下主部曲的头下州刺史，也有出任方州刺史之例。大约在穆宗朝，张彦英曾任榆、惠二州刺史，知榷场事兼兵马都监③。张氏世代在榆州任职，当为榆州头下主之部曲，而张彦英曾任刺史的惠州，向为朝廷直属之方州，"榷场"则更仅国家方能开设，非头下机构也。这类事例虽少，但亦有助于证明，头下与朝廷两个人事体系之间，也存在较低程度的交流，或许在头下官员到一定的品阶和资历之后，即进入政府人事体系的视野中，甚至任命亦需通过朝廷批准，在特殊情况下，还会由朝廷任命为方州之官员。由是，在朝廷与头下主之间，以及不同头下主之间，实现了个别官员的流动。《地理志》载，头下州内"官位九品之下及井邑商贾之家，征税各归头下"，似乎含有以九品为分界，头下之官与朝廷联系有明显的强弱之别的意思。但无论如何，这仅是给予头下主私属人员一个通向外界的出口，距离他们与方州体系的充分交流，道途尚远。

其次，头下州——作为公主汤沐邑者似属例外——与方州之间的人户转换，界隔相当明显，若非头下州被收归国有，似未见本主所属人员有大量的增减。户籍上的区分固然是他们平日与其他户种相互转化的障碍，但头下户身份的稳定，主要还是出于人户的私属性质。

不过，头下州军的特征，虽以大臣贵戚之"私属"为根本，却又不止于此。上述朝廷对头下州人事权的部分介入是一个方面，此外，朝廷与头下主共享头

---

① 《辽朝的头下制度与头下军州》，《中国史研究》2000年第3期，第91页。
② 同上书，第100页。
③ （辽）无名氏：《银青崇禄大夫检校尚书右仆射行榆州诸军事榆州刺史兼西南路番汉都提辖使兼御史大夫上柱国张公墓志并序》（保宁元年），载《全辽金文》，第836页。

下州军的赋税,也是众所周知的制度。无论是《食货志上》所说的,"市井之赋,各归头下,惟酒税赴纳上京,此分头下军州赋为二等",《地理志一》所说,"征税各归头下,唯酒税课纳上京盐铁司",还是元好问所称"输租为官,且纳课给其主"①,头下户租税之二分,总是无疑的。并且,朝廷在各方面的介入,应当是有一个先无后有、先弱后强的过程,诚如刘浦江所说,"就总体发展趋势来说,头下领主的自主权应该越来越小,而朝廷对头下军州的控制权应该越来越大"②。或许在强调辽代头下主之自主权的同时,也需看清辽建国以后,政权迅速介入了头下州军事务。大体来看,阿保机建立政权之后不久,头下州军的管理体制已颇不同于部落时代了。不过,朝廷对头下州军的控制的强化过程,却贯穿了整个辽代而未完成。

头下州军置、废的历史演变,较之朝廷对头下州军事务的介入程度的变化,更能体现辽廷在不同时期对头下州的态度。由始置时间大约可知的辽代头下州来分析,其建置有两个高峰期,一是太宗时期,自天显元年(926)至大同元年(947),二十余年曾建荆、麓、榆、豪、顺、间、遂、白川、卫、义、乌(上京道)、福(属萧翰)、贵德等十三州。二是圣宗朝,统和元年(983)至太平十年(1030)近五十年间,曾建福(属萧排押)、宗、原、全、丰(属耶律阿没里)、渭、睦、懿、横、穆、晖、禄等十二州。在两个时期之间,以及兴宗以后,头下州的建置则几乎是空白。不过,这两个高峰期的性质,其实是很不相同的。在太宗时期,正是致力于向中原扩张的时期,参与战争的贵戚大臣,常可获得大量俘户,并以战功而得到州、军的建制,实是头下州、军的扩张期。而圣宗朝前期(统和二十二年缔澶渊之盟前)虽有同样的便利,以至于始置头下州军者不在少数,然而,将原有的头下州军大量收归朝廷,也无疑反映了朝廷具有相反的倾向,即竭力控制头下州军的规模。而在两个头下州建置的空白时期,头下州军之罢废或收归朝廷的步伐,却也未尝停止。废罢或收归的主要原因是头下主绝嗣或叛逆,但亦偶有头下主之后嗣"献"入之例,即头卜主或继承人主动向朝廷献出头下州,如懿州即是。其中是否有强迫的成分,无从知晓,但此事集中发生于辽末,亦见朝廷对头下州的态度。

至于头下主的身份,在两个时期之间,也有明显的变化。在太宗朝,其头下主之身份可知者,基本出于战功。而明确为圣宗朝所置的头下州之中,其中六个是公主或驸马所建(见表4),与功臣各半(全、宗州为韩匡嗣、德让父子所

---

① (金)元好问:《中州集》卷2,"李承旨晏"条,中华书局,1962年。
② 《辽朝的头下制度与头下军州》,《中国史研究》2000年第3期,第98页。

有,穆、禄、晖三州为功臣耶律休哥所有)。而公主和驸马所建之六州,仅福州是国舅、驸马萧排押以"南征俘掠汉民"(《地理志一》)置,睦州、懿州载明以"媵户"置。其他皆未知其民户之来源,应以皇帝赐予公主、驸马的媵户为主。田村实造认为,"辽自中期以后,作为头下州的基本要素——军功已不再成为条件,几乎都是仅以公主从嫁户为主体而形成的州县"①,此说与事实虽未全然契合,但将圣宗朝与太宗朝相比,军功的因素重要性下降,却也是明显的趋势。"头下"的私属性质虽未完全消失,但头下主向皇室成员集中,与中原皇室女性成员的汤沐邑相接近,这一趋势,在皇室与政权的权力界隔不再清晰的辽代中、后期,确实有助于实现田村实造所说的"中央一元化"的政治局面。

必须强调的是,今可见的材料,对辽代头下州军的记载是很不完全的,而在见于记载的有限的头下州军之中,又有相当部分不明来历,不知其头下主之身份。故而,我们对中央与头下州军的分析会有偏差——被忽略的头下主,可能大部分是皇室成员以外的贵戚大臣。但同样不可忽视的是,有大量为皇室成员而建的头下州,也失于记载。《辽史·罗衣轻传》载:"上尝与太弟重元狎昵……又因双陆,赌以居民城邑。帝屡不竞,前后已偿数城。"②对于重元博取的这些"城邑",若非认定它们是头下州(军、县、城),我们实不知何以名之了。这证明,即使在辽代中后期,对于至亲的皇室成员,也是绝不吝于赐予头下州军的③。尤其是历位辽帝的同母弟,很有可能都曾获得多个头下单位,作为他们超越其他臣下的特殊地位的表征。早在太祖、太宗时期,太祖之弟安端及安端之子察割就有多个头下州,仅见于《辽史》记载的察割逆谋失败以后被收归朝廷者,就有贵德、双、白川三州。参照上引重元的例子,可知赐予皇弟多个头下州、军,是一以贯之的做法。而这种强势、得宠的皇弟,在圣宗朝有隆庆、隆祐,兴宗朝有重元,道宗朝有和鲁斡,累计诸人获封,较之今可知的四十上下的头下州军之数,应不在少数也。失于记载的属于皇室成员的头下州,其数不应少于属于其他贵戚大臣者。而从常理推断,辽廷对前者的控制,应较对于后者更为直接和深入。由此笔者相信,虽有大量头下州失于记载,但这并不至于影响历来研究者所认为的辽廷所控制的州县越来越多、控制的程度越来越深的大致判断。

---

① 《辽代的移民政策和州县制的建立》,《日本学者研究中国史论著选译》,第520页。
② 《辽史》卷109《伶官传·罗衣轻传》。
③ 由于未见辽代有隶宫城或方州改为头下州之例,兴宗输予重元数城,应当不是原有的州、县,而是以赐予州、县之额同时赐予人口的形式来达成,其过程犹如公主建立头下州。

表 4　辽不同时期头下州的置废

朝　别	新　置	战功或其他贵戚所置	公主驸马所置	收归朝廷或废建置
太宗朝	13（荆、麓、榆、豪、顺、间、遂、白川、卫、义、乌、福、贵德州）	8（榆、豪、顺、间、白川、乌、福、贵德州）		
世宗至景宗朝	1（徽州）		1（徽州）	6（乌、福、贵德、白川、双、遂州）
圣宗朝	12（福、宗、原、全、丰、渭、睦、懿、横、穆、晖、禄州）	6（宗、全、丰、穆、晖、禄州）	6（福、原、渭、睦、懿、横州）	4（遂、宁、宗、榆州）
兴宗以后				4（睦、渭、懿、义州）

关于辽代曾出现过的头下州军的数量、名称，1980 年代以前，已有岛田正郎①、陈述②、谭其骧③、费国庆④等多位学者曾予拾遗补缺，指出其远不止《辽史·地理志》所载的十六个。又有数位学者曾给出具体的数字。田村实造得二十五个⑤。冯永谦认为，"至少当有三十六座之多"⑥。刘浦江集得四十二个⑦。而笔者基于前人的成果，共得四十五个，即：

《辽史·地理志》所载：徽、睦（成）、懿、渭、豪、原、福（属萧排押）、横、凤、遂（上京）、丰、顺、间、松山、豫、宁、遂（东京）、贵德、双、白川、榆、宗、乌；

《亡辽录》与《契丹国志》所载：卫、全、懽、义、随、昌、圆、荣、康、肃、茂、麓、和、黑河、荆、骧；

《金史·地理志》所载：抚；

《武经总要》所载：穆、晖、禄；

胡峤《陷房记》所载：福（属萧翰）⑧。

---

① 《大契丹国——辽代社会史研究》，第 158 页。
② 《头下考（上）》，《历史语言研究所集刊》第 8 本，第 393 页。
③ 《〈辽史·地理志〉补正》，《长水集》（上），第 139 页。
④ 费国庆：《辽代的头下军州》，历史研究编辑部编：《辽金史论文集》，辽宁人民出版社，1985 年，第 141—142 页。
⑤ 《辽代的移民政策和州县制的建立》，《日本学者研究中国史论著选译》，第 501—502 页表。
⑥ 《辽志十六头下州地理考》，纪兵、刘国有主编：《阜新辽金史研究》，香港：新天出版社，1992 年，第 69 页。
⑦ 《辽朝的头下制度与头下军州》，《中国史研究》2000 年第 3 期，第 93 页。
⑧ 贾敬颜：《胡峤〈陷辽记〉疏证》，《史学集刊》1983 年第 4 期，第 11 页。

又辽代官印有"灵安州刺史印"①。

上述诸州,大多并非仅有唯一出处,而是有墓志等其他材料可供佐证,详见下文考辨部分。但笔者以为,一州一军的考辨固然重要,然而更重要的是,前人共同的看法,即辽代曾经存在的头下州军,远远超出我们今日已知者,这一点仍属确然无疑。很多当时曾确实存在过的头下州,其占地面积、人口数大多有限,故而头下州之间、头下州与其他类型的政区之间,距离可以很近,分布可以很密集。但也正因规模甚小,易为人所忽视,加之《辽史》之简陋,竟至于失载。然而由今日遗址发掘情况看,许多与《辽史·地理志》所载政区无法对应的小型城址,或正在这些失载的头下州之列。这些遗址,在某些地区非常密集。如辽代上京、中京、东京三道交界之处,今辽宁阜新地区,在1990年代即已发现约30座遗址②,其中相当大部分,应即是辽之头下州,其政区名、沿革等,已无法为今人所知。而灵安州遗址的发现,可能也意味着在上京道南部也同样分布有很多今人未知的头下州。或可推测,从上京以南,一直到东京道西部、中京道北部,契丹核心区较为肥沃的大片区域,即是头下州集聚的区域。

犹如我们无法确知辽代曾经存在过的头下州军的数目一样,我们也同样难以回答已知的头下州军置、废于何时,有多少存至辽末。由于《辽史·地理志》《亡辽录》《契丹国志》所载政区都并非严格以辽灭亡前夕为断,故而以具体的数据来描绘头下制度的收敛趋势,是无法做到的。笔者承袭诸先进的观点,认为头下州之数在辽中、后期趋于减少。但可以肯定的是,至辽末,犹有大量的头下州军存在。刘浦江曾提到,辽朝头下军州的最后消息,是辽末天庆五年(1115)"饶州渤海结构头下城以叛"③。而从头下州全局的情况来看,不但不能找到头下州一律废罢的记载,且具体到各头下州,大部分亦未有收归或废罢的记录,《亡辽录》《契丹国志》等皆列"下州"或"投下州"之条,应非不明其制之故。岛田正郎所谓辽圣宗晚年以后头下州之"既存者也完全被一扫而空"④,与事实恐有相当距离。

关于辽代头下州的分布范围,据费国庆观察,"主要都集中分布于辽的原始根据地","各个州军的据地,自东北至西南,以韩州为始点,原州为终点,构成了一条漫长数百里像锁链一样的斜形曲线"⑤。这一判断大致无误,不过这

---

① 贲鹤龄:《内蒙古库伦旗发现辽代灵安州城址》,《考古》1991年第6期,第522页。
② 黄凤岐:《阜新地区与契丹族》,纪兵、刘国有主编:《阜新辽金史研究》,第7页。
③ 《辽朝的头下制度与头下军州》,《中国史研究》2000年第3期,第101页。
④ 《大契丹国——辽代社会史研究》,第159页。
⑤ 费国庆:《辽代的头下军州》,《辽金史论文集》,第142页。

种分布的形成，并非为了"保卫京畿临潢府，作为临潢府东南面的屏障和向外扩张的据点，一方面防卫和抵抗北宋和高丽军队的袭击，另一方面作为对这些国家侵略和威胁的跳板"，因为，从阿保机掌握契丹族军权直到辽末，头下州从来不是契丹政权和军队主要力量的来源，更非最可靠的力量来源。这是一种不得已的做法，实因辽初契丹族的力量大体仍在临潢周边，贵戚的部族所在地一般也不致距此过远。"对建立头下州地区的选择，就汉人来说，不能完全改变他们的生活方式，应使其接近生产发展的农业区域；对契丹人来说，也不能完全脱离本民族的生活习俗，丢掉草原畜牧。当然就要把城址选在自己久已安定、稳固的后方。"①此说则近实。

有辽一代，头下州军存在"国家所有"的性质渐重、个人或家族所有的性质日轻的趋势，头下州军与辽廷直接控制的州军逐渐混同。但这一趋势，迄辽末而未完成。若以"中央集权"这个角度观察辽的政区制度，那么可以说，辽一直向着"集权"的方向发展，但终无以达到宋的程度。

第四节　方　　州

辽代"方州"之称，见于《辽史·百官志》"南面方州官"条目②，指称南枢密院管下之州。其中"南面"用以区别隶属于北枢密院的部族体系，当然更不同于政府直接控制之外的宫卫。"方州"则可以区别私属性质的头下州。从方州的数量、分布范围、人口数来看，它在辽代的同类型政区中占据了绝对的主导地位。并且，方州于契丹由部族向国家发展的关键时期，因阿保机与中原的频密接触而引入，其普遍建置、体系的合理化与相关制度的调整完善，与契丹引入中原政治体系及本土化的过程相始终。其发展历程，实可视作辽代引入中原制度及自身制度创新的缩影。

一、方州之始置

方州无疑始自部族时代的"汉城"。此"汉城"，见于《通鉴》："阿保机击黄头室韦还，七部劫之于境上，求如约。阿保机不得已，传旗鼓，且曰：'我为王九年，得汉人多，请帅种落居古汉城，与汉人守之，别自为一部。'七部许之。汉

---

① 冯永谦：《辽代头下州探索》，《北方文物》1986年第4期，第84页。
② 《辽史》卷48《百官志四》。

城,故后魏滑盐县也。地宜五谷,有盐池之利。"①而《契丹国志》则如此记载:"初契丹有八部……部之长号'大人',而常推一人为王,建旗鼓,以统八部,每三年则以次相代……阿保机益以威制诸国,不肯代。其立九年,诸部共责诮之。阿保机不得已,传其旗鼓,而谓诸部曰:'吾立九年,所得汉人多矣。吾欲别自为一部以治汉城,可乎?'诸部将许之。汉城在炭山东南滦河上,有盐铁之利,乃后魏滑盐县也。其地可植五谷,阿保机率汉人耕种,为治城郭邑屋廛市如幽州制,汉人安之……"②据上二书,则知阿保机将所属汉户聚于某古城址,且以中原州县制度统之。《契丹国志》所谓在"滦河"上所建之"汉城",难知其所确指,笔者疑此城即是建于唐天复二年(902)的龙化州——这是契丹最早建置的州城。然而姚从吾先生以为,"汉城"并非特指某城,而是泛指当时汉人居住的城寨③。要之,在阿保机掌控部落兵权之后,为建立适于汉民的管理方式而引入了州制,龙化州无论如何可以看作是其结果之一。

二、统县政区与县级政区的体系化

不过,阿保机时代的契丹,在引入州县制度之初,却并不讲究体系化。典型的例子是,神册四年(919)"修辽阳故城,以汉民、渤海户实之,改为东平郡,置防御使"④。当时已建有龙化、唐、沈、霸等州,然则既有州矣,又杂用"郡"制,并且以唐、五代州的等第用之于郡,制度显非一律。更早一年,契丹建"皇都",以游牧族政权而建立都城,显非故习,而是学自中原之制。不过,只称"皇都"而未定京、府之名。或者,当时以为,全盘引入华夏之制并非必要。

但到了太宗会同元年(938),"皇都"终被冠以"上京"之号,府名临潢。至于东平郡,已于天显三年(929)建为东丹国"南京",至会同元年改为契丹"东京"的同时,又改郡为辽阳府。也就是说,包括京、州在内的辽代政区通名的统一,应在会同元年。至此,辽代已与中原皇朝一般,置京、府、州以为统县政区。

"军"作为政区通名,也始见于太宗朝。契丹有"军",在太祖时期甚至契丹建国之前,应已出现,如辽代豪州,其前身为"豪刺军",早在太祖神册中已建置,只是,豪刺军当时是作为一个地位低于州的头下单位。作为朝廷所属的政区单位,"军"的建置似乎是由中原直接引入。如会同元年入辽的十六州之中,

---

① 《资治通鉴》卷266《后梁纪一·太祖上》,开平元年五月。
② 《契丹国志》卷23《并合部落》。
③ 姚从吾:《说阿保机时代的汉城》,《国学季刊》5卷1期,1935年。
④ 《辽史》卷2《太祖纪下》,神册四年二月丙寅;卷38《地理志二》东京道东京辽阳府条。又,卷60《食货志下》亦称:"东平郡城中置看楼。"

即有幽州下辖的乾宁军与芦台军。在当时,军已辖有相当数量的户口①,它虽仍不脱军垒之性质,但同时又当目为政区。入辽十六州并不计入此二军,应是由于当时的军作为行政单位,层级未明,大约在州与县之间。

与州同级的"军"的出现,已在辽中期。圣宗曾于东京道置定东、怀化军,兴宗朝,又于近于西夏的西南面,置金肃、河清、天德军。这些军在《地理志》中皆与府、州并列,有的还载明等第为"刺史",即与刺史州地位相同。同时,也出现了与县同级的军,即宋人史料所载的"北界遮虏军"②。因圣宗朝之前辽、宋两边的冲突与边界变动,宋北边的某些政区为辽所得,由此,也使宋的个别政区类型传入辽境。如"军"这类政区,层级既可等同于县,又可等同于军,则与宋制无异。不过,辽代的"军"作为政区,仍偏重其军事职能,多置于沿边重地,有重兵驻扎。这种浓重的军事气息,明显承袭自五代的军,而与宋代的军不同——后者在各方面皆与州取齐,只是规模较州为小。

又有一类政区——"城",亦是辽、宋皆有。不过,宋之"城"作为一种重于军事职能的政区,几乎都设于沿边之地(如宋夏边界,以及宋境之近于西南少数族处),并且,宋之"城",与县同级③。相比之下,辽代"城"的分布则要广泛得多,大部分道、路皆有"城"。辽北境的乌古敌烈路,以"城"为主要建置。自圣宗朝(983—1031)至道宗太康九年(1083),该路至少曾置河董、静边、塔懒主、皮被河、巨母古五城,迟至辽末天庆六年(1116),方建置唯一的州——"静州"。在"内地",如上京、中京道,亦不乏"城"之建置,如上京道有越王城、周特城、杏埚城(辽前期存在于上京道境内),后来中京道辖境内有杏埚新城。

任何以防护建筑(如城墙)围绕起来的人口聚居之地或军事重地,都可以称为"城",所以,在契丹出现其他政区之前,"城"是早就存在的。如阿保机的叔父释鲁曾建"越王城"。释鲁之死,在 9 世纪末,故而,越王城之建立,远在阿保机任夷离堇之前,契丹建城之史,可上溯甚久。但早期的"城",含义很广泛。只是在辽的体系的发展过程中,原有的"城"部分被改置为州,部分废弃,剩余的有重要军事功能的军垒,虽仍称"城",却被纳入成熟的政区体系中,成为与州或县平级的一类特殊政区。比起府、州、军等类型,"城"这一类颇具随波逐流的意味,它等待其他类型成熟之后,便加入其中,共同构建政区体系。就其本身而言,便无所谓建置上成熟的标志时间。

---

① 如《旧五代史》卷 113《周书·太祖纪四》,广顺三年六月壬子载,"契丹幽州榷盐制置使、兼防州刺史、知卢台军事张藏英,以本军兵士及职员、户人,孳畜七千头口归化"。
② 《长编》卷 262,熙宁八年四月丙寅条原注引枢密院文字及吕惠卿《集》。
③ 此可参拙文《宋代的县级政区和县以下政区》,《历史地理》第 21 辑,2006 年。

辽代的城，也与军一样，兼有统县、县级两个层级。《辽志》所载的大部分"城"，如乌古敌烈路诸城、东京道的来远城，层级与州相等，真实地位甚至较邻近的州更重要。辽与高丽边境最重要的城市、边防军大本营、保州路统军使驻地，不在近边的某个州，而在来远城。越王城，在《辽志》中则置于祖州条下，应为祖州下辖之政区。许多《辽志》不载、散见于他处的多个"城"——如东京道的达鲁古、来流、窨晦、特邻、合主、毕里围等城，或是层级与县相同，故未为史家重视，遂失载于《辽志》。不过，辽、宋之"城"，亦有相同的一点，即它们都是具有明显的军事职能的政区，辽之"城"，一般都驻有重兵。《地理志》提到，皮被河城"置兵千余骑"。据《兵卫志》，则来远城驻兵三千六百，神虎军城驻军一万。《辽史》未提到的"城"，虽不知其驻军数，但由《金史》所载辽末金初女真攻辽多将诸城（如来流城、窨晦城、特邻城、照散城、合主城等）作为重要目标，可知这些"城"在军事部署方面的重要性。军与城虽同样重于军事，但城大多有重兵驻防，其军事意味更重于军。

辽与中原皇朝一样，以县为基层政区。不过，《辽史》所记载的契丹建国前后出现的县，其性质大可质疑，故而，契丹政权的县在何时出现，亦须考辨。据《地理志》："遥辇氏更八部曰旦利皆部、乙室活部、实活部、纳尾部、频没部、内会鸡部、集解部、奚嗢部，属县四十有一。"①甚至"每部设刺史，县置令"，煞有介事。又按《营卫志》："遥辇氏承万荣、可突于散败之余，更为八部。"②则契丹有县，早在8世纪初遥辇氏甫掌契丹族权之时。

遥辇氏分部为县之事，却不见于《辽史》他处记载。不过，似乎可由个别案例获得间接证明。《太祖纪》称：太祖七年（913）六月辛巳，"至榆岭，以辖赖县人扫古非法残民，磔之"，事在阿保机平定诸弟之叛的行军途中，其先，由土河北追叛军，磔扫古之后，又"登都庵山，抚其先奇首可汗遗迹……次狼河"③。都庵山不知何在，然而既有奇首可汗遗迹，则在契丹族早期活动区域，即潢河、土河流域无疑。而"狼河"亦见于《地理志》所载上京周边诸水之列。如此，则"辖赖县"亦应在契丹族的发皇之处，即后来上京道之内。它应是遥辇氏所建四十一县之一。

至唐天复三年（903），"先是德祖俘奚七千户，徙饶乐之清河。至是创为奚迭剌部，分十三县"④。则契丹又将分部为县的措施，施之于奚族矣。此事似

---

① 《辽史》卷37《地理志一》。
② 《辽史》卷32《营卫志中》。
③④ 《辽史》卷1《太祖纪上》。

又可视作契丹早已置县之旁证。

然而,上述证据,其实都难以成立。相对于《太祖纪》中的"辖赖县",《营卫志》中却载为"辖懒石烈",为契丹族的六院部四个石烈之一①,甚或就是阿保机出生之处:"霞濑益石烈"。至于奚迭剌部的"十三县",不见于他处。不过在《营卫志》中却有一条记载,或可与之对应:"迭剌迭达部。本鲜质可汗所俘奚七百户,太祖即位,以为十四石烈,置为部。"②奚迭剌部不见于《营卫志》所载"太祖二十部"之列,或即此"迭剌迭达部"也。而《本纪》"奚迭剌部"与《营卫志》"迭剌迭达部",两者之间虽有数处不同(德祖—鲜质可汗,七千户—七百户,十三县—十四石烈),然而其实多近似之处,颇疑两处所载两次征伐俘获,实为一事,而太祖置十三县、置十四石烈,亦是同一事件。如此,则上述诸处所称遥辇氏初期至太祖七年之间三次出现的部落内的"县",其实应当是"石烈"。"石烈"为契丹政权管治部族民的单位,在部之下,弥里之上,与管治汉民的政区相比,层级相当于县。《辽史》撰者按照这种对等关系,直接予以替换,遂使契丹族置县之始,上推了两个世纪。实际上以"辖赖县"为代表的"部"下之"县",是后世将前世之建置比拟于中原之县所得,仅是一种编制部落户的方式,不必以为是有固定辖区的典型的中原之县。

契丹所建之县,今可确定者,似为沈州之三河县。《辽志》称:"乐郊县,太祖俘蓟州三河民,建三河县,后更名。"按《太祖纪》,阿保机掠蓟州,在神册六年(921),三河县应即置于该年。至于此前所置龙化、沈、霸诸州,以及东平郡(后之东京辽阳府)、皇都(后之上京临潢府),未见有确切资料可以证明其初置之时已有属县。如神册三年所置的"皇都",其倚郭两县临潢、长泰,分别置于天赞(922—926)初与天显元年(926),显见神册以前并无置县之传统。而在神册六年之后,太祖虽然忙于征战,但已开始在占领区内推广这一新制。至天显元年灭渤海之前,契丹境内县数已颇不少。除了攻拔中原皇朝的平、营、丰等州之后所沿袭的卢龙、广宁、富民等县,今可确定在太祖时期为契丹自身所置的,有沈州之三河、渔阳(后改灵源),辽州之安定、辽滨,祺州之密云,檀州之行唐,皇都之临潢、潞,龙化州之龙化,饶州之长乐,平州之安喜、望都,建州之永霸,锦州之永乐、安昌,霸州之霸城、盛吉。其中绝大部分置于神册六年至天赞年间(922—926)。在这短短的几年间,契丹已开始推行与中原无异的县的体制。

综上所述,主要通过太祖后期与太宗朝、圣宗朝两个时期的制度建设,辽

---

①② 《辽史》卷33《营卫志下》。

代统县政区与县级政区逐渐体系化,前一时期,即制度的草创期引入的中原制度更多,框架已经初立,而后一个时期,则作了一些制度上的修补,使军、城等建置,进入统县政区的行列,最终构成京、府、州(以上统县)、军、城(此二者不统县)的建置系列,此一制度,迄辽末未变。如是,辽代中后期的政区制度,已与五代、宋制大体相同。只是在政区的统辖关系上(统县政区的上级机构、统县政区与县的关系),略有不同。

三、州之等第之完善

辽代州之等第体系,成熟较早,在太祖末期已得到完善。

所谓"等第",是反映同级同类政区的不同地位的指标,比如我国历史上最常用的赤、畿、望、紧、上、中、下即是一个等第体系。辽代的州,亦有上、下之分,但从《辽志》的描述来看,更重要的似是节度州、观察州、防御州、团练州、刺史州这个体系,这也是学自唐、五代的州的分等制度,即《辽史·百官志》所谓:"节度、观察、防御、团练、刺史,咸在方州,如唐制也。"①或说:"冠以节度,承以观察、防御、团练等使,分以刺史、县令,大略采用唐制。"②此制依各类州的长官的职名为州之等第名,藉以定其地位高下。以节度使为长官之州,是节度州,依此类推,至刺史所治之州,则为刺史州。自节度、观察至刺史,州之地位依次而降③。

辽代统县政区最早有等第者,据今日所见,是东京辽阳府的前身东平郡,神册四年(919)置郡时,定其等第为"防御"。又霸州亦于神册中置,为"彰武军节度"(见下文兴中府条)。在此前后,自中原获取的重镇,例定其等第。如神册五年获丰州,东迁州址,仍名丰州,且冠以"应天"之军额④。天赞二年(923)契丹复得平州,仍沿用该州在中原的等第军额,"契丹以卢文进为幽州留后,其后又以为卢龙节度使"⑤。至天显元年(926)灭渤海时,"安边、鄚颉、南海、定

---

① 《辽史》卷47《百官志三》。
② 《辽史》卷48《百官志四》。
③ 杨福瑞认为,辽于节度、防御、团练、刺史四个级别外,尚有县级的州(见《辽朝推行州县制过程考述》,《内蒙古社会科学(汉文版)》2008年第4期,第46—67页)。据笔者管见,杨先生所谓"县级的州",似乎未显示出与其他的刺史州有何差异。它们只是上有节镇统之,其下又不统县,这种统辖关系貌似与县相同,但事实上这并不意味着其层级与县相同。辽之各路,节镇统支郡是一种通例,上文已辨之。而州下不统县,在辽初又是一种普遍现象,甚至所谓节度州,亦有不辖县之例,在契丹建国前就开始推行州县制的临潢周边地区尤非罕见。这两种统辖关系结合之后,并不因此产生了"县级的州"。
④ 《辽史》卷41《地理志五》西京道丰州条。
⑤ 《资治通鉴》卷270《后梁纪五·均王中》,贞明三年八月辛丑。又,《辽史》卷2《太祖纪下》:天赞二年二月甲子,"以平州为卢龙军,置节度使"。

理等府,洎诸道节度、刺史来朝"①,则至该年,节度、刺史两重等第应在辽境各州遍置。"防御"一类,早在神册四年已出现。至于观察州,较为确凿的,最早应是景宗乾亨三年(981)所置的永州,而无法确定此前是否有观察州之置。除去不可具知的观察州之始置年代,辽代州的整个等第体系成熟时间应在太祖末天显元年前后。

五代节度至刺史这一套等第体系,也被宋所袭用,且辽宋两国之间,在这套制度上颇有相同之处:其一,自节度使以下皆可遥授,即授予官员"某军节度使"、"某州观察使"等官名,作为尊崇官员地位的虚衔,领有该衔者不必实际赴任。其二,州之等第与使职的名称,大半相同。不过,两国是各自袭用唐制而加以发展,毕竟不至于形成完全相同的制度。

正因遥授之职不必赴任,故而授职很随意,比如某州有刺史州,但却可遥授某官为该州团练、防御使等,只有一个底限,即节度州以外的其他诸等州不得有遥授之节度使。遥领使职与州的等第并不全然对应,导致《辽史》之中,与某州相应,可能出现数种使职,使职与州之等第不同者,皆为遥授之职,这样一来,使得研究者藉官衔以判断州的等第的思路,有时难以实现。而《辽史》所载的州的等第的种类,恐怕也不很可靠:笔者就很怀疑,辽只有遥授的团练使,而并无团练州,即州的等第共为节度、观察、防御、刺史四等,在种类与名称上,与宋制毕竟不能全然相同②(见表5)。

表 5 宋、辽州之等第的比较

宋	节度州		防御州	团练州	军事州
辽	节度州	观察州	防御州		刺史州

在"遥领"的层面上,辽制近于宋制,但在实职方面,辽制大部分照搬唐制。尤其是,北宋中期以后,不再有实任的节度使、观察使……刺史,这些州的长官,皆已被知州取代。而在辽,州的长官却仍是这些实职。唐制入宋以后被虚化,在辽却得到了很好的继承。并且,辽不仅继承了唐代州的主管官员的名称,与国家行政管理全局更为相关的,是它所继承的唐、五代的"藩镇—支郡—县"的统辖模式。

---

① 《辽史》卷2《太祖纪下》,天显元年二月庚寅。
② 另有一个细节上的差别,即辽代的观察、防御、刺史州有"军号",形式接近于节度州的军额。比如,铁州为"建武军"刺史,卢州为"玄德军"刺史,可与"某某军"节度相比照。而唐制、宋制之下,防御以下州则不存在可与节度军额相比拟的名号。

四、统县政区与县的遍置——政区分布格局的变迁及其战略意义

建立州县等行政区划,不是契丹的传统,契丹人也不是适宜于用州县体制去管理的农耕人口。可以想象,自制度建立以后,必有一个较长的普遍推行的时期。在阿保机时代,州县制度正趋于成熟,但是,自建州县甚少,新建之州县,夹杂着自中原移入的州县名。907年建国以前,大约仅建龙化一州。建国后,相继有唐、仪坤、饶、乌、霸、建、惠、锦、宜、滦、沈、辽州之置,而丰州、檀州、三河州,以及富民、三河、潞、行唐、密云、安喜、望都、渔阳县,皆是虏迁中原之民后,顺便以其民之原籍为名,置新州县管治之。这些州县,稀疏地分布于皇都周围(1),以及后来的东京道西面(2)、平州路(3)、丰州(4)的小片地区。(可参"大同元年辽疆域政区图")

农耕人口的缓慢增长对州县增置的限制,在太祖末太宗初的天显年间(926—937)被突破。天显元年契丹攻灭渤海之后,获"五京、十五府、六十二州"①,其中部分府、州当即内迁至靠近东平郡之处(如定理府、铁利州)。此前的十余个统县政区,遂变为近百之数。两年之后,太宗举故渤海国民内迁,数以十计的渤海府、州在新址被重建起来,但大部分原渤海府、州被废罢,契丹的府、州数,大约在五十至六十之谱。至太宗会同元年(938),又接管幽云十六州,大体沿用五代建置,府、州数达七十左右。

灭渤海及得幽云,使得太宗时期契丹控制区的务农人口迅速增加,推广县制以安置这些人口,就成为必要之事。其境内州县,在天赞末(925)至会同元年(938)十余年间,增长了五倍以上。当时的大部分州县,得自渤海与中原。契丹主要通过直接承袭十六州原有体制,以及内徙渤海民并以原有县名、组织安置之。如杨福瑞所说,"上京、东京、中京三道州县基本上是徙民所置"②。而南京、西京道地区,更是沿袭原有建置,似乎缺乏契丹政权自己的创设。不过,即使徙民置县原有其组织基础,也不能视作是契丹全然沿用胜国故智。在安插渤海人户之时,契丹所作的调整规模极大。在袭用渤海旧县名的背后,是东京道统治体系的重建,这正是契丹政权就本身的局势改造行政区划制度的结果。同时,也不乏一些新的县份的建置,尤其是在东京附近。此外,我们也不应只看到"置",亦应对"废"有所关注。张修桂提到:"太祖、太宗侵渔中原十

---

① 《辽史》卷34《兵卫志上》。
② 杨福瑞:《辽朝徙民置州考论》,《昭乌达蒙族师专学报(汉文哲学社会科学版)》1990年第3期,第80页。

六州之地，例以所获人户迁置于辽国本土，立州县，多与原十六州行政建置名目相重。会同初，得十六州后，辽国本土原先侨置者多废。"①置、废相间，共同构建一个更为有序的政区体系，使自中原引入的制度，切合了快速变化的契丹政权的局势，于此过程中，并非没有契丹自己的创设。

经过太宗的经营，契丹的州、县分布，已从临潢周边的小区域，向南推进到潢河、土河上游，在契丹的传统活动区和奚族居地的北边，即上京道与后来的中京道北部，出现了大片相连的密布州县的区域。以东京辽阳府为中心，北至信州（今吉林省公主岭市西北），南至归州（今辽宁省盖州市西南），东京道的西部成为另一个州、县集中区域。这两片区域相向发展，在辽西即后来的中京道东部交会，在这里，已建置了宜、锦、建、霸等重镇。太祖末的第（1）、（2）片，各自扩大并终于合流。而第（3）片即平州路，第（4）片丰州一带，也因太宗获得十六州而连为东西跨度极大的一整片。

靠北的上京—东京区域，和南部的平州—幽云十六州—西南面区域，这是太宗时期所完成的布局。不过，至太宗末——甚至直到景宗时期，州县的分布，仍然有相当大的空间问题——它甚至可以看作是一种潜在的危机：这两大片州、县密布区之间不相连属，因为其间横亘着奚族的居地。这种空间格局，或许在外敌入侵时尚不至于构成对于己方的威胁，但对于内治，对于顺畅的交通和供给路线来说，却是无法忽视的阻碍。契丹政权已于本族的核心地区遍置州、县，但对于奚族居地，州、县却仅分布于其边缘地区，无法进入其腹地，也由此无法连接南北两区。可以想象的是，契丹虽然早已征服了奚族，并将其地并入疆域之内，但奚族在大多出身本族的奚王统领之下，仍保持相对完整的力量，并获得较高程度的自治，致使契丹政权于建立之初，便从部落划分的制度设计上将奚族的潜在威胁考虑在内：辽太祖"有英雄之智者三：任国舅以耦皇族，崇乙室以抗奚王，列二院以制遥辇是已"②。对于契丹试图将州、县安插到奚族内地，奚人定然会有反弹。奚人的抵制，既使圣宗更希望设法完全掌控这一地区，也是这种企图难以实现的原因。由是，圣宗朝便累见契丹削弱奚族力量的各种手段，比如分合奚族诸部③，比如以奚王和朔奴兵败为由，

---

① 张修桂、赖青寿：《〈辽史·地理志〉平议》，《历史地理》第 15 辑，第 325 页注。
② 《辽史》卷 45《百官志一》。
③ 《辽史》卷 33《营卫志下》载，圣宗将奚六部中"民籍数寡"的奥里、梅只、堕瑰三部合为奥里一部，又分"奚府二克"——即南克、北克，它们大约是奚王府直属的部民——为二部。这样一来，强部便被弱化，便于诸部互相牵制。

"籍六部隶北府"①。此后，奚王府所代表的奚族的自治程度，大为下降。在圣宗处心积虑地完成了削弱奚族的主要工作之后，奚族力量的坚硬外壳被击碎，统和二十年(1002)，"奚王府五帐六节度献七金山、土河川地"②，自此，圣宗大张旗鼓地从事奚族地区的开发。

当然，州、县建置在此之前已进入奚族核心地区，利州、北安州和严州于统和二十年前已建置于此区域。但州、县的建置，是随着辽廷相对于奚族力量的强势的增长而推进的。奚王府"献地"之后，这一进程便大大加速。以统和二十五年中京大定府的建立为起点，至太平(1021—1031)末年，泽、潭、隰、松山、来、迁、润、高等新的州，出现在中京道各处。上、东京地区与南京道、平州路、云州附近及西南面地区，由此贯通。

圣宗朝致力于充实有开发潜力的地区，中京道的建立与开发只是诸多表现之一。前此，则有统和八年至十三年间辽、丽边境州、军集群的初步构建，它包括来远城、保州与定东军。这一集群在开泰中(1012—1021)继续发展，定东军升为定州，并新置宣州、怀化军。另外，以黄龙府北迁重建为契机，以其为中心，包括益、威、清、雍、安远州的城市群，则出现于东京道西北部，从中可以看到辽廷巩固对北部生女真腹地的控制之趋势。辽初攻占渤海腹地之后，自动将控制力向西、南退缩，至此，又重新北进。

经过圣宗一朝，契丹政权不仅将太宗朝已成规模的两大区域连为一体，使其疆域的中部与南部遍布汉式政区，并且，将意味着牢固控制力的州、县推向了边疆地区。如果将边防城也算在内③，可以发现，辽丽边界、女真腹地、蒙古高原，辽的力量的触角到处伸展。以部族的骑军为人力基础、以起着军垒和后勤基地双重作用的州县的强势推进为手段，契丹政权在其中期加速了内、外双向的强化其统治的进程。

---

① 《辽史》卷33《营卫志下》。据卷13《圣宗纪四》，统和十四年四月，"奚王和朔奴、东京留守萧恒德等五人以讨兀惹不克，削官"，籍六部隶北府，亦当在此年。康鹏指出，奚王府在统和十四年以前处于半独立的状态，此后则隶属于契丹北宰相府。然奚王府之下，始终辖有六部奚。见康鹏博士论文第73—74页。
② 《辽史》卷14《圣宗纪五》，统和二十年十二月。
③ 完全出于军事目的而置的边防城，与方州之间不存在截然的界限。像保、定、宣这类处于边境的方州，即处于普通方州与边防城之间的类型，它们一般被视为方州，只是因为其中皆有民户，至于建置之目的，则与边防城无异，皆为边疆防御也。若计边防城在内，那么，在开发中京道的过程中，蒙古高原腹地今鄂尔浑河流域、蒙古高原东部的克鲁伦河流域，各自形成了以军事镇防为目的的城市群，这也同样是州、县制度向边区推进的表现。鄂尔浑河流域，至圣宗朝末，分布着隶属西北路的镇、维、防、招州，克鲁伦河流域，则有隶属于乌古敌烈路的河董城、静边城、巨母古城。

五、与方州相关的统辖关系

政区的统辖关系,是行政区划制度重要的层面之一。和道(路)、府、州、县等政区、准政区类型各自的管理方式一样,这些单位相互之间的统属关系,同样能反映辽代政区的实质,即自基层至中央的权力分配关系。从政区的名称和内部管理方式来看,辽的行政制度,似无非常独特的表现。辽在行政区划制度上的创设,主要表现在政区的统辖关系上。

统县政区与县之间的关系,较为简单。辽之府与方州,为正式的统县政区。不过在这方面,辽制虽与中原制度大略相同,却仍有其细微的区别:辽代的州,可以没有属县,甚至连倚郭县也不予设置。若详察州制的发展历程,可知在契丹政权前期,州不辖县,虽不能算是通制,却是一种常态。也就是说,虽非全部,却有相当部分的州,初置之时并无属县。如太祖时建置的皇都、仪坤州、惠州、宜州、东平郡,初置时皆无辖县。皇都建于神册三年(918),但迟至天赞(922—926)中,才有了第一个属县,即倚郭临潢县。神册四年所置的东平郡,直至天显四年,才由渤海移民组建了多个属县。而仪坤州、惠州,迟至圣宗时方建置倚郭县。辽代之州,倚郭县可有可无的情形,迄辽末犹然。虽然在太宗以后,不断有补置属县之事,但州无属县的现象,在整个辽代都很正常。甚至在圣宗朝已有中京大定府建置以后,数年之内仍未为大定府置倚郭县。直至辽末,无属县的州仍然非常普遍——当然,这一类的州往往较为次要,在等第上,皆为观察州以下。

军与城有一部分可算作统县政区,主要的依据是《辽志》一般将它们与州并列,有时还载明它们的地位,比如怀化军为"下刺史",即与刺史州地位相同。但实际上,辽代的军、城无论是与州相同或是与县相近,皆不辖县,这是它们与府、州的不同处,也是辽制与宋制的区别之一(宋之统县政区亦有军一类,下辖有县)。

但辽代政区制度最为特别之处,在于州与其上级单位的关系。辽代以什么单位来管辖府、州?是道,还是直属中央?抑或在道与府、州之间,另有一个层级?关于道、财政路、军事路三类准高层政区的存在,以及它们对州的实际统属关系,上文已经详辨,此不赘。此处需要强调的是,辽代府尹(知府)和节度使辖区,也是实在的一级政区①。

---

① 关树东认为,辽代不存在"五京道",只有路,可视作辽政权"区域划分的单位"(《辽朝州县制度中的"道""路"问题探研》,《中国史研究》2003年第2期,第129—143页),此说已于上文辨之。但关树东认为节度镇是一个实在的层级。相反,津田左右吉则认为,节度使、防御使直至刺史,这些职位的差异只表明地位之尊贵,在职权或职务上没有高低之分(《辽制度的二重体系》,《津田左右吉全集》,第335—336页)。换言之,津田对节度使辖区的存在,持否定的态度。

笔者为何没有简单地提出"府和节度州",而是用"府尹（知府）和节度使辖区"这一复杂的称法呢？傅林祥先生已指出,在辽代,是"节度使"统辖属州,而非"节度州"统辖属州,"一般认为的辽代'节度州'辖区,应该改名为'节度使'辖区或'节镇'"①。其意为：节度州只是节度使治所所在,它的长官节度使虽然在节度州之外还可能管辖几个属州,但节度州之境域并不能涵括节度使所统的其他州（支郡）,这与州之境能够涵括县不同。所以节度州自然不成为节度使其他属州的上级政区。府尹统州,也与节度使一样。本来,在《辽史》中,多用"道"来指称节度使辖区,但"道"之称呼,又易与更上一级的五京"道"相混淆。笔者以为,"府尹（知府）和节度使辖区"虽嫌累赘,但从准确性来说却是无可替代。若牺牲一些精确性而换取一个简单的通名来指称它们,那么,用以表示唐代节度使辖区的"镇",勉强可称允当。

关于"镇"与属州的关系,傅林祥视之为不全面的"统属、上下级关系。'节度使辖区'应该是虚级区域,与此相关的行政层级为'节度使辖区—州—县'虚三级制"②。不过,笔者倾向于视"镇"为一种实际存在的层级。可用以说明统辖关系存在的证据虽然很少,但却并非完全没有。

府尹或节度使辖区被视作一个整体,可从《辽史》所载多处"诸道京镇"之说觑见。如《圣宗纪》载,统和四年辽军迎战曹彬所率宋北伐之师,获大捷,即"遣使分谕诸路京、镇"③,传讯至京、镇（本卷所指的"镇",包括此二者）而止,因知讯息将例由"镇"而逐级传下。这一惯例或可反映一镇之内,存在着明确的信息传递链,此应是统属关系的反映之一。

按辽人姜承义《墓志》,统和十二年承义卒时,诸子之任职如下：长子守规,为"武定军节度义军指挥使",次子守荣,为"武定军节度别驾",三子守琼,"摄归化州□□（刺史）衙推",六子守正,"摄武定军节度巡官"④。归化州在名义上为奉圣州（武定军）之属州,但又不应只停留在名义上,武定军节度使对归化州似应有实质上的统辖关系,由姜氏诸子的情况来看,奉圣州与归化州,在人事上,应为一体,此为统辖关系的一个层面。

又,辽贾师训《墓志》载,师训"在（锦州）永乐,尝与严州刺史姚企回,行视

---

① 傅林祥：《辽朝州县制度新探》,《历史地理》第 22 辑,第 88 页。
② 见上揭傅林祥文同页。
③ 《辽史》卷 11《圣宗纪二》,统和四年五月甲戌。
④ （辽）金□□：《天水姜公墓志铭》（统和十二年）,见《全辽金文》,第 117—118 页。

其州银冶之地"①。永乐为锦州属县,而严州则是临海军节度使(驻锦州)的属州。永乐县令既被派遣到严州执行公务,则锦、严在民事方面,应属一体,这是节度使对属州的管治权的一个直接证据。

如此,则辽代从道、路等高层的准政区,到基层政区(县),其统辖关系大致是道(路)—镇—属州—县的四级制模式。但这一模式又不是放之四海而皆准。不同的地区,其统辖关系可以将上述统辖链中的某两个环节合并为一。而同一地区,在不同时期,其统辖关系又有所变化。辽代的各个道、路,其前、后期的统辖关系如下表所示。

表6 辽前、后期各道(路)政区统辖模式*

道(路)别	辽 前 期	辽 后 期
南京道	道—镇—州**—县	道(与镇合一)—州—县
西京道		道—镇—州—县
平州路	镇—州—县	路(与镇合一)—州—县
上京道	道—州—县	道—州—县
中京道		道—镇(一州)—县
		或:道—州—县
东京道	道—镇(一州)—县	道—镇(一州)—县
	或:道—州—县	或:道—州—县
西南面	道—州—县	道—州—县

* 本表略去以边防城为主的西北路、乌古敌烈路。辽前期大体指辽会同元年(938)建上京、东京、南京三道之后,统和二十五年建中京道之前;后期指重熙十三年(1044)建西京道之后。

** 除节度使驻地,节镇下统之其他属州,必非节度州。而由道或路直接统属的州,可以是节度、观察、防御、刺史诸等第之中的任何一种。又,府与镇同,在道直辖州之地,则同于州。军、城或与州同级,然不辖县,或与县同。

根据上表,我们可为各大区域的统辖模式作一概括(见下图)。相对表6,下图虽然略去了某些枝节,但它在显示辽制复杂性的同时,对于大体的制度,更能使人一目了然。

---

① (辽)杨□□:《故同中书门下平章事致仕赠侍中贾公墓志铭并序》(寿昌三年),《全辽金文》,第559页。

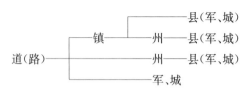

辽代政区统辖模式示意简图

这种复杂的形态,与各道(路)形成的早晚、新的道(路)的不断析出或设置相关,此外,也受各道(路)所在地区的原有政区模式的影响。上京道诸州最早建置,当时制度甚为简陋,初置数州,无属县,无等第,各州稀疏地分布于契丹腹地,根本不能形成城市集群,故而也不用考虑如何处置这些州之间的相互关系。所以,上京道没有节度使领有属州之例,这是契丹政权发展初期较为粗疏地引入中原州制的结果。而较早出现的西南面,也同样采用了上京道的模式。

东京道与辽前期南京道的统辖模式,颇有共同之处。两道之地,来源虽然不同——东京道主要是原渤海之地,南京道则来自中原,但渤海与中原的政区制度,却殊途同归,即同是以镇统州的模式。若是辽对渤海的制度原样袭用,则东京、南京两道内部的统辖关系就没有实质的区别。不过,天显元年灭渤海和天显四年大移民,辽政权两次对原渤海州县进行了内徙、重组,原渤海国较为齐整划一的以府统州的模式,在攻克—反抗—平服—徙民的过程中被打散,这种模式只是在辽东京道留下部分遗迹,比如黄龙府与其周围数州,即是一个整体,这便是渤海遗制,即便是经过废而重建的过程,这种模式在黄龙府仍得以维持。东京道由节度使辖属州的例子也颇为不少,这是渤海以府尹统属州之制的一种变体。

相比之下,辽前期南京道的统辖模式则较为一律,即南京道之下,统有原后唐的幽州卢龙军节度、新州威塞军节度(辽改奉圣州武定军节度)、云州大同军节度、应州彰国军节度、朔州振武军节度(辽改顺义军节度),诸节度使之下,各辖有一个以上的属州①,州再辖县,为比较纯粹的四级制。

在原属南京道的大同、武定、彰国、顺义四镇,以及圣宗时期建置的蔚州忠顺军节度辖区另建西京道之后,南京道仅余原来五代的幽州卢龙军一镇。此后,南京道即成为道与镇合一、下统属州、州再统县的纯粹的三级制模式——幽州先后改为幽都府、析津府,并未改变这种模式。反而是新析出的西京道,继承了此前南京道的四级制。

---

① 应州以寰州为属州,寰州废于统和四年,自此则应州不辖属州。唯朔州振武军节度入辽后似未有属州,是唯一例外。至重熙九年(1040),始置武州为顺义军节度之属州。

平州路与辽后期的南京道有相同的统辖模式。平、营二州甫入契丹,契丹又置滦州,自此,三州一体、独立于南京道之外的局面,始终得以维持。由此,终辽一代,平州路始终是以一镇之地为一路。

大体而言,在辽前期,道—镇—州—县的四级制,与道—州—县的三级制模式,平分秋色。但到了后期,四级制逐渐占据了上风,不仅圣宗时期新置的中京道采用的是东京道的模式,兴宗时期析置的西京道,也是四级统辖之制。这使得契丹政权的政区统辖模式,呈现一种时、空共同造就的分异:先建的道与路,制度较古老,多采三级制,后建的道,制度较新,多采四级制。如此,一个制度发展成熟的时间问题,就在空间的差别上得到体现。

然而,直至辽末,三级制与四级制两者皆存,各大区域的政区统辖模式终未合一,这说明,在辽中央看来,统辖模式——也就是政区层级——的划一,并不一定是最终的目标。不同统辖模式混用的体制,并无彻底改变的必要。或者,是辽各道(路)面积相差悬殊,以及各道(路)辖境内州、县的密度大相径庭,造成了这种分异。

第五节 边 防 城

关于边防城可视作一种单独的政区类型,与其他州——尤其是方州——相区别,《辽志》中有非常直截了当的表述:"辽国西北界边防城,因屯戍而立,务据形胜,不资丁赋。"[①]极为准确地表明了边防城的首要特征:完全出于军事目的而立,几无民事上的功能。

其次,边防城都位于"辽国西北界","即从今鄂尔浑河上游,东至今大兴安岭一带"[②]。这一区位特征,缘于边防城所要镇服的对象,是蒙古高原的阻卜、乌古、敌烈等部落。根据《辽志》的记载,迄于辽末,在西北界共有九个边防城。其中镇、维、防、招四州,构成西北路;静州与河董、静边、皮被河、塔懒主四城,构成乌古敌烈路。这两路的建置,是辽的力量深入蒙古高原的结果,诸城自东及西数千里,首尾相连,控扼蒙古高原最核心的地带,其空间布局,极有利于切断阻卜、乌古、敌烈、室韦之间的联系。

需要补充的是,辽之边防城,应不止《辽志》所载九处。林荣贵认为,巨母

---

① 《辽史》卷37《地理志一》。
② 张博泉:《东北历代疆域史》,第150页。

古城也应属边防城之列①。此城位于乌古敌烈路境内,置于圣宗开泰三年(1014)之前。西北路境内的窝鲁朵城,也应是边防城之一。笔者以为,边防城尚不止此。耶律大石西行时,"至可敦城,驻北庭都护府,会威武、崇德、会蕃、新、大林、紫河、驼等七州,及大黄室韦……奚的、纠而毕十八部王众"②。威武、崇德等七州,陈述视之为"大石所建之头下军州"③。然则大石仓促西行,绝不至于携带大量农户,去大漠深处建置头下州。及至用武之时,亦不至于想到依赖缺乏战斗力的头下之众,故头下之说,应非实情。笔者更倾向于将威武等七州,视作是不见史载的边防城。大石西涉流沙,由可敦城(镇州)而至唐北庭都护府所在,已入当时西州回鹘界。威武等七州应是最接近于西州的辽代建置,那么这七州,远在镇、维、防、招等城市集群之西,是辽代最外围、建置于极西处的边防城。

边防城的特殊功能,决定了辽廷对它们的管理,不同于方州。作为较纯粹的军事建制,在辽代"南衙不主兵,北司不理民"④的体制下,这些边防城自然不会像"南面方州"一样,属中央南枢密院管理,而是归属于北枢密院⑤。在西北路的中心镇州,甚至作为一州军、民政长官的节度使,亦由西北路招讨使兼任⑥,其军事压倒一切的意味,由此可见。可以说,辽的西北路招讨司(乌古敌烈统军司)—州的这一系列,类似明代的都司卫所体系,独立存在于内地的行政州之外,其隶属关系上溯到中央,也归于不同的部门。

边防城有两个种类:州与城。这一点类似于方州体系。但是,西北、乌古敌烈两路九个州、城,其下皆不辖县,因此,在这两路,其实所实行的是两级制的统辖关系,即路—州(城),这种结构,与方州是截然不同的。这当然取决于边防城的军垒性质,所以不宜采用不太灵便的多层统辖制度,但与它们的人口结构也有关系。

边防城的人口,主要是军户⑦,这与它们的功能是一致的。即使辽廷曾将少量民户迁入这些州、城,也完全是出于为军队服务的目的,并且,他们只能提

---

① 林荣贵:《北宋与辽的边疆经略》,《中国边疆史地研究》2000年第1期,第39页。
② 《辽史》卷30《天祚皇帝纪四附耶律大石纪》。
③ 陈述:《头下考(上)》,《历史语言研究所集刊》第8本,第393页。
④ 元好问:《故金漆水郡侯耶律公墓志铭》,姚奠中主编,李正民增订:《元好问全集》(山西古籍出版社,2004年)卷27 据(元)苏天爵《元文类》卷51补入。
⑤ 林荣贵已提到:"在军事上,包括阻卜在内的整个西北地区置归西北招讨司统制,上隶北枢密院总管。"见《北宋与辽的边疆经略》,《中国边疆史地研究》2000年第1期,第39页。
⑥ 见陈得芝:《辽代的西北路招讨司》,《宋辽金史论丛》第1辑,中华书局,1985年,第271页。
⑦ 据《辽史》卷104《耶律昭传》,统和中耶律昭称,驻屯军人"刍牧之事,仰给妻孥",则知军人多携眷远来屯戍,所计不止是"丁",且往往是以"户"为单位。

供军队所需服务的一小部分,军队后勤供应之大部分,通过屯垦而得①。另外,这些边防城的区位特征,又使其民户的来源,与方州颇不相同。即使是这少部分的民户,也极少普通的汉户,大约因为蒙古高原荒凉酷寒,非普通农户能忍受,故而,辽廷往往将远徙西北作为一作惩戒手段,将一些女真部族和各族配徙之人,流放到边防城,他们构成了诸边防城民户的主体②。

方州与边防城,在功能并无绝对的区别。也就是说,在辽代可以找到一些处于两者之间的政区建置。它们虽属方州,却有强烈的军事意味。如西南面辖下的丰州及金肃、河清军,辽、丽边界的保、定、宣州和来远城,实际上也有边防城的性质,只是其政区之内,既有较多的民户,则必与南枢密院发生联系。它们主要在归属上与边防城有区别。另外一类性质接近边防城者,是一些未见《辽志》,但因为在辽末金初的战争中成为重要争夺对象而出现于《辽史》或《金史》中的许多内地的城,如神虎军、达鲁古、来流、寥晦、特邻、合主、毕里围等城,皆是重要的军垒,并且,估计这些城池之内,是以驻军为主要人口,其中民户也只是少数。不过,因为它们并非处于西北之地,故未被列为"边防城",这一类的"城",则是因为区位的因素而与"边防城"相区别。要之,"边防城"是一类由包括功能、人口构成、区位、统辖关系等多个要素限定的建置,故而哪些州、城应在其列,大体是比较清晰的,但在辽的疆域之内,还是有许多与它们起到相同相近作用的建置,这也是辽代政区多样性的一种反映。

---

① 《辽史》卷59《食货志上》:"统和中,耶律昭言,西北之众,每岁农时,一夫侦候,一夫治公田,二夫给糺官之役。当时沿边各置屯田戍兵,易田积谷以给军饷。"知西北路驻军且守且耕,自给自足(当然这只是统和中的情况)。虽然朝廷不资其丁赋,但也不必专为其支出大量军饷。若是屯垦之事经营得宜,朝廷不仅不用支出军饷,而且颇有盈余,使边城储备充实。据《辽史》卷91《耶律唐古传》,唐古于开泰、太平年间率军屯于镇州,"凡十四稔,积粟数十万斛,斗米数钱"。又,边防城的屯驻军,可能实行轮戍之制,即每过若干年,便有部分屯驻军徙离,充入新徙来的军队。唐古于开泰、太平之间,率军"移屯镇州",应即边防城实行轮戍之制的一个证据。

② 据《辽史》卷37《地理志一》,辽廷曾向河董城徙入女真户,"高州界女直常为盗,劫掠行旅,迁其族于此"。招州则于"开泰三年以女直户置"。在西北路,则以"渤海、女直、汉人配流之家七百余户,分居镇、防、维三州"。即使上述徙女真户至河董城之举,亦是作为惩戒措施。但镇州一带的七百配流之家,只是一次徙入,被流放到西北路的,在辽中后期颇有其例,且不止于"渤海、女直、汉人"。如耶律昭,即于统和中"流西北部(路)。会萧挞凛为西北路招讨使,爱之,奏免其役"。卷22《道宗纪二》:清宁九年七月癸亥,"贴不诉为重元等所胁,诏削爵为民,流镇州"。卷99《耶律石柳传》,大康中,道宗废太子,"以石柳附太子,流镇州"。该年因"附太子"而获谪镇州者,当不在少数。据卷107《列女传·耶律氏常哥》,因受废太子牵累,"兄适鲁谪镇州,常哥与俱"。又卷104《王鼎传》,寿昌初,观书殿学士王鼎怨谤,"上大怒,杖黜夺官,流镇州"。这些陆续配流至西北路者,多为契丹人。女真户、配流之家,应当构成了边防城民户的主要部分,但总数至多不过数千户,而诸边防城中,仅镇州即有"诸部族二万余骑",相对于军户,民户自是极少数。

第六节　遥领虚封与辽代州军的虚实之辨

辽之官制,初期受唐、五代之制影响,至后期,则宋制的痕迹不断增加,愈是虚官闲职,无关乎军政管理之大局者,愈是不惮引入,故而在辽后期,辽的官制中,存在一套很复杂的虚衔体系。这个官制上的问题所包含的不少与地方职官相关的内容,在我们研究地方行政制度、考定辽代政区之时,也或会施加其影响①,故不得不加以厘清。

王曾瑜先生曾以《宋会要》所录的一份灭辽以后宋对辽降官进行辽、宋官资"比换补授"的材料出发,对辽代虚衔的实情进行了梳理。在该材料中,"州官"们作为虚衔赫然在列:

> 武资:伪官金吾卫上将军,节度使,大将军,节度使留后,观察使,观察留后,遥防(遥郡防御使),遥团(遥郡团练使),洛、□、商三州刺史……比换武功大夫遥刺,武德大夫遥刺,武德郎……

王先生认为,上列官名都属辽官之虚衔,其记载比《辽史·百官志》所载忠实可信②。此言信然。这份材料对于我们了解辽代职官中节度使、观察使、防御使、团练使、刺史等官的真实地位、他们与地方的真实关系而言,确是芜杂混乱的《辽史·百官志》所不能比拟的③。王先生也据以对辽代官员的任职实例进行了分析,如冯从顺之履历,"其历官自……中、上两京内省使,延州观察使,敦睦宫汉儿、渤海都部署,归义军节度、管内观察处置等使,上京户部使",其中貌似地方官的延州观察使、归义军节度使,明显是虚衔,当时称为"遥授"或"遥

---

① 如杨树藩先生认为:"(辽官)既加中央相职,又遥摄节度使,如:'(韩德源)加同政事门下平章事(南面官相职),遥摄保宁军节度使。'夫节度使乃一地方官,兼一地方之'使'职,尚无不可,兼中央之相职,决非所宜。倘兼中央之相职,则五京之宰相,何以监督之? 辽不深察,竟援用唐之秕制,由此可见其文化程度之浅薄也。"见《辽地方政治制度之研究》,载台湾《宋史研究集》第11辑,宋史座谈会编,"国立"编译馆中华丛书编审委员会出版,台北,1977年,第375页。此说显然是出于对唐、宋、辽地方行政制度的不了解。韩德源之官职在唐、宋极为常见,已注明是"遥摄"节度使,根本不赴州职,其作为"节度使"的职责,何须有人监督? 又岂关"唐之秕制"? 此等举措,与文化深浅无关。
② 王曾瑜:《辽朝官员的实职和虚衔初探》,《文史》第34辑,中华书局,1992年,第169页。该材料载于《宋会要辑稿》兵17之12—13。
③ 《辽史》卷47《百官志三》云:"节度、观察、防御、团练、刺史,咸在方州,如唐制也。"此句全错,由此可知撰者全然不知辽代职官制度。按辽初至辽末,从未出现过"节度……咸在方州"的情况,而断定"咸在方州"之制"如唐制",又是一误,唐中后期节度不在州者,不可一一数也。

领"。并可见辽官系统中有实职和虚衔之别,却统称为"官"①。

从碑刻所存材料来看,辽后期的官、职、封、赠等,已经分得比较清楚,但是"官"有时却是虚、实相混。如辽道宗时耶律宗政卒时之官衔,为"故资忠佐理保义翊圣同德功臣、武宁军节度徐宿等州观察处置等使、开府仪同三司、检校太师、守太傅兼中书令、行徐州大都督府长史、判武定军节度、奉圣归化儒可汗等州观察处置巡检屯田劝农等使、上柱国、魏国王、食邑一万八千户、食实封一千八百户、赠守太师、谥忠懿、漆水郡耶律王",除姓和虚拟的郡望外,官衔长达114字。其中,"资忠……功臣"为功臣号,太傅为本官阶,"武宁军节度徐宿等州观察处置等使……行徐州大都督府长史"为徐州武宁军节度使的完整衔名,再加兼"中书令",则称"使相","开府仪同三司"为散官阶,"检校太师"为检校官,"上柱国"为勋官,再加上爵、食邑、食实封、赠官,最后还有"判武定军节度、奉圣归化儒可汗等州观察处置巡检屯田劝农等使",则是宗政以使相之高职,低就(判)奉圣州武定军节度使,似为其卒前实职。若武定军节度使为其实职,则相当于宋代的差遣,再加本官、散官、勋官、功臣号、检校官、食邑、食实封、赠官,如此一来,位居极品的一位宋朝官员当有的职衔种类,耶律宗政这位辽朝官员也都有了。由此看来,辽后期或已自宋引入整套职官种类。但笔者仍未对此有十足把握,除宗政与或许为其兄弟的宗允外,文献与碑刻材料未留下更多完美的例证②,很难推断这套完整的体系是否广泛使用。且辽代至少在实职(略同宋之差遣)方面,毕竟与宋制有很大的区别,无法断定其引入宋制的程度。但"官"之有虚有实,却是可以肯定的。

若仅就其中遥领节度使的问题而言,早在1987年,林荣贵先生就已撰文考其制度变迁,对于遥领节度使的授予范围如何从宰相、亲王扩及外官知州,尤为重视③。按王、林二文,对遥领制度实已有点睛之效,然而,或是二文既有之阐释重点及行文脉络,难以周及使职遥领之所有问题,这个问题仍未引起一些辽代政区研究者的足够重视,笔者觉得,详细解释遥领与辽代政区的关系,仍有其必要。

关于辽代使职之记载,唯节度使较多,此无他,史家作传,自然注重位高权

---

① 《辽朝官员的实职和虚衔初探》,《文史》第34辑,第160页。
② 宗政之例,见(辽)王实:《耶律宗政墓志铭并引》(清宁八年),原题详载其官衔,此题乃编者所简化,载阎凤梧主编《全辽金文》,第302页。宗允之例,见辽人王诜所作《大契丹国故保顺协赞推诚功臣、天雄军节度、魏州管内观察处置等使、开府仪同三司、检校太师、守司徒兼中书令、行魏州大都督府长史、判匡义军节度、饶州管内观察处置等使、上柱国、鲁王、食邑一万五千户、食实封壹任伍佰户、进封郑王、谥曰恭肃、耶律王墓志铭并引》(原题),作于咸雍元年,见同书第380页。
③ 林荣贵:《从房山石经题记论辽代选相任使之沿革》,《辽金史论集》第1辑,第42—78页。

重者。而节度留后以下，《辽史》虽有而不多见，但在宋人史籍《长编》中频频出现，其所载使宋之辽臣，多有节度使、节度留后、观察使、观察留后、防御使、团练使之属。担任这些使职的出使者，绝大多数未见于《辽史》，因其地位本非甚高，出使之前，辽廷为郑重其事，借予使职以尊崇使者地位，皆是遥领而已。除《长编》以外，还散见于辽代碑刻。若要研究遥领之使职体系，必当借重这两种材料。

一、辽代遥领使职体系的发展及其与唐五代、宋制的关系

辽学习中原的州县制度，在阿保机称帝之前，已经开始。神册元年（916），韩知古遥领彰武军节度使①，似是最早看到的授节度使者，当是阿保机受韩知古等来自中原的投拜者的影响而施行于本土。不过，彰武军节度之置，当更在韩知古遥领此职之前，"太祖平奚及俘燕民，将建城，命韩知古择其处。乃完葺柳城，号霸州彰武军节度"②。置此节度州当在神册元年或更早，似为辽境第一个节度州。差相同时，唐、五代的使职体系，在辽境内普遍实行，如"神册四年，葺辽阳故城，以渤海、汉户建东平郡，为防御州"③。天赞元年（922）冬十月甲子，"诏分北大浓兀为二部，立两节度使以统之"④，此置部族节度使之始。显然，方州节度、部族节度之置，皆始自太祖时，且可溯至其称帝之前。而且，在引入中原之制，置节度、防御等州的同时，也引入了使职遥领之制。

不过，辽代的节度使等使职体系，形成过程是相当长的，"节度使，大将军，节度使留后，观察使，观察留后，遥防（遥郡防御使），遥团（遥郡团练使），洺、□、商三州刺史"的系列，应当在辽中后期定型——大约在圣宗朝以后。其理由有二：首先，这一系列是宋制而非五代之制，且宋代定制，亦当迟于真宗朝彻底将节度使系列的使职虚衔化之后。除观察留后之外，其他所有官职，在唐、五代都有，但是明确将节度留后列入使职虚衔系列，自宋方有，至于防御使、团练使，明确称为"遥郡"且加入虚衔之列，亦为宋制。辽引入宋制、加以简

---

① 《辽史》卷74《韩知古传》。按林荣贵文中提出了遥授与遥领之别，遥授者，朝廷授某人节度使之职，遥领者，某人领有某州节度之职，从语意上，该人有被动接受与主动领有之别也。然从制度上看，两者实一事也。
② 《辽史》卷39《地理志三》兴中府条。
③ 《辽史》卷38《地理志二》东京辽阳府条。
④ 《辽史》卷2《太祖纪下》。

化并赋予本国特色①,当更在其后,估计在圣宗中后期或兴宗时期方得改定。其二,史料所反映的实际任职者的时代,也可证明这一点。比如辽代自有的"观察留后",迟至宋至和二年(1055,即辽清宁元年)始见②,团练使则始见于统和二十八年(1010)③,距节度使之始置,已是近百年、百余年之后。

辽制较之宋制,虽有简化数职及增加观察留后一职,但并无颠覆性的创举,这些使职的相对地位高下没有变化④,规整也近于宋制,这也可见辽代的遥领使职制度,前期学唐制,至中后期则变为向宋制靠拢。

辽代节度使、防御使、刺史皆有实职,此仍保留唐五代之制,而后来将节度使至刺史一系列使职设为虚衔,则近乎宋制。唯其夹杂唐宋之制,故在辽中、后期,实职与虚衔之间存在错位的情况。比如,辽节度留后、观察使留后,集中见于《长编》⑤,皆为虚衔,而在实职中迄未发现。再则,辽之虚衔有团练使,然而实职中是否有团练使,也就是说,辽是否存在团练州,却大可怀疑(见下文)。可见辽代引入中原使职制度,并未一改俱改,而是在虚衔方面跟从宋制,而在实职方面仍接近于唐制。制度虽不统一,不过很实用。

辽代在遥领制度上,表面看似多用宋之州及节度军额,然其实多可发现唐五代制度的踪迹。就辽中后期的情况而言,林荣贵先生已指出,据《辽史》所载,圣宗朝以后节度使遥领宋、西夏境内之州,较为多见⑥,事实上其他使

---

① 简化之处在于:宋制节度以下之使职,分为正任、遥郡两个系列,"自承宣使(节度留后)以下,不带阶官者为正任,带阶官者为遥郡,遥郡各在正任之下"(《宋史》卷172《职官志十二》),两个系列合而论之,其官品、相对地位自高而下之次序为:节度使(无遥郡)、正任承宣使、遥郡承宣使、正任观察使、遥郡观察使、正任防御使、遥郡防御使、正任团练使、遥郡团练使、正任刺史、遥郡刺史。所谓正任者,官品较高、地位较著者,其实亦非实任,不赴任。辽代省遥郡承宣使、观察使,以及正任团练使,并因本国为有观察州,故加入观察留后一种,此辽代特制也。
② 《长编》卷181,至和二年(1055)十二月己西:"契丹遣崇仪节度使耶律达、益州观察留后刘日亨来贺正旦。"
③ 《辽史》卷115《二国外记·高丽》:(统和二十八年伐高丽)以政事舍人马保佑为开京留守,安州团练使王八为副留守。
④ 程妮娜认为:"防御使、团练使、刺史、知州在辽、宋制中均有,但是防御使与团练使的位置,辽、宋制不同,金从宋制防御使居团练使之上。"(《金初府、州、县考略》,《北方文物》1989年第3期,第76页)意谓辽制团练使在防御使之上,不知何据?
⑤ 《长编》卷159,庆历六年十二月辛未,有昭德军留后耶律某;卷160,庆历七年四月乙卯,有彰信军留后耶律质;卷161,庆历七年十二月乙丑,有安福军留后耶律寿;卷165,庆历八年十二月己丑,有彰信军留后耶律庆,皇祐元年十二月甲申,契丹遣归德留后萧能;卷179,至和二年四月乙亥,有永州(观察)留后王泽;卷181,至和二年十二月己西,有益州观察留后刘日亨。
⑥ 林荣贵:《从房山石经题记论辽代选任使之沿革》,《辽金史论集》第1辑,第70页。

职的遥领，情况也相同，例如遥领观察使有濮州、沙州、灵州、夏州①，遥领防御使有陇州、曹州、郑州②，遥领团练使有商州③，遥领刺史有洺州④。由于实例总数太少，无法像林先生考察节度使那样，大约估计遥领之防御、团练、刺史州在国内、国外的比例，但显而易见的是，辽之遥授，绝不囿于现有之境土，而且也并无避忌，入宋之辽使，仍带着遥领宋境内各州的虚衔。宋官员不也有大量幽云十六州的遥职吗⑤？大家明知是虚衔，自不必太在意。

使宋之辽使，其节度使职所带军额不但带有宋地，而且还不避宋讳，如常有归义军节度使⑥、崇义节度使⑦、顺义节度使⑧等。而在其国内，犯宋讳者更大有人在。如义成军⑨、昭义军⑩、保义军⑪、彰义军⑫，归义、顺义亦复不少。这就是说，辽之遥领使职，至少就其军额来说，很多是继承唐五代的传统而来，而非取自宋制。再看辽遥授唐宋境内京兆府之节度使，并非后汉至宋代的"永

---

① 如《辽史》卷16《圣宗纪七》开泰七年五月丙寅，以皇侄宗弼为濮州观察使；《长编》卷104，天圣四年十二月丁酉，有沙州观察使石宇；《辽史》卷109《伶官传·王继恩传》，圣宗亲政，继恩为灵州观察使；又《长编》卷101，天圣元年十二月甲申，有灵州观察使刘彝范；《长编》卷175，皇祐五年十二月辛酉，有夏州观察使兼东上閤门使李仲傅。
② 《辽史》卷8《景宗纪上》，保宁六年秋七月丁未朔，喜隐遥授陇州防御使；卷15《圣宗纪六》，统和三十年五月戊辰朔，以驸马萧绍宗为郑州防御使；卷16《圣宗纪七》，开泰七年五月丙寅，以皇侄宗奕为曹州防御使。
③ 《契丹国志》卷10《天祚皇帝上》，有商州团练使张维。
④ 《辽史》卷105《能吏传·大公鼎传》，公鼎子昌嗣，洺州刺史。
⑤ 见拙作《宋代节度体系官与州之关系》，《文史》总第64辑，中华书局，2003年8月，第133页。
⑥ 《长编》卷104，天圣四年正月癸未，有归义军节度使康筠；卷113，明道二年十二月，有归义节度使萧丽；卷140，庆历三年四月戊申，有归义节度使耶律希烈。
⑦ 按使宋辽臣颇多带有类似"崇义军"的军额。如《长编》卷169，皇祐二年十二月戊申，有崇仪节度使萧概；卷176，至和元年四月甲辰，有崇仪节度使左骁卫上将军耶律秦；卷181，至和二年十二月己酉，有崇仪节度使耶律达；卷187，嘉祐三年四月辛亥，有崇仪节度使萧庆；卷334，元丰六年四月辛亥，有崇仪军节度使萧固；卷361，元丰八年十一月己酉，有崇议节度使耶律白；卷403，元祐二年七月戊午，有崇义军节度使萧德崇。然竟无一例是"崇义"军，疑是宋人自避太宗之讳，故于史书中改"崇义"为"崇仪"或"崇议"。然不知为何，"归义"、"顺义"则未改也。
⑧ 《长编》卷172，皇祐四年四月丙戌，有顺义节度使右监门卫上将军萧昌。
⑨ 《辽史》卷10《圣宗纪一》，统和三年秋七月丁卯，刘延构为义成军节度使。义成军，唐、五代、宋初滑州之军额，宋太宗朝避讳改武成军。
⑩ 《辽史》卷16《圣宗纪七》，开泰七年五月丙寅，皇侄宗范昭义军节度使。昭义军，唐、五代、宋初潞州之军额，宋太宗朝，避讳改昭德军。
⑪ （辽）张嗣复：《故保义军节度同中书门下平章事判奉先军节度使事广陵郡王（耶律宗政）墓志铭并序墓志》（重熙二十二年），见《全辽金文》，第344页。保义军，唐、五代、宋初陕州军额，宋太宗时改保平军。
⑫ 《辽史》卷105《能吏传·马人望传》：天祚时，"遥授彰义军节度使"。彰义军，唐、五代、宋初泾州之军额，宋初改彰化军。

兴军",而是晋代之军额"晋昌军"①,且有遥授朗州节度,称五代之军额"武平军"②,而朗州在宋初已降为团练州。反过来,宋初以后新置的节度州之军额,直至辽后期,似未见用。或者可以认为,"遥领宋地"的说法,可能不如"遥领唐地"妥当。这或与太宗灭晋之后辽统治者的正统观有关? 此有待更作详考。

二、辽代遥领使职与州的等第的关系

辽中后期遥领使职者,其领有之职位与州的等第之关系,似从宋制。即遥领者职位可与所系之州等第不一致,比如,某州是节度州,但某人可有该州防御使之职位,反之,一个刺史州亦可有团练使,唯非节度州者不得有节度使③。此处可以辽境内数州为例,加以说明。

如辽之榆州,据《辽志》所载,为刺史,其他史料如《契丹国志》亦载为刺史州④。又张建立及其子在穆宗时皆曾为榆州刺史⑤,耶律俨在咸雍中亦尝"出为榆州刺史"⑥。张建立之榆州刺史为虚衔,实任南路尅使,而耶律俨则实任榆州刺史,可知榆州为刺史当无误。然而,重熙十九年(宋皇祐二年,1050)使宋的刘从正,却为"四方馆使、榆州团练使"⑦——遥郡团练也。可见,刺史州亦可有挂名的遥郡团练使。

又如泰州,据《辽史》之《地理志》、《百官志》,为德昌军节度。然而,检辽后期曾任泰州使职者,其职位高下,极为纷乱。如清宁三年(宋嘉祐二年,1057)使宋辽臣刘从备,为"引进使、泰州团练使"⑧,显为遥郡团练使;清宁五年直至天祚帝乾统中(1101—1110),转而出现为数不少的泰州观察使、

---

① 《辽史》卷9《景宗纪下》:乾亨元年"十二月乙卯,燕王韩匡嗣遥授晋昌军节度使,降封秦王"。卷74《韩知古传》:"既而,(子匡嗣)遥授晋昌军节度使。"又(辽)李万:《韩椅墓志铭》(重熙六年):"西南路招讨、晋昌军节度、行京兆尹、尚父、秦王讳匡嗣,伯祖父也。"见《全辽金文》,第163页。
② (辽)李万:《耿延毅墓志铭并序》(开泰九年):"(开泰中)入授永兴宫、崇德宫都部署兼帅武平军。"见《全辽金文》,第161页。
③ 宋代使职与所系之州等第的关系,见《宋代节度体系官员与州之关系》,《文史》总第64辑,第117—122页。
④ 《契丹国志》卷22《州县载记》。
⑤ (辽)无名氏:《银青崇禄大夫检校尚书右仆射行榆州诸军事榆州刺史兼西南路番汉都提辖使兼御史大夫上柱国张公墓志并序》(保宁元年):张建立"曾任榆州刺史兼充南路尅使"。见《全辽金文》,第836页。
⑥ 《辽史》卷98《耶律俨传》。
⑦ 《长编》卷169,皇祐二年十二月戊申。
⑧ 《长编》卷185,嘉祐二年四月丙辰。

观察留后①；然而到了天庆五年(1115)以后，又有耶律大石任泰州刺史②。

可以肯定，其他的泰州观察使、团练使皆是虚衔，使宋者自不待言，而耶律贤适建大军功后，乃是在"弘义宫副使"实职上加"泰州观察使"之虚衔。唯有耶律大石"泰州刺史"之职，是实是虚？似有疑问。

按《辽史·天祚皇帝纪四》附耶律大石传云：

> 登天庆五年进士第，擢翰林应奉，寻升承旨。辽以翰林为林牙，故称大石林牙。历泰、祥二州刺史，辽兴军节度使。保大二年，金兵日逼，天祚播越，与诸大臣立秦晋王淳为帝。

魏良弢先生考大石行实云：1116年(天庆六年)，大石出任边防前线的泰州刺史，不久，泰州被金攻陷，又调任祥州刺史，任地方行政官期间，大石表现出一定的军事才能，遂于1120年前后升任辽兴军节度③。显然，魏先生认为大石的泰、祥、平三州之职为实。不过，笔者的看法恰好相反。从大石的履历来看，其实职的升迁，为翰林应奉—翰林承旨，辽末金初，"大石林牙"是对长期备位翰林的耶律大石的惯称。而虚衔升迁之次序则是泰州刺史、祥州刺史、辽兴军节度使，虚、实职升迁各有其途，并不存在翰林应奉—翰林承旨—泰州刺史—祥州刺史—辽兴军节度的实职升迁序列。作为"林牙"，大石先是侍于天祚之侧，直到保大元年(1121)天祚逃到南京，遂留以佐南京留守、燕王耶律淳，二年三月，宰相李处温"遂与诸大臣耶律大石、左企弓、虞仲文、曹勇义、康公弼集蕃汉百官、诸军及父老数万人诣淳府"劝进④。作为平州辽兴军节度使，他却从未去过平州。

按上引文，若辽兴军节度为实职，则保大二年，大石当在平州，然而，保大三年正月平州降金时，领州事者，为辽兴军节度副使张毂⑤。而张毂得领州事，其缘起是"(辽兴)镇民杀其节度使萧迪里，觉(毂)拊定乱者，州人推领州

---

① 《长编》卷190，嘉祐四年(1059)十二月，有泰州观察留后韩造；(宋)陈襄：《使辽语录》：治平四年(1067，当辽咸雍三年)五月"十一日，接伴使、副泰州观察使萧好古、太常少卿杨规中差人传语"(《辽海丛书》本，第2542页上)。《长编》卷407，元祐二年(1087，当辽大安三年)十二月甲辰，有泰州观察使耶律净；《长编》卷468，元祐六年(1091，当辽大安七年)十二月己卯，有泰州观察使萧仲奇；《辽史》卷95《耶律适禄传》："乾统中……改弘义宫副使，时上京枭贼赵钟哥跋扈自肆，适禄擒之，加泰州观察使。"
② 《辽史》卷30《天祚皇帝纪四》：耶律大石，"登天庆五年进士第……历泰、祥二州刺史，辽兴军节度使"。
③ 魏良弢：《西辽史纲》，人民出版社，1991年，第21—22页。
④ 《辽史》卷29《天祚皇帝纪三》。
⑤ 《辽史》卷29《天祚皇帝纪三》，保大三年正月甲子。

事"①。显然,"辽兴军节度使"于耶律大石是虚,于萧迪里方是实。其泰州刺史,是与"辽兴军节度使"同一系列的虚衔。

既知上述清宁至天庆中泰州各职皆为虚衔,则与泰州相关的各遥领使职的地位高下,五十年间,由团练至观察再至刺史,然而却始终与泰州之等第——节度州——不符。若虚衔之职位需与州之等第相符,那么泰州之等第,其变化何其迅速!对于边地重镇,如此形同儿戏,实在很难想象。

再如安州,据《辽志》,为刺史州,《契丹国志》亦载为刺史州②,而《辽史·百官志》则载为团练使,且为辽境内唯一的团练使。再看辽曾遥领安州使职者,统和二十八年(1010)有安州团练使③;兴宗朝或道宗初,有安州防御使④;道宗清宁初(1055)至大安二年(1086),又有安州团练使⑤;至天庆元年(1111),却又出现了一位安州防御使⑥。与安州相关之虚衔,短时期之内在团练、防御之间来回变动,若说州之等第亦以同等——抑或更快——的速度变化,实难以置信。

辽代遥领使职与辽境内相关之州等第不相符者,其例尚多。如严州、荣州、祺州为刺史州,在《辽史》之《地理志》、《百官志》及《契丹国志》中皆无异议,然而,庆历六年(1046)使宋者,有辽"严州团练使姚居化",皇祐元年(1049)使宋者,有"荣州团练使常守整",熙宁七年(1074)使宋者,有辽"祺州团练使韩宗范"⑦。利州于辽为观察州,而有利州刺史之虚衔⑧。广州在辽为防御使,而

---

① 《宋史》卷472《张觉传》。
② 《契丹国志》卷22《州县载记》,"刺史州七十余处"。同卷"建观察防御团练使八处"条无安州,且所载武安等八州,在《辽志》中皆为防御、观察州,无团练州。
③ 《辽史》卷115《二国外记·高丽》:统和二十八年伐高丽,"以政事舍人马保佑为开京留守,安州团练使王八为副留守"。《辽史》卷15《圣宗纪六》所载略同。王八既率兵攻高丽,又被预授为开京副留守,安州之职,显为遥领。
④ 《辽史》卷105《能吏传·萧义传》:萧文父萧"直善,安州防御使",萧文历官皆在大康、寿昌间,若安州防御使为直善最后所任之职,则当在兴宗朝或道宗之初。
⑤ 《辽史》卷94《耶律何鲁扫古传》:清宁初,加安州团练使;辽无名氏所作《齐毅等造经题记》(大安二年)题名有"银青崇禄大夫、检校司空、使持节安州诸军事、安州刺史、充本州团练使、知涿州军州事兼管内巡检、安抚、屯田、劝农等使兼侍御史……耶律佶",见《全辽金文》,第764页。又辽无名氏所作《史洵直墓志铭》(天庆四年):洵直"娶安州防御使邢英女",按洵直卒于大安十年,年六十二,则其岳父之任安州防御使,必在大安十年前甚久,然亦当在清宁之后,见《全辽金文》,第864页。
⑥ (辽)无名氏:《奉为先内翰侍郎太夫人特建尊胜陀罗尼幢记》(天庆元年),记文前题"小男安州防御使知中京诸军都虞候开国子处温",见《全辽金文》,第796页。
⑦ 《长编》卷158,庆历六年四月辛酉;卷167,皇祐元年十二月甲申;卷252,熙宁七年四月癸酉。按辽有岩州、严州,两者常易相混,然皆刺史州也。
⑧ 《东国通鉴》卷17:文宗仁孝王九年(辽重熙二十四年)"夏五月……又遣利州刺史萧禄来册王太子为三韩国公"。

有广州团练使之虚衔①。

由以上分析可以确知,首先,辽代遥领使职者,其职衔所带州之等第,不必与使职高下相同。其次,安州是团练州还是刺史州,在《辽史》中已矛盾自出,辽代虽有安州团练使一职,却无法由此证明安州是团练州。泰、海、严、祺、广等州实例,也有助于击破安州为团练使之说。另外,辽代还将不知州名之团练使,大量假借与属国、属部之酋长。如乾统中,女真完颜部首领乌雅束遣兵"徇地海兰甸,收叛亡七城……于是五水之民皆附于高丽,团练使陷者十四人,二年甲申……十四团练、六路使人在高丽者,皆归之,遣使请和"②。按辽对女真属国、属部首领,多授以辽之官职,使自统其部,如景宗保宁九年(977),"女直二十一人来请宰相、夷离堇之职,以次授之"③,所谓"以次授之"者,或包括节度使(太师)、团练使之属。这些团练使,又如何与某州等第相联系呢?试想辽代有数量不少的节度、观察、防御、刺史州,但却留下唯一的团练州,是何道理?笔者认为,辽代实无团练州。

即使遥领使职所领为境外之州,职位与等第不相符的情况亦同。如辽既有秦州观察使数例④,又有秦州团练使⑤。又如濮州,唐、五代皆为刺史州,宋升为团练,而辽有濮州观察使⑥。遥授本国之州既已如此随意,他国之州更不在话下了。

非但是使职,在辽代,即或是名义上使职下属的低级官员和吏目,亦有可能是遥授。此类人物,在《辽史》中难得一见,但会在碑刻中出现,有时也会令研究者产生误会,故此处略及之。

清查慎行录《归义寺石幢记建幢者题名》云:"大辽保宁□年……建幢女弟子张氏,长男摄祁州司马□,次男留守押衙前都亭驿使□,次男摄寰州长史恕。"⑦张氏诸子皆为低级官员,其中寰州长史是否实职,不得而知,而祁州在宋境内,祁州司马则必是虚衔无疑。同是保宁(969—979)中,又有刘承嗣之

---

① 《长编》卷122,宝元元年十二月丁亥。
② 《金史》卷135《外国下·高丽传》。
③ 《辽史》卷9《景宗纪下》,保宁九年五月己丑事。
④ 《长编》卷218,熙宁三年十二月壬午,有秦州观察使宁遵道;卷504,元符元年十二月己亥,有秦州管内观察使耶律遵礼。
⑤ (辽)张峄:《马直温妻张馆墓志铭并序》(天庆二年):"有弟四人:曰峄,秦州团练使、知金肃军城主。"见《全辽金文》,第638页。
⑥ 《辽史》卷16《圣宗纪七》,开泰七年五月丙寅,授皇侄"宗弼濮州观察使"。按宋制,即使是遥授,也只有节度州方能有观察使。
⑦ (清)厉鹗:《辽史拾遗》卷6《景宗纪二》引查慎行《人海记》。

女,"适滑州节院使皇甫继绩"①。按唐、五代之制,节院使是节度使属下诸职位之一,辽制亦有此实职。但滑州不在辽境,此职为遥领,则无可疑。又《张思忠墓志》载:"男妇四人,一故彭城节院刘守训女。"②我们也不可把宋境内徐州武宁军所在的彭城,当作是辽的境土。

此外,还有不少重要官职与使职无关,但亦可遥领,管见所及,如留守或府尹可以遥授,招讨使亦可遥授。府尹本非辽制,但辽制州升府后仍带军额,或遥授邻境某府之节度,则顺带遥授京尹,如韩匡嗣遥授"晋昌军节度、行京兆尹"③,因石晋京兆府为晋昌军节度,故韩匡嗣得以节度行府尹。统和中韩德让遥授"洛京留守"④;清宁中,萧孝友亦"遥授洛京留守"⑤,皆是授予邻境,慷他人之慨。而兴宗弟耶律重元之领留守,则是予以本国重镇。重元"历北院枢密使、南京留守、知元帅府事",皆为辽代极重要之官职,然而重元历任包括留守在内的"戎职",却"未曾离辇下"⑥,显然其所任留守,只是变相的——未普及为正式制度的——遥授而已。同为皇帝至亲,景宗第三子隆祐,则"遥授西南面招讨使"⑦,与重元之领南京留守类同。不过,上述遥领,为地位极尊崇者之特权,并不多见。

讨论至此,我们可以获得如下信息:

第一,辽代遥领制度,自其建国之初已出现,但整套的使职遥领体系,自辽中期圣宗朝始,才趋于发达成熟。

第二,辽实授使职与虚衔存在错位,实授无节度留后、观察留后,遥领则有此二职。

第三,辽臣遥领中原之节度州,其军额为唐、五代旧名而非宋代新名,因此,若考察遥领节度使问题,当注意唐、五代甚至十国之情况,宋倒在其次。

第四,遥领职位与所领之州等第基本无关(节度州除外),与此相关的一点是,辽多有遥领团练使者,但应当不存在团练州。

第五,使职所属之低级官员、吏目,亦可遥领。

---

① (辽)冯珝:《刘承嗣墓志铭》(保宁二年),《全辽金文》,第58页。
② (辽)柴德基:《张思忠墓志》(重熙七年),《全辽金文》,第268页。
③ 《韩橁墓志铭》,《全辽金文》,第163页。
④ (辽)邢抱朴:《故稚诚奉上宣力匡运协赞功臣西南面招讨晋昌军节度使开府仪同三司检校太师兼政事令尚父京兆尹上柱国秦王食邑一万户赠尚书令昌黎韩公嫡夫人故秦国太夫人兰陵萧氏墓志铭并序》(统和十一年),《辽代石刻文续编》,第32页。
⑤ 《辽史》卷87《萧孝友传》。
⑥ 《辽史》卷112《逆臣传上·耶律重元传》。
⑦ 《契丹国志》卷14《诸王传·齐国王隆祐》。

由于辽代遗下史料极少,加之主要史籍如《辽史》者,错讹疏漏不胜言,《百官志》、《地理志》口碑尤劣,故史地研究者常以《辽史》纪、传及碑刻所列官衔,校《地理志》述政区沿革之误,补其漏载者。然而,应用辽人职衔以校补辽代政区,须十分谨慎,只有对辽代遥领制度有充分的把握,才不至于矫枉过正,将宋、夏之州,认作辽境实有者。

第二编　辽代政区建置沿革考

#　凡　　例

1. 本编主要描述对象,为辽代州县以及军城,即郡县制政区。至于部族,因具有相当的流徙性,且无明确统治中心,故不列入论述范围。

2. 阿保机建国,国号始为"大契丹",太宗会同元年(938)改国号为"大辽"。圣宗统和元年(983)又改为"大契丹"。道宗咸雍二年(1066)复改称"大辽"①。然常有"大契丹"与"大辽"并用的现象。为便于行文,本编多有"辽"与"契丹"混用之现象。两者所指,并无差别。于此先作说明,免致混淆。

3. 关于契丹政权最初三十余年的年号,诸史参差,难辨其实。具列如下表所示:

年　号	《辽史》	《旧五代史》	《新五代史》	《资治通鉴》	《契丹国志》
神册元年	916 年			916 年	916 年
天赞元年	922 年			922 年	921 年
天显元年	926 年	928 年	928 年	927 年	927 年
会同元年	938 年	938 年	938 年	938 年	937 年

《契丹国志》(上海古籍出版社 1985 年点校本)的纪年与其他史籍皆有较大差异,其天赞年号起于 921 年,会同始于 937 年,皆与他史不同,似较难采用,这两个年号似可以《辽史》所载为准。天显年号之始,则是诸史分歧的关键。新、旧《五代史》定天显元年于后唐天成三年(928),似有显据。《新五代史·四夷附录》引辽太宗立晋高祖《册文》云:"惟天显九年,岁次丙申。"可知天显元年为戊子(928)。然而,定天显元年于 926 年,同样有坚实的证据。据耶

---

① 具见《契丹国志》。据刘浦江研究,阿保机建元开国,建立中原式的政权,实在神册元年(916),见《契丹开国年代问题——立足于史源学的考察》,《中华文史论丛》2009 年第 4 辑,第 245—272 页。

律羽之《墓志》所载,"天显四年己丑岁"①,则推知天显元年为丙戌(926)。《册文》《墓志》,两者皆无法忽视,故天显年号之始,仍难有定论。此处暂从《辽史》,定天显元年为926年,以使本编所用之年号、年份,与各事件在《辽史》发生的年份,不致有大的错落。

又,《辽史》载道宗之年号有"寿隆"者,应作"寿昌",钱大昕已辨其误②,本编中径改为"寿昌",不再置辨。

4. 因疆域变迁,某些政区曾为辽所有而复失之。对于所占时间极短的中原政权的政区,不拟收入。如大同元年(947)辽灭后晋,尽有其地,然数月后复尽失之,则后晋之政区,本编不录。

5. 本编以道与路来分划辽代政区。道为辽实有的建置,属于准高层政区,但道的建置并非覆盖辽的全境,有部分地区以其他方式统辖统县政区,后又置路领之,此前文已辨明。如此道、路混用,部分符合《辽史·地理志》编排政区的原貌,以便于检对,并且也较能体现辽代政区统辖关系的真实状态。

6. 辽代诸道、路始置年份相差悬殊,如上、东、南三京道置于会同元年(938),而迟至重熙十三年(1044)方从南京道析置西京道。置新道之后,必会有大量统县、县级政区由旧道改属新道。本编于沿革考辨部分,径将新道所属之州置于新道之下,而不再于它们原属之道重出条目。

7. 与其他诸道、路不同,东京道在契丹初灭渤海国后,曾建东丹国,作为契丹国的附属政权。然东丹国半独立的状态事实上仅存在四年左右(天显元年至五年)即已名存实亡。第一编已简述东丹国地位与政权实质之变迁,于本编沿革中不再表现东丹国对下属政区的统辖关系。

8. 本编考辨辽自建之政区,述自建置之初,某些在907年契丹政权建立之前所置的州,则论述之时上溯至州始置之时,不受"建国"时间的限制。若自其他政权入辽者,一般以其入辽之初始状态(包括名称、等第、节度军额、归属等)述起。然而,许多政区入辽之初的状态,多不可知,或者史籍记载有误。在这种情况下,为考明其初入辽之情形,或亦有颇多篇幅考辨入辽之前的状态。

9. 沿革考辨部分,未就极盛时期设置一个断面,因《辽史·地理志》也并未提供一个标准年份,而据现有史料,除辽末之外,确实无法提供某个特定年份"即时"的政区面貌。因此,本编大略以辽亡(约保大五年,1125)为断限。该

---

① 梁万龙:《〈大契丹国东京太傅相公墓志铭并序〉考释》,《内蒙古大学学报(人文社会科学版)》2002年第3期,第20页。
② (清)钱大昕:《十驾斋养新录》卷8《寿昌年号误》(《嘉定钱大昕全集》第7册,江苏古籍出版社,1997年)。

年已为辽政权所废之州、军,则于本道(路)内附述之,以"(废)某州""(废)某军"之形式列目。其地失于邻国者,则列为"(失)某州"、"(失)某军"。已废之县,于最后曾属之州内附述之,以"(废)某州"之形式列目。若是废而复置者,则作"(废—复置)某州"。其地失于邻国者,则列为"(失)某州"。已废、失之县,于最后曾属之州内附述之,作"(废)某县"或"(失)某县"。至于在辽、金之际为金政权占领后废罢者,则在本卷金代部分述之。作为补充,于沿革考辨部分之后,列出三个时间截面的大致政区状态,其中天庆三年(1113)之状态较为精确。

10. 在各断代的政区名录中,加"?"者,为不知其名,或不确定当时是否存在。未知所属之州军,亦多不知其始置、废罢于何时,不录。

11. 《辽史·地理志》根据头下州的地理位置,置于所在道内。然各道对于头下州基本上不存在统辖关系,故本编另立一章,将各道之头下州置于一处。若头下州至辽末已转为方州,则置于该方州所属的道(路)之下,头下州一章,不再为其另立条目。

12. 若头下州以外的政区曾在两道(路)之间改属,也根据其最后状态,置于相应上级政区之下。

13. 政区层级上升,则据其上升后的状态列条目,上升前的沿革于同一条目阐明。层级下降,据下降后的状态列条目。

14. 同一层级而改升为不同类型的政区,如军、城升为州,则于该州同条述之,亦于条目中表现出来。如头下豪刺军改升为头下豪州,则在条目中表述为"头下豪刺军—豪州"。

15. 同一政区曾改名者,则于同一条中论述,并于条目上表现出来。如妫州后改名为可汗州,则条目表述为:妫州—可汗州。

16. 曾迁址之州,若跨路迁址,则分述旧址、新址之政区沿革。若同路迁址而旧址废,则不再别出一条;旧址若建新的政区,则于新政区沿革中述及。如保宁七年(975)黄龙府降为通州,开泰九年(1020),于新地重置黄龙府,则两黄龙府分为两条,旧址条目为:"黄龙府—通州"。新址条目为:"黄龙府"。若旧址不再有新政区,则原置之政区,附述于其原属之上级政区下,如辽先建有杏埚城,后以之建新州,属上京道,后于中京道内异地建杏埚新城,同时迁新州于此,后改新州为武安州。则旧址条目表述为"(迁)杏埚城—新州",置于上京道下;新址条目表述为"新州—武安州",置于中京道下。

17. 参照今之政区为辽政区定点时,今政区地理位置皆以其治所为说,如"内蒙古巴林左旗南1里波罗城",即指波罗城在旗治之南1里。

18. 第一编已辨，辽代所谓以节度州（府）辖州的制度，事实上为节度使辖其他州。如严州实隶临海军节度使（驻锦州），而非隶属于锦州。本编沿革考中遇此类情况，径作"节度使另辖州若干"，以反映正确的统辖关系。"另辖"者，是指除了节度使所驻之州以外仍属其辖区内的州。

19.《辽志》为考辨辽代政区之根本，是文中引用最多的史料的出处，为简省篇幅，若其文无误，不再作注指明引文所出的具体卷数。

第一章　上京道府州城县沿革

据笔者所考,有辽一代,上京道曾先后出现的统县政区有:京府一,方州二十二,城一。

京府:上京临潢府。

方州:祖、怀、庆(原黑河州)、通化、泰、长春、乌、永、义、慈、仪坤、龙化、降圣、饶、丰(原澄州)、唐、泉、渭、镇北、莫、新(原杏埚城)、惠州。

城:周特城。

略去同地而曾改名者,合共府、方州、城及头下州共二十四(另参见图5)。

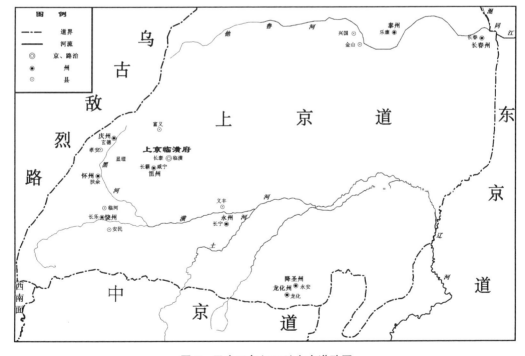

图5　天庆三年(1113)上京道政区

在这二十四个府、州、城之中,庆州、丰州、新州曾有建置的变化,且新、惠二州后迁于中京道境。至如《辽志》所谓上京道共"军、府、州、城二十五",与其文中实载军、府、州数大不同。罗继祖以为"二"当改为"三"①,然则此是针对《辽志》所载之州而校,事实上《辽志》不仅失载了许多州,并且也将未曾同时存在的州并列其中,如泰、长春州置于兴宗时,而此时头下遂、宁二州早已废罢,故而若仅据《志》而校《志》,实未触及其根本。至于本编按统县政区种类的不同,将头下州置于不同章节中,则更不应该与《辽志》所载数据一致。本章先具述上京道各州沿革详情,至于同一时代的政区建置,则可略见于第十二章。

西楼—皇都—上京临潢府

部落时代,称"西楼"。神册三年(918),创建城池,称"皇都"。会同元年(938),更名上京,府曰临潢。圣宗后期置上京盐铁司②。治今内蒙古巴林左旗南1里波罗城。

西楼约在阿保机六年(913)始为重地,"以所获僧崇文等五十人归西楼,建天雄寺以居之,以示天助雄武"③,大建佛寺以祈福,足见西楼为其重要据点之一。

按《辽史·国语解》:"辽有四楼:在上京者曰西楼,木叶山曰南楼,龙化州曰东楼,唐州曰北楼。岁时游猎,常在四楼间。"④陈述认为,"四楼"为后人附会之说,然而,西楼则确有其地,是后来辽之上京无疑⑤。即便是附会,也是由事实存在的西楼,而附会出其他三楼。诸史中多有直接将西楼对应于临潢府者,或以西楼指称辽初契丹的根据地。《金史·地理志》称:"临潢府,下,总管府,地名西楼,辽为上京。"⑥《资治通鉴》:梁贞明三年(917)七月,契丹与李存勖晋军会战于易州,"李嗣源胡语谓契丹曰:'汝无故犯我疆场,晋王命我将百万众,直抵西楼,灭汝种族!'"又天成元年(926)七月,阿保机"命其长子突欲镇东丹,号人皇王,以次子德光守西楼,号元帅太子"⑦。胡三省引《匈奴须知》:

---

① 罗继祖:《辽史校勘记》,第115页。
② 关树东:《辽朝州县制度中的"道""路"问题探研》,《中国史研究》2003年第2期,第140页。
③ 《辽史》卷1《太祖纪上》。
④ 《辽史》卷116《国语解》"西楼"条。
⑤ 见陈述:《契丹社会经济史稿》附录《阿保机营建四楼说证误》,第199页。
⑥ 《金史》卷24《地理志上》临潢府条。
⑦ 《资治通鉴》卷270《后梁纪五·均王中》,贞明三年七月;卷275《后唐纪四·明宗上之下》,天成元年七月。

"祖州东至上京五十里；上京，西楼也。"①《辽志》上京临潢府条也引胡峤《陷虏记》之说："胡峤《记》曰：上京西楼，有邑屋市肆。"西楼即是后来辽之上京固无疑也，在契丹建国前后，早已为中原所熟知，而《辽志》竟然在祖州条下称："始置西楼，后因建城，号祖州。"检照《匈奴须知》，知其张冠李戴。

按《清一统志》首次考定辽上京临潢府确址在波罗城："在旗东北。……今巴林东北一百四十里，当乌尔图绰农河会和戈图绰农河之处，有波罗城址，周十二里，有三塔，久毁，疑即古之临潢。"②清人张穆亦赞此说③。后法国神甫闵宣化经实地踏查，认定波罗城即为古之上京④。此说流布日广，而遗址亦渐开掘，遂无异论。

辖县十。初建皇都，未有属县。太祖天赞（922—926）以后，以所俘渤海、汉民陆续置三县：临潢、长泰、潞县。圣宗统和八年（990）增置三县：定霸、保和、宣化县。开泰二年（1013）增置一县：兴仁县。太平十年（1030）增置三县：易俗、迁辽、渤海县。自此，共十县：临潢、长泰、潞、定霸、保和、宣化、兴仁、易俗、迁辽、渤海县。

1. 临潢县

太祖天赞间置，倚郭。

2. 长泰县

太祖天显元年（926）置，倚郭。

《辽志》云："长泰县……太祖……迁其人于京西北，与汉民杂居。"其后又引薛映《记》曰："长泰馆……又四十里至临潢府。"富弼《行程录》所载亦同⑤。张博泉等认为，长泰县在"府南四十里"："《薛映记》谓宣化馆五十里至长泰馆，又四十里至临潢府。而《辽史地理志》谓在京西北，参照上述故不取。"⑥此语本不可解：薛映并未说明长泰馆行至临潢馆的方向。而嵇训杰又引张文云："《志》作'京西北'，似误。张博泉等《东北历代疆域史》据《薛映记》：'长泰馆又西四十里至临潢府'，谓'长泰县'在'府南'，恐亦未确。"嵇文转引薛映《记》衍一"西"字，并据此否定"府南四十里"之说，同时也否定"京西北"的说法，据其

---

① 《资治通鉴》卷287《后汉纪二·高祖中》，天福十二年六月注。
② 《嘉庆一统志》卷536《巴林旗》"古迹·临潢旧城"条。清巴林旗，今巴林右旗地，其东北百四十里，当今巴林左旗治所附近。
③ （清）张穆：《蒙古游牧记》，上海：商务印书馆，1939年再版，第62页。
④ 闵宣化：《东蒙古辽代旧城探考记》，第22页。
⑤ 《契丹国志》卷24引《富郑公行程录》。按傅乐焕认为，富弼《行程录》与薛映《记》实为一书，见傅著《辽史丛考》，第7—9页，此不赘。
⑥ 《东北历代疆域史》，第143页。

文意,似认为长泰县当在"府西四十里",但因巴林左旗文化馆《辽上京遗址》提出长泰县在"皇城西南角观音像一带"而颇为犹豫,终未下定论①。杨保隆则断定:"《辽史地理志》一长泰县条,说其在'京西北',不确。是金代移该县于辽'京西北',此误乃因《辽史》作者为元代人所致。"②

事实上,薛《记》与《辽志》的记载并不矛盾。张、嵇、杨三文之所以将两条史料对立,主要在于三个问题,一是对薛映行程的误解,二是对长泰馆与长泰县关系的误解,三是将《辽志》长泰县境在"京西北"误释为长泰县治在"京西北",从而也导致了对长泰县治的定位错误。

上揭《辽上京遗址》长泰县在"皇城西南角观音像一带"③的说法,实有文献依据,《辽志》:"南曰临潢府,其侧临潢县。县西南崇孝寺,承天皇后建。寺西长泰县,又西天长观。"再据《辽志》所记临潢府城内各建筑的排布定方位,长泰县正在府城西南:崇孝寺东北是临潢县治,寺西为长泰县治。

而且,两个县治的方位,与两县之境域也是相合的:临潢县辖府东之境,长泰县辖府西之境,且辖境包括府城以外之地,而《辽志》"迁其人于京西北,与汉民杂居",此处"京西北",自然是指府城以外西北境,属长泰县管,绝非指县治而言,正如《辽志》载临潢县时,亦有"以所俘人户散居潢水之北"的说法,这也同样是描述临潢县境(而非县治)的人口分布状况。

至于薛《记》所载"长泰馆……又四十里至临潢府",不应将长泰馆与长泰县治混为一谈。辽、金多以馆驿所在之地以为馆驿之名,但馆驿并非全在政区治所,只是在该政区境内而已。长泰馆也正是如此。考者不辨,遂误认长泰馆为县治。

即以长泰馆而言,也非在"府南",更非由东向"西""四十里至临潢府",薛《记》后文明确提到,由长泰馆达临潢府后,"入西门,门曰金德,内有临潢馆",即是说,薛映由长泰县入府城,是由西向东,长泰馆在府城之西,此确然无疑者,也就证明长泰县境亦在府城西面。故薛《记》不但没有否定长泰县境在"京西北",反而是提出了佐证。

3. 定霸县

圣宗统和八年置,治今内蒙古巴林左旗波罗城西。

4. 保和县

圣宗统和八年置,后省,开泰二年复置。张修桂等谓:"按《辽史·圣宗纪》

---

① 嵇训杰:《〈辽史·地理志〉校读记》,《文史》第 37 辑,第 113 页。
② 杨保隆:《辽代渤海人的逃亡和迁徙》,《民族研究》1990 年第 4 期,第 97 页。
③ 巴林左旗文化馆:《辽上京遗址》,《文物》1979 年第 5 期,第 81 页。

四,统和八年七月庚辰,'诏东京路诸宫分提辖司,分置定霸、保和、宣化三县'。《圣宗纪》六,开泰二年四月,'诏从上京请,以韩斌所括赡国、挞鲁河、奉、豪等州户二万五千四百有奇,置长霸、兴仁、保和等十县'。据两纪所载,则保和县初置于统和八年,后省,开泰二年复置。《地理志》仅以初置之年为定,而略于其后沿革。"①

治今巴林左旗林东镇波罗城西南。《辽志》本条云县民"散居京南",又下文云"(福先)寺西宣化县,西南定霸县,县西保和县",则保和县治犹在定霸之西。合上两说言之,应在临潢府西南。

5. 潞县

太祖天赞元年(922)置,治今巴林左旗林东镇波罗城东北。《辽志》云:临潢府城"东门之北潞县"。

6. 易俗县

圣宗太平十年置,治今巴林左旗林东镇波罗城西北。《辽志》云:临潢府城"西门之北易俗县"。

7. 迁辽县

圣宗太平十年置,治今巴林左旗林东镇波罗城东北。

8. 渤海县

圣宗太平十年置。按《辽志》,临潢府由渤海人户置,或以渤海人为其人口重要组成部分的县有八。其中在太祖破渤海之初所置者一,即长泰县;先建县而后以渤海户填入者一,即潞县;圣宗统和八年所置者三,即定霸、保和、宣化县;而明白可知在太平十年平大延琳叛后所置者二,即易俗、迁辽县。按渤海县条云"本东京人,因叛,徙置",按其书法,亦当是指参与大延琳之叛的东京诸县人,此正与易俗县条"大延琳结构辽东夷叛"、迁辽县条"本辽东诸县渤海人"相合,三县人口来源相同,但叙述方式各不相同。其建县年份当亦相同。

治今巴林左旗林东镇波罗城附近。

9. 兴仁县

圣宗开泰二年置,治今巴林左旗林东镇波罗城东。《辽志》云临潢府城"东门之北潞县,又东南兴仁县"。

10. 宣化县

圣宗统和八年置,治今巴林左旗林东镇波罗城西南。《辽志》本条云本县民原来"居京之南",然下文又云"(南门)西南同文驿,诸国信使居之。驿西南

---

① 张修桂、赖青寿:《〈辽史·地理志〉平议》,《历史地理》第15辑,第330页。

临潢驿,以待夏国使。驿西福先寺。寺西宣化县",似宣化县治在府城外之西南。又引薛映《记》云:"(自饶州)五十里保和馆,度黑水河,七十里宣化馆,五十里长泰馆。"饶州、长泰馆皆在临潢府偏西之处,若此驿路非回环萦绕者,则保和、宣化二县,似亦当在临潢府偏西南之处也。

祖州

太宗天显二年(927),置祖州天城(成)军节度,以奉太祖陵寝。治今内蒙古巴林左旗西南44里林东镇石房子村古城。

置祖州之时,因《辽史》与《契丹国志》之相异,而有一年之出入。按《辽史》本纪:天显元年七月,太祖崩于扶余,二年"八月丁酉,葬太祖皇帝于祖陵,置祖州天城军节度使以奉陵寝"①。而《契丹国志》则称:天赞六年七月,"太祖于夫余城崩";同年九月,"葬太祖于木叶山。置州坟侧,名曰祖州"②。按辽代年号,自天赞元年至重熙二十三年,《辽史》与《契丹国志》皆不同,两者虽然都以916年为神册元年,但《辽史》神册为七年,第七年即922年改元天赞,《国志》神册为六年,第六年即921年改天赞;《辽史》天赞为五年,第五年即926年改天显,《国志》天赞为六年,927年为天显元年③。《辽史》所载天显二年即927年建祖州,《国志》则早一年,在天赞六年即926年。然按两者载阿保机崩于扶余,皆在926年④。按《辽史》载阿保机之卒与正式下葬于祖州,中间一年余,有皇后自扶余"奉梓宫"西还,权殡于皇都子城西北、正式下葬等过程,叙事较详,当较可信,且亦有《通鉴》所载为证⑤,故定于天显二年即927年较妥。

又按《辽史》所载祖州军额不一,《纪》中皆称"天城"⑥,而《传》中则为"天成"⑦。按孟初所作梁援《墓志铭序》:"(太康)八年(1082),改天城军节度使。"⑧但《韩匡嗣墓志铭》、《韩瑞墓志铭》并作"天成"⑨,故祖州军额实难确

---

① 《辽史》卷2《太祖纪下》。
② 《契丹国志》卷1《太祖大圣皇帝》。
③ 《新五代史》卷73《四夷附录第二》又与两者不同,此不赘。
④ 《辽史》天显元年,《契丹国志》天赞六年,见卷1《太祖大圣皇帝》。
⑤ 《资治通鉴》卷275《后唐纪四·明宗上之下》,明宗天成二年正月己卯。
⑥ 《辽史》卷2《太祖纪下》,天显二年八月丁酉;卷3《太宗纪上》,天显四年四月甲寅;卷4《太宗纪下》,会同五年八月癸酉;卷15《圣宗纪六》,开泰四年五月辛巳。
⑦ 《辽史》卷92《耶律古昱传》、卷103《萧韩家奴传》。
⑧ 《大辽故经邦忠德同德功臣开府仪同三司尚书左仆射兼中书侍郎同中书门下平章事监修国史知枢密院事上柱国赵国公食邑一万户食实封壹任户赠中谥号忠懿梁公(援)墓志铭并序》(乾统元年),《全辽金文》,第554页。
⑨ (辽)马德臣:《韩匡嗣墓志铭》,载刘凤翥等:《辽上京地区出土的辽代碑刻汇辑》,第1页。(辽)宋雄:《韩瑞墓志铭》,载刘凤翥等同书第58页。

定,姑悬疑。

关于祖州之治所,据闵宣化考证,满济克山后城址即祖州城,即今石房子村古城址,然按《辽志》,祖州城"幅员九里",而此城址仅周三里有奇,故颇有疑惑①。岛田正郎经实地踏勘,证实该遗址确是辽祖州城址②。

县二:天显二年(926)置咸宁县,圣宗开泰二年(1013)置长霸县。城一:越王城。

1. 长霸县

圣宗开泰二年置③,倚郭。

2. 长宁县—咸宁县

天显二年置长宁县,后改名咸宁,倚郭。

按《辽志》本条云:"本长宁县,破辽阳,迁其民置。"此说大误。按《辽志》同卷永州长宁县条:"长宁县,本显德府县名,太祖平渤海,迁其民于此。"是咸宁县来自渤海中京显德府下辖之长宁县,与"辽阳"无关也。故而,建咸宁县,应当是发生在天显元年攻克渤海中京显德府、灭渤海之后不久。

按祖州建于天显二年,则迁徙原渤海显德府长宁县民建县,亦当在同年也,当时或仍称"长宁县",这符合辽异地置县之惯例。然而除该县之外,辽阳府兴辽县、永州长宁县民亦迁自渤海长宁县。三县之中,唯迁民至祖州境最早,先置长宁县,后改名"咸宁",以与永州境之长宁相区别。

《辽志》云:"(州城内)东为州廨及诸宫廨舍……东南横街,四隅有楼对峙,下连市肆。东长霸县,西咸宁县。"咸宁县与长霸县皆倚郭也。

3. 头下越王城—越王城

辽建国以前置,为阿保机伯父释鲁头下城,后收归朝廷。治今巴林左旗西南36里林东镇西店村古城。

《辽志》本条云:"太祖伯父于越王述鲁西伐党项、吐浑,俘其民放牧于此,因建城。""述鲁"《辽志》中仅一见,《兴宗纪》,重熙二十一年(1052)追封太祖伯父"于越释鲁为隋国王"④。按《百官志》,玄祖"叔子释鲁曰仲父房;季子为德

---

① 《东蒙古辽代旧城探考记》,第23、26页。
② 《祖州城》,日本长野:中泽印刷株式会社,1956年1月刊行。占·达木林斯荣于《辽祖州遗址考疑》(载《昭乌达蒙族师专学报(汉文哲学社会科学版)》2000年第6期,第6—9页)一文中,提出不同意见,以为辽祖州遗址应在"庆陵东约二百五十里"的查干浩特城。又见达木林斯荣:《辽祖州考》,《内蒙古社会科学(汉文版)》2000年第9期,第68页。
③ 《辽史》卷15《圣宗纪六》,开泰二年夏四月甲子事。
④ 《辽史》卷20《兴宗纪三》,重熙二十一年秋七月壬子。

祖,德祖之元子是为太祖天皇帝,谓之横帐"①。"释鲁"当即"述鲁"。《太祖纪》云:"时伯父当国,疑辄咨焉。"此处阿保机之伯父,正指释鲁。而《纪》末之《赞》云:"德祖之弟述澜,北征于厥、室韦,南略易、定、奚、霫,始兴板筑,置城邑","述澜"亦为"释鲁"、"述鲁"之异译,唯误兄为弟耳。而释鲁之置越王城,正是《赞》郑重指出的释鲁"始兴板筑、置城邑"的具体表现。按《耶律曷鲁传》,释鲁为其子滑哥所弑,远在阿保机为挞马狨沙里之前,在 9 世纪末也②。而越王城之置,当更在释鲁死前。

越王城之归属曾有改变。据《辽志》之记载,越王城始置时,显是头下城无疑。然而《辽志》又置之于祖州条下,可以推想,此城后来应为朝廷所收。而《辽史》他处未曾载及此城,或早已废弃? 这种可能性很大,但亦无法证实。姑置之。

贾敬颜引沈括《熙宁使虏图抄》"大山之巅有废垒,曰燕王城"。释云:"燕王城应是越王城之讹。"并认为此废垒或在今王拐山(标高千零四十八米)之顶③。然很难相信作为头下城而非边防城,竟筑于绝高之巅。冯永谦于巴林左旗哈达英格乡西店村北发现一座大型城址,位于祖州城东南 16 里,城周长 3 640 米,当即辽越王城④。

怀州

太宗天显中(926—938),置怀州奉陵军节度。治今内蒙古巴林右旗东北 105 里幸福之路苏木浩特艾里嘎查⑤。

按《辽志》:"太宗行帐放牧于此。天赞中,从太祖破扶余城,下龙泉府,俘其人,筑寨居之。会同中,掠燕、蓟所俘亦置此。太宗崩,葬西山,曰怀陵。大同元年,世宗置州以奉焉。"即谓怀州为世宗葬太宗后所建。又谓在太祖时期,耶律德光之属部及俘户,已开始开发此地。

按怀州之地的开发,贯穿了太祖、太宗时期,此无疑也。然谓世宗始置此州,则非。按《辽史·太宗纪》:天显十二年七月"癸丑,幸怀州,谒奉陵"。时

---

① 《辽史》卷 45《百官志一》。
② 《辽史》卷 73《耶律曷鲁传》。
③ 贾敬颜:《沈括〈熙宁使契丹图抄〉疏证稿》,见《五代宋金元人边疆行记十三种疏证稿》,第 164 页。
④ 冯永谦:《辽上京道州县丛考》,《辽金史论集》第 8 辑,吉林文史出版社,1994 年,第 133 页。
⑤ 田村实造于 1943 年经过实地踏勘时,考定巴林王府北三十里岗岗村(又称小城子)为怀州遗址。见田村实造:《辽代的移民政策和州县制的建立》,《日本学者研究中国史论著选译》,第 515 页。其地即今幸福之路苏木浩特艾里嘎查。

已有怀州矣,甚至亦有奉陵。更早在天显十年五月"丙午,葬(太宗萧后)于奉陵"①。而萧后传亦载其"天显十年崩,谥彰德,葬奉陵"②。又岂俟世宗时,方有怀州、奉陵?

笔者以为,怀州早在太宗天显中即已置矣。此地经太祖时期多年之发展、大量徙渤海户口进入,早已有一定之开发成效,故太宗时即已置州,且为自己准备陵寝。置州之后,又不断将中原俘户移入,以实其地。太宗崩前,数度出现"奉陵"之名,而崩后,怀州又称"奉陵军节度",岂太宗不顾中原礼制,早已为自己的陵寝定名?此事并非不可能。若非如此,《辽史》即使以后来之制述先前之事,亦当用"怀陵"之名,又何来"奉陵"之称?故不俟世宗置此州矣。而田村实造所谓"世宗大同元年,昇怀陵的奉陵邑为州"③,更是不妥。即使置州在太宗葬后,亦当直接置州以奉陵寝,似无先置奉陵邑,再升邑为州的过程。

又,《旧五代史》载有"怀密州":晋出帝被俘之当年六月,"契丹国母召帝一行往怀密州,州在黄龙府西北千余里"④,事在后汉天福十二年(947),当辽天禄元年。《契丹国志》亦载有此事⑤。贾敬颜释云:"怀密州即怀州⋯⋯怀州在今岗岗庙之小城子。"⑥都兴智亦以怀密州为怀州⑦。冯永谦以为,当时太宗方崩而未葬,因而怀州尚未建置,怀密州不应是怀州,而是另有其地耳⑧。然此处既已证怀州之置,早在太宗朝前期,则此反驳之理由难以成立,仍从贾敬颜之说。

太宗天显以后,辖县二:扶余、显理县。

1. 扶余县

太宗天显中置,倚郭。

按怀州下属两县既以故渤海国扶余、显理为名,且《辽志》此二县条下分别提到:"太祖迁渤海扶余县降户于此。""太祖伐渤海,俘其王大諲譔,迁民于此。"则按订初之惯例,恐不俟迟至数十年后方建县。又怀州既于太宗时置,户口又甚繁夥,县亦建于同时,应更合理。

---

① 《辽史》卷3《太宗纪上》。
② 《辽史》卷71《太宗靖安皇后传》。
③ 田村实造:《辽代的移民政策和州县制的建立》,《日本学者研究中国史论著选译》,第513页。
④ 《旧五代史》卷85《晋书·少帝纪五》。
⑤ 《契丹国志》卷4《世宗天授皇帝》,会同十一年五月,"先是,述律太后徙晋侯并后于怀密州,去黄龙府西北一千五百里"。
⑥ 贾敬颜:《晋出帝北迁记疏证稿》(据《契丹国志》三、四两卷改题注释),《五代宋金元人边疆行记十三种疏证稿》,第7页。
⑦ 《辽金史研究》,人民出版社,2004年,第199页。
⑧ 《辽史地理志考补——上京道、东京道失载之州军》,《社会科学战线》1998年第4期,第195页。

2. 显理县

太宗天显中置,治所不详,当在今巴林右旗北境①。

黑河州—庆州

穆宗(951—969)置黑河州,圣宗统和八年(990)废州。兴宗景福元年(1031)建庆州玄宁军节度,以奉圣宗陵寝②,后改军额为"大安",大康十年(1084)复改"兴平"③。后仍改"玄宁"④。治今内蒙古巴林右旗北 151 里索博日嘎镇白塔子村古城⑤。

按《辽志》以为庆州乃黑河州之后身,即统和八年废黑河州之后,复于景福元年置庆州。然据沈括记载,黑河州至道宗大康元年(1075)尚存,且庆州与黑河州相距颇远(见下文黑河州条)。不过,《武经总要》所载,与《辽志》略同:"庆州,契丹旧邑,号黑河州。置州在黑山之阳,北至黑山三十里,即辽主隆绪葬所也,近年改为庆州。"⑥不仅因"黑山之阳",亦因是黑水所经之地,故称黑河州也。笔者以为,两黑河州不同地,似不应以沈括所载之头下黑河州,排除此处庆州前身黑河州之存在。

兴宗景福元年县辖县一:玄德县。重熙元年废义州为富义县,来属。后又置孝安县。辖县三:玄德、孝安、富义县。

1. 玄德县⑦

景福元年与州同置,倚郭。

2. 孝安县

兴宗重熙(1032—1055)以后置,治今内蒙古林西县东北 118 里五十家子

---

① 按《辽史地理志汇释》引《索隐》"祖州西、庆州东"之说,定于巴林左旗境(第 32 页),然祖、庆二州之址,似应在巴林右旗北境。冯永谦通过考古调查,定巴林左旗西北 124 里白音勿拉乡牛头白其古城为显理县旧治(《辽上京道州县丛考》,《辽金史论集》第 8 辑,第 133—134 页)。然此址与怀州之间,中有庆州相隔,或非怀州所属显理县之所在。
② 《辽史》卷 18《兴宗纪一》,景福元年七月甲寅。
③ 《辽史》卷 24《道宗纪四》大康十年冬十二月,"改庆州大安军曰兴平",为改明年元为大安也。
④ 此不于见《辽史》,而见载于《刘晖墓志》(保大元年):"大辽国松山州故郑州刺史团练使刘晖者……倐然而卒。……时保大元年岁次辛丑季夏丙申日。……次男洛苑使、检校工部尚书、知玄宁军节度副使君嗣。"见《辽代石刻文续编》,第 312 页。在辽,未见其他州曾用玄宁之军额、军号,辽末既重见"玄宁",则或是天祚朝复改"兴平"为"玄宁"耳。
⑤ 《嘉庆一统志》卷 536《巴林旗》"古迹·庆州旧城"条云:"在(巴林右)旗城北一百三十里。……在喀喇木伦旁,蒙古名插汉城。"插汉城即察罕城,亦即白塔子,是为辽、金之庆州。王国维所见同,见《金界壕考》,《观堂集林》第 732 页。闵宣化亦确定此城为辽之庆州,见《东蒙古辽代旧城探考记》,第 45 页。
⑥ 《武经总要》前集卷 16 下《边防·北蕃地理·戎狄旧地·上京四面诸州》。
⑦ 《辽史》卷 36《兵卫志下》,五京乡丁有庆州玄宁县,未知玄宁、玄德孰是,姑存疑。

镇大城村古城址。

按孝安《辽史》仅一见,《兵卫志》中既无,他处亦不载。据闵宣化考定,浩珀都河流域之南,有废城曰大城,即孝安县旧址①。冯永谦赞成之:"笔者……在林西县东北部调查了五十家子乡大城村古城址,城址在村南部,平面略呈长方形……周长1 660米。……这里即是闵宣化所称之'浩珀都'。……其地在辽庆州西南40里。……定庆州所属孝安县为今林西县五十家子乡大城村古城址。"②孝安之置,实难断定在何时。杨福瑞提供了一个移民置县的思路:其相邻玄德、富义二县,因徙入大量居民,渐向周围迁出,后遂于集聚迁出人口较多之处,置孝安县③。若孝安县址在此,则距庆州颇近,加之景福元年徙民置玄德县之时,令"从便居住",在另一人口集聚处再置新县,并非不可能。又按《金史·地理志》庆州条,金庆州"旧有孝安县,天会八年改为庆民县",则孝安县至辽末尚存,很可能是分置于辽后期,以致《辽史·兵卫志》也缺乏该县信息。

3. 富义县

太宗时,以渤海义州俘民建义州。重熙元年(1032)废州建富义县。治今巴林左旗西北87里碧流台镇蒙古营子村辽代城址④。

按《辽志》涉及渤海义州之后身者凡二,本条云:"富义县,本义州,太宗迁渤海义州民于此。重熙元年降为义丰县,后更名。隶弘义宫。"则太宗迁渤海义州民于庆州附近,重建义州,后降为义丰县,复改名富义县,属庆州。

永州义丰县条云:"本铁利府义州。辽兵破之,迁其民于南楼之西北,仍名义州。重熙元年,废州,改今县。在州西北一百里。又尝改富义县,属泰州。始末不可具考,今两存之。"则渤海义州民被迁于永州附近,仍建义州,后降义丰县,属永州,复改富义县,属泰州。

合二条所述,颇有不可解者:其一,永州义丰县条云,义丰县属永州,后改富义,属泰州,而不及庆州;而本条则云,改富义后属庆州,却未尝提到泰州。则两条互相矛盾,必有一非。泰州远在永州东北,两州之间不可能发生属县的割隶,似应以庆州为是。其二,即便该县由永州改隶庆州,亦有问题。在撰者,

---

① 见《东蒙古辽代旧城探考记》,第63、66页。
② 见《辽上京道州县丛考》,《辽金史论集》第8辑,第134页。
③ 杨福瑞:《辽朝徙置州县考论》,《昭乌达蒙族师专学报(汉文哲学社会科学版)》1990年第3期,第80—81页。
④ 据冯永谦:《辽史地理志考补——上京道、东京道失载之州军》(载《社会科学战线》1998年第4期,第193页),县治于杨家营子镇蒙古营子村,今属碧流台镇。

自是以为庆州富义县与永州永丰县同地，只是前后之名称、隶属关系不同耳，后亦有学者作此解①。然永州与庆州，一在临潢府东南潢河（今西拉木伦）与土河（今老哈河）交汇处附近，一在临潢府西北黑河（今查干木伦）之滨，虽同属上京道，却相隔辽远，且其间尚有临潢府、饶州等其他政区，义丰、富义若是同县之异名，其属永州或属庆州，则必为其中某一州之飞地。至于泰州的位置，更与永州风马牛不相及。可以肯定，庆州之富义与永州之义丰必非同县之改名、改属。

那么，《辽志》为何两处提及义州之后身且自相矛盾呢？看来，永州义丰与庆州富义，并非同地。只是两者之居民都是迁自渤海之义州，分迁两地后各建义州。至重熙元年（1032），永州旁近之义州降为义丰县，庆州旁近之义州也同时降为富义县，此是该年调整行政区划之结果，废二州者，主要是为了省并规模较小的州，同时，又可革去同名之州。然而，两处义州居民来源相同，省并时间亦同，致使《辽志》之撰者误以为一地也，故于永州义丰县条下称："又尝改富义县，属泰州。始末不可具考，今两存之。"至于曾属泰州之说，更是大误。

在上述两个进行直属的义州之外，尚有一个头下义州（此见下文）。则辽代前后曾有三个义州，朝廷直属者二，州址相距遥远，沿革且不相同，不应混淆②。

除了永州义丰县之前身、庆州富义县之前身，以及头下义州，辽、金史籍又载有另一义州。据《辽史·天祚皇帝纪》：天庆八年（1118）六月，"霍六哥陷海北州，趣义州"③。又，赤盏晖"天辅六年降（金），仍命领其众，从阇母定兴中府、义、锦等州"④。有研究者据此认为，辽之东京道亦有义州，其址距海北州、兴中府、锦州不远⑤。然据笔者管见，此"义州"者，无疑是"宜州"之讹。不仅

---

① 王颋：《松漠记地——〈辽史〉〈地理志〉资料源流及评价》，《驾泽抟云——中外关系史地研究》，南方出版社，2003年，第210页。
② 孙永刚、黄文博于《辽代义州、义丰县、富义县考》（见辽金契丹女真史学会编、孙建华主编：《辽金史论集》第11辑，第79—86页）一文中，以头下义州、永州义丰县、庆州富义县为一体，其址虽不同，却是为同一群居民在数次迁徙过程中先后建置的。具体意见是：庆州富义县于太祖朝已置，太宗朝迁渤海人置义州，为耶律昌允家族之头下州。圣宗[兴宗]重熙元年废头下义州，迁义州渤海人于永州西北置义丰县，不久又迁义丰县渤海人于上京附近并入富义县境。此推论于《辽志》仍难牵合——多次迁徙之说过于曲折，且皆属推测。与头下义州之相关碑刻材料亦相抵牾（碑刻材料见下文第十章第一节头下义州条注）——一方面强调大安七年头下义州尚存，另一方面则称重熙元年"义州作为行政建制废弃"。故不取其说。
③ 《辽史》卷28《天祚皇帝纪二》，天庆八年六月丁卯。
④ 《金史》卷80《赤盏晖传》。
⑤ 冯永谦：《辽史地理志考补——中京道、南京道、西京道失载之州军》，《北方文物》1998年第3期，第70页。

海北州为宜州所辖,两者距离甚近,且宜州与兴中府、锦州,亦属相邻。"义"、"宜"二字,不仅音同,且辽之宜州于金天德间改为义州。故知以上二条"义州"的记载,应是史家以金之政区名,指称辽末同地异名之政区。

泰州

辽兴宗时(1031—1055)内徙通化州民置泰州德昌军节度。治今黑龙江泰来县西北56里塔子城镇古城。

按内徙通化州置泰州在兴宗朝,有两方面的证据。首先,至圣宗末的太平六年(1026),尚以安哥为通化州节度使①,则移通化州建泰州在太平六年之后。其次,据《辽志》本条,泰州下辖之兴国县"兴宗置县",泰州之置,应差相同时。至于项春松所说"泰州建于辽太宗时期,为东北统军司驻地、发配役徒的场所"②,则恐不合于史实。辽太宗时期所见的泰州,非此北边泰州,而在南边与五代诸朝、宋接界处也。太宗立石晋之后,辽一度以清苑、满城二县置泰州,后经契丹与中原政权之间的反复争夺,圣宗统和十五年(997)终失之(见下文南京道泰州条)。而所谓"东北统军司驻地",更是无从谈起,辽东北路统军司,据李锡厚言,在宁江州③,三上次男则认为在长春州④,但没有证据显示辽代东北统军司驻于泰州。郭珉等也认为,泰州之置在辽初,并引元好问《遗山文集·显武将军吴君(璋)阡表》"石晋末,有……从少帝北行者,又自辽阳迁泰州,其子孙遂为长春人"以证之⑤。但吴璋家人于金末追述辽初之事——尤其是与行迹罕能追蹑的晋少帝相关之事——本不可深信。且这一追述,至少存在一处致命的地理错误:可称作"长春"的泰州,明明是金承安三年(1198)于长春县复置的金新泰州,而金长春县与辽长春州同治,与辽泰州并无干系,吴氏家人若非以后世之名,称前世之地,就是对祖先之迁徙经历并不确知,故元好问所作《阡表》,于辽泰州沿革一事,并无价值。

按辽泰州即金之旧泰州,金大定二十五年(1185)废,承安元年(1196)复置于辽长春州(金长春县),即新泰州。关于辽代泰州与长春州(即金代新、旧泰州)定址何处的讨论,在辽、金政区今治的研究中,大约是最热烈的了。就笔者管见,涉及者在二十人以上。主要有两种意见:一种认为,黑龙江泰来县塔子

---

① 《辽史》卷17《圣宗纪八》。
② 项春松:《辽代历史与考古》,第120页。
③ 李锡厚:《辽朝的边防》,《中国边疆史地研究》1993年第2期,第28页。
④ 三上次男:《金代女真研究》,第112页。
⑤ 郭珉、董玉芬:《辽泰州始建年代析略》,《北方文物》2001年第1期,第97页。

城古城为辽代泰州、金代旧泰州,吉林白城市城四家子古城为辽代长春州、金代新泰州;另一则认为,城四家子为辽泰州,而金新泰州在吉林前郭县他虎城。

认为城四家子古城为辽泰州、他虎城为辽长春州(金新泰州)者,有王国维、金毓黻、张博泉、李健才、陈相伟等以及日本学者三上次男等①,且见于《中国历史地图集》,主要依据如下:(1)根据《金史·兵志》"泰州去边尚三百里"之记载,辽泰州"当在今洮尔河之南,洮南县之东"(王国维说,金毓黻同意其说)。(2)根据《辽志》所载辽长春州的周边环境——长春州本"鸭子河春猎之地",辽帝春捺钵处,其东北三十五里泺甸,有研究者定伊通河至北流、东流松花江合流处为鸭子河,以合流处以西"洮儿河、嫩江诸河交汇之大小湖泊和连绵草甸地带,并非具体某一湖泊"为鸭子河泺,而在此地区唯一有节镇州规模的就是他虎城,即为辽长春州(陈相伟说)。(3)城四家子古城外侧有小城,有大量辽代陶瓷碎片,估计为泰州倚郭乐康县,故城四家子为辽泰州(陈相伟说)。(4)城四家子附近数十里之内有大小各种寺庙址,与辽史清宁八年(1062)"有司奏春、泰、宁江三州三千余人愿为僧尼,受具足戒,许之"符合,故城四家子古城为辽泰州(陈相伟说)。

认为塔子城为辽代泰州、城四家子古城为辽代长春州(金代新泰州)者,有锷士(即罗继祖)、贾敬颜、孙秀仁、景爱、冯永谦、宋德辉等②,其主要依据有:(1)塔子城出土了辽大安七年(1091)残碑一方,有"大安七年……紃首西头供奉官泰州河堤(下缺)同建办塔事",可证塔子城为辽泰州(锷士)。(2)城四家子古城有多件带"泰州"、"长春县"铭款如铜镜、风铃之出土,可证此处为金新泰州。(3)2007年6月,城四家子古城出土刻砖"可解读为金代泰州长春县百姓刘玮在泰和元年壬(九)月卅日存入寅字号窖的成黄粟小米二百五十石"(宋德辉说),进一步证明城四家子为金新泰州。

---

① 王国维《金界壕考》:"洮尔河之南,洮南县之东某地。"载《观堂集林》,第723页。金毓黻《东北通史》上编,将洮南以东之古城(即此城四家子)对应于清代"西伯城",定为旧泰州,见第610页。张博泉等:《东北历代疆域史》,第145页。李健才:《东北史地考略》,吉林文史出版社,1986年,第119页。陈相伟:《吉林省辽金考古综述》,《北方文物》1995年第4期,第42页。三上次男:《金代女真研究》,第112页。郭珉:《塔虎城为辽代长春州、金代新泰州故址考》,《博物馆研究》2001年第1期,第55—57页。
② 锷士:《跋黑龙江泰来县塔子城出土的辽大安残刻》,《考古》1960年第8期,第39页。贾敬颜:《东北古地理古民族丛考》,《文史》第12辑,中华书局,1981年9月,第129页。孙秀仁:《黑龙江历史考古述论》,《社会科学战线》1979年第1期,第224页。景爱:《辽金泰州考》,载陈述主编:《辽金史论集》第1辑,第175页。冯永谦:《辽上京道州县丛考》,《辽金史论集》第8辑,第135页。宋德辉:《吉林省白城市城四家子古城应为辽代长春州金代新泰州》,《博物馆研究》2008年第1期,第26页。

这两种观点，相比之下，显是塔子城为辽泰州说更让人信服。其另有不少关于地名与周边环境的旁证，此不赘述，而在城四家子掘得的金新泰州的证物和塔子城获得的考古材料，尤其是不大可能携而远行的碑刻材料，是极难驳倒的。

而另一种观点，则颇多牵强之处。比如第(1)点"(金旧)泰州去边尚三百里"之说，景爱已经指出，《金史·地理志》亦有泰州"北至边四百里"之说，"北"实为"西北"，此"边"者，非金代界壕，而是指大兴安岭，而从今塔子城西北到大兴安岭，正是二百公里左右的距离。联系到《金志》所载金疆界极北处在"火鲁火疃谋克地"，又据张博泉考证，火鲁火疃谋克(意为山谷之城)"在外兴安岭南麓博洛莫达上游"①，则以大兴安岭为边界之说可信。加之《金志》泰州条有"东至肇州三百五十里"之语，今人定点金肇州，不外是吉林前郭县他虎城、农安县、扶余朱家城子、扶余伯都讷城、拉林河入松花江处的得胜陀，或是黑龙江肇东市八里城、肇源县吐什吐、肇源县望海屯，若将金新泰州置于前郭他虎城，则至上述金肇州的任何一个定点，都不可能是东(或偏北、偏南)三百五十里。如此，则距离之说很难成立。

至于第(2)点长春州与"鸭子河"的关系，陈相伟先是假设了鸭子河为"伊通河至北流、东流松花江合流处"河段，即与伊通河合流后的第二松花江，再于其西寻觅长春州，这立足点就有问题。按辽之混同江、鸭子河之所在，主要意见是：鸭子河约当今第一松花江，混同江则是第二松花江。如李健才认为，鸭子河即"今第一松花江的西段"，混同江即"今第二松花江"②。张博泉一方面认同《辽史》卷16《圣宗纪七》所载太平四年"改鸭子河曰混同江"的说法，认为"鸭子河或混同江""包括嫩江下游，即洮儿河与嫩江汇流处，直至嫩江与松花江合流后的松花江"③；另一方面，又称"宾州又称混同馆，则当在今第二松花江与伊通河汇流点附近"④，即认为混同江即第二松花江，与李先生意见略同。而刘凤翥等认为，"至辽代中叶，继辽太宗改粟末河(今松花江北流段)为混同江后，辽圣宗又改鸭子河(今松花江东流段)为混同江，才把今天的松花江北流段和东流段都称作混同江"⑤，虽然无法解释辽后期混同江与鸭子河仍交互出现的事实，但在圣宗太平四年之前，刘的判断与张、李之说并不矛盾。显然，陈相伟所指出的鸭子河，几乎就是张、李二先生认为的混同江。在这种推论得到

---

① 张博泉：《金史简编》，辽宁人民出版社，1984年，第171页。
② 李健才：《辽代宁江州考》，《东北史地考略》，第79页。
③ 《东北历代疆域史》，第145页。
④ 同上书，第164页。
⑤ 刘凤翥、干志耿、孙进己：《辽朝北界考》，《北方论丛》1979年第5期，第116页。

很好证明之前,据长春州与鸭子河的关系而定此州于前郭县他虎城,也是行不通的。

至于第3点,即城四家子古城外侧小城为辽泰州倚郭乐康县,故而城四家子便是辽泰州,这一解释似乎也过于勉强。冯永谦即明确指出,"乐康县为倚郭,与州同城"①,看来辽代倚郭县需在州城外附建小城,这一措施有多大的普及面,还需有别的文字材料或考古成果证明方可。退一步说,即使小城为倚郭县治,也未必不能是辽长春州倚郭县治。如果说小城中遍布辽代陶瓷碎片,暗含它没有金代遗迹的信息,那么辽之泰州与长春州,入金后都曾保留建置较长时间后才废(长春州于金天德二年(1150)废为县,承安三年(1198)复建为泰州;旧泰州废于金大定二十五年(1185),承安三年建为金安县),城四家子无论是辽长春州还是泰州,州城外小城入金后被废弃,具有同等的可能性。

最后,城四家子附近大小多个寺庙遗址与"有司奏春、泰、宁江三州三千余人愿为僧尼,受具足戒,许之"②的记载相合,故此处是辽泰州遗址。这个证据可以说是最模棱两可的。《辽史》这条材料里正是"春、泰"连称,春州,即是辽长春州的简称,故此点亦可证明相反的观点——城四家子是辽长春州遗址。

有研究者认为,辽代在长春州之外另有春州,并定春州于内蒙古突泉县附近③。笔者认为证据亦是不够充足的。并且也无法解释《辽史》中春、泰、宁江经常连称,且春州与鸭子河密切相关的事实。其所引为铁证的科右旗吐列毛都公社的毕其格哈达山摩崖题字,在笔者看来也完全不能作为证据。此题字云:

大今国奴
春州北七十里
撕下马……④

笔者认为,这似乎是一个对汉字极为陌生的女真人所刻,且前两行下不知是否有湮灭之文字。金石材料固然重要,但在我们能解通该石刻之前,当谨慎使用。若理所当然将该石刻校正并连读为"大金国女真春州北七十里",并且在石刻之处以南七十里找一处故址,认定它是春州,似乎欠妥。此外张先生可引以为据的是:《辽志》载长春州建于兴宗重熙八年(1039),但按《纪》,重熙七

---

① 冯永谦:《辽上京道州县丛考》,《辽金史论集》第8辑,第135页。
② 《辽史》卷23《道宗纪三》。
③ 张柏忠、孙进己:《辽代春州考》,《内蒙古文物考古》创刊号,1981年,第80—85页。
④ 笔者按:以下文字无法解读。

年二月，兴宗"如春州"。其实对《兴宗纪》这条文字如何解释，已有先例。《圣宗纪》载："太平二年(1022)三月甲戌，如长春州。"那又比兴宗重熙七年如春州更早了。但郭珉认为，"圣宗纪所载的'如长春州'当是'如长春宫'之误"，其考据亦甚精详，足以驳"如长春州"之说①。与此相仿佛，兴宗重熙七年并非"如春州"，而是"如春水"也，《纪》有误耳。此前此后，兴宗于重熙三年、十七年、二十二年、二十三年，曾多次"如春水"，反而是"如春州"，终兴宗之朝，再无其例。故而，对于长春州近旁另有春州的说法，我们姑且不取。笔者认为黑龙江泰来县塔子城为辽泰州，吉林白城市城四家子古城为辽代长春州，是有相当把握的。

其他意见如津田左右吉先定于今吉林洮南市东南②，后又改在今洮南市西南③，池内宏定于今吉林通榆县东之哈拉乌苏附近④，松井等认为在今吉林农安县的西南⑤等，今不一一辩驳。

兴宗时，辖县二：乐康、兴国县。又有金山县，始置不知何时，天庆六年(1116)，以金山县建静州，泰州辖县二：乐康、兴国县。

1. 乐康县

兴宗时置，倚郭。

2. 兴国县

兴宗时置，治今内蒙古扎赉特旗西131里宝力根花苏木青山屯西部。

按冯永谦初步考定泰来县塔子城之西、内蒙古扎赉特旗宝力根花乡青山屯城址为辽泰州兴国县，城址周长1 000米，其规模恰当一县城⑥。

长春州

兴宗重熙八年(1039)置长春州韶阳军节度。兴中后期置长春钱帛司⑦。治今吉林省白城市东南55里德顺乡城四家子古城⑧。

---

① 郭珉：《辽长春州建置于何时》，《北方文物》1996年第2期，第83页。
② 〔日〕津田左右吉：《达卢古考》，《满鲜历史地理研究》(二)，收入《津田左右吉全集》第12卷，第154页。
③ 津田左右吉：《金代北边考》，《满鲜历史地理研究》(二)，收入《津田左右吉全集》第12卷，第271页。
④ 〔日〕池内宏：《辽代春水考》，《满鲜史研究》中世第一册，东京都，吉川弘文馆，1979年三版发行，第295页。
⑤ 〔日〕松井等：《满洲与辽代疆域》，《满鲜历史地理》第2卷，第86页。
⑥ 冯永谦：《辽上京道州县丛考》，《辽金史论集》第8辑，第136页。
⑦ 关树东：《辽朝州县制度中的"道""路"问题探研》，《中国史研究》2003年第2期，第140页。
⑧ 长春州在辽往往简称春州，有研究者误认为长春州西面近旁又另有春州，见前泰州条下，治所考辨亦见该条。

兴宗重熙八年,辖县一:长春县。

长春县

重熙八年与州同置,倚郭。

周特城

始置不知何时,治今内蒙古东乌珠穆沁旗一带。

《金史·地理志》载:"上京路……旧有会平州,天会二年筑,契丹之周特城也。"[1]王可宾以为,会平州与金上京会宁府无干,而距临潢府较近,《金志》误将辽上京误为金上京[2]。会平州之置,实因金初"徙辽降人于泰州,时暑未可徙,习古乃请姑处之岭西"[3],遂改建周特城,升为会平州。如此,则契丹之周特城,在今大兴安岭以西,大约与泰州纬度相近,当今东乌珠穆沁旗一带[4]。

永州

乾亨三年(981)建永州永昌军观察,治今内蒙古翁牛特旗东北250里新苏莫苏木巴彦诺尔古城[5]。

乾亨三年,辖县一:长宁县。重熙元年(1032),废义州置义丰县、慈仁县,辖县三:长宁、义丰、慈仁县。

1. 长宁县

置于太祖灭渤海之后,其县应就近隶于义州或慈州。乾亨三年建永州,以长宁为倚郭。

2. 义丰县

太宗初年,迁渤海铁利府义州民于此,建义州。重熙元年,废州,建义丰县。治今内蒙古阿鲁科尔沁旗东南44里天山口镇白城子村古城址[6]。

3. 慈仁县

太宗时置慈州。《刘庆余造经题记》称:"施主静江军节度使、知慈州军州事刘庆余,妻耶律氏。"[7]其中"静江军节度使"为遥授,"知慈州军州事"为实

---

[1] 《金史》卷24《地理志上》。
[2] 王可宾:《金上京新证》,《北方文物》2000年第2期,第87页。
[3] 《金史》卷72《习古乃传》。
[4] 另据齐心先生推测,一般定为庞葛城所在的今齐齐哈尔市西之哈拉古城,应是金初会平州所在。此亦可为一说。见《庞葛城/周特城与会平州》,《辽金历史与考古》第1辑,第197页。
[5] 此据姜念思、冯永谦所定点。见姜念思等:《辽代永州调查记》,《文物》1982年第7期,第30页。
[6] 冯永谦:《辽上京道州县丛考》,《辽金史论集》第8辑,第140页。
[7] (辽)无名氏:《刘庆余造经题记》,未知作于何年,见《全辽金文》,第827页。

任,知辽确曾有慈州。重熙元年,废州,建慈仁县。确址无考。按顾祖禹云:"(永)州西又有慈仁废县。"① 按此,则慈仁县当在今内蒙古翁牛特旗东部。

仪坤州

太祖置仪坤州启圣军节度。治今内蒙古敖汉旗东北58里玛尼罕乡五十家子村古城址。

按《辽史》卷72《宗室·义宗倍传》,耶律倍于天显元年(926)主东丹国后,"如仪坤州",故知此州早在天显元年前已建。

仪坤州之址,《中国历史地图集》定于今内蒙古克什克腾旗东南境的土城子乡所在地土城子村附近,舒焚定于"翁牛特旗西北,西拉木伦河以南"②,大致在同地。贾敬颜则以为,"仪坤州位置在今北山根(或五十家子庙一带),可约略定矣"③。冯永谦也定仪坤州于"内蒙古自治区敖汉旗双庙乡五十家子村古城址"④。按土城子村与五十家子两说之中,以后者较为可信。因土城子村遗址已由考古材料确定为饶州安民县,且其1 200米的周长,无法与仪坤州的地位(节度州、应天皇后生地、有近乎宫殿的启圣院)相当。

统和八年前不辖县,后辖县二:广义、来远。统和十三年后辖县一:广义县。

广义县

统和八年置,倚郭。统和十三年,并来远县入广义县。

据《辽史·圣宗纪四》载,统和八年秋七月庚辰,"诏东京路诸宫分提辖司……仪坤州置广",而《辽志》广义县条则云:"应天皇后以四征所俘居之,因建州县。统和八年,以诸宫提辖司户置来远县,十三年并入",似乎统和八年所建的是来远而非广义。然细读此条,却可发现其中颇有问题:何以广义县条下述来远之因革,而广义本县之沿革却略过不提?笔者以为,这或是句读的问题,广义县条或可句读若此:"应天皇后以四征所俘居之,因建州。县,统和八年以诸宫提辖司户置。来远县统和十三年并入。"若此,虽与《辽志》一般叙述体例不太符合,但却可消除志、纪之矛盾。《辽史》撰者抄入其他史料而未予统合叙法,亦非止一处耳。

(废)来远县

始置不知其时,统和八年属仪坤州,十三年,并入广义县。由于仪坤州在

---

① (清)顾祖禹:《读史方舆纪要》卷18《北直九》"万全都指挥使司"附考,中华书局,2005年。
② 舒焚:《辽史稿》,湖北人民出版社,1984年,第144页表11。
③ 贾敬颜:《胡峤陷辽记疏证》,《史学集刊》1983年第4期,第8页。
④ 冯永谦:《辽上京道州县丛考》,《辽金史论集》第8辑,第144页。今属同旗玛尼罕乡。

统和八年前并无倚郭县,在辽,无先辖外县之理。故来远之属仪坤,当在统和八年州置倚郭广义县之后。其先或为头下县,或属邻近饶州耳。其并入广义,或因徙民他之,几空其境故也。《辽志》东京道定州条云:"故县一,曰定东,圣宗统和十三年升军,迁辽西民实之。"又于保州条下云:"来远县,初徙辽西诸县民实之,又徙奚、汉兵七百防戍焉。"按定东与来远之民,当同是统和十三年自"辽西"迁来,而原仪坤州来远县,当有大量移民徙出,故并其地入附郭广义县,且其县名亦徙至鸭绿江畔之保州矣(见东京道定州、保州条)。

治所不详,当在敖汉旗附近,近于仪坤州也。

龙化州

太祖于唐天复二年(902)建州,太宗时升为兴国军节度。治今内蒙古库伦旗西南 111 里扣河子镇酒局子村古城址。

《中国历史地图集》定龙化州于今内蒙古奈曼旗的八仙筒镇,此合乎顾祖禹关于龙化州在"临潢东(南)二百里"的记载①,也合乎《辽史·太祖纪》"城龙化州于潢河之南"的记载。然冯永谦指出,八仙筒镇一带迄未发现过辽代城址,而在库伦旗扣河子镇酒局子村西北 1 里处,则发现一座由东、西二城构成的城址,西城周长 1 600 米,东城较西城更大②。按龙化州这种两城相连的结构,在辽城中很少见,且其城市规模较大,据《辽志》载,"天祐元年,增修东城,制度颇壮丽",而这些特点,都切合于酒局子古城,故定龙化州于此。

辖县一: 龙化县。

刺史州一,《辽志》载,此州未详是何州。其或是龙化州东南方向、今库伦旗西南之灵安州或泉州(见下文灵安州、泉州条)。

龙化县

太祖时置,倚郭。

降圣州

穆宗应历中(951—969),置降圣州开国军刺史。治今内蒙古库伦旗西南 70 里水泉乡昆都岭村西城子屯古城址。

此据冯永谦所定点③。按张柏忠根据西拉木伦河的河道变迁史之推理,

---

① 《读史方舆纪要》卷 18《北直九》"万全都指挥使司"附考。
② 冯永谦:《辽上京道州县丛考》,《辽金史论集》第 8 辑,第 145—148 页。
③ 冯永谦:《辽代部分州县今地考》,《北方文物》1994 年第 4 期,第 84 页。

对永、龙化与降圣三州重新进行了定位,构思精妙①。然其定位似仍有可商榷之处,如定永州于今内蒙古阿鲁科尔沁旗白城子乡白城子古城,即使按张文所上溯的辽代潢河及其支流的走向,今白城子仍在当时潢河和土河合流处西北,与《辽志》所称永州"东潢河,南土河",置州于两河间的记载不合。又定龙化州于今内蒙古奈曼旗平安地乡西孟家段老哈河中的古城。此古城规模宏伟,然笔者以为冯文以东西两城、东大西小的格局定龙化州于酒局子古城,符合《辽志》所载龙化州先有旧城、后新修东城之说,更为可信。故永、龙化、降圣州之定位,暂取冯说。

辖县一:永安县。

永安县

置于穆宗应历中,倚郭。

按《辽志》永安县条云,"太祖平渤海,破怀州之永安,迁其人置寨于此,建县",置寨与建县,自然不在同时,而考太祖时所置各县,甚至非倚郭县,户皆在一千以上,极少有如永安那样小规模(户八百)的县,故而,永安县当于穆宗应历中建降圣州同时升寨置,以其纪念意义而不论其人口规模矣。

饶州

太祖时建饶州匡义军节度。治今内蒙古林西县东南77里新城子镇西英桃沟村古城。

《辽志》本条仅称,"太祖完葺故垒",至此而止。此州建于太祖时当无疑,然下或有阙文,例如"建饶州,某年升节度"之类。按长乐县"本辽城县名,太祖伐渤海,迁其民,建县居之",是否天显元年(926)灭渤海所迁渤海户?非必然也。所谓"本辽城县名",罗继祖云,当作"本名辽城县"②,然按《辽志》书法,似改作"本辽城县民"更妥,即长乐县民本来自辽阳府某县之地。正如临潢府宣化县"本辽东神化县民",潞县"本幽州潞县民",此方合《辽志》叙事体例。此"辽城",乃辽阳城也,正如辽阳府紫蒙县条云:"后徙辽城,并入黄岭县。"或长乐民户所从来之县,原亦名"长乐",徙民并以原县名侨治,此辽初惯用手法。

然长乐县民既是"伐渤海"时徙自"辽阳",则徙民事,当在太祖前期,初于渤海国手中夺得辽阳地之时,如下文东京辽阳府条考证,或在天祐二年(905)

---

① 张柏忠:《辽代的西辽河水道与木叶山、永、龙化、降圣州考》,《历史地理》第12辑,上海人民出版社,1995年,第51页。
② 罗继祖:《辽史校勘记》,第117页。

之前也。而当时,饶州或未必有"节度"之号。我们从辽代其他府、州的沿革来看,最早有节度、防御、刺史等第的,似是辽阳府,神册四年(919),"建东平郡,为防御州"(《辽志》)。龙化州建州最早,在天复二年(902),然迟至太宗时方升节度。饶州或是在太祖晚期,更有可能是在太宗时期,方升为节度。

《辽史·圣宗纪四》载:统和八年(990)秋七月庚辰,"省遂……饶……等十州"。然同卷统和十五年九月又云:"庚午,幸饶州,致奠太祖庙。"或疑其废而复置,然饶在辽圣宗时为上京道少见的三县大州,又无突发事件,何遽废之?废后又何遽复之?当是《纪》之误耳。

按闵宣化对于巴林桥西北六十里的旧城废址,疑其为饶州,又疑其为饶州下属临河县①。林西县文化馆经实地踏勘,确定其址为饶州及倚郭长乐县,该城周长3 500米,显为州城无疑,长乐县城附于州城之外,东城墙即州之西城墙②。

辖县三:长乐、临河、安民县。

1. 长乐县

太祖置,倚郭。

2. 临河县

太祖天显元年(926)置。治今内蒙古林西县东南61里的新城子镇上火村古城址。

《辽志》本条云:"本丰永县人,太宗分兵伐渤海,迁于潢水之曲",参辽阳府仙乡县条所云"渤海为永丰县",知"丰永"为"永丰"之误倒③。此县之置与附郭长乐县不同。所谓"太宗分兵伐渤海",事在太祖灭渤海后不久。天赞四年(925),阿保机出兵伐渤海,"皇后、皇太子、大元帅尧骨皆从",德光(尧骨)在阿保机军中。天显元年(926),阿保机陷忽汗、俘谨谍之后,渤海诸州叛,遣德光讨平之。同年阿保机卒,八月,德光平诸州而归,临河或乃德光此时迁徙所俘渤海民所置,次年,德光始即位(见上文祖州条)。故云临河是太祖时建。

冯永谦定临河县于今内蒙古克什克腾旗东南境土城村古城址④,近潢河支流苇塘河;林西县文物管理所考定为林西县林西镇东南50公里的敖包吐上

---

① 《东蒙古辽代旧城探考记》,第17页。
② 林西县文化馆:《辽饶州故城调查记》,《考古》1980年第6期,第512页。此遗址为辽代饶州,也得到了冯永谦、姜念思的确认,见《辽代饶州调查记》,《东北考古与历史》第1辑,文物出版社,1982年,第217页。
③ 《辽史校勘记》,第117页。
④ 冯永谦:《辽代部分州县今地考》,《北方文物》1994年第4期,第86页。

伙村旁①,附近为潢河大转弯处。按土城村古城临苇塘河,似与《辽志》"潢水之曲"之意不符,故取上伙村古城址为辽临河县治。

3. 安民县

太祖天显元年置。治今内蒙古克什克腾旗东138里土城子镇古城址。

《辽志》本条谓:"太宗以渤海诸邑所俘杂置。"其初置之情形,当同于临河县。林西县文物管理所定安民县于克什克腾旗土城子镇北1公里、苇塘河西岸200米处,城址方形,周长1 600米,1974年曾出土石经幢残段,上有铭文云:"大安七年(1091)润(闰)八月十日……饶州安民县主簿兼□县尉太……"②可证此址为安民县故址。

丰州—澄州

统和十五年置丰州,咸雍中改为澄州。治今内蒙古翁牛特旗。

按此州《辽志》虽不载,于其他史料中却甚常见。如《契丹国志》、《亡辽录》即载有澄州③。沈括《熙宁使契丹图抄》载:"自(广宁)馆东北行,五里至澄州。……旧曰丰州,州将率其部落和扣河西内附,诏置丰州以处之。自尔改今名。""和扣河西内附",贾敬颜以为此语有误,"和"或作"私"④。然此解仍难通。若改作"自河西内附"则可通。若作"自扣河西内附",则"扣河"即是"窟野河"、"屈野河"乎?仍待考。然则项春松所称,该部落为党项⑤,则甚是。按"河西党项"部落内附,《辽史》有确切记载,在统和十五年⑥。则此丰州之置,当即在该年。此丰州,与统和十三年所置耶律阿没里之私城,非同一地。

然沈括"自尔改今名"一说,殊不可解。贾敬颜引陈襄《使辽语录》:"至广宁馆,过小城之西,居民仅二百家。萧好古云:'此丰州也。'"⑦陈襄使辽在治平四年(1067,辽咸雍二年),当时尚称"丰州"。而至沈括熙宁八年(1075,辽大康元年)使辽,已改为"澄州"矣,则改名在此八年间。

岛田正郎认为,"丰州的位置,大体为今天热河省乌丹城"⑧。贾敬颜称:

---

① 林西县文物管理所:《辽饶州及长乐临河安民三县调查》,《内蒙古文物考古》1998年第1期,第37页。
② 《辽饶州及长乐临河安民三县调查》,《内蒙古文物考古》1998年第1期,第37—38页。
③ 《契丹国志》卷22《州县载记·诸藩臣投下州二十三处》。《会编》卷21《政宣上帙二十一》宣和七年正月二十四日条引《亡辽录》。
④⑦ 贾敬颜:《沈括〈熙宁使房图抄〉疏证稿》,见《五代宋金元人边疆行记十三种疏证稿》,第128页。
⑤ 《辽代历史与考古》,第96页。
⑥ 《辽史》卷13《圣宗纪四》,统和十五年三月甲申。又卷70《属国表》,亦在十五年三月。
⑧ 《大契丹国——辽代社会史研究》,第77页。

"丰州,后改澄州,遗址在今乌丹城西北。"①其地约当今翁牛特旗治所。

镇北州

重熙二十四年(1055)以前置,治所约在今吉林松原市以西一带。辖县不详。

按镇北州仅一见。《辽史·兴宗纪》:重熙二十四年"三月癸亥,皇太弟重元生子,曲赦行在及长春、镇北二州徒以下罪"②。李健才以泰来县塔子城当之③,景爱以为不然④。冯永谦认为镇北当距行在及长春州不远,当于吉林省前郭、扶余、大安、乾安、镇赉、洮安等县求之⑤。今从其说。

莫州

始置时间不详,治今内蒙古科尔沁左翼后旗东86里吉尔嘎朗镇苏莫台苏古城。

此州载于金代周昂《莫州道中》诗:"大陵河东古莫州,居人小屋如蜗牛。屋边向外何所有?唯见白沙累累堆山丘。车行沙中如倒拽,风惊沙流失前辙……"⑥冯永谦根据其"大陵(凌)河东"之大致区位,及周边多沙之环境,定于"科尔沁左翼后旗乌勒顺艾勒乡苏庙辽代城址"⑦。按辽代惯例,此州应是俘自中原莫州之民所置,或是人口较少之头下州,故而未见史载。

泉州

治今内蒙古库伦旗西南95里水泉镇文家杖子一带。

按此州见于李攸《宋朝事实》⑧,又《武经总要》:"龙化州……东至泉州二十里。"⑨检对《契丹国志》、《亡辽录》所载各州,似未有与龙化州位置相近而与

---

① 贾敬颜:《薛映〈辽中境界〉疏证稿》,见《五代宋金元人边疆行记十三种疏证稿》,第105页。
② 《辽史》卷20《兴宗纪三》。
③ 《吉、黑两省西部地区四座辽、金古城考》,见《东北史地考略》,第125页。
④ 《辽金泰州考》,见陈述主编:《辽金史论集》第1辑,第175—181页。
⑤ 《辽史地理志考补——上京道、东京道失载之州军》,《社会科学战线》1998年第4期,第195页。
⑥ 载于(金)元好问:《中州集》卷4《常山周先生昂》。
⑦ 《辽史地理志考补——上京道、东京道失载之州军》,《社会科学战线》1998年第4期,第196页。
⑧ (宋)李攸:《宋朝事实》卷20《经略幽燕》"下州三十四"条注,中华书局,1955年。
⑨ 《武经总要》前集卷16下《边防·北蕃地理·戎狄旧地·上京四面诸州》。按《辽史》卷48《百官志四》"南面边防官"条:"五州制置使司。圣宗开泰九年见霸、建、宜、泉、锦五州制置使。"检《辽史》卷39《地理志三》兴中府条,"泉"当作"白川"。然《武经总要》所载"泉"州,在龙化州西二十里,与白川州之位置相距辽远,当非"白川"之误,而是另有建置也。

"泉"州音同或形近之州名。曾公亮既载此州，或不致无凭，则该州之置，当在撰此书之前，即兴宗重熙十四年之前。据其所载里距，定于龙化州（今库伦旗西南扣河子镇酒局子村）东 20 里左右，今水泉镇文家杖子一带。

头下乌州—乌州

太宗时（926—947）北院大王拔里德建为头下州。世宗朝（947—951）以后改为中央直属。治今内蒙古突泉县西北 107 里宝石镇宝城村。

按《辽志》本条云："辽北大王拔剌占为牧（地），建城。"又于下辖爱民县条云："拔剌王从军南征，俘汉民置于此。"按《辽史》无拔剌其人，其称"拔剌王"，非封爵为王，乃北院大王也。或即横帐季父房"中京留守拔里得"。《耶律拔里得传》云："太宗即位，以亲爱见任。会同七年，讨石重贵，拔里得进围德州，下之，擒刺史师居璠等二十七人。九年，再举兵，次滹沱河，降杜重威，战功居多。太宗入汴，以功授安国军节度使，总领河北道事。师还……世宗即位，迁中京留守，卒。"竟不知其南征前、后之官职，或即任北院大王也。按拔里德为太祖弟剌葛之子，官位既显，出身亦高，且受太宗宠信，显然颇具建头下城之资格，南征俘民既多，则建州亦不难矣。至于该州何以没入，检《辽史·皇族表》，拔里得之后全为空白，或已绝嗣，故世宗朝即没入，为刺史州，同时置爱民县为附郭。

关于乌州所在，争议颇多。《中国历史地图集》置此州于今吉林双辽市北。张博泉定乌州于今内蒙古突泉县双城子古城址①。冯永谦定于今内蒙古科尔沁左翼中旗烟灯吐乡中满金敖村古城址②。笔者以为，争议相当程度上缘于未辨上京、东京两个乌州。

《辽志》未载东京道乌州，然而据《辽史·营卫志》载："圣州兴圣宫……州五：庆、隰、乌（上京）、乌（东京）、霸。"③在《百官志》中，除了上京道刺史州有乌州，东京道同样有此刺史州④。又，据《食货志》记载："道宗初年，西北雨谷三十里，春州斗粟六钱。……辽之农谷至是为盛。而东京如咸、信、苏、复、辰、海、同、银、乌、遂、春、泰等五十余城内，沿边诸州，各有和籴仓。"⑤辽有两乌州，乃是无可辩驳之事。唯东京道之乌州，因《辽志》不载，似难考其确址。

---

① 《东北历代疆域史》，第 146 页。
② 冯永谦：《辽上京道州县丛考》，《辽金史论集》第 8 辑，第 138 页。
③ 《辽史》卷 31《营卫志上》。
④ 《辽史》卷 48《百官志四》。
⑤ 《辽史》卷 59《食货志上》。

《图集》与张博泉两个定点相距甚远,缘于其所定点的参照不同。《图集》重于《辽志》乌州条下所说的"有辽河",而张博泉则依据同条所载"夜河、乌丸川"①。两种说法皆有所据,但皆未致力于区分两个乌州。《图集》将治于今双辽市之乌州划入上京道,而无东京道乌州之定点。张博泉亦未提到东京道乌州。而问题的关键,恐在于《辽志》漏载东京道乌州,而将两个乌州之信息,并置于上京道乌州条下。若不辨此,则无以考其详。

按《辽志》"有辽河"一说,指的应是东京道乌州之情形。此乌州之建置,早在太祖时代。据《册府元龟》载:"天成元年……其(七)月二十七日,阿保机身死。八月三日,(幽州使节陈继威)随阿保机灵柩发,离扶余城。十三日,至乌州,契丹主妻始受却当府所持书信。二十七日,至龙州,契丹主妻令继威归本道。"②陈继威从"扶余城"随阿保机灵柩出发,此扶余城,据《辽史》本纪,显是阿保机"驾崩"之处——渤海之扶余府、辽初之龙州(今四平)。述律后等护柩而行,终点毫无疑问是临潢府,何至于当月(八月)二十七日又回到了龙州呢?按《辽史》所载:"(八月)甲午,皇后奉梓宫西还。……(九月)丁卯,梓宫至皇都。"八月底仍在中途,但应已接近临潢,显然"龙州"当是"龙化州"之误。而自黄龙府一路迤逦西来,经龙化州至临潢,其径直捷,必不至于从今突泉县一带迂曲绕行,其所经之"乌州",当正在今双辽一带,是沿西辽河的通道必经之处。则《图集》之定点应无误,唯其划此州入上京道则误。

至于《辽志》乌州条下"夜河、乌丸川",应当是描述上京道乌州附近的地形,张博泉置之于突泉县双城子,即今宝石镇宝城村一带,是比较合理的。冯永谦明辨两道之乌州,然定上京道乌州于今科尔沁左翼中旗东部烟灯吐乡的中满金敖村城址,似无显证。又引张柏忠之说,以为突泉县双城子是辽春州城址,否定其为乌州之址,上文长春州条已详析辽在长春州之外并无春州,兹不赘。

世宗以后,辖县一:爱民县。

爱民县

置于乌州没入后,倚郭。

---

① 《〈辽史·地理志〉平议》云:"乌州,《中国历史地图集》定在吉林双辽县西北,当是据在西辽河畔所发现的辽代城址而定,侧重于《地理志》文中的'辽河'。……《东北历代疆域史》之说,是依据夜河(采丁谦之说)、乌丸川(采交流河之说)两点而来的,也有一定的根据。"见《历史地理》第15辑,第346页。
② (宋)王钦若等编:《册府元龟》卷980《外臣部·通好》,中华书局,1989年。《资治通鉴》卷275《后唐纪四·明宗上之下》亦载:明宗天成元年八月"丁亥,契丹述律后使少子安端少君守东丹,与长子突欲奉契丹主之丧,将其众发夫余城"。

头下渭州—渭州

圣宗开泰中建渭州高阳军节度,为驸马萧昌裔头下州。后收归中央直属。治今辽宁彰武县西北 90 公里四堡子乡韩家杖子村城子地城址。

按渭州或作"卫州"①。张修桂等云:萧昌裔即萧匹敌,开泰八年前尚秦晋王隆庆之公主,故渭州亦当建于开泰中②。其所建之头下州为节度州,地位极高,不仅如《辽志》本条所说,"辽制,皇子嫡生者,其女与帝女同",故匹敌亦得沾恩;也不仅是因为韩国公主父隆庆极受圣宗恩宠;更重要的是,匹敌"自景宗朝,(圣宗母)承天后褓育之,逮至成人,圣宗恩视,比之皇子"③,亦受圣宗仁德皇后爱宠。仁德后与圣宗妃耨斤(即后来的钦哀后)有隙,"钦哀……以匹敌尝为后所爱,忌之",俟圣宗崩,钦哀先诬萧匹敌、萧绍业(浞卜)二人谋反,杀之,再牵仁德后入此谋反冤案,因而杀之④。按此推测,则匹敌于景福元年(1031)死后,其头下渭州当收归中央直属。故而大安七年(1091),朝廷"给渭州贫民耕牛、布绢"⑤,若当时仍为头下,实无必要由朝廷出面济贫。

彰武县四堡子乡城子地城址距辽显州(今辽宁北镇市)112 公里。城址南北长 200 米,东西宽 300 米,据孙杰等考为辽渭州⑥。又据张博泉等推算,渭州"当在懿州(今阜新县东北一〇八里塔营子屯古城址)东北五十里处"⑦,城子地城址,距塔营子恰 50 里也。

(废) 唐州

契丹建国之前置。后废。约在今内蒙古巴林左旗北部。辖县不详。

按《辽史·国语解》:"辽有四楼:在上京者曰西楼,木叶山曰南楼,龙化州曰东楼,唐州曰北楼。岁时游猎,常在四楼间。"⑧《长编》亦载:辽"又有四楼,在上京者曰西楼,木叶山曰南楼,龙化州曰东楼,唐州曰北楼"⑨。陈述以"四

---

① 《契丹国志》卷二十二《州县载记·诸藩臣投下州二十三处》。按《亡辽录》载为头下"衡"州,显是"卫"之形讹,见《会编》卷 21《政宣上帙二十一》宣和七年正月二十四日条引《亡辽录》。
② 《《辽史·地理志》平议》,《历史地理》第 15 辑,第 331 页。
③ 《契丹国志》卷 13《后妃传·圣宗萧皇后》。
④ 《辽史》卷 71《圣宗仁德皇后传》。
⑤ 《辽史》卷 25《道宗纪五》,大安七年二月壬寅。
⑥ 孙杰、高庆升:《阜新地区辽城考记》,纪兵、刘国有主编:《阜新辽金史研究》第 2 辑,阜新市辽金元契丹女真蒙古族历史考古研究会编,1995 年,第 59 页。
⑦ 《东北历代疆域史》,第 149 页。
⑧ 《辽史》卷 116《国语解》"西楼"条。
⑨ 《长编》卷 110,天圣九年(1031)六月己卯。

楼"为后人附会之说①。冯永谦以为,"四楼"说或者虚妄,但唐州其地,却不至于无中生有②。此说甚有理。即便是附会,亦不至于将可能不存在的"北楼",附会于一个从未存在过的"唐州"。

《契丹国志》称:"渤海既平,因于所居大部落置寺,名曰天雄寺……大部落北三百里置楼,谓之北楼,后立唐州,今废为村。"③所谓"今废",实不知废于何时也,然至辽末应已不存。按《辽志》上京条,天雄寺在上京内城东南隅,则所谓大部落即临潢府地也,而唐州则在临潢北三百里,其地则当今巴林左旗北境。

(废)通化州

通化州节度,不知其始置年份,兴宗时,废州,内徙其民,建泰州。治今内蒙古陈巴尔虎旗东北15里浩特陶海古城。

冯永谦曾详证通化州并未内徙而置泰州,而是始终存在。然有俟直接证据来支持这一看法④。关于通化州之治所,张博泉云:"通化州似在海拉尔河浩特陶海古城。"⑤孙秀仁亦认为,"可将陈巴尔虎旗的浩特陶海古城比定为辽代通化州故址"⑥。

辖县不详。

(废)义州

太宗初年建。重熙元年,废州为义丰县,属永州。沿革见上京道永州义丰县。治今内蒙古阿鲁科尔沁旗东南44里天山口镇白城子村古城址⑦。

辖县不详。

(废)慈州

太宗时置,重熙元年,废州为慈仁县,属永州。当在今内蒙古翁牛特旗东

---

① 见陈述:《契丹社会经济史稿》附录《阿保机营建四楼说证误》,第199页。
② 《辽史地理志考补——上京道、东京道失载之州军》,《社会科学战线》1998年第4期,第194页。
③ 《契丹国志》卷1《太祖大圣皇帝》。
④ 《辽史地理志考补——上京道、东京道失载之州军》,《社会科学战线》1998年第4期,第194—195页。
⑤ 《东北历代疆域史》,第145页。
⑥ 孙秀仁:《关于金界壕边堡的研究与相关问题》,韩世明主编:《辽金史论集》第10辑,中国社会科学出版社,2007年,第252页。
⑦ 冯永谦:《辽上京道州县丛考》,《辽金史论集》第8辑,第140页。

部。详见永州慈仁县条。

(迁)杏埚城—新州

契丹建国前或建国之初,建杏埚城。后建新州刺史。统和八年(990)于中京道建杏埚新城,并迁新州于彼,上京道新州遂废。治今内蒙古奈曼旗北130里八仙筒镇西孟家段古城。详考见下文中京道武安州条。

(迁)惠州

太祖置惠州,在上京附近,圣宗时迁属中京道(见下文中京道惠州条)。属上京时,治所约在今翁牛特旗东北四十里处。

《辽志》:"太祖俘汉民数百户兔麛山下,创城居之,置州。"李慎儒云:"兔麛山,在今内蒙古翁牛特左翼东北四十里。"①太祖所置惠州,即在此。

不辖县。

---

① 《辽史地理志考》,《二十五史补编》,第8118页中。

第二章　东京道府州军城县沿革

据《辽志》，辽东京道共有八十八个府、州、军、城，辽阳府连同所辖"州、府、军、城八十七"。然此外实有信州、同州所辖未详其名之四州。此可不论，事实上实有而未见于《辽志》之载者，其数不少。而《志》所谓"八十七"，又不知其数止于何年。若如《辽志》一般，给出一个没有时间概念的数据，那么，据笔者所得，为一百个府、州、军、城，其中京府一，其他府三，州八十五，军一，城十（另参见图6、图7）：

京府：东京辽阳府。

府：率宾、镇海、安庆府。

方州：开（原亦称开封府）、盐、穆、贺、定（原威寇或振化城，后曾改定东军）、保（原振化或威寇城）、宣、辰、卢、铁、兴（原为定理府）、汤、崇、海（原亦称南海府）、耀、嫔、渌、桓、丰、正、慕、显、嘉、辽西、康、宗、乾、海北、贵德、奉德、沈、岩、集、广（铁利）、辽、祺、遂、乌、通、龙（亦称黄龙府）、三河、榆河、韩、双、银、同、咸（耗里太保城）、信、宾、益、安远、威、清、雍、湖、渤、郓、铜、涑、潘、冀、东、尚、吉、胜、懿、宁、衍、连、归、苏、复、肃、安、率、荷、源、渤海、宁江、河、祥、慎、教、朝、怀化州。

军：怀化军。

城：来远、顺化、达鲁古、来流、寥晦、照散、特邻、神虎军、合主、毕里围城。

东平郡—南京东平郡—东京辽阳府

神册四年（919）建东平郡，为防御州。天显三年（929），升为东丹国南京，迁东丹国都城于此。天显中置东京户部使①。会同元年（938），升为辽阳府，改为契丹东京。置留守兼兵马都部署，以及东京都统军司。治今辽宁辽阳市区。

按辽代设"郡"者，似仅此一见。然《辽史》多处记载，如《太祖纪上》《地理志二》《食货志下》等，皆称"东平郡"，当非撰史者之误也。

---

① 东京户部使是辽初东丹国财政管理机构的遗存，见关树东：《辽朝州县制度中的"道""路"问题探研》，《中国史研究》2003年第2期，第140页。

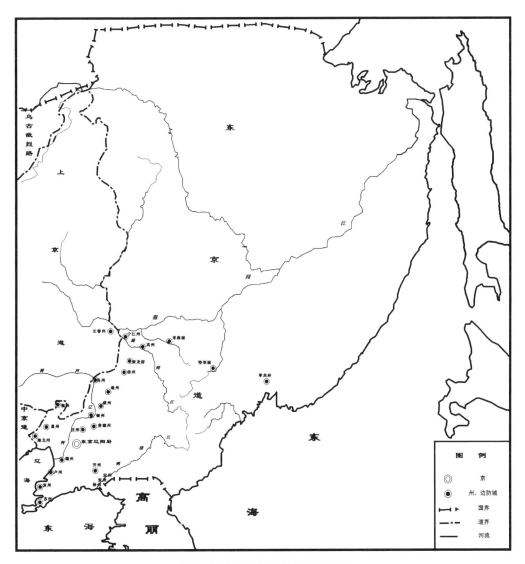

图 6　天庆三年(1113)东京道政区

太祖于神册三年(918)十二月"幸辽阳故城"①,然本纪前此却未提及何时占有辽阳故城,此其疏漏之大者也。《契丹国志》云:"东京乃渤海故地,自阿保机力战二十余年始得之。"②《辽史》亦云:"东京故渤海地,太祖力战二十余年

---

① 《辽史》卷1《太祖纪上》。
② 《契丹国志》卷10《天祚皇帝纪上》。

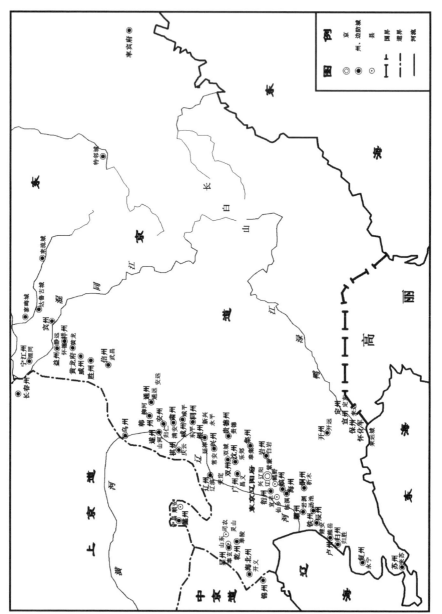

图 7 天庆三年(1113)东京道南部政区

乃得之。"①按阿保机于唐天复元年（901）受痕德堇可汗之命，"为本部夷离堇，专征讨"，唐天祐四年（907）即汗位，无论从哪年开始算，至神册三年皆未足二十年。可知，"二十余年"的起点当在天复元年前后，而终点，当至天显元年。而"二十余年乃得之"的"东京"，自然也非专指东京辽阳府也，而应是指天显元年灭渤海所得东京全道之地。显然，阿保机在即汗位之初——更有可能在即汗位之前、以夷离堇身份掌握部落兵权之时——即已开始征伐渤海，而后攻克辽阳之地（早于神册三年），遂于神册四年"葺辽阳故城，以渤海、汉户建东平郡"（《辽志》东京辽阳府条）。又过若干年，方才最后攻灭渤海。

按天复二年时，阿保机实力已强，《辽史》本纪所载当年"以兵四十万伐河东代北，攻下九郡，获生口九万五千"，其兵力或有夸张，然实力仍不容小觑，已有足够的力量攻伐渤海。又唐天祐二年（905）之前，阿保机忙于讨平奚、室韦、于厥、女真，开始征伐渤海当与此同时，或于天祐二年前已攻下辽阳。此后则转而南下，直到天赞末方又把攻击方向转向渤海，以解后顾之忧。若果如此，则"破辽阳"当更在即皇帝位、建元神册（916）之前。这一推论，尚有《辽史》所载即汗位后第九年（915）"钩鱼于鸭渌江"②一语可证——其境域既已至鸭绿江岸，自已包括辽阳府之地。

升南京，迁东丹国都城至此，此事在《太宗纪上》、《地理志》皆载于天显三年，然据耶律羽之墓志，迁东丹国之事，自耶律羽之提出建议至实施，皆在天显四年③。故此事尚需一辨。

天显三年徙民的起因，是耶律羽之于上一年所上奏表：

> 渤海昔畏南朝，阻险自卫，据忽汗城，今去上京辽邈，既不为用，又不罢戍，果何为哉？先帝因彼离心，乘衅而动，故不战而克。天授人与，彼一时也。遗种浸以蕃息，今居远境，恐为后患，梁水之地乃其故乡，地衍土沃，有木铁盐渔之利。乘其微弱，徙还其民，万世长策也。④

梁万龙与李锡厚皆以为，此表为天显四年所上，因据耶律羽之墓志载："天显四年己丑岁，人皇王乃下诏曰：'朕以孝理天下，虑远晨昏，欲效盘庚。卿宜进表。'公即陈：'辽地形便，可建邦家于是。'允协帝心，爰兴基构。"羽之上表于

---

① 《辽史》卷28《天祚皇帝纪二》，天庆六年正月丙寅朔。
② 《辽史》卷1《太祖纪上》，太祖九年冬十月戊申。
③ 梁万龙：《〈大契丹国东京太傅相公墓志铭并序〉考释》，《内蒙古大学学报（人文社会科学版）》2002年第3期，第20页。
④ 《辽史》卷75《耶律羽之传》。

太宗,应在陈情于人皇王之后,更应在天显四年①。此事恐非必如此。由羽之上太宗表章及前后作为来看,显是站在契丹本土和辽太宗的立场上,其内迁渤海民——以及东丹政府——对人皇王耶律倍来说,恐怕是弊多利少,而对于太宗来说,却是有利而无弊。《辽史》载:"太宗既立,(耶律倍)见疑,以东平为南京,徙倍居之,尽迁其民。又置卫士阴伺动静。"②此语揭示了当时太宗的心态及其利益所在。正因羽之的这一立场,他应是上年先进表于太宗,提出徙民之事,而由太宗对人皇王表明意图,后者才被迫作出"欲效盘庚"的表态。甚至太宗明确发布徙民的命令,很可能在人皇王表态之前。《辽史》载,太宗于天显三年十二月乘"人皇王在皇都,诏遣耶律羽之迁东丹民以实东平"③。或许反而是对太宗、人皇王和耶律羽之三人关于徙民一事之复杂关系的真实表述。墓志对于此事的表述,倒像是出于忌讳而作的饰词,反而不如元人所撰的《辽史》可信。

徙民、迁都之事,实应始于天显三年十二月,故时间应断于天显三年下诏改建置之时。然则徙民完成、新的属县的建立,则必在天显四年无疑。

又,《辽志》载:天显三年,东平郡"升为南京,城名天福"。辽阳府先称"天福"之说,恐误。《辽史》中华本《校勘记》云:"按《纪》天显元年二月,改忽汗城为天福。非升东平为南京时以东平为天福。"④甚是。《属国表》及耶律倍《传》亦同⑤。除《地理志》外,似未见东平郡城称天福城事。或因天显四年东丹国都自原渤海忽汗城、辽天福城迁至东平郡,《地志》遂误系"天福"于此。

会同元年,为东京辽阳府。按自《太祖纪上》神册三年幸辽阳故城,四年建辽阳故城为东平郡,至此升辽阳府。后之治辽史者,对此"辽阳"之来历聚论纷纭。《金史》之记载直接明白,颇可释此惑:"本渤海辽阳故城。"⑥至于改南京为东京者,是因会同元年(即天显十三年)对国土管理方式进行全面调整,将东丹国疆域收归契丹直接管理,故而需对各陪都按方位进行统一命名。

初不辖县。天显四年,辖县九:辽阳、仙乡、鹤野、紫蒙、兴辽、肃慎、归仁、顺化、析木县。该年之后、统和四年之前,割析木县置铜州(见铜州条),开泰三

---

① 李锡厚:《〈辽史〉与辽史研究》,《中国社会科学院研究生学报》1995年第5期,第63—73页;梁万龙:《〈大契丹国东京太傅相公墓志铭并序〉考释》,《内蒙古大学学报(人文社会科学版)》2002年第3期,第20—24页。
② 《辽史》卷72《耶律倍传》。
③ 《辽史》卷3《太宗纪上》,天显三年十二月。
④ 《辽史》中华书局本《校勘记》,第478页。
⑤ 《辽史》卷70《属国表》、卷72《义宗倍传》。
⑥ 《金史》卷24《地理志上》"辽阳府"条。

年升顺化县为顺化城,辖县七:辽阳、仙乡、鹤野、紫蒙、兴辽、肃慎、归仁县。

1. 辽阳县

置于天显四年,倚郭。

顾祖禹以为,"契丹置辽阳县,为东平郡治,寻为辽阳府治"①,此说恐是想当然。辽代之州,非必有属县,辽前期更是如此。《辽志》云,辽阳县"本渤海国金德县地。汉浿水县,高丽改为勾丽县,渤海为常乐县"。其意显然是:辽阳县,是辽代置于渤海国时期的金德县界内。但辽阳县治并不一定就是前金德县治,两者并不一定是直接的承继关系。至于常乐县云云,按《辽志》前后一贯的记叙手法,是指辽阳县民是天显四年从渤海常乐县迁来。辽阳县为辽阳府倚郭县,自神册四年建东平郡,"以汉民、渤海户实之",东平郡已自有其民户矣,此处辽阳县下又提到渤海常乐县,显是指辽阳建县与迁渤海常乐县民来此,发生于同时(天显四年),这些原有人口之外新增的民户,便被《辽志》看作是建辽阳县的基础。

按契丹早在建国之前已由渤海国手中获得辽阳府之地,并于开国之初即建辽阳故城为东平郡,神册四年初建城时的"渤海户",自然也是来自附近。而辽阳县条下的渤海常乐县,乃是"汉浿水县,高丽改为勾丽县",属渤海西京鸭渌府②。按《辽史》:"渤海既平,改东丹国。顷之,已降郡县复叛,盗贼蜂起。阿古只与康默记讨之,所向披靡。会贼游骑七千自鸭渌府来援,势张甚。"③是知契丹初平渤海之时,鸭渌府根本没有臣服,并成为反抗契丹的基地。至于远在灭渤海之前、建东平郡的神册四年,契丹更不可能自鸭渌府属下的常乐县徙民来辽阳。虽然府与倚郭县民是难分彼此的,但就时间上来看,我们完全可以这样说:神册四年徙汉、(东平附近)渤海户建东平郡,天显四年徙渤海西京常乐县民,建倚郭辽阳县。《〈中国历史地图集〉东北地区资料汇篇》(以下简称《汇篇》)对于辽阳建府、县的先后关系,叙述得非常明白:"升为南京,又改称东京,复置辽阳县,为辽阳府治所在。"④而辽代东京辽阳府下辖其他各县,自当在倚郭县建置之同时或其后,方得建立。笔者以为,包括辽阳县在内,辽初东

---

① 《读史方舆纪要》卷 37《山东八》"辽东"。
② 按金毓黻云:渤海国中京显德府首州显州,"领县五:金德、常乐……"(《渤海国志长编》卷 14《地理考》)。然以常乐为渤海中京显德府属州,证据其实并不充分。张修桂等认为,常乐既为汉浿水县地,在渤海当为西京鸭渌府属县(《〈辽史·地理志〉平议》,《历史地理》第 15 辑,第 326 页),较为可信。
③ 《辽史》卷 73《萧阿古只传》。
④ 中央民族学院编辑组编辑:《〈中国历史地图集〉东北地区资料汇篇》(以下简称《汇篇》),1979 年,第 124 页。

平所属九县之建置，应是天显三年十二月"诏遣耶律羽之迁东丹民以实东平"①这一重大决策的结果，而"实东平"之令的执行，按上述，在天显四年，此应是诸县正式建置之时。

2. 仙乡县

置于天显四年，治今辽宁海城市西北65里高坨镇附近②。

3. 鹤野县

置于天显四年，治今辽宁鞍山市西南郊东鞍山街道鞍山城村③。旧定于今辽阳西南唐马寨古城④，王绵厚定于驿堡⑤，即今鞍山城。

4. 紫蒙县

置于天显元年，原属辽州，天显四年划属东平郡。治所当在今辽宁辽阳市区东，确址无考。

天显元年灭渤海，南徙渤海东平府蒙州紫蒙县民所置。详考见下文东京道辽州条。

紫蒙之治所，据顾祖禹称，"在（辽东都）司东"⑥。

5. 兴辽县

置于天显四年，当在今辽阳市区西南，确址无考。

顾祖禹云：兴辽城"在（辽东都）司西南"⑦。

6. 肃慎县

置于天显四年，确址无考。

7. 归仁县

置于天显四年，确址无考。

顺化城

原辽阳府顺化县，开泰三年（1014）置顺化城向义军下刺史。治今辽宁辽阳市东南、凤城西北。

据《辽志》，顺化城是"开泰三年以汉户置"。据王寂所载："自永康次顺化

---

① 《辽史》卷3《太宗纪上》，天显三年十二月。
② 见《汇篇》，第124页。
③ 王绵厚于《辽代"衍州"与"鹤野"探考——兼论东京曷术馆女真部》一文中提出，遗址在鞍山旧堡区驿堡古城，即今鞍山城。载陈述主编《辽金史论集》第3辑，第143页。
④ 《汇篇》，第125页。
⑤ 王绵厚：《辽代"衍州"与"鹤野"探考》，《辽金史论集》第3辑，第139页。
⑥⑦ 《读史方舆纪要》卷37《山东八》"辽东"。

营,中途望西南,两山巍然浮于海上,访诸野老,云此苏州关也。"①张博泉以为,金顺化营当即辽之顺化城,故辽之顺化城,在今辽宁复县与金县之中途②,即今普兰店附近。然而金代辽东半岛之"顺化营",恐与辽顺化城无关。据《金史》:

> 收国元年九月,太祖已克黄龙府,命加古撒喝攻保州。保州近高丽,辽侵高丽置保州,至是命撒喝取之,久不下。……十一月,系辽女直麻撚太弯等十五人皆降,攻开州,取之,尽降保州诸部女直。太祖以撒喝为保州路都统,太祖已破走辽主军,撒喝破合主、顺化二城,复请济师攻保州。③

这段文字应作如此理解:金将撒喝久攻保州不下,遂先回兵攻下开州,并攻陷合主、顺化二城之后,才再度图谋保州。显然,合主、顺化二城皆是开州附近的屯兵重镇,二城与开州沦陷后,消除了后方威胁,切断了保州与辽阳府的联系,金军才能尽力谋占保州。可知顺化城距开州应不远。《金史》的这一段文字,与《辽志》所载开州、顺化城皆于开泰三年有大量人口的徙入,并有一个建制上的改变之事实,有紧密的联系。又辽阳府周边既已有顺化县,开泰三年又置顺化城,恐此城即顺化县所升置。顺化县之地位,本属寻常,但圣宗朝辽、丽冲突不断,遂建开州为辽阳、保州之间的联络枢纽,且为保州之基地。然后又于开州与辽阳府之间,建立重要的联结点,这一联结点,选在顺化县所在之处,故徙民充实之,且升县为城,提高其地位,突出其军事作用。其确址虽难断定,但大致可定于辽阳府与开州之间。

率宾府

契丹袭渤海之旧,置率宾府刺史。治今俄罗斯乌苏里斯克(双城子)④。

向南认为:

> 辽志不应列入率宾、定理、铁利、安定、长岭五府。……元人修史将渤海五府重新列入辽志,实为一大错误。因为根据《辽史》记载,契丹人在天赞四年举兵东征,太祖阿保机每下一城除将渤海战俘分赐给宗室大臣外,

---

① 王寂:《鸭江行部志》,见贾敬颜:《五代宋金元人边疆行记十三种疏证稿》,第206页。
② 《东北历代疆域史》,第166页。
③ 《金史》卷135《外国传下·高丽》。
④ 《汇篇》,第147页,此地即渤海率宾府原址。然张泰湘《唐代渤海率宾府辨》(载《历史地理》第2辑,上海人民出版社,1982年,第176—180页)谓在今黑龙江省东宁县大城子古城。

又大批地将渤海居民迁往上京地区。继而太宗耶律德光又采纳了耶律羽之的建议,将东丹国的都城迁往辽阳府,同时还相继把渤海人连同所居州城一并迁往辽东。渤海历经几度迁徙之后,原有州城随之废弃,其旧地逐渐空虚,遂为女真人乘机侵据,成为辽朝军事管辖地区⋯⋯

渤海的率宾、定理、铁利、安定四府连同所居渤海人,相继被迁往辽东,建置为新的州城,在辽金两志中已有明确记载。辽志:"康州,世宗迁渤海率宾府人户置。县一,率宾。""广州,渤海为铁利郡,迁渤海人居之,建铁利州,统和八年省,开泰七年以汉户置。""双州,本挹娄故地,渤海置安定郡,久废。沤里僧王从太宗南征,以俘镇定二州之民建城置州。"金志:"垞楼,辽旧兴州兴中军常安县,辽尝置定理府刺史于此。"至于长岭府的废置,虽然辽志不见记载,但检《太祖纪》,从天显元年"八月辛卯,康默记等攻下长岭府"以后,长岭府之名随即在《辽史》中消失,就足以说明长岭府在辽已不复存在。

向南所说,有部分道理,我们在鉴别位于渤海内地的率宾等五府入辽以后,是否存在,是否迁址,皆需十分小心。然而,五府废、迁与否,又不可一概而论。

渤海铁利府及其首州广州,内迁后置铁利州,至统和八年(990)废,后以其地建广州(见下文广州条),《辽志》既在广州条中叙及其沿革,自不必另出铁利府一条。《中国历史地图集》铁利府与广州重出,亦非。

定理府在入辽以后亦曾迁址,而后于天显四年废罢(见下文兴州条),《金史·地理志》所载可为明据。

安定府。以"安定"为名者,据《辽志》载,辽州有安定县,双州原为安定郡地,则渤海之安定郡,或是安定府首州之别称? 如此,则安定府之地在今辽宁中部,渤海得此地较晚,并且保有时间不长,早在契丹建国之前,已为契丹所攻取,在契丹攻灭渤海国时,安定府之地,已为契丹内地,后以其地置双州。故而,安定府与率宾等其他四府不伦,或当作安边府。

安边府在辽灭渤海初期数次出现:天显元年二月,"安边、鄚颉、南海、定理等府,洎诸道节度、刺史来朝,慰劳遣之";三月,"安边、鄚颉、定理三府叛,遣安端讨之,丁丑,三府平,壬午,安端献俘,诛安边府叛帅二人"[①]。此后则不知所终,此与长岭府情况相同,应是天显元年即废。

长岭府,或当如向南所说,被契丹军攻破后其民内徙,其建置于内徙前

---

① 《辽史》卷2《太祖纪下》,天显元年二月庚寅、三月己巳。

后废。

就率宾府而言,其建置自渤海至金,似未尝中断。按《金史·地理志》云:恤品路"辽时为率宾府,置刺史"①,大约可证率宾府之建置长期延续,且一直在原地——其在辽、金为女真内地也。至于向南所指出的康州"世宗迁渤海率宾府人户置",这只是说明渤海率宾府有一部分人户徙置康州,并不意味着率宾府本身的废罢。辽初徙渤海人,往往徙某州、县一部分人户至一处建置州县,又徙另一部分侨置原州,如辰州部分人户迁至祖州建长霸县,又侨治辰州者是也。又如祖州长宁县、辽阳府兴辽县、永州长宁县民,皆迁自渤海长宁县。故而,辽初率宾府民被分入两个政区,并非不可理解。当然,相比渤海大部分府州整体内迁,率宾府留在原地是有些特殊。但尽迁渤海之民,只是防备渤海居民,并非有意置渤海故地于不顾。留个别州府于原地,作为辽廷的触角,起到震慑原居民的作用,这应当是辽廷不肯彻底放弃渤海内地的表示。

综上所述,率宾、定理、铁利、安边(安定)、长岭五府,入辽后命运不一,存其一而废其四,其所废四府,废罢时间与原因又不尽相同。

不辖县。

辰州

天显四年(929)迁渤海辰州,建辰州长平军节度,后改军额为奉国军。治今辽宁盖州市②。

《辽志》本条载,渤海以高丽盖牟城为盖州,后改辰州。按《汇篇》,高丽、唐之盖牟城,在今辽宁抚顺市③,则渤海之辰州亦在此。辽之辰州,必是迁渤海辰州所建。按《辽志》称"辽徙其民于祖州,初曰长平军"云云,实指辽天显元年灭渤海后,曾迁一部分渤海辰州民往契丹本部,置于新建之祖州。而后在天显四年,又尽迁其民至东京道南部、东京附近。至于其军额之改易,至迟在圣宗朝末,因宋天圣七年(1029,即辽圣宗太平九年)已有"奉国军节度使耶律高"④。

天显四年后,辖县一:建安县。

建安县

置于天显四年,倚郭。

---

① 《金史》卷24《地理志上》上京路恤品路条。
② 据《汇篇》第128页定点。
③ 《汇篇》,第78页。
④ 《长编》卷108,天圣七年十二月己酉。

按《汇篇》云:"辽辰州依郭县名建安,金改辰州为盖州,仍有建安县;县名即沿唐建安州旧名。"按《辽志》本条称,渤海之辰州"井邑骈列,最为冲会",其民大部迁入新址,而迁州后竟不存旧有属县。应在迁州同时,为其建新县以属之。

定理府—兴州

天显元年(926),迁渤海定理府民,建定理府刺史。天显四年,迁渤海兴州民至此,改置兴州刺史,后升中兴军节度。治今辽宁铁岭县西南53里新台子镇懿路村城址①。

《金史·地理志》载:"邑楼,辽旧兴州兴中军常安县,辽尝置定理府刺史于此。"②亦即《武经总要》所说,契丹以熟女真所置十七州(原文称十八州,实仅载十七州)之中的"定理州"③。天显元年,定理府曾两度起兵叛辽,该年平定后,其民当被内迁,仍置定理府,按《金志》所载,其与兴州乃是同址。然"定理府刺史"(《辽志》定理府条)与"兴州"两个同级政区同时存在于同址,显然不可能,两者应当是前后承接的关系,即天显四年,兴州与本道卢、铁、汤、崇等州一样,皆自渤海中京显德府迁来(辨见下文卢州条)。兴州合州之民迁至此地后,遂改定理府为兴州。然而新迁之时,并非如《辽志》本条之所载,为"中兴军,节度",而是刺史州。按《刘承嗣墓志铭》:"(天禄)四年,除兴州刺史⋯⋯一郡迁徙之民,四野荒臻之土,舒苏凋瘵,歌咏袴襦。"④天禄四年(950)与天显四年,已隔二十余年,一代之后,"迁徙之民"与"荒臻之土",正好到"舒苏凋瘵"之时。升节度之时不详。然圣宗太平九年(宋天圣七年,1029),已有契丹"中兴军节度使耶律倚"⑤,升节度固当在此年之前。按《金史》谓"辽旧兴州兴中军"⑥,误,当依《辽志》,作"中兴军"。

按张博泉等认为辽定理府在"今伯力南乌苏里江左右地"⑦,是以辽之定

---

① 按《汇篇》(第130页)云,在辽宁省沈阳县北六十里之懿路村。张博泉(《辽东行部志注释》,黑龙江人民出版社,1984年,第78页)、贾敬颜(《东北古地理古民族丛考》,《文史》第12辑,1981年9月,第152页)等亦定于同处。今为铁岭县新台子镇懿路村。
② 《金史》卷24《地理志上》东京路沈州邑楼县条。
③ 《武经总要》前集卷16下《边防·北蕃地理·奚、渤海、女真始末》。然此十八州中,"定理州"与"兴州"重出,待考。
④ (辽)冯珌:《大契丹国故左骁卫将军金紫崇禄大夫检校太保兼御史大夫上柱国彭城刘公墓志铭并序》(保宁二年),见《全辽金文》,第57页。
⑤ 《长编》卷108,天圣七年十二月庚戌。
⑥ 《金史》卷24《地理志上》沈州邑楼县条。
⑦ 《东北历代疆域史》,第166页。

理府与渤海定理府同址,未尝迁也。若如此,则《金史》沈州邑娄县条"辽旧兴州兴中军常安县,辽尝置定理府刺史于此"之说,即认为辽兴州与辽初定理府同址,无所凭藉矣。《汇篇》认可辽定理府南迁之说,但认为"以兴州为定理府刺史治所"①,则是以一刺史州为另一"刺史"府之治所,似未发现辽有其他相似的例子,故不取。

天显四年,辖县一:常安县。

常安县

置于天显四年,倚郭。

按常安县《辽志》不载。《金史》载:沈州邑娄县,"辽旧兴州兴中军常安县"②,据补。

(废)汤州

天显四年(929)迁渤海汤州置。辨同卢州。至辽末已不存。治不详,当在辽宁境内。

《汇篇》云:

> 按渤海有显、卢、铁、汤、荣、兴州,荣州在今康平县东北齐家坨子一带,兴州在今沈阳北之懿路。《辽史地理志》误书荣州为崇州,列汤州于兴、崇二州之间,可能汤州即在兴、荣二州附近。杨同桂、孙宗翰《盛京疆域考》汤州下注云:"在今辽阳州西北一百里……"说依《辽志》,未可尽信,兹姑取其说置汤州于今辽阳市西北约八十里处,以待详考。③

《辽志》"在京西北一百里"之说,前文已引金毓黻说,指出此"京"为渤海之中京,《盛京疆域考》以为辽东京,自不可信。《汇篇》既知此,而犹以为据,则"辽阳市西北约八十里处"之说,亦无所凭藉。再者,以为《辽志》之崇州乃荣州之误,此说亦欠缺证据。至于以《辽志》各州之排序确定汤、兴、荣(崇)三州接近,更不妥当。《辽志》的排序,向来是不表明政区之间距离的。比如其依来远城、铁州、兴州之次序排列,而三州一在辽东,一在辽宁中南部,一在辽宁中北部,相互距离各逾三百里,排序之说,岂足为凭?故置之以俟后考。

至于汤州之废,虽不知其时,然而辽末"渤海辽东五十四州"已不包括汤州,故知其已不存(以下本道辽末不存之诸州,释同此)。

---

① 《汇篇》,第147页。
② 《金史》卷24《地理志上》沈州邑娄县条。
③ 《汇篇》,第130页。

（废）崇州

天显四年(929)迁渤海崇州置崇州隆安军刺史。辨同卢州。至辽末已不存。治不详，当在辽宁境内。

《辽志》本条云："渤海置州"。金殿士以为：

> 辽代既有荣州，也有崇州，二州虽然均属东京道所领，但并非崇州即荣州之误。《辽史·地理志》对崇州的记载较荣州更为明确详实：……而同书中的荣州条，除列荣州名称外，并无其他记载。而有关崇州的记载虽与渤海相混，尚可得出其因循沿革关系。……崇州是唐在辽东所置安东都护府下属州城之一。……当亦在今抚顺一带。①

金殿士对崇州与荣州之辨别，以及对于渤海崇州之沿革，是相当明晰、合理的。"崇"与"荣"亦非甚为形似而易误者。然而，金文接下来的推断就值得怀疑了："唐末契丹据取辽东后，仍沿渤海或唐制为崇州，此非渤海南徙之荣州可知。又从《辽志》所载崇州'在京东北一百五十里'看，崇州既为东京道的领州，'京'字无疑是指东京辽阳府而言。无论从方位上或里距上推论，辽阳东北一百五十里，恰为今抚顺一带。"上文已经指出，"京"恰恰不是指东京辽阳府，崇州当然也不会在抚顺附近。而其他学者"按方位里程推定（崇州）当在今沈阳东南"②，也同样没有根据。由于《辽志》记载之疏略及缺乏其他材料，崇州之所在，只能置之阙如了。

天显四年，辖县一：崇信县。

崇信县

天显四年置，倚郭。辨同下文卢州熊岳县条。

按《辽志》于本道卢、铁、兴、汤、崇等州之下，皆记渤海故县之名，并云"皆废"，至于诸州于辽代所辖之县，则只载其县名而不注置、废之年。由此推测，此诸州在辽代之有属县者，一例在天显四年迁徙时，废旧县而置一新县倚郭。

海州南海府

天显四年(926)，迁渤海国南海府，置海州南海府南海军节度。治今辽宁海城市③。

---

① 金殿士：《辽代崇州考》，陈述主编：《辽金史论集》第1辑，第196—197页。
② 张博泉等：《东北历代疆域史》，第160页。
③ 《汇篇》第131页："辽海州在今海城县，向无异说。"

辽海州的来历，《辽志》只提到"渤海号南京南海府，都督沃、晴、椒三州，故县六：沃沮、鹫岩、龙山、滨海、升平、灵泉，皆废"。金毓黻指出："《辽志》云，海州南海军，本沃沮国地，渤海号南京南海府者，盖辽迁东丹国时，乃于今海城之地置海州南海军，以南海府沃州之民迁于此处，又置耀州以迁椒州之民，置嫔州以迁晴州之民。"①海州南海府自辽太祖灭渤海、徙其民仍置南海府，并未变其州名、府名。《辽史》载：天显元年，"二月庚寅，安边、鄚颉、南海、定理等府，泊诸道节度、刺史来朝，慰劳遣之"②。会同末（947）晋出帝北行，亦过南海府③。可知大延琳叛前，海州当称"南海府"，正如辽之龙州称"黄龙府"。至于军额，则亦称"南海军"，如耶律抹只于保宁十一年（979），"改南海军节度使"④。其军额始终未改。甚至在太平九年（1029）大延琳叛辽后，其建置、称号、等第仍维持原状。《元一统志》提到："废海州。辽太平九年渤海大延琳叛，尽徙南海府人于上京之北，移泽州民以实其城，仍号南海府，金改海州，又改澄州。"⑤明确提到平叛以后海州"仍号南海府"。

也存在一些史料，似乎可证明海州在太平九年之后有某些变化。比如，此后《辽史》中再无南海府或南海军之记载，但辽末却有"海州刺史高仙寿统渤海军应援"⑥，而在宋人的《长编》中，太平九年（宋天圣七年，1029）之后，多有海州团练使或海州防御使的记载⑦。这是否可说明，该年之后，海州之等第，已由节度降为防御或团练、刺史？不然。上文已经指出，辽遥领之团练、防御、刺史，与州之等第并无关系，节度州亦可有遥授的防御使、团练使、刺史。故而有海州防御使、团练使、刺史的记载，并不意味着该州之等第已下降。能证明海州始终为节度州的一个有力证据是：其下辖的耀、嫔二州，至太平九年之后并未废罢或改隶他州，而在辽代的体制中，没有防御、团练、刺史州再下辖刺史州的例子，故可排除海州降等第的可能性。

天显四年，辖县一：临溟县。节度使另辖州二：耀州、嫔州。

---

① 《渤海国志长编》卷14《地理考》。
② 《辽史》卷2《太祖纪下》。
③ 《新五代史》卷17《晋家人传》。都兴智释云："南海府，亦非原渤海国之南海府，而是指辽的海州南海军（徙原渤海国南京南海府置），治所在今辽宁省海城市。"载《辽金史研究》，第293页。
④ 《辽史》卷84《耶律抹只传》。
⑤ （元）李兰肸等撰，赵万里辑：《元一统志》卷2《辽阳等路行中书省·辽阳路》"古迹"条，中华书局，1966年。
⑥ 《辽史》卷27《天祚皇帝纪一》，天庆四年七月。
⑦ 《长编》卷228，熙宁四年十二月丙子，辽正旦副使海州团练使马谭；卷244，熙宁六年四月己卯，辽生辰副使海州防御使马永昌；卷358，元丰八年七月丙午，辽吊慰副使客省使、海州防御使韩昭愿；卷407，元祐二年（1087）十二月壬午，辽生辰副使客省使、海州防御使韩懿，等等。约八九例。

临溟县

天显四年置,倚郭。

耀州

天显四年,迁渤海椒州民置耀州刺史,属海州。治今辽宁大石桥市金桥街道岳州村①。

按《辽志》称:耀州"东北至海州二百里",而岩渊县"东北至海州一百二十里"。辽耀州仅辖此一县,岂州县不同址乎? 笔者以为,按《辽志》所载耀州"故县五,椒山、貂岭、澌泉、尖山、岩渊,皆废",此五县者,渤海耀州所辖也。按五县之次序,渤海时岩渊非倚郭县,与州有一定距离,《辽志》所载"耀州"、"岩渊"与海州的相对距离,实为渤海时期之现象。至辽,则以岩渊为倚郭矣。

天显四年,辖县一:岩渊县。

岩渊县

天显四年与耀州同建,倚郭。

嫔州

天显四年,迁渤海晴州民置嫔州柔远军刺史,属海州。治今辽宁海城市东北30里甘泉镇向阳寨②。

显州

天禄元年(947)置显州奉先军上节度。治今辽宁北镇市北镇街道北镇庙。

显州之始置,因人皇王倍(突欲)、世宗阮(兀欲)父子之陵而纠葛颇多。《辽志》云:"世宗置,以奉显陵。显陵者,东丹人皇王墓也。……大同元年,世宗亲护人皇王灵驾自汴京。以人皇王爱医巫闾山水奇秀,因葬焉。……州在山东南,迁东京三百余户以实之。应历元年,穆宗葬世宗于显陵西山。"据此,则显陵为人皇王墓,显州因人皇王葬此而置,世宗遇弑后,葬于父墓之旁耳,是显州应置于人皇王初葬之时,当在大同元年(即天禄元年,947)。然而,《辽史·世宗纪》云:"帝(世宗)遇弑,年三十四。应历元年,葬于显州西山,陵曰显陵。"③如此,则显陵为世宗之墓,州以陵名,显州当置于应历元年(951年,即

---

①② 《汇篇》,第131页。
③ 《辽史》卷5《世宗纪》,天禄五年九月。

天禄五年)。两处记载相悖,当孰从之?

检《旧五代史》:天福元年(936)石敬瑭入洛,"诏封故东丹王李赞华为燕王,遣前单州刺史李肃部署归葬本国。"①则早在大同元年(947)之前十年,东丹王李赞华,也就是人皇王耶律倍,已由晋归葬于辽,不俟大同元年"世宗亲护人皇王灵驾自汴京"矣。由耶律倍南奔之后辽太宗对其人其事之重视态度来看,归还倍之灵柩被石敬瑭视作极为重要和紧迫之事,显无可疑。因此《旧五代史》之载较为可信。又《新五代史》载,开运四年(947,即辽大同元年、天禄元年)晋出帝"过海北州,至东丹王墓,遣(皇子)延煦拜之"②。可知十年前耶律倍归葬后,太宗早已为其建陵于海北州附近矣,依出帝之北行路线,倍之陵恰当在显州③。

《辽史》又云:"敬瑭入洛,丧服临哭,以王礼权厝。后太宗改葬于医巫闾山,谥曰文武元皇王。世宗即位,谥让国皇帝,陵曰显陵。"④归改葬之事于太宗,与新、旧《五代史》所载相合,故知《辽志》以倍归葬事系于大同元年,实误。而显陵确是倍之墓,《辽志》无误,乃《纪》误耳。不过名倍之墓为"显陵",并以陵名"显州",当是世宗即位后之事。这一推论,不仅有《辽志》可为佐证,且世宗比太宗,显然更有增重耶律倍地位之动机。此外,若太宗时已建显陵、显州,则《新五代史》提及出帝之北行,不当说"过海北州,至东丹王墓",而是应当直指显州。

按倍之柩天福元年十二月离洛阳,至太宗葬之于医巫闾山,当在次年(937)。至世宗天禄元年,则称陵为显陵,建州曰显州矣。

贾敬颜云:"显州在今辽宁北镇县西南五里北镇庙前土城,遗迹显然。(辽显州治奉先县,金天会八年改钟秀县,而'钟秀城'石匾额曾发现在这座土城中)"⑤

天禄元年,辖县二:奉玄、归义县。节度使另辖州三:嘉、辽西、康州。应历元年,置山东县。辖县三:奉玄、归义、山东县。节度使仍统三州。

1. 奉玄县

天禄元年置,倚郭。

---

① 《旧五代史》卷76《高祖纪二》,天福元年十二月丙申。
② 《新五代史》卷17《晋家人传第五·高祖皇后李氏》。
③ 可参看贾敬颜:《〈晋出帝北迁记〉疏证稿》,《五代宋金元人边疆行记十三种疏证稿》,第5页。
④ 《辽史》卷72《义宗倍传》。
⑤ 贾敬颜:《东北古地理古民族丛考》,《文史》第12辑,1981年9月,第151页。

按《辽志》作"奉先县",《金史·地理志》作"奉玄"①。向南云:"寿昌三年《贾师训墓志》记:贾师训'授奉玄县令,改锦州永乐令'。据此《辽志》奉先应作奉玄。"②

2. 归义县

天禄元年置。治所不详,当在今辽宁北镇市境。《辽志》云:"归义县,初置显州,渤海民自来助役,世宗嘉悯,因籍其人户置县。"县民因与显州、显陵相联系,当距显州不远。李慎儒云:"在今锦州府广宁县东北。"③广宁县,即今北镇市。

3. 山东县

应历元年置。按《辽志》:"山东县,本汉望平县,穆宗割渤海永丰县民为陵户。"此当是穆宗葬世宗之时所置,故定于应历元年。

治今北镇市。按《金史·地理志》:广宁县"旧名山东县,大定二十九年更名"④。金之广宁县治今北镇市,即辽之山东县也。

(废) 嘉州

天禄中,置嘉州嘉平军下刺史。至辽末已不存。治所不详,当在今辽宁北镇市附近。

按嘉州之始置年份,《辽志》不载,或与同属显州所辖的辽西、康二州同置于天禄中。

(废) 辽西州

天禄中(947—951)置辽西州阜城军中刺史。废于统和二十六年以后⑤。治今辽宁义县东南44里张家堡镇王民屯⑥。

统和八年(990),辖县一:长庆县。

长庆县

统和八年置,倚郭。

---

① 《金史》卷24《地理志上》广宁府条。
② 向南:《辽史地理志补正》,《社会科学辑刊》1990年第5期,第81页。
③ 《辽史地理志考》,《二十五史补编》,第8111页上。
④ 《金史》卷24《地理志上》广宁府广宁县条。
⑤ 此州始末不存。按李度于统和二十六年所作《王说墓志铭序》,该年说之子某为"辽西州刺史",则州废于此后,见《全辽金文》,第141页。
⑥ 《汇篇》,第134页。

（废）康州

天禄中置康州下刺史。至辽末已不存。治所不详，约在今辽宁北镇市附近。

天禄中，辖县一：率宾县。

率宾县

天禄中与州同置，倚郭。

按《辽志》云：康州，"世宗迁渤海率宾府人户置"；而率宾县，"本渤海率宾府地"。按率宾县在今辽宁西南之北镇市附近，与率宾府今地所在之黑龙江相距颇远，故辽率宾县不可能是渤海率宾府原地，而应当与所隶康州一样，其民自渤海率宾府迁来。李慎儒已指出《辽志》之误①。

（废）头下宗州—宗州

统和（983—1012）初年置头下宗州，刺史。统和二十九年改为中央直属。至辽末已不存。初治不详，统和二十九年后，治今辽宁凤城市附近。

《辽志》云："耶律隆运以所俘汉民置。圣宗立为州，隶文忠王府。王薨，属提辖司。"按隆运（即韩德让）于统和四年、六年曾参与辽宋战争②，俘民置州之事，当在四年或六年以后不久。又隆运之卒，在统和二十九年③。改隶提辖司应在当年。既改隶提辖司，则与其他隶宫州县一样，为朝廷直属矣。

关于宗州下属熊山县，《辽志》云："本渤海县地。"李慎儒释："案县当即宗州治。今朝鲜境咸镜道咸兴府西北有辽开州城。开州，本渤海龙原府，统县六，至辽皆废；其第五县曰熊山，在故辽开州之西。盖圣宗析开州西边置州，仍用渤海故县名。"④李慎儒将渤海龙原府之地与龙原府南迁后所建的辽开州之地混牵，此其误一。渤海龙原府在今黑龙江宁安市，辽开州在今辽宁凤城县，不当在朝鲜境内，若熊山"在故辽开州之西"，无论是否将渤海龙原与辽开州视为一地，熊山亦不至入朝鲜之境，此其误二。陈汉章云："案州治熊山县，以石熊山名，本渤海县地，则在显、乾二州间，非高丽地。李释、杨图并云当在朝鲜咸镜道，不知何据。"⑤按渤海熊山县既属龙原府，入辽已迁为白地，熊山当与渤

---

① 《辽史地理志考》，《二十五史补编》，第 8111 页中。
② 《辽史》卷 82《耶律隆运传》。
③ 《辽史》卷 15《圣宗纪六》，统和二十九年三月己卯。
④ 《辽史地理志考》，《二十五史补编》，第 8111 页中。
⑤ 陈汉章：《辽史索隐》卷 4《地理志·东京道》，《二十五史三编》第 8 分册，第 208 页下。

海龙原府所属诸州县一体内迁,《辽志》所云熊山县"本渤海县地",难以相信。当如《辽志》所云,与宗州一样,在"辽东石熊山"。陈汉章驳李释、杨图之说,甚为合理。但其按宗州在《辽志》中的排序,称熊山"在显、乾二州间",也不甚确切,因显、乾二州,皆在辽西,非辽东也。

笔者以为,熊山县当距辽开州不远。渤海龙原府首州庆州所辖熊山县,其民当与其他庆州民一同迁至辽东,辽既以庆州民于今凤城地置开州,当时或如《辽志》开州条所云,熊山县在迁徙时废罢,后又重置,或是当时存县而划入邻州。而县址则仍在开州附近,即今辽宁凤城县附近。

统和二十九年后,辖县一:熊山县。

熊山县

始置不知其时,统和二十九年后倚郭。如上文所云,原渤海龙原府首州庆州下辖之熊山县,是否在辽初南迁庆州置开州时废罢,今已不得而知。然可肯定的是,该县当在统和二十九年收宗州直属中央时方划入或新置。因辽之头下州无属县也。附带的问题是,头下宗州治于何处?其确址固不可考,但其治所亦当距熊山县不远,故后来可并熊山入州。

乾州

乾亨四年(982)置乾州广德军,上节度。治今辽宁北镇市内观音阁街道观音洞。

按《辽志》云:"圣宗统和三年置,以奉景宗乾陵。"按《辽史·圣宗纪》乾亨四年"十一月甲午,置乾州"①,比《辽志》所载早三年。田村实造支持乾亨四年建州之说,认为《辽志》误将新宫与乾州混为一谈了②。然而向南以为,《辽史》本纪载,统和元年二月,"葬景宗皇帝于乾陵",此前景宗既未葬,则无乾陵之名,亦无乾州可置,故本纪乾亨四年置州说有误。但本纪又载,统和三年八月,"幸乾州,观新宫",则当时乾州建置已有一段时间,所以《辽志》统和三年置州说也不确,失之过晚。故而,向南认为建州当在统和元年,或如《元一统志》之说,在统和二年③。

笔者以为,本纪的多条记载,都与《辽志》统和三年置州说相悖,此说可不取。至于在景宗下葬于乾陵之前不可能有乾州,却也不然。景宗后事,当然是

---

① 《辽史》卷10《圣宗纪一》,乾亨四年十一月甲午。
② 〔日〕田村实造:《辽代的移民政策和州县制的建立》,《日本学者研究中国史论著选译》,第516页。
③ 向南:《辽史地理志补正》,《社会科学辑刊》1990年第5期,第83页。

以确定建陵之地和陵名、置陵寝州、建陵、下葬的次序进行。前两个步骤进展可以很快,后两步骤则较为繁琐,因此,乾亨四年十一月,即景宗薨后两个月、景宗下葬之前已建陵寝州,是完全合理的,当以《辽史》本纪之说为准。

关于辽乾州及倚郭奉陵县所在,有三个参照点。

其一是辽显州(今北镇市北镇庙)。许亢宗记载:"离(显)州七里,别建乾州。"①即乾州离北镇庙7里。

其二是金广宁府。金人王寂记载:"闾阳,辽时乾州也。……本朝以其县(州)去广宁府五里,降州为县。"②而《元一统志》则说:"乾州故城,在广宁府西南七里。"③则辽乾州距金广宁府(今北镇市)5—7里。

其三是金闾阳新县。王寂又说:"去岁又以县非驿路,移东南六十里旧南川寨为县治。"④

据二、三两个参照点,贾敬颜云:"旧的南川寨而新的闾阳县,则为今北镇县西南的闾阳驿村。从北镇县城西南数五里(或七里),从闾阳驿村西北数六十,则观音洞一带正是乾州的所在。"⑤事实上,观音洞与北镇市中心的距离为9里,7里者,约数耳。而观音洞与第一个参照点——北镇庙,则恰为7里之距。故观音洞这一定点,大体符合其与各参照点之距离。

乾亨四年,辖县一:奉陵县。后置延昌、灵山、司农三县,又海北州自宜州崇义军节度来属广德军节度。统和八年,曾置安德县,属乾州,后改属霸州。辖县四:奉陵、延昌、灵山、司农县。节度使另统州一:海北州。

1. 奉陵县

乾亨四年置,倚郭。

《辽志》云:"奉陵县……括诸落帐户,助营山陵。"当是始建乾陵之时,与州同置。

2. 延昌县

始置不知何时,确址无考,当在今辽宁北镇市附近。

3. 灵山县

始置时间不详,确址不详,约在今辽宁黑山县东南或南面。

---

① 《宣和乙巳奉使行程录》,《五代宋金元人边疆行记十三种疏证稿》,第239页。
② (金)王寂:《辽东行部志》,见贾敬颜:《五代宋金元人边疆行记十三种疏证稿》,第268页。
③ 《元一统志》卷2《辽阳等路行中书省·广宁府路》"古迹"条。
④ 王寂:《辽东行部志》,见贾敬颜:《五代宋金元人边疆行记十三种疏证稿》,第268页。
⑤ 贾敬颜:《东北古地理古民族丛考》,《文史》第12辑,1981年9月,第151页。

按《金史·斜卯阿里传》:"攻显州,下灵山县,取梁鱼务。"①梁鱼务即金广宁府辖下望平县,梁鱼务之方位,与灵山县位置颇有干系。

宋使许亢宗于宣和七年(即金天会三年,1125)入金,行程如下:"第二十三程自显州九十里至兔儿涡。第二十四程自兔儿涡至梁鱼务。离兔儿涡东行,即地势卑下,尽皆萑苻,沮洳积水,是日凡三十八次渡水,多被溺。名曰辽河,濒河南北千余里,东西二百里,北辽河居其中,其地如此。……务基于水际,居民数十家,环绕弥望皆荷花,水多鱼。"②《大金国志》所收许亢宗《行程录》则云:"第二十四程,自兔儿涡六十里至梁鱼务。"③许亢宗在第二十三程显州至兔儿涡一带未作特别说明,或许行程并不艰难,而对于第二十四程则叫苦不迭,在北辽河漫流区迂曲而行。故虽称一程,且实际行程达六十里之远,但兔儿涡至梁鱼务,直线距离却有限,估计不会超过三十里。那么梁鱼务大约在显州东直距百里以上,百二十里之内。

灵山则在显州与梁鱼务之间。王寂云:"朝廷以广宁距章义县三百余里。路当南北之冲,旧无郡邑,乃改山东为望平,治梁鱼务,以适公私之使。"④何以三百余里间"无郡邑"?正如许亢宗所说,"离兔儿涡东行,即地势卑下,尽皆萑苻,沮洳积水",北辽河漫流其中也。照此地形,辽之灵山县即不可能在兔儿涡以东、靠近梁鱼务一侧,而应当在显州与兔儿涡之间,也即在乾州之东(显、乾二州相距仅7里)。甚或就是金初之兔儿涡也。则其地在今辽宁黑山县东南或正南。

贾敬颜释许亢宗《奉使行程录》时,以灵山为成州,且定其遗址于今辽宁阜新县红帽子山古城⑤。按灵山与成州向无关系,而当如《地理志》所载,属乾州。在释王寂《辽东行部志》时,又说:"(灵山)在显州(今北镇县城)梁鱼务(今黑山县东南古城子村)之间而略北;……又在懿州(今阜新县塔营子村)之东,则略当于彰武县以东法库县以西之某地。"⑥事实上,得出"在显州梁鱼务之间"的根据,是许亢宗的行程再结合金初斜卯阿里的进军路线。至于"略北",又"在懿州之东",则是根据金中期明昌元年(1190)王寂懿州—灵山县—庆云县的行程。但是,辽及金初之灵山县,却非金中期之灵山县。斜卯阿里与王寂

---

① 《金史》卷80《斜卯阿里传》。
② 贾敬颜:《〈许亢宗行程录〉疏证稿》,《五代宋金元人边疆行记十三种疏证稿》,第240—241页。
③ 《大金国志》卷40《许奉使行程录》。
④ 王寂:《辽东行部志》,见贾敬颜:《五代宋金元人边疆行记十三种疏证稿》,第257页。
⑤ 贾敬颜:《〈许亢宗行程录〉疏证稿》,《五代宋金元人边疆行记十三种疏证稿》,第240页。
⑥ 贾敬颜:《王寂〈辽东行部志〉疏证稿》,《五代宋金元人边疆行记十三种疏证稿》,第284页。

所经的灵山县并非一地,自然无法联系起来,故而参用上述两处记载当有所考辨。若依王寂的记载,金中期灵山与庆云县距离极近,以至于可以当晚"寄宿于灵山县之佛寺"而次日"早解鞍于庆云县"。庆云在今辽宁康平附近,若辽灵山即金灵山,它距辽乾州(今北镇附近)达 400 里之遥,怎么可能归属于乾州呢?两者之间又要间隔多少其他的州、县?由于误系辽、金灵山县于一处,故贾敬颜定灵山于阜新附近、法库附近,皆与辽之灵山县无关也。而赵振生提出:"灵峰本渤海国辖县,辽灭渤海后侨置到今法库县境,改名灵山,灵山县金代由咸平府改属懿州"①,这一说法,同样也无法成立。

《辽志》载,灵山县"本渤海灵峰县地"。《金志》的说法完全相同②,这应是引起研究者误会的起因。笔者推测,真正"本渤海灵峰县地"者,乃金之灵山县地,即今康平附近。而辽之灵山县,或是建乾州后,由康平附近原辽灵峰县迁来建新县,以体现乾州作为陵寝州之重要性。至金初,则移辽灵山县于原渤海灵峰县地。

4. 司农县

始置之时不可考,治于今辽宁阜新县东北 67 里左右务欢池镇附近。

按《契丹国志》:天庆七年(1117)十一月,耶律淳"到卫州蒺藜山。遂留大军就粮司农县,领轻骑二千,欲赴显州,行次懿州,或报女真前军已过明王坟,即召大军会徽州"③。此记载显示,司农县与蒺藜山较近,至显州反而有一段距离,需要轻骑疾驰。并且,司农县亦近懿州。按《中国历史地图集》定蒺藜山于今阜新县北察哈尔山,辽懿州(平安地镇土城子)在蒺藜山北约 60 里,本由蒺藜山南行赴显州的耶律淳,何以又北上至懿州呢?笔者以为,司农县正在蒺藜山与懿州之间,耶律淳本为北上抗击女真,至此忽然需要南下平定叛军,故依原先计划的行军路线,将大军带到蒺藜山稍北的司农县,而懿州又距司农县不远,他的二千轻骑,若由懿州取官道疾趋显州,行进更为方便,故司农县距蒺藜山、懿州皆不远,则司农县当在今务欢池镇附近,南距蒺藜山、北至懿州皆为 30 里左右。

海北州

天禄中(947—951)置海北州广化军中刺史。初属宜州,后属乾州。治今辽宁义县东南 42 里七里河镇开州村④。

---

① 赵振生:《金代阜新历史文物综述》,《阜新辽金史研究》,第 38 页。
② 《金史》卷 24《地理志上》懿州灵山县条。
③ 《契丹国志》卷 10《天祚皇帝纪上》。
④ 此据贾敬颜定点,见《〈晋出帝北迁记〉疏证稿》,见《五代宋金元人边疆行记十三种疏证稿》,第 5 页。

《辽志》云："世宗以所俘汉户置……初隶宜州,后属乾州。"按辽宜州迟至开泰三年(1014)始置,在今鸭绿江畔,与海北州无涉。《辽史》中华书局本校:"宣州系宜州之误。"①宜乎其言。《辽志》中京道宜州闻义县条云:"闻义县,世宗置。初隶海北州,后来属。"显然,海北州与宜州必然相邻,才能有"闻义县"在两者之间的割属,宣州当作宜州。又由宜州条下"闻义"与海北州条下"开义",向南得出"闻义系开义之讹"②,这一判断亦颇可信。

然将《辽志》海北州条与宜州闻(开)义县条相参,仍有难以索解之处。海北州由宜州而改属乾州,而所属开义县则先属海北州,又转隶宜州。若两条皆信,则是海北州割属乾州后,其所属开义县反又割隶宜州,海北州则为不辖县之州。但据《金史·地理志》所载,开义县为"辽海北州广化军县故名,熙宗皇统三年废州来属"③,可见,在辽末开义县仍为海北州辖县,上述解释不能成立。为此,《汇篇》为海北州增加了两个转折:开义县原为海北州属县,后海北州废,乃直属宜州;辽天祚帝天庆八年(1118)顷,海北州已复置,治开义县,隶乾州④。这样,既符合《辽志》宜州开义县条,又符合《金史·地理志》义州开义县条及《辽史·天祚皇帝纪》天庆八年"霍六哥陷海北州"⑤的记载。

但是,如此增加沿革的复杂度,问题仍然存在。向南指出,"乾统八年《妙行大师行状碑》记:'初起(大昊天)寺之后,胜缘拘碍,不获久行。方又遍历名山,谘参胜友。道过海北州凌河,于时抵暮,四望无人。'按燕京大昊天寺始建于清宁五年"⑥。那么,对于《汇篇》的说法,较好的校正方式,是否要将海北州复置的时间,由"天庆八年顷"提早到乾统八年(1108)甚或是清宁五年(1159)呢?笔者以为,若出现矛盾的资料,与其为政区的沿革增加一两次转折,还不如直接排除与其他资料都不相合的那条。就海北州及其所属开义县的情况而言,如果排除《辽志》宜州闻(开)义县条,其他各条材料皆能相合矣。如此,则海北州在世宗天禄中建置之时,属宜州,后改属乾州,直至辽末未废。而开义县也一直隶于海北州。

天禄中,辖县一:开义县。

---

① 《辽史》卷38考证,第479页。
② 向南:《辽史地理志补正》,《社会科学辑刊》1990年第5期,第84页。
③ 《金史》卷24《地理志上》北京路义州开义县条。
④ 《汇篇》,第135页。
⑤ 《辽史》卷28《天祚皇帝纪二》,天庆八年六月丁卯。
⑥ 向南:《辽史地理志补正》,《社会科学辑刊》1990年第5期,第84页。

开义县

天禄中与州同置,倚郭。

沈州

太祖神册中(916—922)置沈州。太宗时为兴辽军节度。圣宗统和三年之前,更为昭德军中节度。治今辽宁沈阳市。

契丹得辽东地,在 10 世纪初建国之前(见上文上京道祖州咸宁县条)。其置沈州,或在神册四年,与东平郡(即后来的辽阳府)同时(见上文东京道辽阳府条),故而有神册六年"徙檀、顺民于东平、沈州"之事①。置州、徙民,皆为开发辽东地之举措。

然《辽志》云"本挹娄国地,渤海建沈州,故县九,皆废",似乎契丹之沈州乃袭渤海之旧也。按《新唐书》:渤海以"挹娄故地为定理府,领定、潘二州"②,《辽志》"本挹娄国地"之说,当源于此,并将辽之沈州混为渤海定理府所属之潘州。《元一统志》沿袭了这一错误:"沈阳路,本挹娄故地,渤海建定理府,都督沈、定二州,领定理、平邱……能利九县,此为沈州地。后罹兵火,其定州与县并废。"③《元统志》牵混渤海潘州与辽沈州,此点金毓黻已指出④。沈州所在辽东之地契丹建国以前已得之,神册中已建沈州,并将其与邻近的东平郡并举,而数年之后,方得灭渤海,得定理府地,此皆确凿无疑之事,岂得将沈州与渤海定理府所属之潘州混为一谈?与"潘县"更是风马牛不相及耳。

事实应当是:沈州早在契丹灭渤海前已建。而灭渤海之后,太宗于天显四年迁渤海民入内地,原渤海定理府亦徙置于辽东,因其地离沈州不远,后人乃误以为沈州与定理府同时徙置,并进而将沈州与该府所属潘州混同,所谓"故县九,皆废"者,乃渤海故潘州也。

以初建国号为"辽"之时来推测,沈州置兴辽军节度,当在太宗会同元年(938)以后。按辽曾多次改国号,神册元年建国(916),始称"大契丹",太宗时,改为"大辽",统和元年(983),又改称"大契丹",咸雍二年(1066)又改称"大辽"。唯太宗改称"大辽"之时,争议颇多,《新五代史·四夷附录》云,契丹改国号为大辽在会同元年,即 936 年。《资治通鉴》认为在后晋天福二年,即 937 年,《契丹国志》亦同。《东都事略》认为在天福三年,即 938 年,陈述《契丹社会

---

① 《辽史》卷 2《太祖纪下》,神册六年十二月己卯。
② 《新唐书》卷 219《北狄·渤海传》。
③ 《元一统志》卷 2《辽阳等路行中书省·沈阳路》"建置沿革"条。
④ 《渤海国志长编》卷 14《地理考》。

经济史稿》持此说。《辽史·太宗纪》及《五代会要》认为,在会同十年二月朔,即947年①。无论定在哪一年,其实各书所记太宗改国号之事,皆与以下两事之一相联系:得十六州,灭石晋。若因前者而更国号,则在会同元年,此《新五代史》与《资治通鉴》所持之见,然《新五代史》定会同元年于天福元年,《资治通鉴》则定于天福二年,故有此差异耳。若因灭晋而更国号,则自然在契丹大同元年,即947年。而这两次事件都附带有太宗对官制的改革,更改国号,都有理由。笔者以为,以会同元年说较为可信,这不仅是因《新五代史》、《资治通鉴》之可信度远远超过《辽史》,而且,新、旧《五代史》及《资治通鉴》都提到,会同十年即大同元年二月,契丹改晋国为大辽国②,即吞并石晋之疆土入辽,而非始更契丹国号为辽也,这完全可以解释,《辽史》是将"大辽"吞并晋国之事,理解为"契丹"更国号为"大辽"。故太宗升沈州为兴辽军节度,不能局限于大同元年这一年。当年太宗忙于后晋事务,可能无暇顾及沈州军额更改之事。而应当延长至会同元年至大同元年这一段时间,其中最有可能的是会同元年改国号之时。由于当年升幽州为南京,遂改原南京东平郡为东京辽阳府,沈州在同年升节度,以增重辽阳之形势,并以新更之国号名之,皆为契合情理之事也。

更为昭德军节度的时间,按《辽史·太宗纪》,似在太宗大同元年之前。该年出现了辽代最早的"昭德军节度使",任此职者为高唐英③。然检《旧五代史》,高唐英当时任"相州节度使"④。相州在梁代为昭德军节度,晋为彰德军节度,契丹灭后晋,乃以梁相州之军额名相州,此"昭德"非辽沈州明矣。景宗初,耶律何鲁不"授昭德军节度使,为北院大王"⑤,无法确知此处"昭德军"是何州。至统和三年七月,"以平章事萧道宁为昭德军节度使",此昭德则确指沈州矣,因两个月之前,萧道宁刚刚被任命为"同平章事、知沈州军州事"⑥,尚有点"暂知"沈州的意思,至此,则实授矣。

神册六年,辖县一:三河县,后改名乐郊县。天赞三年置渔阳县。会同中,以岩州隶昭德军节度。重熙以后,渔阳县改名灵源县。辖县二:乐郊、灵

---

① 见佟家江:《契丹首次改辽年代考》,《民族研究》1983年第4期,第60页。
② 《旧五代史》卷99《汉书·高祖纪上》,天福十二年二月丁巳朔;同书卷137《外国传一·契丹》;《新五代史》卷72《四夷附录第一·契丹》;《资治通鉴》卷286《后汉纪一·高祖上》,天福十二年二月丁巳朔。
③ 《辽史》卷4《太宗纪下》,大同元年二月辛未。
④ 《旧五代史》卷99《汉书·高祖纪上》,天福十二年二月丁巳朔。
⑤ 《辽史》卷77《耶律吼附子何鲁不传》。
⑥ 《辽史》卷10《圣宗纪一》,统和三年五月癸酉、七月丁卯。

源县。节度使另统州一：岩州。

1. 三河县—乐郊县

太祖神册六年置三河县，倚郭。后改乐郊县。

《辽志》云："乐郊县，太祖俘蓟州三河民，建三河县，后更名。"张修桂等提到："检《辽史·太祖纪》下，神册六年十一月，'丁未，分兵略檀、顺、安远、三河、良乡、望都、潞、满城、遂城等十余城，俘其民徙内地'。《兵卫志》上总绪所言略同。是则太祖建沈州三河县，在神册六年之后。会同元年，三河县随蓟州入辽，辽依旧置县，沈州三河县更名为乐郊当在此年。"①按《辽史》本纪，神册六年十二月"徙檀、顺民于东平、沈州"，建沈州三河县，应当就在此次徙民之时，而本纪只提到檀、顺民，略去一个月前所俘、此次一同徙来的相邻其他各县之民。至于更名为乐郊之时，定于会同元年本是合乎情理的，然而同属沈州的渔阳县，却并未因为该年入辽的十六州中有渔阳县而更名，故三河更名于会同元年之说，亦难视作确论。

2. 渔阳县—灵源县

太祖天赞三年(924)建渔阳县。重熙十四年以后，更名灵源。治所不详，当在今辽宁沈阳市附近。

按《辽志》未载建县确切年份，按本纪：天赞元年四月"甲寅，攻蓟州，戊午，拔之"；天赞三年五月"徙蓟州民实辽州地"②。沈州近辽州，沈州渔阳亦当是以天赞元年所获之蓟州民于天赞三年"实辽州地"之时所建。更名之时不详。向南指出："《志》未记渔阳何时更为灵源。据重熙十四年《沈州卓望山无垢净光塔石棺记》……'维那、征事郎、太子正字、守沈州渔阳主簿、兼知县尉、飞骑尉王运机'，知渔阳改为灵源应在兴宗重熙十四年之后。"③

岩州

天显四年(929)置岩州白岩军下刺史。会同中隶沈州昭德军节度。治今辽宁灯塔市东26里铧子镇燕州城④。

《辽志》云：岩州"本渤海白岩城，太宗拨属沈州"。依《辽志》体例，此州当

---

① 张修桂等：《〈辽史·地理志〉平议》，《历史地理》第15辑，第331页。
② 《辽史》卷2《太祖纪下》。
③ 《辽史地理志补正》，《社会科学辑刊》1990年第5期，第83页。
④ 《汇篇》，第137页。又，韩宝兴、李宇峰谓州址在今灯塔市西大窑乡城门口村，俟再考。见《辽宁建平县丰山村辽耶律霞兹墓地发掘简报》，《辽金历史与考古》第1辑，辽宁教育出版社，2009年，第47页。

是渤海白岩城迁徙后所置,非建于原地也。金毓黻云:"此盖(渤海中京显德府所属)卢州白岩县民移置于此者也。"①按移渤海卢州白岩县民,当在天显四年渤海民大迁徙之时。至会同中,沈州升置兴辽军节度,遂以岩州属兴辽军。

岩州,又作嵓州、嵒州,关于嵓州,向南已列出很多例子,并与中京道锦州所属之严州相区别②。

天显四年,辖县一:白岩县。

白岩县

天显四年与州同置,倚郭。

《辽志》云:"白岩县,渤海置。"当是徙渤海白岩城置岩州之时,亦移其县为倚郭。

(废) 潘州

天显元年(926)徙渤海潘州,置潘州,观察。天显四年废。治所不详,当在今辽宁沈阳附近。

按天显元年定理府迁至今沈阳附近之懿路村(见上文定理府—兴州条),又辽之沈州,"本挹娄国地,渤海建沈州"(《辽志》沈州条),上文沈州条已辨之,是撰史者以辽之沈州与渤海潘州相混,遂谓沈州乃渤海所建矣。混淆两者,原因之一是潘州迁置后,新址近于沈州。

据《长编》记载,天圣三年(1025),"契丹遣彰胜军节度使萧穆古,潘州观察使郑文囿,来贺皇太后正旦"③。尽管辽之遥授观察使可带他国之州,然未见带渤海之州者,而潘州之见于史者,除渤海外,唯唐之岭南及五代南汉有之,且入宋而废,辽或不至以此偏远而难为人知之州为观察州,授职于臣僚。故笔者推测,渤海之潘州,入辽后虽曾迁址而未立即废除。俟天显四年渤海民大迁徙、辽东政区大调整之际,与定理府一同废罢。本国既曾有此州,后虽废,而遥授使职仍得用之。

辖县不详。

集州

天显四年(929)年置集州怀众军下刺史。治今辽宁沈阳市东南55里陈相

---

① 《渤海国志长编》卷14《地理考》。
② 《辽史地理志补正》,《社会科学辑刊》1990年第5期,第82页。
③ 《长编》卷103,天圣三年十二月癸酉。

街道奉集堡①。

《辽志》云,"渤海置州",当是天显四年自渤海移置集州于辽东也。《金史·地理志》作"怀远军"②,因没有其他关于集州的资料可供校对,姑从《辽志》。

天显四年,辖县一：奉集县。重熙以前,置白云山县。后废。州仍辖县一。

奉集县

天显四年与州同置,倚郭。

据《辽志》所载,奉集县与州相同,"渤海置"。

(废)白云山县

始置于重熙以前,后废。治今辽宁辽阳市东50里安平街道一带。

按《武经总要》：岩州(即岩州)之"南,集州白云山县"③。此县仅此一见,其名亦较特异,不同于辽县通常的二字县名。然而曾公亮等撰此书,虽其方位里距大可怀疑,地名则多属辽实有之处。《辽志》不载此县,或其至辽末已废。岩州治今辽宁灯塔市东铧子镇燕州城,白云山县当在其南不远,约辽阳市东安平街道一带。

铁利州—广州

天显元年(926)徙渤海铁利府,置铁利州刺史。统和八年(990)废,开泰七年(1018)于原址置广州。治今辽宁沈阳市西南63里高花街道④。

按《辽志》东京道又有铁利府一条,系重出也。按《辽史·食货志》："神册初,平渤海,得广州,本渤海铁利府,改曰铁利州。"⑤按平渤海在天显元年,非神册也。然由此可知,辽初将渤海铁利府内徙。《汇篇》云："《辽史地理志》广州下谓'渤海为铁利郡',是说广州为铁利府属郡,又谓'太祖迁渤海人居之',是说把渤海的广州迁到此地来。"⑥辽太祖"把渤海的广州迁到此地来",恐未必然。《辽志》广州条表达得比较清楚："太祖迁渤海人居之,建铁利州。"即辽初迁铁利府民建铁利州,且其中主要应当是渤海铁利府下辖广州之民,但渤海

---

① 《汇篇》,第138页。
② 《金史》卷24《地理志上》东京路贵德州奉集县条。
③ 《武经总要》前集卷16下《边防·北蕃地理·戎狄旧地·东面四面诸州》。
④ 《汇篇》,第138页。
⑤ 《辽史》卷60《食货志下》。
⑥ 《汇篇》,第138页。按《新唐书》卷219《北狄·渤海传》,渤海铁利府辖下有广州。

广州作为政区却遭废罢。《辽志》铁利府条载,"铁利府,刺史",恐当是"铁利州,刺史",但无论是州、是府,辽之铁利之等第是刺史,应当不再像渤海时期那样,仍能下辖属州,《辽志》广州条亦未提及该州在辽初即已存在,可知辽广州当是铁利州之后身,两者未尝共存也。

《中国历史地图集》定广州于今辽宁辽中东北,然同时又置铁利府于今抚顺之北、铁岭之南,与广州同时并存,作不定点处理,不知何故。张博泉等认为"铁利府刺史,在今伯力",舒焚认为在今"黑龙江依兰以西",皆以为其仍渤海之旧址①。杨保隆明确提出,"我们以为(辽铁利府)仍设在渤海原铁利府地",因为"渤海铁利府居民是原黑水靺鞨十六部之一的铁利居民,他们在辽代大部分未被南迁,只是稍向西移,累见于《辽史》中的铁骊即是,居今黑龙江省伊春市南、依兰县以西地区"②,但却不存在能够证明辽之铁利府存于渤海原址的材料,这样,《辽志》广州条的记载,恐怕难以推翻。至于杨保隆因辽之"铁骊部"、"铁骊国王府"仍在今黑龙江境内,故怀疑"铁利府"亦存在于渤海原址。对此,笔者以为可作如此解释:辽初内迁者之渤海铁利府民,乃城居者,或近城而习农耕者也,这些城市和农耕居民内迁后,其政区不再存在于原址。至于仍以部落形态存在的铁骊人,却未举族内迁,故至圣宗统和十三年,仍有"兀惹乌昭度、渤海燕颇等侵铁骊"之事③。

统和八年省铁利州。《辽史·圣宗纪》载:统和八年,"省遂、妫……铁里、奉德等十州,及玉田……平山等八县,以其民分隶他郡"④。此与《辽志》广州条"统和八年省"之记载相符。显然,本纪之"铁里",当作"铁利"。

开泰七年,于原址置广州防御。《辽纪》既然说"以其民分隶他郡",很可能铁利州废罢之后,原渤海居民迁往他处,故《辽志》云,"开泰七年,以汉户置"。然因为在原铁利州旧址上重建,故仍取故渤海铁利府所属广州之名。

辖县一:昌义县。

昌义县

始置不知何时,倚郭。

头下遂州—遂州

会同初置为耶律颇德头下州,应历中收为朝廷所有。治今辽宁昌图县西

---

① 《东北历代疆域史》,第166页。
② 杨保隆:《辽代渤海人的逃亡与迁徙》,《民族研究》1990年第4期,第100页。
③ 《辽史》卷13《圣宗纪四》,统和十三年七月丁巳。
④ 《辽史》卷13《圣宗纪四》,统和八年七月庚辰。

北83里七家子镇古城。

东京道遂州当是会同(938—947)初所置。据《辽志》载,此州初为耶律颇德之头下。按《辽史》颇德传:"石敬瑭破张敬达军于太原北,时颇德勒兵为援,敬达遁。敬瑭追至晋安寨围之,颇德领轻骑袭潞州,塞其饷道。唐诸将惧,杀敬达以降。会同初,改迭剌部夷离堇为大王,即拜颇德,既而加采访使。"①可知,颇德为采访使,在会同初,其时"部下汉民",或是助石敬瑭破张敬达时于中原所获。

《辽志》虽不载此州确址,然《食货志》既连称"同、银、乌、遂、春、泰",或东京道乌、遂两州甚近,就如同、银之间,春、泰之间,相互距离也甚为接近。又《武经总要》载,"乌州……东北至遂州地七十里"②,其所指虽是上京道之乌州,然或是东京道乌、遂两州关系的反映,其相互方位则不可尽信。按至今为遂州所定诸点中,仅项春松所定"昌图县七家子乡古城"③,约能当东京道遂州之所在。

为头下州时,不辖县。应历中收归朝廷,辖县一:山河县。

山河县

应历中置,倚郭。

乌州

太祖时置,治今辽宁双辽市北辽河南岸。详见上文上京道乌州条。辖县不详。

(废)湖州

天显元年(926)承渤海建置,置湖州兴利军刺史。天显元年至四年之间西徙。至辽末已不存。治地不详,约在今辽宁东南部。

渤海之湖州在黑龙江宁安市境④。辽之湖州虽沿袭渤海,但曾迁址。据《辽志》本条所载:"兵事隶东京统军司。"按东京统军司所属各州,据《辽志》所载皆在东京辽阳府东南之辽东半岛或近高丽之境,显然与渤海上京龙泉府所在今黑龙江宁安地相去绝远,必是辽初曾经徙置也。徙置之时,当在契丹灭渤

---

① 《辽史》卷73《耶律颇德传》。
② 《武经总要》前集卷16下《边防·北蕃地理·戎狄旧地·上京四面诸州》。
③ 《辽代历史与考古》,第93页。
④ 《汇篇》,第97页。

海后不久。渤海湖州为上京龙泉府属州①,天显元年契丹灭渤海后,曾徙渤海龙泉府所属龙州置龙州黄龙府,又天显四年,太宗将东丹国举国内徙,湖州当在此间内徙。

天显元年,统县一:长庆县。

长庆县

天显元年,袭渤海建置,与州同迁置,倚郭。

（废）渤州

天显元年(926)承渤海建置,置渤州清化军刺史。天显元年至四年之间西徙。至辽末已不存。治地当在今辽宁东南部。

渤海之渤州与湖州同为上京龙泉府属州,辽初天显四年之前,其当与湖州同徙。徙置后其地亦或相近。

天显元年,统县一:贡珍县。

贡珍县

天显元年,袭渤海建置而置,倚郭。后随州西徙,仍倚郭。

（废）冀州

圣宗初建冀州刺史,后升防御。至辽末已不存。治所不详。

按《辽志》本条载:"冀州,防御,圣宗建,升永安军。"应是初建时为刺史州,后升防御也。《辽志》东京道衍州亦云:"衍州,安广军,防御,以汉户置,初刺史,后升军。"则刺史升防御,亦可称"升军"也。

《辽史·圣宗纪》:统和四年,宋辽战于飞狐,辽"冀州防御使大鹏翼……陷焉"②。则冀州建州、升防御,皆在统和四年之前也。

不辖县。

（废）东州

辽初置东州。至辽末已不存。治所不详。

按《辽志》本条:"东州,以渤海户置。"故推测其为辽初所置。除《辽志》之外,辽之"东州"仅一见。据《辽史·圣宗纪》:太平六年(1026),以"参知政事

---

① 《新唐书》卷219《北狄·渤海传》。
② 《辽史》卷11《圣宗纪二》,统和四年三月甲戌。

吴叔达责授将作少监,出为东州刺史"①,然检《辽史·张俭传》:"(太平)六年,入为南院枢密使。帝方眷倚,参知政事吴叔达与俭不相能,帝怒,出叔达为康州刺史。"②则《圣宗纪》"东州",实为康州之误。然《契丹国志》则载有"东州",为辽刺史州之一,可与《辽志》相印证③。

不辖县。

尚州

辽初置尚州。治所不详。

因《辽志》本条云"以渤海户置"也。大安六年(1090)《萧裕鲁墓志铭》载:裕鲁在兴宗、道宗间,"授松、尚、南山州刺史"④。可见至辽后期,尚州仍存。

不辖县。

吉州

吉州福昌军刺史,始置不知何时。治今辽宁东南部。

《辽史·道宗纪》载,大安四年(1088)"振苏、吉、复、渌、铁五州贫民,并免其租税"⑤,知其至辽后期仍存。《亡辽录》节镇州、刺史观察团练防御使州皆载有"吉州"⑥,其中后者当指本州。按《武经总要》:"吉州,三韩古城也,契丹置兵防控新罗诸国。东石城,西南鸭绿江,东至大盐州百里,西至海。"⑦据此形势,其地或在今辽宁庄河以东、丹东以西某地。

不辖县。

胜州

胜州昌永军节度使,始置不知何时,后降刺史。治今吉林公主岭市西北135里双城堡镇黄花村古城。

胜州,《辽志》作"䞭州",陈汉章云:"案亦以䞭臣户置。"⑧此望文生义

---

① 《辽史》卷17《圣宗纪八》,太平六年三月戊寅。
② 《辽史》卷80《张俭传》。
③ 《契丹国志》卷22《州县载记·刺史州七十余处》。
④ (辽)王师儒:《大辽故北宰相赠潞州节度使同中书门下平章事萧公墓志铭》(大安六年),见《全辽金文》,第492页。
⑤ 《辽史》卷25《道宗纪五》,大安四年四月己卯。
⑥ 《会编》卷21《政宣上帙二十一》,宣和七年正月二十四日条引《亡辽录》。
⑦ 《武经总要》前集卷16下《边防·北蕃地理·戎狄旧地·东京四面诸州》。
⑧ 陈汉章:《辽史索隐》卷4《地理志·东京道》,《二十五史三编》第8分册,第212页下。

耳。按《辽史·百官志》东京道刺史州有"胜州"而无"媵州"①。《松漠纪闻》、《御寨行程》、《金虏图经》亦有"胜州"之记载②。据《萧仅墓志》所载，太平中，萧仅"迁胜州节度使"③。但作于辽末乾统十年（1110）的《高为裘墓志铭并序》也载有"胜州刺史（高）儒，公之父也"④，唯不知是否虚衔。又《契丹国志》及《亡辽录》皆载胜州为刺史州⑤。则胜州应于太平以后降为刺史州。

根据几种行程录所载路线，贾敬颜认为胜州应在今吉林公主岭市"怀德镇东北约十里处"⑥。李健才、冯永谦在稍偏北处找到了确址，认为公主岭黄花城古城即辽胜州遗址⑦。

不辖县。

衍州

始置不知何时，或在圣宗时。初为刺史，后升安广军防御。治今辽宁辽阳县西南60里唐马寨镇古城。

按《凤凰城石幢连名记》有"衍州刺史银青检校□散骑常侍□封开国□食邑三百户张守一"⑧，唯不知建石幢在何时。《辽志》本条载：衍州，"以汉户置"。比照《辽志》东京道广州开泰七年（1018）"以汉户置"，龙州开泰九年以"宗州、檀州汉户一千复置"，顺化城开泰三年"以汉户置"，约可知圣宗开泰间，乃辽徙汉户于东京路中南部建州之集中时期，衍州或亦置于此间。《金志》载："辽旧衍州安广军，皇统三年废为县。"⑨可知衍州至辽末尚存。

---

① 《辽史》卷48《百官志四·南面方州官》。
② （宋）洪皓《松漠纪闻》（丛书集成本）卷2："济州四十里至胜州铺，五十里至小寺铺，五十里至威州，四十里至信州北。"此自黄龙府南来之路线也。（宋）赵彦卫《云麓漫抄》卷8《御寨行程》（中华书局，1996年）："信州彰信馆，七十里至胜州来德馆，五十里至山寺铺会方馆，五十里至威州威德馆。"《三朝北盟会编》卷244《炎兴下帙一百四十四》绍兴三十一年十一月二十八日引张棣《金虏图经》："信州至威州四十里，威州至小寺铺五十里，小寺至胜州铺五十里，胜州至济州四十里。"
③ （辽）赵造：《萧仅墓志》（太平九年），《全辽金文》，第261页。
④ （辽）无名氏：《高为裘墓志铭并序》（乾统十年），《全辽金文》，第861页。
⑤ 《契丹国志》卷22《州县载记·诸藩臣投下州二十三处》；《三朝北盟会编》卷21《政宣上帙二十一》宣和七年正月二十四日条引《亡辽录》。
⑥ 贾敬颜：《〈许亢宗行程录〉疏证稿》，见《五代宋金元人边疆行记十三种疏证稿》，第247页。
⑦ 李健才：《东北史地考略》，第154页；冯永谦：《辽史地理志考补——上京道、东京道失载之州军》，《社会科学战线》1998年第4期，第198页。
⑧ （辽）无名氏：《凤凰城石幢连名记》，《全辽金文》，第821页。
⑨ 《金史》卷24《地理志上》东京路辽阳府宜丰县条。

衍州治所旧说在辽阳县东南大安平①,王绵厚定于唐马寨古城②。

辖县一:宜丰县。

宜丰县

与州同置,倚郭。

(废)连州

连州德昌军刺史,始置不知何时。或亦置于圣宗时期,辨同衍州。至辽末已不存。治所不详,约在今辽宁东南部。《辽志》虽不载其建州之时,然州"以汉户置",或与衍州一样,置于圣宗开泰间于东京路中南部密集建州之时,其地亦与衍州近也。

辖县一:安民县。

安民县

与州同置,倚郭。

(废)荷州

天显中置。至辽末已不存。治所不详,当在今辽宁中南部。

荷州为《武经总要》所载契丹以熟女真所置十七州之一③,故其应与其他诸州一样,置于天显元年(926)或四年,治所应当在辽宁中南部。

铜州

天显四年袭渤海之制,置铜州广利军刺史。初治不可考,后治今辽宁海城市东南44里析木镇析木城。

渤海原有铜州,据《汇篇》所考,在渤海上京龙泉府西南三百里,当今黑龙江宁安市境④。天显四年渤海铜州民西迁,仍置铜州,后辽阳府之属县析木来属,为倚郭(《辽志》铜州析木县条),铜州遂徙于今析木城⑤。此前治所不得而知,然既以析木县拨隶铜州,则铜州原应在辽阳府附近。

按《辽史·圣宗纪二》,统和四年(986)四月乙卯,"蔚州左右都押衙李存

---

① 《汇篇》,第150页。
② 王绵厚:《辽代"衍州"与"鹤野"探考——兼论东京曷术馆女真部》,陈述主编:《辽金史论集》第3辑,第136—137页。
③ 《武经总要》前集卷16下《边防·北蕃地理·奚、渤海、女真始末》。
④ 《汇篇》,第115页。
⑤ 同上书,第146页。

璋、许彦钦等杀节度使萧啜里,执监城使、铜州节度使耿绍忠,以城叛附于宋"。岂铜州曾为节度?然据《长编》,绍忠实为"同州节度使"①,与铜州无关。

辖县一：析木县。

析木县

本东京辽阳府属县,后改隶铜州,倚郭。

铁州

天显四年(929)迁渤海铁州置铁州建武军刺史。辨同卢州。治今辽宁大石桥市东南34里汤池镇。

铁州在辽末仍有记载：天庆七年(1117),"女直阿骨打用铁州杨朴策,即皇帝位,建元天辅"②。郭药师亦"渤海铁州人也,辽国募辽东人为兵,使报怨于女直,号曰'怨军',药师为其渠帅"③,所谓"渤海铁州"者,实辽东铁州也,可知铁州至辽末未废。

按关于辽铁州址有二说。自明代《辽东志》说,"盖州城东北七十里,辽置,属铁州建武军,今为汤池堡垒"④,盖州东北、营口东南的汤池堡(后汤池村、汤池镇)为辽汤池县,几成定论。李慎儒亦持此说⑤。今人如贾敬颜⑥、都兴智⑦等,皆认可营口(大石桥)汤池说。《中国历史地图集》亦定于此处。

然宋延英于1959年提出,"辽代铁州并非置于今之盖平而是置于鞍山",在"鞍山市南郊的东鞍山与西鞍山之间"的一座"辽金时代的土城遗址一所"。理由有三：(1)鞍山产铁,与铁州之名符；(2)这一遗址符合《辽志》铁州条"在京西南六十里"的记载,当然,此"京"当指辽东京；(3)鞍山的温泉汤岗子明末称为汤池,估计在明以前,汤岗子也叫汤池,故而铁州之汤池乃是鞍山这个名不见经传的汤池⑧。鞍山汤池说后来得到张博泉⑨、项春松⑩等认可。

此三条证据,其实都不充实。王绵厚指出："过去学术界通行的看法,以辽代曷术馆部因产铁而著称,故多将曷术部即定为'铁州'之地,如近年出版的

---

① 《长编》卷27,雍熙三年四月乙卯。
② 《辽史》卷28《天祚皇帝纪二》。
③ 《金史》卷82《郭药师传》。
④ (明)毕恭：《辽东志》卷1《地理志》"古迹门·汤池县"条。
⑤ 《辽史地理志考》,《二十五史补编》,第8109页中。
⑥ 贾敬颜：《〈晋出帝北迁记〉疏证稿》,见《五代宋金元人边疆行记十三种疏证稿》第6页。
⑦ 都兴智：《辽金史研究》,第204、293页。
⑧ 宋延英：《辽代铁州地址考》,《历史研究》1959年第8期,第83—86页。
⑨ 《东北历代疆域史》,第159页。
⑩ 项春松：《辽代历史与考古》,第148页。

《辽史简编》和《辽史稿》中,均谓曷术部即冶铁州,并说铁州在今鞍山一带。这在严格的意义上说,是不准确的。"①因为,并非产铁之处皆可称铁州,产铁与否或可作为定点之旁证,却绝非重新立论的坚实依据。至于"在京西南六十里"之说,前文已提到,是迁址以前的渤海铁州相对于渤海中"京"显德府的地理位置,而非辽铁州相对于辽东京的方位距离。最后,仅凭"汤池"——也就是"温泉"——之名来建立辽铁州与鞍山汤岗子的联系,那就更牵强了。故笔者认为,仍当以营口县(今大石桥市)之汤池镇为是。

天显四年,辖县一:汤池县。

汤池县

置于天显四年,倚郭。辨同上文卢州熊岳县条。

卢州

天显四年(929)迁渤海卢州置卢州玄德军刺史。治今辽宁营口市东南113里熊岳镇②。

按《辽志》本条云:"在京东一百三十里"。金毓黻指出:"《辽志》于卢、铁、汤、兴、荣五州之下皆系至京方隅里到,以今熊岳按之,应在东京(辽阳)南三百里。此云卢州在京东一百三十里,方隅里到皆不合,他州亦然。《吉林通志》云,此渤海各州至中京之里到,非辽时各州至东京之里到也。此论极谛。"金氏以为,渤海卢州是中京显德府之属州③。若然,则卢州最有可能是在天显四年渤海举国西迁之时,由中京之东130里的今吉林境内西南迁,并重置卢州。

天显四年,辖县一:熊岳县。

熊岳县

置于天显四年,倚郭。

辨见上文崇州崇信县。

(废—复置)归州

天显元年置归州,景宗、圣宗朝废。统和二十九年(1011),复置归州观察。治今辽宁盖州市西南88里归州街道归州村④。

---

① 王绵厚:《辽代"衍州"与"鹤野"探考——兼论东京曷术馆女真部》,《辽金史论集》第3辑,第141页。
② 《汇篇》第128页:卢州"今称熊岳城,在盖县西南六十里,距海十五里"。今属营口市鲅鱼圈区。
③ 《渤海国志长编》卷14《地理考》。
④ 见《汇篇》,第150页。

《辽史·景宗纪》载：保宁八年(976)，"东京统军使察邻、详稳涴奏女直袭归州五寨，剽掠而去"①，则其废罢，当在此之后。至于其重置，《辽志》云："统和二十九年，伐高丽，以所俘渤海户复置。"嵇训杰称："伐高丽而所俘为渤海户，似不可解，疑'渤海户'当作'高丽户'。复据《圣宗纪》统和二十九年十二月，'置归、宁二州'。开泰元年(1012)归州言：其'居民本新罗所迁，未习文字……'此为伐高丽、置归州之次年，则当时归州所迁，确为'新罗户'，即'高丽户'(时新罗已见并于高丽，故云)。作'高丽户'是。《志》云'渤海户'，盖涉上文'太祖平渤海'而讹。"②按《辽史·圣宗纪》开泰元年之记载，归州确是以高丽(即新罗)户所置③，此高丽户当即统和二十九年伐高丽所俘获。

统和二十九年，辖县一：归胜县。

归胜县

统和二十九年置，倚郭。

宁州

统和二十九年置宁州观察。治今辽宁瓦房店市西北70里永宁镇④。

《辽史·圣宗纪》：统和二十九年"置归、宁二州"⑤，与《辽志》所载同。至于其居民之来历，《地理志》称："统和二十九年伐高丽，以渤海降户置。""伐高丽"与"渤海降户"，显相矛盾。宁州与归州置于同时，《地理志》载此两州时，亦同样提到圣宗征高丽事，似乎两州是因同样的原因而置。不过，据《圣宗纪》称：开泰八年(1019)五月，"迁宁州渤海户于辽、土二河之间"⑥。则知宁州也确有渤海户。此次迁往上京道之辽、土两河之间，乃宁州户首次迁出也。此迁之后，东京道宁州仍存。《辽志》中京道润州条："圣宗平大延琳，迁宁州之民居此，置(润)州。"可证此前开泰八年时，宁州并未迁空也。再则，大延琳之事平定，宁州民则被迁出，这应当说明，宁州多渤海人，故渤海王族大延琳起事后，宁州民曾"从乱"，故于平乱后受到惩戒。要之，宁州以渤海户为主。平大延琳乃太平九年(1029)之事，此次迁建润州之后，东京道之宁州是否仍存？按《金

---

① 《辽史》卷18《景宗纪上》，保宁八年九月辛未。
② 嵇训杰：《辽史地理志校读记》，《文史》第37辑，第116—117页。
③ 《辽史》卷15《圣宗六》，开泰元年十二月甲申。
④ 《汇篇》，第149页。
⑤ 《辽史》卷25《圣宗六》，统和二十九年十二月。《契丹国志》卷22《州县载记·刺史州七十余处》有"宋州"，当为宁州之误。
⑥ 《辽史》卷26《圣宗纪七》，开泰八年五月乙亥。

志》:"曷苏馆路,置节度使,天会七年,徙治宁州。"①知东京道宁州之存,直至辽末金初。

统和二十九年,辖县一:新安县。

新安县

统和二十九年与州同置,倚郭。

苏州

兴宗重熙二十年(1051)前置苏州安复军节度。治今辽宁大连市金州区②。

按《辽志》与《金史·地理志》皆云"兴宗置"③,当无疑。按《辽史·兴宗纪》:"重熙二十年以所获李元昊妻及前后所俘夏人,安置苏州。"④则苏州之置,在重熙二十年之前。《三朝北盟会编》称:"建隆以来,熟女真由苏州泛海至登州卖马,故道犹存。"⑤建隆元年(960年,当辽穆宗应历十年)尚无苏州,此当是以后世之政区称先世之事,谓女真由后来苏州所在之处,泛海南来也。

辖县二:来苏、怀化县。

1. 来苏县

兴宗重熙二十年前置,倚郭。

2. 怀化县

始置不知何时。治所不详,当在今辽宁大连市境。顾祖禹谓在明金州卫(今大连市金州区)东⑥,即辽苏州以东也。

复州

景宗保宁十年(978)前置,防御。兴宗重熙十二年之前升为怀德军节度,大康中(1075—1084)改怀远军。治今辽宁瓦房店市西北55里复州城镇⑦。

复州始置,未知其始。保宁间《吴景询墓志序》载:景询"有子三人……次

---

① 《金史》卷24《地理志上》,上京路曷苏馆路。
② 见《汇篇》,第151页。
③ 《金史》卷24《地理志》东京路复州化成县条。
④ 《辽史》卷20《兴宗纪三》,重熙二十年六月丙戌;卷115《西夏传》同。
⑤ 《会编》卷3《政宣上帙三》,重和二年正月十日条。
⑥ 《读史方舆纪要》卷37《山东八》"辽东"。
⑦ 《汇篇》,第151页。《东北历代疆域史》第167页:"复州即今复县。复州旧城是明初在辽、金旧址上重建的。"

教坊使、复州防御使……□[孙]一十三人……次复州衙□[内]都指挥使处□哥"①。则知保宁末之前,已置复州,且景询子、孙带复州使职、衙职,似是实职,则复州初时为防御,至兴宗时方升置节度。《辽志》谓"兴宗置",误升节度之时为始置之时。

其军额,《辽志》及《辽史·百官志》皆载为"怀德军节度"②,而《金史·地理志》则云:"复州,下,刺史,辽怀远军节度。"③此非《辽志》、《金志》孰正孰误的问题,而是曾改军额也。在《长编》中,充斥着担任"怀德节度使"的契丹使臣,最早出现的,是庆历三年(1043,即重熙十二年)的"怀德节度使耶律顺",最迟则是熙宁八年(1075,即辽大康元年)的耶律达④。而在《辽史》中,道宗时期也出现过两个"怀德军节度使",即清宁九年(1063)的耶律挞不也和大康元年的耶律引吉⑤。至于怀远军,《长编》亦有记载,在元丰五年(1082,即大康八年),"辽主遣怀远军节度使耶律永端"⑥。以"怀德"为军额的节度州,似仅有辽之复州⑦,而以"怀远"为军额者,亦未见有其他节度州。而两者出现的时间,显然没有交叉,可知大约在大康元年至八年间,改"怀德"之军额为"怀远"矣,《金志》所载,正为辽末之复州军额。

《元一统志》云:"废复州。本辽迁民县,属黄龙府,复置复州,号永宁军节度,改县曰永宁,后又更为永康,省丰水、扶罗入焉。金因之。"⑧"本辽迁民县"、"属黄龙府"、"号永宁军节度"、"丰水、扶罗(县)"诸说,仅见于此,与他书大异,今不取。又嵇训杰以统和二十三年《王悦墓志》、重熙七年《张思忠墓志》皆有"金州防御使",估测辽代复州曾改"金州"而《辽志》失书⑨。关于辽代诸使职之任命问题,笔者已有专文论证⑩,此金州防御使乃以五代、宋境之金州所授之职,与此复州无关也。

辖县二:永宁、德胜县。

---

① (辽)佚名撰:《辽故涿州别驾□□□□□大□□□□□□□□吴府君墓志铭并序》,《辽代石刻文续编》,第17页。
② 《辽史》卷48《百官志四》。
③ 《金史》卷24《地理志上》东京路复州条。
④ 《长编》卷145,庆历三年十二月己未,耶律顺;卷170,皇祐三年四月辛卯,萧果;卷184,嘉祐元年十二月癸酉,耶律煜;卷187,嘉祐三年二月癸卯,萧福延;卷210,熙宁三年四月丙寅,萧禧;卷262,熙宁八年四月丁卯,耶律达。
⑤ 《辽史》卷97《耶律引吉传》、卷99《耶律挞不也传》。
⑥ 《长编》卷325,元丰五年四月丁巳。
⑦ 按辽中京道之恩州虽也称"怀德军",然此为刺史州之军号,非节度州之军额也。
⑧ 《元一统志》卷2《辽阳等路行中书省·辽阳路》"古迹"条。
⑨ 《辽史地理志校读记》,《文史》第37辑,第117页。
⑩ 《论辽代府州遥领制度》,《历史地理》第23辑,2008年,第39—52页。

1. 永宁县

兴宗重熙十二年前与州同置,倚郭。

2. 德胜县

始置不知其时,治所不详,约在今瓦房店市附近。顾祖禹云:"德胜城,(复州)卫东八十里。……又南有废德胜县,辽置,属复州。"①则该县在瓦房店以东不远。

(废)涞州

天显元年(926),承渤海建置,置涞州刺史,后迁治。至辽末已不存。治所不详,在今辽东半岛。

按涞州亦当在辽初迁治。张博泉等认为,辽涞州即"束沫城(粟末城),也就是苏密城",主张渤海涞州入辽后仍沿用故址②。渤海涞州,在今吉林吉林市北乌拉街西土城子③。而辽之涞州,据《辽志》载,"兵事隶南兵马司"④。南兵马司,即南女直详稳司、汤河兵马司,其辖境为辽阳府以南至辽东半岛。杨保隆以为,"(渤海)涞州民则被迁到更南的辽东半岛,袭用原州名"⑤,此说应当是合理的。

不辖县。

(废)镇海府

908年之前契丹得渤海镇海府,承袭其建制。天显中废。治今辽宁丹东市西南22里浪头镇娘娘城。

按镇海府《辽史》中仅此一见,据《辽志》本条所说,"兵事隶南女直汤河司"。《汇篇》云:"按南女直汤河司除辖镇海府外,尚辖有卢、归、苏、复四州。是镇海府与此四州相距不远。"遂引《盛京疆域考》之说,定镇海府于今辽宁庄河县附近海岸⑥。都兴智则引津田左右吉之说,以为在今旅顺⑦,而田广林则

---

① 《读史方舆纪要》卷37《山东八》"辽东"。
② 《东北历代疆域史》,第166页。
③ 《汇篇》,第115页。
④ 《辽史》卷46《百官志二》载有"涞州南兵马指挥使司",涞州当作涞州,见冯家昇《辽史初校》卷2,《二十五史三编》第8册,第462页。
⑤ 杨保隆:《辽代渤海人的逃亡和迁徙》,《民族研究》1990年第4期,第103页。
⑥ 《汇篇》,第148页。
⑦ 《辽金史研究》,第214页。

以为在大连附近①,此说似与镇海府下辖"平南"县名合。然《太祖纪》,有太祖二年(908)"筑长城于镇东海口"一事②,应即镇海府之地。此地战略位置当非常重要,极受契丹重视。以契丹建国前后之形势来看,辽东之位置,似未见如何重要。

金殿士提出,终止于"镇东海口"的长城,是一种防御工事,当筑于辽东之外缘。更重要的是,诸家考证"镇海府"所在,都忽略了"海口"二字,既称之为海口,就不应是一般的海岸线,也不是普通的海湾,而应是江河入海之口,故镇东海口应在鸭绿江入黄海之口,即今天的丹东市附近,"该城在今九连城南四十里,其地今名三道浪头,附近有娘娘城……将娘娘城址拟订为镇东海口和镇海府的遗址是比较可靠的"③。此说颇觉有理。就辽代的情形而言,鸭绿江口的重要性,远过于辽东半岛南端,镇海府作为东防重镇,置于鸭绿江入海之处,显然更为合理。而其位置,在辽东半岛东北端,距"南女直汤河司"所辖的其他诸州,不算太远。

从阿保机灭渤海以前之建置来看,主动设"府"、从唐五代引入"府"制的,似未见先例,只有在攻灭渤海之后,才沿用渤海制度,境内有数府之建置,后又建京府之制。大约可知,"镇海府"这一重镇,应是契丹自渤海手中夺得,时间自然在太祖二年筑辽东长城之前,且沿用了渤海的建置。然而,大约在天显三年东迁渤海民之时,废弃了大量渤海旧府、州,镇海府或亦在此时废罢,故不见于后世。

镇海府由渤海所建的另一个证据,应是其辖下"平南"之县名。按其地实在辽之东境,至于说"南",则甚为勉强。但就渤海的疆域来说,则确乎在南端,"平南"之称,名副其实。

契丹于太宗时放弃对故渤海领土东境的直接控制,仅以羁縻的手段维系辽对这片地区的宗主权。但到了圣宗朝,东境多事,尤其东南面辽丽边境,战事数起,冲突日甚,故重新在鸭绿江东、西布置边防。镇海府虽早废,而来远城、保州、宣州等城池,于故镇海府附近相继建置矣。

辖县一:平南县。

平南县

渤海平南县,辽承之,倚郭。圣宗时与州同废。

---

① 田广林:《辽朝镇东关考》,《社会科学战线》2006年第4期,第130—134页。
② 《辽史》卷1《太祖纪上》,太祖二年冬十月。
③ 金殿士:《试论辽太祖耶律阿保机经略辽东》,《契丹史论著汇编》,1988年,第803页。

照散城

始置不知其时,辽末犹存。在今辽宁辽阳市附近。

此城数见于《金史》。《太祖纪》载,收国二年(1116)五月,"迭勃极烈阿徒罕破辽兵六万于照散城"①。《阿徒罕传》载:"后与乌论石准援照散城,阿徒罕请乘不备急击之,遂夜过益褪水,诘朝,大败之。"②《斡鲁传》则称:"斡鲁方趋东京,辽兵六万来攻照散城,阿徒罕勃堇、乌论石准与战于益褪之地,大破之。"③可知该城近于东京辽阳府。

头下懿州—懿州

圣宗太平三年(1023)置懿州庆懿军节度,为越国公主槊古头下州,后改军额为"广顺"。清宁七年(1061),槊古女、道宗懿德皇后献归朝廷,改隶东京道,乾统元年(1101),改军额为"宁昌"。治今辽宁阜新县东北90里平安地镇土城子村古城。

关于头下懿州之主,《辽史》中有三条记载:《辽志》上京道懿州条云,"圣宗女燕国长公主以上赐媵臣户置";东京道懿州条则云,"太平三年越国公主以媵臣户置。初曰庆懿军,更曰广顺军,隶上京。清宁七年,宣懿皇后进入,改今名";《圣宗纪》则云,太平三年"赐越国公主私城之名曰懿州,军曰庆懿"④,支持东京道懿州条的说法。抛开父皇仍在而被称为"长公主"此类《辽史》很常见的错误,显然,上京道、东京道两懿州实为同一州,只是由于改隶的关系,《辽志》乃分载于两道,这一点确然无疑,然而,懿州到底是"燕国公主"还是"越国公主"之私城?

这一点本来似乎也不成多大问题,因为在《地理志》两条相异的记载中,《纪》是明确支持"越国公主"说的。谭其骧先生肯定道:"上京道懿州下误'越国公主'为'燕国公主'。"⑤然而,东京道懿州条下"宣懿皇后进入"一语,却引出了更大的问题。

按圣宗女越国公主者,无疑为钦哀皇后所出之槊古。然则槊古所嫁为萧

---

① 《金史》卷2《太祖纪》。
② 《金史》卷81《阿徒罕传》。
③ 《金史》卷71《斡鲁传》。
④ 《辽史》卷16《圣宗纪七》,太平三年正月辛巳。
⑤ 谭其骧:《〈辽史·地理志〉补正》,原载《禹贡》第1卷第2期,1934年3月。收入《长水集》上,第139—140页。

孝忠,而据《辽史》宣懿皇后本传,她是"钦哀皇后弟枢密使(萧)惠之女"①,而据《萧惠传》及《公主表》所载,萧惠尚槊古同母姊岩母堇(详见下文头下睦州—成州条),若如此,则道宗宣懿皇后为岩母堇之女,其姨母槊古之头下州懿州,与其何干,乃于清宁七年由其献于朝廷?

正因"宣懿皇后进入"之说,《地理志》及《圣宗纪七》之三条记载,再与《公主表》相纠缠,使人们对其间孰正孰误,槊古、岩母堇与宣懿后之关系,颇为疑惑。于是,产生了两种不同的解释。

第一种认为,懿州初封者"越国公主"或"燕国公主",实为岩母堇。李文信、许道龄先生的意见是:"(懿州始封之)公主当为岩母堇。"②罗继祖先生也认为:

> 《公主表》:"圣宗第二女岩母堇,下嫁萧啜不,改适萧海里、萧胡睹,皆不谐离之,卒适韩国王萧惠。开泰七年,封魏国公主,进封秦国长公主,改封秦晋国长公主。清宁初,加大长公主。"独无越国之号。然《道宗宣懿皇后传》称"后为枢密使惠之女",此又有"宣懿进入"语,则为适惠之岩母堇无疑。圣宗太平三年《纪》亦作"赐越国公主私城之名曰懿州"。盖太平间尝改封越国,《表》失书耳。③

罗先生同意"越国公主"说,却又认为是此越国公主是岩母堇而非槊古,《公主表》失载岩母堇改封越国事耳。然而,若是如此的话,岩母堇除了建立过头下州成州之外,又获得过懿州,于是懿州又与成州的问题纠缠在一起。按下文"头下睦州—成州"条所考,岩母堇之成州于景福元年(1031)前后已被夺,那么,懿州何以在清宁七年方才归属朝廷,这却是为何?难道成州(睦州)属岩母堇初嫁之驸马萧绍业,而懿州却属岩母堇本人?这似乎又关涉到公主头下州的归属问题。抑或是懿州条下"宣懿皇后进入"有误?若此,则懿州之归属变迁,又当重考了。

按岩母堇再适萧惠在重熙十七年(1048)④,而宣懿皇后早在"重熙中,帝王燕赵,纳为妃"⑤,检《兴宗纪》,自重熙十二年至二十四年即位,洪基一直为"燕赵国王",即以最迟一年即重熙二十四年"纳为妃"计之,就算岩母堇甫改适即产女,宣懿后时方七岁,显然不可能嫁入宫中。可见,宣懿后不大可能是萧

---

① ⑤ 《辽史》卷71《道宗宣懿皇后传》。
② 李文信、许道龄:《关于辽代懿州城的讨论》,《考古通讯》1958年第8期,第57页。
③ 罗继祖:《辽史校勘记》,第121页。
④ 《辽史》卷93《萧惠传》。

惠与岩母堇所生之女。而若是萧惠其他妻子所出,那么其于懿州的继承关系,就大可怀疑了。

第二种看法认为,懿州初封者为槊古,但槊古与宣懿后并非母女,故而懿州前后隶属关系的改变是非常复杂的,也就是说,懿州到"萧惠"的女儿宣懿后手中,经历了《辽史》并未记载的曲折过程。

据王寂《辽东行部志》载:

> 懿州,宁昌军节度使……辽圣宗女燕国长公主初古所建。公主纳国舅萧孝惠,以从嫁户置立城市。①

对这条材料,许道龄先生后来又承认懿州始封公主、王寂所说的"初古",确是槊古无疑。然而,许先生又说:"懿州之始封者为越国公主,次封者为燕国公主(蔚按:即景宗女观音女)。重熙初年燕国公主薨,十一年,兴宗又以懿州赐封道宗为燕国王,二十四年道宗即位后,改军号曰宁昌,隶东京道(原隶上京道)。"②如此一来,问题更形曲折迷离了,不但懿州出现了越国公主—燕国公主—燕赵国王洪基—中央政府这三次转手四个主人,而且又出现了长公主转让头下州给垂老的大长公主(观音女于乾亨初(979)下嫁萧继先,重熙初(1032)当超过七十岁)、皇储——后来是皇帝——亦领有头下州等很值得讨论的问题,显然,由于许先生搞不清"燕国公主"与"越国公主"实为一人,更不明白槊古与宣懿皇后的真正关系,惑于懿州怎么到了宣懿皇后手中,不得不假设该州曾多次转手,导致问题被大大复杂化,而且纯属推测,更加难以相信。

关于辽代各位公主的材料极为有限,要从槊古或岩母堇本人入手探考,是很困难的,整个问题的关键,其实就在于宣懿之父"萧惠"的身份。

关于宣懿皇后之父,《辽史》的记载似乎也有问题。按《道宗宣懿皇后传》云:"钦哀皇后弟枢密使(萧)惠之女",我们自当检讨钦哀皇后有哪些兄弟。但由于《辽史》诸传,多不载传主之外戚身份,即使皇后传中,亦很难找到直接信息,往往百计爬梳而不得真相。按《契丹国志》载:

> (钦哀后)三兄二弟皆封王,姊妹封国夫人。弟徒古撒又尚燕国公主,兄解里尚平阳公主,陈六尚南阳公主,皆拜驸马都尉。又纳兄孝穆女为兴

---
① 王寂:《辽东行部志》,见《五代宋金元人边疆行记十三种疏证稿》,第275页。
② 许道龄:《关于古懿州城址的讨论(两篇)》之二,《考古通讯》1958年第1期,第85—86页。

宗后,弟高九女为帝弟妃。①

对照辽史萧孝穆诸昆仲传及《公主表》,则知"徒古撒"即《辽史》所载"特古斯",即萧孝忠,其所尚为"越国公主"槊古,非"燕国"也,此处《国志》与《辽志》本条同误。"陈六"《辽史》作"陈留",为萧孝友字,然未载其尚主,"解里"《辽史》作"海里",即萧孝先,其所尚为南阳公主,《国志》皆有误,然记钦哀后兄弟甚详,大可为《辽史》之补。据其所载,钦哀后诸弟中,无有萧惠者。然则作为道宗宣懿后父的萧惠,竟为何人?

笔者认为,王寂所载的"国舅萧孝惠",是揭示问题真相的关键。贾敬颜先生注云:

> 《公主表》称:"(槊古)封越国公主……下嫁萧孝忠。"孝忠,《辽史》卷八十一有传,传称:"开泰中,补祗候郎君,尚越国公主,拜驸马都尉。"可知寂书之萧孝惠,乃萧孝忠之误。②

贾先生慧眼识出萧孝忠、萧孝惠为同一人。然则,当真是"孝忠"正确而"孝惠"误吗?按《辽史》,当是如此,不过,却有墓志铭可以证明,槊古所尚者,实名"萧孝惠"也。

> 夫人族姓萧氏……母齐国太妃。太妃有五子:长曰讳孝穆,枢密使兼政事领、吴国王;次讳孝先……次讳孝诚……次讳孝友……次讳孝惠,北宰相、殿前都点检、楚王。女三人:长曰长沙郡妃……次法天应运仁德章圣皇太后;夫人即太妃之小女也。③

对照《辽史·萧孝忠传》:"累迁殿前都点检……重熙七年,为东京留守……十二年,入朝,封楚王,拜北院枢密使",此《墓志》说得再明白不过了:萧孝忠即是萧孝惠。而且,若非"孝忠"、"孝惠"二名此人皆曾用过,就是《辽史》误"孝惠"为"孝忠",作墓志者,不至于对传主至亲、正得时令的当朝大佬都会误记其名。至于《辽史》中留有本传的"萧惠",则并非钦哀皇后及孝穆、孝先辈之兄弟,只是远房堂兄弟而已(同是太祖述律后弟阿古只五世孙)。

于是,道宗宣懿皇后的出身,便可以澄清了。原来,她并非"萧惠"之女,而是"萧孝惠"——《辽史》中的"萧孝忠"——之女,《辽史》不仅于孝惠本传及

---

① 《契丹国志》卷13《后妃传·圣宗萧皇后》。
② 贾敬颜:《王寂〈辽东行部志〉疏证稿》,《五代宋金元人边疆行记十三种疏证稿》,第275页。
③ (辽)张济:《大契丹国故晋国夫人墓志铭并序》,《全辽金文》,第277页。

《纪》中误"萧孝惠"为"萧孝忠",而且在宣懿皇后传中,又误萧"孝惠"为萧"惠",致使岩母堇与宣懿皇后的关系成为一个迷局。

至此,真相已可大白:道宗宣懿皇后是圣宗钦哀皇后的侄女,是兴宗仁懿皇后的堂妹,其父为萧孝惠(忠),其母,自然就是越国公主槊古。故而,其母身故之后(其父早于重熙十二年卒),宣懿受诸兄弟委托,迎合朝廷需要,进献其母生前汤沐邑,是理所当然的。于是懿州作为头下城,其主人一直是槊古与萧孝惠,其归属朝廷确在清宁七年,皆无疑问矣。而自上京道改隶东京道之时,亦当为清宁七年,《辽志》东京道懿州条"宣懿皇后进入,改今名"之后,当增"来属"二字。

至于改军额为"广顺"在何时,不得而知,或在重熙中懿德后初纳为秦赵王妃时,或在清宁初立为皇后之时。

关于辽懿州的治所,问题在于辽时州治在宁昌县还是顺安县。自刘谦先生于1958年提出辽宁阜新县塔营子村古城址为金代懿州(即顺安县)治①,辽、金顺安县(金懿州倚郭)治于塔营子已大致成为定论。后王绵厚先生于1986年提出辽代懿州即宁昌县治于今阜新县平安地乡土城子②,亦为学界普遍接受。然而,关于辽代懿州究竟是治于宁昌还是顺安,是否曾徙治且于何时徙治,有颇多的争论。

自刘先生为金懿州定点的同时,提出辽懿州即金懿州,争论就开始了。许道龄先生认为,辽、金懿州不在一处,辽懿州治宁昌而金治顺安③。从《辽志》、《金志》关于两代懿州的记载来看,这似乎是很明显的。王绵厚先生也赞同辽懿州治宁昌的说法,并为辽懿州即宁昌县找到了故治。支持这一说法的史料,除《辽志》、《金志》之外,尚有《元一统志》:"豪州,本辽时懿州,金皇统三年省入顺安,后复置。国朝初因之。"④也就是说,辽懿州是治于宁昌县的,金代徙州治于顺安,同时废宁昌入顺安,后来于宁昌旧址建豪州。顾祖禹云:"宁昌城,在懿州北二十里,本勃海之平阳县,辽改曰宁昌,为懿州治。金徙州治,以宁昌并入顺安。"⑤辽治宁昌、金治顺安,似乎可作定论。

然而,到了1990年代以后,又出现了不同意见。或以为,辽头下懿州与官收后的顺安县同址,但在清宁七年收归中央后,州治北徙,治于宁昌县,金灭

---

① 刘谦:《关于古懿州城址的讨论(两篇)》之一,《考古通讯》1958年第1期,第84页。
② 王绵厚:《辽金元懿州豪州建置考》,《阜新辽金史研究》,第54页。
③ 许道龄:《关于古懿州城址的讨论(两篇)》之二,《考古通讯》1958年第1期,第86页。
④ 《元一统志》卷2《辽阳等路行中书省·辽阳路》"豪州"条。
⑤ 《读史方舆纪要》卷37《山东八》"辽东·宁昌城"条。

辽,州治又徙回顺安①。或以为,头下懿州收归国有后,头下懿州本身转为顺安县并仍治于此,同时宁昌划归懿州。辽末徙治宁昌,金初再次徙回顺安。由于懿州在辽代长期治于顺安,可以说辽、金、元三代懿州均治于今塔营子古城②。

两位学者之所以提出辽代懿州曾徙治的说法,根据有两点:一是冯永谦先生所说的,顺安县有辽代公主私宅;二是陈志健先生注意到《辽志》懿州宁昌县条下的"本平阳县"四字。但是,以这两点为主要依据,得出头下懿州即顺安的说法,其实并非无懈可击。

冯先生指出,金代王寂几次经过的"宁昌",事实上是顺安县,因金代懿州虽治于顺安,而军额仍为"宁昌"也。笔者认为此说无误。然而冯先生又提到,辽头下懿州城,也正是收归朝廷后所建的顺安县。而懿州官收后即迁治到宁昌,至金又迁回。故而,一直到金代中期,王寂还提到州城(顺安)内有"公主私宅",并且,其城址周长达4 500米,并且留下金代造像碑、元代《懿州城南学田记》碑。若非辽头下懿州初治顺安,岂能有公主私宅,又岂有如此规模?但是,既然《辽志》将宁昌县列为附郭首县,那么毫无疑问,后来懿州是迁治宁昌了。何时所迁?虽然史无明载,但较合理的解释,自然是在收归国有之时所迁,并以原头下懿州城为顺安县。笔者却以为,顺安城内的这些"证据",似缺乏说服力。

冯先生所谓的"公主私宅",详情如何?检王寂《辽东行部志》原文,摘要如下:

> (寂)顾谓(宝严寺僧)溥公曰:"此寺额宝严,人复呼为药师院者,何故?"溥曰:"尝闻老宿相传,此辽药师公主之旧宅也。其后舍宅为寺,人犹以公主之名呼之……"(寂)感其事而作一诗:"富贵刹那顷,兴亡瞬息中。当年秦女第,浩劫梵王宫……"③

贾敬颜先生注"当年秦女第"云:"据此,知药师公主乃秦国王之女。"此说极有理。按《辽史·公主表》,辽诸帝亲出之公主,未见名"药师"者,"秦女"一说,颇可释其来历。《辽史》卷37《地理志一》渭州条云:"驸马都尉萧昌裔建。尚秦国王隆庆女韩国长公主,以所赐媵臣建州城。……辽制,皇子嫡生者,其

---

① 冯永谦:《辽志十六头下州地理考》,《阜新辽金史研究》,第72页;孙杰、高庆升的意见亦同,见《阜新地区410城考记》,《阜新辽金史研究》(第2辑),第62页。
② 陈志健:《辽金懿州治所同城考》,《阜新辽金史研究》,第61—64页。
③ 《辽东行部志》,《五代宋金元人边疆行记十三种疏证稿》,第280页。贾注见同页。

女与帝女同。"萧阿剌亦"尚秦晋国王公主,拜驸马都尉"①,身份与尚帝女者无异。故药师之称公主,名正言顺。如此,则冯先生所谓顺安之"公主私宅",非懿州头下主槊古(圣宗隆绪之女)私宅,而是药师(某皇弟之女)私宅。此"私宅"又如何可作为顺安即头下懿州之据?

至于其他附带的证据,亦不足为凭。金代的造像碑、元代的《懿州城南学田记》碑所载文字,并未提供辽代的情况。顺安(塔营子)城址周长达 4.5 公里,规模相当大,"户一万"的徽州(阜新县四家子村古城)、"户六千"的壕州(阜新县西南城子古城)、同样是"户四千"的成州(阜新县红帽子村古城)等当时最大的头下州,周长都在 3.5 公里以下,非顺安城址可比。但是,这只能说明金懿州(顺安)城符合金代节度州城的规模,与辽代懿州治所在何处,并无必然联系。

陈志健先生则认为,《辽志》既有宁昌县"本平阳县"②一语,而渤海之版图根本不入今阜新县境,那么很明显,只能是辽灭渤海后,侨置渤海民于后来的宁昌县境,同时移来的还有"平阳"之县名。但作为中央所属之县,其隶属关系、赋税去向,都与头下州不同,故而,头下懿州必治于他城,与平阳县并非一地。是清宁七年懿州官收后,平阳方拨隶懿州并改名宁昌,同时于懿州原址置倚郭顺安县。那么,何时并因何原因置"户四千"的懿州城(顺安县)于不顾,而徙治于宁昌县呢?陈先生认为,是辽末受金军兵锋所逼,节度使刘宏不得不暂迁于宁昌。而兵灾之后,懿州民大量内迁,于是又徙治顺安。

这一说法,可商榷之处不少。平阳为"渤海之平阳",见于后出之史料,是否确然无疑?即使辽徙渤海国之平阳县民置同名县,那么在辽代,平阳县及其居民必然始终是辽代"南面方州"所辖的县、户部所管的"编户齐民",未尝改变其性质?这个问题,据现有的材料,并非只有一个答案。又,陈先生提出了一个很有价值的问题:既然懿州原治于规模较大的顺安城,为何在官收后又要徙治?陈先生的答案,却未足解此悬疑。辽末刘宏迁于宁昌,人口大量损失导致金初复徙回顺安,这些说法,没有直接相关的史实或间接的制度基础、政治背景作支撑。按《辽史·天祚皇帝纪》,天庆八年(1118)十二月刘宏以州降金。《辽志》最晚所载之事在天庆六年,如果懿州只是在天庆八年前后有数月或数年的时间曾治宁昌,《辽志》又何以将宁昌定为州治?

辽代至金初,懿州治所顺安址(头下时)—宁昌址(冯说清宁七年,陈说天

---

① 《辽史》卷 90《萧阿剌传》。
② 《读史方舆纪要》卷 37《山东八》"辽东"则更详指辽之平阳"本勃海之平阳县"。

庆九年)—顺安址(金代)的说法,其不足之处上文已然分析。在笔者看来,王绵厚先生的说法,即辽懿州治宁昌、金懿州治顺安,是足可采信的。不过,就冯、陈二文新提出的问题,还需再作分析。

宁昌县"本平阳县",《读史方舆纪要》作"本勃海之平阳县",此不知何据,或是因《辽史》"本平阳县"四字加以演绎? 按笔者的理解,平阳为清宁七年官收懿州后所置倚郭县名,后来才改为"宁昌"。即使如《纪要》所载,平阳是渤海之县名,头下懿州与建州前、官收后的平阳县,亦可同址。辽制,"诸王、外戚、大臣及诸部从征俘掠,或置生口,各团集,建州县以居之"①。今人或以为头下户即自俘户来。若果如此,则和平时期诸公主数千成万之媵户又自何处来? 这些媵户,若非诸宫卫所属,便是辽廷直属的"南面方州"住户。皇室给予公主槊古的媵户,当于辽初灭渤海时,自渤海平阳县西徙。他们或由朝廷于后来的头下懿州周围建"平阳县"以处之,或在建头下懿州时自他处徙来。这些"平阳县"媵户曾是头下懿州的主要居民,懿州官收后,他们不再是头下户,而成为方州系统所属的懿州的居民。而官收后的懿州也并未徙治,只不过在原头下懿州城建倚郭平阳县,并于此后划顺安为懿州属县。

懿州之军额由"广顺"改为"宁昌",也不能根据《辽志》东京道懿州条所载"清宁七年,宣懿皇后进入,改今名"一语,想当然地以为在清宁七年。史载:

> (寿昌六年)六月庚子,遣使贺宋主。辛丑,以有司案牍书宋帝"嗣位"为"登宝位",诏夺宰相郑颛以下官,出颛知兴中府事,韩资让为崇义军节度使,御史中丞韩君义为广顺军节度使。②

御史中丞韩君义为"广顺军节度使",是因处理国是不当,被谪至懿州任长官,并非遥领,不能以当时已不存在的军额,来指称君义实际任职之节度州。故可确定道宗末之懿州,仍称"广顺军"。其改军额之时,笔者推断是在乾统元年(1101,即寿昌七年)天祚即位当年。天祚祖母道宗懿德皇后为耶律乙辛所诬,赐死;天祚父道宗太子浚亦为乙辛诬陷,废为庶人,后又于囚处被乙辛所杀。寿昌七年二月,改元乾统,"诏为耶律乙辛所诬陷者,复其官爵,籍没者出之,流放者还之";六月,追谥懿德皇后为宣懿皇后,并与道宗合葬;十月,又"上皇考昭怀太子谥曰大孝顺圣皇帝,庙号顺宗,皇妣曰贞顺皇后"③。这一系列事件,都是天祚帝为其祖母、父亲平反的举动。改宣懿外家所献的懿州"广顺

---

① 《辽史》卷37《地理志一》。
② 《辽史》卷26《道宗纪六》。
③ 《辽史》卷27《天祚皇帝纪一》。

军"为"宁昌军",同时改平阳县为宁昌县,极有可能是与上述平反行动同时发生的。

至于顺安县之所从来,其实《辽东行部志》及贾敬颜注文为我们提供了很好的线索。贾先生据王寂之诗句,判断药师公主为秦王女。据《辽史·皇子表》及诸《纪》,辽皇子有秦国之封者,自圣宗弟秦晋国王隆庆始,自此后,兴宗弟重元曾封秦国王,道宗弟阿琏也曾封秦王。三者中,王寂所指者最有可能是重元,其于兴宗、道宗朝,权势盛极一时,且属下私城曾有不少。"上(兴宗)尝与太弟重元狎昵……重元喜甚,骄纵不法。又因双陆,赌以居民城邑。帝屡不竞,前后已偿数城。"① 药师或因其父之权势而得朝廷所赐之媵户并建私城,或由其父直接予以头下城作为妆资,此即顺安也。若非如此,真不知药师为何在顺安建有私宅?

按辽制:

> 诸王、外戚、大臣及诸部从征俘掠,或置生口,各团集建州县以居之。横帐诸王、国舅、公主许创立州城……朝廷赐州县额。②

又有如下规定:

> 宗室、外戚、大臣之家筑城赐额,谓之"头下州军"……不能州者谓之军,不能县者谓之城,不能城者谓之堡。③

既然"皇子嫡生者,其女与帝女同",那么药师就有资格建立自己的头下县。但《辽志》对州以外的其他头下单位颇为忽略,头下城仅载有一二,而头下县的记载则为空白,甚至连头下州也脱载了很多。该县不知原为何名,官收后即为顺安县。当然,药师所建的也有可能是《辽志》失载的头下某州,官收后降为顺安县。

顺安县何时官收?或是药师公主丁某年卒且绝嗣,因而上收,或是主动进献朝廷。但最有可能的,是在清宁九年迅速平定重元叛乱之后,"族逆党家"④,药师亦受父兄牵累,遂失其汤沐邑。

至此,我们对懿州之治所与属县的问题,可以作如下总结:太平三年(1023)所建的圣宗女槊古头下懿州,清宁七年(1061)官收,置倚郭平阳县。清

---

① 《辽史》卷109《伶官传·罗衣轻传》。
② 《辽史》卷37《地理志一》。
③ 《辽史》卷48《百官志四》。
④ 《辽史》卷22《道宗纪二》。

宁九年，兴宗弟重元之女药师所建头下县（或州）官收后置顺安县，划入懿州。乾统元年（1101），改懿州"广顺军"为"宁昌军"，改倚郭平阳县为宁昌县。金代，懿州徙治顺安县。

清宁七年，辖县一：平阳县。清宁九年，顺安来属。乾统元年，改平阳为宁昌。辖县二：宁昌、顺安县。

1. 平阳县—宁昌县

清宁七年置平阳县，倚郭，乾统元年改为宁昌。

2. 顺安县

清宁九年收公主药师头下县（或州）置，隶懿州，治今辽宁阜新县东北100里塔营子镇塔营子村古城址。

头下贵德州—贵德州

太宗时察割置头下贵德州，应历元年（951）收归中央直属。圣宗时为贵德军节度，后更名宁远军下节度①。治今辽宁抚顺市区高尔山。

按察割弑逆、被诛之事皆在天禄五年即应历元年九月②，没入其诸头下州，亦当在当年也。然不知该州之等第。按《辽志》云："圣宗名贵德军，后更名。"究竟是早先为头下州时已是节度州、圣宗时更名，抑或是原非节度州、圣宗升之为节度，从《辽志》这一表述中，无由得知也，而始名"贵德军"之年亦不可知。至于其更军额为宁远军，虽不知具体年份，但必在兴宗朝以前。因《辽史·刑法志》言，兴宗朝，"宁远军节度使萧白强掠乌古敌烈都详稳敌鲁之女为妻"③。

自《武经总要》提出"贵州（即贵德州）……西至沈州八十里"，此后如《辽东志》、《读史方舆纪要》等皆无异议，辽宁省博物馆编《辽宁史迹资料》定于今抚顺城北高尔山，距今沈阳（辽沈州）恰80里之遥，故《汇篇》亦以为此定点较合事实④。然嵇训杰则以为贵德州在今辽阳近盖县之地，因为"《辽史景宗纪》保宁八年（976）八月，'女真侵贵德州东境'，九月'袭归州五寨'。贵德州在今辽

---

① 按贵德州之军额，《辽史》、《金史》皆称"宁远"。然辽代乐某于咸雍八年（1072）所作之《耶律宗福墓志铭》，宗福（即韩知古曾孙、韩德威之孙韩涤鲁）于太平八年（1028）"领旌节于贵德州安远军"（载《辽上京地区出土的辽代碑刻汇辑》，第12页），但据《辽史》，"安远"为通州之军额，墓志所载，其或有误耶？按该墓志下文又称"应州彰德军节度使"（事实上应州为彰国军），则知撰墓志之"上京留守推官"乐某，于辽代诸节度州之军额颇不熟悉，故墓志"贵德州安远军"，应不甚可靠。
② 《辽史》卷6《穆宗纪上》，天禄五年九月癸亥；卷112《逆臣传上·察割传》。
③ 《辽史》卷62《刑法志下》。
④ 此据《汇篇》，第136页。

阳，与在盖县归州村之辽归州近，故女直八月至贵德州，九月便自贵德州南下袭归州也"①。这一定点恐怕与事实相去较远。东京道遍布女真，八月侵贵德州之女真，与九月袭归州之女真，大有可能并非一部。嵇训杰又在下文提到，"辽末，'贵德州守将耶律余睹以广州渤海叛附高永昌'。辽广州，今沈阳南彰义站。此则亦以两地邻近，故得相结举事"。贵德州近广州，符合事实，但略检地图即可知，今盖县（辽归州）与今彰义（辽广州）相距逾三百里，且其间隔着包括辽阳府在内的诸多州县，所以，贵德州根本不可能既近于归州，又近于广州。故不取其说。

应历元年，辖县一：贵德县。统和八年（990），置奉德县。辖县二：贵德、奉德县。

1. 贵德县

应历元年置，倚郭。

按该年没入察割之头下贵德州之同时，当置贵德县以为倚郭。

2. 奉德县

统和八年置。治所不详，当在今辽宁抚顺市附近。

统和八年，"省遂、妫……奉德等十州……以其民分隶他郡"②，奉德县当是该年省奉德州置。

（废）奉德州

始置不知其时，统和八年废州置奉德县，隶贵德州，治今辽宁抚顺市附近。辨见上文贵德州奉德县条。

来远城

圣宗统和九年（991）置来远城。重熙中置保州路都统军司于此。治今辽宁丹东市沿江某地。

置来远城事，辨见上文定州条。唯辽末耶律宁、常孝孙等将来远城、保州交割予高丽而遁。金初经过与高丽双方多次交涉之后，保州留在高丽，然关于来远城的交涉，辽、金、高丽诸史却皆未谈及，或当是高丽得此城之后，立即转交与金。《金史》云："及撒喝、阿实赉等攻保州，辽守将遁去，而高丽兵已在城中。既而高丽国王使蒲马请保州，诏谕高丽王曰：'保州近尔边境，听尔自取，

---

① 嵇训杰：《辽史地理志校读记》，《文史》第37辑，第115页。
② 《辽史》卷13《圣宗纪四》，统和八年七月庚辰。

今乃勤我师徒,破敌城下。且蒲马止是口陈,俟有表请,即当别议。'"① 或许正是在高丽遣蒲马使金求保州之地时,已达成协议,立即向金转交来远城。

关于来远城不应该在鸭绿江之东南,可视为确论。圣宗统和十一年割鸭绿江东南之地"赐"高丽,而二十九年征高丽班师,"己丑,次鸭绿江,庚寅,皇后及弟楚国王隆祐迎于来远城"②,似乎渡江接驾没有必要。又辽来远城正是金之来远城、来远军,而鸭绿江下游是金与高丽之国界,来远城固不当在江之东南也。研究者一致认为,来远城在鸭绿江某岛上。自20世纪初松井等作此论,来远城之岛居,几成定论。《汇篇》编者认为:

> 关于来远城今地何在,日人松井等认为此城在高丽静州附近,位于今义州以南某岛上。今义州附近江中,北有于赤岛,西有黔定岛,西南有威化岛。来远城在今义州附近,是应在黔定岛上。津田左右吉认为来远城当在九连城以东,义州以西鸭绿江中某岛上。《高丽史》卷4,显宗世宗六年(1015)"春正月,契丹作桥于鸭绿江,夹桥筑东西城。"津田推想此夹桥之二城,东为宣州,西即来远。松井、津田考证相同,今采其说,将来远城定在今(辽宁省丹东市)九连城以东(鸭绿江中)之黔定岛上。③

张博泉等则提出:来远城"当在鸭绿江口中江岛上"④,虽未定点,其意实同。

但笔者认为,无论从史料还是从形势来看,来远城建于鸭绿江中某岛上,都是不可能的。圣宗在统和二十九年"次鸭绿江",很明显是到了临近鸭绿江的某个位置,可以释为鸭绿江边,但绝不会是鸭绿江中。皇后及弟楚国王隆祐迎于来远城,自然也是到江边迎迓,此条资料无助于来远之"岛居"说。至于《高丽史》提供的"夹桥筑东西城"之说,津田以东、西城为宣州、来远城,恐怕并不合适。宣州不论,来远城早已在统和九年建置,既以之为军事要地,驻军屯守,当时就应当已建城橹,不当迟至开泰四年(1015)才筑。再者,如果推测来远城是"夹桥"而筑的两城之一,那它就更不可能在江中岛上了,否则,何以称"夹桥筑"?

在《辽志》中,将来远城作为一个整体来介绍,"以燕军骁猛,置两指挥,建

---

① 《金史》卷135《高丽传》。
② 《辽史》卷15《圣宗纪六》,统和二十九年正月。
③ 《汇篇》,第129页。
④ 《东北历代疆域史》,第168页。

城防戍"。而在《辽史·兵卫志》中,则分列其"两指挥"属下的八个军营①。这些军营中,既有称"城"者,自然是在来远城以外的军垒,至于其他称"营"者,亦是分屯戍。《高丽史》载:"及金兵攻取辽开州,遂袭来远城及大夫、乞打、柳白三营,尽烧战舰,掳守船人。"②显然,大夫、乞打、柳白三营,在空间上,是与来远城分置的,它们与其他五个城、营,共同担负守桥、守舰等各种任务。上述夹桥之二城属于要塞、兵垒性质,应当不是来远城,而是离来远城不远——选址筑江桥应当就在来远城附近——且属来远城管辖的军营、驻军小城,就如《兵卫志》所列来远城所辖、屯"正兵三百"的"王海城"之类。而作为东部边境基地的来远城,反而没有必要置之于桥口首当其冲的位置。

作为调度众营垒、守御江桥、拥有大量战舰的水、陆军基地,来远城肯定应当离江很近,甚至直接临江。然而,置其城于江中岛上,不仅没有腹地,活动空间局促,而且只能通过江桥或船只与陆地联系,进退攻守都相当困难,怎能起到与其他城垒互相应援的作用呢?或许岛上有一两个营垒,但将来远城置于其上,那是不可想象的。

当然,松井、津田等未能理解来远城之军事形势而断定其在某岛上,也非全无凭据。其藉为根本的材料,应是《高丽史·乐志》所载:"来远城在静州,即水中之地,狄人来投,置之于此,名其城曰来远,歌以纪之。"③这是至今所见的关于来远城位置的最为完备的材料。不过,此城其实是高句丽之来远城,与辽之来远城全无干系。按《高丽史·乐志》载来远城曲名,在"高勾丽"部之下,而"高勾丽"部之前文,是百济部、新罗部,所载皆是朝鲜半岛相当于中原隋及唐初时代的各部乐,所记自然亦是 6 世纪、7 世纪初之来远城。按高勾丽当时既将"狄人"置于难与外界沟通之地,使之与"国人"隔绝,却又想利用这些受隔离的"狄人"来宣扬自己的威德,遂作此曲以纪之。无论如何,此"来远",乃是因高句丽"招徕远人"而得名。不知与三个多世纪以后契丹纪念本国之"招徕远人"而得名之城,有何干系?一旦斩断高句丽来远城与辽来远城之间跨越了时间与空间的连线,自松井以来定辽之来远城于某岛上的观点,也就成了无本之木了。

综上所述,笔者认为来远城当在鸭绿江下游西北一侧临江某处,与开泰三

---

① 《辽史》卷 36《兵卫志下》。
② 《高丽史》卷 14《世家十四·睿宗三》,睿宗十二年(1117,辽天庆七年,金天辅元年)三月辛卯。津田遂引此条材料,以证辽来远城在水中,见《满鲜历史地理研究一·朝鲜历史地理》,见《津田左右吉全集》第 11 卷,第 268 页。
③ 《高丽史》卷 71《乐志二》"高勾丽乐·来远城"条。

年之后的保州隔江相对,姑定于丹东市附近鸭绿江畔。

威寇(振化?)城—定东军—定州

统和九年置威寇城或振化城,统和十三年,升为定东军。开泰三年(1014),取鸭绿江以东地,徙定东军至江东,并升为定州保宁军节度。天庆六年(1116)入高丽。定东军当治于今辽宁丹东市九连城一带。定州治今朝鲜平安北道义州一带。

按定东军—定州之沿革,当与来远城、保州及保州属下宣州、怀化军作为一个整体看待,实是契丹与高丽争夺鸭绿江以东之地的反映。笔者认为,对于定、保、宣等州沿革的梳理,至今似仍有缺陷。原因在于研究者将这些州的产生与圣宗开泰二年伐高丽之事紧密联系起来,但却未注意此前的统和年间辽丽关系对鸭绿江两岸政区建置的影响。

圣宗期间有三次大规模伐高丽,统和十年,因争夺两国之间的女真居地,"以东京留守萧恒德等伐高丽",至统和十一年高丽表示臣服,辽遂以鸭绿江下游以东地赐高丽①。而高丽则于此新得之地筑兴、铁、通、龙、龟、郭六州守御②。统和二十八年,"高丽西京留守康肇弑其主诵,擅立诵从兄询,诏诸道缮甲兵,以备东征",并于当年十一月渡过鸭绿江,攻陷高丽开京,次年正月"二十九年春正月乙亥朔,班师"③。"王师"甫出,高丽就表示宾服。但征伐并未由此中止。在辽军推进的过程中,所遭遇的抵抗甚为激烈,并且"班师"之后,高丽王询仍拒绝遵契丹之命亲自来朝。圣宗遂于开泰二年六月、三年二月两次遣使,向高丽索取鸭绿江东六州旧地,未如所愿,遂于三年夏再伐高丽④。此后兵连祸结,直至开泰九年五月"王询表请称藩纳贡"⑤。此圣宗朝辽、丽战和之大概也。

按《辽志》本条云:"定州,保宁军,故县一,曰定东。圣宗统和十三年升军,迁辽西民实之。"对于"统和十三年升军"的说法,津田左右吉认为不可信。圣宗既于统和十一年放弃鸭绿江以东之地,又怎能在十三年于江东有此建置⑥?津田这一看法,为其他研究者所认同。按照《辽史》开泰三年夏辽军"造浮梁于

---

① 《辽史》卷13《圣宗纪四》,统和十年十二月、十一年正月丙午。
② 《宋史》卷487《高丽传》。按高丽在这一带所筑实不止六个州、镇,然或以此六州为主。
③ 《辽史》卷15《圣宗纪六》,统和二十八年五月丙午、十一月乙酉,二十九年正月正月乙亥朔。
④ 《辽史》卷15《圣宗纪六》,开泰二年六月辛酉朔,三年二月甲子,三年夏。
⑤ 《辽史》卷16《圣宗纪七》,开泰九年五月庚午。
⑥ 津田左右吉:《满鲜历史地理研究一·朝鲜历史地理》,见《津田左右吉全集》第11卷,第268页。

鸭绿江,城保、宣义、定远等州"①的说法,一般认为,保州、定州、宣州、怀化军,皆是辽于开泰三年所新置②。

《辽志》有关定州的记载,确实有部分错误,比如认为定州及下属定东县是高丽所置。津田左右吉已然指出,保、定二州以及来远、定东二县,顾名思义,应当不是高丽而是辽所置③。但是,《辽志》此条又不应全部否定。比如定州或非开泰三年新置,笔者认为,或有其他材料可资证明。

按《辽史·圣宗纪》载:统和十三年,"兀惹乌昭度、渤海燕颇等侵铁骊,遣奚王和朔奴等讨之"④。按渤海为辽所灭后,举国之民西迁,"契丹所收得者,事实上仅旧王国之西半方面;其东半部,当然无昔日之繁荣,但亦无统一的政治,事实上由独立小部族之割据"⑤,辽对这一地区的管理,其实并不深入。乌昭度甚至在渤海国"西半部"建兀惹国,可视作渤海遗裔在此建立势力。燕颇亦是保宁七年(975)在黄龙府叛辽不成,逃入兀惹国。统和十三年两种势力合一,侵入铁骊之事,可能与渤海余裔之复兴有关,故而,辽廷对此事是非常重视的,深怕他们联结东面各部落及高丽,故而遣奚王和朔奴与萧恒德率军北伐,在攻击兀惹无功而返之后,"进击东南诸部,至高丽北鄙"⑥,耀武于东境,以打击东女真,并切断渤海余裔与高丽的联系。而《辽史·奚和朔奴传》则说"掠地东南,循高丽北界而还"⑦,更明白地指出威慑高丽的用意。笔者认为,该年为防备高丽,在东境升置定东军,是合乎当时的战略形势的。只是,定东军当时应在鸭绿江以西不远处。

该年在鸭江西岸,不仅升置定东军,又升置保州并建来远县。《辽史·食货志》载:统和"二十三年,振武军及保州并置榷场"⑧。不过,据《圣宗纪》所载,该年置榷场的,只有辽西境的振武军⑨,至于保州的榷场,据《辽志》保州条云,置于开泰三年。孰是孰非,可以根据辽、丽边境的形势来判断。按统和十一年高丽臣服之后,辽、丽关系保持了较长时间的稳定,统和二十三年置榷场自然是有可能的。而自统和二十八年二伐高丽之后,辽丽关系迄未改善,开泰

---

① 《辽史》卷15《圣宗纪六》。
② 如张博泉等即持这种看法,见《东北历代疆域史》,第168页。《汇篇》亦同(见第127页)。
③ 津田左右吉:《满鲜历史地理研究一·朝鲜历史地理》,见《津田左右吉全集》第11卷,第268页。
④ 《辽史》卷13《圣宗纪四》,统和十三年七月丁巳。
⑤ 津田左右吉著,陈清泉译:《渤海史考》,长沙:商务印书馆,1939年,第50页。
⑥ 《辽史》卷88《萧恒德传》。
⑦ 《辽史》卷85《奚和朔奴传》。
⑧ 《辽史》卷60《食货志下》。
⑨ 《辽史》卷14《圣宗纪五》,统和二十三年二月丙戌。

三年之后,战事重起,延绵至开泰八年不断,此时建榷场,既无必要,又不可能。故当以《食货志》为准。据此,则保州至迟于统和二十三年已置,不俟开泰三年夏伐高丽之时。州始置之时,亦当在统和十三年。

《辽志》保州来远县条云,"初徙辽西诸县民实之",这与定州"圣宗统和十三年升军,迁辽西民实之",定州定东县"辽徙辽西民居之",当在同一时间,即统和十三年发生。这些"辽西民"从何处徙来呢?《辽志》仪坤州广义县条载,"来远县,(统和)十三年并入(广义县)",据笔者判断,当是来远县民东迁以建保州,且连县名一同徙来,其地则并入仪坤州之广义县耳。严格说来,仪坤州既为契丹"右大部地",并不在"辽西"的范围之内。但当时移民之迁出地,可能是以辽西为主,然范围较广,亦及于仪坤矣。

更上溯至统和九年,辽、丽边境曾"建威寇、振化、来远三城屯戍卒"①,建此三城,当是对鸭绿江下游东南岸的女真人不断被往北驱赶、高丽势力北上的形势的反应,也是两年后辽伐高丽的先兆。来远城,《辽志》有载,位于鸭绿江侧,而威寇、振化二城,则未见他处记载。笔者认为,此二城当是定东军和保州之前身,并与鸭绿江畔的来远城(见下文来远城条)构成三角形的防守态势。即统和九年辽警惕于高丽骎骎北上之态势,建来远等鼎足三城,驻戍卒;十三年,复升威寇城或振化城为定东军,升另一城为保州,并建附郭来远县,以加固东部之形势。唯不知何城升为定东军,何城升为保州也。然两城位于来远城之西不远处,以便相互应援当无疑也。度其今地,应在丹东九连城附近。

上述辽东境以保州为中心的防线的第一发展阶段,也完全可以看作是辽对高丽关系重于防守的阶段。在统和十一年之前,鸭绿江下游以东是辽自渤海国继承来的领土,但是,辽对这一带的控制薄弱,并未有筑城控御之举,高丽势力却已进入这一地区。这也是辽慷慨地将这一地区"赐"予高丽的原因。自十一年至开泰三年,虽有统和二十八年圣宗亲征高丽之事,但起先深入敌之腹心,最终却卷甲而归,所得之地旋弃。此间江东之地既不属辽,辽更是无从进筑,但江以西不远的定东军与保州——当然还有更临近鸭绿江的来远城,其控扼高丽的作用,就显得更重要了。开泰三年,辽在东境开始进入扩张状态,定东军、保州也因之而发生空间位置的变迁。

《辽史·圣宗纪》:开泰三年夏,辽东征大军"造浮梁于鸭绿江,城保、宣义、定远等州"②。所谓"保、宣义、定远",或为州名,或为军额、军号,体例参差

---

① 《辽史》卷13《圣宗纪四》,统和九年二月。
② 《辽史》卷15《圣宗纪六》。《辽史》卷115《二国外记·高丽》亦同。

不齐,应作"保、宣、定"或"保宁、宣义、定远"(分别为定、保、宣三州之军额、军号)①,要之,该年之后,此三州是在鸭江以东。然则,保、定、宣三州城池,又非全部新筑,其中部分是沿用高丽原筑的城池。

据《辽志》记载:"开泰三年取其(高丽)保、定二州"②。需要说明的是,保州、定州并非高丽建置,而是辽得到高丽宣化、定远二镇以后才置于江东的。不过,二州与高丽建制,存在部分的联系。《高丽史》载:显宗六年(即辽开泰四年),"契丹取宣化、定远二镇,城之"③。宣化、定远二镇原必有城池,契丹得此地后,无论是毁二镇之城原地重建,或是易地重建,都不太有必要,故笔者对"城之"一词的理解,是契丹以高丽二镇之城为城,而非新筑。据《辽史·地理志》,保州军额"宣义",宣州军号"定远"。如此,则大体可确定,开泰三年进筑鸭绿江东的三州,其中保、宣二州沿用了高丽旧城址,甚至二州之军额、军号沿用高丽旧镇名,其意不啻纪功。《高丽史》所载,虽与《辽史》所载有一年之参差,但由城池之名称及事件之相似性,仍可见二城在丽、辽之间的建置承续。至于定州、怀化军,则为新创筑之城,其中定州又是将原来鸭江以西之定东军建置东迁,并升置为州。

至此,保、定二州,遂徙至鸭绿江以东。开泰三年之前保州、定州、来远城三城于鸭江以西并排构成防线,经过该年的空间转换,一变而为保、定二州成为在前的两足,而来远则为后方基地的鼎立之势。宣州、怀化军为保州宣义军节度所辖,则起到辅助的作用。总体上,保州是辽在鸭江以东防线的枢纽,故在江东三州一军中,地位尤为凸显,故包括来远城在内的鸭江两岸之地,被称为"保州路",而后来高丽与辽、金交涉取回江东之地,也以保州为中心。情况复杂至此,正是圣宗朝辽丽关系多次转折、边界形势反复变迁的结果。

江东三州一军,其址可确定者唯保州。据《高丽史》:

> 义州,本高丽龙湾县,又名和义。初,契丹置城于鸭绿江东岸,称保州。文宗朝,契丹又设弓口门,称抱州(一云把州)。睿宗十二年,辽刺史常孝孙等避金兵,泛海而遁,移文于我宁德城,以来远城及抱州归我。我兵入其城,收拾兵仗、钱谷。王悦,改为义州防御使。推刷南界人户以实

---

① 《汇篇》以"保"为保州,"定远"为定州,"宣义"为宣州,误。见第126页。
② 《辽史》卷38《地理志二》保州条。
③ 《高丽史》卷4《世家第四·显宗一》,显宗六年。

之。于是复以鸭绿江为界,置关防,仁宗四年,金亦以州归之。①

据此,松井定辽之保州于今朝鲜义州,应无误②。而津田以金末"黄旗子军来屯(高丽)古义州",推测高丽建保州为义州后曾迁址、古义州即辽代保州,而今义州则为辽之宣州③,此说却有推衍过甚之嫌。至于定、宣州及怀化军,其址则难以确定。然保、宣二州是以高丽宣化、定远二镇建,宣州后又隶于保州节度,故应距保州甚近,怀化军亦同辖于保州节度,故此三城甚近。而定州距保州略远。三州一军之集群,密布于今朝鲜义州附近。

辽在开泰三年前索取的"六州旧地",其实就是统和十一年之前"赐"予高丽的鸭绿江东数百里地,但高丽已于其中筑有州、镇颇多。直至开泰九年高丽宾服,绝大部分州镇仍在高丽手中,但辽毕竟获方寸之地建定、保、宣等州,已属不小的进展。鸭绿江东的这些桥头堡,以江桥之北的来远城为奥援,难以拔除,使高丽如骨鲠在喉。太平九年(1029)渤海人大延琳叛辽之时,高丽刑部尚书郭元乘乱发兵攻"鸭江东畔契丹保障⋯⋯不克,惭恚发疽而卒"④。不过,到辽金更代之际,高丽终于获得了解除威胁的良机。

天庆六年(1116),辽东京道诸州不断失陷,鸭江两岸的保、定诸州及来远城,先因渤海人高永昌之叛,后因女真东进南下,无法与辽的其他地区联系,粮秣无给,高丽乘机向守将索取保州(高丽称抱州)、来远城。文书往复之间,"金兵攻取辽开州,遂袭来远城及大夫、乞打、柳白三营,尽烧战舰,掳守船人",辽守将不得已,将两城交割予高丽而遁⑤。尽管高丽与金后来为保州户口之事再三交涉,但保州之地,此后一直在高丽之境⑥。据载,高丽蒙金太祖"赐鸭江为界"⑦,则不仅保州,定州、宣州、怀化军等,天庆六年后,亦皆属高丽境也。

按上文所分析,定东军在开泰三年东迁前,当在距来远城不远的鸭绿江

---

① 《高丽史》卷58《地理志三》"安北大都护府·义州"条。
② 松井等:《满洲与辽朝疆域》,《满洲历史地理》第2卷,第5页。
③ 津田左右吉:《满鲜历史地理·朝鲜历史地理》,《津田左右吉全集》第11卷,第272—274页。
④ 《高丽史节要》卷3,显宗元文大王二十年十一月。
⑤ 关于高丽得到抱州的经过,完整的记载见《高丽史》卷14《世家十四·睿宗三》,睿宗十二年(1117,辽天庆七年,金天辅元年)三月辛卯。然睿宗十一年八月庚辰(十九日)条载:"金将撒喝攻辽来远、抱州二城,几陷,其统军耶律宁欲帅众而逃。⋯⋯王入遣使如金,请曰:'抱州本吾旧地,愿以见还。'金主谓使者曰:'尔其自取之。'"则高丽初得保州、来远城,当在睿宗十一年,即辽天庆六年也,三上次男以为可能在睿宗十一年九月中旬,见氏著,金启琮译《金代女真研究》,第107—108页。
⑥ 《金史》卷135《高丽传》。
⑦ 《高丽史》卷15《世家十五·仁宗一》,仁宗六年十二月壬申,司古德所上《语录》。

北岸,定于今丹东九连城附近。而东迁后,定州则在朝鲜平安北道义州一带①。

开泰三年以后,辖县一:定东县。

定东县

开泰三年置,倚郭。

按开泰三年之前,定东军在鸭江以西时,当从辽代各"军"之例,无属县,东迁后方置倚郭县也。

振化(威寇?)城—保州

统和九年(991)置威寇城或振化城,统和十三年置保州,开泰三年(1014)移置鸭绿江下游东岸,升为宣义军节度。天庆六年(1116)入高丽。开泰三年以前,治今辽宁丹东市九连城附近。该年后,治于朝鲜平安北道义州②。

统和十三年后,辖县一:来远县。开泰三年以后,节度使另统州一:宣州;军一:怀化军。

来远县

统和十三年置,倚郭。按开泰三年保州之东迁,来远亦随之东迁也。

宣州

开泰三年(1014)置宣州定远军刺史,隶保州。天庆六年(1116)入高丽。辨见上文定州条。治今朝鲜平安北道义州附近③。

怀化军

开泰三年(1014)置怀化军下刺史,隶保州。天庆六年(1116)入高丽。辨见上文定州条。治今朝鲜平安北道义州附近④。

---

① 据《汇篇》第126页定点。保、定、宣州及怀化军,松井、津田以来,皆定于鸭绿江东岸。然近来冯永谦先生推翻旧说,以为皆在今营口一带,在鸭绿江南并未留下辽代的建置。见《辽东京道失考州县新探》,《辽金历史与考古》第1辑,第204—208页。其立论依据甚多,然终与金初与高丽分取来远城、保州(鸭江以西之来远城属金,江以东之保州属高丽)之事实相悖,故不取其说。
② 辨见上文定州条。
③ 《汇篇》第127页采津田左右吉之说,定点于今义州。然津田以"古义州"当辽之保州,今义州当宣州,又推断保、宣等州入高丽之后,高丽复废宣州,迁保州至原宣州(今义州)址。此推论之基础,是《高丽史》卷4显宗世宗六年(1015)春正月条所载"契丹作桥于鸭绿江,夹桥筑东西城"之说,津田以桥西为来远城,桥东为宣州,后者应即今义州之地。此说实无所本,上文已辨。故不取辽之宣州在今义州之说。
④ 张博泉等持此说。按保州、宣州、怀化军当相近也。见《东北历代疆域史》,第168页。

开州开封府—开州

太宗天显四年(929)置开州开封府、开远军节度。开泰三年(1014),更军额为镇国军,后废府,仍为开州,治今辽宁凤城市①。

《辽志》本条云:"(开州)高丽为庆州,渤海为东京龙原府……太祖平渤海,徙其民于大部落,城遂废,圣宗伐新罗还,周览城基,复加修葺。开泰三年,迁双、韩二州千余户实之,号开封府、开远军节度。"

此条所叙,极为混乱含糊,并且错谬颇多。首先,此州非高丽之庆州,而为渤海之庆州也。金毓黻云:"辽之开州,本为渤海庆州所徙置。《志》云高丽为庆州,殊误。东京龙原府凡领四州,而庆为首州。"②

其次,渤海之庆州,与辽之开州不但不同址,而且相隔颇远。按《汇篇》,辽开州在辽宁凤城县,而"渤海东京龙原府在今吉林省珲春县境内之半拉子城,非辽之开州地也"③,指出了《辽志》在述及开州沿革之时,混入千余里外渤海龙原府及庆州的情况。具体说来,《辽志》所载,自"高丽为庆州"始,先述渤海东京龙原府及其首州庆州(今珲春)的情况,但自"太祖平渤海,徙其民于大部落"之后,又转述辽开州所在之地(今凤城)。其间显然缺少将渤海庆州与辽开州联系起来的信息。《辽志》何以将"高丽庆州"牵扯进来?如果这一问题不能解决,那么开州之置,终未可知。

唯一的解释是,辽开州的人口由渤海庆州迁入。介绍政区沿革时牵入本政区移民始迁之地的沿革,这是《辽志》通篇存在的问题,此处也颇合这一"通例"。那么,辽在何时徙庆州民至开州之地?《汇篇》云,"在东丹国徙都(天显四年)时,龙原府首州庆州迁至今辽宁省凤城县,称开州"④。这一说法应当是可信的。

开州之始置,也并非如《辽志》本条所言,迟至圣宗时,而应当在太宗天显四年移庆州民南来后,立即建置。按《辽史》,刘景"历武定、开远二军节度使,统和六年,致仕"⑤。又据《耶律抹只传》:"统和初,为东京留守。宋将曹彬、米信侵边……抹只与耶律休哥逆战于涿之东,克之,迁开远军节度使。故事,州民岁输税,斗粟折钱五,抹只表请折钱六,部民便之。"⑥由抹只《传》中节度使

---

① 据《汇篇》,第 125 页。
② 金毓黻:《东北通史》上编,第 610 页。
③④ 《汇篇》,第 125 页。
⑤ 《辽史》卷 86《刘景传》。
⑥ 《辽史》卷 84《耶律抹只传》。

与部民的关系可以证实,他担任开远军节度使,并非遥领。而历代军额为"开远"的节度州,只有辽代的开州和云内州,云内州却迟至道宗清宁间(1055—1064)方置为节度州。显然,上述两处"开远军",只可能是开州。故可以肯定,开州在统和(983—1012)初年之前已建节度州,并号"开封府"。罗继祖曾质疑"开封府"之号:"开州非京,似不当称府,岂初有是称,后改之耶?"①事实上辽代非京而称府者,并非孤例,若辽前期以龙州为黄龙府、辽中期以霸州为兴中府者,皆是。不过,《地理志》既以"开州,镇国军,节度"称之,则"开封"之府名,在辽后期当废。

《辽志》本条称,圣宗开泰中"伐新罗还,周览城基,复加完葺"。这应当是圣宗当时注意到开州作为震慑高丽之基地的战略地位,故有迁双、韩之民实州、重修城池等举措,以加固其东部重镇的地位。改军额为"镇国",也当在此年,这也符合此时辽廷对开州战略地位之重视。由此可知,《辽志》在记载太祖迁民废城之后,失载太宗时复迁入渤海庆州民之事,并误载开州始置之年。

于是开州之沿革可定矣:太祖灭渤海,将今辽宁凤城一带渤海民迁至契丹本部;太宗天显四年,将原渤海龙原府庆州民迁入此处,建开州,号开封府、开远军节度;圣宗开泰三年,再次徙入双、韩二州民,重修城池,并建倚郭县,并改军额为"镇国"。

天显四年,节度使另统州三:盐州、穆州、贺州。开泰三年后,辖县一:开远县。

开远县

置于开泰三年,倚郭。

按《辽志》本条云:"高丽为龙原县,渤海因之,辽初废。圣宗东讨,复置。"按渤海庆州龙原县民南迁置开州,龙原县随废,而所谓"圣宗东讨",当即指开泰三年圣宗伐高丽还之事。

(废)盐州

天显四年(929)置。至辽末已不存。治今辽宁凤城县境内②。

按《辽志》本条虽未明言始置之时,然其"本渤海龙河郡,故县四……皆废",当是辽初移开州南来,同时亦移盐州并废其属县,且以州属开州。

---

① 罗继祖:《辽史校勘记》,第119页。
② 据舒焚《辽史稿》,第146页。

（废）穆州

天显四年(929)置穆州保和军刺史。至辽末已不存。治今辽宁岫岩满族自治县①。

按《辽志》本条："本渤海会农郡，故县四……皆废……统县一：会农县。"则当是渤海之穆州，在辽初与开州同时南迁。然既云辽初四县俱废，不知辽穆州下辖之会农县何时复置。

辖县一：会农县。

会农县

始置不知何时。倚郭。

（废）贺州

天显四年(929)置贺州刺史。至辽末已不存。治今辽宁凤城县境内②。

《辽志》本条："本渤海吉理郡，故县四……皆废"，当是辽初与开州一同南徙。

合主城

始置不知其时，至辽末犹存，在今辽宁凤城县附近。

《金史》载：

> 收国元年九月，太祖已克黄龙府，命加古撒喝攻保州。保州近高丽，辽侵高丽置保州，至是命撒喝取之，久不下。……十一月，系辽女直麻懑太弯等十五人皆降，攻开州，取之，尽降保州诸部女直。太祖以撒喝为保州路都统，太祖已破走辽主军，撒喝破合主、顺化二城，复请济师攻保州。③

知合主、顺化二城，同为开州附近的重要驻防之处，应与辽境内其他"城"一样，出于军事目的而置，内有数目可观的驻军。上已证顺化城在辽阳府（今辽阳）与开州（今凤城）之间，疑合主城在开州与鸭绿江东岸的保州之间，然这仅仅是一个推论，并无实据，姑置俟后详考。然距凤城不远，则无疑矣。

---

① 鞍山市岫岩满族博物馆《辽宁岫岩镇辽金遗址》一文指出："岫岩镇就是辽代南迁的穆州保和军会农县。"见《北方文物》2004年第3期，第57页。
② 据舒焚《辽史稿》，第146页。
③ 《金史》卷135《外国传下·高丽》。

毕里围城

始置不知何时,辽末犹存,约治今辽宁丹东市鸭绿江对岸朝鲜某地。

毕里围城仅见载于《金史》:天辅"四年,咸州路都统司以兵分屯于保州、毕里围二城,请益兵"①。按当时金欲攻保州,却发现保州已为高丽军所据有,故而实不知"分屯于保州"之说究竟何意,或是屯于保州城外乎?然保州、毕里围城相近,且金兵于渡江之后方至此,则无疑也。其具体所在则不可知。

龙州黄龙府

开泰九年(1020),置龙州黄龙府。黄龙府兵马都部署司治此。治今吉林农安县②。

按辽前期本有龙州黄龙府,在原渤海扶余府之址,今吉林四平之地。保宁七年(975)因燕颇之乱而废府,于原址附近置通州,见下文通州条,兹不赘。开泰九年(1020),"迁城于东北,以宗州、檀州汉户一千复置"(《辽志》),于原黄龙府即保宁七年以后通州之东北,异地恢复龙州黄龙府之建置。

开泰九年,辖县三:黄龙、迁民、永平县。府尹另统州五:益、安远、威、清、雍州。

1. 黄龙县

开泰九年置,倚郭。

按原龙州黄龙府即有黄龙县,保宁七年降府为通州,县亦废。此黄龙县为开泰九年异地复置龙州黄龙府后,以宗、檀州之民所置,复用原黄龙府下属黄龙县名。开泰九年以后黄龙府所属其余迁民、永平各县,亦当是借辽初黄龙府诸县之名耳。

2. 永平县

开泰九年置。治所不详,约今吉林农安县附近。

3. 迁民县

开泰九年置。治所不详,约今吉林农安县附近。

益州

益州,观察,始置不知何时。治今吉林农安县东北 80 里小城子乡小城

---

① 《金史》卷 135《外国传下·高丽》。
② 《汇篇》,第 145 页。此定点向无异说。

子村①。

张棣《金虏图经》称:"胜州至济州四十里,亦至东铺二十里,东铺至北易州五十里,北易州至滨州七十里,渡混同江。"②金初济州,即辽之龙州黄龙府。按方位里程看,此处"北易州",应即"益州"。宋使误"益"为"易",为区别于析津府属下之易州,故加"北"字。

辖县一:静远县。

静远县

当与州同置,倚郭。

(废)安远州

安远州,怀义军刺史,始置不知何时。至辽末已不存。治所不详,当在吉林农安县附近。

不辖县。

威州

威州,武宁军刺史,始置不知何时。治今吉林农安县西南45里巴吉垒镇小城子③。

不辖县。

(废)清州

清州,建宁军刺史,始置不知何时。至辽末已不存。治所不详,当在今吉林农安县附近。

不辖县。

(废)雍州

雍州,刺史,始置不知何时。至辽末已不存。治所不详,当在今吉林农安县附近。

不辖县。

---

① 见李健才:《东北史地考略》,第103页。
② 《会编》卷244《炎兴下帙一百四十四》绍兴三十一年十一月二十八日条引张棣《金虏图经》。
③ 《东北史地考略》,第105页。

信州

天显元年(926)置信州彰圣军下节度。治今吉林公主岭市西北73里秦家屯镇古城。

《辽志》本条云:"渤海置怀远府,今废。圣宗以地邻高丽,开泰初置州,以所俘汉民实之。"此条所载,每句皆误。金毓黻已考明,渤海怀远府在"俄领东海滨省东部滨海之处……其处于极东边远之地"①,此向无异说,信州非其地明矣。其地与高丽相隔辽远,"地邻高丽"全然无从说起。统和元年(983)已有信州节度使,不俟开泰中(1012—1021)始置州。若开泰中始置,则"所俘汉民"又从何而来?故《辽志》之文,不知所云也。

虽然《辽志》称信州置于圣宗开泰初,《金史·地理志》也提到,信州"开泰七年建"②。但有其他的证据表明,信州并非迟至开泰中始置。圣宗统和元年,"以耶律庆朗为信州节度使"③。宋境江南西路虽有信州,然未尝为节度州,故即使遥授宋境之信州,亦不可代为"升"节度也。故此信州,当是辽境之州。此外,《辽志》信州下辖武昌县条云,"本渤海怀福县地,析平州提辖司及豹山县一千户隶之";定武县条云,"本渤海豹山县地,析平州提辖司并乳水县人户置"。怀福、豹山、乳水,都应是渤海怀远府所属县,在辽灭渤海后迁来者④,故武昌、定武县之置应发生在天显元年灭渤海之初。而信州条所称"以所俘汉民实之",那只能发生在与五代、宋仍有战事的圣宗统和二十二年以前。州、县之置,皆不可能迟至开泰七年。

信州始置所涉及的另一问题是"提辖司"。武昌、定武二县,皆"析平州提辖司"人户为其部分户口。有学者认为,提辖司之创设,"大体上是在圣宗朝以后。从这时起就是因为转换了所属人户的编制,实行了提辖司制度"⑤。若如此,则武昌等二县之置,当然就早不过统和年间。问题是,提辖司出现于圣宗朝的说法本身就很成问题,这恐怕是对圣宗统和八年"诏东京路诸宫分提辖司,分置定霸、保和、宣化三县"⑥的误解,将诸"宫分"提辖司,释为诸宫"分"提辖司。太祖、太宗诸宫分,亦有提辖司之置,并无证据显示这些提辖司是圣宗

---

① 《渤海国志长编》卷14《地理考》。
② 《金史》卷24《地理志上》上京路信州条。
③ 《辽史》卷10《圣宗纪一》,统和元年四月壬子。
④ 见《渤海国志长编》卷14《地理考》。
⑤ 岛田正郎:《大契丹国——辽代社会史研究》,第155页。
⑥ 《辽史》卷12《圣宗纪三》,统和八年七月庚辰。

以后为诸宫分新添置的。提辖司之创置既非辽中期以后之事,武昌等二县之置,亦不必限于统和以后。

然则《辽史》、《金史》何以误认为开泰年间始置信州呢。笔者以为,一个重要的原因是圣宗朝确曾迁徙部分人户至信州。《辽志》中京道隰州条云:"圣宗括帐户迁信州,大雪,不能进,建城于此,置(隰州)焉。"其中"帐户"一词,恐怕是"落帐户"衍一字耳。无论"帐户"或"落帐户",与渤海怀福县、豹山县、乳水县民,不是一回事。此次徙民恐有一定规模,故史载甚明。至于这部分人户后来是否有部分又迁至信州,不得而知矣。我们所能知道的是,撰史者恐怕是误以迁民实信州为始置信州。

信州在《辽志》载有"彰圣"之节度军额,而在《金史·地理志》则载为"彰信"(刺史州军号,信州于金降为刺史州)①。这一矛盾,应不是此是彼非的问题,而是金初曾经改名耳。在《辽史》中,不但《百官志》所载与《地理志》同,且道宗末年,"出(皇子耶律)淳为彰圣等军节度使"②,显非遥领,故知"彰圣"正为辽代信州之军额。

治辽信州之治所,陈相伟经考察后,确定为今吉林公主岭市秦家屯镇古城,这一周长3300多米的城址为辽代信州③,此定点向无异说。

天显元年,辖县二:武昌、定功县。后改定功为定武。节度使又辖州三,未详。

1. 武昌县

天显元年置,倚郭。

2. 定功县—定武县

天显元年置定功县,后改定武。治所不详,当在秦家屯附近。

宾州

统和十七年(999)置宾州刺史。重熙十六年(1047)之前,升怀化军节度。治今吉林农安县东北110里靠山镇广元店古城④。

按《辽史》卷89《耶律和尚传》,重熙十六年,"出为怀化军节度使"。则宾州升节度当在此年之前也。

不辖县。

---

① 《金史》卷24《地理志上》上京路信州条。
② 《辽史》卷48《百官志四》"南面方州官·东京道"条、卷30《天祚皇帝纪附耶律淳》。
③ 贾敬颜:《许亢宗行程录》疏证稿,《五代宋金元人边疆行记十三种疏证稿》,第246页。
④ 《东北史地考略》,第96页。

祥州

兴宗时置祥州瑞圣军节度。治今吉林农安县东北55里万金塔乡①。

《辽志》云："兴宗以铁骊户置。"按《长编》，皇祐五年（1053，当辽兴宗重熙二十二年），有"瑞圣节度使耶律述"②，祥州之置自在其前。

兴宗时，辖县一：怀德县。

怀德县

兴宗时与州同置，倚郭。

耗里太保城—咸州

天显元年（926），建耗里太保城，开泰八年（1019），置咸州安东军下节度。道宗朝以后，咸州路兵马司、北女直详稳司治此。治今辽宁开原市东北17里老城街道。

《辽志》本条云："地在汉候城县北，渤海龙泉府南，地多山险，寇盗以为渊薮，乃招平、营等州客户数百，建城居之，初号郝里太保城，开泰八年置州。"则由郝里太保城升置咸州安东军节度，甚为明白。然咸州下辖咸平县条又云："太祖灭渤海，复置安东军，开泰中置县。"与咸州条不符。若说两条皆是事实，那么就有两种可能，一是开泰八年前郝里太保城已改置安东军——此军当是与州同级而较州低一等的政区，并非军额为安东之节度州也——至该年复升置咸州安东军节度；一是咸州原为郝里太保城，而咸平县原为安东军，开泰八年合置咸州，治所移至原安东军之地。但无论是哪一种可能，《圣宗纪》都不应当直接说，改"耗里太保城为咸州，建节以领之"③。故笔者以为，《辽志》咸平县条所云不可信，"安东军"并非州之同级政区，而应当是咸州的军额，当然，"复置安东军"就不应当是"太祖灭渤海"之后，而是指开泰八年升置安东军节度。

贾敬颜云，辽咸州在"明开原城，今辽宁开原县老城镇（开原城）"④，即今开原市东北老城镇。此定点向无异说。

开泰八年，辖县一：咸平县。

咸平县

开泰八年置，倚郭。

---

① 《东北史地考略》，第101页。
② 《长编》卷174，皇祐五年四月庚辰。
③ 《辽史》卷16《圣宗纪七》，开泰八年十月甲辰。
④ 贾敬颜：《东北古地理古民族丛考》，《文史》第12辑，1981年9月，第152页。

辽州

太祖天赞(922—926)以前建辽州,天显元年升为东平军节度。太宗改为始平军下节度。治今辽宁新民市东北51里公主屯镇辽滨塔古城。

东平府确是渤海的建置无疑。《辽志》载,"故东平府都督伊、蒙、陀、黑、北五州,共领县十八"。这与《新唐书·渤海传》的记载基本一致[1]。《辽志》东京辽阳府紫蒙县条也提到:"拂涅国置东平府,领蒙州紫蒙县。后徙辽城,并入黄岭县,渤海复为紫蒙县。"虽然徙辽城、入黄岭、渤海复立紫蒙等事,次序错舛、语无伦次,但其建置之存在当无疑。看来渤海继承了拂涅国的东平府、蒙州、紫蒙县。

但是,《辽志》把东平府引入辽州条下,且将两者视为一地,实为大误。《辽志》云:"太祖伐渤海,先破东平府,迁民实之。"又云:"故东平都督伊……五州,共领县十八,皆废。"这两个"东平",并非一地。阿保机先攻破的东平府,实是指后来契丹所建的辽州、辽阳府一带,是以后来的建置指称此前的地方。而且,破"东平"(即辽州)与迁民实之,实是在不同的时间发生的事。破"东平",如上文东京道辽阳府条所释,发生在太祖神册中或更早;而迁民实之,首次应当如《辽史·太祖纪》所载:天赞三年五月"徙蓟州民实辽州地,渤海杀其刺史张秀实而掠其民"[2]。后来的辽东京道,当时大约南部已为契丹所占——所以九年前(915),阿保机就已"钓鱼于鸭渌江"[3];六年前(918,神册三年),阿保机曾"幸辽阳故城"[4]——而东北一线,仍在进行激烈的争夺战。位于渤海西南之契丹,当时自然无法将兵锋直指渤海东北境的东平府。

至于后一个"东平",当然就是指渤海上京东北的东平府[5]。攻占这一地区,就是天显元年(926)之事了。当年渤海灭亡,原渤海东平府民被迫南迁至契丹辽州、东平郡(后为辽之东京辽阳府)一带,此乃第二次"迁民实之"。正因渤海东平府民迁入辽州,故太祖以"东平"为辽州之军额。亦有迁入辽阳府者,故辽阳府始有紫蒙县矣。当时辽阳故城已建为"东平郡",它体现了辽向东扩张的决心,而辽州又因徙来渤海东平府之名而号"东平军",这却是渤海的遗产。这两个相邻的"东平"很易混淆,故而太宗时又改"东平军"为"始平军"。

---

[1] 冯家昇:《辽史初校》卷2:"'北',《新唐》卷二一九作'比'。"载《二十五史三编》,第434页。
[2] 《辽史》卷2《太祖纪下》,天赞三年五月。
[3] 《辽史》卷1《太祖纪上》,太祖九年冬十月戊申。
[4] 《辽史》卷1《太祖纪上》。
[5] 《汇篇》定渤海东平府于今黑龙江密山县东南临湖村西,见第112页。

今辽宁新民市东北 51 里公主屯镇辽滨塔古城,曾出土金辽滨主簿所铸大钟,且留有铭文,辽州定点于此,诸家并无异说①。

太祖时,辖县二:辽滨、安定县;节度使另统州一:祺州。天显元年置紫蒙县,四年,划紫蒙县属东平郡,仍辖县二:辽滨、安定县。节度使仍辖州一。

1. 辽滨县

太祖时与州同置,倚郭。

2. 安定县

始置或在太祖时,治今新民市以东。

按《辽志》双州条云:渤海置安定郡,久废。或安定县乃渤海废安定郡之所遗。若然,应是辽太祖时得辽州之地,与渤海的战线保持在辽州以东北。渤海安定郡恰在战线之旁,屡为契丹所袭扰,故废之,而契丹则以所劫安定之民建安定县于辽州之侧。故安定县当在辽州以东靠近双州的方向。

檀州—祺州

天赞二年(922)置檀州,会同元年(938)更为祺州祐圣军下刺史。治今辽宁康平县东南 42 里郝官屯镇瓦房村小塔子屯遗址。

《辽志》:"太祖以檀州俘于此建檀州,后更名。"按《辽史》本纪:神册六年(921)十一月丁未,"略檀、顺、安远、三河、良乡、望都、潞、满城、遂城等十余城,俘其民徙内地";十二月己卯,"还次檀州,幽人来袭,击走之,擒其裨将,诏徙檀、顺民于东平、沈州",次年(天赞元年)二月,"复徇幽、蓟地",十一月,"命皇子尧骨为天下兵马大元帅,略地蓟北"②,两年间,多次攻掠蓟北之地。《旧五代史》也提到,"同光初,契丹陷妫、儒、檀、顺、平、蓟六州"③,同光元年(923),即天赞二年也。是神册六年底先曾北徙檀州俘民。至天赞元年十一月尧骨率军南下,至次年遍略六州,又俘部分檀州民北还,遂建檀州。至会同元年,幽云十六州入辽,幽州所属之檀州在其中,乃更辽东檀州为祺州。

按金代王寂《辽东行部志》,在庆云县得鱼,往城东放生,祺州离河距离极近。而小塔子遗址出东门即是辽河④。且金殿士、冯永谦皆指出,该地在 1923

---

① 《汇篇》,第 139 页。
② 《辽史》卷 2《太祖纪下》。
③ 《旧五代史》卷 57《唐书·张温传》。
④ 《辽东行部志》,《五代宋金元人边疆行记十三种疏证稿》,第 285 页。

年曾得铜镜,背有庆云县字①,显是祺州之址无疑。

天赞二年,辖县一:密云县。会同元年,改密云为庆云。

密云县—庆云县

天赞二年置密云县,倚郭。会同元年改庆云县。

《辽志》云:"太祖俘密云民,于此建密云县,后更名。"则密云当与州同置。至太宗会同元年幽州辖下之檀州及所属密云县入契丹,则辽东之檀州、密云当是州县一同改名。或谓该县辽代称"密云"而金改称"庆云"②。然不仅《辽史》载为"庆云",且提到由密云"更名",《金志》亦载其改名在辽代③。王寂曾提到:"早解鞍庆云县,县本辽之祺州,皇统间始更今名。"王寂的表达是有问题的,我们对此说不应理解为金改祺州之倚郭密云县为庆云县,而应解作降祺州为庆云,而庆云之名却早已有之。正如王寂同样提到的"铜山,辽之铜(同)州也,本朝改为东平县焉"④,并非意指"东平"是一个全新的名称,只不过是强调"同州"变作了"东平县"而已⑤。

韩州

圣宗并三河、榆河二州置韩州,东平军下刺史。初治内蒙古科尔沁左翼后旗东 162 里查日苏镇城五家子。后徙辽河之滨白塔寨,又徙柳河县,即今辽宁昌图县西北 93 里八面城镇西南古城址。

金人王寂云:"柳河县,旧韩州也。先徙州于奚营,州后改为县,又以其城近柳河,故名之。……韩州,辽圣宗时并三河、榆河二州为韩州。三河,本燕之三河县,辽祖掠其民于此置州,故因其旧名而改。城在辽水之侧,常苦风沙,移于白塔寨。后为辽水所侵,移于今柳河县。又以州非冲途,即徙于旧九百奚营,即今所治是也。"可知,辽金之韩州曾先后治于四处。初置之时,治于辽水侧原三河州治,次徙白塔寨,后又移于柳河县,最后徙九百奚营。张博泉释云:"《吉林外纪》记载,清道光元年,吉林将军富俊赴八面城查办地亩案件,得一出土铜镜,镜背楷书'韩州刺史'四字。解放后(一九五八年)于八面城深翻地时

---

① 金殿士:《辽祺州访察记》,《社会科学辑刊》1981 年第 2 期,第 94—96 页;冯永谦:《辽代祺州探考记》,《辽宁师院学报(社会科学版)》1981 年第 3 期,第 40 页。
② 嵇训杰:《辽史地理志校读记》,《文史》第 37 辑,第 115 页。
③ 《金史》卷 24《地理志上》咸平府庆云县条。
④ 《辽东行部志》,《五代宋金元人边疆行记十三种疏证稿》,第 285、309 页。
⑤ 张博泉先生早已提到,密云改庆云在辽代,王寂之语不应解作金改县名之意。见《辽东行部志注释》,第 48 页。

掘出铜印一方'柳河县印'。"①辽柳河县为韩州倚郭,金韩州治于临津县而下辖柳河,八面城显为辽金柳河县治所在,也就是辽韩州第三处治所,而镜为辽镜也。至于韩州初治,据段一平考证,在科左后旗浩坦公社城五家子古城。第四个治所即王寂时的韩州治所临津县,在辽宁梨树县偏脸城②。

而第二个治所即白塔寨,则无法确定其位置。段一平在调查时,于城五家子古城与八面城之间发现有一"双城"的地名,有城名而无实址。考虑到双城之名必有所指,其地点又恰好在辽河之滨,遂定其为白塔寨址。如此似未足采信。今不取。

然则,韩州迁于此四处之间,分别在何时?确切时间今皆不可考。不过,至辽末韩州治何处,仍大体可知。按《金史》:"(迪姑迭)攻宁江州,败辽援兵,获甲马财物。攻破奚营,回至韩州。遇敌二千人,击走之。斡鲁古与辽人战于咸州,兵已却,迪姑迭以本部兵力战,诸军复振,遂大破之。"③按《辽史》,宁江州之战在天庆四年(1114)七月,咸州之战在当年十二月。则天庆四年时,奚营与韩州未同址,显然此时韩州仍治柳河县,入金始移奚营也。

辖县一:柳河县。

柳河县

始置不知其时,置县后,为韩州倚郭。

(废) 三河州

太祖天赞初,置三河州,圣宗时,与榆河州合并置韩州。治今内蒙古科尔沁左翼后旗东162里查日苏镇城五家子。

《辽志》韩州条云:"太宗置三河、榆河二州。"然金人王寂云:"辽圣宗时并三河、榆河二州为韩州。三河,本燕之三河县,辽祖掠其民于此置州,故因其旧名而改。城在辽水之侧,常苦风沙,移于白塔寨。"④李攸《宋朝事实·经略幽燕》亦载有此州⑤,乃是将辽中期已废之州误列其中。核《辽史》本纪,仅见太祖神册六年(921)曾寇掠三河等州县⑥,未见太宗时掠三河民置州。故当从王寂之说,置州应在太祖时。按神册六年底掠民北来,置州或在天赞元年前后。

---

① 张博泉:《辽东行部志注释》,第58页。
② 段一平:《韩州四治三迁考》,《社会科学战线》1980年第2期,第191页。
③ 《金史》卷81《迪姑迭传》。
④ 王寂:《辽东行部志》,《五代宋金元人边疆行记十三种疏证稿》,第292页。
⑤ (宋)李攸:《宋朝事实》卷20《经略幽燕》"下镇七"条注。
⑥ 《辽史》卷2《太祖纪下》,神册六年十一月丁未。

按王寂所说"辽水之侧"的三河州治所,也正是其后身韩州初治,按段一平考证,在今科左后旗城五家子①。

(废) 榆河州

太宗时置榆河州,圣宗时,与三河州合并置韩州。治所不详,当在今内蒙古、辽宁、吉林三省区交界处,在圣宗以后之韩州境内。

《亡辽录》有"榆河"州②,《契丹国志》载有"渝州、河州",当是"榆河州"之误③。

头下霡州—霡州

天禄元年(947),建霡州保安军下节度,为耶律察割头下州。应历元年(951),收归朝廷。治今辽宁沈阳市北 70 里沈北新区石佛寺街道石佛寺村畔古城址④。

霡州,《契丹国志》亦作霡州,而《辽志》则作"双州"。1982 年在沈阳北石佛村畔古城址砖塔地宫所发掘的碑文,则载"霡州"、"霡城县",则霡州当是当时此州之正名也⑤。

《辽志》:"双州,本挹娄故地,渤海置安定郡,久废。沤里僧王从太宗南征,以俘镇定二州之民建城置州。"可能与"安定郡"相关的渤海政区,检《新唐书》有二:"挹娄故地为定理府,领定、潘二州;安边府领安、琼二州。"⑥金毓黻提出:"渤海安定郡,亦即定州一名。"又称:"(渤海)定州移置之后改称双州。"⑦亦即以安定郡为渤海定理府下属定州。然而,安定郡对应于定州或是安州,其实并无直接证据。很可能此郡是渤海后期向西扩张,占领今辽宁中部以后所置,故《新唐书·渤海传》中所载的一份渤海政区名单中并无此郡。并且,《辽志》双州条很明确地指出,双州是渤海故安定郡之地,而其人民,则另有来由,此条之说,条理甚为清晰,似不宜无视之。应是契丹于建国以前早已攻下渤海

---

① 《韩州四治三迁考》,《社会科学战线》1980 年第 2 期,第 191 页。
② 《会编》卷 21《政宣上帙二十一》宣和七年正月二十四日条引《亡辽录》,榆河列于刺史、观察、团练、防御州之中。
③ 《契丹国志》卷 22《州县载记·刺史州七十余处》。
④ 李仲元:《辽双州城考》,陈述主编:《辽金史论集》第 2 辑,书目文献出版社,1987 年,第 96 页。
⑤ 《辽双州城考》,《辽金史论集》第 2 辑,第 100 页。此州入金犹存,后废为"双"城县。本研究遵从史籍所载,记辽及金初之州县为"霡州"、"霡城县",入金废州之后为"双城县"。
⑥ 《新唐书》卷 219《北狄·渤海传》。
⑦ 《渤海国志长编》卷 14《地理考》。

安定郡之地，即将其民内徙（见上文辽州安定县条）而空其地，至天禄中，察割以此地建头下州。

至于"沤里僧"者，即当是察割之字"欧辛"之异译。张修桂等指出："考《文献通考》卷三四五下云，'燕王述轧与太宁王呕里僧等率兵杀兀欲于火神淀'。'呕里僧'即沤里僧的同名异译，即察割。"①则霨州之始建，为察割之头下无疑。至于始建之时，当在"从太宗南征"后不久。《辽史》：会同九年（946）八月，"自将南伐"；九月，"赵延寿与张彦泽战于定州，败之"；十一月戊子朔，"进围镇州"，十二月丙寅，晋全军降②。此即太宗灭晋之役也。按太宗南征且攻镇、定，似仅此次，而察割从南征，无疑也是在会同九年。嗣后太宗崩，世宗即位（称天禄元年，即947）北归，察割方得以此次所俘镇、定民建州也。而察割叛弑在天禄五年，即应历元年九月，同月被杀，其所属头下州之没入，亦当在该年。

头下霨州不辖县，应历元年没入后辖县一：霨城县。

霨城县

应历元年以后置，倚郭。按头下州不辖县，故县当于霨州没入之年或此后置。

银州

天显元年（926）置银州富国军，下刺史。治今辽宁铁岭市③。

天显元年辖县三：延津、新兴、永平县。

1. 延津县

天显元年灭渤海时置，倚郭。

2. 新兴县

天显元年置。治所不详，约在今铁岭市以东。

顾祖禹云："又有故新兴城，在今（铁岭）卫东。《辽志》云，故越喜国地，渤海置银冶于此，因置银州，辽故富州为银州，以故银州置新兴县属焉，是也。"④此"故新兴城"，即渤海银州、辽新兴县也。

3. 永平县

天显元年置。治所不详，约在今铁岭市以东。

按《辽志》银州条云："本渤海富州，太祖以银冶更名。"本条又云："本渤海优富县地，太祖以俘户置。"按龙州黄龙府亦有永平县，《辽志》谓，"渤海置"。

---

① 《〈辽史·地理志〉平议》，《历史地理》第15辑，第332页。
② 《辽史》卷4《太宗纪下》。
③ 《汇篇》，第142页。
④ 《读史方舆纪要》卷37《山东八》"辽东·新兴城"条。

则辽之银州永平县,地当为渤海优富县地,而优富县应是渤海富州之属县。其民,则是灭渤海时,从渤海永平县迁来,故亦徙其县名至银州也。

同州

天显元年(926)置同州镇东军节度,后改军额为镇安。治今辽宁开原市南24里中固镇①。

天显元年,辖县二:东平、永昌县。节度使又辖州一,名不详。

1. 东平县

天显元年置,倚郭。

2. 永昌县

天显元年置,治所不详,约今中固镇附近。

(废)郢州

天显元年(926)袭渤海建置,置郢州彰圣军刺史。至辽末已不存。治今辽宁东北部法库、开原、铁岭一带的辽河中上游。

按渤海之郢州,为渤海三个独奏州之一②,地位较高。然其址却难以确定。《汇篇》采和田清之说,定渤海郢州于宁安县北、依兰县南③;孙进己等推测渤海郢州后改为慎州,故定于吉林九台④,然皆无直接证据。渤海郢州之位置无法确定,辽之郢州与渤海郢州同址抑或是侨置,亦不得而知也。然其承渤海郢州之名而置,当置于辽初天显元年灭渤海时。

按《辽志》本条,郢州"兵事隶北女直兵马司"。而辽代属北女直兵马司所辖的辽、祺、韩、双、银、同、咸等州,皆分布在法库、开原、铁岭一带,郢州或在此附近。

天显元年,辖县一:延庆县。

延庆县

天显元年袭渤海建置,与州同置,倚郭。

肃州

重熙九年(1041)置肃州信陵军刺史。治今辽宁昌图县西25里老城镇⑤。

---

① 《汇篇》,第143页。
② 《新唐书》卷219《北狄·渤海传》。
③ 《汇篇》,第115页。
④ 《东北历史地理》第2卷,第405页。
⑤ 见《汇篇》,第151页。

《辽志》云："重熙十年，州民亡入女直，取之复置。"却未提及初置之时。而《辽史·兴宗纪》却提到：重熙九年十二月，"以所得女直户置肃州"①。两条结合起来看，初置肃州当在重熙九年，次年州民即逃亡，然则州之名却未必即废，自女直取其民，仍置于其管下耳。故从行政过程来说，未必即有废州、复置之两个步骤。

按"肃州"之名，颇有争议，有学者并由州名而疑其始置之年。向南云："《辽史》《志》、《纪》、《亡辽录》、《金志》均作肃州，而《松漠纪闻》、《金虏图经》、《御寨行程》则均作宿州。重熙十五年《刘日泳墓志》亦作宿州，《志》记：刘日泳圣宗时'改授使持节宿州诸军事、宿州刺史，充本州团练使'。肃、宿异书，恐系音近致歧，其中必有一误。"②笔者较偏向于"肃州"。按《辽史》、《金史》同时修撰而未予互核，故往往歧异，然于"肃州"却一致，故"肃州"之名，当近于事实，遑论《辽史》纪、志亦合。至于《松漠纪闻》等三书作"宿州"，或是洪皓误记，而另二书则参考皓书而成也。《刘日泳墓志》所载，本较可信。唯其"宿州"很可能乃宋境之宿州，日泳之"授使持节宿州诸军事、宿州刺史，充本州团练使"，为遥领耳。按宿州团练使为日泳最后所任之职，《墓志》于日泳任该职后云："每在于乡间也，出则宝带珍裘，金鞍骏马；入则雕梁峻宇，青□丹楹。以重熙十□年柒月拾壹日薨于兴中府南和州私宅。"③则宿州团练使之职，或为日泳致仕时所加之官，若此，可确定为遥领之职。

向南又提到日泳任"宿州团练使"在圣宗时，则《辽史》之《纪》、《志》称肃州置于兴宗重熙中，又成疑问。然检《刘日泳墓志》，日泳任此职，实在兴宗时，非圣宗朝也。其任遂州刺史时，曾有"辽府叛乱"，显是指太平九年（1029）大延琳之叛也。时距圣宗之薨仅有两年。事后，任来州刺史，"未逾半载"，又改授润州刺史，"圣宗□赐龙纶以褒谕"，疑此"圣宗"当作"兴宗"。若是圣宗，则此时当已是圣宗朝之末也。然后才是加官、改任宿州，此必已入兴宗朝矣，其卒年亦在重熙十年之后。故而，即使以"宿州"为正，也未必能驳《辽史》肃州置于兴宗重熙中之说。

至金代，王寂又称"清安，世传辽太祖始置为肃州，本朝改降为县"，张博泉以其"系传闻，不见记载"，不取此说④。

辖县一：清安县。

---

① 《辽史》卷18《兴宗纪一》，重熙九年十二月辛卯。
② 《〈辽史·地理志〉补正》，《社会科学辑刊》1990年第5期，第81页。
③ （辽）刘湘：《大契丹国兴中府南和州刘公墓志铭并序》，见《全辽金文》，第293页。
④ 张博泉：《辽东行部志注释》，第97页。

清安县

重熙九年置,倚郭。

安州

保宁七年(975)之后建安州刺史。治今辽宁昌图县西北 41 里四面城镇四面城古城址①。

《辽志》未载建置安州之始末。按金代王寂所说,"归仁,在辽时为安州,本朝改降为县"②。可知辽安州乃因归仁县而置也。然按《辽志》通州条,归仁为通州属县,"本渤海强师县,并新安县置"。当是在保宁七年燕颇乱后迁龙州强师、新安两县民合置,却未提及其后升置安州事。《金史·地理志》云:"归仁,辽旧隶通州安远军,本渤海强师县,辽更名,金因之。"亦漏载归仁曾置安州之事。

安州始见于记载,在统和二十八年(1010),"以政事舍人马保祐为开京留守。安州团练使王八为副留守"③。此后则未尝有稍长时间的间断。如清宁(1055—1064)初耶律何鲁扫古"加安州团练使",差相同时,萧文之父萧直善,曾任"安州防御使"④,再后是大安二年(1086)有"安州刺史、充本州团练使、知涿州军州事"耶律佶⑤,辽末的天庆元年(1111),有"安州防御使、知中京诸军都虞候、开国子处温",天庆四年有"安州防御使邢英"⑥。这些有关安州的官职,除了过于简略而无法辨明其性质者,余皆为遥领,在这种情况下,此安州有可能是宋境之安州,笔者以为,难以判断辽境之安州何时方置,不过,此州既是通州归仁县升置,通州始置于保宁七年,则归仁升安州自当在保宁七年之后。

按《辽志》虽载安州为刺史州,但《辽史·百官志》却记为"团练州",且为辽唯一之团练州⑦。笔者以为安州仍当为刺史(辨见上文"遥领"部分)。《百官志》恐受诸处"安州团练使"之影响而误也。

辖县一:归仁县。

---

① 《汇篇》,第 152 页。
② (金) 王寂:《辽东行部志》,见贾敬颜:《五代宋金元人边疆行记十三种疏证稿》,第 289 页。
③ 《辽史》卷 15《圣宗纪六》,统和二十八年十一月辛卯。
④ 《辽史》卷 94《耶律何鲁扫古传》、卷 105《能吏传·萧文传》。
⑤ (辽) 无名氏:《齐毂等造经题记》(大安二年),见《全辽金文》,第 764 页。
⑥ (辽) 无名氏:《奉为先内翰侍郎太夫人特建尊胜陀罗尼幢记》(天庆元年),《全辽金文》,第 796 页;(辽) 无名氏:《大辽故谏议大夫开国子食邑五百户赐紫金鱼袋致仕史公墓志铭》(天庆四年),《全辽金文》,第 864 页。
⑦ 《辽史》卷 48《百官志四》。

归仁县

始置不知其时，倚郭。

《辽志》虽不载安州之属县，然州既以归仁县升置，金代仍废州为归仁县，则其间安州当仍有归仁县也。

扶余府—龙州黄龙府—通州

天显元年（926）袭渤海制度，为扶余府，天显二年改龙州黄龙府，保宁七年（975）降府为通州，开泰九年（1020）升安远军节度。治今吉林四平市区内一面城①。

扶余府改黄龙府之事，据《太祖纪》："太祖所崩行宫在扶余城西南两河之间，后建升天殿于此，而以扶余为黄龙府云。"②而未载其更名之确切年份。然按《太宗纪》，天显三年正月"己未，黄龙府罗涅河女直、达卢古来贡"③。则改扶余府为黄龙府，在天显元年七月太祖崩之后、三年正月之前，最有可能是在二年八月太祖下葬之时。

此外，天显二年改为龙州黄龙府，恐不仅如《太祖纪》所载，因阿保机"于城上见黄龙缭绕"的缘故。此外，也是因为天显元年曾将原渤海上京龙泉府首州龙州之民也迁来此处，其下辖各县之民有很大一部分来自原渤海上京龙泉府之龙州，故而以"龙州"与"黄龙府"并称此地。

《辽志》通州条："渤海号扶余城，太祖改龙州，圣宗更今名，保宁七年，以黄龙府叛人燕颇余党千余户置，升节度。"扶余府之改龙州，在太宗时而非太祖天显元年初得此地时，有《太祖纪》所载为证，不过也仅相差一年而已。但是，将圣宗之事置于景宗保宁七年之前，则所涉甚大。对于此处误载，有两种修改意见。一是"圣宗更今名"当作"景宗更今名"，如此，自保宁七年平燕颇之乱后，立即将龙州黄龙府降府改通州。二是将"圣宗更今名"置于"升节度"之前，若然，则是保宁七年移龙州至后来通州之地，但仍沿龙州黄龙府之名，至圣宗时始更名为通州。这两种意见之分歧，竟至于影响黄龙府的整个沿革之廓清，比如，初置之时其地何在，保宁七年、开泰九年是否又有迁址，黄龙府的建制是否中断，故不得不辨。

---

① 《汇篇》，第139—140页。
② 《辽史》卷2《太祖纪下》。关于黄龙府名称的由来，应是《辽史》所载太祖伐渤海后、崩前于此见黄龙，而非《契丹国志》或《松漠纪闻》所说伐渤海前于此射龙，赵永春有详细考证，见《辽金时期的黄龙府》，《北方文物》2007年第1期，第69—70页。
③ 《辽史》卷3《太宗纪上》。

笔者赞同第一种修改意见,以为通州自保宁七年建州之始,一直称为通州。按《辽史》本纪:保宁七年九月,"败燕颇于治河,遣其弟安抟追之。燕颇走保兀惹城,安抟乃还,以(燕颇)余党千余户城通州"①。则自该年即降府为通州。《辽志》龙州黄龙府条云:"本渤海扶余府……保宁七年,军将燕颇叛,府废,开泰九年,迁城于东北,以宗州、檀州汉户一千复置。"保宁七年既称"府废",而开泰九年称"复置",则保宁七年至开泰九年之间,龙州黄龙府之建置废罢,不仅原州、府名不存,甚至城池亦废弃。至于原龙州的居民,大部分或随燕颇逃至兀惹国,或被迁至他处。大约仅剩千余户,在原黄龙府附近重建通州。

通州升节度之年,应当正是龙州黄龙府异地重建之时。黄龙府的重建,表示燕颇之叛已时过境迁,不再被追究,于是原黄龙府所改的通州升为节度,也是对龙州黄龙府的重新承认。

但支持第二种修改意见者,不在少数。陈汉章以为,《辽史·景宗纪》所谓"城通州"者,是"《史》以其后州名书之"②。显然,他认为通州之址在保宁七年与开泰九年之间仍称龙州。李健才亦以为:"辽初的黄龙府因燕颇起义而废掉,保宁七年迁到通州,仍名龙州黄龙府。到辽圣宗时,国力强盛,又向北扩张,于开泰九年迁城于东北(通州的东北),复置黄龙府,即又迁回原地,所以才称复置。"③都兴智亦强调:"保宁七年……以燕颇余党千余户于通州城重设府治,当时仍名黄龙府。至圣宗开泰九年(1020),将黄龙府的治所又迁回原来的旧址,以宗州、檀州汉民一千户复置黄龙府。"④所有这些观点,其实都有一个前提,即否定《景宗纪》保宁七年"城通州"之事,认同陈汉章所谓"以其后州名"书前事。这种现象并非不可能之事,却并无相关史料的支持,只是一种假设而已。而渤海扶余城在至于将黄龙府之异地重建,视作圣宗"向北扩张"的结果,更是与事实不符:此地在太祖天显元年灭渤海时已得之,向未失之,又何俟圣宗朝再次扩张,方得"原地"重建?

总之,辽虽然在保宁七年之前、开泰九年以后皆有龙州黄龙府之建置,但其间却曾降黄龙府为通州,迁于原址不远处。而开泰九年后的龙州黄龙府,却已迁至原址东北三百里,今吉林农安县地。此后的黄龙府,居民并非辽初黄龙府原来的居民,而是新由宗州、檀州迁来,但却沿用了辽初黄龙府的旧县名,这或是《辽志》将通州、龙州的沿革相混之由。

---

① 《辽史》卷17《景宗纪上》,保宁七年九月。
② 陈汉章:《辽史索隐》卷1《景宗纪》,《二十五史三编》第8分册,第169页上。
③ 李健才:《东北史地考略》,第23页。
④ 都兴智:《辽金史研究》,第200页。

天显元年，扶余府辖县七：扶余、长平、显义、归仁、渔谷、永平、迁民县。天显二年，更长平县为黄龙县。保宁七年，改扶余县为通远县、显义县为安远县，废黄龙、永平、迁民县。后割归仁县置安州，通州辖县三：通远、安远、渔谷县。

1. 扶余县—通远县

天显元年（926），仍以故渤海扶余县为扶余府之倚郭。二年，改府名为黄龙，仍倚郭。保宁七年，府降为通州，改县名为通远，仍为通州之倚郭。

《辽志》："通远县，本渤海扶余县，并布多县置。"应指扶余县合并了原渤海的布多县，事在天显元年。按开泰九年以后重置之龙州黄龙府，新置各县名沿用辽初龙州之县。则通、龙二州合计，未合并诸县之前，属于渤海所置的共有十五县。通州既为龙州之后身，则所属各县，原亦属龙州黄龙府。但若说初置黄龙府时，辖县竟达十五之多，是难以置信的。而且，《辽志》临潢府定霸县"本扶余府强师县民，太祖下扶余，迁其人于京西"；怀州扶余县"太祖迁渤海扶余县降户于此"。可知渤海末年扶余府辖下诸县，在天显元年渤海初亡之时，已被大量内迁至契丹的核心地带，扶余府一带人口大量减少，故契丹于天显元年甫占领此地，即合并诸县，是合于当时形势的。

扶余府（通州）下属诸县，在辽初仍沿用了渤海旧名。"通远县，本渤海扶余县，并布多县置"，"扶余"显然是辽沿用渤海扶余府属县的旧名、黄龙府在保宁七年前的属县名。又归仁县"本渤海强帅（师）县"，而上京临潢府下属之定霸县，"本抚余府强师县民，太祖下扶余，迁其人于京西"（《辽志》），可知强师在渤海时亦属扶余府，故可类推而得，显义县在渤海时亦为扶余府属县。显然，契丹于天显元年占领渤海扶余府后，不仅沿用了原有府名，亦当沿用了渤海扶余府各县旧名，只是予以省并。至于三县之改名，则当在保宁七年降府为通州后。"通远"之名，显见与州名相合，可推知改县名与改州名同时，在保宁七年也。至于"安远"、"归仁"，亦如"通远"，有深刻寓意，改名亦当在同时。至于辽初龙州黄龙府其他属县，如黄龙、永平、迁民三县，当于保宁七年降府为州时废罢，至新的黄龙府异地重建后，方复用其名。

2. 显义县—安远县

天显元年置，为扶余府所属显义县。二年，改府名为黄龙，仍属黄龙府。保宁七年改名安远，属通州。治所不详，当在吉林四平市附近。

3. 渔谷县

天显元年袭渤海制，置渔谷县。二年，改扶余府为黄龙府，县仍属黄龙府。保宁七年属通州。治所不详，当在吉林四平市附近。

（废）长平县—黄龙县

天显元年置长平县，倚郭。次年，改黄龙县。保宁七年废县。

按《辽志》，此县"本渤海长平县，并富利、佐慕、肃慎置"。辽之临潢府长泰县及祖州长霸县民，亦由渤海长平县徙来，《辽志》长霸县条称："本龙州长平县民，迁于此。"知渤海时，长平属龙州也。又，临潢府保和县条称，"本渤海国富利县民，太祖破龙州，尽徙富利县人散居京南"。则富利亦是原渤海龙州属县。可知天显元年之长平县，皆徙故渤海龙州之民而建，且用龙州故县名也。更县名为"黄龙"，当因次年更府名也。至保宁七年民户大量外逃，府名、府址俱废，县亦因之而废。（迁民、永平二县当废于同时）

辽初之扶余府、黄龙府有倚郭县二。在扶余县之外，尚有黄龙县。后者不仅于天显二年年改扶余府为黄龙府之时，与府同名，且开泰九年黄龙府异地重置后，又为倚郭，可推知在辽初之扶余府亦以长平县为倚郭，次年长平县改名为黄龙县，仍倚郭。

（废）永平县

天显元年置，属扶余府，次年，改府名为黄龙，县仍属黄龙府。保宁七年废县。治所不详，当在吉林四平附近。

按《辽志》，永平县"渤海置"，同属黄龙府之迁民县，"本渤海永宁县，并丰水、扶罗置"。黄龙县民由渤海龙州长平、富利等县徙来，永平、永宁、丰水、扶罗等县，或亦渤海龙州之属县名耳①。然则永平虽未更名，而永宁则于辽初已更名耳。

（废）迁民县

天显元年置，属扶余府，次年，改府名为黄龙，县仍属黄龙府。保宁七年废县。治所不详，当在吉林四平附近。

宁江州

清宁四年(1058)置宁江州防御。东北路统军司治此。天庆四年(1114)前后，升混同军观察。治今吉林松原市北33里伯都乡伯都村古城。

李健才云："从宁江州'清宁中置'（《辽史地理志》），以及'清宁四年，城鸭子、混同二水间'（《辽史耶律俨传》）的记载来看，可以推知，宁江州是清宁四年在鸭子（今第一松花江的西段）、混同（今第二松花江）二水之间建置的。"②耶

---

① 金毓黻即采此说，见《渤海国志长编》卷14《地理考》。
② 李健才：《辽代宁江州考》，见《东北史地考略》，第79页。

律俨所"城"者,或即后之宁江州也,建州即非与筑城同年,亦不至相差太久。按《辽史·道宗纪》,咸雍七年(1071)有宁江州防御使大荣①。《金史·太祖纪》:辽天祚帝天庆四年九月,"进军宁江州……十月朔,克其城,获防御使大药师奴"②。观察州固然也可有防御使③,然始终只有防御使而未见"宁江州观察州"者,则宁江州或长期为防御州,至末年升观察州未久,州已陷落故也。

关于辽宁江州所在,说法甚多。或认为在松原伯都纳古城④,或认为在扶余县西的榆树沟⑤,或认为在扶余县西五家站乡朱城子⑥,或认为在扶余县东北三岔河镇石头城子⑦,或认为在扶余县东南的小城子⑧,或认为在松原市东的南小城子古城⑨。项春松认为,"伯都古城,周围尚有许多规模较小的辽城,当为宁江州的戍堡建筑",以实地考察结合文献,再次确认伯都(纳)古城即辽宁江州遗址⑩。

清宁中,辖县一:混同县。

混同县

清宁中与州同置,倚郭。

达鲁古城

始置不知何时,辽末犹存。治今吉林松原市西北10里土城子村。

三上次男认为,"原来辽在达鲁古城驻兵屯田,打算以此作为长期对付生女真的坚守难攻的根据地,而这个计划竟转瞬之间落空了"⑪,因为,辽军与女真在达鲁古城一战大败⑫。关于达鲁古城之所在,李健才定于吉林扶余县城北10里土城子⑬,即今松厚土城子村。津田左右吉姑置之于宁江州西面、松

---

① 《辽史》卷22《道宗纪二》,咸雍七年三月己酉。
② 《金史》卷2《太祖纪》。
③ 见上文"辽代遥领使职与州的等第的关系"部分。
④ 《东北史地考略》,第77页。
⑤ 〔日〕池内宏:《辽代混同江考》,见《满鲜史研究》中世第1册,第204页。
⑥ 庞志国、刘红宇:《金代东北主要交通路线研究》,《北方文物》1994年第4期,第41页。
⑦ 〔日〕松井等《满洲与辽朝疆域》,《满洲历史地理》第2卷,东京丸善株式会社,第50页)、津田左右吉(《达卢古考》,《津田左右吉全集》第12卷《满洲历史地理研究之二·满洲历史地理》,第115页)、张博泉《东北历代疆域史》,第168页)皆持此说。
⑧ 《辽金史研究》,第230页。
⑨ 《汇篇》,第153页。
⑩ 项春松:《辽代历史与考古》,第141页。
⑪ 三上次男:《金代女真研究》,第62页。
⑫ 《辽史》卷28《天祚皇帝纪二》,天庆五年正月。
⑬ 《东北史地考略》,第92页。

花江南岸①。景爱则以为在前郭县他(塔)虎城,陈士平、王宏北等亦持此见②,然他虎城为辽末出河店、金肇州③。姑从李健才之说。

来流城

始置不知何时,辽末犹存。治今黑龙江五常市西北约 70 里营城子乡古城。

按《金史·太祖纪》:阿骨打二年(1116)十月,"次来流城",驻军于此④。此城亦当为辽在东北面的重要军城,然不见于《辽史》。王宏北定其于五常县营城子乡古城⑤。

寥晦城

始置不知何时,辽末犹存。治今黑龙江双城市西 83 里韩甸镇前对面村古城。

寥晦城不见于《辽史》,据《金史·太祖纪》载:阿骨打二年九月,"进军宁江州,次寥晦城",遂有来流水大战,进而攻占宁江州。又收国元年(1115)三月辛未朔,"猎于寥晦城"⑥。顾祖禹提到,宁江州"东北又有寥晦城,宋政和四年,女真初取寥晦城,会诸部兵于入流水,乃陷宁江州,进败辽兵于混同江,即此"⑦。项春松认为,"寥晦城……是女真反辽前哨阵地,也是辽国东北边防军事重镇"⑧。总之,此城应是辽于宁江州附近建置的管控女真的军城。王宏北定其地于"今黑龙江省双城市拉林河畔的前对面古城"⑨。

特邻城

始置不知何时,辽末犹存。治今黑龙江省宁安市西南 45 里石岩镇一带。

特邻城两见于《金史》。《太祖纪》载:太祖收国元年十二月,"婆卢火下特

---

① 《达卢古考》,《津田左右吉全集》第 12 卷《满鲜历史地理研究之二·满洲历史地理》,第 117 页。
② 景爱:《辽金泰州考》,陈述主编:《辽金史论集》第 1 辑,第 185 页。陈士平:《望海屯——金肇州》,《北方文物》1998 年第 1 期,第 90 页。王宏北:《辽灭金兴与阿骨打建国》,《黑龙江民族丛刊》2003 年第 4 期,第 78 页。
③ 见下文金代行政区划部分"肇州"条。后景爱亦从此说(见《金上京城的水陆交通》,《北方文物》1988 年第 4 期,第 6 页)。
④⑥ 《金史》卷 2《太祖纪》。
⑤ 《辽灭金兴与阿骨打建国》,《黑龙江民族丛刊》2003 年第 4 期,第 78 页。
⑦ 《读史方舆纪要》卷 38《山东九》"外国附考·女真·废宁江州"条。
⑧ 《辽代历史与考古》,第 141 页。
⑨ 《辽灭金兴与阿骨打建国》,《黑龙江民族丛刊》2003 年第 4 期,第 78 页。

邻城"①。《婆卢火传》:"婆卢火至特邻城,围之,辞勒罕遁去。"②《中国历史地图集》金代图,定此城于宁安市石岩镇一带。而收国元年(辽天庆五年)已有此城,当是置于辽代。

(废)渌州

辽天显元年以渤海神州为渌州鸭渌军节度。至辽末已不存。治今吉林临江市③。

金毓黻云:"辽灭渤海后,惟西京之民未尽迁,惟改神州为渌州,而桓、丰、正三州之名仍旧。"④渤海西京鸭渌府辖神、桓、丰、正四州,以神州为首州,辽灭渤海后,除将神州辖下神化县民徙往临潢府,建宣化县(见上文上京临潢府宣化县条),未再迁走其他州县之民,建置方面,仍维持了渤海西京辖四州的体制,只是将首州神州改名为渌州,并以府名"鸭渌"为渌州之军额。

天显元年,辖县二:弘闻、神乡县。节度使另统州四:桓、丰、正、慕州。

1. 弘闻县

天显元年与州同置,倚郭。

2. 神乡县

天显元年割渤海桓州神乡县入渌州。至辽末已不存。治所无考,约今吉林临江附近。

按《辽志》桓州条云:"故县三:桓都、神乡、淇水,皆废。"按渤海桓州神乡县若只是废罢,辽不会无故将此县名用于隔邻渌州新置之县,必是将桓州神乡县划入渌州。

(废)桓州

天显元年得自渤海。辨见渌州。至辽末已不存。治今吉林集安市⑤。

(废)丰州

天显元年得自渤海。辨见渌州。至辽末已不存。治今吉林靖宇县东66

---

① 《金史》卷2《太祖纪》。
② 《金史》卷71《婆卢火传》。
③⑤ 《汇篇》,第132页。
④ 金毓黻:《渤海国志长编》卷14《地理考》。

里花园口镇榆树川古城①。

（废）正州

天显元年得自渤海。辨见渌州。至辽末已不存。治所不详，当在今吉林通化境内②。

按《辽志》载正州下辖一县：东那县"在州西七十里"。按《汇篇》定于"通化市西南之高丽城一带"，则是同意《辽志》之说。然此说极为可疑：此为辽代唯一一例州仅辖一县且非倚郭县之情形。今未得见东那县之其他记载，唯顾祖禹云："东那城，在正州西七十里，勃海置。契丹因之，仍属正州，后废。"③其说不知所本，然颇有启发。笔者推测，《辽志》既载有东那，则辽正州或曾有东那县，然此县当与正州某一倚郭县并存，入辽不久，正州与桓、丰、慕等州一例废县，其倚郭某县与东那同废矣。《辽志》桓州条："故县三：桓都、神乡、淇水，皆废。"丰州条："故县四：安丰、渤恪、隰壤、硖石，皆废。"慕州条亦有"故县二：慕化、崇平，久废"之记载。正州或不出此窠臼也。若然，则东那于辽代存在不久，且其存在之时，正州当不止一县也，至少当有另一倚郭县。

（废）东那县（非倚郭）

天显元年得自渤海，后废，治所不详，当在今吉林通化境内。

（废）慕州

天显元年得自渤海。辨见渌州。至辽末已不存。治所不详，当在今吉林柳河县境内。

按《辽志》云，县"隶渌州，在西北二百里"。渌州所在之临江县，正北靖宇县境内为丰州，正西通化市境为正州，慕州约在两者之间，当柳河县之境。故从舒焚、张博泉等之说，定于柳河县境④。

（废）率州

建置始末不详。至辽末已不存。治所待考。

---

① 孙进己、冯永谦主编：《东北历史地理》第 2 卷，黑龙江人民出版社，1989 年，第 386 页。
② 《汇篇》，第 133 页。
③ 《读史方舆纪要》卷 38《山东九》"外国附考·朝鲜"条。
④ 舒焚：《辽史稿》，第 148 页；张博泉等：《东北历代疆域史》，第 160 页。

（废）源州

建置始末不详。至辽末已不存。治所待考。

（废）渤海州

建置始末不详。至辽末已不存。治所待考。

（废）河州

河州德化军刺史，辽袭渤海之制置河州。至辽末已不存。治今吉林梅河口市西南 55 里山城镇。

渤海长岭府亦领有河州①。金毓黻云："渤海之旧置而辽仍之也"②，且在渤海之原址也。《汇篇》渤海之河州在"吉林海龙县西南山城镇"，则辽代河州亦在此，即今梅河口市山城镇。

不辖县。

（废）慎州

辽初沿渤海旧州。至辽末已不存。治今吉林吉林市西北 58 里乌拉街满族镇北乌拉古城。

按慎州《辽志》不载，然见于《太祖纪》：天显元年（926）六月"丙午，次慎州，唐遣姚坤以国哀来告"③。《契丹国志》、《亡辽录》亦载此刺史州④。冯永谦指出，自攻克忽汗城、灭渤海国后，辽太祖班师，近三个月之后，才到达慎州，又经一月，太祖崩于扶余府，推算下来，慎州距渤海国中心甚远，而离扶余府较近。并且，慎州也不是渤海建置，金毓黻《渤海国志长编》不载此州⑤。笔者以为，渤海忽汗城（中京显德府，今敦化）至扶余府（今农安）距离仅 500 余里，按正常的行军速度，应是三天而非二个月，当时太祖在两地之间耗费时间颇长，必是于途中领军经营渤海故地，包括西迁渤海民。由此，以契丹军何时行经何地来判断慎州所在，恐不合适。

---

① 《新唐书》卷 219《北狄·渤海传》。
② 《渤海国志长编》卷 14《地理考》。
③ 《辽史》卷 2《太祖纪二》。
④ 《契丹国志》卷 22《州县载记·刺史州七十余处》。《会编》卷 21《政宣上帙二十一》宣和七年正月二十四日条引《亡辽录》，刺史、观察、防御、团练州内有慎州。
⑤ 《辽史地理志考补——上京道、东京道失载之州军》，《社会科学战线》1998 年第 4 期，第 199 页。

慎州唐初即有。"慎州,武德初置,隶营州,领涑沫靺鞨乌素固部落"①,后"侨治良乡之故都乡城"②。天显元年阿保机所在之慎州,或者正是唐代于河北道所置的羁縻慎州。而唐之羁縻慎州既为"领涑沫靺鞨乌素固部落"而置,那么,在粟末靺鞨强盛且建渤海国之后,慎州之地,当在渤海国之境内。对应于《辽史·太祖纪》"次慎州,唐遣姚坤以国哀来告"之记载,《旧五代史》载:"明宗初纂嗣,遣供奉官姚坤奉书告哀,至西楼邑,属阿保机在渤海,又径至慎州,崎岖万里。"③慎州显然被看作渤海之境。

沿袭了唐之羁縻慎州者,正是渤海而非契丹。按此慎州,实含"肃慎"之意,渤海沿袭此州,正如其境内有"涑州"以应"涑沫靺鞨",此外又有"肃慎县",以示不忘本族源起,实为非常自然之事。而天显元年契丹在故渤海境内,若非直接袭用渤海原有之州,即是将原渤海民迁徙之后,仍沿用移民迁出地之州名,慎州当不例外。至于《新唐志》未将慎州载入渤海六十二州,或是其所载制度并非渤海末期之制。至于孙进己等推测渤海郢州后来改为慎州④,却缺乏直接证据,且与郢、慎之沿革不合:若渤海改郢为慎,则契丹又何必再改回郢州?

五代亦有慎州之名。后唐明宗长兴二年(931),阿保机长子突欲与次子尧骨(德光)争位失败而南奔,后唐遂"赐契丹东丹王突欲姓东丹,名慕华,以为怀化节度使,瑞、慎等州观察使"⑤。至长兴四年十一月庚辰,"改慎州怀化军为昭化军"⑥。按瑞州"本威州,贞观十年以乌突汗达干部落置,在营州之境,咸亨中更名,后侨治良乡之广阳城"⑦。其虽为安置突厥所置之州,但原址同样在河北道北部"营州之境"。后唐以曾侨治于幽州之境的两个羁縻州授突欲以节度,其意何在?非在于内迁良乡之二州,而在于仍存契丹境内的瑞、慎二州。以之遥授于突欲,且冠以"怀化"、"昭化"之名,再联系到随突欲"归国部校,各授怀化、归德将军、中郎将",且改突欲之姓名为"东丹慕华","李赞华"⑧,当时后唐因敌国皇子"向化"来投而致的得意之情,尽显其中。

---

① 《旧唐书》卷43《地理志二》河北道慎州条。
② 《新唐书》卷43下《地理志七下》"羁縻州·河北道·慎州"条。
③ 《旧五代史》卷137《外国列传一·契丹》。
④ 《东北历史地理》第2卷,第405页。
⑤ 《资治通鉴》卷277《后唐纪六·明宗中之下》,长兴二年三月辛酉。按《新五代史》卷72《四夷附录第一·契丹》所载同,而《旧五代史》卷42《唐书·明宗纪八》则作"瑞、镇等州观察等使",恐误。
⑥ 《旧五代史》卷44《唐书·明宗纪十》。
⑦ 《新唐书》卷43下《地理志七下》"羁縻州·河北道·瑞州"条。
⑧ 《旧五代史》卷42《唐书·明宗纪八》。《新五代史》卷72《四夷附录第一·契丹》。

契丹慎州之地,姚从吾先生以为,"约在今农安以东,永吉以北,旧名乌喇的地方"①,即今吉林吉林市西北乌拉街镇乌拉古城。

(废) 安庆府

置废不知其时。至辽末已不存。治所待考,当在东京道。辖县不详。

按《长编》:太平兴国四年(979),"代州言:'契丹安庆府主安海进来求内附。'以蜡书赐之"。② 此"安庆府"未见《辽志》或他处有载,或是"安定府"之误? 然辽之安定府已于天禄元年(947)建为霄州,宋太平兴国四年(979)当辽乾亨元年,安定府之不存已三十年矣。或辽当时仍有安庆府也。按称"府"而不太受关注之政区,往往乃东京道沿自渤海者,此"安庆府",或亦是故渤海之府乃为辽所沿袭者,唯其既不见于《新唐书·渤海传》,亦不载于《辽史》,具况仍待考。

(废) 教州

天显中(926—938)置。至辽末已不存。治所待考,当在今辽宁中南部。

《武经总要》载:"附契丹者为熟女真,置一十八州:耀州……教州……朝州……怀北州。"③实仅载十七州。《宋朝事实》观察州、刺史下州,亦列有朝州④。其中耀州等十一州,置于天显元年或四年,则教、朝、怀北三州,亦应置于天显中,而其地,亦当与其他熟女真诸州相近,在今辽宁中南部。

(废) 朝州

天显中(926—938)置。至辽末已不存。治所待考,当在今辽宁中南部。考同上文教州条。

(废) 怀北州

天显中(926—938)置。至辽末已不存。治所待考,当在今辽宁中南部。考同上文教州条。

---

① 姚从吾:《阿保机与后唐使臣姚坤会见谈话集录》,《台湾大学文史哲学报》1953 年第 5 期,第 92 页。
② 《长编》卷 20,太平兴国四年九月丙申。
③ 《武经总要》前集卷 16 下《边防·北蕃地理·奚、渤海、女真始末》。
④ (宋)李攸:《宋朝事实》卷 20《经略幽燕》"观察州十三"、"下州三十四"条注,此州重复载于两处也,其中一处或是"韩州"之误。

神虎军城

大康十年(1084)置，治今吉林东南部抚松至辽宁桓仁一带。

此城见于《辽史·兵卫志》："神虎军城正兵一万。大康十年置。"①冯永谦以为城在辽宁丹东或宽甸县境内②，即辽来远城附近。然则为备辽、丽边境而置的来远城，驻军仅三千六百，大康十年前后，高丽未有异动，而辽亦未见有针对高丽的扩张行动，何必于来远城附近又置一重镇，以致驻军增加三倍？笔者以为，此城应置于吉林东南部靠近长白山地区之处。

按《兵卫志》载有神虎军城之条，具如下："东境戍兵，以备高丽、女直等国。……东京至鸭渌西北峰为界：黄龙府正兵五千，咸州正兵一千。东京沿女直界至鸭绿江：军堡凡七十……来远城宣义军营八……神虎军城正兵一万。大康十年置。"神虎军城之兵力，多于东境任何重镇，可以推测，此城必然起着连接东境诸重镇、堡营，居中控御的作用。将此城置于吉林东南部，既可起到镇守女真与高丽接界之处、隔断双方联系，而从整个东疆的防御来看，又将黄龙府、咸州、来远城贯通一气，使整个防御体系达到完备之程度。

（废）稿城县

辽前期置，治今辽宁阜新附近，不知其属何州。

唐恒州、宋真定府皆有稿城县，辽稿城之名，应源于此，且可推断，辽之稿城县，必太祖或太宗时以中原稿城县俘来之民置。依辽初之惯例，俘民自稿城县而来，则仍当置县以居之。

《辽史·食货志》："帝尝过藁城，见乙室奥隗部下妇人迪辇等黍过熟未获，遣人助刈。"③按《圣宗纪》，事在统和三年(985)八月："丁丑，次藁城。庚辰，至显州，谒凝神殿。辛巳，幸乾州。"④《部族表》载："乙室奥隗部黍过熟未获，遣人以助收刈。"⑤该年为东征高丽作准备，圣宗亲至东京道巡察，七月，在土河，八月，由藁城而显州、而乾州。按此路线，藁城当在今阜新市附近，不知属何州也。

---

① 《辽史》卷36《兵卫志下》边境戍兵条。
② 《辽史地理志考补——上京道、东京道失载之州军》，《社会科学战线》1998年第4期，第200页。
③ 《辽史》卷59《食货志上》。
④ 《辽史》卷10《圣宗纪一》。
⑤ 《辽史》卷69《部族表》。

第三章　中京道府州城县沿革

自统和二十五年(1007)建置中京大定府之后,辽中京道曾存在过京府一,其他府一,方州二十八,城一。

京府:中京大定府。

其他府:兴中府(原霸州)。

方州:恩、惠、高、武安(原杏堝新城、新州)、利、兰、榆、泽、北安、潭、松山、成、南和、安德、黔、顺圣、祥、济、宜、锦、严、川(原白川州)、建、来、隰、迁、润、招燕。

城:回纥城。

合共三十一个府、州、城(另参见图8)。

中京大定府

统和二十五年(1007)置中京大定府。圣宗后期置中京度支司①。治今内蒙古宁城县西34里大明镇城址②。

按辽先后曾有两中京。太宗灭后晋入中原,于大同元年(947)二月升镇州为中京③。同年太宗北归,不久,镇州为后汉所有。至统和二十五年"春正月,建中京"④,是乃城统和二十年奚王府五帐六节度使献七金山土河川之地⑤为之。《辽史·百官志》:"中京留守司。太宗大同元年命赵延寿为中京留守,治镇州。圣宗统和十二年命室昉为中京留守,治大定府。"⑥此条将两个中京置于一处比较。然统和二十五年方建中京大定府,十二年岂得有中京留守?此

---

① 关树东:《辽朝州县制度中的"道""路"问题探研》,《中国史研究》2003年第2期,第140页。
② 见内蒙古自治区昭乌达盟文物工作站:《辽中京遗址》,《文物》1980年第5期,第89页。
③ 《辽史》卷4《太宗纪下》,大同元年二月丁巳朔。
④ 《辽史》卷14《圣宗纪五》。
⑤ 按《辽史·圣宗纪》,事在统和二十年,而《地理志》在统和二十四年,今从本纪。
⑥ 《辽史》卷48《百官志四》。

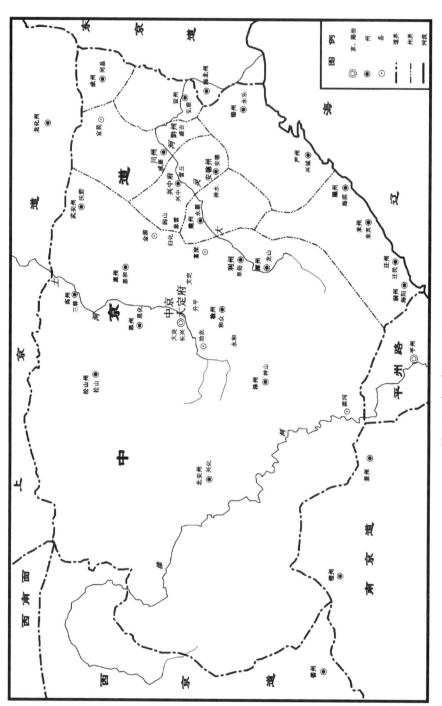

图 8 天庆三年(1113)中京道政区

事钱大昕已辨正之①,此处不赘。

统和二十五年,府不辖县,府尹统州四:恩、武安、利、北安州。统和二十七年前后,辖县二:大定、长兴县。又以黔州来隶大定府尹。开泰二年(1013),置九县:富庶、劝农、文定、升平、神水、金源、象雷、闾山、龙山县。归化县自霸州来属,又置松山州。次年置高州。开泰中又置泽州,头下榆州亦收归朝廷,又划出龙山县属潭州,皆属大定府尹。圣宗时又置惠州,来属。重熙十二年,象雷、闾山二县改属兴中府,黔州亦于同年改隶兴中府尹。后又置兰州来属。大定府辖县九:大定、长兴、富庶、劝农、文定、升平、神水、归化、金源县。统州十一:恩、惠、高、武安、利、榆、泽、北安、潭、兰、松山州。

1. 大定县

统和二十七年前后置,倚郭。

宋使路振于统和二十六年底至中京,云:"府无属县。"②则县当置于此后。估计是统和二十五年重在营建城隍、宫室,首要之务在于使其拥有一个京师的宏大规模。但工程量实在巨大,故迁徙居民充实京师之工作,并未立即完成,《辽志》大定县条称,"以诸国俘户居之",人口来源较杂,迁置的过程应当也较长。《剑桥中国史》撰者推测道:"路振去的时候似乎还没有人大规模定居。"③至于建县以完善京师行政体系,也迁延至次年底仍未进行。然而,契丹建国之初即已形成建倚郭县的做法,至此早已推行多年,且大定府为新建之京师,《辽志》称其"拟神都之制",与临潢府不相上下,即从其规制、地位而言,建倚郭县之举亦不宜搁置太久。至开泰二年(1013),府属其他诸县大多已"析京民置",自然是从大定府倚郭县中析置,则建倚郭县必定早于此年。笔者推测,大定县之置,当在统和二十七年前后。

2. 长兴县

统和二十七年前后置,倚郭。

《辽志》原载为"长安县",《金史·地理志》载为"长兴"而未提及辽金间更

---

① (清)钱大昕:《廿二史考异》卷83《辽史》"百官志"条(《嘉定钱大昕全集》第3册,江苏古籍出版社,1997年):"中京之名始于统和二十五年,不应昉先得为留守。考昉本《传》,称保宁间改南京副留守,迁工部尚书,改枢密副使,参知政事。统和八年,请致仕,诏入朝免拜,赐几杖。太后遣阁门使李从训持诏劳问,令常居南京,封郑国公。病剧,遣翰林学士张干就第授中京留守,加尚父。窃疑中京本南京之讹,《志》云治大定者,史家不知而附会之耳。"
② (宋)路振:《乘轺录》,见闫宣化著、冯承钧译:《东蒙古辽代旧城探考记》附《乘轺录笺证》,第90页。
③《剑桥中国辽西夏金元史》,第110页。

名事①。《辽史》中华书局本据《金史·地理志》、辑本《元一统志》及陈襄《使辽语录》校改②。张博泉等指出:"大定府直属十州九县。其属县有:大定县(府治所在),长兴县(喀右旗地)……"③显以大定、长兴二县分置二地。然《元一统志》载:"金北京大定府,治大定、长兴二县。"又云:"废长兴县。辽既建中京,置长兴为赤县。蕃汉流民杂居其间,故其习俗不同。"④不仅明言附郭之实,而且提到长兴为"赤县"。若非京府之倚郭,孰可谓赤县?两条记载完全相符。故长兴与大定,为中京大定府之双附郭也。《辽志》载,长兴县"以诸部人居之",这一特征,与大定县之"以诸国俘户居之",造成了《元统志》所说的"藩汉流民杂居其间"之现象。然而,"诸部人"、"诸国俘户",来源虽不一,但其有临潢府双附郭之建置可以模仿,长兴、大定二县之置,在时间上不当参差耳。

3. 富庶县

开泰二年置。治今辽宁喀左县北55里公营子镇公营子古城。

《辽史·圣宗纪》:开泰二年,以"山子川为富庶县"⑤。所载与《辽志》合。

陈汉章指出:"富庶县。案金因(之)。明废故城在故大宁卫东,亦在故平泉州东北,地名公营子。"⑥贾敬颜因其说,定于此地⑦。

4. 劝农县

开泰二年置。治今内蒙古宁城县西南96里甸子镇黑城村古城址⑧。

《辽史·圣宗纪》:开泰二年,以"阿览峪为劝农县"⑨。所载与《辽志》同。

5. 文定县

开泰二年置。治所待考,约在今辽宁建平县西北。

顾祖禹称:"文定县,在(大宁)卫东南。"⑩明大宁卫者,即辽大定府址。《中国历史地图集》定于今建平县西北。

6. 升平县

开泰二年置。治所待考,约在今辽宁建平县西。

---

① 《金史》卷24《地理志上》北京大定府大定县条。
② 《辽史》卷39《地理志三》中华书局本校,第490页。
③ 《东北历代疆域史》,第152页。
④ 《元一统志》卷2《辽阳等路行中书省·大宁路》"古迹"条。
⑤⑨ 《辽史》卷15《圣宗纪六》,开泰二年二月丙子。
⑥ 陈汉章:《辽史索隐》卷4《地理志·中京道》,《二十五史三编》第8分册,第214页下。
⑦ 贾敬颜:《〈晋出帝北迁记〉疏证稿》,《五代宋金元人边疆行记十三种疏证稿》,第10页。
⑧ 冯永谦、姜念思:《宁城县黑城古城址调查》,《考古》1982年第2期,第164页。
⑩ 《读史方舆纪要》卷18《北直九》"万全都指挥使司"。

顾祖禹称："文定县，在（大宁）卫东南。又南为升平县。"①在文定之南，则大致在今建平县西方。

7. 归化县

始置于穆宗以前，初属霸州，开泰二年改属大定府。治所待考，当在今辽宁朝阳市西。

《辽志》关于归化县，仅"本汉柳城县地"一语，别无释文。然辽《常遵化墓志铭》称：遵化于"保宁元年（969）授将仕郎、守霸州归化县令"②。又《刘宇杰墓》称，宇杰于"统和十八年（1000）五月十六日薨于霸州归化县和善乡余庆里"③。知此县初属霸州。其后既割隶霸州西面之大定府，则此前属霸州之时，定当在州之西也。其改隶大定府之时，据笔者推测，在开泰二年。因当年大定府建立了大量属县——除倚郭二县与归化县之外，其他六个属县皆建于该年，此外尚有象雷、闾山二县，亦置于开泰二年，后割属霸州。估计是随着这些新县——尤其是金源、象雷、闾山等县——的建置，作为都城的大定府的版图不断东扩，与金源等县相接近的归化县也被割隶大定府。

按《中国历史地图集》定归化县于大定府西南，今宁城县西南黑城子一带，不知何据？若在黑城子，则县与霸州相去三百里，即使在统和二十五年建大定府之前，县与霸州之间亦相隔建、榆等州，不相连属，如此飞地遥隶之现象，辽代未发现其他例子，故不取。顾祖禹认为归化故县在大宁卫（即辽大定府）东④，笔者以为，这一说法是有根据的。不过，只说大定府之东，过于模糊，事实上可能更接近于霸州（兴中府）。我们或可从刘承嗣、刘宇杰、刘日泳三代的墓志中发现端倪。

按《刘承嗣墓志铭》称："至保宁二年岁次庚午，十月己巳朔七日乙亥，于霸州西原十五里，杨氏夫人合葬焉。"⑤其子刘宇杰之墓志则载：统和十八年"十月二十七日归葬于霸州归化县积善乡余庆里，附先太保之茔"⑥。那么，"霸州西原十五里"，也正是"归化县积善乡余庆里"之地，即刘氏坟地所在。"西原"

---

① 《读史方舆纪要》卷18《北直九》"万全都指挥使司"。
② （辽）佚名：《故辽西州刺史银青崇禄大夫检校左散骑常侍兼监察御史武骑尉常山郡常公墓志铭并序》，《全辽金文》，第845页。
③ （辽）王用极：《□□□□（故银青崇禄?）大夫检校工部尚书左千牛卫将军兼殿中侍御史武骑尉彭城刘府君墓志铭并序》，《全辽金文》，第129页。
④ 《读史方舆纪要》卷18《北直九》"万全都指挥使司"。
⑤ （辽）冯钇：《大契丹国故骁卫将军金紫崇禄大夫检校太保兼御史大夫上柱国彭城刘公墓志铭并序》，《全辽金文》，第57页。
⑥ （辽）王用极：《□□□□（故银青崇禄?）大夫检校工部尚书左千牛卫将军兼殿中侍御史武骑尉彭城刘府君墓志铭并序》，《全辽金文》，第129页。

应当不是一个专名,而是指霸州西面的原野,刘承嗣、刘宇杰所葬之处,在霸州城西十五里处的原野,若不作此解,"十五里"便没有参照物,不知起点。宇杰之子日泳的墓志,更证明了这一点:日泳于重熙十五年(1046)"拾月拾贰日葬于府西南坟岳之际,附先茔"①。这"(兴中)府西南",显然就是指"霸州西原十五里"之处。

关于归化县的位置,可作两点判断。归化县治离霸州不会太远,此其一。尽管"积善乡余庆里"与归化县治会有一段距离,但笔者以为,距离不会过远,很难想象,离府十五里之处,竟至于远隶治所在百里以外的一个属县。归化县是在霸州之西,此其二。刘氏祖孙三人的墓志再三提到,他们的坟地是在霸州之西、西南,当然此处不会属于霸州以东某县所属。因此可以肯定,归化县治当在大定府之东、霸州(兴中府)之西,但离兴中府距离较近,当在霸州,即今辽宁朝阳西面数十里之地。至于开泰二年归化县改隶大定府之后,县之辖境应当作了调整,距离霸州极近的积善乡余庆里,显然已割属霸州的辖县(应当是倚郭霸城县),故而重熙十五年刘日泳墓志里就只提"府"西南,而不再及于"归化县"。

8. 神水县

开泰二年置,治今辽宁朝阳市南。

《辽史·圣宗纪》:开泰二年,以"女河川为神水县"②,所载与《辽志》同。向南云:"《辽志》将神水列为大定府属县,但《金志》却将神水列为锦州属县,两志所记不同。……说明神水距锦州很近。因此神水县应属锦州而不应属大定府,《辽志》有误。"③相对大定府,神水县确乎离锦州更近,但是否离锦州较近而一定要归属锦州?笔者以为,自府治向东南,大定府由文定、富庶、神水一线向外延伸其建置,自建州与利州之间穿越,辽之神水县非必属锦州也。其所在,当在锦州以西北④、大定以东南。张博泉等定于锦州西五十里⑤,实过于偏东,距大定府逾三百里。当更偏西,在今朝阳市正南或略西南。

9. 金原县—金源县

开泰二年置,治今辽宁建平县东北 102 里喀喇沁镇⑥。

---

① (辽)刘湘:《大契丹国兴中府南和州刘公墓志铭并序》(重熙十五年),《全辽金文》,第 293 页。
② 《辽史》卷 15《圣宗纪六》,开泰二年二月丙子。
③ 《〈辽史地理志〉补正》,《社会科学辑刊》1990 年第 5 期,第 83 页。
④ 顾祖禹云:神水城在广宁中屯卫(今锦州)西北。见《读史方舆纪要》卷 37《山东八》"辽东"。
⑤ 《东北历代疆域史》第 203 页定金神水县于此,辽、金神水县同地。
⑥ 此据《中国历史地图集》第 6 册,辽中京道图,第 5 页。

《辽志》作"金源",《辽史·圣宗纪》:开泰二年,以"金甸子为金原县"①,所载不同。按大安三年(1087)《董庠妻张氏墓志铭并引》,"男二:长曰检……守金原县令。"②寿昌五年(1099)《刘祐墓志》亦载:刘祐之"高祖奉殿……葬于保静军之北金柜山,遂隶安德县籍,家于金原"③。而《金史·地理志》与《辽志》同,作"金源"④。《金史·挞懒传》亦载:"辽外戚约尼扎古雅部族在建州,舍音袭走之……进降金源县。"⑤又《元史》史天祥传:"甲戌,略地高州,拔惠和、金源、和众、龙山、利建、富庶等十五城,惟大宁固守不下。"⑥由上述可观察到一个时间序列,即至辽寿昌五年,多称"金原",而金、元则称"金源",《辽志》断代不明,所取为何时之名,自不可知。大略可推得,"金原"于辽末天祚帝朝改为"金源"矣。

顾祖禹云,金源城在大宁卫东⑦。《大清一统志》:大青山"在(喀喇沁)右翼东南一百十五里,蒙古名巴烟喀喇,《九边图》:西有金源旧县"⑧。《中国历史地图集》定于建平县喀喇沁。

恩州

太宗建恩州怀德军下刺史。治今内蒙古喀喇沁旗东 64 里西桥镇七家村城址。

据沈括《熙宁使虏图钞》所载行程,当在今内蒙古赤峰市喀喇沁东面西桥镇一带,此无异说。旧说在西桥镇之东土城子⑨。项春松经考察后,认为在土城子西 15 里之七家村遗址⑩。

开泰中辖县一:恩化县。

恩化县

开泰中(1012—1021)置,倚郭。

惠州

圣宗时迁上京惠州至中京道境,为惠和军中刺史。治今辽宁建平县北

---

① 《辽史》卷 15《圣宗纪六》,开泰二年二月丙子。
② (辽)韩诜:《董庠妻张氏墓志铭并引》,《全辽金文》,第 417 页。
③ (辽)杨某:《故奉陵军节度使刘公墓志铭并序》(寿昌五年),《辽代石刻文续编》,第 236 页。
④ 《金史》卷 24《地理志上》北京路大定府金源县条。
⑤ 《金史》卷 77《挞懒传》。
⑥ 《元史》卷 147《史天倪传附从弟天祥》。
⑦ 《读史方舆纪要》卷 18《北直九》"万全都指挥使司"。
⑧ 《嘉庆一统志》卷 538《喀喇沁》"山川·大青山"条。
⑨ 贾敬颜:《胡峤陷辽记疏证》,《史学集刊》1983 年第 4 期,第 8 页。
⑩ 《辽代历史与考古》,第 144 页。

130 里北二十家子镇周家湾①。

辖县一：惠和县。

惠和县

圣宗时惠州迁中京以后置，倚郭。

按《辽志》惠州条："太祖俘汉民数百户兔麝山下，创城居之，置州。属中京。"惠和县条："圣宗迁上京惠州民，括诸宫院落帐户置。"对照来看，显是太祖于兔麝山下所置之惠州，原属上京道，圣宗时迁属中京道，并同时置惠和县倚郭，故惠州条"属中京"前，当缺一"后"字。项春松在定惠州于建平县北周家湾的同时，又定惠和县于其北六十里扎兰营子，是将州、县治分离也。今不取。

高州

开泰三年(1014)置高州，观察。治今内蒙古赤峰市东北 87 里太平地镇哈拉木头村遗址②。

按《辽志》："开泰中，圣宗伐高丽，以俘户置高州。"伐高丽在开泰三年，州当建于该年。《辽史·圣宗纪》：统和七年(989)破易州之役，"以东京骑将夏贞显之子仙寿先登，授高州刺史"③。向南由此认为，高州之建，远在开泰之前。笔者以为，此是遥授宋境之高州(详见前"遥领虚封"部分)。

开泰三年，辖县一：三韩县。

三韩县

开泰三年与州同置，倚郭。

新州—武安州

统和八年(990)建杏堝新城，迁上京道新州(在杏堝城)于此。后改名武安州，升观察，改属中京道。治今内蒙古敖汉旗东 55 里丰收乡白塔子村古城址。

据《辽志》称："太祖俘汉民居木叶山下，因建城以迁之，号杏堝新城。复以辽西户益之，更曰新州。统和八年改今名。初刺史，后升。"其所载次第恐有误。杏堝城在统和八年前后皆有，应是辽前期所置。然而，据《本纪》载，统和八年，又有"城杏堝"之举④，此"杏堝"者，实指"杏堝新城"也。"杏堝"与"杏堝新城"在空间上应当作明确区别，前者在木叶山下而后者在后来中京道辖境，

---

① 《辽代历史与考古》，第 143 页。
② 《金史简编》，第 311 页。
③ 《辽史》卷 12《圣宗纪三》，统和七年正月甲辰。
④ 《辽史》卷 13《圣宗纪四》，统和八年三月乙酉。

可能相距颇远,而迁址之时,自然是在杏埚新城建成之时。

升观察之时,《辽志》虽不载,然当与改新州为武安州同时。按前此建新州时,已有益以辽西户之举。而统和八年"城杏埚",再"以宋俘实之",州之人口基础扩大,此后,于界以新名之时,同时升其等第,亦不难理解。

故而,《辽志》本条似当改为:"太祖俘汉民居木叶山下,因建城以居之。复以辽西户益之,更曰新州,刺史。统和八年,迁于杏埚新城。后改今名,升观察。"

虽然《辽史·营卫志》载,"监母斡鲁朵,景宗置。是为彰愍宫。……以章肃皇帝侍卫及武安州户置"①,似乎景宗时已出现了武安州。不过,《营卫志》所述辽诸帝之宫卫"以某州置",该州始置时间,往往在宫卫始置之后,如世宗之积庆宫(耶鲁盌斡鲁朵),以"高、宜等州户置",然高州之置,迟至圣宗开泰三年(1014),距世宗之崩逾一甲子。穆宗之延昌宫(夺里本斡鲁朵),以"咸、信、韩等州户置",然而韩州亦迟至圣宗时方置。此应当是缘于《辽史》误将后世所增的辽诸帝斡鲁朵之"隶宫州",当作该斡鲁朵始置时所辖"隶宫州"的结果。故景宗彰愍宫有武安州户,其实不能说明武安州在景宗朝已存。

那么,改新州为武安州,何以不是在统和八年迁城之时?据《武经总要》载:"新州,本契丹国之地,东至微(徽)州二百里,西至惠州一百三十里,南至霸州三百里,北至永州三百七十里。"②其方位里距,大略与武安州相合,而与阿保机所建、木叶山下的杏埚城,则全不相符(详见下文分析)。可见,迁址至杏埚新城以后,州名一度仍是"新"州,更名与迁址相隔一段时间,但可能仍在统和间,尤其可能在统和二十五年置中京之时。

关于武安州所在,《辽志》提到,"杏埚新城"(笔者按:其实应当是杏埚城)建于木叶山下,关于木叶山,史籍的记载非常混乱。有认为木叶山在祖州的。如《契丹国志》:天赞六年(931)九月,"葬太祖于木叶山。置州坟侧,名曰祖州"③。《资治通鉴》也提到,后唐天成二年(927),"契丹改元天显,葬其主阿保机于木叶山"④。即以祖州及太祖陵所在之山为木叶山。有认为在怀州的。如《契丹国志》又提到:会同十一年(947)四月,"帝自大梁北归,行至栾城,得

---

① 《辽史》卷31《营卫志上》。
② 《武经总要》前集卷16下《边防·北蕃地理·戎狄旧地·中京四面诸州》。该卷所载,中京四面有新州而无武安州,显是更名以前之制。
③ 《契丹国志》卷1《太祖大圣皇帝》。
④ 《资治通鉴》卷275《后唐纪四·明宗上之下》,天成二年正月。

疾，崩于杀狐林。……明年八月，葬于木叶山"①。是以太宗怀陵所在、怀州境内之山为木叶山也。又有认为在永州的。《辽史·地理志》永州条载："永州……太祖于此置南楼……有木叶山。"《契丹国志》所载相同：天赞六年（即《辽史》之天显元年，926）七月，"渤海既平……又于木叶山置楼，谓之南楼。"②

若以辽上京临潢府——今内蒙古巴林左旗波罗城为参照，祖州在其西南44里，怀州在其西南155里，永州在其东南227里，三处"木叶山"，相互之间最长距离超过300里，最短也有100多里，故而，有学者以为，"木叶山"当是一个山脉。如贾敬颜提出："祖州遗址，乃今林东镇西南之上石房子古城。而祖州又依木叶山建立城郭。是扑乌山即木叶山，或曰祖山；今林东镇以西乃至祖州及太祖陵所在之连山，均得谓之木叶山。"即此山脉从祖州绵延到上京临潢府。但在同一篇文章中又提出："木叶山西南至上京三百里，是自今波罗城东北逆推三百里为扎鲁特旗（鲁北）以西之汉山以迄上石房子（祖州），岗岗庙之大兴安岭南脉之西南连山，并得谓之木叶山也。"③即木叶山从上京临潢府又往东北方推进了三百里。而这还不包括在上京东南方向的永州的"木叶山"。

笔者以为，上述诸"木叶山"，大多是可质疑的。如祖州太祖陵，是《契丹国志》载其在"木叶山"上，而据《辽志》祖州条所载，只有"祖山"，而未提及"木叶山"。怀州之"木叶山"亦是出于《契丹国志》，《辽志》怀州条只说"太宗崩，葬西山，曰怀陵"，也未提及"木叶山"。故笔者对于辽上京临潢府以西是否存在"木叶山"，是颇感怀疑的。只有永州的木叶山确然无疑。《辽志》永州条详述了其境内木叶山对于辽皇朝与契丹族的意义："东潢河，南土河……有木叶山，上建契丹始祖庙。奇首可汗在南庙，可敦在北庙，绘塑二圣并八子神像。相传有神人乘白马，自马盂山浮土河而东，有天女驾青牛车由平地松林泛潢河而下。至木叶山，二水合流，相遇为配偶，生八子。其后族属渐盛，分为八部。"即木叶山是契丹族的发源地，且山上有"始祖庙"。《契丹国志》其实对于永州境内的木叶山，也曾突出强调："（天庆九年）夏，金人攻陷上京路，祖州则太祖之天膳堂，怀州则太宗德光之崇元殿，庆州则望仙、望圣、神仪三殿，并先破乾、显等州如凝神殿、安元圣母殿、木叶山之世祖殿、诸陵并皇妃子弟影堂，焚烧略尽。"④其中所谓木叶山之世祖殿，当如《辽志》，作"始祖殿"也。如此，则永州之有木叶山，《国志》与《辽志》一致。

---

① 《契丹国志》卷3《太宗嗣圣皇帝下》。
② 《契丹国志》卷1《太祖大圣皇帝》。
③ 贾敬颜：《胡峤陷辽记疏证》，《史学集刊》1983年第4期，第8、10页。
④ 《契丹国志》卷11《天祚皇帝中》。

再看木叶山的周边形势。《辽志》永州条载："东潢河,南土河,二水合流,故号永州。冬月牙帐多驻此,谓之冬捺钵。有木叶山。"宋绶详述其赴木叶山的行程云:

> 七十里至香山子馆,馆倚土山,依小河,其东北三十里,即长泊也。涉沙碛,过白马淀,九十里至水泊馆,渡土河……其河边平处,国主曾于此过冬,凡八十里至张司空馆,七十里至木叶馆。……又历荆榛荒草,复渡土河至木叶山,本阿保机葬处,又云祭天之地。东向设毡屋,题曰省方殿。无阶,以毡藉地,后有二大帐。次北又设毡屋,题曰庆寿殿。去山尚远。①

第一次渡土河后,经过"国主曾于此过冬"的"河边平处",正是《辽志》所载的永州附近的"冬捺钵"之所,而这个处所,如《辽志》上述记载,正在潢河、土河之交。宋绶所记载的"省方殿"、"二大帐"等,皆与《辽史·营卫志》所载的冬捺钵之所广平淀的布置一致②,可知必在永州附近无疑。由宋绶的走向来看,第一次渡土河至第二次渡土河,显然为东北行,再次渡土河即将到达的"木叶山",虽未再过潢河,也当离潢河、土河汇合处不远。宋绶所载的"木叶山",正是《辽志》所载的永州"木叶山"。至于"本阿保机葬处",则与《契丹国志》所说"葬太祖于木叶山"同误耳。两条记载对木叶山周围地形的描述,更能证明:木叶山在永州附近潢河、土河交汇处,两河河谷"平地",乃是冬捺钵之处所。

而太祖于木叶山下所建的杏埚城,即后来的新州,也正是在此木叶山下。《辽史·乐志》载:"春飞放杏埚,皇帝射获头鹅,荐庙燕饮。"③张修桂等详释杏埚春捺钵、头鹅宴所在,其应当具有的地形条件,正与两河交汇处的永州附近吻合。且《辽志》武安州条下所载的"袅罗水、箇没里水",其实应是"袅罗箇没里水",即潢河也④,这也与笔者以上所分析的木叶山周围的地形完全相符,《辽志》应是误植武安州之前身新州的旧址(杏埚城)之景观于武安州(杏埚新城)条卜。笔者更以为,《乐志》所说"荐庙燕饮"者,其庙正是木叶山上之始祖庙也。《辽志》载木叶山于永州条下,而其山或当离统和八年前的杏埚城更近。

位于两河交汇处附近的古城址,较有规模者,是内蒙古奈曼旗平安地镇的

---

① 《长编》卷97,天禧五年(1021)九月甲申。
② 见《辽史》卷32《营卫志中》"冬捺钵"条。贾敬颜云:"广平淀皇帝牙帐南有省方殿。但此为祖陵之省方殿祭所。"祖陵有省方殿,似未见史载,此省方殿显然就在广平淀无疑。见氏著《宋绶〈契丹风俗〉疏证稿》,《五代宋金元人边疆行记十三种疏证稿》,第116页。
③ 《辽史》卷54《乐志》。
④ 张修桂、赖青寿:《辽史地理志汇释》,安徽教育出版社,2001年,第137—138页。

西孟家段古城址。张柏忠认为该城址是辽龙化州遗址,或以为是永州遗址[①]。笔者以为,这一西拉木伦河与土河两河交汇处附近的城址,与辽前期新州的地理位置相符。而杏埚城作为辽最早建置的重要城池之一,其地位也与孟家段古城周长4 000多米的规模相契合。

统和八年所城之杏埚新城,治于内蒙古敖汉旗白塔子村。除遗址考证外,有两件出土文字材料为证。一是1976年出土于距城东4公里处的元代至元七年(1270)杨氏墓买地券。首行曰"大朝蒙古国北京所管武平县右城住人",即说明此城即元代的武平县,也就是辽中后期的武安州、金代武平县。二是1991年出土于城南约20余公里的辽耶律元宁墓志,文载元宁"归葬于黄柏岭之东",而黄柏岭正是《辽史·地理志》武安州条下的黄柏岭[②]。故白塔子为辽中后期武安州,无可置疑。

辖县一:沃野县。

沃野县

始置不知何时,倚郭。

按《辽志》武安州条首云,"唐沃州地",沃州,"处契丹松漠部落,隶营州,州陷契丹,乃迁于幽州"[③]。此即契丹杏埚城所在,故置新州以后,其倚郭县之名,以"沃州"而来。倚郭沃野县之置,不在阿保机建杏埚之初,而在其后置新州时也。然建州不详其时,县之始置亦然。统和八年后,当州县同迁,后仍为武安州倚郭也。

利州

统和十六年(998)建利州,刺史,二十九年升为中观察。治今辽宁喀喇沁左翼蒙古族自治县治(大城子街道)。

《辽志》谓统和二十六年建州,然《金史·地理志》称建州在十六年[④],《元一统志》亦称"统和十六年置"[⑤],又辽代《王悦墓志》载:"以统和二十三年五月十三日薨于本宅,享年五十有三。以其年十一月十六日,葬于利州西三十里尖

[①] 张柏忠:《辽代的西辽河水道与木叶山、永、龙化、降圣州考》,《历史地理》第12辑,上海人民出版社,1995年,第52页。
[②] 见邵国田:《辽代武安州城址调查》,《内蒙古文物考古》1997年第1期,第58—59页。
[③] 《旧唐书》卷43《地理志二》河北道沃州条。
[④] 《金史》卷24《地理志上》北京路利州条。
[⑤] 《元一统志》卷2《辽阳等路行中书省·大宁路》"建置沿革"条。

山南焉。"①证明二十三年已有利州,则何待二十六年始建? 都兴智、张修桂等皆有文驳《辽志》之非②,兹不赘言。至于其升观察州之时,《辽志》谓在开泰元年(1012),而本纪载:统和二十九年,"升蔚州、利州为观察使"③,当从本纪。

辽、金、元三代利州治于大城子,向有定论。尤其是1958年喀左县西30里双尖山出土辽统和二十三年王悦墓志铭,称悦"葬于利州西三十里尖山南焉",更加强了大城子为辽利州的论据④。

统和十六年,辖县一:阜俗县。

阜俗县

始置于统和四年,隶建州。统和十六年以县建利州,仍以县为倚郭。

按《辽志》"利州"条:"统和四年置县。初隶彰愍宫,更隶中京。后置州,仍属中京。"此记载有两个问题:其一,"隶彰愍宫"固然说明了该县为宫卫所属,然而辽代属宫卫的县,同时也隶属于某州、府,阜俗县当不例外。按阜俗四面之州,在统和四年已存者,仅榆、建二州,而榆州时为头下州,不辖县,故唯一的可能性是属于建州。其二,若利州置于统和二十六年,则阜俗先隶中京,再隶利州自可说通。然而利州之置在十六年,时中京未置,阜俗何得隶之?《辽志》利州条称,"本中京阜俗县,统和二十六年置刺史州"云云。既然升州之前,辽尚无中京,则利州条所载亦误矣。张修桂等已辨而驳之:阜俗县条所谓"'更隶中京,后置州,仍属中京'一语,是承上利州下之文而来,是修史之人为了使文意完整而添加的"⑤。此说信然。是利州条文已误,阜俗县条沿其误耳。

头下榆州—榆州

太宗天显五年(930)以前置头下榆州,高平军下刺史。开泰中(1012—1021)收归朝廷所有。治今辽宁凌源市西14里城关街道十八里堡古城址⑥。

《辽志》:"太宗南征,横帐解里以所俘镇州民置州",其始置时,为头下州,直至"开泰中没入"。《太宗纪》载有解里,该人随太宗南征,乃会同九年(946)

---

① (辽)释志铨:《前宁远军节度副使银青崇禄大夫检校太子宾客兼监察御史武骑尉太原公墓志铭并序》(统和二十三年),《全辽金文》,第136页。
② 都兴智、田立坤:《辽秦德昌墓志考》,《辽海文物学刊》1995年第2期,第61页;张修桂、赖青寿:《〈辽史·地理志〉平议》,见《历史地理》第15辑,第335页。
③ 《辽史》卷15《圣宗纪六》,统和二十九年六月庚戌。
④ 见《东北历代疆域史》,第153页。后乌凤丽于《辽、金、元时期的利州》(载《黑龙江民族丛刊》2004年第2期,第78—79页)一文中,又曾对利州的地理环境及其于辽以后三朝的沿革有略述。
⑤ 《〈辽史·地理志〉平议》,见《历史地理》第15辑,第335页。
⑥ 见《东北历代疆域史》,第154页。

事,该年十一月,围镇州,大破晋军①。解里俘其州民建榆州,本当在次年,即大同元年。然而作于辽保宁元年(969)的《张建立墓志》却说:建立"任榆州刺史兼蕃汉都提辖使,天显五年十月十六日,染疾,卒于公府,春秋四十有七"②。则是天显五年已有榆州无疑。而解里本为太宗小吏、军校,天显三年被后唐兵执归,后晋初(天显末)始释归③,故知榆州头下主必非《辽史》之《太宗纪》、《传》所载之解里,而是另有其人。《张建立墓志》又提及,建立之父守贞"曾授沧州马步军都指挥使",而建立因"边境多虞,因滋向化",其子彦英、彦胜,皆曾任榆州刺史。按照张建立的出身与经历,《墓志》暗示了他是被辽军俘获北归者,若建立是在其父任沧州任上被掠北归,那么应当是在太祖三年(909),因当年契丹在沧州曾有战事:"沧州节度使刘守文为弟守光所攻,遣人来乞兵讨之。命皇弟舍利素、夷离堇萧敌鲁以兵会守文于北淖口。进至横海军近淀,一鼓破之,守光溃去。"④而其被掠之后,成为榆州头下州之私属,故而建立本人与其二子,皆以近乎世袭的方式在榆州任职,然榆州的头下主"解里"究竟是谁,已不得而知矣。

开泰中,辖县二:和众、永和县。

1. 和众县

开泰中置,倚郭。

按辽头下州不辖县。县当在开泰中榆州收归朝廷后所置也。

2. 永和县

乾亨三年(981)以前建,属建州,开泰中建榆州,来属。治今辽宁凌源市西南。

《辽志》载:永和县,"统和二十二年置"。然乾亨三年所作《张正嵩墓志铭》,就已出现了"永和县刘令"⑤,则县之始置于该年之前无疑。初建县之时,周围除建州之外并无他州,故当属建州。俟开泰中置榆州,始来属。

按《中国历史地图集》定于今辽宁葫芦岛市西北60里左右,张修桂等已指出,定点于此,与榆州相距甚远(200里以上),且中隔利州、潭州,县成州之飞地,此制似非辽所有⑥,《地图集》所定点,乃金代之永和村也。笔者更以为,此

---

① 《辽史》卷3《太宗纪上》,会同九年十一月戊子朔。
② (辽)无名氏:《银青崇禄大夫检校尚书右仆射行榆州诸军事榆州刺史兼西南路番汉都提辖使兼御史大夫上柱国张公墓志并序》(保宁元年),《全辽金文》,第836页。
③ 《辽史》卷76《耶律解里传》。
④ 《辽史》卷1《太祖纪上》,太祖三年三月。
⑤ (辽)赵衡:《朔州顺义军节度使张府君墓志铭并序》(乾亨三年),《全辽金文》,第77页。
⑥ 《辽史地理志汇释》,第140页。

定点,恐是宁远"卫北百二十里"的元代和州、永和乡①,与辽之永和县恐不相涉也。辽之永和县,据顾祖禹言:"在渝(榆)州西南。"②若此,则当在今辽宁凌源市西南也。

泽州

开泰中置泽州广济军下刺史。治今河北平泉县西南22里南五十家子镇会州城村。

《辽志》:"太祖俘蔚州民,立寨居之,采炼陷河银冶。隶中京留守司。开泰中置泽州。"然据《辽史·营卫志》所述,太宗永兴宫以"云州怀仁县、泽州滦河县等户置"③。故而,嵇训杰以为:"按《辽史·营卫志上》已见'泽州滦河县',在太祖平渤海、太宗置永兴宫时。《志》谓'开泰中置泽州',盖误。"④不过,考证辽之州县始置时间,不可引《营卫志》诸宫所属州县以为证据,因其所载"某宫以某俘户、某提辖司、某州、某县户置",并不区分始置时所辖户口与后世括入的户口的来源,故往往掺入后世所置之州。又检《金史·地理志》,云:"辽泽州神山县,辽太祖俘蔚州之民置。"⑤亦恐是误以神山之前身,即太祖所置之寨为县耳。

按辽泽州、神山县,金承安中曾置惠州,亦即元惠州也,明讹为会州,即今平泉县会州城村⑥。该城址曾出土金代"神山县印"和"惠州之印",为此定点提供了坚实的依据⑦。

开泰中,辖县一:神山县。又有滦河县,始置不知何时。

1. 神山县

开泰中置,为倚郭。

2. 滦河县

始置不知其时,治今河北迁西县北50里滦阳镇。

---

① 《元史》卷59《地理志二》大宁路条:"(大宁路)领兴中府及义、瑞、兴、高、锦、利、惠、川、建、和十州。……至元五年,并和州入利州为永和乡。"《读史方舆纪要》卷37《山东八》"辽东·宁远卫"条:"和州城,宁远卫北百二十里,元初置和州,属大宁路,至元五年并入利州为永和县乡。"
② 《读史方舆纪要》卷18《北直九》"万全都指挥使司·永和城"条。
③ 《辽史》卷31《营卫志上》。
④ 嵇训杰:《〈辽史·地理志〉校读记》,《文史》第37辑,第118页。
⑤ 《金史》卷24《地理上》北京路大定府神山县条。
⑥ 项春松:《辽代历史与考古》,第145页。《中国历史地图集》即定于此处。
⑦ 田淑华、白光:《承德地区辽金时代古城址调查综述》,韩世明主编:《辽金史论集》第10辑,第137页。

顾祖禹云,辽滦河县,即金承安二年(1197)一度以孩儿庄复置之滦阳县①,若此,则在今迁西县西北之汉儿庄也。然《永平府志》云:"辽县在今滦阳营,金滦阳县在今汉儿庄。"②按滦阳营即今滦阳镇,在迁西县北 50 里左右。

北安州

圣宗统和中(983—1012)置北安州兴化军上刺史。治今河北隆化县城北偏隆化镇下洼子村土城子古城。

《辽志》:"圣宗以汉户置北安州,属中京。"郑绍宗由此认为,北安州的建成年代应是在统和二十五年建中京后不久③。不过,据《宋匡世墓志》载:"统和十六年,故枢密使、魏王闻其器业,降以恩荣,起家署为都孔目官。泊专呈对,尤见干能。谓左右而任得其人,顾出入而可使为□,特奏授将仕郎、北安州兴化县令。"④按统和十六年至二十五年,颇疑匡世之为都孔目官,曾有十年之久否? 否则,北安州、兴化县之建,当在统和二十五年置大定府之前也。

北安州治于今河北隆化县土城子古城,是郑绍宗综合了此前各种定点所定之址⑤。

统和中,辖县一:兴化县。

兴化县

圣宗统和中与州同置,倚郭。《辽志》误载为"利民县"。按《金史·地理志》,兴化县为辽旧县,利民为金所置⑥。钱大昕已指正之⑦,不赘。

潭州

开泰中(1012—1021)建潭州广润军下刺史。治今辽宁喀喇沁左翼蒙古族自治县西南 60 里白塔子镇白塔子村古城址⑧。

《辽志》:"本中京之龙山县,开泰中置州。"《辽史·圣宗纪》:开泰二年,以

---

① 《读史方舆纪要》卷 18《北直九》"万全都指挥使司"。
② (清)宋琬纂修,张朝琮续修:康熙《永平府志》卷 10《古迹》"金·滦阳县"条,《四库全书存目丛书》史部第 213 册。
③ 郑绍宗:《辽北安州考》,陈述主编:《辽金史论集》第 1 辑,第 199 页。
④ (辽)王景运:《故儒林郎前守北安州兴化县令晋国公主中京提辖使宋府君墓志铭并序》,《全辽金文》,第 172 页。
⑤ 郑绍宗:《辽北安州考》,《辽金史论集》第 1 辑,第 199—207 页。
⑥ 《金史》卷 24《地理志上》北京路兴州条。
⑦ 《廿二史考异》卷 83《辽史》"地理志"条。
⑧ 项春松:《辽代历史与考古》,第 146 页。

"习家寨为龙山县"①。则先是开泰二年置县,隶于中京大定府,不久后(同在开泰中),以龙山县置潭州。

开泰中,辖县一:龙山县。

龙山县

开泰二年置,隶大定府。后置潭州,为倚郭。

兰州

始置不知其时,治今辽宁凌源市境。

除《辽史》不载兰州,其他辽代主要史料皆载有"兰州"。如《亡辽录》、《契丹国志》②。《金史·地理志》利州龙山县辖下有兰州寨③。其方位,按《武经总要》所载,在利州西南60里④。而按《金志》所载,则入金后废兰州属龙山县,而龙山则属辽潭州,故兰州与潭州自然也较接近,当在今凌源市境。

辖县不详。

松山州

辽前期置松山州,统和八年(990)省,开泰二年(1013)复置松山州胜安军下刺史,又称松州⑤。治今内蒙古赤峰市西南50里城子乡城子村古城址⑥。

松山州及其属县松山县,《辽志》皆误作"松江",中华本校改之⑦。《辽史·圣宗纪》:统和八年,"省遂、妫、松……奉德等十州,及玉田、辽丰、松山……平山等八县。"⑧此处"松"州当作"松山"州,与此次所省松山县对应;开泰二年复以"松山川为松山县"⑨。州亦于此时复置。《辽史》于道宗寿昌中尚

---

① 《辽史》卷15《圣宗纪六》,开泰二年二月丙子。
② 《会编》卷21《政宣上帙二十一》,宣和七年正月二十四日条引《亡辽录》,兰州在刺史、观察、防御、团练州内。亦见《契丹国志》卷22《州县载记·刺史州七十余处》。
③ 《金史》卷24《地理志上》北京路利州龙山县条。
④ 《武经总要》前集卷26下《边防·北蕃地理·戎狄旧地·中京四面诸州》。
⑤ 据贾鸿恩、李俊义《辽萧孝恭萧孝资墓志铭考释》(《北方文物》2006年第1期,第81—88页)载,萧孝恭"大康七年正月十日于松州北白亭驿程之地,染疾而薨",其堂弟孝资则于"乾统九年十月以疾薨,时年五十有四,以其年十二月廿七日,葬于松山之先茔",则松州即松山,也即萧孝恭一族之先茔。
⑥ 贾敬颜:《沈括〈熙宁使契丹图抄〉疏证稿》,见《五代宋金元人边疆行记十三种疏证稿》,第157页。
⑦ 见《辽史》卷39《地理志三》中京道松山州条。
⑧ 《辽史》卷13《圣宗纪四》,统和八年七月庚辰。
⑨ 《辽史》卷15《圣宗纪六》,开泰二年二月丙子。

载有松山州①。而碑刻中所载之松山州,更迟至辽末保大元年(1121)②。

按上京、中京各有一松山州,有学者认为,两者实为一地,只因直至统和八年废松山州之时仍未有中京,自然更无中京道,故列松山州于上京道也③。但笔者以为,此二州互不关涉也无疑④:其一,上京道之松山州为头下州,而中京道之松山州,在其统和八年省废、开泰二年复置时,皆有属县松山,显非头下州无疑。其二,据《辽志》上京道松山州条载:"本辽泽大部落,横帐普古王牧地。有松山。北至上京一百七十里。"上京道之松山州,为"辽泽大部落"之地,而后属中京道的松山州,其先为奚地,两者之空间位置有明显的区别;且前者与上京仅170里,后来建中京,也不应入中京道之范围。两者皆称"松山州"者,因境内有"松山"或"松山川"也。

辽初辖县一:松山县。统和八年州、县皆废。开泰二年复置州,仍辖县一:松山县。

松山县

辽初置,统和八年省,开泰二年复置。倚郭。

头下睦州—成州

圣宗太平元年(1021)置睦州长庆军节度,为次女岩母堇头下州,属上京道,景福元年(1031)前后收归朝廷直属,改州名为成州,后更军额为"兴府",改隶中京道。治今辽宁阜新蒙古自治县西北50里红帽子镇西红帽子村古城址。

按圣宗女岩母堇的婚姻经历甚为复杂,太平元年前后嫁萧绍业,当年三月,"驸马都尉萧绍业建私城,赐名睦州,军曰长庆"⑤,此成州建州之始,实以圣宗赐魏国公主岩母堇之媵户置,而以夫妇二人名义拥有,故又称"公主成州"⑥,而《纪》谓"驸马都尉萧绍业建私城"也。

太平十一年(1031,即景福元年)圣宗崩,其妃耨斤杀萧绍业,公主改嫁萧海里,婚后又"不谐,离之。又适萧胡睹,不谐,离之。乃适韩国王萧惠",清宁

---

① 《辽史》卷82《萧常哥传》。
② (辽)佚名:《刘昉墓志》(保大元年):"大辽国松山州故郑州刺史团练使刘昉者……寿至八十有二,倏然而卒。……时保大元年岁次辛丑季夏丙申日。"见《辽代石刻文续编》,第312页。
③ 李锡厚:《头下与辽金"二税户"》,《文史》第38辑,第91页。
④ 多数学者认为两松山州非一地,如李慎儒(见《辽史地理志考》,《二十五史补编》,第8120页中)、张博泉等(见《东北历代疆域史》,第150页)。另一方面,除李锡厚外,孙进己(《东北历史地理》第1卷,第309—310页)亦以为,两松山实为一地。
⑤ 《辽史》卷16《圣宗纪七》,太平元年三月庚午。
⑥ 贾敬颜:《王寂〈辽东行部志〉疏证稿》,《五代宋金元人边疆行记十三种》,第270页。

初,"加大长公主"①,可见其时尚存。按太平六年王景运为宋匡世作墓志铭时,匡世有兄,乃"今长庆军节度使、太尉"②,彼时此州仍应是"长庆军",估计应在某次重大事件后发生改变。然则,睦州之改州名、军额、隶属关系,究竟应在哪一次改适之后?抑或在公主卒后?还是在其"绝嗣"后?三个改变是否发生于同时?

阎万章以为:

> 睦州所以要改名成州,这是由于驸马萧啜不(即萧浞卜)被(兴宗母钦哀皇太后)诬陷而死和公主岩母堇改嫁萧海里的缘故而才改称的。……
>
> 关于成州隶属关系的改变……我认为成州就是因岩母堇死后嗣绝,在收归国有时才由上京道改隶中京道的,并改其军名为"兴府"。……
>
> 辽道宗清宁初年她(岩母堇)尚在人间,其……可能也死于清宁之时。如果这一推测是正确的,那么成州由上京道改隶中京道也应在此时。③

若无某些事件的促成,改州名、军额,都是不大可能的。那么,阎先生所说,因驸马萧啜不(绍业)不得善终而改州名,应当说是正确的。本来,军额也有可能在此时改为"兴府",然而,"成州"既与"长庆军"在《辽志》本条同时出现,这一现象不能忽略,故军额之改,当在改州名之后。

不过,阎先生称,成州因岩母堇死后嗣绝而收归国有,才由上京道改隶中京道,并同时改军名为"兴府",这种说法或许仍值商榷。

引起笔者思考的是"同昌"县的出现时间。按辽代头下州不辖县,尽管具体规定未见于记载极简的辽代史籍,但是,按图索骥,一一检对辽代出现过的头下州,却无一则反例,这应是当时的通规,即便如"户一万"的头下徽州,亦不能破例。至于成州,一般也认为其下辖之同昌县,为改头下为正州以后所置。"成州兴府军,晋国长公主以媵户置……统县一:同昌。考辽头下军州,例无所统县,此有县一,盖如乌州之官收矣。"④即先有成州之"官收",后有同昌之置(或在"官收"同时),此为的论。

同昌于《辽史》中出现,大约可探知其时的,有《公主表》所载,圣宗第九女、后宫白氏所生八哥,"封同昌县主,进封公主",后"下嫁刘三嘏"。按三嘏于重

---

① 《辽史》卷65《公主表》。
② (辽)王景运:《故儒林郎前守北安州兴化县令晋国公主中京提辖使宋府君墓志铭并序》,《全辽金文》,第172页。
③ 《辽代成州考》,《辽宁省考古、博物馆学会成立大会会刊》,《会刊》编辑组,1982年,沈阳,第138—139页。
④ 陈汉章:《辽史索隐》卷3《地理志·上京道》,《二十五史三编》第8分册,第198页上。

熙十三年(1044,宋庆历四年)被宋人送还契丹,此前,因"恶其妻淫乱,遁至广信军"①。则尚主远在此前,而八哥封同昌县主,又在进封公主、下嫁三嘏之前。按同昌之县名,唯见于西魏时于吐谷浑故地所建者,唐中期失其地于吐蕃,辽不致因此偏陋难知之建置封其皇女,此同昌,当为辽县也。则辽代同昌县之置,远在重熙十三年之前。

岩母堇改适萧海里不得其时,而再适萧胡睹,约略可探知在重熙十年至重熙十三年间。按《辽史·兴宗纪》,重熙九年,"以北大王府布猥帐郎君自言先世与国联姻,许置敞史,命本帐萧胡睹为之"②,此时,萧胡睹还是初出茅庐,未因尚主而荣显。而到了重熙十三年伐夏,"驸马都尉萧胡睹为夏人所执"③,已乘龙矣。

可以发现,在岩母堇再适萧胡睹(重熙十年至十三年间)差相同时(或在此之前)已有同昌县,而再适萧惠④是在重熙十七年,更远在置同昌县之后矣。出现这种情况,可以有两种解释:一是重熙十三年前辽已建同昌,然为朝廷直属州所辖,或为独立的"头下县";二是成州已官收,故建此县。但第一种可能性很小。若先已建同昌县,再于成州官收后徙治同昌,那么,原来作为四千(《契丹国志》卷8《兴宗神圣孝章皇帝纪》作户一千)媵户之中心的成州城,又到哪里去了呢?所以,在成州官收之前,于另处已建同昌县应当是不可能的。那么,就只剩一种可能性,即重熙十三年之前,成州已上收朝廷直属。

按岩母堇适萧海里,"不谐,离之",改适萧胡睹,又"不谐,离之",直至适萧惠,其间诸萧本身都未有大变故,三人在道宗以后尚在权力中心,只有初嫁之萧绍业死于非命,实为重大政治事件。故而,收回公主头下州,从而置同昌县,当在景福元年萧绍业被杀之际。阎先生认为,岩母堇大约在清宁年间死,且嗣绝,故官收成州,其实至今为止,我们对辽代公主下嫁后头下州作为一种家产的"身份"问题,尚是不了解的,横帐贵人嗣绝,头下州官收,尚有其例(如耶律颇德之遂州),至于公主之头下州,是纯属公主个人所有,还是由公主和驸马共同拥有?这还难以确定,若是后者,那么,萧绍业之死,当时负有谋反之罪⑤,因而上收绍业名下的睦州,正如平察割之叛后,收其贵德州、双州、川州,是极为正常的。

---

① 《长编》卷152,庆历四年十月甲午。
② 《辽史》卷18《兴宗纪一》,重熙九年十二月庚寅。
③ 《辽史》卷19《兴宗纪二》,重熙十三年十月癸丑。
④ 《辽史》卷93《萧惠传》。
⑤ 《辽史》卷71《圣宗钦哀皇后传》。

至于何时由上京道改隶中京道,反缺乏直接证据,姑置不论。而改隶之日,亦当是改军额之时也。《辽志》中京道成州条下云:"晋国长公主以媵户置,军曰长庆,隶上京,复改军名,统县一。"按其语意推断,"复改军名"下,或当有"来属"(中京道)二字。

又,除《辽史》以后,似未见有"兴府军节度"者,按《长编》中多次出现辽"兴复军节度使"[1],如熙宁间辽廷遣来议黄嵬山地界的萧禧即是。《契丹国志》亦载,"道宗遣泛使林牙、兴复军节度使萧禧如宋,言代北对境有界地,请遣使分画"[2]。又耶律习涅于辽末天庆中"授兴复军节度副使,视人如伤,平狱贵恕,士民畏爱"[3],显为实授之职。"兴府军"或当作"兴复军"?此又待考。

今阜新市西北西红帽子村古城址为辽成州,乃据阎万章定点[4]。该城南北长657米、东西715米[5],是现已确定的头下州城中规模最大的一座。

头下州时不辖县。景福元年(1031),辖县一:同昌县。

同昌县

景福元年前后置,倚郭。

霸州—兴中府

唐天祐三年(906),契丹得唐营州地。神册中(916—922)置霸州彰武军节度。兴宗重熙十二年(1043)升兴中府。兴宗后期置辽西钱帛司[6]。治今辽宁朝阳市[7]。

按辽霸州之地,即唐营州地,金毓黻等已详辨之(见下文营州条),兹不赘。然而,契丹何时得唐营州之地,却难得其详,考据者一般也避而不谈。仅顾祖禹提到:"天祐末,刘守光据幽州,营州没于契丹。"[8]笔者以为,契丹之有唐营州地,正是在唐天祐间,但应是刘仁恭据幽州之时,得自于奚,而非在其子刘守光时期。

---

[1] 《长编》卷251,熙宁七年三月丙辰,萧禧;卷261,熙宁八年三月庚子,萧禧;卷274,熙宁九年四月辛卯,耶律庶箴;卷419,元祐三年闰十二月丁卯,萧京;卷453,元祐五年十二月丙辰,耶律庆先。
[2] 《契丹国志》卷20《议割地界书》。
[3] (辽)佚名:《故兴复军节度副使墓志铭并序》(天庆四年),《辽代石刻文续编》,第282页。
[4] 阎万章:《辽代成州考》,《辽宁省考古、博物馆学会成立大会会刊》,第133页。
[5] 黄凤岐:《阜新地区与契丹族》,《阜新辽金史研究》,第8页。
[6] 关树东:《辽朝州县制度中的"道""路"问题探研》,《中国史研究》2003年第2期,第140页。
[7] 都兴智等云:"唐营州柳城即今辽宁省朝阳市……辽太祖时命韩知方完葺柳城,置霸州彰武军,重熙十年升为兴中府。"见都兴智、田令坤:《辽秦德昌墓志考》,《辽海文物学刊》1995年第2期,第61页。
[8] 《读史方舆纪要》卷18《北直九》"万全都指挥使司·营州故城"条。

整个唐代,营州境内皆为奚与契丹部落杂处之地①,至唐末更为奚族所据。《辽志》称:"(营州)后为奚所据。太祖平奚及俘燕民,将建城,命韩知方(古)择其处。乃完葺柳城,号霸州彰武军节度。"②则平奚之时,阿保机同时得到唐营州地。据《辽史·太祖纪》所载:天祐三年"二月,复击刘仁恭。还,袭山北奚,破之。……十一月,遣偏师讨奚、霫诸部及东北女直之未附者,悉破降之"③。正是在该年,获得了唐营州之地。

次年,阿保机称帝。至七月,刘守光之兄,"平州刺史守奇率其众数千人来降,命置之平卢城"④。"平卢城"何指?当然不可能指唐代宗朝所置之淄青平卢镇的治所青州,只有一种可能,即玄宗时所建平卢节度使的治所营州城。这是一条至关重要的信息,确证了唐代的最后一年(907),营州之地已入契丹。

《资治通鉴》载:"初,幽州北七百里有渝关……旧置八防御军,募土兵守之。……每岁早获,清野坚壁以待契丹,契丹至,辄闭壁不战,俟其去,选骁勇据隘邀之,契丹常失利走。……及周德威为卢龙节度使,恃勇不修边备,遂失渝关之险,契丹每刍牧于营、平之间。"⑤渝关在唐平州与营州之间,在天祐十年(913)周德威领幽州节度使⑥之前,"旧置八防御军"于渝关附近,所守的已是平州,这也说明,营州在刘氏据幽州时期,早已失之于契丹,而周德威镇幽州时,渝关不守,契丹更经由营州时常侵入平州之境。

既得营州之地,阿保机遂在唐营州之地营建霸州。《辽志》云:"太祖平奚及俘燕民,将建城,命韩知方(古)择其处,乃完葺柳城,号霸州彰武军,节度。"按"知方"当作"知古"。《辽史·韩知古传》:"神册初,遥授彰武军节度使。"⑦知古遥授霸州节度,当与其择地建霸州事有关。而霸州似非平地拔起者,而是有"柳城",也即"平卢城"为其基础,"完葺"而成也。

关于霸州升府之时间,《辽志》载在重熙十年(1041)。不过,《辽史·萧惠传》载:"兴宗即位,知兴中府。"⑧升府似在景福元年(1031)之前。然检核其他史料,未见再有类似个案,或《萧惠传》竟以后之政区叙前事乎?姑置待考。

另一方面,似亦有许多材料说明升府迟于重熙十年。如《金史·地理志》

---

① 见《旧唐书》卷43《地理志二》河北道营州条。
② 按《辽史》他处不见"韩知方",此当是"韩知古"。《辽史》中华本校勘记已校之,见第491页。
③ 《辽史》卷1《太祖纪上》。
④ 《辽史》卷1《太祖纪上》,太祖元年七月乙酉。
⑤ 《资治通鉴》卷269《后梁纪四·均王上》,贞明三年二月。
⑥ 《旧五代史》卷28《唐书·庄宗纪二》,天祐十年十二月庚午。
⑦ 《辽史》卷74《韩知古传》。
⑧ 《辽史》卷93《萧惠传》。

载,在重熙十一年①。顾祖禹亦称在宋庆历二年(1042),即重熙十一年②。然据重熙十二年所作朝阳北塔《今聊记石匣内题记》,有"节度孔目"、"观察押司"等吏职。若说升府后仍可置节度衙诸职,故以此作判断无甚说服力的话,那么《题记》辑注者所引《延昌寺大塔下再葬舍利记》则足够说明问题:"延昌寺大塔下,重熙十二年四月八日再葬舍利记。背砌作头成守方,霸州南张郎中□住。"③则知重熙十二年四月,霸州仍未升府④。不过,重熙十四年成书的《武经总要》,已载为"兴中府"。大略升府当在重熙十二年,《金史》等误"二"为"一"耳。

辽初辖县二:霸城、盛吉县。后置归化县,穆宗朝,又析盛吉县置黔州。圣宗开泰二年(1013),归化改属大定府,安德县自乾州来属霸州。重熙十二年,升霸州为兴中府,析霸城县置营丘县,并改霸城名为兴中,象雷、闾山二县自大定府来属霸州,黔州亦来隶彰武军节度,析安德县置安德州,州仍属兴中府尹。南和州来属不知具体时间,但必在重熙十五年之前。此后辖县四:兴中、营丘、象雷、闾山县。府尹另辖州三:安德、黔、南和州。

按霸州辖县,变迁极繁,且置县、升州、改属,相互勾连,与霸州升兴中府这一标志性事件亦有极大关系,姑于此处作一总体说明。《辽志》:"兴中县,本汉柳城县地。太祖掠汉民居此,建霸城县。重熙中置府,更名。"霸州条所载四县,仅此霸城县确是辽早期所置且当时已属霸州。营丘之置,史未载其时。然营丘既由霸城所析置,于《辽志》中又置于霸城之后,笔者疑其为另一倚郭县也。而析霸城置营丘,成双附郭之局,当是霸州升兴中府之时,即重熙十二年。

《辽志》又载象雷、闾山二县,开泰二年置,初"隶中京,后属"。来属之时,笔者以为,亦当在霸州升府之际。因升府乃是霸州在开泰二年以后发生的最重要的建置变化,在此时划入此二县,当是合理之事。升府作为确认其地位的一种表现,而增加属县数且置双附郭,使其在建置规模上直追各京府,这些都是霸州地位的具体表现。

另外,《辽志》黔州条云:"太祖平渤海,以所俘户居之,隶黑水河提辖司。安帝置州,析宜、霸二州汉户益之。初隶永兴宫,更隶中京,后置府,来属。"而

---

① 《金史》卷24《地理志上》兴中府条。
② 《读史方舆纪要》卷18《北直九》"万全都指挥使司·废大宁卫·营州故城"条。
③ 《题记》及辑注,见《辽代石刻文续编》,第79—80页。
④ 至于嵇训杰因《长编》庆历三年七月尚及见"彰武军节度使王惟吉"而推断升府在重熙十年之后,倒是难以为据(《〈辽史·地理志〉校读记》,《文史》第37辑,第119页)。因为,霸州虽升府,却仍可保留原来的节度军额,此军额仍可用于遥授,故不可因为重熙十年以后出现彰武军节度使,而认定此后仍称霸州而非兴中府。

盛吉县条云："太祖平渤海,俘兴州盛吉县民来居,因置县。"即太祖时置盛吉县,"安帝"置为黔州,此州在霸州升兴中府时来属。但是,在盛吉置为黔州之前,此县又属何州? 笔者以为,应以属霸州为宜。这不但是因为黔州后属兴中府尹,而且也因为宜州在太祖时建置以后,起初甚至没有倚郭县,直到世宗时方置倚郭弘政县(见下宜州条)。在没有倚郭县的情况下,不应先有与州不同址的属县。故笔者以为,盛吉县只能属于霸州,直至穆宗(安帝)置州(此见下文黔州条)后方脱离霸州。霸州升府,又来属。

《辽志》大定府条又载有归化县,笔者在前文已指出,此县始置于穆宗以前,初属霸州,开泰二年方改属大定府。此县之置,笔者亦疑在盛吉县置黔州而脱离霸州的同时或稍后不久。时霸州作为地区中心,仅辖属县一,故另置归化县以属之。唯无直接证据,姑存推想于此,而不作判断。

又《辽志》安德州条:"以霸州安德县置,来属。"其下属安德县则是"统和八年析霸城东南龙山徒河境户置。初隶乾州,更属霸州,置州来属"。县在统和八年建置之后,本属广德军节度(驻乾州),后改属彰武军节度(驻霸州)。属彰武军节度之时,或当在开泰二年也。因该年霸州归化县割属大定府,州仅辖一县矣,这种状态对于"建霸宜锦白川五州制置使"所在的霸州之地位,显然很不相符,故同时又划入安德县,当在情理之中。至于以安德县置安德州,这一变迁,应与安德州之划入同时,发生在霸州下一次的建置大调整,即重熙十二年升州为府之时。上引重熙十二年所作朝阳北塔《今聊记石匣内题记》之内,除霸城县之官员,尚载有"安德县令张居叶,安德县主簿王道机"。霸州修塔而参与之县官仅涉此二县,这很可以证明,重熙十二年霸州升府之前,安德属霸州,且州仅辖霸城、安德二县。安德另置州,应在置府之后也。

最后,关于南和州的记载,仅见重熙十五年的一条(见下文南和州条)。从上述安德、黔两州划入在霸州升府时来看,南和州来隶,或亦当在同时,即重熙十二年。

1. 霸城县—兴中县

太祖时置霸城县,重熙十二年改兴中县,倚郭。

2. 营丘县

重熙十二年析霸城县置,倚郭。

3. 象雷县

开泰二年置象雷县,隶中京大定府,重熙十二年来属。治所不详,在今辽宁朝阳市西。

按《辽史·圣宗纪》:开泰二年,"诏以麦务川为象雷县",所载与《辽志》

同。改隶兴中府在重熙十二年升府时,见上文辨析。

象雷、闾山、归化、金源等县皆曾在大定府与霸州(兴中府)之间,四县皆在兴中之西无疑。重熙十二年象雷、闾山而非归化(一度曾属霸州,且曾辖有霸州城外十五里之近地)、金源,由大定府改隶兴中府,则前两县自然更在后两县之东,更为接近霸州(兴中府)治,即今辽宁朝阳市。

4. 闾山县

开泰二年置闾山县,隶中京大定府,重熙十二年来属。治所不详,在今辽宁朝阳市西。

按《辽史·圣宗纪》:开泰二年,以"罗家军为闾山县"。所载与《辽志》同。改隶兴中府在重熙十二年,见上文辨析。

南和州

始置于重熙十五年(1046)之前,隶兴中府尹(彰武军节度)。治今辽宁建昌县东北 65 里谷杖子乡安杖子村古城址。

按辽重熙十五年《大契丹国兴中府南和州刘公(日泳)墓志铭并序》载:"以重熙拾五年七月十一日薨于兴中府南和州私宅。"[①]对于此条材料所载之州,向南释为兴中府南面之和州[②]。笔者同意冯永谦之释,即州名本为"南和州"也[③]。志题与内容两次强调"兴中府南和州",显然南和州是兴中府属下之州,与《辽志》所载的安德州、黔州性质相同。不过,对于冯永谦所定点——辽宁建昌县二道湾子乡西簸箕村后城子屯古城址,或可质疑。尽管其"在今朝阳地区求之"的出发点是正确的,但并无实在的根据。如此,在一个较大的范围内搜索,是较为困难的。反而是元代在大宁路所建置的"和州",比较值得注意。冯永谦提出,据《元史·地理志》所载,元大宁路领兴中府及义、瑞、兴、高、锦、利、惠、川、建、和十州。其他九州皆是前朝建置,和州亦不应例外,故元和州正是辽和州所在,即安杖子村古城址,而南和州,则在其南 30 里,即后城子屯古城址。不过,"和州"虽在《契丹国志》中提及[④],却未见于他处,可说是难觅踪迹的一个州。其与南和州以 30 里之距相邻,亦恐难以令人置信。元代和州即使是继承了辽代建置,也不一定是和州,而更有可能是确然存在的"南和州"。故

---

① (辽)刘湘:《大契丹国兴中府南和州刘公墓志铭并序》(重熙十五年),《全辽金文》,第 293 页。
② 向南:《〈辽地理志〉补正》,《社会科学辑刊》1990 年第 5 期,第 80 页。
③ 冯永谦:《辽史地理志考补——中京道、南京道、西京道失载之州军》,《北方文物》1998 年第 3 期,第 69 页。
④ 《契丹国志》卷 22《州县载记·诸藩臣投下州二十三处》。

暂置于安杖子古城址。

安德州

统和八年(990)置安德县,隶乾州,开泰二年(1013)属霸州,重熙十二年(1043)置安德州化平军下刺史,隶兴中府尹。辨见上文霸州条。治今辽宁朝阳县南90里二十家子镇五十家子古城。

《热河志》载:"安德故城,在朝阳县东南柏山上。辽置安德州治安德县属兴中府……今土默特右翼族南七十里界柏山上,有废城址,城外古井旁,有辽乾统八年安德州灵岩寺碑,为朝请大夫守殿中少监知安德州军州事耶律劭撰文。知即安德故城。"①金殿士撰文驳之,谓柏山上实无城址,只有柏山之下之五十家子有一座古城址,与山相距五里。耶律劭所撰碑文称:"安德州灵岩寺者,北连龙岫,前俯郡城。"按其地理环境,"郡城"正是指五十家子城。②

重熙十二年,辖县一:安德县。

安德县

统和八年置,隶乾州,开泰二年属霸州,重熙十二年,以县建安德州,县仍倚郭。

黔州

太祖置盛吉县,属霸州。穆宗以盛吉县置黔州阜昌军下刺史。统和二十七年隶大定府尹。重熙十二年霸州升兴中府,黔州改隶于兴中府尹。治今辽宁北票市南。

《辽志》曰:"安帝置州,析宜、霸二州汉户益之。""安帝"之称,《辽史》中仅见于此。冯家昇认为:"按穆宗谥曰'孝安敬正皇帝',则安帝或即穆宗乎?"③然而向南却认为:"按辽无安帝,清李慎儒将安帝改作世宗,不知所依何据。冯家升则说:'穆宗谥曰孝安敬正皇帝,则安帝或即穆宗乎?'恐亦属揣度之词。据《北蕃地理》载:'黔州,辽主耶律德光初置。'在无新的资料可证时,只能依此。"④笔者以为,"安帝"即是"孝安敬正皇帝",也就是辽穆宗,这是唯一可能的解释,不得谓其"揣度",从沿革的可信度来看,《北蕃地理》似不如《辽志》。故当从冯说。

---

① 《钦定热河志》卷98《古迹二》,文渊阁四库全书本。
② 金殿士:《辽代安德州今地考》,《社会科学辑刊》1982年第2期,第91—92页。
③ 冯家昇:《辽史初校》,《二十五史三编》第8分册,第437页。
④ 向南:《〈辽史地理志〉补正》,《社会科学辑刊》1990年第5期,第84页。

中京大定府未置之前，黔州当直属于上京道。至大定府建置之后的两年即统和二十七年，该府辖县之规模初定，黔州亦当于同年隶于大定府尹。至重熙十二年，霸州升兴中府，黔州遂"来属"兴中府。

张博泉等自《武经总要·北蕃地理》白川州条截"白川州东至黔州七十里"一语，又自黔州条截"黔州东至显州五十里"一语，谓黔州在今辽宁义县北。但是，《北蕃地理志》所载方位里程，即便不是完全错误，也可以说是不太准确，更何况是两条各截一段，误差更大。经两番截取，白川州东距显州大约 120 里。显州在今辽宁北镇市，白川州当时治于咸康县（今辽宁北票市西南 33 里四角坂古城），两地今实距在 160 里以上，若是辽里，当更逾此数，又岂止 120 里？若仅据《武经总要》所载的两个里距来定点，黔州应在宜州（今义县）之东，与其上级政区兴中府间，尚隔宜州、白川州。显然，《北蕃地理志》只能稍作参考，纯粹据此定点是不可能的。大约而言，黔州当在兴中府东、宜州西、白川州东偏南，当今辽宁北票市南。

穆宗时，辖县一：盛吉县。

盛吉县

太祖时置，穆宗时以县置黔州，仍倚郭。

济州

穆宗应历以前置，治所不详，当在今辽宁朝阳市附近。

按此济州凡三见：太平二年（1022）韩愚"行济州长事"①。重熙七年（1038）《张思忠墓志》有此州："叠□□□黔、义等州刺史。……改授济州刺史、知上京南中作使。"②又《辽史·耶律速撒传》："应历初，为侍从，累迁突吕不部节度使。历霸、济、祥、顺、圣五州都总管。"③按张思忠虽可能是遥授此职，然韩愚之行州长事、耶律速撒之任都总管，则为实职无疑。向南、冯永谦、张修桂等皆以为，辽实有此州④。冯永谦且以为此州当存在至辽末。其与霸州（今辽宁朝阳市）同置于一都总管辖区，当在其附近无疑。

---

① （辽）佚名：《大契丹国故黔州仓库都监韩公(绍娣)墓志铭并序》(太平二年)："公有三男，孟曰愚，字大辩，年四十有七，仕郎行济州长事。"见《辽代石刻文续编》，第 63 页。
② （辽）柴德基：《故银青崇禄大夫检校司空使持节济州诸军事济州刺史知上京南中使兼御史大夫上柱国清河县开国伯食邑七百户张思忠墓志铭并序》（约作于重熙八年），《全辽金文》，第 281 页。
③ 《辽史》卷 94《耶律速撒传》。
④ 向南：《〈辽史地理志〉补正》，《社会科学辑刊》1990 年第 5 期，第 80 页。冯永谦：《辽史地理志考补——中京道、南京道、西京道失载之州军》，《北方文物》1998 年第 3 期，第 74 页。张修桂等：《辽史地理志汇释》，第 215 页。

宜州

太祖置宜州崇义军上节度。治今辽宁义县。

关于宜州之建置，《辽史》中多条记载互悖。《辽志》宜州条："兴宗以定州俘户建州。"则以为建州在兴宗时。宜州倚郭弘政县条："世宗以定州俘户置。"则以为县在世宗时置，那么，州究竟置于何时？或先建县属他州，后以县升置宜州乎？此又可商榷。《圣宗纪》则记宜州始置于统和八年（990）①。同样在《圣宗纪》中，又载，统和三年"以彰武军节度使韩德凝为崇义军节度使"②。然而，根据《王郁传》之记载："从太祖平渤海，战有功，加同政事门下平章事，改崇义军节度使。太祖崩……还宜州，卒。"③也就是说，天显元年（926）已有宜州，州应置于太祖时。对《圣宗纪》较为相信者，则猜估说，"所属弘政县，为'世宗以定州俘户置'，盖因头下州而建置者"④，即认为《圣宗纪》虽有误而非全误，统和八年宜州还是发生了变化——由头下州而收归朝廷矣。

笔者以为，宜州建于太祖时，当为确论。自《辽史·王郁传》始见之后，关于宜州的记载，几乎未曾断绝——主要见于碑刻材料。《刘承嗣墓志》记载，承嗣于世宗天禄二年（948）"奉宣宜、霸州城，通检户口桑柘"，天禄五年（即应历元年），世宗遇弑，"遇朝廷之更变，随銮辂之驱驰……始缮宜州大内，又盖嗣晋新居"⑤。又《辽志》东京道海北州条："世宗以所俘汉户置……初隶宜州，后属乾州。"此"宜州"显为"宜州"之误（见上文海北州条）。景宗保宁十年（978），李内贞"次子璟摄宜州观察推官"⑥。乾亨三年（981），刘继文卒，"敕下宜、霸二州共营丧礼"⑦。另《王奉诸墓志》载，统和三年奉诸卒时，"□□（生子？）六人：一人左番殿直玢，次崇义军节度衙内都指挥使琢，次崇义军节度山河直指挥使珗，次崇义军节院使玉"⑧。又何俟统和八年新置哉？

至于"头下"之说，显然与事实不符。以俘户所建之州，遍见于《辽志》之中，大部分不属头下。不过"兴宗以定州俘户建州"、"世宗以定州俘户置"，倒

---

① 《辽史》卷13《圣宗纪四》，统和八年三月辛丑。
② 《辽史》卷10《圣宗纪一》，统和三年四月癸未。
③ 《辽史》卷75五《王郁传》。
④ 《辽史》卷39《地理志三》中华书局本校，第480页。
⑤ （辽）冯礼：《大契丹国故骁卫将军金紫崇禄大夫检校太保兼御史大夫上柱国彭城刘公墓志铭并序》，《全辽金文》，第57页。
⑥ （辽）无名氏：《李内贞墓志》（保宁十年），《全辽金文》，第838页。
⑦ （辽）释文秀：《彭城郡王刘公墓志铭并序》（乾亨三年），《全辽金文》，第81页。
⑧ （辽）董□：《积庆宫汉儿副部署金紫崇禄大夫检校尚书右仆射兼御史大夫上柱国琅琊王公墓志铭并序》（统和三年），《全辽金文》，第90页。

是反映了其他的信息。"兴宗"显是"世宗"之误,兹不赘述。而世宗既遣人通检户口,遇弑后不久,辽廷又遣人缘其大内,或许表现了当时已开始对宜州加以重视,其间很可能增其户口,而倚郭弘政县之置,亦是增益户口之后的事。且同时以俘户新置海北州,隶于宜州。而《辽志》误以为新置宜州也。

项春松云:"宜州,今辽宁省义县城关。……《奉天通志》云:今义县城内有辽代建置大奉国寺及塔,可为宜州治此之确证。"① 义县城关,即今义州镇。

世宗天禄中,辖县一:弘政县。州一:海北州。后海北州改属乾州,宜州辖县一:弘政县。

《辽志》载,州统县二,除弘政外,尚有闻义县,"世宗置,初隶海北州,后来属"。而海北州条则载有"开义县",且此县至辽末金初仍为海北州属县(见上文东京道海北州条)。显是《辽志》宜州条所载有误,闻义即开义也,世宗时置海北州,州隶于宜州且治开义县,故《辽志》有此误,而开义实未曾直接隶属于宜州也。

弘政县

置于世宗天禄中(947—951),倚郭。

锦州

太祖置锦州临海军中节度。治今辽宁锦州市。

州始建于太祖时,似无异议。太宗天显十一年(936),赵思温"改临海军节度使"②,其为节度,或亦当始于太祖时。

关于锦州治所,闵宣化已提出,辽锦州"在今锦县治所"③。项春松亦云:锦州"故址即今辽宁省锦州市旧城"④。

太祖时,辖县二:永乐、安昌县。圣宗时,置严州,划隶临海军节度使。州辖县二:永乐、安昌县。节度使另辖州一:严州。

1. 永乐县

太祖时置,倚郭。

2. 安昌县

太祖时置,在今辽宁葫芦岛市西北 67 里暖池塘镇安昌岘古城。《清一统志》:"今(锦县)城西九十里,有古安昌县之永和屯,城基东有一塔,塔下有金大

---

① 项春松:《辽代历史与考古》,第 112 页。
② 《辽史》卷 76《赵思温传》。
③ 《乘轺录笺证》,《东蒙古辽代旧城探考记》附,第 90 页。
④ 项春松:《辽代历史与考古》,第 134 页。

定间碑,即其故址。"①张博泉等亦云,"锦州西九十里有安昌县古城"②。又张修桂定于"锦州市西南虹螺岘古城"③。即今葫芦岛市西北安昌岘古城也。

严州

圣宗置严州保肃军下刺史,后隶锦州。治今辽宁兴城市西南 20 里曹庄镇四城子。

《辽志》东京、中京道皆有岩州,中京道岩州条云:"太祖平渤海,迁汉户杂居兴州境,圣宗于此建城焉。隶弘义宫。"然中京道锦州所属者,当作严州也。《金史·地理志》:"兴城(县),辽严州保肃军故名,皇统三年废州,隶锦州。"④辽《贾师训墓志》亦谓:"(师训)在(锦州)永乐,尝与严州刺史姚企回,行视其州银冶之地。"⑤显然此严州正隶锦州也。即在《辽史》之中,除《地理志》外,《营卫志》亦载,弘义宫辖下有"严"州,而非"岩"州也。

置州之时,当在圣宗之初、统和八年之前。对于上引《辽志》本条的说法,张修桂等释云:"实际上,《地理志》所说为两事,先是太祖平渤海,迁汉户杂居兴州境;继后圣宗迁这些兴州境汉户于岩州,建城。"⑥即建州是圣宗时之事。此说可信。又按《辽史·圣宗纪》:统和八年,"严州刺史李寿英有惠政,民请留,从之"⑦。置州在此前无疑。至于严州属锦州临海军节度,则不知其时。

《中国历史地图集》采《全辽志》之说法,定严州于今兴城市菊花岛上。舒焚亦主此说⑧。张博泉等谓在兴城南四城子村⑨。项春松谓:"岩州……故址在今辽宁省兴城县城南四城子村。……考觉华岛上仅有辽代著名大寺院,而无行改建置。"⑩

圣宗时,辖县一:兴城县。

兴城县

圣宗时置,倚郭。

---

① 《嘉庆一统志》卷 65《锦州府二》"古迹·安昌旧县"条。
② 《东北历代疆域史》,第 203 页。
③ 《辽史地理志汇释》,第 154 页。
④ 《金史》卷 24 四《地理志上》兴中府条。
⑤ (辽)杨□□:《故同中书门下平章事致仕赠侍中贾公墓志铭并序》(寿昌三年),《全辽金文》,第 559 页。
⑥ 《辽史地理志汇释》,第 154 页。
⑦ 《辽史》卷 13《圣宗纪四》,统和八年四月丙午朔。
⑧ 《辽史稿》,第 154 页。
⑨ 《东北历代疆域史》,第 156 页。
⑩ 《辽代历史与考古》,第 147 页。

头下白川州—白川州—川州

太宗会同三年(940)置白川州长宁军中节度,为太祖弟安端之头下州。应历元年(951)收归中央直属,辽末改称川州。初治今辽宁北票市西南33里四角坂古城。后徙北票市东北76里黑城子镇黑城子古城。

《辽史·太宗纪》:会同三年,"以安端私城为白川州"①,此与《辽志》所载相合。安端子察割谋逆、被诛事在应历元年,故而,州被朝廷收归亦当在此年。

在辽、金两代,此州曾由"白川州"改称"川州"。然其改名之时,仍值一辨。《金史·地理志》称:宜民县,"辽川州长宁军,会同中尝名白川州,天禄五年去'白'字"②,与《辽志》所说,"会同三年,诏为白川州……没入,省曰川州",完全相符。然而,几乎所有其他相关材料都与辽、金二《地理志》之说不符。事实上,该州于天禄五年(951)所发生的改变,仅是改变归属。改名之事,却另有其时。

《辽史·圣宗纪》载:统和八年,"白川州置洪理(县)"③。《辽志》霸州条亦载,霸州于"统和中,制置建、霸、宜、锦、白川等五州"。此后,约在开泰中,韩橁"授乾、显、宜、锦、建、霸、白川七州都巡检,太平初授长宁军节度、白川州管内观察处置"④。又开泰二年(1013)《佛顶尊胜陁罗尼石幢记》记后有衔名如下:"儒林郎试大理寺评事守白川州咸康县令武骑尉王□……长宁军节度管内观察处置等使金紫崇禄大夫检校太傅使持节白川(州)诸军事白川州刺史兼御史大夫上柱国巨鹿县开国子食邑五百户耿延毅。"⑤开泰六年,又有"建、霸、宜、白川、锦等州制置使,金紫崇禄大夫,检校太尉,守左千牛卫上将军,知彰武军节度使事韩绍基"⑥。重熙十年(1041),张绩"改除白川州观察判官"⑦。以碑刻为主,各种史料,无不载为"白川"而未尝简曰"川州"也。按金人王寂云:"次宜民县……宜民旧号川州长宁军节度使。或谓白川州,故至今地名白川。……本朝天会间,改川州刺史,其后遭契丹之乱,残灭几尽,由是复降为

---

① 《辽史》卷4《太宗纪下》,会同三年八月戊申。
② 《金史》卷24《地理志上》北京路兴中府宜民县条。
③ 《辽史》卷13《圣宗纪四》,统和八年七月庚辰。
④ (辽)李万:《大契丹国故宣徽南院使归义军节度沙州管内观察处置等使金紫崇禄大夫检校太尉使持节沙州诸军事沙州刺史□□□□□□□(兼御史大夫柱国昌?)黎郡开国侯食邑一千五百户食实封壹佰伍拾户韩公墓志铭并序》(重熙六年),《全辽金文》,第165页。
⑤ (辽)王桂:《佛顶尊胜陁罗尼石幢记》文后编者按,见《全辽金文》,第169页。
⑥ (辽)无名氏:《朝阳东塔经幢记》(开泰六年),《全辽金文》,第732页。
⑦ (辽)李三畋:《张绩墓志铭》(清宁九年),《全辽金文》,第371页。

县。"①此记载对我们当有启发：此州在辽代或称川州，或称白川州，王寂也不敢确定，故把两种可能都提出来，而且在王寂按部辽东时，当地仍以白川为俗名。改名之事，当发生在辽末金初。

又，发自内蒙古宁城县武官营子村的重熙十四年《石函记》，载有"千人邑□元是白州府郭家寨生"字样②，按此《记》文字半通，为不熟悉汉文者所作，疑"白州府"应是"白川州"或"白川府"之俗称或误写，而非另有"白州府"一地。

白川州治所，初治于咸康，辽末徙至宜民。

按《辽志》以弘理县为白川州首县，恐误。《辽志》记载，弘理于"统和八年以诸宫提辖司户置"。这与《辽史·圣宗纪》所载统和八年"诏东京路诸宫分提辖司……白川州置洪理"③之记载大致相合，唯县名则初为"洪理"，后为避道宗洪基讳而改。然而，白川州原为阿保机之弟安端的头下州，以安端之身份、白川州节度之等第，其州户口必盛，收归朝廷之时，本应即刻置县为倚郭。迟至统和八年方才置县，难以想象。作于开泰二年的《佛顶尊胜陁罗尼石幢记》，幢后衔名包括"儒林郎试大理寺评事守白川州咸康县令武骑尉王□……长宁军节度管内观察处置等使……使持节白川(州)诸军事白川州刺史……耿延毅"④，这反映出，开泰二年时，州治已在咸康县。相反却没有《辽志》以外的任何材料能够证明辽之白川州曾治于洪理县。

直至辽末，白川州才徙治宜民县，并改名川州。至天庆六年(1116)，《辽史》方载有"川州"："三月，东面行军副统酬斡等擒侯概于川州。"⑤则已改为川州矣。而《金史》载辽末金初女真攻占中京道东北时，亦已载为"川州"：天辅元年(1117)"十二月甲子，斡鲁古等败耶律捏里兵于蒺藜山，拔显州，乾、懿、豪、徽、成、川、惠等州皆降"⑥。

如上所述，至开泰二年始有确切资料证明白川州治于咸康。自该年至辽末保大间，逾一个世纪，白川州之改名，大略在哪个时期呢？《文献通考》记载：

(天庆七年)十一月，(耶律淳)留大军于卫州蒺藜山就粮，自领轻骑二

---

① 《辽东行部志》，《五代宋金元人边疆行记十三种疏证稿》，第272页。
② (辽)无名氏：《石函记》，《全辽金文》，第736页。
③ 《辽史》卷13《圣宗纪四》，统和八年七月庚辰。
④ 《佛顶尊胜陁罗尼石幢记》文后编者按，见《全辽金文》，第169页。
⑤ 《辽史》卷28《天祚皇帝纪二》，天庆六年三月。又卷100《萧酬斡传》载："天庆中……复败敌将侯概于川州。"
⑥ 《金史》卷2《太祖纪》。

千,赴显州讨叛者。次懿州,忽报女真前军已过,乃号召大军会徽州。八年正月,与女真遇,阵未合而溃。淳以麾下五百骑保长泊,女真入新川州,节度使王从辅开门降,大掠而去。又破乾、显等州,以马疲而归。①

关于这个"新川州",在其他数处对同一系列战事的描述中,是载为"新州"的。《谋夏录》曰:"天庆七年夏,命燕王再会四路兵马防秋……十一月,燕王领轻骑二千,如显州讨怨军,次懿州,报女真前军已过明王坟,即号召大军会徽州。天庆八年正月十三日,遇女真州东,陈未合而溃。……女真渡(河?)西入新州,节度使王从辅开门降。焚掠而去。经成、懿、濠、卫等州亦然。"②《契丹国志》载:天庆八年,"燕王(耶律淳)与麾下五百骑,退保长泊、鱼务。于是女真入新州,节度使王从辅开门降,女真焚掠而去。所经成、懿、濠、卫四州皆降,犒劳而过。"③我们从《谋夏录》所载,大致可发现这个"新(川)州"位于徽州向西,渡过今牤牛河以西不远处,并且与成、懿、濠等州非常接近。符合这些条件之处,正是原白川州宜民县所在。

至此,我们大致可以明白,新川州,也正是原来白川州治迁徙到宜民县之后的称呼。州名由白川州改为川州,与县治由咸康徙至宜民,应当是同时的。正因如此,川州得到了"新川州"的俗称——它仅仅是俗称,所以大部分史料中仍载为川州,而某些史料又将"川"字当作是"州"字的错误重复而自作主张地省去。这个"新"字非常重要。它不但表现,白川州既徙治又改名,完全以新面目出现;而且表明,徙治改名,距辽末天庆六年都不远:一百年前发生变迁的州,恐难称为"新川州"。

或是因于白川州之迁治,或因于《武经总要》中既载有"白川州",又载有"北白川州",后亦有研究者认为:白川州与"北白川州"同时存在,白川州治于咸康县,北白川州治于宜民县④。不过,这种观点不但无法解释治咸康之"白川州"、治宜民之"川州",何以同为"长宁军节度",并且,恐怕对《武经总要》的记载,亦未能正确分析。《武经总要》此条所载如下:

白川州,筑城在辽泽之中……东南至宜州百里,西南至霸州七十里。
宜州,按《皇华四达记》……今以契丹地图校,至东京五百二十里。

---

① 《文献通考》卷346《四裔考·契丹中》。
② 《辽史拾遗》卷11引汪藻《谋夏录》,《二十五史三编》第8分册,第65页下。
③ 《契丹国志》卷10《天祚皇帝上》。按杨树森以此"新州"为武安州(《辽史简编》,第256页),其定新州于昭乌达盟敖汉旗东白塔子,显是辽中后期武安州之址也,此或因武安州也一度名为"新州"。
④ 贾敬颜:《王寂〈辽东行部志〉疏证稿》,见《五代宋金元人边疆行记十三种疏证稿》,第272页。

东京,即安东都护治所……南至锦州九十里。

北白川州,辽州,辽县故地,本朝天禧中,契丹建为州,仍曰始平军。东至乾州百二十里,西北至宜州四十里,南至海二百里,北至中京五百五十里,北至医巫闾山八十里。①

笔者以为,按上述文字的文气,"北白川州"其实应当接续于"南至锦州九十里"之后,属于东京条的释文,意指东京的北面,是白川州;而与下一段关于辽州的内容,毫无关系。即使《武经总要》关于东京与白川州的方位不正确,即使仅有方位没有里距,这也是这部著作中极为常见的问题,但经此转接,上下文便完全通顺了。如此,则"北白川州"四字,是以白川州为参照,解释东京的区位,而绝非指辽于"白川州"之外,还存在一个名为"北白川州"的政区。显然,两个白川州并存,不是《武经总要》的原意,而从我们以上的论证中,更可发现,它不是辽代的实际情况。

初治咸康县,今辽宁北票市西南32里四角坂古城。《清一统志》:白川州故城"在朝阳县东北六十七里,今县境东北之四角坂,有废城,周三里余,蒙古名卓索喀喇城,城内有辽开泰二年《佛顶尊胜陀罗尼石幢记》,为白川州官吏所建,知即故白川州"②。按此城即辽咸康县,也即白川州治。

辽末移治宜民县,即今北票市东北黑城子镇黑城子古城。

为头下州时不辖县。应历元年(951),辖县一:咸康县。统和八年(990),置洪理县,统和中又置宜民县。道宗时改"洪理"为"弘理"。辽末省弘理,辖县二:咸康、宜民县。

1. 咸康县

应历元年置,倚郭,辽末徙州治于宜民县。治今辽宁北票市西南33里四角坂古城。

按《辽志》载川州弘理县置于统和八年,宜民县置于统和中,唯独未载咸康县之始置时间。按上所述,以白川州之规模,应历元年收归朝廷之时,应已置倚郭县,当即此咸康县。上引开泰二年《佛顶尊胜陁罗尼石幢记》有"白川州咸康县令",且幢后衔名包括咸康县令王某、长宁军节度使耿延毅,可证州治在咸康县。张博泉、李文信等,皆主此说③。

---

① 《武经总要》前集卷16下《边防·北蕃地理·戎狄旧地·中京四面诸州》。
② 《嘉庆一统志》卷43《承德府二》"古迹·白川州故城"条。
③ 《东北历代疆域史》,第167页;李文信:《清河门西山村辽墓发掘报告》,纪兵、刘国有主编:《阜新辽金史研究》,第110页。

2. 宜民县

统和中置,辽末为倚郭。治今辽宁北票市东北 76 里黑城子镇黑城子古城。

《金史·地理志》:"宜民(县),辽川州长宁军……国初因之……大定六年降为宜民县。"①显然认为辽之川州与宜民县同址。王寂也提到:"宜民旧号川州长宁军,节度使……本朝天会间,改川州刺史,其后遭契丹之乱,残灭几尽,由是复降为县。"②即金代以宜民为川州乃袭辽制也。可知宜民县在辽末已为白川州治。

自辽末至金、元,(白)川州皆治宜民。而元至正五年(1345)《重修川州东岳庙碑》在黑城子古城以北八里出土,证明其地正是辽宜民县之所在。

3. 洪理县—弘理县

统和八年置。道宗时改为弘理。辽末省。治今辽宁北票市西北 16 里五间房镇土城子村③。

《辽志》载县名为"弘理",然又于《圣宗纪》载为"洪理"④。知该县本名"洪理",后期为避道宗之讳而改"洪"为"弘"也。《辽史》之《纪》、《志》体例不统一,反能知其因革。

又,《金史·地理志》只提到咸康于金初废入宜民,而未提及弘理之去向,弘理之废,当在辽代也。而《元一统志》则说:"辽后省弘理入宜民。"⑤辽省弘理之时,或正是辽末白川州移治宜民之时也。

建州

太祖初置建州保静军上节度。治今辽宁朝阳县西南 83 里木头城子镇古城址,圣宗时迁治今朝阳市西南 60 里大平房镇黄花滩古城址。

按《辽志》:"汉乾祐元年,故石晋太后诣世宗,求于汉城侧耕垦自赡。许于建州南四十里给地五十顷,营构房室,创立宗庙。"《资治通鉴》:"乾祐二年二月,晋李太后诣契丹主,请依汉人城寨之侧,给田以耕桑自赡。契丹主许之,并晋主迁于建州。"⑥建州与阿保机早期建立的"汉城"一体,其始建当在契丹建

---

① 《金史》卷 24《地理志上》北京路兴中府宜民县条。
② 《辽东行部志》,见贾敬颜:《五代宋金元人边疆行记十三种疏证稿》,第 272 页。
③ 此据《中国历史地图集》第 6 册,辽中京道图,第 5 页。
④ 《辽史》卷 13《圣宗纪四》,统和八年七月庚辰。
⑤ 《元一统志》卷 2《辽阳等路行中书省·大宁路》"建置沿革"条。
⑥ 《资治通鉴》卷 288《后汉纪三·隐皇帝上》,乾祐二年二月。

国以前,是阿保机早期建立的几个州之一。

建州治所,据《辽志》:"州在灵河之南,屡遭水害,圣宗迁于河北康(唐)崇州故城。"项春松称:"早期建州在今朝阳市西九十里大凌河南岸之木头城,地表城垣遗迹尚存,散布辽代遗物,因紧临大凌河,常为水患,故圣宗迁建州于大凌河北三十里今大平房乡黄花滩。"①

太祖时,辖县一:永霸县。乾亨三年(981)以前,置永和县。统和四年,置阜俗县,属建州,统和十六年,阜俗县改属利州。开泰三年,永和县改属榆州。后置永康县,辖县二:永霸、永康县。

1. 永霸县

辽初置,倚郭。

2. 永康县

始置不知何时。治所不详,当近于永霸县,在今辽宁朝阳市西南。

《金史·地理志》未载永康县。《元统志》载:"建州,金并省永康县。"②

来州

太平元年(1021)置来州刺史,重熙以后升归德军下节度。治今辽宁绥中县西南50里前卫镇。

按《辽志》:"圣宗以女直五部岁饥来归,置州居之。初刺史,后升。"但未载明升州之具体年份。《辽史·圣宗纪》曰:太平元年"置州"③,可补《辽志》之阙。《辽史·天祚纪》保大三年(1123)有"来州归德军节度使田颢"④,此可证《辽志》之说,即来州于辽代已为节度矣。然究竟在何年?史未载也。《刘日泳墓志》:"辽府叛乱,东国遄征,护黎民以无伤,御一郡而能守。俄降星使,拜捧星纶。改授……使持节来州诸军事、来州刺史兼殿中侍御史。"⑤也就是说,到太平十年大延琳叛乱被平服后,来州仍为刺史州,升节度显为此后之事。据《辽史·圣宗纪》,太平三年,"以皇侄宗范为归德军节度使"⑥,则此处宗范遥授之"归德军",为五代、宋境内宋州(应天府)也。至重熙二年(1033),来州仍

---

① 《辽代历史与考古》,第116页。
② 《元一统志》卷2《辽阳等路行中书省·大宁路》"建置沿革"条。
③ 《辽史》卷16《圣宗七》,太平元年四月丁酉。
④ 《辽史》卷29《天祚皇帝纪三》,保大三年二月乙酉朔。
⑤ (辽)刘湘:《大契丹国兴中府南和州刘公墓志铭并序》(重熙十五年),《全辽金文》,第293页。
⑥ 《辽史》卷16《圣宗纪七》,太平三年十一月辛卯朔。

在锦州临海军节度使属下①。

关于来州治所,刘谦提出:"来州城是绥中县前卫公社明前卫城址下的辽代遗址。"②项春松认为,"绥中县沙河站村出土的《来宾县里堠碑》记载:西至州单堠三十五里,今沙河站西距前卫村(来州)二十里,方位、里距均合"③。

太平元年,辖县一:来宾县。升节度后,隰、迁、润三州来属归德军节度。辖县一:来宾县。节度使另辖州三:隰、迁、润州。

按《辽志》载:"统州二、县一。"然未尝见辽有刺史州下辖刺史州者,必是来州升节度后,方划隰、迁二州属之。此外,润州也当于同时划属来州。《金史·田灏传》:灏于辽末"权归德节度使。太祖定燕,灏举四州版图归朝"④,则润州亦属来州所辖无疑。

来宾县

太平元年置,倚郭。

隰州

圣宗开泰(1012—1021)中置隰州平海军下刺史,辽末,以州属归德军节度。治今辽宁兴城市西南70里东辛庄镇东关站。

《辽志》:"圣宗括帐户迁信州,大雪,不能进,建城于此,置焉。"关于置隰州在开泰中,笔者曾于前文东京道信州条中辨之。其属来州,乃在辽末来州升为归德军节度之后。

又《许亢宗行程录》载:"第十七程自来州九十里至习州,无古迹所云。"⑤自"习州"与来州之距离来看,此"习州",当即隰州也。

刘谦定隰州于"绥中县城北十二华里的崔家河沿生产队的辽代城址"⑥,林文则提出,县在"今辽宁省绥中县南"⑦。然张博泉、项春松等根据在绥中县沙河站出土"来宾县里堠碑",定于东关驿⑧。

开泰中,辖县一:海滨县。

---

① (辽)王成撰:《故临海军节度使锦严来等州观察处置使检校太师右千牛卫上将军使持节锦州诸军事行锦州刺史加兼御使[史]大夫阶勋爵邑如故兰陵萧公(琳)墓志铭并序》(重熙二年),《辽代石刻文续编》,第71、72页。
②⑥ 刘谦:《辽隰州来州城考》,《辽宁省考古、博物馆学会成立大会会刊》,第141页。
③ 《辽代历史与考古》,第147—148页。
④ 《金史》卷81《田灏传》。
⑤ 《宣和乙巳奉使行程录》,《五代宋金元人边疆行记十三种疏证稿》,第236页。
⑦ 《从出土官印看金朝疆界》,《北方文物》1995年第4期,第31页。
⑧ 《东北历代疆域史》,第158页;《辽代历史与考古》,第116页。

海滨县

开泰中置，倚郭。

《辽志》隰州条下原为"海阳县"，而润州条下为"海滨县"，《辽史》中华书局本校按《金史·地理志》及《元一统志》改正①。

迁州

圣宗太平十年(1030)置迁州兴善军下刺史②，辽末，以州属归德军节度。

《辽志》："圣宗平大延琳，迁归州民置，来属。"按《辽史·圣宗纪》：太平十年八月，"擒延琳，渤海平"，州当置于此后；十一月，"诏渤海旧族有勋劳材力者叙用，余分居来、隰、迁、润等州"③，则迁、润等州皆已置矣。张修桂等认为："迁州下之文的意思是，圣宗太平间平大延琳后，迁东京道归州民户于迁州境内，置州，迁州的所在是汉阳乐地；'来属'，是指属来州节度。"④迁州划属来州，与迁州之初置，或有数月之差别，故"来属"二字前，似当加"后"字。

治今河北秦皇岛市东北山海关。此无异议也，今人如张博泉、贾敬颜等，皆主此说⑤。

太平十年，辖县一：迁民县。

迁民县

太平十年置，倚郭。

润州

太平十年(1030)置润州海阳军下刺史，以州属归德军节度。治今河北秦皇岛市海阳镇⑥。

《辽志》："圣宗平大延琳，迁宁州之民居此，置州。"辨见上文迁州条。

太平十年，辖县一：海阳县。

海阳县

太平十年置，倚郭。

---

① 《辽史》卷39《地理志三》中华书局本校，第479页。
② 按《会编》卷21《政宣上帙二十一》，宣和七年正月二十四日条引《亡辽录》，"刺史州七十，观察、团练、防御使州八"条有"许"州，或是迁州之误。
③ 《辽史》卷17《圣宗纪八》，太平十年八月丙午、十一月辛亥。
④ 《〈辽史·地理志〉平议》，见《历史地理》第15辑，第339页。
⑤ 见《东北历代疆域史》，第158页；《〈许亢宗行程录〉疏证稿》，《五代宋金元人边疆行记十三种疏证稿》，第235页。
⑥ 《东北历代疆域史》，第158页。

招燕州

始置不知何时,至辽末尚存。治今河北承德县附近。

《辽史》无此州。然《亡辽录》、《武经总要·北蕃地理》、《契丹国志》、《宋朝事实·经略幽燕》等皆载此州,唯其名稍异耳。《亡辽录》记为"招燕州"[①],《契丹国志》分作招州、燕州[②],《北蕃地理》则作"招贤州"、"招遥州"[③],《经略幽燕》则作"昭延"[④],皆当是同一州之异称耳。贾敬颜析其名曰:"辽灭渤海,迁其人于上京、中京之地,若中京道招延州,即以招延渤海而得名。"[⑤]张修桂等将之列入《辽志》缺载之州[⑥]。向南亦为《辽志》补入此州[⑦]。

冯永谦云:"招延州当在今辽宁省建昌县和河北省青龙县一带。"[⑧]然据《会编》所载:宣和五年(1123,金天辅七年),奚王萧幹由奚地越卢龙岭南下,相继攻克景宗、蓟州。当年八月,宋将郭药师大败萧幹军,"追至卢龙岭,招纳二万余众,获耶律德光伪尊号宝检,契丹涂金印数十,辎重、器甲、牛马、生口不可胜计,及进兵抚谕招燕州,令服从金国讫"[⑨]。由萧幹军的退路与郭药师追击路线看,两军应是由蓟州至景州,再北向直至越过卢龙岭,趋向萧幹的大本营,即奚人居地、辽之中京道。不过,郭药师的追击大约至中京道外围而止,招燕州即应在景州直北越过卢龙岭不远处,今河北省承德县一带。其地若东至今青龙、建昌一线,那么萧幹军就是向女真力量最集中的方向逃窜,这种可能性当然不大。另外,如果招燕州在青龙至建昌之间,距当时金军活动频繁往来的西京—燕京—平州—辽东这一通道过近,恐不至于到此时仍未"服从金国"。故不取建昌、青龙之说,而暂定招燕州于承德县一带。

辖县不详。

---

① 《会编》卷21《政宣上帙二十一》,宣和七年正月二十四日条引《亡辽录》刺史、观察、团练、防御州条。
② 《契丹国志》卷22《州县载记·刺史州七十余处》。
③ 《武经总要》前集卷16下《边防·北蕃地理》,分见"幽州四面州军·招贤州"条与"中京四面诸州·渝州"条。
④ (宋)李攸:《宋朝事实》卷20《经略幽燕》"刺史上州九"条注。
⑤ 《沈括〈熙宁使契丹图抄〉疏证稿》,《五代宋金元人边疆行记十三种疏证稿》,第129页。
⑥ 《辽史地理志汇释》,第216页。
⑦ 《〈辽史地理志〉补正》,《社会科学辑刊》1990年第5期,第81页。
⑧ 《辽史地理志考补——中京道、南京道、西京道失载之州军》,《北方文物》1998年第3期,第71页。
⑨ 《会编》卷18《政宣上帙十八》宣和五年八月十五日条,及该条引《宣和录》所载。

回纥城

始置不知何时,辽末尚存,治今内蒙古宁城县北小城子镇一带。

按《金史·完颜杲传》,天辅"六年正月,克高、恩、回纥三城,进至中京。辽兵皆不战而溃。遂克中京"①。由高州、恩州一路南下,经回纥城至中京,则回纥城应在恩州(内蒙古喀喇沁旗东 64 里西桥镇七家村)与大定府(宁城县西 34 里大明镇)之间,大约宁城县北部小城子镇一带。此城应是大定府辖下之军城。

(废)顺圣州

穆宗应历以前置,治所不详,后废。当在今辽宁朝阳市附近。

据《辽史·耶律速撒传》:"应历初,为侍从,累迁突吕不部节度使。历霸、济、祥、顺、圣五州都总管。"②又《百官志》:"五州都总管府。耶律速撒,穆宗应历初,为义、霸、祥、顺、圣五州都总管。"疑"五州都总管"所辖,应为霸、济、宜、祥、顺圣五州,《耶律速撒传》与《百官志》所载各少一州耳。五州中应包括宜州,因为宜州近于霸州,辽统和中曾置五州制置使,亦治于霸州而辖宜州,其建置或与此处"五州都总管"相近。另一方面,宜州于辽末常误为"义州"(见上文上京道庆州富义县条),《辽史·百官志》或同误耳。至于济州,诸家皆以为有之(见下文济州条),若分顺、圣为二州,则为六州而非五州也,故疑"顺圣"二字相连。辽有奉圣州、降圣州,西京道弘州又有顺圣县,顺圣州之名亦其伦也。然此州不见于他处,后或废耳。冯永谦置"圣州"于内蒙古库伦、奈曼,辽宁省北票、阜新、康平一带③。其地或近于霸州,当在今辽宁朝阳一带。

(废)祥州

穆宗应历以前置,治所不详,后或废。当在今辽宁朝阳市附近。

此祥州之见于《辽史》者,同于顺圣州。《辽史》东京道另有祥州,在东京道龙州附近。龙州与霸州直距过千里,而此祥州与霸州同在一都总管辖区内(见顺圣州条),当非东京道之祥州,而是另有其地。后不见载,或同顺圣州,废于辽中后期。其地或近于霸州,当在今辽宁朝阳一带。

---

① 《金史》卷 76《完颜杲传》。
② 《辽史》卷 94《耶律速撒传》。
③ 冯永谦:《辽史地理志考补——中京道、南京道、西京道失载之州军》,《北方文物》1998 年第 3 期,第 74 页。

第四章　南京道府州军县沿革

辽代南京道曾建置的统县政区,有京府一,方州十,军二。
京府：南京析津府(原幽都府)。
方州：顺、檀、涿、蓟、景、易、泰、宁(原乾宁军)、瀛、莫州。
军：平塞、芦台军。
合共府州军十三(另参见图9)。

南京幽都府—南京析津府

石晋幽州。天显十一年(936),契丹得之。十三年升幽州为幽都府,卢龙军节度使,为南京,又称燕京。置留守及都统军司。会同中置南京三司①。开泰元年(1012),去"卢龙"军额,改"幽都"府名为"析津"。治今北京市区。

天显十一年(936)闰十一月"团柏之战",后唐军溃,幽州节度使赵德钧及其子赵延寿旋于潞州降契丹,契丹遂得幽州。不久,契丹升幽州为南京、卢龙军使。不过,幽州升南京之确切时间,各史籍所载,却有龃龉。

据《辽史·太宗纪》,天显十三年,石晋献幽州等十六州于辽,当年十一月,辽因此改元会同,"升幽州为南京"②。《辽志》则载：会同元年,幽州"升为南京,又曰燕京……府曰幽都,军号卢龙"。则幽州升南京正在改元之时。

但同在《辽史》中,却有多处记载表明,改元之前,幽州即已升为南京。据《赵思温传》载："天显十一年,唐兵攻太原,石敬瑭遣使求救,上命思温自岚、宪间出兵援之。既罢兵,改南京留守、卢龙军节度使、管内观察处置等使、开府仪同三司,兼侍中,赐协谋静乱翊圣功臣,寻改临海军节度使。会同初,从耶律牒蜡使晋行册礼,还,加检校太师。"③所谓"罢兵",应指天显十一年闰十一月"团柏之战"以后、天显十三年十一月改元会同之前。

---

① 向南、杨若薇：《辽代经济机构试探》,《文史》第17辑,中华书局,1983年6月,第107页。
② 《辽史》卷4《太宗纪下》,会同元年十一月。
③ 《辽史》卷76《赵思温传》。

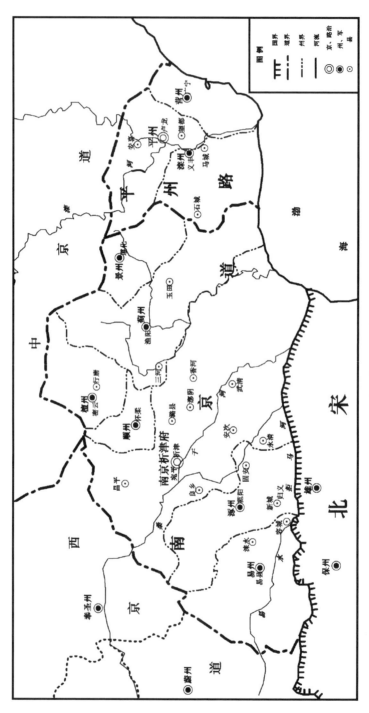

图 9 天庆三年(1113)南京道政区

以《资治通鉴》、《旧五代史》等所载史事之次第来看，似也倾向于天显末升京①。《旧五代史》载：清泰三年(936，即后晋天福元年)，"德钧遂与延寿出降契丹……至天福二年夏，德钧卒于契丹"②。《契丹国志》谓，赵德钧降契丹之后，"郁郁不多食，逾年而死。德钧既卒，国主释延寿而用之"③。则是天显十二年——赵德钧父子降契丹之次年，赵德钧既卒之当年——赵延寿被契丹起用。当时延寿所任之职，据《旧五代史》所载，是"幽州节度使"，且"封燕王"④。又据《辽史》，其后幽州升南京，延寿由幽州节度使改任留守、总山南事，其时，辽仍用"天显"年号⑤。同年稍后，赵思温出任南京留守。此事不仅见于上引《辽史·赵思温传》，其他史籍亦有载。《旧五代史》曰："契丹改天显十一年为会同元年，以赵延寿为枢密使，升幽州为南京，以赵思温为南京留守。"⑥《资治通鉴》则称："初，契丹既得幽州，命曰南京，以唐降将赵思温为留守。"⑦延寿掌南京留钥未久，即转任枢密，故赵思温接任之时，几与幽州升京同时，遂致《通鉴》略去延寿留守南京之事。会同二年赵思温卒⑧，契丹复以延寿为南京留守⑨。

由上述次第可见，赵德钧卒、契丹复以赵延寿镇幽州，若以《辽史》之纪年计，在天显十二年（即 937 年）夏。而幽州升南京、赵思温代赵延寿留守南京，则在此后至天显十三年间——总之，早于天显十三年十一月改元会同之时。

再据《资治通鉴》所载：天福二年正月，契丹以幽州为南京；同年，"契丹改元会同，国号大辽"⑩，幽州升南京在改元当年之正月。再与《辽史》之纪年相对照，则升南京事，应在天显十三年正月。此与上文诸史籍所纪诸事之次第，配合无间。只是，何以年首升府，《辽史》却有数处载此事于年尾？刘浦江先生

---

① 之所以不能直接以《资治通鉴》等与《辽史》互证，因诸史籍记年不同也。如《旧五代史》、《新五代史》皆以天显十一年改元会同，《资治通鉴》则以天显十二年，《辽史》则在天显十三年。此处以《辽史》之编年为是，则以《旧五代史》、《新五代史》及《资治通鉴》记事次序与《辽史》相印证，应属可行。
② 《旧五代史》卷 98《赵德钧传》。
③ 《契丹国志》卷 2《太宗嗣圣皇帝上》，天显十年十一月。
④ 《旧五代史》卷 98《赵德钧传》："延寿与父德钧俱陷北庭。未几，契丹主以延寿为幽州节度使，封燕王，寻为枢密使兼政事令。"
⑤ 是《辽史》卷 76《赵延寿传》："德钧卒，以延寿为幽州节度使，封燕王。及改幽州为南京，迁留守，总山南事。天显末，以延寿妻在晋，诏取之以归。"
⑥ 《旧五代史》卷 137《外国传一·契丹》。
⑦ 《资治通鉴》卷 281《后晋纪二·高祖上之下》，天福三年七月辛酉。
⑧ 《辽史》卷 76《赵思温传》。
⑨ 《辽史》卷 4《太宗纪下》，会同三年四月"庚子，至燕，备法驾，入自拱辰门，御元和殿，行入阁礼。壬寅，遣人使晋。乙巳，幸留守赵延寿别墅"。是时延寿仍为留守矣。
⑩ 《资治通鉴》卷 281《后晋纪二·高祖上之下》，天福二年正月丙辰、天福二年。

以为,建置之改设较早而正式宣布较迟①。信哉斯言。会同改元之时所宣布的大量创制、改制,策划时间肯定不短,其中部分已于稍早得到实施,亦非难以理解。

《辽志》载:幽州升南京之后,"又曰燕京……府曰幽都,军号卢龙"。五代之幽州,军额即为卢龙军,而契丹在天赞二年得平州时,给予平州的军额,也同样是"卢龙"。至天显末再得幽属诸州,遂改平州为"辽兴"军,而幽州之军额则得以沿用。至于"幽都"之府名,虽未见《辽史·太宗纪》天显末及会同元年之记载,但《辽史·圣宗纪》却提到:开泰元年"改幽都府为析津府"②。又《元一统志》称:"(石晋)割地予辽,改幽州为幽都府"③。又《辽史·刘景传》所提到的"燕王赵延寿辟为幽都府文学"④,与《辽史·太宗纪》会同三年所载"(太宗)至燕,备法驾,入自拱辰门……幸留守赵延寿别墅"⑤相参照,亦可证会同三年府称"幽都"也。则会同元年至开泰元年,南京称"幽都府"当无误。至于《辽史·韩延徽传》所说"燕帅刘仁恭奇之,召为幽都府文学"⑥,由于笔者未见刘仁恭统治时期幽州曾称"幽都府",不知其何所从出也。

除了上述纪、传中的资料,"幽都府"、"卢龙军"尚有《金史·地理志》为证:"辽会同元年升为南京,府曰幽都,仍号卢龙军。"⑦故《辽志》所说,向来无人质疑。然而,"燕京"之说,《金志》所载却与《辽志》不同:"中都路,辽会同元年为南京,开泰元年号燕京。"⑧顾祖禹亦云:"石晋初,归于契丹,改为南京幽都府,又改为燕京析津府。"⑨显然以为由"幽都府"改"析津府"的同时,又改"南京"为"燕京",参《辽志》、《金志》,改府、京之名,自是在开泰元年也。笔者以为,《金志》、《纪要》之说,大可质疑。同在《金志》中,中都路条说"开泰元年号燕京",大兴府条却只说"更为永安析津府"(关于"永安"见下文),而未提及"南京"、"燕京"事。而再检《辽史》,无论是"南京",还是"燕京",其记载在整个辽代皆未尝中绝。显然,"南京"应当是幽都府(析津府)作为陪都,以其方位与东、中、西诸京相对应,是较正式的称法,而"燕京"则是因其古地名而在辽代仍

---

① 刘浦江:《辽朝国号考释》,《历史研究》2001年第6期,第35页。
② 《辽史》卷15《圣宗纪六》,开泰元年十一月甲午朔。
③ 《元一统志》卷1《中书省·大都路》。
④ 《辽史》卷86《刘景传》。
⑤ 《辽史》卷4《太宗纪下》,会同三年四月庚子。
⑥ 《辽史》卷74《韩延徽传》。
⑦ 《金史》卷24《地理志上》中都路大兴府条。
⑧ 《金史》卷24《地理志上》中都路条。
⑨ 《读史方舆纪要》卷11《北直二》"顺天府"条。

通用的习惯称法,两者同时并用①。

开泰元年(1012),落军额,改"幽都"府名为"析津"。所谓"落军额"者,即不再称"卢龙军节度使",因京府之地位,已高于节度州也。其他诸京如临潢、辽阳、大定、大同府,亦无称"节度"之例。至于改府名,《辽志》未提及,而《契丹国志》提到:开泰元年,"契丹以幽州为析津府"②。《辽史·圣宗纪》亦有此记载③,志、纪恰好拼合成当年南京完整的建置变迁。《金史·地理志》载:"开泰元年,更为永安析津府。"刘浦江已指正其谬,认为"永安"是海陵天德三年所改的燕京新地名,辽开泰元年,仅改府名"幽都"为"析津",与"永安"无涉也④。

府属各县,虽历经周、宋数次北伐后仍得留存,但境土却较之石晋献地后微有变化。府南永清县部分地,即益津关以南之地,于周世宗显德六年(959)北伐后为周所取,迄未收回,周、宋之霸州及永清县,初即以此益津关附近地所置。唯周、宋永清县为显德六年后新置,仅是原辽属永清县之一部,非即辽之永清县治也(详见下文永清县条)。又宋境清州,其先是"幽州芦台军之地,晋陷契丹,周平三关,置永安县",后又置清州⑤。至于涿、易两州部分或全部地,也曾在五代、宋与辽之间转手(可见下文)。但总体上说,无论是析津府本身还是包括所属涿、易、蓟、檀、顺等州的整个"山前"地区,其在辽末与会同初之境域相比,相差并不大。

天显十一年,辖县九:蓟、幽都、昌平、良乡、潞、安次、武清、永清、玉河县。应历中(951—969)增置香河县。十三年,改蓟县为蓟北县。开泰元年,更蓟北名为析津、幽都名为宛平。太平中(1021—1031)增置漷阴。道宗咸雍四年(1068)至天祚乾统七年(1107)间,废玉河县,辖县十:析津、宛平、昌平、良乡、潞、安次、武清、永清、香河、漷阴。

1. 蓟北县—析津县

石晋蓟县。天显十一年入辽,十三年改称蓟北县。开泰元年,改析津县。倚郭。

《辽志》:"析津县,本晋蓟县,改蓟北县,开泰元年更今名。"此县于辽曾称

---

① 刘浦江先生指出,"辽太宗会同元年升燕京为南京后,民间仍长期沿用燕京之名"(见《金中都永安考》,《历史研究》2008年第1期,第188—189页)。即会同元年之后的"燕京",是一种惯称,一个"地名"。只有"南京"才是官方的正式京号。不过,从"南京"、"燕京"在会同以后交互出现的现象来看,"燕京"这一惯称甚至也通用于官方。
② 《契丹国志》卷7《圣宗天辅皇帝》。
③ 《辽史》卷15《圣宗纪六》,开泰元年十一月甲午朔。
④ 《金中都永安考》,《历史研究》2008年第1期,第188—189页。
⑤ 《宋史》卷86《地理志二》河北东路清州条。

"蓟北",是毫无疑问的。不仅《辽志》如此记载,《辽史·圣宗纪》亦载:统和九年(991),"复遣库部员外郎马守琪……蓟北县令崔简等分决诸道滞狱"①。碑刻材料可资证明者更多,如太平四年(1024)《张琪墓志》提到,琪于统和末曾任"蓟北主簿"②。问题在于改"蓟北县"在何时。所谓"晋蓟县"者,并非如《辽志》中常见的那样,是指司马晋,而是指石晋割此地入辽之前的幽州蓟县,此亦可由新、旧《唐书》得证。《旧唐书·地理志》称:"蓟,州所治。"③《新唐书·地理志》亦载为"蓟县"④。那么改县名在后晋还是在辽?史料无明确记载,但早在应历八年(958),就有"燕京蓟北县"之记载⑤。据陈述先生判断,是在辽初⑥。在没有进一步证据的情况下,改名时间放在辽初还是比较合理的。其改名之时,应与幽州升南京同时。

至于蓟北县改为析津县、幽都县改为宛平县则在开泰元年,除《辽志》外,《辽史·圣宗纪》也有明确记载⑦。《金史·地理志》:"宛平,倚,本幽都县,辽开泰元年更今名。"⑧《元一统志》谓蓟北县改析津县在开泰元年,而改幽都为宛平则在统和二十二年:"宛平县……辽改幽州为幽都府,以幽都县领郭下之西界,仍与蓟县分治,统和二十二年幽都府改为析津,幽都县改为宛平。"⑨后者显为无根之谈,与诸说皆不符,今不取。总之,纪、志相互契合,辽、金二史也相符,且宋人史料《长编》也提到:"天禧五年(1021,即辽开泰元年)九月甲申,先是,宋绶等使还,上契丹风俗云:'是岁,隆庆卒……改幽州幽都为宛平县。'"⑩蓟北、幽都改为析津、宛平县,皆在开泰元年,应可定论。

虽然笔者倾向于认同开泰元年改县名之说,然仍有可疑处之。碑刻材料在开泰元年以后一二十年,仍有"幽都县"出现。而"宛平县"的出现,也远远比开泰元年晚得多。《张琪墓志》说:"(琪)以太平四年九月十八日,葬于幽都府幽都县礼贤乡北彭里之先茔。"⑪时"幽都府"早已于十三年前的开泰元年改称

---

① 《辽史》卷13《圣宗纪四》,统和九年三月戊申。
② (辽)杨佶:《张琪墓志铭》(太平四年),《全辽金文》,第225页。
③ 《旧唐书》卷39《地理志二》幽州大都督府蓟州蓟县条。
④ 《新唐书》卷43《地理志三》幽州条。
⑤ (辽)刘京:《辽故卢龙军节度使太师中书令北平王赠齐王天水赵公夫人故魏国太夫人赠秦国夫人种氏合祔墓志铭并序》(应历八年),《全辽金文》,第43页。
⑥ 《跋北京出土辽张俭墓志铭》,《文史》第12辑,1981年9月,第120页。
⑦ 《辽史》卷15《圣宗纪六》,开泰元年十一月甲午朔。
⑧ 《金史》卷24《地理志上》大兴府宛平县条。
⑨ 《元一统志》卷1《中书省·大都路》"大兴县"条、"宛平县"条。
⑩ 《长编》卷97,天禧五年九月甲申。
⑪ (辽)杨佶:《张琪墓志铭》(太平四年),《全辽金文》,第226页。

"析津府",然杨佶仍载为"幽都府"旧名,此是否误记或以旧名为其雅称呢?府已改名而作者仍其旧名,那么,"幽都县"名是否也非当时所用?无独有偶,重熙五年(1036)的《张嗣甫墓志》也载有"幽都"之名:"(嗣甫)以重熙五年九月二十八日,葬于燕京幽都县礼贤乡胡村里。"①这不禁令笔者怀疑,幽都县名改为宛平,甚至蓟北县名改为析津,不是在开泰元年,而是在重熙五年之后?张琪之侄、张嗣甫之父张俭重熙二十二年卒,"归全于析津府宛平县仁寿乡陈王里"②,已称"宛平县"矣。而在之前,重熙十四年的《李氏墓志铭》载,李氏于"重熙十四年……十月癸丑朔十二日甲子,葬于燕京宛平县太平乡万合里"③。也就是说,在碑刻材料中,"幽都县"最迟至重熙五年,而"宛平县"起于重熙十四年,至于重熙六年至十三年之间,因未有碑刻资料为证,不知其详,但无论如何,碑刻未见有相互矛盾之处,即开泰元年至重熙五年间,仅见"幽都县"而未见"宛平县",而"幽都县"于重熙十三年后亦不再出现。按《辽史·兴宗纪》:"重熙四年十一月壬午,改南京总管府为元帅府。……五年……五月……壬戌,诏修南京宫阙府署。……冬十月丁未,幸南京。辛亥,曲赦析津府境内囚。壬子,御元和殿,以《日射三十六熊赋》、《幸燕诗》试进士于廷。……御试进士自此始。宋遣宋郊、王世文来贺永寿节。"④颇疑重熙四、五年之间升元帅府、修宫阙、赦其境内、御试进士、接见宋生辰使等一系列重大举动,或许意味着南京地位的进一步提升,而两畿县之改名,亦发生在重熙五年?有前文两方墓志之支持,笔者以为这一推测不得谓空穴来风。唯开泰元年改名说,诸史亦是言之凿凿,似不可轻易否定,故笔者姑置重熙五年改名之推测于此,以供参考。

2. 幽都县—宛平县

石晋幽都县。天显十一年入辽。开泰元年改宛平县。倚郭。

《辽志》:"宛平县,本晋幽都县,开泰元年改今名。"按《旧唐书·地理志》:"幽都(县),管郭下西界,与蓟分理。"⑤则自唐以来,幽州为双附郭,至晋、至辽,亦未变也。开泰元年改名之事,辨见上文析津县。

---

① (辽)张嗣宗:《故左班殿直清河府君墓志铭并序》(重熙五年),《全辽金文》,第 267 页。
② (辽)杨佶:《故贞亮弘靖保义守节耆德功臣洛京留守开府仪同三司守太师兼政事令上柱国陈王食邑二万五千户食实封贰仟伍佰户清河张王墓志铭并序》(重熙二十二年),《全辽金文》,第 231 页。按《辽史》卷 80《张俭传》谓俭重熙"十二年薨,年九十一,敕葬宛平县","十二"之前,漏一"二"字。
③ (辽)王泽:《故陇西郡夫人李氏墓志并铭》(重熙十四年),《全辽金文》,第 245 页。
④ 《辽史》卷 18《兴宗纪一》。
⑤ 《旧唐书》卷 39《地理志二》幽州大都督府幽都县条。

3. 昌平县

石晋昌平县①。天显十一年入辽。治今北京市西北 80 里昌平区城南街道旧县村。

《元一统志》:"昌平县……五代唐同光二年改曰燕平县。延昌元年(延昌二字不知何字之误,后唐后晋均无此年号)徙治曹村,二年又徙于白浮图城。未几即今昌平县地置治。石晋复昌平旧名,割地赂辽。"②按其叙事之序,似徙治曹村、徙治白浮图城,事皆在后唐,然后唐无延昌年号也。元人王恽记其行程云:"是晚,宿南口新店。"贾敬颜释云:"新店距南口七里。……延祐二年昌平县治徙于此。"③是以新店对应白浮图城,而以"延昌二年"为"延祐二年"也。此似与《元统志》之叙事顺序不同,今不取。据顾祖禹称:"昌平废县……五代唐曰燕平县,徙治曹村。又徙于白浮图城,在今州西八里。自辽以后,皆治焉。明景泰……三年,县亦迁治焉,正德八年,改为州治。"④是则辽金元昌平同址,至明而迁至今昌平区治。则辽之昌平,当治于今昌平"西八里"之旧县村也。

4. 良乡县

石晋良乡县。天显十一年入辽。治今北京市西南 85 里房山区良乡镇。

《通鉴》记载:"初,契丹既强,寇抄卢龙诸州皆遍,幽州城门之外,虏骑充斥。每自涿州运粮入幽州,虏多伏兵于阎沟,掠取之。及赵德钧为节度使,城阎沟而戍之,为良乡县,粮道稍通。"⑤《新五代史·四夷附录第一》也说:"赵德钧镇幽州,于盐沟置良乡县。"然按新、旧《唐书》之《地理志》,幽州良乡县显然在后唐以前已经建置。顾祖禹总结说:"五代唐长兴三年,移治于此。"⑥认为是古县而于后唐移治者。李慎儒也说:"案诸家皆云后唐庄宗长兴三年始移良乡来治,盖以前良乡县皆治广阳故城,至是乃移治今之县城。"⑦即非始置于后唐,而是徙治。然诸家之说,其实皆主赵德钧徙治之说,与《辽志》所说"刘守光徙治此"不同。清良乡县,今北京房山良乡镇,即 1997 年之后区政府所在。

---

① 按《辽志》叙昌平自汉至辽之沿革,却未及昌平在后唐改为燕平(避李国昌讳)、后晋复改回昌平事。《旧五代史》卷 150《地理志·河北道》:"幽州北平县,后唐长兴三年八月,改为燕平县。"《元一统志》卷 1《中书省·大都路》则未提及"北平",只说:"昌平县……五代唐同光二年改曰燕平县。……石晋复昌平旧名,割地赂辽。"仍改回昌平则在石晋,无争议。
② 《元一统志》卷 1《中书省·大都路》"昌平县"条。
③ 《王恽〈开平纪行〉疏证稿》,《五代宋金元人边疆行记十三种疏证稿》,第 315 页。
④ 《读史方舆纪要》卷 11《北直二》"顺天府"。
⑤ 《资治通鉴》卷 278《后唐纪七·明宗下》,长兴三年八月。
⑥ 《读史方舆纪要》卷 11《北直二》"顺天府"。
⑦ 《辽史地理志考》,《二十五史补编》,第 8124 页下。

5. 潞县

石晋潞县,天显十一年入辽。治今北京市东 42 里通州区。

与良乡县一样,《通鉴》也提到了赵德钧建置潞县之事:"契丹既强,寇抄卢龙诸州皆遍……德钧于州东五十里城潞县而戍之,近州之民始得稼穑。"①不过,《新五代史·四夷附录第一》则只提到"又于幽州东五十里筑城,皆戍以兵",未尝言此是潞县也。按新、旧《唐书·地理志》,潞县亦李唐以前已有之县也,非置于赵德钧时明矣。顾祖禹对于赵德钧筑城一事作如此解释:"五代唐长兴中,赵德钧节度幽州,以契丹数入寇,乃城潞河而戍之,近州之民,始得耕稼。"又引《城邑考》云:"(通)州北三里有长城,相传秦将蒙恬所筑。五代唐赵德钧镇幽州时,契丹寇掠诸道,乃沿旧址城潞县而戍之。"②也就是说,赵德钧所筑之城,非潞县矣,而是在潞县(即金以后的通州)北三里的长城基址上所建的军屯,位于潞水之侧。至于辽的潞县,也就是金以后的通州,今北京通州区。

6. 安次县

石晋安次县,天显十一年入辽。治今河北廊坊市西 24 里九州镇。

厉鹗云:"元初克燕,改县为东安州,明初降为东安县。"③顾祖禹云:"安次废县,在今县西北。汉旧县也。……开元二十三年,又移耿就桥行市南,在东南一百二十里。明洪武三年,避浑河水患,又移今治。《志》云:今县西北去旧治二十六里,在浑河水次,居民辏集,名旧州头。以元置东安州也。"④亦即:辽安次县治即唐开元以后之治所,在明县治西北 26 里,明以后所称"旧州头"之地,即今九州镇也。

7. 永清县

石晋永清县,天显十一年入辽。治今河北永清县。

关于辽之永清,后之考者多有讹误。如顾祖禹称:"石晋时,没于契丹。周世宗复取之,置霸州,治此。景祐二年,并入文安县。"⑤陈汉章云:"周显德六年,克益津关置霸州,治永清。是永清县至辽穆宗应历九年始入中国,其前因唐幽州之旧,固有此县,属辽凡二十九年,史不容遗之。"⑥皆以为辽之永清即后周、宋之霸州永清县也。罗继祖辨之云:"周世宗伐辽,取瀛、莫

---

① 《资治通鉴》卷 278《后唐纪七·明宗下》,长兴三年八月。
② 《读史方舆纪要》卷 11《北直二》"顺天府"。
③ 《辽史拾遗》卷 14《志第十·地理志四》,《二十五史三编》第 8 册,第 82 页上。
④⑤ 《读史方舆纪要》卷 11《北直二》"顺天府"。
⑥ 《辽史索隐》卷五《地理志·南京道》,《二十五史三编》第 8 分册,第 222 页上。

二州，未尝取幽。又传世石刻，如《天庆四年积祥等为先师造经幢记》称'师世为永清县宣礼乡正惠人'。《天庆六年燕京永泰寺正慧大师遗行造塔记》称'师本永清县永□里齐公之季男'。皆永清属辽之证。"①除罗所引《经幢记》、《造塔记》之外，又有《造经题记》一方，载："施主永清县解口里刘公辅为亡父母成造"，下署"保大元年闰五月日"②，为辽碑无疑。《辽史》亦载，大安四年(1088)，"有司奏：宛平、永清蝗为飞鸟所食"③。永清至辽末仍属辽无疑，罗说是也。

按顾、陈诸家误以辽永清为后周、宋之永清者，当缘于诸史载周、宋永清之沿革不详，然详析《新五代史》、《宋史》等所载，仍可知宋、辽两永清非一地也。关于后周霸州及永清县之由来，《新五代史》云："世宗遇疾，乃置雄州于瓦桥关，霸州于益津关而还。"④全未提及"永清"。《宋史》则称："本唐幽州永清县地，后置益津关。周置霸州。"⑤此处之"永清县地"，与"永清县"显然不是同一概念，只是指益津关原为唐永清县之一部耳。按《太平寰宇记》："霸州……古益津关也。晋天福初，陷契丹。周显德六年收复，因置霸州并永清县。"⑥明确提到霸州之永清县为周之新置，并非晋割入辽的幽州永清县也。该新县近益津关，周世宗用永清之名，有侨治之意。该县于宋景祐二年(1035)省入文安后，又于金复置益津县，徙为霸州治，明初省入霸州，即今霸州市也。而辽之永清——唐后期、五代之永清，入金仍属析津府，即为今之河北永清县⑦，两者无干也。若从顾、陈于永清沿革之误，则并其归属、治所皆不得明辨。

8. 武清县

石晋武清县，天显十一年入辽。治今天津市西北93里武清区大孟庄镇大程庄。

《读史方舆纪要》云："在县东。……《城邑考》：唐改雍奴为武清，其旧城距白河十七里，在今丘家庄南。明初，因水患移今治，去旧城八里。"⑧即辽县沿用唐代县治，在明县治以东8里。明县，在今泗村店镇旧县村，则辽县约在今大程庄。

---

① 《辽史校勘记》，第125页。
② (辽)无名氏：《刘公辅造经题记》，《全辽金文》，第811页。
③ 《辽史》卷25《道宗纪五》，大安四年八月庚辰。
④ 《新五代史》卷73《四夷附录第二·契丹》。
⑤ 《宋史》卷86《地理志二》"河北东路·霸州"条。
⑥ (宋)乐史：《太平寰宇记》卷67《河北道》"霸州"条，中华书局，2007年。
⑦ 《辽金史研究》，第265页。
⑧ 《读史方舆纪要》卷11《北直二》"顺天府·通州·武清县"条。

9. 香河县

辽应历(951—969)中置。治今河北省香河县。

按《辽志》本条载:"辽于新仓置榷盐院,居民聚集,因分武清、香(当作'三')河、潞(当作'漷')三县户置。"其意乃以新仓置香河县,先有新仓之榷盐院,后有香河县。而《辽史·食货志》则称:"会同初,太宗有大造于晋,晋献十六州地,而瀛、莫在焉,始得河间煮海之利,置榷盐院于香河县,于是燕、云迤北暂食沧盐。"①又似先有香河县,后有榷盐院。两者显相矛盾。

笔者以为,《食货志》文或恐以晚近之行政建置述早先之事也,难以此文推翻《地理志》香河县后置之说。金人刘晞颜为宝坻创县所作碑文可资为证:

> (刘守光)因置芦台军于海口镇以备沧州。后唐庄宗命其大将周德威破燕军于平冈,复收芦台军。同光中,以赵德钧镇其地,十余年间,兴利除害,人共赖之。遂因芦台卤地置盐场,又般行运盐东去京国一百八十八里,相其地高阜平阔,因置榷盐院,谓之新仓,以贮其盐。……晋祖起于并汾……遂以山前后燕蓟等一十六州遗于有辽。遂改燕京,因置新仓镇,广榷盐以补用度。尔后居民稍聚,渐成井肆,遂于武清北鄙孙村,度地之宜,分武清、漷县、三河之民,置香河县,仍以新仓镇隶焉。……大定十有一载辛卯冬至郊天后,銮舆东巡,幸于是邦,历览之余,顾谓侍臣:"此新仓镇人烟繁庶,可改为县,第志之。"明年,有司承命,析香河东偏乡闾万五千家为县,以榷盐岁入国用,方之天下,及至十一;谓盐乃国之宝,取"如坻如京"之义,命之曰宝坻。②

其叙香河、宝坻二县之由来,极为清晰:后唐庄宗时,赵德钧置新仓榷盐院,此为第一步。后是"燕蓟等十六州遗于有辽"。入辽不久,因榷盐院而置新仓镇。后因居民聚集,乃置香河县。最后,在金大定十二年(1172),遂以新仓镇置宝坻县。

此处需要特别辨明的是:其一,香河县之置,虽因新仓镇之盛于盐业,但县治却在武清孙村,而非新仓镇所在。《辽史·地理志》与《食货志》相比,较正确的一点在于,确定先有榷盐院而后有香河县。但是,它将新仓榷盐院与香河县之置直接联系起来,予人印象,似香河县治即在新仓镇,并且,它与《食货志》一样,将五代时赵德钧建置榷盐院,也误认为是辽代之事,却未提及新仓由院置镇之事,颇为不妥。两者皆不可凭信。其二,入辽始置新仓镇,但因镇之"居

---

① 《辽史》卷60《食货志下》。
② (金)刘晞颜:《创建宝坻县碑》(大定十一年),《全辽金文》,第1619—1620页。

民稍聚,渐成井肆"而置香河县,实有数年乃至十数年之过程,非一蹴而就也。顾祖禹说:"(香河县)本武清县之孙村,辽于新仓置榷盐院,因民居聚集,遂置香河县。"①虽然在新仓榷盐院、新仓镇建置时间的问题上仍然错误,但已经明确了两点:香河县治在孙村,而且置县并非在入辽之初,而是在"民居聚集"之后,有一定的时间差。故而,《〈辽史·地理志〉平议》所提出的"香河县之置当在会同初"②,是有问题的。

香河县始置之时间,虽然史无明文,但通过这一带的相关重大政治事件,或可发现端倪。

据《旧五代史》载:周太祖广顺三年(即辽应历三年),"契丹幽州榷盐制置使兼防州刺史、知芦台军事张藏英""归化"③。藏英尽携芦台军各种战略物资及户口归周后,芦台军几成白地,它于刘守光初建时防备沧州海路的作用,似乎在辽也未有体现,可能就此废罢(可参看下文芦台军条)。但是,作为"燕云迤北"的食盐基地,新仓之榷盐之业以及东南海滨之煮盐之务,却不能废罢,故而,新仓榷院及新仓镇人、物之补充,机构之重建,可能迅速完成,不过,其上级统辖机构芦台军既已不存,自然需要有相应的新的管理机构予以替代。香河县之置,应当就是填补芦台军之废所留下的空间。故笔者以为,香河县之置,当在应历年间——在应历三年之后不久。

10. 潞阴县

圣宗太平中(1021—1031)置。治今北京市东南70里通州区潞县镇。

潞阴之始置,《辽志》未尝明载,仅据《圣宗纪》统和十二年(994)所载"潞阴镇水漂溺三十余村"④一条,知县之置当在统和十二年之后。而按《金史·地理志》:"辽太平中,以潞阴村置。"⑤太平中置县之说应当可信,唯县之前身,当为潞阴镇而非潞阴县也。据《辽志》载,该县在"京东南九十里",顾祖禹云:在通州"南四十五里"⑥,即今通州区潞县镇所在也。

(废)玉河县

石晋玉河县,天显十一年入辽,辽末乾统中废。治今北京市门头沟区城子街道。

---

① 《读史方舆纪要》卷11《北直二》"顺天府"条。
② 《〈辽史·地理志〉平议》,见《历史地理》第15辑,第332页。
③ 《旧五代史》卷113《周书·太祖纪四》,广顺三年六月壬子。《新五代史》卷11《周本纪·太祖纪》载在同年七月。
④ 《辽史》卷13《圣宗纪四》,统和十二年正月癸丑朔。
⑤ 《金史》卷24《地理志上》,大兴府潞阴县条原注。
⑥ 《读史方舆纪要》卷11《北直二》"顺天府·通州·潞县"条。

按《辽志》："刘仁恭于大安山创宫观,师炼丹羽化之术于方士王若讷,因割蓟县分置,以供给之。"按仁恭据幽在乾宁元年(894)底,至于招缁黄、炼丹药之事,新、旧《五代史》皆置于天祐三年(906)后①,知玉河之置,当在天祐三年之前不久。

县之废于辽末,并无直接的记载。《辽史地理志汇释》:"《京畿金石考》卷上有《辽驻跸寺沙门奉航幢记》,内正书'乾统八年四月立在玉河乡池水村善会寺'。知辽末已废为乡。"②此是废县之一证也。按元好问所作吴璋《阡表》载:"崇庆元年五月二十五日,春秋六十有五,终于官舍。……将以某年月日奉公之枢归祔于大兴府宛平县玉河乡黄村里之先茔。"③金玉河县废为乡,属宛平县,此亦当是辽乾统八年(1108)四月之政区状态。辽析津府所辖诸县入金以后,除玉河以外,皆得保留,可见析津一带的县级政区,金基本沿袭了辽之建置,而玉河之废,在辽应已然,为金所沿袭。废县之下限在乾统八年,而其上限,据金皇统六年(1146)所作《正公法师灵塔记》所载,"乾统初,昌平、玉河、矾山、怀来四县檀信,共请师建当阳大殿",在乾统初④。

然而,至宣和四年(1122)宋即将"收复"幽云之际,析津府下又有玉河县矣。据《三朝北盟会编》记载:宣和四年十月九日,"御笔涿易八州并赐名。山前九属县下项:燕山府一十三县,析津、宛平、都市、昌平、良乡、武清、安次、永清、玉河、香河、潞阴。涿州四县,范阳、归义、固安、新城。檀州二县,密云、行唐。……易州三县,易水、涞水、容城。……顺州一县,怀柔。蓟州三县,渔阳、三河、玉田。景州一县,遵化"⑤。

是玉河县向未曾废,还是废后复置? 笔者以为,当以后者为是。检上引文字,析津府及所属六州,共辖二十七县。但细看却可发现错误之处:此处记载的"燕山府"的县数,明显有问题:说是"十三县",可其下却只载十一县。事实上应当是几县呢? 据《宋史·地理志》记载,燕山府下辖十二县,总数相较上引《会编》所载少一个,但实载却多 潞县⑥。按此潞县自辽至金,一直见于记载,故其间于宋应当也未尝废,《会编》漏载耳。而府直属县之总数,亦当以十二县为是。即《会编》所载,"收复"且将"赐名"的燕山府及下属各州所辖共二

---

① 《旧五代史》卷135《僭伪列传二·刘守光传》、《新五代史》卷39《杂传·刘守光传》。
② 《辽史地理志汇释》,第168页。
③ (金)元好问:《显武将军吴君阡表》,《元好问全集》卷29。
④ (金)比丘希辨:《大金燕京宛平县金城山白瀑院正公法师灵塔记》(皇统六年),《全辽金文》,第1330页。
⑤ 《三朝北盟会编》卷10《政宣上帙十》。
⑥ 《宋史》卷90《地理志六》"燕山府路"条。

十六县。

据《辽志》所载,析津府及下辖六州,共辖县二十五,相较《会编》记载的二十六县,宋仅新增都市一县,为燕山府直属。至于府直属其他十一县及府属各州之辖县,看不出有什么变化,其中玉河县也在诸县之内,似乎在辽末未曾废罢。

但是,颇多资料却提到,辽末析津府及下属六州所辖,其数为二十四。辽末乾统七年,"燕京经界,辖制六州,总管内外二十四县"①。此外,在辽末宋、金交涉中,双方也反复提及"六州二十四县":

> 阿骨打见赵良嗣,许燕京、蓟、景、檀、顺、涿、易六州二十四县,每岁要依契丹银绢。遣李靖持书来。《燕云奉使录》曰:……蒲结奴复传阿骨打之意曰:"初以南朝失信,断绝无疑,缘南朝皇帝委曲御笔亲书,今更不论元约,特与燕京六州二十四县汉地汉民……"良嗣答以:"元约山前山后十七州,今止言燕京六州二十四县;昨日言西京,今又不及,何也?……"(蒲结奴、兀室)又云:"皇帝更不说元约,只特许燕京六州二十四县,每岁要依契丹银绢之数。"却微笑云:"有一事说与使人,莫道是与了南朝燕京管下六州二十四县,如吾取了燕京,都不与南朝,怎生不依契丹一般与吾银绢?"……《茆斋自叙》曰:……详衮云:"皇帝有旨:……且看赵王面,特许与燕京六州二十四县。"②

《宋史·地理志》提到:"金人灭契丹,以燕京及涿、易、檀、顺、景、蓟六州二十四县来归。"③《大金国志》亦载:"蒲结以往岁不遣报使,今岁遣兵失期为言云:'今更不论元约,特与燕京六州二十四县。'六州谓冀(蓟)、景、檀、顺、涿、易也。"④显而易见,自辽乾统七年至宋宣和四年(1122,《国志》载为金天辅五年,实应是六年)析津府及其管内六州,共二十四县,无可疑也。

宋与金谈判所提到"六州二十四县"之时,正是上引"御笔涿易八州并赐名"的宣和四年,那么,同一年为何二十四县忽成二十六县?遍检诸县沿革,除都市、玉河二县外,该地区其他二十四县,未见在辽末、金初之前有何建置变化。两县之新增显然有虚假成分。联系到宣和四年宋接管这一地区之前先完成州、县之"赐名",并且将从未得到的平属诸州、县也一并"赐名",可以推想新

---

① (辽)王鉴:《三河县重修文宣王庙记》(乾统七年),《全辽金文》,第611页。
② 《三朝北盟会编》卷11《政宣上帙十一》,宣和四年十一月一日丙辰朔。
③ 《宋史》卷90《地理志六》"燕山府路"条。
④ 《大金国志》卷2《纪年·太祖武元皇帝下》,天辅五年十一月。

增县份之来由：徽宗之好大喜功及获得幽云之迫切心情,促成了群下之迎合心理,在报上新得地区的县数时,增加一二,以显示皇帝的丰功伟业。故而,不仅辽代玉河县于咸雍至乾统间废罢后,又于宣和四年燕京地区归宋时"复置",而且还多出了"都市"一县,等待皇帝予以慷慨命名。无论宋接管幽属诸州之后如何处理新增县份,入金以后,它们仍然消失了。

总而言之,自辽末归宋至金初复夺,玉河县虽然看似建置仍有反复,但其置而又废的过程极短,且应是析津一带在辽、宋、金之间易手之时,宋人张大声势的成果。

其治所,据赵其昌所说,在"北京门头沟内的城子村"[1],即今门头沟区之城子街道。

顺州

石晋顺州,天显十一年(936)入辽,为归宁军刺史,后改归化军。治今北京市东北67里顺义区[2]。

天显十一年,辖县一：怀柔县。

怀柔县
石晋怀柔县,天显十一年入辽,倚郭。

檀州

石晋檀州,天显十一年入辽,武威军刺史。治今北京市密云县[3]。

天显十一年,统县二：密云、燕乐县。会同元年,行唐县来属。后废燕乐县,统县二：密云、行唐县。

1. 密云县
石晋密云县,天显十一年入辽,倚郭。

2. 行唐县
天赞元年(922)置,会同元年后属檀州,治今北京市密云县东。

《辽志》本条：行唐县本"定州行唐县,太祖掠定州,破行唐,尽驱其民,北至檀州,择旷土居之,凡置十寨,仍名行唐县"。按《太祖纪》,神册六年(915)十

---

[1] 赵其昌：《辽代玉河县考》,《北京史苑》第1辑,1984年,第275页。
[2] 贾敬颜云："辽顺州治怀柔县,今北京市顺义县。"见《路振〈乘轺录〉疏证稿》,《五代宋金元人边疆行记十三种疏证稿》,第54页。
[3] 闵宣化认为："檀州即今密云县。"见《东蒙古辽代旧城探考记》附《乘轺录笺证》,第79页。又舒焚云："檀州武威军,北京市密云。"见《辽史稿》,第154页。

二月"庚申,皇太子率王郁略地定州,康默记攻长芦"①,破行唐、掠其民北归置县,当是此次南侵之后,置县当已是次年,即天赞元年(922)也。县始置之时,或无所属,应在会同元年南京道政区调整之时乃改属。

县所治,据顾祖禹所说,在密云县东②。《中国历史地图集》定于密云县东20余里巨各庄镇以西。按此地远在五代、辽燕乐县之南,处檀州之中部,行唐县既是会同元年得檀州之前所建,恐不致如此偏西,深入中原檀州之境。其治所当更往东,靠近或进入今河北兴隆县境。

(废)燕乐县

石晋燕乐县,天显十一年入辽,后废。治今密云县东北47里不老屯镇燕落村。

燕乐为隋唐旧县③,其建置在五代后梁仍存。《旧五代史》云:天祐十年(913)十二月癸酉,"檀州燕乐县人执刘守光并妻李氏祝氏、子继祚以献"④。李克用天祐十年,朱梁乾化三年也,由新、旧《五代史》及《通鉴》所载,可确定当时燕乐县尚存。

顾祖禹称:"燕乐废县……五代梁乾化三年,晋将周德威伐燕,刘守光奔燕乐,被擒。县寻废。"且引宋人宋白《续通典》曰:"燕乐、密云,皆汉傂奚县地,五代时,废为燕乐庄,其地平旷可屯。"⑤按其所见,燕乐当废于后梁乾化三年至后晋天福三年(938,即辽会同元年)之间。然而,在《辽史》中,尚有燕乐县之记载:

(统和七年六月)辛酉,诏燕乐、密云二县荒地许民耕种,免赋役十年。⑥

(统和)十五年,募民耕滦河旷地,十年始租,此在宫闲田制也。又诏山前后未纳税户,并于密云、燕乐两县,占田置业入税,此私田制也。⑦

---

① 《辽史》卷2《太祖纪下》。
② 《读史方舆纪要》卷11《北直二》"顺天府·行唐废县"条。
③ (唐)魏徵、令狐德棻撰:《隋书》卷30《地理志中》"安乐郡(檀州)条,中华书局,1973年;《旧唐书》卷43《地理志二》"河北道·檀州"条。
④ 《旧五代史》卷28《唐书·庄宗纪二》、卷135《僭伪列传二·刘守光》及《新五代史》卷39《杂传·刘守光传》,《通鉴》卷269《后梁纪四·均王上》乾化三年十二月庚午条所载并同。
⑤ 《读史方舆纪要》卷11《北直二》"顺天府·燕乐废县"条。
⑥ 《辽史》卷12《圣宗纪三》。
⑦ 《辽史》卷59《食货志上》。按《辽史》卷13《圣宗纪四》,募民耕滦河旷地、免十年租赋事,在统和十五年三月戊辰。

既然辽统和中两见燕乐、密云并称,宋白、顾祖禹所说燕乐县废于五代,就难以成立。但燕乐县既不见于《辽志》,《宋史·地理志》所列"收复"燕云之后,也无此县,那么,其废于辽统和十五年(997)以后,亦无可疑矣。然则究竟废于何时,竟无迹可寻。笔者以为,此县之废,或在圣宗统和十五年招徕山前、山后民户之后不久,其效不著,故废之。故兴宗以后,已无此县矣。

燕乐县之所在,据《太平寰宇记》:在檀州"东北七十五里"①,而《新唐书》载在檀州"东北百八十五里"②,无论如何迂曲,若檀州至燕乐县之里程达一百八十余里,早已深入奚界,岂得仍在檀州境哉?顾祖禹认为,在密云县"东北八十里",是也。《新唐书·地理志》又载,其境内有"东军、北口,长城口也"。然凭此亦难确知其所在。按宋白既称"五代时,废为燕乐庄,其地平旷可屯",则此县与后世之燕乐庄,自可建立联系。明人徐贞明《西北水利议》云:"京东负山控海,诸州邑泉从地涌,一决而通,水与田平,一引而至,如密云县之燕乐庄,平谷县之水峪寺……"③其地至明犹在也。《通鉴》注云:燕乐之"乐,音洛"④。今密云县之东北47里不老屯镇燕落村,即其地。

涿州

石晋涿州,天显十一年(936)入辽,为永泰军刺史。治今河北涿州市⑤。

按契丹首次得到涿州,在神册六年(921)。《辽史》载:十二月"癸亥,围涿州……是日破其郛。癸酉,刺史李嗣弼以城降。"然而十二天后,即当年十二月"乙亥,(李)存勖至定州……大战,我军不利,引归。"⑥涿州遂被放弃。此次契丹保有涿州之时极短。

天显十一年契丹得幽州镇,涿州亦在其中。然而,至宋太宗第二次组织北伐,涿州遂为宋所占领:宋雍熙三年(986)三月"辛巳,曹彬克涿州"⑦。《辽史》也记载:统和四年(986)"三月甲戌,于越休哥奏:'宋遣曹彬、崔彦进、米信由雄州道,田重进飞狐道,潘美、杨继业雁门道来侵,岐沟、涿州、固安、新城皆

---

① 《太平寰宇记》卷71《河北道二十》"檀州"条。
② 《新唐书》卷39《地理志二》河北道檀州条。
③ (清)于敏申等编:《钦定日下旧闻考》卷5《形胜一》引,北京古籍出版社,1985年。
④ 《资治通鉴》卷268《后梁纪三·均王上上》,乾化三年十二月庚午注。
⑤ 贾敬颜云:"涿州,今河北涿县。"见《王曾〈上契丹事〉疏证稿》,《五代宋金元人边疆行记十三种疏证稿》,第84页。涿县,今涿州市也。
⑥ 《辽史》卷2《太祖纪下》。
⑦ 《宋史》卷5《太宗纪二》。

陷。'……辛巳,宋兵入涿州。"①但是,至四月丙辰,辽军"复涿州"②。而据宋方史籍记载,则是曹彬在三月辛巳取涿州之后复又退出,四月乙卯又进取涿州,丙辰复退出,"还师境上"③。宋有涿州,仅月余。

然而,《辽史》又记载:统和六年九月"庚戌,次涿州,射帛书谕城中降,不听。冬十月乙卯,纵兵四面攻之,城破乃降,因抚谕其众"④。涿州不知如何此前竟然又为宋所据。难道统和四年(宋雍熙三年)涿州为辽收复后,又落入宋军之手,坚守直至此时?若如此,涿州为宋所有二年有半。或者,在统和四年作为宋对辽帝南伐的先期反应,新近为宋所占?

笔者以为,《辽史》统和六年的这段文字,恐是记载错误。涿州当时为辽所有,九月被辽军攻占的并非涿州。不仅有直接的证据:当年七月"癸丑,排亚请增置涿州驿传"⑤,显然涿州属辽。而且有许多侧面的证据:《辽史》于统和四年四月"复涿州"之后,并无涿州复入于宋的记载。更重要的是,资料翔实得多的宋方史料,也全无雍熙北伐失败以后宋再得涿州的记载。《辽史·圣宗纪》所说统和六年攻占涿州事,可谓孤证,且与其他资料相悖,兹不取。而顾祖禹所谓"宋太平兴国四年……遂自太原东讨,取易州及涿州……端拱初,契丹陷宋涿州"⑥,对于宋得涿州、失涿州之时间,皆有误也。自会同以后,除却统和四年曾为宋占据一月有余外,涿州一直属辽。

天显十一年,辖县四:范阳、固安、新城、归义县。

1. 范阳县

石晋范阳县。天显十一年入辽。倚郭。

2. 固安县

石晋固安县。天显十一年入辽。治今河北固安县。

3. 新城县

石晋新城县。天显十一年入辽。治今河北高碑店市东南28里新城镇⑦。

4. 归义县

石晋归义县。天显十一年入辽,初治今河北雄县。应历九年(959,后周显德六年)周世宗亲征,县境为周所取,辽移归义县侨治于新城县,即今河北高碑

---

①② 《辽史》卷11《圣宗纪二》。
③ 《长编》卷27,雍熙三年四月乙卯。
④⑤ 《辽史》卷12《圣宗纪三》。
⑥ 《读史方舆纪要》卷7《历代州域形势七》"辽"条。端拱元年(988),即辽统和六年。
⑦ 辽之新城,即明、清、民国之新城县也,今则省为镇矣。

店市新城镇。

唐、五代之涿州归义县,天显十一年随涿州入辽。后周显德六年,周世宗亲征,四月"癸卯,取瓦桥关,以为雄州"①。按瓦桥关即瓦子济关,胡三省云:"瓦桥关,在涿州归义县。"②又引宋白云:"涿州归义县瓦子济桥,在涿州南、易州东,当九河之末,旧置瓦桥关。"③周取此关,即得归义县之地也。又顾祖禹引宋白云:"唐归义县,本属涿州,周移县治瓦桥。"④若按此说,则辽归义县治,仍唐之县治,即巨马河南不远处、约今雄县白沟镇以南。而据《太平寰宇记》:"归义县……本涿州之属邑,在州北,唐末移于瓦桥。"⑤若《太平寰宇记》为是,则周所取瓦桥关,即唐末至辽之归义县治也,周获此关,当尽取归义县地,此后,新置之雄州仍治归义⑥,即今雄县也。此处从《太平寰宇记》之说。

辽之归义县城与瓦桥关并非同址,但相距颇近。而瓦桥关城,又是县境之内一个特殊的建置。《太平寰宇记》云:"唐末移(县治)于瓦桥,晋建军城。"⑦此"军城"者,不仅指瓦桥关城之建筑,还指与关城内"关使"相应之建置,后晋这一建置为辽所承袭,使归义县境内,存在一个或与民事无关,但相对于归义县,甚至涿州,都是较为独立的军事机构(它应当是幽州所直属)。据《宋史·姚内斌传》载:"姚内斌……仕契丹,为关西巡检、瓦桥关使。周显德六年,太祖从世宗北征,兵次瓦桥关,内斌率众五百人以城降。"⑧瓦桥关使兼关西巡检,实为涿州城以外州境最重要的军事机构。又《宋史·张藏英传》:在世宗北伐前夕,张藏英"领兵巡乐寿,契丹幽州骁将姚内斌侦知藏英兵少,以精骑二千阵于县之北⑨。而领此职之姚内斌,却被称为"幽州骁将"。"关"或"军城"之地位,由此可见。

除雄州及归义县外,宋太平兴国六年(981)还在原归义县下属的新镇建置

---

① 《新五代史》卷12《周本纪·世宗纪》。按《旧五代史》卷119《周书·世宗纪六》,立瓦桥关为雄州在五月乙酉。
② 《资治通鉴》卷262《唐纪七十八·昭宗中之中》,光化三年六月己巳注。
③ 《资治通鉴》卷225《唐纪四十一·代宗中之下》,大历十年十月辛酉朔注。
④ 《读史方舆纪要》卷12《北直三》"保定府·废易县"条。
⑤ 《太平寰宇记》卷67《河北道十六》"雄州"条。按《读史方舆纪要》卷12《北直三》"保定府·瓦桥关"条:"在(雄)县南易水上。"距县实有十余里之遥,虽称"移县瓦桥",实是移县治于瓦桥关附近,非关城之内也。
⑥ 《新五代史》卷60《职方考》:"雄州,周显德六年克瓦桥关置,治归义。"《宋史》卷86《地理志二》河北东路雄州条。
⑦ 《太平寰宇记》卷67《河北道十六·雄州》。
⑧ 《宋史》卷273《姚内斌传》。
⑨ 《宋史》卷271《张藏英传》。

平戎军,景德元年(1004),改称保定军①。

《辽志》:旧归义之地为周世宗所取,"民居在巨马河南,侨治新城(县)"。然而,此后辽之归义县与一般意义上的侨治不同,是有实土实民的。辽不知年份的《福惠幢记》载有"皇辽燕京涿州归义县丞相乡柳林庄",而咸雍六年(1070)《洪福寺碑》文前题"大辽涿州归义县丞相乡柳林庄都维那李夏等"十九字②。显然,在辽归义县原境失于后周、侨治于新城县之后,辽还是将新的归义县发展为有实际辖境的政区,与其说它侨治于新城,还不如说与新城两县同治。

蓟州

石晋蓟州,天显十一年入辽,尚武军刺史。治今天津市蓟县③。

天显十一年,辖县四:渔阳、三河、玉田、遵化县。重熙以后,升遵化县为景州,蓟州辖县三:渔阳、三河、玉田县。

1. 渔阳县

石晋渔阳县,天显十一年入辽,倚郭。

2. 三河县

石晋三河县,天显十一年入辽,初治今河北三河市东南5里泃阳镇三里庄,约道宗清宁三年(1057)移治今河北三河市。

按三河县之始置,在唐开元四年(716),此见于《旧唐书·地理志》:"开元四年,分潞县置,属幽州。十八年,改隶蓟州。"④《辽志》作"唐开元四年析潞州置","潞州"当作"潞县"无疑。然而,正史及《资治通鉴》皆载三河县为五代后唐赵德钧所置。《旧五代史》云:"(德钧)又于幽州东筑三河城,北接蓟州,颇为形胜之要。"⑤《新五代史》则称:"庄宗之末,赵德钧镇幽州……及破赫邈等,又

---

① 新镇之地,《太平寰宇记》卷68《河北道十七》"平戎军"条称:"本莫州新镇之地。皇朝太平兴国六年升为平戎军。"按新镇在唐末涿、莫二州交界之处,初或属莫,入辽后,划入涿州归信矣。故乐史以唐末为断,则以为新镇乃莫州地,至辽获归义之地,新镇已属归义矣。又曾巩《隆平集》(文渊阁四库全书本)卷1《郡县》称:"太平兴国六年……改新镇军曰平戎。"与乐史所记不同。参《宋史》卷86《地理志二》河北路保定军条:"太平兴国六年,以涿州新镇建平戎军。景德元年,改为保定军。"初置军时,或当以平戎为名,未尝以"新镇"为军名也。
② (辽)无名氏:《福惠幢记》、(辽)无名氏:《洪福寺碑》,均见《全辽金文》,第816、877页。
③ 贾敬颜云:"蓟州,今河北蓟县。见《〈晋出帝北迁记〉疏证稿》、《五代宋金元人边疆行记十三种疏证稿》,第4页。又舒焚云:"蓟州尚武军,天津市蓟县。"见《辽史稿》,第155页。
④ 《旧唐书》卷43《地理志二》幽州大都督府蓟州三河县条。
⑤ 《旧五代史》卷98《晋书·赵德钧传》。

于其东置三河县。"①破赫邈事,在唐庄宗天成三年(928)②,置三河县似当在天成三年。而《通鉴》则载:长兴三年(932)八月,赵德钧"又于州东北百余里城三河县以通蓟州运路,虏骑来争,德钧击却之。九月,庚辰朔,奏城三河毕。边人赖之"③。则置县在长兴三年也。北宋末年,许亢宗也认为,"后唐赵德钧于幽州东置三河县"④。

若从新、旧《五代史》及《通鉴》之说,定三河之始置于后唐天成三年至长兴三年间,不仅与两《唐书》中唐开元四年以后多次出现三河县的现象相矛盾,而且《辽史》中神册六年(921)十一月丁未阿保机"分兵略檀、顺、安远、三河、良乡、望都、潞、满城、遂城等十余城"⑤,自然也无法解释。笔者以为,三河实置于唐开元四年,而关于三河置县在唐、在后唐的争执,或在其治所变迁过程的解析中可得解决。

按《旧五代史》,赵德钧"于幽州东筑三河城,北接蓟州,颇为形胜之要",当理解为,在三河县境之战略要地建筑防御之堡垒,以应付契丹人寇钞粮道,此城乃"军城"之性质也。而三河县则早已存在,不俟德钧之新置也,且县治与赵德钧三河城非同址。

至辽代,由于唐代三河县治——今三里庄城址——为洵水冲毁⑥,因此将县治迁至赵德钧所置军城(即今三河市)。辽乾统七年(1107)所作《三河县重修文宣王庙记》称:"县贯三河者……历经操割,随甲有殊,自迁徙以来,逮五十载。"⑦此言不容误解:三河曾迁县治,迁治之年,至辽末乾统七年已历五十载。逆推之,大约在道宗清宁三年(1057)。不仅新、旧《五代史》等未明入辽之十六州在五季及辽代的变迁,而且由于赵德钧曾筑"三河城",且此城后世正是三河县治,故后世治史者更不明其因革矣。

3. 玉田县

石晋玉田县,天显十一年入辽,治今河北玉田县⑧。

按辽之玉田县,曾有废而复置之疑。《辽史·圣宗纪》云,统和八年

---

① 《新五代史》卷72《四夷附录第一·契丹》。
② 《新五代史》卷6《唐本纪·明宗纪》,天成三年八月。
③ 《资治通鉴》卷278《后唐纪七·明宗下》,长兴三年八月。
④ 《宣和乙巳奉使行程录》,《五代宋金元人边疆行记十三种疏证稿》,第227页。
⑤ 《辽史》卷2《太祖纪下》。
⑥ 《读史方舆纪要》卷11《北直二·顺天府》通州三河城条:"(三河)旧城在今县东三里洵河南,被水冲废。后唐长兴三年,幽州帅赵德钧于幽州东北百余里城三河县,以通蓟州运路。"是置旧三河冲废事于唐末五季,且视赵德钧所置三河县为当时新治。此见与笔者不同。
⑦ (辽)王鉴:《三河县重修文宣王庙记》(乾统七年),《全辽金文》,第611页。
⑧ 《〈许亢宗行程录〉疏证稿》,《五代宋金元人边疆行记十三种疏证稿》,第227页。

(990),"省遂、妋、松、饶、宁、海、瑞、玉、铁里、奉德等十州,及玉田、辽丰、松山、弘远、怀清、云龙、平泽、平山等八县,以其民分隶他郡"①。然而,据《道宗纪》记载,大康三年(1077)、大安十年(1094)皆曾出现玉田县②。似是统和八年废罢后,又于大康三年以前复置。

然而笔者以为,统和八年所废之玉田县,实非蓟州之玉田县也。阿保机时代,累年南侵,于幽蓟一带所俘之民,例被掠入"内地"——契丹较早占领的地区,即后来的上京、中京、东京道地区——建立与原州县名相同的州或县,类于侨治。尤其是神册六年(921)十一月,"分兵略檀、顺、安远、三河、良乡、望都、潞、满城、遂城等十余城"③,其后在"内地"建立了不少同名州县。此后辽于德光朝获幽云十六州地,其先于"内地"所建的同名州县,陆续废并或改名,但仍在《辽志》中留下一些痕迹,比如东京道之檀州(后改祺州)、三河州(后与榆河州合置韩州)、沈州之三河县(后改乐郊县)、祺州之密云县(后改庆云县),及临潢府之潞县,皆俘幽蓟诸州县民所置也。玉田县当也是在神册六年后不久,于契丹"内地"所建县之一,且上引《圣宗纪》所载"玉州",亦当是由玉田县升置者。这个新的玉田县及其上级政区玉州,一直保留至统和八年,终因圣宗大举调整政区而废罢(参下文"未知所属的州军城县"玉州条)。而其于太祖朝之置、圣宗朝之废,与蓟州之玉田,自然没有关系。

景州

石晋遵化县。天显十一年入辽。重熙中(1032—1055)升置景州,为清安军刺史,后升为清安军节度。治今河北遵化市④。

遵化置县、升州之时,及州下是否有属县,向有争议。按《辽志》:"遵化县,本唐平州买马监,为县,来属。"其意似景州先置,而遵化自他处来属,显属表达不确。按辽代未见州无倚郭县而另有属县,景州即遵化县升置而来,仍以遵化倚郭也。

置县之时,五代及辽之史料未有确载,陈汉章以为在后唐:"案《一统志》:五代唐始置遵化州,志谓唐天宝元年置遵化县。考《元和郡县志》无之,盖误以

---

① 《辽史》卷13《圣宗纪四》,统和八年七月庚辰。
② 《辽史》卷23《道宗纪三》,大康三年五月丙辰、九月癸亥;卷25《道宗纪五》,大安十年四月己巳。
③ 《辽史》卷2《太祖纪下》。
④ 贾敬颜《〈许亢宗行程录〉疏证稿》:"景州,今河北遵化县。"见《五代宋金元人边疆行记十三种疏证稿》,第227页。又见《辽史稿》,第155页。

后唐为唐。"①显然,置县在后唐无误,顾祖禹亦明载:"后唐始置遵化县。"②《辽志》在"买马监"之后,未载"为县"在后唐之时,此其疏漏也。

至于置州之时,显非如《清一统志》所说在后唐。若置州在后唐,后晋入辽当是十七州而非十六州。当如《辽志》所说在重熙中,至于具体年份,已不可考。升节度之时亦不可考,然今可见辽代所遗"清安军节度使之印"③,故知其曾升等。

重熙以后,辖县一:遵化县。

遵化县

石晋遵化县,天显十一年入辽。倚郭。

易州

石晋易州,会同九年(946)入辽④。天禄二年至四年(948—950,后汉乾祐中),汉将孙方简收复易州⑤。应历三年(953,周广顺三年),辽复得易州⑥。应历九年(959,后周显德六年)为后周所取⑦,后属宋。辽遂于涿州境岐沟关置东易州⑧。统和七年复取易州⑨(唯容城仍归宋),以易州为高阳军刺史。

---

① 《辽史索隐》卷五《地理志·南京道》,见《二十五史三编》第 8 分册,第 226 页上。
② 《读史方舆纪要》卷 11《北直二·顺天府》遵化州条。
③ 见辛蔚:《辽代玺印研究》,暨南大学出版社,2009 年,第 84 页。
④ 《资治通鉴》卷 285《后晋纪六·齐王下》,开运三年(946)十二月"戊辰,契丹主入恒州。遣兵袭代州,刺史王晖以城降之。先是契丹屡攻易州,刺史郭璘固守拒之。……及杜威既降,契丹主遣通事耿崇美至易州,诱谕其众,众皆降,璘不能制,遂为崇美所杀"。
⑤ 《资治通鉴》卷 288《后汉纪三·高祖下》,乾祐元年三月,"方简自狼山帅其众数百,还据定州,又奏以弟行友为易州刺史,方遇为泰州刺史,每契丹入寇,兄弟奔命,契丹颇畏之。于是晋末州县陷契丹者,皆复为汉有矣"。
⑥ 《辽史》卷 6《穆宗纪》,应历三年二月甲子,"太保敌烈修易州城,镇州以兵来挑战,却之"。知当时易州已入辽。
⑦ 《旧五代史》卷 119《周书·世宗纪六》,显德六年四月"戊申,定州节度使孙行友奏,攻下易州,擒伪命刺史李在钦来献"。《宋史》卷 253《孙行友传》亦载,"显德六年,世宗北征,行友攻下契丹之易州。"按《资治通鉴》,孙行友为方简之弟,见《资治通鉴》卷 288《后汉纪三·高祖下》,乾祐元年三月。而《宋史·孙行友传》谓"行友兄子方谏"云云,以行友为方简之从父,然同传下文又有"行友弟易州刺史方进",大约方简、行友、方进乃兄弟行,非叔侄也。当从《通鉴》。
⑧ 《长编》卷 20,太平兴国四年六月丁卯条:"上躬擐甲胄,率兵次岐沟关。契丹东易州刺史刘禹以州降。留兵千人守之。东易州即岐沟关也。"同月乙亥条:"命八作副使祁延朗知东易州。"又(宋)王应麟:《玉海》卷 193 上《兵捷》"太平兴国亲征幽州"条:"(太平兴国)四年,既下并州,上欲乘胜取范阳。……(六月)庚申,上北征。丁卯,上躬率兵攻东易州。其刺史刘宁以州降。"江苏古籍出版社、上海书店影印本,1987 年。
⑨ 《辽史》卷 12《圣宗纪三》,统和七年正月"甲辰,大军齐进,破易州,降刺史刘墀。……乙巳,幸易州,御五花楼,抚谕士庶"。林荣贵称:"端拱二年(989,统和七年)正月,易州被辽攻取,从此归辽辖有。"(见《北宋与辽并立时期的疆域格局》,《中国边疆史地研究》1998 年第 3 期,第 14 页)此说是。

应历九年以前及统和七年以后,治今河北易县。应历九年至统和七年间,治今河北涿州市西南 36 里松林店镇岐沟村。

会同九年,辖县四:易、涞水、容城、遂城县。应历九年易州失于后周,同年侨置容城县,属涿州。统和七年复取易州并下辖易、涞水、遂城三县。统和十五年放弃遂城县,辖县三:易、涞水、容城县。

1. 易县

石晋易县,会同九年入辽。辽与五代、宋之间几经争夺,于统和七年复取之。倚郭。其为宋占领期间,曾于太平兴国六年(981,辽乾亨三年)以县南境两乡置平塞军(见下文平塞军条)。统和七年后平塞军仍存。则易县在统和以后之境土,较应历以前少南境一部也。

2. 涞水县

石晋涞水县,会同九年入辽,此后其归属大致随易州而变。治今河北涞水县。

3. 容城县

石晋容城县,会同九年入辽,天禄中(后汉乾祐中)随易州入后汉。应历三年(后周广顺三年)复入辽。应历九年(后周显德六年)四月失于后周,不久复之,旋又弃其原治,侨治于涿州新城县境,属涿州。统和七年还隶易州。初治今河北容城县北 16 里贾光乡城子村,应历九年以后,西北徙,治今河北定兴县东南。

按容城归属、治所之转迁过程,诸家皆不甚解,故颇值一说。

首先应当确定的是辽容城县的治所问题。在辽统和二十二年(1004,宋景德元年)底辽、宋进入长期和平之后,辽容城县之治所并非该县于会同九年初入辽时之治所,也就是说,辽中后期之容城在巨马河之北,并非河以南的隋唐遒县也即唐全忠、容城县治。证据之一是《辽志》所说的"侨治涿州新城县"一语,即辽县在巨马河北也。其次,自后周显德六年世宗北伐后,辽与周、宋之间,东线长期以巨马河为实际界线,辽虽于宋太宗、真宗朝多次深入宋地,但一旦退军,也大致回缩至河以北以自守,故而北宋初得以长期持续经营巨马河以为界河,而未遇到辽之阻挠。在这种态势下,辽当然不会在周、宋境内安插一个容城县。这一点,历代考据者似未尝疑焉。问题是,辽容城在巨马河以北之治所,是唐末五代还是辽代所徙?这就要与南、北政权对容城的争夺联系起来。

比起同是易州所属的易、涞水两县,容城在显德六年四月之后归属、建置、治所变迁更为复杂。它随易州为后周所取,但几乎同时,周世宗抱病南归。至当年六月戊寅,辽军收"复容城县"①。《新五代史》称:"雄州,周显德六年克瓦桥关置,治归义;割易州之容城为属,寻废。"②此处所"废"者,显然不是指雄州,而是容城县也。何以废之?事实上,只不过县境立即被辽夺回而已。

即使辽军夺归此县,守御的形势却极不容乐观。当时的容城县治,沿袭旧治,仍在今城子村之地,巨马河之南。此时巨马河以南地,几全为后周所得,容城东、南面之瀛、莫两州之地已失,西面的易州其余之地也未能收复。该县为后周新得之境所包围,虽一时获之,却无法坚守。于是,大约就在"收复"以后不久,辽又主动放弃容城,又在巨马河之北割涿州新城县一角,新置容城县。而《辽志》所谓"户民皆居巨马河南"者,应当是辽军此次撤出甚为仓促,故不及携县民北走,但其后并非不辖民户。

辽军撤回巨马河北后,割涿州新城县西南境重置容城县,其民亦当自新城割出。容城之侨治,情形很特殊,与同样侨治新城的归义县一样,有土有民,并非虚立于新城县的一个机构或名号。故《辽史·兵卫志》载有"新城县丁二万……容城县丁一万"③。另外,咸雍四年(1068),受大水侵袭的"永清、武清、安次、固安、新城、归义、容城诸县","复一岁租"④,也正因有实土,才得以有受淹的资格。

《辽志》容城县"侨治涿州新城县"之说,很易被人误会,以为容城与涿州归义县一样,其治所在新城县治。其实迁至巨马河北的容城县,另立新治,顾祖禹转述《辽志》容城县治时,在"新城县"后加了个"界"字⑤,则与事实相符矣。不过,既有实土,何以仍曰"侨治涿州新城",原因却不得而知。北宋末许亢宗载其使金行程云:"离州三十里,至白沟……旧容城县附雄州归信县寄里。自壬寅年冬,于河北岸创筑容城县新垒。"壬寅年,即宋宣和四年(1122),时辽已亡而宋甫得幽属各州,由其语意来看,许亢宗认为此"新垒"乃宋人创立。然而,这一说法恐有误。笔者以为,许亢宗看到的,实非宣和四年所筑的新垒,而是辽长期沿用的容城县。宋末初得其地,宋人或曾将南境容城之地尽并于归信,而因辽之旧治也。入金,巨马河北的原辽末容城之境应入涿州,金又于雄州界另立容城。

---

① 《辽史》卷6《穆宗纪》,应历九年四月。
② 《新五代史》卷60《职方考》雄州条。
③ 《辽史》卷36《兵卫志下》。
④ 《辽史》卷22《道宗纪二》,咸雍四年十月辛亥。
⑤ 《读史方舆纪要》卷12《北直三》"保定府·容城故城"条。

上文提到，唐末易州容城县境在显德六年被后周占领后又被辽人夺回，故后周废容城县。后辽人虽然放弃该县之地，却未有资料证明后周重置此县，故而宋初建隆四年(963)才得以有"复置容城"并隶于雄州城内之事。但后人对于显德六年前后辽、周对容城的争夺未予关注，从而对此后南、北两个容城的发展有所误解。顾祖禹道："石晋初，(容城)地入于辽，居民皆避居巨马河南，宋因置县以统之。"是以容城之入辽在辽天显十一年，以该县为入辽幽属诸州之地也。此误上文已辨，兹不赘。又云："周显德六年，伐契丹，赵匡胤先至瓦桥关，契丹守将以城降，周主以其地控扼幽、蓟，建为雄州，割容城、归义二县隶焉。"①显然，两种说法是相矛盾的，周世宗既割容城隶雄州，又何必俟宋初再置？这个问题顾祖禹并未解释清楚，如此一来，后周显德六年四月置雄州②至宋建隆四年"复置"容城③之间，容城之地的去向、南境容城县的建置就成为悬疑。至于陈汉章引《一统志》之说，认为"五代周显德六年，移县于雄州城中，自此容城之名，南、北并置"，误将南境容城置于雄州城内的历史由宋建隆四年移至周显德六年，且亦未注意北境(辽)容城的变化，其定北境容城于"今容城县北十五里城子村之故城"，固然可信，但说此县治"为辽宋金元之容城"④，则误矣。

(失)遂城县

石晋遂城县，会同七年(944)入辽。天禄二年至四年(948—950，后汉乾祐中)失于后汉。应历三年(953，后周广顺三年)收复。九年(显德六年)又为后周所取。统和七年(989)收复。十五年复失于宋。治今河北徐水县西20里遂城镇。

遂城与满城在后晋同属易州，但比易州其他三县更早入辽。早在会同七年(即后晋开运元年)九月，契丹就占领了这一重地⑤——该县与梁门合称"铜梁门、铁遂城"⑥，可见其战略位置之重要。但辽此次占有遂城的时间不长，次年三月，晋军又夺回遂城⑦。再过了接近两年，至会同九年十二月，随着辽灭后晋，遂城县也进入了辽的疆域。在至会同九年十二月得到易州其余部分之

---

① 《读史方舆纪要》卷12《北直三》"保定府·容城故城"、"瓦桥关"条。
② 《新五代史》卷12《周本纪·世宗纪》，显德六年四月"癸卯，取瓦桥关，以为雄州"。
③ 《宋史》卷86《地理志二》"河北东路·雄州"条。
④ 《辽史索隐》卷5《地理志·南京道》，《二十五史三编》，第225页上。
⑤ 《新五代史》卷9《晋本纪·出帝纪》，开运元年九月丙子。
⑥ 《文献通考》卷316《舆地考二》"古冀州·安肃军"条。
⑦ 《资治通鉴》卷284《后晋纪五·齐王中》，开运二年三月乙卯。按《契丹国志》卷3《太宗嗣圣皇帝下》将此事置于会同九年(开运三年)四月，误，因其纪年较其他史籍早一年也。

前,辽之遂城与当时辽境之泰州接近,故而,会同七年九月入辽至次年三月失之,当就近隶属于泰州。而在此期间泰州也处于双方争夺之下,不断易手,一旦泰州失于晋,遂城于辽即成飞地。

在后晋覆灭之后,遂城归属于泰州或易州,并没有资料可以说明。后汉乾祐中随着易、泰二州被孙方简兄弟占领,遂城与辽境的联系也被隔断,应当无法独存而亦为孙氏所占。但到后周广顺三年(953),它应当也随易州入辽,直至显德六年再入后周之境,并在北宋期间一直保留在宋境,宋于太平兴国六年(981)以遂城县建威虏军(景德元年,即1004年改广信军),并在周显德六年于该县建置的梁门口寨的基础上,分该县一部置静戎军及静戎县(景德元年军、县俱改名安肃)①。

应历中失遂城于后周之后,辽并未放弃收复遂城之努力。圣宗统和十三年,辽又出现关于遂城的记载:"增泰州、遂城等县赋。"按遂城与辽所谓泰州(宋之满城)原为宋境之县,初取之时,应当减免赋税才是,该年既增其税,疑遂城入辽已有较长时间。宋之史料不载遂城或威虏军为辽所占之事,《辽史》亦未确载,或是遂城虽然重要,但毕竟在辽只是县级政区。不过,《辽史》透露出一点信息来:统和七年正月"癸卯,攻易州,宋兵出遂城来援,遣铁林军击之,擒其指挥使五人。甲辰,大军齐进,破易州,降刺史刘墀"②。大约易州被攻破,遂城援易之师亦被击败,县亦不守。按遂城在统和十三年与泰州同时增赋,估计两者被辽夺回也差相同时。故遂城于统和七年入辽,当距事实不远。当时应沿旧例,县属易州。或许是在界河以南的形势长期不稳固,易受攻击,至统和十五年,辽在占领这一带近十年之后,终于主动撤出:"徙梁门、遂城、泰州、北平民于内地。"③放弃旧有的遂城、泰州(满城)之地,而将两县人民与掠自宋境梁门寨(静戎军)、北平寨之民,一起北迁。

辽此次撤出,终止了占领遂城的历史。此后虽然曾有过重取遂城的打算,又多次在遂城之下与宋军大战,终未能再次占领该县④。

---

① 《宋史》卷86《地理志二》河北道广信军、安肃军条。安肃军(原名静戎军)以后周梁门寨所置,见《太平寰宇记》卷68《河北道十七·静戎军》、曾巩《隆平集》卷1《郡县》。《文献通考》卷316《舆地考二·古冀州》称:"国初以梁门、遂城二县为安肃、保信军。"疑宋初曾一度以梁门口寨为梁门县,故至北宋末"收复"燕云,蔡攸曾建议"废安肃、广信二军复为梁门、遂城县",并谓"祖宗昔以二县建安肃、广信者"云云,见《三朝北盟会编》卷23《政宣上帙二十三》,宣和七年十一月二十八日。
② 《辽史》卷12《圣宗纪三》。
③ 《辽史》卷13《圣宗纪四》,统和十五年二月庚子。
④ 《辽史》卷14《圣宗纪五》:统和十七年十月"癸酉,攻遂城,不克……次遂城,敌众临水以拒,纵骑兵突之,杀戮殆尽";统和十九年十月,"甲寅,辽军与宋兵战于遂城,败之";二十年"夏四月丙寅朔,文班太保达里底败宋兵于梁门";二十二年闰九月"丁卯,萧挞凛与宋军战于遂城,败之"。

(废)芦台军

石晋幽州芦台军,天显十一年入辽,后废,其南境部分入周(后归宋)。治今天津市宁河县治所芦台镇。

幽州芦台军乃刘守光所建:"(刘守光)因置芦台军于海口镇以备沧州。后唐庄宗命其大将周德威破燕军于平冈,复收芦台军。同光中,以赵德钧镇其地,十余年间,兴利除害,人共赖之。遂因芦台卤地置盐场,又般行运盐东去京国一百八十八里,相其地高阜平阔,因置榷盐院,谓之新仓,以贮其盐。……清泰二年,晋祖起于并、汾,以辽主有援立之劳,因父事之,遂以山前后燕蓟等一十六州遗于有辽。遂改燕京,因置新仓镇,广榷盐以补用度。"①新仓镇原属芦台军之地,但非军治所在,后于金代置宝坻县,此不赘。又后唐天成元年(926),房知温"诏充北面招讨,屯于卢台军"②。天成二年,曾有"卢台戍军乱"③。而芦台军者,入辽却不见于记载也。

关于芦台军最后的动向,见于《旧五代史》:"广顺三年六月壬子,沧州奏:契丹幽州榷盐制置使、兼防州刺史、知卢台军事张藏英,以本军兵士及职员、户人、孳畜七千头口归化。"④《宋史》不仅纠正了"防州刺史"是"坊州刺史"之误,且非常详实地记载了张藏英此次"归化"所带来的资源:"契丹用(藏英)为卢台军使,兼榷制置使,领坊州刺史。周广顺三年,率内外亲属并所部兵千余人,及煮盐户长幼七千余口,牛马万计,舟数百艘,航海归周。至沧州,刺史李晖以闻。"⑤

张藏英此次归周,不但将辽境东南海防基地芦台军的军力与军事装备席卷一空,并且连煮盐户、牛马等财计相关的人、物,也尽数带走。自此,芦台军应当失去了它的建置基础而被废弃。这一推测,并不能得到辽方史料的直接证据,但张藏英南奔后,芦台军遂无踪影。而后世的诸多总志、通志与方志中,一般只叙至赵德钧,至于芦台军,则无闻矣。故而笔者推测,芦台军于刘守光时期初置之时"备沧州"的战略意义,在此后数十年间并未凸显,故辽廷遂因张藏英之席卷南归而废罢此军。

按《宋史·地理志》:"清州,下,本乾宁军。幽州芦台军之地,晋陷契丹。

---

① 《创建宝坻县碑》(大定十二年),《全辽金文》,第 1619 页。
② 《旧五代史》卷 91《晋书·房知温传》。
③ 《旧五代史》卷 38《唐书·明宗纪四》,天成二年四月辛巳朔。
④ 《旧五代史》卷 113《周书·太祖纪四》,广顺三年六月壬子。
⑤ 《宋史》卷 271《张藏英传》。

周平三关,置永安县,属沧州。太平兴国七年置军,改县曰乾宁隶焉。"①此条解释得非常清楚,即:宋之乾宁军(清州)是以前的芦台军之地(也是契丹宁州所在,见下文宁州条),但非芦台军治所在。然而,胡三省却称芦台军"临御河之岸,周建乾宁军,东至沧州一百里"②。按芦台军所治之处,原既称"海口镇",又为"备沧州"所置,怎会在沧州之西百里?所谓"御河之岸"处,乃乾宁军治而非芦台军治也。三省误以乾宁县所在之"芦台军地"为"芦台军治",故将乾宁县与芦台军混为一也。

芦台军治所,据《清一统志》:芦台镇,"在宁河县东南,去宝坻县一百四十里,即古芦台军,元至元十九年立芦台盐使司,明亦设芦台场,置巡司"③。此芦台镇者,即今宁河县治也。

(失)乾宁军—宁州

石晋幽州乾宁军,天显十一年(936)入辽,后置宁州,为刺史州,应历九年(959)失于后周,治今河北青县。

唐置乾宁军:"刘仁恭将幽州兵五万救沧州,营于乾宁军。"胡三省注曰:"乾宁军,在沧州西一百里,盖乾宁间始置此军也。"④按《宋史·地理志》:"清州,下,本乾宁军。幽州芦台军之地,晋陷契丹。"⑤则此军在后唐当属幽州。其地入辽以后,不知何年始置宁州。《旧五代史》载:后周显德六年(959)四月"壬辰,至乾宁军,伪宁州刺史王洪以城降"⑥。《通鉴》所载同,胡三省注曰:"契丹盖置宁州于乾宁军。"⑦顾祖禹也提到,青县之地,入契丹以后曾置宁州⑧。则置州在天显十一年至应历九年之间,至末年而入后周之境。其地于宋复建乾宁军,大观二年(1108)升置清州⑨,今青县也。

辖县不详。

---

① 《宋史》卷86《地理志二》河北东路清州条。
② 《资治通鉴》卷275《后唐纪四·明宗上之下》,天成二年二月戊子注。
③ 《嘉庆一统志》卷9《顺天府》"关隘·芦台镇巡司"条。据《元史》卷94《食货志二·盐法》,至元"十九年改立大都芦台越支三义沽盐使司一,二十五年复立三义、芦台、越支三盐使司"。
④ 《资治通鉴》卷262《唐纪七十八·昭宗中之中》,光化三年六月。
⑤ 《宋史》卷86《地理志二》河北东路清州条。
⑥ 《旧五代史》卷119《周书·世宗纪六》。
⑦ 《资治通鉴》卷294《后周纪五·世宗下》,显德六年四月壬辰注。
⑧ 《读史方舆纪要》卷13《北直四》"河间府·青县"条。王颋也曾提及《辽志》脱漏此宁州之失(见《松漠记地——〈辽史〉〈地理志〉资料源流及评价》,《驾泽抟云——中外关系史地研究》,第215页)。
⑨ 《宋史》卷86《地理志二》"河北东路·清州"条。

(废)平塞军

宋平塞军,辽统和七年(989)获之,并存留其建置,统和后期废。治今河北易县南25里凌云册乡一带。

冯永谦曾引《武经总要》,认为辽有平塞军,"是辽设在南部防御宋朝的边防州军,与上京道设在西北的边防城同样重要"①。信哉斯言。按平塞军之置非始于辽,而是宋初太平兴国六年(981)在当时北境前线所置的一列边防州军之一:

> 平塞军治平塞县,皇朝太平兴国六年二月改(置),为(以)易州南三十五里太保村塞为平塞军,仍割易县侯台、凌云两乡白涧河以南人户,及满城县玉山乡人户以属焉,至七年,又于军城置平塞县。②

按"太保村塞"之名称颇为奇特,曾巩《隆平集》称:太平兴国六年,以"易州太保寨为平寨军"③。"平寨"应是"平塞"之误④,不过由曾巩对"太保寨"的记载参照《太平寰宇记》"太保村寨"之说,可以想象的是,此处原是易州太保村,后因其冲要,置为太保寨,太平兴国六年又升置为平塞军耳。故《太平寰宇记》所载"太保村塞",当为"太保村寨"或"太保寨",而《隆平集》之"平寨军",则当为"平塞军",两书各有一误。

平塞军之入辽,未见有明确记载,但可以推测的是,这个处于易州、满城县与遂城县(宋广信军)之间的要地,在统和六年辽下满城、统和七年得易州(包括遂城县)之时,亦不得独善其身矣。故笔者定其入辽之时为统和七年。

辽并未废罢平塞军之建置。宋景德元年(1004,辽统和二十二年),"威虏房、莫州并言:'契丹奚王及南宰相、皇太妃、令公,各率兵四万余骑,自鉴城川抵涿州,声言修平塞军及故城、容城'"⑤。"故城"者,应即固城也。由契丹修城之宣言及故城、容城属辽境来看,契丹或以加强边防为借口,掩饰其南下之企图,而"平塞军"者,当如故城、容城一般,为接近边地之城池,其建置亦

---

① 《辽史地理志考补——中京道、南京道、西京道失载之州军》,《北方文物》1998年第3期,第72页。
② 《太平寰宇记》卷68《河北道十七》"平塞军"。
③ 《隆平集》卷1《郡县》。
④ 《隆平集》此误,与《长编》卷22,太平兴国六年正月乙卯条同。该条称:"建易州大保寨为平寨军。"然则"平寨"之名颇为奇特,不如"平塞"之有明确含义。宋北部边境,颇有与"平塞"等伦者,若"威塞"、"宁塞"、"安塞"、"保塞"、"静塞"等军、寨、堡即是。《长编》同卷太平兴国六年九月丙辰条载:"知易州白继赟言契丹来侵,逆击之于平塞寨北。"由"平塞寨"之名,或可推知,太保寨升为平塞军后,或仍以"寨"称之,然军、寨之名,则当为"平塞"。
⑤ 《长编》卷56,景德元年(1004)正月丙申。

当犹在。而这是宋、辽史料中所见到的关于平塞军的最后信息,此后遂无记载。应是1004年宋、辽和议后,因互弛边事,故辽在不久后即将此建置废入易县。

其治所,据《武经总要》"涿州西南,北至易州四十里,南至广信军四十里"①之说,又据《太平寰宇记》所载"易州南三十五里"、"易县侯台、凌云两乡白涧河以南",衡其方位、里距,当在今易县南凌云册乡一带。

又宋之平塞军有平塞县,入辽,不知其县存否。视芦台军之例,似该军亦不辖县。

(失)泰州

石晋莫州清苑县,辽会同中置泰州。会同七年三月,为后晋所得。八年正月,辽收复泰州,三月,又入后晋。九年底辽灭后晋,收复泰州。应历九年,失于后周。统和六年,收复满城,复于满城置泰州,统和十五年复失,泰州遂不存。仅余满城北境,废县,以其地入易州。会同至应历年间,治于清苑县,即今河北保定市②。统和六年至十五年,治于满城县,即今河北满城县西北5里满城镇柳家佐附近③。

按初置泰州,在后唐天成三年(928)。《旧五代史》:"泰州,后唐天成三年三月升奉化军为泰州,以清苑县为理所。"④奉化军之由来诸史无载,当亦是后唐时割莫州之清苑县升置。大约在后晋初,泰州又废。史籍虽未载此次废泰州事,但却可以间接推断。

在会同元年辽得十六州,直至会同七年辽晋关系恶化为止,辽、晋的边界无大变动。可以肯定的是,会同七年战争爆发之后晋人所攻下的"辽泰州"("契丹泰州"),应当正属辽天显十一年所得幽州镇、会同元年所获十六州之地。然而,会同元年辽所得土地,若是有"泰州"这一建置,那么就应当是"十七州",而"十七州"却是从未有史料提到过的。故而,在辽会同元年(晋天福三年)献地于辽之前,晋已废泰州矣。

晋之泰州废为清苑县后,仍当属于莫州,并随州入辽。《太平寰宇记》称:

---

① 《武经总要》前集卷16下《边防·北蕃地理·幽州四面州军》"平塞军"条。
② 按《嘉庆一统志》卷12《保定府》"建置沿革"条:保定府(今保定市)即辽泰州,宋保塞军、保州。
③ 《读史方舆纪要》卷12《北直三》"保定府·满城故县"条:明满城县"西北五里鱼条山下有乐城,即后魏永乐县及乐浪郡治",后魏永乐县,即隋、唐永乐县,唐、辽、宋之满城县也。
④ 《旧五代史》卷150《郡县志》河北道泰州条。

"保州治清苑县,本莫州清苑县地,石晋初割属契丹,蕃戎立为秦州。"①"秦州"当作泰州,此毋庸赘言。乐史略去了清苑升奉化军、泰州的历史,且以为其县首次置为泰州在契丹,是其不足,但升军、州前后隶于莫州,且"蕃戎"曾立清苑为州,当无误也。《通鉴》载:后晋开运元年(944)三月"辛卯,马全节攻契丹泰州,拔之"②。《契丹国志》也明言:会同九年(即开运三年)"夏四月,晋杜威等诸军会于定州,攻辽泰州,降之"③。又《册府元龟》载:"少帝载运二年,宣收降到泰州刺史晋庭谦、军州官吏以下至行宫前,勅令释缚,赐晋庭谦器帛、鞍马、银带、公裳,又赐录事参军李崇义、司法参军张唯谏、清苑主簿李正祐、部署指挥使刘继晖器帛有差。"④辽泰州的机构建置非常齐全,并非辽在攻下后晋之州后仓促建立的军管机构。

后晋在开运元年三月首次攻占泰州,次年正月,契丹反攻,又陷泰州⑤,但到了三月,后晋"诸军攻契丹,泰州刺史晋廷谦举州降"⑥,此是晋军第二次攻占泰州。半月之后,"诏以泰州隶定州"⑦,即成为石晋易定节度使管下的支郡,又于当年九月"甲寅,移泰州理所于满城县"⑧。至于清苑县,则仍当属于泰州:其一,由于当时莫州尚属辽,故清苑不可能按唐末之制还隶莫州,只能属泰州或定州管辖。其二,泰州原治于清苑县,现在州治虽移到位置更为紧要的满城,但清苑按其原来的归属隶于泰州,亦在情理之中。

会同九年底辽灭晋,泰州仍属辽。然而,满城县不久又失之于后汉,辽之泰州仅余清苑县。

> (后汉乾祐中,即辽天禄二年至四年)孙方简自狼山帅其众数百,还据定州,又奏以其弟行友为易州刺史,方遇为泰州刺史。每契丹入寇,兄弟奔命,契丹颇畏之。于是晋末州县陷契丹者,皆复为汉有矣。⑨

> (汉)授行友易州刺史,行义泰州刺史。弟兄掎角以居,寇每入,诸军镇闭垒坐视,一无所得,行友尝遣都校王友遇巡警于石河,与契丹遇,杀百

---

① 《太平寰宇记》卷68《河北道十七》"静戎军"。
② 《资治通鉴》卷284《后晋纪五·齐王中》。
③ 《契丹国志》卷3《太宗嗣圣皇帝下》。按《国志》纪年较其他史籍早一年,其会同九年事,相当于《辽史》会同八年,实即晋开运二年。而置晋军克泰州事于四月,亦与他史皆不同。
④ 《册府元龟》卷166《帝王部·招怀第四》。
⑤ 《新五代史》卷9《晋本纪·出帝》,开运二年正月丙子。
⑥ 《资治通鉴》卷284《后晋纪五·齐王纪中》,开运二年三月甲戌。
⑦ 《资治通鉴》卷284《后晋纪五·齐王纪中》,开运二年三月乙丑。
⑧ 《旧五代史》卷84《晋书·少帝纪四》。晋庭谦,《通鉴》作"晋廷谦"。
⑨ 《资治通鉴》卷288《后汉纪三·高祖纪下》,乾祐元年三月甲戌。

余骑,又尝获其刺史蔡福顺、清苑令王琏。①

孙方遇(行义)为后汉泰州刺史,州应治于满城,沿后晋末之旧也。而由被擒获的"清苑令"来看,那位"刺史蔡福顺",应当是辽的泰州刺史,说明会同九年辽收复泰州后,州治仍在清苑,并沿去年后晋之旧,仍以满城、清苑二县为泰州所属,至孙方遇得到满城后,后汉又于满城置泰州,此亦袭后晋开运二年之制。当时后汉、契丹各有一泰州。直至"周广顺二年二月,废(泰)州,其满城割隶易州"②。遂仅辽有泰州,治于清苑。而后周所占之满城县,又于广顺三年(953,辽应历三年)随易州入辽,其或还隶于辽泰州。

显德六年(959,辽应历九年)周世宗北伐,收复瀛州、莫州、易州,易州以南的辽泰州(包括清苑、满城),亦当于此时入周,清苑还隶刚刚收复的莫州,此后再与泰州无关。至于满城,仍属易州,直至太平兴国六年,割县之北境置平塞军,南境仍旧为县。

在宋太宗太平兴国四年(979)北伐之后,辽开始对宋北境的连年进攻,而满城是其重点目标之一。统和四年,"北皮室详稳排亚献所获宋谍二人,上赐衣物,令还招谕泰州。褚特部节度使卢补古、都监耶律盼与宋战于泰州,不利"③。至统和六年,终于攻占满城④,并重建泰州。此后,可称为辽的"第二泰州时期",这不仅是因为应历九年之后三十年之后,辽又重新得到泰州,还因为此时的泰州,已移治于满城,不同于会同中初置泰州时之治于清苑也。

何以肯定统和六年泰州治于满城呢? 统和七年下满城,十三年"增泰州、遂城等县赋",直至十五年"梁门、遂城、泰州、北平民于内地"⑤,即放弃泰州,其间泰州一直在辽境内。而同一时期(宋端拱二年至至道三年),由清苑县改置的保塞县、治于保塞县的保州,皆在宋境而未失也:

(端拱二年二月癸丑)平塞、天威、平定、威虏、静戎、保塞、宁边等军,祁、易、保、定、镇、邢、赵等州民,除雍熙四年正月丙戌诏给复外,更给复二年。⑥

飞捷本威虏军保州易州静塞兵,定州厅子军立。淳化元年,诏赴阙拣

---

① 《宋史》卷253《孙行友传》。
② 《旧五代史》卷150《郡县志》河北道泰州条。
③ 《辽史》卷11《圣宗纪二》,统和四年十一月癸巳。
④ 《辽史》卷12《圣宗纪三》:统和六年"十一月辛卯,攻满城,围之,甲午,拔其城"。
⑤ 《辽史》卷13《圣宗纪四》,统和十三年正月丁巳、十五年二月庚子。
⑥ 《宋史》卷5《太宗纪二》,端拱二年二月癸丑。

阅,以静塞为三等,厅子为一等,改今名。①

淳化二年,(杨嗣)改知保州,门无私谒。②

至道元年,保州无敌军校李深……妻产三男。③

宋之保州(旧清苑县)既未被辽占领,那么辽之境之"泰州",自当是指满城无疑。

辽之"第二泰州时期"并不长,仅有十年,至统和十五年,复内徙泰州之民,放弃了泰州(满城县)。此后宋辽战争并未中断,至统和二十年(宋咸平五年),辽"南京统军使萧挞凛破宋军于泰州"④。然而,此时的泰州,所指已变矣。据《宋史》载:"(咸平)五年,辽人寇保州,(杨)嗣与(杨)延昭御之,部伍不整,为所袭,士马多亡失,代还,特宥其罪"⑥;"(咸平)五年契丹侵保州,(杨)延昭与(杨)嗣提兵援之,未成列,为契丹所袭,军士为丧失"⑦。相互参照之下,此泰州似指旧清苑县(宋保州保塞县)无疑。不详何以有此变化,或契丹之泰州先后曾以清苑、满城为治所,故皆得以"泰州"目之乎?

会同中,辖县二:清苑、满城县。天禄中,满城失于后汉。应历三年,满城随易州入辽,仍属泰州,辖县二:清苑、满城县。应历九年,泰州及所辖二县并失于后周。统和六年,辽复取满城置泰州,辖县一:满城县。至统和十五年弃州及县。

1. 清苑县

石晋清苑县,原属莫州。天显十一年入辽。会同中置泰州,为倚郭。从会同七年始,后晋、辽反复争夺该县,其归属与州同。会同九年辽复得清苑,仍为泰州治,直至应历九年(后周显德六年)失于后汉。治今河北保定市。

按清苑在后唐置奉化军、升泰州。后晋末仍废为县,属莫州,天显十一年(后晋天福元年)随州入辽。不久,辽建为泰州。会同七年(后晋开运元年)三月为后晋所得。次年正月为辽夺回,三月,又失于后晋。后晋移泰州治满城,清苑为泰州属县。会同九年底灭后晋,复夺回清苑,仍置为泰州。后周显德六年世宗夺还莫州和辽泰州之地,废泰州,清苑入莫州(考证皆见于上文),宋建

---

① 《宋史》卷187《兵志一·禁军上》。
②⑥ 《宋史》卷260《杨信附弟嗣传》。
③ 《宋史》卷62《五行志一下》。原作"保州敌军校李深",按《宋史》卷187《兵志一·禁军上》,有"保州无敌",为禁军之军额耳。见第1374页校勘记。
④ 《辽史》卷14《圣宗纪五》,统和二十年四月甲戌。
⑦ 《宋史》卷272《杨业附子延昭传》。

隆中(960—963)以县置保塞军,县亦改名为保塞,太平兴国六年,建为保州①。故《宋史·地理志》称宋之保州"本莫州清苑县"。

2. 满城县

石晋满城县,属易州。会同七年辽攻占满城县,属泰州,次年三月,晋复取满城,且徙泰州治满城。会同九年灭晋,复取泰州(满城),仍移治泰州于清苑,满城仍隶泰州。天禄中(后汉乾祐中)失于后汉。应历三年(后周广顺三年)辽复取满城,隶易州,九年(后周显德六年),复失于后周。统和六年(988,宋端拱元年)占领满城,复建泰州,满城为倚郭,十五年弃之于宋。治今河北满城县西北5里满城镇柳家佐附近。

辽攻取满城之时,史未明载。按《资治通鉴》及《新五代史》,开运二年(945)三月甲寅,晋军取满城②,则晋之失满城,或在开运元年(辽会同七年)春契丹入侵之时。开运二年九月,晋徙泰州治满城(见上文)。次年(辽会同九年)底,辽灭后晋,复取泰州(满城),仍徙治于清苑,以满城隶之。

天禄中(后汉乾祐中),汉将孙方简等取满城置泰州,周广顺二年(辽应历二年)废泰州,满城隶易州,次年,失易州于辽,满城随之入辽,仍属泰州。应历九年,满城复失于周(见上文)。

至宋太平兴国六年,满城的辖境发生了变化,宋以该县之北境置平塞军,次年,又于军城置平塞县(见平塞军条)。至统和六年,辽复取满城,并重建泰州,以满城为倚郭,此时之满城,已较应历以前少北境玉山乡也。

统和十五年,辽内徙泰州(满城)之民,弃其地于宋。按《宋史·地理志》,宋于"太平兴国六年,析易州满城之南境入"保州保塞县③。所谓"满城之南境",因其北部已割入平塞军也。但置废满城县之事于太平兴国六年,恐误耳。按宋咸平六年(1003)尚有满城县:"知保州赵彬奏请决鸡距泉,自州西全满城县,又分徐河水南流以注运渠,置水陆屯田。"④则谓满城早在太平兴国六年已废入保塞县,恐不可信。笔者以为,太平兴国六年置保州时,满城仍属易州而未改隶。至端拱元年(988,辽统和六年)满城被辽所占,次年,易

---

① 《宋史》卷86《地理志二》"河北西路·保州"条。按《长编》卷22,太平兴国六年正月癸卯"以保塞军为保州"。然《长编》他处皆载为"保塞",而不见"保寨"。如卷2,建隆二年八月甲辰,载有"(易定节度使邠)行友弟易州刺史方进、侄保塞军使全晖",保塞军近于易、定,亦由孙氏镇守,应即太平六年正月癸卯条所载"保塞军"也。又卷十一,开宝三年十月甲寅,契丹军南下,宋将田钦祚由遂城遁"至保寨"。知"保寨"误也。
② 《资治通鉴》卷284《后晋纪五·齐王纪中》、《新五代史》卷9《晋本纪·出帝纪》。
③ 《宋史》卷86《地理志二》河北西路保州条。
④ 《长编》卷55,咸平六年十月庚辰。

州亦失于辽。至道三年(997,辽统和十五年)宋复得满城之地,但易州却被辽长期占据,故当年以满城县为保州所辖。直至景德元年(1004)以后,方并县入保塞县①。

(失)瀛州

石晋瀛州,天显十一年入辽。应历九年(959,后周显德六年),为后周所取。治今河北河间市。

后周显德六年世宗北伐,四月,取益津关,随后,"瓦桥、淤口关、瀛、莫州守将皆迎降"②。《辽史》所载亦同:应历九年五月,"陷瀛、莫二州"③,瀛州以北的三关为周所下,瀛州与辽境不再接界,州失于周矣。

辖县五:河间、高阳、平舒、束城、景城县。按唐末瀛州即为五县④,至宋,瀛州仍有河间、束城、景城县,另外,宋至道三年以高阳县隶顺安军⑤。而霸州大城县,则是以"瀛州之大城来属",事在周显德六年⑥。按大城即平舒县,显德六年改名。则高阳、平舒(大城)二县,入宋后始改变归属。故瀛州属辽之时,一直辖有五县,未尝改也。

1. 河间县

石晋河间县,天显十一年入辽,倚郭。

2. 高阳县

石晋高阳县,天显十一年入辽,治今河北高阳县东24里庞口镇旧城村⑦。后于东北30里,今河北安新县东南30里刘李庄镇郝庄村一带,建立行县⑧。

3. 平舒县

石晋平舒县,天显十一年入辽,应历九年入后周,改名大城县。治今河北

---

① 《读史方舆纪要》卷12《北直三》"保定府·满城故县"条:"景德间,县废。"
② 《新五代史》卷12《周本纪·世宗纪》,显德六年四月辛丑;卷73《四夷附录第三·契丹》。
③ 《辽史》卷6《穆宗纪》,应历九年五月乙巳朔。
④ 《旧唐书》卷43《地理志二》河北道瀛州条、《新唐书》卷39《地理志二》"河北道·瀛州"条。
⑤ 《文献通考》卷316《舆地考二》"古冀州·顺安军"条。
⑥ 《宋史》卷86《地理志二》"河北东路·河间府"条、"霸州"条。按景城在宋熙宁二年省为镇,又有乐寿,宋时自深州来隶。
⑦ 《读史方舆纪要》卷12《北直三》"保定府·高阳城"条:"县东二十五里。……唐宋以来,县皆治此。明洪武三年,河溢县圮,始迁今治。"
⑧ 《长编》卷11,开宝三年十二月辛未条:"瀛之高阳旧属契丹,与定之博野相邻,博野人数侵扰之,乃于东北三十里置行县。周世宗既克三关,行县实迩边徼,距州治绝远,民诉其不便,转运使以闻。辛未,徙行县归旧治。"可知瀛州入辽后,高阳县曾行县于东北三十里,至入宋后,方徙回旧治,亦即顾祖禹所谓"唐宋以来,县皆治此"之处。

大城县①。

按辽之平舒县,即唐末同名之县、宋之霸州大城县也:"大城,本汉东平舒县……五季改大城县。"②此"五季"者,在后晋割瀛州与辽之前,抑或是后周收复瀛州之后?《太平寰宇记》则以为:"周显德六年割(平舒)隶霸州,今改名大城县。"③似改名之事较晚,当是周收复瀛州之后,事在显德六年(辽应历九年)也。

4. 束城县

石晋束城县,天显十一年入辽。治今河北河间市东 61 里束城镇④。

5. 景城县

石晋景城县,天显十一年入辽。治今河北沧县西 60 里崔尔庄镇景城村。按顾祖禹称:景城废县在献县东南 90 里⑤,"东南"当作"东北"。

(失)莫州

石晋莫州,天显十一年入辽。应历九年(959,后周显德六年),州为后周所取。治今河北任丘市北 35 里莫州镇。

后周显德六年世宗北伐,四月,取益津关,随后,"瓦桥、淤口关、瀛、莫州守将皆迎降"⑥。《辽史》所载亦同:应历九年五月,"陷瀛、莫二州"⑦。

其所治莫县,在任丘"县北三十里"⑧,宋废为镇,即今任丘市莫州镇也。

天显十一年,辖县六:莫、清苑、任丘、文安、长丰、唐兴县。会同中,以清苑县置泰州,故辖县五。

1. 莫县

石晋莫县,天显十一年入辽。倚郭。

按唐莫州治莫县⑨,而宋之莫州治任丘⑩。按《长编》,宋熙宁六年

---

① 按《读史方舆纪要》卷 11《北直二》"顺天府·大城县"条:平舒县,"五代时改为大城县,改属霸州",与明清城同址,即今大城县也。
② 《资治通鉴》卷 294《后周纪五·世宗下》,显德六年五月己酉注。
③ 《太平寰宇记》卷 67《河北道十六》"霸州"条。
④ 《读史方舆纪要》卷 13《北直四》"河间府·束州城"条:束城县,"宋熙宁六年,废为束城镇。元祐初,复置县。金复废为镇",即今束城镇也。
⑤ 《读史方舆纪要》卷 13《北直四》"河间府·景城废县"条。
⑥ 《新五代史》卷 12《周本纪·世宗纪》,显德六年四月辛丑;卷 73《四夷附录第三·契丹》。
⑦ 《辽史》卷 6《穆宗纪》,应历九年五月乙巳朔。
⑧ 《读史方舆纪要》卷 13《北直四》"河间府·莫州城"条。
⑨ 《旧唐书》卷 43《地理志二》"河北道·莫州"条。
⑩ 《宋史》卷 86《地理志二》"河北东路·莫州"条。

(1073),废莫县①,徙州治当与废县同年。《舆地广记》亦载:"熙宁六年省莫县入(任丘)焉"②。在辽,莫县仍为倚郭也。

2. 任丘县

石晋任丘县,天显十一年入辽。治今河北任丘市。

3. 文安县

石晋文安县,天显十一年入辽。治今河北文安县③。

唐末莫州有文安,至周世宗显德六年下莫州,置霸州,"割莫州之文安、瀛州之大城为属"④。至于辽之莫州,则仍有文安县。

4. 唐兴县

石晋唐兴县,天显十一年入辽。治今河北安新县西南20里端村镇关城村。

按唐兴县为唐末旧县,《太平寰宇记》载:唐代唐兴县,"石晋改为宜川县,后复旧,周显德六年并入莫州"⑤。晋代唐,故改唐兴为宜川。其由宜川改回唐兴,不知在献地与辽之前,抑或其后?已不可知矣,或在入辽前后不久也。而县之废,显然是显德六年收复之初,与划文安入霸州同时,莫州因此而经历了较大的政区调整。

唐兴县之后身,是宋之顺安军。按《宋史·地理志》:"顺安军,同下州,本瀛州高阳关寨,太平兴国七年,置唐兴寨,淳化三年,建为顺安军,至道三年,以瀛州高阳来属。"⑥似乎顺安军只与瀛州有关。事实上,无论是唐末五代之唐兴县,还是宋唐兴寨,距瀛州之境尚有一定距离,而是莫州故地。入宋之后,于"太平兴国七年,因故唐兴县置唐兴寨,淳化中建为军,至道三年以瀛州高阳来属"⑦。唐兴寨正在唐兴县之故址,其升为顺安军之初,仍治于唐兴寨址,而当至道三年(997)以高阳县来属后,即移军治至高阳也。辽军于统和四年(986,宋雍熙三年)"至唐兴县",统和二十二年(1004,景德元年),复"与宋兵战于唐兴",此二处"唐兴"⑧,即是故唐兴县、宋唐兴寨所在也。其地在至道三年以

---

① 《长编》卷二百四十六,熙宁六年八月。
② (宋)欧阳忞:《舆地广记》卷10《河北东路》"莫州"条,四川大学出版社,2003年。
③ 《读史方舆纪要》卷11《北直二》"顺天府·文安县"、"文安城"条:唐移县治,周世宗发滨棣民夫所修之文安城,"即今县城也",在今文安县。
④ 《新五代史》卷60《职方考》"霸州"条。
⑤ 《太平寰宇记》卷66《河北道十五》"莫州"条。
⑥ 《宋史》卷86《地理志二》"河北东路·顺安军"条。
⑦ 《文献通考》卷316《舆地考二》"古冀州·顺安军"条。《舆地广记》卷12"顺安军"条所载略同。
⑧ 《辽史》卷11《圣宗纪二》,统和四年十一月壬辰;卷14《圣宗纪五》,统和二十二年闰九月丙寅。

后,已非顺安军治所矣。顾祖禹云,故唐兴城在安州东南 20 里①,《畿辅通志》之说亦同:"唐兴故城在安州东南……二十里。"②明、清安州,今安新县西安州镇,其东南 20 里,即端村镇关城村。

5. 长丰县

石晋长丰县,天显十一年入辽。治今河北任丘市东北 51 里长丰镇。

长丰为唐末故县,至宋熙宁六年,方省入任丘县③,仍名长丰镇④,则辽得莫州后,亦存留此县也。其址,在今任丘县东北 60 里⑤,即今长丰镇也。

---

① 《读史方舆纪要》卷 12《北直三》"保定府·唐兴城"条。
② (清)李鸿章、黄彭年修:《畿辅通志》卷 53《古迹》"保定府·唐兴故城"条,商务印书馆,1934 年。
③ 《长编》卷 246,熙宁六年八月。
④ (宋)王存:《元丰九域志》卷 2《河北东路》"莫州"条,中华书局,1987 年。
⑤ 《读史方舆纪要》卷 13《北直四》"河间府·长丰城"条。

第五章 西京道府州县沿革

辽西京道境内曾建置的统县政区,有京府一,方州十二:
京府:大同府(原云州)。
方州:弘、德、奉圣、归化、可汗、儒、蔚、应、寰、朔、武、府州。
合计府、州共十三(另参见图10)。

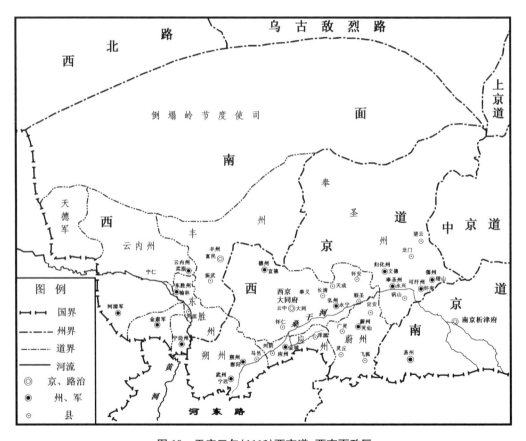

图10 天庆三年(1113)西京道、西南面政区

云州—西京大同府

石晋云州大同军节度。会同元年(938)入辽,仍为大同军节度。圣宗后期置山西都转运司①。重熙十三年(1044)升为西京大同府,置留守,兼西京兵马都部署。改山西都转运司为西京都转运司。治今山西大同市。

阿保机早在称帝的第一年(907,后梁开平元年),即已攻伐云州,但据有河东代北的晋王李克用得讯领重兵而来,阿保机的攻伐最终以一场盟会告终:"阿保机帅众三十万寇云州,晋王与之连和,面会东城,约为兄弟,延之帐中,纵酒,握手尽欢,约以今冬共击梁。"②不过,此后阿保机没有停止对李氏领地的攻击。神册元年(916,后梁贞明二年,李存勖天祐十三年)八月,"契丹进攻云州,(李)存璋悉力拒之。九月,晋王自将兵救云州;行至代州,契丹闻之,引去"③。

据《辽史·太祖纪》载:神册"三年春正月丙申,以皇弟安端为大内惕隐,命攻云州及西南诸部"④。又载:阿保机之弟安端于"神册三年,讨平云州"⑤。若然,则契丹早在神册三年(后梁贞明四年,李存勖晋天祐十五年)即已攻下云州。但是,遍检新、旧《五代史》、《资治通鉴》等,在这一年却未有相关的记载,笔者以为,这或是契丹进入云州界讨伐诸小部落的军事行动,这一目的顺利达到,故曰"讨平",至于攻陷云州,却无此事。不能只凭《辽史》的记载,以为早在太祖时期,契丹就曾得到云州。否则,契丹就不会有此后仍然持续的进攻云州的行动⑥,而且史籍也没有这段时间李存勖晋政权收复云州的记载。

一直到会同元年得石晋献地,云州才第一次成为契丹之域内。但即便是此次获得云州,亦殊不易。在会同元年获石晋所献十六州图籍之前,辽太宗已根据石敬瑭的承诺,去接收十六州之地,但城中兵民却拒而不纳。"契丹主自上党过云州,大同节度使沙彦珣出迎,契丹主留之,不使还镇。节度判官吴峦

---

① 关树东:《辽朝州县制度中的"道""路"问题探研》,《中国史研究》2003年第2期,第140页。
② 《资治通鉴》卷266《后梁纪一·太祖上》,开平元年五月。
③ 《资治通鉴》卷269《后梁纪四·均王上》、《旧五代史》卷53《唐书·李存璋传》所载同。而据《旧五代史》卷28《唐书·庄宗纪二》所载,是李存勖引军来救,闻蔚州陷,"乃班师",至于契丹,则乘胜进攻幽州,次年为李存勖部将周德威、李嗣源等所败。
④ 《辽史》卷1《太祖纪上》。
⑤ 《辽史》卷64《皇子表》。
⑥ 《资治通鉴》卷276《后唐纪五·明宗中之上》:天成四年四月壬子,"契丹寇云州";五月,"契丹寇云州"。卷277《后唐纪六·明宗中之下》:长兴三年五月己亥,"契丹……自此数寇云州及振武"。卷279《后唐纪八·潞王下》:清泰元年九月"己未,云州奏契丹入寇,北面招讨使石敬瑭奏自将兵屯百井以备契丹。辛酉,敬瑭奏振武节度使杨檀击契丹于境上,却之"。

在城中……众推峦领州事,闭城不受契丹之命,契丹攻之,不克。……契丹攻云州,半岁不能下。吴峦遣使间道奉表求救,帝为之致书契丹主请之,契丹主乃命翟璋解围去。"①吴峦率军南走,契丹方得入云州。这个得来不易的州镇,虽只是山后诸节镇之一,但它不但是后唐李氏的早期根据地,还是契丹南下西进最合适的跳板。尤其是,随着西夏对辽的威胁明显强化之后,加重云州的地位就成为西向经略的重要举措之一。故而在重熙十三年升其为京、府。

会同元年,辖县一:云中县。圣宗统和四年(986)置弘州,属大同军节度。圣宗朝之前,又增置天成、长清二县。开泰八年(1019),置宣德县,至兴宗重熙七年(1038)之前,置德州,以宣德县划隶德州,并以德州属大同军节度。重熙十七年增置大同县。另怀仁、奉义县始置不知何时,怀安县亦不知何时由蔚州划入。辽末辖县七:云中、大同、天成、长清、奉义、怀仁、怀安县。节度使另辖州二:弘、德州。

1. 云中县

石晋云中县,会同元年入辽。倚郭。

2. 大同县

兴宗重熙十七年析云中县置,倚郭。

3. 天成军—天成县

石晋天成军,隶云州,圣宗开泰八年以前置天成县,治今山西天镇县。

天成,《辽史·兵卫志》作"天详"②。按辽开泰八年所作《创建无垢净光法舍利塔记》记为"天成"③。当从《辽志》。

《辽志》只称天成县乃"辽析云中置"。不过,天成县之置,或有其他的建置为其基础。按五代蔚州有天成军。《旧五代史》云:后唐景福元年(892)八月,"赫连铎诱幽州李匡威之众八万,寇天成军,遂攻云州,营于州北,连亘数里"④。又《资治通鉴》:后唐景福元年,"克用北巡至天宁军,闻李匡威、赫连铎将兵八万寇云州。……丁酉,出击匡威等,大破之。己亥,匡威等烧营而遁;追至天成军,斩获不可胜计"⑤。关于五代天成军的记载非常有限,既非不断

---

① 《资治通鉴》卷281《后晋纪二·高祖上之下》,天福二年二月、六月。《辽史》载,天显十二年正月庚申,"上亲征,至(云州)城下谕之,峦降"。其所述事件之发展与《通鉴》有所出入,时间亦不相符。
② 《辽史》卷36《兵卫志下》。
③ (辽)释和照:《创建无垢净光法舍利塔记》(开泰八年),《全辽金文》,第180页。
④ 《旧五代史》卷26《唐书·武皇纪下》。
⑤ 《资治通鉴》卷259《唐纪七十五·昭宗上之中》,景福元年八月。

有资料证明它一直存在,也未提到废弃之事。很有可能此天成军一直至十六州入辽时仍存。它作为一个筑于幽、云之间要道上的军垒,与普通政区性质不同,因此,不但正史《地理志》往往不载,没有战争时它不大会出现于史籍中,而且,在十六州入辽时,也不会特意提及。俟十六州入辽,幽、云皆为"王土",故此军垒之存在,必要性大减,辽遂改军置县也。由此,笔者推测,该县之置,当在会同元年以后不久,或即在太宗朝也。在没有确凿证据的情况下,姑置此推测于此。无论如何,该县之置不会在圣宗开泰八年之后。上引《创建无垢净光法舍利塔记》,即在两处提及两位不同的"天成县令":"前宰公文林郎、试大理评事、□(守?)天成县令、武骑尉刘□□官于兹邑也。……天成县令、武骑尉牛□□官于……"

辽天成县之位置,《辽志》云"在京北一百八十里"。按顾祖禹所说,"即今天成卫也"①,今为山西天镇县,则当在京"东北"也。至于五代天成军,按上引《资治通鉴》"追至天成军"条,胡三省注云:"蔚州东北有天成军。"则天成军在云州之东。由《资治通鉴》、《旧五代史》两书所载李、赫连联军的进军、败退路线来看,天成军在幽州往云州的通道上,亦即在云州之东也,其方位应与辽天成县相近。《中国历史地图集》亦将唐代天成军置于今天镇县,与辽天成县同址,这是有道理的。

4. 长清县

圣宗太平四年(1024)以前置,治今山西阳高县东南 21 里大白登镇。

长清县,《辽史》之《地理志》、《兵卫志》并作"长青"②,《金史·地理志》则作"长清"③。按辽人杨佶所作《张琪墓志铭》、王言敷所作《董匡信及妻王氏墓志铭》④所载,皆作"长清"也。杨佶《张琪墓志铭》作于圣宗太平四年:"有女一人,夫人宋氏所出,适长清县令程宪。"这是可见的关于长清县之最早记载。县必置于此前某年。

《辽志》载,县在"京东北一百一十里"。又,长清在金改为白登县,此正今阳高县大白登镇也。

5. 奉义县

始置不知何时,治今山西大同东北。

《辽志》:"后唐武皇与太祖会此。"参《旧五代史》:"天祐四年,大寇云中,后

---

① 《读史方舆纪要》卷 44《山西六》"大同府·宣宁城"条。
② 《辽史》卷 36《兵卫志下》。
③ 《金史》卷 24《地理志上》"西京大同府·白登县"条注:"本名长清,大定七年更。"
④ 《全辽金文》,第 225、392 页。

唐武皇遣使连和,因与之面会于云中东城。"①则奉义正"云中东城"之地,抑或不远之地耶？顾祖禹云,奉义城在大同府东北,"金省为镇,属大同县"②。其确址不可考,然其址当距府治不远也。

6. 怀仁县

始置不知其时。治今山西怀仁县。

《辽志》未具载怀仁置县之时。据《营卫志》载,太宗永兴宫,以云州怀仁县等户置③,其县之置似当在太宗时。然而,笔者于上文泽州条已提到,《营卫志》所载各宫卫下辖之州县,并不区分始置时所辖及后世划属该宫卫者,不可以为据。

又辽怀仁其地,亦是金之怀仁,即今之山西怀仁县也。此又与《辽志》所云"在京南六十里"相符。

7. 怀安县

穆宗应历中置,属奉圣州。后改属云州(大同府)。治今河北怀安县东南38里头百户镇旧怀安④。

按怀安县为"高勋镇燕时,奏分归化州文德县置,初隶奉圣州,后来属"(《辽志》)。然据《新唐书·地理志》所载,怀安为唐新州之旧县⑤,何待辽之重置？或是辽初契丹与五代沙陀李晋政权反复争夺新州(入辽后称奉圣州)之地(见下文奉圣州条),怀安县因此于会同元年入辽之前残破废弃。按高勋"应历初,封赵王,出为上京留守,寻移南京……十七年,宋略地益津关,勋击败之,知南院枢密事"⑥。而《辽史·穆宗纪》所载,高勋直至应历十八年(968)五月,仍任南京留守,至十九年穆宗遇刺时,方改为南院枢密使⑦。要之,高勋之镇燕大致贯穿了整个穆宗朝,怀安县显然置于其间,却不知具体何年。至于其由奉圣州来隶之时,或在云州从蔚州等地获地,置怀安、弘州等县的同时。

---

① 《旧五代史》卷137《外国传一·契丹》。
② 《读史方舆纪要》卷44《山西六》"大同府·奉义城"条。
③ 《辽史》卷31《营卫志上》。
④ 据《嘉庆一统志》卷38《宣化府一》"建置沿革·怀安县"条,辽怀安即为清怀安,即今旧怀安。1951年始迁治也。
⑤ 《新唐书》卷43《地理志三》新州条。
⑥ 《辽史》卷85《高勋传》。
⑦ 《辽史》卷7《穆宗纪下》：应历十八年五月"丁酉,(穆宗)与政事令萧排押、南京留守高勋……连日饮"。卷八《景宗纪一》：应历十九年二月"己巳,穆宗遇弑,帝率飞龙使女里、侍中萧思温、南院枢密使高勋率甲骑千人驰赴"。

弘州

统和四年(986)置弘州永宁军刺史,隶大同军节度。后改博宁军。治今河北阳原县①。

《辽志》载:"统和中,以寰州近边,为宋将潘美所破,废之。乃于此置弘州,初军曰永宁。"其意谓徙寰州之民,至新地置弘州也。所谓"近边"者,近辽宋边界也。统和四年(宋雍熙三年),宋人北伐,夺寰州,但不久败退,至六月,寰州复为辽所取,寰州民亦自宋将杨业手中夺还(见下文寰州条)。故徙寰州民于云州境置弘州事,当在重取寰州土地人民之统和四年下半年。

统和四年,辖县二:永宁、顺圣县。

1. 永宁县

统和四年置,倚郭。

2. 顺圣县

穆宗应历中置,隶奉圣州,统和四年改隶弘州。治今河北阳原县东北62里东城镇。

《辽志》载:"高勋镇幽州,奏景宗分永兴县置。初隶奉圣州。"《辽史》中华书局本校:"景宗应作穆宗。"②是也。高勋镇幽州在穆宗时期(见上文大同府怀安县条),顺圣县之置,亦在其间。其改隶弘州,亦当在州初置不久。

关于顺圣县治所,《辽志》称:"初隶奉圣州。在州西北二百八十里。"无论是理解为在奉圣州,还是在弘州西北二百八十里,都未免过远。顾祖禹称:"顺圣川东城,(宣府)镇西南百四十里,西南至山西蔚州九十里。……五代时为永兴县地,辽析置顺圣县。"③"西南至山西蔚州"一语中"西南"若作"东北",则正今阳原县之东城镇也。

德州

圣宗开泰八年(1019)至兴宗重熙七年(1038)间,升云州宣德县置德州昭圣军刺史,隶大同军节度。治今内蒙古凉城县东北50余里、岱海东北麦胡图镇境内④。

---

① 《辽史稿》,第155页。
② 《辽史》卷41《地理志五》中华书局本校,第515页。
③ 《读史方舆纪要》卷18《北直九》"万全都指挥使司·顺圣川东城"条。
④ 《中国历史地图集》定于此地,《辽史稿》(第155页)亦称:"德州,内蒙古乌兰察布盟岱海东北岸。"然顾祖禹称:"宣宁城,在(大同)府西北八十里。"则其所载城址与大同的距离,较岱海东之定位近一半,见《读史方舆纪要》卷44《山西六》"大同府·宣宁城"条。姑置之,从《地图集》。

《辽志》未载德州之军号,按《金史·地理志》:大同府宣宁县,"辽德州昭圣军宣德县"①,当据补。《辽志》又谓,"唐会昌中以西德店置德州,开泰八年以汉户复置"云云。检两《唐书》,皆无德州、宣德县之记载,州、县皆当始置于辽耳。不过,也并非定如《辽志》所载,始置州于开泰八年也。

按《圣宗纪》:开泰八年十一月甲寅,"置云州宣德县"②。开泰八年显是置县之时,然犹冠以"云州",恐未同时置德州也。德州之置,《辽史》失载,唯兴宗重熙七年所作《大同县薄伽教藏木梁题记》落款为"推诚竭节功臣、大同军节度、云弘德等州观察处置等使……杨久玄"③,则重熙七年已有德州,州当置于此前也。

开泰至重熙间置州时,辖县一:宣德县。

宣德县

开泰八年置,倚郭。

奉圣州

石晋新州,威塞军节度,会同元年(938)入辽,改奉圣州,武定军节度。治今河北涿鹿县④。

辽初,新州曾两次沦入契丹。先是,神册二年(917,李晋天祐十四年)二月,新州卒杀防御使李存矩,胁其将卢文进叛。卢文进在李晋军追击下,逃入契丹,并引契丹军攻陷新州⑤。然李晋政权当在不久之后即收复新州,《旧五代史》于天祐十八年又载有"新州节度使王郁"⑥,《通鉴》亦称,定州义武军节度使王处直之子郁"奔晋,晋王克用以女妻之,累迁至新州团练使"⑦。李晋收复新州在何时?笔者以为,当在神册二年(天祐十四年)八月,李存审、李嗣源于幽州城下大败契丹军之时⑧。契丹主力既退出幽州之境,云州又属李晋,新州突入中原,难以守御,故卢文进及契丹军又弃之而去。此次契丹势力占领新州,不满半年。

神册六年(921,李晋天祐十八年)底,新州又入辽。时王郁与其父王处直

---

① 《金史》卷24《地理志上》。
② 《辽史》卷16《圣宗纪七》。
③ 见《全辽金文》,第280页。
④ 《中国历史地图集》第6册,辽南京道西京道图,第10—11页。
⑤ 《资治通鉴》卷269《后梁纪四·均王上》,贞明三年二月、三月。《旧五代史》卷97《晋书·卢文进传》、卷138《外国列传·契丹》。《新五代史》卷48《晋书·卢文进传》称,文进当年叛逃后,"攻新州,不克,攻武州,又不克,遂奔契丹"。然《旧五代史》与《资治通鉴》述契丹与卢文进攻克新州之事甚详,如《旧五代史》卷28《晋书·庄宗纪二》称:"契丹攻新州甚急,刺史安金全弃城而遁,契丹以文进部将刘殷为刺史。"此后遂有李晋将周德威与契丹于新州之东的大战。故不取《新五代史》所说。
⑥ 《旧五代史》卷29《唐书·庄宗纪三》,天祐十八年三月。
⑦ 《资治通鉴》卷271《后梁纪六·均王下》,龙德元年十月己未。
⑧ 《旧五代史》卷28《庄宗纪二》,天祐十四年八月庚子。

谋引契丹入境,以摆脱李晋政权的控制①,郁遂"以所部山北兵马内附"于辽②。是王郁率众入契丹而弃新州之地,抑或是同时举其地入辽,应以后者为是。王郁降后,"山后诸州皆叛"③,阿保机立即"率大军入居庸关"④。居庸门户洞开,正是新州失陷的后果。

此次契丹保有新州的时间稍长,不过也仅二年余,至天赞三年(924,后唐同光二年),新州复归中原。随着山后妫、儒、武等州纷纷被李晋攻陷⑤,契丹守新州日益困难,至同光二年正月,后唐"幽州奏,妫州山后十三寨百姓却复新州"⑥。

其间契丹两次得到的新州,是刺史、团练、防御抑或节度州?后世记载极为混乱。按《辽史》称:神册二年二月,"晋新州裨将卢文进杀节度使李存矩来降"⑦。《旧五代史》:天祐十四年"新州将卢文进杀节度使李存矩,叛入契丹"⑧。又载:天祐十八年三月,"新州节度使王郁""遣使劝进,请帝绍唐帝位"⑨。皆以新州为节度。称防御⑩、团练⑪、刺史⑫者,亦复不少。然而相对

---

① 《资治通鉴》卷271《后梁纪六·均王下》,龙德元年十月己未。
② 《辽史》卷2《太祖纪下》,神册六年十月癸丑朔。
③ 《新五代史》卷14《唐家人传·太祖四弟·克修传附子嗣肱》。
④ 《辽史》卷2《太祖纪下》,神册六年十月丙子。
⑤ 《资治通鉴》卷271《后梁纪六·均王下》,龙德二年正月戊戌。
⑥ 《旧五代史》卷31《唐书·庄宗纪五》,同光二年正月乙卯。按嵇训杰将同光二年以前新州两次陷于契丹,并为一次,使新州入契丹之时间延长为七年,此皆因忽略王郁叛降之事也。见《〈辽史·地理志〉校读记》,《文史》第37辑,第122页。
⑦ 《辽史》卷1《太祖纪上》。
⑧ 《旧五代史》卷28《唐书·庄宗纪二》,天祐十四年二月甲午。
⑨ 《旧五代史》卷29《唐书·庄宗纪三》。
⑩ 《辽史》卷2《太祖纪下》:神册六年"十月癸丑朔,晋新州防御使王郁以所部山北兵马内附"。《资治通鉴》卷269《后梁纪四·均王上》:贞明三年二月,"晋王之弟威塞军防御使存矩在新州"。《新五代史》卷39《王处直传附子都》:"处直有孽子郁,当邺之亡于晋也,郁亦奔焉,晋王以女妻之,为新州防御使。"
⑪ 《旧五代史》卷29《唐书·庄宗纪三》:同光元年"二月,新州团练使李嗣肱卒"。卷50《唐书·李克修传附子嗣肱》,天祐十九年,嗣肱"授山北都团练使"。卷97《晋书·卢文进传》:"初,庄宗得山后八军,以爱弟存矩为新州团练使以总领之。……及明宗即位之明年,文进……遣使上表曰:'顷以新州团练使李存矩……'"卷138《外国列传·契丹》:天祐十四年,"新州大将卢文进为众所迫,杀新州团练使李存矩"。《新五代史》卷14《唐家人传·太祖四弟·克修传附子嗣肱》:嗣肱"拜新州刺史、山北都团练使"。卷48《卢文进传》:"文进以先降拜寿州刺史,庄宗以属其弟存矩。存矩为新州团练使,统山后八军。"又《资治通鉴》卷271《后梁纪六·均王下》:龙德元年十月己未,王郁"奔晋,晋王克用以女妻之,累迁至新州团练使"。同卷龙德二年正月戊戌,"晋代州刺史李嗣肱将兵定妫、儒、武等州,授山北都团练使"。
⑫ 《旧五代史》卷28《唐书·庄宗纪二》:天祐十四年二月甲午,"契丹攻新州甚急,刺史安金全弃城而遁,契丹以文进部将刘殷为刺史"。卷50《唐书·李克修传附子嗣肱》:天祐十九年,"新州刺史王郁叛入契丹"。《资治通鉴》卷268《后梁纪三·均王上上》,乾化二年三月,"晋李嗣源分兵徇山后八军,皆下之,晋王以其弟存矩为新州刺史总之"。又《契丹国志》卷1《太祖大圣皇帝》:神册二年"三月,卢文进引契丹兵马攻晋新州,刺史安金全弃城走。文进以其部将刘殷为刺史守之"。

于同光二年后唐升新州为威塞军节度之可考,此前"新州节度使"的出现却甚为勉强,多次记载,甚至不载其军额,故天祐中新州已升节度,颇不可信。新州防御、团练之记载最多,顾祖禹以为,"五代梁乾化初,晋王存勖置团练于新州,总山后八军。三年,置威塞军防御使。"①但这仍无法解释梁乾化三年(915,李晋天祐十三年)之后如此众多的"新州团练使"。或者,天祐十四年至同光二年之间,新州曾在"山北(山后八军)都团练使"或"山北防御使"之间变动,按唐五代"都"团练使,与防御使之地位、性质甚为接近,故两种建置可互换、通称,非有等第之明显升迁也。至于"新州刺史"之称,则应当是由于节度、防御或团练,皆带首州刺史,偶或简称"某州刺史"之故,如《旧五代史》载天祐十九年李嗣肱之职为"山北都团练使",而《新五代史》、《资治通鉴》则载为"新州刺史、山北都团练使"②,两者实无异,所载官职或详或略耳。

后唐同光二年,新州升节度,军额为"威塞军",以妫、儒、武三州为属郡。《旧五代史》载此事在该年三月③,《资治通鉴》则载在七月④,与《辽志》大致相合。而《新五代史》则载于同光元年⑤,与他史皆异,今不取。

会同元年幽云十六州入辽,当年十一月,"改新州为奉圣州"⑥。其军额由"威塞军"改"武定军",亦当在该年也。故早在天禄五年(951),耶律娄国即已"遥授武定军节度使"⑦。

会同初辖县三:永兴、矾山、龙门县。节度使另辖州三:归化、妫、儒州。穆宗时增置怀安县、顺圣县,改妫州为可汗州。景宗时增置望云县。后割怀安县属云州,圣宗统和四年又割顺圣县属弘州。辖县四:永兴、矾山、龙门、望云县。节度使另辖州三:归化、可汗、儒州。

1. 永兴县

石晋永兴县,会同元年入辽。倚郭。

2. 矾山县

石晋矾山县,会同元年入辽。治今河北涿鹿县东南48里矾山镇古

---

① 《读史方舆纪要》卷17《北直八》"保安州"条。
② 《旧五代史》卷50《唐书·李克修传附子嗣肱》;《新五代史》卷14《唐家人传·太祖四弟·克修传附子嗣肱》;《资治通鉴》卷271《后梁纪六·均王下》,龙德二年正月戊戌。
③ 《旧五代史》卷32《唐书·庄宗纪六》,同光二年三月庚申。
④ 《资治通鉴》卷273《后唐纪二·庄宗中》,同光二年七月庚申。
⑤ 《新五代史》卷60《职方考》。
⑥ 《辽史》卷4《太宗纪下》。
⑦ 《辽史》卷112《逆臣传上·耶律娄国传》。

城村①。

3. 龙门县

石晋龙门县,会同元年入辽。治今河北赤城县西南 51 里龙关镇②。

4. 望云县

景宗时置。治今河北赤城县西北 31 里云州乡③。

归化州

石晋武州,会同元年入辽,改归化州,雄武军刺史,隶武定军节度。治今河北张家口市宣化区④。

契丹曾于太祖时期两次得到武州,然而保留时间都不长。神册元年(916,天祐十三年)十一月攻下,然而随着次年李晋政权重占新州,武州亦当为契丹所弃。至神册六年,因新州降契丹,武州亦复降,然至天赞元年(922),李晋复攻拔武州(见上文奉圣州条)。两次相加,契丹有武州,不过数月而已。

《辽志》云:"唐升武州,僖宗改毅州。后唐太祖复武州,明宗又为毅州,潞王仍为武州。晋高祖割献于辽,改今名。"唐明宗改毅州事,《舆地广记》亦可证:"后唐长兴元年改曰毅州。"⑤

《辽史·太祖纪》载,神册元年,契丹初得武州即"改武州为归化州"⑥。然钱大昕、冯家昇皆以为,神册元年契丹得武州,旋得而旋失,不遑改名⑦。而《辽史地理志汇释》则认为,旋失其地,不妨其改名也⑧。神册元年曾改武州、妫州之名,似又曾改妫州怀戎县为怀来县,可见该年曾对于奉圣州属下之地进行集中改名。其改武州为归化州,应曾在太祖神册元年发生,《辽史·太宗纪》所载会同元年十一月之改名⑨,应当是复太祖之旧制。

会同元年,辖县一:文德县。

---

① 《读史方舆纪要》卷 17《北直八》"保安州·矾山城"条:"后没于契丹,仍曰矾山县……今为矾山堡。"其地即今之矾山镇之古城也。
② 《辽史地理志汇释》,第 202 页。
③ 贾敬颜:《王恽〈开平纪行〉疏证稿》:"辽、金望云县……今赤城县云州堡。"见《五代宋金元人边疆行记十三种疏证稿》,第 330 页。云州堡,即云州乡也。
④ 贾敬颜:《胡峤陷辽记疏证》,《史学集刊》1983 年第 4 期,第 6 页:归化州,"今河北宣化市",即今张家口市宣化区。
⑤ 《舆地广记》卷 19《河东路化外州》"武州"条。
⑥ 《辽史》卷 1《太祖纪上》,神册元年十一月。
⑦ 《廿二史考异》卷 83《辽史》"地理志"条。《辽史初校》卷 1《本纪第一太祖上》,《二十五史三编》,第 362 页。
⑧ 《辽史地理志汇释》,第 203 页。
⑨ 《辽史》卷 4《太宗纪下》,会同元年十一月。

文德县

石晋文德县，会同元年入辽。倚郭。

妫州—可汗州

石晋妫州，会同元年入辽，隶武定军节度。穆宗应历中(951—969)，改可汗州，清平军刺史。治今河北怀来县东南 28 里地①。

李晋政权之妫州，曾两入契丹，与武州同（见上文归化州条）。其首次入契丹在神册元年，契丹曾改"妫州为可汗州"②，故而神册二年，耶律曷鲁曾"与唐节度使周德威拒战可汗州西"③。李晋夺回后，仍为妫州，且其于会同元年再入辽时，尚称妫州也。其在辽再改"可汗州"，据《武经总要》，当中原后周"周世宗时，戎主避归周之名，改为克汗州。"④时当辽之穆宗朝。故当时谋叛之耶律娄国，"缢于可汗州西谷"⑤。

会同元年辖县一：怀来县。

怀来县

石晋怀戎县，会同元年入辽，改怀来县。倚郭。

按《辽志》："本怀戎县，太祖改。"按辽《李内贞墓志》："守妫州怀来县丞。大圣皇帝兵至，迎降。"⑥所述当是神册元年辽太祖得妫州事，当时应称怀戎。《墓志》称"怀来"者，或是后之撰墓志者以当时之名称先时之政区，或仅为避其"戎"字耳。至会同元年县复入辽，方改为怀来耳。

儒州

石晋儒州，会同元年入辽，为缙阳军刺史，隶武定军节度。治今北京市延庆县⑦。

辖县一：缙山县。

缙山县

石晋缙山县，会同元年入辽。倚郭。

---

① 贾敬颜：《胡峤陷辽记疏证》，《史学集刊》1983 年第 4 期，第 6 页：可汗州，"今河北怀来县怀来镇"，其地现为官厅水库所没。
② 《辽史》卷 1《太祖纪上》，神册元年十一月。
③ 《辽史》卷 37《耶律曷鲁传》。
④ 《武经总要》前集卷 16 下《边防·北蕃地理·西京州军·云州四面诸州》。
⑤ 《辽史》卷 112《逆臣上·耶律娄国传》。
⑥ （辽）无名氏：《李内贞墓志》(保宁十年)，《全辽金文》，第 837 页。
⑦ 贾敬颜：《胡峤陷辽记疏证》，《史学集刊》1983 年第 4 期，第 6 页："儒州，唐置……今北京市延庆县。"

蔚州

石晋蔚州刺史,会同元年入辽,升忠顺军节度,后改武安军节度。统和四年降为刺史州,二十九年升为观察,开泰(1012—1021)至太平(1021—1031)之间,复升为忠顺军节度。治今河北蔚县①。

辽太祖神册元年,契丹军曾下蔚州②。但旋即放弃,此即《辽志》所说:"太祖来攻,克之,俘掠居民而去。"会同元年石晋献地,当即升为忠顺军节度,故统和四年,有蔚州节度使萧啜里、佛留③。然而,因当年四月蔚州将领杀节度使而降宋,辽于五月收复该州后,遂降为刺史州。直至统和二十九年方升蔚州为观察④。其再升节度,《辽史》未明载。然至太平十年,即平大延琳之"明年,擢忠顺军节度使"⑤。自是于开泰元年至太平十年之间升节度。

会同中,辖县四:灵仙、灵丘、飞狐、定安县。统和十三年置广灵县。辖县五:灵仙、灵丘、飞狐、定安、广灵县。

1. 灵仙县

石晋蔚州治灵仙县,会同元年入辽,仍倚郭。

按唐蔚州治于灵丘县⑥,而辽之蔚州则治于灵仙。顾祖禹以为,其移治在辽统和四年自宋军之手收复蔚州之后⑦。恐非如此。按天显九年(934,后唐清泰元年)辽太宗"自将南伐","略地灵丘"⑧。此处不称"蔚州"而称"灵丘",则州治恐已不在灵丘,其徙州治于灵仙,或在后唐。至于统和四年宋夺取蔚州时,灵丘更已非州治矣:三月"丙申,步军都指挥使穆超以灵丘叛附于宋";四月乙卯,"蔚州左右都押衙李存璋……以城叛,附于宋";五月癸未,"斜轸遣判官蒲姑奏复蔚州,斩首二万余级,乘胜攻下灵丘、飞狐"⑨。则蔚州与灵丘显有

---

① 都兴智:《辽金史研究》,第283页。
② 《辽史》卷1《太祖纪上》,神册元年十月。
③ 《辽史》卷11《圣宗纪二》,统和四年四月乙卯、八月乙卯。
④ 《辽史》卷15《圣宗纪六》,统和二十九年六月庚戌。次年(开泰元年)三月甲戌,"以蔚州为观察,不隶武定军"。据《大契丹故武定军节度使检校太师赠同政事门下平章事耿公墓志铭序》,耿崇美于"天禄二年再授武定军节度使,奉圣可汗儒妫化蔚州观察使。"似蔚州在天禄时已降为刺史。然则该墓志误处甚多,包括误"归化"为"妫化",据辑注者引《圣宗淑仪赠寂善大师墓志》:"祖讳崇美,推忠佐命平乱翊圣功臣、武定军节度使、奉圣归化儒可汗等州观察处置等使。"无蔚州,说与《辽史》之《纪》、《志》相符。见《辽代石刻文续编》,第14—15页。
⑤ 《辽史》卷87《夏行美传》。
⑥ 《新唐书》卷40《地理志三》河北道蔚州条。
⑦ 《读史方舆纪要》卷44《山西六》"大同府·蔚州"条。
⑧ 《辽史》卷3《太宗纪上》,天显九年八月壬午、十月丁亥。
⑨ 《辽史》卷11《圣宗纪二》。

区分,州治早已徙离灵丘也明矣。

2. 灵丘县

石晋灵丘县,治今山西灵丘县①。

3. 飞狐县

石晋飞狐县,治今河北涞源县②。

4. 定安县

石晋定安县,治今河北蔚县东北58里西合营镇小枣堡东③。

按《辽志》,定安县乃辽所置,顾祖禹亦从其说④,然皆未言其始置之时。按辽统和四年,耶律"斜轸至定安,遇贺令图军,击破之",当时耶律题子也参与此战⑤,时已有定安矣。然《金史·地理志》则称定安为"晋县"⑥,疑定安之置在后晋。又检本州广灵县,始置于辽而《辽志》谓为后唐所置之县(见下文)。或《辽志》误倒定安与广灵二县之始置时间。

5. 广灵县

统和十三年置。治今山西广灵县⑦。

按《辽史》于《地理志》、《兵卫志》下皆载为"广陵",然《圣宗纪》则载为"广灵"⑧。《金史·地理志》载:"广灵,亦作陵,统和三年析灵仙置。"⑨似亦两可。暂从《圣宗纪》,作"广灵"。

至于县之由来,《辽志》以之为后唐所置之县。然《圣宗纪》与《金志》,则皆以为辽统和中始置。按《辽志》以定安为辽县,以广灵为由晋入辽之县。而《金志》却相反,以《辽史·圣宗纪》之证参佐之,或《金志》为是,而《辽志》误倒两县之沿革矣。唯《圣宗纪》载置县之时为统和十三年,而《金志》载在统和三年,"三年"之前,恐漏一"十"字。

应州

石晋应州彰国军节度,入辽,沿其旧。圣宗朝置山北路都部署司,重熙十三年(1044)改西京兵马都部署司,迁治西京。治今山西应县。

---

①②③ 《中国历史地图集》第6册,辽南京道西京道图,第10—11页。
④ 《读史方舆纪要》卷44《山西六》"大同府·定安城"条。
⑤ 《辽史》卷83《耶律斜轸传》、卷85《耶律题子传》。
⑥ 《金史》卷24《地理志上》"西京路·蔚州·定安县"条。
⑦ 《中国历史地图集》第6册,辽南京道西京道图,第10—11页。又《读史方舆纪要》卷44《山西六》"大同府·广陵城"条:"即今县治,辽曰广陵。"
⑧ 《辽史》卷13《圣宗纪四》,统和十三年正月甲寅。
⑨ 《金史》卷24《地理志上》"西京路·蔚州·广灵县"条。

《辽志》："唐武德中置金城县,后改应州"。唐云、朔一带,并无金城县,亦不载应州。检《资治通鉴》,沙陀李晋政权天祐五年(908),李克宁"求领大同节度使,以蔚、朔、应州为巡属"①。距唐亡仅一年,故应州当为唐末沙陀李氏割据代北之时所置。升彰国军节度,如《辽志》所言,在后唐天成元年(926)。《资治通鉴》、《旧五代史》等,亦载在此年②。《新五代史》："应州,故属大同军节度。唐明宗即位,以其应州人也,乃置彰国军。"③

应州入辽后,曾于统和四年三月为宋所取:"彰国军节度使艾正、观察判官宋雄以应州叛,附于宋。"然于当年七月宋军复"弃城遁",应州为辽所收回④。

会同元年,辖县二:金城、浑源县。节度使另辖州一:寰州。统和四年,寰州改隶顺义军节度(治朔州)。清宁中,河阴县自朔州来属,辖县三:金城、浑源、河阴县。

1. 金城县

石晋金城县,会同元年(938)入辽。倚郭。

2. 浑源县

石晋浑源县,会同元年入辽。治今山西浑源县。

按浑源与金城,当同置于应州始置之时。故《五代会要》载:"后唐天成四年九月,勅升应州为望州,金城、雁门为望县,混源为上县,寰清为次县,以明宗潜龙乡里故也。"⑤《舆地广记》亦载应州于后唐领金城、浑源二县⑥。由石晋而入辽,沿其故也。

3. 河阴县

石晋河阴县,会同元年入辽,属朔州。清宁中转隶应州。治今山西山阴县东南25里古城镇⑦。

《辽志》未载河阴县始置之时。顾祖禹以为,县为辽所置⑧。然而,天显九

---

① 《资治通鉴》卷266《后梁纪一·太祖上》,开平二年二月壬戌。
② 《资治通鉴》卷275《后唐纪四·明宗上之下》,天成元年七月己卯。《旧五代史》卷36《唐书·明宗纪二》亦载于同日。
③ 《新五代史》卷60《职方考》。
④ 《辽史》卷11《圣宗纪二》,统和四年三月丁亥。
⑤ 《五代会要》卷20《州县望》。按雁门为代州治所,不可能划入应州,当因近于金城,或因为李氏世据该地而得升等。
⑥ 《舆地广记》卷19《河东路化外州》"应州"条。
⑦ 《中国历史地图集》第6册,辽南京道西京道图,第10—11页。
⑧ 《读史方舆纪要》卷44《山西六》"大同府·山阴县"条。

年(934)辽太宗率军南征,于九月"乙卯,次云州,丁巳,拔河阴"①。此"河阴"自非黄河以南、洛阳附近之河阴,必为云州附近之河阴县。故知河阴在后唐之末已存矣,辽之河阴县乃袭后唐、后晋之旧耳。

(废)寰州

石晋寰州,会同元年入辽。统和四年(986),废为马邑县,改隶顺义军节度(治朔州)。治今朔州市东32里神头镇马邑村。

按寰州故为唐马邑县地。《旧唐书》载:马邑,"开元五年分善阳县,于大同军城置"②。迟至会昌二年(942),仍有"大同军"之记载出现。时回纥南侵,"诏太原起室韦沙陀三部落、吐浑诸部,委石雄为前锋。易定兵千人守大同军"③。然大同军于晚唐又改为"兴唐军":大中十二年(858)闰二月,"以河东马步都虞候段威为朔州刺史、充天宁军使、兼兴唐军、沙陀三部落防遏都知兵马使"④。与会昌二年所载"沙陀三部落"与"大同军"之关系相对照,此兴唐军正是朔州境内之原大同军也。又广明元年(880),"沙陀都督李友金屯兴唐军,萨葛首领米海万、安庆、都督史敬存屯感义军,(李)克用客塞下,众数千,无所属"⑤。则唐后期,马邑所在,即为"兴唐军"矣。其改名事无载。笔者以为,其改名之事,当与会昌三年"分河东云、蔚、朔三州置大同军都团练使"⑥同时,为免"大同"之名重复,故改朔州境内之"大同军"为"兴唐军"。顾祖禹所谓"五代梁开平四年,晋王存勖于此置兴唐军"⑦,不知何据?

天成元年后唐明宗即位,"以兴唐军置寰州,领寰清一县,隶应州彰国节度"⑧。然而,晚唐大同军虽改称兴唐军,无碍于马邑之存在,故此处称,"领寰清一县",实即改马邑县名为寰清也。

寰州入辽之后,于统和四年(宋雍熙三年,986)宋军北伐之时,刺史赵彦章

---

① 《辽史》卷3《太宗纪上》。
② 《旧唐书》卷39《地理志二》"河东道·朔州·马邑县"条。
③ 《旧唐书》卷18上《武宗纪》,会昌二年八月事。
④ 《旧唐书》卷18下《宣宗纪》。
⑤ 《新唐书》卷218《沙陀传》。该卷载,事在"(黄)巢攻潼关,入京师"之时,检《旧五代史》卷25《唐书·武皇纪上》,事在广明元年十一月。
⑥ 《资治通鉴》卷256《唐纪七十二·僖宗下之上》,中和四年八月注。
⑦ 《读史方舆纪要》卷44《山西六》"大同府·马邑县"条。
⑧ 《资治通鉴》卷280《后晋纪一·高祖上之上》,天福元年十一月丁酉条注。然《旧五代史》卷36《唐书·明宗纪二》仅提到"以兴唐军为寰州",未言其属县也。《五代会要》卷20《州县望》则称"后唐天成四年九月,敕升应州为望州……寰州为次县,以明宗潜龙乡里故也。"因寰州属应州,故寰州属县寰清,亦被视为应州属县也。

以州降宋①。然同年五月,辽军大举反击,宋军退师,弃所得大同附近数州之地,"徙云、应、寰、朔吏民",以杨业护送其众南迁,然"契丹十万众复陷寰州",且追尾而来,擒杨业而复夺其民②。正因赵彦章之叛降以及寰州民之南走,故辽废其州而迁其民,新置弘州。不过,寰州虽废,却并非全无建置,辽于其地复置马邑县,亦当在废州同年。

会同元年,辖县一:寰清县。

寰清县

石晋寰清县,会同元年入辽,倚郭。统和四年随州废,于其地置马邑县。

朔州

石晋朔州振武军节度,会同元年(938)入辽,会同四年改军额为顺义军。治今山西朔州市。

《辽志》称,朔州"辽升顺义军节度"③,误耳。顾祖禹以为:"天祐末,改置振武军于此(朔州)。辽改军为顺义军。"④辽乃是"改军",而非"升军",此事顾氏所言则甚确。后晋末,辽晋之间发生冲突,府州团练使折从阮深入契丹之境,"连拔十余寨",遂于开运元年(944)"兼领朔州刺史、安北都护、振武军节度使、契丹西南面行营马步都虞候"⑤,为后晋开辟西线战场。从阮当时并未攻下朔州,盖晋出帝假借其名,为从阮确定攻取目标。但"朔州刺史、安北都护、振武军节度使"之名,却是沿用了后唐旧称无疑。

十六州入契丹之初,朔州仍是辽振武军节度使治所。《辽史》称:"(会同四年)六月辛卯,振武军节度副使赵崇逐其节度使耶律画里,以朔州叛,附晋。"⑥关于这一事件,《资治通鉴》所载安重荣上晋高祖表称:"朔州节度副使赵崇已逐契丹节度使刘山,求归命朝廷。臣相继以闻……"⑦当时振武军仍然治于朔州。辽改"振武"军额为"顺义",当在会同四年十二月,辽军"攻拔朔州"⑧

---

① 《宋史》卷5《太宗纪二》,雍熙三年三月丁丑,"潘美自西陉入,与契丹兵遇,追至寰州,破之,其刺史赵彦辛以城降"。《辽史》卷11《圣宗纪二》:统和四年三月庚辰,"寰州刺史赵彦章以城叛附于宋"。
② 《宋史》卷5《太宗纪二》,雍熙三年五月丙子。按《辽史》卷11《圣宗纪二》,耶律斜轸"奏复寰州"在统和四年六月甲寅。
③ 胡三省云:"朔州旧非节镇,盖契丹所置也。"见《资治通鉴》卷282《后晋纪三·高祖中》,天福六年六月戊午注。
④ 《读史方舆纪要》卷44《山西六》"大同府·朔州"条。
⑤ 《旧五代史》卷125《周书·折从阮传》。
⑥ 《辽史》卷4《太宗纪下》。
⑦ 《资治通鉴》卷282《后晋纪三·高祖中》,天福六年六月戊午。
⑧ 《辽史》卷4《太宗纪下》,会同四年十二月甲寅。

之后。

会同元年,辖县三:鄯阳、宁远、河阴县。统和四年,废寰州为马邑县,入朔州。后置神武县。重熙九年(1040),并神武入宁远县,划属武州,以武州隶顺义军节度。清宁中,割河阴县入应州,朔州辖二县:鄯阳、马邑县。节度使另辖州一:武州。

1. 鄯阳县

石晋鄯阳县,会同元年入辽。倚郭。

按《隋书》、《旧唐书》皆作"善阳"①。然罗继祖云,除《辽志》载为"鄯阳"之外,"《宁鉴墓志》:'父的终鄯阳县主簿。'"②此外,辽末乾统十年(1110)高为裘《墓志》载:为裘于该年"归葬于朔州鄯阳县司马里东先茔之次"③。故此县在辽称"鄯阳"无疑。

2. 马邑县

石晋寰州,会同元年入辽,隶于应州。统和四年废州为马邑县。治今山西朔州市东32里神头镇马邑村。

按马邑为唐旧县,后唐置寰州及寰清县于此,辽统和四年废寰州、寰清县而复置马邑县(见上文寰州条),划属朔州。顾祖禹指出,县在朔"州东北四十里"④,即今朔州市神头镇之马邑村也。

遮虏军

大康元年(1075)以前置。治今山西朔州市东73里南榆林乡新广武以东。

按遮虏军不见于《辽史》,然《长编》则有数处载及。熙宁八年(1075)宋辽界争之时,曾提及雁门附近、辽方之遮虏军:"枢密院言,兼张庆文字指雁门寨地至北界遮虏军十一里,今雁门寨至长连城约八九里,长连城至遮虏军约二里,又证得长连城为界。"又:"张庆文字内说北界遮虏军及分水岭有土陇之类。"⑤"北界遮虏军"极为明白地指出,此军为辽之建置。且距辽宋两国边界仅二里,距宋境雁门寨仅十一里,当今朔州南榆林乡新广武稍东之地。又,唐亦有遮虏军:乾符五年(878),李国昌与其子"李克用合兵陷遮虏军",胡注云:"遮虏军在洪谷东北,亦曰遮虏平。"⑥《新五代史》亦载:"乾符五年,沙陀破遮

---

① 《隋书》卷30《地理志中》"马邑郡·善阳县"条。
② 《辽史校勘记》,第128页。
③ (辽)无名氏:《高为裘墓志铭并序》(乾统十年),《全辽金文》,第861页。
④ 《读史方舆纪要》卷44《山西六》"大同府·马邑县"条。
⑤ 《长编》卷262,熙宁八年四月丙寅条原注引枢密院文字及吕惠卿《集》。
⑥ 《资治通鉴》卷253《唐纪六十九·僖宗上之下》,乾符五年五月甲辰条并注。

房军,又破岢岚军。"①则此遮房军在宋境,近于岢岚军,而与辽境内近于宋雁门寨之遮房军不同也。

辽之遮房军未见于《长编》以外,并且距边境仅二里之遥,由此判断,它自然不可能是与州同级的建置,当是朔州所辖偏重军事功能的下级政区无疑。

武州

重熙九年(1040)建武州宣威军刺史,隶顺义军节度。治今山西五寨县北30里小河头镇大武州②。

按《辽志》所载,武州于"唐末置武州。后唐改毅州。重熙九年复武州",实皆后晋入辽之武州、辽之归化州之沿革,谭其骧先生已具指其误③,今不赘。此州实重熙九年新置者。

重熙九年,辖县一:宁远县。

宁远县

石晋宁远县,会同元年入辽,为朔州属县。重熙九年建武州,以宁远倚郭。

关于辽之宁远县,有疑之处三:其一,宁远之地何时入辽;其二,宁远县始置于何时;其三,重熙九年建武州之后,州治于宁远抑或神武。后两个疑问,缘于《辽志》之误载,而前一疑问,则后人牵强附会所致也。

《清一统志》云:"宋熙宁初置宁远寨,后为辽所取,置宁远县,属朔州,寻废入神武县。金复置,属武州。"④以为宁远乃是宋地入辽后所置也。顾祖禹亦称:"宋所置宁远寨也。熙宁初,诏李宗咏往河东修宁远寨,后没于辽,置宁远县,属朔州。"⑤宋之宁远寨虽多⑥,在河东却仅有一个宁远寨,且并非在与辽之朔州接界之地。

河东之宁远寨,始筑于咸平六年(1003),其地在"府州西寨岭"⑦。又据《宋史·折惟昌传》载,大中祥符七年(1014),"命河东民运粮赴麟州,当出兵为

---

① 《新五代史》卷4《唐本纪·庄宗纪》。
② 《辽史地理志汇释》,第212页。
③ 谭其骧:《〈辽史·地理志〉补正》,《长水集》上卷,第140页。
④ 《嘉庆一统志》卷147《宁武府》"建置沿革·五寨县"条。
⑤ 《读史方舆纪要》卷44《山西六》"大同府·宁远城"条。
⑥ 如熙河路巩州、潼川府路泸州与长宁军皆有宁远寨,见《宋史》卷87《地理志三》、卷89《地理志五》。又秦凤路有宁远寨,荆湖南路道州亦有之,此"宁远寨"为屯兵之军寨也,见《宋史》卷187《兵志一·禁军上》。
⑦ 《长编》卷55,咸平六年九月辛亥。

援,惟昌力疾领步骑屯宁远寨,冒风沙而行"①。宁远寨近麟州也。又庆历元年(1041)宋夏开战,八月,宁远寨为夏军所破②。"遣户部副使、兵部郎中李宗咏,供备库使、带御器械王从政往河东,相度复修宁远寨"③。此即顾祖禹所说李宗咏其人修宁远寨之事,然其时为仁宗庆历初,非神宗熙宁初也。复修宁远寨之令方下,知并州杨偕即予劝阻:"麟、丰二州及宁远寨并在河外,与贼接界……。今丰州、宁远寨已为贼所破。惟麟州孤垒,距府州百四十里,远在绝塞。虽宁远介二州之间,可以为策应兵马宿顿之地,又其中无水泉可守,若议修复,徒费国用。"非常清楚,此宁远在府州以西、麟州以东,介两者之间。而仁宗以为,"麟州,古郡也……非不可守,今遽欲弃之,是将退而以黄河为界也。其谕偕速修复宁远寨,以援麟州"④。又显指此寨在宋夏交界近黄河之处。当月,遂复令李宗咏、王从善"营度宁远寨"⑤。当年,其寨终复修成功,且得"凿泉出水"⑥,有可守之资矣。

  以上河东路的宁远寨,虽经重修,前后却是一地。麟、府、丰三州为宋西线防御的极重之地,而宁远寨介于麟、府、丰州之间,又为三州呼应之要地,虽距辽不远,但并非如顾祖禹等所说,在宋辽接界之地。至于说宁远寨其先属宋,"后没于辽",则更不可思议了。宋辽澶渊之盟后,两国领土调整,唯庆历间辽索关南之地,及熙宁界争两次。而又仅后者与河东沿边国界相关,然其事已在重熙九年辽置武州之后三十余年,故仅从时间上考虑,宋之宁远寨之地也无由入辽。辽之宁远县,显非宋宁远寨地。

  宁远县之始置,《辽志》定于北齐,且称,由齐经唐而入辽,其县一直存在,只是其县名,由齐之"招远",改为唐、辽之"宁远"。然北齐之招远县,隋改为善阳,亦即唐至辽之善(鄯)阳县⑦,岂得复为宁远县?《金史·地理志》称,宁远,"晋故县"⑧。则宁远当是后晋已有之县,辽承其旧耳。

  至于辽武州的治所,按《辽志》,在神武,且置州之时,将宁远并入神武。然则此说未能无疑。向南指出,《金史·地理志》所载武州倚郭为宁远,且早在辽

---

① 《宋史》卷253《折御卿附子惟昌传》。
② 《长编》卷133,庆历元年八月戊子。
③ 《长编》卷134,庆历元年十月庚辰。
④ 《长编》卷134,庆历元年十月丁亥。
⑤ 《长编》卷134,庆历元年十月戊子。此处"王从善",应即同卷上文之"王从政"也。
⑥ 《宋史》卷289《高琼附子继宣传》。
⑦ 《隋书》卷30《地理志中》"马邑郡·善阳县"条,《元和郡县图志》卷18《河东道五》"朔州·鄯阳县"条。
⑧ 《金史》卷24《地理志上》。

大康五年(1079),《武州经幢记》载有"大辽武州宁远县",疑辽武州之倚郭亦是宁远①。笔者同意这一看法。按"大辽武州宁远县",自然是对《辽志》的有力否定。并且,自辽至金,宁远有迹可寻而神武则不知下落,这一现象,也是很说明问题的。不过,向南认同《山西通志》的说法,以为辽武州及倚郭宁远县,"在五寨县东北神武废县",不知何据？若说辽宁远县曾迁于辽故神武县之地,至金复迁今大武州,则未见证据。故不取。辽之宁远,当与金宁远县同址,在今五寨县北大武州。

（废）神武县

始置不知何时,重熙九年,并其地入宁远县,划宁远入新置之武州。治今山西神池县②。

此县于《辽史》中虽未见有他处载有具体信息,然在宋之史籍《武经总要》中却曾提到。该书述及朔州之方位时,有"西南至神武县"③云云。

(失)府州

石晋府州,刺史,会同元年入辽。不久脱离契丹。治今府谷县。

府州曾归属契丹之事,见《旧五代史·折从阮传》:"晋高祖起义,以契丹有援立之恩,略以云中、河西之地,从阮由是以郡北属。既而契丹欲尽徙河西之民以实辽东,人心大扰,从阮因保险拒之。晋少帝嗣位,北绝边好,乃遣使持诏谕从阮令出师。明年春,从阮率兵深入边界,连拔十余寨。"④可知河西之府州,曾与"云中"之地一同"北属",而后复归晋。从阮袭扰契丹之事,在会同七年(即开运元年,944)⑤,然而在这一事件之前,经历了"从阮因保险拒之"的过程。契丹"尽徙河西之民"的政策究竟在何年推出,折从阮究竟于何年据险自固、脱离契丹的控制,已无从得知。唯会同七年之后,契丹再无府州,则可确知。

又,麟、府二州,本为一体,同在"河西",故府州既"北属",麟州亦有可能入契丹。至后晋开运元年(944)契丹与晋交战之时,麟州已不属契丹。据《资治通鉴》:开运元年二月"辛亥,定难节度使李彝殷奏将兵四万自麟州济河,侵契

---

① 向南:《辽史地理志补正》,《社会科学辑刊》1990年第5期,第84页。
② 《辽史稿》,第157页。
③ 《武经总要》前集卷16下《边防·北蕃地理·云州四面州军》"朔州"条。
④ 《旧五代史》卷125《周书·折从阮传》。
⑤ 《资治通鉴》卷284《后晋纪五·齐王中》,开运元年六月戊午。

丹之境。"①此时府州已脱离契丹,则府州以南、黄河以西之地,皆非契丹所能控制,麟州应在夏州(定难军)节度使势力范围之内。不过,麟州入契丹、脱离契丹的过程,并无显据,仅存疑于此,不为麟州另立条目。

---

① 《资治通鉴》卷284《后晋纪五·齐王中》,开运元年二月辛亥。

第六章　平州路州县沿革

平州路曾经存在的统县政区,唯平、滦、营三州,此为辽代建置最为稳定而简单的高层准政区。

平州

唐平州。太祖五年(911,梁乾化元年,李存勖天祐八年),契丹破刘守光之平州,旋弃去。天赞二年(923,后唐同光元年),契丹复夺得平州,以为卢龙军节度,并分平州之地,建置滦州。天显元年(926,后唐天成元年)又为后唐所据。三年,契丹再陷平州。十三年,改军额为辽兴。圣州后期置平州钱帛司①。治今河北卢龙县②。

契丹初次得平州,《资治通鉴》载在后梁乾化元年八月:"守光即皇帝位,国号大燕,改元应天。……受册之日,契丹陷平州,燕人惊扰。"③《旧五代史》亦载,燕帅刘守光称帝的同一天,契丹攻陷平州④。而《辽史》却记载,首次破平州在太祖六年十月,即刘守光称帝之后一年。今从《旧五代史》、《通鉴》,定为太祖五年。

太祖七年,李存勖的晋军在攻灭刘守光的同时,又对平州一带发动攻势。乾化三年(李晋天祐十年)四月"己亥,晋刘光浚拔燕平州,执刺史张在吉"⑤。此时,平州仍属刘氏燕国。很明显,两年前契丹首次破平州之后,旋弃其城而去,原因不明,或因刘氏势力反攻颇烈,契丹遂按惯例,不能守则弃之。

李氏晋政权代替刘氏燕国占据了平州,而契丹势力则一以贯之,不断寻隙入侵,甚至蚕食边地。《资治通鉴》载:"契丹以卢文进为幽州留后,其后又以为卢龙节度使,文进常居平州,帅奚骑岁入北边,杀掠吏民。晋人自瓦桥运粮输蓟城,虽以兵援之,不免抄掠。契丹每入寇,则文进帅汉卒为乡导,卢龙巡属诸

---

① 关树东:《辽朝州县制度中的"道""路"问题探研》,《中国史研究》2003年第2期,第140页。
② 张博泉云:"平州,今河北省卢龙县。"见《辽东行部志注释》,第31页。
③ 《资治通鉴》卷268《后梁纪三·太祖下》,乾化元年八月甲子。
④ 《旧五代史》卷135《僭伪列传二·刘守光》。
⑤ 《资治通鉴》卷268《后梁纪三·均王上上》乾化三年四月己亥。

州为之残弊。"①卢文进所任之"卢龙节度使",即幽州节度使,当时只是虚衔。至于平州,其州治也仍由李存勖部将周德威据守,未属契丹也。但是,文进确实"常居平州",这是指其在平州境内——或在北部——拥有基地。《资治通鉴》载卢文进在平州的活动,系于后梁贞明三年(917),正在周德威幽州节度使任期(李晋天祐十三至十五年,913—918)内,渝关之险已落入契丹之手,故契丹得以"刍牧于营、平之间"(见上文霸州条),大约卢文进在当时契丹的扰边活动中,起了关键的作用。并且为后来契丹大举卷土重来、完全占领平州作了准备。

天赞二年,阿保机再克平州。《辽史·太祖纪》:"(天赞)二年春正月丙申,大元帅尧骨克平州,获刺史赵思温、裨将张崇。二月,如平州,甲子,以平州为卢龙军,置节度使。"②当时的卢龙军节度使,应当正是卢文进。此后,契丹占据平州达三年之久。然至天显元年,卢文进"帅其众十余万,车帐八千乘来奔"③。契丹之平州,遂为一空,后唐乘机收复平州。

天显三年(后唐天成三年)契丹再得平州,实因汉人诱之:"定州王都作乱,求援于契丹。德光陷平州。"④此次得平州后,仍以汉人张希崇守之。但张希崇步卢文进的后尘,复携平州户口南奔:"卢文进来降(后唐),契丹以蕃汉都提举使张希崇代之为卢龙节度使,守平州,遣亲将以三百骑监之。希崇本书生,为幽州牙将,没于契丹……因与其部曲谋南归。……召虏将饮,醉,并从者杀之,投诸阱中。其营在城北,亟发兵攻之,契丹众皆溃去。希崇悉举其所部二万余口来奔,诏以为汝州刺史。"⑤时在天成三年八月,距契丹再得平州,仅半年有余。

尽管卢文进南奔之故事,在张希崇身上重演,且平州又被席卷一空,但契丹再未失去平州之地。可见,其对平州之经营虽然非常艰辛,但也越来越稳固。至天显十三年(938)契丹得到石敬瑭所割十六州,平州之"卢龙"军额,遂让与幽州(见上文南京析津府条),改为"辽兴军"。此时,平州以南,已有幽属诸州将它与"南朝"之境隔开,遂为内地。

又按《宋史》:"平州,隋置,后唐时为契丹所陷,改辽兴府,以营、滦二州隶

---

① 《资治通鉴》卷270《后梁纪五·均王中》,贞明三年八月辛丑。
② 《辽史》卷2《太祖纪下》。
③ 《资治通鉴》卷275《后唐纪四·明宗上之下》,天成元年十月庚子。
④ 《旧五代史》卷137《外国传一·契丹》。
⑤ 《资治通鉴》卷276《后唐纪五·明宗中之上》天成三年闰八月。

之。"①《文献通考》："唐末刘仁恭以（平州）遗契丹，后唐庄宗取之。后复陷契丹。契丹改平州为辽兴府，以营、滦二州隶之，号为平州路。"②按刘仁恭遗平州之说，《旧五代史》《资治通鉴》等皆载刘守光时失之于契丹，似当从后二者。而建置"辽兴府"之说，亦可置一辨：《辽史》载"辽兴军"而无"辽兴府"之说，《资治通鉴》、新旧《五代史》亦皆不载。或其曾置府而后废之耶？即有称府之事，"兴辽"之名，亦当在太宗会同元年首次以"辽"为国号之后，而不会发生在太祖时期。总之，笔者对平州曾称府之事，较为怀疑。《文献通考》此说可能来自南宋人对于宋、金交涉燕云之事的回忆，如《资治通鉴》胡注及《三朝北盟会编》皆曾引张汇《金虏节要》，提及辽建平州为辽兴府一事③。因无其他证据，姑置之。

太祖五年，辖县三：卢龙、石城、马城县。天赞二年契丹复得平州，辖县五：卢龙、石城、马城、安喜、望都县。天禄中，割石城、马城入滦州（见下文滦州条），辖县三：卢龙、安喜、望都县。

1. 卢龙县

辽初随平州入辽，倚郭。

2. 安喜县

太祖天赞二年置。治今河北迁安市东北20里上射雁庄乡一带④。

《辽志》：安喜县，"太祖以定州安喜县俘户置"；又平州，"太祖天赞二年取之，以定州俘户错置其地"。是安喜县当置于同年。据《辽史·太祖纪》，神册六年（921）十二月，"皇太子率王郁略地定州"⑤，定州俘户来源于此也。二年后得平州，遂置定州俘民于其地，并以定州属县安喜为名。

3. 望都县

太祖天赞二年置。治今河北卢龙县南30里木井镇⑥。

按望都之置，当与安喜同时，皆是天赞二年以定州俘民置也。《武经总要》

---

① 《宋史》卷90《地理志六》平州条。
② 《文献通考》卷316《舆地考二·古冀州》平州条。
③ 《资治通鉴》卷269《后梁纪四·均王上》，贞明三年二月注。《会编》卷22《政宣上帙二十二》，宣和七年十一月十九日。
④ 《纪要》卷17《北直八》"永平府·辽西城"条："近《志》：城在迁安县东北二十里"。贾敬颜：《许亢宗行程录》疏证稿："辽安喜，今河北迁安县东北。"（《五代宋金元人边疆行记十三种疏证稿》，第231页）《嘉庆一统志》卷19《永平府二》"古迹·令支故城"条："《县志》：安喜故城，在县西北七十里。《府志》：安喜故城，在今县东北二十里。"后者当为辽安喜县城所在。按《辽志》，安喜县在"平州东北六十里"，"东北"或当作"西北"也。
⑤ 《辽史》卷2《太祖纪下》，神册六年十二月庚申。
⑥ 《宣和乙巳奉使行程录》，《五代宋金元人边疆行记十三种疏证稿》，第231页。《辽志》云，望都在平"州南三十里"。

云:"会石晋赂燕蓟,易定帅王都尽驱其民入契丹,以滦河为名以居之,县邑犹不改望都、安喜之名。"①按王都早在后唐天成四年(929)已叛死,何得在后晋驱民入契丹? 则《武经总要》既以二县为滦州属县,又以县之置为王都驱民入契丹的结果,皆误也。

滦州

天赞二年(923)置滦州,后为永安军刺史。治今河北滦县②。

按辽初滦州其地之来由,《辽志》称:"石晋割地,在平州之境。"以为滦州在十六州境内也。此说全无根据,《辽史》中华校已经指出③,兹不赘。至于其民,上引《武经总要》认为,是王都驱定州民北来,置州于乌滦河侧居之。此说不足为信,上文平州望都县条已经辨明,王都此时早已叛死。《辽志》谓,是太祖以俘户置。而许亢宗则提到:"滦州古无之,唐末天下乱,阿保机攻陷平、营,刘守光据幽州,暴虐,民不堪命,多逃亡,依阿保机为主,筑此以居之。"④后两种说法,其年代当相差不远,即阿保机在其即位后第五年(911,梁乾化元年)首次攻下平州后不久。因《辽志》平州、滦州及下属望都、安喜县之记载可以相互印证,两说相较,当是《辽志》的说法较可信。

天赞二年,无县。天禄中(947—951),置义丰县,又划平州石城、马城二县入滦州,辖县三:义丰、石城、马城县。

1. 义丰县

世宗天禄中置,倚郭。

《辽志》载:"唐季入契丹,世宗置县。"则滦州在太祖天赞二年始置之时,未有倚郭及其他属县,至天禄中始置倚郭。

2. 马城县

唐平州马城县。辽初随平州入辽。世宗天禄中,割隶滦州。治今河北滦南县东北 35 里马城镇⑤。

按县在唐末属平州⑥。辽分平州置滦州,遂割属滦州。然滦州倚郭义丰县既迟至世宗天禄中方置,其辖有其他属县,不应在建倚郭义丰县之前也。其

---

① 《武经总要》前集卷 16 下《边防·北蕃地理·幽州四面州军》。
② 《辽史稿》,第 155 页。
③ 《辽史》卷 40《地理志四》校文,第 503 页。
④ 《宣和乙巳奉使行程录》,《五代宋金元人边疆行记十三种疏证稿》,第 231 页。
⑤ 《中国历史地图集》第 6 册,辽南京道西京道图,第 10—11 页。
⑥ 《旧唐书》卷 43《地理志二》"河北道·平州"条。

马城、石城之划属滦州,亦当在天禄中。

3. 石城县

唐平州石城县。辽初随平州入辽。世宗天禄中,割隶滦州。初治今河北滦县榛子镇,后徙治唐山市东17里开平区。

契丹于天赞二年之后对平州的占据才算较为稳固,而其得石城,则更在一年之前:天赞元年四月"辛未,攻石城县,拔之"①,此即唐代石城之址也,当时应属平州。大约天禄中割属滦州。

辽初得石城,袭用唐之县治。陈汉章云:"今滦州西榛子岭,疑即唐故县。"②即今滦县榛子镇也。《辽志》:辽"(唐)石城县,在滦州南三十里……今县又在其南五十里,辽徙置以就盐官"。徙置之时,已不得而知。然唐县实在辽滦州之西,而非其南也,州南,乃马城之地也。而辽石城又在唐石城之南50里。顾祖禹云:"开平中屯卫置于此,即辽旧县治。"③开平中屯卫,即今开平县,正在辽滦州(今滦县)南近50里。

营州

刘氏燕国所属之营州,太祖天赞二年(923)得之。治今河北昌黎县。

唐有营州,即辽之霸州地也(在今朝阳市)。后梁时得而复失,后复得,于神册中置霸州矣(见上文中京道霸州条)。故唐之营州,与辽营州不可混为一谈。金毓黻强调:"辽之营州邻海军,治于广宁,金世宗大定二十九年,改广宁为昌黎,即今河北省之昌黎县……辽之营州,虽袭旧名,实为新置,与后魏以来之营州,绝不相蒙。……按辽之兴中府,即慕容氏之龙城,后魏、隋、唐之营州,亦即今之朝阳也。"④都兴智等亦称:"营州邻海军,辽南京道刺史州,治广宁县。……即今河北省之昌黎。"⑤

按金、都二先生对于辽营州方位的考证,都为纠正《辽志》将唐代营州、柳城郡的沿革牵入辽营州条之误。后人受《辽志》此误影响不少,甚至因此而产生营州在辽代曾经"徙治"之说。如顾祖禹提到:"五代梁末,契丹以定州俘户置广宁县于故柳城县,兼置营州邻海军。"又谓:"广宁废县,在柳城南。《辽志》云:此为汉柳城县。阿保机以定州俘户,置营州邻海军于此。又置广宁县,为

---

① 《辽史》卷2《太祖纪下》。
② 《辽史索隐》卷5《地理志·南京道》,《二十五史三编》,第227页上。
③ 《读史方舆纪要》卷17《北直八》"永平府·石城废县"条。
④ 《东北通史》,第282页。
⑤ 都兴智、田令坤:《辽秦德昌墓志考》,《辽海文物学刊》1995年第2期,第61页。

州治,后移置于平州东南。"①此正是受蔽于《辽志》营州条之牵杂,以为其既载唐营州之事,那么必与辽营州有关,遂将辽初置之营州置于唐营州,而以辽营州(今河北昌黎)为后徙之地。事实上,营州无所谓徙治也。契丹初得唐营州地,即于神册中置霸州。而契丹首次袭掠定州,大规模俘其民北来,已在神册六年(921)底,次年即天赞元年矣,岂至于又另置营州于霸州城之理?故辽初有营州,必已在今昌黎无疑。

此营州者,非辽始置,乃沿袭中原之旧。据《资治通鉴》所载:"(四月)己亥,晋刘光浚拔燕平州,执刺史张在吉。……五月,光浚攻营州,刺史杨靖降。"②攻拔平、营皆由刘光浚一军完成,且属李晋政权灭燕过程中其中一路的连续两个战役。按《旧五代史》,光浚拔平州在四月己亥,至"五月壬寅朔,光浚进迫营州,刺史杨靖以城降"③,自拔平州至"迫营州",中间仅隔两日,而唐之营州与平州,直距逾五百里,若经渝关而行,则近七百里④,怎可想象光浚首尾四日连下两城?显然,刘光浚所攻克之营州,实属刘守光所有,并且,其地非唐之营州,应是刘氏所新置,距平州极近。刘氏新置此州,当因于唐营州之失陷,正在刘氏据幽州之时,故刘氏仿唐制而侨置营州于平州附近。后来契丹于天赞二年再次占领平州之同时,亦得刘氏新置之营州(当时属后唐幽州镇)。《辽志》云:"后唐复为营州。""后唐"之说虽不甚确(应是后梁时幽州刘氏所置),然并未误为辽始置之州也。至于《北征纪实》称:"营、平二州,乃阿保机于后唐时所陷。"⑤此说则确。

若我们接受辽新置营州之说,那么,就会产生如下问题:阿保机在唐营州之地新置霸州,又何必在得平州之后,又异地重置一个营州呢?《金史·地理志》又提到,辽"以所俘定州民置广宁县"⑥,而这种做法,似又与辽的惯例不同——辽向来是以俘民故居之地,来命名徙民新置之县,又何以所置的是"广宁县",而非定州某县之同名之县?但是,当我们确定辽之营州乃是袭刘氏燕国之旧,上述问题就迎刃而解了。

天赞二年,辖县一:广宁县。

---

① 《读史方舆纪要》卷17《北直八》"永平府·昌黎县"条、卷18《北直九》"万全都指挥使司·柳城废县"条。
② 《资治通鉴》卷268《后梁纪三·均王上上》,乾化三年四月己亥、五月。
③ 《旧五代史》卷28《唐书·庄宗纪二》。
④ 《资治通鉴》卷268《后梁纪三·均王上上》乾化三年五月条注引宋白之说:"平州东北至营州六百九十里。"
⑤ 《会编》卷16《政宣上帙十六》宣和五年四月十七日庚子条引蔡绦《北征纪实》。
⑥ 《金史》卷24《地理志上》中都路平州昌黎县条。

广宁县

刘氏燕国广宁县,太祖天赞二年入契丹,倚郭。

按《金史·地理志》称,广宁为辽所置,以居定州俘户。然《辽志》却并无契丹新置营州及广宁县之文,仅于营州条下提到"太祖以居定州俘户"。相较之下,恐是《金志》有误。刘氏燕国营州侨置之所,并非平州城内,则其侨置后当另有州、县之建置体系,而契丹得此州,亦无必要省此县而置彼县。契丹营州倚郭之广宁县,亦当是沿刘氏之旧,而后以定州俘户实之。

第七章　西南面州军城沿革

西南面曾存在的政区,共方州五,军三,城一。
方州:丰、云内、宁边、东胜、威塞州;
军:天德、金肃、河清军;
城:塌母城。
合共州、军、城九(另参见前图10)。

丰州

神册五年(920)置丰州,应天军节度,当年改天德军节度。西南面都招讨司治此。治今内蒙古呼和浩特市东40里巴彦街道白塔村古城①。

辽之丰州,其州名、军额,皆唐所旧有之州名、军号。然而,唐之丰州在今内蒙古五原县以南,天德军在今乌拉特前旗东北,分在黄河两岸,并非同地,且"天德军"为都防御使而非节度使。升天德军节度,在唐末至后梁间。后晋天祐八年(911,后梁乾化元年),已有"天德军节度":"庄宗乃与镇州节度使王镕、易定节度使王处直、昭义节度使李嗣昭、振武节度使周德威、天德军节度使宋瑶,同遣使奉册,推守光为尚父,以稔其恶。"②

至神册五年,"皇太子率迭剌部夷离堇污里轸等略地云内、天德。冬十月辛未,攻天德。癸酉,节度使宋瑶降,赐弓矢、鞍马、旗鼓,更其军曰应天"③。始终称其为"天德"而非"丰州"也。知当时该地建置,仍为天德军,阿保机攻克之后,立即改军额为"应天"。当月契丹军班师后两日,宋瑶复叛。契丹军再克其城,"徙其民于阴山南。十二月己未,师还"。即移民于当年即已完成。正应在该年末,对天德军居民的强制移民完成之后,辽对政区名进行调整,仍将"应天"军额改回"天德",同时以新的天德军节度使治所为丰州,而原天德军城则

---

① 李逸友:《〈辽史〉丰州天德军条正误》,《内蒙古文物考古》1995年第1期,第37页。
② 《旧五代史》卷135《僭伪列传二·刘守光传》。又《资治通鉴》卷268《后梁纪三·太祖下》:乾化元年六月癸丑朔,"(晋王)与(王)镕及义武王处直、昭义李嗣昭、振武周德威、天德宋瑶六节度使共奉册,推守光为尚书令、尚父,稔其恶也"。
③ 《辽史》卷1《太祖纪上》,神册五年九月。

废矣,至重熙中,始置为天德军(见下文天德军条)。

在沙陀李氏失去天德军节度使原治所天德军城之后,五代诸朝,仍存天德军节度使。如后唐同光三年(925),"以天德军节度使、管内蕃汉都知兵马使刘承训为天德军节度观察留后"①;天成三年(928),"天德军节度使郭承丰加检校司徒"②;后周广顺元年(951),"天德军节度使、虢国公郭勋加同平章事"③;后周显德元年(954),"天德军节度使郭勋、邠州折从阮、安州李洪义并加兼侍中"④。其中后周的天德军节度使郭勋,后汉时却称为"丰州节度使",或直称"丰州郭勋"⑤。"丰州"与"天德军节度"的对应,可以说明,丰州仍在中原政权之手,并且,在李氏晋政权失去了原天德军节度使治所天德军城之后,天德军节度徙治丰州。故而,神册五年(李晋天祐八年)之后,与辽的"丰州天德军节度"相对应,中原同样有"丰州天德军节度",且五代中原皇朝的丰州,仍在唐丰州原址。

神册五年,辖县一:富民县。后置振武县。辖县二:富民、振武县。

1. 富民县

神册五年置,倚郭。

按史未载富民县始置之年,其于辽神册五年东徙天德军民、建丰州天德军之时始置,当最有可能。顾祖禹谓:"(唐)永徽四年,始复置(九原)县,为州治。契丹得之,更置富民县。"⑥其意契丹"更置富民",似与"得之"之时衔接较紧。姑从之。

2. 振武县

始置不知何时,当在会同元年(938)至统和十三年(995)间。治今内蒙古和林格尔县西北14里盛乐镇下土城子村古城址⑦。

辽振武县地,为唐及沙陀李氏晋政权之安北都护府城、振武军节度使治所。《辽志》载:"神册元年,伐吐谷浑还,攻之,尽俘其民以东,唯存乡兵三百人防戍,后更为县。"则自太祖神册元年以来,其地已入辽。然而,在神册五年契

---

① 《旧五代史》卷32《唐书·庄宗纪六》,同光三年六月癸丑。
② 《旧五代史》卷39《唐书·明宗纪五》,天成三年二月丁亥。
③ 《旧五代史》卷111《周书·太祖纪二》,广顺元年二月己未。
④ 《旧五代史》卷114《周书·世祖纪一》,显德元年七月癸未。
⑤ 《旧五代史》卷101《汉书·隐帝纪上》,乾祐元年六月甲申;卷102《汉书·隐帝纪中》,乾祐二年十月庚寅。
⑥ 《读史方舆纪要》卷61《陕西十》"榆林镇·九原废县"条。
⑦ 樊文礼:《辽代的丰州、天德军和西南面招讨司》,《内蒙古大学学报(哲学社会科学版)》1993年第3期,第73页。

丹攻下李晋之天德军节度以前，振武军之地突入晋境，三面受敌，自不能徙入居民而置县。即使在契丹攻克天德军之后，其东、南两面仍为李晋之地（云州、朔州），其置县，必在太宗会同元年辽得到幽云十六州之后①。而其下限，则应在统和十三年。该年，"契丹自振武入攻，为府州折御卿败于子河汊"②。时朔州早已由"振武"军节度，改军额为"顺义"，故此振武，当是原唐、五代振武军节度使治所（安北都护府城）、辽所置振武县。至于究竟置县于何年，不得而知矣。

天德军

兴宗重熙十三年（1044）置。治今内蒙古乌拉特前旗东北38里额尔登布拉格苏木三里城一带③。

《辽志》"丰州"与"天德军"两条，所载内容互舛，使人怀疑，两条内容出于同条文字。故而，有学者认为，辽之丰州与天德军，实为一地，《辽志》误耳。但笔者以为，辽之丰州、天德军应非同地。《辽志》天德军条称其"渐成井邑"，它虽是辽初以来即成废垒，但经过多年之后，终于积聚起相当人口，故而，规模重起。此语与前、后皆无关联，易被视为撰史者不知所云的话语之一，其实却仍能发现蛛丝马迹。辽初一举尽迁唐天德军之民而东，新置丰州。故若是就辽所置之丰州天德军而言，何来"渐"成井邑一说？

又据《长编》载，宋庆历四年（1044，辽重熙十三年）四月，监察御史里行李京言："近闻契丹筑二城于西北，南接代郡，西交元昊，广袤数百里，尽徙缘边生户及丰州、麟州被虏人口居之，使绝归汉之路。"④李京所指"南接代郡，西交元昊，广袤数百里"，恐非指西北"二城"而言，而是指被迁徙的"缘边生户"所居之地。若非如此，"城"又怎能"广袤数百里"？再则，若"南接代郡"是指二城之一，使被俘边民居此，那么又如何达到远徙缘边生户，不使与宋接界的目的？其意显是指契丹将辽、宋、夏三国交界处的部民，徙于远离宋境之"西北"二城。此"西北"二城所在何处？其一即是天德军。李京上书稍后，当月末，"边奏契丹修天德城及多建堡寨"，致使知制诰田况大为惊疑⑤。李焘所作注文，将李

---

① 按《辽志》"东胜州"条云："晋割代北来献，复置。"与东胜州相邻的振武县，情况应当相同。
② 《契丹国志》卷7《圣宗天辅皇帝》，统和十三年正月。
③ 《中国历史地图集》第6册，辽南京道西京道图，第10—11页。
④ 《长编》卷148，庆历四年四月乙未。
⑤ 《长编》卷148，庆历四年四月庚申。

京所称"西北"二城,与此条的"天德城"联系起来①,以天德为二城之一,是有道理的。此天德城何所指? 应非辽之丰州,而是唐天德军城,辽修废垒而为要塞,并以此城为诸"堡寨"之枢纽也。就区位而言,天德远在河套以北,其于辽之境土,勉强可称"西北",徙生户于此,也足以隔绝其与宋之联系。

由此可知,唐天德军城,神册五年底被废弃之后,经过一个多世纪的休养生息、民物渐阜之后,至重熙十三年又置军。当时,乃是自云内州之境析出——此由《辽志》云内州条所载旧地名包括唐天德军城及其附近地区,即可得知。

不辖县。

云内州

李晋政权云内州,神册五年(920)入辽,清宁(1055—1064)初升开远军节度。治今内蒙古托克托县东北65里古城镇一带②。

按《辽志》所载云内州沿革虽极简,无从知其始置。然《辽史》本纪云:神册五年,"皇太子率迭剌部夷离堇污里轸等略地云内、天德"③。《辽史·耶律觌烈传》亦称:"耶律觌烈,字兀里轸……会讨党项,皇太子为先锋,觌烈副之。军至天德、云内,分道并进。觌烈率遍师渡河力战,斩获甚众。"④"污里轸"亦即"兀里轸",即耶律觌烈。纪、传两处所载,显为同一事件。而当时既有"云内"之称,且与"天德"并列,可知已有云内州之建置,辽之云内州,乃是沿李晋政权之旧也。至于其升节度之时,或因刘景曾于统和初任开远军节度⑤,耶律古昱亦曾于重熙二十年之前任此职⑥,疑其非迟至清宁初也。然笔者于东京道开州条下已有分析,此开远军,为开州也,此不赘。

辽初辖县一:柔服县。后割东胜州宁仁县入云内州,遂辖县二:柔服、宁仁县。

1. 柔服县

李晋政权柔服县,神册五年入辽,倚郭。

按《辽史》不载县之始置,其当与州同时由李晋入辽。

---

① 《长编》卷148,庆历四年四月庚申条注文。
② 《辽代历史与考古》,第136页,云内州,"今呼和浩特西南九十华里托克托县古城乡古城,俗称'西白塔'城"。
③ 《辽史》卷2《太祖纪下》,神册五年九月己丑朔。
④ 《辽史》卷75《耶律觌烈传》。
⑤ 《辽史》卷86《刘景传》。
⑥ 《辽史》卷92《耶律古昱传》。

2. 宁仁县

开泰六年(1017)置,初属东胜州,后来属。治今内蒙古土默特右旗以东南黄河北岸。

按《辽志》作"宁人县"。然《圣宗纪》载为"宁仁":开泰六年,"以西南路招讨请,置宁仁县于胜州"①。又《金史·地理志》载:"宁仁,旧县也,大定后废为镇。"②县当为"宁仁"无疑。

按《长编》,庆历四年(1044)范仲淹言:"西界唐龙镇嘉舒、克顺等七族去汉界不远……在今府州东北缘黄河西住坐,其地面与火山军界对岸。……近有内附首领香布言,契丹领兵在宁仁静寇镇,待河冻即过唐龙镇劫之。"③按契丹军自唐龙镇(后为辽之宁边州)入宋之府州东北、火山军隔河以西,却需待"河冻"者,显然需要渡河,故此州当在距黄河不远处。又其本属东胜而后改属云内,自然在东胜州以西之黄河北岸,如此方合范仲淹所述之形势。且与东胜州距离不远,如此则用兵南下唐龙镇,不致道途迂曲也。定于今内蒙古土默特右旗以东南黄河北岸,较为合宜。

宁边州

重熙十二年(1043)置宁边州,镇西军刺史。治今内蒙古准格尔旗东南63里龙口镇哈日敖包一带④。

按《辽志》,宁边州本唐隆镇地。唐隆,在宋多称"唐龙",北宋前期,唐龙镇为宋控制河西党项诸族之要地,较之同属党项诸族直接控制、臣服于宋的麟、府、丰等州,更突入北边,河西党项与宋接触,多需经唐龙镇。故景德元年(1004)党项言泥族拔黄太尉率众内属之时,真宗"戒唐龙镇无得侵扰"⑤。若诸族进入唐龙以南,则自然被置于宋的保护之下,故庆历四年嘉舒等族南附,居于唐龙之南、丰州之东,契丹军即须经由唐龙镇进入(见上文云内州宁仁县条)。然此要地,在景祐中竟为李元昊所攻陷。

按《武经总要》:唐龙镇于"景祐中为夏国所并"⑥。检《长编》,自景祐元年(1034)正月元昊"始寇府州",当年,"府州言,赵元昊自正月后数入寇"⑦,此

---

① 《辽史》卷15《圣宗纪六》,开泰六年七月辛酉。
② 《金史》卷24《地理志上》西京路云内州柔服县条。
③ 《长编》卷152,庆历四年十月壬子。
④ 《中国历史地图集》第6册,辽《南京道西京道》图,第10—11页。
⑤ 《长编》卷56,景德元年正月己丑。
⑥ 《武经总要》前集卷18下《边防·西蕃地界》"沿河镇二·唐龙镇"条。
⑦ 《长编》卷114,景祐元年正月、闰六月乙丑。

早在康定元年(1040)宋夏大举开战之前数年。唐龙镇虽为党项来氏世据之地,然在宋的战略布局中,则将其划归河西重镇府州所管,而唐龙之失,正是该年元昊寇府州之后果。

夏政权保有唐龙镇仅十年。重熙十二年,辽夺取了该地。关于唐龙陷辽之时间,并无直接材料,有可能在重熙十二年第一次伐夏之时,也有可能在重熙十八年第二次伐夏。不过,河西的河清、金肃两城,皆建于重熙十二年,故两城以东的唐龙镇之地,亦当于该年为辽所攻克,并建宁边州。至重熙十九年,两次辽夏战争之后,辽夏再归和好,次年,"夏国遣使求唐隆镇,及乞罢所建城邑"①,显然,辽若还唐隆镇与夏,则其西河清、金肃与辽本土之联系将较为困难,也难以在河西宋、辽、夏交界处形成巩固的防御体系,自当罢河清、金肃之建置。因此,归还唐龙与"罢所建城邑",两事实为一体,意味着辽退回黄河以东。而辽显然未曾允诺,河清、金肃之建置既保持至辽末,宁边州亦同。此三地无论置、罢,皆可视为一体也。

不辖县。

东胜州

会同元年(938)置东胜州,武兴军刺史。治今内蒙古托克托县②。

按《辽志》:"太祖神册元年破振武军,(唐)胜州之民皆趋河东,州废。晋割来献,复置。"叙其沿革甚为清晰。因其非唐胜州旧址,而是在黄河以东,故称"东胜州",以相区别。然亦有称"胜州"或"滕州"者,当以"东胜"为是③。

按会同元年石晋赂地之后,辽当立即建置东胜州,以控制河曲之形势。《辽史》:会同八年,"晋将折从阮陷滕州"④,"滕州"者,实即东胜州。参《旧五代史》:开运初,折从阮"兼领朔州刺史、安北都护、振武军节度使、契丹西南面行营马步都虞候",从阮之封,实寄托晋出帝以其军为偏师、自西北挠契丹之意。次年正月,从阮"围胜州,遂攻朔州",欲全取后唐振武军节度辖境。二月,从阮"攻围契丹胜州,降之"。由此可知,《辽史》所载之"滕州",正是胜州无疑。然在后晋犹称胜州,在辽则称东胜州矣。从阮攻拔东胜州之后,后汉高祖遂顺

---

① 《辽史》卷20《兴宗纪三》,重熙二十年五月己巳。
② 《辽代历史与考古》第149页:辽东胜州在托克托县城关。
③ 《辽史》卷41《地理志五》中华书局本校(第516页):按《纪》开泰六年七月作胜州。《纪》清宁四年三月,保大二年四月、四年七月,《百官志四》并作东胜州。又《契丹国志》卷22《州县载记·刺史州七十余处》亦作"东胜州"。
④ 《辽史》卷4《太宗纪下》,会同八年二月戊子。

势"析振武之胜州并沿河五镇以隶焉"①。此是胜州已拔而振武军（朔州）尚未攻陷的委婉表达。

东胜州何时为辽所收复，不得而知。然折从阮由府州沿河远征，虽攻拔东胜而其势难久，或不久之后即弃之，时当距后汉立国不远。此或可从折从阮、德扆父子的职位中获得一些信息。按上所述，从阮在开运初为振武军节度使，次年下胜州而未能攻拔朔州，故后汉初为"永安军节度、府胜等州观察处置等使"。至乾祐二年（949）从阮入觐，徙镇武胜军（邓州），其子德扆，为"府州团练使"。② 永安军节度遂不存矣。至后周"广顺间，周世宗建府州为永安军，以德扆为节度使"，府州虽得以重置节镇，然再未有胜州之音耗，疑该州已于后汉末局势动荡、北汉割据之际，再失于契丹③。

会同元年，辖县二：榆林、河滨县。开泰六年（1017），增置宁仁县，后割宁仁隶云内州（见上文云内州条）。辖县二：榆林、河滨县。

1. 榆林县

会同元年置，倚郭。

按《中国历史地图集》定榆林县于黄河以西唐胜州及榆林县故址。按辽神册元年（916）唐胜州之民既"皆趋河东，州废"，疑辽于会同元年复置州之时，亦当置县，仍以榆林为名，与新置之东胜州同址，而不致徙民于唐县故址重置该县，而令辽之东胜州无倚郭之县。顾祖禹称："晋初，以代北地割属契丹，因置东胜州，县亦迁治焉。"④姑从其说。

2. 河滨县

会同元年置，治今内蒙古准格尔旗东北126里大路镇前房子村⑤。

按此为唐胜州河滨县旧址。李慎儒以为，"唐胜州统榆林、河滨二县，皆在河套内。辽二县用唐县名，而皆在河套外"⑥，二县皆在套外之说，就辽初此地之形势而言，此推论甚为有理，然无证据，姑不取。按神册元年胜州民渡河而东，州与榆林县皆废，河滨县民无所依，其情况当亦相同，故当时五代之河滨县

---

① 见《旧五代史》卷83《晋书·少帝纪三》，二月戊子；卷125《周书·折从阮传》。《资治通鉴》卷284《后晋纪五·齐王中》，开运二年正月庚申。
② 《旧五代史》卷125《周书·折从阮传》。
③ 按折从阮曾攻拔辽之胜州，后晋、后汉之时曾有此州，但其弃守之时不详，《中国历史地图集》五代后周图府州永安军节度辖境内仍有胜州，本属可疑。且后汉、后周图，永安军境内之胜州，竟非在辽之东胜州之地，而是在唐胜州之故址，笔者未见折氏于河西唐胜州故址重置州治之事实，不知其可也。
④ 《读史方舆纪要》卷61《陕西十》"榆林镇·胜州城"条。
⑤ 《中国历史地图集》第6册，辽南京道西京道图，第10—11页。
⑥ 李慎儒：《辽史地理志考》，《二十五史补编》，第8136页上。

应废,至会同元年方得复置。《中国历史地图集》置之于唐河滨之旧址,顾祖禹也认为唐、辽河滨县同址①。

金肃军

重熙十二年(1043)置。治今内蒙古准格尔旗西北50里沙圪堵镇常胜店附近②。

按金肃仅于《辽志》中称"州",于《辽史》他处皆称"军"。此"军"实为与州同级之政区,"军"、"州"在某些场合可互相替换,赖青寿考之甚详:"《辽史》中'金肃州'名仅此一见,余并作'金肃军'及'金肃城'。金肃军一名凡八见。"③兹不赘。然正式之称呼,当以"军"为是。

不辖县。

河清军

重熙十二年置。治今内蒙古达拉特旗东40里塔城古城④。

按辽之末年,西夏军"由金肃、河清渡河,取天德(丰州)、云内、武州、河东八馆之地"⑤,则河清军距河应不至于太远。又《辽志》:"西夏归辽,开直路以趋上京。"若河清距河过远且地处偏僻,则直道无由过其地而趋上京。而如顾祖禹所说,"在金肃州东北"⑥,则河清近于东胜州之河滨,此处防御力固强,然东胜以西北、黄河以南之地,则较为虚弱,似不合攻守之形势。故杨蕤所定达拉特旗以东近河之地,较符合河清之形势。

又《金史·太祖纪》提到:天辅六年(1123),"金肃、西平二郡汉军四千叛去,耶律坦等袭取之。栋摩、罗索招降天德、云内、宁边、东胜等州,获阿苏而还"⑦。则"西平"当近于金肃,且非天德、云内、宁边、东胜其中之一。《完颜杲传》所载亦同⑧。施国祁以为,"西平当作河清"⑨。按《金史》两处皆载为"西平",当非误"河清"为"西平"。辽代"军"之建置,有与州同级者,此类军,或者

---

① 《读史方舆纪要》卷61《陕西十》"榆林镇·河滨城"条。
② 《中国历史地图集》第6册,辽南京道西京道图,第10—11页。
③ 《辽史·地理志》平议,见《历史地理》第15辑,第343页。
④ 杨蕤:《历史上的夏辽疆界考》,《内蒙古社会科学(汉文版)》2003年第6期,第28页。
⑤ 《宋史》卷486《外国二·西夏二》。
⑥ 《读史方舆纪要》卷61《陕西十》"榆林镇·河清城"条。
⑦ 《金史》卷2《太祖纪》,天辅六年四月。
⑧ 《金史》卷76《完颜杲传》。
⑨ 《金史详校》卷1,台北:新文丰出版公司印行,1974年,第37页。

亦有刺史之军号，此"西平"者，或是河清之刺史军号。

不辖县。

塌母城

始置于圣宗开泰以前，治所不详，约在今内蒙古二连浩特市以南。

按塌母城见于《辽史》者数处，却不见于《地理志》。耶律谷欲"开泰中，稍迁塌母城节度使"①，知其始置于开泰以前。萧陶瑰、耶律敌烈皆曾于大安中任塌母城节度使②，可知其至辽末仍当存在。唯不知城址在何处。《辽史·百官志》将"塌母城节度使司"与"倒塌岭节度使司"、"倒塌岭统军司"、"塌西节度使司"同置于"西路诸司"之列③，如此则应在西南面辖境之北部，今内蒙古二连浩特市以南，近于蒙古之地。以《辽史·百官志》之可信度来看，笔者甚疑其因诸司同有"塌"字而强置于一处。然则，能提供塌母城之大致方位者，仅此一条信息，故无法忽略之，姑取其说，更待详考。

还需说明的是，与"塌母城节度使司"同列于"西路诸司"之下的倒塌岭节度使司、塌西节度使司，其治所未尝见于史籍。笔者以为，这些节度使或与辽内地驻于方州之节度使不同，而类于部族节度使，不一定以某一大城重镇为治所。而《辽史·营卫志》所载"节度使属西南路招讨司，居黑山北"的涅刺、迭刺迭达、品达鲁虢、涅刺越兀、斡突盌乌古等部戍兵④，为上述节度使司之下属。此说虽近于猜测，但笔者以为，若是反其道而行之，在没有确凿证据的情况下，为它们寻找一处大城作为固定治所，可能更不合适。

（废）威塞州

兴宗重熙十三年（1044）置，重熙二十二年前后废。治今内蒙古包头市西北、乌拉特前旗北。

宋庆历四年（1044，辽重熙十三年）四月，监察御史里行李京上奏："近闻契丹筑二城于西北，南接代郡，西交元昊，广袤数百里，尽徙缘边生户及丰州、麟州被虏人口居之，使绝归汉之路。"⑤笔者以为，"西北"二城，应是《辽志》所未

---

① 《辽史》卷104《耶律谷欲传》。
② 《辽史》卷90《萧陶瑰传》、卷96《耶律敌烈传》。
③ 《辽史》卷46《百官志二》"北面边防官"条。按"塌西节度使"，其治地不详，然据卷17《圣宗纪八》太平六年二月庚午条，"诏党项别部塌西设契丹节度使治之"，则塌西节度近于部族节度使，其治地在西南路近夏境之地无疑。
④ 《辽史》卷33《营卫志下·部族下》。
⑤ 《长编》卷148，庆历四年四月乙未。

载及始筑之时的两个州或军城。如上文所述,天德军为其中之一,另一城,则是威塞州。

又,《长编》载:

> (庆历四年八月)枢密副使富弼为河北宣抚使……弼退而上言:"……窃谓契丹必不袭河东,前年契丹背(辽夏之)约与中国复和,元昊怒契丹坐受中国所益之币,因此有隙,屡出怨辞。契丹恐其侵轶,于是压元昊境,筑威塞州以备之。"①

富弼之言非常准确地描述了威塞州之位置。由"压元昊境"一说,可知威塞州之地极近夏境。而所谓"筑"者,乃指新建,威塞州正是始建于该年两国起衅之时。《辽史》亦载有此州:

> (重熙十三年四月)甲寅,南院大王耶律高十奏党项等部叛附夏国。丙辰,西南招讨都监罗汉奴、详稳斡鲁等奏,山西都部族节度使屈烈以五部叛入西夏,乞南北府兵援送实威塞州户。诏富者遣行,余留屯田天德军。②

当时,辽、夏两国关系恶化,辽需于近边筑威塞州并徙民以加强实力,此与富弼所说"压元昊境,筑威塞州"相合。而不断发生的部族叛辽投夏,也表明西夏毫无顾忌地招诱边界部族,甚至无惧于辽夏之间发生冲突。党项等部及屈烈等投西夏,并非辽徙户实威塞州的原因——在诸部叛逃之前,辽已将实边户护送至丰州天德军。党项叛逃与辽徙户实边两者同是辽、夏开战的征兆。

除了这次徙民实边事件之外,《辽史》别无他处记载这个"威塞州",然而,在《辽志》天德军、云内州条,却有"威塞军"的记录:"有黄河……威塞军、秦长城……"除了五代后唐的朔州曾为"威塞军节度"外,与"威塞军"相关的建置,似未再见于史,唯与辽之"威塞州"尚近。辽之边地,多有州、军互称之现象。如此,则威塞军,即是威塞州,《辽志》于天德军、云内州条记录了威塞军,却无威塞州之条目,这应当意味着辽后来废罢了威塞州(军)。废罢之年,或在重熙末年、兴宗第二次伐夏挫败以后不久。

辖县不详。

---

① 《长编》卷151,庆历四年八月甲午。
② 《辽史》卷19《兴宗纪二》。卷69《部族表》所载该月事亦同。

第八章　西北路州城沿革

西北路境内,曾出现州十二,城一。

州：镇、维、防、招、魏、威武、崇德、会蕃、新、大林、紫河、驼州。

城：窝鲁朵城。

合共边防城(包括州、城)十三(另参见图11)。

镇州

统和二十二年(1004)置镇州建安军节度,西北路都招讨司治此。治今蒙古布尔根省鄂尔浑河与图拉河之间的青托罗盖城。

《辽史·圣宗纪》载：统和二十一年六月,"修可敦城"；二十二年六月戊午,"以可敦城为镇州,军曰建安"①。与《辽志》所载同。按《辽史》皆载镇州为"可敦城",不过,其他史籍或载为"曷董"。《大金国志》载：

> (天会九年春)粘罕自云中以燕云汉军、女真军一万人,付右都监耶律余睹,北攻耶律大石林牙、耶律佛顶林牙于漠北曷董城。
> ……
> 曷董城者,契丹之北土也。……
> ……
> 曷董城自云中由猫儿庄银瓮口北去,地约三千余里,尽沙漠无人之境。是行也,三路之夫死不胜计,车牛十无一二得还。②

此"曷董"城,当时为耶律大石势力所据。其与云中3 000余里的距离,显然并非地处克伦鲁河中游、距上京至多1 700里的河董城,乃指镇州可敦城也。

松井等云镇州可敦城在土拉河与鄂尔浑河合流处③。陈得芝根据蒙古学者培尔勒的考证,定于今蒙古布尔根省南部喀鲁哈河下游之南、哈达桑之东

---

① 《辽史》卷14《圣宗纪五》。
② 《大金国志》卷7《纪年·太宗文烈皇帝五》,天会九年春。
③ 〔日〕松井等著,冯家昇译：《契丹可敦城考》,《契丹史论著汇编》(北方史地资料之四)下,第1134页上。

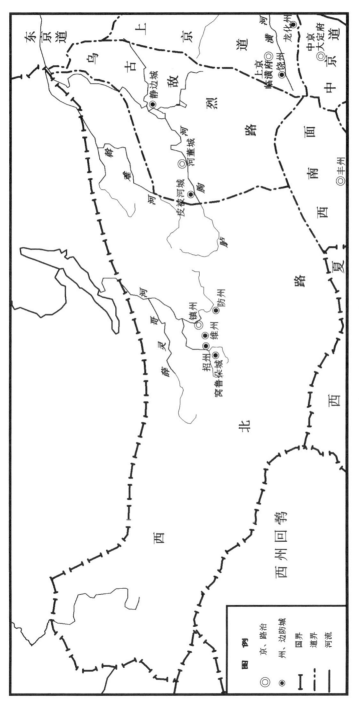

图 11 天庆三年(1113)西北路、乌古敌烈路政区

20公里的青托罗盖①。景爱定点亦同②。按其周长6里的规模、与西京大约里距来看,定于此是比较合适的。

不辖县。

维州

统和二十二年以后置维州刺史。治蒙古哈达桑·巴勒嘎斯古城。

陈汉章云,镇、维、防三州,即《辽史·萧挞凛传》所称"上表乞建三州城,以绝边患"者③。故推断维州、防州建城时间与镇州相差不远,治哈达桑·巴勒嘎斯古城④。

不辖县。

防州

统和二十二年以后置防州,治蒙古塔勒—乌兰·巴勒嘎斯古城⑤。

不辖县。

招州

开泰三年(1014)置招州绥远军刺史,治今蒙古后杭爱省鄂尔浑河上游东岸。《中国历史地图集》定点于此,景爱以为,此定点近于事实⑥,遗址待考。

不辖县。

魏州

寿昌中(1095—1101)置,治所、辖县不详。

关于辽之魏州,仅《长编》有一语及之:元符元年(1098),"雄州奏:'契丹新置魏州,欲徙上等户一千以实之。宰相王师儒以为不可,力谏不从,退而自

---

① 《辽代的西北路招讨司》,《宋辽金史论丛》第1辑,第272页。
② 景爱:《辽金泰州考》,《辽金史论集》第1辑,第179页。
③ 《辽史索隐》卷3《地理志·上京道》,《二十五史三编》第8分册,第200页下。
④ 此据米文平、冯永谦定点。米文平等引蒙古学者考古成果,以蒙古鄂尔浑河与土拉河之间的青陶勒盖古城以西20公里喀鲁喀河的哈达桑·巴勒嘎斯城(又称哈鲁哈音·巴勒嘎斯城、哈拉布和·巴勒嘎斯城)为维州,见《辽代边防城考》,陈述主编:《辽金史论集》第5辑,文津出版社,1991年,第167页。
⑤ 此据米文平、冯永谦定点。米文平等引蒙古学者考古成果,以蒙古鄂尔浑河与土拉河之间的青陶勒盖古城东南不远处的塔勒·乌兰·巴勒嘎斯城(又称哈鲁哈音·巴勒嘎斯城、哈拉布和·巴勒嘎斯城)为防州,见《辽代边防城考》,《辽金史论集》第5辑,第167页。
⑥ 景爱:《关于呼伦贝尔古边壕的时代》,《社会科学战线》1982年第1期,第198页。

刺其腹,赖左右救止,微伤而已。戎主遽从其言,仍赐压惊钱三千缗,(转)三官。'"①宋元符元年,当辽寿昌四年,此时魏州新置不久。

按道宗后期,辽方孜孜于开边西北、进讨阻卜等部,寿昌前期,正是征战最频繁之时,屡见西北路招讨司奏报捷音。建此"魏州",应与这一形势有关。且如雄州所奏,王师儒②竟不惜因此自刺,可知此次徙民,必是迁往极偏远之处,或许还意味着道宗的开边政策将继续推行,规模还要不断增大,王师儒以死相争者,极关乎国运。故此魏州,应是置于西北路境内、远西之地。抑或即是"维州"之误乎?因无其他证据,姑置于此,以待详考。

威武州、崇德州、会蕃州、新州、大林州、紫河州、驼州

始置不知何时,治所不详,在今内蒙古东北部或蒙古国境内。

按此七州,仅见于《辽史·天祚皇帝纪》:"(耶律大石)西至可敦城,驻北庭都护府,会威武、崇德、会蕃、新、大林、紫河、驼等七州,及大黄室韦、敌剌、王纪剌、茶赤剌、也喜、鼻古德、尼剌、达剌乖、达密里、密儿纪、合主、乌古里、阻卜、普速完、唐古、忽母思、奚的、紏而毕十八部王众。"③此七州不见于他处,亦不知是何归属,仅知它们在辽之极西北之地。但笔者以为,它们必然不是头下州:辽之头下州,除横州据说是头下主萧克忠"部下牧人居汉故辽阳县地,因置州城"(《辽志》),不知是即以此牧民建州,还是因本部居此,故亦将俘户徙至此地而建头下州,故人口成分不明。其他诸头下州之主要人口成分,皆来自农业族。如果威武等七州置于耶律大石西进以前,那么,难以想象哪一位头下主从何处俘获了大量农业人口置于此地。而若是大石西行之后所建,大石当时仓皇而走,是否有余裕带走大批农业人口?即便有农户随行,怎能想象将其散落于行途之中,分建多个头下州?即便曾置此等头下州,耶律大石用兵之时,是否能从这类头下州得到武力支持,以至于在召集部落酋长的同时,也郑而重之的召集诸州官吏?笔者以为,这几个问题,答案似乎都是否定的。

按上述十八部,在《辽史·营卫志》及《部族表》中大多有迹可寻。其中大黄室韦、鼻古德、阻卜、唐古等皆有载,而敌剌当即迪剌葛,茶赤剌又称茶札剌,合主当即曷术,乌古里即乌古,奚的即颉的,等等,其他亦多为蒙古各部。察此十八部之分布,东至大兴安岭一带,西至蒙古高原西部,范围极为广泛。而大

---

① 《长编》卷503,元符元年十月乙亥。
② 按《辽史》卷26《道宗纪六》寿昌元年十月癸未条,王师儒时为枢密副使,与《长编》所载不同。
③ 《辽史》卷30《天祚皇帝纪四附耶律大石纪》。

石当时,自蒙古高原中部的可敦城(镇州)至北庭都护府,则已入西州回鹘界,其一路西行,尽量集结了女真控制之外的西北势力。同样也可以想象,此七州之地,或间杂分布于这些部落之间,并且州与州之间很可能相距极远。而此七州之性质,应当与镇、维、防三州一样,是辽设于西北的边防州,很有可能是道宗大安(1085—1094)、寿昌(1095—1101)间在西北连年大规模用兵、镇服乌古、敌烈、阻卜等部的结果。唯无明确记载,姑不敢定论耳。

窝鲁朵城

始置不知其时,在今蒙古后杭爱省哈喇巴勒噶逊。

按长泽和俊认为:辽西北境的镇、维、防三州,对应于古回鹘城、龙庭单于城、可敦城①。然则,就《辽史》所载来看,古回鹘城、龙庭单于城当是同地。《辽史·太祖纪》载:天赞三年(924),"次古回鹘城,勒石纪功"②。而《太宗纪》则载为"回鹘单于城":"从太祖破于厥里诸部,定河壖党项,下山西诸镇,取回鹘单于城……东西万里,所向皆有功。"③而此城在《萧图玉传》中,又载为"龙庭单于城":"开泰元年七月,石烈太师阿里底杀其节度使,西奔窝鲁朵城,盖古所谓龙庭单于城也。……图玉使诸军齐射却之,屯于窝鲁朵城。"④"古回鹘城"、"回鹘单于城"、"龙庭单于城",恐是一城之异称,也即是"窝鲁朵城"也。辽于西北置镇、维、防三州,似不必对应于三个古城。

今蒙古后杭爱省哈喇巴勒噶逊,陈得芝以此为招州⑤,张博泉以为镇州⑥,而《中国历史地图集》对应于窝鲁朵城,似近实。

---

① 〔日〕长泽和俊:《关于辽的西北路经营》,《史学杂志》66编8号,1957年8月,第74页。杨富学、邓浩于《略论辽朝的西疆经略》一文中也接受这一观点,见《社会科学辑刊》1998年第4期,第110页。
② 《辽史》卷2《太祖纪下》,天赞三年九月丙申朔。
③ 《辽史》卷3《太宗纪上》。
④ 《辽史》卷93《萧图玉传》。
⑤ 《辽代的西北路招讨司》,《宋辽金史论丛》第1辑,第272页。
⑥ 《东北历代疆域史》,第130页。

第九章　乌古敌烈路州城沿革

乌古敌烈路境内，共曾有静州及河董、静边、皮被河、塔懒王、巨母古等五城，合共六个统县政区（皆为州一级、无属县的边防城）（另参见前图11）。

河董城

圣宗时置。乌古敌烈路都详稳、统军司先后治此。治蒙古克鲁伦河中游东方省的巴尔斯浩特古城。

《辽志》河董城条未注明始置时间，以至有不少学者认为河董城是镇州可敦城内迁后所置。如日本学者箭内亘认为，河董城是镇州可敦城东迁以后所建的边防城①。米文平等认为，"河董城，'本回鹘可敦城'，当是镇州'古可敦城'东迁后所建的新城，即今祖·赫雷姆"②。景爱也提出，辽将镇州可敦城东南迁移到河董城③。

事实上，河董城并非镇州可敦城内徙所置，《辽志》从未提到镇州内徙一事，反而说："本回鹘可敦城，语讹为河董城，辽人完之以防边患。高州界女直常为盗，劫掠行旅，迁其族于此。""高州界女直"是何时迁到河董城的？《辽史·营卫志》对此有所反映："奥衍女直部。圣宗以女直户置。隶北府，节度使属西北招讨司，戍镇州境。……乙典女直部。圣宗以女直户置。隶南府，居高州北。"④

奥衍女直部先被迁于镇州界的时间，应当在开泰三年(1014)。按《辽志》镇州条所说，建州前后，"选诸部族—万余骑充屯军……渤海、女直、汉人配流之家七百余户，分居镇、防、维三州"，但在开泰二年，西北诸族先后叛辽，正月，"达旦国兵围镇州，州军坚守，寻引去"。大约是意识到镇、维、防三州构成的防线不够强固，三年三月，圣宗遂遣耶律世良"城招州"⑤。奥衍女直部大约是这

---

① 〔日〕箭内亘：《鞑靼考》，《蒙古史研究》，刀江书院发行，东京，1930年，第580—581页。
② 米文平、冯永谦：《辽代边防城考》，《辽金史论集》第5辑，第169页。
③ 景爱：《辽金泰州考》，《辽金史论集》第1辑，第180页。
④ 《辽史》卷33《营卫志下》。
⑤ 《辽史》卷15《圣宗纪六》。

次被迁至招州的女真人口的主要来源。而此时乙典女直还在高州北。

迁乙典女直部至河董城，应在此后不久。开泰二年正月，乌古、敌烈叛，经耶律化哥初步平定。但次年四月、九月，次第复叛，直至开泰七年，才最终平定。此后，圣宗改而东向对付高丽，而乌古、敌烈亦平服许久，直至道宗咸雍九年(1063)复有叛乱行为。在开泰七年至咸雍九年之间，恐无太大必要迁女真人至河董城。故而，将劫掠商旅的高州乙典部女真北迁，当在开泰间辽平定乌古、敌烈部叛乱期间，或在此后不久。而置州自然在此次徙民之前，即开泰七年之前。

辽代人主张镇州徙至河董城者，《辽史》提到二人，即耶律唐古和萧韩家奴。耶律唐古认为，"自建可敦城已来，西蕃数为边患，每烦远戍"，不如"复守故疆，省罢戍役"。但结果是"不报"①。萧韩家奴也建议，"今宜徙可敦城于近地，与西南副都部署乌古、敌烈、隗乌古等部声援相接"②，至于朝廷意向如何，《辽史》就没有下文了。若以此为镇州内徙之证据，显欠稳妥。事实上，即使是萧韩家奴所建议的近地，也应当东南移至靠近西京道的地方，在"西南副都部署"辖地与治于河董城的乌古敌烈统军司所管乌古等部之间，而非东移至河董城。

史实证明，直至辽末，镇州仍未内徙。《辽史·天祚皇帝纪》：天庆九年(1119)"阻卜补疏只等叛，执招讨使耶律斡里朵，都监萧斜里得死之"③。何以阻卜一叛，招讨使、招讨都监或死或俘？只因西北路招讨使仍驻于被阻卜部所包围的镇州城。内移镇州至河董之说，难以成立。

河董城治所，箭内亘认为在乌尔逊河西岸④，长泽和俊亦赞成之⑤。但是，按《辽志》皮被河城条下所云："皮被河出回纥北，东南经羽厥，入胪朐河，沿河董城北，东流合沱瀍河，入于海。"那么皮被河应当是胪朐河(今克鲁伦河)的一条支流，与乌尔逊河并无关系。景爱认同蒙古考古学家贝尔列的定点，置河董城于今蒙古境内克鲁伦河中游东方省的巴尔斯浩特城⑥。这一定点结合了考古发掘和方位里程、河流走向等，是比较准确的。且巴尔斯浩特城周长6 820米，克鲁伦河南北再无更大辽城，这很符合河董城在乌古敌烈部族地的

---

① 《辽史》卷91《耶律唐古传》。
② 《辽史》卷103《文学传上·萧韩家奴传》。
③ 《辽史》卷28《天祚皇帝纪二》，天庆九年五月。
④ 〔日〕箭内亘：《鞑靼考》，《蒙古史研究》，第577页。
⑤ 〔日〕长泽和俊：《关于辽的西北路经营》，《史学杂志》66编8号，1957年8月，第74页。
⑥ 景爱：《辽金泰州考》，《辽金史论集》第1辑，第180页。

首要地位。米文平等却认为,定位于巴尔斯浩特城,与上京临潢府距离仅1 000余里,不符合《辽志》河董城条所说的1 700里,因此定位于巴尔斯浩特以西、东方省境内的祖赫雷姆①。事实上,巴尔斯浩特距辽上京临潢府直距1 400里左右,并非米先生所说的"1 000余里",而辽里又小于今里。又,米先生等定河董城于克鲁伦河中上游的祖赫雷姆,又纯凭《辽志》所载里距,定皮被河城于额尔古纳右旗西境额尔古纳河东岸的黑山头村,这样,辽河董城与皮被河城因胪朐河产生的联系,就被打破了。贝尔列与景爱的观点似更合理,故定河董城于巴尔斯浩特城。

静州

天庆六年升泰州金山县为静州观察,治今内蒙古乌兰浩特市北15里乌兰哈达镇前公主陵屯"公主岭一号古城"②。

按静州在《契丹国志·天祚皇帝上》作"靖"州③,且与春、泰等并举,显然正是静州无疑。而同书《州县载记》及史愿《亡辽录》,亦皆作"靖"州④。

不辖县。

静边城

静边城,置于圣宗朝前后。治今内蒙古新巴尔虎左旗西北182里吉布胡郎图苏木甘珠花古城。

按于厥部曾在太祖阿保机时讨平,不过名虽臣服,实际上却很难管治,《辽志》静边城条所说,该部劫掠契丹族牧民,是其桀骜不驯的表现之一。圣宗统和二年(984),"五国乌隈于厥节度使耶律隗洼以所辖诸部难治,乞赐诏给剑,便宜行事"⑤。静边城并不是一定置于此时,但或是在辽统治者心目中,于厥之"难治"至此时已深有感触,故于此前后建静边城。此后,即以静边城为据点,开始对于厥用兵。至开泰四年前后,于厥已基本平服,但此时,辽廷议将于

---

① 米文平、冯永谦:《辽代边防城考》,《辽金史论集》第5辑,第169页。
② 此据米文平、冯永谦定点。见《辽代边防城考》,陈述主编:《辽金史论集》第5辑,第165页。米文平等又云,辽天庆七年,女真完颜杲"下金山县"(《金史》卷76《完颜杲传》),静州甫建一年,入金当即废罢。此说可采信。
③ 《契丹国志》卷10《天祚皇帝上》:天庆八年"秋,女真陷东京、黄龙府、咸、信、苏、复、辰、海、同、银、通、韩、乌、遂、春、泰、靖等五十余城"。
④ 《会编》卷21《政宣上帙二十一》,宣和七年正月二十四日条引《亡辽录》,"刺史州七十,观察、团练、防御使州八"。《契丹国志》卷22《州县载记·刺史州七十余处》。
⑤ 《辽史》卷10《圣宗纪一》,统和二年二月乙巳。

厥内徙，"于厥安土重迁，遂叛"，并为敌烈部将领勃括所诱，迎击辽军，不过，很快为辽将耶律世良击败，"获其辎重及所诱于厥之众，并迁迪烈得所获辖麦里部民，城胪朐河上以居之"①，此后辽廷与于厥部进入一个相安无事的阶段。此胪朐河上之城，不一定就是静边城，但静边城也正应建于于厥部最为活跃，而辽政权也盛极一时、勇于开边的圣宗朝，或是稍早的景宗朝。

按《辽志》：静边城"北邻羽厥，每入为盗，建城，置兵千余骑防之"，静边城之所在，似当由于厥（羽厥）族居地入手。然而于厥居地颇为广大。按张博泉等分析，主要在克鲁伦河至鄂嫩河（又作斡难河）区②。不过，其居地似由此继续东北向与居于今黑龙江南岸嘉荫附近的乌隗部相接。故置"乌隗于厥节度使"③、"乌隗于厥部大王府"④以治之。由于其分布自克鲁伦河中游一直延伸到今天黑龙江省的西部，且《辽志》云：静边城"本契丹二十部族水草地"（与泰州条下同），此"二十部族"者，指辽立国前阻午可汗析分之二十部，至太祖时，虽又曾调整为二十部，但"二国舅升帐分，止十八部"⑤，无论是从部族制度还是《辽志》静边城条的语意，都是指太祖以前的情况。而契丹部族时期及甫建国时，自未及将部族水草地延伸到克鲁伦河中游，故而，我们对静边城的定位，不能拘于辽中后期河董城附近的"胪朐河"，反当是在下游，即呼伦池附近求之。

《中国历史地图集》定静边城于呼伦池北，然据米文平等言，该地并无辽代城址⑥。箭内亘定于今中蒙边界贝尔湖南⑦，则距辽上京仅800余里，未免与"一千五百里"相差过大。在今呼伦池东岸、乌尔逊河口以东15里，内蒙古新巴尔虎左旗吉布胡郎图附近有一辽代城址，周长1000米左右⑧，当是辽代静边城所在。

皮被河城

始建之时不明，治今蒙古肯特省温都尔汗以西50里祖赫雷姆城。

按《辽志》云："皮被河出回纥北，东南经羽厥，入胪朐河，沿河董城北。"皮

---

① 《辽史》卷15《圣宗纪六》，开泰四年四月。
② 《东北历代疆域史》，第134页。
③ 《辽史》卷10《圣宗纪一》，统和二年二月乙巳。
④ 《辽史》卷46《百官志二》。
⑤ 《辽史》卷33《营卫志下》。
⑥ 米文平、冯永谦：《辽代边防城考》，《辽金史论集》第5辑，第180页。
⑦ 〔日〕箭内亘：《鞑靼考》，《蒙古史研究》，第577页。
⑧ 景爱：《关于呼伦贝尔古边壕的探索》，《历史地理》第3辑，上海人民出版社，1983年，第198页。

被河城当在皮被河入胪朐河处，其相对于河董城，当在克鲁伦河较上游之处。景爱引蒙古考古学家贝尔列说，定于此处①。

塔懒王城

道宗大康九年（1083）置，治地待考。

按《辽史》中华本《校勘记》云：按"塔懒"即"挞览"，"主"应作"王"②，此说甚为有理。

《中国历史地图集》定塔懒主（王）城于克鲁伦河上游、皮被河城西侧不远处，当即今祖赫雷姆城西面2公里巴伦赫雷姆城。景爱亦持同样看法③。米文平等认为，"皮被河城和塔懒主（王）城是两个独立的边防城，其间不可能如此之近，两城相距仅二公里，辽朝在长长的西北防线上不可能这样建置"，此说甚为合理。但对于《辽志》塔懒主（王）城条所说"在胪朐河"一语，米文平等认为呼伦池也可以看作"胪朐河"，由此将塔懒主城定于呼伦池东部的甘珠尔化城④，这一点笔者也不能认同。其地待定。

巨母古城

始置年代不详，在开泰三年以前。治于内蒙古今新巴尔虎右旗东125里宝格德乌拉苏木扎和庙城址。

按《辽史》："（开泰）三年，命选马驼于乌古部。会敌烈部人夷剌杀其酋长稍瓦而叛，邻部皆应，攻陷巨母古城。世良率兵压境，遣人招之，降数部，各复故地。"⑤《辽史》提到巨母古城虽仅一次，但此城显然是位于敌烈部居地核心地带的辽朝重要边防城，故而敌烈八部才集中力量攻陷此城。《中国历代地图集》所定位置约在呼伦池北部札赉诺尔古城址，景爱亦同意这一定点⑥。米文平等认为，呼伦池以南、乌尔顺河西岸的扎和庙城址，当是巨母古城，此城距敌烈八部更近，且城址也比札赉诺尔城址大得多⑦。笔者认为，米文平的定位较为合理。

---

① 景爱：《关于呼伦贝尔古边壕的探索》，《历史地理》第3辑，第197页。
② 《辽史》卷37《地理志一》中华书局本校，第454页。
③ 景爱：《关于呼伦贝尔古边壕的时代》，《社会科学战线》1982年第1期，第198页。
④ 米文平、冯永谦：《辽代边防城考》，《辽金史论集》第5辑，第174—176页。
⑤ 《辽史》卷94《耶律世良传》。
⑥ 景爱：《关于呼伦贝尔古边壕的时代》，《社会科学战线》1982年第1期，第198页。
⑦ 米文平、冯永谦：《辽代边防城考》，《辽金史论集》第5辑，第176—177页。

第十章　头　下　州

辽之境内,前后曾出现过头下州四十五个,分别位于上京道(二十个)、东京道(十个)、中京道(七个)、西京道(二个)境内,另有六个不知所在。其中可确知收归朝廷的有十个,废于辽亡以前的五个。至辽末,有可能存在的头下州,至多三十个。下列此四十五个头下州。

上京道境内：徽、豪(原豪刺军)、原、福(属萧排押)、横、凤、丰、顺、闾、松山、豫、全、黑河、灵安、乌(后收)、渭(后收)、遂(后废)、福(属萧翰,后废)、宁(后废)、义(后废)州。

东京道境内：麓、荆、荣、卫、茂、霋(后收)、遂(后收)、贵德(后收)、宗(后收)、懿(后收)州。

中京道境内：懽、穆、晖、禄、榆(后收)、睦(后收)、白川(后收)州。

西京道境内：抚、昌州。

不知所在：骧、康、肃、圆、随、和(后废)州。

除官收诸头下州作为方州,列于各道目下,其他头下州见下文(另参见图12)。

第一节　上京道境内

头下徽州

辽景宗乾亨三年(981)置徽州宣德军节度,为景宗长女齐国公主头下州。治今辽宁阜新县北83里的旧庙镇四家子村西古城址。

《辽志》本条云："景宗女秦晋大长公主所建。"按《辽史·公主表》,景宗女无封秦晋大长公主者,罗继祖疑为圣宗第二女岩母堇[①]。然重熙十五年(1046)杨佶为秦晋国大长公主作墓志铭,明言此秦晋国大长公主为景宗承天后亲出之观音女也[②]。故《地理志》不误,《辽史·公主表》脱载其重熙七

---

① 《辽史校勘记》,第117页。
② (辽)杨佶：《秦晋国大长公主墓志铭并序》,《全辽金文》,第227页。

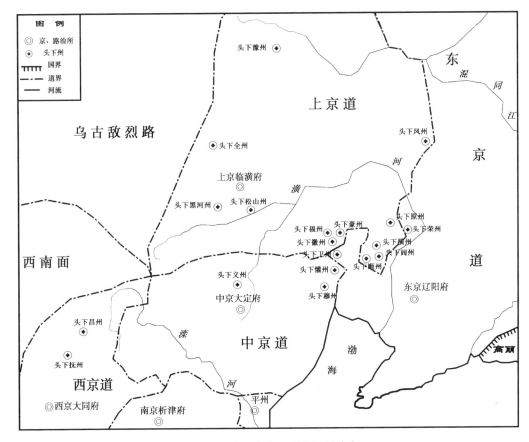

图 12 天庆三年(1113)头下州分布

年(戊寅岁)册为秦晋国大长公主事。建徽州之时,当是公主下嫁前后。按萧继远于"乾亨初,尚齐国公主"①,"乾亨初"似即元年。然《墓志铭》云:"乾亨辛巳岁,始封齐国公主,以故北宰相……(萧)继远戚闻传庆,王门象贤……拜驸马都尉。"则乾亨辛巳岁(三年)观音女初封齐国,即下嫁萧继远。徽州亦当建于乾亨三年。故乾亨五年,圣宗即位之初,"如徽州"②,探望胞姊也。

冯永谦考定徽州在今阜新县北旧庙乡他不郎村北 1 里处③。而孙杰等认为,阜新县城北 90 里的旧庙乡四家子村西 3 公里的辽代古城址(面积近 31 万

---

① 《辽史》卷 78《萧继先传》。按四库本"先"作"远",墓志亦作"萧继远",故当从库本作"萧继远"。
② 《辽史》卷 10《圣宗纪一》。
③ 冯永谦:《辽志十六头下州地理考》,纪兵、刘国有主编:《阜新辽金史研究》,第 69 页。

平方米),规模较他不郎村古城址(约 15 万平方米)更大,当是徽州,而他不郎村古城址是一座辽代未定州城。按辽成州户仅四千,而城址面积逾 50 万平方米①。万户之徽州,城址亦不应过小,两相比较,定四家子古城址为徽州旧治较为合理。

头下豪刺军—头下豪州

太祖神册三年(918)之前萧敌鲁建头下豪刺军,天显十二年(937)升为头下豪州。治今辽宁彰武县西 110 里四堡子乡小南洼村城址。

按《辽志》本条,此州当是"国舅宰相南征,俘掠汉民"所建。既云南征,此"国舅宰相"者,当是辽太祖、太宗两朝之(北府或南府)宰相。按太祖"四年秋七月戊子朔,以后兄萧敌鲁为北府宰相",是后族为相之始②。据汉字《大辽永清公主墓志铭》序,公主"适大国舅帐王五驸马男左千牛卫将军(萧)太山",于"寿昌元年二月二十日薨于豪州";而据刘凤翥先生所释契丹小字萧太山与永清公主《墓志铭》,萧太山应是萧敌鲁之七世孙③。如此,则豪州应是萧敌鲁之头下,历传至萧太山也。

《辽志》所谓"国舅宰相南征,俘掠汉民",应即《萧敌鲁传》所称"太祖征奚及讨刘守光,敌鲁略地海滨,杀获甚众"④。检《太祖纪》,太祖五年(911)正月"上亲征西部奚",三月"掠地蓟州"。敌鲁应从行,且俘获甚众,得建头下。敌鲁卒于神册三年底⑤,毫无疑问,豪州应置于太祖五年至神册三年间,是至今所知最早建置的头下州军。

然则,豪州并非此头下单位始建时之名。作于应历五年(955)的《陈万墓志》云:

> 年卅五,庄宗皇帝除授涿州副使。年四十,奉大圣皇帝宣命□□,从故国舅相公入国,寻授圣旨,除豪刺军使。年四十五,从皇帝东□渤海国,当年收下。……年四十七,又从嗣皇帝伐神、欢二州,当年又下。年五十五,皇帝知司徒战伐功高,改军为豪州,除司徒为刺史,官加

---

① 孙杰、高庆升:《阜新地区辽城考记》,纪兵、刘国有主编:《阜新辽金史研究》第 2 辑,1995 年,第 58 页。
② 《辽史》卷 1《太祖纪上》。
③ 此两方《墓志》及释文,见《辽上京地区出土的辽代碑刻汇辑》,第 81—83 页。
④ 《辽史》卷 73《萧敌鲁传》。
⑤ 《辽史》卷 1《太祖纪上》,神册三年十二月辛丑。

司空。①

阿保机"收下"渤海国之天显元年(926)，陈万年四十五岁。则神册六年(921)也即陈万四十岁入辽之年，该头下单位仍称"豪剌军"。至十五年以后的天显十二年，方升改为"豪州"。

陈万何以在神册六年"奉大圣皇帝宣命""入国"？笔者以为，陈万其实是该年阿保机南侵之时被俘入辽。南侵一事，据《旧五代史》载：天祐十八年(即辽神册六年)十二月，"王郁诱契丹安巴坚寇幽州"②。又《契丹国志》云：天赞元年(按《辽史》之纪年体系，则为神册六年)十二月，"义武军节度使王处直……遣人语其子王郁，使略契丹，令犯塞以解镇州之围。……(契丹)遂长驱而南，围涿州，旬日拔之"③。《辽史》亦称，神册六年十二月"癸亥，围涿州，有白兔缘垒而上。是日破其郛。癸酉，刺史李嗣弼以城降"④。而涿州副使陈万，亦为契丹所得，随同北迁。

然则，萧敌鲁既卒于神册三年，上引《墓志》所说活动于神册六年的"国舅相公"自然另有其人。检《辽史》，知是淳钦太后弟、同时也是萧敌鲁之弟阿古只。此人曾为北府宰相，且在太祖神册、天赞年间多次南征。该年王郁诱阿保机南侵之时，萧阿古只应从行。涿州沦陷后，陈万为阿古只所擒(从故国舅相公入国只是被掠的委婉说法而已)并受任阿古只之侄所属头下豪剌军之军使。十五年后，即天显十二年(937)，豪剌军升为豪州，陈万亦随之迁为刺史。

另关于豪州之名，一直聚讼纷纭。《辽志》载为"壕州"，《兵卫志》亦同⑤。而《契丹国志》、《亡辽录》记为"濠州"⑥。但更多的是记为"豪州"⑦。尤其是出土的碑刻，一律作"豪"。如上引《陈万墓志》即为一例。又保宁二年(970)《刘承嗣墓志铭》云，承嗣"长女适豪州副使李琼璋"⑧。作于太平九年(1029)

---

① (辽)李筠：《大契丹国故前使持节涿州诸军事行涿州刺史金紫崇禄大夫检校司徒上柱国陈府君墓志铭并序》(应历五年)，《全辽金文》，第37—38页。
② 《旧五代史》卷29《唐书·庄宗纪三》，天祐十八年十二月辛未。
③ 《契丹国志》卷1《太祖大圣皇帝》。
④ 《辽史》卷2《太祖纪下》。
⑤ 《辽史》卷36《兵卫志下》"五京乡丁"条。
⑥ 《契丹国志》卷10《天祚皇帝纪上》、卷22《州县载记》。《三朝北盟会编》卷21《政宣上帙二十一》宣和七年正月二十四日条引《亡辽录》。
⑦ 《辽史》卷15《圣宗纪六》，开泰二年四月甲子；卷29《天祚皇帝纪三》，保大三年正月；卷91《耶律唐古传》。《金史》卷2《太祖纪》天辅二年十二月甲子、天辅七年正月庚辰，卷68《阿鲁补传》。
⑧ (辽)冯妃：《大契丹国故左骁卫将军金紫崇禄大夫检校太保兼御史大夫上柱国彭城刘公墓志铭并序》，《全辽金文》，第58页。

的《萧仅墓志》，其撰者署名"豪州军事判官赵逵"①。显然，该州实为"豪州"，而"壕"、"濠"等皆误耳。

王绵厚定豪州为今辽宁彰武县四堡子乡小南洼村城址②，冯永谦、黄凤岐赞同这一定点③。此城周长近4 000米，颇合豪州"户六千"之规模。此外，《辽志》本条载，州"在显州东北二百二十里"，小南洼城址距辽显州（今辽宁北镇市）220里，略与此相符（今里较辽里稍大）。

头下原州

圣宗统和四年（986）至六年前后，萧恒德置头下原州。治今辽宁康平县西北27里二牛所口镇敖汉窝堡村一带。

《辽志》本条："国舅金德俘掠汉民建城。"罗继祖云"'金德'之名，不见于《纪》、《传》，然《列传》之'萧恒德'，《纪》或作'勤德'，'勤'、'金'音近，其即'恒德'乎？"④此说甚是。按《契丹国志》："（景宗睿智皇后）女三人，长曰燕哥，适后弟、北宰相留住哥，署驸马都尉；次曰长寿奴，适后侄、东京留守悖野；次曰延寿奴，适悖野母弟肯头。延寿奴出猎，为鹿所触死，后即缢杀肯头以殉葬。"⑤按《辽史·公主表》，景宗睿智皇后生三女，长观音女，下嫁萧继先；次长寿女，嫁萧排押；再次延寿女，嫁萧恒德。又《辽史·外戚表》，睿智皇后父萧思温无嗣，睿智皇后立继先为思温之后。对照《国志》，则知留住哥即萧继先也⑥。而悖野、肯头兄弟，正是萧排押、萧恒德兄弟⑦，《国志》之载睿智后以延寿女意外身故而令肯头殉葬之事，与《辽史·萧恒德传》之载"公主疾，太后遣宫人贤释侍之，恒德私焉。公主恚而薨，太后怒，赐死"，其事虽不同，其意则近似。但思温既无后而以其侄继先为后，则睿智后并无亲兄弟，故而，排押、恒德之父，当为睿智皇后之从兄弟，非亲兄弟也。同理，圣宗皇后萧氏为景宗"睿智皇后弟隗因之女"⑧，隗因亦当是睿智皇后之从弟而非亲弟也。按此，隗因很可能即

---

① （辽）赵逵：《故宁远军节度使萧公墓志铭并序》，《全辽金文》，第261页。
② 王绵厚：《辽金元懿州豪州建置考——兼论元代"洪州"地名之来源》，纪兵、刘国有主编：《阜新辽金史研究》，第56页。
③ 冯永谦：《辽志十六头下州地理考》，纪兵、刘国有主编：《阜新辽金史研究》，第73页；黄凤岐：《阜新地区与契丹族》，《阜新辽金史研究》，第6页。
④ 《辽史校勘记》，第117页。
⑤ 《契丹国志》卷13《后妃传·景宗萧皇后》。
⑥ 《辽史》卷78《萧继先传》："字杨隐，小字留只哥。幼颖悟，叔思温命为子，睿智皇后尤爱之。乾亨初，尚齐国公主，拜驸马都尉。"
⑦ 《辽史》卷88《萧排押传》、《萧恒德传》，恒德为排押之弟也。
⑧ 《辽史》卷71《圣宗仁德皇后传》。

是排押、恒德兄弟之父①,故恒德得称"国舅"。

按《辽史·萧恒德传》:

> 会宋将曹彬、米信侵燕,耶律休哥与恒德议军事,多见信用,为东京留守。六年,上攻宋,围沙堆,恒德独当一面。城上矢石如雨,恒德意气自若,督将士夺其陴。……攻长城口,复先登。

按《圣宗纪》,统和四年至六年,萧恒德(《纪》曰勤德)多次率兵与宋战②。其所建原州之汉民,当是此数年中掠来。

按本道福州,在"原州北二十里",福州定点于康平县西北小城子镇一带,则其南20里之原州,在康平敖汉窝堡村一带。

头下福州

圣宗统和中(983—1012),萧排押置头下福州。治今辽宁康平县西北37里小城子镇一带③。

按辽代之"萧宁",今可知者有二:一见《辽史》所载,一见重熙十五年《秦晋国大长公主墓志铭并序》。

《辽史·圣宗纪》:开泰元年(1012),"诏卜日行拜山、大射柳之礼,命北宰相、驸马、兰陵郡王萧宁,枢密使、司空邢抱质督有司具仪物。"按此萧宁于《辽史》中仅一见,颇疑之为他人之误。检《圣宗纪》,统和二十八年(1010)八月,将伐高丽,"以皇弟楚国王隆祐留守京师,北府宰相、驸马都尉萧排押为都统",直至开泰三年四月,"以西北路招讨都监萧孝穆为北府宰相"④,北府宰相换任。从这四年间北府宰相的担任者来看,萧宁此人的身份有两种可能:其一,确有萧宁其人,在开泰元年前已接过萧排押的北府宰相之职;其二,萧宁就是统和二十八年已任北府宰相并且同是驸马都尉的萧排押。

按《辽史·萧排押传》,"宋和议成,为北府宰相",辽宋澶渊之盟,在统和二十二年末,则排押之始任北府宰相,或在二十三年前后。直至"开泰二年,以宰

---

① 按辽人陈觉咸雍五年(1069)所作《大辽国故秦晋国妃玄堂志铭并引文》:"故燕京留守、衙内都指挥使、驸马都尉韦割烈、永徽公主小字仙河,即王父母也。故枢密使、北宰相、驸马都尉韦曷宁、魏国公主小字长寿奴,考妣也。"(《全辽金文》,第387页)据此,则知曷宁实即排押,其父名割烈,《辽史》未载其行实;其母永徽公主,亦不见于《辽史》,或非皇帝亲女,而为皇子嫡生者之女。按割烈与隗因有何关系、是否一人?不得而知也。
② 《辽史》卷11《圣宗纪二》、卷12《圣宗纪三》。
③ 贾敬颜:《胡峤陷辽记疏证》,《史学集刊》1983年第4期,第11页。
④ 《辽史》卷15《圣宗纪六》,统和二十八年八月丁卯、开泰元年三月乙酉、开泰三年四月丙子。

相知西南面招讨使"①,其任北府宰相,直至此后,未尝中辍也。故而,几可肯定萧排押就是《辽史·圣宗纪》开泰元年的"萧宁"。

"萧排押"与"萧宁"字、音相差甚远,《辽史》何有此误?按《秦晋国妃墓志铭》:"故枢密使、北宰相、驸马都尉讳曷宁、魏国公主小字长寿奴,(妃之)考妣也。"②可知,萧排押即萧曷宁,或正名为曷宁,而排押为其小名。而《辽史》遂以"萧曷宁"为"萧宁"。

另一萧宁,见于重熙十五年《秦晋国大长公主墓志铭》:"孙三人:长曰永,崇德宫汉儿渤海都部署、彰武军节度使、检校太傅,娶故宋王次子于骨迪列桑格麦女耶律氏;次曰宁,忠正军节度使、检校尚书、左仆射;次曰安,房州观察使、检校兵部尚书。……孙女三人:长归于我仁孝皇帝为妃,先大长公主而薨。"③也就是说,萧宁有一亲姊妹或从姊妹为兴宗妃,萧宁是可以称为国舅的。但是,按此铭的文体,载萧永妻之出身,而萧宁、萧安则无,可见二人未婚。再则,萧永已有实职,即"崇德宫汉儿渤海都部署",而萧宁、萧安则皆为虚衔,亦可见二人颇年幼,有如王子之未出阁也。此萧宁在重熙十五年尚幼,此时辽宋并无战事,何有《辽志》所云"南征俘掠汉民"可供其建头下州?若云是其祖父萧继先南伐俘来之民,留与萧宁建州,则头下州居民归属,经历了颇为复杂的转手过程,《辽志》又何必追溯这些居民的最初来源而忽略其直接的来历?

由此可见,福州不大可能是秦国大长公主之孙萧宁所建,而应当是萧排押即萧曷宁所建。也只有萧排押才有机会南征俘掠汉民。《辽志》犯了与《圣宗纪》同样的错误,误"萧曷宁"为"萧宁"矣。

按《辽史·萧排押传》:"(统和)四年,破宋将曹彬、米信兵于望都。……尚卫国公主,拜驸马都尉,加同政事门下平章事。十三年,历北、南院宣徽使。"据此,排押尚主,在统和四年之后不久,而在统和十三年之前。按《辽志》,辽中后期各头下州属萧氏者,其头下主似未有单纯以"国舅"之身份而得建头下,而都是附加"驸马"身份。如徽、成、懿、渭等州,都是公主下嫁后不久,直接以媵户置。应可推断,公主、驸马建头下州,与他们成婚之时,不当相隔太远。故定福州所建之时在统和中,具体说来,应当是统和四年至十三年之间。

又胡峤《陷虏记》谓:"萧翰得罪被锁,峤与部曲东之福州,翰所治也。"贾敬

---

① 《辽史》卷88《萧排押传》。
② 前引《大辽国故秦晋国妃玄堂志铭并引文》。
③ (辽)杨佶:《大契丹国故雍肃恭寿仁懿秦晋国大长公主墓志铭并序》,《全辽金文》,第228—229页。

颜认为,福州可能是"翰被锁后改赐于宁者"①。按萧翰之被锁,在世宗时,而萧宁建头下福州,在圣宗统和中,约有四十年的时间差,当是萧翰于天禄间(947—951)被杀后,福州随废,统和中萧排押建城,又用此名也。

头下横州

圣宗朝,萧克忠建头下横州。治今辽宁彰武县东 38 里苇子沟镇土城子村古城址②。

《辽史》载萧克忠仅两处,除本条外,另《圣宗纪》载:开泰八年(1019)"以驸马萧克忠为长宁军节度使"③。按《辽史·公主表》未载萧克忠。但其"驸马"身份,必得自圣宗朝无疑。

头下凤州

圣宗统和三年以前置。约在今吉林公主岭市西北 137 里毛城子镇南城子村④。

按凤州之始置,《辽志》不载。据《圣宗纪》,统和三年四月壬午,"以凤州刺史赵匡符为保静军节度使"。应即此凤州也。

头下丰州

统和十三年耶律阿没里建头下丰州。约在今内蒙古敖汉旗北境。

《辽志》本条未载建州之年。按《辽史·圣宗纪》云:统和十三年六月"甲申,以宣徽使阿没里私城为丰州";次年正月"庚午,以宣徽使阿没里家奴阎贵为丰州刺史"。阿没里本传亦载此事⑤。

《辽志》本条云:丰州"北至上京三百五十里",按辽里稍小于今里,但仍多于今里 300 里,约在敖汉旗北部。《中国历史地图集》定于翁牛特旗治所乌丹镇附近,不到 250 里,距离过近。《地图集》所定点的丰州,其实并非阿没里所建者,而是另一丰州,即由西京道丰州党项内附所建之丰州,至沈括使辽时,已

---

① 贾敬颜:《胡峤陷辽记疏证》,《史学集刊》1983 年第 4 期,第 11 页。
② 据冯永谦:《辽志十六头下州地理考》,纪兵、刘国有主编:《阜新辽金史研究》,第 73 页;黄凤岐:《阜新地区与契丹族》,《阜新辽金史研究》,第 6 页;孙杰,高庆升:《阜新地区辽城考记》,《阜新辽金史研究》第 2 辑,第 60 页。
③ 《辽史》卷 16《圣宗纪七》,开泰八年五月壬申。
④ 此据陈相伟定点,见《吉林省辽金考古综述》,《北方文物》1995 年第 4 期,第 42 页。
⑤ 《辽史》卷 79《耶律阿没里传》:"阿没里性好聚敛,每从征所掠人口,聚而建城,请为丰州。就以家奴阎贵为刺史,时议鄙之。"

改名澄州①。《中国历史地图集》辽"上京道"及"临潢府附近"图幅,断于天庆元年(1111),而至该年,以党项人所建之丰州,即今乌丹镇之丰州,已改为澄州。详见上文澄州条。

头下顺州

辽太宗会同元年(938)之前建头下顺州。治今辽宁阜新县东49里大巴镇杜代营子村五家子屯城址②。

按《辽志》本条云:"横帐南王府俘掠燕、蓟、顺州之民,建城居之。"则俘民、建城之事,当在石敬瑭献幽云十六州之前。

头下闾州

会同(938—947)、天禄(947—951)间,耶律鲁不古建头下闾州。治今辽宁阜新县东85里十家子镇烧锅屯城址③。

《辽志》:"闾州,罗古王牧地,近医巫闾山。"按"罗古王"不见于《辽史》,当即"鲁不古"也。鲁不古主要活动时期在太宗朝,天禄"六年,为北院大王,终"④。崭露头角之时,大约在会同元年前后。会同元年,"西南边大详稳耶律鲁不古奏党项之捷"⑤;三年,"鲁不姑上党项俘获数"⑥。其建头下州,或在会同元年之后至天禄中。

头下松山州

始置不知何时。治今内蒙古巴林右旗东南137里西拉沐沦苏木布敦花城址⑦。

按《辽志》本条云:"本辽泽大部落,横帐普古王牧地。"但《辽史》中之"普古"⑧、"蒲古"⑨、"蒲古只"、"勃古哲"⑩等,皆非横帐也,故难知其始置之时。

---

① (宋)沈括:《熙宁使虏图抄》,见《五代宋金元人边疆行记十三种疏证稿》,第160页。
② 据冯永谦定点。见《辽代欢州、顺州考》,《阜新辽金史研究》,第101页。
③ 此据冯永谦定点。见《辽志十六头下州地理考》,《阜新辽金史研究》,第76页。
④ 《辽史》卷76《耶律鲁不古传》。按天禄仅五年,《辽史》有误。
⑤ 《辽史》卷70《属国表》。
⑥ 《辽史》卷4《太宗纪下》,会同三年三月丙子。
⑦ 此据项春松定点。见《辽代历史与考古》,第96页。
⑧ 《辽史》卷66《皇族表》、卷105《耶律铎鲁斡传》。
⑨ 《辽史》卷17《圣宗纪八》,太平九年大延琳叛,"延琳密驰书,使(夏行美)图统帅耶律蒲古"。卷87《耶律蒲古传》:"太祖弟苏之四世孙。"
⑩ 《辽史》卷82《耶律勃古哲传》,其为"六院夷离堇蒲古只之后"。然此世系,虽为迭剌部人,却非出于阿骨打及其兄弟,不得称横帐也。

《辽史·圣宗纪》：统和八年，"省遂、妫、松……奉德等十州"①，又于开泰二年以"松山川为松山县"②。所省、所置者，皆中京道之松山州也（见上文中京道松山州条），与此头下松山州无涉。

头下豫州

兴宗末置。治今内蒙古扎鲁特旗西北 165 里格日朝鲁苏木恩格敖包西北③。

《辽志》："豫州，横帐陈王牧地。"罗继祖云："辽以太祖后为横帐，横帐封陈王者，有秦晋国王隆庆子谢家奴，见《皇族表》。"④按《辽史》，谢家奴封陈王，已在兴宗重熙十七年⑤。则头下豫州之置，当在兴宗后期。

头下全州

统和九年（1001）置，为韩匡嗣头下州。治今内蒙古巴林左旗西北 100 里碧流台镇四方城。

按《辽史·圣宗纪》：统和九年，"以秦王韩匡嗣私城为全州"⑥。然《辽志》不载此州。陈汉章以此州为金代北京路全州⑦，恐非，金全州以辽故丰州之地新置也。随着韩氏家族墓葬在四方城附近的发现，研究者以为此地当即韩氏之头下全州⑧。

头下义州

始置不知其时。道宗大安七年（1091）犹存。治今内蒙古赤峰市元宝山区小五家乡大营子村。

头下义州，有别于重熙元年（1032）所废的两个义州（见上文庆州富义县条），其至辽道宗时尚存，或至辽末亦有。张思忠卒于重熙七年，其生前曾任

---

① 《辽史》卷 13《圣宗纪四》，统和八年七月庚辰。
② 《辽史》卷 15《圣宗纪六》，开泰二年二月丙子。
③ 此据《中国历史地图集》第 6 册，辽上京道图，第 7 页定点。岛田正郎、张博泉等亦定于此处（岛田正郎：《大契丹国——辽代社会史研究》，第 77 页；《东北历代疆域史》，第 150 页）。
④ 《辽史校勘记》，第 118 页。
⑤ 《辽史》卷 20《兴宗纪三》，重熙十七年十一月丁巳。
⑥ 《辽史》卷 13《圣宗纪四》，统和九年五月己未。
⑦ 《辽史索隐》卷 2《圣宗纪》，见《二十五史三编》第 8 分册，第 172 页上。
⑧ 葛华廷：《韩匡嗣墓志及其相关的几个问题》，《北方文物》1997 年第 3 期，第 30—36 页。

"黔、义等州刺史"①。《辽史》载：道宗咸雍八年(1072)，"振义、饶二州民"②。又据《大辽义州大横帐兰陵夫人萧氏创建静安寺碑》："天邑之北，仅余百里，则公之故地焉。岚凝翠叠曰佛山，山之足，民屋聚居，若郡邑之大曰义州，今兰陵郡夫人萧氏主之，即太师公之妻也。"③其碑也作于咸雍八年。按此《碑铭》提供了两条至关紧要的信息：其一，此义州当时既为"萧氏主之"，则非朝廷直属之州，当为萧氏之头下州，原来当是其夫横帐耶律昌允之头下州。其二，此义州在"天邑"之北百里。按此"天邑"，无疑是指首都，或是上京临潢府，或是辽中后期地位超然之中京。而由此碑出土及静安寺址所在，几可肯定"天邑"是指中京④。此后，又见于《辽史·道宗纪》载：大安三年(1087)，"振诸路流民及义州之饥"⑤。最后见载，是在大安七年，创建静安寺的萧氏卒于是年且归葬于义州之北⑥。则知头下义州一直存在至道宗大安七年以后，与废于重熙元年的两个义州显有区别。

头下义州由"兰陵郡夫人萧氏主之"，只不过说明它的头下主是耶律昌允妻萧氏，事实上担任刺史的当然另有其人。按《辽史·地理志》："头下军州，皆诸王、外戚、大臣及诸部从征俘掠，或置生口，各团集建州县以居之。……其节度使朝廷命之，刺史以下皆以本主部曲充焉。"⑦在重熙七年以前，张思忠曾任义州刺史，他似乎是义州头下主耶律氏的部曲。不过，张思忠任义州刺史之前，又曾为黔州刺史，黔州为朝廷直属之州，头下主的部曲不可能担当朝廷直属州县之长官的，是否可以据此否定重熙七年之前义州之头下性质？不然。据刘浦江研究，头下军州"刺史以下皆以本主部曲充焉"的制度未必是一成不

---

① （辽）柴德基：《故银青崇禄大夫检校司空使持节济州诸军事济州刺史知上京南中使兼御史大夫上柱国清河县开国伯食邑七百户张思忠墓志铭并序》（约作于重熙八年），《全辽金文》，第281页。
② 《辽史》卷23《道宗纪三》，咸雍八年夏四月壬子。
③ （辽）耶律兴公：《大辽义州大横帐兰陵夫人萧氏创建静安寺碑》（咸雍八年），《全辽金文》，第407页。
④ 据《全辽文》引《热河志》："静安寺址在大宁故城南十家儿村……寺址尚存。"中华书局，1982年，第201页。寺址既在中京，则义州应近于中京。又据（辽）佚名：《大横帐故建雄军节度使崇禄大夫检校太师右千牛卫上将军知涿州军州事耶律昌允妻兰陵郡夫人萧氏墓志铭并序》（大安八年），耶律昌允妻墓志，发现于"内蒙古赤峰市元宝山区小五家回族乡大营子村"（见《辽代石刻文编》，第208页），其地在辽中京大定府北130里左右。则"天邑"自是指中京无疑。而义州所在，自然也大致可由此而定。
⑤ 《辽史》卷25《道宗纪五》，大安三年夏四月乙巳。
⑥ 这位"兰陵郡夫人萧氏"，于"大安七年冬十一月寓居中都清河张公之私第，其月十二日，寝疾而终，享年八十有一"，同月十九日，"启手足于寓居之宅，归于义州北塔山之阳"。见（辽）佚名：《大横帐故建雄军节度使崇禄大夫检校太师右千牛卫上将军知涿州军州事耶律昌允妻兰陵郡夫人萧氏墓志铭并序》（大安八年），《辽代石刻文续编》，第208页。
⑦ 《辽史》卷37《地理志一》。

变的,在兴宗重熙中,已有朝廷命官担任头下州刺史之例①。故而,张思忠之例,未足以否定义州之头下性质。

头下黑河州

大康元年(1075)之前置,治今内蒙古巴林右旗东南24里大板镇友爱古城。

按《辽志》以黑河州为庆州之前身,称其废于统和八年(990),后于原址建庆州。然沈括《熙宁使契丹图抄》称:"自(保和)馆北行数里,有路北去走上京。稍西又数里济黑水,水广百余步。绝水有百余家,墁瓦屋相半,筑垣周之,曰黑河州。"②而庆州则还需北行200余里。沈括之记述说明:其一,黑河州之地距庆州极远,并且与庆州所在之地"岩岫险峻……地苦寒"(《辽志》)之环境截然不同,两者不可能是一地之前后建置;其二,黑河州在沈括使契丹之年(宋熙宁八年,辽大康元年)仍存。上述两点,向南、冯永谦、项春松等皆曾提到③。其三,自保和馆至黑河州虽不远,然需济黑水,这指明了黑河州的大致位置;其四,黑河州仅数百户之众,规模甚小,当是头下州,这或是它被《辽志》所遗漏的原因。

此州在辽《黑山崇善碑题名》中亦可见:"黑河州:何寒食、妻刘氏、和贵……"④惜乎不知此碑之年份。又《亡辽录》:"下州二十三:徽、濠、骦……里、河、茂、麓、宗。"则其中"里、河"当连为"黑河"州,不当分为两州⑤。而《亡辽录》置此州于"下州",实即指其为头下州也。

黑河州之地,项春松定于"内蒙古巴林右旗白音汉友爱古城,筑于查干木伦河(黑水)下游北岸草原上"。贾敬颜称,"约当今大坂东南高根肖隆地方"⑥。两者大约同地。冯永谦定于"巴林右旗前进村古城址"。然则若在前进村城址,则自保和馆而北,至黑河州不须济河矣。故从项说,定于友爱古城址。

---

① 刘浦江:《辽朝的头下制度与头下军州》,《中国史研究》2000年第3期,第98页。
② 《熙宁使契丹图抄》,见贾敬颜:《五代宋金元人边疆行记十三种疏证稿》,第164页。
③ 见向南:《〈辽史地理志〉补正》,《社会科学辑刊》1990年第5期,第80页。冯永谦:《辽史地理志考补——上京道、东京道失载之州军》,《社会科学战线》1998年第4期,第192页。项春松:《辽代历史与考古》,第168页。
④ (辽)无名氏:《黑山崇善碑题名》,《全辽金文》,第891页。
⑤ 《三朝北盟会编》卷21《政宣上帙二十一》,宣和七年正月二十四日条引《亡辽录》"下州二十三"条。按所谓"下州二十三",即将"里河"视为二州,亦仅得二十二,原文当有阙漏。又《契丹国志》卷22《州县载记·诸藩臣投下州二十三处》亦将此州分为"黑州、河州",误耳。
⑥ 贾敬颜:《沈括〈熙宁使契丹图抄〉疏证稿》,见《五代宋金元人边疆行记十三种疏证稿》,第164页。

头下灵安州

始置不知其时。治今内蒙古库伦旗西南 108 里扣河子镇黑城子村。

灵安州之发现,因于一方"灵安州刺史印",此印为辽代铜印,1988 年于库伦旗境内的黑城子辽代古城发现,故定此遗址为辽灵安州①。该遗址规模有限,应是头下州。因其西南 8 公里即是辽陈国公主与驸马合葬墓②,估计此州便是公主、驸马之头下州。

(废)头下遂州

始置不知其时。统和八年省。治今辽宁彰武县东北 70 里四合城镇大伙房村土城屯城址③。

辽有两遂州,上京、东京道各一,此《辽志》两道之下各有载④。且《辽史·圣宗纪》载统和八年废遂州,而《食货志》则有记载:"道宗初年,西北雨谷三十里,春州斗粟六钱。……辽之农谷至是为盛。而东京如咸、信、苏、复、辰、海、同、银、乌、遂、春、泰等五十余城内,沿边诸州,各有和籴仓。"⑤显然,所废者乃上京道之头下遂州。《中国历史地图集》定遂州于上京道、东京道交界处,今彰武西北之地,划属东京道,而上京道图则无遂州。事实上,此彰武附近之遂州,应为上京道之遂州,且此州于统和八年已废,辽末尚存之东京道遂州,当在今昌图一带(见上文东京道遂州条)。

关于上京道头下遂州之址,《辽志》载:"在檀州西二百里,西北至上京一千里。"然笔者疑其误植东京道之遂州里距于此。按"檀州"之西二百里,甫入西京道之界,必不可能为上京或东京道之州,冯永谦指出,此"檀州"非南京道之檀州,而是太祖时期所置,后更名为祺州者⑥。此说甚是。然则无论是檀州还是祺州,遂州若在其西 200 里,就绝不可能在上京东南 1 000 里,故遂州与上京里距不可信。若以祺州之西 200 里左右定之,则冯永谦定于彰武县土城屯

---

① 黄鹤龄:《内蒙古库伦旗发现辽代灵安州城址》,《考古》1991 年第 6 期,第 522 页。
② 内蒙古文物考古研究所:《辽陈国公主驸马合葬墓发掘简报》,《文物》1987 年第 11 期,第 4—24 页。
③ 此据冯永谦定点。见《辽志十六头下州地理考》,《阜新辽金史研究》,第 74 页。
④ 王颋认为,此二遂州同地。见《松漠记地——〈辽史〉〈地理志〉资料源流及评价》,载《驾泽抟云——中外关系史地研究》,第 211 页。
⑤ 《辽史》卷 59《食货志上》。
⑥ 据冯永谦:《辽志十六头下州地理考》,《阜新辽金史研究》,第 73 页;黄凤岐:《阜新地区与契丹族》,《阜新辽金史研究》,第 6 页;孙杰、高庆升:《阜新地区辽城考记》,《阜新辽金史研究》第 2 辑,第 60 页。

城址,较为合适。

(废)头下福州

辽初萧翰置头下福州,天禄间废。治今内蒙古自治区库伦旗南 37 里先进苏木一带。

按胡峤所载,其自十三山东北行,过卫州后至萧翰之头下福州,则此福州当距卫州甚近,在卫州偏北,约今内蒙古库伦旗南先进苏木一带。

(废)头下宁州

始置不知何时,统和八年废。治今内蒙古扎鲁特旗西北 162 里格日朝鲁苏木恩格敖包略东北[1]。

按《辽志》本条云:"横帐管宁王放牧地。""管宁王"未见他处有载,州置于辽前期,圣宗统和八年(990),"省遂、妫、松、饶、宁……等十州";统和二十九年"置归、宁二州"[2]。按统和八年所省者,当为此头下宁州。而统和二十九年所置者,应是东京道之宁州,此与《辽志》东京道宁州条所载沿革同。

第二节 东京道境内

头下麓州

天显中(926—938)置头下麓州。治所不详,当在今辽宁中南部。

《辽志》本条云,麓州"渤海置"。检《新唐书·渤海传》无麓州之名,或是渤海后期增置之州。按《辽志》东京道乾州条:"司农县,本渤海麓郡县,并麓波、云川二县入焉。"金毓黻疑"麓郡"实为渤海之麓州而称郡也,麓波、云川、司农本渤海麓州下辖之三县。此说颇为有理。但辽初却仍有麓州,很可能渤海麓州民并未全部被置于乾州司农县管下,仍以其中一部分置麓州。按《武经总要》,契丹以熟女真所置十七州之中,有麓州[3]。此十七州之中,定理、铜、郢及广州前身铁利州,置于天显元年,卢、铁、兴、崇、海、耀、嫔(《武经总要》作蟆)州,置于天显四年(见上文本编第二章各条),其他六州情况不详,则麓州或不

---

[1] 此据《中国历史地图集》第 6 册,辽上京道图,第 7 页定点,在扎鲁特旗西部。然岛田正郎、张博泉等皆谓在扎鲁特之东境(岛田正郎:《大契丹国——辽代社会史研究》,第 77 页;《东北历代疆域史》,第 150 页)。
[2] 《辽史》卷 13《圣宗纪四》,统和四年七月庚辰;卷 15《圣宗纪六》,统和二十九年十二月。
[3] 《武经总要》前集卷 16 下《边防·北蕃地理·奚、渤海、女真始末》。

应例外,亦于天显中所置也。

《契丹国志》及《亡辽录》皆载麓州为头下州①。此二书所载头下州二十三处(《亡辽录》称"下州",且未足二十三之数),虽然并非同一时代的制度,各州为头下之时有所参差②,但却不见掺入未曾为头下之州,故其将麓州归入"头下"之属,应当能说明麓州有一段时间曾为头下。

《赵匡禹墓志铭》曰:"是时东韩作梗,不遵王命,公乃荐应明诏,俾遂徂征……遂改授麓州刺史。……特加遂州观察使……考未三载,治洽一同。……以开泰八年……薨于建州之私第。"③匡禹之"麓州刺史"为实授,而"遂州观察使"为遥领耳。考其开泰八年(1019)前历任,约知"东韩作梗"之时,应是圣宗开泰三年事,而赵匡禹之任麓州刺史,亦当在同年。赵匡禹以朝廷之臣为头下州刺史,并非不可能,前"头下州军"部分已辨,兹不赘。

治不详。李慎儒引《满洲源流考》曰:"辽乾州所置司农县,本渤海麓郡县,乾州为汉无虑县,因医巫闾山得名。或麓郡、麓州皆以附北镇之麓而名欤?"④按医巫闾山已为奚地之东界,渤海之麓州恐不至如此偏西。而渤海、辽之麓州应非同地,则辽之麓州所在,更是难以知晓。但由《武经总要》所载十七州之其他各州分布来看,同以熟女真所置的麓州,亦在今辽宁之中、南部也。

不辖县。

头下荆州

头下荆州,置于天显中(926—938)。其治所不详,当在今辽宁中南部。

按辽之荆州,除《辽志》外,尚见于《契丹国志》,列为"诸藩臣投下州二十三处"之一⑤。又《武经总要》载,契丹以熟女真所置十七州,其中有"荆州"⑥。荆州应同于麓州,于天显中所置也。而其所在,亦应与其他各州相近,在今辽

---

① 《契丹国志》卷22《州县载记·诸藩臣投下州二十三处》;《会编》卷21《政宣上帙二十一》宣和七年正月二十四日条引《亡辽录》。
② 如《契丹国志·州县载记》所载"诸藩臣投下州二十三处"包括:"徽州、濠州、骦州、卫州(两见,正州刺史州中有)、荆州、间州、随州、和州、澄州、全州、义州、遂昌州、豫州、员州、福州、荣州、唐州、粟州、黑州、河州、茂州、麓州、宗州。"其中宗州于统和二十九年(1011)已收归朝廷,则二十三处之制,似当是统和二十九年前制度。但同卷"节镇三十三处"却载有懿州,按懿州在清宁七年(1061)方归朝廷,此前为头下,则所载又似是清宁七年以后制度,故断非同一年份之制。
③ (辽)赵浚:《故遂州观察使银青崇禄大夫检校太保兼御史大夫上柱国知临海军节度使事天水郡赵公神道墓志铭并序》(清宁六年),《全辽金文》,第359页。
④ 《辽史地理志考》,《二十五史补编》,第8115页中。
⑤ 《契丹国志》卷22《州县载记·诸藩臣投下州二十三处》。
⑥ 《武经总要》前集卷16下《边防·北蕃地理·奚、渤海、女真始末》。

宁之中、南部。

不辖县。

头下荣州

重熙十八年(1049)以前置。治今辽宁康平县东南36里郝官屯镇齐家屯附近①。

有学者认为,辽东京道崇州、荣州其实为一,"崇"、"荣"当有一误②。笔者在崇州条已提及此,并以为两州当不相涉也。《亡辽录》载入"下州",《契丹国志》载入"诸藩臣投下州"条③,则其始为头下州当无疑。《长编》载:皇祐元年(1049),"契丹遣归德留后萧能、荣州团练使常守整来贺正旦"④。则至迟在辽兴宗重熙十八年(即宋皇祐元年)已有此州。项春松云:荣州"大约因后来'没入'而失载"⑤,然既《国志》、《亡辽录》等载为头下,或至辽末未收归朝廷。据金代王寂记载:"荣安县,昔在辽为荣州。"⑥则荣州至辽末当仍存在,入金始废为县。

头下卫州

会同末置。治今辽宁阜新县北55里旧庙镇他不郎营子古城址。

按此卫州,或以为即"渭州"⑦,或以为应是徽州⑧。据《契丹国志》所载,刺史州有卫州,头下州亦有此州⑨,《辽志》载渭州而无卫州,然《辽史·天祚皇帝纪》载有"卫州"⑩。我们需将《契丹国志》的两个卫州、《辽志》的卫州与渭州清晰地区别开来。

《契丹国志》中朝廷直属之刺史卫州,当即《辽志》之头下渭州也,据《辽志》,渭州乃"驸马都尉萧昌裔建,尚秦国王隆庆女韩国长公主",其始置当在圣

---

① 见《汇篇》,第152页。
② 杨保隆:《辽代渤海人的逃亡与迁徙》,《民族研究》1990年第4期,100页。
③ 《会编》卷21《政宣上帙二十一》宣和七年正月二十四日条引《亡辽录》;《契丹国志》卷22《州县载记·诸藩臣投下州二十三处》。
④ 《长编》卷167,皇祐元年十二月甲申。
⑤ 项春松:《辽代历史与考古》,第99页。
⑥ 《辽东行部志》,见贾敬颜:《五代宋金元人边疆行记十三种疏证稿》,第286页。
⑦ 见费国庆:《辽代的头下州军》,《辽金史论文集》,第140页;冯永谦:《辽代欢州、顺州考》,《阜新辽金史研究》,第99页;向南:《辽史地理志补正》,《社会科学辑刊》1990年第5期,第81页。
⑧ 陈汉章:《辽史索隐》卷2《天祚帝纪》,《二十五史三编》第8分册,第183页上。
⑨ 《契丹国志》卷22《州县载记》"诸藩臣投下州二十三处"、"刺史州七十余处"。按《亡辽录》载为头下"衡"州,显是"卫"之形讹,见《会编》卷21《政宣上帙二十一》宣和七年正月二十四日条引。
⑩ 《辽史》卷28《天祚皇帝纪二》,天庆七年九月。

宗开泰中(1012—1021)(见上文渭州条),在显州东北250里,州在重熙以后收归朝廷所有,在《契丹国志》与《亡辽录》中即载为刺史州。

而此处头下卫州(《契丹国志》之头下卫州,《亡辽录》之头下"衡"州,《辽史·天祚皇帝纪》之卫州),则与"渭州"无干。卫州则在辽初已有。据胡峤记载:"过一山,名十三山……又东行,数日,过卫州,有居人三十余家,盖契丹所虏中国卫州人,筑城而居之。"①时值胡峤南归,在周广顺三年,即辽应历三年(953)也。此前契丹能深入中原卫州,大约只有开运末灭后晋之时,即辽会同十三年(946),卫州大约也置于此时。则卫州与渭州沿革不同。

《契丹国志》载:"(天庆七年)十一月,(耶律淳)到卫州蒺藜山。遂留大军就粮司农县,领轻骑二千,欲赴显州,处置作过怨军,行次懿州,或报女真前军已过明王坟,即召大军会徽州。"②则此卫州距蒺藜山甚近,《中国历史地图集》定蒺藜山于今辽宁阜新市北察哈尔山,卫州近于此山,当在今辽宁阜新县至彰武县之间,阜新县北55里他不郎营子古城址恰当此地③。

不辖县。

头下茂州

始置不知何时,治今辽宁凌海市金城街道以东南。

茂州,《亡辽录》及《契丹国志》皆载为头下州④。按洪皓《松漠纪闻续》记载由北而南之行程云:"显州,五十里至军官寨,四十里至惕隐寨,四十里至茂州,四十里至新城,四十里至麻吉步落,四十里至胡家务,四十里至童家庄,四十(原页七)里至桃花岛,四十里至杨家馆,五十里至隰州。"⑤《金虏图经》则记载了由南而北之行程,与洪皓所载完全相合⑥。

按辽末金初许亢宗使金,自隰州(辽宁兴城市东关站)至显州(辽宁北镇市北镇庙)所经行程略异:"第十八程,自隰州八十里至海云寺。离来州三十里,即行海东岸。……第十九程,自海云寺一百里至红花务。……第二十程,自红花务九十里至锦州。自出榆关东行,路如平掌,至此微有登陟,经由十三山

---

① 胡峤:《陷辽记》,见《新五代史》卷73《四夷附录第二》。
② 《契丹国志》卷10《天祚皇帝上》。
③ 陈汉章云:"卫州为此志(《辽志》)所无,十三山在今锦县东七十五里,是其州在锦县东。"按胡峤既已过十三山而东北行数日,岂得仍在十三山附近?汉章误耳。
④ 《会编》卷21《政宣上帙二十一》宣和七年正月二十四日条引《亡辽录》。《契丹国志》卷22《州县载记·诸藩臣投下州二十三处》。
⑤ (宋)洪皓:《松漠纪闻续》。
⑥ 《会编》卷244《炎兴下帙一百四十四》绍兴三十一年十一月二十八日条引张棣《金虏图经》。

下。……第二十一程,自锦州八十里至刘家庄,是后行人俱野盘。……第二十二程,自刘家庄一百里至显州。"①

"桃花岛",即今觉华岛,海云寺即在其上,故而自隰州至桃花岛,洪皓与许亢宗所载行程相同,而自桃花岛至显州,则歧路矣。以桃花岛分两条路线各为前后两段,则主要驿顿及相互里距如表7所示。

表7　洪皓与许亢宗所载隰州至显州主要驿顿及里距

	隰州—桃花岛	桃花岛—显州
洪皓所载	90	330(其中,桃花岛—茂州200里,茂州—显州130里)
许亢宗所载	80	370

洪、许记载的两条行程,由隰州至桃花岛里距差同,而由桃花岛至显州,则洪皓的路线较许亢宗的路线近40里,较之今天两地近150公里的直线距离也相差不多。这显然是因为许亢宗经锦州,由十三山迂曲而至显州。而洪皓所载路线在许亢宗路线之南,自离桃花岛后,一直在距海不远处行进,经锦州之南而不入,直东北至显州。依茂州与桃花岛、显州的各自里距,度其址,约在今辽宁凌海市金城街道以东南不远。

第三节　中京道境内

头下懽州

始置不知何时。治今辽宁阜新县东39里大巴镇半截塔村古城址。

懽州之名,见于《大辽国懽州西会龙山碑铭》②,此碑发掘自辽宁阜新县大巴乡半截塔村,城址在其东③。又,《契丹国志》与《亡辽录》载有"驩州"④,当即此懽州也。

头下穆州

统和十八年(1000)以前置。治今辽宁阜新市西南71里乌龙坝镇细河堡

---

① 《宣和乙巳奉使行程录》,《五代宋金元人边疆行记十三种疏证稿》,第236—239页。
② (辽)无名氏:《大辽国懽州西会龙山碑铭》,《全辽金文》,第879页。
③ 见冯永谦:《辽代欢州、顺州考》,《阜新辽金史研究》,第99页。又见向南:《〈辽史地理志〉补正》,《社会科学辑刊》1990年第5期,第80页。
④ 《契丹国志》卷22《州县载记》。《会编》卷21《政宣上帙二十一》宣和七年正月二十四日条引《亡辽录》。

村古城址。

此州非东京道开州属下之穆州也,为《辽志》所无。《武经总要》载:"胡中呼为晖州、禄州、穆州,并曰于越王城。耶律逊宁者,辽中大将也,蕃语谓之于越王,不知创立之因。……穆州,东医巫闾山,西中京四百里,南医巫闾山岩,北酒糟河。"[①]则晖、禄、穆三州,皆"于越王"耶律逊宁之头下州也。按《辽史·耶律休哥传》,休哥字逊宁,乾亨中,"车驾亲征……师还,拜于越",薨于统和十六年[②]。按耶律休哥在景宗、圣宗时期战功绝高,其得以建头下州三,恐非虚妄。然建州之时,恐在休哥活动之后期,即圣宗时期。冯永谦谓其中之"晖州"即头下徽州[③],恐未必然。头下徽州为景宗为其女观音女所建,与休哥之头下州无干,乃另有其地耳。

冯永谦定穆州于今阜新市清河门区细河堡村古城址[④]。

头下晖州

统和十八年以前置。治今辽宁阜新市西一带。

李攸《宋朝事实》载有此州[⑤]。按《武经总要》,此州与头下穆州同列于三个"于越王城"之中,被认为是耶律休哥之头下州[⑥],且与头下穆州的相对方位是:穆州"北酒糟河",晖州"南酒糟河",即晖州在穆州稍北,约当今阜新市西一带。

头下禄州

统和十八年以前置。治今辽宁阜新市东北一带。

按《武经总要》,禄州与穆州、晖州同是"于越王城",即耶律休哥之头下[⑦],头下晖州在禄州之西南。则禄州约当今阜新市东北一带。

第四节 西京道境内

头下抚州

道宗大康元年(1075)以前置,道宗女特里之头下州,治今河北张北县。

---

① 《武经总要》前集卷16下《边防·北蕃地理·戎狄旧地·中京四面诸州》。
② 《辽史》卷83《耶律休哥传》。按《景宗纪二》,休哥拜于越在乾亨二年(980)十二月庚午朔。
③ 《辽史地理志考补——上京道、东京道失载之州军》,《社会科学战线》1998年第4期,第197页。
④ 《辽史地理志考补——中京道、南京道、西京道失载之州军》,《北方文物》1998年第3期,第71页。
⑤ 《宋朝事实》卷20《经略幽燕》"下州三十四"条注。
⑥⑦ 《武经总要》前集卷16下《边防·北蕃地理·戎狄旧地·中京四面诸州》。

《辽志》不载抚州,然顾祖禹已指其为辽之所置①,向南、冯永谦、张修桂等皆以为辽有抚州②。按《金志》:"抚州,下,镇宁军节度使。辽秦国大长公主建为州,章宗明昌三年复置,刺史。"③陈汉章以为,此秦国大长公主为道宗女特里④。辽代有多个秦国公主,比如世宗女和古典,据《公主表》所载的唯一封号即为秦国长公主,而圣宗女岩母堇、道宗女特里,皆曾为秦晋国大长公主。而据杨佶于兴宗重熙十五年(1046)所作的景宗女观音女之《墓志》,观音女亦于兴宗重熙元年为秦晋国大长公主⑤,此为《公主表》所漏载。不过,可见的史料中,未知有一公主而有二头下州者,笔者亦不敢以不确凿的证据推论这种情况的存在。由于岩母堇已有成州,观音女已有徽州,两者分别有万户、四千户,皆为大州,似无必要再予新的头下州。和古典不知是否存活至圣宗朝得封"大长公主"之时。最有可能的确属道宗女特里。而《金志》既言之凿凿,或是金人对这位大长公主较为熟悉,也就是说,她应是辽末之人,特里的生存时代,亦符合这一情形。又按辽制,公主建头下州,当在下嫁之时,未见升为长公主或大长公主之时方得建头下之例。故《金志》称,"辽秦国大长公主建为州",乃以特里最后之封号称之,非指建头下州在特里成为大长公主之初。按《公主表》,特里初嫁萧酬斡⑥。又检《萧酬斡传》:"年十四,尚越国公主,拜驸马都尉……年十八,封兰陵郡王。"⑦而《道宗纪》载萧酬斡封兰陵郡王在大康五年⑧,则可知公主特里适萧酬斡,亦即特里获得头下抚州之时,在大康元年。陈汉章以为置州"乾统中"——天祚帝登基、特里初为大长公主之时,"不久即入于金,故《辽志》不著",恐猜估之词也。

头下抚州初建时,其等第不详。按《金志》,虽有大公鼎之子大昌朝,曾为"镇宁军节度"⑨,其时当在天祚朝。然而此"镇宁军",很有可能是遥授的节度,即后晋所置、北宋境内的澶州镇宁军。

按《金志》,金抚州既为辽之抚州,又于"章宗明昌三年复置",则前后两抚

---

① 《读史方舆纪要》卷18《北直九》"万全都指挥使司·兴和城"条:"契丹建为抚州。"
② 向南:《〈辽史地理志〉补正》,《社会科学辑刊》1990年第5期,第81页。冯永谦:《辽史地理志考补——中京道、南京道、西京道失载之州军》,《北方文物》1998年第3期,第73页。张修桂等:《辽史地理志汇释》,第216页。
③ 《金史》卷24《地理志上》西京路抚州条。
④ 《辽史索隐》卷5《地理志·西京道》,《二十五史三编》第8分册,第234页下。
⑤ 杨佶:《大契丹国故雍肃恭寿仁懿秦晋国大长公主墓志铭并序》,《全辽金文》,第227页。
⑥ 《辽史》卷65《公主表》。
⑦ 《辽史》卷100《萧酬斡传》。
⑧ 《辽史》卷24《道宗纪四》,大康五年五月丁亥。
⑨ 《辽史》卷105《能吏传·大公鼎》。

州同地。金抚州倚郭柔远县，"大定十年置于燕子城，隶宣德州，明昌三年来属"，实指抚州曾于金初废，而燕子城之所在，即为废州以前、重置之后的抚州治所。故辽抚州即金抚州，即今河北张北县。

不辖县。

头下昌州

圣宗开泰九年（1020）以前置，治今河北沽源县西 116 里九连城镇九连城村古城址。

按《亡辽录》、《契丹国志》皆载有昌州，入"投下州"或"下州"之列，《宋朝事实》亦载此州。然《国志》误将遂州、昌州连为"遂昌州"①。辽开泰九年《燃灯头陀赞公舍利塔记》有"银青崇禄大夫、检校国子祭酒、使持节昌州诸军事、昌州刺史、兼监察御史、武骑尉元□"②。按《金志》："昌州，天辅七年降为建昌县，隶桓州，明昌七年以狗泺复置，隶抚州，后来属。"③则辽昌州至金初而省废。向南、冯永谦、张修桂等皆以为辽有昌州④。冯永谦定其址于沽源县之九连城村遗址。

头下州不辖县。冯永谦以为金降州为建昌县，说明辽之昌州至少辖有一县，即建昌县。恐未必然。

第五节　不知所在之州

头下骧州

骧州为头下节度州，置废不知其时，治所不详。

按骧州仅见于《亡辽录》⑤，《亡辽录》所载节镇州四十三，虽然掺入了观察州，但绝大多数都能在《辽志》所载各节镇中找到，仅有"允"州当作永州，"业"州当作来州，"宜坤"州当作仪坤州，"云中内"当作"云内"，唯有骧州，则无从觅得。然不应是《亡辽录》误载。笔者以为，作为仅次于京、府的节镇州，《辽志》

---

① 《会编》卷 21《政宣上帙二十一》宣和七年正月二十四日条引《亡辽录》。《宋朝事实》卷 20《经略幽燕》"刺史上州九"条注。《契丹国志》卷 22《州县载记·诸藩臣投下州二十三处》。
② （辽）释慧鉴：《燃灯头陀赞公舍利塔记》（开泰九年），《全辽金文》，第 182 页。
③ 《金史》卷 24《地理志上》"西京道·昌州"条。
④ 向南：《〈辽史地理志〉补正》，《社会科学辑刊》1990 年第 5 期，第 81 页。冯永谦：《辽史地理志考补——中京道、南京道、西京道失载之州军》，《北方文物》1998 年第 3 期，第 73 页。张修桂：《辽史地理志汇释》，第 215—216 页。
⑤ 《会编》卷 21《政宣上帙二十一》宣和七年正月二十四日条引《亡辽录》，"节镇州四十三"条。

本不应遗漏,极有可能骧州与成州、懿州一般,本是头下节镇州,且辽代已废,故史官未予重视,竟至遗漏耳。然此亦猜测,不敢视为实然。

头下康州

置废不知其时,治所不详。

按康州见于《亡辽录》①,为头下州,而《契丹国志》载为"唐州"。《契丹国志》又另载有唐州,即与西楼(即后来的上京临潢府)相对应的"北楼",乃契丹早期所建置,后来废罢,此头下"唐州",或是"康州"之误,非彼"北楼"唐州也。按《亡辽录》所载诸州,基本可在《辽志》或其他史料中找到,然头下康州则不见他处。姑置于此而俟详考。

头下肃州

置废不知其时,治所不详。

按肃州《亡辽录》载为"粟州"②,而《契丹国志》则载为"萧州"③。或一以音误,一以形误,实为肃州也。然此肃州,不同于东京道以女真户所置之肃州也。

头下圆州

置废不知其时,治所不详。

按圆州《辽志》不载而见于《亡辽录》④,《契丹国志》则载为"员州"⑤,应即《宋朝事实》所载之"元州"也⑥。其确名无法互证,姑作"圆"。其始置、是否废罢不详,并其所在,亦无从得知。

头下随州

置废不知其时。治所不详。

按随州《辽志》不载,《契丹国志》作"随",而《亡辽录》载为"隋"⑦。沿革及治所不详。

---

① ② 《会编》卷21《政宣上帙二十一》宣和七年正月二十四日条引《亡辽录》,"下州二十三"条。
③ 《契丹国志》卷22《州县载记·诸藩臣投下州二十三处》。
④ 《会编》卷21《政宣上帙二十一》宣和七年正月二十四日条引《亡辽录》,"下州二十三"条。
⑤ 《契丹国志》卷22《州县载记·诸藩臣投下州二十三处》。
⑥ 《宋朝事实》卷20《经略幽燕》"刺史下州三十四"条注。
⑦ 《契丹国志》卷22《州县载记·诸藩臣投下州二十三处》。《会编》卷21《政宣上帙二十一》宣和七年正月二十四日条引《亡辽录》,"下州二十三"条。

头下和州

始置不知何时,治所不详。

此州在《契丹国志》中载为头下州[1]。张博泉提出,"中京道兴中府有南和州,和州应当与南和州同时存在过,否则就不会称'南'和州了"[2]。此说近实。按和州、南和州之间,当是和州之置在前。南和州既见于重熙十五年(1046),则和州之置,必在此年之前。又《契丹国志》载有此州,或至辽末,头下和州仍存。然治所不可考。张博泉以为当"与上京道诸头下州较接近",这种可能性相当大,由南和州在兴中府附近来看,和州应当正在上京道南面、中京道北境一带。

---

[1] 《契丹国志》卷22《州县载记·诸藩臣投下州二十三处》。
[2] 《东北历代疆域史》,第143页。

第十一章　未知所属的府州军城县

府一，方州十六，军一，城二，头下州六，共二十六单位。

府：永康府。

方州：安肃、妫、大王、南山、奉、瞿、瑞、仁博、文、拱、濒、赋、新、玉、饶、海州。

军：威肃军。

城：阳洛、镇城。

头下州：骧、康、肃、圆、随、和州。

永康府

应历五年（955）前曾置，然不详所在，辖县亦不详。

永康府见于应历五年《刘存规墓志》："应历五年卒，葬密云县嘉禾乡。子五：长继阶，署顺义军节度衙推。次继英，永康府衙推。次继昭，山河都指挥使。次继伦，定远军节度衙推。"①按此残存之墓志，虽留存文字不多，然并无明显缺漏不文之处。所载存规诸子之职，"顺义军节度衙推"，显是辽朔州之属官。"定远军"非辽所有，仅见五代南唐濠州曾为定远军节度，故继伦应是遥领南唐濠州之节度衙职②。唯"永康府"则不知所从来。按"押衙"是唐至宋极为常见的吏职，有众僚吏或军班之中"领衔"之意。皇帝卤簿有之，元帅府有之，尤多见于地方机构，最常见的是节度衙推，而府之衙推亦不少，如五代后梁霍彦威，"开平二年，自开封府押衙、右亲从指挥使、检校司空，授右龙骧军使"③。然"押衙"之前系"永康府"，却甚难解。辽之有"永康"者，世宗兀欲在即位前，曾封永康王，然王府是否有押衙，尚不可知，而兀欲之后，未闻辽有续封"永康

---

① （辽）无名氏：《刘存规墓志》（应历五年），《全辽金文》，第835页。
② 《资治通鉴》卷283《后晋纪四·齐王上》，天福八年三月注，濠州，"南唐曰定远军"。又陆游《南唐书》卷15《刘崇俊传》："元宗升濠州为定远军，因拜崇俊节度使。"
③ 《旧五代史》卷64《唐书·霍彦威传》。

王"者。故"永康"更可能是政区名,但又未从其他史料中发现辽之政区有称"永康府"者,或辽初有该府,而后降为州耶？姑存疑于此。

安肃州

始置时间不详,至辽末尚存,治所、辖县皆不详。

此州仅见于《辽史·张孝杰传》：大康六年(1080),"既出乙辛,上亦悟孝杰奸佞,寻出为武定军节度使。坐私贩广济湖盐及擅改诏旨,削爵,贬安肃州,数年乃归"①。

宋境内虽有安肃军,在河北路近宋辽边界,金代升为安肃州,但从未成为辽之境土,必与张孝杰无关。倒是《长编》载有"安肃军节度使萧德润"②,不知是否与辽之安肃有关？又其所在何处？仍待考。

妫州

始置不知何时,统和八年(990)废,治所、辖县不详。

按《辽史·圣宗纪》：统和八年,"省遂、妫……十州,及玉田、辽丰……八县,以其民分隶他郡"③。按妫州乃石晋入辽十六州之一,然会同元年(938)辽得此州之时,已改为可汗州,岂俟圣宗统和八年方废？疑此妫州之置甚早,为辽太祖掠山北之时俘李晋政权之妫州民而置,至此方废也。然不详其地何在。

大王州

统和八年以前置,治所不详。辖县不详。

按《辽史·圣宗纪四》：统和八年,"驻跸大王州"④。此州未见于他处,亦不知所在。疑为"全州"之误。然全州置于统和九年,则"大王"与"全",非一地也。又《游幸表》载：统和十三年九月,"幸大王川"⑤。则"大王州"或即"大王川",二者必有一误,大约应以"大王川"为是。然无其他资料佐证,不敢确言,姑置于此。

---

① 《辽史》卷110《奸臣传上·张孝杰》。此州冯永谦曾提到,并认为终辽之世,当未被废,见《辽史地理志考补——中京道、南京道、西京道失载之州军》,《北方文物》1998年第3期,第76页。
② 《长编》卷160,庆历七年四月乙卯。
③ 《辽史》卷13《圣宗纪四》,统和八年七月庚辰。
④ 《辽史》卷13《圣宗纪四》,统和八年十月。
⑤ 《辽史》卷68《游幸表》。

南山州

道宗朝以前置,治所不详。

按大安六年(1090)《萧裕鲁墓志铭》:裕鲁在兴宗朝或道宗前期"授松、尚、南山州刺史"①。此州不见于《辽史》,仅此一例,不足以见其置废之详、治所何在。

奉州

开泰二年(1013)以前置,治所、辖县并不详。

按《辽史·圣宗纪》:开泰二年,"诏从上京请,以韩斌所括赡国、挞鲁河、奉、豪等州户二万五千四百有奇,置长霸、兴仁、保和等十县"②。舒焚云,此奉州即头下凤州③,恐未必然。冯永谦以此州为头下,置于"科右前旗、洮安县和阜新县、彰武县一带"④,然并无确证。姑置之。

瞿州

始置不知何时,治所、辖县不详。

"瞿州"《辽志》、《契丹国志》、《亡辽录》等皆不载,见于《黑山崇善碑题名》⑤。冯永谦以为,碑文既发现于内蒙古巴林右旗幸福之路乡乌苏图山前,且其中亦有"黑河州"名,则大约当在上京道⑥。姑置待考。

瑞州

辽初置,统和八年省,治地、辖县不详。

按瑞州见于《辽志·圣宗纪》:统和八年七月庚辰,"省遂……瑞……奉德等十州……以其民分隶他郡"⑦。而五代后唐,亦以南奔之突欲为"怀化节度使,瑞、慎等州观察使"。以此二州授突欲,或因当时契丹确有此二州,上文慎州条已辨之,故瑞州当为辽初已有之州,至统和八年而废也。其址,或即沿用

---

① (辽)王师儒:《大辽故北宰相赠潞州节度使同中书门下平章事萧公墓志铭》(大安六年),见《全辽金文》,第492页。
② 《辽史》卷15《圣宗纪六》,开泰二年四月甲子。
③ 舒焚:《辽朝中期的改革》,《武汉师范学院学报(哲学社会科学版)》1983年第5期,第90页。
④ 《辽史地理志考补——上京道、东京道失载之州军》,《社会科学战线》1998年第4期,第196页。
⑤ 《黑山崇善碑题名》,《全辽金文》,第893页。
⑥ 《辽史地理志考补——上京道、东京道失载之州军》,《社会科学战线》1998年第4期,第193页。
⑦ 《辽史》卷13《圣宗纪四》。

唐为安置突厥"乌突汗达干部落"①而置之瑞州故址也。然其址则不详。

仁博州

始置不知何年,治所、辖县不详。

此州仅见《赵匡禹墓志铭》:"前夫人清河郡君张氏,故仁博州刺史、司徒之女。"②然不知州始置于何年,亦不知其所在。

文州

始置于重熙以前。治所、辖县并不详。

此州在《契丹国志》中载为刺史州,于《亡辽录》中,列入刺史、观察、团练、防御州③。又《长编》至和二年(1055)曾载有契丹"文州观察使、知客省使杜宗鄂"④。其或是契丹自有之州,且于重熙二十四年(宋至和元年)之前。

拱州

始置不知何时,治所、辖县不详。

拱州见于《亡辽录》,《契丹国志》亦列拱州于刺史州中⑤。然不知其详。

濒州

始置时间不详,治所、辖县不详。

州见于《亡辽录》,《契丹国志》作"蘋州"⑥,当是同地耳。

赋州

置废不知其时,治所不详。

按赋州仅见于《亡辽录》⑦。《亡辽录》所载诸州,基本可在《辽志》或其他史料中找到,然赋州则不见他处。此州或非是《亡辽录》误载,姑置于此而俟

---

① 《新唐书》卷43下《地理七志下》"羁縻州·河北道·突厥州二"条。
② (辽)赵浚:《故遂州观察使银青崇禄大夫检校太保兼御史大夫上柱国知临海军节度使事天水郡赵公神道墓志铭并序》(清宁六年),《全辽金文》,第359页。
③ 《契丹国志》卷22《州县载记·刺史州七十余处》。《会编》卷21《政宣上帙二十一》宣和七年正月二十四日条引《亡辽录》"刺史州七十,观察、团练、防御使州八"条。
④ 《长编》卷181,至和二年十二月己酉。
⑤⑥ 《会编》卷21《政宣上帙二十一》宣和七年正月二十四日条引《亡辽录》"刺史州七十,观察、团练、防御使州八"条。《契丹国志》卷22《州县载记·刺史州七十余处》。
⑦ 《会编》卷21《政宣上帙二十一》宣和七年正月二十四日条引《亡辽录》"刺史州七十,观察、团练、防御使州八"条。

详考。

辖县不详。

新州

始置不知其时,为刺史州,治所不详。

按此新州见载于《契丹国志》与《亡辽录》①。但它既非曾称为"新州"的中京道之武安州,因为中京道"新州"改名武安州约在辽中期统和末,并且上揭两书其实已于节镇州中载有武安州(然误倒为"安武")。亦非辽末辽金曾在其附近大战、节度使王从辅开门迎降金军的"新川州"(见上文白川州条),故而,此新州之定址,实无以凭藉。李宇峰以此州为"头下新州"②,其或初为头下,后收归朝廷,故上揭两书叙辽末之制,将其列入朝廷所属之刺史州,然李说亦可成一家之言。只是,定此州于辽宁阜新县西化石戈乡哈日诺尔古城,大约是因《契丹国志》、《亡辽录》以宾、祥、新、卫的次序记载,将新州置于卫州之前,故而估测其地在卫州之旁。然而在《契丹国志》等两书中,新州又是排在宾州、祥州之后,而宾、祥二州则在吉林农安一带,与卫州相隔辽远,故以其在《契丹国志》、《亡辽录》中的排序来确定其地址,可信度较低。此州址暂存疑。

辖县不详。

威肃军

统和十八年(1000)以前置,治所不详。

按《刘宇杰墓志》,宇杰卒时,长子曰泳为"威肃军山河使"③。"山河使"一职当是地方之职,此应是唐、五代、宋初之制。《宋史》载:咸平五年(1002),羁縻高州刺史、高州蛮酋田彦伊,遣其子田承宝等来朝,宋"以承宝为山河使、九溪十峒抚谕都监"④。又宋太祖宋皇后之父宋偓于雍熙三年(986)卒时,"有子十人……次曰元振,终于邠州节院使……次曰元规,前同州子城使;次曰元度,前同州亲事都头;次曰元方,终于同州山河使"⑤。山河使与节院使、子城使、

---

① 《会编》卷21《政宣上帙二十一》宣和七年正月二十四日条引《亡辽录》"刺史州七十,观察、团练、防御使州八"条。《契丹国志》卷22《州县载记·刺史州七十余处》。
② 李宇峰:《阜新地区的辽代古城址》,《辽金契丹女真史研究》1987年第1期。
③ (辽)王用极:《□□□□(故银青崇禄?)大夫检校工部尚书左千牛卫将军兼殿中侍御史武骑尉彭城刘府君墓志铭并序》,《全辽金文》,第129页。
④ 《宋史》卷493《蛮夷一·西南溪峒诸蛮上》。
⑤ 王禹偁:《小畜集》卷28《右卫上将军赠侍中宋公神道碑(奉敕撰)》,四部丛刊本。

亲事都头一般，都是一州之武职。辽之此职，应同于五代、宋制，故威肃军应是政区名，而非军队之额。辽节度使、刺史以下之衔职，亦有遥授，故不能绝对排除日泳此衔职为遥授之可能，但遥授竟选择如此偏僻之所，可能性应是较小的。

五代亦有威肃军：天福七年（942）四月戊辰，"废雄州为昌化军，警州为威肃军，其军使委本道差补"①。至于警州，"本定远城，在灵州东北二百里……景福元年，灵威节度使韩遵表为州"②。则五代后晋之威肃军，应在今宁夏境内，辽时，为西夏之腹地，辽之威肃军，显非此地也。其所在何处，仍俟再考。

镇城、阳洛城

始置不知何时，其址不详。

此二城，唯见于《辽史·食货志》："会同初，太宗有大造于晋，晋献十六州地……于是燕、云迤北，暂食沧盐。一时产盐之地，如渤海、镇城、海阳、丰州、阳洛城、广济湖等处，五京计司各以其地领之。"③此六处分隶五京计司，自不相邻，无以互为参照点定其方位。而按《辽史》叙事之惯例，接在"会同初……暂食沧盐"以后的制度或事件，很可能离"会同初"相当遥远，故亦无法定镇城、阳洛城初置之时。

（废）玉州

辽初置，统和八年省。治所不详。

《辽史·圣宗纪》：统和八年，"省遂、妫、松、饶、宁、海、瑞、玉、铁里、奉德等十州，及玉田、辽丰、松山、弘远、怀清、云龙、平泽、平山等八县，以其民分隶他郡"④。其中遂、妫、松、宁、瑞、铁里、奉德七州，松山一县，大约已知其去向，而其他三州七县，则不知其详。唯玉州当是以玉田县置。而此玉田县，又非会同元年（938）十六州入辽之后的蓟州玉田县，而应是辽初攻掠幽属各州，由掠获至契丹内地的中原玉田县民所置。

辖县一：玉田县。

玉田县

辽初置，统和八年与州同省，倚郭。

---

① 《旧五代史》卷80《晋书·高祖纪六》。
② 《新唐书》卷37《地理志一》关内道警州条。
③ 《辽史》卷60《食货志下》。
④ 《辽史》卷13《圣宗纪四》，统和八年七月庚辰。

(废)饶州

辽初置,统和八年省。治所不详。

《辽史·圣宗纪》:统和八年,"省遂、妫、松、饶、宁、海、瑞、玉、铁里、奉德等十州"①。此处饶州,并非上京道的匡义军节度饶州,而是另有其地。然他史籍皆未载其详情。

辖县不详。

(废)海州

辽初置,统和八年省。治所不详。

《辽史·圣宗纪》:统和八年,"省遂、妫、松、饶、宁、海、瑞、玉、铁里、奉德等十州"②。该年所省海州,应非东京道的南海军节度海州南海府,而是另有其地。然此州之详情,不见于其他史籍。

辖县不详。

(废)辽丰县、弘远县、怀清县、云龙县、平泽县、平山县

始置不知其时,统和八年省。所属不详。

《辽史·圣宗纪》:统和八年,"省遂、妫、松、饶、宁、海、瑞、玉、铁里、奉德等十州,及玉田、辽丰、松山、弘远、怀清、云龙、平泽、平山等八县,以其民分隶他郡"③。按已知的松(山)州—松山县,笔者所推测的玉州—玉田县,疑其他诸县亦该年所省诸州之属县(其中部分州是头下州,不辖县)。然未有直接证据,姑置之。

---

①②③ 《辽史》卷13《圣宗纪四》,统和八年七月庚辰。

第十二章　辽前、中、后期的政区

第一节　太宗大同元年(947)辽政区

　　太宗天显元年(926)、四年,会同元年(938),皆为政区建置的关键年份,似断在会同二年(得十六州在天显十三年十一月,当月方改元会同,故该年仅不到两月,政区改置之完成已入会同二年)较适宜。之所以选择太宗末大同元年,是因上京、东京道不少州之建置在"太宗时",而不知具体在何年——尤其是一些头下州,故断于大同元年,可质疑之处可能较少。而会同元年得到十六州之地,至十年后的大同元年,几未发生变化。故取在大同元年,当然也不致掩盖辽代政区设置的一个"全盛期"。

　　至于头下州置于各道之内,仅表示空间上为各道所包容,不表示行政上的隶属关系。以下圣宗太平十年及天祚天庆三年亦同。具见图3。

上京道

　　上京临潢府：临潢县、长泰县、潞县。
　　祖州：咸宁县。
　　　　越王城。
　　怀州：扶余县、显理县。
　　头下乂州。
　　通化州(?)：? 县。
　　头下乌州。
　　乂州：? 县、长宁县(?)。
　　慈州：? 县。
　　仪坤州。
　　龙化州：龙化县。
　　? 州。
　　饶州：长乐县、临河县、安民县。

唐州。

灵安州(?)：？县。

泉州(?)：？县。

周特城(?)。

头下黑河州(?)。

头下豪州。

头下福州(属萧翰)。

头下凤州(?)。

头下遂州(?)。

头下顺州。

头下闾州(?)。

头下松山州(?)。

头下豫州(?)。

头下宁州(?)。

(以下后属中京道)

恩州。

惠州。

新州。

兰州(?)。

头下榆州。

松山州(?)：松山县(?)。

霸州：霸城县、盛吉县、归化县(?)。

宜州。

锦州：永乐县、安昌县。

头下白川州。

建州：永霸县。

懽州(?)。

回纥城(?)。

东京道

东京辽阳府：辽阳县、仙乡县、鹤野县、紫蒙县、兴辽县、肃慎县、归仁县、顺化县、析木县。

开州开封府。

盐州。
穆州：会农县。
贺州。
辰州：建安县。
卢州：熊岳县。
铁州：汤池县。
兴州：常安县。
汤州。
崇州：崇信县。
海州南海府：临溟县。
耀州：岩渊县。
嫔州。
渌州：弘闻县、神乡县。
桓州。
丰州。
正州：？县、东那县。
慕州。
头下贵德州。
沈州：乐郊县、渔阳县。
岩州：白岩县。
集州：奉集县、白云山县(？)。
铁利州：？县。
辽州：辽滨县、安定县。
祺州：庆云县。
头下遂州。
乌州：？县。
龙州黄龙府：扶余县、黄龙县、显义县、归仁县、渔谷县、永平县、迁民县。
三河州：？县。
榆河州：？县。
银州：延津县、新兴县、永平县。
同州：东平县、永昌县。
耗里太保城。
信州：武昌县、定武县。

？州。
？州。
？州。
湖州：长庆县。
渤州：贡珍县。
郢州：延庆县。
铜州(？)：析木县。
涞州。
率宾府。
东州。
尚州。
吉州(？)。
头下麓州。
头下荆州。
胜州(？)。
归州：？县。
头下荣州(？)。
率州(？)。
荷州。
源州(？)。
渤海州(？)。
河州。
慎州(？)。
头下卫州。
安庆府(？)
教州。
朝州。
怀北州。
头下茂州(？)。
达鲁古城(？)。
来流城(？)。
寥晦城(？)。
特邻城(？)。

合主城(?)。
　　毕里围城(?)。
　　　　藁城县(?)。

南京道

　　南京幽都府：蓟北县、幽都县、昌平县、良乡县、潞县、安次县、武清县、永清县、玉河县；芦台军。
　　　顺州：怀柔县。
　　　檀州：密云县、燕乐县、行唐县。
　　　涿州：范阳县、固安县、新城县、归义县。
　　　蓟州：渔阳县、三河县、玉田县、遵化县。
　　　易州：易县、涞水县、容城县、遂城县。
　　　泰州：清苑县、满城县。
　　　宁州。
　　　瀛州：河间县、高阳县、平舒县、束城县、景城县。
　　　莫州：莫县、任丘县、文安县、长丰县、唐兴县。
　　云州：云中县。
　　奉圣州：永兴县、矾山县、龙门县。
　　　归化州：文德县。
　　　妫州：怀来县。
　　　儒州：缙山县。
　　蔚州：灵仙县、灵丘县、飞狐县、定安县。
　　应州：金城县、浑源县。
　　　寰州：寰清县。
　　朔州：鄯阳县、宁远县、河阴县。
　　　遮虏军(?)。
　　头下昌州(?)。

平州路

　　平州：卢龙县、石城县、马城县、安喜县、望都县。
　　滦州。
　　营州：广宁县。

西南面

丰州：富民县、振武县(?)。
云内州：柔服县。
东胜州：榆林县、河滨县。

第二节　圣宗太平十年(1030)辽政区

上京道

上京临潢府：临潢县、长泰县、潞县、定霸县、保和县、宣化县、兴仁县、易俗县、迁辽县、渤海县。
祖州：咸宁县、长霸县。
　越王城。
怀州：扶余县、显理县。
头下义州。
通化州(?)：? 县。
乌州：爱民县。
永州：长宁县。
义州：? 县、长宁县(?)。
慈州：? 县。
仪坤州：广义。
龙化州：龙化县。
? 州。
降圣州：永安县。
饶州：长乐县、临河县、安民县。
丰州：? 县。
莫州：? 县。
唐州(?)：? 县。
灵安州(?)：? 县。
泉州(?)：? 县。
周特城(?)。
头下黑河州(?)。
头下渭州。

头下徽州。
头下豪州。
头下原州。
头下福州(属萧排押)。
头下横州。
头下凤州(?)。
头下丰州。
头下顺州。
头下间州。
头下松山州(?)。
头下豫州(?)。
头下全州。

东京道

东京辽阳府：辽阳县、仙乡县、鹤野县、紫蒙县、兴辽县、肃慎县、归仁县。
开州开封府：开远县。
　盐州。
　穆州：会农县。
　贺州。
定州：定东县。
保州：来远县。
　宣州。
　怀化军。
来远城。
辰州：建安县。
卢州：熊岳县。
铁州：汤池县。
兴州：常安县。
汤州。
崇州：崇信县。
海州南海府：临溟县。
　耀州：岩渊县。
　嫔州。

渌州：弘闻县、神乡县。
　桓州。
　丰州。
　正州。
　慕州。
显州：奉玄县、归义县、山东县。
　嘉州。
　辽西州：长庆县。
　康州：率宾县。
宗州：熊山县。
乾州：奉陵县、延昌县(？)、灵山县(？)、司农县(？)。
　海北州：开义县。
贵德州：贵德县、奉德县。
沈州：乐郊县、渔阳县。
　岩州：白岩县。
集州：奉集县、白云山县(？)。
广州：昌义县(？)。
辽州：辽滨县、安定县。
　祺州：庆云县。
遂州：山河县。
乌州：？县。
通州：通远县、安远县、渔谷县。
韩州：？县。
霍州：霍城县。
银州：延津县、新兴县、永平县。
同州：东平县、永昌县。
咸州：咸平县。
信州：武昌县、定武县。
？州。
？州。
？州。
宾州。
龙州黄龙府：黄龙县、迁民县、永平县。

益州：静远县。

安远州。

威州。

清州。

雍州。

湖州：长庆县。

渤州：贡珍县。

郢州：延庆县。

铜州：析木县。

涑州。

率宾府。

冀州。

东州。

尚州。

吉州(?)。

头下麓州。

头下荆州。

胜州(?)。

头下懿州。

顺化城。

宁州：新安县。

衍州：宜丰县。

连州：安民县。

归州：归胜县。

安州：归仁县。

头下荣州(?)。

率州(?)。

荷州。

源州(?)。

渤海州(?)。

河州(?)。

慎州(?)。

头下卫州。

安庆府(?)
教州。
朝州。
怀北州。
头下茂州(?)。
达鲁古城(?)。
来流城(?)。
寥晦城(?)。
特邻城(?)。
合主城(?)。
毕里围城(?)。
　　藁城县(?)。

中京道

中京大定府：大定县、长兴县、富庶县、劝农县、文定县、升平县、神水县、金源县、象雷县、间山县、归化县。
　　恩州：恩化县。
　　惠州：惠和县。
　　高州：三韩县。
　　武安州：沃野县。
　　利州：阜俗县。
　　兰州(?)。
　　榆州：和众县、永和县。
　　泽州：神山县、滦河县。
　　北安州：兴化县。
　　潭州：龙山县。
　　松山州：松山县。
头下睦州。
霸州：霸城县、安德县。
黔州：盛吉县。
济州。
宜州：弘政县。
锦州：永乐县、安昌县。

严州(兴城县)。
白川州:咸康县、洪理县、宜民县。
建州:永霸县。
来州:来宾县。
隰州:海滨县。
迁州:迁民县。
润州:海阳县。
懂州(?)。
头下穆州。
头下晖州。
头下禄州。
回纥城。

南京道

南京析津府:析津县、宛平县、昌平县、良乡县、潞县、安次县、武清县、永清县、玉河县、香河县、漷阴县。

顺州:怀柔县。
檀州:密云县、行唐县。
涿州:范阳县、固安县、新城县、归义县。
蓟州:渔阳县、三河县、玉田县、遵化县。
易州:易县、涞水县、容城县。
云州:云中县、天成县、长清县、宣德县。
弘州:永宁县、顺圣县。
奉圣州:永兴县、矾山县、龙门县、望云县。
归化州:文德县。
可汗州:怀来县。
儒州:缙山县。
蔚州:灵仙县、灵丘县、飞狐县、定安县、广灵县。
应州:金城县、浑源县。
朔州:鄯阳县、宁远县、河阴县、马邑县、神武县(?)。
遮虏军(?)。
头下昌州。

平州路

平州：卢龙县、安喜县、望都县。
滦州：义丰县。
营州：广宁县。

西南面

丰州：富民县、振武县。
云内州：柔服县、宁仁县。
东胜州：榆林县、河滨县、宁仁县(?)。
塌母城。

西北路

镇州。
维州。
防州。
招州。
窝鲁朵城。
威武州(?)。
崇德州(?)。
会蕃州(?)。
新州(?)。
大林州(?)。
紫河州(?)。
驼州(?)。

乌古敌烈路

河董城。
静边城。
皮被河城(?)。
巨母古城。

第三节 天祚天庆三年(1116)辽政区

上京道

在辽上京道四十余个曾经存在的府、州、城之中,方州的建置比较稳定,其于辽末的情况也较易探知。《辽志》所载的祖、怀、庆、泰、长春、乌、永、仪坤、龙化、降圣、饶十一州,绝大部分至辽末犹存。

临潢府,祖、怀、庆、泰、春、永、龙化州,共一府七州,可见于《金史·地理志》,由辽入金而犹存。

饶州见于辽末天庆中①,显亦存在于辽末。

降圣州虽未见其在辽末、金初的记载,但据贾师训《墓志》,大康中(1075—1084),此州犹存②。其或至辽末未废耶?

乌、仪坤二州,于辽末、金初未见记载。笔者以为,二州之省并,或亦在金初,然无实据,姑不录于天庆三年之建置名录中。

如此,上京道至辽末可确定其实际存在者,共一府九方州。另有头下州三,于上京道空间内。

上京临潢府:临潢县、长泰县、潞县、定霸县、保和县、宣化县、兴仁县、易俗县、迁辽县、渤海县。

祖州:咸宁县、长霸县。

怀州:扶余县、显理县。

庆州:玄德县、孝安县、富义县。

泰州:乐康县、兴国县、金山县。

长春州:长春县。

永州:长宁县、义丰县、慈仁县。

龙化州:龙化县。

降圣州:永安县。

---

① 《辽史》卷28《天祚皇帝纪二》,天庆五年"二月,饶州渤海古欲等反,自称大王";六年二月"戊子,张家奴诱饶州渤海及中京贼侯概等万余人,攻陷高州";四月"甲戌,诛叛党,饶州渤海平"。

② (辽)杨□□:《故同中书门下平章事致仕赠侍中贾公墓志铭并序》(寿昌三年):"(师训)道出乾陵。故中书令李公仲禧,以当路权宠,权谪是镇。公往复候谒献遗,一无所顾忌。李公默器之。徙同知永州军州事。既上,日夜经画民事利病,奏减其部并邻道龙化、降圣等州岁供行在役调,计民功三十余万。"见《全辽金文》,第556页。按李仲禧于咸雍七年十二月获"赐国姓"(见《辽史》卷22《道宗纪二》),至大康四年十一月"庚寅,南院枢密使耶律仲禧为广德军节度使"(见《辽史》卷23《道宗纪三》)。贾师训任职永州,稍迟于大康四年底。

饶州：长乐县、临河县、安民县。

头下徽州。

头下豪州。

头下乂州。

东京道

如上所述，《辽志》东京道给出了八十八个府、州、军城，而笔者所得为一百个。这两个数字，都是统计所有曾经存在的建置，而非某个特定时间点实在的政区数。由于辽继承了渤海的大量府、州（尽管经过辽初的大移民和府、州徙置，大部分只是继承了州、府之名），并不断有调整省并，因此辽东京道的政区，以辽初、辽末相较，在各道之中改变最大。其所载很多州军，至辽末实已不存，而《辽志》东京道部分，却仍予以保留——这一卷可能是《辽志》中错误最多、最为混乱的部分。所以对于东京道在不同时期下辖政区，最需经过审慎的考辨。由于史料所限，我们无法得知辽前期、中期的具体情况，但是辽末东京道的府、州、军、城的数目，却大略可知。而结合其他多种史料中提供的关于辽末、金初各个政区的情况，我们大体能还原辽东京道的府、州。

这一数目，在《契丹国志》与《大金国志》中记载相同："天祚大败，退保长春。女真乘胜，遂并渤海辽阳等五十四州。"①这是天庆五年（1115）十一、十二月间天祚亲征并败于护步答冈之后的情形。与此"五十四州"之记载相关，差相同时的渤海人高永昌"据辽东五十余州"②，以及宋人许亢宗所称"金……首得辽东五十一州之地"③。对于这三个数字，似不应仅择其一而用，而应就当时的局势，窥测它们所描述的年代的先后与所覆盖的地域。

护步答冈之战的直接后果，并非女真立即占领辽东，而是辽对辽东地区失去控制，渤海人高永昌得以乘势起兵，占据辽东大部分州县，此后方是女真灭高永昌而据有辽东。在这一过程中，高永昌所得应是上述三个数字中最少的。《契丹国志》所谓"五十余州"，之所以是概指，应当是由于高永昌之叛昙花一现（天庆六年正月起事，五月败亡），撰者实际上不能辨明究竟是多少州，大约是

---

① 《契丹国志》卷 10《天祚皇帝上》，天庆五年十一月。《大金国志》卷 1《纪年太祖武元皇帝上》，阿骨打十四年十一月。

② 《大金国志》卷 1《纪年·太祖武元皇帝上》：阿骨打十四年，"先是，渤海人高永昌杀其东京留守萧保先，自称大渤海国皇帝，据辽东五十余州"。

③ 《宣和乙巳奉使行程录》称："金人方战争之际，首得辽东五十一州之地。"见《五代宋金元人边疆行记十三种疏证稿》，第 242 页。

根据后来女真灭高永昌之后的州数，逆推而得。事实上，若比较女真此后所得之"五十四州"，高永昌所得州数，必然不到五十——当时沈州未为其所有①，而宁江、宾、咸、开州及黄龙府，已于高永昌起事前为女真所据②。

至天庆六年五月"女直军攻下沈州，复陷东京，擒高永昌"③。此后，战争仍在进行，但女真攻城略地的行动却停歇了大约半年，直至辽天庆七年（金天辅元年）正月，"女直军攻春州，东北面诸军不战自溃，女古、皮室四部及渤海人皆降，复下泰州"④，占领区再有扩大，而与春、泰二州相近的靖州亦当于此时失陷于女真。至次年（天庆八年，金天辅二年）正月，"双州节度使张崇降"⑤，金再得一城。至此而东京道东、中部州县尽下。至该年秋，"女真陷东京、黄龙府、咸、信、苏、复、辰、海、同、银、通、韩、乌、遂、春、泰、靖等五十余城。……至是女真悉取之，据东京、长春两路。"⑥《契丹国志》所载的这段话，实与三年前"遂并渤海辽阳等五十四州"遥相呼应，也就是说，五十四州之数，截止到当时（天庆八年秋）。另一方面，《契丹国志》"据东京、长春两路"一语，亦可为五十四州的地域范围作进一步的限定：它不是《辽志》所载东京道的全部，而应当只是财政路分中的东京、长春两路。

按前文，东京道辖下的府州军，在财政分路上，除了东京、长春两路之外，尚有部分——西南境的部分——州，属于辽西路（或称兴中府路）。虽然至今无法确定辽西路具体辖有哪些府州城，但按照方位，大略可知，除了中京道的东部地区，东京道的西部乾、显、海北、懿、卫等州——它们亦于天庆八年秋之前被攻陷⑦——亦应属辽西路。《契丹国志》既只称"东京、长春两路"五十余州，那么，上述五州应是被排除在外的。此外，鸭绿江畔的保、定、宣三州及怀化军，天庆六年已为高丽所占（见下文保州等条考辨），则天庆八年底五十四州自然未能包括入上述三州一军。

---

① 《契丹国志》卷19《张琳传》："永昌叛，辽东五十余州尽没，独沈州未下。"
② 《金史》卷2《太祖纪》：太祖二年（天庆四年）十月朔，克宁江州；十一月，攻拔宾州，克咸州；收国元年（天庆五年）九月，克黄龙府；十二月，取开州。
③ 《辽史》卷28《天祚皇帝纪二》。
④ 《辽史》卷28《天祚皇帝纪二》。
⑤ 《金史》卷2《太祖纪》，天辅二年正月庚寅。
⑥ 《契丹国志》卷10《天祚皇帝上》，天庆八年秋。
⑦ 《金史》卷2《太祖纪》：天辅元年十二月甲子，"拔显州，乾、懿、豪、徽、成、川、惠等州皆降"。其中乾、显、懿三州辽时属东京道，而海北州则为乾州下属之州，亦当于天辅元年十二月之后所得。又据《辽史》卷28《天祚皇帝纪二》，天庆七年九月天祚"屯卫州蒺藜山"，当年十二月，辽都元帅耶律淳与金军"战于蒺藜山，败绩。女真复拔显州旁近州郡"。对照《金史》所载天辅元年十二月"拔显州，乾、懿……等州皆降"之记载，可知卫州亦当于同时陷落。虽然诸州降而复叛，至天辅七年，方才全部略定，但无论如何，"五十四州"未计入这五州，应无疑问。

五十四州包括哪些州？笔者虽无法全部考出，但却可得其太半：

辽阳、黄龙府，咸、信、苏、复、辰、海、同、银、通、韩、乌、遂、春、泰、靖州。此二府十五州，见于《契丹国志》所载天庆八年女真所陷东京之地①。

开、宾、祥、宁江、辽、祺、益、双(霈)、岩州。以上共十州，出现于《辽史·天祚皇帝纪》及《金史·太祖纪》所载辽、金战争过程中(具体所见年份不赘)。

率宾府，来远城，广、沈、衍、铜、贵德、兴、集、卢、铁、宁、肃州。此一府一城十一州，见于《金史·地理志》。

茂、安、威、胜州。此四州见于南宋张棣《金虏图经》②。

荣州。见于金代王寂《辽东行部志》③。

耀州。见于王寂《鸭江行部志》④。

嫔州。见于宋人马扩《茆斋自叙》⑤。

归州。见于《辽史·天祚皇帝纪》及《三朝北盟会编》⑥。

顺化城。此见于《金史·高丽传》⑦。

吉、渌州。此二州见于《辽史·道宗纪》大安四年⑧，其或至辽末犹存。

以上共三府二城四十五州，合府、州、城五十。《契丹国志》、《大金国志》既笼统地称为"五十四州"而未再提及府若干、城若干，那么，"五十四"之数应是合计府、州、城，笔者所得，与此数所差在四至六个之间(若不计吉、渌二州，则相差六个)。至于许亢宗载为"五十一州"，有几种可能。或者是较严格地剔除了三个府(辽阳、黄龙、率宾府)，而仅计州、城(按辽代非府、州辖下的军、城，则

---

① 《契丹国志》卷10《天祚皇帝上》，天庆八年秋。
② 《三朝北盟会编》卷244《炎兴下帙一百四十四》，绍兴三十一年十一月二十八日条引张棣《金虏图经》："新城至茂州四十里，茂州至惕稳寨四十里……宿州至安州南铺四十里，安州南铺至夹道店五十里……信州至威州四十里，威州至小寺铺五十里，小寺至胜州铺五十里，胜州至济州四十里。"
③ 王寂曰："晚达荣安县，昔在辽为荣州"，则荣州或在金代废为县。见《王寂〈辽东行部志〉疏证稿》，《五代宋金元人边疆行记十三种疏证稿》，第286页。
④ 《鸭江行部志》："汤池县，本辽时铁州，以其东有铁岭，故名之。隶耀州，今神乡镇也。"贾敬颜：《五代宋金元人边疆行记十三种疏证稿》，第184页。
⑤ 《三朝北盟会编》卷4《政宣上帙四》宣和二年十一月二十九日条引《茆斋自叙》云："自过嫔、辰州、东京以北，绝少羊、面，每晨及夕，各以射到禽兽荐饭。"
⑥ 《辽史》卷29《天祚皇帝纪三》，保大元年正月，耶律余睹叛，"上遣知奚王府事萧遐买、北府宰相萧德、大常耶律谛里姑、归州观察使萧和奴、四军太师萧干将所部兵追之"。《三朝北盟会编》卷3《政宣上帙三》，重和二年正月十日条："(金求册封，天祚)遂差静江军节度使奚王府监军萧习泥烈、翰林学士杨勉充封册使、副，归州观察使张孝伟、太常少卿王甫充庆问使、副。"则当时应有归州。
⑦ 《金史》卷135《高丽传》：收国元年底，"太祖已破走辽主军，撒喝破合主、顺化二城，复请济师攻保州"。
⑧ 《辽史》卷25《道宗纪五》，大安四年四月己卯，"振苏、吉、复、渌、铁五州贫民，并免其租税"。

地位与州同,如来远城等第即为"刺史"),或者是将春、泰、靖三州排除在外。这三州的方位与行政归属较为特殊,在财政方面,与邻近的某些东京道属州一同归属于长春路,这也是史料中有时将它们与"东京路"诸州相提并论的原因①,而亢宗之说,则未计此三州也。也有可能是许亢宗只计天庆六年五月金灭高永昌之时所占州数。究竟是何种选择,不得而知矣。

这五十四州所覆盖的范围,既然仅是天庆八年东京、长春两个财政路,那么,我们统计天庆三年整个东京道的属州时,则需排除上京道属下的春、泰、靖(靖州即静州,置于天庆六年)三州,而计入天庆六年失于高丽的保、定、宣州与怀化军三州一军,以及财政上属于辽西路的乾、显、海北、懿、卫五州,共得六十三州(府、军、城)。其中方州(府、军、城)六十。另有头下州三在东京道境内。具如下。

东京辽阳府:辽阳县、仙乡县、鹤野县、紫蒙县、兴辽县、肃慎县、归仁县。

开州开封府:开远县。

定州:定东县。

保州:来远县。

　宣州。

　怀化军。

来远城。

辰州:建安县。

卢州:熊岳县。

铁州:汤池县。

兴州:常安县。

海州南海府:临溟县。

　耀州:岩渊县。

　嫔州。

渌州:弘闻县、神乡县。

显州:奉玄县、归义县、山东县。

乾州:奉陵县、延昌县(?)、灵山县、司农县。

　海北州(开义县)。

---

① 《辽史》卷59《食货志上》,"道宗初年……辽之农谷至是为盛。而东京如咸、信、苏、复、辰、海、同、银、乌、遂、春、泰等五十余城内,沿边诸州,各有和籴仓。"《契丹国志》卷10《天祚皇帝上》,天庆八年秋条:"女真陷东京、黄龙府、咸、信、苏、复、辰、海、同、银、通、韩、乌、遂、春、泰、靖等五十余城。内并边二十余州,各有和籴仓,依祖宗法,每岁出陈易新,许民自愿假贷,收息二分,所有无虑三五十万硕,虽累岁举兵,未尝支用,至是女真悉取之,据东京、长春两路。"

贵德州：贵德县、奉德县。
沈州：乐郊县、灵源县。
　岩州：白岩县。
集州：奉集县。
广州：昌义县。
辽州：辽滨县、安定县。
　祺州：庆云县。
遂州：山河县。
乌州：？县。
通州：通远、安远、渔谷。
韩州：柳河县。
雹州：雹城县。
银州：延津县、新兴县、永平县。
同州：东平县、永昌县。
咸州：咸平县。
信州：武昌县、定武县。
宾州。
龙州黄龙府：黄龙县、迁民县、永平县。
　益州：静远县。
　威州。
铜州：析木县。
率宾府。
吉州。
胜州。
懿州：宁昌县、顺安县。
宁州：新安县。
衍州：宜丰县。
归州：归胜县。
苏州：来苏县、怀化县。
复州：永宁县、德胜县。
肃州：清安县。
安州：归仁县。
宁江州：混同县。

祥州：怀德县。

顺化城。

达鲁古城。

来流城。

寥晦城。

特邻城。

神虎军城。

合主城。

毕里围城。

  藁城县(?)。

头下荣州。

头下卫州。

头下茂州。

中京道

中京道所辖诸州,绝大部分可见于辽末金初。

大定府,松山、潭、利、惠、武安、榆、安德、宜、锦、严州,共一府十州,见于《金史·地理志》。

兴中府,锦、高、川、泽、北安、成、来、隰、迁、润、建州,共一府十一州,见于《辽史·天祚皇帝纪》所载辽末金初两个政权之交斗过程中。

故辽末所存在,至少为二府二十一州。而懂、穆、晖、禄四头下州,于辽后期未见也。

中京大定府：大定县、长兴县、富庶县、劝农县、文定县、升平县、神水县、金源县、归化县。

  恩州：恩化县。

  惠州：惠和县。

  高州：三韩县。

  武安州：沃野县。

  利州：阜俗县。

  榆州：和众县、永和县。

  泽州：神山县、滦河县。

  北安州：兴化县。

  潭州：龙山县。

松山州：松山县。
成州：同昌县。
兴中府：兴中县、营丘县、象雷县、闾山县。
　安德州：安德县。
宜州：弘政县。
锦州：永乐县、安昌县。
严州：兴城县。
川州：宜民县、咸康县。
建州：永霸县、永康县。
来州：来宾县。
　隰州：海滨县。
　迁州：迁民县。
　润州：海阳县。
招燕州。

南京道

辽代南京道的府、州建置很稳定，自辽初获幽云十六州于石晋，直至辽末，虽曾新置泰、宁、景三州，但主要的政区变迁，源于辽与五代、宋之间的战争而导致的东南疆的出入。会同元年(938)拥有的瀛、莫二州及辽新置的泰、宁二州，皆因战争而失，几乎未有纯出于行政原因而废罢者。而由于区位上接近中原王朝，后来又为金代的京畿地区，故辽代南京道的政区变迁，历历可考。凡京府一、州六、县二十四，皆明载于史籍。

南京析津府：析津县、宛平县、昌平县、良乡县、潞县、安次县、武清县、永清县、香河县、漷阴县。
　顺州：怀柔县。
　檀州：密云县、行唐县。
　涿州：范阳县、固安县、新城县、归义县。
　蓟州：渔阳县、三河县、玉田县。
　景州：遵化县。
　易州：易县、涞水县、容城县。

西京道

府一，方州十一，头下州二。县二十八。另有头下州二，在其境内。

大同府：云中县、大同县、天成县、长清县、奉义县、怀仁县、怀安县。
弘州：永宁县、顺圣县。
德州：宣德县。
奉圣州：永兴县、矾山县、龙门县、望云县。
归化州：文德县。
可汗州：怀来县。
儒州：缙山县。
蔚州：灵仙县、灵丘县、飞狐县、定安县、广灵县。
应州：金城县、浑源县、河阴县。
朔州：鄯阳县、马邑县。
武州：宁远县。
头下抚州。
头下昌州。

平州路

三州，七县。
平州：卢龙县、安喜县、望都县。
滦州：义丰县、石城县、马城县。
营州：广宁县。

西南面

四州，三军，一城。共六县。
丰州：富民县、振武县。
天德军。
云内州：柔服县、宁仁县。
宁边州。
东胜州：榆林县、河滨县。
金肃军。
河清军。
塌母城。

西北路

十二州，一城，皆边防城。

镇州。
维州。
防州。
招州。
魏州。
窝鲁朵城。
威武州。
崇德州。
会蕃州。
新州。
大林州。
紫河州。
驼州。

乌古敌烈路

四城,皆边防城。
河董城。
静边城。
皮被河城。
塔懒王城。

第三编　金代疆域与制度

第一章　金代疆域变化及政区之出入置废

第一节　金初疆域的确立过程

金之疆域,得自辽、宋。虽则擒获天祚帝在太宗天会三年(1125)①,然早在太祖天辅七年(1123),大致已尽取其地。其后虽然个别州县曾有反复或收服较晚——如平州②、兴中府、宜州③、建州④,及东胜、宁边、天德、云内等州⑤——,然在金太祖朝之末,绝大部分辽地已入金,大局已定,辽再也无力复取失地。

金取北宋之地,其初,较之取辽地远为顺利。天会四年末克汴,至天会七年十月,北宋淮河以北,大多为金所据有。然而此后却有很长的反复过程。次年九月,胜于富平,旋即占领陕西六路。然渡淮、渡江追击高宗的金军,则无果而返。又立伪齐与宋对峙,越七年而废之,还河南、陕西地与宋。逾年又夺还,并由此与宋相争年余。若自天会三年底第一次伐宋计,至皇统元年(1141)底宋金和议签订,则历时十六年,耗时逾于灭辽之役,而连续性则有不如。

灭辽、取北宋地,前后相接,几无时间上的罅隙,此甚便于笔者按时间顺序述金初疆域之形成过程。此外,金初与西夏之间亦有疆土之纠葛⑥,其与灭

---

① 《金史》卷3《太宗纪》,天会三年二月壬戌。
② 平州于天辅七年正月降金,然同年五月叛金归宋(《金史》卷2《太祖纪》,天辅七年正月甲子、五月甲寅)。十一月,张觉兵败,平州降金,复叛。次年(天会二年)六月,"阇母克南京"(《金史》卷3《太宗纪》)。
③ 《金史》卷2《太祖纪》,天辅七年二月癸巳,"兴中、宜州复叛"。同书卷3《太宗纪》,天会二年十月甲子,兴中府降;十一月癸未,"阇母下宜州"。
④ 《辽史》卷29《天祚皇帝纪三》,保大四年九月,"建州降金"。此时已是金太宗天会二年。
⑤ 《会编》卷21《政宣上帙二十一》,宣和七年正月二十四日引史愿《亡辽录》:"保大四年……(天祚)率诸军,乘粘罕之归,出夹山,下渔阳岭,取天德军、东胜、宁边、云内等州,南下武州,遇金人,战于辽水,复溃。遂奔山金司小胡房。"是天德、东胜等州,一度为天祚所取,不久复失于金军。
⑥ 在东方,金与高丽之间,曾于金初天庆五年至天辅元年间,争夺鸭绿江东岸保、定、宣三州之地,但在金太祖、太宗的刻意让下,高丽得以从容占据东岸三州,自此,金—丽之间遂无地界之争。

辽、灭北宋之过程皆有关系,乃系于取宋境过程之后。

一、太祖朝取辽境之过程

女真起自混同江流域之山林,其兴起之初,先南下经营辽之东北路及东京路之地,起兵两年,已将辽之东境括入囊中。此后耗时四年,转战于辽上京、中京道之境,至攻克上京,遂整饬部伍,稍作停顿。其后由中京转入西京,一面追击辽天祚帝,一面四出平定辽之南境,仅逾一年,辽之封域,几已全境底定。按其得地之大致次序,可分三个阶段:

辽天庆四年至六年(1114—1116),克定辽东境之东北路、黄龙府路、咸州路、东京路、南路、保州路;

天辅元年至四年(1117—1120),经略上京道,获取旧辽之核心地带;

天辅六年至七年(1122—1123),连克中京道及西京、南京、平州路,遂全有辽地,与宋为邻。

1. 辽天庆四至六年:获取辽之东境

辽天庆四年(1114)九月,阿骨打起兵之初,即败辽军于宁江州,此役的直接后果,是女真军于次月占据辽震慑生女真之重镇——宁江州。十一月,战于鸭子河南岸之出河店,又获全胜。当月,女真军南下占据咸州,反辽大业初见成效,天庆五年正月,又击溃辽军于达鲁古城。

三战之后,对双方的考验才真正开始。宁江州之战,规模甚小,天祚帝可以不以为意。然出河店之战,据《金史》记载,辽军有十万之众①,仍然告负,而金军已迅速南下至东京路之中部,其力量岂容继续小觑?故天祚帝须筹划一次大规模的征伐,彻底解决东北方的威胁。同时,因女真之叛而引发的诸多叛乱,亦须平服。此次筹划,耗时逾年。而金军挑起战事时间极短、进展极快,其兵力由初战之二千五百,至次战,已至万人,虽则"女直兵若满万则不可敌"②,然出河店、达鲁古之战后,金军扩张过速。至辽天庆五年九月克黄龙府之后,宁江州至咸州之间,皆为其所据,拓疆既速,后力不继矣,故亦需时以团集本族各部以及渤海之众,使其兵力与版图同步扩大。

至辽天庆五年十二月,天祚帝、阿骨打皆亲率大军,决战于护步答冈。此战金军又大捷。自此,辽势日窘,而金军扩张之势,再不可止。

天祚亲征之败,其后果不止于金军势力增强,以七十万之众败于二万金

---

① 《金史》卷2《太祖纪》,太祖二年十一月。
② 《金史》卷2《太祖纪》,太祖二年十一月。

军,无力至此,辽廷对内部诸种潜在反对力量,遂不复有震慑之力。次年正月,渤海人高永昌起于东京,数月之间,东京路州县未陷于女真者,多数为高永昌所据。当辽廷为此焦头烂额之际,女真则与永昌连横,冀收渔利。五月,辽宰相张琳率军讨永昌,女真突来驰援,致辽军再次大败①,自此更为不振。然而女真利用高永昌牵制、打击辽军之后,并未俟永昌坐大,此后半年,即以迅雷之势,攻灭高永昌②。起兵之时"女直、渤海本同一家"③之宣言,似未见实惠。而至天庆六年高永昌败亡之时,辽之东境,包括东京路、黄龙府路、咸州路、东北路、南路、保州路之地,皆归女真。

2. 天辅元年至四年:经略上京道

天辅元年(1117),阿骨打大略平定辽之东境,金军的大规模扩张暂时停止,反遣使赴辽议和④。辽天祚帝亲征大败,失地颇多,且境内叛乱四起,甚感力不从心——至少在短期之内要战胜女真,似无可能。辽亦有求和之意向。由是,双方使节频繁来往,有一个逾时两年的议和过程。其间,双方交战并未间断,但较之此前,规模和频度大为收敛。直至天辅四年三月,和谈破裂⑤,金军大举西进,攻取辽之上京道。

辽金此次议和开始不久,宋也正式遣使至金⑥。即使《辽史》所载"大国封册"真是阿骨打遣使议和的动力,那么这个动力在此后一二年间,对他的吸引力逐步消失,毋庸论其初之议和,恐是以缓兵为主要目的。而天辅四年,他单

---

① 《契丹国志》卷10《天祚皇帝纪上》,天庆六年五月。然《金史》卷2《太祖纪》系高永昌求援事于同年(天庆六年)闰正月,金军赴援之事,则未提及。《辽史》卷28《天祚皇帝纪二》载在同年四月。
② 《契丹国志》卷10《天祚皇帝纪上》,天庆六年十一月,"女真初援渤海,已而复相攻,渤海大败,高永昌逋入海,女真遣兀室、讹波勃堇以骑三千追及于长松岛,斩之"。《金史》卷2《太祖纪》:太祖二年"四月乙丑,以斡鲁统内外诸军,与蒲察、迪古乃会咸州路都统斡鲁古讨高永昌。胡沙补等被害。五月,斡鲁等败永昌,挞不野擒永昌以献,戮之于军。东京州县及南路系辽女直皆降"。《辽史》卷28《天祚皇帝纪二》则系女真击永昌事于天庆六年五月:"女直军攻下沈州,复陷东京,擒高永昌。"应是五月女真赴援、与永昌同败辽军之后,即与永昌交战且击败之,此后半年,不断掠得其地,将东京路并入其控制区,至十一月,终追斩永昌。
③ 《金史》卷2《太祖纪》,太祖二年十月。
④ 据《辽史》卷28《天祚皇帝纪二》所载,天庆七年,阿骨打称帝,谋臣杨朴言:"自古英雄开国或受禅,必先求大国封册。"阿骨打遂遣使议和,求乞封册。但由女真军此后仍频频西侵之事实来看,金之议和,未必有诚意,恐以拖延时间、巩固占领区、整合自身实力为目的。
⑤ 据《辽史》卷28《天祚皇帝纪二》,以天庆七年阿骨打遣使来议和为始,至天庆十年三月阿骨打以册礼不当为借口断绝和谈,双方使节共九次往返。
⑥ 据《会编》所记载的宋、金"海上之盟"的具体形成过程,金天辅元年八月,宋已遣高药师首次赴女真,然未登岸而返。至次年八月,方再遣马政等往。闰九月,马政至女真内地,十二月返宋(见卷1《政宣上帙一》政和七年八月二十三日条,卷2《政宣上帙二》政和八年八月四日、闰九月九日、重和元年(政和八年十一月己酉朔改政和八年为重和元年)十二月二日条)。《金史》卷2《太祖纪》称,天辅元年十二月,"宋使登州防御使马政以国书来",较之《会编》所载早一年,月份亦不相合,恐误。

方面终止和谈过程,也更有可能是因为他的政权受到越来越多的关注,政治信心同步上升。而且在不间断的作战中,军事形势也呈现较好的发展趋势。

作为前两年攻取辽国东境之余波,天辅元年正月,金军又向西攻取辽东北路的春、泰二州①。但此后有近一年的休整期,似与其遣使求封册相符。不过至该年底,使节往返过程尚远未结束,金军已由东京道突入中京道西北部,攻取显、乾、懿、豪、徽、成、川、惠等州②,直逼辽之中京大定府。不久,弃地返军。此后一年,迫降辽之双、懿、龙化等州③。三年,又入上京道,下怀、庆等州④。正因有较长时间的试探、侵掠以及消耗对方实力的举动,故而在终止谈判之后,阿骨打便可即刻挥军西进,围攻上京,"自旦及巳",便"克其外城"⑤,进攻的准备工作相当充分。上京道未下诸州旋定。至此,金已得辽境之大部,自北面进一步压迫辽之生存空间。

3. 天辅六年至七年:获辽全境

"金人自破上京,终岁不出师辽国,然防屯如故。"⑥此举是为即将到来的第三次大举进攻蓄势。天辅六年正月,金师再兴,自此直至灭辽,剧战再未中辍。

当月,金军取中京及高、恩、北安州,主力继续西进,追击天祚帝至西京道,基本未遇到成规模的抵抗。三月,克西京。又尾随天祚入西南路,于四月克丰、云内、宁边、东胜州及金肃军。西京管内奉圣、归化、蔚州,亦相继于同年降服⑦。当年十二月,应宋之请,阿骨打又亲自率军趋燕,燕京不战而下⑧。七年正月,平州亦降,偏师在中京道也大有收获,宜、锦、乾、显、成、川、豪、懿等州一举克定,二月,兴中府及中京道沿海来、隰、迁、润等州亦降金⑨,又割燕京及所属六州入宋。

至此,除西北路基本被双方所放弃外,辽其余境土大体为金所有。此后近

---

① 《辽史》卷28《天祚皇帝纪二》,天庆七年正月。
② 《金史》卷2《太祖纪》,天辅元年十二月甲子。
③ 《金史》卷2《太祖纪》称,天辅二年正月庚寅,双州降金;十二月,懿州降金。又同书卷133《叛臣·耶律余睹传》:"天辅二年,龙化州人张应古等来降,而余睹复取之。"
④ 《会编》卷21《政宣上帙二十一》宣和七年正月条引《亡辽录》。
⑤ 《金史》卷2《太祖纪》,天辅四年五月甲寅。
⑥ 《契丹国志》卷11《天祚皇帝纪中》,保大元年春。
⑦ 《金史》卷2《太祖纪》,天辅六年三月壬申,"西京降";乙亥,"西京复叛";四月辛卯,"复取西京";同月,"阇母、娄室招降天德、云内、宁边、东胜等州";九月乙丑,"归化州降";丁丑,"奉圣州降";十月丙戌朔,"蔚州降"。至此,金大致已平服西京道。
⑧ 《金史》卷2《太祖纪》,天辅六年十二月"庚寅,辽统军都监高六等来送款"。
⑨ 《金史》卷2《太祖纪》,天辅七年正月庚辰、二月乙酉朔。

三年中，金致力于三件大事。其一，继续追击天祚，直至于天会三年二月，在天祚出夹山南奔之时，将其擒获，使辽之残余势力失其精神领袖①。其二，平定中京道、西京道及平州路等新获领土的叛金活动，其中尤以平州之叛，耗费了金军较多力量。其三，就西京道及平州路的归属问题，与宋交涉，最终交涉失败，遂于天会三年十月南侵，灭北宋之战争，由此始。而后两者之间，其实有着直接的密切联系。

二、获取北宋北境之过程

天辅元年(1117)至天会三年(1125)②的宋、金交涉——"海上之盟"，核心议题是两国共同灭辽，由宋取回陷契丹之"汉地"。不过，交涉开始未久，当"汉地"具体落实为"所有五代以后所陷幽、蓟等州旧汉地及汉民并居庸、古北、松亭、榆关"③时，争议即由此而来。商谈数年，辽南京道之地入宋，关于西京道之地的归属尚未尘埃落定，因双方争夺平、营、滦三州之地，引发金侵宋之战争，致北宋灭亡，秦岭—淮河以北之地归金所有。

1. 天会三年至九年：取宋秦岭—淮河以北之地

天会三年，金军分两路侵宋。十一月，粘罕所率西路军迅速攻克河东北部忻、代等州之后，受阻于太原坚城之下。然而斡离不所率东路军，进展却极为顺利。当月发自平州，次月入燕，在叛降的宋燕京守将郭药师引领之下，穿州越县，次年正月，抵开封城下④。在艰苦守城之同时，宋人许以巨额金帛及河东、河北三镇之地，换得斡离不退师⑤。所谓"三镇"，于史籍中所见不乏，谓太原、中山、河间府及所属之地，然其具体范围未见记载，而宋代自太宗之后，事实上已不存在藩镇，故亦无法根据当时政区制度轻易推得。据宋靖康元年(1126，金天会四年)二月所下诏书，称"中山、河间、太原府并属县、镇及以北

---

① 天祚西逃及其为金军擒获之事，具见《会编》卷21《政宣上帙二十一》宣和七年正月二十四日条引《亡辽录》，其与宋接洽、欲由夹山南奔宋境之事，见《会编》同条引蔡绦《北征纪实》。
② 双方接洽始于天辅元年八月宋使高药师未成功的北行(见《会编》卷1《政宣上帙一》政和七年八月二十三日条)，终于天会三年十一月宋使马扩往粘罕军前议"交蔚、应二州"(见《会编》卷22《政宣上帙二十二》宣和七年十一月十九日条)。
③ 《会编》卷4《政宣上帙四》宣和二年九月二十日条引宋与金《国书》。
④ 《会编》卷22《政宣上帙十八》，宣和七年十一月十九日；卷28《靖康中帙三》，靖康元年正月七日。
⑤ 宋向金纳赂之数，于围城以后曾在两方间反复争议，仍以金方索取之数为定，据《会编》卷29《靖康中帙四》靖康元年正月十日条，共计"金五百万两，银五千万两，杂色表段一百万段，绢一百万匹，马、牛、骡各一万头、匹，驼一千头"。但金撤军之时，宋竭其力，所能交付者："金及三十余万，银及一千二百余万"而已，后于京城尽力搜括、籍没官员、富户甚众，应陆续有所交付，但必然远不及金索取之数。

州、军,已于誓书内议定,合交割与大金"①,则所割之地,方位大致可定,且知其并不完全遵循安抚使路等区划②。又据《会编》有数处提到"三镇二十州"③。则其数又可知。据上所述,大略可推定割弃之府、州、军如下:

  河北东路——河间府,莫、雄、霸、清州,保定、信安军;
  河北西路——中山府,保州,广信、安肃、永宁、顺安军;
  河东路——太原府,忻、代、岚、宪州,火山、保德、岢、岚、宁化军。

  此前,北宋北境虽然远称不上"固若金汤",但毕竟有雁门之天险,又有投入巨大人力经营百年的界河——拒马河可限马足。但此三府及二十州、军④一旦割出,则北境防线毁于一旦,新的防御线更是全不足道。太原与平阳之间、河间与大名之间,又有何险可恃?三镇之保全与否,实是今后国脉所系。当然,迫在眉睫之下的危机,也无法不顾及。宋之廷臣因此辩论不绝,对策亦变化不定。始则只求罢兵释围,其他一概允诺;继而力求以增币代割地;最终孤注一掷,弃城下之盟不顾,下诏令三镇坚守。理由是:金背盟在先,既定和议,西路粘罕军仍自河东入攻,甚至攻克了河东南面的隆德府。于是,引发了靖康元年(1126)十月金军第二次入侵。十一月复至汴京城下,提出了更苛刻的条件:割让河北、河东全境,以黄河为界。此次金方索取之地,达五十府、州、军:

  河北东路——河间府,莫、雄、霸、冀、恩、清州,保定、信安、永静军;
  河北西路——真定、中山、信德、庆源府,浚、卫、相、磁、洺、深、祁、保州,安肃、顺安、广信、永宁、北平军;
  河东路——太原、平阳、隆德、河中府,忻、代、岚、石、宪、汾、慈、隰、辽、绛、

---

① 《会编》卷36《靖康中帙十一》靖康元年二月十日条引钦宗《诏书》。
② 据《宋史》卷371《宇文虚中传》,当时金人令钦宗"御笔书定三镇界至,方退军",实是临时定界,而非依据向日路一级的界限。
③ 《会编》卷38《靖康中帙十三》靖康元年二月十五日条引晁基上书称"河间府、中山府、太原府三大镇,无虑二十州、五十六县……弃之为新边"。同书卷39,同月十六日,杨时上书论三镇利害,称"朝廷割三镇二十州之地与之,是亦助寇而自攻也"。卷42,同月二十六日许翰上书,称"若失三镇二十州之地,则天下之势已断"。
④ 以此"三镇二十州"之说,比之"海上之盟"反复称辽南京道一府六州之地为"燕京六州",则知"二十州"是在"三镇"之外另计。另,若"二十州"不计入"同下州"之军,则无论如何不及二十之数,故知所谓"州"者,亦包括同层级之军。上述二十州、军,大体皆在三府之北,割三府,则二十州、军亦不能保,故可得此名录。此处另有两点需说明。其一,麟、府、丰三州及晋宁军,在宋亦入河东路,且亦在太原之北。然此三州一军,主体在河外,向有自成一体之势。至靖康元年(1126)底金欲与宋以河为界,索取黄河以北五十府、州、军,而此三州一军仍不在内,故可推知该年之初所取三镇二十州亦应如此。在宋,即便失太原及以北之地,此三州一军仍可入陕西,而在金,或不愿得此地界,使本国与夏之边界大幅延长。其二,上引晁基上书中提到三镇"二十州五十六县",镇、州之数固相符,然在北宋末,这一地区县数仅四十三,远不及五十六县之数。因县数无其他记载印证,姑置之。

泽、怀州，保德、火山、宁化、平定、威胜、岢岚军；

京西北路——孟州。①

此次提出的条件，较之年初更难接受。但是，当时金东、西两路同步推进，俱临城下，宋之危机，也较之年初更甚。而双方在交涉和谈条件之时，金人并未停止围攻开封。由是，尽管条件极为苛刻，也不容宋人拒绝或拖延。宋立即接受了第二次城下之盟，并遣使赴河东、河北，敦促地方官守尽早割地。但是割地事宜之进展，不及金人攻城速度。次月，汴京失守②，金人禁锢徽、钦二宗，至天会五年三月，立伪楚于汴京，至四月，挟二帝北去矣。由是，待割诸州，遂可"不奉诏"而各自城守。但是以州、县为单位的缺乏组织的抵抗，其效果当然不会胜于此前的集群作战，坚决抵抗的意志，并未阻挡两河各地迅速沦陷的趋势。

河东、河北陷金，约在天会三年至六年。早在天会三年底金第一次南侵之时，宋人历尽艰辛刚刚获取的燕地一府六州，及云属朔、武二州，即告失陷。稍后，向属宋境的代、忻二州，亦为攻克。上述地区，自此未再入宋。而该年金军攻陷的其他府、州、军，在天会四年初退师之后，相继归还。十月，金军再次入侵之后，于河东、河北攻克州、军不在少数，其中河北之真定府，河东之太原府、平阳府、潞州、汾州、泽州、沁州、怀州、平定军，自此为金军所据。至天会五年，河东路几已全境被占，而河北仍在激烈争夺之中。不过，在五年中至六年底的一波强大攻势中，河间、中山、大名、冀、相、邢等重镇纷纷陷落，河北的抵抗也被迅速平息。两河遂不守。

宋之京东、西及陕西地，自天会五年底至天会九年陷失。天会五年五月赵构在应天府称帝，取缔伪楚，是金人甫退师又重新南下的原因。金军加快在河北两路南部的攻势，并顺势大举进入京东、京西、陕西。黄河以南、淮河以北，也全面陷入战乱。

金取京东，在诸路中大约可算最为顺利，自天会六年底入侵，逾年而得其全境。京东之地，在北宋非属沿边，驻军远不如两河、陕西之众。北宋末年，诸方兵力向两河及京师集中，京东之守御，更形单薄。自天会六年底金军入侵之

---

① 《大金吊伐录》之《枢密院告谕两路指挥》，见(金)佚名编，金少英校补：《大金吊伐录校补》，中华书局，2001年，第106条。按《指挥》中载有"青州"，应是"清州"之误，"平定州"，应作"平定军"。北平军在宋本置军使，是县级之军，亦列入其中。又有"河阳府"，在宋为孟州，惯称"河阳三城"，然未见升府，且属京西北路，然主体在黄河以北，因当时划河为界，故于《指挥》中，置于河东路下。

② 《会编》卷57《靖康中帙三十二》，靖康元年十二月六日，"粘罕、斡离不会于平定军，议再举兵"。同月，分由孟州、黎阳入寇。同书卷69《靖康中帙四十四》，靖康元年闰十一月二十五日，"京师失守"。

后,京东西路会府东平立即陷落,同时沦陷的尚有济南、袭庆、开德府及濮、淄、海等州。及次年,东路会府青州失陷,且京东两路所余州县(应天府、兴仁府、徐州、济州、单州、潍州、密州、沂州、登州、莱州、淮阳军、广济军)尽失,金人偏师遂得以长驱而南,驱高宗入海。

对京西的再次大举进攻,始于天会五年底,不久即攻破滑、郑、汝州及河南府等沿河诸州。但京西路的抵抗较激烈,多数州县都经过反复争夺,才为金稳固据有。至天会六年,金军所得,唯郑、汝、滑州。七年,淮南两路在淮北的宿、亳州及寿州之半,又为金军所取。宋军守开封府三年,也终于力尽难支,至天会八年,终为金人所得,同年又失淮宁府、顺昌府、拱州、蔡州。至此,河南大部陷落。同年金立伪齐,京西遂入伪齐之境。仅河南府及汝州,在四面楚歌的境地下,支撑到天会十一年(伪齐阜昌四年)。

金军入侵陕西,始于天会五年底,当时尚仅进攻个别州、县。天会七年,金军攻势开始明显增强,入永兴军、鄜延两路,夺得京兆府、醴州、鄜州、坊州。至次年取得开封之后,遂将主力西移,并依托河东之基地,自北而南压迫宋军。当年九月决胜于富平,数月之内,夺得陕西大部,包括延安、凤翔、平凉府,同、华、耀、陕、丹、陇、邠、宁、泾、会州,德顺、镇戎、保安、绥德、怀德军。宋军竭力守御陕西之西、南部残存之地,但在天会九年,秦、兰、洮、巩、河、环、原、乐、廓、西宁州及积石军,尽入金人之手。至此,金对陕西的占领过程,可认为已告一段落。最后,庆阳孤垒失守于天会十年,宋境西极之会府熙州,则陷于天会十二年。

自天会三年初次入侵,其得地之次,是由北而南,自东向西。经营六年,宋境秦岭—淮河以北之地,大略底定。金太宗吴乞买之取宋地,较之阿骨打取辽境,似更有成效。不过,宋毕竟仍有南面之疆土。金欲灭宋,而宋欲收复北境。天会九年之后战争仍须继续。而这一长期的争战过程,对于纵横近二十年的金政权来说,是前所未有的艰难。

2. 天会九年至皇统二年:对河、淮之间的争夺与金南界的形成

天会九年,金已据淮河以北之绝大部分土地。但金太宗似乎对辽太宗灭晋以后的命运颇为忌惮,故并未直接占据河南之地,而于上一年立伪齐,赐予山东、河南、陕西之地。宋失陕西之后,终能稳守四川,在东面,亦力保淮南不失,宋高宗也终于从不断逃亡中摆脱出来,欲致力北伐。双方互有主动进击之举,但大致仍僵持在淮河一线。不过,若以宋—伪齐之间作比较,形势是有利于前者的。

金立伪齐,为后者所定的战略目标不仅是守河、淮之间,且需进图淮南之

地。天会八年富平新胜之后,金之形势较好,原以为扶立一个汉人政权,再加上本国大军相助,淮河以南,指日可下。不料伪齐支吾七八年,极乏进展。虽然吸引流寇叛将如孔彦舟、李成、张中彦、张中孚、郦琼等,为数不少,然而并无尺土之获,宋方立足更是日益稳固。天会十二、十三年伪齐倾力南侵,不仅狼狈窜还,且触发了宋之北伐,西路军一度进据秦、凤、陇州,中路军克复蔡、虢、商州,逼近河南府。刘豫乏力如此,若仍欲借重其力,不仅难以竟功,且其地恐失于宋。天会十五年(绍兴七年),金遂废伪齐,置汴京行台统其地。

伪齐之废,是宋改变策略的动因。宋—伪齐对峙期间,宋赴金之使节不绝于道,此或可视作缓兵之计。而于伪齐,则一直力求保持攻势,如金废伪齐之同年稍前,宋尚在策划一次北伐,然因未处理好刘光世部的归属问题,致郦琼叛北而停滞。不过,边境的战役却仍在进行。然金废伪齐,准备充分,行动果断迅捷,接管伪齐之地,几无波澜。瞬息之间,金兵已分驻伪齐之境①。故在十一月之后,宋所面对的已是金军。这也正是金天会十五年底宋何以放弃进攻的行动和谋划②,转而全力自守、求和之原因。而和议一度变得非常有可能成功。废伪齐次月,宋使王伦带回"金许还梓宫及皇太后,又许还河南诸州军"③之消息。对宋来说,若有望实现靖康元年底金人提出的划河为界的状态,较之绍兴初年的情况,无疑是一大进展。

议和还地之事,此后有条不紊地进行。金天眷元年(1138,宋绍兴八年)十二月,金使来宋,同意"尽割河南、陕西故地,通好于我"④。天眷二年正月开始

---

① 按金虽以黄河以南之地授伪齐,然伪齐既常需金军之援以攻宋,金军自有借口常驻于伪齐境内。如《会编》卷182《炎兴下帙八十二》绍兴七年十一月十八日条引张汇《金房节要》:"豫既废,迁居琼林苑阿鲁保寨(原注:阿鲁保乃女真三路都统,豫未废日,金人留之监豫,故屯于琼林苑)。"检《金史》卷68《冶诃传附子阿鲁补》:"齐国建,阿鲁补屯兵于汴城外。天会十五年,诏废齐国,已执刘麟,阿鲁补先入汴京备变。"京城之侧既屯驻金方重兵,则其挟制之力可知。至兀术往开封废刘豫,"四太子(兀术)、五郎君(陇阶)、三路都统(阿鲁保)驰赴梁门,登城以守"(见《会编》卷181绍兴七年十一月十八日条引杨尧弼《伪豫传》)。然后兀术与"三路都统阿鲁、陇阶五郎君三骑,直突入东华门"(见《会编》卷182绍兴七年十一月十八日条),挟豫去,而豫之护卫军亦无如之何。废豫之前,金人囚其子麟,后又控制其亲属,至于伪齐各地之守将,颇有降宋者。《会编》卷183《炎兴下帙八十三》绍兴八年正月十四日条载:"伪知蔡州刘永寿杀兀鲁字童,率城中老小来降。……中原士庶以金人废之后,多有挈老小来江南,兼郦琼叛兵复有回归者,沿淮诸州,皆招纳应接之不暇。"然永寿杀州将之后,不得不南渡归宋,无法据城抗金。当时归德府齐兵二万,亦欲反抗,然为郡守及时遏止。总之,伪齐之境,未有成规模反金军事活动,金得以顺利接管伪齐之地。
② 北伐事自然不再提起,至绍兴八年正月辛丑,又"诏以方议和好,禁沿海州郡遣人过淮招纳"(《宋史》卷29《高宗纪六》,绍兴八年正月辛丑),转而紧守边圉。《会编》卷187《炎兴下帙八十七》,绍兴八年十一月二十九日条范如圭与秦桧书称:"自刘豫既废之后,我益畏缩远屏,未尝敢向北方发一矢。"
③ 《会编》卷182《炎兴下帙八十二》,绍兴七年十一月十八日。
④ 《宋史》卷29《高宗纪六》,绍兴八年十二月丁丑。

交割①。至五月,宋之官、将已完成河南、陕西各州、县的交割,或即将到达应交割地区。这一过程可与此前类似之交割历程相较。北宋末宋、金之间仅仅交割燕属一府六州,自金人入燕至交割燕京,尚历时近半年。更往前两个世纪,石敬瑭许诺割辽十六州,至交割完成,间隔三年半,即自石晋立国计,至交割亦逾三年。如此说来,金、宋自绍兴七年底和谈开始至九年中交割河南、陕西地,仅仅一年半,其进程并不慢。然而,恰在这段时间,金廷形势大变。主张还地与宋的挞懒、宗隽、宗磐,于政争中败于对宋强硬的兀术。挞懒被杀,兀术主政,力主夺还所割之地,遂于天眷三年五月再度入侵河南、陕西。

对于金人的权诈多变,宋人已习知之②。故绍兴七年底交涉还地伊始,宋廷便议论纷纷。由今日习见之史籍来看,以反对议和之意见居多。或以为金人士马物故颇多,宿将死亡略尽,故以和议来款宋师③。或以为金人已无力强攻南宋,乃割予残弊之河南,使宋聚物力于河南,而后一举夺之,以此困宋④,进而以为金人向"欲钓中原,前以燕蓟为大饵","今将举前策,复割中原为一大饵,以钓江南"⑤,即诱"江南"聚兵财于残弊之河南,然后一举并"江南"下之⑥。在"太后"、"梓宫"与河南皆得归还的重利之前,高宗并未采信这些警告,而是一力主张和议。但是,当交割过程中金人叛盟之际,宋人并未表现得手足无措。或许群臣的警告并非全然无用,尤其是,前线的武将对于金之变诈,有充分的心理准备。西路宋师出川接管陕西之前,吴璘提出:"金人反复难信,惧有他变。今我移军陕右,蜀口空虚,敌若自南山要我陕右军,直捣蜀口,

---

① 《会编》卷192《炎兴下帙九十二》,绍兴九年正月,"金人退还河南地。金人以东、西、南三京,寿春府、宿、亳、单、曹州及陕西、京西地归于有司"。
② 如宋礼部侍郎曾开即认为:"自用兵以来,信使方至,兵辄随之,皆已然甚明之验,不待考诸古而可知。"见《会编》卷185《炎兴下帙八十五》,绍兴八年十一月三日,曾开《札子》。
③ 《会编》卷183《炎兴下帙八十三》,绍兴八年五月六日,王庶《札子》。
④ 《会编》卷186《炎兴下帙八十六》,绍兴八年十一月二十五日王庶《札子》称:"若以河为界,则东西四望,兵火之余,白骨未敛,几无人迹……必以二十万兵宿于远饷无用之地,假以岁月,焉得不自困弊?彼之为计可谓尽善也。……若以河为界,则疮痍残民,抚存不暇,还定安集,非俟经五稔,不可赋调。"同书卷184,绍兴八年六月十七日,殿中侍御史张戒奏论:"或得之,不过如童贯买燕云之地,房人暂去复来,财、地卒两失之耳。"
⑤ 《会编》卷191《炎兴下帙九十一》,绍兴九年正月十四日,右迪功郎监明州比较务杨炜上李光书。
⑥ 按上述推论都有部分道理,但也未必有充分的证据。后世仍于金人叛盟之原因有反复争论,有采"缓兵"之说者,亦有采"钓饵"之说者,大体仍在绍兴八年至十年间宋臣所论的范畴之中。相关辩论,可见吴泰:《试论金国归宋河南、陕西地的目的》,《中国史研究》1985年第3期,第145—149页,赵永春:《金国归宋河南、陕西地的目的新探》,《北方文物》1990年第1期,第52—57页。无论如何,我们不能忽视金人对于统治河南之地的可行性的怀疑。否则,天会八年立伪齐固然少去一大理由。而迄金之亡,汉地州、县官多为汉人,亦可见女真对于统治中原的技术,在细节方面从未能充分掌握。

我不战自屈矣。"又称："今日分兵,当使陕、蜀相接,近兵官贺仔谍知撒离喝密谋曰：'要入蜀不难,弃陕西不顾,三五岁南兵必来主之,道路吾已熟知,一发取蜀必矣。'敌情如是,万一果然,则我当为伐谋之备。"四川宣抚司采其说,"仅以牙校三队赴秦州,留大军守阶、成山寨,戒诸将毋得撤备"①。故而,最有可能将军力散入广大区域的四川大军,得以保存实力,倚川图秦,在此后年余作出有效的反击。而就河南的情况来看,亦可察知宋廷对于大军被诱至河南消灭的可能性极为警惕。故州、县官先出,尽早完成交割,而大军缓进,务使声气相接。过淮者,声势最盛者仅是刘锜所率八字军三万余人。至于京襄、两淮所驻岳飞、韩世忠、张俊三支大军,直至金人叛盟,未尝北进②。是宋廷虽接受和议,但并未忘记徽宗末年得燕京而撤河北之防的严重后果,于交割之际,江淮四川仍布防甚严。故而,金人叛盟之当月,已完成交割的河南、陕西州、县,又纷纷陷落,官吏陷敌甚众,然而在这一表象之后,我们必须看到,宋之大军,却未尝有损。若说金廷确以河南、陕西为饵以"钓"江南,那么,这个策略全未成功。宋人受地之后,留下了退还的余地。

《金史·熙宗纪》载：天眷三年五月丙子,"诏元帅府复取河南、陕西地。……是月,河南平。六月,陕西平"③。此说实在过于张大金之军威。金复取河南、陕西,确乎快易,然则,仅限于宋接管未久,未遣重兵镇守之地。至于南面近淮、近川之地,战事在五六月间方兴未艾,远未见终止之迹象。在河南,金军重挫于顺昌城下,即在六月中旬④。同月,岳飞复蔡州。闰六月,岳飞军复颍昌府、陈州、郑州。七月初,岳飞入西京,复永安军,胜于郾城,至七月二十一日突然班师⑤。此是中路情形。西路战事持续时间更长。六月,宋军拔扶风,克醴州⑥。次年正月克商州⑦,八月复秦、虢⑧,九月入陇、华⑨,十月得

---

① 《宋史》卷366《吴璘传》。
② 见《宋史》卷364《韩世忠传》、卷365《岳飞传》、卷369《张俊传》。在金军困于顺昌城下之时,张俊才北出渡淮,收复亳州而归；韩世忠亦同时渡淮,攻克邳州而还；岳飞出师,亦在此时,然进展最快,克蔡之后,即刻遣将"经略西京、汝、郑、颍昌、陈、曹、光、蔡诸郡"又命梁兴渡河,纠合忠义社,取河东、北州县。又遣兵东援刘锜,西援郭浩",然则孤军突出,与两淮之军不能合势,终受诏还师。是接管河南、陕西之时,宋并未立即打算以黄河为新边。
③ 《金史》卷4《熙宗纪》,天眷三年五月丙子。
④ 《会编》卷201《炎兴下帙一百一》,绍兴十年六月十一日。
⑤ 《宋史》卷29《高宗纪六》,绍兴十年六月,闰六月壬辰、丁酉,七月癸卯、己酉、壬戌。
⑥ 《宋史》卷29《高宗纪六》,绍兴十年六月己酉、己未。
⑦ 《会编》卷205《炎兴下帙一百五》,绍兴十一年正月二十九日。
⑧ 《会编》卷206《炎兴下帙一百六》,绍兴十一年八月九日、三十日。
⑨ 《宋史》卷29《高宗纪六》,绍兴十一年九月壬子。

陕州①。唯东路无大举动,双方徘徊于淮河两岸。总之,此次宋金之间的炽热战事,贯穿了金叛盟至宋金和议达成的整个过程,持续至《金史》所谓"陕西平"之后的一年余。

皇统元年(1141)底和议确定之时,宋金实际控制线,事实上与天会九年伪齐—宋之控制线几无区别。或许是绍兴十年至十一年之间的防御虽然成功,反攻却告失败——东线一旦渡过淮河,便被击退,西线血战累年之后,所占之地,亦被逐步夺去,中线得不到友军配合,孤军奋进,终须退还——重蹈绍兴四年至六年反攻之覆辙,终使宋高宗失去了收复故土之信心,以致次年所定界线,竟较此前对抗时期长期稳定的控制线更为南退。宋长期保有的唐、邓、泗州,划入金境②,又割商、秦大半,"弃和尚、方山二原,以大散关为界"③。这条界线,大致维持至金末而少有变动。

三、金、夏关于西南路、麟府路以及"陕西北鄙"之争夺

西夏自建国伊始,东向的进展,便受到辽的遏制。其冒险向南沿黄河两岸扩张,引来辽兴宗的两次亲征。辽的大军虽然被击退,但是,套内的东北角却被辽占据,建置河清、金肃军,夏费尽心力由宋抢得的唐隆镇,也被辽所取,建置宁边州。辽之套内三州、军,与河外的丰、云内、东胜、威塞州及天德军相呼应,使西夏感到强大压力。但西夏之国力毕竟远为不如,迄辽末,仍无力拔除在背之芒刺。

金灭辽之役,给西夏带来了机遇。天辅六年,趁辽政权动荡之际,宋一度攻占套外之丰州、云内州,旋即弃之④,同年为金所取。天会二年,辽天祚帝出自阴山,发起反击,复据丰、东胜、宁边、云内等州,然旋即战败于武州⑤。丰州等地,复为金所有,天祚之势不能复振。在遣兵救援天祚而败于金军之后,西夏接受了金人的安抚,于金天会三年得到金的承诺,获得"天德、云内、武州及河东兜答、厮喇、曷董、野鹊、神崖、榆林、保大、裕民八馆,河西金肃、河清二

---

① 《会编》卷206《炎兴下帙一百六》,绍兴十一年十月。
② 《会编》卷208《炎兴下帙一百八》,绍兴十二年正月。
③ 《宋史》卷30《高宗纪七》,绍兴十二年八月。又据同卷绍兴十六年二月辛丑条载,至绍兴十六年,复"割金州丰阳县、洋州乾祐县畀金人"。
④ 《宋史》卷447《忠义二·徐徽言传》载,宣和四年,宋将徐徽言攻取丰、云内二州,然童贯忌其功,且恐与金人反目,故责令其放弃。
⑤ 《辽史》卷30《天祚皇帝纪四》,保大四年七月。

军"①。且尚不止此：若天德(指丰州)、云内、武州割入西夏,那么此三州与金肃、河清军之间的东胜、宁边州,亦须入夏。得此区域,则西夏之力量不仅填充了河套东北角,且更于套外获得东北向发展之基地,远过于此前所望。

然而,金对夏的政策,随着对宋政策而转变。天辅以来,金与宋关于幽云汉地的交涉,其结果悬置甚久,云属诸州是否还与宋,金廷长期游移,但一直抱有割弃的打算。而一旦割出此地,那么丰州以西以南之地,几乎与金之本土隔绝,不若弃之以换取西夏之臣服。至迟在天会二年,金已有此考虑。该年宋使赵良嗣往谈云属诸州事：

> 尼堪、乌舍指示地图,自宁边州以西,横斜至西京之北、德州之南,及天德、云内州,云："此地分待与河西家。"②

但就在给夏人明确答复稍后,金已明确了对宋人的态度：它即将以倾国之力伐宋,云属九州,自然不可能再还与宋。那么河外的丰、云内诸州,也未必是非割弃不可的。天会三年十二月,夏人依约入据此地,却在次年四月,复为金将粘罕夺去丰州、云内州、河东八馆及武州,最后仅以套内之河清、金肃军及宁边州与之③,较之原约之地,少去大半。而套内的金肃、河清军与宁边州,应未尝为金军所据,可能在金军攻取丰州之同时,已被夏军攻占。

由是,天会三年夏对金的顺服,结果相当于一无所获。灭北宋之后,金抛出了一个新的安抚方案："分陕西北鄙以易天德、云内,以河为界。"既云"以河为界",那么所谓"陕西北鄙",应指黄河大曲之前今兰州段的北面,约当宋西宁、乐、廓诸州,但又不止于此,还包括延安府以北、横山以南之地,宋于熙宁之后取自于夏者。然而这一承诺也未能实现。当天会七年金军侵陕西,于绥德军威戎城之侧遇西夏军,夏将李遇告金将娄室："夏国既以天德、云内归大国,大国许我陕西北鄙之地,是以至此。"金军旋退。然则,金"元帅府不欲以陕西北鄙与夏国"④,"陕西北鄙"继续为金所保有。

---

① 《会编》卷25《政宣上帙二十五》,宣和七年十二月。(宋)宇文懋昭撰,崔文印校证:《大金国志》卷3《纪年·太宗文烈皇帝一》,事在天会三年十一月。
② 《会编》卷14《政宣上帙十四》,宣和五年二月九日。又《金史》卷134《外国传上·西夏》:"初,以山西九州与宋人,而天德远在一隅,缓急不可及,割以与夏。"
③ 《会编》卷25《政宣上帙二十五》,宣和七年十二月;《大金国志》卷4《纪年·太宗文烈皇帝二》,天会四年夏四月,"粘罕复夺夏国所割天德、云内、河东八馆、武州,于是绝好。惟金肃、河清二军在河西,不能取之"。然而,在"河西"的尚有宁边州,又未见粘罕夺回,故当为夏人所得。
④ 《金史》卷134《外国传上·西夏》。又(清)吴广成《西夏书事》(台北:广文出版社,1968年)卷34,绍兴二年、夏正德六年八月,"金主立陕西元帅府,不欲以北鄙地与夏,粘没喝聚兵云中,将取川陕。乾顺恐其图己,举国屯境上备之"。"北鄙之地",夏恐无所得也。

夏自忖国力远不及金,只能暂时退让,伺机提出要求。天会九年,金以陕西之地赐伪齐。夏以为金既不以陕西之地为意,予夏、予齐,本无区别,故于次年"请环、庆二州",不料再遭拒绝。其愤懑之心,遂形于颜色。其先也,屡拒宋人联兵抗金之请,其后则"与金恶,始遣使如川陕,请通好"①。更次年,知刘豫倾力攻宋将翟琮于西京,乃大发兵攻伪齐之怀德军,却为怀德守将所败,且更受金之责让。夏与金,遂日益离心②。至天会十四年,又是伪齐全力南侵之时,夏军也再次以重兵侵伪齐西境,克乐州、西宁州③,遂包举廓州入其境。此前夏、齐冲突,金向来以齐为重。然则此次金未尝为齐索失地,此或是伪齐将废之兆④。次年,伪齐竟废,金人承认既成事实,"以河外三州赐夏人"⑤,并"以旧积石地"与之⑥。自天会初取得金肃军等套内三州、军之后,夏人终于因金辽、金宋之争战,得到些许土地。得陇而复望蜀,天眷二年,又攻取金麟府路之府、丰二州⑦,金仍然无如之何。

金自太宗朝之后,始终将注意力集中于南境,孜孜于灭北宋、吞南宋。于东境之高丽,未尝以一卒临之。于北境之鞑靼,即便不能说置之不理,亦远不如辽于阻卜之始终防范、强力压服,甚则以重兵镇于阻卜之核心地带,故金中期始有鞑靼扰边之患,末期因此大扰二十余年而亡。其于西境之西夏,亦从未采取攻势。不过,金对夏的关系,情形更为复杂,其政策也颇乏谋略。金不贪西夏之地,故从无攻灭西夏之念。然而,既恐其与宋合兵,更恐其与西辽交通,故对西夏,不可谓不重视。但数次承诺,却未予兑现,某些未尝全然不合理的要求(如求陕西北鄙之地)不予满足,失其惠矣。嗣后西夏主动出兵侵取乐、西宁等州,却置之不顾,任其占据,夏知金"无能为也"⑧。天眷二年,夏又乘守将

---

① 《西夏书事》卷34,绍兴二年、夏正德六年正月、八月。
② 《西夏书事》卷34,绍兴三年、夏正德七年"秋八月,攻伪齐怀德军。不克。……时(刘)豫寇伊阳,(李乾顺)知其无备,以五万众攻之。知军事庞迪……以数千骑分门突出,夏众惊溃"。其说应来自《金史》。然据《金史》卷91《庞迪传》叙事次第,难以推知夏攻怀德军之年月。《西夏书事》同卷又载:正德七年"冬十月,使贺金天清节。使人与齐使同人见,齐使以攻怀德告金主。令持诏还,谕责之。"至次年四月,"金人复征兵寇四川。不应"。广成按云:"(西夏)自是稍能自立矣。"亦即夏与金已显离心之态。
③ 《西夏书事》卷34,绍兴六年、夏大德二年七月。
④ 《大金国志》卷9《纪年·熙宗孝成皇帝一》:天会十四年秋,"是时,金已厌豫,然未废豫者,以粘罕、(高)庆裔尚在也"。
⑤ 《金史》卷78《刘筈传》。
⑥ 《金史》卷91《移剌成传附结什角传》。
⑦ 《宋史》卷29《高宗纪六》,绍兴九年春。
⑧ 《大金国志》卷9《纪年·熙宗孝成皇帝一》,天会十四年秋,"夏国兴兵,自河清军渡河,由云中府路天德军界取所亡马于鞑靼。既而得回,往返不假道。金国亦莫问罪。……盖是时粘罕、兀室罢军事,彼知撒离喝无能为也"。

折可求之丧,攻取府州①,金恐折氏后人"开边衅以雪私雠",遂令折氏移守青州②。此举更为示弱,失其威矣。如此步步后退,遂使夏人养成"不予则自取之"的习惯。即便在金的全盛时期,夏人亦不惮于兴兵侵边,使金之西境不得安宁,且不乏失地之事。

第二节 皇统二年之疆域

南界于皇统二年(1142)基本确定之后,金之疆域,除西北界逐渐退缩外,其他方向大多较为稳定,直至卫绍王大安(1209—1211)中蒙古入侵止。此处先略述皇统二年金政权在各方向的边界。

北部边境,大致沿外兴安岭至鄂霍茨克海,东北濒日本海③。东面与高丽相接,除鸭绿江下游旧辽之保、定、宣三州于金初割与高丽,其东部金—丽边界大致沿辽之旧,未有变动,即从鸭绿江入海口上溯,经今朝鲜平安北道新义州之北,直东经大同江上游,东南折至今咸兴以南。

南境与宋分界,其东段为淮水,溯至淮河上游桐柏山以西,则以"邓州南四十里、西南四十里为界"④,复西北依原邓州界,再西于陕西山阳县、柞水县之北沿秦岭西行,经今宝鸡市大散关北,甘肃天水市麦积区略南东柯谷北、天水市南20里皂郊北,武山县南10里,略西南行经今岷县西止⑤。

西境由甘肃岷县西南行至迭部县南,西北折北,经今碌曲县东、夏河县西,至今青海尖扎县东,东折沿黄河历循化县、甘肃兰州市,至靖远县继续东北行,历宁夏同心县略南,至陕西靖边县南复东北行,至佳县西复北行,历今神木县西,近今宁夏—内蒙古边界处复东南行至河,复沿河北行,顺河套东北角西折,于今内蒙古包头以东北上,入今蒙古国界东北行,历内蒙古二连浩特以北,东北折至蒙古国克鲁伦河下游,复东北与外兴安岭相接(参见图13)。

---

① 《宋史》卷29《高宗纪六》,绍兴九年春。
② 《金史》卷128《张奕传》。
③ 《中国历史地图集》第6册《宋辽金时期》图册《上京路咸平路东京路》图(第48—49页)。又景爱:《金上京》,1991年,第216页。张博泉《金史简编》,第171—172页。
④ (宋)李心传:《建炎以来系年要录》(中华书局,1988年,以下简称《要录》)卷142,绍兴十一年十一月庚申。
⑤ 参《中国历史地图集》第6册《宋辽金时期》图册《京兆府路凤翔路鄜延路庆原路临洮路》图(第57—58页);李之勤:《天水麦积山石窟的题记、碑刻与宋金利州路、凤翔路间的分界线》,《中国历史地理论丛》1997年第1期,第35—49页。

图 13　皇统二年(1142)金疆域政区

第三节　金中期边地之得失

　　熙宗皇统二年(1142)至章宗泰和(1201—1208)末,可谓金之盛世。此六十余年,较其首尾,疆域未有大变。然则其间戎事频兴,疆界屡有得失出入,亦须稍予顾及(参见图 14、图 15)。

　　主要的战事,仍发生在金宋之间。正隆六年(1161)海陵排闼而入,

图 14 大定二十九年(1189)金疆域政区

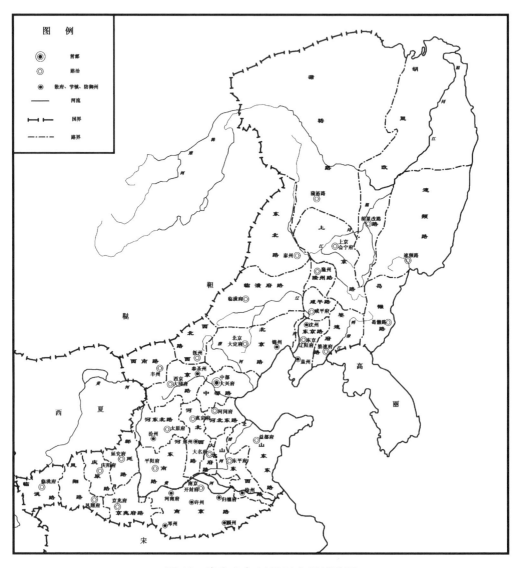

图 15 泰和八年(1208)金疆域政区

攻克滁州①、蒋州、安丰军、庐州②、楚州③、真州、和州、扬州④、无为军⑤、泰州⑥，淮南江北之地，海陵一度有其太半。然而，不仅所得之地难以稳守，且海陵以东路主力强攻两淮之时，在中路，宋人以信阳军、金州为基地，亦攻入河南，取唐、邓、商、蔡、虢、陕、嵩州及顺昌府⑦。西路军进据秦、洮、兰、陇、华州⑧。即便是金主力所在的东路，宋人亦有所斩获，反攻得海、泗州⑨。当时形势，若海陵不能率军渡江，则金军形势本不容乐观。而十一月八日金东京留守葛王襃称帝（是为金世宗），与海陵争位，金有内乱之虞；至二十七日海陵被弑，则愈不利矣。金军卷甲北归，半月之间，宋尽复淮南失地，且迅速扩大战果。大定二年（1162）闰二月，宋的形势颇显乐观，当时，"京西、淮北、陕西新复近二十郡"，京西已得"陈、蔡、唐、许、颍、嵩、洛"并邓州，有廷臣尚欲以京西新复之地，易陕西全境⑩。

但该月之后，势复转衰。金世宗得益于海陵之被弑，顺利集结全国之力，

---

① 《会编》卷234《炎兴下帙一百三十四》，绍兴三十一年十月十二日，"金人陷滁州，知军事陆兼弃城走"。
② 《会编》卷235《炎兴下帙一百三十五》，绍兴三十一年十月十七日，"金人入庐州。……合肥野叟《杨庐州忠节录》曰：……（庐州守臣、）安抚龚涛请公并骞福议事。涛云：'江州都统戚方将带军马，于九月下旬渡光州，已过大江，池州都统李显忠部领军马，亦弃安丰军，往峡山路渡大江。'"《宋史》卷32《高宗纪九》，绍兴三十一年十月癸卯，"金人陷蒋州"。
③ 《要录》卷193，绍兴三十一年十月辛酉（二十二日），"知枢密院事、督视江淮军马叶义问发行在。朝廷始闻刘锜自楚州南归，尽弃淮东之地"。卷195，同年十二月丙午，"淮东制置司统制官王选等复楚州"。则十月刘锜弃楚州之后，金人即入据之，至此始收复也。
④ 《会编》卷236《炎兴下帙一百三十六》，绍兴三十一年十月十九日，金人"既陷真州，不入城，乃出山路犯扬州"；二十二日，"金人入和州"；二十六日"员琦大败金人于皂角林。金人已占扬州……"。
⑤ 《会编》卷238《炎兴下帙一百三十八》，绍兴三十一年十一月十一日，"金人寇无为军。先是，知无为军韩髦移治在荻港，唯总管倪寿率民兵在城中，金人犯无为军，寿率民兵皆出……金人唯十八人入城。……金人见官军将至，悉遁去"。是获空城而后弃之也。
⑥ 《会编》卷239《炎兴下帙一百三十九》，绍兴三十一年十一月二十七日，"金人陷泰州"。
⑦ 《宋史》卷32《高宗纪九》，绍兴三十一年十月壬子，宋军复唐州；丁巳，复邓州；己未，复商州；丙寅，复蔡州，十一月己巳朔，复虢州；乙酉，复顺昌府；丙戌，复陕州；甲午，复嵩州。
⑧ 《会编》卷231《炎兴下帙一百三十一》，绍兴三十一年九月二十四日，克泗州；二十五日复秦州；二十七日复洮州。同书卷232，九月二十九日克兰州，三十日克陇州；卷240，十一月十七日，复华州。
⑨ 《会编》卷230《炎兴下帙一百三十》，绍兴三十一年八月一日，宋魏胜复海州；同书卷231，九月二十四日，克泗州。
⑩ 《要录》卷198，绍兴三十二年闰二月癸巳条载："此据朱熹撰黄中《行状》修入。但熹称责新复四郡，则悞矣。盖此时京西、淮北、陕西新复近二十郡，不但海、泗、唐、邓而已。……太府少卿、总领四川财赋王之望言于宰执曰：'……今天下之势，唯陕西为可复。其地去北最远，控带江河，内有四川为之根本。我已得其十余州，若摧散关、凤翔之众，则其余风靡矣。今日之议，设以大河为界，固中国之福，犹当深图利害，以救后艰。若外此更有邀求，岂容堕其奸计？彼欲降尊损币，自同契丹，而靳吝土疆，不肯分割，则陕西之地，决不可失。宜以我所得陈、蔡、唐、许、颍、嵩、洛，并他路诸州，两相换易。如尚不可，则宁稍增币，期于必从。犹留南阳，以通武关，若我并梁、雍、荆、扬之区，保江、汉、秦、蜀之险，平居无事，积粮固圉，虏虽猖獗，亦无能为。'"

除却外难。据《要录》载，大定二年五月，宋已于"兴州路得秦、陇、环、原、熙、河、兰、会、洮州，积石、镇戎、德顺军凡十二郡，金州路得商、虢、陕、华州凡四郡"①，除上述西路所获之地，尚有中路唐、邓等州及东路之海、泗等州。然而上引诸州，有部分恐已得而复失，相当部分并未能在宋军手中保留许久，得此州而失彼州，争夺激烈，转手频仍。如该年七月，宋军又攻克巩州②。然得巩州之时，已失河州、原州。总之，其所收复而能保有之州，较三月之前渐少。

至九月，金世宗已敉平北面契丹窝斡之叛，先后任命右副元帅完颜思敬、左副元帅纥石烈志宁、右丞相仆散忠义伐宋③。此三人者，甫自北境旋师。于是讨伐窝斡之大军，遂转来"经营南边"，宋之形势更绌。至大定三年四月，不仅中路所取河南诸州已失大半，且一度形势最为有利的西路，所得陕西之地尽为金所夺④。当此前一年半分头进击的优势尽失之时，宋廷方完成北伐的准备，萃数万精锐，由东路突进。此所谓"隆兴北伐"。

"隆兴北伐"在出兵时间、分军进击之策略、选将、兵力方面，都有可议之处，无怪乎其渡淮不到二百里，出师不到一月，即溃于符离。败军南归之时，金军又衔尾而来，连破淮南濠、庐、和、滁等州⑤。于是宋人势穷，复谋和议。至大定四年（宋隆兴二年）闰十一月和议成⑥，至次年，宋割还据有数年的唐、邓两州，金之国界遂一如绍兴之旧。

开禧元年（1205，金泰和五年），宋再北伐。此次是主动出击，准备充分，且在下诏北伐——相当于正式宣战——之前，已在东线发起攻势⑦。但是，宋在东面的泗州、中路的蔡州所获的个别州县，在金军发起反攻之始，旋被夺还。金军随即渡淮，取宋两淮之濠州、安丰军、滁州、真州，兵锋直指扬州⑧；又破京

---

① 《要录》卷199，绍兴三十二年五月。
② 《宋史》卷33《孝宗纪一》，绍兴三十二年七月戊戌，复巩州。
③ 《金史》卷6《世宗纪上》，大定二年九月戊午、十月己丑、十一月癸巳朔。
④ 《金史》卷6《世宗纪上》：大定三年四月，金"取商、虢、环州，宋所侵（陕西）一十六州至是皆复"。又同书卷87《徒单合喜传》："高景山定商、虢，宗室泥河取环州。于是，临洮、巩、秦、河、陇、兰、会、原、洮、积石、镇戎、德顺、商、虢、环、华等州府一十六，尽复之。陕西平。"
⑤ 《金史》卷87《纥石烈志宁传》。
⑥ 《宋史》卷33《孝宗纪一》，隆兴二年十一月丙申，遣使赴金帅府，承诺割还正隆以后所得商、秦之地；闰十一月丙辰，宋使"见金二帅，皆得其报书以归"。十二月丙申，"制曰：'比遣王抃，远抵颍滨，得其要约。……地界如绍兴之时'"。
⑦ 《宋史》卷38《宁宗纪二》，开禧二年四月丁丑，"镇江都统制陈孝庆复泗州，江州统制许进复新息县。戊寅，光州忠义人孙成复褒信县"；五月辛巳朔，"陈孝庆复虹县"；丙戌，"江州都统王大节引兵攻蔡州，不克，军大溃"；丁亥，"下诏伐金"。
⑧ 《宋史》卷38《宁宗纪二》，开禧二年十一月，"濠州、安丰军及边屯皆为金人所破"。十二月"甲寅，金人攻六合县，郭倪遣前军统制郭僎救之，遇于胥浦桥，大败。倪弃扬州走"。《金史》卷12《章宗纪四》，泰和六年十一月丙申，"纥石烈子仁克滁州"；十二月己未，"纥石烈子仁克真州"。

西之光化军、信阳军、随州，攻围襄阳府、德安府①。但是，最挫伤宋廷战争意志之事，是西路的内乱。四川军队的实际掌控者、四川宣抚副使吴曦早在开禧二年四月受命出兵之初，即已暗中降金，求封蜀王。至十二月，自称蜀王，并献关外四州（阶、成、凤、西和）于金②。西路连牵制作用都很难发挥，反而有可能成为金之大军入境的通道，宋廷之恐慌可以想见。虽然吴曦在次年二月被部下所诛，关外四州也迅速被宋军夺回，但北伐连受重挫而未见任何优势，不难想象宋廷内部主和力量必定占据上风。开禧三年初，议和之使赴金军前③。自此，战事渐息，仅西路于大散关及关外四州有间断的战事。次年和议复成，边界一如战前。

宋金之间，在皇统二年后复有两次大战，竭人力物力以从事之，但从疆界得失来看，双方皆无成果，大体仍是绍兴十六年（1146，金皇统六年）之情形。而在金、夏边界，则金之境土，渐有所失。

据《金史·地理志》（以下简称《金志》）："皇统六年，以德威城、西安州、定边军等沿边地赐夏国。"此次金之"赐地"予西夏，出于何故，实未可知。然所"赐"之地，即是夏向来求取的横山以南之地，亦即金初曾承诺割与的"陕西北鄙"之地的一部分。对夏来说，此地所牵涉者，主要不是国土广狭的问题，而是战略上的"地利"之获得。至此，其向来所求之地，大部分已经得到。然西夏却未满足于此，皇统以后，仍多所侵求。

正隆六年，当海陵以百万之众南下之时，其国内之空虚即予夏以机会。"夏亦乘隙攻取荡羌、通峡、九羊、会川等城寨。"当时陕西金军，其力非弱，然皆在南线秦陇一带与宋军大战，故夏军能得志于北面。然而，宋夏之间，亦发生地界之争，夏审度形势之后，"复以城寨来归（金），且乞兵复宋侵地"。正隆侵界之事，金人遂未予追究，反"诏书嘉奖"④。

---

① 《宋史》卷38《宁宗纪二》，开禧二年十一月戊戌，"金人破信阳军。辛丑，金人围襄阳。壬寅，金人破随州"；"十二月戊申，金人围德安府"。《金史》卷12《章宗纪四》，泰和六年十一月庚寅，"完颜匡克光化军及神马坡"。
② 《宋史》卷38《宁宗纪二》，开禧二年四月"丁丑，吴曦遣其客姚淮源献关外四州于金，求封蜀王"；六月，"金人封吴曦为蜀王"；十二月"癸酉，吴曦始自称蜀王"。不过，据《金史》卷12《章宗纪四》所载，其中三州为金人派兵克定：泰和六年十一月"丙午，蒲察贞克西和州"；十二月壬子，"蒲察贞克成州"；"辛丑，右监军充遣兀颜抄合以兵趣凤州，城溃，入焉"。此前，吴曦与金之接洽尚未完成，叛宋之事尚未公开，故仅能以消极应对金之攻势作为配合。金军陷凤州之同日，"完颜纲遣京兆录事张行会吴曦于兴元之置口。曦具言所以归朝之意，仔请以告身为报。（曦）尽出以付之，仍献阶州"。宋关外四州尽陷。
③ 《宋史》卷395《方信孺传》。
④ 《金史》卷134《外国上·西夏传》。

此后，西夏侵金之界，较严重的有两次：大定十八年九月，"西夏遣将蒲鲁合野来攻麟州，陷之……夏人虏金帛子女无数，并毁城而去"。此事虽仅见于《大金国志》①，然则麟州之废，应即此次当地受到严重破坏的后果，不过其地则未入夏。五年之后，夏军复来，侵据会州北部，并其州治亦陷。金不得已南徙会州，然亦未见有何反制之举。笔者猜度大定二十七年金重置凤翔路，即有着重防御西夏入侵之意，然防夏之策，亦仅限于政区之调整②。夏频频侵界而金一直持退让之态，这或许鼓励了大安以后西夏愈益频繁地侵扰金之边界③。

第四节　金境陷蒙之漫长过程

大安二年（1210），蒙古军突然攻金。次年，挟夏军深入金境，直抵中都城下。自此，金蒙战争拉开序幕。迄金亡，始终二十四年，金境未得一刻安宁。

金蒙开战之始，据史籍明确记载，在大安三年。据《金史·卫绍王纪》，该年"四月，我大元太祖法天启运圣武皇帝来征"④。《元史·太祖纪》：成吉思汗六年（金大安三年）辛未"二月，帝自将南伐，败金将定薛于野狐岭"⑤。然则，《金史》前此之记载，虽未明言，却已透露出战争的迹象：

（大安二年六月）曲赦西京、太原两路杂犯。

（八月）夏人侵葭州。

（九月）庚子，遣使慰抚宣德行省军士。丙午，京师戒严。……辛亥，宣德行省罢。癸丑，诏抚谕中都、西京、清、沧被兵民户。

---

① 《大金国志》卷17《纪年·世宗圣明皇帝中》。按《西夏书事》卷38淳熙五年（夏乾祐九年九月）有此事，然该记载应即袭自《国志》。（元）李兰肹等撰，赵万里辑《元一统志》卷4《陕西等处行中书省》"延安路·建置沿革·神木县"条："金皇统八年，以麟府地陷西夏，不曾复立（神木县）"（中华书局，1966年）。知实有西夏陷麟州之事，唯《元一统志》系此事于皇统则误。
② 又，杨蕤于《夏金疆界考论》一文中指出，大定二十二年升陕西边境诸军为州，亦是为防御西夏起见。见《北方文物》2005年第2期，第100页。
③ 按《大金国志》尚载有章宗时期西夏的数次大举入侵，如明昌元年（1190）寇岚、石州，深入河东内地；明昌二年陷鄜、坊州，攻保安，深入陕西内地；明昌五年复入寇，歼金军甚众。似非可确信，亦未见其他史籍有载，故不取。然皇统至泰和间，金夏边境并未因金所持的对夏安抚退让之策而得以宁定，则可确知。
④ 《金史》卷13《卫绍王纪》。除上引《金史》所载诸条信息，又耶律楚材《进征西庚午元历序》（《湛然居士文集》卷8，中华书局，1986年）称："岁在庚午，天启宸衷，决志南伐。辛未之春，天兵南渡。"是成吉思汗亲征虽在六年辛未（金大安三年），而定策实早一年，而五年庚午，或侵金之兵已先动，然因当时成吉思汗及其主力尚致力于伐夏，故大举南下尚俟次年耳。
⑤ （明）宋濂：《元史》卷1《太祖纪》，中华书局，1976年。

(十二月)禁百姓不得传说边事。①

何需赦"西京、太原两路"？该年蒙军自此而入也。"京师戒严"，说明问题何等严重，蒙军恐一度逼近京师。夏人于大安元年甫遇蒙军攻击，险罹亡国之难，何以次年即大举入侵？是随蒙军而入也。而仅以西夏之国力，既不可能迫金戒严京师，更不至于令金廷紧张到禁百姓言边事。显然，蒙军是此次入侵的主力，而这与《元史》"五年庚午春，金谋来伐，筑乌沙堡。帝命遮别袭杀其众，遂略地而东"②之记载，也是相符的。《金史》又载：

> 大安初，北兵南向，召秉文与待制赵资道论备边策，秉文言："今我军聚于宣德，城小，列营其外，涉暑雨，器械弛败，人且病，俟秋敌至，将不利矣。可遣临潢一军捣其虚，则山西之围可解，兵法所谓'出其不意、攻其必救'者也。"卫王不能用。其秋宣德果以败闻。③

大安三年秋宣德行省之败，是只顾聚兵于宣德，兵力之配置与调动失于呆滞。然则何以聚兵于宣德且置行省于彼？又为何有"山西之围"？这是"大安初北兵南向"的结果。可知大安二年蒙军必有入侵之举，其或深入内地，然或未攻下重要城镇，作试探性的攻击之后，复又退去，故史籍略之④。

由《元史》之《太祖纪》、《太宗纪》，攻金之事，自成吉思汗五年(1210)至窝阔台五年(1233，金天兴二年)，从未止歇。即使在攻金之初，蒙军已是"无远弗届"，大安三年入侵，"东过平滦，南至清沧，由临潢过辽河，西南至忻、代，皆归大元"⑤，向南至河东北部而止，东、东南两个方面，则直抵辽东、河北南部，已深入金之腹地。至宁元年(1213)又大举南下，《元史·太祖纪》载：

> 是秋……命……右军循太行而南，取保、遂、安肃、安、定、邢、洺、磁、相、卫、辉、怀、孟，掠泽、潞、辽、沁、平阳、太原、吉、隰，拔汾、石、岚、忻、代、武等州而还。……(左军)遵海而东，取蓟州、平、滦、辽西诸郡而还。帝与皇子拖雷为中军，取雄、霸、莫、安、河间、沧、景、献、深、祁、蠡、冀、恩、濮、开、滑、博、济、泰安、济南、滨、棣、益都、淄、潍、登、莱、沂等郡。……帝至中都，三道兵还，合屯大口。

---

① 《金史》卷13《卫绍王纪》。
② 《元史》卷1《太祖纪》。
③ 《金史》卷110《赵秉文传》。
④ 此外，较之其前章宗、其后宣宗，卫绍王《本纪》事极简，疑其被弑后，当朝记录曾被删毁，故修《金史》时采入信息亦寡。
⑤ 《金史》卷13《卫绍王纪》，大安三年十一月。

>是岁,河北郡县尽拔,唯中都、通、顺、真定、清、沃、大名、东平、德、邳、海州十一城不下。①

就上述被蒙军攻克之州、府来看,除河南、陕西之外,金境各地普遍沦陷,甚至山东亦是遍地烽火,受兵灾者,又岂止"河北"②？似乎自入侵之始,便是接近全境的战争。

然而在此之后,金军很快就适应了类似的大举突袭。从此后二十年的战况来看,虽有一方发起大规模攻势之后,控制线的大幅进退,但整体上还是一个区域、一个区域地逐渐沦入蒙境。二十年以后,蒙古完成了"鲸吞"金境的壮举,但这二十年之中,其实是个"蚕食"的过程。

各区域的争夺过程,其起始、沦陷的时间,各不相同。若以路为基础,按时间序列大致如下：

最早受到攻击的是西北路与西京路东境。西北路大安二年受兵,崇庆元年(1212)全境陷失。西京路东面的德兴府及宣德、镇、应州,失于至宁元年。

次及北京、临潢、咸平路及西南路北部、西京路大部、中都路北部、东京路北部,受兵至基本陷落,大略在大安三年至贞祐四年(1216)。

中都、西京沦陷,蒙军兵锋遂迫河东、河北。当然,中都路南面、西京路与西南路的西南角沿河套地区,也未能免难。山东西路之西境,亦于此期间被蒙军所占。这片区域的争夺时间是最长的,从兴定元年(1217)前后受到频繁攻击,到最后大部沦陷,大体已在元光二年(1223)。

正大(1224—1231)间虽然战事仍未断绝,但却是一个难得一见的相持阶段。虽然大名府路陷于正大二三年间,然而在两河局部,正大三年至七年间,一度有激烈的争夺,金军甚至一度收复了几个重镇,但仍是无力回天,收复之地,迅即复陷。

至于山东大部,则从兴定二年以后陷入多方势力的交争中,先是被宋政权间接控制,至正大三年,随着李全降蒙,形式上成为蒙古政权的领土。

正大八年至天兴三年(1234),已经平定黄河以北几乎所有地区的蒙军,全力进攻河南、陕西。受到极度压迫的金政权在不遗余力的反抗之后被消灭,河南绝大部分及陕西部分地区被蒙军占领。

---

① 《元史》卷1《太祖纪》,太祖八年。
② 《金史》卷14《宣宗纪》贞祐二年三月戊戌条则载:"时山东、河北诸郡失守,惟真定、清、沃、大名、东平、徐、邳、海数城仅存而已,河东州、县亦多残毁。"上年蒙军之全面攻势,应维持到该年和议签订之时。

但陕西仍有近半州县,此后尚为金固守三年之久。直至窝阔台八年(1236),才最终被平定。如果以此为金境入蒙之终结,那么,这场争夺战首尾二十六年。其间,虽然金、蒙之间数次签订和议,但和议随签随毁,全面战争状态最多有数月的中止,而即便在这些极为短暂的形式上的"和平时期",局部战争亦未完全停止,至金亡而不休。

以下根据区位、金境内之天然界限(主要是黄河),并结合各地区被蒙军稳固占有之先后,分区域述之。需要强调的是,所提到的府、州入蒙,只是大体而言。通常情况下是指此后较稳定地为蒙军所据,但在此前,可能有过反复的争夺。并且也不排除个别府、州在此后又曾被金短期"收复"。

一、金蒙对华北之争夺

1. 大安二年至贞祐二年:西北、西南路之沦陷

自辽至金,西北路的意义一直在于遮挡鞑靼部落之入侵。当然,辽、金两代,西北路之境域与治所皆不同。金代的西北路之境,较之辽,南退数千里。然而鞑靼之力量,亦循其退缩之方向进逼。金代西北路,仍然当蒙军南侵金境之来路。故一旦蒙军南下,西北路必是首当其冲。并且,自大安二年首次入侵之后,蒙军为便于今后之"来去自如",尽力控制该路之境。这也是西北路何以如此迅速地沦陷,并且此后再未为金收复之缘由。

铁木真与金之冲突,据《元史》所载,始于大安二年对金遣来筑乌沙堡的军队的袭击[①]。乌沙堡之地,应在桓州以北,近蒙古居地。次年大举南侵,再次攻陷乌沙堡,而后出桓州,败金军于宣德州之宣平县,遂一路南下,陷州破邑,抵中都城下[②]。再次年(崇庆元年)退去。但此时蒙军已攻陷桓、抚二州[③],拔除了金北境防御鞑靼的基地。蒙古起兵仅逾年,即稳据自草原地带进入金境的通道,开始了攻取金境的过程。

西南路也接近蒙境,同样可为蒙军南侵提供通道。此外,占领西南路对于打通金夏之间的联系、驱夏攻金有很大意义。故而蒙军对此路也是全力施为。净州最近边,早在大安三年沦陷。贞祐元年,蒙军克丰州,河套内外遂得以连接。位于金、夏、蒙交界处的云内州也被攻陷。至于该路南境之东胜、宁边州,

---

① 《元史》卷1《太祖纪》,太祖五年春。
② 《金史》卷13《卫绍王纪》:大安三年九月,"大元前军至中都,中都戒严"。《元史》卷1《太祖纪》:太祖六年"九月,拔德兴府,居庸关守将遁去。遮别遂入关,抵中都"。
③ 《元史》卷1《太祖纪》:太祖七年正月,"破昌、桓、抚等州"。卷121《速不台传》:"岁壬申,攻金桓州,先登,拔其城。"卷150《石抹明安传》:"岁壬申,太祖率师攻破金之抚州。"

则未急于攻取,直至兴定三年方收入囊中。

2. 至宁元年至贞祐四年:陷西京路大部及中都路北部

西京路东部,即宣德州、德兴府,因位于蒙古之地通过居庸关进入中都路的通道上,早在至宁元年已不再为金所有。通过宣德、奉圣州及大同府属之东部,蒙军于贞祐元年(至宁元年改)攻陷应州,三年复攻陷蔚州,盘踞不去。但贞祐元年围攻西京的尝试失败之后,便搁置了几年——毕竟西京不在蒙古贞祐中着力经营的中都附近。但是,当蒙军于贞祐三年占领了包括大兴府在内的中都路大部之后,由本部直向南攻取河东的意图,便促使其经营西京附近。贞祐四年,蒙军攻取了西京大同府、云州、朔州、固州、成州、定安州、浑源州,金西京一路,仅余西南角的武州,与西南路残存的宁边、东胜州相傍,紧贴黄河,存其一息。

中都路应是蒙军攻金初期的最大目标。大安二年南侵,导致中都戒严。三年游骑复抵中都城下,贞祐元年又至燕之近郊①。金奉上玉帛子女,暂餍其欲,次年遂退去②。如此再三受胁,宣宗遂视中都为俎上之肉,一俟围解,即刻赴汴。而蒙军闻讯,复来围攻,于贞祐三年攻破燕京。通州及平州、滦州亦于是年陷落。蓟、顺二州之陷蒙,更早在上年。至此,中都路遂失其大部。迁汴之举,使金政权得以苟延二十年,然而东北与华北之通道既被切断,两部力量无从统合,军事之颓境终未能扭转。

3. 兴定元年至元光二年:金失中都路南部及河北、河东

大安三年至贞祐二年蒙军的攻势,是以中都为中心大范围展开的,故河东、河北、山东郡县多曾沦陷。贞祐二年和议签订之后,金廷迅即对华北的防御格局作出调整。《金史》载:"贞祐之时,仆散安贞定山东,仆散端镇陕西,胥鼎控制河东,侯挚经营赵、魏,其措注施设有可观者。故田琢抚青、齐,完颜弼保东平,必兰阿鲁带守上党,皆向用有功焉。"③启用重臣行省或宣抚地方,不但可以打破路之界限——如侯挚之行省河北,实兼统山东——且这些身兼执政之职者,对兵力调配的自由度远超于此前的统军或都总管,在危亡之际,用人得宜,且能以重臣有效统合一路以上的力量,使得贞祐后期及兴定中华北的防御体系得以增强。此外,有利于强固防御的一个客观条件,是金的疆域被大幅压缩,实力集聚于更为狭小的境域内,其反弹也相应增强,在短期之内,有利

---

① 《元史》卷150《耶律阿海传》。
② 《元史》卷1《太祖纪》,太祖九年三月。
③ 《金史》卷102"赞"。

于抵御与反攻。

故而，金、蒙之间对河东、河北的争夺，便持续了较长时间。蒙军未尝中止对两河的进攻。两河各府、州，多次易手。各重镇皆多次受围攻，多次陷落，然又多次为金所收复。如平阳府，自贞祐二年至正大四年，五次陷蒙，四次收复。同样在黄河以北的大名府，在贞祐三年至元光二年间，四次陷蒙，四次收复，最终于正大元年为宋将彭义斌所夺，旋又为蒙军所占。两河府、州虽未免于陷落，但这种胶着状态，似乎表明双方的力量一度甚为接近。

然而大约始于贞祐二年的新措置，在兴定元年以后因宣宗的战略改变逐渐失效。保境诸重臣不为所重，至兴定四年皆已不在旧任①。而行省、行院、宣抚之职，在华北越设越多，这虽然有助于抗蒙前线各部队据敌情迅速作出反应，但也导致自身力量的分割。其后果便是北境诸路无统御之才、无统御之制以集结诸种力量。兴定四年封建九公之后，河东张开与郭文振两部互不相下，以致此后河东北路、南路迅速沦陷，此即是抗蒙力量无法凝聚的表现以及后果。

兴定元年、二年，中都路南部及河北、河东，陷落的尚是个别府、州：河东北面的忻、代、汾州，中都及河北路的遂、易、完州②。太原府于兴定二年首次陷蒙后，虽历经争夺，但每次收复，留在金军手中的时间并不长。然而，两河一带诸州陷落，主要是在兴定四年之后。这或许也是兴定中金北境防御松懈的反映。

兴定四年，中都西路经略使靖安民得封易水公，负有收复中都之重任。然此目标尚无丝毫实现之迹象，靖安民即为叛卒所杀，其所辖中都路残余部分，于此后一二年间，尽为蒙军所有。涿、保、安肃州之陷落，约在兴定四年，雄、霸、安州在元光中。此后，金之中都路，仅余固安县由王子昌坚守至正大元年前后③，信安县升置的镇安府，由张进据守至正大六年。然此拒马河畔一隅之地，空张府目，既无外援，终无以成为金之势力重新向外膨胀的核心。

兴定三、四年间，河北州县纷纷陷落。西路包括会府真定在内的绝大部分州县，因兴定三年严实附宋（次年转而降蒙）、兴定四年武仙降蒙而失。东路

---

① 仆散安贞于贞祐二年宣抚山东，兴定二年十二月奉命伐宋，五年被诬通敌，下狱死（见《金史》卷102《仆散安贞传》）。仆散端贞祐三年行省陕西，兴定元年卒（《金史》卷101《仆散端传》）。胥鼎贞祐二年十一月宣抚河东南路，屡抗章沮伐宋之议，兴定四年遂致仕；侯挚于贞祐三年八月行省河北，兴定三年内调，旋以仕（见《金史》卷108《胥鼎传》、《侯挚传》）。
② 雄、安、保等州先因苗道润旧将张柔于该年降蒙而失，而后收复。
③ 《元史》卷147《张柔传》："金经略使固安王子昌善战知名，与信安张进连兵，阻水为固，远近惮之。柔出其不意，率兵径渡，生擒以还。乙酉，真定武仙杀其帅史天倪……"

冀、清州亦在四年陷蒙,同年沧、景州随王福附宋。次年,河间府及蠡、献、深州复为蒙军所克。此一府四州不久为河间公移剌众家奴收复,但至元光二年,众家奴所部之境,全不可守。河北东路全境沦失。至于西路,虽因武仙在正大二年叛蒙,其大部复为金有,然仅一年之后,便相继为蒙军所据,仅浚、滑、卫、辉诸州,尚倚河抵拒数年。

河东自太原等北部府、州于兴定二年陷蒙,此后自北而南,余部逐次沦陷。北路,坚、台、苛岚州失于兴定三年;平定州没于兴定四年。随着元光二年皋、石、葭、隩、宁化、岚、兴、保德、管州陷北,金失河东北路全境。北路各州逐次沦没,很大程度上是因晋阳公郭文振势蹙之时,上党公张开坐视不救。而汾、晋不守,平阳、绛、潞等南路诸府、州又如何得以据守?先是隰州在兴定五年不守,同年泽州降蒙。平阳在反复争夺之后,于元光元年为蒙军稳固据有,同年陷蒙者,尚有晋安府及潞、吉、蒲、翼州,次年,霍、崇、辽州入北。至元光二年,金、蒙两军的战线,已在孟州之北。河中府及荣、解州之守御,则相对坚固,血战累年之后,尚存于金境。当时,河东的总体形势是:蒙军已据有河东之中、北部,其占领区如楔子一般,自北向南缩窄,但南面直抵河(因据有晋安府)。金在河东的占领区被分割为二,西南有河中府及荣、解州,东南有孟州,皆据河而守。另外,在河东的中心地带,金军仍据有沁州及由其所分置的縠州,在蒙军的势力范围内长期孤军奋战。

4. 正大中的反攻及失败

哀宗即位时,金蒙战线在河中府、解州、孟州、怀州、卫州、浚州、滑州、濮州、曹州、滕州、邳州一线以北。滕、邳以东,则为附宋之李全所有。其间,解、孟之间,以及滑、濮之间,因晋安府与开州陷蒙,蒙军力量已抵黄河。但金军大体仍在黄河以北据有一列府、州,其沿河防御线尚称完整。黄河以北的防御线——尤其是河中府、卫州等沟通各大区域的沿河重镇——的存在,使得金军仍能有守有攻。哀宗即位之初,立即向北发起反攻。

正大元年,金枢密判官移剌蒲阿进军河东,迅速收复泽、潞二州。但这仅仅是反攻的开始。正大二年,因武仙叛蒙投金,金军反攻的规模迅速扩大。该年二月,武仙袭杀驻真定的蒙军主将史天倪,旧部多从之,"并山郡县反为金"[①]。以真定府为中心的河北西北部地区脱离蒙古的控制。

不过,蒙军迅即在河北展开反攻。史天倪之弟史天泽,获得其他有伤类之痛的蒙古代理人——如张柔、董俊辈——的慷慨支持,又有三千蒙军为助,历

---

① (金)元好问:《遗山先生文集》(四部丛刊初编本)卷29《千户乔公(惟忠)神道碑铭》。

经反复,至次年已克定随武仙叛蒙的真定、中山、彰德府及邢州,再次年(正大四年)又破赵州。武仙在失去河北旧封地之后,越过太行,转入河东活动。在正大四年之后,武仙部与金将移刺蒲阿、纥石烈牙吾塔合作,克平阳①、陷太原②,得忻州③,正大六年又收复太原以东以北"平定、孟、五台、阜平"等州、县④,又下潞州。在河北虽无所成,而在河东却大有收获。自贞祐以来,金在黄河以北从未出现过如此鼓舞人心的形势。

但金军北进的态势在正大六年达到了顶峰,同年便迅速转衰。随着蒙军反击力度的加大,金军的控制区域不断缩窄,太原、平阳相继失守,终于放弃潞州,困守卫州⑤。不断后退的武仙军在正大七年守住了卫州。然而,金军自此无力重振势力向北推进。河东的战线,暂时恢复到正大元年移刺蒲阿收复泽、潞之前的状态。可以认为,金军始于正大元年的反攻,至正大六年已经终止,再过一年,又迅速失去了此前五年的成果。

5. 兴定至正大间山东两路、大名府路之陷落

山东两路与大名府路近中都,更近南京,然在金后期,此三路却是金之势力最薄弱之处,形势最为复杂。贞祐初,因蒙军大掠河朔山东,使金在当地的统治突然虚弱,反金武装随之而兴,遂致遍地烽火。这是大名、山东从金的疆域之中松动的开始。此后金军在整个北境疲于奔命,屡受重创,其在山东投入的兵力,也愈见削弱。相反,兴定中红袄余部及继起的民间武装,却获得宋的支持,其势遂不可遏。兴定二、三年间,李全背倚宋境之楚州,北上横扫山东东部,益都府及潍、滨、莒、棣、淄、莱、登、宁海州皆为所据。至兴定五年,除济南府外,李全获得了山东东路全境,并开始西进北上。

---

① 《元史》卷193《忠义一·李伯温传附子守忠》:"丁亥夏四月,金纥石烈真袭击平阳行营招讨使权国王按察儿于洪洞,守忠出援之,会于高梁,师溃入城。平阳副帅夹谷常德潜献东门以纳金兵,城遂陷。"而《金史》卷17《哀宗纪上》则载:正大四年"二月,蒲阿、牙吾塔复平阳,执知府李七斤,获马八千"。据《金史》卷111《纥石烈牙吾塔传》:"纥石烈牙吾塔,一名志","(正大)四年,牙吾塔复取平阳,获马三千"。则《元史·李守忠传》所谓"纥石烈真"者,即纥石烈志(牙吾塔)也。获马无论八千还是三千,都不能否认,此战为金蒙多次会战中罕见的金军获取大胜之役。
② 《元史》卷193《忠义一·攸哈剌拔都传》。
③ 《遗山先生文集》卷34《樊侯(天胜)寿冢记》:"丙戌之春,吾侯方从征淮海,常山军取太原及吾州。……吾侯……与(常)山军斗,转战逐比[北],不旬日而东山平。"元遗山为忻州秀容人,故"吾州"即指忻州。然则忻州继太原而入武仙之手,当在正大四年,非三年也。
④ 《遗山先生文集》卷34《樊侯(天胜)寿冢记》。
⑤ 《金史》卷118《武仙传》。蒙军围卫、金军解围之事,又《金史》卷112《完颜合达传》,正大七年十月,"河朔诸(蒙)军围卫,内外不通已累月,但见塔上时举火而已。合达等既至,先以亲卫兵三千尝之,北兵小退,翼日围解"。但据《元史》卷155《史天泽传》,该年旧卫州为蒙军攻克,武仙移守新卫州,其实蒙军的攻击线较之正大元年更向南面逼近。

与此同时，蒙军亦由中都、河北南下，攻掠大名府路及山东西路之境。当兴定五年山东东路金军的关键人物燕宁战死之后，西路金军首领蒙古纲亦于同年由东平退守邳州①。兴定末至正大初，金、蒙、宋三方势力遂于济南、东平一线相遇。实力最弱的金方在其南，西倚河南，艰难生存。宋方的进展最大，在李全稳据山东东路的同时，其他义军又攻占济南，其中彭义斌部继续向西推进，于正大元年至二年，先后克定大名、东平，迅速穿越河北南部，直插真定。

至于蒙军，正大元年在河北、山东之形势本甚乐观。自中都直至东平，皆由蒙古之附属武装所据。然而东平一带，立即被彭义斌部扫平。正大二年，正当蒙军调动兵力阻击之际，武仙突然叛于真定，整个河北陷入混乱，此即义斌得以迅速西进之由。但在关系到山东西部与河北归属的真定城下一战中，义斌败死，其苦心经营的大名府路至山东西路之地，至正大三年，皆为蒙军所平定。蒙军进而围攻李全于益都，于次年逼降之。除金军苦守徐、邳州一隅，大名府、山东两路至此皆入蒙军之手。宋、蒙两方在河北、山东相向推进的成果，为蒙军独占。

6. 正大八年至天兴二年：灭金战役中河南、陕西之大部陷落

兴定以后，金政权"并力守黄河，保潼关，自黄河洛阳、三门、析津，东至邳州之源雀镇，东西长二千余里，差四行院分地界守御，精兵不下二十万，民兵不在其数，如是者十有五年"②。金军的守河之策，对于收复河朔，可视为一种消极的态度，但对于保有河南，却颇见成效。蒙军逐渐攻克河朔、山东州县，然于渡河直趋汴京，却始终不得其门而入，于是退而求其次，逐渐加强对陕西的攻势，试图最大限度地包围河南，并从潼关冲击河南。

蒙古对陕西的持续、有效攻击，约自正大四年始。该年蒙军由西夏之境南来，攻克金境西端的积石、洮、德顺、镇戎等州，并"自凤翔徇京兆，关中大震"③。此后两年又不断侵入，欲以庆阳为突破口，俾获地利以便分兵四出。正大七年春，金军于庆阳附近大昌原一战获胜，但并未阻住蒙军进击之势。庆阳之围甫解，蒙军便已"翱翔京兆、同、华之间，破南山寨栅六十余所，已而攻凤翔"④。当年，凤翔破，金京兆行省移剌蒲阿等知陕西事已不可为，遂弃京兆，

---

① 《金史》卷102《蒙古纲传》："燕宁死而纲势孤矣，纲奏请移军于河南……（兴定五年）纲改兼静难军节度使，行省邳州。自此山东事势去矣。"
② （元）佚名撰，王瑞来笺证：《宋季三朝政要笺证》卷1，绍定元年，中华书局，2010年。
③ 《金史》卷17《哀宗纪上》，正大四年七月。
④ 《金史》卷114《白华传》。

率师向东退却,还军河南,坚守潼关则如故①。

蒙军虽于贞祐四年、兴定四年两度破潼关②,却知此地若为敌方重兵镇守,实不易下。故一面遍徇陕西诸州,一面又遣拖雷率师"借道"于宋,绕道入河南。至正大八年十二月,拖雷军已绕出宋境,由邓州直趋汴京。而陕西诸州,半为蒙军所克,其中包括京兆、凤翔、平凉、庆阳等重镇。

河南金军十五万南下拦截拖雷军,北面沿河之守御遂虚,窝阔台所率北路蒙军,遂自白坡渡河③,潼关守军亦失势降蒙④。开兴元年(1232)正月,拖雷于钧州三峰山击溃金师,遂与窝阔台军合,共同东进围攻汴京,且分兵攻掠河南诸府州。河南之地,于三年之内全部陷落。当年,睢、永、郑、许、钧、嵩、裕州陷蒙。逾年,开封府、归德府、河南府及延、陈、汝、韶、陶、陕州皆降蒙,而南部寿、邓、唐、申州则来宋。自开封—归德一路出逃的金哀宗,则于天兴三年正月殉国,同年,颍、息、蔡三州陷蒙,宿、亳二州入宋。河南之地尽失。

7. 天兴三年之后:陕西陷落—全境陷落

蒙军急于会攻河南,南北两路,集其精粹,向汴京进发,在陕西之进展,遂至正大八年暂止。故而直至金亡之后,陕西未下之州尚多:"金国既亡,唯秦、巩等二十余州连岁不下。"⑤据笔者统计,天兴三年陕西未降之州,尚有延安、临洮府及同、耀、华、德顺、镇戎、秦、西宁、陇、丹、绥德、鄜、坊、巩、兰、金、定西、会、河州,共二十府、州。窝阔台七年,遂遣"皇子阔端征秦、巩"。然至该年底,似仅巩州汪世显降蒙,他州皆固守不下。窝阔台采纳耶律楚材"许以不杀"之建议,遂得于次年招降所余州县⑥。

金亡二年之后,至此全境陷落。除南部寿、邓、唐、申、宿、亳、海州入宋,犹待此后宋蒙之争夺,其境之绝大部分,纳入蒙古疆域。

二、大安以后的东北疆

自大安二年(1210,成吉思汗五年)蒙军内侵,金蒙战争在此后二十余年再

---

① 《金史》卷112《移剌蒲阿传》。
② 《金史》卷106《术虎高琪传》:贞祐四年十月,蒙军"取潼关,次嵩、汝间"。然据同书卷14《宣宗纪上》,同年十一月戊戌,金军收复潼关。卷16《宣宗纪下》,兴定四年"十二月辛亥朔,以大元兵下潼关、京兆,诏省、院议之"。然蒙军随即复弃去。
③ 《元史》卷2《太宗纪》:"四年壬辰春正月戊子,帝由白坡渡河。"《金史》卷111《撒合辇传》则载,北路蒙军"从河清径渡"。
④ 《金史》卷17《哀宗纪上》,开兴元年正月辛丑。
⑤ (元)宋子贞:《中书令耶律公神道碑》,苏天爵编:《元文类》卷57,上海古籍出版社,1993年。
⑥ 《元史》卷2《太宗纪》,太宗七年春、十一月,八年十月。

未止歇,直至天兴三年(1234)金亡。而在此期间,金东北疆——包括上京、东京、北京、咸平、临潢、隆安、东北路及蒲峪、胡里改等猛安谋克路——各政区的去向,相较于中原地区,远不明朗。尤其是距金界壕不远的会宁、泰、肇、临潢等地的下落,可称是金蒙领土争夺与金政区得失的最大悬疑。元以后撰成的史籍(主要是《金史》,次为《元史》),关注的重点自然而然地置于汉文史料留存较多、人口远为密集、入蒙后政权建置较多得到延续同时也是金中后期统治中心所在的华北地区。于是,东北疆的剧变——至少四方势力在此鏖战多年、沃壤丘墟、人口大部分被消灭、城市与政区建置大部分被废弃——被中原逐城反复争夺的记载所掩盖。而关于东北疆的有限信息,又大部分集中于辽东、辽西的残酷战争中。这正是我们今天难以对金蒙交界之东北疆局势作充分了解的关键原因。但是,与金末二十来年东北疆的战局和政治地理格局相联系,甚至是最难求索的北部会宁—临潢地区,其大部分政区的下落,还是可以大致探明的。

1. 贞祐二、三年:失咸平路、北京路、临潢府路、东北路、蒲峪路全境及东京路北部

蒙古对金东北疆的攻掠,始于大安三年①,然随取随弃。真正失地最多——并且自此再未收复——的时期,是贞祐二、三年(1214—1215)。耶律留哥自于崇庆元年(1212)起事,便活动于隆安路与咸平路的韩州之间,但亦只是"剽掠"而已。但在贞祐二年留哥败金辽东宣抚使蒲鲜万奴之后,当年即"尽有辽东州郡,遂都咸平,号为中京"②,所占之地,也包括东京辽阳府在内③。虽

---

① 按《元史》卷120《吾也而传》:"太祖五年,吾也而与折不那演克金东京,有功。"成吉思汗五年,即金大安二年(1210),东京首次失陷,似乎是东北疆最早遭蒙古侵掠的记录。然他处记载皆系金初次失东京事于大安三年,可见《金史》卷13《卫绍王纪》大安三年十一月、卷102《完颜弼传》,《元史》卷122《槊直腯鲁华传》。在大安三年、崇庆元年(1212)、至宁元年(1213,九月改元贞祐),东北疆中、南部地区普遍曾被蒙军攻陷。在大安三年东京陷落前不久,辽东、西诸州多不能全(《元史》卷122《槊直腯鲁华传》:"破辽东、西诸州,唯东京未下……卒如其计。"又《金史》卷13《卫绍王纪》:大安三年十一月,蒙军陷"德兴府……集宁,东过平滦,南至清沧,由临潢过辽河,西南至忻、代,皆归蒙古。……未几,东京不守")崇庆元年,蒙军由中都城宣兴中路退师,攻下辽西部分州、县。"时蒙古军虽退,行至临潢,其别将攻兴化、和、建州、永霸,皆陷之,赤地千里。闻燕军退师,亦回。"(《大金国志》卷23《纪年·东海郡侯下》)至宁元年秋,"分兵三道……皇弟哈撒儿及斡陈那颜、拙赤䚟、薄刹为左军,遵海而东,取蓟州、平、滦、辽西诸郡而还"(《元史》卷1《太祖纪》,太祖八年秋。又《元史》卷149《郭宝玉传》所载蒙军"破高州,降北京、龙山",亦当在此时)。贞祐元年十月,史天倪降蒙,木华黎命其驻军高州(《遗山先生文集》卷30《龙山赵氏(振玉)新茔之碑》)。除高州之外,蒙军大体上破城即弃,得胜即退。然而,自贞祐二年起,蒙军"以征辽之责"委于耶律留哥(《元史》卷149《耶律留哥传》,事在崇庆元年),采用扶持耶律留哥、助其扩张并固守的策略,开始奏效,故金政权失地之后,始难复收。
② 《元史》卷149《耶律留哥传》。
③ 《元史》卷149《耶律留哥传》:"乙亥,留哥破东京。"

然金东京路南部的部分州郡,此后在金、蒲鲜万奴与耶律留哥之间尚有反复的争夺,不过,贞祐三年蒲鲜万奴叛金后,东京路的北部地区、咸平路再未为金政权所控制。东京路地区仍未陷失者,仅婆速路及辽东半岛之境。

隆安府与咸平府之西,金东北疆最接近蒙古的政区临潢府、全州、庆州、泰州,大约在蒙古攻金之初,就承受了巨大压力。《金志》于临潢府、全州条下,皆称"贞祐二年四月尝侨置于平州"。同时东南迁徙的尚有庆州:贞祐三年,"时临潢避迁,与全、庆两州之民共壁平州"①。此次迁徙,相当于完全放弃了一府二州之地——不管是否有迁回的初衷,事实是,贞祐三年,内迁的临潢、庆两军发生兵变,致使迁入地平州沦于蒙军②,更毋论迁出地的收复。于是,贞祐四年蒙古遂以临潢府予耶律留哥,留哥得以"徙居临潢府"③。

至于泰州,蒲鲜万奴未叛时,在贞祐二年曾有内迁该州军、民的命令,但未被执行④。然而,当年必是经历了蒙军的攻击,以至于"泰州残破,东北路招讨司猛安谋克人皆寓于肇州"⑤。于是,泰州也同样被放弃,再未见金之力量在该州的活动。临潢府路、东北路之境至此陷蒙。

同样是在贞祐二、三年之间,辽西之地——北京路诸府、州,也全部失陷。贞祐二年,蒙军取高州(蒙元高州,即金末大定府三韩县),割据者张鲸以锦州降蒙⑥。又取懿州⑦,并攻陷大定府属惠和、金源、和众、龙山、利建、富庶等县,仅大定府城固守不下⑧。贞祐三年,蒙军终于攻克大定府⑨,义、川⑩、兴⑪、利州⑫

---

① 《金史》卷112《完颜合达传》。
② 《金史》卷112《完颜合达传》。
③ 《元史》卷149《耶律留哥传》。
④ 《金史》卷103《完颜铁哥传》:"贞祐二年,枢密使徒单镒度移剌以铁哥充都统,入卫中都。迁东北路招讨使,兼德昌军节度使。蒲鲜万奴在咸平,忌铁哥兵强,牒取所部骑兵二千,又召泰州军三千及户口迁咸平。铁哥察其有异志,不遣。"按蒲鲜万奴征取的泰州"所部骑兵二千",当是猛安谋克军无疑。万奴本驻咸平,贞祐二年为留哥所败,遂弃咸平而奔东京(此见《元史》卷149《耶律留哥传》),故征泰州兵之事,仍在贞祐二年也。
⑤ 《金史》卷122《忠义二·乌古论德升传》。
⑥ 《元史》卷1《太祖纪》,太祖九年十月。
⑦ 《元史》卷14《宣宗纪上》,贞祐二年十二月乙卯。
⑧ 《元史》卷147《史天祥传》。
⑨ 元好问《遗山先生文集》卷30《龙山赵氏(振玉)新茔之碑》载此事于贞祐三年正月,刘祁《故北京路行六部尚书史公(秉直)神道碑铭(并序)》载于三月,见(清)张金吾:《金文最》卷109,中华书局,1990年。
⑩ 《元史》卷149《王珣传》。
⑪ 《元史》卷1《太祖纪》,太祖十年十一月。又据《金史·地理志》,兴州于"贞祐二年四月侨置于密云县"。贞祐二年,成吉思汗九年也。据此,则在元军攻城之前,金已准备放弃此州。
⑫ 《元史》卷147《史天祥传》。

及兴中府、广宁府①,也相继沦陷。同年,张鲸弟张致据锦州称帝,略平、滦、瑞、利、义、懿、广宁等州②。由于当时张致怀忿叛蒙,其所攻掠之州,皆应是已为蒙军占领者,故瑞州当时也在蒙军占领区内。至于建州,为大定、兴中府和利、锦州所包围,在周边府、州皆已陷落之后,理难独完。

又,贞祐二年,蒲察移剌都"迁蒲与路节度使兼同知上京留守事"③。蒲裕路长官既由上京同知兼,则知当时蒲裕路已侨治于上京。《大金国志》所载崇庆元年"蒙古军自蒲与路取三韩"④之说,或不致无所本。

由是,至贞祐三年末,金北京路已全境陷失。虽然张致在该年四月叛蒙⑤之后,于次年六月上表归金⑥,然而,这种象征性的归顺,只是张致竭力寻求反蒙助力的手段,对于金政权重获辽西的控制权全无裨益。更何况,表章送达金廷之后仅一月有余(闰七月),锦州即被攻陷,张致被杀。即使纯属名义上的"收复",也仅昙花一现。

2. 兴定元年:失上京及隆安、曷懒、速频、胡里改、婆速路

上京路各处,坚守稍久。至金末蒲鲜万奴据辽东,金上京行省太平于兴定元年(1217)以城降附于万奴⑦,金遂改授蒲察五斤为上京行省⑧,欲挽回金在东北的颓势。然而,当年底,蒲察五斤即改任辽东行省⑨,此后金政权再未任命上京的官员⑩。这

---

① 《元史》卷1《太祖纪》,太祖十年二月、八月。
② 《元史》卷119《木华黎传》。
③ 《金史》卷104《蒲察移剌都传》。
④ 《大金国志》卷23《纪年·东海郡侯下》,崇庆元年九月二十七日。
⑤ 《元史》卷1《太祖纪》,太祖十年四月。
⑥ 《金史》卷14《宣宗纪上》,贞祐四年六月壬辰。
⑦ 《金史》卷130《列女·阿鲁带传》:"兴定元年,(完颜)承充为上京元帅。上京行省太平执承充,应蒲鲜万努。"
⑧ 《金史》卷15《宣宗纪中》,兴定元年四月己未。
⑨ 《金史》卷15《宣宗纪中》,兴定元年十二月庚戌。
⑩ 《金史》卷15《宣宗纪中》虽于兴定二年三月又提到"上京行省蒲察五斤",然至四月,五斤又在着手解决辽东的事务了,显然,在上一年十二月出镇辽东后,五斤的职责仍是以辽东为主的。不过,三月"上京行省"的说法或者不能算错误。据卷103《完颜阿里不孙传》载:兴定元年,"蒲鲜万奴据辽东,侵掠婆速之境,高丽畏其强,助粮八万石。上京行省蒲察五斤入朝,辽东兵势愈弱,五斤留江山守肇州,江山亦颇怀去就"。一方面,五斤所掌兵力是弹压辽东的重要力量,此亦可证《本纪》记载了五斤的职衔变迁,于兴定元年底由上京改东京,应当不是空穴来风。而另一方面,肇州本为上京路属州,却也在五斤辖下,并且《完颜阿里不孙传》也仍称五斤为"上京行省",故知当时五斤兼管上京、东京两路职事,这应当是就蒲鲜万奴在上京、东京两路四出攻掠的形式所作的对策,也是《金史》中时而称五斤为"上京行省",时而又说改行省于东京,且所执掌者多为辽东事务之缘由。只是上京既为蒲鲜万奴所陷,故五斤不得不改治东京路境内,而职衔亦因此作出调整。鲁西奇认为,"疑此后上京亦归属辽东行省统辖"(《金末行省考述》,《湖北大学学报(哲学社会科学版)》1995年第1期,第60页),此说是。然是时上京路仍为金有之地已无几矣。

说明,上京陷于万奴之后,金再未能收复之①。

然而也未有证据表明,万奴此后长久占领会宁。因为万奴早在上一年(贞祐四年)底降蒙之后,便着力向东发展,定都于开元——其地即旧渤海上京龙泉府②(今黑龙江宁安市东京城镇)。其境包括曷懒路、速频路、胡里改路(见下文东夏国疆域政区部分)。东夏力量的东移,既是蒲鲜万奴早在叛金之前即有的打算,又是叛蒙之后迫于蒙军压力所作的选择——金上京会宁府,似乎不足以避开蒙军的攻击。由兴定元年以后会宁府之不知下落来看,应是在蒙古与蒲鲜万奴的攻击、掳掠与破坏之下,沦为废墟,终被各方力量舍弃,成为一片起到缓冲作用的区域。而隆安府、肇州显然也走上了同样的道路,二者弃守,在兴定元年。

早在贞祐二年,在泰州受到攻击后不久,肇州也遭遇蒙军围城③。此次围解之后,肇州仍为金守。至兴定元年,"上京行省蒲察五斤入朝,辽东兵势愈弱,五斤留江山守肇州,江山亦颇怀去就"④。江山此人不见《金史》他处,而肇州此后亦再无音讯。应是兴定元年其东的会宁府为蒲鲜万奴所下,其南之隆安为耶律留哥所得,肇州与金政权其他府、州隔绝,江山本无固守之心,遂因此降蒙。

隆安府亦失于兴定元年,较肇州尚早。约贞祐三年,蒲察移剌都受任为辽东、上京等路宣抚使兼左副元帅,"已而矫称宣召,弃隆安赴南京"⑤。移剌都

---

① 《金史》卷130《列女·阿鲁真传》:"阿鲁真,宗族承充之女,胡里改猛安夹谷胡山之妻。夫亡寡居,有众千余。兴定元年,承充为上京元帅,上京行省太平执承充应蒲鲜万奴。阿鲁真治废垒,修器械,积刍粮以自守。万奴遣人招之。不从。乃射承充书入城,阿鲁真得而碎之,曰:'此诈也。'万奴兵急攻之,阿鲁真衣男子服,与其子蒲带督众力战,杀数百人,生擒十余人,万奴兵乃解去。后复遣将击万奴兵,获其将一人。……承充已被执,乘间谓其二子女胡、蒲速乃曰:'吾起身宿卫,致位一品,死无恨矣。若辈亦通显,未尝一日报国家,当思自处,以为后图。'二子乃冒险自拔南走。是年四月至南京。"阿鲁真所守者,非上京,乃上京附近之"废垒",至于上京,则迄未收复,虽曾暂时击退蒲鲜万奴的攻击,然仍是四面楚歌,形势并未乐观。故而,承充二子不便投靠其姊妹阿鲁真,而要"冒险自拔南走"。
② 《元史》卷59《地理志二》"辽阳等处行中书省·开元路条"以开元为金上京,误。
③ 泰州残破、金迁东北统军司于肇州、肇州受围,三事皆应在贞祐二年。乌古论德升"迁肇州防御使。宣宗迁汴,召赴阙。上言:'泰州残破,东北路招讨司猛安谋克人皆寓于肇州。凡征调,往复甚难。乞升肇州为节度使,以招讨使兼之……'诏从之"(《金史》卷122《忠义二·乌古论德升传》)。纥石烈德"贞祐二年迁肇州防御使",应是接德升之任。由于乌古论德升的建议,"肇州升为武兴军节度,德为节度使"。肇州旋即受兵,"围急,食且尽……一日兵数接,士殊死战……兵食足,围乃解"(《金史》卷128《循吏·纥石烈德传》)。《纥石烈德传》中未有一语提及围攻肇州者为谁,由《金史》的笔法看,当是蒙军。肇州以北的蒲与路既早已为蒙军占领,泰州亦残破被弃,蒙军兵锋于是全无阻碍,及于肇州。
④ 《金史》卷103《完颜阿里不孙传》。
⑤ 《金史》卷104《蒲察移剌都传》。

于兴定元年五月因"弃官擅赴京师,降知河南府事"①,其弃守隆安之时,应为兴定元年初。

兴定元年,也是东部的婆速路形势最为混乱之际,自贞祐四年蒲鲜万奴势力东移、耶律留哥叛部自辽东向高丽发展,连接辽东与高丽的婆速路成为诸方势力混战之处。兴定元年,金廷遣完颜阿里不孙行省于婆速路,然而当年阿里不孙遇内变身死,婆速路亦不知所终,应相继落入耶律留哥、蒲鲜万奴之手(见下文"蒲鲜万奴东夏国疆域政区"部分),该路所辖之金丽边境重镇来远州,亦当同时失陷。

于是,继贞祐二、三年金东北疆中、西部地区沦陷之后,至兴定元年,东面、北面的上京、胡里改、隆安等路亦失。此后,金的势力仅得困守于辽东一隅。

3. 正大三年:辽阳府以南至辽东半岛的陷落

贞祐四年蒙军平定辽西张致,突然进入辽东,拔盖、金、复、澄四州②,平定耶律留哥之叛部,并驱走辽东半岛以北的蒲鲜万奴势力,此后,东京为何方所有,未见记载。何俊哲等以为,俟年底蒙军退走之后,东京复为金有③。基于当时蒲鲜万奴已移师东向,耶律留哥在蒙军的援助下,正致力于平定东走至高丽的叛部,东京当时复为金所据,合乎事理④。约贞祐四年,金曾遣纥石烈德行省东京⑤,或是金重得东京之证。辽东半岛也应同时收复,故兴定元年金之侍御史温迪罕达曾献"行省盖州,驻兵合思罕"之策⑥。然而,至兴定三年,耶律留哥已平服其叛部。金在东北疆的孱弱势力,无以在蒙古与耶律留哥辽政权的联合打击下保住东京,而仅能在东京辽阳府外围尽力保住了一块基地,不过,此后他们又保有辽东半岛达七年之久。

其间,仅有少许迹象表明金的力量仍在辽东半岛活动。《金志》载,辽阳府石城县,"兴定三年九月,以县之灵岩寺为岩州,名其倚郭县曰东安,置行省"。

---

① 《金史》卷15《宣宗纪中》,兴定五年五月己丑。
② 《元史》卷119《木华黎传》:"拔苏、复、海三州。"卷147《史天祥传》则称,"拔盖、金、苏、复等州"。海州为金前期之州名,金末应称澄州。而金、苏二州实同地,皇统三年废苏州,贞祐四年以其地置金州,《史天祥传》不应重出。
③ 《金朝史》,第409页。
④ 据《元史》卷149《耶律留哥传》,贞祐四年耶律留哥部耶厮不叛留哥,"僭帝号于澄州",不久,叛军"屯开、保州关。金盖州守将众家奴引兵攻败之",随后留哥军至,驱叛军往金、丽边界逃窜。此时澄州应为金将众家奴等所复,然旋复为蒙军所得矣。四州虽失,然辽东金军无处可去,必据于诸州城以外的堡寨,抗蒙军攻击,俟蒙军之离去,以故不久便得收复东京及辽东半岛之地。
⑤ 《金史》卷128《循吏·纥石烈德传》:"贞祐二年,迁肇州防御使。是岁,肇州升为武兴军节度,德为节度使,宣抚司署都提控。……改辽东路转运使……迁京留守,历保静、武胜军节度使。兴定二年,以本官行六部事。"其任东京留守,约在贞祐四年。
⑥ 《金史》卷104《温迪罕达传》。

显然，东京已然失陷，但是金军仍未放弃东京周围的据点，并将行省置于前沿阵地，以伺机收复东京。稍早，金州（在贞祐四年方由复州化成县升州，同年为蒙军攻克，旋即收复）于兴定二年升为防御①。事虽在兴定三年前，但在该年之后，金州应仍在金军之手，直至整个辽东之陷落，因为其北面同样由金军占领的盖州阻挡了敌对力量的攻势。

关于辽东的最后讯息，出现在正大三年（1226）六月，哀宗"诏谕高丽及辽东行省葛不霭，讨反贼万奴，赦胁从者"②。但由于交通问题导致的信息滞后，使我们无法确信此时辽东的金军是否已经覆亡——不但难以得知辽东行省此后是否存在，以至于能收到宣宗的诏书，甚至哀宗下此诏之前，关于辽东的最后信息递至开封之时，辽东行省是否尚存，也是疑问。可知的是，在正大二年或次年，金在东北疆的活动告终。"金平章政事葛不哥行省于辽东。……（蒙军）拔盖州、宣城等十余城，葛不哥走死。金帅郭琛、完颜曳鲁马、赵遵、李高奴等犹据石城，复攻拔之，曳鲁马战死，遵与高奴出降"③。

石城、盖州、宣城，这是金军最后的据点的一部分。石城在辽阳附近，距离兴定三年金辽东行省驻地岩州更近，这应是兴定三年至正大三年金军活动区域的北限。宣城不知在何处，或是金辽阳府属县宜丰之误耶？而盖州应处于当时金控区的核心位置，故被特别提及。当时东京辽阳府以南（不包括辽阳府城在内）直至辽东半岛，包括辽阳府大部、澄州、盖州、复州、金州，大都为金军所据。因辽东京路在兴定三年建制仍存的共十八县④，其中辽阳以北的沈州、贵德州七县很可能早已不存，余十一县，与蒙军最后所下的"十余城"相符。当然，兴定三年以后辽东行省的驻地岩州，覆巢之下，亦无独存之理。

于是，至正大三年，东北疆作为金政权统治民族之发祥地，已全境沦陷。

---

① 岩州、金州事，见《金史》卷24《地理志上》"东京路"条。
② 《金史》卷17《哀宗纪上》，正大三年六月壬子。
③ 见《元史》卷149《王珣传附子荣祖》。葛不哥，应即温迪罕葛不霭。据《金史》卷24《地理志上》"辽阳府·石城县"条注云："兴定三年九月，以县之灵岩寺为岩州，名其倚郭县曰东安，置行省。"则灵岩寺原为石城县郊的一处形胜之地，岩州、东安县皆是兴定三年因当时的军事形势新置。而蒙军攻石城等地自然在兴定三年以后。又据《元史·王荣祖传》："珣卒，（荣祖）袭荣禄大夫，崇义军节度使、义州管内观察使。从嗣国王字鲁入朝，帝闻其勇，选力士三人迭与之搏，皆应手而倒。欲留置宿卫，会金平章政事葛不哥行省于辽东，咸平路宣抚使蒲鲜万奴僭号于开元，遂命荣祖还，副撒里台进讨之。拔盖州、宣城等十余城，葛不哥走死。"王珣之卒在甲申（1224，金正大元年），字鲁（木华黎之子）则在乙酉有一次朝觐（见《元史》卷119《木华黎传附子字鲁》），撒里台、王荣祖进讨葛不哥事，应在正大二年或三年。
④ 即《金史》卷24《地理志上》列目之十七县，及兴定三年所置岩州倚郭东安县。

4. 金末东北疆失守次第之总结及原因探析

与河北、河东、陕西、河南地区的多年激烈争战、实际占领线往复推移且犬牙交错不同,大安三年以后金东北疆的北部,也即金政权的发源地上京会宁府周边、前辽的中心地区临潢府周边地区,皆未发生令人瞩目的频繁易手,即告尘埃落定。不久,以大定府为中心的辽西地区也迅速陷落。至于东北疆南部的辽东,虽然直至哀宗正大二年尚存在金廷的辽东行省,但自宣宗兴定以后,辽东行省实仅据有一小片地区——它寄治于辽阳府附近新升置的岩州,无力回天,因此也几乎被摒弃于史家的视野之外。金政权在东北疆的被动局面,除了蒙古军突如其来的猛烈攻击之外,几乎贯穿了整个金代的军事重心的南迁,作为来自金政权内部的关键因素,导致了金末该地区形势的急剧变化。

自1114年反辽之初开始的女真猛安谋克的扩散,以及至迟从天会四年(1126)开始的猛安谋克的南迁中原,终金一代,未尝稍歇。尤其是,经历了熙宗天眷(1138—1140)、皇统(1141—1149),海陵贞元(1149—1152)、正隆(1156—1161)时期两次集中南迁①,发源于东北一隅、适合于消耗战掠夺战的少数族,数十年间即变身为需要守御华北、东北大片土地的主要力量,这一转变,不可避免地将原本较集中的力量稀释于广大的领土和数以十倍计的非女真族人口中,以至于向来拥有强大战斗力的女真军队,面对北方游牧族的强大攻势,一筹莫展。

更为严重的是,蒙古的攻击呈现出一条延绵数千里的战线的推移,而绝非由某一点进行突破,这条战线,最终指向中都。这迫使金政权进一步作出了不利于保守东北的力量调整。当金的东北疆遭受攻击的时候,正北、西北方向的防线也频频被突破——大安三年蒙军直抵中都城下,贞祐元年、二年遭遇围城,蒙军主力即由西京路南来。此时,生活着金政权大部分人口、提供了绝大部分财赋的华北,是金政权极不愿意放弃的,其重要性早已远远超过以上京会宁府为中心的女真内地。如果说对蒙防守必须选择重点,作出取舍,那么,应当被舍弃的是哪个中心城市、哪片区域,就不言自明了。故而,大安至贞祐间,非但未由华北抽调足够的力量充实上京,反而要将临潢府、全州、庆州的军民南迁至平州,将泰州的猛安谋克东迁至肇州以东,且退缩之后,再不讲求进取。

---

① 至金世宗大定间,对猛安谋克居住地再次进行了调整,某种程度上,大定间的徙居,是对海陵正隆南迁的"反正",即重新加强东北故地的防御力量。然而,世宗毕竟未能逆转海陵迁徙猛安谋克的方向,将已南迁的女真族力量重新迁回东北,而只能将速频、胡里改路的猛安谋克迁至上京,在东北范围内进行有限的调整。见〔日〕三上次男著,金启琮译:《金代女真研究》,黑龙江人民出版社,1984年,第155—182,205—219页。

从金政权当时的形势来看,此实为面临突变时极为自然的反应。

同样是对时局的自然反应,由中都迁汴,也可看作是放弃东北的表示。大安、贞祐间,四年之内,三次兵临城下,居庸、紫荆等关隘,几乎未起作用,似乎证明中都周边的险要不足凭恃,于是金廷在短期内集议南迁——当时朝堂之中,似是意见相当一致,未见有强烈的反对声音①,或许这是应付当前可见的危殆形势之必需。迁都后不久,又将华北之猛安谋克南迁河南。然而,此举又将东北旧疆置于何地?

经由中都路诸州的交通线,是联系华北与东北的唯一最便捷的通道,因此,对于疆域固定以后的金政权来说,海陵迁燕可算是非常明智的选择。而宣宗避迁南京,内迁猛安谋克,就是任由中都陷于蒙军铁骑之下,甚至可说是直接放弃中都——果然,迁汴未逾年,蒙军就攻陷了中都。而放弃中都,也相当于自动割弃了中原与东北的联系。贞祐以后金廷与东北联系之艰辛,充分显示了政治中心南迁的恶果。贞祐三年蒲鲜万奴叛金自立,然而,直至兴定二年,宣宗才遣使赴辽东"察访叛贼万奴事体"②,可知,金廷闻知万奴叛变的情况,在此前不久,甚至对于万奴自立的始末与万奴当时的动向,尚一无所知,足见信息之闭塞、沟通之阻滞。故《金史·高丽传》称:"宣宗迁汴,辽东道路不通。"③兴定以后,臣僚曾提出各种方法,以求打开通道。如兴定二年,移剌福僧建议"招徕糺人",使之内附,然后"中都可复,辽东可通"④。看似更可行的是,以海道沟通南北。兴定三年,金廷授王福为沧州经略使,"使招集滨、棣之人,通辽东音问",即存泛海往来之意;元光二年(1223),移剌众家奴又提议"镇安距迎乐堌海口二百余里,实辽东往来之冲。高阳公甫有海船在镇安西北,可募人直抵辽东,以通中外之意"⑤。或许因为河北本身已自顾不暇,这些建议或举措,事实上都未产生效果,因此当天兴二年蒲察官奴再次提到"山东豪杰""已具舟楫,可通辽东",请哀宗迁海州时,哀宗却无动于衷⑥。通道终不能打

---

① 纳坦谋嘉曾谏迁都事云:"河南地狭土薄,他日宋夏交侵,河北非我有矣。当选诸王分镇辽东、河南,中都不可去也。"《金史》卷104《纳坦谋嘉传》此即以中都以及河北联络辽东、河南,保全全境之意。然而谋嘉以翰林待制、侍御史兼元帅府经历,并非位高权重者。故避险心切的宣宗"不听"。
② 《金史》卷15《宣宗纪中》,兴定二年四月壬子。卷109《完颜素兰传》:"兴定二年四月,以蒲鲜万奴叛,遣素兰与近侍局副使内族讹可同赴辽东,诏谕之曰:'万奴事竟不知果何如,卿等到彼当得其详,然宜止居铁山,若复远去,则朕难得其耗也。'"
③ 《金史》卷135《外国下·高丽传》。又《金史》卷15《宣宗纪中》,兴定三年三月甲戌,"高丽先请朝贡,因遣使抚谕之。使还,表言道路不通,俟平定后议通款。命行省姑示羁縻,勿绝其好"。
④ 《金史》卷104《移剌福僧传》。
⑤ 《金史》卷118《王福传》、《移剌众家奴传》。
⑥ 《金史》卷114《蒲察官奴传》。

开,使得兴定以后华北与东北的联络每况愈下,以至于金廷改元几尽一年,辽东行省尚未得知①。一介之使尚难以往返,则辽东金军得不到任何援助,极易推知。

可见,迁汴之举直接促成新的核心地区与"龙兴之地"几乎完全隔绝。从短期来看,南迁的后果是让东北疆抗蒙的军事行动陷入无组织状态,进一步发展,就是东北失守。一些看似偶然的现象,极度加速了从"无组织"到"失守"的"进展"。耶律留哥的反金自立,对金政权自然是一次重大的打击,但更致命的是蒲鲜万奴的叛变。虽经历两次南迁,金政权留在东北疆的力量毕竟是不可忽视的,仍有超过半数的猛安谋克留在东北。约崇庆元年,即耶律留哥起事的首年,"金人遣胡沙帅军六十万,号百万,来攻留哥",贞祐二年,金复遣蒲鲜万奴率军四十万讨伐耶律留哥②。此前未见由中原调兵北上,胡沙、蒲鲜万奴所率之众,应是当时金东北疆军队的大部分。数字或容夸大,但其力量不容轻侮,却是不可否认的。胡沙、万奴军虽先后"大败"、"大溃",却未损根本。然而万奴却并未以这支力量用于继续抗击蒙军与留哥,却用于割据自立。金在东北的主力,竟而变成了乱源之一,原来为金而守的力量,不是随万奴为乱③,就是不得不多面对一支敌军,更加疲于应付。

蒙军由蒙古高原东部,沿临潢一线,向东南直插辽东、西,耶律留哥军在临潢至东京之间四向争战,而蒲鲜万奴军则在东京至上京一线以东流窜。贞祐二年之后的东北,形势之乱,达到无以复加的地步,南自辽东半岛,北至蒲裕之境,西自临潢以西,东到金、丽边境,无非金之诸种敌对势力的争胜之地,而金政权则迅速失去了对于东北旧地的控制。其中临潢府路于贞祐二年已非金有,南部的大定府、广宁府、兴中府一带,以及东京路北部,至贞祐三年也完全失去控制,上京会宁府附近——包括肇、隆等州,在兴定元年已被金政权放弃。只有辽东南部,坚持到正大三年前后,但也未能反攻得势,只是在蒲鲜万奴、耶律留哥与蒙古军的夹缝中占有一隙之地,艰苦求存。该年金最后一任辽东行省温迪罕葛不霭之死,则"标志着辽东行省的覆灭,也是金朝在东北统治的结

---

① 《金代官印集》(文物出版社,1991 年)第 194 页上"总领提控所印",背刻"兴定七年七月东京兵部造"。按《金史》卷 16《宣宗纪下》,兴定六年八月甲申,改元元光,而迟至次年,东京兵部却仍用兴定年号,显然改元之诏尚未至辽东。需要说明的是,"东京兵部",只是"辽东行省"之下属机构,因贞祐以前辽东行省多在东京而沿用此称,当时未必在"东京"城内也。
② 《元史》卷 149《耶律留哥传》。
③ 《金史》卷 103《纥石烈桓端传》:"贞祐三年,蒲鲜万奴取咸平,东京沈、澄诸州及猛安谋克人亦多从之者。"

束"①。在金疆域各大区中,东北疆成为西北、西南、西京路之后第二片彻底沦陷的地区。

附 蒲鲜万奴东夏国疆域政区

蒲鲜万奴于贞祐二年(1214)受命讨伐耶律留哥,遂由咸平元帅升任辽东宣抚使,治咸平府②。贞祐二年咸平府归仁县一战,万奴败于耶律留哥,遂奔东京,咸平降留哥,成为留哥政权的都城。次年初,留哥又破东京,万奴仓皇逃窜,妻孥尽陷于留哥军③。不久之后,万奴重整部伍,于贞祐三年初复取咸平、东京、沈、澄等府、州④。然自此始,万奴一面与留哥胶着于辽东,一面筹划叛

---

① 周峰:《论金末的东北边政》,韩世明主编:《辽金史论集》第10辑,第203页。
② 按万奴贞祐二年之前职衔不详,《金史》卷103《完颜铁哥传》载:"贞祐二年,枢密使徒单度移剌以铁哥充都统,入卫中都。迁东北路招讨使,兼德昌军节度使。蒲鲜万奴在咸平,忌铁哥兵强,牒取所部骑兵二千,又召泰州军三千及户口迁咸平。铁哥察其有异志,不遣。宣抚使承充召铁哥赴上京,命伐蒲与路。既还,适万奴代承充为宣抚使,抚前不发军罪,下狱被害。"需要纠正的是,宣抚使"承充"应作"承裕"。《金史》无承充传,仅知兴定元年上京行省太平降附蒲鲜万奴时,承充任职上京元帅(《金史》卷122《忠义二·梁持胜传》),在金末,宣抚之职较元帅为高,承充先任宣抚,再任元帅,则是降职,史未载其降职之由,故《铁哥传》之载本颇可疑。而据卷93《承裕传》载,承裕"至宁元年,迁元帅右监军,兼咸平府路兵马都总管,与契丹留可战,败绩。改同判大睦亲府事,辽东宣抚使。贞祐初,改临海军节度使"。按至宁元年与贞祐元年同年,则《承裕传》所称"贞祐初"应是贞祐二年,如此恰与《铁哥传》所载蒲鲜万奴之职任迁相合。《铁哥传》之记载说明:(1)蒲鲜万奴代承裕出任宣抚之前,与铁哥之间用"牒",则为平级;然其职应较铁哥之东北路招讨使为高,故可以上临下之势,召来铁哥属军。(2)但蒲鲜万奴既非行省或宣抚使,即无金东北疆的最高军事领导权,其职与东北路招讨司亦无明确的上、下级关系,故铁哥拒命之初,万奴亦无如之何,直俟升为宣抚使,方可报昔日之怨。我们推测万奴当时所任之职,可参考承裕在至宁元年的职任"元帅右监军,兼咸平府路兵马都总管",万奴在升任宣抚之前,正是此职(这一升迁途径,在当时以多有其例,如奥屯襄亦是以"元帅右都监,行元帅府事于北京""改留守,兼前职,俄宣抚使兼留守",见《金史》卷103《奥屯襄传》)。仅以咸平府路兵马总管的身份,不足以居于东北路招讨司之上,对完颜铁哥起作用的是万奴"元帅"的身份。但朝廷若未特别作出军队指挥权的调整,帅府往往仍不足以成为邻路都总管、招讨使的直接上级,此正是《铁哥传》中所写的万奴与铁哥的关系。由此我们知道,蒲鲜万奴在贞祐二年的升迁途径,与承裕在至宁中相同,皆是由元帅、咸平府路兵马都总管升为辽东宣抚使,并且万奴前后两职都是取代承裕——止如他也接替丁珤讨伐耶律留哥的职责。都兴智以为,万奴在升任宣抚使之前,实任"招讨使"(《辽金史研究》,第144页),然则金代招讨司,仅东北、西北、西南三路方置,未有咸平招讨司,而招讨使更不应"牒取"招讨司兵。不过,都兴智指出,"辽东宣抚司设在咸平府,故有时亦称之为咸平宣抚司,其实两者是同一宣抚司",这是正确的,至少在蒲鲜万奴任宣抚使之时如此。也正因万奴曾以辽东宣抚之职驻于咸平,《元史》中向称万奴为"咸平宣抚",即使其叛金之后,仍是如此(可检卷119《木华黎传》及《木华黎传附孙塔斯》,卷149《王珣传附子荣祖》)。直至贞祐二年为留哥所败,才弃咸平而奔东京。姚朔民沿袭了"咸平路招讨司"之误,且谓承裕的"辽东宣抚只是一个虚衔","判睦亲事"才是实职,此说恐恰与事实相反。又谓至万奴接任宣抚,辽东宣抚之职由虚转实,更是将宣抚使的性质过分复杂化(《宋金的宣抚使》,韩世明主编:《辽金史论集》第10辑,第174页)。
③ 《元史》卷149《耶律留哥传》。
④ 《金史》卷103《纥石烈桓端传》。卷14《宣宗纪上》贞祐三年十月戊戌条:"辽东宣抚司报败留哥之捷。"当即指年初收复东京、咸平及沈、澄等州。正如兴定元年正月辽东金军战胜留哥叛部,捷报直至六月才至南京:六月乙丑,"辽东行省遣使来上正月中败契丹之捷"(卷15《宣宗纪中》)。

金自立之事。当年三月,金宣宗谕万奴"选精锐屯沈州、广宁,以俟进止"①,而万奴却并不热心于控制冲要,遏止留哥扩张之势,而是谋划弃咸平奔曷懒路②,企望在各方力量难及的滨海之处,建立自己的势力范围。在宣宗下诏当月,万奴遣军侵婆速境,为婆速路总管纥石烈桓端遣将击退。四月,复掠上古城,攻望云驿,皆为桓端军所败。五月、九月,万奴军再败于盖州建安县大宁镇、辽阳府宜丰县及盖州汤池一带③。三月以来万奴与金东北疆其他将领的列次战事,已显露了他反叛的决心。而在此年末,宣宗尚诏谕万奴及北京宣抚使奥屯襄:

> 上京、辽东,国家重地,以卿等累效忠勤,故委腹心,意其协力尽公,以徇国家之急。及详来奏,乃大不然,朕将何赖?自今每事同心,并力备御。机会一失,悔之何及!且师克在和,善钧从众,尚惩前过,以图后功。④

宣宗已知当时两处宣抚合作抗蒙及平定留哥之事进展极不顺利。而奥屯襄无法与万奴顺利协作,亦恐与万奴的野心有关——这种野心已在此前半年多见于实际行动了。而奥屯襄接到宣宗此诏时(贞祐三年十一月),蒲鲜万奴已公然自立。

事在贞祐三年十月。"金宣抚蒲鲜万奴据辽东,僭称天王,国号大真,改元天泰"⑤。史未载其"僭称天王"在何地。新生的蒲鲜万奴政权,其占领区是一块西南—东北向的狭长地带。西南自东京辽阳府,东北至上京会宁府南部。大致包括东京辽阳府、沈州、咸平府、贵德州,以及婆速路北境、上京会宁府南境之地⑥。其西面、西北面的澄州、广宁府、懿州之地,正处于耶律留哥部、蒙

---

① 《金史》卷14《宣宗纪上》,贞祐三年三月庚午。
② 《金史》卷122《忠义二·梁持胜传》:"兴定初,宣抚使蒲鲜万奴有异志,欲弃咸平徙曷懒路,持胜力止之,万奴怒,杖之八十。持胜走上京,告行省太平。是时,太平已与万奴通谋,口称持胜忠,而心实不然,署持胜左右司员外郎。既而太平受万奴命,焚毁上京宗庙。""兴定初"之说可辨焉。由《梁持胜传》之语意看,持胜谏迁曷懒之时,万奴尚是金臣之身份,故只称"有异志"而已。可知此事应在贞祐三年十月万奴"僭号"之前,定非兴定初之事。
③ 《金史》卷103《纥石烈桓端传》。
④ 《金史》卷103《奥屯襄传》。
⑤ 《元史》卷1《太祖纪》,太祖十年十月。《金史》卷14《宣宗纪上》贞祐三年十月壬子。而《高丽史》则载此事于金贞祐四年闰七月(见《高丽史》卷22《高宗世家一》,三年闰七月丙戌)。《建炎以来朝野杂记》乙集卷19《边防二·鞑靼款塞》称:"辽东宣抚使萧万奴者,本辽人,乘女真之乱,自立为帝,据辽东七路。"恐是混蒲鲜万奴、耶律留哥为一。
⑥ 万奴于贞祐三年初所获之咸平、东京、沈、澄等州、府,至其十月自立时,大部得以留存,仅澄州失于耶律留哥。故次年留哥部"乞奴、金山、青狗、统古与等推耶厮不僭帝号于澄州"(《元史》卷149《耶律留哥传》),此外,万奴当年进攻婆速府境,次年又进逼金上京,则当由贵德州之路进军,知贵德州在其控制之下。

军与张致的激烈争夺中。正南是忠于金的辽东半岛盖州、复州,北面的上京路大部,亦由金将守御。而处于数方势力挤压下的万奴势力,仅是这一有限的地区也无法守住,此后数年,其占领地区经历了极大的变迁。

自贞祐三年四月张致于锦州反蒙,辽西即陷入了混战。至四年七月战事结束,蒙军攻占锦州、广宁府、懿州,辽东、西之间的通道被打开,便立即移师东向,进拔由金将所守御的盖、金、复、海四州。西、南两面受到压迫的蒲鲜万奴,"率众十余万遁入海岛"①。可以肯定的是,辽东半岛附近不存在可以令十万大军存活的岛屿,所谓海岛者,不过是对诸方力量皆不熟悉的极东沿海之地的称呼②,应即指金之曷懒路地。箭内亘就认为,贞祐四年后,万奴退出辽河流域,主力东移,其根据地在今朝鲜北境图们江下游,亦即金曷懒路之地③。由此,万奴于贞祐三年所作的向曷懒路发展的谋划,在蒙军的压力下付诸实施。俟其退出辽河流域,他留出的空间即为金军及耶律留哥所占据④。

东迁的同时,万奴意识到,无论他如何迁避,总脱不出来去如风的蒙军势力所及之处。实力既远远不如,又无法避其锋锐,自然不如暂时纳款,赢得喘息之机。于是,在自立后恰一年,万奴便循耶律留哥故迹,纳质称臣于蒙古⑤,由此获得了有利的发展机会——在附蒙次年,就再度"僭号",称东夏,定都开元⑥,同时极力向南、北两端扩张。

《元史》称万奴附蒙后,"既而复叛,僭称东夏"⑦,此说实不确。按成吉思汗十一年,金贞祐四年(1216)也,万奴于此年附蒙后,至少在金兴定年间与蒙古保持着较亲密的关系,"既而复叛"云云,略去了此后数年两国关系由合作至分崩的复杂过程,易致误解。"僭称东夏"实是降蒙之初之事,而叛蒙在数年之后。两年之间,其国号由"大真"而"东夏",或是所据境域变迁之故,不详其具体原因。不过,显然再次"僭号"并未破坏万奴与蒙古的友好关系。

---

① 《元史》卷119《木华黎传》。
② 《元史》卷119《木华黎传附孙塔思传》:"万努自乙亥岁率众保东海,至是平之。"此处东海,显然同于《木华黎传》所称"海岛"。
③ 〔日〕箭内亘:《东真国の疆域》,《满洲历史地理》第2卷,第251页。
④ 先是,贞祐四年留哥追击其叛部,"还度辽河,招抚懿州、广宁,徙居临潢府",两年后(戊寅,金兴定二年),率本部并领蒙军、万奴部进入高丽境,最终平定叛部,"自乙亥岁留哥北觐,辽东反覆……至己卯春,留哥复定之"(《元史》卷149《耶律留哥传》)。知贞祐二年初败万奴后所获的辽东领土,至兴定二年大多复为留哥所得。
⑤ 《元史》卷1《太祖纪》,太祖十一年十月。
⑥ (清)屠寄:《蒙兀儿史记》(《元史二种》,上海古籍出版社、上海书店,1989年)卷31《蒲鲜万奴传》:"丁丑四月,帅众登陆,破金兵于大夫营,转入女真故地,改金上京会宁府曰开元,都之,别置南京。"《高丽史》则概称"东真"国。
⑦ 《元史》卷1《太祖纪》,太祖十一年十月,"蒲鲜万奴降,以其子帖哥入侍。既而复叛,僭称东夏"。

大约在贞祐三、四年间,万奴就曾北向进逼上京,然未果①。至兴定元年(1217),终于因金上京行省太平之归附,而得以实现②。然而,太平对上京会宁府进行了破坏:"太平受万奴命,焚毁上京宗庙。"③万奴在东北疆向有威望,故在其反状已现而未公开僭号之时,"猛安谋克人亦多从之者"④。可以想象,焚完颜氏宗庙,是出于破坏金政权在东北疆的向心力,将东北女真人完全推向万奴的目的。故而万奴也根本没有顾虑这个旧政权的精神中心,而是掉头继续东向发展。此后,金故上京城或许仍在万奴势力范围内,但被弃于边缘地带,再不受重视。当然,万奴弃金上京,尚有其他两方面原因需要考虑:一是万奴据上京前后,曾与金的残余力量发生激战⑤,城市的毁坏较为严重;二是上京毕竟距蒙古过近,守之不如弃之。

向南,婆速路曾是万奴的主要目标。贞祐三年,万奴未能成功占领婆速路的主要部分。次年,金军、蒙军、耶律留哥、耶律留哥叛部又于该路多次激战⑥。再次

---

① 按《金史》卷128《循吏·纥石烈德传》:"贞祐二年,迁肇州防御使。……改辽东路转运使,军民遮道挽留,乘夜乃得去。蒲鲜万奴逼上京,德与部将刘子元战却之。迁东京留守,历保静、武胜军节度使。兴定二年,以本官行六部事。"以纥石烈德之履历看,击退万奴事应较接近贞祐二年。此外,若此处所载万奴进逼上京之事即指兴定元年万奴占据上京事,则何所谓"战却之"? 故推测《纥石烈德传》所载万奴逼上京乃另有其事,在贞祐三年自立前后,至贞祐四年退入"海岛"之前。
② 《金史》卷132《列女·阿鲁真传》:"兴定元年,承充为上京元帅,上京行省太平执承充应蒲鲜万奴。"
③ 《金史》卷122《忠义二·梁持胜传》。
④ 《金史》卷103《纥石烈桓端传》。
⑤ 见《金史》卷132《列女·阿鲁真传》。又《金史》卷122《忠义二·温迪罕老儿传》:"为同知上京留守事。蒲鲜万奴攻上京,其子铁哥生获老儿,胁之使招余人,不从。铁哥怒,乱斫而死。"因太平的投诚,上京城或可一时兵不血刃地占领,但旧金力量必会在城内武力反抗,或在上京城周边建立"郊垒"以抗之。
⑥ 丙子年(1216,金贞祐四年,高丽高宗三年)留哥叛部耶厮不自立于澄州后,"为其下所杀,推其丞相乞奴监国,与其行元帅鸦儿分兵民为左右翼,屯开、保州关。金盖州守将众家奴引兵攻败之。留哥引蒙古军数千适至,得兄独剌并妻姚里氏,户二千"(《元史》卷149《耶律留哥传》)。金山继耶厮不之后自立于高丽境,又复西出与金军争胜:"契丹遗种金山王子、金始王子胁(高丽)河朔民自称大辽收国王,建元天成,蒙古大举伐之。二王子席卷而东,与金兵三万战于开州馆,金军不克,退守大夫营,二王子进攻之。"(《高丽史》卷103《金就砺传》),《元史》所载"开、保州关",其"保州"未详是金何地,而《高丽史》所载"开州馆",则在辽代开州、金婆速路境内无疑。而大夫营则是婆速路治所来远州附近之垒。丙子年两战皆在婆速路,知婆速路实是当时辽东诸种势力混战之处,《高丽史》卷22《高宗世家一》高宗三年八月乙亥条更是直接提到,"契丹兵驰书报曰:'大辽开国二百余年,中被女真侵犯,又将百年。其女真所陷诸邑,尽行收复,惟婆速路一城不下。累次攻讨,方得乞降。官吏依旧任使,百姓亦依旧安业。尔若不降附,即遣大军杀戮,的无轻恕。'"不过,婆速路金军于丙子年降于金山之事,恐是金山对高丽的恐吓讹诈之言。因金婆速路行省完颜阿里不孙迟至次年(兴定元年),尚成功驱逐了来袭的蒲鲜万奴军。除金、留哥、金山等势力之外,蒙军亦与金的势力暂时合作,加入讨伐金山的战事,在"契丹兵驰书报"高丽的上一月,金边将移牒高丽称:"近者契丹余寇西欲渡河,闻知鞑靼约会本朝大军挟攻掩杀,自知无所归而奔逃去,潜犯婆速。"(《高丽史》卷22《高宗世家一》,高宗三年闰七月丙戌)而此前耶律留哥"引蒙古军数千适至,得兄独剌并妻姚里氏",证明蒙军实已参战。

年（兴定元年），万奴也终于加入这一混战之局，再次侵掠婆速之境。四月，万奴兵破鸭绿江西岸之大夫营①。甚至由此渡江侵据高丽之境②，并威胁高丽以粮八万石助之③。该年辽东行省完颜阿里不孙（时治婆速路）为叛人所杀④，此后婆速路即无音耗，应是为蒲鲜万奴所克。遂有高丽高宗五年（金兴定二年）"女真叛贼黄旗子贾裕来屯大夫营"⑤之记载。但是，当高宗六年初耶律留哥联合蒙军、万奴军入高丽境攻灭叛军喊舍⑥后，万奴的东夏政权就不再据有婆速路。据高宗十九年高丽与蒙古的文件中回顾："己卯，我大国（按指蒙古）遣帅河称（《高丽史》他处多称哈真，《元史·高丽传》称哈只吉）、札腊（《元史·高丽传》称札刺）来救……元帅曰：'道路甚梗，你国必难于来往。每年我国遣使佐不过十人，其来也，可赍持以去，至则道必取万奴之境，你以此为验。'其后，使佐之来，一如所约。每年我国辄付以国贶礼物，输进阙下，独于甲申年，使臣著古与不以万奴之境而从婆速路来焉。"⑦婆速路被排除于"万奴之境"，知万奴贞祐至兴定间于南方的努力，竟付诸泡影。只因据有金曷懒路之境，东夏方维持着蒙、丽中介的作用。

不过，在曷懒路以东、以北，万奴仍是大有收获。《元史·地理志》载："金末，其将蒲鲜万奴据辽东。元初癸巳岁，出师伐之，生禽万奴，师至开元、率宾，东土悉平。"⑧则率宾（金速频路）亦为东夏所有，至万奴灭，始入蒙。开元城，则在今黑龙江宁安，已入金胡里改路之境。而万奴自然不会将都城置于疆土的极边之地，故开元以北，尚应有相当的境域。此外，在金代同样应属胡里改路的今黑龙江依兰县，曾于1977年出土东夏大同四年（1227，金

---

① 《高丽史》卷22《高宗世家一》，高宗四年四月己未。
② 《高丽史》卷22《高宗世家一》，高宗四年九月辛巳，"西北面兵马使报，女真黄旗子军自婆速府渡鸭绿江来屯古义州城"。箭内亘提出，"女真叛贼黄旗子"即蒲鲜万奴军（《东真国的疆域》，《满洲历史地理》第2卷，第240页）。
③ 《金史》卷103《完颜阿里不孙传》，兴定元年，"蒲鲜万奴据辽东，侵掠婆速之境，高丽畏其强，助粮八万石"。
④ 《金史》卷15《宣宗纪中》兴定元年九月癸巳、卷103《完颜阿里不孙传》。
⑤ 《高丽史》卷22《高宗世家一》，五年六月己未，"北界分道将军丁公寿报，女真叛贼黄旗子贾裕来屯大夫营，请与相见"。
⑥ 《元史》卷149《耶律留哥传》：戊寅岁（金兴定元年，高丽高宗五年），"留哥引蒙古、契丹军及东夏国元帅胡土兵十万，围喊舍。高丽助兵四十万，克之，喊舍自经死"。据《高丽史》卷22《高宗世家一》，留哥合诸军入高丽伐喊舍，喊舍之死，事在高宗五年十二月至六年正月。胡土，《高丽史》作"完颜子渊"。
⑦ 《高丽史》卷23《高宗世家二》，高宗十九年十一月条《答蒙古沙打官人书》。
⑧ 《元史》卷59《地理志二》"辽阳等处行中书省·开元路"条。

正大四年)的"会州广盈仓印"①。故东夏至少有金胡里改路南部的相当部分。

由以上的分析,知东夏立国于开元城之时,大致拥有金代的曷懒路、速频路与胡里改路南部地,此外,开元城至曷懒路之间的会宁府东南部之地,亦在其境内。其边境,南抵今朝鲜咸镜南道北青与定平之间②,东濒日本海,西境可能至今张广才岭(金称马纪岭)③,北界则应越过今松花江下游—黑龙江(金混同江)。金的东北疆,其东部大部分为东夏国所得。

自兴定元年起,直至元光二年东夏与蒙古交恶④,甚至到金天兴二年东夏为蒙古所灭⑤,东夏疆域应无大的变动。然而,东夏于其疆域内,对金代遗留的政区,作了很大的调整——尽管京、路、府、州之政区等级几乎与金无异,甚至还沿用了金之"行部"制度⑥,但是,至今未发现其有"县"之建置。并且,除沿用金代的部分政区名称外,又出现了很多新的政区名。由于其政治重心在金代政区建置稀疏之地,故不少政区并非将金代政区改名袭用,而是全然新置。

东夏必定沿袭了金代多个都城的制度,但不仅都城数目不可具知,且是否有首都、陪都之分,亦难以肯定。金兴定元年万奴建东夏国时,新置开元府为都,其地即故渤海国上京龙泉府所在⑦(即今黑龙江宁安市西南66里东京城

---

① 见景爱编:《金代官印集》,第237页下。又同书《附录·金代官印综述》(第249页)中提到,大同应是东夏于天泰以后使用的年号。
② 《高丽史》卷22《高宗世家一》,高宗十一年正月戊申,"东真国遣使赍牒二道来……其一曰,本国于青州,贵国于定州,各置榷场,依前买卖"。箭内亘、张博泉皆曾由此记载推得东真之南境,见〔日〕箭内亘:《东真国的疆域》,《满洲历史地理》第2卷,第256—257页;张博泉:《金史简编》,辽宁人民出版社,1984年,第310页。
③ 《金史简编》,第310页。
④ 《高丽史》卷22《高宗世家一》,高宗十一年正月戊申,"东真国遣使赍牒二道来,其一曰:蒙古成吉思师老绝域,不知所存,讹赤忻贪暴不仁,已绝旧好"。《高丽史》载东真此牒,乃视之为东真、蒙古绝交的最早信息来源。而东真亦应将如此大事尽早通知高丽,并鼓动高丽一同抵制蒙古,共同承担风险。故东真与蒙古"绝旧好",应在最近两次遣使高丽之间。东真遣使高丽,较为频繁,十一年正月遣使之前,去岁五月亦遣使来,故东真国所告知的信息,当即于此半年内所发生。高宗十一年甲申,即金正大元年,可以推断,东真叛蒙在金元光二年。
⑤ 《元史》卷2《太宗纪》,太宗五年九月;卷59《地理志二》"辽阳等处行中书省·开元路条";卷119《木华黎传附孙塔思》;卷121《兀良合台传》;卷150《石抹也先传附子查剌》。
⑥ 女真的传统组织方式,终金未尝中辍的万户、猛安、谋克制,也为东夏所袭用。今所见东夏官印,有"万户天字号印"(天泰二年造)、"不匄古阿邻谋克之印"(天泰六年造)、"夺与古阿邻谋克之印"(天泰七年造),见景爱编:《金代官印集》,第232页上左、234页下、235页上右。
⑦ 《金史简编》,第309页。

镇①），开元之外，又"别置南京"②，似南京为陪都。然而，至金天兴二年蒙古攻灭东夏之役，万奴却是于东夏南京城被擒③。攻克南京后，蒙军方下开元、速频④。那么，或是万奴此时恰在陪都，或是南京在初时"别置"之后，转为首都，两种可能性都是存在的。此南京者，今吉林省延吉市城子山山城⑤。又有北京，曾有"北京行六部"之置，但却无以得知其所在⑥。

境内置路。因东夏政权的疆域各部分地理条件差异不明显，民族构成单一、人口密度较小，应当不存在辽、宋、金那样建立多种路的必要，这一点，由"南京路勾当公事"之官印⑦，亦可推得：正因东夏不存在多种需要相互作出区别的路级机构，故仅称某路即可，而不需具体到机构名。

金东北疆曷懒、速频路，在东夏有辖州。至少曷懒路下新置了青州，是可以肯定的。不过，其实质亦与金制相近。金东北之猛安谋克路，与内地都总管路同级，且胡里改路、蒲裕路之下，亦曾有州之建置。

路之总数不明。据上引官印，东夏有南京路。而根据南京—南京路的对应关系，以及金代制度，可推测东夏国沿用了金制，诸京应有相应的京路。那么与南京路并置的，尚有开元路、北京路。除京路以外，或许还存在类似于金代总管路的建置，比如，在金曷懒路、速频路之地，东夏或许仍沿袭了旧建制。据《元史》载：

> 开元路……金末，其将蒲鲜万奴据辽东。元初癸巳岁，出师伐之，生禽万奴，师至开元、恤品，东土悉平。开元之名，始见于此。乙未岁，立开元、南京二万户府。⑧

---

① 《汇篇》，第93页。又，郭毅生以为，在今黑龙江东宁县东的大城子古城，见《率宾府、恤品路和开元城》，《历史地理》第2辑，上海人民出版社，1982年，第181—187页。
② 《蒙兀儿史记》卷31《蒲鲜万奴传》。
③ 《元史》卷150《石抹也先传附子查剌》："癸巳，从国王塔思征金帅宣抚万奴于辽东之南京，先登，众乘之血迸，遂克之。"
④ 《元史》卷59《地理志二》"辽阳等处行中书省·开元路"条："金末，其将蒲鲜万奴据辽东。元初癸巳岁，出师伐之，生禽万奴，师至开元、率宾，东土悉平。"先是"生禽万奴"，而后至开元、率宾，次第甚明。
⑤ 箭内亘认为，东真定都于南京（见《东真国的疆域》，《满洲历史地理》第2卷，第264页），而张博泉则强调，"定都于开元，开元是都城，南京为'别置'，非都城"，尤其是，今日可见的东夏国官印有"南京行部造"字样，首都则不得有行部（见《金史简编》，第309页）。此说甚有理。然则发现"南京行部造"字样的官印，造于天泰二、三年。天泰三年是大真建国的第三年、东夏建国的首年。仍存在这种可能：南京确曾由陪都升为首都，但却在天泰三年之后，如此则天泰三年的"南京行部"就无以证明南京在该年以后是首都或是陪都。关于南京城址考定，则二者同。
⑥ 1984年曾于黑龙江省牡丹江市海林县出土天泰二年"北京行六部"所造"万户天字号印"。见《金代官印集》，第232页上左。
⑦ "南京路勾当公事之事"，见《金代官印集》，第232页下左。
⑧ 《元史》卷59《地理志二》"辽阳等处行中书省·开元路"条。

（至元三年）立东京、广宁、懿州、开元、恤品、合懒、婆娑等路宣抚司。①

开元、南京，是直接沿用了东夏旧名，而改换建制，将路改为万户府。至于速频、曷（合）懒路，也或是通过东夏的建制，将金元之路联结起来。由此，可以得到肯定存在或很有可能存在的路有：开元路、南京路、北京路、曷懒路、速频路。其中曷懒、速频两路，治所当沿金之旧。

东夏境内人口本就不多，考虑到很少与中心城市发生联系的万户—猛安—谋克体系与政区并存，那么府、州政区的数量就更加有限。而我们今天已知的屈指可数的东夏府、州政区，又多是通过官印方知其曾经存在，对各政区的具体情况——包括初置时间、沿革详情及治所——也难有充分的掌握。故而我们对东夏的政区体系，仅能作最粗略的展示。

除诸路治所外，青州可能是东夏之州府中，唯一治所可考者。此州位于东夏与高丽接界处，两国曾分别于青州、定州对置榷场互市②。显而易见，此州位处东夏最南面的曷懒路。松井等以为，青州即朝鲜咸镜南道北青③。

其他诸府、州的治所，甚至连大致位置也难以确定。古州见于东夏官印④。元代有古州千户所，《中国历史地图集》据《元一统志》所载，开元"正西曰谷州"，以及《辽东志》"谷州北接斡朵里"之说，置之于今黑龙江宁安市西南，此与"古州之印"出土之处——黑龙江省牡丹江市——相距不远，大约元代之古州千户所即东夏之古州治所，然《地图集》定点或过于遵循元代开元"正西"之说，故过于偏西南，与东夏之开元城也过近。事实上定古州于今牡丹江市附近，更为合宜。由其与已推得诸路之距离推测，应为开元路辖州。

会州，有"会州广盈仓印"，出土于黑龙江省依兰县，已北至混同江畔，虽然我们仍未知北京所在，但揣测"北"京相对开元之位置，则会州应是北京路之属州。运州，有"运州总押所印"，出土于黑龙江省东宁县，近于金速频路，当为后者属州。德虎鲁府，有"德虎鲁府军政之印"，出土于吉林省珲春县，虽在金曷懒路境内，然与东夏南京所在的今延吉市较近，当时或属南京路⑤。

于是，对于今日已知的东夏政区，可作以下归属表：

---

① 《元史》卷6《世祖纪三》，至元三年二月甲申。检《元史·地理志》，合兰路后降为合兰府，恤品路亦废。
② 《高丽史》卷22《高宗世家一》，高宗十一年正月戊申。
③ 〔日〕箭内亘：《东真国的疆域》，《满洲历史地理》第2卷，第256页。
④ "古州之印"，见《金代官印集》，第231页下。
⑤ 各官印见《金代官印集》，第237页下、238页上右、238页上左。

表 8　东夏政区归属表

路	治所	下属府、州
开元路	开元府(京)	开元府、古州
南京路	南京(京)	南京、德虎鲁府
北京路	北京(京)	北京、会州
曷懒路	曷懒路	曷懒路、青州
速频路	速频路	速频路、运州

注：东夏曷懒、速频两路或仍金代旧制，亦称"路"也。

当然，以上对于政区名称、种类、治所与归属的分析，实有颇多无法坐实之处。比如史料中向来未载"开元"是否为府名，笔者只是比照金代制度，认为开元应是府名，另外或有京号，构成金"上京会宁府"这样标准的都城名号。但这一比照是否与史实一致，则无法得知。南京、北京应是京号，符合金代都城的命名制度，此外是否尚有府名？此亦不可知。关于官印所载政区名，只能以其出土之所为主要——甚至是唯一——依据，其可靠程度也值得质疑。而"德虎鲁府"之"府"，虽然很有可能是与州同级的统县政区之通名，但也不能排除元帅府之类的军政机构的可能性。总之，此处仅能凭已知之信息勾勒东夏国政区的概貌，许多细节仍有俟新材料的面世。

至于耶律留哥，自贞祐二年已依附于蒙古，则不应看作独立之政权。留哥虽受蒙古"辽王"之封，然其子薛阇"袭爵"后仅是蒙古"行广宁路都元帅府事"，由此看来，耶律留哥之势力在兴定元年之后，恐怕连"割据政权"都很难算得上，故此简述之，而不另立目。

留哥在贞祐二年"尽有辽东州郡，遂都咸平，号为中京"，三年得东京。同年其部叛，留哥得蒙军之助平叛。至四年，向东驱逐叛部，复故地，并"徙居临潢府"①。兴定元年，金弃隆安府，亦应为留哥所有。然同年澄州为金军攻取。兴定元年，留哥所据之地，南至辽阳府，北至隆安府，西至广宁府、懿州，东面大约已得贵德州。略言之，有金之隆安路、咸平路、北京路东面之广宁府及懿州、东京路中部与北部之地。当然，其所据之地，亦可视作是蒙军所据，其间并无实质之区别。

三、金疆域陷蒙过程之特点及解释

蒙古攻金，先近后远，先北后南，由农牧相间之地带推进到农业区，这一扩

---

① 《元史》卷149《耶律留哥传》。

张的趋势,实不甚难解。难解之问题,是蒙古侵金的进程所呈现的初期(大安至贞祐)与末期(正大七年之后)较为得力、中期却相持甚久的特点。此应是双方战略上的得失及战略重点之转移所致。

金大安三年(1211)蒙军的首次全面入侵,即非常顺利,铁蹄踏遍黄河以北。至宁元年(1213)又席卷而来,至次年,直抵中都城下,金境原辽地及河北、山东,未陷落之州郡屈指可数。金立国未百年,尚未见到明显的战斗力衰退的痕迹,何以其与蒙古,强弱之势如此悬殊?除了大安以后无数次守城、夺城的成功战例,迟至正大中,尚有潞州、庆阳大昌原、卫州之大胜,难道大安、贞祐中,金之军力反不及二十年后的正大之时?

首先可以想到的原因,是金在受侵之前对蒙古的崛起未有充分认识,故未致力于北境的全面守御,大安二、三年间,大战突起,措手不及。至宁元年、贞祐二年(1214)间,仍未见构筑坚固防线的迹象,又有纥石烈执中弑君立君之变,是时内难外乱并起,抗蒙之事,自然力不从心。

其次,百年前机动力极强、善于野战的金军,至金末,需要守御北、西、南三面极为漫长的边界,要在近边之州驻军控扼,也要在内地重镇屯聚重兵,直是坐待受攻之形势。灭辽灭北宋之后的金政权,乃是建立在农业社会基础之上,守土之责使之丧失了机动力。金初、金末相比,金军攻守之势易矣。是故被分散击溃是它所面临的重大风险。

此外,即位于蒙军入侵之初的金宣宗,对于此后金蒙战争形势始终无法扭转,可谓是"功不可没"。其怯懦颟顸导致金廷之战略出现重大失误。怯懦者在于,贞祐二年受到城下之盟的惊吓,即刻将迁都之议付诸实施。海陵自上京迁至中都,是出于对中都作为联系中原与东北腹地的枢纽地位的认识,迁都之后,既便于南下经营,又可倚托东北旧地之本族力量。中都一失,南、北之联系即被切断,此实不必雄才伟略者方知。宣宗南迁,龟缩于伪齐旧地,尽丧东北故地故人,国力何由重振?迁汴之后,又议尽迁河北猛安谋克于河南,与政权提供相互的保护,然则百万军人涌入河南,安置之策反复筹议,纷扰五年之久而始终不得要领①。臣僚云:"举天下所奉,责之一路,顾不难哉。"②弃河以北不守,是欲团聚实力以谋自保,后事如何,则无暇顾及。然以百万猛安谋克之供赡,责于河南一路,其可久乎?

而其颟顸,则在无视北境之困顿,以河南重兵屡兴南伐之师。兴定元年

---

① 《金史》卷47《食货志二》"田制"条。
② 《金史》卷109《陈规传》。

(1217)南征,虽歼宋军甚众,然得地复弃,且遭宋军全面反击,西线入秦州,中线焚颍州,东线入海州之境,攻围东海县。兴定三年又下南伐之诏,虽攻入四川,却屡挫于坚城之下,在东线,宋诱使山东诸民间武装来附,且支持李全在山东全线出击,山东东路遂为李全夺其大半。元光元年(1222)再伐宋,更是迅即溃于淮水,而彭义斌师出大名矣。而在南境兵连祸结的五年,北境形势更趋恶劣,本不欲在河朔投下重注的宣宗,更因南伐而振振有词,来掩饰其吝惜兵财之心。贞祐三年,潞州帅府奏请强固河东藩篱,云:"今忻、代撤戍,太原帅府众才数千,平阳行省兵亦不多。"①然则宣宗并不在意。南征之师兴,太原、平阳于兴定二年为蒙军攻克。次年,岚州行元帅府为收复太原事请兵请粮,"诏陕西、河东行省分粮与之,请兵之事,以方伐宋不从"②。然河东自顾不暇,于是"廷议欲弃河东,徙其民以实陕西"③。南征五年将士物故众多而未能收获尺寸之土,北境却危急日甚。《金史》撰者论宣宗于贞祐二年中都围城之后,"狃于余威,牵制群议,南开宋衅,西启夏侮,兵力既分,功不补患。曾未数年,昔也日辟国百里,今也日蹙国百里,其能济乎?"④其说甚为公允。而刘祁更是极不客气地指责:"南渡后,屡兴师伐宋,盖其意以河南、陕西狭隘,将取地南中。夫己所有不能保,而夺人所有,岂有是理!"甚而指斥"乘舆":"宣宗立于贼手,本懦弱无能。"⑤是金之亡,宣宗不得逃其责。

然而,自初次南侵至灭金而尽有其地,蒙军的进程,却也是颇多周折。贞祐以前似有鲸吞之势,在兴定至正大之间十数年,则仅有蚕食之效,即便是兴定、元光中金致力南伐之际,蒙军亦未见有大进展,至正大中甚至一度受挫于金之反击。其故安在?是因蒙古在攻金之初,全力贯注于金,而在攻取中都以后,却将大量兵力投入到金境以外。成吉思汗十三年(金兴定二年)伐夏,十四年至十九年(金兴定三年至正大元年)征西域,二十一年复征西域,至二十二年

---

① 《金史》卷102《必兰阿鲁带传》。
② 《金史》卷111《古里甲石伦传》。
③ 《金史》卷100《完颜伯嘉传》。
④ 《金史》卷16《宣宗纪下》"赞"。
⑤ 《归潜志》卷7、卷12《辨亡》。于此顺带提及金哀宗对宋的态度:哀宗即位之后,与宋修好。宋亦不为已甚,紧守边围而已。然则有宣宗连年征伐之事在前,哀宗欲说宋以合兵抗蒙之事,岂有成功之望? 哀宗称"宋人负朕深矣",又称"彼为谋亦浅矣",然则正大三年诱降宋之楚州,八年,又趁李全之变,诱降宋淮阴县,终"以军成之费粮数万,未几亦弃云"(《归潜志》卷7)。末年困于蔡州,又欲侵宋据蜀,以避蒙军(《金史》卷119《张天纲传》:"扶沟县招抚司知事刘昌祖上封事,请大举伐宋,其略云:'官军在前,饥民在后,南践江淮,西入巴蜀。'颇合上意"),其所谋深乎? 故后人以哀宗"唇亡齿寒"之说为得体、宋人不纳此说为失策,恐是出于对宋人之所顾虑及宣宗、哀宗之所思所为不甚了了。

(金正大四年)亲自率军伐西夏,入陕西,殂于途。而早在十二年,成吉思汗即已将经营中原之事,托付木华黎:"丁丑八月,诏封太师、国王、都行省承制行事……分弘吉剌、亦乞烈思、兀鲁兀、忙兀等十军,及吾也而契丹、蕃、汉等军,并属麾下。且谕曰:'太行之北,朕自经略,太行以南,卿其勉之。'"①这一委托一直持续到元光二年木华黎病死。

这支军队的规模,不足以当灭金之重任。于是这位"太师国王"最主要的任务,就是挟贞祐南下之余威,以美官高爵、裂地分封相诱,不断收编因此前蒙军南侵对华北社会的破坏所催生的各种地方武装。对于蒙廷来说,汉地"名器"似非稀缺之物,而分封之地,也是受封者自力经营而来,于蒙廷不损分毫,却使金政权受到极大的损害。这些割据者大多在投蒙之前已有其势力范围,入蒙之后,更无后顾之忧,一意侵取金境,扩大封域。至于蒙军,其强大的战斗力足以确保摧毁反叛者——如锦州张致即是其例——但难以承受长期对金战争造成的人员损失。较之亲率"弘吉剌……等十军"冲锋陷阵,更能体现木华黎能力的,是令这些归附者按照蒙军的意图与金军作战而不是相互争夺地盘。这些势力大小不等的归附者遍布河北、山东,甚至在蒙军用力较多的河东,也活跃着刘伯林、刘黑马等附蒙者的身影。木华黎很好地执行了调控之职责。在张致之外,迄其卒,未尝有附蒙者自相残杀之例,在其死后,亦仅有武仙这一例外。史天倪、史天泽兄弟,以及张柔、严实等,始终为蒙古——以及自身——的利益尽力,他们的忠诚,经受住了考验。但是,他们的实力与能力,却使其常常面临险境。史天倪被袭杀之后,慌乱失措的史天泽若无蒙军支持,固然无以为继,而严实被彭义斌迫降之后,若非蒙军积极迎击,不可能得到阵前反戈的机会,也就不可能继续尽力于蒙古的事业。史天倪、严实等人,终于在木华黎及后继者的居中调控下成长起来,但灭金之进程,也随着他们的成长耗费了不少时间。

木华黎死后,成吉思汗于亲征金境之时缅怀道:"使木华黎在,朕不亲至此矣。"②后继者谋略不及,致使金军一度反攻得势。嗣后成吉思汗亦死于征途,在蒙廷多事之秋,灭金之事,延迟数年,至金正大六年(1229)八月,窝阔台继位之事已定,遂重又致力于此。此时,其他方向大事已定,蒙古得以在金境尽其全力。仅逾四年,金祚遂绝。

要之,大安之后,蒙军本占显著优势。在金宣宗的荒谬战略之下,金本不能支撑甚久,只因蒙廷尚有伐夏、西征等要务,致使金祚再得苟延廿余年。但

---

①② 《元史》卷119《木华黎传》。

是,金毕竟无以逃脱宗社倾覆之厄运。

第五节　金末与宋之战争及疆域之出入

嘉定元年(1208,金泰和八年),宋金嘉定和议签订不数年,金人即罹蒙军入侵之祸。当时宋廷仍由史弥远执政,持重是务,于金之乱局,仅作冷眼旁观。甚至夏人约宋攻金,宋亦无动于衷。唯一利用新时机推出的新举措,是停止向金缴纳岁币。而金竟然为此发动南侵——此刻,蒙军的铁骑已令它的北境遍体疮痍。

兴定元年(1217)四月,"以宋岁币不至,命乌古论庆寿、完颜赛不等经略南边"①,南侵之师遂兴。是年冬,又"诏陕西伐宋"②。战争进行得拖沓冗长。至该年底,仅西路破宋天水军、白环堡、大散关③。次年三月破西和州,四月破成州,随弃二州而去④。伐宋二年,迄无所成。

兴定三年正月,又"诏伐宋"⑤。疲惫乏力的南征军忽然有了些进展。同月焚成州、破凤州;二月,进取兴元府、大安军、洋州。然同月大败于大安军,遂弃兴元府、洋州而去⑥。闰三月,仍未见建功,遂班师⑦。至兴定五年,又出师南下⑧。此次更是三鼓而竭,仅陷蕲、黄⑨而退。然宣宗南征之意犹不息,元光元年(1222),复"遣元帅左监军讹可行元帅府事,节制三路军马伐宋,同签枢密院事时全行院事,副之"⑩。不久渡淮,略有小胜而退。还师时再三遭宋军追袭,"士卒皆覆没"⑪。

兴定之五载及元光元年,金几乎年年兴师伐宋,双方各丧师数万,而金迄

---

① 《金史》卷15《宣宗纪中》,兴定元年四月丁未朔。
② 《金史》卷123《忠义三·杨沃衍传》。
③ 《宋史》卷40《宁宗纪四》,嘉定十年十二月"己巳,破天水军,守臣黄炎孙遁。金人攻白环堡,破之。庚午,迫黄牛堡,统制刘雄弃大散关遁,金人据之"。
④ 《宋史》卷40《宁宗纪四》,嘉定十一年三月戊戌,"金人破西和州";"四月甲辰,刘昌祖焚成州遁,守臣罗仲甲弃城去。是日,金人去西和州。……阶州守臣侯颐弃城去。是日,金人去成州"。
⑤ 《金史》卷15《宣宗纪中》,兴定三年正月庚午。
⑥ 《宋史》卷40《宁宗纪四》,嘉定十二年正月辛卯,"金人焚成州","甲午,破凤州,守臣雷云弃城去,金人夷其城";二月"辛亥,金人破大安军……洋州破";壬子,"沔州都统张威遣统制石宣等邀击金人于大安军,大破之,获其将巴土鲁安,金人遂去兴元府。丙辰,金人去洋州"。
⑦ 《金史》卷15《宣宗纪中》,兴定三年闰三月"庚戌,行省左副元帅仆散安贞至自军前,入见于仁安殿。……甲寅,以南伐师还,罢南边州郡籍民为兵者"。
⑧ 《金史》卷16《宣宗纪下》,兴定五年正月"己酉,伐宋"。
⑨ 《宋史》卷40《宁宗纪四》,嘉定十四年三月"丁亥,金人破黄州……己亥,金人陷蕲州"。
⑩ 《金史》卷16《宣宗纪下》,元光元年二月己酉。
⑪ 《金史》卷117《时青传》。

无寸土之入。不唯如此，金南侵之时，宋固然反击不力。然而金之内乱，却是宋可以大加利用的。正是在兴定元年金宣宗初次兴师南伐之际，宋以楚州为基地，为山东红袄军提供支持：吸引山东"豪杰"来投，而后反攻山东。初战告捷，兴定二年李全围海州、下密州，金之东路在宋、蒙夹击中，其势日蹙。至兴定三年宣宗再下诏伐宋之后，李全在山东发起全面攻势，而新近割据山东北部的张林亦附宋，除济南为蒙军所据外，山东东路其他诸州，大多入宋。其间唯燕宁据天胜寨，为金夺回沂州。然至兴定五年，燕宁战死，金在山东东半部，再无力撑持。而对金政权来说更为严重的是，宋终于出兵，与蒙古联手攻蔡，且先破南门而入。金固然亡于蒙，亦是亡于宋。

第六节　金末西夏之扰边

自金初以来，西夏对金之陕西、河东边境，便频有侵扰。至皇统（1141—1149）以后，金的忍让，令西夏气焰更盛。反之，当蒙古崛起之后，对西夏的打压却极严厉，且任意驱使，唯恐不尽其力。西夏惧蒙而轻金，至金末，其侵扰愈力矣。除在蒙军挟裹之下深入金境，其主动出兵攻州掠县之事，亦所在多有。据杨蕤统计，大安（1209—1211）至元光（1222—1223）间，夏人侵境达三十余次[①]。然当时金军百战之余，习于兵阵，反击极为凌厉。十余年间，夏人兵卒损折颇众，却几无所获。然金亦不堪其扰。贞祐三年（1215）、四年曾议出师伐夏，皆无果而终。最显强硬的是兴定四年（1220）出境攻夏之宥州[②]，然亦属局部反击，不可视作强有力的惩戒。《金史·西夏传》论曰："及贞祐之初，小有侵掠，以至构难十年不解，一胜一负，精锐皆尽，而两国俱弊。"侵掠虽小而无休止，且非迟至贞祐方始，兵祸"不解"远愈十年，故而，"精锐皆尽而两国俱弊"，势不可免。

---

① 见《夏金疆界考论》，《北方文物》2005 年第 2 期，第 99 页。
② 《金史》卷 134《外国上·西夏传》。

第二章　金代政区制度：路、镇、州、县四级统辖体制

在金代，路为高层政区，并无疑问。然而州之间的等第不同，同时意味着以节度州为治所的节镇，不仅对本州，还对刺史州（支郡）存在统辖关系。由是而致政区统辖体系中，有节镇一级存在于路、州之间。金代是路、镇、州、县四级统辖体制。

第一节　高层政区之一：路制概说

若从行政区划制度的角度来考察，金的路制一直未臻完善的境地。路的管理机构不止一个，金后期机构增减变化尤多，职能不统一，并且管理地方民事的职能，很大一部分并不经由路一级机构；从空间上看，几种机构的辖区未能重合，区划不统一。这些都是路制不完善的表现。不过，合数种机构而言，它们毕竟共同起到管理府、州的作用，是联系中央与府、州的一个层级。故而还是应当强调，路，作为一类而非一种区划，仍应被视作高层政区——职能不完全的高层政区。

金代路制之变，迄未停止。始则兼用辽、宋、本族之制，经长期的演化，至熙宗皇统中（1141—1149），都总管（招讨司）路、转运司路终于在全境遍置。两种路并存之制实行近半个世纪，至大定二十九年（1189）章宗即位之初，又增置提刑司，后复改提刑为按察，又并按察、转运二司为一，至贞祐三年（1215）终废按察而转运司仍独置，遂复大定以前旧制。然贞祐以后，行省、宣抚等军民政合一的临时派出机构又充斥境内，都总管路渐趋虚化，路制亦近乎崩溃。

无论是就金前期仅存在两种路，还是后期三种路并存之时，都总管路显然是其中最重要者，都总管之地位与职能，皆逾于提刑使、转运使。关于都总管在军事与治安方面的职能，张帆先生已有精到的论述[①]。同时，它在民事方面

[①]　《金朝路制再探讨》，《燕京学报》新12期，2002年5月，第102—104页。

也负有一定职责,如于本路刑狱方面,应起到一定作用①。不过,在置提刑之前,很可能多数民政事务由县—刺史州—府(节镇),或者县—防御州的路径上行之后,便跨过都总管府,上达中央,大部分刑狱之事亦当如此。如贞元元年(1153)《福山县令题名记》载:"古莱之俗,果于报怨,锐于胜人。……不得意于县,则必诉于州;不得意于州,则必诉于帅;又不得意焉,则必诉于部。"②"帅"指该管之节度使,应非都总管之喻。则"帅"以后,其事属"部"矣,其间都总管则未尝出现。

至于转运司,在金地位甚低。仅管财计及由财计衍生的各项事务,既无监察州、县之权,于刑狱之事,亦罕能插手。其辖区虽亦称路,然则有时转运使之地位,未必及于节度使,即使是与财计密切相关之事,亦无最终决断权。如典礼祭祀之事,在转运使职责之内,但拥有最终决定权的,却是节度使。大定中泰安州修宣圣庙,《碑》文曰:"昔者岳祠告修所坏,运司必先视之,禀于兖州,然后行之,故旷日持久而不能有成也。且如宣圣庙,日就倾圮,止请缮于运司,尚三年而不报,况夫岳庙,更当禀于兖州乎?"③兖州,即指泰安州该管之节镇所治也。则属州祠庙修复等事,节度使之决断权在转运使之上,甚则转运使尚需"禀"节度使,其无力,可见一斑。由一个军事为主的机构、一个权力很弱的财政机构所构成的路级管理体系,显然经常不敷中央所需。时代越往后,交予路级机构的新职能越多,强化原有机构职能或建置新的路级机构,就越显必要。至大定二十九年,遂有提刑司之置。

提刑(按察)司之职能,某些部分是得自于早置的两个路级机构。如海陵时令猛安谋克"分隶诸总管府、节度使"④,此后有关于猛安谋克之新增事务,理所当然仍应属总管府。然提刑司建置以后,立即受命参与猛安谋克之管理。又钱谷之事,自然属转运司分内,可是提刑司参与的财计之事,却不在少数(见下文提刑司、按察司部分),故康鹏提出:置提刑之后,转运司权轻矣;至贞祐

---

① 《遗山先生文集》卷18《内相文献杨公(云翼)神道碑铭》:"承安四年出为陕西东路兵马都总管判官,决狱宽平,大为总管贤宗室长寿所知。"另外,作为军、民政合一的路级管理机构招讨司,也同样在本路刑狱上体现它的重要性。据李俊民《庄靖集》(山西古籍出版社,2006年)卷8《孟氏家传》:"(孟彦甫)以明法中选知西北路招讨司事。时有疑狱,狱成,当弃市,公拒不受命。虽怒而迫之,莫能夺也。"按《金史》卷57《百官志三》:"大兴府。……知事,正八品。掌付事勾稽省署文牍、总录诸案之事。……知法三员,从八品。女直一员、汉人二员,掌律令格式、审断刑名。……东京、北京……西南招讨司、西北路招讨司……并同此。"孟彦甫当时所任者,是西北路招讨司知事,总录本路诸案,其中包括刑名之事,故得有上述疑狱之争。
② (金)王炎:《福山县令题名记》,《金文最》卷22。
③ 李守纯:《泰安州重修宣圣庙碑》(大定二十三年),《金文最》卷73。
④ 《金史》卷44《兵志》"兵制"条。

中复废按察司，转运司之权方才重新提升①。不过，提刑的大部分职权，应属路一级的新增事务，即散府或节镇本来直接与朝廷接洽之事，都总管、转运司不太参与或不起决定作用，但因朝廷不堪其烦，遂由提刑司先汇总处理，如祠庙旌表等事，前此由府、镇定夺，置提刑之后，起决定作用的是提刑——有时甚至越过府、镇直接号令刺史州②。另外，此前都总管偶或参与但并不一定任责的属州刑狱之事，自置提刑司之后，便有一个地方高层机构在其中稳定地起作用。此前至帅而止的地方刑审过程，遂变为州、县"上闻府，府以闻按察司"③的途径。若仅以民事计，则提刑司应是各种路级机构中最为重要者，且是"金朝最接近于北宋'监司'的路级机构"④。

总而言之，金代前、中期都总管、转运司合力履行的高层行政机构职能，相当不完全。但提刑司的建置，使路一级的功能迅速完善，路作为高层政区的地位，也迅速坐实。不过，路制走向成熟的过程，比起有金一代百余年的寿数，显得过长，而稍显成熟之后，立即因战乱又走向分崩离析，遂使金代高层政区制度的完善与稳定程度远不如宋制。

第二节　高层政区之二：金代的地方高层军事区划

研究金代高层地方军事区划，首先会遇到的困难便是，对相关材料缺乏的金代初期的情况，难以措手。比如对当时各种挂某"路"名的机构的存在，是否意味着一个辖区固定的高层军事区划的存在，或者称为某某"路"的区域，是否可以直接视之为高层军事区划，往往不能轻易得出结论。其次，上述的困难又导致制度成型之后，某些路难以找到其前身，即初期、中期的区划间，偶或难以

---

① 《金代转运司路研究》，第25页。
② 明昌二年（1191）赵某某所作《三官宫存留公据碑》（《金文最》卷76）载："委司、县正官一员，遍诣应有寺观神祠等处，一一躬亲检点，如系自□□□塑绘□神佛容像，□□所官并司、县先□□□，具申州、府、令司、县并僧道□及州、府□□□籍，仍从各州府排立字号，□□□签印□合同公据，赍付住持寺观人等□执，并造一般合同文簿，申复使府。""使府"者，在"州、府"之上，即提刑使也。又田肇所作《兔山人祖庙碑》（载《金文最》卷77）载："越明昌七载，有提判陈公巡按之滕，搜索稽滞，见斯事（修庙）之未济，乃命州之主者亟为行之。"则提刑越过滕州该管节镇武宁军（驻徐州）而直接号令滕州。又毛麾《解州平陆县张氏义居门闾碑》载，明昌三年，"张仁槭四世义居，县申州，州申□□□度□，察衙差官体究，诣实申本道，提刑司申尚书户部，会法照例呈都省"，予以旌表（阎凤梧主编：《全辽金文》，山西古籍出版社，2002年，第1679页）。郭戭《师节妇传》亦载："同州澄城县太平乡雷某妻者，姓师氏。……提刑司上其事，请加旌赏。"（载《金文最》卷114）。上述各例，皆经由提刑司而申中央。
③ （金）游淑：《重修文宪王庙碑》（兴定五年），《金文最》卷81。
④ 《金代路制再探讨》，《燕京学报》新12期，第112页。

找到联系它们的线索，使得描述所有高层军事区划的研究，很难得出全貌。这当然也要归因于材料的缺乏，尤其是貌似"详核"、"老洁"的《金史》，其实是文胜于史，不仅惯于略去最紧要的一些制度详情，并且时常给出一些致命的误载。以至于我们今日对成型以后的区划，也不甚了然。不得不说，重新梳理金代的高层军事区划，虽然对本研究来说是十分必要之事，但却有相当大的难度。

毫无疑问，金制既有自己的特点，又受辽、宋制度的双重影响。问题在于，有金一代，高层区划制度中具体是哪些方面分别表现出辽、宋及女真传统制度的痕迹。这是本节要探讨的主要问题之一。理清金代高层区划的发展过程及制度成型之后的状态，还需要考虑的是，这种来源混杂的制度，对金代国家的空间结构有什么影响，并通过何种重要事件体现其对国家命运的影响。

一、北境路制之草创

1. 金初"路"之缘起及性质之辨——关于万户路

金前期存在的万户路，以猛安谋克为基础，是女真立国的根本，它建置于女真内地及稍外围处。其始置于阿骨打反辽伊始，至海陵天德元年（1149）改置节度使路，然其实质则未变焉。

阿骨打称帝前以及称帝之初，其政治与军事活动曾与不少女真族的"路"发生联系。不过，这些"路"的实质，与辽天庆五年（1115）之后所置黄龙府、咸州等"万户路"不同，不可视作一体。如天庆五年十二月，"上御辽主兵，次爻刺，迪古乃（即完颜忠）与银术哥守达鲁古路"①。此"达鲁古路"者，显然就是达鲁古部②。辽天庆四年六月，遣"斡鲁古、阿鲁抚谕斡忽、急赛两路系辽籍女直"③。九月克宁江州之后，"使娄室招谕系辽籍女直，遂降移燉益海路太弯照撒等"④。斡忽、急赛、移燉益海皆为"系辽籍女直"中的部分，这类的"路"显然并无可能各成一个"万户"级的高层区划。程妮娜曾指出，当时"称某些部族居住的地面为路"⑤。只有经过金初对各女真部落的重组，改置为曷懒、蒲裕、曷

---

① 《金史》卷70《完颜忠传》。
② 达鲁古部见载于《金史》卷2《太祖纪》：太祖二年六月，"（太祖使）实不迭往完睹路执辽障鹰官达鲁古部副使辞列、宁江州渤海大家奴。于是达鲁古部实里馆来告曰……"
③ 《金史》卷2《太祖纪》，太祖二年六月。
④ 《金史》卷72《娄室传》。
⑤ 《金代政治制度研究》，第22页。

苏馆等路,"万户路"作为军事——行政合一的高层区划才初步形成。总体而言,完颜氏建立政权前后出现的许多女真内地的路——达鲁古路、斡忽路、急赛路、移燉益海路,以及统门、耶悔、浑蠢、星显①、益改、捺末懒②等——其意皆是"某部居地"之意,或可与部落联系起来,却与军事或行政区划无干。

大约始自盈歌掌领完颜部之时,完颜部开始对远近多个部落发号施令,如寿昌二年(1096)令"统门、浑蠢、耶悔、星显四路及岭东诸部自今勿复称都部长"③,即是令此四部承认完颜部的霸权。当时完颜部对各部的控制渐强,如统门等四部即已屈服于它。但从起事反辽前后不断"抚定"、"招抚"其他各部女真的事实,可知盈歌时期直至阿骨打初年,完颜部远未称得上统一女真,当然更不可能在女真地区遍置以"路"命名的政区。真正有军政区意义的"路",其建置的出现应始于辽天庆四年,阿骨打"初命诸路以三百户为谋克,十谋克为猛安"④稍后。"诸路"谋克、猛安编制的统一,意味着在已占领地区,对女真户进行重新编组,以便于迅速集结人力,应付刚刚开始的反辽战争。而进一步的要求,即是扩大军—民事合一的最高统制单位,在猛安之上置万户。于是,原有各部——包括曾被称为某"路"者——被组合为耶懒、曷懒、蒲裕、曷苏馆、婆速等路。而统一各部、重新编组的工作,一直持续到阿骨打死前。此后,"路"的含义发生了显著变化,原有与"部"大体同义的"路",被整合为行政区、宋制之下的行政区——当然因女真人的兵民合一,这种新的"路"更多的是军事意味。

随着越来越多的女真人被纳入完颜氏的政权之下,不但万户的数量迅速膨胀起来,并且各万户内部不断调整,从旧万户抽取户数组建新的万户。如天辅二年(1118),"以娄室言黄龙府地僻且远,宜重戍守,乃命合诸路谋克,以娄室为万户镇之"⑤。这必然导致了万户"路"的增加。并且,随着持续不断的军事行动和占领区的推进,"万户"的编组方式,其所针对的不再限于女真人。如大量渤海人被编为猛安谋克,从而也产生了"渤海万户",以大㚖任此职⑥,且

---

① 《金史》卷1《世纪》:穆宗(盈歌)三年(辽寿昌二年),完颜"教统门、浑蠢、耶悔、星显四路及岭东诸部自今勿复称都部长"。
② 《金史》卷72《娄室传》:太祖二年九月克宁江州之后,"败辽兵于婆剌赶山。复败辽兵,擒两将军。既而益改、捺末懒两路皆降。进兵咸州,克之。诸部相继来降,获辽北女直系籍之户"。益改、捺末懒两路可能也在"辽北女直系籍之户"之列,然则其与"诸部"并列,"部"、"路"实同也。
③ 《金史》卷1《世纪》。
④ 《金史》卷2《太祖纪》,太祖二年十月。
⑤ 《金史》卷2《太祖纪》,天辅二年三月庚子。
⑥ 《金史》卷80《大㚖传》:天会四年"八月,再伐宋,授(大㚖)万户"。

亦有契丹、奚等族被编为万户。

  "万户"制度的演化结果是,它的类型复杂化,越来越多的"万户"与军政区不再相关。尤其是随着其他民族也采用这种编制方式,万户的类型也分流为三:在原来的女真内地及边缘地区如黄龙府路,万户仍是兵民合一的猛安谋克的统率机关,仍然可视作高层军事—民政区划;随着猛安谋克入驻原宋境,猛安以上的万户,则屈居于"路"之下,与州同级①;而在南面的主要用兵之地,又产生纯粹作为军官的万户,它与猛安谋克不见得完全对应的关系。前两类性质尚属相近,只因分布在不同区域,故层级有上、下之别。至于第三种,则可看成一种衍生出来的新类别。这一类万户,在天会四年(1126)伐宋时就已产生,当时,"调燕山、云中、中京、上京、东京辽东、平州、辽西、长春八路民兵,隶诸万户,其间万户亦有专统汉军者"②。虽然熙宗朝罢汉、渤海之万户、猛安、谋克,但万户作为军官,却自此沿用。有金一代,行军万户③、征行万户④、左翼万户⑤、先锋万户⑥、马军万户⑦、砲军万户⑧等专为行军征伐而设的万户,或主管某一战斗集群中的一部,或主持某次战事的某一用兵方向的军事行动,或统领某支并非由猛安谋克整建制转化而来的军队,或掌管某一特定兵种之部分,显然与稳定的军政区没有关系,其性质应与管理猛安谋克的押军万户、管押万户、本州万户等,有明显的区别。至金末"招集义军名曰忠义,要皆燕、赵亡命",至元光中(1222—1223),"义军以三十人为谋克,五谋克为一千户,四千户为一万户,四万户为一副统,两副统为一都统,此复国初之名也"。正大二年(1225),又"选诸路精兵,直隶密院。……曰建威、曰虎威、曰破虏、振威、鹰扬、虎贲、振武、折冲、荡寇、珍寇。……复取河朔诸路归正人……名曰忠孝军"⑨,故又

---

① 如大定二年,蒲察"充邳州刺史、知军事,领本州万户,管所屯九猛安军",见《金史》卷68《蒲察传》。
② 《金史》卷44《兵志》"兵制"条。
③ 《金史》卷5《海陵纪》:天眷三年,完颜亮"以宗室子为奉国上将军,赴梁王宗弼军前任使,以为行军万户"。卷68《蒲察传》:"大定二年,领行军万户。"按卷82《移剌温传》载,"正隆伐宋,以本官为济州路行军万户,从至扬州",则行军万户亦可就领某万户路之兵,然此似非通例。
④ 《金史》卷103《乌古论长寿传》:"贞祐初,夏人攻会州,统军使署征行万户。"此处所载虽为金末事,然金末之制,非无本之木,其制当有源起,即"征行万户"者,或在金前、中期已有。
⑤ 《金史》卷70《宗亨传》:大定中,"宗亨与左翼万户蒲察世杰等,以七谋克军与之(窝斡)战"。又,完颜襄亦曾任"左翼万户",见卷92《徒单克宁传》、卷133《叛臣・窝斡传》。
⑥ 《金史》卷103《完颜铁哥传》:承安中,"丞相襄行省于北京,铁哥为先锋万户"。
⑦ 《金史》卷122《纥石烈鹤寿传》:"大安三年,充西南路马军万户。"
⑧ 《金史》卷17《哀宗纪上》,天兴元年三月"乙巳,凤翔府砲军万户王阿驴、樊乔来归"。又,卷124《忠义四・蔡八儿传》载:"(王)阿驴、樊乔,皆河中人,初为砲军万户。"
⑨ 《金史》卷44《兵志》"禁军之制"条、"兵制"条。

有振威军万户①、忠孝军万户②。然此时之"万户",皆纯粹之军官,已无"国初"之实矣。

综上所述,当金政权的疆域向四面拓展的时候,万户路随之向外散布。而当政权在新占领地区吸取了辽、宋政权的政区类型之后,万户这一建置的状态便发生了变化,其性质与女真内地的万户路发生了分离。

2. 都统路的生成及推广以及万户、都勃堇、都统、军帅、统军之关系

在阿骨打活跃于政治舞台的十年间,一面将女真各部置于万户—猛安—谋克的系统中,另一方面,又出于频繁的、大规模的军事行动的需要,建置与万户相关的其他单位:都统、军帅。在北方原辽境域,随着局势的稳定,它的辖境也由变动不居的状态稳定下来,成为兵民合一的军政区。自太宗朝至海陵天德二年间,一一改置为都总管路。

都统、军帅,与万户、都勃(孛)堇,在金初皆曾频繁出现,有时尚有混用的现象,使人莫名所以。王曾瑜先生指出,"军帅和都统都是女真语都勃极烈(都孛堇)之歧译而已"③,此说是。《金史》中混杂使用的各种称呼,也由此得以联系起来。当然,其间尚可略作区别。

都勃堇是女真部落时代的首领名称,其意大约为都部长,即几个部落的共同首领,故完颜部在盈歌时代壮大之后,即"号令诸部不得称都孛堇,于是诸部始列于统属",以盈歌为唯一的都部长。阿骨打建立政权之后,都勃堇之号复用于统领诸部者,与"都统"制并行不悖,但因新制度的渗入,其意义有所变化。按《金史》的行文来看,"猛安、谋克"指女真人的编制,而"勃堇",应是猛安谋克长官之称,两种称呼的区别,并不在于平时与"行兵"时。然则勃堇与猛安、谋克的联系,却是无可否认的。而由此推衍,猛安以上的一级单位——万户路——的长官,就应是"都勃堇",而"万户",则应是"都勃堇"的汉译名。但是,在传统勃堇、都勃堇制度与"都统"这一新制并用的时代,万户与都勃堇实非严格的对应关系。《金史》中亦曾出现"保州路都勃堇"、"曷苏馆七部都勃堇"的称法,而保州路于辽天庆五年已置都统,曷苏馆路亦尝置都统。则两路之"都勃堇",同于都统矣。按《金史·兵志》:"部长曰孛堇,行兵则称曰猛安、谋克,

---

① 《金史》卷15《宣宗纪中》:兴定元年七月"癸未,陕州振威军万户马宽逐其刺史李策,据城叛"。卷111《古里甲石伦传》:兴定三年"六月,保德州振威军万户王章、弩军万户齐镇杀其刺史孛术鲁银术哥"。
② 《金史》卷116《蒲察官奴传》。
③ 此外,针对《满洲金石志外编·壮义王完颜娄室碑》所记载的"统牧",王先生亦以为,"'统牧'和'都统'应皆是都孛堇之歧译。"见《金朝军制》,第15、16页。

从其多寡以为号,猛安者千夫长也,谋克者百夫长也"①。此处关于勃堇与猛安、谋克关系的说法,实属臆想。

都统则确是因为"行兵"的需要而产生。新的旨在扩张领土的军事行动,以及镇守新得之地的需要,使都统应运而生,并成为某些万户的上级机关。辽天庆五年,加古撒喝为"保州路都统"②,此为见载最早之都统。"都统"之名,固然是因为女真之编制而沿用辽代官名③,但同时,军事的意味更浓。在对辽用兵期间,金之都统下辖人数按用兵的需要盈缩,或辖一个万户,或者是数个万户的规模,如果有必要的话,甚至可以是全部军力的大部分——如完颜杲所任之"忽鲁勃极烈、都统内外诸军"。有时都统辖众约万户,其地位与万户亦无异④,但一般来说,金太祖时期的都统是较万户更大的单位。无论如何,在官制尚未成型的金初,官名亦非统一,都统亦可称"都勃堇"⑤。万户是女真人的编制,都统体制则以此编制形式为基础,更着眼于新占领区的镇守之职,带动女真户的分布向周边扩展。

至于军帅,主要用以称呼都统——王曾瑜先生已指出这一点。《金史》所载的"军帅",大多数其实应可与"都统"相互替代,而非另一种特殊的机构。但"军帅"之使用范围,较之都统略为广泛,也可以是"一军统帅"之意。如刘豫向金廷上报军情,即称呼宋将韩世忠等为"军帅"⑥。《金史》载天会中侵宋之战事,云"宋河东军帅郝仲连、张思正,陕西军帅张关索"⑦。但《金史》终未能正确理解"军帅"的使用范围,称:"凡猛安之上置军帅,军帅之上置万户,万户之上置都统。然时亦称军帅为猛安,而猛安则称亲管猛安者。"⑧将军帅压到了万户以下一级,遂由一种指称对象广泛的惯称,推导出一种制度上的谬见。

都统之建置,在金军兵锋向四面扩展之时,也随之外扩。至天德二年撤改各都统建制止,对曾经存在较长时间的都统路进行考察,可发现它们无一例外

---

① 《金史》卷44《兵志》。
② 《金史》卷135《外国下·高丽传》。
③ 《金朝军制》,第4页。
④ 黄龙府万户即是如此。同样,泰州路都统所辖兵户,亦是"分诸路猛安谋克之民万户",见《金史》卷1《太祖纪》,天辅五年二月。卷44《兵志》称,金初六都统(咸州路、南路、内外诸军、奚路及六部路、上京路、泰州路)"每司统五六万人",规模非常平均,这一说法恐是出于臆想。如辖众万户的泰州路,显然不可能与"内外诸军都统"平齐。
⑤ 如《金史》卷66《宗室胡十门传》:胡十门"子钧室,尝从攻显州,领四谋克军,破梁鱼务,功最,以其父所管七部为曷苏馆都勃堇"。而据卷24《地理志》载,曷苏馆路"尝置都统司"。则《胡十门传》所谓"曷苏馆都勃堇"者,即都统之谓也。
⑥ 《金史》卷77《刘豫传》。
⑦ 《金史》卷80《突合速传》。
⑧ 《金史》卷44《兵志》。

地置于边地,从东、南、西三面包围女真内地:辽天庆五年所置的保州路都统,这是女真先攻占辽东京道大部之后,为处理迫在眉睫的金、丽边境问题而置。南面,是天庆五年所置的咸州路都统,次年改为南路都统,其名称鲜明地表达了它所经营的,先是咸州附近,后是其南的辽东半岛、平属三州。而后是西面,于天辅五年置泰州路都统,表现了女真放弃了辽曾经稳固占领的蒙古高原以后,退守大兴安岭以西的意图。西南面,是同年所置的"都统内外诸军",于两年后改为"西南、西北两路都统",负责西南向追击辽天祚帝,并经营山西及西北、西南路部族地区。另外,置于天辅六年的中京路都统以及其后继的机构奚路、六部路都统,当时亦曾是女真势力的外围。迄太祖末年,都统制已被推行至女真居地外围、金政权所占据的绝大部分原辽疆域。

至太宗朝,既了灭辽之事,遂兴侵宋之师。或许因为已有元帅府作为新战事的最高负责机构,南下征战之际,各都统作为元帅府这个战争机器的部件,其活动的地域范围当然应随战事发展的需要作出调整。攻占开封之后仍在继续的侵宋战争,与灭辽之战有所不同,宋地人口密集,近北的河北、河东,军队也布置得甚为密集,金军遂针对这种局势分解任务,相应缩小了都统的活动范围,各自负责一二州之地,分区展开对宋军的攻击。是时,据《会编》载:

> 渤海万户大挞不也屯兵河间,女真都统浑打浑、阿鲁保屯兵于保州,女真万户特木也屯兵于永宁、祁州,女真万户胡沙虎屯兵于霸州,女真万户聂耳屯兵于冀州,女真副统韶合屯兵于真定,辽东汉军万户韩庆和屯兵于庆源,女真都统万佛奴屯兵于雄、莫,女真万户余列屯兵于洺州,女真副统蒙哥屯兵于磁、相,女真万户银术与其弟拔束屯兵于太原新城,女真万户宪里屯兵于岚、宪,契丹都统马五屯兵于平阳,契丹(原注:有阙字)屯兵于慈、隰,女真万户石家奴屯兵于汾州,女真万户娄室屯兵于河东苏村,娄室之子鹘眼屯兵于解州安邑,女真万户撒离喝屯兵于绛州,女真万户温敦屯兵于泽、潞,女真都统茶喝马屯兵于孟州。①

"都统"浑打浑、阿鲁保、万佛奴、马五、茶喝马等,只是当时活动于河东、河北的二十支军队中的一部分,辖境各一二州,甚至两部合屯于一州。在这种时效性很强的布局中,各都统显然不应被视为稳定的军政区。而大部分都统辖区境域狭小,自然更谈不上"高层"。俟天会七年两河粗定,金政权立即模仿宋制,分河北置两路,又分河东为两路,各置兵马都总管,作为正式的军政区。此

---

① 《会编》卷111《炎兴下帙十一》建炎元年七月十六日条引《金虏节要》。

后河北、河东四路，无论是稳定性，还是辖境，皆非战时的都统辖区可比。此外，天会七年金军攻陷徐州，任命王伯龙为"徐宿邳三路军马都统"①，所谓"三路"者，大约亦仅三州之境耳。天会七年，金军再度南下，迫逐宋高宗，次年北归，留大㚖"为扬州都统，经略淮、海、高邮之间"②；天会十五年废伪齐国，高彪"摄滕阳军以东诸路兵马都统，抚谕徐、宿、曹、单，滕阳及其属邑皆按堵如故"③。此二都统境域虽不小，然却明显是临时的建置。天会七年以后黄河以南的这些都统，也同样无法视作稳定的高层军政区。也就是说，在灭辽期间出现在北方的都统辖区，由作战区渐变为镇守区，完成了向稳定的军政区的转变，并大致与金中期北方的都总管路相接续。而在原北宋之境，都统辖区却并未经历同样的发展过程。它们只是将重大的战役分解为多个点、多个方向的军事行动。战事结束、使命完成之后，便即撤废④。

若说都统在原宋境内的区划中有什么影响，那就是天会末年曾将"大名开德路都统"⑤改为统军，而山西、河南、陕西、山东亦先后建置过统军司。后三者且持续存在至金末，在大定（1161—1189）初、泰和（1201—1208）末的宋金战争期间，又被改为"都统司"，由这一事实，可以发现金之南境都统与统军的联系是显而易见的，甚至名称，都同样应该从辽之"都统军"脱胎而来。而它们的主要区别是：都统重在战时行军作战，统军重在平时管理军队⑥。但无论是都统还是统军，在南境总是与都总管路并存的。

3. 招讨司

如果说都统路受到辽制的较大影响，那么，招讨司之建置，则可说是完全承袭辽制。辽代置西南、西北二招讨司，主要负责镇抚鞑靼诸部，金代仍用此制，略有不同者，一是在金中期的大定年间，将乌古迪烈统军司改置为东北路招讨司，并与泰州路合并；二是西北路的辖境，自辽代的蒙古高原大幅收缩，镇抚的中心地带南移至西京路以北不远处。由此，西南、西北两路招讨司的驻地也非常接近。

---

① 《金史》卷81《王伯龙传》。
② 《金史》卷80《大㚖传》。
③ 《金史》卷81《高彪传》。
④ 自天德二年撤废都统后，正隆南征时，海陵曾复置都统。据《金史》卷5《海陵纪》：正隆六年八月壬寅，"以枢密副使白彦恭为北面兵马都统，开封尹纥石烈志宁副之，中都留守完颜毅英为西北面兵马都统，西北路招讨使唐括孛古的副之，讨契丹"。此次置都统，则纯粹为行军征伐之官，与镇抚方面，具有军政区性质的金初都统性质不同。
⑤ 《金史》卷68《冶诃传附子阿鲁补》。
⑥ 在北境原辽地，亦有个别相似的例子，如天会八年前后撤销保州路都统司，而由婆速路统军司负责东境边务。

概括地说，金初建立在本族独特的猛安谋克制度基础之上的万户路，占据了女真内地，它们仍是女真立国的基石、最后保障；不过因用兵的需要，有很多万户在各都统司的统率下移镇原辽五京为中心的各大区域，以都统为首的区划制度，受到辽制的很大影响；最后，在北部疆域的外围，则将辽代制度沿袭下来，以招讨司镇抚周边游牧族。这是女真本族制度与辽制交互作用的大致状态。

二、进据中原时期对宋制与伪齐制度的吸收

甫入宋境，金立即采用宋制，在新得之地任命"安抚使"。天会三年金军侵宋，"滑州降，留（王）政为安抚使"①。次年，宗望属下之"汉军粮料使"李瞻"与礼部侍郎李天翼安抚河北东、西两路，略定怀、浚、卫等州，卫、汤阴等县"②。金军占领河北之后，"安抚司辟举（史良臣）监北京内东仓"③。和卓"从宗望伐宋，以功迁真定府路安抚使、兼曹州防御使"④。而王伯龙则在天会五年至七年间，先"同知保州兵马、安抚司事"，"还攻莫州，降之，加太子少保、莫州安抚使"，后"复为莫州安抚使"⑤。

上述诸任职"安抚"者，皆统兵之官，即如李瞻这类本来负责后勤供应者，或者如李天翼这类有文官之衔者，亦参与统兵"略定"宋地。故当时金袭用宋"安抚"之建制，可谓实至名归。然则金之"安抚"仍有不同于宋者。主要区别在于攻宋之际，金之安抚使官职高下、辖境广狭不一，而总体上地位较宋之安抚为低。如上引王政之滑州安抚及王伯龙之保州、莫州安抚，皆为一州之辖境。辖境较广的真定府路，当时金所任命的安抚使，也仅仅是"防御使"的级别，可知其地位逊于宋同类官员。不过，当金政权任命刘豫为安抚使之时，后者辖境之广，却又走向另一个极端。豫以济南府降金后，于天会七年任"京东东西淮南安抚使、知东平府、兼诸路马步军都总管、节制河外诸军"⑥，黄河以南金军兵锋所及，皆为豫之境，不久，刘豫又"升任"伪政权皇帝。是知此"安抚"之地位非同一般。

"安抚"地位之忽高忽低，无疑显示了金对于宋之同类制度虽有所吸取而

---

① 《金史》卷128《循吏·王政传》。
② 《金史》卷128《循吏·李瞻传》。
③ （金）赵秉文：《闲闲老人滏水文集》（四部丛刊初编本）卷12《史少中碑》。
④ 《金史》卷66《始祖以下诸子·和卓传》。
⑤ 《金史》卷81《王伯龙传》。
⑥ 《金史》卷77《刘豫传》。

无意于全盘采纳,用宋之旧名,或是希望获得河朔之民的认同,而对于其实际权力与地位的任意高下,则与当时河朔诸"都统"之纷繁错杂一般,全然是从用兵便利的实用角度考虑。此后攻陕西,对张中彦等降将,亦先后授予招抚使、兵马钤辖、都总管、经略(安抚)使等职名①,王曾瑜先生认为,这"说明当时沿用宋制,而分路单设都总管之制尚未定型"②。

金在原北宋境内的高层军政区的初步定型及其接近宋制,以天会七年置河东、河北四路都总管为标志。天会十五年废伪齐,山东东、西路及河南府路、归德府路、京西南路各置都总管,而淮南东路、淮南西路、京兆府路、鄜延路、泾原路、环庆路、熙河路、秦凤路,则置安抚使或经略安抚使,而汴京则置留守司。皇统二年(1142)收回河南、陕西地,河南各路合并,以汴京之留守司为长,陕西并为四路,并置都总管府。至此,建置划一的过程大致完成。此后,完颜亮于天德二年之改置,不过以汴京路留守兼都总管而已。

金政权于南方袭用宋制置都总管,表面看似遵循胜国旧制。然又在都总管之外,于宋地合数路置一统军司,原宋境长期置有陕西、河南、山东三统军司,作为各自辖境之内以女真猛安谋克为主干的军队的统领机构。在辽代,东京、南京等路,也同时置有留守、统军使,分任一路军事之责。然而辽代的留守与统军的辖境相同,留守是一路军、民政最高长官,而统军作为其军事方面的主要助手,地位略次。而在金代,名义上的军、民政最高长官是路总管,但作为都统的后继者,统军司"以元帅府都监、监军为使,分统天下之兵"③,不仅地位不在都总管之下,且其辖境,较之路总管往往大得多。初期的统军司可以看作是中央军事主管部门的派出机构,时日既久,则成为镇守方面的最高地方军事机构。而这一布局的意图,显然是为了与南宋江淮、荆湖、四川的三路边政系统相对应。这样一来,在黄河以南原宋境内,金代建置的实质与北宋实有很大的区别,应看作是受到北宋制度较大影响之后,又针对金—南宋的对峙状态作出应激反应的结果。

三、海陵朝对全国高层军事区划的整饬

熙宗天眷官制的推行,被视作金政权系统地引用汉制、统一制度的举措。然而,就地方区划制度而言,熙宗朝虽有建置变动,但并不是一个转折时期,金

---

① 《金史》卷79《张中彦传》。
② 《金朝军制》,第30页。
③ 元帅府于当年底废(《金史》卷5《海陵纪》,天德二年十二月己未),统军使应对元帅府之后继机构枢密院负责。

初以来逐渐形成的各类地方高层军政机构，并未像中央官制一样，在熙宗朝于名目、层级、性质等方面经历了整齐划一的调整。统一金代地方军政区划制度，在海陵朝天德二、三年。金代中后期建置于金境内主要地区的高层军政区——都总管路——即在天德二年由南境一隅得到推广。而南部邻近宋境地区的三个军区（统军司路）和西北的三个军区（招讨司路）也定型于海陵朝。

据《金史·兵志》记载，天会六年，"诸路各设兵马都总管府"，至天德二年，又"改诸京兵马都部署司为本路都总管府"[①]，似乎金前期高层军政区都总管路的建置，便只经历了这么简单有力的两步。事实上，天会至天德间军政区的变化比《兵志》所载的过程要复杂一些。天会六年仅建置了河北、河东四路都总管。熙宗朝天会十五年于山东两路、皇统二年又于陕西四路置都总管，将都总管遍置于原宋之境（汴京路除外）。至海陵天德中，在全境进行了改革，以划一制度。先于天德二年，在六京（上京会宁府、中京大定府、东京辽阳府、西京大同府、燕京析津府、汴京开封府）及原为北京的临潢府统一置都总管，其中仅燕京为维持原制。各京路之都总管由留守兼任。当年并分置咸平路。这一分路体系及机构建制，在海陵朝以后改变甚少。至天德三年，又改婆速府、曷懒路统军司为都总管府，曷苏馆、泰州路都统司及济州、蒲裕、胡里改、速频等万户改置节度使。

经天德二、三年两次大举改制之后，金疆域内的绝大部分地区，高层军政区仅存两种：都总管路与节度使路。前者分布较广，而后者仅存在于女真内地原万户路分布之处。此即划一之最终结果。

不过，沿边地区的建置则略有不同。在西北边境，金初沿用辽制所置之西南、西北两路招讨，天德二年仍得以保留，又改乌古迪烈路统军司为招讨司。为处理西北游牧族事宜所置的三路招讨之制，亦沿用至金末。而在西、南境与夏、宋相邻诸路，则于诸路总管之外，特置山西（辖西京、西南、西北三路）、河南（辖汴京路）、陕西（辖京兆、鄜延、庆原、熙秦四路）三统军司。但同时又撤销了其他诸处原有的都统、统军司。除上述泰州、曷苏馆两个统军司路被降为节度使路，另如天会十五年所置的大名统军司，亦罢于天德二年。该年之后，又陆续有调整，如山西统军司于贞元元年（1153）被废，而后又置山东统军司。统军使与此前的都统一脉相承，其所在之处便为当地的最高军事长官——其于军事上所负之责，更重于都总管，但于民事方面则无所执掌。此又不同于天会以前兼掌综军民之责的都统。在中后期，因其统管本区军权而相应发展出某些

[①]《金史》卷44《兵志》"禁军之制"条。

治安方面的职责①,更重要的是,山东、陕西统军使多兼益都尹、京兆尹,由此也兼任本路都总管,民事方面的责任就因都总管之兼职而产生②。然一旦用兵,则由统军使各领方面,故其迄未改变较纯粹的统兵官的身份。如果说都总管路是军、民政合一的"军政区",尚属行政区之列,那么,民事全然从属于军事的招讨司路,若无兼职就其少涉及民事的统军司辖区,就应视为"军区"。由是,至海陵末年,"最后形成了北方三个招讨司和南方三个统军司之军区部署格局"③,以招讨、统军司为首的军区,由西北而东南,形成金的内地诸军政区的保护层。

四、关于北境"节度使路"的层级——对于金代"路下有路"说的质疑

海陵天德三年,女真内地的婆速府、曷懒路统军司改置为都总管府,曷苏馆、泰州路都统司及济州、蒲裕、胡里改、速频等万户路改置节度使。对于这些"都总管府"与"节度使",其辖区究竟是何层级,自《金史》撰者之后,却是颇多误解。

《金志》集中体现了撰者对这些节度使辖区的层级的认识。该《志》之中,蒲裕、曷懒、胡里改、速频、曷苏馆等虽称"路",不过,皆被置于上京路之下。而婆速路则置于东京路下。至于上京路下的隆州(大定二十九年由济州改名)、北京路下的泰州,撰者甚至没有给出任何信息以显示它们自成一路,甚至看不出它们曾经有路之建置。对于如此重要的制度之失载,以及这种编排与行文方式,使得后世研究者得出金代上京、东京二路"路下有路"的结论④。进而,关于被认为是"路下之路"的曷苏馆路,又有归属之争:该路辖地在东京路境

---

① 《金史》卷49《食货志四》"盐":泰和"六年三月,右丞相内族宗浩、参知政事贾铉言:'……山东亏五十余万贯,盖以私煮、盗贩者成党,盐司既不能捕,统军司、按察司亦不为禁。'"知统军于查禁私盐一事上负有责任。
② 当然,统军即使因兼都总管而涉及民政,其行使军、民两种职事的辖区并不相同。山东统军使掌管山东两路军政,而在民政上仅涉益都府所在之山东东路;掌陕西四路军政之陕西统军使,亦仅管京兆府所在路的民政。与山东、陕西二统军兼任一路都总管不同,河南统军使置于汴京之时,一般不兼留守、本路都总管。只有置于归德府、许州之时,常兼本州长官。而招讨司甚至不一定兼本州长官,如西北路招讨使于大定八年前长期驻于燕子城(该城当时属桓州),而燕子城显非桓州治所。而泰州于大定二十五年至承安三年间为防御,招讨使亦不应兼防御使。
③ 《金朝军制》,第23页。
④ 何俊哲等称:"金在东北的上京和东京等地方在路下又设有路。"(《金朝史》,第251页)都兴智认为:"(金代)在女真人集中的地区则实行路、路、猛安、谋克制,在高级的路制下又设一级低级的路,辖猛安谋克。低级的路有六:上京路内有蒲裕路、胡里改、速频、曷懒四路;东京路内有婆娑府路和曷苏馆路。"(《辽金史研究》,第216页)至于有人提出"金之招讨司相当路下所设'路'"之说(林文:《从出土官印看金朝疆界》,《北文文物》1995年第4期,第31页),距事更远。

内,但在《地理志》中却被置于上京路之下。或认为,这是《地理志》记载之误,曷苏馆路实属东京路;或以为《地理志》所载无误,曷苏馆路非常重要,其境域虽不与上京路相连属,但却由上京路遥制,是上京路的飞地。如果我们理解蒲裕、胡里改等路,与上京、东京路皆无归属关系,而是平级单位,那么,归属的问题就不再是问题了。

必须承认,早期的济州路(原黄龙府路)、蒲裕路等万户路较婆速、曷懒等都统司路地位为低;由万户路改置节度使路之后,它们与京路以及由都统司路改置的都总管路还是有地位差异。而婆速、曷懒、曷苏馆路作为都统司路或都总管路,则与上京、东京路并无地位的上、下之别。地位的差异由镇守的猛安谋克的数量、地理位置决定,通过主管官员的级别来表达,但所有这些路之间,地位的差异并未导致层级的差异。它们同样是高层军政区。

在《地理志》中,婆速、蒲裕等都总管、节度使路被置于上京、东京等路之下,这是"路下有路"的观点形成的最直接的原因。但《金史》其他多处记载,却与此相反,女真旧地的万户、节度使路,总是与其他各军事路并列——而非以统辖与被统辖的关系——出现。比如在机构设置上,"婆速路、曷懒路、速频、蒲与(裕)、胡里改、隆州、泰州"等处与大兴府相同①。猛安谋克的管理方面,"河北东、西、大名府、速频、胡里改、会宁、咸平府、济州、东京、曷速馆等路",以及"西南、西北招讨司、临潢府、泰州、北京、婆速、曷懒、山东东、西路"同级②。所以在征调军队之时,蒲裕、胡里改等路,也与上京路分计,相互之间不存在统辖关系③。总之,曷懒、婆速、曷苏馆、蒲裕、胡里改、速频六个或被视作是"低级的路"的都总管或节度使辖区,以及向未被当作"路"看待的济州(隆州)路,与各京路、旧辽宋之地的普通都总管路、招讨司路不分轩轾。有强烈迷惑作用的《地理志》的记载,事实上却是一条孤证。

五、定制之后军事路的种类与数量

《金志》开篇即称:金"建五京,置十四总管府,是为十九路。其间散府九,节镇三十六",云云④。于是出现历代正史《地理志》都难得一见的现象:第一句话,就引起后世颇多纷争。顾祖禹强解五京为上京会宁府、北京临潢府、南

---

① 《金史》卷57《百官志三》"大兴府"条。
② 《金史》卷87《仆散忠义传》。
③ 《金史》卷84《白彦敬传》。
④ 《金史》卷24《地理志上》。

京辽阳府、中京大定府、西京大同府①。辽阳府在金未尝为南京，此毋庸论。而上京会宁府置于天眷元年(1138)，北京临潢府于天德二年去京号，降为普通总管府，故此二京同时存在的时间，仅在天眷元年至天德二年间，而在这十二年间，金代却有六京或七京，每京各为一路首府，即：天眷元年置上京会宁府、北京临潢府、东京辽阳府、燕京析津府、中京大定府、西京大同府。天眷三年又置汴京，至天德二年复废北京，仍六京。若如顾祖禹所说，则燕、汴二京又当置于何地呢？而施国祁则以"上京路会宁府，东京路辽阳府，北京路大定府，西京路大同府，南京路开封府"为五京，较顾祖禹多开封而少临潢。会宁府称上京而临潢府无京号，是大定十三年以后之制，那么，当时的首都——中都大兴府——何以不在"五京"之列呢？施国祁解释道："中都大兴，自属总管府，故直云建五京"，"官志云：大兴府尹兼领本路兵马都总管，车驾巡幸，则置留守。可知总管其常，留守其暂置也"。他认为中都大兴府反而应该列入普通总管府之列，且批评《大金国志》"京都六，留守司五"之说是误载，以钱大昕加临潢入总数共计二十路为非②。这一解释非常令人不解。五京竟然不包括首都，而且理由是首都是建置都总管的，一般无留守之置。然而天德以后，金诸京皆置都总管，那么就可直称"十九总管府"，又何必区分京路与普通总管府路呢？

上述解释，都有一个预设，即《金志》不至于开篇即错。并且金代舆地之学显非两位论者的长项。今可见者，唯谭其骧先生举重若轻地解决了这一问题：

> 熙宗皇统二年，宋金和议初成。其时金土当分路十七：上京，东京，中京，北京，西京，燕京，汴京，河东南、北，河北东、西，山东东、西，京兆，鄜延，庆原，熙秦。……
>
> 海陵天德二年，改北京路为临潢府路，又增置咸平；贞元元年，改燕京路为中都路，汴京路为南京路，中京路为北京路；正隆二年，削上京之号，上京路改称会宁府路，又增置大名府路。凡十九路。③

对谭先生考得之正隆二年(1157)十九路略作梳理，其中京路五，即中都、东京、北京、西京、南京，总管府路十四，即河东南、北，河北东、西，山东东、西，京兆，鄜延，庆原，熙秦，会宁府，临潢府，咸平，大名府。

至此，似乎未发现《地理志》所载有何问题："建五京，置十四总管府，是为

---

① 《读史方舆纪要》(以下简称《纪要》)卷7《历代州域形势七·金》，中华书局，2005年。
② 《金史详校》卷3上，台北：新文丰出版公司，1984年。
③ 《金代路制考》，《长水集》下卷，人民出版社，1987年，第290—291页。

十九路"的情况,在正隆二年以后,确实曾经存在过一段时间(按表9,至大定十三年重新升置会宁府为上京、改为六京十三路之制,其存在时间为十六年)。那么,《地理志》的问题在哪里呢? 在于五京十四总管府共十九路之制既是正隆之制,而其下文所列政区却是以泰和八年(1208)为断。序文所载的路制与正文记录的具体内容,居然相差半个世纪,这是很不可思议的。我们再可考量一下,序文中"是为十九路"之后,所接"其间散府九"又是何时之制呢? 检金代各散府沿革,至大定十三年,明确已经存在的有广宁、兴中、归德、河南、济南、河中、平凉七府,中山府不知升置于何时,而彰德府迟至明昌三年(1192)方才升改。也就是说,"散府九"的状态,至少在明昌三年之后,很有可能与正文一致,表现的是泰和八年的情况。所以"十九路"之说又与"散府九"之制相悖,分别是至少相隔三十余年的两个时期的制度。从撰《地理志》应有的体例而言,谓《金志》开篇即错,不应算作是夸张的说法。

《金志》列五京十四路又不予具体名录,这是造成后人各种猜测和误会的源头。相形之下,《大金国志》和《金虏图经》的记载就具体、准确得多。两者所载,皆五京、十五总管府,共二十路:

> 二十路:中都路,南京路,西京路,东京路,北京路,临潢府路,会宁府路,咸平路,河北东路,河北西路,河东南路,河东北路,山东东路,山东西路,大名府路,京兆府路,鄜延路,庆原路,熙河路,秦凤路。(《大金国志》)

> 京都五处:上,中都(大兴府),南京(开封府);中,北京(大定府),东京(辽阳府),西京(大同府)。总管府十五处:平阳府(建雄军),真定府(成德军),益都府(镇海军),东平府(天平军),京兆府(永兴军)、太原府(武勇军),大名府(天雄军),河间府(瀛海军),庆阳府(安国军),临洮府(镇洮军),凤翔府(凤翔军),延安府(彰武军),咸平府(安东军),临潢府(地名西楼),会宁府(地名金源)。(《金虏图经》)①

既有具体名录,则后人之校证即有据可凭。以上两处所记载的政区,其实相同,只不过是《国志》记载路名,而《图经》记载治所而已。而两者也有共同的错误,即置都总管于凤翔府之时,会宁府路已复升为上京路矣。又秦凤、熙河是北宋的路名,在金,分别称凤翔府路、临洮府路。而纠正路名的两处错误并改会宁府路为上京路之后,以上两处所载的政区(即六京十四总管),就确乎是金代某个时期存在过的状态。如谭其骧先生所说,是大定二十七年的制度,并

---

① 《大金国志》卷38《京府州军》、《会编》卷244《炎兴下帙一百四十四》绍兴三十一年十一月二十八日条引张棣《金虏图经》。

且也是此后直至贞祐间都总管路的主要状态。笔者以为,《国志》《图经》两处记载相当有价值,非《地理志》序文的含糊说法可比。

不过,金代高层军事区划制度远比京、总管府的两分法要复杂,故而仅仅讨论正隆二年的十九路之制或是其他时期的十八路、二十路之制,是远远不够的。

首先需要考虑招讨司路。金初承辽制,置西南、西北二招讨,大定五年改乌古迪烈统军司为东北路招讨司,三招讨司皆主政边境,且是与游牧族交界之边境。招讨司所辖,除猛安谋克外,尚有糺军等部族军队,此是招讨司与女真内地都统、统军、总管、万户、节度使路之不同处。而其下甚少辖有汉民,则同于女真内地路而不同于旧辽内地、北宋旧境的各路。《地理志》分别置三招讨司于西京、北京路之下,就如它置曷懒、婆速等都总管府于上京、东京路之下,实为误载。世宗提到,"外官之尊,无以逾"①招讨,似并不夸张。其地位与留守都总管等同,于《金史·百官志》中历历可见②,招讨司路与京路、都总管路建制相同,也见于记载③。

更有说服力的事实是,招讨司所辖,往往不止一州,甚至不止一个节度使辖区。招讨司并非寄治于北京、西京路下某州。其所在之州,多由招讨司兼州长吏④,知招讨实领所治之州。如西南路招讨司治所丰州,同时又是天德军节度使治所,该镇以弘、净二州为支郡,招讨使即以节度使的身份兼领二州。在此之外,招讨司又辖开远军一镇(治云内州,以东胜、宁边州为支郡)。而西北路招讨司先治桓州(节度),兼桓州节度使并领支郡抚州。明昌七年(1196)迁治抚州,承安二年(1197)抚州升节镇,招讨司又兼任抚州节度使并辖支郡桓州。知西南、西北两招讨之司辖有一个以上的节镇之地。但这只考虑了州镇,而还未涉及同级的部族节度使。按《金史·兵志》所载,东北路招讨司除治所泰州之外,至少还辖有迭

---

① 《金史》卷73《守能传》。
② 如《金史》卷57《百官志三》"诸府镇兵马等职"条:"招讨司。使一员,正三品。"与留守、都总管同,此或可见一端。卷58《百官志四》"符制"条:"虎符之制,承安元年制。……其符用虎,并五左一右,左者留御前,以侍臣亲密者掌之,其右付随路统军司、招讨司长官主之,阙则次官主之。"
③ 《金史》卷57《百官志三》"大兴府条":"尹一员,正三品。……同知一员,从四品。……少尹一员,正五品。……女直教授一员。东京、北京……临潢、陕西统军司、西南招讨司、西北路招讨司、婆速路、曷懒路、速频、蒲与、胡里改、隆州、泰州、盖州并同此。"又卷129《佞幸·李通传》载:"(正隆)四年二月,海陵……遣使分往上京、速频路、胡里改路、曷懒路、蒲与路、泰州、咸平府、东京、婆速路、曷苏馆、临潢府、西南招讨司、西北招讨司、北京、河间府、真定府、益都府、东平府、大名府、西京路,凡年二十以上、五十以下者皆籍之。"招讨司路显然被视作是与诸总管府路同类的单位。
④ 如丰州,"皇统九年升为天德总管府,置西南路招讨司,以天德尹兼领之。大定元年降为天德军节度使,兼丰州管内观察使,以元管部族直撒、军马公事,并隶西南路招讨司"。见《金史》卷24《地理志上》"丰州条"。

刺、唐古部节度使（承安三年改为土鲁浑尼石合、部鲁火札石合节度使）①，而西北路也至少辖有乌昆神鲁部族节度使，而"其他若助鲁部族、乌鲁古部族、石垒部族、萌骨部族、计鲁部族、孛特本部族"，亦应皆置节度使，且为三路招讨所辖。当正隆末、大定初西北路契丹反金之时，"西北路契丹部族"起事之初，"撒八、孛特补与部众杀招讨使完颜沃侧及燥合，而执耶律娜、没答涅合，取招讨司贮甲三千，遂反。……五院司部人老和尚那也亦杀节度使术甲兀者以应撒八"②。知撒八所在部族，处于招讨司的直接控制之下，而老和尚所在的"五院司"，或即上引"迭剌部"之下辖单位，术甲兀或即迭剌部节度使。

招讨司之下，既辖有州镇，又辖有部族节度使，招讨司辖境是边境地区拼合了游牧和农耕两种要素的特殊的高层军政区。其或在辖有、管理汉民的事务上与中原的军政区有很大不同，但仍有大致明确的辖区，有固定的治所，大量户口，且管理机构的层级也与其他高层军政区无异。由此，它的性质是不难了解的。

招讨司的数量很稳定，除了金初继承辽之西南、西北两招讨司，大定五年，又合并泰州路（节度使路）与乌古迪烈路（统军司路）置东北路（招讨司路），后者辖境包括了辽代乌古敌烈统军司辖境的西部和东北路大部。此后则再无增减。

其次要考虑女真内地各路。上文对"节度使路"的辨析部分曾提及，女真内地的婆速府、曷懒路统军司（后置都总管府），曷苏馆、泰州路都统司及济州、蒲裕、胡里改、速频等万户路（后改置节度使），以及金初存在过的耶懒路，皆属高层军政区，这并不因为《金志》将它们置于上京、东京路之下而改变其实质。在海陵天德三年划一制度，将上述这些路改置为都总管、节度使之后，其数量略有变化。泰州路于大定五年并入东北路（置招讨司，治泰州）。曷苏馆路废于明昌四年，故明昌以后，唯存婆速、曷懒、隆州（由济州路改，后又改隆安路）、蒲裕、胡里改、速频六路，其中又分为都总管路与节度使路两个层级相同而地位有别的种类。

再次，需要考虑海陵朝以后建置的统军司路。但需要强调，统军司路不应视作与都总管路性质相近的高层军政区划，而应是较纯粹的军区③，其层级其

---

① 《金史》卷44《兵志》"兵制"条。
② 《金史》卷133《叛臣·窝斡传》。
③ 前文提及，金大定以后，南境三统军司顺应外部形势，与南宋三制置（宣抚）相对。但与后者相比，金之统军司涉入民事、管理汉民的权力远为不如。而猛安谋克的管理，平时亦应为都总管所负责。据《金史》卷57《百官志三》，金后期一度尝置安抚司，"仍专管猛安谋克，教习武艺及令本土纯愿风俗不致改易"。然安抚司所置时间颇短，显然前此、后此，甚至安抚司存在之时，亦有其他机构主管南境各路猛安谋克事宜。据《金史》卷44《兵志》"兵制"条：及宣宗南迁，乣军溃去，兵势益弱，遂尽拥猛安户之老稚渡河，侨置诸总管府以统之。"知此前亦应由总管府行使管理权，而统军司很少参与猛安谋克的日常管理。

至可以在高层军政区(都总管府路)之上,但与民事无甚关涉。

综上所述,金代高层军政区应加入招讨司辖区及女真内地各路,其数量应作大幅度的调整,具体的变迁,根据笔者对各路沿革的考证,概括如表9所示。

最后,须为《金志》略作辩白。它不仅于序文中为读者定下"十九路"(在不同时期,或者是十八路、二十路)的基调,在正文中,亦以十九路编排,根据以上分析,实非当时制度的正确传写。但是,不计入招讨司路、内地路,应是金代的惯例。如承安三年(1198)所作《济阳县创建先圣庙碑》即称:"天下有十九路。"①无论是当时的转运司路或是提刑司路,皆与十九之数相去颇远,故而碑文所载的数字仍是指都总管府路。可见,《地理志》的记载和编排方式并非无本之木,其所载符合金代的某种惯例,但远未严格遵循当时制度。这犹如我们今日统计高层政区时,只记录省而忽略自治区、直辖市与特区。

表9 金代各类路的数量变迁②

年 份	京	都总管	都统	统军	招讨	万户、节度使	军事路总数*	《金志》计为高层政区者该年总数**
天辅七(1123)		1***	7		2	5	15	
皇统元(1141)	7	10	5		2	4	27	19
皇统九(1149)	7	10	7		2	4	29	18
天德二(1150)	6	12	4	3	3	4	29	18

① (金)陈大举:《济阳县创建先圣庙碑》(承安三年),《金文最》卷78。
② 无论是就当时全部高层军政区的实际数字,还是就《金史·地理志》列入记载范围的"路"而言,我们都可以在其他史籍中找到不相符的记载,需要在此作些说明,以排除疑惑。《会编》卷245《炎兴下帙一百四十五》绍兴三十一年十一月二十八日条引范成大《揽辔录》,记载当时金之政区,共十五路,经整理后为:中都路、东京路、西京路、南京路、北京路、河北东路、河北西路、山东西路、山东路、河东南路、河东北路、京兆路、鄜延路、熙秦路、庆原路。据后文"转运十四"(实则共载十五路)的说法,所计应为转运司,然则京兆府以后四路,显然是都总管府路而非转运司路。总之,《会编》所传抄的范成大提供的分路方式,混淆了转运司与都总管路。而据《元史》卷150《石抹明安传》载:"岁壬申,太祖率师攻破金之抚州,将遂南向。……帝善其言,释之,命领蒙古军抚定云中东西两路。既而帝欲休兵于北,明安谏曰:'金有天下一十七路,今我所得,惟云中东、西两路而已。'"笔者以为,此记载完全不可信。不仅《元史》质量之劣更过《金史》,就其所称"云中东、西两路"不伦之说,即知其中有明显的传写之误。只有《大金国志》卷14《纪年·海陵炀王中》所载:"正隆五年夏'国主聚兵将南征……中原汉儿与渤海军总一十七路,惟中都路造军器,河南路修汴京免签外,其一十五路,每路一万,通为二十七万,仿唐制,分二十七军'",其中包括中都路、河南路在内的"中原汉儿与渤海军总一十七路"作何解,则不得而知。

续 表

年　份	京	都总管	都统	统军	招讨	万户、节度使	军事路总数*	《金志》计为高层政区者该年总数**
正隆二(1157)	5	16		3	3	6	30	19
大定十三(1173)	6	15		3	3	5	29	19
大定二十七(1187)	6	16		3	3	5	30	20
明昌四(1193)	6	16		3	3	4	29	20
承安元(1196)	6	15		3	3	4	28	19
承安末(1199)****	6	16		3	3	4	29	20
贞祐二(1214)	6	15		3	3	4	28	19

　　* 天德二年后不计入统军路，因为，此后统军已非高层军政区。而皇统元年、九年诸都统中，河南路双置留守、都统，故都统不计入军事路总数。

　　** 此处所计数，既不包括与总管重置或涵盖数总管路的统军、都统司路，亦不包括西北边境的招讨司路、乌古迪烈统军司路或以猛安谋克为主的女真内地路（曷懒、婆速、曷苏馆、胡里改、蒲裕、速频、耶懒、泰州、黄龙府）。

　　*** 当时称都部署，置于西京路。

　　**** 泰和八年同。《金志》以该年为断而仅载十九路，少临潢府路。

六、大安以后总管府的淡出

自宣宗贞祐以后，总管之地位日轻，它在金的政治体制中的作用也越来越小。其作用和地位下降的过程很长，形迹较难准确把握，大体就是，它在史籍中——尤其是在重要场合中——出现的概率越来越小，不过，迄金亡仍然存在。

在金末，即使偶有提到都总管者，也会将它置于行省等新机构之后。贞祐三年，参知政事高汝砺为猛安谋克南迁之事上奏："此事果行，但便于豪强家耳，贫户岂能徙。……乞先令诸道元帅府、宣抚司、总管府熟论可否，如无可疑，然后施行。"① 都总管仍维持其管理猛安谋克之职，然则其前则有元帅府、

---

① 《金史》卷107《高汝砺传》。

宣抚司矣。

宣抚司职能几与都总管无异,唯任职者地位更高,有时辖区更大,当宣抚司存在之时,都总管的职能就会被覆盖。故而偶可发现,贞祐以后,有宣抚使、副使兼都总管之例。如贞祐二年十一月胥鼎"知平阳府事、兼河东南路兵马都总管、权宣抚使",至次年七月,"就拜本路宣抚使,兼前职"①,则胥鼎权宣抚、真拜宣抚之时,皆兼都总管。完颜弼于贞祐二年"改陕西路统军使、京兆兵马都总管、宣抚副使",次年,"改知东平府事、山东西路宣抚副使",至四年,"迁宣抚使",仍守东平②。知贞祐以后,随着宣抚使等地方大员的出现,都总管一职虽在,却常常沦为兼职,史籍之中,亦为宣抚使等所掩盖矣。同样,也有可能是其他重要的地方性军职掩蔽了都总管之记录。如《金志》载:真定府获鹿县于"兴定三年三月升为镇宁州,权河北西路,以经略使武仙驻焉"。此处"权河北西路"之说,应是"权河北西路都总管府"之意,亦即暂为河北西路之会府③。由此,或知经略使当时应兼都总管之职。而既有经略使实履军事指挥与民事管理之权,那么在当时的河北,都总管的存在已全无必要,像经略使这类位高权重的官职,已替代了它。

在战乱开始较早、形势长期动荡的地区,宣抚、经略、帅府甚至是行省的建置,更为必要。在这些地区,这些新机构的存在,事实上也出现得较早、较频繁。于是,在贞祐以后的两河、山东,宣抚使等完全占据了上风,都总管之职在史籍中极难一见。另一方面,总管府也并非全无所用。它保留了管理猛安谋克的职能,"及宣宗南迁,乣军溃去,兵势益弱,遂尽拥猛安户之老稚渡河,侨置诸总管府以统之"④。黄河以北(以及山东)的猛安谋克既迁至河南,那么这些行总管府,也同样是在河南一带,至于其原辖河北之地,仍由当地守将以宣抚等职兼总管。由于河北猛安谋克南迁后散布于河南各地,为便于管理,行总管府的管辖范围便被析小,数量增加。如贞祐三年山东西路行总管府便置于归德府、徐州、亳州三处,河北东路行总管府则置于原武、阳武、封邱、陈留、延津、通许、杞诸县⑤。如此,则行总管府不仅无法再管理迁出地的地方部队,即使仅就管理猛安谋克的职能而言,也失去了一路军事管理机构的地位。至兴定四年封建九公之后,

---

① 《金史》卷108《胥鼎传》。
② 《金史》卷102《完颜弼传》。
③ 检《金史》卷118《武仙传》:兴定四年,武仙"知真定府事,兼经略使,遥领中京留守,权元帅右都监"。"权元帅右都监"本是比经略使地位更高的职位,不过,应是兴定四年所升之职,经略使则是此前已升。故《地理志》于兴定三年之记载,重于"经略使",而未提及"帅府"。
④ 《金史》卷44《兵志》"兵制"条。
⑤ 《金史》卷14《宣宗纪上》,贞祐三年八月庚子、九月辛未。

皆"总帅本路兵马"①，却不提兼都总管之事，则河朔、山东当地的都总管，大约连兼职的形式都不再存在，名实俱亡矣。而贞祐二年南迁时所侨置的行总管府，亦罢于兴定五年②。

而前期兵灾较轻的陕西，贞祐以后都总管仍长期发挥实际作用，正大三年以后，凤翔、延安、庆阳、临洮路都总管皆可见，且仍是一路军事长官③。其与河朔等地的情形相较，可说明都总管府在金末的淡出，是军事行动所产生的现实需要，且因各地军事形势的不同，其地位下降以致消失，有先后之别。为便于地方迅速有效地统合本地资源、各自为战，其他地位更高、权力更为充分的新的地方军事领导机构在战争最激烈的地区普遍建置，对都总管府产生了"挤出效应"。于是后者作用和地位的下降，并非以制度上的摒弃，而是由空间上的逐渐退出，来得到体现。

第三节　高层政区之三：金各军事路沿革

本节具考金代各军事路沿革，包括置废年月、治所变更、机构设置等。标题中所列仅为泰和八年路名，建制具体变更则见于正文。又，该年已废者，标题前标"(废)"字样。

一、上京路

天眷元年(1138)建上京会宁府，于会宁府置上京路。正隆二年(1157)改称会宁府路。大定十三年(1173)复称上京路。治于上京会宁府。

女真"内地"，向为完颜氏之政治中心。自建国后建"皇帝寨"，天会二年(1124)建"京师"，首都之地位步步巩固。熙宗天眷元年，"京师"获得京号、府号，并与其他诸京构成完整的首都—陪都的体系。遂于同年建上京路。至海陵贞元元年(1153)迁都中都大兴府，上京会宁府遂为陪都。正隆二年竟废京号，降为总管府，该路改称会宁府路。世宗大定十三年复上京之号，仍为陪都，

---

① 《金史》卷118《苗道润传》。
② 《金史》卷16《宣宗纪下》，兴定五年十二月辛未。
③ 《金史》卷117《徒单益都传》："累官为延安总管。正大九年正月，行省事于徐州。"同书卷119《乌古论镐传》："累官庆阳总管。天兴初，迁蔡、息、陈、颖等州便宜总帅。"益都总管延安，镐总管庆阳，皆应在正大中后期。卷123《忠义三·陀满胡土门传》："正大三年七月，复为临洮府总管。四年五月，城破被执。"同卷《爱申传》："爱申，正大四年春，大兵西来，拟以德顺为坐夏之所，德顺无军，人甚危之。爱申识凤翔马肩龙舜卿者可与谋事，乃遗书招之，肩龙得书欲行，凤翔总管禾速嘉国鉴以大兵方进，吾城可恃，德顺决不可守，劝勿往。"

恢复上京路之名。在此过程中，其为一路之都总管府则未尝有变，不过辖境则有盈缩。该路所辖，自天眷元年后，仅本府及肇州而已。至正隆失陪都之地位，甚至连肇州亦被割隶济州路，会宁府路仅辖本府而已。大定十三年复升为陪都，始还肇州为上京路所辖。

该路之统管机构，据《金志》载，为"上京留守司，以留守带本府尹，兼本路兵马都总管"。因熙宗时期仍视会宁府在其他诸京之上，除"尹"之外，更常置"牧"以长之。然在熙宗朝，会宁尹或牧由"留守带"，并"兼本路兵马都总管"，则唯见于《地理志》，姑妄从之。

二、隆州路

金天辅二年(1118)置黄龙府路①，治黄龙府。后黄龙府曾多次更名，该路亦相继改称济州路②(天眷三年)、隆州路③(大定十九年)、隆安路④(贞祐二年，1214)。

天庆五年(1115)九月，金攻克黄龙府，天辅二年，以其"地僻且远，宜重戍守"，遂合诸路谋克，令娄室为万户以镇之⑤。自此后，该路之建置便未断绝。

作为初期攻克的重镇，金在黄龙府起先可能实行万户、猛安谋克兼管州县之制，而这一点大约于黄龙府改济州之时得以改变。天眷三年，济州置节度使，在职责上是与万户分开的，除了在军事上为万户分任，且需兼管济州与下辖信州之民事。不过，作为女真人的万户屯驻之处，黄龙府的主要事务，其实仍是管理猛安谋克的相关事宜，何以要多置一个机构呢？这或许是因为熙宗想令中央的势力更多地介入该路，故而在娄室及其子活女、谋衍、仲等相继担任黄龙府—济州路万户⑥期间，卢彦伦于天眷中、沈璋于皇统中、仆散浑坦于天德间相继出任利涉军节度⑦。

---

① 黄龙府路见于记载者，如《金史》卷74《宗翰传》：天会五年七月，"诏黄龙府路、南路、东京路于所部各选如耶律晖者遣之。"卷91《孛术鲁阿鲁罕传》："为黄龙府路万户令史。贞元二年，试外路胥吏三百人，补随朝，阿鲁罕第一。"按阿鲁罕初为令史，当在天眷以前。
② 《金史》卷6《世宗纪上》：大定三年六月丙子，诏曰："正隆之末，济州逃回军士为中都军所邀杀者，官为收葬。"卷82《移剌温传》："正隆伐宋，以本官为济州路行军万户，从至扬州。"卷86《完颜福寿传》："寻领济州路诸军事。大定三年，卒。"
③ 《金史》卷73《宗宁传》："(大定中)授隆州路和团猛安。"
④ 《金史》卷104《蒲察思忠传》："隆安路合懒合扎主猛安人。大定二十五年进士。"卷120《徒单绎传》："祖撒合懑，国初有功，授隆安府路合扎谋克，夺古阿邻猛安。"卷122《忠义一·兀颜畏可传》："兀颜畏可，隆安路猛安人。"同卷《兀颜讹出虎传》："兀颜讹出虎，隆安府猛安人。"
⑤ 《金史》卷2《太祖纪》，太祖元年九月、天辅二年三月庚子。
⑥ 《金史》卷72《娄室传》、《活女传》、《谋衍传》、《仲传》。
⑦ 《金史》卷75《卢彦伦传》、《沈璋传》，卷82《仆散浑坦传》。

至海陵天德三年(1151)罢万户世袭,节度使遂为济州路唯一的军事长官。然而,以节度使为长的路,与万户为首的路,似未有截然的区别。此后济州、隆州、隆安府被提及时,绝大部分与该路的猛安、谋克相关①,或是提及"济州军"、"济州路"军②,亦是与猛安谋克直接相关。可以说,该路虽有普通民户,然而在管理方式上,与蒲裕等纯猛安谋克的路,仍是比较接近的。另一方面,该路自成一体,并不像《金志》所载,为上京路所辖,这一点,亦与蒲裕等路同。

三、胡里改路

金初置胡里改路。兴定元年(1217)以后,失于蒲鲜万奴。治今黑龙江省依兰县南63里土城子乡土城子③。

《金志》:"胡里改路,国初置万户,海陵例罢万户,乃改置节度使。承安三年,置节度副使。"知胡里改路亦与女真内地其他诸路同,于天德三年罢万户改置节度。而在承安(1196—1200)以后,亦有可能存在分治。

1977年,黑龙江鸡东县出土"胡里改路之印",背刻"贞祐五年二月"、"行六部造"④。贞祐五年即兴定元年(当年九月改元),行六部者,应为上京行省之下属机构⑤。当时胡里改路或仍由金的力量所控制。然而当年蒲鲜万奴逼上京,上京行省太平附万奴,兼之万奴已于上一年东进,趋速频、曷懒等路,金恐亦难保有胡里改路。

四、蒲裕路

金初置蒲裕路⑥。崇庆元年(1212)陷于蒙古。治今黑龙江省克东县西北

---

① 此类例子见于《金史》者颇多,如卷84《耨碗温敦思忠传附子乙迭》:"大定中,袭父思忠济州猛安、利涉军节度副使。"卷81《温迪罕蒲里特传》:"隆州移离闵河胡勒出寨人也。"卷101《孛术鲁德裕传》:"隆安路猛安人。"
② 如《金史》卷6《世宗纪上》:大定三年六月丙子,"诏曰:'正隆之末,济州路逃回军士为中都军所邀杀者,官为收葬。'"卷86《完颜福寿传》:"寻领济州路诸军事。大定三年,卒。"
③ 旧说多以为在依兰县北旧城(辽五国城),另有认为在依兰东12里喇嘛庙,依兰县土城子乡土城子,桦川县悦兴乡万里河通村古城,即瓦里霍吞古城(事实上尚有"今三姓南一百七十里小巴彦苏苏地方"这一定点,见秦佩珩:《金都上京故城遗址沿革考略》,《史学月刊》1980年第2期,第33页),李英魁从城址方位等角度分析了这四个定点,认为应在土城子(见《金代胡里改路》,《北方文物》1994年第3期,第117—121页),后张晖宇、王禹浪进一步认定土城子古城即金胡里改路治所(《金代黑龙江地区的行政建制述略》,《哈尔滨师专学报》2000年第7期,第80—84页)。
④ 《金代官印集》,第17页上。
⑤ 景爱:《金代官印综述》,《金代官印集》附录,第248页。
⑥ 按蒲裕路诸史籍中多称为"蒲与路",然1948年出土的官印,却为"蒲裕路"字样(见《金代官印集》第16页下),当准此。

15里金城乡古城①。

金初蒲裕路置万户。至海陵天德三年，罢万户，蒲裕路遂依例改为节度②。卫绍王崇庆元年，"蒙古军自蒲与路取三韩，哨骑二百，先至顺州"③，知蒲裕路已为蒙军所据。贞祐二年，东北路招讨使完颜铁哥受命"伐蒲与路"④，应是金为夺回此地所作的努力。然而，这次征伐却未见成效。金廷虽于贞祐二年前后任命蒲察移剌都为"蒲与路节度使"，然移剌都却兼任"同知上京留守事"⑤，知其责在助守上京，对于蒲裕路，应旨在"恢复"，而非真正赴该地任职。

五、速频路

金天会二年徙耶懒路于辽率宾府地⑥，仍置耶懒路⑦，天德三年改为速

---

① 〔日〕和田清：《兀惹考》称：蒲裕路应于今齐齐哈尔以东"瑚裕尔河流域"求之(见《东洋学报》第38卷第1号，1955年6月，第4页)。景爱于《关于金代蒲与路的考察》中提出，其治所在今克东古城(载《文史》第10辑，中华书局，1980年10月，第89页)。王永成、赵文生在《上京蒲裕路治沿革考》一文中提出，蒲裕路先治今齐齐哈尔附近，金世宗时徙治克东县古城(见冯永谦，孙文政编：《辽金史论集》第11辑，吉林文史出版社，2008年，第312—319页)。但其论据似欠充分。比如说"上京蒲裕境内的乌裕尔河(今名)，是'蒲裕'的音转，在女真语中也是'低洼地'、'涝洼地'之意"，而齐齐哈尔以北的富裕县境，恰好是"乌裕尔河流域地势最低的大面积的涝洼湿地"。又如"今日齐齐哈尔市一带邻近辽金两代的地方行政中心，经济文化相对发达，有行政建置基础"。这些说法，皆可商榷。有意思的是，同一本论文集的前一篇文章，傅惟光的《哈拉古城金之庞葛》(《辽金史论集》第11辑，第308—311页)则强调，齐齐哈尔市附近的哈拉古城，至迟在天会三年已建，后为乌古迪烈统军司治所。两文互参，则齐齐哈尔附近之地，在金初至世宗朝到底是乌古迪烈路治，还是蒲裕路治所，尚需再辨。金之乌古迪烈路，本泰州之境，熙宗朝建为一路，世宗朝复与泰州路合为东北路，始终未与蒲裕路有关，仅仅是"相近"而已。如此，则今齐齐哈尔所在之地的归属，自然只能在蒲裕路与乌古迪烈路两者中择其一。蒲裕徙治之说既未有明确证据，则本处仍袭旧说，定路治于克东古城。
② 《金史》卷24《地理志上》"上京路蒲与路"条称"海陵例罢万户，乃改置节度使"，然未载明年月。按卷5《海陵纪》，天德三年十一月癸亥，"诏罢世袭万户官"。蒲裕之罢万户而置节度，正应在此时。
③ 《大金国志》卷23《纪年·东海郡侯下》，崇庆元年九月二十七日。
④ 《金史》卷103《完颜铁哥传》。
⑤ 《金史》卷104《蒲察移剌都传》。
⑥ 《金史》卷3《太宗纪》，天会二年二月"丁酉，命徙移懒路都勃堇完颜忠于苏濒水"；卷70《完颜忠传》："天会二年，以耶懒地薄斥卤，迁其部于苏濒水，仍以术实勒之田益之。"所载皆与《地理志》同。《金史》中"速频路"与"恤品路"并见，偶亦见"苏濒路"之称，相较之下，"速频"远为常见。《廿二史考异》卷84《金史一》称，"率宾、恤品、速频、苏濒、苏滨，一地也"(《嘉定钱大昕全集》第3册，江苏古籍出版社，1997年)。辽之率宾府，在金初或建制仍存，然置万户在天会二年耶懒路"都勃堇"迁于速频之时，此见于《金史》卷24《地理志上》"恤品路"条。又卷70《习室传》载："初，海陵罢诸路万户，置苏滨路节度使。世宗时，近臣奏请改苏滨为耶懒节度使，不忘旧功。上曰：'苏滨、耶懒二水相距千里，节度使治苏滨，不必改。石土门亲管猛安子孙袭封者，可改为耶懒猛安，以示不忘其初。'"亦可证金初耶懒路之迁与速频路之置。
⑦ "耶懒"又称"移懒"，如《金史》卷2《太祖纪》，太祖二年(天庆四年)六月，"使婆卢火征移懒路迪古乃兵"。另，《地理志》"恤品路"条注谓："'耶懒'又书作'押懒'。"

频路①。贞祐四年为蒲鲜万奴所据。治今俄罗斯乌苏里斯克（双城子）山城②。

其机构，金初耶懒路置万户（都勃堇），天德三年罢万户，置节度使，为一路之长。

六、曷懒路

金初置曷懒路③。贞祐四年陷于蒲鲜万奴。治今朝鲜咸兴南道吉州④。

其主管机构，在金初为军帅司⑤，所谓"军帅司"者，应与都统司无异。天德三年改总管府。《金志》"合懒路"条称该路"置总管府"，而不载其始置之年。参周边婆速府、胡里改等诸路，应是天德三年统一改制之时，由军帅司改置总管府。

又，《地理志》强调："合懒路……承安三年设兵马副总管"。或总管、副总管之间存在分治。然未有例证，俟再考。

七、咸平路

天庆五年十二月，置咸州路。天辅六年，改为南路。治咸州。天会十年，废入东南路。天德二年，复由东京路分出咸平路，治咸平府。

《金史·兵志》："收国元年十二月，始置咸州军帅司，以经略辽地。"⑥这一记载应是可靠的。因为次年（1116）四月，即令"咸州路都统斡鲁古"随斡鲁讨高永昌⑦。此后两年多，斡鲁古以都统之身份镇守咸州，且经营其南辽地，至

---

① 《金史·地理志》载："恤品路，节度使。……本率宾故地，太宗天会二年，以耶懒路都孛堇所居地瘠，遂迁于此。以海陵例罢万户，置节度使，因名速频路节度使。"卷70《习室传》载："初，海陵罢诸路万户，置苏滨路节度使。"是知"耶懒"改"速频"非在始置之时，而在海陵废万户置节度时。故而天会六年十一月庚寅，"赈移懒路"；十一年卜一月"丙寅，赈移懒路。……癸未，赈曷懒路"（卷3《太宗纪》。卷23《五行志》所载略同，唯《纪》十一年赈移懒、曷懒事，《志》作十年）。
② 见华泉：《完颜忠神道碑与金代的恤品路》，《文物》1976年第4期，第32页。又见郭毅生：《率宾府、恤品路和开元城》，《历史地理》第2辑，上海人民出版社，1982年，第181—187页。此定点始自曹廷杰，经华泉等对双城子遗址的详细考察，为学界普遍认同。仅董克昌则以为在黑龙江巴彦县境，见《金廷的内迁外徙及其性质》，《黑龙江民族丛刊》1993年第2期，第37页。
③ 《金史》中"合懒路"与"曷懒路"并称，然以"曷懒"为常见。
④ 《中国历史地图集》第6册《宋·辽·金时期》图册，可参看《金史简编》第296页。然《汇篇》却定于咸镜南道咸兴城（第165页），与《图集》相矛盾，不知何故。而秦佩珩认为，"海兰路即今图们江北海兰河海兰城"（《金都上京故城遗址沿革考略》，《史学月刊》1980年第2期，第33页），然未见有考证。
⑤ 《金史》卷3《太宗纪》，天会二年五月乙巳，有"曷懒路军帅完颜忽剌古"。
⑥ 《金史》卷44《兵志》"禁军之制"条。
⑦ 《金史》卷2《太祖纪》，太祖二年四月乙丑。

天辅二年三月以阇母代之①。咸州路都统最后出现于天辅五年②,其间任职者应一直是阇母。至天辅六年后,咸州路不再见于记载,而为南路所代替。

金初的"南路",可说是一个相当令人困惑的问题,其建置断断续续,治所、辖境前后亦有变动。其始置于天庆六年五月,是斡鲁于当月"统内外诸军"攻下辽东京之后,转任"南路都统、迭勃极烈"③,大约是"内外诸军"之大部被太祖重新收回,而斡鲁自领一部四处平服初下之地。然则此后长期未见"南路"之记载。《斡鲁传》谓,斡鲁担任此职后,"留乌蠢知东京事"④,斡鲁自己并没有留在东京,知当时的南路虽以攻克东京及周边地区为目的,但治所并非在东京。并且,东京路大体平定后,"南路都统司"应很快撤销,斡鲁自此专任迭勃极烈。至天辅七年,斡鲁便以"迭勃极烈"之职参加西征⑤。

天庆六年所置的这一"南路都统",应是非常短暂的建制,其撤销之后,原先经营的东京周边地区,即归咸州路都统统辖。然而至天辅六年之后,"南路都统(军帅)"又频繁出现⑥。它恰好接在天辅六年之后便归于无形的咸州都统(军帅)司之后,两者其实是辖区大部相同的前、后身关系。关于南路—咸州路实为一体,除了第一次撤销斡鲁任职的"南路都统"之后两者未尝同时出现,

---

① 《金史》卷2《太祖纪》:天辅二年二月辛酉,"劾里保、双古等言,咸州都统斡鲁古知辽主在中京而不进讨,刍粮丰足而不以实闻,攻显州时所获生口财畜多自取。三月癸未朔,命阇母代为都统而鞫治之,斡鲁古坐降谋克"。卷71《斡鲁古传》:"斡鲁古久在咸州,多立功,亦多自恣。……遂以阇母代为咸州路都统。"
② 《金史》卷2《太祖纪》,天辅五年七月庚辰,"诏咸州都统司曰:'自余睹来,灼见辽国事宜,已决议亲征,其治军以俟师期。'"
③ 《金史》卷2《太祖纪》:太祖二年"四月己丑,以斡鲁统内外诸军……讨高永昌。……五月……东京州县及南路系辽女直皆降,诏除辽法,省税赋,置猛安谋克,一如本朝之制。以斡鲁为南路都统、迭勃极烈。……九月……乙巳,南路都统斡鲁来见于婆卢买水"。然东京虽于五月攻克,该路"州县及系辽女直"之降,应是此后继续经营的结果,故斡鲁于该月以后当有四处用兵的过程。
④ 《金史》卷71《斡鲁传》。
⑤ 《金史》卷2《太祖纪》,天辅七年六月丙申,"命移赉勃极烈宗翰为都统,昊勃极烈昱、迭勃极烈斡鲁副之,驻兵云中,以备边"。
⑥ 《金史》卷71《阇母传》:"阇母为南路都统,讨回离保。……张觉据平州叛,入于宋,阇母自锦州往讨之。"检《太祖纪》,天辅六年九月"庚申,次草泺。阇母平中京部族之先叛者,及招抚沿海郡县。节度使耶律慎思领诸部入内地。乙丑,诏六部奚曰:'汝等既降复叛……若能速降,当释其罪,官皆仍旧。'"应即指阇母讨回离保事,而张觉之叛,据《太祖纪》,在天辅七年五月。知阇母任"南路都统",应在天辅六年下半年。此后在天会中,"南路都统(军帅)"则频频见于记载。据《太宗纪》载:天会二年十月丙寅,"命南路军帅阇母,以甲士千人益合苏馆路孛堇完颜阿实赉,以备高丽";同月己亥,阇母为张觉所败,可能因此降职;天会三年四月"丁巳,南路军帅察剌以罪罢";十月戊申,"有司言权南路军帅鹘实答官吏贪纵,诏鞫之";十一月辛卯,"南路军帅司禁契丹、奚、汉人挟兵器";至天会六年,任南路都统者为习古乃(《金史》卷72《习古乃传》称为"领咸州烟火事";卷3《太宗纪》则载,天会六年三月壬辰,"南路军帅实古乃,籍节度使完颜慎思所领诸部及未置猛安谋克户来上"。按习古乃又作"实古乃","南路军帅"同"领咸州烟火事",即南路都统之异名)。

另外还可找到多个证据。

首先是咸州路、南路在金初处置金—丽界争之时，前后衔接的作用。当时经营边境事务，虽以保州路都统司为主，并有曷懒甸字堇相辅。然而保州路似缺乏足够兵力可独当一面，故仍需邻路的援助。天辅中，主要援助来自咸州路都统司："（天辅）四年，咸州路都统司以兵分屯于保州、毕里围二城，请益兵。"至天会中，援助的主体则改为南路："天会二年，同知南路都统鹘实答奏，高丽纳叛亡、增边备，必有异图。……诏阇母以甲士千人戍海岛，以备之。"①这一转变，有两点值得一说。其一，变中有不变之处。无论是天辅四年的咸州路都统司，还是天会二年的南路都统司，其主持者都是阇母，保州路所获的援助，很可能是来自同一主体。其二，从空间上分析，若从海陵朝以后的咸平路来看，它与东面的保州路（后来是婆速路）极少接境之处，并且距金丽边境甚为遥远。也就是说，若天辅中咸州路与南路同时存在，并且如现有成果所说，南路之辖境应在东京辽阳府为中心的地带②，相对偏于东南，而咸州路则偏西北，那么，咸州路与高丽之间，几为南路之地所遮断，金、丽边界争端，何豫咸州路事？由咸州路东援，较之从南路遣兵，其便利程度不可同日而语。故而，天辅中的咸州路能成为保州路所受援助的主要来源，唯一的可能，就是咸州路的境域，包括东京辽阳府及其以东之地——也就是假设中的以辽阳府为中心的"南路"。天辅中咸州路的辖境应以咸州—辽阳为轴心，包括咸州以南，东界婆速路，西接宜、懿州，南邻平州的广大区域。

其次，天辅三年曾"诏咸州路都统司曰：'兵兴以前，曷苏馆、回怕里与系辽籍、不系辽籍女直户民，有犯罪流窜边境或亡入于辽者，本皆吾民，远在异境，朕甚悯之。今既议和，当行理索。可明谕诸路千户、谋克，遍与询访其官称、名氏、地里，具录以上。'"③曷苏馆女真（辽代熟女真）自来居于辽东半岛，当时太祖欲造流亡的曷苏馆人的名册，竟至于要咸州路都统司主持查询，无疑，后者的管辖范围，直达辽东半岛。即，天辅三年时，在咸州与辽东半岛之间，并不存在一个与咸州路同级、同类的称为"南路"或"东京路"之类的军事区划。

---

① 并见《金史》卷135《外国下·高丽传》。《太宗纪》亦载：天会二年十月丙寅，"命南路军帅阇母，以甲士千人益合苏馆路字堇完颜阿实赉，以备高丽"。
② 如程妮娜指出，"天会十年，南京路平州军帅司与南路军帅司合并，置东南路都统司"（《金代政治制度研究》，吉林大学出版社，1999年，第61页），即以为天会十年以前南路军帅司所辖，乃后来东京路之境。而都兴智甚至以为，"南京路都统司就是收国二年所置的南路都统司"（《辽金史研究》，第215页）。按"南京路"为天会三年为伐宋而置，至天会十年罢，而"南路"不但有天庆—天辅与天会两种不同区划，且天会六年仍有"南路军帅实古乃"，两者当然是并存而非一体。
③ 《金史》卷2《太祖纪》，天辅三年五月壬戌。"回怕里"即女真回跋部。

当时，东京路并非不存在，但不属独立的军政区。天会五年七月，"诏黄龙府路、南路、东京路于所部各选如耶律晖者遣之"①。对于这条材料的理解只能是：东京路与南路在民事上是分为两路的，它们绝不是同一区域。而结合上述咸州路都统司负责曷苏馆女真事务的事实，又可知东京路当时只是一个留守司为长的主管民事的机构，在猛安谋克的隶属方面，在军事指挥权上，天辅、天会间东京路之境则先后属咸州路、南路所辖。天会间南路与东京路的同时存在，两者自然不是一体，这完全可以证明，所谓"南路"就是以东京辽阳府为中心的区域、与咸州路并立的看法，是有问题的。

最后，据《金史·太宗纪》，天会六年，太宗"命南路军帅实古乃，籍节度使完颜慎思所领诸部及未置猛安谋克户来上"。而《习古乃传》则载："（习古乃）领咸州烟火事。天会六年，完颜慎思所部及其余未置猛安谋克户口，命习古乃通阅具籍以上。天会十年，改南京路军帅司为东南路都统司，习古乃为都统，移治东京，镇高丽。"②非常明显，"南路军帅"实古乃（即"习古乃"），同时兼任"咸州烟火事"③，即以一路军事统帅的身份兼路治所在州的长官。而天会六年时"南路"治所在咸州，似不应再有疑问。

综上所述，虽然辽天庆六年女真所置的由斡鲁任都统的"南路"，与咸州路分境而治，然而不久"南路"撤销，其境即并入咸州路。天辅中，咸州路所辖之地，包括了咸州周边与东京周边的地区，略相当于天德以后咸平、东京两路之地。至天辅末，咸州路虽复改名为"南路"，然其境域并无大的变动。但这个新的"南路"，与天庆六年的"南路"不同，后者只相当于前者辖境的南半部。而天辅末由"咸州路"改"南路"，意味着当时形势的变动与该路军事目标的变化。

归根结底，都统司是一个作战机构，其辖境是一个战区。它虽然有战胜后镇守之职，但同时为适应不断变化的战争进程，它须在不同地方流动。当天庆五年攻克咸州时，该路都统司的职能，当然首先是平服咸州周边地区。随着金政权的占领区不断扩大，兵锋不断向西、南转移，以咸州为根据地的都统司，其军事活动的范围也不断南移，终有改名之举。而前后两个"南路"，在方向上确

---

① 《金史》卷74《宗翰传》。
② 《金史》卷3《太宗纪》，天会六年三月壬辰；卷72《习古乃传》。
③ 在宋，领"烟火事"是主理民事的意思，然这一官名似仅用于镇一级的官员，而金初"知咸州烟火事"者，尚有卢彦伦，此人在天辅中以上京临潢府降金，以"权发遣上京留守事"之职掌临潢之政，天会二年又主政新的京师（即天眷以后的会宁府），资望甚高，当时以"静江军节度留后"之虚衔领此职（见《金史》卷75《卢彦伦传》），足见知"烟火"者，实为主领一州民事者。

实是相同的,但从军事活动的区域上看,又明显有异。前者,是天庆五六年间向南直指辽东半岛;而后者,是天辅末向南直指辽之中京路东面地区,包括锦、来、隰、迁、润等沿海的走廊地带,此后在天会初,又指向平州。《金史·兵志》提到:"讨高永昌,置南路都统司,且以讨张觉。"[①]显然混淆了两个"南路",并误导了后人。

天会三年置南京(平州)路统军司之后,金政权的用兵重心已是平州以南的北宋之境,与此同时,南路仍是存在的,如上文所述,至天会六年,仍有"南路军帅"实古乃(即习古乃)。直至天会十年,"南路"始改称"东南路",两者之间,是直接的继承关系,辖境相同,甚至连军事长官都一样。对于都统实古乃来说,发生的转变除了更换官名之外,只是徙治,由咸州迁至辽阳,故其《传》称"移治东京"。

至于《金史》言之凿凿的南京路与东南路的关系,却是一个虚像。《金志》称"天会十年,改南京路平州军帅司为东南路都统司"[②],治于辽阳府。《习古乃传》则说:"天会十年,改南京路军帅司为东南路都统司,习古乃为都统,移治东京,镇高丽。"[③]事实上,此前辽阳所在的南路与平州所在的南京路绝非一体。两者治所不同;军事长官也不同,东南路都统由原南路都统习古乃改任,而与南京路无关;辖区也并不重合,如上所述,后来的东南路所辖之地,在天会十年前属南路所辖。那么,上述《志》与《传》的表述,何以像是两者为辖境相同的区划,而仅仅是移治?笔者以为,这是因为,天会三年置南京路于当时金境东南之重镇平州,是金政权即将伐宋的军事动向的体现。当时政权发展的主要方向,也正是由平州南指。至天会十年,金政权在华北早已站稳脚跟,不必予以置乎其他地区之上的关注。于是,在此后平稳统治期间,中央对其直接管辖的区域,重点应转移到旧辽传统的东南政治中心东京辽阳府。直截了当地说,金的东南政治与军事中心,在天会十年,由平州转移到辽阳。这是该年南京路与东南路之间唯一存在的关系。

此后,便再无地方高层军事区划治于咸州,至天德二年,方始由东南路划出西北部分,以咸平府(由咸州升置)为治所,建咸平路。据《金史·地理志》"广宁府"条,"天会八年改军名镇宁。天德二年隶咸平,后废军隶东京"。何以广宁府之隶属关系自天德二年述起?正因广宁(及其前身显州)自金初被攻

---

① 《金史》卷44《兵志》"禁军之制"条。
② 《金史》卷44《兵志》"禁军之制"条所载略同。
③ 《金史》卷72《习古乃传》。

克,始终隶于同一高层军事区划——这一区划虽有名称之改变,却少有辖区之变化。直至天德二年咸平路自东南路分离出来,广宁才有了隶属关系的首次调整,被划归咸平路①。自此,该路之建置方始确定下来,虽有辖境之变化,而不再有全路之合并、分离。

在金初,随着形势的不断调整,咸州路—南路的军事统率机构,于天庆六年置都统司(军帅司)。天德二年以后,则置都总管府,以咸平尹兼都总管。

八、东京路

天会十年,置东南路。天会十四年,改为东京路。治东京辽阳府。

辽天庆六年曾置南路都统司,以斡鲁为首,主持平定东京周边的军事行动。然南路旋即撤销(见上文咸州路条分析),遂无高层军事机构驻于东京,就笔者所见,唯术鲁曾于天庆五年任东京路"招安副使"②,似非限于一州,但必定不是路一级官员。其间于天辅四年亦有"东京留守司"的记载③。然而却未见有任留守之职者,或即是天辅元年、三年曾出现的"知东京事"完颜斡论④。然斡论数次出现,皆非以一路军事长官之身份。知金初未在东京置司,统领一路军事。而留守司或是路级政区的长官,但应只是主理民事者。在猛安谋克的隶属方面,在军事指挥权上,东京路之境则属咸州路—南路所辖。

至天会十年,置东南路都统司,治于东京,此实金代以东京为中心的高层军事区划之始置。不过,除初任都统的习古乃⑤之外,后未见实任此职者。据《金史·地理志》,东京"后置兵马都部署司",或是在习古乃卸任后即已改之,故无后继者。若按辽制,则兵马都部署应为东京留守兼,但正式记载中,往往只载"留守"而不述其兼职,故都部署之职,为留守所湮没。按宗隽于"天会十四年,为东京留守",至天眷元年,"以东京留守宗隽为尚书左丞相兼侍中,封陈

---

① 《金史·地理志》"懿州"条亦称:"懿州,下,宁昌军节度使。辽尝更军名庆懿,又为广顺,复更今名。金因之,先隶咸平府,泰和末来属。"处于咸平府与广宁府之间的懿州,其划归咸平路,亦应在天德二年。
② 《金史》卷66《宗室·术鲁传》:"东京降,为本路招安副使。"
③ 《金史》卷2《太祖纪》:天辅四年"十一月,东京留守司乞本京官民质子增数番代"。
④ 《金史》卷2《太祖纪》,天辅元年七月甲申,"以完颜斡论知东京事";三年正月甲寅,"诏知东京事斡论,继有犯者并如之"。又卷71《斡鲁古传》:"斡鲁古等攻显州,知东京事完颜斡论以兵来会",事在天辅元年十二月。
⑤ 《金史》卷72《习古乃传》。

王"①，可见天会末与天眷中任职东京留守者已是位高权重，其兼任都部署，应在情理之中。也大致是在天会十四年，即置留守（兼兵马都部署）之时，都统已废，一路军事主掌机构以留守兼之。同时"东南路"也相应改为"东京路"。②天德二年，东京路都部署又与其他诸京的高层军事主管机构一同，改为都总管府③。

九、婆速路

辽天庆五年，金取辽东开州以东、鸭绿江以西之地④，置保州路都统司以攻取鸭绿江以东保州之地。并于天辅中置婆速路，管理保州路以西聚居的女真。天会八年或稍后，撤销了保州路，将其所余鸭江以西辖境并入婆速路。天德三年，改置婆速路都总管。治婆速府。

金初的保州路都统司，完全是沿袭辽末保州路都统军司而置，建置的目的也相同，为经营东疆与高丽接境之地——主要是鸭绿江下游东岸的保州的归属。而稍后建置的婆速路，则与其西部、北部的蒲与、速频、胡里改诸路一般，是为猛安谋克的编制与管理而置。两者起初并立，且有大致的界限。随着天会中金丽边境争端的解决，保州路的存在失去必要性，遂被撤销，其所剩鸭绿江下游西岸之境，并入婆速路。

辽末的保州路是与东京路平级的独立军事机构，置都统军司，任责辽丽边防。据《金史·高丽传》载，至辽天庆五年，"加古撒喝攻保州。……十一月，系辽女直麻懑太弯等十五人皆降，攻开州取之，尽降保州诸部女直。太祖以撒喝为保州路都统"⑤。金的保州路，直接承袭了辽保州路。金建国之前，女真因与高丽争夺曷懒甸之地，已有过激烈冲突。而此时对辽之鸭绿江下游领土的攻取又难免触及高丽的利益，金仍予保州以都统司之高级建制，不仅为这一地区的对辽战争，还是为可能再次发生的金、丽冲突做准备。

然而，辽保州路守将逃遁之前，却将鸭绿江东岸之保州让与高丽，撒喝军

---

① 《金史》卷67《太祖诸子·宗隽传》：卷4《熙宗纪》，天眷元年十月癸酉。
② 仅《金史·地理志》有"后置兵马都部署司"之记载，事在何年，则未有确载，《金史·习古乃传》记事亦仅至天会十年传主担任"东南路都统"之时，此后即无闻。由"东南路"改"东京路"，都统改为留守兼兵马都部署，最有可能是在天会十四年宗隽任东京留守之时。
③ 《金史》卷44《兵志》"禁军之制"条："天德二年八月，改诸京兵马都部署司为本路都总管府。"卷24《地理志上》：辽阳府"后置兵马都部署司。天德二年，改为本路都总管府，后更置留守司"。卷5《海陵纪》：天德三年九月庚戌"以东京路兵马都总管府判官萧子敏为高丽生日使"。可证《兵志》、《地理志》改都总管府之说应无误。
④ 《金史》卷135《外国传·高丽》载收国元年十一月取开州，卷2《太祖纪》则载于该年十二月。
⑤ 《金史》卷135《外国下·高丽传》。

以一步之差未得入城。金太祖当时不欲与高丽发生冲突,故高丽暂得据有保州。不过,保州的归属并未立即确定。此后,金太祖一面在江东分屯列戍,一面告诫边将毋生事,维持辽天庆五年底的状态,俟问题之最后解决。在此过程中,保州路都统司一直保持其建制。加古撒喝再次出现,在天会三年九月:"保州路都孛堇加古撒曷有罪伏诛,以孛堇徒单乌烈代之"①。此都孛堇同于都统耳。加古撒喝在天庆五年至天会三年间,职务一直未变,而在加古撒喝之后,金廷又继续任命保州路都统。而当时,婆速路早已出现了。

据《金史·斜卯阿里传》载:

> 契丹、奚人聚舟千艘,将入于海。阿里以二十七舟邀之……竟破之,尽获其舟。于是,苏、复州、婆速路皆平。攻显州,下灵山县,取梁鱼务,败余睹兵,功皆最。②

按阿里所邀击之契丹入海者,当即弃保州而遁的辽军,事在天庆五年底至六年。而攻显州事更在次年即天辅元年,知金军平"婆速路",应在天庆六年。然而,辽并无婆速路之建置,故所谓"婆速路"者,应是金军占领此地以后新建置者。至天会二年,又出现"婆速路猛安仆卢古"③。可见,婆速路与保州路,在天庆六年至天会三年间是交替出现的。

辽保州路的辖域,自鸭绿江口至今辽宁凤城一带,实与金之婆速路大部重合(见上文辽代部分"保州路"考证),《金史·高丽传》所说加古撒喝所降服的"保州诸部女真",应即是《斜卯阿里传》所称的"婆速路"之女真。那么,何以在如此相近之处,有两个"路"的建置呢?

保州路都统所部,应不异于同期建置的咸州路、南路都统,即是由猛安、谋克所构成。加古撒喝在向东拓地之时,由辽东腹地率领原属其麾下的猛安、谋克东进,最后驻扎在鸭绿江下游两岸。其名虽为"都统",但可能所辖至多一个万户。故而,天辅、天会间着力于加固对高丽防线时,由咸州路(南路)给予许多援助④。可以说,在隔江的来远城—保州活动的,是外来的猛安谋克。

而婆速路,则应是将原先辽东东部、黄海北岸土著的女真人改编为猛安、谋克后所构成。正如《斜卯阿里传》所载,在天庆五年至天辅间,这部分猛安谋

---

① 《金史》卷3《太宗纪》,天会三年九月癸巳。
② 《金史》卷80《斜卯阿里传》。
③ 《金史》卷3《太宗纪》,天会二年五月丁亥。
④ 《金史》卷135《外国下·高丽传》。

克刚刚被组织起来,尚难堪大用,故而,他们应仍然驻于原地。并且,当时的统管机构,应是"万户"之属,即较猛安高一级,与保州路都统司平级或低一级,但前者是兵民合一的女真户的管理机构,后者主要管理一个战区。试想,在已经平定、无须用兵的女真居地,又何以像战云密布的保州一带,同样设置职在统大军作战的都统司?可以肯定的是,像鸭绿江西岸的战略要地来远城附近,应当不会在婆速路管内,而是保州路都统所属。即,金初的婆速路,其东境不应至鸭绿江下游沿岸。

正如李昌宪先生指出的,天会八年金确认将鸭绿江下游东岸的保州等地割与高丽,"保州封域始定",保州路已无存在必要①。这一标志性的事件,不仅应当是保州路撤销、婆速路建置改变的重要原因,也是婆速路境域东扩,包含原保州路鸭绿江西岸部分的缘由。《金志》载,婆速路"国初置统军司",应是天会八年或不久之后的事②。此后,婆速路统军司取代了以前的保州路都统司,为金东境的对高丽防御、交涉的地方负责机构。而其辖境也囊括了辽代属保州路都统军司辖下的东部边防重镇来远城(军、州)③。

十、北京路

天辅六年,金取辽中京大定府,仍置中京路。次年改称奚路。天会二年改为六部路。约天会五年,复改为中京路。贞元元年(1153),改北京路④。治于大定府。

天辅七年正月,太祖"诏中京都统斡论"⑤云云,知初下辽中京之时,仍用辽之旧称。然而在当时,"中京路"应是一种习惯称法而非正式定名袭用辽之旧称,故而同年五月之前,即改为"奚路"⑥。不过,挞懒于五月统兵出长该路,

---

① 《金初原辽地的路制与路级政区试探》,北京大学中国古代史研究中心编:《邓广铭教授百年诞辰纪念论文集》,中华书局,2008年,第956—957页。
② 见于记载的较早的婆速路统军,为仆散忠义之父背鲁,"国初世袭谋克,婆速路统军使,致仕"(见《金史》卷87《仆散忠义传》)。然不载其具体任职时间。又《金史》卷66《宗秀传》,天眷三年金复取河南地,宗秀有功,"师还,为太原尹,改婆速路统军使"。
③ 《金史》卷57《百官志三》:"婆速路同知都总管兼来远军事。"
④ 《金史》卷24《地理志》"大定府"条:大定府"海陵贞元元年更为北京"。路名亦随京号而更也。
⑤ 《金史》卷2《太祖纪》,天辅七年正月庚午。
⑥ 《金史》卷44《兵志》"禁军之制"条:"时以奚未平,又置奚路都统司。"似"奚路"为该路初次定名时之正式称法。又奚路之前身即中京路,可由天辅间关于完颜浑黜的记载推知。按《金史》卷2《太祖纪》:天辅六年八月"辛丑,中京将完颜浑黜败契丹、奚、汉六万于高州";而据卷77《挞懒传》:"奚路兵官浑黜不能安辑其众,遂以挞懒为奚六部军帅镇之。"事在天辅七年五月之前。"中京将"与"奚路兵官"互通,可知"中京"路即是奚路。《挞懒传》又云,其任六部路都统,参与侵宋之役,"宗望已受宋盟,军还,挞懒乃归中京",知奚路—六部路,治于中京。

官职为"奚六路军帅"①，或者当时该路的全称，应是"奚六部路"，当时挞懒驻军于奚族地区的中心大定府，镇服旧辽之六部奚。

"奚路"或"奚六部路"之名又沿用未久，即于天会二年改称"六部路"。挞懒在天辅七年五月，仍称"奚路都统"②或"奚六（部）路军帅"，至天会二年八月，已改称"六部都统"③。按天辅七年，即天会元年也，改路名之事，或即在天会二年。

"六部路"之名，最后见于天会五年二月，"以六部路都统挞懒为元帅左监军"④。无论是"六部路"之区划名还是相关官职，此后不再出现。疑是辽地已平，金廷将战略重点转向伐宋，遂撤销了故辽之地的战时建置，复置留守司，作为一路之长，并恢复了"中京路"之区划名。

该路统管机构，天辅六年为都统司，天会五年前后改为留守司。《金史》之《纪》《传》虽于天辅七年至天会二年之间于挞懒之官职混用"都统"、"军帅"，然事实上，两者之间，并无不同⑤。至天会五年挞懒离任后，应由留守司主政。虽然"中京"留守、副留守等官职，于熙宗天眷后方始见载⑥，然天会五年至天眷元年之间该路信息的空缺期间，或早已用"中京路"之名，置留守司为主理机构。而旧辽上京路，也同样于该年前后恢复了留守司为长的旧辽之例，可与此互参。《金志》称："海陵贞元元年更为北京，置留守司。"⑦其语意似至"北京"而断，然"置留守司"一事，绝非发生于贞元元年。

十一、临潢府路

天辅四年置上京路于上京临潢府。天眷元年以后，改称北京路。天德二

---

① 《金史》卷77《挞懒传》。
② 《金史》卷2《太祖纪》，天辅七年五月己巳，"奚路都统挞懒攻速古、啜里、铁尼所部十三岩，皆平之。"
③ 《金史》卷3《太宗纪》。
④ 《金史》卷3《太宗纪》，天会五年二月丙戌。
⑤ 《金史》卷2《太祖纪》天辅七年五月己巳条，卷3《太宗纪》天会二年八月条，卷67《奚王回离保传》，皆称奚路（六部路）"都统"。《太宗纪》天会三年十月甲辰条则有"六部路军帅挞懒"的记载。至于卷44《兵志》"禁军之制"条则称："时以奚未平，又置奚路都统司，后改为六部路都统司。"全未提及该路置军帅之事。"军帅"之职，其实正应指都统。《太宗纪》天会三年十月甲辰条有"六部路军帅挞懒为六部路都统"之说，似乎军帅与都统有别，然检卷77《挞懒传》天辅七年"遂以挞懒为奚六路军帅镇之"（《太祖纪》则称"都统"），则同一职，既可称军帅，又可称都统也。实际上挞懒于天会中改职之事，是因为路名的变化，而不在军帅与都统的区别。
⑥ 《金史》卷83《张通古传》："张通古，除中京副留守，为诏谕江南使。"检《熙宗纪》，"诏谕江南"事在天眷元年。卷81《耶律怀义传》："天眷初，为太原尹，治有能声。改中京留守。"卷80《熙宗二子·道济》："皇统四年，加龙虎卫上将军，为中京留守。"卷5《海陵纪》："皇统四年，加龙虎卫上将军，为中京留守。"
⑦ 中华本《金史》作如此句读。

年,改称临潢府路。承安元年(1196)废,承安末复置。大安(1209—1211)以后废路入北京(大定府)路。治于临潢府。

自金初天辅四年攻克辽上京临潢府,仍辽之旧京、府号,并于临潢府置上京路。天会二年,"赈上京路、西北路降者及新徙岭东之人",此处"上京路"即治于临潢府者也。天眷元年以女真之政治中心、此前的"皇帝寨"置上京会宁府,由是改临潢府为北京,路名亦因此而改。刘麟于天眷中任"北京路都转运使"①,可为证也。天德二年再次调整京都系统,遂"改北京(路)为临潢府路"(《金志》)。此说与《纪》之所载相符:贞元元年,"命西京路统军挞懒、西北路招讨萧怀忠、临潢府总管马和尚、乌古迪烈司招讨斜野等北巡"②。

不过,关于天德以后该路的变化,《金志》的记载颇令人困惑:"大定后罢路,并入大定府路。"由于临潢府路转运司已罢于天德三年,至于提刑司路,向来是北京、临潢合置,故所谓"罢路"者,必是指总管府路。然则大定以后,临潢总管府路见于《金史》者多矣。如明昌四年(1193),"西、北二京,临潢诸路,比岁不登"③。知该路未尝废于大定中。然则,据承安三年《济阳县创建先圣庙碑》载:"天下有十九路。"④观其他六京十三总管府路皆未尝废于此间,则临潢府路应于明昌、承安间废弃。其废弃之由,应与其间用兵北边之事相关。

按明昌末北阻䩞侵扰北境,金廷于承安元年组织起整个北境的力量予以反击,且因此而调整了北境的军事部署,置行枢密院于抚州,置行省于北京大定府,东面的泰州亦自成一路,由内族宗浩率军出此路进击⑤。或许正因泰州、大定、抚州三重镇成鼎足之势,夹于其间的临潢,遂归于北京的行院指挥,都总管的建制亦从而撤销。至承安末乱事平定,边壕亦全线筑成,又罢行省、行院,临近边壕正中部分的临潢,遂又自成一路。故至承安末,有纳兰胡鲁剌"被诏括牛于临潢、上京等路"⑥之事。

---

① 《金史》卷77《刘豫传附子刘麟》:"豫废,麟迁临潢。顷之,授北京路都转运使,历中京、燕京路都转运使。"按刘豫被废于天会十五年,刘麟任"北京路",应在天眷中。由于天德二年废临潢府"北京"之号的同时,又改原"中京"大定府为"北京",此后直至宣宗兴定元年,金无"中京"。故而,刘麟"北京路"之任稍后既仍出现中京,此前的北京自是指临潢府。
② 《金史》卷5《海陵纪》,贞元元年闰十二月癸卯。
③ 《金史》卷95《董师中传》。
④ 陈大举:《济阳县创建先圣庙碑》,《金文最》卷78。
⑤ 《金史》卷10《章宗纪二》、卷94《内族襄传》。
⑥ 《金史》卷103《纳兰胡鲁剌传》。

自此而后,临潢作为北境重镇,甚受关注。泰和八年(1208)十一月"丁未,敕谕临潢、泰州路兵马都总管承裔等修边备"①。后九日,章宗崩。故很少有比丁未这一日更接近于"泰和末"的了。而此时临潢路确然犹存。可知该路之存在,一直持续到章宗末年。施国祁提出,《金史·地理志》所载,"'定'当作'安'",即临潢都总管路废于大安之后,此说甚是。不过,国祁又驳《金志》"临潢府,下,总管府"之说,以为临潢当作"散府":"案,《国志》误以此府为总管,遂致上疑大兴为留守,下疑定州为中山散府,左右牵配不合。不知此(笔者按:指临潢)自属散府,与广宁、兴中同,惟官志注仍作总管,乃旧制,非泰和时制。"②遂致自相矛盾:若"'定'当作'安'",那么,临潢府路并入北京路,就是在"大安以后"。而泰和之前,临潢仍是总管府无疑,《金志》载临潢为总管府,正是"泰和时制"。施国祁虽针对《大金国志》作了驳论,然仍显示出对于何时废临潢路,认知存在混淆。

似亦有记载证明,早在泰和五年,临潢府路已不存在。《金史·食货志》称:"(泰和)五年,以西京、北京边地常罹兵荒,遣使推排之。"若临潢府路未并入北京路,那么后者何以有"边地"?其实北京路确实有近边之地。承安中,完颜襄镇服北边诸部后,又构筑防线,"用步卒穿壕筑障,起临潢左界北京路以为阻塞"③,知北京路亦可谓"近边"——虽然称不上"极边"。不过更重要的是,明昌至泰和间的推排,乃是按提刑司分路,"每路差官一员,命提刑司官一员副之。(承安)三年九月,奏十三路籍定推排物力钱二百五十八万六千七百二贯四百九十文"④,由此,其所称"北京路",实指包括了北京、临潢府两个总管府路境域的北京临潢提刑司路,这一事实无从否定临潢总管府路之存在。

临潢府路第二次,也是最终废罢,在卫绍王大安以后,而罢该总管路之后,其地立即陷于蒙军。当然,也有可能是贞祐二年该路全境失陷后,方顺势罢路。但无论如何,直至章宗末年,此路显然仍是存在的。惜乎考据家自钱大昕以后,竟未能辨此⑤。

---

① 《金史》卷12《章宗纪四》。
② 《金史详校》卷3上。
③ 《金史》卷94《内族襄传》。
④ 《金史》卷46《食货志一》"通检推排"条。
⑤ 《廿二史考异》卷84《金史一》校《金史·地理志》:"《志》云:)'建五京,置十四总管府,是为十九路。'按《国志》云二十路。以此《志》校之,多临潢一路。后《志》(笔者按:应即指《大金国志》)所言,皆据大定以前之制也。大定后罢临潢路入北京路,故云十九。"是仍以为临潢路罢于大定中。

金初,上京路应以旧辽所置留守司主管民事①。但留守司可能只是辅助机构,在军事为先的时期,上京路之负责机构应是上京路军帅司(实即都统)②。然该军帅司之记载,至天会二年而止,该机构之建置,或至天会五年罢③,后再无任上京路军帅之职者。应是辽地既定之后,金于天会五年前后重拾辽制,以留守司兼任本路军、民事。熙宗皇统中曾出现两名"北京留守"④,皆以宗亲为之,应不至于如初克临潢之时,因无法信任降人充斥的留守司而夺其兵权。天会五年以后,应已行留守统兵之制,以留守兼都部署,天德二年之后,此后则以留守兼都总管。

十二、东北路

天辅五年置泰州路,治泰州(乐康县)。熙宗朝析其西境,为新置的乌古迪烈统军司辖境。大定五年,又合乌古迪烈路,置东北路,仍治泰州。承安三年,徙治新泰州(长春县)。泰和初,由新泰州徙治金山。泰和八年还治新泰州。贞祐二年徙治肇州。

辽有东北路,置统军司,治于宁江州。其职责,是镇抚大兴安岭以东的生女真——包括完颜部在内。金建国,这一职能自然不必再延续下去,甚至宁江州亦于金初被废。不过,金廷旋即发现,仍需付出一定的精力以镇服完颜部祖居之地以西、大兴安岭以东的乌古、敌烈等部。更重要的是,金初既未继承辽对蒙古高原的强力控制,岭西的阻鞑诸部,遂成为强大的威胁,需有充分的防备。故而,婆卢火率军镇泰州,一面致力于对乌古敌烈地的经营,一面又开挖界壕,以抵御阻鞑诸部的冲击⑤。辽有东北路统军司,金亦有东北路招讨司,

---

① 《金史》卷75《卢彦伦传》:天辅四年,彦伦在上京临潢府,"勾当留守司公事","从留守挞不野出降,授夏州观察使、权发遣上京留守事。师还,挞不野以城叛,彦伦乃率所部逐挞不野"。金初得上京,应保留了辽的建置,并仍以挞不野为留守,卢彦伦为辅。而挞不野叛金被逐后,彦伦仍以"权发遣"之职主事。后毛子廉于天会三年任"上京副留守"(《金史》卷76《毛子廉传》),知上京向来置有留守司。

② 《金史》卷44《兵志》:都统司,咸州路、南路、内外诸军、奚路(六部路),"与上京及泰州,凡六处置"。而《纪》、《传》皆称为上京"军帅司"。如卷3《太宗纪》:天会元年十一月壬戌,"以空名宣头及银牌给上京路军帅实古乃、婆卢火等";二年五月丁丑朔,"上京军帅实古乃以所获印绶二十二及银牌来上"。卷72《习古乃传》载为"临潢府军帅"。此处,军帅即都统也。

③ 《金史·习古乃传》称,习古乃在上京军帅司任后,"领咸州烟火事",再据《太宗纪》,至天会六年三月壬辰,习古乃已是"南路军帅",知其离上京之任,应在天会五年之前。

④ 其一为熙宗亲弟胙王元。《金史》卷4《熙宗纪》:皇统九年十月乙丑,"杀北京留守胙王元及弟安武军节度使查剌、左卫将军特思"。同书卷69《太祖诸子·元传》:"为北京留守,弟查剌为安武军节度使",与《纪》所载相符。另一为完颜晏,据同书卷73《晏传》:"皇统元年,为北京留守"。

⑤ 《金史》卷24《地理志上》:"金之壤地封疆……北自蒲与路之北三千余里火鲁火疃谋克地为边,右旋入泰州婆卢火所浚界壕而西。"

以及与此相关的泰州路都统司。然而,自辽至金,这一军事区划所针对的方向,已由东转西,有了根本的转变。

《金志》将泰州置于北京路之下,且称:"海陵正隆间,置德昌军,隶上京。"其意先属上京路而后改属北京路也。然他处记载皆与此不符。自金初天辅五年徙猛安谋克万户屯于泰州,置泰州路都统司①,此后于天德三年改都统置泰州节度使,仍为一路,直至大定初改置东北路招讨司之后,泰州路的建置是延续的②。若非因大规模的军事行动而置行省、行院,治于泰州的泰州路(都统司、节度使司)、东北路(招讨司),便是独立的军事路分。合都统、招讨司两者而言之,在泰州所置的高层行政区划从未中断的,大致的等级也未改变,只是因乌古迪烈路的析出、合入而发生辖境的变化。东北路、上京路、北京路,同为高层军事区划,故《地理志》所谓泰州"隶上京"之说,纯为无稽之谈。不仅在海陵朝,且终金一代,泰州皆未尝隶于上京。

自金初置泰州路都统司,泰州遂有高层军事机构之置。海陵天德三年改置节度使,泰州仍自成一路③。至世宗大定五年,乌古迪烈路与泰州路合并,于泰州置东北路招讨司④。然而,大定二十五年,泰州由节镇降为防御,这一点便很难理解了。州之降等,是否意味着东北路的撤销?应非如此。不久之后的大定二十九年,尚有"东北路招讨使温迪罕速可"⑤。另外,也未见东北路招讨司有徙治他处的记载。据笔者推测,泰州之降等,应当意味着招讨使与泰

---

① 《金史》卷71《婆卢火传》:"天辅五年,摘取诸路猛安中万余家,屯田于泰州,婆卢火为都统。"
② 如天会十年七月甲午,"赈泰州路戍边户"(《金史》卷3《太宗纪》)。婆卢火之子剖叔,于"天眷二年为泰州副都统"(卷71《婆卢火传》)。同在天眷中,完颜撒改"从军泰州路,帅以撒改为万户,戍北边,数有战功"(卷91《完颜撒改传》)。至天德二年,又"省并中京、东京、临潢、咸平、泰州等路节镇及猛安谋克"(卷44《兵志》"兵制"条)。纥石烈志宁之"父撒八,海陵时赐名怀忠,为泰州路颜河世袭谋克,转猛安"(《金史》卷87《纥石烈志宁传》)。"泰州路"之置,又何尝中断?甚至在合并乌古迪烈路、改置东北路之后,时或习惯性地称之为"泰州路"。世宗大定十七年,"上曰:'……今以两路招讨司、乌古里实垒部族、临潢、泰州等路,分置堡戍,详定以闻,朕将亲览。'"(《金史》卷71《宗叙传》)至章宗末泰和八年十一月"丁未,勅谕临潢、泰州路兵马都总管承裔等修边备"(《金史》卷12《章宗纪四》)。
③ 《金史》卷87《仆散忠义传》:"大定五年正月……上曰:'今已许宋讲好,而屯戍尚多,可除旧军外,选马一万二千,阿里喜称是。……其存留马步军于河北东、西、大名府、速频、胡里改、会宁、咸平府、济州、东京、曷速馆等处军内约量拣取。其西南、西北招讨司、临潢府、泰州、北京、婆速、曷懒、山东东、西路,并行放还。'"泰州仍是一路,与河北东、西及大名等路平级。
④ 乌古迪烈统军司为东北路招讨司之前身,两者有承接关系,见《金史》卷44《兵志》"禁军之制"条。由《纪》、《传》所载来看,大体亦能反映这一关系。然而卷84《昂传》所载,却与此相矛盾:"在东平七年,改益都尹,迁东北路招讨使,改崇义军节度使,迁会宁牧。天德初,改安武军节度使。"约可推知,完颜昂早在皇统中就已出任东北路招讨使。何以有此例外?据现有材料尚不可知,或是撰者误"西北路"为"东北路"?
⑤ 《金史》卷9《章宗纪一》,大定二十九年五月壬午。

州长官的职位分离。

自金初以来,"泰州"便是路名,沿用了辽代"泰州"之名,但可能不存在州之机构。即使是天德三年之改制,也只是路级机构的改名,而未改变州一级虚置之结构。然而大定五年置东北路招讨司之后,路、州两级机构分离,如大定九年,夹谷查剌"出为东北路招讨使,兼德昌军节度使"①。虽然招讨使仍兼节度使,但州一级机构的独立已有其基础。至世宗中期北部边防形势日渐严峻之时,路、州两级可能完全分离。大定十七年开始于西南、西北"两路招讨司、乌古里、石垒部族、临潢、泰州等路,分置堡戍"②,至大定二十一年调整临潢路、东北招讨司境内边堡参差不齐的状态,"取直列置堡戍",复开边壕,又欲增筑二百五十堡③,至明昌中复曾"开筑壕堑以备大兵",知世宗后期及章宗朝,北边阻䪁(以及反叛的契丹人)的威胁从未衰歇,东北路招讨使的重要性即便不至于上升,也断不会下降。可以想象,招讨使越来越多的日常工作是在临边之地处理的,故须另觅机构代其管理驻扎在泰州的大量猛安谋克。这一机构,便是州一级的主管部门④。我们仍难以得知泰州降等出于何种原因,但州之降等,却昭示了路、州两级机构的彻底分离——在世宗口中"外官之尊无以逾此"⑤的招讨使,不会由防御使来兼任。州的阶序,与东北路的地位并无关涉。

或许招讨司治所仅仅是防御州,在当时也被视作非正常状态,或许是章宗认为明昌、承安间在北境的大规模用兵及增筑界壕的工作卓有成效,故于承安三年复升泰州为德昌军节度(同时徙治长春县),仍以招讨使兼节度⑥。较之此前,招讨使可能更多的驻于泰州。然而,这一状态并未维持多久。北境部落骚扰边境的现象并未绝迹,而泰州距离边境有三百里之遥,每逢边境遭袭扰,驻于泰州的东北路金军主力追袭至边界,敌骑早已远遁。至泰和元年(1201),

---

① 《金史》卷87《夹谷查剌传》。
② 《金史》卷71《宗叙传》。
③ 《金史》卷8《世宗纪下》,大定二十一年四月戊申;卷24《地理志一》"北京路·边堡"条。
④ 《金史》卷103《夹谷石里哥传》:"明昌五年进士,泰州防御判官。"防御判官是州司之属僚,它的存在,意味着州一级管理机构的健全。这虽是章宗明昌末的情况,然应可代表泰州为防御州的大定二十五年—承安三年期间的常态。
⑤ 《金史》卷73《守能传》。
⑥ 《金史》卷12《章宗纪四》,泰和八年三月甲寅,"命东北路招讨司还治泰州,就兼节度使,其副招讨仍置于边"。招讨兼节度,不仅是泰和八年以后的状态,泰和元年招讨司迁出泰州之前,也应如是。

金廷遂徙招讨司于近边的金山县①。由此,招讨使与节度使两职,再次分离。

至泰和八年,招讨司驻地再次变化。"命东北路招讨司还治泰州,就兼节度使,其副招讨仍置于边"——"边"者,应即指金山。至此,招讨使与泰州节度使两职,最终复归于一,直至贞祐二年招讨司内迁至肇州前,仍是如此②。

贞祐二年招讨司徙治肇州,是蒙古军入侵的结果。当时,泰州已为蒙军所残,东北路猛安谋克被迫迁徙至肇州,于是,招讨司也随之迁徙③。但到兴定元年金军放弃肇州之后,东北路招讨司遂不知所终。参西北、西南两路之例,或曾侨置于内地,然未见相关记载,不敢妄断。

由上文可知,东北路招讨司的治所,曾于泰和元年至八年间徙至金山县,泰和元年之前及八年之后,则长期治于泰州,直至金末贞祐二年迁至肇州。然而尚需指出的是,因泰州于承安三年由乐康县徙治长春县,故而招讨司治所也随之发生了迁徙。故金之泰州路都统司、东北路招讨司,其实经历了泰州(乐康县)—泰州(长春县)—金山县—泰州(长春县)—肇州这一复杂的徙治过程。

除徙治外,尚需注意"分治"的现象,即招讨司主要官员分别驻于不同处,分管本区域不同事务。泰和八年,招讨使由金山县迁回泰州之时,副招讨仍驻于金山以备边。至贞祐二年采纳乌古论德升的建议,徙招讨司于肇州的同时,又"置招讨副使二员,分治泰州及宜春"。与大定八年西北路招讨使治边、招讨都监于治所主管猛安谋克事务相似,东北路招讨司之长官与副手分管基地与边境,也存在明确的分工,而较少分区而治的色彩。

十三、西南路

金初承辽制,置西南路,以招讨司率军镇边,抚绥北境诸部。治丰州(天

---

① 按王国维以为东北路招讨司缇治金山,在承安三年宗浩率军出移米河,大破广吉剌等部之时,亦即置泰治于长春县同年。见《金界壕考》,《观堂集林》第724页。然据《金史》各部分之记载,或非如此。《金史》卷44《兵志》"禁军之制"条:东北路始治泰州,"泰和间,以去边尚三百里,宗浩乃命分司于金山"。卷93《内族宗浩传》:"拜枢密使,封荣国公。初,朝廷置东北路招讨司泰州,去境三百里,每敌人,比出兵追袭,敌已遁去。至是,宗浩奏徙之金山,以据要害,设副招讨二员,分置左右,由是敌不敢犯。会中都、山东、河北屯驻军人地土不赡,官田多为民所冒占,命宗浩行省事,诣诸道括籍。"按宗浩于承安四年任枢密使,承安五年九月"行省山东等路括地"(《金史》卷11《章宗纪三》,承安四年三月丁酉、五年九月戊午)。则招讨司迁出泰州之建议,应在其间提出。不过,可能因实施需时,故至泰和元年前后方才成为现实。然与《宗浩传》相较,《兵志》似将泰和元年徙治金山,与泰和八年招讨司徙回泰州而副使分司金山两事合而为一,疑其有阙文,应补作"宗浩(奏徙于金山。八年,诏复徙泰州,)乃[仍]命分司于金山"。

② 《金史》卷103《完颜铁哥传》:"贞祐二年,枢密使徙单度移剌以铁哥充都统,入卫中都。迁东北路招讨使,兼德昌军节度使。"卷24《地理志上》"肇州"条:招讨司迁至肇州以后,仍"以使兼州事"。

③ 《金史》卷122《忠义二·乌古论德升传》。

德府)。

据《金史·兵志》载：

> (天德二年九月)又改乌古迪烈路统军司为招讨司。……大定五年，复罢(陕西都统)府，降为统军司。寻又设两招讨司，与前凡三，以镇边陲。东北路者，初置乌古迪烈部，后置于泰州。泰和间，以去边尚三百里，宗浩乃命分司于金山。西北路者置于应州，西南路者置于桓州，以重臣知兵者为使，列城堡濠墙，戍守为永制。

据以上记载之文意，"寻又设两招讨司"者，西南、西北两招讨也，与此前所置的乌古迪烈路合计"凡三"。不过，检《金史》之《纪》、《传》，西南、西北两招讨司自太祖天辅中至海陵正隆中，频频出现①，且自金初至大定中，绝无置、废、复置之迹象，故可以肯定，两招讨始置时间，绝非迟至大定中，《兵志》之记载必然是错误的，两招讨皆是承袭辽制，金初即已有之。王曾瑜先生在叙述金代西北、西南两路招讨司之时，便弃《兵志》之说于不顾，显然以为绝不可信②。李逸友先生亦曾驳此谬说③。

辽、金西南路招讨司治于丰州，唯《金史·兵志》所载不符，他处记载，向无疑议。至金皇统九年(1149)，曾升丰州为天德府，以天德尹兼招讨使。大定元年复降府为丰州。其名虽异，其地则一也。然据《金志》载，与丰州升府同时，

---

① 《金史》卷82《耶律涂山传》："辽帝奔天德，涂山以所部降，宗翰承制授尚书，为西北路招讨使。宗翰伐宋，涂山率本部为先锋。"则授招讨职在天会二年、三年间。卷72《银术可传》，天会四年，金"招讨都监马五破宋兵于文水"。此招讨者，若非西南路，即是西北路。卷81《耶律怀义传》："天会初，帅府以新降诸部大小远近不一，令怀义易置之，承制以为西南路招讨使。……(天会)十年，加尚书左仆射，改西北路招讨使。"以上为太宗天会中之西南、西北路招讨使。宋人之史籍亦可证明招讨司存在于天会中。按《会编》卷213《炎兴下帙一百一十三》，绍兴十四年十二月引《中兴姓氏录》："初，秦桧为相，遣北人招讨都监门客，通己书金国求好。"卷220《炎兴下帙一百二十》，绍兴二十五年十月二十二日引《遗史》："(桧再为宰相，进札高宗：)臣又奏遣北人招讨都监门客通书求好。未几，边报土伦来归。"至丁熙宗朝之招讨使，最先见于天眷二年。(金)张玮等编：《大金集礼》(《丛书集成初编》本)卷25《赐敕命》："天眷二年八月，学士院定撰到《文武官给告式》，蒙准行下项：请[诸]后妃……统军、招讨、节度使，并制授告庭。"时乌古敌烈统军司远未改为招讨司，此招讨者，自然是与西南或西北路相关。此后，据《金史》卷132《逆臣·秉德传》，秉德于皇统初任西南路招讨使；卷68《讹古乃传》，讹古乃皇统六年任西北路招讨使，九年改西南路招讨使；卷81《温迪罕蒲里特传》，皇统末任西北路招讨都监；卷87《仆散忠义传》，皇统末任西北路招讨使。海陵朝，见卷5《海陵纪》，贞元元年闰十二月癸卯，有西北路招讨萧怀忠，二年二月甲午，有西北路招讨使萧好胡，据卷129《佞幸·萧裕传》："裕使亲信萧屯纳往结西北路招讨使萧好胡，好胡即怀忠。"亦可检卷81《萧怀忠传》。至正隆五、六年间，契丹撒八反，杀西北路招讨使完颜沃侧(卷72《麻吉传附子沃侧》、卷132《叛臣·窝斡传》)。则西北、西南两路招讨之记载，自天会至正隆，历朝皆有。

② 《金朝军制》，第19页。

③ 《金西北路三方铜印考释》，陈述主编：《辽金史论集》第1辑，上海古籍出版社，1987年，第414页。

"置西南路招讨司，以天德尹兼领之"，似乎西南路招讨司始置于该年。这显然与事实完全不符。自天会以来，西南路招讨见于记载者多矣，岂俟熙宗末年始置？事实上，应是西南路的军事主管机构，曾于熙宗朝由招讨司改为统军司，至熙宗末年的皇统九年，复改回招讨司，《金志》之撰者不详其始末，遂误机构名之更改为始置。谬甚！

西南路招讨司曾于皇统中改为统军司，九年，复为招讨司。《金史·白彦敬传》载："熙宗罢统军司，改招讨司，遣彦敬分僚属，收牌印，谕诸部隶招讨司。"①即应指皇统九年事。《白彦敬传》未提及白彦敬此次是赴西北抑或是西南路招讨司履职，其人此后多次活动于西北路，则上所载"罢统军司，改招讨司"之事，似指西北路而言，然而，据《地理志》所载"皇统九年升（丰州）为天德总管府，置西南路招讨司"之说，更有可能的反而是西南路。在皇统九年之前，最后见于史载的西南路招讨，在皇统初②。可知该路主管机构以"统军司"为名，实仅皇统中短短数年间。不过，无论是招讨司还是统军司，其名虽改，职责却未变，一直与西北路招讨司分管镇抚西面部族之职。白彦敬等分赴各部，通知他们由统军司改隶招讨司，即其明证。

西南路招讨司机构内部也存在一定程度的分治。明昌、承安间，纥石烈执中曾任"开远军（节度）、兼西南路招讨副使"③。"开远"为云内州之节度军额，则金中期招讨副使曾驻云内州。唯不知使、副使之间是分工合作，还是一定程度的划境而治。此外，分治之制是否长期实行，也有俟再考。

十四、西北路

金初承辽制，置西北路。治燕子城（隶桓州）。大定八年徙治桓州。明昌七年徙抚州。崇庆元年以后，侨置西北路于内地，至兴定五年废。

西北路招讨司之治所，据《金史·地理志》谓在应州，而西南路则置于桓州，显然违背最基本的地理常识：应州在南，桓州在北，两者相距八百里，岂有置西南招讨于桓州，而西北在应州？故后人无采此说者。不过，桓州置有招讨司之说，却仍然给后之研究者以很深的印象。加之《大金国志》明确记载，西北

---

① 《金史》卷84《白彦敬传》。
② 《金史》卷132《逆臣·秉德传》："初为西南路招讨使，改汴京留守。丁母忧，起复为兵部尚书，拜参知政事。皇统八年，与乌林答蒲卢虎等廉察郡县。"检《纪》，秉德为兵部尚书，在皇统七年十一月，则任职西南路招讨，应在皇统初。
③ 《金史》卷132《逆臣·纥石烈执中传》。

路招讨使治桓州,西南路招讨使治丰州①。两相印证,桓州似应正是西北路招讨使治所,《金史·地理志》所载,也非全无可取。故后人或完全采信《国志》之说②,或以为先治抚州,大定八年后徙治桓州③。据笔者考察,后一说大体正确,然仍需稍作补充。

大定中,世宗曾在谏官的建议下,对西北路招讨司的治所作出调整：

> 世宗将如凉陉,子敬与右补阙粘割斡特剌、左拾遗杨伯仁奏曰："车驾至葛里浒,西北招讨司圈于行宫之内地矣。乞迁之于界上,以屏蔽环卫。"上曰："善。"诏尚书省曰："招讨斜里虎可徙界上,治蕃部事。都监撒八仍于燕子城治猛安谋克事。"④

据《金史·世宗纪》所载,世宗如凉陉,在大定六年、八年各有一次。大定七年闰七月,移剌子敬曾受命"经略北边",这大约就是《移剌子敬传》所载"世宗将如凉陉"之前所做的准备工作。故上文所引,应是指大定八年这一次。而子敬上奏迁招讨司于界上,应在此次出使返回之后。至于他提出建议并被世宗采纳,亦应在大定八年。后之研究者以为西北路招讨使在大定八年治于"抚州",应是据此记载。不过需要纠正的是,当时尚未建置抚州,该州之置,在明昌三年,其治所即故燕子城。

再回溯至海陵朝,契丹人撒八于正隆五、六年间起事之时,金廷遣曹望之"转致甲仗八万自洺州输燕子城"⑤。而器甲的输送以燕子城为终点,应可证实,当时招讨司之治所与后勤基地,已经在燕子城。辽代西北路招讨司治所在镇州,位于今蒙古高原中心地带,然辽末金初既未见金军攻打辽之西北路诸边防城,更未见金廷曾于故辽之西北路腹地建州置城。招讨司治于临近鞑靼活动区的燕子城,恐是金初即然。

大定八年招讨司徙"界上",所谓"界上",应即指近塞之桓州。至章宗明昌六年,完颜安国讨平叛乱的临潢、泰州属部,由西北路副招讨"迁本路招讨使,兼威远军节度使"⑥。"威远"乃桓州之军额,可知,自大定八年招讨司徙桓州,至明昌末,招讨司仍治于桓州。

大定八年以后招讨司徙治桓州的另一个证据,是《金志》所载,大定十年以

---

① 《大金国志》卷38《京府州军》。
② 见施国祁：《金史详校》卷3下,及上揭李逸友文,载《辽金史论集》第1辑,第415页。
③ 《金史简编》,第315页。
④ 《金史》卷89《移剌子敬传》。
⑤ 《金史》卷92《曹望之传》。
⑥ 《金史》卷94《完颜安国传》。

燕子城置柔远县,隶宣德州。宣德州并非西北路招讨司所属,而是隶于奉圣州,燕子城则是西北路招讨司的治所,两者本无干系,而大定十年竟以燕子城隶于宣德州,知当时招讨司已从燕子城徙走。由于此前西北招讨司辖境内并无属县,除桓州录事司外,仅燕子、北羊等诸城,与普通内地路相比,显示出边防路军务压倒一切的特质。故一旦新置县,即划归邻州,仍保持本路建置的划一。

由是,可知招讨司先治燕子城,大定八年后徙治桓州。然而,至明昌七年,招讨司复从桓州徙出,迁回抚州,即大定十年之前的燕子城。据《金志》,桓州本节度州,"明昌七年改置刺史"。相反,抚州本刺史州,"承安二年升为节镇,军名镇宁,拨西北路招讨司所管梅坚必剌、王敦必剌、拿怜术花速、宋葛斜武浑四猛安以隶之"。虽然金代制度并未规定招讨司必须治于节度州①,然而本是节镇却降为刺史,相反,邻州——此前曾作为招讨司治所的抚州——却由刺史州而升为节镇,并且将四猛安拨隶抚州(此四猛安在此之前或即桓州所辖也),无疑能够证明,西北路招讨司的重心发生了根本迁移,从桓州内徙至抚州。究其原因,此次徙治应与明昌末、承安初北阻䩇叛金,北方大战频发有关。当是时,抚州置行枢密院,成为当时北境作战的金军的两大基地之一②,也奠定了此后重新成为北部军事中心的基础。乱事平定后,东北、西北、西南三路在承安初穿壕筑障,北境建起比较完整的防御线,边境粗安,故而军事基地与军事指挥中心,不再有必要置于近边的桓州,反是距边境百余里的抚州更为合适。次年东北路招讨司从距离边境较近的金山县与泰州一同徙治于东面的长春县,其用意也大致相同。

西北路以招讨司为主管机构,招讨司置招讨使、副使与都监,相互之间偶或有分治的现象,如大定八年招讨司徙治桓州后,仍以招讨都监治燕子城,管理猛安谋克事。然而,既未见其他类似事例,则招讨使与都监之分治,应非常态。即如大定八年之例,也只是两者按主管事务的分工,在同一辖区内的不同地点进行合作,并不存在分境而治的情况。

按西南、西北两路,是金末最早失于蒙古之境土。自大安三年蒙军入

---

① 比如此处所述大定八年之前的西北路招讨司治所燕子城,只是桓州辖下的一个军城。又如东北路招讨司治所泰州,在大定二十五年由节度降为防御,至承安三年复升节度。
② 另一军事中心是北京大定府。《金史》卷10《章宗纪二》:承安元年十月"庚戌,命左丞相襄行省于北京,签书枢密院事完颜匡行院于抚州。"卷94《襄传》:"北部复叛,裔战失律,复命襄为左副元帅莅师,寻拜枢密使兼平章政事,屯北京。……奏遣同判大睦亲府事宗浩出军泰州,又请左丞衡于抚州行枢密院,出军西北路以邀阻䩇,而自帅兵出临潢。……其后斜出部族诣抚州降。"

侵，首当其冲的就是两招讨司辖境。该年底，桓、抚州陷落①；至宁元年（1213），丰州失守。由是，失去辖境的西南、西北路招讨司被迫侨置于内地。据《金史·完颜赛不传》，赛不于兴定二年四月由签枢密院事"进兼西南等路招讨使、西安军节度使、陕州管内观察使"②，既谓"西南等路"，恐亦包括西北路。则当时由陕州节度使兼西南、西北两路招讨，兼职如此笼统、随意，必然是因为两招讨内迁之时，麾下已无甚实力，且收复故境的希望越来越渺茫，也无从履行此前的职守——由此我们也无法肯定这种"无职"之司，内迁后数年是否一直固定地侨置于陕州，抑或游走不定。无论如何，战局越来越趋向于不利，它们最终的命运就是无法摆脱的：在不受关注中自然消亡。

十五、中都路

金天会三年克宋燕山府路，置燕京路于燕京。贞元元年，改为中都路。治于燕京析津府（贞元元年改称中都大兴府）。

燕京路之沿革，本来甚为简明，金初天会三年再取燕地，仍因辽旧，置燕京析津府。其以燕京一府及所辖六州为燕京路，亦辽代旧制。至贞元元年定都燕京，京、路分别改称中都大兴府、中都路之前，仅有一路领导机构之变化，而建置未尝改动。然而，《金志》"（析津府）天会七年析河北为东、西路时属河北东路"的记载，却将后人带入一个迷局。天会七年，对于燕京来说，确实是值得提一笔的，因为燕京枢密院于当年并入云中枢密院，但是，燕京路是否同时取消、其辖区也并入河北东路了呢？事实显非如此。

自金得燕京之后，一直对它加以青眼。天会四年，枢密院自平州徙于燕京，与云中枢密院并置，并以宗望为右副元帅，驻燕京。后虽于天会七年并燕京枢密院于云中枢密院及左副元帅宗翰管下，但至天会十二年，复迁枢密院至燕。天眷元年，甚至将汴京行台尚书省迁至燕京。天眷三年，复置行台尚书省

---

① 《金史》卷13《卫绍王纪》：大安三年十一月，"是时，德兴府、弘州……由临潢过辽河，西南至忻、代，皆归大元。初，徒单镒请徙桓、昌、抚百姓入内地。……及大元已定三州，上悔之"。知当时蒙军实际占领线已在德兴府以南，逼近西京，攻陷桓、抚两州的具体时间，尚在此前。又见《遗山先生文集》卷34《毛氏宗支石记》。
② 《金史》卷113《完颜赛不传》。

于汴①。至此为止，燕京路长期在左、右副元帅与枢密院、行台尚书省管下。直至皇统元年，方隶于中央②。两元帅府与枢密院实是代金廷管理辽、宋"汉地"军政民事的机构，时日既久，其由中央"派出"的性质，似有向独立王国发展的趋势，金熙宗遂以收燕京路直属中央为削行台之权的举措之一。

就副元帅府及枢密院、行台尚书省先后驻于燕京的事实来看，金初对该城之重视程度，几乎从未下降，终至于海陵贞元元年定都燕京。以燕京如此重要的地位，在黄河以北形势初定之时，怎么能够想象，竟至不得为一路之首府？它在唐、五代即自成一镇，入辽后又专为一道，怎至于突然废于天会七年？

再则，自熙宗皇统元年之后，"燕京留守"及"燕京路"之记载未尝断绝③。即或天会七年至皇统元年之前未见"燕京留守"或"燕京路"的相关记载，但天会十年因耶律余睹之反叛，累及其党与"燕京统军萧高六"④。又，王伯龙于"天眷元年，为燕京马军都指挥使"⑤。陪都"统军"、"马军都指挥使"，皆辽制，位留守之下，前者与留守同为一道军事的最高负责人，后者也是留守辖下的高级军官。无论在辽在金，"统军"、"马军都指挥使"的建制，都意味着高层军事区划"路"的存在。这显然有力地反驳了《金志》天会七年燕京"属河北东路"

---

① 《金史》卷4《熙宗纪》，天会十五年十一月丙午，"置行台尚书省于汴"，天眷元年九月"丁酉，改燕京枢密院为行台尚书省"。卷55《百官志一》："天眷元年，以河南地与宋，遂改燕京枢密为行台尚书省。天眷三年，复移置于汴京。"据《金史》卷90《赵元传》，天眷十五年之前，行台治汴京，因为该年之后还河南陕西地与宋，经历了一个由汴迁大名，再徙祁州的过程，最终于天眷元年治于燕京："齐国废，置行台省于汴……行台徙大名，再徙祁州。"但此句中两个"行台"似乎有所区别。据卷77《宗弼传》，可以获知关于两个行台的区别："以挞懒属尊，有大功，因ача罪不问，出为行台尚书左丞相，手诏慰谴。挞懒至燕京，愈骄肆不法。……会有上告挞懒者，熙宗乃下诏诛之。挞懒自燕京南走，追而杀之于祁州。"事实上，并非在祁州追获挞懒便即诛之，而是擒至祁州，鞫而后诛。按《会编》卷197《炎兴下帙九十七》绍兴九年八月十一日条引《金虏节要》："兀术遣右都监挞不也追而获之(挞懒)，下祁州元帅府狱。"同条又引苗耀《神麓记》："(兀术遣兵)追至虎谷北口，逢挞懒父子车营，诱而执之。闻奏。遂赐死于祁州。"按兀术以上年七月丙戌为都元帅，该年正月癸巳以都元帅领行台事(《熙宗纪》)。由是知元帅府曾于天眷三年治于祁州。综上，知燕京为行台正式的治所，大部分主要官员比如左丞相挞懒在燕京。而《赵元传》所载徙大名、再徙祁州之行台，其实只是以都元帅兼领行台的宗弼本人，因调集军队的便利，携部分行台之属僚驻于祁州，而同一行台之其他各个主要官员则仍在燕京。可以认为，自汴京行台撤销之时，行台即定治燕京。

② 《金史》卷24《地理志上》"西京路·大同府"条："皇统元年，以燕京路隶尚书省，西京及山后诸部族隶元帅府。"卷77《宗弼传》所载同。

③ 如上条所引《地理志上》及《宗弼传》所载"皇统元年，以燕京路隶尚书省"。又，卷83《张浩传》载：皇统中，浩为"燕京路都转运使"。而在皇统末、天德初，任此职者为刘麟(卷5《海陵纪》，天德元年十二月丙寅，卷77《刘豫传附子刘麟》所载同)。至于燕京留守之职，自天会三年郭药师初任此职(卷74《宗望传》，卷82《郭药师传》所载同)，亦多有记载。皇统中高桢任"同知燕京留守"(卷84《高桢传》)，至天德三年，燕京改中都前夕，尚有燕京留守刘筈(卷78《刘筈传》、卷83《张浩传》)。

④ 《金史》卷133《叛臣·耶律余睹传》："(天会)十年，余睹谋反……其党燕京统军萧高六伏诛。"《松漠纪闻》卷1：耶律余睹"约燕京统军反，统军之兵，皆契丹人"。

⑤ 《金史》卷81《王伯龙传》。

之说。

更有，不仅他处未尝出现过类似《金志》所说的天会七年燕京曾归他路所辖的记载，并且包括《金志》在内，也从未提及"燕京路"于何年复置。若该路早废于天会七年，那么，皇统元年的"燕京路"又是由何而来？

或是因为注意到中都路辖下的雄、霸、保、遂、安肃等州，皆于贞元二年由河北东路来属，并且这些州在此前的天会七年大多有过建置的变动，《金志》撰者由此产生错觉，遂有燕京曾"属河北东路"的惊人谬误，然又未能找到相应记载提及何时"复置"燕京路，故避而不谈。当然，细节上的误载在《金志》中不胜其多，只是此处误载所涉极大。

可知，我们完全不必信从《金志》"（析津府）天会七年析河北为东、西路时属河北东路"之说。天会三年克燕之后，此城便始终称"燕京析津府"，其所统之路即"燕京路"。而至海陵贞元元年迁都后，径"改燕京为中都，改析津府为大兴府"①，中间并无其他周折。

天会四年以后，置于燕京的最高军事统率机构虽然是元帅府（以枢密院为辅），然亦有其本路的军事管理机构，即留守司—统军司这一组合，这显然是自辽制直接继承下来的。当然，由于元帅府驻燕京，留守、统军的职能是有所缺失的。尤其是甫下燕京之时，以降人郭药师为留守。当时药师虽有留守之尊，实际上较之投闲置散更为不如②。后之留守，其名亦皆不显。这是右副元帅宗望牢牢控制燕京一路的结果。当时之留守，应承辽制而兼兵马都总管，这也是此后诸路遍置兵马都总管的制度之源。而自皇统元年燕京路转为朝廷直隶，留守的军事统率地位则更为完全。贞元元年后，大兴尹兼中都路兵马都总

---

① 《金史》卷83《张浩传》。《地理志》中都路条亦称："海陵贞元元年定都，以燕乃列国之名，不当为京师号，遂改为中都。"
② 《会编》卷46，靖康元年四月二十日条，有人段文宇载郭药师及其所部常胜军之去向："斡离不发常胜军归本贯，至松亭关，尽杀之。以郭药师为燕京留守。……四月十八日金人榜出曹云：'先起郭相常胜军，皆铁州人，久离乡土（按其下当有阙文）。四月二十日，尽归本处居住。常胜军官不欲行。千人长、百人长等数十人，往见斡离不辞其行。斡离不曰：'天祚待汝如何？'曰：'天祚待我等厚。''赵皇如何？'曰：'赵皇待我等尤厚。斡离不曰：'天祚待汝厚，汝反天祚。赵皇待汝厚，汝反赵皇。我无金帛与汝等，汝定亦反我。我无用尔等。'于是皆惶悚而退。既行，遂遣女真四五千骑，以搜检器甲为名，于松亭关路，无问老幼，皆掊杀之，并取其财物。由是常胜军之起义八千人皆尽，而药师平日所谓牙爪者，无遗类矣。……又赐郭药师姓完颜，为燕京留守，实不与府事。后斡离不、刘彦宗同过山西，与粘罕议事，继而药师并家属亦往，或云拘之泊淀中矣。《中兴姓氏奸逆传》曰：'……斡离不回至燕山，知常胜军反覆，下令尽发归本贯。至松亭关，遣女真数千骑，尽掊杀之。以药师为燕京留守。又遣知平州。后粘罕以余睹叛，疑药师预谋，追至元帅府狱鞠之，既而获免。药师家富于财，牛马不知其数，奴婢千人。粘罕谓：财能动人。尽夺之。囚归女真之域。'"以此降虏，又何望于辽代留守之尊严与权威？

管,统管本路军事①。而统军使则不再见于记载,应废于熙宗朝。

十六、河北东路

天会七年置河北东路,治河间府。贞祐三年,曾置行总管府于原武、阳武、封丘、陈留、延津、通许、杞诸县,兴定五年罢行总管府。

天会五年,金先"以贝勒明珠为河北路统军,屯浚;阿里为河东路统军,屯河阳"②。该年又曾以大㚖为河间路都统③。然则据《金虏节要》所载,当时"渤海万户大挞不也(即大㚖)屯兵河间……女真万户特木也屯兵于永宁、祁州……女真万户聂耳屯兵于冀州,女真副统韶合屯兵于真定,辽东汉军万户韩庆和屯兵于庆源……女真万户余列屯兵于洺州,女真副统蒙哥屯兵于磁、相"④。不计屯于保、雄、霸(此三州在宋属河北路,在金划入中都路)的三支,后来金的河北两路,有万户、副统所率的七支军队屯驻,这反映的是女真倾国南来之时,在河北前线的临时军力分布,而非用兵结束之后稳定的军事区划。《节要》所谓万户、副统,以及"贝勒明珠"之"统军",大㚖之都统,并非有固定的镇守、管辖之境的地方军政官员。金之河北地区出现正式军事区划,应在天会七年。该年,"析河北为东、西路,各置本路兵马都总管"⑤,河北东路治于河间府⑥,自此至金末,未曾徙治,而一路长官,是河间府尹所兼的都总管,亦迄未改变。然于贞祐三年,"置河北东路行总管府于原武、阳武、封丘、陈留、延津、通许、杞诸县,以治所徙军户"⑦。此举是为配合河北猛安谋克南徙且散布于河南诸地。然至兴定五年,河南诸猛安谋克当已归于河南本地行省以下诸级军官管辖,故"罢行总管府及招讨、统军、检察等司"⑧。

十七、河北西路

天会七年置河北西路,治真定府。

---

① 《金史》卷72《海里传》:海里于海陵朝"同知大兴尹、兼中都路兵马都总管"。则中都路长官较正式的官名,应为"大兴尹、兼中都路兵马都总管"。
② 《要录》卷3,建炎元年三月辛亥。
③ 《金史》卷80《大㚖传》:"天会三年,宗望伐宋。……明年再伐宋……既破汴京,㚖为河间路都统。"
④ 《会编》卷111《炎兴下帙十一》,建炎元年七月十六日条引《金虏节要》。
⑤ 《金史》卷25《地理志中》"河北东路"条。
⑥ 《会编》卷132《炎兴下帙三十二》,建炎三年闰八月二十四日条引《金虏节要》:"枢密院:河间府为河北东路,真定府为河北西路。"《大金国志》卷5《纪年·太宗文烈皇帝三》,天会七年九月条所载同。
⑦ 《金史》卷14《宣宗纪上》,贞祐三年九月辛未。
⑧ 《金史》卷16《宣宗纪下》,兴定五年十二月辛未。

河北西路乃天会七年与河北东路同时置,且同以治所所在之府尹兼一路之军政长官都总管。此制亦迄金末未变。

十八、大名府路

熙宗天会十五年置,天德二年罢,正隆二年(1157)复置。治大名府。贞祐三年曾置行总管府于柘城县,兴定五年罢行总管府。

天会八年,金曾以阿鲁补为"大名开德路都统"①,不过这显然是战争期间的临时部署。同年,金立伪齐,大名成为伪齐都城。废伪齐之后,曾于大名府置统军司。其始置时间不详,然大名既为伪齐初年之首都,后又为陪都北京,是伪齐北境要地,故很有可能在废伪齐之初,金政权作为震慑伪齐故地的一种手段,而有建制方面的创设。从空间上看,原伪齐大名府路之境向北突入金境,向南又嵌入原伪齐山东、河南之间,形势冲要。为防伪齐残余力量的反抗,在大名建置高级的军事机构,屯驻重兵,实属必要。故大名统军司之置,应在天会十五年。据《金志》,天德二年罢统军司之后,该机构"所辖民户,分隶旁近总管府",即该年大名府路被废。正隆二年,"升为总管府",复成一路。

贞祐三年,"置大名府行总管府于柘城县,以治所徙军户"②。与同年所置的河北东路行总管府一样,置大名行总管府是为管理南徙河南的猛安谋克。至兴定五年,"罢行总管府及招讨、统军、检察等司"③。

十九、西京路

天辅七年前后,置西京路,又称山西路④,治西京大同府。

天辅五年,金建置"内外诸军都统",攻克中京大定府之后,立即移师克西京大同府。至天辅七年,改置"西南、西北两路都统府",在"两路都统府"之下,又分置西南都统府、西北都统府。而山西兵马都部署司,也与后两者并列,为"两路都统府"之下属机构。

---

① 《金史》卷68《冶诃传附子阿鲁补传》。
② 《金史》卷14《宣宗纪上》,贞祐三年九月辛未。
③ 《金史》卷16《宣宗纪下》,兴定五年十二月辛未。
④ 《金史·地理志》以"西京路"为该都总管路之名,然前期既有"西京路"之称(如《地理志》称:"皇统元年,以燕京路尚书省,西京及山后诸部族隶元帅府"),又因置"山西兵马都部署",亦可称"山西路"。即使天德二年改都部署为都总管之后复于其上置统军司,后者亦有"山西统军司"、"西京统军司"混称。这种混称的现象,可能在官方的正式文书中也是存在的。

天会四年,金之山西兵马都部署司作为与宋的宣抚司对等的机构而出现①,并随左副元帅宗翰军在河东前线。该机构初置于何时?如果此前并无此机构,很难想象在天会三年南征以后,反而在河东前线随军置一个本该经管山西军事的机构。故而,山西兵马都部署司之置,应在天辅七年太祖离开山西返回京师、"两路都统府"建置的同时。当时西边虽仍有战事,但大局已定,故将旧辽之制推上前台,实行留守兼兵马都部署为一路之长的制度。自此,山西路之存在,延续至金末。虽然自金初至海陵朝,该路之上先后曾置两路都统司、左副元帅府、山西统军司,而且由于前两者也治于西京,山西兵马都部署在本路的军事管理权并不完全。但"山西"作为高层军事区划,还是一直存在。

西京路军事管理机构先为兵马都部署司(由留守兼都部署),此为沿辽之旧。当然,任此职者是否真正掌本路兵权,因人而异。天会四年的山西兵马都部署,或由当时的西京留守韩企先兼任②。企先由辽入金,毋论其是否受到充分信任,仅从其向来从事文职来看,即使带都部署之职,恐亦无掌兵之实。史籍所载最早担任山西兵马都部署者,是宗翰的"通事"高庆裔,上任时间在天会七年③,至天会十三年方离职转任尚书右丞相④。据《立齐国刘豫册文》所载,任职者完整的官衔应为"西京留守、大同尹、兼山西兵马都部署"⑤。高庆裔作为宗翰之心腹,无疑应是一路军事之统帅。至海陵"天德二年八月,改诸京兵马都部署司为本路都总管府"⑥,此后都总管仍以留守兼。由于该路的上级军

---

① 《大金吊伐录》之《都部署司回牒》(天会四年十月,见金少英校补《大金吊伐录校补》第94条)称"大金山西兵马都部署司牒宋宣抚司"云云。此信本是天会四年(宋靖康元年)九至十月间为宋割河东、河北地之事,宋方与金左副元帅(即由西京南下的宗翰)往来的多份文书中唯一出自都部署司者。按《宋宣抚判官书》(同书第93条)题注云:"此书不答。以其僭越无礼,不足与论故也。"左元帅府对于宋来自宣抚判官的口气强硬的文书,故意不予理睬,而令属下的都部署司作回复,以自高身份并压下对方的气势。

② 《金史》卷78《韩企先传》:"宗翰为都统,经略山西,表署西京留守。"则企先应是西京的第一任留守,其任职时间应始于天辅七年或此后不久。此后,任职西京留守者不绝:高庆裔继韩企先,宗贤继高庆裔,继宗贤者应为撒离喝(杲),此后是昂;等等。故《地理志》称"天德二年,改置本路都总管府,后更置留守兼",似西京留守司迟至天德后方置,大误。

③ 《要录》卷28,建炎三年秋,"通事高庆裔为大同尹、山西兵马都部署"。《会编》卷132《炎兴下帙三十二》:建炎三年闰八月二十四日,"粘罕以通事高庆裔知云中府、兼西京留守、(山)西路兵马都部署"。《大金国志》卷5《纪年五·太宗文烈皇帝三》,天会七年六月同。按宣和末宋"遥改"辽西京大同府为"云中府",而辽、金始终未尝更"大同府"为"云中府"。故《会编》、《大金国志》所载,实经撰者的改动。

④ 《会编》卷166绍兴五年三月十六日条引《金虏节要》:"除山西路兵马都部署、留守、大同府尹高庆裔尚书右丞相。"《金史》卷4《熙宗纪》天会十三年十一月己卯条则载为"左丞"而非"尚书右丞相"。

⑤ 《大金国志》卷32《立齐国刘豫册文》:"天会八年七月二十七日,西京留守……大同尹兼山西兵马都部署……高庆裔……"

⑥ 《金史》卷44《兵志》"禁军之制"条。

事管理机构——元帅府、山西统军司相继废于天德二年与贞元元年,都部署司对本路军政的掌控,应是不断加强的。

二十、河东北路

天会七年,置河东北路,治太原。

天会五年秋,金大体已略定宋河东之地,两年后,以"平阳府为河东南路,太原府为河东北路"①。这一建置一直保持到金末,建置、治所未见改动。至兴定二年蒙军攻陷太原,"元帅左监军兼知枢府事乌古论德升死之"②,知当时太原及河东北路的最高军事机构早非都总管,而是帅府、行枢密院,可能总管亦由德升兼任,犹如上一年李革行省平阳府,兼河东南路都总管③。然自此以后,未见河东北路总管之记载。因太原在金、蒙之间反复易手——甚至原河东北路之地亦大部为蒙军所占,即此建置仍在,亦不可能仍治于太原,或已侨置于他路矣。至兴定四年以郭文振为晋阳公,"河东北路皆隶焉"④,文振却只得治于河东南路的辽州,直至元光二年(1223)率军南徙时犹然。由此可见兴定二年以后,这一路的军事主管机构不可能置于争夺最为激烈的太原。而兴定四年之后,以郭文振任一路事,更不至于再置都总管⑤。

二十一、河东南路

天会七年,置河东南路。治平阳府,兴定二年徙治晋安府。

平阳作为会府,作为沟通开封、太原、河中、潞州等全国或区域中心的枢纽,极易受兵,至宁以后,成为金、蒙争夺的焦点之一,曾多次被攻、被围,两次

---

① 《会编》卷132《炎兴下帙三十二》,建炎三年闰八月二十四日条引《金房节要》。又《大金国志》卷5《纪年·太宗文烈皇帝三》,天会七年九月条所载同。按上两书所载,河东、河北各分两路,见于金枢密院所颁的同一文书中,而《金史》卷25《地理志中》载河北两路之分置于天会七年,于卷26《地理志下》却谓河东两路之事在天会六年,显误。又,稍后曾短期置河东路都统,以完颜毂英为之(《金史》卷72《毂英传》),事在天会八年左右。然而,毂英任此职之后,却随耶律余睹往招西北部族,故此"河东路都统",应是河东粗定之后,率该路女真驻军赴外路作战,实为"行军都统"耳。
② 《金史》卷15《宣宗纪中》,兴定二年九月乙亥。
③ 《金史》卷15《宣宗纪中》,兴定元年三月戊寅。
④ 《金史》卷118《郭文振传》。
⑤ 按《郭文振传》,兴定五年,文振曾请于朝,"臣所统岚、管、隩、石、宁化、保德诸州,境土阔远,不能周知利害,恐误军国大计。伏见葭州刺史古里甲蒲察智勇过人,深悉河东事势,乞令行元帅府事,或为本路兵马都总管,与臣分治"。按情理推测,金廷既将河东北路"封建"与文振,则不应再保留统管一路的都总管府掣其肘。而文振建议任命蒲察为都总管,亦可推知当时该路无总管。即使如文振所请,蒲察之"本路兵马都总管",管区也应是文振所"不能周知"的岚、管、隩、石、宁化、保德等本路西北之境,非太原也。

陷落。兴定元年,"蒙军大入,平阳不守,河东保完者惟绛而已"①。大约是此次的陷落,迫使河东南路必须迁治。在他州驻泊了一年多,终于在兴定二年十二月升绛州为晋安府,都总管定治于晋安②。然自胥鼎于贞祐四年行省于平阳,兴定元年李革又以行省兼河东南路总管,兴定二年该路总管迁治晋安府前后,始终有高于都总管府的机构,当时陀满胡土门作为一路之长,是以"元帅左监军、行元帅府事、兼知晋安府、河东南路兵马都总管"③。总管虽在,地位却已不再。又二年之后,"以平阳、晋安府,隰、吉州隶"平阳公胡天作④,河东南路都总管府至此应撤销。

二十二、南京路

金天眷三年复取河南地,置汴京路。贞元元年,改南京路。治南京开封府。

金河南之地,以宋京西北路为主,另包括京东西路西境、淮南东路西境和京西南路北境之小部分,以及淮南西路北部寿春府之小半。金于天会八年以前已攻占其中的绝大部分,并于该年予刘豫,作为伪齐之一部。当伪齐之时,因其境颇狭,分路甚夥,以壮规模。原属北宋的这些路分,大多存留下来,分为汴京(相当于路一级,仅统本府,类似北宋后期之京畿路)、河南府路(治河南府)、归德府路(治归德府)、京西南路(治许州)、淮南东路(治亳州)、淮南西路(治蔡州)。在北宋一路略多的地方,经伪齐如此细分,诸路各仅三四州之地,大约已是唐末五代一个节镇的规模。

熙宗天会十五年废伪齐,其分路大体如伪齐阜昌末之旧貌。据《会编》:

天会十五年十一月□日,金虏废齐后差除:
一,女真完颜胡沙虎汴京留守。
一,燕人萧长寿奴汴京副留守。
一,燕人刘稠汴京同知留守。
……
一,关师古召到京依旧知西京。
……

---

① 《金史》卷123《陀满胡土门传》。
② 《金史》卷26《地理志下》"绛州"条。
③ 《金史》卷123《陀满胡土门传》。
④ 《金史》卷118《胡天作传》。

赵买臣依旧南京副总管。

……

刘光时召到京依旧北京副总管。①

由这份不完全的名单，得知当时至少仍有汴京、西京、南京路、北京路。西京、南京、北京，自然都是保留了伪齐的原有建置，分别指河南府、归德府、大名府，而非此前金境内的陪都。不过，这只是个过渡状态。废伪齐半年之后，由挞懒倡议，金廷定议还河南之地与宋，此天眷元年事。至天眷三年，出兵夺还河南，行台亦由燕京迁至汴京，大约就在此时，河南之地复合为一路。在首都—陪都体系方面，天眷元年，金已建立自己的上、中、东、西、北、燕六京体系，对伪齐置于狭小空间内的诸京，并无所用。在路的区划方面，伪齐在相当有限的空间上建置了五至六路，此区域并入金的疆域后，与黄河以北诸路的辖境面积相差悬殊，这就是天眷三年调整河南路一级政区的动力所在。该年，由汴京留守总河南事，原伪齐多路之地，合为一路。

金再得河南之后，置行台尚书省于汴京，同时，又以都元帅镇汴京，统管伪齐旧地。自天眷二年都元帅宗弼兼"领行台"之后，至皇统九年宗弼死，元帅府与行台事实上是合流的。而河南在元帅府—行台的直接监管下，似不再存在其他军事、民政兼管的路一级机构。汴京留守司可以看作是河南地区的民政管理机构，但似乎缺乏独立性，比如皇统末完颜宗贤为南京留守，同时又"领行台尚书省事"②。不过无论如何，原伪齐河南诸路已合于一。

留守司自天德二年之后，兼本路都总管③，然而，由于河南路自天会十五年起，即置有都统司，后改都统为统军司。统军司"以元帅府都监、监军为使，分统天下之兵"④，其前身都统司亦纯为用兵而设。故而留守司对于本路军政之掌控，实在是很有限的。我们在一部《金史》中也可发现，参与各种军事活动

---

① 《会编》卷182《炎兴下帙八十二》，绍兴七年十一月十八日。此记载可对照同书上卷绍兴七年十一月十八日引《伪齐录》："(同年)九月十三日(宋叛将郦琼等)到京，以归首郦琼为静难军节度使、知拱州，刘光时为北京大名府副总管，赵买臣为南京副总管。"则南京、北京皆是伪齐之陪都无疑。

② 《金史》卷70《宗贤传》。

③ 《金史》卷44《兵志》"禁军之制"条："天德二年八月，改诸京兵马都部署司为本路都总管府。"前文已证实，此说并不准确，将诸京天德二年之前各不相同的情况进行了极度的简化。对于汴京开封府来说，天德二年前是否有"都部署司"之置，亦成疑问。不过，自该年后，汴京(南京)留守兼本路都总管，应不成问题。靳一玉于大安元年所作《滑州重修记》(《全辽金文》，第2133页)载："岁次戊辰冬十月，授宣政公南京留守同知、兼开封府路兵马都总管。"戊辰岁，泰和八年也。此制应是天德二年改制之后之定制。

④ 元帅府于当年底废(《金史》卷5《海陵纪》，天德二年十二月己未)，统军使应对元帅府之后继机构枢密院负责。

的多是统军,而较少有留守的身影。两者之间,应存在分工,即统军司主要管理和指挥以猛安谋克军为主的精锐的常备军,而留守所兼之都总管,较低程度上参与猛安谋克之管理,而对地方部队的管理,则是其主要职责,且对地方治安负有主要责任,并在规模稍大的军事行动中主一方之兵。虽然,我们仍可将汴京(南京)路都总管府列为一个军事民政合一的高层区划的管理机构,但必须强调该路的特殊性。

二十三、山东东路

天会十五年置山东东路,治益都府。

按山东东、西路始置之时,未见确切记载。山东东路最早见于记载者,在《金史·移剌道传》:"移剌古为山东东路兵马都总管,辟(移剌道)掌军府簿书,往来元帅府计议边事,右副元帅宗弼爱其才,召为元帅府令史。"①按宗弼任右副元帅,在天会十五年十月②,至天眷二年七月,升为都元帅。故移剌道在山东东路都总管府任职,即在此间。又,天眷三年,"王师复河南,宋别将由胡陵夜袭宇昚布辉营,士卒尽没。(尼厖古)钞兀从东平总管并力战,却之"③。东平总管,即山东西路总管。由上知,山东东、西路之置必在天眷二年之前。由《移剌道传》的记载来看,更应在金还宋河南地之前,其建置应与伪齐之废有关而与金再次自宋夺回河南、重新调整南境区划无关。可以想象的是,在天会十五年废伪齐之时,金继承了伪齐的分路,只是按本国之制,改安抚使为都总管。其主管机构,向为都总管府,治所亦在益都而未迁徙,故偶或称"益都路"④。

二十四、山东西路

天会十五年置山东西路,或称"东平路"⑤、"东平府路"⑥,治东平府。贞祐三年,曾于归德府、徐州、亳州三处分置山东西路行总管府。

贞祐二年四月,金、蒙暂缔和约,蒙军主力退走,但仍有部分军队在河北活动,并致力于占领金之东北疆。次年春,复大举南下,五月破金中都,分路南

---

① 《金史》卷90《移剌道传》。
② 《金史》卷4《熙宗纪》,天会十五年十月乙卯、天眷二年七月丙戌。
③ 《金史》卷86《尼厖古钞兀传》。
④ 《金史》卷122《乌古论德升传》:德升为"益都路猛安人"。
⑤ 《金史》卷132《逆臣·纥石烈执中传》:执中"徙东平路猛安",泰和六年,执中又"请益发东平路兵屯密、沂、宁海、登、莱以遏兵冲"。
⑥ 《金史》卷15《宣宗纪中》,兴定元年正月丙申,"皇子、平章政事、濮王守纯授世袭东平府路三屯猛安"。卷93《宣宗三子·守纯传》同。

下,至秋,"取城邑凡八百六十有二"①。金军虽坚守东平,但邻近山东西路的大名②、河间、沧、献、清③等府、州纷纷陷落,蒙军横行于山东西路大部分境土。因此,金廷于贞祐三年八月"置山东西路总管府于归德府及徐、亳二州"④,在外围重整兵势。其中徐州本属山东西路,而归德府及亳州本为河南之地。然此条所说置"总管府"实不确,因"总管府"既置于治所之外,则前加"行"字,此当时体例,同年河北东路、大名路,皆曾置"行总管府"⑤,可相参照。另外,完颜赛不曾于兴定二年七月"迁行山东西路兵马都总管,兼武宁军节度使"⑥,即以徐州长吏兼任"行"总管,此亦明证。行总管府之置,本为临时措施,故置于邻路之境可能引起的统辖关系的混乱,亦无暇顾及。至兴定五年四月,守卫东平的金将蒙古纲弃城而去,蒙将严实入据⑦。此后,东平在蒙军与宋将彭义斌之间反复易手,再未由金军占领。兴定五年底,行总管府亦罢⑧。

东平失守之后,山东西路都总管府,仍"治"于东平,但显然已有名无实。如元光二年(1223)授予孙邦佐的"知东平府事、山东西路兵马都总管",不过是遥领,邦佐之实职为"宣差招抚使"⑨。当时徐、邳等州尚存,但却撤销了寄治于两州的行总管府,大约是因这些州已在更高级的行省、行元帅府的管理之下,都总管府这一级已起不到实质作用。

二十五、京兆府路

伪齐永兴军路。天会十五年金废伪齐,以其地与宋。皇统初复夺得,二年,仍置路,改名京兆府路。治京兆府。

陕西地由宋入金,再赐予伪齐,后又入宋,旋复为金所夺,其间军事路的划分,并非始终一致。主要的改变,发生在皇统初金最后夺得陕西之时。

按天会九年金以陕西地赐伪齐,齐仍置六路。天会十五年废伪齐,陕西仍

---

① 《元史》卷1《太祖纪》,太祖十年秋。
② 《元史》卷147《史天倪传》。
③ 《元史》卷153《王檝传》。
④ 《金史》卷14《宣宗纪上》,贞祐三年八月庚子。
⑤ 《金史》卷14《宣宗纪上》,贞祐三年九月辛未、乙酉。
⑥ 《金史》卷113《完颜赛不传》。
⑦ 《元史》卷1《太祖纪》,太祖十六年四月;卷119《木华黎传》。
⑧ 《金史》卷16《宣宗纪下》,兴定五年十二月辛未。
⑨ 《金史》卷102《完颜弼传》。

置六路经略安抚使①。天眷二年(宋绍兴九年)宋受地,仍作六路。至天眷末、皇统初,金军经过激战,逐次夺回陕西地,其间并未变更其建置,直至皇统元年和议签订,经重新划界后封域始定,次年金大略取回伪齐陕西全境,重新分划,定为四路:京兆府、鄜延、庆原、熙秦,各置都总管府。其中庆原路合宋、伪齐泾原路东部、环庆路大部置,熙秦路合伪齐熙河及泾原、秦凤路西部置——金之秦凤路辖境,较宋时少南部半路之地,故合于邻路②。原"永兴军路"改称"京兆府路",亦应在皇统二年重新划分诸路辖境时。不过,该路或亦可称"陕西东路",然此称呼并不多见③。

按皇统二年之分路,在空间上有一个极不合理之处:陕西西部的熙秦路总管府辖区,北、西、南三面皆为边面,分别与夏、吐蕃诸部族、宋接界,而该路东西较长,更加增大了该路的边境线与面积的比例,防御难度极大。当时作此分划,与熙宗时期大力安抚西夏有关。早在太宗朝,夏已数次出兵攻伪齐陕西地。但太宗对西夏一直实行"恩威并施"的政策。熙宗以后龃龉之事仍时有发生,但他仍然希望金、夏能维持友好关系。故而在天会十五年,承认了西夏对陕西西北端的积石、湟、廓州的占领④。天眷二年,夏又袭取金府州⑤,熙宗不仅承认了既成事实,而且将前此据有府州的折可求调往内地,竭力避免与夏发

---

① 按《会编》卷181《炎兴下帙八十一》,绍兴七年十一月十一日,伪齐有"陕西五路传宣抚问";卷182《炎兴下帙八十二》,同日,"天会十五年十一月日金废齐后差除……张中孚,初废豫,授以节制五路兵马,令依旧泾原安抚使"。两处皆载"陕西五路",不知何以较宋少一路。检后一条所载,伪齐废后,除张中孚"依旧泾原安抚使","一,张中彦依旧秦凤路安抚使,一,赵彬依旧环庆路安抚使,一,慕容洧依旧熙河路安抚使",似较北宋末少永兴军、鄜延两路。然《宋史》卷29《高宗纪六》,绍兴九年金还宋陕西地之后,四月壬午,"金鄜延路经略使文师古上表待罪,命知延安府……金陕西诸路节制使张中孚上表待罪,命为检校少保、宁国军节度使、知永兴军,节制陕西诸路军马"。而张中孚由泾原改任京兆府,在天眷初(即绍兴八年,见《金史》卷79《张中孚传》),宋得陕西地,置官仍依金旧也。由是知伪齐末有永兴军、鄜延两路。至于何以有"五路"之称,疑是未计永兴军路在内。按伪齐末似以京兆府(即永兴军)为陪都,据《会编》卷181,绍兴七年十一月十一日条引《伪豫传》,刘豫弟刘益,原"守汴京",伪齐阜昌三年四月迁都于汴,徙"益京兆留守"。留守者,陪都长吏也。陕西各路中,京兆最近汴京,或无"传宣抚问"之必要。而京兆重地,或非区区泾原路安抚使得以"节制"。则伪齐陕西,始终六路也。
② 《金史》卷4《熙宗纪》,天眷三年八月辛巳,"诏抚谕陕西五路"。所谓五路者,少秦凤路。并非当时已废秦凤路,而是天眷末、皇统初金复夺陕西的过程中,秦凤路数州最后才得收回,当时抚谕使遣出之时,该路大部仍在宋军掌控下。迟至皇统元年九月,宋吴璘军才攻克了秦、陇二州(《宋史》卷29《高宗纪六》,绍兴十一年九月辛亥)。直至皇统元年和议定,次年划界时,以大散关为界,金方重得秦凤路北部之地。
③ 作为军事区划的"陕西东路",似仅见《金史》卷110《杨云翼传》所载:"承安四年,出为陕西东路兵马都总管判官。"
④ 杨蕤:《夏金疆界考论》,《北方文物》2005年第2期,第97页。
⑤ 《大金国志》卷10《纪年·熙宗孝成皇帝二》,天眷二年春。《宋史》卷29《高宗纪六》同,卷486《西夏传》系于该年九月。

生冲突。至皇统六年，又割庆原路北面的德威城、定边军与西安州入西夏①。这种政策的效果，似不甚理想。大定九年，金夏边境附金的乔家族首领结什角为西夏所杀，金怀疑夏、宋相结，将不利于金，故做出挑衅之举。不过最终查无实据。此事虽未直接导致两国冲突，但还是促使金采取措施，"于熙秦迫近宋、夏冲要量添戍兵"，加强边境防御②。至大定十八年，夏大举来攻，陷麟州，"虏金帛子女无数，并毁城而去"③。大定二十三年，又攻陷包括州治在内的会州北部④。夏之主动出击，从频率和烈度来看，似皆有加强的趋势。虽然西夏的攻击方向时或不在陕西而在河东之西部，然迄世宗大定末，西夏从未放弃在两国边界的军事活动，时有侵界之举，这样，金夏边界无处不存在重大的危机。两国之间的紧张关系，终使金感受到，像熙秦路这样边面极长——几乎是四面受敌的区划方式，使之同时承受来自宋、夏两方的压力，将不堪重负。一旦宋、夏夹攻该路——这种事在金后期确实发生——难免陷入捉襟见肘的尴尬境地。故而大定二十七年对陕西路的重新区划，是金对金夏两国关系的新理解所促成，实际上是陕西防御体系的重新调整。

大定二十七年，析熙秦路东部与庆原、京兆府路西部，置凤翔路。调整之后，问题仍然存在：新的凤翔路，仍是南、北两面皆有边面，分别与宋、夏接界；而熙秦路亦未彻底改变其"介宋、夏之间，与诸番杂处"⑤的环境，但凤翔路毕竟切去了原熙秦路边面的一半，使后者的防御压力大减。尤其是陕西的对宋防御之责，其实大多由凤翔路承担了。

二十六、凤翔路

宋秦凤路北部，伪齐凤翔路。皇统二年废入熙秦、京兆府二路。大定二十七年，重置凤翔路。治凤翔府。

二十七、鄜延路

伪齐鄜延路。天会十五年废伪齐，地入宋。皇统初复夺得，二年，仍置鄜延路。治延安府。

---

① 《金史》卷26《地理志下》。
② 《金史》卷91《移剌成传附结什角传》。
③ 《大金国志》卷17《纪年·世宗圣明皇帝中》，大定十八年九月戊子。
④ 《元一统志》卷4《陕西等处行中书省》"会州·建置沿革"条；同卷"兰州·古迹·保川县"、"会州·古迹·废通安寨"条。
⑤ 《金史》卷101《仆散端传》，兴定元年奏。

二十八、庆原路

宋、伪齐环庆大部及泾原路西部,皇统初自宋夺得该地,二年,置庆原路。治庆阳府。

二十九、临洮路

宋、伪齐熙河路及泾原、秦凤二路西境,皇统二年置熙秦路。大定二十七年改称临洮路。治临洮府。

三十、(废)耶懒路

女真旧地,金初置耶懒路都勃堇,天会二年移辽率宾府地,耶懒之地遂空。治今俄罗斯塔乌黑河流域①。

三十一、(废)南京路

天会三年置南京路,治平州。天会十年废。

平州于天辅七年称"南京",是当时金政权安抚辽之平州降将张觉的一种手段。当时张觉据有平州路(辖平、滦、营三州),名义上臣服于金,但事实上却是割据一方。故而平州路可称金之附庸,但不足以视作金境之政区。天会元年,张觉叛金,次年五月金军终克南京。至天会四年,金取消平州"南京"之号②。

金置"南京路",在天会三年伐宋之时③,当时平州尚称"南京",但并未在次年随着"南京"复降为平州而改变路名,"南京路"一直存在至天会十年。不过,南京路完全是为了从平州南侵而置,而并不是出于镇抚平州的目的。故而,名义上的长官南京路都统阇母,率军直扑燕京。第一次侵宋获胜之后,阇母留在燕京,"节制诸军"④,不久,又率师参加第二次侵宋,征战于河北,此后未见回到平州。这个军政区,"军区"的性质全然占了上风。

一旦侵宋之事终了,南京路的使命即告完成。天会十年,金对黄河两岸

---

① 见《汇篇》,第166页。
② 《金史》卷2《太祖纪》:天辅七年二月,"改平州为南京,以张觉为留守"。卷3《太宗纪》:天会元年九月戊寅,"南路军帅阇母,败张觉于楼峰口";二年五月乙巳,"阇母克南京,杀都统张敦固";四年九月己巳,"复以南京为平州"。
③ 《金史》卷3《太宗纪》,天会三年"十月甲辰,诏诸将伐宋。……宗望为南京路都统,阇母副之……丁巳,以阇母为南京路都统,埒喝副之,宗望为阇母、刘彦宗两军监战"。
④ 《金史》卷71《阇母传》。

的占领已大致巩固,并且,新占领区的军政大事,由云中的元帅府与枢密院总其成,当时由南京平州出发侵宋的大军,其副统帅宗望已死于天会五年,统帅阇母死于天会七年,平州这一基地也再无存在意义,故至天会十年,终废南京路。

关于南京路之废,《金史》载为:"改南京路都统司为东南路都统司,治东京,以镇高丽。"①但是,两路的辖境既全不相关(详见上文咸平路条),载之为"改置",这是历代地志都难得一见的提法,极易引起误会。

最后应当一辨的是天会十年之后"平州路"的问题。据《金史·熙宗纪》:天眷元年,"省燕中西三京、平州东、西等路州县"②。施国祁校此文,称:

> 平州,地志属中都路。文云:天会十年,徙军帅司治辽阳,贞元元年并隶中都。辽阳文下云:十年,改平州为东南路都统,天德二年改为本路。则自天会壬子平州分东西路,至海陵天德庚午,乃废东路,贞元癸酉,并废西路矣。③

国祁广征博引,但却得出了一个明确而错误的结论。首先,《金史》所载"平州东、西",显然是"平州、辽西"之误,国祁不辨此误,遂至辖境本已极狭的平州路更被强拆为二。其次,《熙宗纪》所载之平州路,是转运司路而非军帅(都统)司路,国祁将此记载与南京、东南两都统路相牵,故而完全推翻了见于《金史》多处的南京路废于天会十年之记载,得出了天会十年南京路分置为平州东、平州西两路,其后又分两次罢废的结论,用力愈多而谬误愈甚矣。

三十二、(废)麟府路

天会七年置麟府路,九年随陕西地入伪齐。十五年废伪齐,仍属金。治府州。天眷二年,夏人袭占府州。路废。

北宋麟府路在河东路经略安抚司统辖之下,为"路"下之"路",统府、麟、丰三州④。这一地区,由府州折氏世代守御。至金天会六年底,折可求以三州之

---

① 《金史》卷44《兵志》"禁军之制"条。卷24《地理志上》"中都路·平州"条载:"尝置军帅司。天会十年徙军帅司治辽阳府。"卷72《习古乃传》亦称:"天会十年,改南京路军帅司为东南路都统司。"此两处军帅司与都统司同义,此不赘。
② 《金史》卷4《熙宗纪》,天眷元年九月己酉。
③ 《金史详校》卷1。
④ 见李昌宪:《中国行政区划通史·宋西夏卷》,复旦大学出版社,2007年,第30—31页。

地降金①。天会九年以"陕西地赐齐"②，在宋向来隶于河东路的麟、府、丰三州，此次随陕西地入伪齐。

麟府路的统辖机构，在北宋先称"军马司"，至末年，改为安抚司③。然此"安抚司"者，应与同时代的岚石路（由知晋宁军徐徽言兼沿边安抚使）一样，为"沿边安抚司"，故机构易名，并未改变其隶属于河东路的事实。但是，至迟在伪齐时期，麟府路的层级得到提升。天会十五年金废伪齐，对原伪齐境内官员进行调整，"一，李成殿前太尉、兼知许州；一，折可求依旧麟府路安抚使；一，孔彦舟步军都指挥使，兼知东平府；一，张中孚初废豫授以节制五路兵马，令依旧泾原安抚使；一，张中彦依旧秦凤路安抚使；一，赵彬依旧环庆安抚使；一，慕容洧依旧熙河路安抚使"④，可求当时应与张中孚、张中彦等同级。又《宋史》载："初，伪麟府路经略使折可求以事抵云中……"⑤则此时可求之安抚使，不复为"沿边安抚使"，而是"经略安抚使"。大约天会九年麟府路从河东脱离出来、随陕西入伪齐之时，已成为独立的一路。

自天会六年折可求降金，折氏对麟府路的控制仍得以延续。然而，地处河外的麟、府等州，向来是西夏所觊觎之地。早在天会五年，即金军第二次围攻开封、灭北宋前后，赴河东割地的宋使聂昌"为金人所劫，以便宜割河西三州隶西夏"。折氏当时大约奉命唯谨，立即撤出三州，夏人立即进据。然而，晋宁军守将、岚石路沿边安抚使徐徽言却担心放弃麟府路之后，南面的岚石路亦不可守，"遂率兵复取三州，夏人所置守长皆出降"。折氏旋即复归三州守御，次年底遂以其地降金⑥。

天眷二年，折可求死。当时正值金还陕西地与宋、宋正忙于接管之时，局

---

① 关于折可求降金之时，《宋史》卷25《高宗纪二》系于建炎二年（即天会六年）十一月，《会编》卷120《炎兴下帙二十》系于建炎三年（天会七年）正月二十一日，而《金史》卷3《太宗纪》则系于天会七年二月戊辰。据《宋史》卷447《忠义二·程迪传附徐徽言》，折可求降金，距金军攻下晋宁军相隔甚久，而《金史·太宗纪》则先后置于七年二月戊辰、己巳，恐误。《会编》更未对二事加以区别，故当从《宋史·徐徽言传》。至于北宋末、金初麟府路之辖境，据《金史》卷3《太宗纪》及卷72《娄室传》皆称折可求以麟、府、丰三州降金。《会编》则称："折可求以麟、府州、晋宁军叛附于金人。"按《宋史·徐徽言传》，徽言于靖康元年"知晋宁军兼岚石路沿边安抚使"，则晋宁军与麟府军别为二路。折氏当时实辖麟、府、丰三州。
② 《金史》卷3《太宗纪》，天会八年七月辛亥、十一月己未；卷19《世纪补·睿宗》。
③ 《金史》卷3《太宗纪》，天会七年二月戊辰条："宋麟府路安抚使折可求以麟、府、丰三州降。"
④ 《会编》卷182《炎兴下帙八十二》，绍兴七年十一月十一日条"天会十五年十一月□日金房废齐后差除"。
⑤ 《宋史》卷475《叛臣上·刘豫传》。
⑥ 《宋史》卷447《忠义二·程迪传附徐徽言》载："迁武经郎、知晋宁军兼岚石路沿边安抚使。金人再犯京师，陕西制置使范致虚纠合五路兵赴难，檄徽言守河西。钦宗割两河以纾祸，同知枢密院事聂昌出河东，为金人所劫，以便宜割河西三州隶西夏。……（徽言）遂率兵复取三州，夏人所置守、长皆出降，徽言慰遣之。"据《宋史》卷25《钦宗纪》载，范致虚勤王，在靖康元年十一月；聂昌赴河东割地，在次年正月。则夏人取三州、复失之，应即在靖康二年（当年五月一日改建炎元年，即金天会五年）。

面较为混乱,西夏遂"乘折可求之丧,陷府州"①。而丰州更在府州之外,府州陷落,丰州无从保全,应是同年为夏人所据,故此后未见载于《金史》。三州失其二,其中还包括折氏势力中心府州,则麟府路当于该年撤销建置。

此后折氏被金人安置于晋宁军,仍令守边。至皇统中,"晋宁军报夏人侵界",金廷命张奕前往查实。奕归后上奏:"折氏世守麟府,以抗夏人,本朝有其地,遂以与夏。夏人夷折氏坟垄而戮其尸,折氏怨入骨髓,而不得报也。今复使(折氏)守晋宁,故激怒夏人,使为鼠侵,而条上其罪,苟欲开边衅以雪私雠耳"。金人遂移折氏守青州②,以保边界安宁。由此可见,金满足于退守山、陕间黄河以东,根本没有取回府、丰二州的打算。然而夏人却并不以此为满足,至大定十八年,复陷麟州,毁城而去③,金人又因此撤销麟州建置④。至此,北宋、金初麟府路三州之建置全部不存。

三十三、(废)乌古迪烈路

金熙宗朝置乌古迪烈统军司,管理今内蒙古东北部的乌古迪烈诸部。治庞葛城。约大定五年间改为东北路招讨使,与泰州路合并,治泰州。

金之乌古迪烈统军司,沿袭了辽代乌古敌烈统军司的名称,并同样以此机构来管理乌古、敌烈诸部。然而正如西北路一样,建制如旧,而辖境却远不如辽代之广。辽乌古敌烈统军司所辖的河董、静边、塔懒王等军城,金皆未能承袭。河董等城所在的今克鲁伦河流域,金也未能直接控制。故而金的乌古迪烈路所辖,只是辽代该路境域的东部而已。而其治所,因史载不详,亦无从考详。暂从张泰湘等说,定于金庞葛城,今黑龙江齐齐哈尔市西45里哈拉村⑤。

---

① 《大金国志》卷10《纪年·熙宗孝成皇帝二》,天眷二年春。《宋史》卷29《高宗纪六》所载同。
② 《金史》卷128《张奕传》。
③ 《大金国志》卷17《纪年·世宗圣明皇帝中》,大定十八年九月戊子。
④ 《元一统志》卷4《陕西等处行中书省》"延安路·建置沿革·神木县"条:"金皇统八年,以麟府地陷西夏,不曾复立。国朝收附后,创立云州于古麟州神木寨,隶延安路。"《元一统志》所载,误处非一,皇统八年陷西夏之说自不可取。然则"地陷西夏,不曾复立"之说,却值得注意。很可能大定十八年西夏攻陷麟州以后,此前麟州境域之大半,自此为西夏所得,以故金不再重新建城,维持建置。
⑤ 其初治于乌古迪烈部,张泰湘、崔福来定哈拉城当其地,但孙秀仁指出,定点于此,其实缺乏史料依据(《关于金界壕边堡的研究与相关问题》,韩世明主编:《辽金史论集》第10辑,第252页)。不过,据彭占杰称:"此城经众多金史权威专家、学者论证,于2004年已宣布为金代乌古敌烈统军司驻地。"(《论金东北路长城》,《辽金论集》第10辑,第265页)既是"众多金史权威专家、学者"的共同看法,自应信从。但另一方面,齐心先生则推测哈拉古城为金初会平州所在地,而庞葛城则在会平州附近,如"今哈拉海古城、罕伯岱古城或阿伦河等古城址",见《庞葛城/周特城与会平州》,载《辽金历史与考古》第1辑,第197页。据今日史料所载及发掘所得,仍不足以定论,姑采旧说,仍定于哈拉村。

乌古迪烈统军司未见于太祖、太宗朝。熙宗天眷元年,泰州都统婆卢火"驻乌骨迪烈地,薨"①。知熙宗朝之初,泰州都统司辖境仍包括乌古迪烈地。由于金初已置的泰州路,至世宗大定中尚存,故泰州都统司、乌古迪烈统军司之间,曾是同时存在的建置,不存在辖境相同、前后替代的关系。应是在熙宗朝,乌古迪烈统军司与泰州都统司分离,并分割了都统司原有辖境的西部。也就是说,辽、金虽然都置有乌古迪烈统军司,但这一建置在金初中断了数十年,迟至熙宗朝方重置。

统军司建置未久,至海陵天德二年,改乌古迪烈路统军司为招讨司,后徙置泰州,改称"东北路招讨司"②。于是,金初泰州都统司在熙宗朝分为乌古迪烈统军司与泰州路都统司之后,复合为一。称"统军司"或"招讨使",其实质并无改变,辖境与职责仍然是相同的。然而徙置、改称、路之复合在天德之"后"何时,《兵志》却未载明。检《纪》《传》,知"乌古迪烈招讨"之置,见于海陵天德至正隆间③。至世宗大定九年,则有"东北路招讨使兼德昌军节度使"夹谷查剌④。知乌古迪烈招讨司转为东北路招讨司,必在正隆末至大定九年间。又,既然东北路招讨司由泰州都统司、乌古迪烈招讨司复合而成,而大定二年、五年正月,皆曾出现"泰州路"⑤,则东北路招讨司建置时间,又可缩小到大定五至九年之间。谭其骧先生认为是在"约当在大定四、五年窝斡余党既平,筑边堡于泰州临潢境上之时"⑥,可为确论。并路之时,应定于大定五年。可以想象的是,此次变化的缘由,是正隆末契丹撒八叛于北边,导致乌古迪烈招讨使被杀。大约金廷以为,招讨司虽以镇服边境部落为务,然过于近边则近乎冒险,故将其内迁。

三十四、(废)曷苏馆路

辽天庆六年,女真置曷苏馆路于辽阳府鹤野县长宜镇,在今辽宁省鞍山市西南10里东鞍山镇"官墙子"遗址。天会七年徙治宁州,即今辽宁省瓦房店市

---

① 《金史》卷71《婆卢火传》。
② 《金史》卷44《兵志》"禁军之制"条。
③ 《金史》卷81《萧王家奴传》:天德二年,"改乌古迪烈招讨都监"。卷5《海陵纪》:贞元元年闰十一月癸卯,"命西京路统军挞懒、西北路招讨萧怀忠、临潢府总管马和尚、乌古迪烈招讨斜野等北巡"。卷133《叛臣·窝斡传》:正隆五、六年间"辟沙河千户十哥等,与前招讨使完颜麻泼杀乌古迪烈招讨使乌林答蒲卢虎,以所部趋西北路"。
④ 《金史》卷86《夹谷查剌传》。
⑤ 《金史》卷6《世宗纪上》,大定二年闰二月庚寅;卷87《仆散忠义传》。
⑥ 《金代路制考》,《长水集》下卷,第300页。

西北70里永宁镇。明昌四年废,其地入复州。

按曷苏馆路之归属,因《金志》置之于上京路而令后人颇感疑惑,关于其属上京路或属东京路,不乏争议。或以其方位而认为当属东京路①,或以曷苏馆女真在金代拥有特殊的政治地位而将之归属于上京路②。事实上,无论是《金志》,还是后世有关其归属的争论,立足的基础都是"路下有路"的制度:曷苏馆路必须隶属于某个更高一级的路。而这一制度,正如前文所说,在金代并非真实的存在,而是《金志》虚构出来的。《金志》既不明金代女真内地路的特殊性,将曷苏馆路置于上京路之下,又在以泰和八年为断的政区名录中,将此废于明昌四年之政区列入,其误非止一处。排除归属问题之后,关注的焦点应集中在治所的迁徙、辖境与机构的废置变迁等方面。

天庆六年,女真军攻占辽阳及附近地,曷苏馆路之置,应在此年。初置都统司,天德三年改置节度使。《金志》载:"天会七年,徙治宁州,尝置都统司,明昌四年废。"此说易使人误以为徙治宁州后再置都统司,而且明昌四年废的只是都统司。据《太宗纪》之记载,可证天会七年徙治之前,已置都统司③。《金史·胡十门传》的记载更有助于我们判断都统司始置之年:"攻保州,辽将以舟师遁,胡十门邀击败之,降其士卒。赏赐甚厚,以为曷苏馆七部勃堇。"④攻保州且追击辽之舟师,在天庆五年底至六年,胡十门任"曷苏馆七部勃堇",正应在天庆六年。"七部勃堇",应与金初曷懒等路的"都勃堇"相同,亦可与"都统司"置换。此实为曷苏馆由辽代熟女真部落群改组为金代女真内地路之始。而由都统司改为节度使,则应与其他女真内地路相同,早在天德三年,不俟明昌四年矣。当时女真内地曷懒、婆速等都统府改置总管府,而曷苏馆都统府则改为节度使,此应与曷苏馆路辖境较狭、距东京较近有关,并且,山东早已为金所控制,控扼海道的责任至此已明显减轻,故曷苏馆路之等级亦随形势之改变而下降。

天会七年南迁之后,曷苏馆路仍是高层军政区。宁州虽废,但作为一个高层区划,曷苏馆路仍可以统辖其他州,此无异于婆速路之统来远州,以及咸平路统韩州、济州路统信州。同年辰州降刺史后,若隶于辽阳,中隔澄州,恐不甚

---

① 如景爱先生于其论文《金上京的行政建置与历史沿革》(《求是学刊》1986年第5期,第94页)以及专著《金上京》(第215页)中,皆以该路的方位为依据,指出其当属东京。
② 都兴智提出:"曷苏馆人在金代政治地位比较特殊……曷苏馆路女真的部族首领亦多为完颜姓后裔,因而他们在金代就不同于其他女真人。"(《辽金史研究》,第217页)然则辽代曷苏馆之熟女真与生女真完颜部,其"亲属关系"只有追溯到"金之始祖"函普之时,才能成立,两者从来不见有密切的关联。故而,很难找到曷苏馆路必须隶于上京路的证据。
③ 《金史》卷3《太宗纪》:天会七年十一月庚戌,"徙曷苏馆都统司治宁州"。
④ 《金史》卷66《始祖以下诸子·胡十门传》。

便,而隶于曷苏馆路,则相当符合该年对辽东半岛军事形势调整之原意(见下文辰州条)。这也可说明曷苏馆路罢后,其地何以入辰州。而在辰州之南、更为接近曷苏馆路的卢州,归属亦应与辰州同。同年降为刺史州之复州、苏州,恐更难想象竟至于中隔曷苏馆路与辰、澄等州而遥隶咸州。大定十七年,世宗赈东京猛安谋克,"遣官诣复州、曷苏馆路,检视富家蓄积"①。可说明复州与曷苏馆路同样有颇多猛安谋克之人,故世宗欲以当地富户之赏赈之。在这种背景下,复州之隶于曷苏馆路,亦属必然。

天会七年迁治后,曷苏馆之新治(旧宁州)在永宁,似无异说②。然此前治于何处,则少有研究者确指,仅刘景玉先生定于"鞍山市南10华里旧堡区东鞍山乡鞍山城西眦'官墙子'"③。不过,就辽代"曷苏馆"(指其治所,也即金天会七年之前曷苏馆路治所)在辽代的何处,以及与此相关的辽代"曷苏馆"之由来,还是颇有关注者的。张博泉、贾敬颜先生因《金志》之说,认为在辽之鹤野县长宜镇④。然至景爱先生提出"曷苏馆"得名于辽代的曷术部⑤,即出现了新的问题。都兴智先生从而指出,据《辽史·营卫志》,曷术部属东京都部署司,而曷苏馆女真却隶属于南女真汤河司,不当混同:"《金史·地理志》所记鹤野县长宜镇的曷苏馆,因为在辽代东京都部署司辖境内,故而是指辽代的曷术部,而不是熟女真合苏馆部",由是,"金初所设的曷苏馆路节度使治所是否在鹤野县的长宜镇,还有待于进一步探讨"⑥。

按以"曷术"等同于"曷苏",恐是一种误解。曷术既是由"诸宫及横帐大族奴隶置"⑦,属"部而不族"⑧之群体,它与熟女真曷苏馆部显然毫无关系。陈汉章云:"《辽史·兵卫志》属国军有北女直、南京女直,又有曷苏馆。……徐梦莘《会编》云:'辽太祖迁女真大户于辽阳南,名哈斯罕。'又《北风扬沙录》云:'阿保机恐女真为患,迁豪右数千家于辽阳之南,使不得与本国通,谓之合苏

---

① 《金史》卷50《食货志五》。
② 崔德文、董万军于《试论辽金时期的曷苏馆址》一文中提出,盖县九寨乡(今盖州市九寨镇)五美房村大型辽金居住遗址,即"辽代曷苏馆女真、金代曷苏馆路治所所在地"(见穆鸿利、黄凤岐主编:《辽金史论集》第7辑,中州古籍出版社,1996年,第216—218页)。然则既未有具体之论证,更将辽代曷苏馆女真、金代曷苏馆路混为一谈,不知其于金初方由辽阳附近迁至半岛中部也。此说似难采纳。
③ 刘景玉:《辽代"官墙子"鹤野县址考》,《辽金史论集》第7辑,第224页。
④ 《金史简编》,第309页;《王寂〈鸭江行部志〉疏证稿》,《五代宋金元人边疆行记十三种疏证稿》,第198页。
⑤ 《金上京》,第215页。
⑥ 《辽金史研究》,第206、218页。
⑦ 《辽史》卷33《营卫志下》"部族下"。
⑧ 《辽史》卷32《营卫志中》"部族上"。

款。合苏款者,熟女真也。'"① 将分见于几处的不同译法——"曷苏馆"、"哈斯罕"、"合苏款"②——合置一处,极便于我们进行比较。可以发现,无论如何,"曷苏馆"皆为一体出现,它作为一个音译词,不能被分割为"曷苏"与"馆"两部分,可知"曷苏馆"并不是"曷术"部所居之"馆"③。

显然,"曷苏馆"是不必牵扯到"曷术"部的。曷术部不必因为隶于东京都部署司而治于长宜镇。《金史》认为长宜镇乃是曷苏馆所在,也不是可以轻易否定的。《辽史》虽载辽代曷苏馆部居停之辽东半岛诸州为南女真汤河司管理范围,然而迁于"辽阳之南"的熟女真曷苏馆部,其名义上的部族"自治"中心——"曷苏馆路女直国大王府"④——被置于辽阳府近旁以便监控,实非难解之事,也并不妨碍南女直汤河司(它同样离辽阳府不远)对半岛实行军事监控。

由此,《金志》所载及张博泉、贾敬颜先生之说,暂不必予以修正。辽及金初曷苏馆路治所在——鹤野县长宜镇——在今鞍山官墙子之地,迄今仍是最有可能的定点。

明昌四年废曷苏馆路,其地入复州。其证据是,辽代归州及倚郭归胜县,在金初废为归胜镇(治今辽宁省盖州市西南 88 里归州镇归州村),据《金志》载,该镇在复州境⑤。而金初宁州、明昌四年前的曷苏馆路治所(今永宁镇)又在归胜镇之南,自然也应入复州境。其地入复州,这可能是曷苏馆路、复州皆以曷苏馆熟女真为主要居民的缘故。或谓曷苏馆路原辖地绝大部分划归辰州⑥,此说可商榷。

第四节 高层政区之四:转运司路

辽、宋皆有转运司之置。辽末五京五计司,中有西京路都转运司。宋之转

---

① 《辽史索隐》卷 2,收入《二十五史三编》。
② 《金史》之"义渊阁四库全书"本,便多将曷苏馆转为"哈斯罕"。而中华本《金史》于《地理志》"曷苏馆"条也提到:境内"有化成县,国言曰曷撒罕关"。"曷撒罕",亦是对音之一。然则无论是"曷撒罕关",还是由此得名的"合厮罕猛安"(《金史》卷 66《宗室·齐传》),皆因其地在曷苏馆部居地之中心(该部居地以苏、复二州为中心,此说见三上次男:《金代女真研究》,第 90 页),故以曷苏馆名之。
③ 顾祖禹称:"曷苏馆在(盖州)卫东南,契丹徙女真部落数千家于此,置馆领之。"(《纪要》卷 37),实不知何来"置馆"之说?
④ 《辽史》卷 46《百官志二》。
⑤ 然则《金志》以归胜镇入化成县,应有误。按归州在复州倚郭永康县之北,当属永康,而不应隶于永康以南、辽东半岛南端的化成县。
⑥ 《辽金史研究》,第 216 页。

运司路,在各种高层区划中成熟最早,且遍置于全国各地,在宋之国家生活中起着关键作用。而金代也遍置转运司,其源头,康鹏认为,来自辽、宋双方:"熙宗以前,分别因袭辽、宋制度,于辽地置五京五计司,于宋地置诸路转运司;至熙宗时才在全国统一建立转运司路,在辽地置诸京都转运司,在宋地置诸路转运司"。源于辽制之转运司,在天辅六(1122)、七年之间已出现,有韩企先任山西转运使;源于宋制之转运司,则于天会六年(1128)以后遍置于原北宋之地。至熙宗朝,统一将五京五计司改为都转运司,大定(1161—1189)中后期,仅于中都路置都转运司,其他诸京路改置转运司,遂有都转运司一、转运司十二之制①。此金代转运司制度大致之发展过程。

金代转运司制度与辽、宋之制都相同的一点是:同样是地方财政机构,其职责是"掌税赋钱谷、仓库出纳、权衡度量之制"②。因掌财计,在国家生活的各方面,都可看到转运司在发挥作用,包括审理与财计之事相关的刑狱。但是,金代转运司并无监察州、县之权,并且未经历由掌握监察权而致逐渐涉入地方行政之发展过程,故其于地方行政方面的职能,较都总管府、提刑司更弱。大体上,金之转运司,职能、地位与辽代计司更相近,而与宋转运司有显著差异。

关于金代转运司之职责,康鹏曾有全面的论述③,此处不再展开。而其区划及治所,本节主要根据谭其骧、康鹏之研究,作略表 10 如下。

表 10　金代转运司建置沿革简表

天会七年 (1129)	皇统九年 (1149)	大定十年 (1170)	大定二十九年 (1189)	泰和八年 (1208)	大安三年 (1211)*
燕京三司使司 (析津府)	燕京路都转运司(析津府)	中都路都转运司(大兴府)	中都路都转运司(大兴府)	中都路都转运司(大兴府)	中都路都转运司(大兴府)
平州钱帛司 (平州)	平州路转运司 (平州)				
山西路转运使司(大同府)	山西路都转运司(大同府)	西京路都转运司(大同府)	西京路转运司(大同府)	中都西京路按察转运司(大同府)	中都西京路按察转运司(大同府)

---

① 见康鹏:《金代转运司路研究》,第 4—8 页。陈志英则以为,金朝转运司"最初的设立主要受到辽、宋转运制度的影响,是对辽、宋,主要是辽转运制度的继承",见陈志英:《金代东北地区转运司建制考》,《兰州学刊》2008 年第 5 期,第 152 页。
② 《金史》卷 57《百官志三》"诸转运泉谷等职·都转运司"条。
③ 见康鹏:《金代转运司路研究》,第 16—26 页。

续 表

天会七年 (1129)	皇统九年 (1149)	大定十年 (1170)	大定二十九年 (1189)	泰和八年 (1208)	大安三年 (1211)*
中京度支使司 (大定府)	中京路都转运司(大定府)	北京路都转运司(大定府)	北京路转运司(大定府)	北京临潢路按察转运司(临潢府)	北京路按察转运司(临潢府)
辽西钱帛司 (兴中府)	辽西路转运司(兴中府)**				
上京盐铁使司 (临潢府)	北京路都转运司(临潢府)				
长春钱帛司 (长春州)					
东京户部使司 (辽阳府)	东京路都转运司(辽阳府)	东京路都转运司(辽阳府)	辽东路转运司(咸平府)	东京转运司(辽阳府)	东京转运司(辽阳府)
	济州路转运司(济州)			上京转运司(会宁府)***	上京转运司(会宁府)
河北东路转运司(河间府)	河北东路转运司(河间府)	河北东路转运司(河间府)	河北东路转运司(河间府)	河北东西大名府路按察转运司(河间府)	河北东路按察转运司(河间府)
河北西路转运司(真定府)	河北西路转运司(真定府)	河北西路转运司(真定府)	河北西路转运司(真定府)		河北西路按察转运司(真定府)
河东南路转运司(平阳府)	河东南路转运司(平阳府)	河东南路转运司(平阳府)	河东南路转运司(平阳府)	河东南北路按察转运司(汾州)	河东南路按察转运司(汾州)
河东北路转运司(太原府)	河东北路转运司(太原府)	河东北路转运司(太原府)	河东北路转运司(太原府)		河东北路按察转运司(太原府)
山东东路转运司(益都府)	山东东路转运司(益都府)	山东东路转运司(益都府)	山东东路转运司(益都府)	山东东西路按察转运司(济南府)	山东东路转运司(益都府)
山东西路转运司(东平府)	山东西路转运司(东平府)	山东西路转运司(东平府)	山东西路转运司(东平府)		山东西路转运司(东平府)
		南京路都转运司(开封府)	南京路转运司(开封府)	南京路按察转运司(开封府)	南京路按察转运司(开封府)
	陕西路转运司(京兆府)	陕西东路转运司(京兆府)	陕西东路转运司(京兆府)	陕西东西路按察转运司(平凉府)	陕西东路按察转运司(京兆府)
		陕西西路转运司(平凉府)	陕西西路转运司(平凉府)		陕西西路按察转运司(平凉府)

* 贞祐三年(1215)废按察司,转运司之分区,则同泰和八年,本表不再列入。

** 辽西钱帛司并未废于金初,且于熙宗朝与平州钱帛司一同改置为转运司。《金史》卷4《熙宗纪》载:天眷元年(1138)九月"己酉,省燕、中、西三京、平州东、西等路州县"。然平州路辖区本极狭,绝无可能分置两路。参辽末金初平州、辽西皆置钱帛司且各为一路之例,《熙宗纪》所载"平州东、西",显为"平州、辽西"之误。又,当时平州已不成其为独立的军事路分,故上述之"路",显以转运司路计。故知熙宗朝尚有辽西路转运司。该转运司应是贞元元年(1153)与平州路一同废罢,其辖境并入北京路。

*** 泰和八年上京虽有按察司之置,然却未像大部分按察司路分那样,转运司与按察司合并,而仍是独立置司,东京路则以转运使兼上京东京路按察副使(见下文"提刑司及按察司辖区、治所"部分)。相较此前上京、东京合置一转运司,知该年新置上京路转运司。

第五节　高层政区之五:提刑司、按察司路与地方监察制度

金之高层政区,乃仿宋而设路,其多种路之划分互不重合,亦学自宋制,甚至路一级某些机构之名,也直接沿用宋代机构之名或略有改动,如提刑司即是如此①。然金代之提刑司不仅建置时间很晚,且存在时间甚短,即一变而为按察司。不久,又以按察使之职并于转运使,地方监察机构遂名存实亡。

金初官制未定,杂用辽、宋及本族之制,直至天会十二年(1131)正月:"初改定制度,诏中外"②,方始建立初步系统化的官僚体制。当时"外道(置)转运使,而不刺举,故官吏无所惮"③。在宋代的高层政区中,转运司是最重要、职责最全面的机构,金沿用转运司的建置,并未注重其作为地方监察机构的一面。洪皓也提到:"谏官并以他官兼之,与台官皆备员,不弹击,鲜有论事者。外道虽有漕使,亦不刺举,故官吏赃秽,略无忌惮,其恃权势者,恣情公行,民不堪命。"④天会十二年的官制改革,很大程度上是停留在表面,至少就监察制度来看,从中央到地方,应当履行监察职责的机构,都没有起实际作用。

自金熙宗朝,金政权才开始重视地方监察事务。后世学者颇为关注熙宗对监察事务的重视,并多予以褒扬。《金史》载:"熙宗遣廉察之使循行四方。"⑤赵翼评价说:"熙宗始遣使廉察之……熙宗时初设此制,上下皆以吏治为重,故举劾足以示劝惩也。"⑥事实上,当时虽已认识到监察的重要性,但在

---

① 按宋制,"提刑司"全称为"提点刑狱司","提刑"(官)全称为"提点刑狱公事"。检金制,其机构似以"提刑司"为正名,长官名亦以"提刑使"占绝大多数,唯《金史》卷11《章宗纪三》载:承安四年(1199)三月乙卯,完颜襄等请罢诸路"提点刑狱",此称呼略似宋提刑官名,然仍少"公事"二字。大约金代官亦已惯用"提刑司"、"提刑使"之简称,作为机构与长官之正名,实为沿用宋代名称而简化之。金代后改提刑为按察,复影响明初之制,明代之"提刑按察司",可察见金制之影响。
② 《金史》卷3《太宗纪》。
③ 《大金国志》卷9《纪年·熙宗孝成皇帝一》,天会十三年五月。
④ (宋)洪皓:《鄱阳集》卷4《又跋金国文具录札子》,文渊阁四库全书本。
⑤ 《金史》卷128《循吏传·序》。
⑥ (清)赵翼著,王树民校证:《廿二史札记校证》卷28《金考察官吏》,中华书局,1984年。

制度建设上的成就却极为有限,仅限于非常偶然的遣使访察地方。熙宗在位时期,至今可见的有明确记载的遣使廉察仅有两次:一是天眷二年(1139),"以温都思忠诸路廉问"①;二是皇统八年(1148),遣参知政事秉德携乌林答蒲卢虎等廉察郡县②,又"遣廉访使萧裕遍至诸路,询民间,自郡守以下,皆究其治状而升黜之"③。秉德以副宰相之职出巡,显示了熙宗对于地方监察工作之重视,但此类未经制度化的行为,囿于朝廷核心事务的不断转换,在多事之秋,难以保持连续性。章宗即位之初,完颜匡奏云:"皇统、大定间每数岁一遣使廉察,郡县称治。"④"数岁"具指几岁,很难估测,据现今可见史料,熙宗时期遣使的频度是很低的。至于以一二人之力,是否真能"遍至诸路",对民间、官场之事能有多深了解,都值得质询。而"郡县称治"之说,乃时人褒美之词,更需其他证据来支撑。

海陵王在位时期,仍延续了熙宗时期由中央不定期遣使的有限监察方式⑤。他对于监察之重视,不会超过熙宗。《金史》述廉察之制,首引海陵王所颁"廉罢官复与差除之令",此制创于正隆二年(1157)⑥,显是重新任用前此被廉访使者罢黜的官员。由这一诏令,可知遣使廉访之制仍在施行,但由海陵对于廉察结果的翻案,可知当时对地方监察支持实在有限。并且,在机构建置方面的缺失仍未改观。故而世宗登基之初,就有臣僚"请依旧制廉察官吏,革正隆守令之污",此建议为世宗接受⑦。既然指明廉察官吏的原因,是针对海陵末年的地方官员贪污之弊,则此语应当意味着海陵时遣使甚少,监察效果不著。有前朝之殷鉴,世宗时期在遣使廉察方面,至少在频度上有了明显的提高。

上引"皇统、大定间,每数岁一遣使廉察"之说,给人"定期遣使"的印象,但此语即使就世宗朝而言,也是有问题的,事实上"定期"可能并非实情。没有记载可以证明,遣使巡察地方是一种制度化的、有规律的行为。反而有证据显示,世宗对于向地方遣使,是比较犹豫的。大定十年(1170),"上谓宰臣曰:'今

---

① 《金史》卷4《熙宗纪》,天眷二年九月壬寅。
② 《金史》卷132《逆臣·秉德传》。
③ 《大金国志》卷12《纪年·熙宗孝成皇帝四》,皇统八年九月。
④ 《金史》卷98《完颜匡传》。
⑤ 如正隆二年(1157)夏,"遣使者观察风俗,赈恤困乏",虽未明言监察地方官吏之事,然亦唐观察使廉问之遗意也。见《大金国志》卷14《纪年·海陵炀王中》。又,"天德初,以监察御史分司行台。"见《金史》卷82《纥石烈胡刺传》。行台之御史台,或当执行台下辖地区官吏廉察之职。
⑥ 《金史》卷54《选举志四》"廉察"条:"廉察之制,始见于海陵时,故正隆二年六月有廉罢官复与差除之令。"但由前文所述,可知此制始于熙宗朝而非海陵时。
⑦ 《金史》卷89《翟永固传》,事在大定二年。

天下州县之职多阙员,朕欲不限资历用人。何以遍知其能?拟欲遣使廉问,又虑扰民而未得其真。若令行辟举之法,复恐久则生弊。不若选人暗察明廉,如其相同,然后升黜之。何如?'"①世宗既然否定了"遣使廉问",那么,他所赞同的"暗察明廉",又该是怎样的一种监察方式呢?下文云:"时陈言者有云'每三年委宰执一员廉问'者,上以大臣出则郡县动摇,谁复敢行事者。今默察明问之制,盖得其中矣。又谓宰臣曰:'朕以欲遍知天下官吏善恶,故每使采访,其被升黜者多矣,宜知劝也……'左丞相良弼曰:'自今臣等尽心亲察之。'上曰:'宜加详,勿使名实淆混。'"②可见,世宗不赞成大臣出使巡察,而倾向于让他们主持较为静态的监察方式,比如舆论调查。这大约就是所谓的"暗察明廉"或"默察明问"制度中的主要工作,这一步骤很可能在首都即可完成。而运行的方式——遣使"采访"至地方考察官吏,则是次要的手段。

至于派遣至地方的监察官员,并未规定应有何种实职,往往是临时指定各种职务的"能员",暂充使者。如大定三年,派出的是"户部侍郎魏子平、大兴少尹同知中都转运事李涤、礼部侍郎李愿、礼部郎中移剌道、户部员外郎完颜兀古出、监察御史夹谷阿里补及(曹)望之,分道劝农,廉问职官臧否"③。大定九年,被遣至"辽东渤海一带询访官吏治状,按举黜陟"的,是礼部侍郎完颜宇烈思④。而大定末年"选能吏八人按行天下",其中之一,是尚书省令史李完⑤。但到了世宗后期,在舆论调查与派出廉察两方面,监察御史都已成为主要的承担者。瑶里孛迭在世宗末年"历海滨令,迁徐王府掾,以称职再任,御史台察廉,升同知震武军节度使事"⑥。差相同时,董师中则因监察失职而受罚:"为监察(御史)时,漏察大名总管忽剌不公事。及忽剌以罪诛,世宗怒曰:'监察出使郡县,职在弹纠。忽剌亲贵,尤当用意,乃徇不以闻!'削官一阶。"⑦因监察地方官为其重要职责,当察而不察,故受重责。此可见监察御史在世宗末年已凸显其在地方监察事务中的地位。

就太祖至世宗五朝的总体情况作一概括,可以说,在太祖、太宗二朝,金廷基本上没有监察地方行政事务的行为。在熙宗朝,中央已开始不定期遣使考

---

① 《金史》卷54《选举志四》"廉察"条。
② 《金史》卷54《选举志四》"廉察"条,事在大定十一年。
③ 《金史》卷92《曹望之传》。
④ 《大金国志》卷17《纪年·世宗圣明皇帝中》。
⑤ 《金史》卷97《李完传》。
⑥ 《金史》卷94《瑶里孛迭传》。中华本断作"历海滨令,迁徐王府掾,以称职,再任御史台,察廉,升同知震武军节度使事",误也。
⑦ 《金史》卷95《董师中传》。

察地方官员,但几乎没有相应制度。在海陵统治时期,开始较初级的制度建设,但从实际推行的举措——比如派遣监察官员的频度——而言,熙宗、海陵时期对地方监察事务的重视,是很不够的。进入世宗朝,政治形势长期稳定,金廷对监察工作的重要性已有充分认识,制度建设也开始加速了。然而,最重要的一步——机构的设置,却一直没有进行,要到章宗即位之初,才得实现。

一、提刑司、按察司的变迁:大定二十九年至贞祐三年

1. 建立提刑司的政治需要

世宗大定十七年,已有人提议建置提刑司,不过,首要的理由并非行政监察的需要,而是"纠诸路刑狱之失"。虽然此前处理地方刑狱,已有复核之制,不过,"每岁再遣审录官,本以为民伸冤滞也,而所遣多不尽心,但文具而已"①,在府、州与中央之间,缺乏一级有效的复审机构。而且,随意抽调有其他实职的官员,于这些官员的主职自然有妨,加上缺乏固定的任使区域,或区域划分不合理,其效果值得怀疑。如大定末同知亳州防御使事石抹元毅"被省檄,录陕右五路刑狱"②,很难想象,以一二人之力,在有限的时间内如何清理诸多滞狱,故难免有"文具"之讥。而其在亳州的职任,显然又要受到影响。同样,像王寂那样"贰漕辽东",既担任同知辽东转运使,却被派往北京路懿州一带"按治冤狱"③,必然有碍漕事。

在当时,行政监察、刑狱复审都是地方的重大难题,监察御史主职是出使地方、廉察官吏,若同时负上复核刑狱的职责,此后将两种职能合一,建置固定的地方机构,就顺理成章,应当出现类似提刑司的机构了——宋代的提刑司建置之初,正是以这两种事务为主要职责的。但世宗从一开始就截断了这种发展道路。一方面,宁可大费周折,"命距京师数千里外怀冤上诉者,集其事以待选官就问",而拒绝建置府、州以上的地方刑狱复核机构④。另一方面,严惩体察东北路官吏的监察御史,"笞之五十",因为他越职行事,"辄受讼牒"⑤,故而,要果断予以处罚,以儆后人。

笔者认为提刑未在大定十七年建置,是由于世宗个人的原因,而并非像

---

① 《金史》卷45《刑志》。
② 《金史》卷121《忠义一·石抹元毅传》。
③ 《辽东行部志》,《五代宋金元人边疆行记十三种疏证稿》,第277页。事在大定丁酉(十六年)。
④ 《金史》卷45《刑志》。
⑤ 《金史》卷7《世宗纪中》,大定十七年八月。

《金史·刑志》所说的，"尚书省议，以谓久恐滋弊"。这或许是担心固定的地方监察官员久任之后，与被监察者通同作弊。世宗曾对宰臣说过，"'朕以欲遍知天下官吏善恶……若常设访察，恐任非其人，以之生弊。是以姑罢之。'皆曰：'是官不设，何以知官吏之善恶也。'左丞相良弼曰：'自今臣等尽心亲察之。'上曰：'宜加详，勿使名实淆混。'"①其中"姑罢之"一语，不知所罢何官，"是官不设"，也不知所指，当是史臣截取材料时有阙漏，对照《金史·蒲带传》所载，可知其所以然："或谓廉问使者颇以爱憎立殿最，以问宰相。宰相曰：'臣等复为陛下察之。'是以世宗尝欲立提刑司而未果。"②"是官"者，实指提刑也。可见，除了地方的刑狱之外，在监察方面，也有建置提刑司的需要，但因世宗执意反对而作罢。在大定十七年被强行阻断其生成过程的提刑司，在章宗即位之初立即建立，这更能说明，提刑司的产生条件早已成熟，就看当权者是否愿意接受。

2. 提刑司之建立、隶属关系与建制

大定二十九年正月，章宗即位，当年六月，置提刑司：

> 诏曰：朕初即位，忧劳万民，每念刑狱未平，农桑未勉，吏或不循法度，以斁吾治，朝廷遣使廉问，事难周悉。惟提刑劝农采访之官，自古有之。今分九路，专设是职。尔其尽心，往懋乃事。③

之所以置提刑司，除了审刑之外，尚有劝农、察吏等需要，故当时对提刑的职能设计是：提刑"并兼劝农、采访事"，此外，"屯田、镇防诸军皆属焉"④。审刑旧由中央"每岁再遣审录官"，但结果往往是，临时的使职成为"文具"，本职却受到影响。劝农之事，向来亦多由中央遣使⑤，但这种频度很低的行为，显然难以收到长期的效果。至于监察地方官，那更是世宗一直萦怀却无法有效解决之事。提刑司之设置，或是一并解决诸多问题的良途。

---

① 《金史》卷54《选举志四》"廉察"条。
② 《金史》卷73《宗雄传附孙蒲带传》。
③ 《金史》卷73《宗雄传附孙蒲带传》。按九路者，为中都西京路、南京路、北京临潢路、东京咸平府路、上京曷懒路、河东南北路、河北东西大名府路、陕西东西等路、山东东西路。至承安三年，并上京曷懒、东京咸平府两路为一，为八路。见《金代路制考》，《长水集》下卷，第298页。
④ 《金史》卷9《章宗纪一》，大定二十九年六月乙未。
⑤ 《金史》卷3《太宗纪》，天会九年五月丙午，"分遣使者诸路劝农"。同书卷6《世宗纪上》，大定三年三月壬寅，"诏户部侍郎魏子平等九人，分诣诸路猛安谋克，劝农及廉问"。卷8《世宗纪下》，大定二十五年五月癸卯，"遣使临潢、泰州劝农"。

至此，金廷终于建立起较完整的监察体系，在中央是御史台①，在地方是提刑司。程妮娜认为：

> 提刑司（按察司）设立后，与中央御史台构成金代监察系统，从中央到地方自成体系，在各机构中具有一定独立性，主要对封建皇帝负责。②

这种描述可以说是准确的。但是，因提刑司"与中央御史台构成金代监察系统"，并且在"当时号为外台"③，就认为"提刑司是御史台的下属机构"④，此说尚可商榷。从职责上说，提刑司在审刑方面要对大理寺负责，在廉问方面对吏部负责，而在劝农方面，或要对中央劝农司负责，其自身又要受御史台的监察。但与其他地方机构一样，它最终是尚书省的下属机构，总体上是对尚书省和皇帝负责。由于提刑司在廉问方面，承接了昔日中央特遣的"使者"的职能，皇帝也像以前对"使者"一样，要指示提刑履职的重点，并对提刑的工作有及时的了解，因此在设置之初就规定，"提刑官除后于便殿听旨，每十月，使、副内一员入见议事。如止一员，则令判官入见"⑤。

其建制，正常情况下应设提刑使一员，正三品；副使一员，正四品；判官二员，从六品；知事，正八品，不知员数；知法三员，女真、契丹、汉儿各一；另有令史，明昌三年（1192）更名书史，不知员数⑥。使、副使、判官为机构的主要官员。明昌三年章宗云，"诸路提刑司官止三十余员"⑦，即就此三类官员而言。

章宗对提刑司的工作，应当还是满意的。明昌三年，章宗与宰相提及考课法之事，尚书右丞刘玮认为："考课之法，本于总核名实。今提刑司体察廉能赃滥，以行赏罚，亦其意也。若别议设法，恐涉太繁。"⑧章宗遂打消了立考课法的念头，可见，他认为提刑司履行职责，还是适度的、比较有效果的，可不必再

---

① 前引洪皓《又跋金国文具录札子》云："（金之）谏官并以他官兼之，与台官皆备员，不弹击，鲜有论事者。"从史料所反映的整体情况来看，台、谏对国家重事、中央官员"言事"、"弹击"极少，《金史》虽记载了数例台谏弹劾大臣之事，但多一笔带过，全无宋代台谏强项辈出、议论纵横之风。"备员"之讥，并不为过。不过需要注意的是，御史台受命监察地方，却是其实际的职责，在世宗、章宗二朝尤其如此。可以说，金的御史台所起的作用不能与宋相比，它很少起到监察中央政府与官员的作用，与提刑司一样，它是为监察地方而设，只是由中央临时遣出而已。
② 《金代政治制度研究》，第219页。
③ 《金史》卷98《完颜匡传》。
④ 《金代政治制度研究》，第214页。
⑤ 《金史》卷9《章宗纪一》，大定二十九年六月丁巳。按明昌四年，提刑司入见之期为三月，见《金史》卷10《章宗纪二》，明昌四年三月戊辰朔。提刑司入见之日期，似未始终一贯，或中有更改。
⑥ 按《金史·百官志》杂安抚、提刑、按察等司事于同一条目下，叙各司始终极为混乱，此处引自施国祁：《金史详校》卷4；《金史》卷9《章宗纪一》，大定二十九年八月壬寅、明昌三年十一月甲申。
⑦ 《金史》卷9《章宗纪一》，明昌三年六月癸卯。
⑧ 《金史》卷95《刘玮传》。

以考课法约束之。同年,宰相提出罢提刑司,章宗予以否决①。然而,他的立场并没有坚持多久,到了明昌四年,皇帝本人似乎也有所不满,认为诸提刑司自建置以来,"于今五年,效犹未著。盖多不识本职之体,而徒事细碎,以致州县例皆畏缩而不敢行事"②。承安四年(1199),在宰相的一再要求下,章宗作了让步——提刑司这一机构虽未撤销,但却改为按察司③。

3. 提刑司改按察司及两者的主要区别

明昌三年宰相请罢提刑司,史籍未详述其理由,然据章宗的回答来看,宰相可能提出,提刑司官员难以挑选到合适人选,任职者在地方妄自尊大,高下由己,严重影响州县行政效率,弊大于利,不如索性废罢机构④。承安四年(1199),宰臣提出的理由仍然相近,其一,比起"数岁一遣"之廉察使者,作为地方机构的提刑司,与皇帝之间交流不易,所以"是非混淆,徒烦圣听",对下,则"徒乱有司事",影响地方行政效果,所以,这个机构纯属多余;其二,权力不宜过于集中,提刑首要的职责是审核地方刑狱,若不废罢提刑司,则审刑之职可以保留,至于"采访廉能"之职,却不宜由提刑兼⑤。此次,章宗采纳了宰臣的大部分意见,于当年四月改提刑司为按察司⑥,其分路,则仍沿用原提刑司路的八路之区划⑦。

关于按察司与其前身提刑司的最大区别,史料中只是间接提到。如《金史·完颜匡传》载:

> 章宗立提刑司,专纠察黜陟,当时号为外台,(尚书左丞完颜)匡与司空(完颜)襄、参政(仆散)揆奏:"……自古无提点刑狱专荐举之权者……不宜使兼采访廉能之任。岁遣监察(御史)体究,仍不时选使廉访。"上从其议。于是监察、体访之使出矣。⑧

此次机构的改置,核心在于"黜陟",故赵翼总结说:"言者谓提刑司黜陟非

---

① 《金史》卷9《章宗纪一》,明昌三年六月癸卯。
② 《金史》卷10《章宗纪二》,明昌四年三月戊辰朔。
③ 《金史》卷11《章宗纪三》,承安四年三月乙卯、四月癸亥。
④ 《金史》卷9《章宗纪一》:明昌三年"六月癸卯,宰臣请罢提刑司。上曰:'诸路提刑司官止三十余员,犹患不得其人,州郡三百余处,其能尽得人乎?'弗许。"章宗此语,显是针对宰臣对提刑司官人选的质疑。
⑤ 《金史》卷94《襄传》、卷98《完颜匡传》。
⑥ 《金史》卷11《章宗纪三》,承安四年四月癸亥。
⑦ 《金代路制考》,见《长水集》下卷,第298页。
⑧ 《金史》卷98《完颜匡传》。

便,改设按察司。"①而"黜陟"者,其实只是提刑司的一种相对权力,并且重点在"陟",即所谓"采访"之权。

采访之权事实上可分为两种,一是推荐拟职之权,二是复核之权。章宗于大定二十九年初置提刑司之时,"以选举十事,命奉御合鲁谕尚书省定拟",其中四条与提刑司直接相关,即"采访可用之才,减资考而用之";"提刑所访廉能之官,就令定其堪任职事,从宜迁注";"亲军出职,内有尤长武艺、勇敢过人者,其令内外官举、提刑司察";"内外官所荐人材,即依所举试之,委提刑司采访虚实"②。其中前两条,确定了提刑司有"采访"之后予以拟职之权,定职之事,主动权在提刑司,吏部只是考核阙次,按例授官补阙。而后两条重在复核。具体过程是:考察辖区之内某官廉能或其才可用,遂上报其名,进行荐举,并且还可拟定受荐者应当升陟之职位。而对于中央机构而言,考虑到提刑司对本辖区的情况较为了解,一般也会采纳其意见。于是,相对的权力,在某种程度上绝对化了,地方官员的升陟,其具体事宜转到提刑司之手,中央相关官员倒相对显得"备位"了。这正是最令宰臣不满之处,故宰臣之进言,重点在于让提刑司"不兼采访"③,失去推荐廉能官、"可用之才"并决定其职事之权。

在提刑司的存在时期,颇有实例可证明其履行"采访"、"廉问"之职的有效性。如明昌中耀州刺史马百禄"以提刑司复举廉,升孟州防御使"④;长葛主簿王晦"有能声,察廉除辽东路转运司都勾判官,提刑司举其能,转北京转运户籍判官"⑤。而对于大定二十九年所定的两条复核之权,明昌中也进行了相关的制度建设,从细节上增进荐举复核之准确性:

> (明昌)四年,上曰:"凡被举者,或先察者不同,其后为人再举而察者同。或先察者同,而后察者不同。当何以处之?其议可久通行无窒之术以闻。"省臣奏曰:"保举与体察不一者,可除不相摄提刑司境内职事,再令体察。如果同,则依格用。不同,则还本资历。"⑥

即提刑司担负了对被荐举人的多次体察之责,但为了避免误察或徇私,被

---

① 《廿二史札记》卷28《金考察官吏》。
② 《金史》卷54《选举志四》"举荐"条。又按同书卷9《章宗纪一》,明昌三年十月丙午,"敕御史台、提刑司:'自今保申廉能官,勿复有乞升品语。'"只是稍予限制而已,升迁品级之权虽被剥夺,但拟定职事之权仍在提刑。
③ 《金史》卷54《选举志四》"廉察"条。
④ 《金史》卷97《马百禄传》。
⑤ 《金史》卷121《忠义一·王晦传》。
⑥ 《金史》卷54《选举志四》"廉察"条。

荐举人要被调到其他路任职,由该管提刑司来重新体察。这种制度称作"平倒别路除授之制"。但在提刑司改为按察司之后,"以按察司不兼采访,遂罢平倒别路除授之制"①。就是说,承安四年罢"采访"权,并非仅限于直接推荐拟职之权,中央还乘改提刑为按察的同时,收归复核之权,由临时遣出的"监察、体访之使"来履行。

隐藏在承安四年机构改替背后的,是削权的实质。自此,按察司对官吏的监察,仅限于作出评价,这种评价汇总到吏部之后,后者据以对地方官员进行黜陟。黜陟权上收吏部,就出现了各路按察司评价属下的不同标准问题,于是,中央需给出统一的标准。

前已提及,明昌三年,章宗尝向宰相问及考课法是否当行。当时尚书右丞刘玮认为,考课法格法太繁,既有提刑司"总核名实",已有考课之实,条法本身就不必要了。但按察司既无"总核名实"之权,考课法就成为必需。泰和四年(1204),终于定"县令以下考课法"②,"准唐令,作四善十七最之制"③。其考核对象,所谓"县令以下者",其实包括了除府、州主要官员(知府、州或节度、防御使,刺史以及同知,通判)之外的所有官员。至于以前的"采访"之事,并非完全不实行,而是由监察御史和其他朝廷派出的特使承担了,即《完颜匡传》所谓"岁遣监察体察,仍不时选使廉访"。并且,对于按察使已经完成的监察和评价工作,中央派出的监察、体访之使,仍要进行两重复核。以至于当时有人提出,"提刑司改按察司,差官覆察,权削望轻"④。

按察司的职官设置与提刑司大致相同,使一员,正三品;副使一员,正四品,兼劝农事;签按察司事一员,正五品;知事、知法若干员⑤。

4. 按察司与转运司的合并

金廷对地方监察机构的改替,在改提刑司为按察司之后仍未停止。至章宗末期的泰和八年,又以"诸路按察使并兼转运使"⑥的形式,将按察司与转运司合并为按察转运司。此次合并的缘由,大致不关按察司的事,而是与金初所谓"外道虽有漕使,亦不刺举"⑦的现象有关。因金之转运使在此之前一直不

---

① 《金史》卷54《选举志四》"廉察"条。
② 《金史》卷12《章宗纪四》,泰和四年四月丙申。
③ 《金史》卷55《百官志一》"六部"条。
④ 《金史》卷100《孟铸传》,泰和六年事。
⑤ 《金史详校》卷4。按此处未载按察司内置知事、知法,但从同书所载提刑司、按察转运司都有知事、知法,知按察司亦当有此两职。
⑥ 《金史》卷12《章宗纪四》,泰和八年十一月丁酉朔。
⑦ 《鄱阳集》卷4《又跋金国文具录札子》。

掌握对州县官员的监察权，故而"转运司权轻，州县不畏，不能规措钱谷，遂诏中都都转运依旧专管钱谷事，自余诸路，按察使并兼转运使，副使兼同知，签按察并兼转运副，添按察判官一员，为从六品"①。

"按察兼转运，本欲假纠劾之权以检括钱谷"②。合并的目的在于加强转运司的工作效果，即以按察司的监察权加重转运司的威势，以消弭州县官在规措钱谷方面的拖沓推搪之弊。从这一点来看，两司合并应当有利于上下级之间的令行禁止。不过，对于监察工作来说，这次合并毫无疑问地导致了新的困难。《乌台笔补》云：

> 按察兼转运使，其意以为按察中间一切欺隐不公事，则不敢犯。早辰先与司史判按察司事，午后乃与同知、副使判转运司事。③

这样的工作方式，自然令按察转运使负担过重，精力分散。更大的困难是，金之按察司与转运司，都不能端坐本司，而要在辖区内巡历。按察司承接提刑司的工作，要在巡历中察访吏治、疏决滞狱。转运司则要依据财税征收事务而巡历。二者工作方式相近而工作重点完全不一样，合并之后，自然顾此失彼，而按照卫绍王以后兵事忽起、财政紧张的局面来看，转运司的工作是重中之重④。甚至辖区的划分，经过不断调整，也由泰和八年合并之初沿用按察司之八路，逐渐析分至贞祐三年（1215）废按察司之前的十二路，接近原有的转运司区划⑤。这种重转运而轻按察的情形，使得这个机构对地方官的监察，几乎已无存在之价值。这就导致了按察司的彻底消失。

5. 按察司的撤销及其政治背景

贞祐二年是按察司命运交关的一年。这一年，签河东北路按察事王扩，上

---

① 《金史》卷57《百官志三》"按察司"条。
② 《金史》卷104《王扩传》。
③ 《金史详校》卷4引。按此处所谓"早辰先与司史判按察司事"，司史似与同知（转运使事）、（转运）副使有别，可能与知事、知法等同属本司低级官员。
④ 尚在泰和八年九月，即按察兼转运之前两月，遣贾益谦等十三人，"分路同本路按察司一员"，推排诸路物力，见《金史》卷106《贾益谦传》。按察司在监察方面的权力弱化和经济、社会事务方面的职责增重，致其工作与转运司的关系日近，其分路方式也渐与转运司趋同。
⑤ 十二路为：中都西京路、南京路、北京路、上京东京等路、河东南路、河东北路、河北东路、河北西路、陕西东路、陕西西路、山东东路、山东西路。见《金代路制考》，《长水集》下卷，第298页。与两种路分合并之前的十四转运司路相较，则泰和八年以后按察转运之中都西京路，相当于此前转运之中都、西京两路，按察转运之上京东京等路，相当于原转运司之会宁府、东京两路。然而，泰和八年以后，中都另置都转运司，于按察之职，中都西京按察转运司只管西京一路。上京东京等路，则置上京、东京两个分司。见《金史》卷57《百官志三》"按察司"条。若计入中都路都转运司，新的按察转运司仍是十四个区划，几与原转运司路全同。

书要求将转运司的征饷供军工作交由军事长官负责,以达成军事、后勤一体化,又可将按察司从"检括钱谷"的不相干的重负中解脱出来,专心于按察之职①。而兵部尚书乌林荅与,则上书主张撤销按察司建置:

> 按察转运使拘榷钱谷、纠弹非违,此平时之治法。今四方兵动,民心未定,军士动见刻削,乞权罢按察及劝农使。②

此奏疏将按察司之"纠弹非违"与军士之受"刻削"强行牵扯在一起,故而受到右丞相徒单镒的反驳:"今郡县多残毁,正须按察司抚集,不可罢。"③其议遂止。

对于宣宗来说,在当年,两种建议都未被接受,并不说明他没有偏向。次年(贞祐三年),遂罢按察司,转运司复独立存在④。

自卫绍王大安中(1209—1211),铁木真崛起于蒙古草原,迅速攻入金之内地,政局突然转危。之后卫绍王被弑,宣宗得国未久,内部局势也并不稳定。刑狱、吏治,这些按察司的基本工作,如果不说与军务和统治集团的内部稳定相冲突的话,至少,也是无用的。那么,舍弃按察司及它所负责的"不急之务",专注于聚敛、用兵,怕是当时仅有的选择。而贞祐年间的政治危局,延至金亡,迄未改善,则按察司或类似机构的复置,也就不太可能了。而与按察司的监察工作相关的"四善十七最"的考课法,也在撤销机构之前一年废去⑤。

可以说,贞祐三年是金代地方监察制度崩溃的一年。主要机构废罢,条法弃而不用。危机日重的政局,更不可能使金廷的关注点从军事行动转回到内治。尽管形式上恢复了监察御史之巡察制度,后来又分区设置四个司农司,尽管司农司被看作是接替按察司执行地方监察任务的机构⑥,但从可见的史料

---

① 《金史》卷104《王扩传》:"贞祐二年上书……曰:'按察兼转运,本欲假纠劾之权以检括钱谷。迩来军兴,粮道军府得而制之。今太原、代、岚三军,皆其州府长官。如令通掌资储,则弊立革,按察之职举矣。'"
② 《金史》卷104《乌林荅与传》。
③ 《金史》卷99《徒单镒传》。
④ 关于罢按察司的年份,都兴智认为在贞祐二年,见《辽金史研究》,第141页。此说出于《金史》卷14《宣宗纪上》所载:贞祐二年二月丙辰,"罢按察司"。然而,同卷及《百官志》、各列传中与此记载相悖之处,不胜枚举,如《宣宗纪上》:贞祐二年六月甲午朔,"以按察转运使高汝砺为参知政事"。卷107《张行信传》:二年四月,"迁山东东路按察使"。卷92《卢庸传》:三年,"诏诸道按察使讲究防秋……未几,改定海军节度使。山东乱,不能赴。按察司劾之"。卷104《郭俣传》:"贞祐三年,罢按察司,仍充本路转运使,行六部尚书。"卷104《移剌福僧传》:"贞祐三年,迁山东西路按察转运使,是岁,按察司罢,仍充转运使。"根据《志》、《传》中多项记载来否定本纪中的一条孤证,当无问题。谭其骧先生在《金代路制考》一文中已提及这一问题,见《长水集》下卷,第290—308页。
⑤ 《金史》卷54《选举志四》"部选"条。
⑥ 徐松巍:《金代监察制度初论》,《民族研究》1992年第2期,第70页。

中，却看不到这一机构的监察效果，很难真正将它当作按察司的后续机构。金祚一百十余年，其有地方监察机构存在的时间，只有二十五年。而在这二十五年中，还数次改置机构，其在监察方面的权力，也是每况愈下。

6. 提刑司与按察司的职责

程妮娜曾概括了金代地方监察机构的各种职能[①]，张帆亦对提刑、按察司之职作过梳理[②]。本节对其已叙及者略述之，仅对此前未尝被详述的一些具体职责作出补充。

提刑司的首要职掌是考察官吏，举廉能，劾不法。此正是初置提刑时，其三大主职之一。在当时各项文件中，此职大多以"采访"二字概括。然而，正如上文指出，至承安四年改提刑司为按察司，其"采访"之权，被削夺殆尽，"举廉能"之权事实上已不存在，考察之权大致以"劾不法"为主了，而泰和四年定考课法之后，按察使的监察工作，不过是按照格法，为属下官员逐条考核，威势虽在，却是大不如前了。

其次，审治刑狱，纠平诸路刑狱之失。世宗时每岁再遣人疏决诸路滞狱，犹恐不及，章宗置提刑司，刑狱未平，也是主要原因之一。这就决定了提刑使的工作方式，是在辖区之内不断巡察。按金代有关提刑司巡历周期的史料极少，据王寂的两部《行部志》来看，他在明昌元年、明昌二年分别出巡一次，最长周期应是每年一遍，每次"按行部"，"府镇郡县，封界之内，靡不至焉"[③]。然而《金史·刑志》载："（明昌）四年七月，上以诸路枷杖多不如法，平章政事守贞曰：'枷杖尺寸有制，提刑两月一巡察，必不敢违法也。'"[④]若对照《金史·李愈传》所载："上言：'随路提刑司乞留官一员，余分部巡按。'……从之。"[⑤]则《刑志》所载"提刑两月一巡察"之语，或可作此解：明昌四年后，每一提刑司辖区约分三区，提刑使、副使、判官（两员）共四员，其中一员留治所，其他三员各分一区巡察，每人以两月为一周期，巡遍本区，则换区再巡。若以标准情况即出巡者共三人计，轮换一周约为半年。但对每府州而言，提刑司官则是两月一

---

① 《金代政治制度研究》，第 215—217 页。
② 《金朝路制再探讨》，《燕京学报》新 12 期，第 110—112 页。
③ 《鸭江行部志》，见贾敬颜：《五代宋金元人边疆行记十三种疏证稿》，第 209 页。
④ 《金史》卷 45《刑志》。此条承接前文，所记似为泰和四年事。原文所载如下："（泰和）三年七月，右司郎中孙铎先以定所校名例篇进，既诸篇皆成，复命中都路转运使王寂、大理卿董师中等重校之。四年七月，上以诸路枷杖多不如法……"按《金史·章宗纪二》，明昌五年正月，已称王寂为"前中都路转运使"，则王寂任中都路转运使应在明昌中。又按承安四年提刑司已改按察司，泰和中已无提刑矣。故刑志所载此事必在明昌四年而非泰和四年。
⑤ 《金史》卷 96《李愈传》，约明昌四年事。

至。当然,提刑司官除了按常例出巡、留司外,还要赴京入觐,或接受临时使命而出巡,或该司使、副、判官不全,在这些非常规状况下,细节问题当另有安排。按王寂明昌元年行部,约在二月十二日至四月七日,次年出按,约在二月十日至三月二十日之间,略可证出每官出按之周期。只不过,金代某些提刑司辖区面积甚大,辖县不少,在这么短的时间内要遍行"府镇郡县",恐是绝无可能。按王寂所载可知,封界之内的府、州是必到的,至于县,未至者甚多,估计只经过交通要道附近之县,或是有特殊事务需要处置之县。按金代刑法制度,刑狱之事仍是由县向州集中,重刑、疑狱,皆在府州一级,故当时实无巡遍各县的必要。而在明昌四年以后"分部巡按",两月内只要巡察本辖区约三分之一,是否要每县必到,就不得而知了。

其三,农桑、赈济及其他民事。劝农一事,貌似关乎国家根本,而实未见提刑、按察之"劝"有何实效。比如,泰和四年,下旨讲议区田,"遂令所在长官及按察司,随宜劝谕。亦竟不能行"①。又如,泰和八年七月,"诏诸路按察司规画水田……若诸路按察司因劝农,可按问开河或掘井如何为便,规画具申,以俟兴作"②,也不见何成效。劝农一事,难以明确规定行使职责的方式,也不易考核成效,唯可将其看作是提刑关乎民事的一种象征性说法。比如,灾伤之赈济,提刑司是负有责任的,故而明昌四年章宗斥责提刑使:"朕特设提刑司,本欲安民。……乃者山东民艰于食,尝遣使赈济,盖卿等不职,故至于此。"③则灾前之准备与灾后之赈济,全在提刑司职责之内。承安二年,章宗曾"谕宰臣:今后水潦旱蝗,盗贼窃发,命提刑司预为规画"④。民诉水旱灾伤,提刑司要与所属州府检核⑤。部内灾情、赈济状况,提刑司要向朝廷通报,并拟定赈济方案⑥。而与赈济密切相关的常平仓,也令提刑司兼管⑦。逋赋一事,亦与民生相关者,由提刑、按察司负责⑧。

---

① 《金史》卷50《食货志五》"区田"条。
② 《金史》卷50《食货志五》"水田"条。
③ 《金史》卷10《章宗纪二》,明昌四年三月戊辰朔。
④ 《金史》卷10《章宗纪二》,承安二年十二月乙酉。
⑤ 《金史》卷47《食货志二》"租赋"条,明昌二年二月敕。
⑥ 《金史》卷9《章宗纪一》:大定二十九年十二月戊戌,"以河东南北路提刑司言,赈宁化、保德、岚州饥,其流移复业,给复一年。"
⑦ 《金史》卷9《章宗纪一》,明昌三年十月。
⑧ 《遗山先生文集》卷20《资善大夫吏部尚书张公(字公理)神道碑铭并引》:"登泰和二年词赋进士第……调许州郾城主簿。县有逋赋二十万,配之平民。公白按察司,悉除之。"《金史》卷47《食货志二》"租赋"条:泰和四年"九月,陈言者谓:河间、沧州逃户物力钱至数千贯,而其差发,有司止取办于见户,民不能堪矣。诏令按察司:除地土、物力,命随其业,而权止其浮财物力。"

此外，凡关乎地方教化者，亦属提刑之职责。如地方修完孔庙，"生员请给、人力所须等物，委提刑官点检有无奉行灭裂"①。庙学若有损坏，要"各路运司照验……支赡学钱修完"，可是转运司只负责掌其出纳，真正主持监修的，是提刑司，因"明昌三年七月再定奏行提刑司条理，为该委提刑司勉励学校，宣明教化"②。地方有忠义节烈要求朝廷表彰者，亦由提刑司验明申奏，"同州澄城县太平乡雷某妻者，姓师氏……提刑司上其事，请加旌赏"③。可以说，提刑司对于地方各类民事，多少负有责任，从职责的重点来看，提刑司是路一级机构中对民事管理负有主要责任者。

其四，对于地方经济事务，负有多方面的责任。如金世宗时通检天下物力，皆自中央选派能吏，分路推排④。而至章宗朝，此项工作，则由中央所派特使与提刑司或按察司共同进行⑤。至于推行钞法、限钱法⑥、禁私盐⑦，榷茶⑧，征商⑨，坑冶⑩，榷场⑪，无不有提刑司、按察司担当重要角色。然此处需

---

① （金）无名氏：《(修补孔圣庙)续旨》，见阎凤梧主编：《全辽金文》，第3854页。
② （金）无名氏：《尚书礼部下提刑司符》（明昌四年），《金文最》卷64。
③ （金）郭黻：《师节妇传》，《金文最》卷114。
④ 《金史》卷46《食货志一》"通检推排"条：大定四年，"遣信臣泰宁军节度使张弘信等十三人，分路通检天下物力而差定之"；十五年九月，"遣济南尹梁肃等二十六人，分路推排"；二十二年八月，"始诏令集耆老，推贫富，验土地牛具奴婢之数，分为上、中、下三等，以同知大兴府事完颜乌里也先推中都路，续遣户部主事按带等十四人与外官同分路推排"。《金史》卷8《世宗纪下》：大定二十六年八月丁亥，"遣吏部侍郎李晏等二十六人，分路推排诸路物力"。
⑤ 《金史》卷46《食货志一》"通检推排"条：承安二年冬十月，"令吏部尚书贾执刚、吏部侍郎高汝砺先推排在都两警巡院，示为诸路法，每路差官一员，俾提刑司官一员副之"；泰和八年九月，"以吏部尚书贾守谦、知济南府事蒲察张家奴、莒州刺史完颜百姓、南京路转运使宋元吉等十三员，分路同本路按察司一员，推排诸路"。《金史》卷106《贾益谦传》同。
⑥ 《金史》卷48《食货志三》"钱币"条：承安三年，"时既行限钱法，人多不遵。上曰：'……其令御史台及提刑司察之'"；泰和八年正月，"时新制：按察司及州县官，例以钞法滞为升降。"
⑦ 《金史》卷49《食货志四》"盐"条：泰和六年三月，"右丞相内族宗浩、参知政事贾铉言：'国家经费，惟赖盐课。今山东亏五十余万贯，盖以私煮、盗贩者成党，盐司既不能捕，统军司、按察司亦不为禁。'"
⑧ 《金史》卷49《食货志四》"茶"条："泰和四年，上谓宰臣曰：'朕尝新茶……知山东、河北四路悉桩配于人……所属按察司亦当坐罪也。'"
⑨ 《金史》卷49《食货志四》"诸征商"条："明昌元年正月，勅尚书省定院务课商税额……十月，尚书省奏，'今天下使司院务，既减课额，而监官增亏，既有升迁追殿之制，宜罢提点所给赏罚俸之制，但委提刑察，提点官侵犯场务者，例论如制。'诏从之。……三年，谕提刑司，禁势力家不得固山泽之利。"
⑩ 《金史》卷97《张大节传》："授震武军节度使。部有银冶，有司以为争盗由此生。付河东西京提刑司与州同议，皆以官榷为便。"《金史》卷50《食货志五》"榷场"条：明昌五年，"遂定制：有冶之地，委谋克、县令籍数，召募射买，禁权要、官吏、弓兵、里胥皆不得与，如旧设之例。令州、府长官一员提控，提刑司访察而禁治之。"
⑪ 《金史》卷50《食货志五》"榷场"条："章宗明昌二年七月，尚书省以泗州榷场自前关防不严，遂奏定从大定五年制……以提刑司举察。"

要注意的是,但凡经济事务,提刑司、按察司介入与民生切实相关如赈济、常平等,注意于监察、调查核算、商议决策等,而财税方面,仍由转运司负主要责任。

其五,参与猛安谋克和边防军事管理。明昌六年五月"乙巳,诏诸路猛安、谋克农隙讲武,本路提刑司察其惰者,罚之"。但此后不久,对猛安谋克的管理制度有所反复,承安二年十一月"壬子,谕尚书省:猛安、谋克既不隶提刑司,宜令监察御史察其臧否";再到泰和元年八月,又加强了按察司管理猛安谋克的职责。"制:猛安、谋克并隶按察司,监察御史止按部纠举,有罪则并坐监临之官"①。当然,其对猛安谋克的管理,主要限于监察工作,而不直接参与具体管理事务。同样,其涉入沿边军事,也仅及"体究""沿边军官私役军人,边防不治及扰动等事"②,置提刑司之时,也提到"屯田、镇防诸军皆属焉"③,诸军属于提刑司、按察司之管理范围者,仍限于监察,至于具体的人事管理和军事行动,不在其职责之内。

金代提刑、按察司的职责,也并非一贯如此。事实上,提刑司初置之日,较为明确的职责,主要是审刑、廉察及较为空泛的"劝农",其中只有审刑之工作范围是较固定的。至于廉察,事实上有一个削减其权力的过程。而由"劝农"之务,则不断引出各种直接、间接相关的职责,赈济、常平,乃与其直接相关者,至于减免逋赋、教育教化,以及钱钞、盐、茶、商、冶、榷场等地方经济事务,则是在其短短的生存期间,由朝廷不断加诸其身,最后,甚至与转运司一体化,成为府、州与中央之间唯一固定的民事机构。总的来说,其监察权在承安四年后明显下降了,但却担负了越来越多的民事职权,其性质逐渐转换。

二、中央官员的地方监察工作:监察御史与其他特使

以监察御史为主的中央特使,在金代地方监察工作中的作用其实远远超过提刑司、按察司。这不仅是因为它们在大定二十九年置提刑司之前,完全承担了监察地方的工作,在贞祐三年废按察司之后亦是如此;而且,在提刑、按察司存在的时期,地方监察事务的最后复核工作,也要这些特使前去查实核定。提刑司之设置,并不能完全替代特使,因为它作为地方机构,缺乏特使那种即时与皇帝联系、将考察结果迅速传输给皇帝的能力。相对于提刑、按察司二十五年的存在期,特使尤其是监察御史,在金中、后期地方监察事务中从未中断

---

① 《金史》卷10《章宗纪二》、卷11《章宗纪三》。
② 《金史》卷104《移剌福僧传》。
③ 《金史》卷9《章宗纪一》,大定二十九年六月乙未。

的作用,使我们无法不重视它——尽管这些特使来自中央御史台及其他不同机构,完全不构成稳定的地方机构。

在世宗朝地位日益重要的监察御史,在章宗初置提刑之后,继续被遣往地方,其新的职责是廉察提刑司官员。张万公于创设提刑司时,被任命为河南提刑使,"不期年,御史台奏课为九路之最,擢拜御史中丞,时明昌元年也"①。李愈亦于明昌四年前后受宪台廉察,为九路提刑司之最②。其廉察的方式,最重要者,自然是遣监察御史至提刑司辖区内察访。故明昌五年,贾益谦才会提出,不须遣监察体访,只需在提刑司任满之后考核,因"提刑官若不称职,众所共知,且其职与监察等",当时章宗"嘉纳焉"③。也就是说,在此之后,对提刑司的考核,可能由监察御史常年下访的方式进行实质上的"常考",改为"任考",任考仍需特使至提刑辖区调查,但这特使却不一定是监察御史,如承安中,兵部郎中徒单铭"与大理评事孙人鉴为采访使,复按提刑司事"④。

但提刑司这次增加的自由度,并未维持多久,至承安四年宰相完颜襄、完颜匡等提议削夺提刑司"采访"之权,遂改提刑司为按察司,同时,也采纳了"监察御史岁终体究,仍不时选官廉访"的意见,"于是监察、体访之使出矣"⑤。此次变革不仅把原来提刑司"采访"部内官员之权转予监察御史等特使,而且重新予监察御史每年考核按察司的权力,其权尤甚于明昌五年之前。

不过,章宗到底是采纳了完颜襄的意见,让监察御史"岁终体究"按察司,还是保留承安四年以前制度,只是任满考察,仍值得讨论。据泰和元年御史台奏:

"在制,按察司官比任终,遣官考核,然后尚书省命官复察之。今监察御史添设员多,宜分路巡行,每路女直、汉人各一人同往。"从之。仍敕分四路。⑥

则御史台奏状反映的仍是"任考"而非岁考,只不过,原来或是随机遣监察御史去按察司官员任满之处,自泰和元年,乃专有八员监察御史分全国为四辖

---

① 《遗山先生文集》卷16《平章政事寿国张文贞公神道碑》。
② 《金史》卷96《李愈传》。
③ 《金史》卷106《贾益谦传》。
④ 《金史》卷120《徒单铭传》。
⑤ 《金史》卷94《襄传》、卷98《完颜匡传》。
⑥ 《金史》卷11《章宗纪三》,泰和元年十月壬辰。监察御史员数,按《金史》卷55《百官志一》"御史台"条,共十二员,然此数乃贞祐以后员数(见卷14《宣宗纪上》贞祐元年闰九月甲午),该条注云:"大定二年八员,承安四年十员,承安五年两司各添十二员。"则共有三十四员也。

区而按治之。也未有其他资料表明此后监察御史考察与差官复察,是年年进行的。只是明确提到,考核分为两步,即监察御史先出"体访",再遣官复察。

至泰和三年,有诏,监察御史分按诸路之时,"所遣者女直人,即以汉人朝臣偕,所遣者汉人,即以女直朝臣偕"①,似已合并中央监察之二步骤为一。然而,泰和三年之诏,看来只是临时之制。因为,到泰和六年,因御史中丞孟铸、参知政事贾铉之言,再定制"差监察(御史)时,即别遣(复察)官与俱,更不复察"②。合二步为一,至此方成定制。

自大定末置提刑司,直至按察司之撤废,监察御史从未失去监察地方的作用,按察司的工作,仍需监察御史复核。而章宗时期监察御史员数之增加,与金廷对地方机构的不信任,显然有直接的关系。犹恐监察御史监察不力,尚书省又遣人再察,则特使之重要性,仍极受朝廷肯定,并不因提刑之新置而改变。这一点,显示了章宗对地方监察事务的重视,不过,也显示了他对地方监察机构的不信任。

宣宗于贞祐三年断然撤销按察司,自此,包括监察御史在内的中央特使就重新承担起地方监察的任务。因为每年一次的监察御史巡行效果不太好,"遂令每岁两遣监察御史巡察。仍别选官巡访,以行黜陟之政,哀宗正大元年,设司农司,自卿而下,迭出巡察吏治臧否,以升黜之"③。但奇怪的是,在罢按察司之前的贞祐元年,他已"减定监察御史为十二员"④,至兴定四年(1220),再"减监察御史四员"⑤,很难想象如此有限的人员,如何执行如此繁重的任务。因此,"每岁两遣"的事实及其效果,都很值得怀疑。根据罢按察司之前"今四方兵动民心未定,军士动见刻削,乞权罢按察及劝农使"⑥的进言,宣宗次年废按察司的事实,以及监察御史与此前按察司工作性质之相近,可以推测,处于战争威胁之下的宣宗,对和平时期发展起来的监察制度,或许不太关心。再者,贞祐以后,地方遍置行省、行部、行院、行元帅府,中央将地方各种大权都交付予这些机构,这种情况下,再加强中央派特使的巡察工作,可能对行省(部、院、元帅府)的自主一方、军务至上有所干碍,这与撤销按察司的初衷是相悖的。行省亦置有监察御史之事实⑦,看来是不再需要中央特使频繁下顾的一种

---

① 《金史》卷11《章宗纪三》,泰和三年十二月癸丑。
② 《金史》卷100《孟铸传》;卷12《章宗纪四》,泰和六年二月甲戌。
③ 《金史》卷54《选举志四》"廉察"条。
④ 《金史》卷14《宣宗纪上》,贞祐元年闰九月甲午事。
⑤ 《金史》卷16《宣宗纪下》,兴定四年六月丁卯事。
⑥ 《金史》卷104《乌林答与传》。
⑦ 《金史》卷16《宣宗纪下》,元光二年六月丁亥,"罢行省所置监察御史兼弹压之职"。

表现。故而,特使虽仍在各地奔走,还颇有执法甚严者①,但这不能否定中央在监察工作方面的退缩的必要,并且,这一点至少在建制的变化上体现出来。

三、提刑司及按察司辖区、治所

关于金提刑司、按察司治所,谭其骧先生于《金代路制考》一文中,以其一贯文风,将研究成果予以精炼的阐述。本节经个别之处的考辨,整理及简述如下。

1. 九路提刑司辖区及治所

章宗大定二十九年六月初置提刑司,分九路,此后直至承安四年改为按察司,有两路徙治(南京路由许州徙南京开封府,东京咸平路由东京辽阳府徙咸平府),两路并为一路(东京咸平府路与上京海兰路合并),至承安四年,实为八路。其名称、治所,集中见于《大金国志》卷38《京府都镇防御州军等级》,并散见于《金志》。

(1) 中都西京路

辖中都、西京二路(此以转运司路为准,下同),治西京大同府。

(2) 南京路

或称河南路②,辖南京一路。大定二十九年初置时,治许州,明昌五年,徙治南京开封府③。

(3) 北京临潢路

或称北京路④,辖北京、临潢府二路,治临潢府。

---

① 《金史》卷110《冯璧传》:"(贞祐三年)六月改大理丞,与台官行关中,劾奏奸赃之尤者商州防御使宗室重福等十数人,自是权贵侧目。"《金史》卷100《完颜伯嘉传》:"(兴定)四年秋,河南大水,充宣慰副使,按行京东。……伯嘉行至蕲县,闻前有红袄贼,不敢至泗州。监察御史乌古孙奴申劾伯嘉违诏不遍按视。"《金史》卷110《雷渊传》:"兴定末……拜监察御史……出巡郡邑,所至有威誉,奸豪不法者,立棰杀之。至蔡州,杖杀五百人,时号曰'雷半千'。坐此为人所讼,罢去。"
② 如《遗山先生文集》卷16《平章政事寿国张文贞公神道碑》载:"会创设提刑司,首命公(张万公)为河南路提刑使。"《金史》卷96《李愈传》:"擢河南路提刑使。"
③ 按《金史》卷10《章宗纪二》,徙治在明昌四年七月辛巳。同书卷96《李愈传》云:"又言,本司见置许州,乞移治南京为便。并从之。……五年,入见。"其意徙治亦当在四年。然按白清臣《许州重修宣圣庙碑》(载《金文最》卷77):"至(明昌)五年,前官解秩,别议升除,即以绛阳李公愈特预其选。……阅月之余……乃出己见,以书申达朝廷曰:'许之置司,地虽得中,而事非要会。如移之南京,上则统军之兵署,次有留、运之二司,军件繁繁,民讼填委,加以宾国之进贡,使客之往来,事之繁剧,实在于彼。'公以是而申请之,而朝廷以所言之当,特许可焉。既而,得遂所请,即率州学生而语之曰:'提刑司今听迁南府……'"此记作于明昌七年,其回顾迁治事大致如下:明昌五年,李愈请移治开封,得准;六年动工,改许州原提刑廨宇为宣圣庙,七年,宣圣庙竣工。按白清臣回顾二年前之事,当不致有误,姑从白《记》。
④ 如《金史》卷96《李愈传》:"北京提刑副使范楫……举愈以自代。"同书卷101《承晖传》:"迁北京路提刑使。"

(4) 东京咸平府路

或称东京路、辽东路①,辖东京、咸平二路,治东京辽阳府,后移治咸平府。承安三年,与上京路合为一路,提刑兼宣抚使、劝农、采访事,复改宣抚为安抚。辖三路,治咸平,又置分司于上京。承安四年,治所由咸平徙至东京,副使治于上京②。

(5) 上京海兰等路

一般称"上京等路"③,辖上京一路,治上京。

(6) 河东南北路

或称河东路④,辖河东南、河东北两路,治汾州。

(7) 河北东西大名府路

或简称大名等路⑤,辖大名府、河北东、河北西三路,治河间府。

(8) 陕西东西等路

或简称陕西路⑥,辖京兆府、凤翔、鄜延、庆原、临洮五路,治平凉府。

(9) 山东东西路

或简称山东路⑦,辖山东东、山东西两路,治济南府。

2. 按察司辖区及治所

承安四年改提刑司为按察司,当继承原来的分区方式,为八路,承安四年至泰和八年间出现的关于按察司的史料,基本上能证明这段时间按察司分区方式对提刑司分路的继承关系。泰和八年按察司官兼转运司事,本是以按察司的分区为准,转运司分区因此进行了调整,但不久之后,转运司的财赋工作成为首先考虑的事务⑧,分区重新按照原来的转运司路进行调整,或说,对泰和八年的分区进行细分,至贞祐三年废按察司前,全境已分为十二按察转运

---

① 《金史》卷11《章宗纪三》:承安三年正月丁巳,"并上京、东京两路提刑司为一"。《金史》卷97《移剌益传》:"升辽东路提刑副使。"
② 《金史》卷57《百官志三》"按察司"条。
③ 《遗山先生文集》卷17《朝散大夫同知东平府事胡公(景崧)神道碑》:"俄改上京等路提刑司判官。"《金史》卷104《孟奎传》:"改都转运司度支判官、上京等路提刑判官。"
④ 《金史》卷97《张大节传》:"选授河东路提刑使。"同书卷121《忠义一·乌古论仲温传》:"大定二十五年进士,累官太学助教,应奉翰林文字,河东路提刑判官。"
⑤ 《金史》卷121《忠义一·石抹元毅传》:"明昌初,驿召为大名等路提刑判官。"
⑥ 《金史》卷95《董师中传》:"明昌元年,初置九路提刑司,师中选为陕西路副使。"
⑦ 《金史》卷122《忠义二·乌林答乞住传》:"大定二十八年进士,累官补尚书省令史,除山东提刑判官。"又元好问:《中州集》(中华书局,1959年)卷8《李特进献可》:"终于山东东路提刑使。"
⑧ 尚在泰和八年九月,即按察兼转运之前两月,遭贾益谦等十三人,"分路同本路按察司一员",推排诸路物力,见《金史》卷106《贾益谦传》。按察司在监察方面权力的减弱和经济、社会事务方面职责的增多,致其工作与转运司的关系日近,其分路方式也渐与转运司趋同。

司路。

(1) 中都西京路

仍辖中都、西京两路。泰和八年前有简称中都路者①,此后并转运、按察司,中都路仍专置都转运司,中都西京按察司官只兼西京转运司事,仍治西京,故亦简称西京路按察司②。

(2) 南京路

或称河南路③,仍如前辖南京路。

(3) 北京临潢路

或称北京路④,仍辖北京、临潢两路。大安以后,并临潢都总管路入北京路,故只余一路。

(4) 上京东京等路

辖上京、东京、咸平三路。自承安三年并上京、东京咸平为一个提刑司路,上京东京等路的建制就颇为复杂。提刑司路与宣抚、安抚司路机构纠结,且分两处置司。改按察司路并兼转运司后,"上京东京等路"按察司仍作一个机构计,但其复杂程度更加提高。该按察司分上京、东京两处置司,上京分司事实上即原来上京安抚司,"上京按察、安抚使及签事依旧署本司事",即由安抚使兼按察使,签安抚司事兼签按察司事,上京路转运司却与本路按察司无涉。东京分司实质上即原东京转运司,"辽东转运使兼按察副使,同知转运使兼签按察司事,转运副使兼按察判官"⑤。故而,有时可按官名大致判断官员是在哪个分司⑥。

---

① 《金史》卷100《孟铸传》:"累迁中都路按察副使、南京副留守、河平军节度使,泰和四年……"
② 《中州集》卷9《李治中著》:"量移西京路按察判官,迁彰德府治中,城再陷……"
③ 《金史》卷97《裴满亨传》:"承安四年,改河南路按察副使。"
④ 《金史》卷101《抹捻尽忠传》:尽忠于章宗时"签北京按察司"。又同卷《孛术鲁德裕传》:德裕在卫绍王时"累官北京路按察使"。元好问曾提及有"上京临潢路",见《遗山先生文集》卷18《内相文献杨公(云翼)神道碑铭》:"泰和……六年,南鄙用兵,以本官从左丞罗军驻汴梁。明年,授上京东京等按察司佥事。……又明年,改上京临潢等路按察司佥事、兼本路转运副使。"按此条前既有"上京东京路",一年之后,复出现"上京临潢等路",则"上京临潢"当为"北京临潢"之误。
⑤ 《金史》卷57《百官志三》"按察司"条。
⑥ 如《金史》卷110《杨云翼传》提到:"(泰和)七年,签上京东京等路按察司事。"仅据此,自然无法作出判断,但《金史》卷53《选举志三》"右职吏员杂选"条载:"(泰和)八年,以佥东京按察司事杨云翼言……"《金史》卷48《食货志三》"钱币"条亦载:泰和八年"八月,从辽东按察司杨云翼言,以咸平、东京两路商旅所集……"非常明显,杨云翼任职之处在东京,实为东京路同知转运使兼签上京东京路按察司事。又《金史》卷104《郭俣传》载:"大安元年,迁辽东按察转运使。"则郭俣之职,实为辽东转运使兼上京东京路按察副使。

(5) 河东南北路

泰和八年按察司官兼转运司事之时,河东当仍如前南、北两路置一司①,约至大安中,已分南、北两路置按察司②,则分路当在泰和八年至大安元年之间。按王扩"贞祐初,改签河东北路按察司事,二年,太原受兵,赖公保完"③,则北路治所在太原府。

(6) 河北东西大名府路

按泰和时,河北东西大名当为一路④,则该路提刑辖三个都总管路。约泰和八年至大安元年之间,复分两路,即河北东路与河北西路⑤。

又,分路后,原大名府路并入何路,无确切证据,谭其骧先生认为,按地望而言,应划入河北东路。但在金代,大名府路与山东西路的联系似更为重要。如转运司路划分,大名府路即划入山东西路。又,海陵时科举府试,"大名路、山东东路、西路于东平府"⑥,显见大名府路与山东之间的整体性较强。再从金贞祐三年按察转运司的总体分划方式来看,若不论大名府路,其他路皆已发展到与泰和八年前转运司分路基本一致。仅中都西京、上京东京两路,按察司为一路,转运司则各为两路,然求其实质,在特殊性之中,仍能显示与其他诸路的一致性。如中都西京仍置两转运,按察司仅兼西京路转运司,中都路专置都转运司;至于上京东京路,上京置安抚司兼按察,亦自置转运而不兼按察,而东京转运使兼按察副使。则十二按察司实兼十二转运司之职,一一对应,另有上京、中都两转运使专置,与按察司无涉。显然,总体上转运与按察建制、分区已一致,故笔者推断,在贞祐三年前大名府路在按察司路分之归属,亦如泰和八年前转运司之归属,当属山东西路。

---

① 按《金史》卷53《选举志三》"右职吏员杂选"条:"泰和四年,签河东按察司事张行信言……"又《金史》卷97《裴满亨传》:"泰和五年,改安武军节度使。……转河东南北路按察使。卒于官。"裴满亨任职河东,当已在泰和八年前后。
② 如《金史》卷104《王扩传》:"大安中,同知横海军节度事,签河东北路按察事。"又同书卷105《萧贡传》:"迁河东北路按察转运使,大安末……"
③ 《遗山先生文集》卷18《嘉议大夫陕西东路转运使刚敏王公(扩)神道碑铭》。
④ 如《金史》卷97《张大节附子岩叟传》云,"以父忧去官,起复大理少卿、河北东西大名等路按察转运副使"。按大节卒于承安五年,岩叟任按察转运时,约在泰和三年之后。
⑤ 按《金史》卷101《耿端义传》:"历……河北东路按察副使、同知平府事,充山东安抚使。宣宗判汾阳军,是时端义为副使。宣宗即位,召见访问时事。"按《金史》卷13《卫绍王纪》,大安二年二月,以端义为参知政事,其任河北东路按察副使在此之前,约卫绍王大安元年以前。又同书卷128《循吏·孙德渊传》:"大安初,迁盘安军节度使,改河北西路按察转运使,改昭义军节度使……贞祐二年拜工部尚书。"则德渊任河北西路按察转运使,当在大安二年前后,分路自在此前。
⑥ 《大金国志》卷35"天德科举"条。

(7) 陕西东西等路

泰和八年末,陕西两路仍是一个按察司路①,但到贞祐三年罢按察司时,按察司已分陕西东、西两路②。参河北分两路置按察司之事实,陕西按察司一分为二,或亦在大安元年。按地望推断,东路当辖京兆府、鄜延二路,西路则辖凤翔、庆原、临洮三路,此亦谭其骧先生已考明者。

(8) 山东东西路

泰和中,山东两路置一司③,卫绍王至宁中,已分两路置司,东路移司益都④,辖一路。西路辖山东西、大名府二路。按山东与河北分路置司之时应相同,故原属河北按察司辖区之大名府路,便划入山东西路按察司。

四、金制与宋制

从表面上看,金代的地方监察制度中,明显可以发现宋制的影响,提刑、按察司,与其他机构如安抚、转运、宣抚司一样,官名皆来自宋,而泰和末合按察与转运为一,也是宋代一度采用过的制度⑤。但是从较深层次来看,金对宋制的学习,是相当有限的,从包括地方监察制度在内的整个行政体系来看,宋、金之间有本质的不同。

就地方监察制度中最重要的地方监察机构的建置稳定性来看,宋、金之间绝不可同日而语,金之提刑司、按察司存在时间,即使加上卫绍王和宣宗贞祐初的动荡时期——在此期间按察司的工作效果值得怀疑——也不过二十五年。而在这么短的时间内,居然又两次变更机构的名称、职权及分区状况。如上所述,承安四年第一次变更,削去提刑司名为"采访"而实为"黜陟"之权。泰和八年第二次变更,则使按察司沉溺于财务、民事而很难有效完成监察之职责,而从泰和八年之后,考察提刑司、按察司路分区方式的变迁,可发现分区的变迁其实与提刑司、按察司的功能变迁一致,逐渐向转运司靠近。这就是说,

---

① 《金史》卷98《完颜纲传》:"卫绍王即位,除陕西路按察使。"
② 《金史》卷104《郭俣传》:"人安元年,迁辽东按察转运使,改⋯⋯陕西东路按察转运使,贞祐三年⋯⋯"又《金史》卷121《忠义一·王晦传》:"累除签陕西路按察司事,改平凉治中,召为少府少监,迁户部郎中。贞祐初⋯⋯"
③ 《金史》卷99《李革传》:"泰和六年伐宋⋯⋯革与签陕西高霖、签山东孟子元俱被诏,体访三路官员能否。"
④ 《金史》卷128《循吏·石抹元传》:"累迁山东西路按察转运使,贞祐初,黄掴吾典征兵东平⋯⋯"则石抹元任山东西路,在至宁之前。《中州集》卷2《莲峰真逸乔厌》:"贞祐初为益都按察转运使。"则山东东路置司于益都,不同于此前山东路提刑司之治于济南。又《金史》卷107《张行信传》:"(贞祐二年)四月,迁山东东路按察使,兼转运使,仍权本路宣抚副使。"
⑤ 《长编》卷141,庆历三年五月。

按察司在监察事务上的实际权力,还在不断下降。

连个别地方监察机构也是甫创置而夭折,金代当然不可能建立起宋代那般完整的监察网络。在宋代,路作为府州之上的高层政区,其平行机构是不断增加的。到制度成熟之后,转运司、提刑司、提举司、安抚司之间互相监察的体制也宣告完成,制定了具体的监司互察法①。而细节方面,仍在不断改进,如各司相互考核僚属的制度等。这个平面的监察网络日益细密。诸监司之监察州、县官员,自然不在话下,这正是诸司被称作"监司"之缘由。作为补充,宋代还制定下级监察上级的制度②。于是,平行机构之间、上下机构之间,各种维度和方向的监察线路,织成一张无所不包的立体网络。至于金代,在设置提刑司之后,府州之上虽有总管府、转运司、提刑(按察)司三个机构,却未能定互察之制。提刑(按察)司的监察对象,仅限于普通的府州县官员,对于地位比它更重要的总管府自是无权监督,至于转运司也在它的视线之外,按察、转运司合并之后,"互察"就更没有发生的由头了。在府州一级,"旧制:……州府长、贰、幕职,许互相举申",但一经"伤礼让之风,亦恐同官因之不睦"③的警告,立告作罢。至于以下察上,岂非愈加有伤风化? 更毋庸论。

由提刑、按察司的命运,还可区别宋、金之间在实行中央集权的方式和集权稳定性方面的差异。宋之提刑司,初置时亦只承担监察之权,而且也只是监察府州官员。但它的职权越来越重,渐与转运司比肩。较晚创设的提举司,也经历了同样的发展过程。因此,宋代"监司"的发展过程,事实上经历了由机构并立到权力等重的趋势。再加上"互察"之制的完善,宋之众建诸司,实有三种效果,即部门分工造就的地方行政工作的专门化,互察导致的行使职权的审慎,从而促使行政效果的最佳化,以及通过地方机构内部的分权和互相牵制强化中央集权。而金偶一创设提刑司,便即削其权,迅即合并按察与转运司,军事机构以外的地方机构,仅剩一个,事实上地方民事方面已几乎不存在分权,

---

① 监司互察见《庆元条法事类》(燕京大学图书馆1948年刻本)卷7《职制·监司知通按举》:"监司于职事违慢,逐司不互察者准此。"又《宋会要辑稿》职官45之39:"庆元四年正月二十二日,右正言兼侍讲刘三杰言:'监司则令逐司互察'。从之。"监司帅臣互察见《要录》卷188,绍兴三十一年二月丙午,"军器监主簿杨民望言:'……乞命监司帅臣互察。'从之。"《宋史》卷20《徽宗二》、卷35《孝宗三》记载了崇宁、淳熙两次立监司互察法的情况。
② 《宋会要辑稿》食货49之7,淳化三年二月诏:"诸路转运使、副,如规画得本处场务课利增盈,或更改公私不便之事,及除去民间弊病,或躬亲按问,雪活冤狱,或边上就水陆利便,般运粮草,不扰于民者,宜令诸道州、府、军、监候年终件析以闻。"
③ 《金史》卷97《移剌益传》。

不久又撤废之,回到唐代和宋初采用的中央特使定期不定期出巡的制度。这样,监察的效果很难保证,而地方机构之间的分权体制又很难形成,金廷于是通过这种陈旧僵硬的行政和监察制度,强行保证了中央集权。然而,这种体制对于保证地方行政的效果,自然无能为力,更有甚者,就是中央集权,也保证不了。只考虑中央—地方之间单一线索的集权,是很难在外力的冲击下保持平衡的。金一遇蒙古攻击,即通过尚书省、枢密院等派出机构,欲借以避免宗社倾覆之祸,于是在中期达成的极度集权的体制消散殆尽,这种命运,与宋代也形成强烈对比。

洪皓《文具录》载:金初定制,"皆出宇文虚中,参用国朝及唐法制而增损之"。然参用唐宋之制,又不止于金初,但凡金代之制,总归难脱唐宋制度——尤其是宋制——的框架,但百余年之中,各种制度却颠倒杂乱,面目全非,学而不得其法,令人颇感费解。

金初对于辽宋政治文化的继承,本来就是相当薄弱的,只是在杂用胜国与本族的各种制度之后,予以表面的合理化。如,京、府、州的制度很快就全国一致了。可是,较深层次的制度如监察体制,却被认为无用之物而予以抛弃,像转运使无监察权、导致地方监察工作无人承担的现象,正是其表现之一。初期政治文明程度较为原始,使得以后的制度建设步履维艰。

"因时制宜"、"因势利导"的实用主义,是导致监察制度混乱的原因之一。金代百余年,政治局势数有转折。倏忽而兴,战争未毕,自熙宗朝始又陷入激烈的内争。之后,世宗、章宗朝又是数十年的相对和平,至卫绍王朝,又突遇亡国灭族的威胁,时局变化的速度,与宋代相比,确乎令人目不暇接。每经大变,必然进行一次制度改革,针对最近发生的冲突,作出一些颠覆性的变更。这一现象,很大程度上是由金之皇位继替关系造成的。金前后九帝,遇弑者三(熙宗、海陵、卫王),章宗崩,卫王继立,也并非没有争议。因此,对前朝制度的认同和延续发展,往往不宜宣之于口,而否定前朝的某些制度,却是毫无心理负担。

此外,女真上层的态度,也明显影响了监察制度的建设。金代历朝君主对于宋制的态度有明显的反差,熙宗、海陵与章宗,对宋制似乎只有倾慕而未表现出明显的反感,但是,在他们之间,统治时间最长、其间也最稳定的"小尧舜"世宗,其对宋制即使不说是抵触,至少可说是有相当戒心的。金之百年,确乎只有世宗至章宗五十年,才算是比较安定的时期,允许将较大的注意力集中于文官体系的建设。然而世宗一朝近三十年,制度方面,却是整饬的多,创设、提升的少,其所调整者,是他个人所认为的"合理化"的工作,而未能在海陵和章宗之间起到承接的作用。具体到地方监察,不过是有了一个"数年一遣使",算是监察制度的发展,没有虚度大定的前二十八年。从这项制度的性质来看,与北宋前期太祖、太宗时期类似。但无论从遣使的频度、数量,还是遣使的分类细致程度,都不能与宋太祖、太宗朝相比。于是,正式建立机构,对州县实行不间断的监察,只有短短的二十五年。即使是在章宗朝,某些女真大臣强有力的掣肘作用,也使皇帝不得展其手足,如在《金史》中以尽职持重面目出现的完颜襄即个中翘楚,他既反对置提刑司,又反对设宫观使,其理由又颇为牵强,显然有很强的反对宋制的倾向。章宗本人在下诏置提刑司之时,以"提刑、劝农、采访之官,自古有之"来证明其合理性,可却不提"古"在何时——明明只是在宋代。

当然,笔者并不认为金非学宋制不可,但一个力求统治稳定的王朝,必当建立一种一以贯之的核心理念,前后朝的治纲较为一贯,如宋代在英宗之前百年,在地方行政制度上就有一个地方分治而制衡、中央藉之以集权的理念,神宗以后,对此理念的坚执程度虽有不同,但显然一直重视。宋代监察制度能臻于发达,除了拥有一个长期稳定、内治占据绝对核心地位的政治环境之外,统治思维的连贯,也是关键的原因。而金代时局动荡,又绝不像宋代那样,有"祖宗之法"之意念在起强烈作用,于是政治制度,具体到此处,即使是地方监察制度,也显示出一种"无恒志"的倾向。

但是,最关键的原因,或在金代与宋代政治体制的最大不同点,即宋代的政府结构中,始终是文官体系占据了主要的位置,即使是战争频繁的南宋,武将也从未能乘机控制局面,经过北宋长期建设而形成的文官制度,基本上延续下来。监察制度,正是宋的政治体系中明显超越前代的一个方面。而金代自始至终是军事机构、军事行动吸引了统治者的大半精力。这与金统治者以异族身份入主中原有密切关系。于是,在宋代,占据了路级机构中最重要地位的转运司,在金朝,主职只是赋敛与供军。而在宋代的地方监察事务中处于关键地位、成为公正的象征的提刑司、按察司,在金固然也曾起到类似作用,但一旦军事上有需要,可以一举手间,就完全取缔它,连一个象征性的兼职(以转运司兼)都不让它存在,因为它所经管的事务,与军事行动第一、速度高于一切的环境是背离的,而在这种时刻,甫创监察机构但还不太习惯监察事务的金政权,是没有耐心让它在恶劣的政治环境中"兼容"下去的。吏治的问题因此而根本得不到解决,这又引发了官民之间、统治与被统治民族之间的冲突。在章宗以前,制度建设根本还未能令底层的契丹、汉等人数众多的被统治民族体会到政权对他们的关怀——已有了一点迹象,但这迹象也转瞬即逝——而普通的女真人与汉人之间的鸿沟,也同样无法弥合。为什么金政权对蒙古军队的抵抗很激烈,但两种力量一起冲突,金统治区内立即分崩离析?为什么汉人没有像他们在靖康、建炎间对宋政权表现的那样,在动荡时对金政权表现出多少忠诚?为什么金亡之时,内地的女真人几乎被灭绝?在笔者看来,缺乏对于地方监察网络建设的重视,或多或少导致了上述的结果。

第六节　金代的京、府、州、县制度

金代沿辽、宋之制,首都、陪都置府,称为"京府";非首都、陪都所在而为一路都总管所治处,亦置府,称"总管府";无上级机构入驻者,则称"散府"。又仿辽制,有数种州:节度使驻地为"节度州",防御使所治为"防御州",其余则为"刺史州"。然则无论何种府、州,是否有中央或高层政区行政机构常驻,它们都具有相同的基本性质:皆为统县政区。其下辖县及与县同级的警巡院、录事司、司候司。有关金代的统县政区与县级政区,前人已论之甚详,然仍有不少问题仍有待深入——尤其是与府、州的种类与等第相关的政区层级问题,更辄待核正。下文将就此作系统论述。

一、京制

金代京都制度,大略沿袭辽制,置一首都及数陪都,且诸京为所在路的政治中心。初期,甚至陪都皆袭用旧辽首都、陪都,除天辅七年(1123)因将燕京还宋,而升平州为南京,其他诸陪都之增、废,皆在熙宗朝以后。比较特殊的是,金初虽有政治中心——女真"内地"完颜部旧居之处——然却长期未仿辽制而授予京号、府名,只是含混称为"京师",至熙宗天眷元年(1138)方升京置府。在此之前,宋人无以名之,便称为"皇帝寨"或"御寨"。由此可见,金之京都制度,至天眷以后才成熟①。

金代有两次迁都。海陵贞元元年(1153),由上京会宁府迁燕京,并改燕京析津府为中都大兴府。至宣宗贞祐二年(1214)迁南京开封府。至于陪都之变化则繁矣。以首都、陪都总计,有金一代,曾有五京、六京、七京之制。各京之沿革可见下文,而本处具列不同时期首都、陪都如表11。

---

① 诸京之地位、作用、官制等,可见程妮娜:《金代京、都制度探析》,《社会科学辑刊》2000年第3期,第88—93页。此外,金代亦仿辽制,有"捺钵"之制(可见刘浦江:《春水秋山——金代捺钵研究》,原载《文史》第49、50辑,收入氏著《松漠之间》,第289—328页)。然"金朝的捺钵在制度化和规范性方面不如辽朝",捺钵的重要性不如辽代,而首都之地位则较辽代首都为高。

表11 金代首都、陪都简表

年份	首都	陪都	首都陪都总数	事件
天会元年(1123)	"京师"(无京号、府名)	上京临潢府,中京大定府,东京辽阳府,西京大同府,南京平州	6	
天会三年(1125)	"京师"	上京临潢府,中京大定府,东京辽阳府,西京大同府,燕京析津府,南京平州	7	取燕京
天会四年(1126)	"京师"	上京临潢府,中京大定府,东京辽阳府,西京大同府,燕京析津府	6	去平州京号
天会十五年(1137)	"京师"	上京临潢府,中京大定府,东京辽阳府,西京大同府,燕京析津府,汴京开封府	7	废伪齐,得汴京
天眷元年(1138)	上京会宁府	北京临潢府,中京大定府,东京辽阳府,西京大同府,燕京析津府,汴京开封府	7	新置上京会宁府,改旧上京临潢府为北京
天德二年(1150)	上京会宁府	中京大定府,东京辽阳府,西京大同府,燕京析津府,汴京开封府	6	废临潢府陪都之地位
贞元元年(1153)	中都大兴府	北京大定府,东京辽阳府,西京大同府,上京会宁府,南京开封府	6	改燕京析津府为中都大兴府,升首都;降上京会宁府为陪都;改汴京为南京、中京为北京
正隆二年(1157)	中都大兴府	北京大定府,东京辽阳府,西京大同府,南京开封府	5	废会宁陪都之地位
大定十三年(1173)	中都大兴府	北京大定府,东京辽阳府,西京大同府,上京会宁府,南京开封府	6	复以会宁府为上京,恢复陪都地位

由上表可见,首都所在及陪都数目的变化,大体在世宗大定十三年(1173)之前。除海陵正隆二年(1157)曾废上京会宁府陪都地位,共为五京(首都一、陪都四),有金一代,多为六京或七京。然则贞祐二年宣宗迁汴以后的变化,则

未计入上表,因为此后的情况相当复杂。如贞祐二年南迁,并未像贞元迁燕那样,正式宣布以南京替代中都的首都地位。当时的金宣宗,不过像当初宋高宗那样,希望暂时到"行在所"避开兵锋而已。至次年中都失陷,此后也一直未能收复,金廷遂长期居止于汴京,汴京已是事实上的首都,但毕竟未便堂而皇之地宣布迁都,以示朝廷仍有恢复中都之志。另外,在宣宗迁汴同年,东京辽阳府失于耶律留哥,后虽经反复争夺,至兴定三年(1219)之后,再未为金所控制。贞祐三年,中都及北京大定府陷蒙。四年,西京大同府沦没。兴定元年,上京会宁府失于蒲鲜万奴。贞祐二年以前之六京,便仅余原来的陪都南京仍为金所有。但是,同样不宜宣布此五京已脱离"本朝"。只是在兴定元年将散府河南府升改为中京金昌府之时,金政权曲折表达了对于收复已失五京之无能为力。

二、统县政区

1. 金前期的统县政区制度及其阶序的调整

金初灭辽过程中,仍保留了辽代的府、州、县政区体系,与女真的猛安谋克制并行。根据《金史》之记载,"除辽法,省税赋,置猛安谋克一如本朝之制"[①],或以为,金初于辽旧地,以猛安谋克为人口管理单位,州、县尽废,直至天辅六年,方于燕、云以南实行汉官制[②]。若果如此,甚至在天辅六年之后,女真与辽地仍为猛安谋克制之实行地区,而燕云及后来所得的北宋之地,则推行州县制,泾渭分明。对这一说法可能需要作出修正。天辅六年以前,猛安谋克制在辽地的推广,其实并不排斥州县制的实行。大量原辽代府、州名的出现,想来不是仅作为惯用的地名。更重要的是,"汉式"的州县官员,在天辅六年前后,同样是存在的。如《金史·太祖纪》载,天辅二年,辽双州节度使张崇降,而在《斡鲁只传》中又补充说,"斡鲁古以便宜复其职"[③],此职,显然就是"节度使"之职。同样于天辅二年降金的王伯龙,被授予"知银州兼知双州"之职[④]。此时用兵,非如初起之时仅在女真旧居地附近运动。往返数千里,所到处皆需镇

---

① 《金史》卷2《太祖纪》,收国二年五月。猛安谋克制随女真占领地的扩大而推广——表现为任命辽之降将为千户、谋克——在《太祖纪》中有许多实例。
② 刘庆提出,"金朝始因汉官制是从天辅六年(1122)南侵燕云地区开始的,该年十月,辽蔚州翟昭彦、徐兴、田庆降,金朝命昭彦、庆为刺史,兴为团练使。"至天会二年,"因平州人不乐为猛安谋克之官,故置长吏等汉官之号",遂开始于燕云和黄河以北推行三省制(《金代女真官制的演变道路》,《民族研究》1987年第2期,第61页)。
③ 《金史》卷2《太祖纪》,天辅二年正月庚寅;卷71《斡鲁古传》。
④ 《金史》卷81《王伯龙传》。

抚民众,又需赍运粮秣,维持辽政权所遗留的地方组织,实属必需。张博泉先生说:"在这四路(按指上京、咸平、东京、北京路)的管辖之内,其初除部分的保留辽时的府州之外,主要是推行女真族的猛安谋克制度。"①信哉斯言。由于持续的用兵需要,猛安谋克与州县制并行的结果是,猛安谋克占据绝对的强势地位②。尤其在接近女真内地的黄龙府、泰州等地,府、州官应由女真万户兼领。但是,这种状态显然不能理解为金初全数废除旧辽之府、州、县体系。

相对而言,金在占领宋北境之后,对政区体系的调整,力度更大一些——虽然同样保留了府、州、县体系。天会七年(1129)在新得宋地建置河东南、北及河北东、西四路,同时降北宋中山、庆源、信德、河中、隆德府降为州③。两宋两河地区原有十府,经此调整后,余大名、真定、河间、太原、平阳五府。由于金廷当时已有意将大名府割与伪齐,其他四府,正是四路之治所。四府虽然与州、军处于同一层级,但阶序高出它们一等,这是因为其代表着更高一层的路。相较北宋末诸府林立的情形,金天会七年改制,突出了府的地位,使得府—州、军之间的关系,呈现出一种非常明晰的关系。

对原宋境内的军,也作了很大调整,升安肃、永宁、广信、顺安、永静、威胜等军为州,降保定、庆祚军为县④。由是,各路内部,不再有军的建置。而得以保留的信安、岢岚、晋宁、保德、平定、火山等军,则镶嵌在各路的边缘。或许更重要的是,它们分布在金的占领区边缘。通过对原有的军进行大规模的升、降,使军的建置在空间上达致较规整的状态。

由此,在原宋之境,形成了府为一路中心、州为主要建置、军分布于各路及全境边缘的规整的建置格局。然而,原辽、原宋之地的建置并未合为一体。原辽地并无军的建置,而置府之处,又不仅限于一路治所。另外,天会十五年至皇统二年(1142),金又将河南、山东、陕西地重新纳入疆域之内,故而政区体系的调整,在此后仍然延续。

皇统二年之后,一度也曾着力于在全境统一府制。在河南、山东、陕西,与

---

① 《金史论稿》,吉林文史出版社,1986年,第281页。
② 王伯龙知两州之职的同时,又"授世袭猛安",猛安谋克制与州县制并见于其一身。降金后二年,其所承担的使命,即是"以兵护粮饷",助攻辽临潢,"挽夫千五百人皆披甲……遇辽兵五千余邀于路,伯龙率挽夫击败之",也正是兵民合一且以用兵为重的表现。
③ 《会编》卷132,建炎三年八月二十四日条引《金房节要》:"去中山、庆源、信德、河中府名,复旧州名。"又《金志》载,河东南路隆德府在金降为潞州,亦应在该年。
④ 《会编》卷132,建炎三年八月二十四日条引《金房节要》:"去庆祖、庆成军名,复旧县名;改安肃军为徐州,广信军为遂州,威胜军为沁州,顺安军为安州,永宁军为宁州,北平军为永平县,乐寿县为寿州,肃宁城为肃宁县。"按"庆祖"当作"庆祚",是河东路的统县政区。庆成、北平军则是"即县置军使"的县级政区,肃宁城等级亦同县。升军为州者五,升县为州者一,降军(统县政区)为县者一。

河北、河东一样,实行路治统一置府之制。天德二年(1150)于诸路统一置总管府①,又于全境明确了总管府与散府的地位差异。就金全境的情况来看,政区的阶序体系,至此而达到最为清晰的地步。不过,由于在原宋之山东、陕西地仍保留了原来宋所建置的个别散府(即非路治所在之府)——如济南府、平凉府——这一点与原辽地相同,而与原宋河北、河东之境则有区别。是后,金也不再废除散府,而是逐渐在各地区增置散府。如此,府制在各地区也得以统一,但却是统一于一种不太规整的状态之下,模糊了政区阶序的全貌。

不过,"军"这种统县政区种类的消失,则起到相反的作用。自金初开始,逐渐减少境内"军"之建置,至世宗大定二十二年,大致告终。该年升州之军,达十四个②。而经此次升置之后,金境内几乎不再有"军"的政区建置——唯一的例外,是婆速府境内的来远军,其升为州,迟至章宗朝之后。由此,统县政区的阶序得以简化。不过,此时金之历史,已逾其半。

2. 统县政区的阶序与等第

如上所述,金世宗大定二十二年以前,统县政区分为府、州、军三个等级,该年以后,则基本简化为两级。同一阶序的统县政区,内部又有等第的高下之分。同是府,有京府、总管府、散府;同是州,又有节度州(节镇)、防御州、刺史州,一度还有观察州、团练州和军事州。又比如,在更细的层面上,同是节度州,又有上、中、下的区别。

金境内州之等第,初期有节度、防御、刺史、军事四类。较之辽,少观察一等,这是向宋制靠拢。较之宋,省却团练一等,则是趋合于辽制,而总体上则是朝着简省的方向。至世宗大定中,将军事州与刺史州相合,遂成节度、防御、刺史三等。

节度州大略与散府地位相同,散府尹与节度使对于共同构成一个"镇"的其他刺史州(支郡),具有军务和民事上的直接统辖权。至于防御州,它与节度州的唯一区别,仅在于节度使可统支郡——虽然事实上不一定统有支郡——而防御使则仅统本州。但由于直属都总管统制,防御使之地位、实际职权近于

---

① 咸州于此年升府,正是出于在此置总管府的原因。
② 按《金志》,颍顺、城阳、宁海、滕阳、泰安、晋宁、火山、宁化、岢岚、保德、镇戎、保安、绥德共十三军于大定二十二年升州。而平定军升州载于大定二年。中华《校》(第656—657页);参《国志》卷38《京府州军》,"十六军并改作州",其他十五军皆在二十二年,平定军升州亦当该年。此处关于平定军升州之时间判断甚确。然则,《大金国志》所计入的积石、来远二军,则不能计入大定二十二年升军为州之列(事实上《国志》亦未提到十六军升州皆在该年)。因当时积石久已入西夏,该年金"以旧积石军溪哥城为积石州",并非直接升军为州。而来远城在该年先升为军,"后升为州"(《金史·地理志》),故大定二十七年、明昌二年尚出现"来远军"的记载(《金史》卷49《食货志四》、卷50《食货志五》),来远升州自当在章宗朝以后。

节度使,相当于以本州自成一镇。由此,金代统县政区之等第体系,与整个政区统辖体系相应,便呈现如下表所示的架构。

表 12 金代政区层级及相应长官简表

政区层级	路	节镇	州	县
长官	京府尹、都总管府尹	散府尹、节度使、防御使	刺史	县令

当然,京府、总管府、散府、节度州、防御州,与刺史州并无层级上的差别。只是它们的长官,又兼更高的"镇"一级——或者路、"镇"两个层级——的政区的长官,至于政区本身,其地位之高,只是因为它是更高层的行政机构的驻地而已。但这些不同类型与等第的府、州,严格标示出各种更高层级的政区在本处的存在:刺史州仅仅是基本的构成单位,散府、节度州是本镇的中心,京府与总管府是一路会府——就如同京府之中的首都是一国的核心。不同于宋代制度中节度—防御—团练—刺史等第之虚化,金代统县政区的等第向我们展示,金代之政区体系是路、镇、州、县四级制。

3. 遥领州、府

按节度、留后、观察、防御、团练、刺史等诸使职以及府尹之遥领,自唐即有,亦通行于宋、辽。在金,则在前期(皇统以前)与后期(大安以后)行之,政局较稳定的中期,则未尝见①。

初行遥领之制,见于太祖天辅中。天辅四年,辽"勾当(上京)留守司公事"卢彦伦降金,金"授(彦伦)夏州观察使、权发遣上京留守事"②。彦伦"权发遣上京留守事"是实职,观察使则为遥领。天会三年,孔敬宗"将兵千人从宗望伐宋。汴京平,宗望命敬宗守汴。……迁静江军节度使,历石、辰、信、磁四州刺史,阶光禄大夫"③。以节度使而出任刺史,此节度使为虚衔,且静江军者,宋境桂州也,更可知为遥领。天会中遥领节度、观察、防御、刺史者,颇为常见④。

---

① 在金初,此六种使职之遥领皆可得见,而实授则未见留后、观察两类(观察使由节度使兼领)。至于团练使,仅见《金史》卷 91《庞迪传》载:"官制行,吏部以武功大夫、博州团练使特授定远大将军。"据此,应是本无遥授团练之制,天眷改制之后,反增入。然或是金境已无团练州,故遥授团练者亦寡。在伪齐,亦有遥领团练使者。《金史》卷 82《郑建充传》:"齐国建,累迁博州团练使、知宁州。"此近于宋制。
② 《金史》卷 75《卢彦伦传》。
③ 《金史》卷 75《孔敬宗传》。
④ 按如赤盏晖,天会五年"加桂州管内观察使,因留抚河间",天会七年,"帅府承制加(晖)静江军节度使"。然桂州、静江军(桂州军额)非是晖可得赴任之处,且此间晖实未尝专任地方,而是辗转作战于河南、山东,升任节度使之后,又即刻至陕西参加富平之战,故桂州两任,皆遥领也。见《金史》卷 87《赤盏晖传》。

其中遥领桂州（静江军）者最夥，施国祁尝计之，金初天辅至天眷元年共十一人尝遥领桂州观察及静江军留后、节度①。何以桂州如此受到青睐？实未得知。然对后人来说，关于桂州的记录却大有助于加深印象，知金初遥领之普遍。

金前期遥领使职之记录，至天眷间止。所见最迟者，似是张玄素于"天眷元年，以静江军节度使知涿州"②，以及庞迪于同年授博州团练使③。然庞迪是天眷元年定官制之后始遥授团练，故天眷改制并未废止遥授，应是皇统二年改革政区制度之时所废。废止之由，似亦不甚难解。战争结束，疆域初定，此前多用于为降将及本族中于各处争战不定的战将确定名位的遥领制度，似不再有很大的需要。不过到了金末，这种需要又突然旺盛起来。不仅需要以此类名位笼络战将，更重要的是，各地崛起的民间武装，须有以系其心。故而，俟大安间（1209—1211）蒙军入侵之初，辍行逾一甲子的遥领之制，复大行其道。

金末的遥领体系，较之皇统中形成的划一的实授体系略异。有遥领节度使、防御使、刺史者，而未像金初一般有留后、观察、团练之遥授。除了授予名义上的一州长官（其例极多，兹不枚举）之外，佐贰官或幕职官之遥授，也极为常见，且较长官（使职）之名目远为复杂。如遥授同知节度使事、节度副使④、同知防御事⑤、同知军州事⑥、防御判官⑦、军事判官⑧，偶或遥授观察副使⑨。大约当时所存在的与节度使、防御使、刺史相关的各种职位，皆可遥授。金将

---

① 《金史详校》卷7。惜乎施国祁不知此是遥领宋境桂州，故详加推导，欲于天德之前金境之内觅得此州。
② 《金史》卷83《张玄素传》。
③ 《金史》卷91《庞迪传》。
④ 随举一二例。如《金史》卷122《忠义二·纥石烈鹤寿传》载，贞祐中，鹤寿"遥授同知武宁军节度使事、兼节度副使"。卷65《始祖以下诸子·麻颇传》载，麻颇六世孙从杰于兴定中"累功遥授镇南军节度副使"。
⑤ 《金史》卷103《完颜霆传》：约贞祐三年，完颜霆"遥授同知清州防御事"。同卷《乌古论长寿传》载，贞祐元年，长寿"遥授同知陇州防御事、世袭本族都巡检"。
⑥ 《金史》卷103《完颜霆传》：约贞祐二年，完颜霆"升都提控、遥授同知通州军州事"。卷112《移剌蒲阿传》："哀宗即位……自遥授同知睢州军州事权枢密院判官。"
⑦ 据《遗山先生文集》卷20《通奉大夫钧州刺史行尚书省参议张（汝翼）君神道碑铭》，正大末至天兴间，张汝翼之子翔，"遥领郑州防御判官"。
⑧ 《金史》卷124《忠义四·郭虾蟆传》：兴定中，金廷遥授郭虾蟆之侄伴牛"会州军事判官"。
⑨ 《金史》卷116《徒单兀典传》：天兴元年，兀典行省阌乡，"遣陕州观察副使兼规措转运副使抹捻速也以船八十往运潼关、阌乡粮"。又《遗山先生文集》卷22《中顺大夫镇南军节度副使张君墓碑》：张某于天兴元年"积前后劳，遥授镇南军节度副使、兼蔡州管内观察副使"。据王鹗《汝南遗事》卷3：天兴二年"九月壬寅朔，以正奉大夫、尚书吏部侍郎权行六部尚书富察世达兼权镇南军节度使，嘉议大夫、监察御史乌库哩呼敦珠同知节度使事，太中大夫、尚书户部员外郎李献甫为节度副使，昭武大将军、遥授同知颍州防御使事富察默尔根为观察副使"。知实任之节度使虽例兼观察使，然节度副使、观察副使却可分为两职，则遥授观察副使，亦可作为一个单独存在的官职。金将

纥石烈鹤寿自贞祐二年至兴定五年间，历任"遥授同知武宁军节度使事、兼节度副使"，"同知武胜军节度使事，改遥授睢州刺史"，又任"宣差邓州路军马从宜、遥授汝州防御使"，最后升任"遥授武胜军节度使"①，可算是金末遥授"履历"最为丰富者。

此外，金代一府之内各种官职，同样可以遥授。在金前、中期，唯见皇统三年熙宗子道济"遥领中京"——遥领中京留守、大定府尹——之例②。然至金后期，则举目皆是。留守固可遥授③，副留守④、同知留守⑤、知府事⑥、同知府事⑦亦可，以至于治中⑧、府判⑨，皆在遥授之列。

在此顺带提及的是，在金末，县官也同样可以遥授。县令⑩、县丞⑪、县尉⑫之遥授，皆有其例。上述所有这些遥授的官职，授予对象大多是底层出身者。或许是经略、从宜、宣差等离平民太远，而县、州、节镇、府等，更易为其理

---

① 《金史》卷122《忠义二·纥石烈鹤寿传》。
② 此说见《金史》卷83《张玄素传》，同书卷84《高桢传》则作"出守中京"。检卷80《熙宗二子·道济传》，知道济中京之任，在皇统三年。
③ 如《金史》卷16《宣宗纪下》：兴定四年正月"丙辰，以武仙遥领中京留守，进官一阶"。又同书《金史》卷123《忠义三·杨沃衍传》："元光元年正月，遥授中京留守。……正大二年，进拜元帅左监军、遥领中京留守。"
④ 《金史》卷118《郭文振传》："兴定三年，迁遥授中都副留守、权元帅左都监、行河东北路元帅府事，刺史、从宜如故。"《汝南遗事》卷1：天兴二年七月"己酉，以荣禄大夫、遥授中京副留守、兼尚书左右司郎中乌库哩富森兼息州刺史、权元帅左监军、行元帅府事"。
⑤ 《金史》卷100《完颜伯嘉传》："贞祐四年，伯嘉奏：'西京副统程琢智勇过人……有恢复山西之志。……臣恐失机会，辄拟琢昭勇大将军、同知西京留守、兼领一路义军。'……六月，斡勒合打奏：'同知西京留守完颜琢恃与宣抚使伯嘉雅善，徙居代州，肆侵掠。'"
⑥ 《金史》卷14《宣宗纪上》：贞祐四年十月己未，"命元帅左监军必兰阿鲁带守潼关，遥授知归德府事完颜仲元军卢氏"。卷103《完颜阿邻传》：兴定元年，"加遥授知河南府事，应援陕西"。卷123《忠义三·杨沃衍传》：兴定二年正月，"诏迁沃衍官一阶，遥授知临洮府事"。
⑦ 《金史》卷103《完颜霆传》：约贞祐四年，"遥授同知益都府事、知宣差都提控"。《汝南遗事》卷1：天兴二年七月"己酉，以……金吾卫上将军、遥授同知归德府事、征行元帅、权总帅内族洛索签枢密院事"。
⑧ 《金史》卷100《完颜伯嘉传》："贞祐四年……六月，斡勒合打奏：'……遥授太原治中、权坚州刺史完颜斜烈私离边面……'"
⑨ 《金史》卷108《胥鼎传》："（贞祐四年二月）遣遥授河中府判官仆散扫吾领军趋陕西，并力御之。"卷103《完颜阿里不孙传》：兴定中，"权左都监纳坦裕与监军温迪罕哥不霭、遥授东平判官议军事郭澍谋诛胡土，未敢发"。
⑩ 如《金史》卷118《靖安民传》载，安民于贞祐中"以功遥授定安县令"。又《遗山先生文集》卷20《通奉大夫钧州刺史行尚书省参议张（汝翼）君神道碑铭》，正大末至天兴间，张汝翼次子浚为"武义将军，遥领河内县令"。
⑪ 《金史》卷103《完颜霆传》："贞祐初，县人共推霆为四乡部头……霆与弟云率众数千，巡逻固安、永清间。遥授宝坻县丞。"
⑫ 《金史》卷123《忠义三·禹显传附刘全传》：天兴二年，"徐帅益都嘉其忠，承制以为昭信校尉、遥领彭城县尉"。卷113《白撒传》：兴定"五年五月，白撒言：'近诏臣遣官宣谕诸蕃族以讨西夏，臣……别遣权左右司都事赵梅委差官遥授合河县尉刘贞同往抚谕。'"

解与接受,故战乱之中,金廷不吝以大量的地方虚职飨勤王者。对于金廷来说,以此虚衔系于实际领兵的经略等职衔之后,只是在簿书往来之间稍显繁琐而已,并无其他损失,又何乐而不为呢?

三、县及警巡院、录事司、司候司辖区

据《金史》记载:辽天庆六年(1116),金军破高永昌,"东京州县及南路系辽女直皆降。诏除辽法,省税赋,置猛安谋克一如本朝之制"①。又说:"汉官之制,自平州人不乐为猛安谋克之官,始置长吏以下。"②据上述记载,后人或以为,金破辽后,一度在辽地广泛推行猛安谋克之制以取代州县,至太宗朝猛安谋克制在平州推行时受阻,才开始恢复县制③。

然则上引《金史》之记载,恐非事实,或至少未对不同人群加以区别。若金初真以猛安谋克取代州县,那么,以金制猛安当防御使,谋克当县令的对应关系,按"置猛安谋克一如本朝之制"的说法,则入金以后,辽境北部之县固应改编为谋克,州亦当改编为猛安,但天庆五、六年至天辅间无数州的存在,显然是对这一说法的有力反驳。此外,《金史·兵志》另有一段金早期在辽境推行猛安谋克的记载,可资参照:

> 太祖即位之二年,既以二千五百破耶律谢十,始命以三百户为谋克,谋克十为猛安。继而诸部来降,率用猛安、谋克之名以授其首领而部伍其人。……东京既平,山西继定,内收辽、汉之降卒,外籍部族之健士。尝用辽人讹里野以北部百三十户为一谋克,汉人王六儿以诸州汉人六十五户为一谋克,王伯龙及高从祐等并领所部为一猛安。至天会二年,平州既平,宗望恐风俗揉杂民情弗便,乃罢是制。诸部降人但置长吏,以下从汉官之号。④

如上,阿骨打对猛安谋克制进行规整之后,在其后疆域扩张的过程中,猛安谋克的扩张并非无限制的,而是限于"辽、汉之降卒","部族之健士"。从所

---

① 《金史》卷2《太祖纪》,收国二年五月。
② 《金史》卷55《百官志一》"叙"。
③ 郭威:《金代县制研究》:"金代县级机构是在太祖、太宗灭辽亡宋的战争中逐步建立的。金朝建国之初,在攻辽的过程中一度采用本民族原有的猛安谋克制度作为地方行政形式。"(吉林大学硕士论文,2007年,第6页)"金统治者采用县制管理地方是由于推行猛安谋克的失败,最早的县级设置应始于天会二年以后。"(上引论文第7页)不过,作者承认,在天辅年间已出现一批县,与猛安谋克并存。
④ 《金史》卷44《兵志》"兵制"条。

举王伯龙、高从祐等例来看,编为谋克的或猛安的,实仅其原本所部士卒之家。而编入讹里野所属谋克的所谓"北部"之户,亦应是讹里野来降时所率之户口。至于王六儿所属谋克之"诸州汉人",只是说将王六儿所率、辽东诸州杂凑之汉人士卒编为一谋克,当然不是委托王六儿以六十五户一谋克之制,去编组辽东许多州的户口。此四人者,皆天辅二年来降者①,得阿骨打推行女真旧制之便,将手下士卒编入本人可予以紧密控制,甚至可将控制权世袭的猛安或谋克,这与上引所谓推行此制于"辽、汉之降卒"之说,全然相符。又《阇哥传》载:

> 阇哥亦宗室子也,既代斡鲁古治咸州。初,迪古乃、娄室奏,攻显州新降附之民,可迁其富者于咸州路,其贫者徙内地。于是,诏使阇哥择其才可干事者授之谋克,其豪右诚心归附者拟为猛安,录其姓名以闻。饥贫之民,官赈给之。而使阇母为其副统云。②

"攻显州新降附之民"或包括主动归降及被掠来者,这些居民之所以必须迁走,是因为金军于天辅元年十二月攻克显州以后,旋即退走,直至天辅七年才再次攻下。在这种情况下将北迁之移民编为猛安谋克,似是顺手而为,应同于降将、降卒之归附也。不过,这种情况似比较特殊,故需阿骨打特别作出指示。由此反可看出,并非新下一地,理所当然地将所有居民编为猛安谋克而废旧有之州、县。

上引《兵志》所载,对"辽、汉之降卒"与"部族之健士"相区别,知天辅中除本族"诸部"及"降卒"而外,以契丹与奚为主的游牧部族,是当时推行猛安谋克制的另一个较大的群体,并非仅限于主动来降的讹里野之流。天辅七年奚王回离保败死,"奚人以次附属,亦各置猛安谋克领之"③;天会二年,"以遥辇九营为九猛安"④。则知辽之"部族"被改造为猛安谋克是实。至于渤海、汉人,则仅是先投诚的将、卒及"豪右诚心归附者"有此"殊荣",其余大部分仍为州、县之民。宗望何以担心"风俗揉杂"? 正是因为,以天辅以来的旧制推行于平州,则有部分汉民将编入猛安谋克,而大部分汉民则仍旧,其身份遂有差异,体制不纯矣。而"平州人不乐为猛安谋克之官",当然也是豪右的意

---

① 《金史》卷2《太祖纪》,天辅二年闰九月。
② 《金史》卷71《斡鲁古勃堇传附阇哥》。按卷2《太祖纪》,斡鲁古获罪在天辅二年二月辛酉,阇哥代之为咸州都统,应在稍后。
③ 《金史》卷67《奚王回离保传》。
④ 《金史》卷77《挞懒传》。

愿问题，平民甚或缺乏被编入猛安谋克的资格，当然也就无由为此反抗了。对旧辽州、县制管治之下的汉人而言，或许天辅中王伯龙投诚以后的身份——"授世袭猛安，知银州，兼知双州"①——最能体现他们所面对的新管理体制：随他投附的士卒及他们的家庭，被编入他的世袭猛安（千户），至于银州、双州的其他平民，则由他以知州的身份管理。州是如此，县亦无由例外。由辽入金，州、县建制未尝断绝，当然在金初也不会有一个"县级机构"的新的"逐步建立的过程"。可以说，金代县制，沿此前历代皇朝之制，仍为全国普遍建置的基层政区。

金代之县，以县令为长，以县丞、主簿、县尉佐之。宋制亦有县令，然多以"知县"长一邑，故金制更近于辽制。此外，金代县之等第，亦与宋制有别。

唐、宋的县等制度虽为金所袭用，不过，关于县的等第体系，金相对前朝，改变较多。如宋之县分为赤、畿、次赤、次畿、望、紧、上、中上、中、中下、下，共十一等。至金，则予大幅度简化，仅分为赤、剧（次赤）、京、次剧、上、中、下七等。

不过，简化有其过程。在金初，或仍沿用宋制。《金志》载："天会六年定临汾为次赤，余并次畿"，知当时尚用宋制②。然在《金史》中，有关各县之等第极为罕见，故很难知悉县之分等规律及等第体系的变迁过程。仅《选举志》及《百官志》有介绍县之职官的总论性的文字，其中"文武选"条曰："正隆元年格：初授将仕郎，皆任司候，十年以上并一除一差，十年外，则初任主簿，第二任司候，第三主簿，四主簿，五警判，六市丞，七诸县丞，八次赤丞，九赤县丞，十下县令，十一中县令，五任，上县令，呈省。"③则金代县之等第制度，或定于正隆，或定于此前的天眷元年或贞元元年改制之时。其中所载的赤县、次赤县、上县、中县、下县，已得金代七县等之五。

又《百官志》载："赤县，谓大兴、宛平县"；"次赤县又曰剧县"；"凡县二万五千户以上为次赤、为剧，二万以上为次剧，在诸京倚郭者曰京县。自京县而下，以万户以上为上，三千户以上为中，不满三千为下"④。如此，则仅赤、京两类因京师、陪都而生，且皆是倚郭：赤县为首都之倚郭，京县为陪都之倚郭。至

---

① 《金史》卷81《王伯龙传》。
② 按宋之赤县，绝大多数为京师或陪都之倚郭，畿县为首都或陪都之属县，次赤、次畿分别为已升府之地区政治中心之倚郭、属县。普通府、州，仅辖望县以下，其中，中上县仅兖州仙源县一例。平阳府在宋非一路政治中心，故临汾县在宋为望县。入金升平阳为河东南路首府，故临汾等县亦得升为次赤、次畿。
③ 《金史》卷52《选举志二》"文武选"条。
④ 《金史》卷57《百官志三》"诸节镇防御刺史县镇等职"条。

于次赤、次剧,与宋代次赤、次畿之授予陪都各县不同,而与县之户口数直接相关。又据《仪卫志》:"外任官从己人力……亲王府司马、招讨判官,赤、剧县令……八人。京县、次剧县令……七人。"①则县等之前四种,自高到低,应按赤、剧、京、次剧排序,上、中、下三等则更在其后,不仅简化了等第数,且提高了户口数在其中的作用。

金代各统县政区辖下,除县以外,尚有城市型政区,即各府、州治所所在的警巡院、录事司、司候司等机构所辖的治所城内。其各司内部,未见有等第高下之分,然三者之间,即可视作是同类政区的三种等第。警巡院置于首都、陪都之倚郭,其中首都双置左、右警巡院;录事司置于府、节度州;司候司则置于防御、刺史州。警巡院所辖为京府中心区域,辖户繁夥,事务丛杂,与县之管理机构同级而地位远高。而录事司、司候司则较普通县之管理机构为低②。因有院、司之故,府、州之倚郭县,仅辖州治之城外地区,或其治所与本州院、司所在处,有相当大的距离,远者或二三十里焉。故金之府、州与倚郭县,非必同治,此与宋、辽之制有异③。

第七节　跨高层地方军政机构:金初枢密院及行台尚书省

天辅七年(1123)置于广宁府的枢密院,其性质并不明朗。不过,若如《北征纪实》所言,金人初欲"立都于显州"④,那么,置枢密院,本应准备令它起中央机构的作用。次年,当枢密院迁至平州之后,似应将它视作中央派出机构——当然有点奇特的是,中央不存在与它相应的机构。而当天会四年(1126)撤销平州之枢密院,而新置于燕京、云中,它便成为地方机构。不过又需强调,无论是管理地方民政,还是主管财政,它主要是为军事行动提供后勤服务,如李涵先生所说,应算"占领军下的军政府"⑤,与稳定时期的行政机构

---

① 《金史》卷42《仪卫志下》"百官仪从"条。
② 《金史》卷57《百官志三》"诸节镇防御刺史县镇等职"条:"诸京警巡院,使一员,正六品";"诸府节镇录事司,录事一员,正八品";"诸防刺州司候司,司候一员,正九品"。而赤县令、剧县令与诸县令,则分别为从六品、正七品、从七品。
③ 关于警巡院、录事司、司候司诸机构之沿革,有韩光辉先生系列文章具述,故此不赘。参见《金代防刺州城市司候司研究》,《北京社会科学》1999年第4期;《金代都市警巡院研究》,《北京大学学报》(哲社版)1999年第5期;《金代诸府节镇城市录事司研究》,《文史》2000年第3辑。
④ 《会编》卷18《政宣上帙十八》宣和五年九月六日条引《北征纪实》。
⑤ 李涵:《金初汉地枢密院试析》,中国辽金史学会编:《辽金史论集》第4辑,第192页。

有所不同。

李涵先生专文论金初枢密院沿革甚详，王曾瑜先生亦有相关研究详述之。略言之，广宁枢密院于天会二年徙平州。四年，又自平州徙于燕京，同时又于西京大同府置云中枢密院。燕京、云中枢密院是"从属于"宗望（斡离不）的右副元帅府、宗翰（粘罕）的左副元帅府的"下属机构"①。天会七年，并燕京枢密院于云中枢密院。十二年，迁云中枢密院于归化州，同年迁燕。至天眷元年（1139），因定议还河南与宋，行台由汴京徙燕，而燕京枢密院遂并入行台。其管辖范围，若单置燕京枢密院，则金境之汉地皆属之，若燕京、云中双置，则置于燕京者，辖燕京路、平州路、河北两路；置于云中者，辖西京路及河东两路。

至于金初行台尚书省，鲁西奇先生亦有专文论及②。天会十五年，为废伪齐后暂管河南、陕西地而置行台。天眷元年还河南与宋，行台遂迁燕，并燕京枢密院入之。三年夺还河南地，复置行台尚书省于汴，并统河南、陕西及原燕京枢密院辖地。至此，行台所辖，仍可谓是"金境之汉地"，然而区域范围较此前燕京枢密院更广——并有河南、陕西也。皇统元年（1141），燕京改隶于中央③。至天德二年（1150）废行台，汉地遂直属金廷。

将中央部门之名，授予派出机构，自魏晋而后，不乏先例。然则金初枢密院、行台尚书省，则自有其特点：其一，金中央尚无管治汉地之经验，故将广大汉地授予院、省，本为实施与女真内地及辽地不同的治理方式。其二，设置时间长。正因中央对直接管理汉地长期缺乏信心——扶立伪齐亦是其表现之一——故初时恐未尝考虑到何时收归中央直属，致前后相沿近三十年，方始取消行台。其三，金初省、院皆为民事管理部门，附属于军事管理部门。此前中原皇朝之枢密院，为中央军事管理机构。至于行台，自魏晋以降，向为派出的军政合一机构。然在金，枢密院固然是元帅府的附属机构，行台亦无本质区别。以元帅府与枢密院或行台合而计之，则几同于独立国，久置则与中央之离心力日长。但在金初用兵不断的情况下，发号施令的是元帅府，仅仅是枢密院或行台这类辅助机构则并不能对中央构成威胁。尽管天眷二年曾诏"诸州郡军旅之事，决于帅府；民讼钱谷，行台尚书省治之"④，然而至少皇统八年宗弼死前，长期以副元帅、都元帅主政汴京并控制行台，行台的独立性是很难保证的。

---

① 《金朝军制》，第10页。
② 《金初行台尚书省与汉地统治政策》，《江汉论坛》1994年第10期，第58—62页。
③ 《金史》卷24《地理志上》"西京路·西京大同府"条："皇统元年，以燕京路隶尚书省，西京及山后诸部族隶元帅府。"卷77《宗弼传》所载同。
④ 《金史》卷77《宗弼传》。

第八节　金后期地方军政机构：行省及其他军政区

盛世的建制，乱世便不敷所用。金至章宗朝，北境之危机已经显露，遂出现数种临时的派遣机构，如行尚书省、宣抚使。只是尚未至国家危亡之际，临时机构之建置，尚有节制。至卫绍王以后突现亡国之兆，不仅复用章宗朝曾置之行省、宣抚，又置行枢密院、行元帅府、经略司、总帅，再后则封公、封王，建置变更纷乱。此外，又有总领、提控、总领提控、招抚、从宜、节制等，本为兵官，然金末常以所守之地系衔，亦与地方相关。要之，金廷欲以体制之更新，促进地方灵活应对迅速变化的军事形势，增强抗蒙战争的成效。

因军事行动辄需地方民政方面的配合，这些机构大多获得了辖区内民事的处置权。此类合军政为一的地方建置，本研究自应涉及。然而它们始终为临时派出机构，其职主要在于军政，未成为正式、稳定的地方机构，更未尝可以地方行政组织视之。此外，相关成果甚多，除通史或政治、军事史专著常有较多篇幅涉及之，专文亦为数不少[1]，今更有专研金代行省之博士论文[2]。本节据前人成果，叙其概貌，于必要处略作补充，或已足够。

一、行尚书省

行尚书省为尚书省的派出机构，遣尚书省主要官员如左、右丞相及平章政事、参知政事等至地方建立机构，处置重大事务。尚书省是金代中央行政主管部门，然而金后期置行尚书省，却出于主管地方军政之目的。各种地方建置中，行尚书省因其权力重、地位高、切关金蒙战争的进程及金之国运而受到研究者最大程度的关注，成果最为丰富。至今，与之相关的问题大体皆已有相应的研究。以下主要根据杨清华研究成果，统计金后期作为地方军政统辖机构、有固定辖区与治所之行省如表13所示。

---

[1] 如王曾瑜先生有《金朝后期的军事机构和军区设置》一文（《河北学刊》1993年第5期，第99—105页），对金后期行省、行枢密院、宣抚使等皆曾论及。关于行省，研究成果最为丰富。台湾学者丁崑健的博士论文《元代行省制度之形成及其职权》，最早对金初、金末行省的建制、组织、职权进行详细的研究（第44—78页）。又如景爱：《金代行省考》，《历史地理》第9辑，第228—238页；鲁西奇：《金末行省考述》，《湖北大学学报（哲学社会科学版）》1995年第1期，第56—63页；杨清华：《金章宗时期的行省建置》，《鞍山师范学院学报》2004年第1期，第45—48页。关于宣抚使之专文，则有姚朔民《宋金的宣抚使》（载《辽金史论集》第10辑，第155—182页）一文，论述甚为详尽。关于行枢密院，则有杨清华《金朝后期行枢密院考》，载《辽金史论集》第10辑，第183—194页。
[2] 杨清华：《金朝行省制度研究》，吉林大学博士论文，2009年。

表 13　金后期行省简表

行省名	辖　区	治　所	置　废　年　代
临潢行省	临潢路,东北路	临潢府	明昌六年(1195)五月至承安元年(1196)十一月,承安二年五月至八月
北京行省	北京路,临潢路,西北路,西南路	大定府	承安元年十一月至五年
抚州行省	西北路	抚州	明昌六年十月至承安元年二月
汴京行省	南京路,山东两路,陕西五路	开封府	泰和六年(1206)四月至八年四月
宣德行省	西北路,西京路	宣德州	大安(1209—1211)初至三年十月
西京行省	西京路	大同府	大安三年末至贞祐二年(1214)五月
缙山行省	缙山	缙山县	至宁元年(1213)初置,旋废
中都行省	中都路	大兴府	贞祐二年五月至三年五月
大名行省	大名府路,河北东路,南京路	大名府	贞祐二年十月至三年
河东行省	河东两路	平阳府	贞祐四年二月至兴定二年(1218)十月
东平行省	山东两路	东平府	贞祐四年至兴定五年四月
邳州行省	山东两路	邳州	兴定五年五月至元光二年(1223)八月
河中行省	河东两路	河中府	兴定二年十二月至元光二年六月
益都行省	山东东路	益都府	兴定元年九月至十一月
河北行省	河北两路,山东两路,大名府路	西山	贞祐三年八月至四年,兴定二年三月至三年
上京行省	上京路,东京路	会宁府	约贞祐四年至兴定二年三月
辽东行省	婆速路	婆速府	约贞祐四年至正大中(1224—1231)
隆安行省	不详	隆安府	贞祐四年至?
京东行省	汴京以东	不详	兴定五年十月至?
伐宋所置行省	南京路北境	不详	兴定二年十二月至三年闰月;兴定五年?月至六月
陕西行省	潼关以西	京兆府	贞祐三年八月至兴定三年;正大六年二月至八年十月

续 表

行省名	辖　区	治　所	置　废　年　代
平凉行省	陕西西路	平凉府	兴定三年至正大六年二月
京兆行省	陕西东路	京兆府	兴定四年四月至正大六年二月
巩昌行省	陕西五路	巩昌府	正大八年四月至天兴三年(1234)
卫州行省	大河以北	卫州	正大二年至三年七月
徐州行省	山东西路南部，南京路东部	徐州	正大间至天兴元年六月，天兴二年正月至十月
邓州行省	唐、邓数州	邓州	天兴元年五月至三年五月
河南行省	不详	不详	天兴元年三月至？
中京行省	南京路西部	金昌府	天兴元年十二月至天兴二年六月
息州行省	南京路西南	息州	天兴二年八月至？
南京行省	南京路	开封府	天兴元年十二月至二年正月
陈州行省	南京路南部	陈州	天兴二年初至四月
京东行省	汴京以东	不详	天兴元年至？
阌乡行省	潼关及陕西五路	阌乡县	正大七年十月至天兴元年
陕州行省	潼关以东、南京路西部	陕州	天兴元年九月至十一月

金后期之行省，建置时期皆甚短。最长的平凉行省，不过七年。至如缙山行省，大约不过数月。其因兵事仓促置、废，足见其甚乏"行政"机构之意味。各行省之辖区，又以用兵之便利为转移，或广至数路，或狭仅一二州，个别行省甚至无明确辖区，只不过为便于统辖某要地之大军而置，如缙山、阌乡行省皆是。空间上的稳定程度，亦与普通行政机构相差甚远。总体上，金末各行省之置，其初衷则与金初行台相近，即为用兵之权宜、为某些形势动荡地区的军事控制而有民事之责。然而其建置、辖区既远不够稳定，又常与原有的各种路的区划不相符，故金末行省与普通行政区划的关系，较之金初行台更弱。

二、行枢密院、行元帅府、总帅、经略司

行枢密院，是中央军政主管机关枢密院派出其主要官员如枢密使、副使、签书枢密院事等，至地方置司，以处置重大军务。始见于承安元年(1196)签书枢密院事完颜匡行枢密院于抚州①。至三年,以夹谷衡代之,仍置司抚州②。至卫绍王朝金蒙战争始,建置渐多。据杨清华统计③,卫绍王时于西京置行院,宣宗迁汴后,计有十三处④。当然,此数仍较行省为少。行枢密院地位似低于行省。章宗时夹谷衡行院抚州,行省要求其配合出兵,以为侧翼。兴定四年(1220),东平行省蒙古纲"遣元帅右监军、行枢密院事王庭玉讨"张林⑤。行省可差遣行院,则两者相对地位可知矣。而行院之所以较行省为少,或即是因为其地位之尴尬:密院与尚书省毕竟是对治文武,即行省在地方需人差遣,亦非必行院不可;行院既是密院之派出机构,若需听行省号令,实不如不置。更为奇特者,至有同时行省、院者⑥。由行省、行院之关系,亦可见金末建制之混乱。

元帅府为金初中央最高军事主管机构,海陵天德二年(1150)改元帅府为枢密院,然此后宋金开战,则复改枢密院为元帅府。"金朝后期,在枢密院仍作为中央军事机构的情况下,元帅府的身价便大为降低,各地滥设的行元帅府不可胜数,实际上降为最普遍的、级别不高的、一州或数州以至辖区更小的军区司令部。"由是,遂需置总帅于元帅之上。而总帅亦滥设,"各总帅的兵力其实都相当单薄"⑦,往往以一二州之军事长官兼总帅⑧,与行元帅府走上同样的发展道路。

三、宣抚司、安抚司、经略司

宣抚司始置于泰和五年(1205),当时闻宋军有异动,遂以平章政事仆散揆

---

① 《金史》卷10《章宗纪二》,承安元年十月庚戌;卷98《完颜匡传》。
② 《金史》卷94《夹谷衡传》:"承安二年,出为上京留守。寻改枢密副使、行院,规画边事。三年,以修完封界,赐诏褒谕。"同书卷10《章宗纪二》仅载承安二年夹谷衡罢尚书左丞事,既未载其出为上京留守之事,更未载其转任枢密院并置行院于抚州之事,至三年十一月戊申,则"诏奖谕枢密副使夹谷衡以下将士"矣。显然夹谷衡当时正是在抚州前线任责。卷94《内族襄传》亦载:"(约承安三年)时议北讨。襄奏遣同判大睦亲府事宗浩出军泰州,又请左丞衡于抚州行枢密院,出军西北路。"衡《传》无误,是章《纪》疏漏。
③ 杨清华:《金朝后期行枢密院考》,《辽金史论集》第10辑,第183页。
④ 据上引文,有河北、徐州、东平、陕西、河南、中京、归德、寿州、宿州、许州、邓州、陕州行枢密院以及时全伐宋行枢密院。
⑤ 《金史》卷102《蒙古纲传》。
⑥ 《金史》卷119《完颜娄室传》。亦见王鹗:《汝南遗事》卷2,天兴二年八月十四日条:"诏权参政乌登签枢密院事,洛索领忠孝军三百,蔡州总帅府军三千,行省、院事于息。
⑦ 《金朝后期的军事机构和军区设置》,《河北学刊》1993年第5期,第100、102页。
⑧ 如《金史》卷111《内族讹可传》载:"初,讹可以元帅右监军、邠泾总帅、权参知政事,奉旨于邠、泾、凤翔往来防秋。……(正大)七年九月,召赴京师,改中总帅,受京兆节制。"又,同书卷17《哀宗纪下》:天兴元年十一月"丙寅,河解元帅、权兴宝军节度使赵伟袭据陕州以叛,杀行省阿不罕奴十刺以下凡二十一人……就授伟元帅左监军、兼西安军节度使、行总帅府事"。

为宣抚河南军民使①,不久因无事而罢②。次年撰行省河南,而在陕西则以徒单镒为宣抚。当时徒单镒既有"受撰节制"之名,又有"颛方面"之实,章宗又升其为一品③,其较之行省,地位略低但相差不多,而较之建置已久的统军(都统)、都总管等则高出较多。可知当时宣抚司之置,虽意在助行省开辟"第二战场",但与行省相同的是,朝廷遣重臣任使,以增重令行禁止之效。

泰和八年宋金罢战并签订和议,宣抚司旋即撤销,而于全境分十路置安抚司④。两者在时间上虽有承接的关系,然安抚司初置之时,金廷似有将它固定为地方建置的意图,此与宣抚有较大不同。不过,仅二三年之后,战乱突起,这一意图未尝实现。卫绍王朝极少见到任安抚使者,或是因为它与都总管并无明显的职责区别。而宣宗以后建置纷更而安抚司却同样罕见,其原因或许是重新设置了宣抚司,使得安抚司之存在更无必要。金末若有重臣出镇,自有行省等名号相授,安抚司亦无所用。最后出现的相关官职,是兴定四年(1220)受封东莒公之前的燕宁,当时为"山东安抚副使"⑤。

宣抚司于贞祐二年(1214)的重新设置,用意可能同于泰和六年初置之时,即以重臣出镇方面,以利于某一地区资源的协调与战事的进行。当时行省之置尚少,稍次要的战区便置宣抚司以统之,其辖区多同于总管府,偶有兼辖两个以上都总管路的情况(如山东宣抚司、陕西宣抚司等),与泰和八年十个安抚司路相比,宣抚司路的划分,似较无规则,辖区视战争形势、任职者而异。

至贞祐四年六月,"罢河北诸路宣抚司,更置经略司"⑥,"这一波次宣抚司设置基本结束"⑦。此后宣抚司便甚为罕见。在河北是被经略司所替代,而在其他地区,恐是受行省滥置之影响,仅在兴定四年封建九公之时,统一授予宣抚使之兼职,然则也只是虚衔而已。

宣抚、安抚司,于章宗朝初置之时,受宋制之明显影响:平日则置安抚司于各路,以辖本路军事并分担民事之职责;战争形势紧张,则置宣抚司以统数

---

① 《金史》卷93《仆散揆传》。卷12《章宗纪四》泰和五年五月甲子条则载为"河南宣抚使"。
② 《金史》卷12《章宗纪四》,泰和五年八月辛卯。
③ 《金史》卷99《徒单镒传》。
④ 据中华本《金史》卷55《百官志一》"宣抚司"条:泰和八年,安抚司于"山东东西、大名、河北东西、河东南北、辽东、陕西、咸平、隆安、上京、肇州、北京,凡十处置司"。句末称"十处"而实有十一处。都兴智称辽东、咸平实为一司而重出(《辽金史研究》第144页),然引大安以后复置之宣抚司辖区为证,似未足为据。姚朔民指出,大名与河北东西为一路(《宋金的宣抚使》,《辽金史论集》第10辑,第173页),即中华本《金史》不应断"大名"与"河北东西"为二。此说是。
⑤ 《金史》卷118《燕宁传》。
⑥ 《金史》卷14《宣宗纪上》,贞祐四年六月丁未。
⑦ 姚朔民:《宋金的宣抚使》,《辽金史论集》第10辑,第179页。

路军事。陕西本置统军司，一旦战争爆发，此前之例，皆由统军改都统，至章宗朝则新置宣抚司以代其职。由此可见，宣抚、安抚等建制，与提刑一样，是章宗积极引入宋制的体现。

至卫绍王朝——尤其是宣宗朝——以降，安抚一职逐渐淡出，而宣抚使则与行省一样，授予渐多渐滥。不过与行省不同的是，贞祐以后的宣抚使多为兼职。通常以都总管兼之，偶或以统军使兼任。又于会府之外的重镇置副使，以节度使（知府）兼任。这种"兼职化"的倾向，其实也可以说明宣抚司的存在已非必要。

经略司始置于贞祐二年，至贞祐四年河北罢宣抚司置经略司，始遍置于黄河以北。然而，即便在贞祐四年的河北，经略司与宣抚司也不存在辖区和地位方面的替代关系，因为当时经略司多由节度使或刺史兼①，"往往即是一州或数州的军警司令部，与行元帅府辖区相类似"②。罢宣抚而置经略，意味着在蒙军的攻击下千疮百孔的河北之地，以路为单位的军事统辖体系趋于破碎，州的自主性增强。当然，也有少数几个经略司，所辖之地稍广，但亦呈置司日多、辖区日狭之趋势。如中都陷蒙之后，金于兴定元年授张甫"中都路经略使"，统该路残存之地，并负有收复之责。二年，以李瘸驴任经略使。三年，又以李瘸驴、靖安民分任中都东路、中都西路经略使，两路所辖，仅是该年以前的中都路的南部之地。李瘸驴以涿州刺史之职任东路经略，所辖大约为涿、雄、霸、莫四州，以及大兴府南境数县直至海，另有河北东路清州一部，靖安民所统，则是易、安肃、保三州及中山府东北一角。同年，李瘸驴降蒙，以张甫继其职，与靖安民分任东、西，两者所部与此前李瘸驴、靖安民所划之界略同，仅以涿州益安民所部。同时又以张进为"中都南路经略使"，则划而为三矣。然张进之所辖，似仅信安一县之地③。收复中都之目的始终未能达到，而经略使之辖区则逐

---

① 如张开于贞祐四年"迁观州刺史、权本州经略使"（《金史》卷118《张开传》）；完颜阿邻、宗室从坦于兴定元年分别为辉州经略使、孟州经略使（同书卷103《完颜阿邻传》、卷122《忠义二·从坦传》）。
② 《金朝后期的军事机构和军区设置》，《河北学刊》1993年第5期，第102页。
③ 李瘸驴、张甫、张进、靖安民之所部，见诸《金史》卷118《张甫传》、《靖安民传》。兴定四年甫获封高阳公，"以雄、莫、霸州、（安州）高阳、（霸州）信安、（霸州）文安、（霸州）大成［城］、（雄州）保定、（清州）静海、（以下属大兴府）宝坻、武清、安次县隶焉"。而安民所部，包括"涿、易、安肃、保州，君氏川、季鹿、三保河、北江、矾山寨，青白口、朝天寨、水谷、欢谷、东安寨"，其地大约即为涿、易、安肃、保四州之地，唯东安寨在中山府东北境。按兴定二、三年间，战事最激烈者在河东，河北其次，而中都以南，相较而言，似是稍为平静，唯兴定二年张柔降蒙，曾助蒙军占雄、易、安、保州，次年，易州叛，复为柔所平服（《元史》卷147《张柔传》）。参照《金史》，兴定四年张甫有雄州全境，安州一部，靖安民有易州、保州，知此二年间，金（张甫、靖安民）、蒙（张柔）两方之间，局部战争不断，一城一地之争未尝衰歇。金军于兴定二、三年间所失，至兴定四年或又夺回，自李瘸驴任经略至张甫、靖安民封建，金于中都以南控制之地，未有大变。

渐划小。

第九节　由割据而分封——封建九公

兴定四年(1220)二月，金廷于河东、河北、山东等战局最紧张、形势最危急之地分封九位地方军事首领为公："封沧州经略使王福为沧海公，河间路招抚使移剌众家奴为河间公，真定经略使武仙为恒山公，中都东路经略使张甫为高阳公，中都西路经略使靖安民为易水公，辽州从宜郭文振为晋阳公，平阳招抚使胡天作为平阳公，昭义军节度使完颜开为上党公，山东安抚副使燕宁为东莒公。"①其封地略如表 14 所示。

表 14　九公封地简表

沧海公王福	治沧州，辖清、沧、观州
河间公移剌众家奴	治河间府，辖河间府、献、蠡、安、深州
恒山公武仙	治真定府，辖真定、中山府、沃、冀、威、镇宁、平定州
高阳公张甫	治雄州，辖雄、莫、霸州、大兴府宝坻、武清、安次县，安州高阳县，清州靖海县
易水公靖安民	治涿州，辖涿、易、安肃、保州
晋阳公郭文振	治辽州，辖河东南路之辽州及河东北路
上党公张开	治潞州，辖泽、潞、沁州
平阳公胡天作	治平阳府，辖平阳、晋安府、隰、吉州
东莒公燕宁	治泰安州境内天胜寨，辖山东东路

早在贞祐四年(1216)，即有"右司谏术甲直敦乞封建河朔"，然未为金廷采纳。至兴定三年，"以太原不守，河北州县不能自立"，金廷终定封建之策，以期河朔之民"各保一方"，且"以谋恢复"②。封建九公，即此次定议之结果。金初侵宋，南宋曾出于同样的考虑，在难以直接控制的地区置"镇抚使"，金封九公，亦宋之故智。

受封诸人，皆为所在地区的豪杰。《金史》集九公之传为一卷，并置资历更深、但死于兴定二年而未能受封的苗道润于九公之前。《苗道润传》开篇即称："苗道润，贞祐初，为河北义军队长。宣宗迁汴，河北土人往往团结为兵，或为

---

①②　《金史》卷 118《苗道润传》。

群盗。道润有勇略,敢战斗,能得众心。比战有功,略定城邑,遣人诣南京求官封。"其出身可以代表他的晚辈——"九公"——的来历①。这些地方豪杰需要朝廷授予他们合法性,而对金廷来说,以公爵之虚名予以支持,惠而不费,可免使这些土豪投靠蒙古。

不过分封的最终动力,是宣宗想保存实力,不愿将剩余精锐部队消磨于河朔。出于这一立场,九公在河朔山东各自为战,却得不到朝廷的实质援助——最多鼓励和安排诸公之间进行合作。而有限的合作,有时也并不成功②。当兴定四年初封之时,诸公封域之内或周边,已多有蒙军或附蒙、附宋势力盘踞。金廷既不予援助,合作又乏成效,封地近北者,经奋战之后,无可避免地陷蒙。而诸公封地原本犬牙交错,北面遮蔽一撤,封地近南者立即陷入数面受敌之境地,也迅速沦陷,于是三五年间,九公非降即退,或死或逃,封地大多已失③。金廷遂于河朔余地续封诸公,然其人多"游移于金、宋和蒙古之间",金廷之分封,"不过是羁縻而已"④。

---

① 姚朔民提出:"九公绝大多数是行伍、土豪出身,良莠不齐。趁蒙古南下,或据寨自保,或借势扩张,往往叛服无常,互相争战,所隶地域不过二三州府,若干堡寨而已,实际上大多已成为割据一方的军阀。"(《宋金的宣抚使》,《辽金史论集》第10辑,第181页)
② 金东平行省蒙古纲与东莒公燕宁长期互相支持,这种合作关系因兴定五年燕宁战死而终结(《金史》卷102《蒙古纲传》),这是少见的合作曾较为成功的例子。而张开与郭文振在河东的合作却不甚愉快,以河东北路迅速失守而结束(同书卷118《张开传》)。
③ 据《金史》卷118,降者,如王福于兴定四年七月,即受封后不到半年,被张林迫降,乃以其地附宋。武仙亦于同年降蒙,后虽于正大二年复率原封域内诸州反蒙投金,但至正大四年,又已尽失其地,转战河东。胡天作于元光元年困守平阳,城破被擒,旋罹难。退者,如郭文振,至元光二年不能守其地,乃寓孟、寓卫,张开于元光元年失潞州,正大初封域皆不可守,遂寓于开封,泯然众人矣。死者,如靖安民,受封同牛十蒙军围城时死于叛卒之手。燕宁亦于兴定五年战死,山东遂不可守。逃者,如张甫,至元光二年其封域尽失,后逃宋,在李全部下,正大四年死于军乱(此见《宋史》卷477《叛臣下·李全传下》)。移剌众家奴于元光元年河间失守之后,与张甫共守信安,后不知所终。九公之地,大多失于元光二年之前,仅武仙至正大二年之后一度复起。
④ 王曾瑜《金朝后期的军事机构和军区设置》,《河北学刊》1993年第5期,第105页。据王先生考证,其后所封诸公除《金史》卷118"赞"文所提到的沧海公张进、河间公移剌中哥、易水公张进、晋阳公郭栋,以及继胡天作受封平阳公的史咏,尚有"北平公"张进于金末为金守信安。封郡王者,除《金史》卷117《国用安传》所载天兴元年所封"十郡王"之外,尚有正大三年由宋来降的夏全(金源郡王)、张惠(临淄郡王)、王义深(东平郡王)、范成进(胶西郡王)。而国安用则于天兴元年封亲王(兖王)矣。则愈往后,封赏愈滥。

第四编 金代京府州县沿革

凡　　例

1. 本编主要描述对象，是金代的统县政区（府、州、军、城）与县。猛安谋克、乣、群牧同是金代重要的人口编组和管理单位，然边界不清，驻地不明，难称行政区划。且其见载者更未及当时实有数之半，故不必也不应列为论述对象。

2. 《金史》以收国元年（1115）为金立国之始。然收国年号本不存在，是金盛时追溯前史所创，1117年或1118年建国，建元天辅①。今不取收国年号（唯直接引《金史》时例外），天辅年号则从《金史》，以1117年为始。

3. 本编所收政区，一般是金政权曾在较长时间内据有者。若其建制于金代存在时间不长，但其地长期在金境内，则收入。偶有州、县于金代一度据有旋即为其他政权所取，但其建制在其他政权不存，则收入，使该政区于本书中得见全貌。如麟府路之府、丰州即是。至如一度据有而复失之且在其他政权长期存在的州、县，则不收入。如南宋初金军直入两浙、江西，攻占府、州甚夥，其后退军，复弃去，则此类政区沿革之详情，自可见于本书其他卷册，此处不必再赘，但若此类政区曾经金政权改名、升等，则于一路沿革之下略及之。如升淮阴县为镇淮府即作如此处理。

4. 金代高层政区，以都总管、招讨、万户等军事路为重，且建置最为稳定，故以军事路为纲，以编排统县政区。而节镇（散府辖区）亦为实有之政治体，上承都总管路，下领刺史州，故而，路之下按节镇（散府辖区）编排，以节度使所驻之州为首，其他属州于其下连续编排。防御使仅辖本州，其上则直隶于路，与节镇不存在统辖关系，是以单列。

5. 金代诸府、州所辖，除县之外，每州皆辖有城市型政区，即以警巡院（首都、陪都置）、录事司（总管府、散府、节度州置）、司候司（防御、刺史州置）所辖的治所城内。除首都有警巡院二，其他统县政区仅辖一司或一院，故金之县级

---

① 刘浦江：《关于金朝开国史的真实性质疑》，《历史研究》1998年第6期，第59—72页。文中又提到，天辅元年所建者，为"女真国"，至1222年方改国号为金。此说亦有较充分的证据，然《会编》中天辅间国书、宋人闻见录等多次提到"金"之国号。故暂从旧说。

政区,除县之外,尚需虑及院、司。然院、司既于府、州遍置,且无专名,本编不再一一列出。

6. 述诸政区沿革,始自初置或初占领之时,迄于其废、失之时。然列目、统辖关系则以泰和八年(1208)为断。路统府、州以及统县政区辖县情况,给出泰和八年的状态。若该政区于泰和八年已废,以"(废)某州"之形式列目。若废州而后复置、泰和八年之前又废,则作"(废)甲州、(废)乙州"。若始置于泰和八年之后,则政区名前加"(后置)"。若前此置此州而后废,又于泰和八年后复置,且未改名,则作"(复置)某州";若曾经改名,则作"(废)甲州(后置)乙州"或"甲州(—乙州)"。县亦作相同处理。

7.《金志》既是本研究最常用者,因篇幅有限,若不需作考辨处,不再出注。

第一章　金代京府州县沿革(上)

第一节　上京路州县沿革

天眷元年(1138)置上京路,治上京会宁府,统府、州四:会宁府、肇州、宁江州、长春州。天德二年(1150)废宁江州、长春州。正隆二年(1157)肇州改隶济州路,同年上京路改称会宁府路。大定十三年(1173)复称上京路,肇州复来隶。又曾置永州,金末存废不知。

泰和八年(1208)可确知统府一、防御州一:会宁府、肇州(参见图16)。

上京会宁府

女真故地。金建国,称皇帝寨。太宗天会二年(1124)建城,称京师,为首都。熙宗天眷元年升改为上京会宁府。海陵贞元元年(1153)迁都于中都大兴府,上京会宁府降为陪都。正隆二年(1157)废上京,废其陪都之地位,仍为会宁府,废其陪都之地位,由京府降为总管府。世宗大定十三年(1173)复为上京,仍为陪都。泰和八年为下等京府①。兴定元年(1217)四月,上京为叛金割据的蒲鲜万奴所占,遂废。治今黑龙江省哈尔滨市东南84里阿城区阿什河街道白城村。

完颜氏根本之地,在天庆五年(1115)犹称"皇帝寨",此事虽为《金史》所讳,然于宋人所作的《会编》中,却屡见提及②。而《金志》则提到,上京于"国初称为内地"③,城橹不具,仅得以内"地"名之。是故,以"寨"来指称阿骨打等女真首领所居的简陋的建筑群,也是比较妥帖的。甚至京城建成之后,仍有"御寨"④之称——其与"皇帝寨"同义——这显然已是一种习惯称法。

---

①　按金府、州等第之确定在前期,然因金代统县政区等第的全面记载仅见于《金志》,且未详其变迁,故仅能就《金志》所反映的泰和八年的等第作一记录。以下各政区亦同。
②　《会编》卷3《政宣上帙三》,重和二年正月十日丁巳,"(女真)居混同江之东,长白山、鸭绿水之源……阿骨打建号,曰皇帝寨,至亶,改曰会宁府,称上京。"
③　《金史》卷24《地理志上》"上京路"条。
④　(宋)赵彦卫《云麓漫钞》卷8:"自东京至女真所谓御寨行程……"中华书局,1996年。

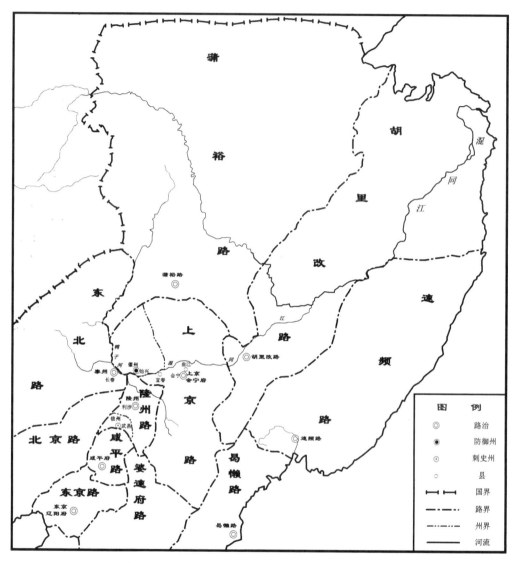

图 16　泰和八年(1208)上京路、蒲裕路、隆州路、胡里改路、速频路政区

"寨"何时成为京城？要确定这个时间节点，可由都城之城市营建与政区制度发展两方面加以观察。其城之营建，据史载，集中于太宗初年，不过有可能始于太祖末年。天会三年五、六月之交，宋使许亢宗至"虏廷"①，其所见为：

---

① 据《金史》卷60《交聘表上》，许亢宗于该年六月朔入见，贺即位。

> 一望平原,旷野间有居民数十家,星罗棋布,纷揉错杂,不成伦次。更无城郭里巷,率皆背阴向阳,便于放牧,自在散居。①

此时许亢宗所到之处,是仅有数十家居民的平原旷野,但在他的想象中,本应是有"城郭里巷"的,因为此处已极近于皇宫了:

> 又一二里,命撤伞,云近阙,复北行百余步,有阜宿围绕三四顷,北高丈余,云皇城是也。至于宿门,就龙台下马行,入宿围。西设毡帐四座,各归帐歇定。

其入"宿围"后,于"皇城"中心所见为:

> 木建殿七间甚壮,未结盖,以瓦仰铺及泥补之……榜额曰"乾元殿",阶高四尺许,阶前土坛方阔数丈,名曰龙墀,两厢旋结,架小苇屋,幂以青幕,以坐三节人。……日役数千人兴筑,已架屋数千百间,未就,规模亦甚侈也。

许亢宗对"皇城"内外情形的描述,使我们对金首都之营建有一个较为具体的了解:"皇城"内的主要建筑,当时唯以乾元殿为中心的"木建殿七间"已经完成,虽然宏大,工艺却相当朴拙。并且,宿围之内、"木建殿"之西南,仅有"毡帐四座"以供使者停歇;大殿之前,亦以"小苇屋"权充等候传唤之所。整个"皇城"的布局甚显粗放。除了技术上的不足,工期紧张或许也是原因之一。乾元殿的营建,迟至天会三年三月才开始②,至许亢宗入金已然营就,仅二月有余,可见时间之仓促。

而皇城内更大规模的营造——"架屋数千百间"——其动工则无疑在天会三年三月兴建乾元殿之后,甚或在乾元殿的工程粗完、许亢宗抵"内地"前夕。《大金国志》就提到:

> 亢宗至淶流河。金国素无城郭、宫室,就以所居馆燕。……其国初无城郭,四顾茫然,皆茅舍以居。至是方营大屋数千间,日役万人,规模亦宏侈矣。③

---

① 许亢宗:《宣和乙巳奉使行程录》,《五代宋金元人边疆行记十三种疏证稿》,第252页。
② 《金史》卷3《太宗纪》,天会三年三月辛巳。
③ 《大金国志》卷3《纪年·太宗文烈皇帝一》,天会二年五月。其实应是天会三年事,《国志》载金初之事,较他史籍早一年。刘浦江先生于《〈契丹国志〉与〈大金国志〉关系试探》一文中,已指出《国志》纪年之谬,见《辽金史论》,辽宁大学出版社,1999年,第364页,原文载《中国典籍与文化论丛》第1辑,1993年。

即是强调"营大屋数千间"乃方始而未就之工程。

至于"皇城"之外,更无一般新建成的都城那样规整而密集的城市建筑群,在一望平原旷野中,错杂稀疏地分布着数以十计的民居,这番景象,仍与女真建国之前,其"内地"的聚落无异。在天会三年许亢宗到达之时,后来的会宁府城(不包括皇城)的建设成果根本无从得到反映。

以上述许亢宗的描述,综合金初"皇帝寨"所在之处的建设过程,大致可以说,迟至太宗即位之初,金才有了明确的规模宏大的上京营建计划,岁余之后,即体现出初步的成果以及一个极具规模的宫殿群的雏形①。这反映了金初牢固立足于女真"内地"、将其营造为疆域广袤的新国家的政治中心之决心。表现这一决心的其他举措还包括:从女真的传统根据地向南,与当时的金"南京"(前辽之平州)之间建立交通线,向西置驿沟通东北重镇春州、泰州——这也是连接女真的中心与前辽政治中心临潢府,与西面鞑靼居地西北路,进一步的,经临潢至辽西、山后的必由之路②。从交通地位上强固女真"内地"政治地位的措施,都于天会二年推出,这一点,与天会三年初现的"内地"的建设成果相观照,可知,明确的营建规划应形成于太宗即位不久之后的天会二年。正是在这一年,被召"赴阙"的卢彦伦受命"知新城事"。"城邑初建,彦伦为经画,民居、公宇皆有法"③,这也同样将"内地"大兴土木的开始时间指向天会二年。

但这是否意味着,在天会二年前后,建设政治中心的基本程序全部完成?即,在城市建设有了巨大进展的同时,它已获得了上京、会宁府等一系列象征着首都特殊地位的城市等级与名号?在史籍中,女真"内地"获得京号和府名的时间,多条记载之间互相矛盾。《金志》称,上京所在,"国初称为内地,天眷元年号上京",又说,"初为会宁州,太宗以建都升为府"④,合而言之,则是太宗时建府,而熙宗天眷元年赐京号。然于《纪》中,仅于熙宗天眷元年记载,"以京

---

① 天辅七年九月,太祖薨,太祖即位,当月即改元天会,至天会三年六月许亢宗至女真内地,太宗即位未满二年。
② 《金史》卷3《太宗纪》,天会二年正月丁丑,"始自京师至南京每五十里置驿";同年闰三月辛巳,"命置驿上京、春、泰之间"。
③ 《金史》卷73《卢彦伦传》。王可宾于《金上京新证》一文中,详确分析了《金志》将"会平州"置于会宁府境内之误,证明了该州原为金初在临潢府附近所建之州,与会宁无涉(载《北方文物》2002年第2期,第87页),对此,笔者深表赞同。然而,该文遂由此推断《金史·卢彦伦传》所载彦伦于天会二年"知新城事",此新城亦指临潢附近的"会平州"新城,而非后来的会宁府城,这一新论似可商榷,因其回避了卢彦伦先"赴阙"后"知新城事"之时间次序,故其证据仍欠坚实。笔者以为,此"新城"正是天眷元年以后的上京会宁府,殆无可疑。
④ 《金史》卷24《地理志上》"上京路"条、"上京会宁府"条。

师为上京,府曰会宁,旧上京为北京"①。似乎赐"上京"之号及升府在同年,显与《地理志》相舛。同样,《大金国志》既于天辅六年(1122)载:"春,升'皇帝寨'曰会宁府,建为上京,其辽之上京改作北京。"又曰:天会十三年五月"升所居曰会宁府,建为上京"②。同样事件重复出现于不同年份。今之学者如景爱以为,《金史·本纪》将发生于两个年份的定京号、升府二事,误植入同一年之中,而《大金国志》将完全同样的事,于两个年份之中重复叙述,当然更不可取,事实上,应是升府于天会初,而赐京号于天眷元年③,即以《金志》所载为准。王可宾也大致持这一观点,但又有所补充:天会中,会宁府已有"上京"之俗称,至天眷元年,则定"上京"为会宁府的正式名称④。然而,事实或者不一定如此。

先谈升府之时。《金志》所谓"初为会宁州,太宗以建都升为府",实际上"会宁州"、"太宗升府"之说,不但在《本纪》中不见记载,而且没有其他凭据——除了《大金国志》同样不可靠的记载之外⑤。王可宾曾对"会宁州"之说提出了很有价值的质疑:"称为'会宁州'者《金史》仅见于此(笔者按:即上引《地理志》文),其始称之年又无所记载。而《会编》……《大金国志》……都未提及有会宁州一称。"然而可惜的是,此后述云:"无论如何,有一点是可以肯定的,那就是在正式名京师为上京之前,已有'皇帝寨'和'会宁'的称号。"⑥这一质疑立即归于无效了。"会宁州"或"会宁府"之政区名称出现于太宗之前,《金史》之中仅见《地理志》之记载,可称孤证,并且连相应的官名,也无法在史籍中觅得。按常理推测,曾是会宁州的年代,应有州刺史,若太宗升之为府,在天会年间亦应有府尹之属的官名出现。毕竟是发源之地,若已建置了州、府等汉式政区,必当以重臣任其长官,而史籍竟至于在这方面出现空白,相关记载,勉强有卢彦伦之"知新城事"一例。这一现象应当是很有说服力的:在太宗时期,既不大可能存在会宁州之建置,也未尝名"内地"为会宁府。《金志》"会宁州"一说,或是由同卷上文"会平州"所带来的联想,而"会平州",则早已由王可宾

---

① 《金史》卷4《熙宗纪》,天眷元年八月己卯。
② 《大金国志》卷2《纪年·太祖武元皇帝下》、卷9《纪年·熙宗孝成皇帝一》。《国志》既为坊间伪作,托名伪作者于会宁升府之事前后舛谬,此等情形于《国志》中并不少见。
③ 景爱:《金上京》,第209页。
④ 王可宾:《金上京新证》,《北方文物》2002年第2期,第86页。
⑤ 在上引天辅六年、天会十三年两次"升会宁府"之外,《大金国志》于卷9《纪年·熙宗孝成皇帝一》又载:天会十五年夏,有"斩(左丞相)高庆裔于会宁市"。其所本,或在《会编》卷178,绍兴七年八月五日条:"金人斩高庆裔于会宁市。"然此应是以后世地名系先世之事。
⑥ 王可宾:《金上京新证》,《北方文物》2002年第2期,第85页。

证明为无关会宁府之政区了。

至于"上京"之号存在于太宗天会中,《金史》中确乎有许多例子,似乎可证明这一点。然则,相较"上京"作为金之"内地"的俗称,更有可能的是,如景爱所说,它是后世史臣的追溯之语①。前辽上京临潢府仍被沿用,直至天眷元年之前,一直称"上京"②。金初实不必再以"上京"名其"内地"而与辽都相混淆——"京师"之称似足以表现"内地"的尊崇了。与"会宁府尹"这类官名之无迹可考相同,太祖、太宗时期也不存在"上京留守"之类的官职。而在同一时期,沿用辽代五京以及曾升为"南京"的前辽平州的留守,却屡见于史籍③。显见天会中"内地"本未尝进入正式定名的京都系统。

正如王可宾所说,后来的会宁府所在,在太宗天会初大举营建之后,有"京师"之通称④。但也仅仅是通称而已,并未正式定京号府名。我们与其相信《金志》之含糊说法,以及《大金国志》前后矛盾的记载⑤,不如认可《金史·熙宗纪》以及由金入宋的"归正人"张汇所作《金虏节要》⑥所述,直至天眷元年八月,金才将已营建至一定规模的女真的根本之地,命名为会宁府,升为上京。何以迟至金建国二十三年之后、灭北宋十二年之后的天眷元年,其政治中心才获得正式的京号府名?我们不可全然站在汉制的立场上,去观察这一现象。这并非女真不重其根本之地,只是金初对辽、宋之制的吸收并非一日之间便全盘遵奉,而是逐渐、部分地纳入,故制度之整齐,有待时日。

至贞元元年海陵南迁于中都大兴府⑦,上京便失去了首都之地位。至正

---

① 《金上京》,第211页。
② 《金史》卷24《地理志上》"北京路·临潢府"条。
③ 如天辅四年卢彦伦之"权发遣上京(按:指临潢府)留守事"(《金史》卷75《卢彦伦传》,以下皆引自《金史》),天会三年毛子廉为上京副留守(卷75《毛子廉传》);天辅四年十一月"东京留守司乞本京官民质子增数番代"(卷2《太祖纪》);天辅七年二月,"改平州为南京,以张觉为留守"(卷2《太祖纪》);天会七年正月"甲午,以西京留守韩企先同中书门下平章事、知枢密院事"(卷3《太祖纪》);银术可于天会十年任"燕京留守"(卷72《银术可传》)。至于中京,卷83《张通古传》云,通古"除中京副留守,为招谕江南使",检卷4《熙宗纪》,事在天眷元年八月己卯,与熙宗改前辽上京临潢府为北京,以京师为上京会宁府同日,则大定府有留守,固当在熙宗朝,然却是熙宗整齐京都为上、东、南、西、北、中六京之前,应是沿用太宗朝官制。
④ 《金上京新证》,《北方文物》2002年第2期,第85页。
⑤ 针对《大金国志》卷9《纪年·熙宗孝成皇帝一》所载天会十三年夏"升所居曰会宁府,建为上京,仍改官制"之说,文渊阁四库本《国志》校云:"按金史本纪,天眷元年八月颁行官制,以京师为上京,府曰会宁。旧上京为北京。《地理志》云:上京,金之旧土海古勒之地,天眷元年建号上京,又云会宁府,旧为州,太宗以建都,升为府。太宗当作熙宗,传写之误耳。除'会宁州'之说可另当别论,其说大体得当。
⑥ 《会编》卷166《炎兴下帙六十六》,绍兴五年正月十三日条引《金虏节要》:"亶立,置三省六部,改易官制,升所居曰会宁府,建为上京。"
⑦ 《金史》卷5《海陵纪》,贞元元年三月乙卯,"以迁都诏中外,改元贞元。改燕京为中都,府曰大兴"。

隆二年,海陵又"罢上京留守司",即去其陪都地位,沦为散府,甚则"命会宁府毁旧宫殿、诸大族第宅及储庆寺,仍夷其址而耕种之"①,以如此决绝的手段,绝故老北向之望。遂"削上京之号,止称会宁府,称为'国中'者以违制论"②。会宁府之地位,逐步下降③。至世宗大定十三年,为加重本族旧地的地位,复升上京,为陪都④。

金末兴定元年,金上京行省太平一度以城降附蒲鲜万奴,万奴虽于不久之后退出这一地区,但金也再未能收复之。自此而后,金上京会宁府长期不受人关注⑤,成为中国历史上所有"故都"中没落最迅速、最彻底的一个。

其治所,自曹廷杰考定于阿城南之白城,迄无异说⑥。

天眷元年,辖县一:会宁县。大定七年增置宜春、镇东县,大定十三年改镇东县为曲江县。泰和八年辖县三:会宁、宜春、曲江县。

1. 会宁县

天眷元年与府同置。倚郭。

按县与府同置,为《金志》之说,笔者既论置府在天眷中,则县之置亦当在天眷。

2. 曲江县

大定七年置镇东县,大定十三年改名曲江县。治今黑龙江宾县东北60里新甸镇西侧栁板河口古城。

按该县仅见于《金志》中,关于其所在,也只能据《金志》所载县原名镇东、后改曲江之事实,得知该县应在会宁之东,且松花江于县治附近有较大曲折。有限的信息,使得历来对县址的多种考定,皆难作确论。张晖宇、王禹浪曾对各种说法作了归纳,并提出新见解,将县址定于宾县栁板河口古城⑦。其周长2 000米的规模,对于京畿地区有规划营建的县城,应是较为符合的。

---

① 《金史》卷5《海陵纪》,正隆二年八月甲寅、十月壬寅。
② 《金史》卷24《地理志上》"上京路"条。
③ 《金史·海陵纪》述会宁府沿革甚有次第,而《金志》则称:"海陵贞元元年迁都于燕,削上京之号,止称会宁府,称为'国中'者以违制论。"显将会宁降为陪都、再降为散府两个步骤合而为一,殊乖实情。
④ 《金史》卷7《世宗纪中》,大定十三年七月庚子;卷24《地理志上》"上京路"条。贞元迁都至大定重建陪都的过程,刘浦江先生于《〈契丹地理之图〉考略》一文中已叙其次第。
⑤ 金末之后会宁府的存在状况,可见景爱:《金上京的行政建置与历史沿革》,《求是学刊》1986年第5期,第96页。其城虽非完全废弃,但其建置则是一落千丈,在蒙古及此后诸皇朝,甚至未建立县一级的建置。
⑥ 曹廷杰:《东三省舆地图说》,《金会宁府考·海古勒白城附》,清光绪著易堂铅印本。
⑦ 张晖宇、王禹浪:《金代黑龙江地区的行政建制述略》,《哈尔滨师专学报》2000年第7期,第81页。

3. 宜春县

大定七年置①。治今黑龙江肇源县东 76 里三站镇望海屯。

对宜春县址的考定,说法甚多,纷纭不定。或说在今吉林松原市北伯都讷附近②,或说在今黑龙江肇源县古龙镇西北 30 里处③,或说在今杜尔伯特县好田格勒古城④,或说在今杜尔伯特县哈拉海古城⑤,或说在今肇源县望海屯⑥。而《中国历史地图集》则定于吉林省扶余市东的南小城子⑦,景爱则以为应在"今吉林省扶余县北部、黑龙江双城县西部一带"⑧,作不定点处理,但位置与此相近。

上述众多定点中,大部分未能提供充实的理由,往往简单判断某处遗址即金宜春县。事实上,相较曲江县,宜春县的定点在史料上稍为有利。《金志》载,宜春县"大定七年置。有鸭子河"。《中国历史地图集》即据"鸭子河"判断该县近松花江,此外,"宜春"之名,是"宜于春水"之意,故作上述定点。此外,尚有《金史·乌古论德升传》记载了德升于金末所作的调整东北路统军司的建议:

> (卫绍王时,德升)迁肇州防御使。宣宗迁汴,召赴阙,上言:"泰州残破,东北路招讨司猛安谋克人皆寓于肇州,凡征调往复甚难。乞升肇州为节度使,以招讨使兼之。置招讨副使二员,分治泰州及宜春。"诏从之。⑨

大意是将东北路的军事中心——招讨司驻地——由泰州迁至稍西的肇州,而泰州与宜春县则各增设招讨副使一员。由此可以了解,宜春县虽是会宁府属县,却与东北路有非常密切的关系,它起着沟通会宁府与肇州——也可以说是沟通上京路与东北路——的重要作用。从这一点判断,仅有南小城子与望海屯两处遗址定点,是较为合适的。而其他诸处定点,基本上都存在这个问题:若将宜春县置于金肇州西北的今杜尔伯特境内或肇源以西,或松原市北,那么宜春县可能成为飞地,它与会宁府之间中隔肇州——在关于金肇州的诸

---

① 《大金国志》卷 3《纪年·太宗文烈皇帝一》:天会二年正月,"上京府之宜春有狗生角",似宜春之置,远早于大定七年。然则此说从未见于他处,因《国志》多有杜撰,今不取其说。
② 〔日〕松井等:《满洲在辽代的疆域》,《满洲历史地理》第 2 卷,第 165—166 页。
③ 屠寄:《黑龙江舆图》,第 4 页,《辽海丛书》附,辽沈书社,1984 年。
④ 吴文衔、张泰湘、魏国忠:《黑龙江古代简史》,北方文物杂志社,1987 年,第 159 页。
⑤ 王国志:《金宜春故城考辨》,《黑龙江史志》1996 年第 5 期,第 39 页。或见《北方文物》1998 第 3 期,第 41 页。
⑥ 张晖宇、王禹浪:《金代黑龙江地区的行政建制述略》,《哈尔滨师专学报》2000 年第 7 期,第 81 页。
⑦ 《汇篇》,第 163 页。
⑧ 景爱:《金上京的行政建置与历史沿革》,《求是学刊》1986 年第 5 期,第 91 页。
⑨ 《金史》卷 122《乌古论德升传》。

多定点中,几乎每一个都在它的东面①。而望海屯周长2 000米左右的规模,较之周长1 000米的南小城子,更符合宜春县作为畿县以及金后期东北路招讨副使驻地的地位。

永州

始置不知其时,金末未知存废。治今黑龙江宾县境内②。

肇州

辽出河店,辽天庆四年为女真所得③。金天会八年置肇州,为刺史州。天眷元年升为防御州,隶上京路。正隆二年改隶济州路。大定十三年归隶上京路。承安三年(1198),升为武兴军节度。至泰和四年之前,复降为防御。泰和八年为下等防御州。贞祐二年(1214),复升为节镇。约兴定元年废弃。治今吉林前郭尔罗斯蒙古族自治县西北97里八郎镇塔虎城古城址。

按肇州之建置、等第升降,《金志》有大体完整的记载,然有三处语焉不详:其一是该州由会宁府改隶济州之时;其二是由济州归隶会宁府之时;其三是承安三年升节镇后,复废为防御之时。此三处稍需考述。

关于肇州改隶济州之时,《金志》云:"海陵时,尝为济州支郡。"然则究竟在海陵何年,则未具述。按会宁之降格,在海陵时有两次:贞元元年迁都大兴府,会宁降为陪都;正隆二年,则尽毁会宁府之"旧宫殿、诸大族第宅及储庆寺",且"夷其址而耕种之"。相比之下,伴随着会宁府第二次降格的,尚有极为酷烈决绝的手段,直有切断女真文化根源的态势,故相较之下,肇州于正隆二年改隶济州的可能性要大得多。

然《金志》既称肇州"尝为济州支郡",则在海陵后又当恢复原有的隶属关系,即归隶于会宁府。会宁府复由总管府升回京府,在世宗大定十三年,故肇州之归隶会宁,亦当在该年。

至于肇州由节镇又降回防御之时,据施国祁的判断,应"在承安末、泰和初,故仍书防御,不与金、兴、蔡三州同例"④。此言之意是:《金志》断于泰和

---

① 对于松井等的定位,张博泉先生以为,"县治距府治太远,故不从"(《东北历代疆域史》,第195页)。事实上,除《中国历史地图集》的定点之外,其他诸处都存在同样的问题。
② 《东北历代疆域史》(第168页)引《元一统志》,载有永州,又引吴廷燮《东三省沿革表》,系于宾县下。
③ 《辽史》卷27《天祚皇帝纪一》,天庆四年十月壬寅。《金史》卷2《太祖纪》,太祖二年十一月。
④ 《金史详校》卷3上。

末(八年),其政区编排之次序,各政区条下首句所表现的名称、等第,皆为泰和末的状态,故金州于贞祐四年(1216)由化成县升置、蔡州于泰和八年当年由防御升为节度,其层级、等第升迁之事,皆未在正文首句出现——甚至未在正文中出现而置于注中,而早在承安五年由兴化县升州、置节度的兴州,于《金志》中得以专列一条,首句即称"兴州,宁朔军节度",按上述三州所表现的《金志》之时间节点看,肇州条下首句称"肇州,下,防御",则其由节镇降为防御,自然在此时间节点之前。国祁此说,所举金、兴、蔡之例既非得当,而所谓"泰和初",又颇失准确,然其所欲表达的是主旨是,肇州降等在承安三年之后、泰和八年之前,这一点仍是不难为我们所理解的。根据泰和四年所铸"肇州司候司印"①,又可将降防御之下限,断在泰和四年。

贞祐二年,肇州西面的泰州为蒙军所残,故移泰州之东北路招讨司至肇州②。为增重肇州之地位,乃复升肇州为节镇。然而蒙军的攻势也随之而东,不久即围攻肇州。此次解围之后,肇州并未坚持多久,至兴定元年,随着金军在上京路土崩瓦解,肇州亦被弃守。

关于肇州的治所,今之所见,各家定点多达十处:(1)《吉林通志》定于今吉林扶余市的伯都讷古城③。(2)《大清一统志》定点于第二松花江北扶余县境内的珠赫城,即今吉林扶余市西67里五家站镇朱家城子,此说为曹廷杰所袭用④。(3)屠寄以为,在"珠克都噶珊",即今黑龙江肇源县西55里茂兴镇吐什吐⑤。(4)津田左右吉以为在第二松花江南岸、宁江州的南方⑥。(5)金毓黻定于今吉林扶余市得胜陀⑦。(6)景爱曾提出,在今吉林省农安县⑧。

---

① 景爱编:《金代官印集》,第27页上左。
② 《金史》卷122《忠义二·乌古论德升传》。
③ 《吉林通志》卷11《沿革志中》。
④ 《大清一统志》卷68《吉林二》"古迹·肇州故城"条。曹廷杰:《东三省舆地图说》,《得胜陀瘗碑记》。松井等、秦佩珩袭其说,见《满洲在金代的疆域》,《满洲历史地理》第2卷,第172—173页;《金都上京故城遗址沿革考略》,《史学月刊》1980年第2期,第33页。
⑤ 《黑龙江舆图》第4页,《辽海丛书》附。贾敬颜先生认同此说,见《东北古地理古民族丛考》,《文史》第12辑,1981年9月。又见《汇篇》,第163页。王国志也称:"肇州、始兴县故城即肇源县吐什吐古城,已无疑义。"见《金宜春故城考辨》,《北方文物》1998年第3期,第41页。
⑥ 津田左右吉:《达卢古考》,《满鲜历史地理研究》之二,见《津田左右吉全集》第12卷,东京,岩波书店发行,昭和三十九年,第117、150—151页。池内宏于《辽代混同江考》一文中进一步提出,"松花江南岸现在的任家店附近"的小城子,很可能是肇州遗址,因为该城"四围有相当高的土墙"(《辽代混同江考》,载《满鲜史研究》中世第1册,1933年,第209页)。三上次男亦持相同见解(《金代女真研究》,第37页)。
⑦ 《东北通史》上编卷6,台北:乐天出版社翻印1941年三台东北大学石印本,1971年,第428页。
⑧ 《关于金代蒲与路的考察》,《文史》第10辑,中华书局,1980年10月,第98页。

(7)孙秀仁定于前郭尔罗斯旗他虎城(塔虎城)①。(8)张博泉等以肇源县望海屯古城为金肇州②。(9)李健才以黑龙江肇东县八里城为肇州③。(10)王景义、杨中华定于肇源县茂兴渔场老乐营子古城④。

大多数定点,下断语之前鲜有论据。事实上,多数城址或是面积过小,或是距江过远,不合鸭子河去州五里⑤之记载,与《金志》所载会宁府"西到肇州五百五十里"以及泰州"东至肇州三百五十里"之距离⑥亦不相符。相较之下,李健才先生对八里城之定点,论证最为充分,然而,八里城与金会宁府(阿城县)、泰州的距离,仍是无法给出令人信服的解释。再者,李先生以八里城为金、元肇州,然而金、元两代肇州并非同址,此点应可确定,故八里城址面积较大,却只与元肇州的地位相关⑦。

那海洲等提出了考定州址的十二个条件,其中距会宁550里、距泰州350

---

① 《黑龙江肇东八里城为元代肇州故城考》,《北方论丛》1980年第3期,第98页。景爱后亦沿用其说(见《金上京城的水陆交通》,《北方文物》1988年第4期,第63页)。另,张柏忠《金代泰州、肇州考》,《社会科学战线》1987年第4期,第208页)、那海洲、胡龙滨《塔虎城为金肇州旧址考》,《北方文物》1998第2期,第38页)亦持此见。不过,那海洲等认为,金肇州为塔虎城,而始兴县则是肇源县茂兴镇老乐营子古城(上引文第62页),这对于《金志》肇州始兴条下"倚"字注文,显然是个冲击。金代肇州城内虽有司候司之置(景爱《金代官印集》页27上左载有"肇州司候司印"),但倚郭县即便不在城内,若说其离州城有五十里之遥,似尚需有其他证据。

② 《东北历代疆域史》,第195页。又陈士平《望海屯——金肇州》,《北方文物》1998年1期,第54页)、金源《肇州考》,《社会科学战线》1980年第1期,第265页)亦以此为是。

③ 《金元肇州考》,《北方文物》1986年第2期,第97页;《关于金代泰州、肇州地理位置的再探讨》,《北方文物》1996年第1期,第23—28页。又,张晖宇、王禹浪《金代黑龙江地区的行政建制述略》,《哈尔滨师专学报》2000年第7期,第82页)、王宏北《辽金兴与阿骨打建国》,《黑龙江民族丛刊》2003年第4期,第79页)亦赞同此说。且王宏北同时以吐什吐为辽末出河店所在,此新说否定了《金志》肇州"旧出河店也"之记载。

④ 王景义:《略论金代肇州》,《北方文物》1992年第1期,第63—68页。杨中华:《金代肇州考》,《黑龙江民族丛刊》1992年第3期,第85—88页。樊恒发《关于金代肇州地理位置的探讨》,《博物馆研究》2006第2期,第22页)亦以为在"茂兴镇东南12公里的勒勒营子",今称老乐营子。

⑤ 《金史》卷128《循吏·纥石烈德传》。

⑥ 《金史》卷24《地理志上》上京路会宁府、北京路泰州条注。

⑦ 关于肇州与会宁之距离,李文谓《金志》会宁府条所载"五百五十里",应为"二百五十里"之误。然而与《金志》泰州条"东至肇州三百五十里"参看,则知《金志》所载大致得当——金里较今里小,加之《金志》所载应是交通线之长度,而非直线距离,故肇州至会宁、泰州之距离转化为今之里距,应较《金志》所载为小,然若对《金志》所载肇州—会宁、肇州—泰州之距离作相同比例之缩减,确乎符合今之他虎城与阿城区白城(金会宁)、白城市城四家子(金泰州)之距离。若将会宁府条所载里距改"五"为"二",则泰州条"三百五十里"不知如何修正?除非全盘推翻《金志》不同处所载里距,否则,肇州距泰州较近而较会宁较远,无可怀疑。由此来看,八里城之地,不符合金肇州的位置。关于金、元肇州的关系,据《元史》卷169《刘哈剌八都鲁传》载:至元二十九年(1292),世祖谓哈剌八都鲁:"自此而北,而颜故地曰阿八剌忽者,产鱼,吾今立城,以兀速、憨哈纳思、乞里吉思三部人居之,名其城曰肇州。汝往为宣慰使。"知元肇州城乃元代新立,其名与金肇州同,正如元之开元路与金末蒲鲜万奴之开元相同,只因在金同名政区范围之内,非必治所同址也。

里、城址应在周长 3 000 米以上、距河 5 里等四个关键的条件,只有今塔虎城城址(周长超过 5 000 米),方能大体符合①。故定金肇州于今塔虎城遗址。

天会八年,辖县一:始兴县。天德二年,降长春州为长春县,隶之,肇州辖县二。承安三年,以长春县复置泰州②。泰和八年,肇州辖县一:始兴县。

始兴县

天会八年与州同置,倚郭。

《大金国志》载:"天辅三年春正月,肇州之始兴、隆州之利涉地震,陷死数千人。"③此说不仅与《金志》肇州置于天会八年、始兴"与州同时置"不符,且天辅三年既无"隆州"(辽黄龙府于金天眷三年改为济州,大定二十九年方改为隆州),更无利涉县(见下文隆州条),故《国志》此文,绝不可信。

(废)宁江州

辽宁江州,观察,金军于辽天庆四年(1114)克之。仍旧。天德二年废。治今吉林松原市北 33 里伯都乡伯都村古城。

辽天庆四年阿骨打起兵,首克宁江州④。是后,宁江州之建置存在了颇长一段时间。天会二年四月乙亥,"诏赎上京路新迁宁江州户口卖身者六百余人"。同年十月"甲子,诏发宁江州粟,赈泰州民被秋潦者"⑤。则天会二年不仅此州尚存,并有徙民至此之事,且有余粟可接济他州,其规模更胜于辽末。关于宁江州之最后记载,见于洪皓所载:"宁江州者,去冷山百七十里。"⑥则洪皓于金皇统三年(1143)归宋之时,宁江州应仍存焉。其废也,或与长春州同时,在天德二年。然据《大金国志》所载,至贞元二年,仍有"宁江州献瑞桃"之

---

① 《塔虎城为金肇州旧址考》,《北方文物》1998 年第 2 期,第 38、39 页。不过,那海洲等以《金志》所载距肇州三百五十里之泰州,为"金旧泰州",即治于今黑龙江泰来县塔子城的辽泰州,却可质疑。肇州东、西两面距会宁、泰州之距离都比以今里相衡之直线距离要远,此不难理解,故纯以今日之 350 里来确定此泰州何在,似非妥当。事实上,若定此泰州为旧泰州,那么《金志》同条所载泰州"南至懿州八百里",又当调整。事实上,此处泰州应是新泰州(城四家子)。不仅《金志》将泰州与各处里距注于承安三年复置泰州(即新泰州)之后,且以今里衡量,金旧泰州距懿州(辽宁省阜新市平安地土城子)超过 900 里。两地间的直距以今里计,反较交通线以金里计为远,必无是理。
② 《金史》卷 24《地理志上》"北京路·泰州"及倚郭"长春县"条注文。
③ 《大金国志》卷 1《纪年·太祖武元皇帝上》。
④ 《金史》卷 2《太祖纪》:"(甲午年)进军宁江。……十月朔,克其城(按指宁江州),获防御使大药师奴。"
⑤ 《金史》卷 3《太宗纪》。
⑥ 《松漠纪闻》卷 1。

事①。关于《国志》此条记载,刘浦江先生直指其无中生有②。此说是也。

天德二年之前,其辖县应同于辽末,有混同一县。

混同县

辽混同县。金仍旧,倚郭。

第二节 隆州路州县沿革

天辅二年(1118)置黄龙府路。辖府、州二:黄龙府、信州。天眷三年(1140)改黄龙府为济州,黄龙府路改称济州路。天德三年(1150)改置节度使。正隆二年(1157),肇州由上京路来隶,大定十三年(1173)还隶上京路。二十九年,改济州为隆州,济州路改称隆州路。贞祐二年(1214),升隆州为隆安府,隆州路改称隆安路。又曾置会州,然不知其在金末存否。

泰和八年(1208)统州二(节度州、刺史州各一):隆州、信州(另参见前图16)。

隆州

辽黄龙府。天庆五年(1117)为金军攻下③。袭辽制仍为黄龙府。天眷三年改为济州利涉军节度。大定二十九年,改隆州。泰和八年为下等节度州。贞祐二年,升为隆安府。兴定元年(1217)弃④。治今吉林省农安县。

据《金史·太祖纪》所载,黄龙府改济州,在天眷二年⑤,较《金志》所载早一年。因《金史》之《纪》、《传》在政区沿革方面可信度较低,故而,在缺乏其他资料参校之情况下,仍从《金志》之说。

此外,由于至宁元年改年号"贞祐",在九月,故所谓"贞祐初"者,很可能在贞祐二年。尤其在政区的升、改方面,贞祐元年仅剩的四个多月,并无什么举动(仅见唐州湖阳县被废),而贞祐二年则有十余处变动。此处之"贞祐初",亦当视作贞祐二年。

按金初之黄龙府于天眷、大定、贞祐三次改名或升等,皆《金志》所载。然《金史》诸《纪》、《志》、《传》,颇有与此相出入的记载。若《金志》所载为

---

① 《大金国志》卷13《纪年·海陵炀王上》,贞元二年六月。
② 《辽金史论》,第344页。
③ 《辽史》卷28《天祚皇帝纪二》,天庆五年九月丁卯朔。《金史》卷2《太祖纪》收国元年九月。
④ 弃隆安府事,见《金史》卷104《蒲察移剌都传》。
⑤ 《金史》卷2《太祖纪》,收国元年八月戊戌。

实,则黄龙府应于天眷三年后已不存,然迟至海陵朝初,仍有"黄龙府路万户令史"之职①。济州应在天眷三年至大定二十九年间存在,然早在金建国之前的盈哥时期,即出现济州②。隆州应出现于大定二十九年至贞祐二年,然在大定十三年置女直府、州学时,已有隆州③。温敦蒲刺、夹谷谢奴、温迪罕蒲里特、颜盏门都、乌延查剌、蒲察通,皆海陵以前人,然各人传中皆载为"隆州"某地人④。隆安府当见于宣宗贞祐以后,然则《金史》所载的隆安府,大多倒是见于章宗以前⑤。如此多的例外,令人不禁怀疑《金志》所载隆州沿革的准确性。然而在《金志》以外的其他部分,《金史》却常在同一时期出现改名、升等前后的不同政区名,如"济州"与"黄龙府"即同存于辽末金初。一方面将隆州的存在推至大定二十九年之前甚至金初,另一方面,在同一时期却有大量"济州"的出现⑥,以印证《金志》所载。济州与隆州、隆州与隆安府在同一时期的交替出现,也不乏其例。即是说,《金志》以外的其他各部分,在地名的记录上是互相矛盾的,甚至在同条中或对同一事件的前后记载中互舛⑦。由此可知,被后世史家称为精洁老到的《金史》,在《地理志》以外的其他部分,处理地名时极乏时间观念,在体例上甚有缺失。而我们在以《纪》、《传》校《地理志》之时,需要十二分的谨慎——至少在关于隆州的沿革上应持如此态度。

金初统支郡一:信州。辖县一:黄龙县。天眷三年改黄龙县为利涉县。泰和八年,仍统支郡一:信州。辖县一:利涉县。

利涉县

金初袭辽县名,仍称黄龙县。天眷三年改名利涉县。倚郭。

---

① 《金史》卷91《孛术阿鲁罕传》。
② 《金史》卷68《欢都传》。
③ 《金史》卷51《选举志一》"女直学"条。
④ 《金史》卷67《乌春传附孙温敦蒲刺》,卷81《夹谷谢奴传》、《温迪罕蒲里特传》,卷82《颜盏门都传》,卷86《乌延查剌传》,卷95《蒲察通传》。
⑤ 《金史》卷55《百官志一》"宣抚司"条、卷95《尼庞古鉴传》、卷101《孛术鲁德裕传》、卷104《蒲察思忠传》、卷120《徒单绎传》。
⑥ 如《金史》卷4《熙宗纪》皇统五年二月乙未,"次济州春水";卷72《谋衍传》、卷82《仆散浑坦传》所载"济州",亦出现于皇统中。海陵天德中有之(卷72《仲传》),正隆中亦有之(卷82《移剌温传》),世宗大定前期更是频频出现(见卷6《世宗纪上》大定二年正月甲午、七月壬戌、三年六月丙子,卷71《吾扎忽传》、卷87《仆散忠义传》等处)。
⑦ 如卷91《孛术阿鲁罕传》:"隆州邑离葛山人。年八岁,选习契丹字,再选习女直字。既壮,为黄龙府路万户令史。"卷95《尼庞古鉴传》:"隆州人也。识女直小字及汉字,登大定十三年进士第,调隆安教授。"又,卷72《活女传》载:"(活女之父)娄室薨,(活女)袭合扎猛安,代为黄龙府路万户。"然在同卷《谋衍传》中则称:"皇统四年,其兄活女袭济州路万户,以亲管奥吉猛安让谋衍。朝廷从之。权济州路万户。"

按辽之黄龙府,仍为金所袭,故县亦应如此。《金志》所谓"与州同时置"者,应视作"与州同时改名"。此由当年改济州时置"利涉军"节度,军额与县名相同可证。

信州

辽信州,辽天庆五年金军攻克之①。袭辽制,仍为信州,然降节度为刺史,隶于黄龙府。泰和八年为下等刺史州。兴定元年弃②。治今吉林公主岭市西北73里秦家屯镇古城。

金初至泰和八年,辖县一:武昌县。

武昌县

辽武昌县,金仍旧,倚郭。

会州

始置不知其时,承安四年(1199)尚存。治今吉林农安县境③。

第三节　胡里改路州县沿革

金初置胡里改路万户,统州不详。天德三年(1150)改置节度使。曾置哈州,金末存废不知。

哈州

始置不知其时,金末不知存废。治今俄罗斯滨海边疆区达耶尔镇略北④。

第四节　蒲裕路州县沿革

金初置蒲裕路万户,统州不详。天德三年(1150)改置节度使。曾置昌州,

---

① 《金史》卷72《活女传》:"其攻济州,败敌八千。与敌遇于信州,移剌本陷于阵,活女力战出之,敌遂北。"按济州者,辽黄龙府也。则女真攻克信州,在据有黄龙府稍后。
② 金弃信州之时,史未载及,应与隆府同时,在兴定元年。
③ 1957年于农安县出土"会州劝农之印",背刻"承安四年九月","礼部造"(《金代官印集》,第38页上),则是金中期固有之州,且会州之地,应在黄龙府附近。
④ 《东北历代疆域史》引《元一统志》,载有哈州,且谓治于今阿纽依河入黑龙江口附近(第168页);又称:"在黑龙江下游敦敦河口(今苏联阿纽依河)附近哈儿分地方,金朝设有哈州。"(第200页)阿纽依河入黑龙江口之哈儿分地方,即今哈巴罗夫斯克至共青城之间黑龙江段东南岸达耶尔镇地。

金末存废不知(另参见前图16)。

昌州

始置不知其时,金末未知存废。治今黑龙江汤原县境内①。

第五节 咸平路州县沿革

天庆五年(1115),金置咸州路,统咸州。六年,克东京辽阳府及衍、岩、海、铜、耀、嫔、沈、广、集、贵德、辰、卢、宁、复、苏十五州,属咸州路。天辅元年(1117),克显、乾、懿、豪、徽、成、川州,来属,旋弃去。同年克惠、武安州,来属。二年,克韩、辽、祺、兴、双、银、肃、荣、安州,来属,并克通、乌、遂州而废之。天辅六年,改为南路,置都统司。同年惠、武安州划属中京路。天会七年(1129),宁州划出,为曷苏馆路治所,辰、卢、复、苏亦划归曷苏馆路。十年,废南路,辖境划属东南路(治东京辽阳府)。天德二年(1150),复由东京路分出咸平路,治咸平府,辖咸平府、韩州。贞祐二年(1214)升玉山县为玉山州,隶咸平路。

泰和八年(1208)统府一、刺史州一:咸平府、韩州(另参见图17)。

咸平府

辽咸州,安东军节度。辽天庆四年为女真攻克②,仍旧。天德二年,升为咸平府。泰和八年为下等总管府。贞祐三年失于耶律留哥。治今辽宁开原市东北17里老城街道。

贞祐二年耶律留哥战胜金宣抚使蒲鲜万奴后,即占领咸平,以为"中都"。此后一年,咸平在留哥与万奴之间转手,然自万奴叛金,咸平即最终陷失。

金初统支郡四:肃、荣、安、韩州。辖县一:咸平县。皇统三年(1143),废同州为东平县、银州为新兴县、肃州为清安县、荣州为荣安县、安州为归仁县,来属,咸平府统支郡一,辖县六。大定六年(1166),庆云县自懿州来属。大定七年,改咸平县名为平郭。大定二十九年,改东平县名为铜山,承安三年(1198),置玉山县。泰和八年(1208),统支郡一:韩州。辖县八:平郭、铜山、

---

① 《东北历代疆域史》引《元一统志》,载有昌州,且引吴廷燮《东三省沿革表》,系于汤旺县下(第168页),即今汤原县境内,此与金屯河猛安驻地相近也。
② 《辽史》卷27《天祚皇帝纪一》,天庆四年十二月;《金史》卷2《太祖纪》,太祖二年十一月。

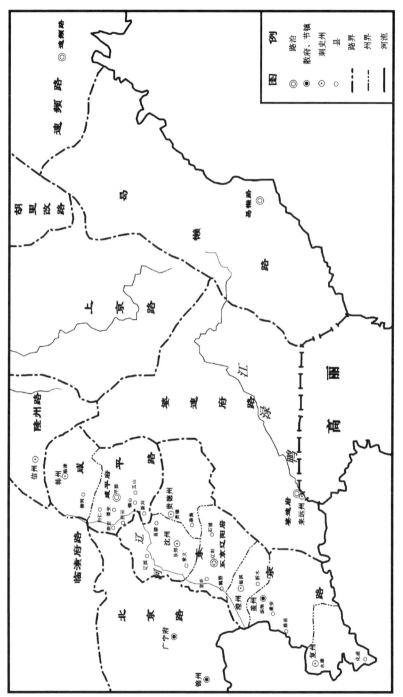

图 17 泰和八年(1208)东京路、咸平路、曷懒路、婆速路政区

新兴、庆云、清安、荣安、归仁、玉山县。贞祐二年,升玉山县为州。

据《金志》载,新兴、清安二县于熙宗皇统三年降州为县,然于铜山、庆云二县,仅各提及该县为辽代某州,却未载废州为县之时。至于荣安县,于其由来甚至不置一词。检《金志》,皇统三年,金廷曾对辽东之政区作了大幅度调整,废二十余州为县,其中包括新兴、清安二县的前身银州、肃州。废同、祺、荣三州为县,亦当在此时。而关于归仁,《金志》只说该县"辽旧隶通州安远军",然辽已升归仁为安州,则只字未提,由此更隐藏了金代降安州为县的事实①。章宗时王寂行部辽东,曾载:"铜山,辽之铜(同)州也,本朝改为东平县焉";"荣安县,昔在辽为荣州";"归仁在辽时为安州,本朝改降为县"。关于庆云县,则更明确提到:"县本辽之祺州,皇统间始更今名。"②知同、银等六州,在废州为县之时间、废州后之归属,实是相当一致。

又,《元史·地理志》载,金咸平府有安东县③。此县不见于他处,俟考。

1. 平郭县

辽及金前期咸平县,大定七年改为平郭县,倚郭。

2. 铜山县

辽、金初同州及倚郭东平县,皇统三年废州,县来属咸州。大定二十九年,改县名为铜山县。治今辽宁开原市南24里中固镇。

3. 新兴县

辽、金初银州及倚郭延津县,皇统三年废州,改县名为新兴县,来属咸州。治今辽宁铁岭市。

4. 庆云县

辽、金初祺州及倚郭庆云县,皇统三年废州,县属懿州。大定六年,改属咸州。治今辽宁康平县东南42里郝官屯镇瓦房村小塔子屯遗址。

5. 清安县

辽、金初肃州及倚郭清安县,皇统三年废州,县来属咸州。治今辽宁昌图县西25里老城镇。

6. 荣安县

辽、金初荣州及倚郭荣安县,皇统三年废州,县来属咸州。治今辽宁康平县东南36里郝官屯镇齐家屯附近。

---

① 按《金史》卷75《孔敬宗传》:"天辅二年,诏敬宗与刘宏率懿州民徙内地,授世袭明安,知安州事。"又卷128《循吏·王政传》,王政于天会六年为安州刺史。知辽末至金初天会间,实有安州。
② 王寂:《辽东行部志》,见《五代宋金元人边疆行记十三种疏证稿》,第285页。
③ 《元史》卷59《地理志二》"辽阳等处行中书省·山北辽东道肃政廉访司·咸平府"条。

7. 归仁县

辽、金初安州及倚郭归仁县,皇统三年废州,县来属咸州。治今辽宁昌图县西北41里四面城镇四面城古城址。

8. 玉山县

承安三年置,隶咸平府。贞祐二年以县置玉山州,玉山县为倚郭。治今辽宁开原市东①。

韩州

辽韩州,刺史。金天辅二年得之,仍旧,为咸州支郡。泰和八年为下等刺史州。贞祐三年失于耶律留哥。金初,先治柳河县,即今辽宁昌图县西北93里八面城镇城址,皇统四年至正隆五年(1160)间,州治迁至辽之九百奚营(金临津县)②,即今吉林梨树县北十六里偏脸城③。

崇庆元年(1212),留哥即活动于隆安府与韩州之间。至贞祐二年,留哥据咸平府,称中都,与咸平近在咫尺的韩州,恐不得独完。至三年,蒲鲜万奴叛,韩州更不得为金所有。

金初辖县一:柳河县。皇统四年至正隆五年间置临津县,州徙治于临津。泰和八年辖县二:临津、柳河县。

1. 临津县

辽及金初其地称"九百奚营",皇统四年至正隆五年间置县,且为倚郭。治今吉林梨树县北16里偏脸城。

2. 柳河县

金初袭辽旧制,以柳河县为韩州倚郭,皇统四年至正隆五年间置临津县,州徙治临津。治今辽宁昌图县西北93里八面城镇西南古城址。

(废)银州

辽银州,刺史。金初天辅二年得之,仍旧,为双州之支郡。皇统三年废州为新兴县,隶咸州。治今辽宁铁岭市。

按辽末银州周边有同、双、兴等节度州,不过金初其与双州的关系显然更为密切。据载,天辅二年王伯龙降金,得为"知银州、兼知双州"④。显是双州

---

① 《东北历代疆域史》,第200页。
② 迁治时间,见张博泉注释:《辽东行部志注释》,黑龙江人民出版社,1984年,第60页。
③ 段一平:《韩州四治三迁考》,《社会科学战线》1980年第2期,第189页。
④ 《金史》卷81《王伯龙传》。

节度使不在镇之时,由支郡银州长官代管双州之事。故知银州于金初应隶于双州。

皇统三年前,辖县一:延津县。

(废)祺州

辽祺州,刺史。金天辅二年取之①,仍旧,且因辽制为辽州支郡。皇统三年废州为庆云县,隶懿州。大定六年,改属咸州。治今辽宁康平县东南42里郝官屯镇瓦房村小塔子屯遗址。

皇统三年前,辖县一:庆云县。

(废)肃州

辽肃州,刺史。金天辅二年得之②,仍旧,为咸州支郡。皇统三年废州为清安县,隶咸州。治今辽宁昌图县西25里昌图老城镇。

皇统三年前,辖县一:清安县。

(废)荣州

辽荣州,刺史。金天辅二年得之,仍旧。皇统三年废州为荣安县,隶咸州。治今辽宁康平县东南36里郝官屯镇齐家屯附近。

皇统三年前,辖县一:荣安县。

(废)安州

辽安州,刺史。金天辅二年得之,仍旧,为咸州支郡。皇统三年废州为归仁县,隶咸州。治今辽宁昌图县西北41里四面城镇四面城古城址。

皇统三年前,辖县一:归仁县。

(废)同州

辽同州,镇东军。金天辅二年得之,仍旧③。皇统三年废州为东平县,隶

---

① 《辽史》卷28《天祚皇帝纪二》:天庆八年正月庚寅,"保安军节度使张崇以双州二百户降金"(《金史》卷133《叛臣·耶律余睹传》所载同);六月,"通、祺、双、辽四州之民八百余户降于金",是双州先降,半年后附近之民纷纷归金,这应是女真以咸州为据点四出用兵的结果,而通、祺、辽等州亦应于同年降金。则祺州降金应差相同时。
② 按女真早在辽天庆四年(1114)先据有咸州,迟至天辅二年,周边双、银、通、祺、辽等州降于金,位于咸州与双、银等州之间的肃、荣、安、同、兴、韩州,亦应是同年所得。
③ 天会十五年,完颜勖曾为"镇东军节度使",见《金史》卷66《完颜勖传》。

咸州。治今辽宁省开原市南 24 里中固镇。

皇统三年前,辖县一:东平县。

(后置)玉山州

承安三年置玉山县,属咸平府。贞祐二年升为玉山州,为镇安军节度,旋与咸平府同失。治今辽宁开原市东。

县升州,仅见《金志》云:"(玉山县)贞祐二年四月升为节镇,军曰镇安。"州名为何,未尝提及。顾祖禹以为,应是"玉山州顺安军"①。《金志》既略去州名不提,很可能是以原县名为州名。然军额应是"镇安",未见有载为"顺安军"者。县甫升州,耶律留哥起事,玉山州应与咸平一同陷失,故未见他处载及。

贞祐二年,辖县一:玉山县。

第六节 东京路州县沿革

天会十年(1132)置东南路,治东京辽阳府,统东京辽阳府及衍、岩、海、铜、耀、嫔、沈、广、集、贵德、韩、辽、祺、兴、霪、银、咸、肃、荣、安、同(二十一)州。十四年,改为东京路,置都部署司。皇统三年(1143),废衍、岩、铜、耀、嫔、广、集、辽、祺、兴、霪、银、肃、荣、安、同十六州,海州改隶曷苏馆路。天德二年(1150),咸州升为咸平府,并与韩州划出,置咸平府路。明昌四年(1193)废曷苏馆路,澄、辰、复三州入东京路。六年,辰州改名盖州。贞祐四年(1216),置金州。

泰和八年(1208),东京路统府一、州五(其中节度州一、刺史州四):辽阳府、澄州、沈州、贵德州、盖州、复州(另参见前图17)。

又,天庆六年(1116)女真置曷苏馆路于辽阳府鹤野县长宜镇。天会七年迁治宁州(州废),辖州四:辰州、卢州、复州、苏州。皇统三年废卢州、苏州,海州来隶。天德三年,海州改名澄州。曷苏馆路辖州三:澄州、辰州、复州。明昌四年,废曷苏馆路,其地入东京路。

东京辽阳府

辽东京辽阳府,天庆六年女真军夺自高永昌②,仍为东京辽阳府,置留守

---

① 《纪要》卷37《山东八》"辽东·归仁城"条。
② 《辽史》卷28《天祚皇帝纪二》,天庆六年五月。《金史》卷2《太祖纪》,收国二年五月;卷65《斡鲁传》。

司。泰和八年为中等京府。兴定三年(1219)前后为耶律留哥所据。治今辽宁辽阳市。

顾祖禹以为，金初改辽阳府为南京①。然此说未见有明据。金初唯在天辅七年(1123)升平州为南京②，显然辽阳不可能同时也是"南京"。或是《金志》所谓天会十年"改南京路平州军帅司为东南路都统司之时，尝治于此(辽阳府)"之说③，令祖禹有此理解。但前文已提及，此是《金志》误载，辽阳府实与"南京"、"南京路"全不相干。

金初统支郡二：衍、岩州。辖县二：辽阳、鹤野县。皇统三年，废衍州为宜丰县、岩州为石城县，入本府。明昌四年，沈、贵德、澄州来属。泰和八年辽阳府统支郡三：澄、沈、贵德州。辖县四：辽阳、鹤野、宜丰、石城县。

又，兴定三年以石城县灵岩寺置岩州，石城应改属岩州。然同年辽阳府应已入耶律留哥之手，故府辖四县(包括石城)之状态，也可视作金辽阳府辖县之最后状态。

1. 辽阳县

辽辽阳县，金因之。倚郭。

2. 鹤野县

辽鹤野县，金因之。治今辽宁鞍山市西南郊东鞍山街道鞍山城村。

3. 宜丰县

辽、金初衍州及倚郭宜丰县。皇统三年废州，县来属辽阳。治今辽宁辽阳县西南60里唐马寨镇古城。

4. 石城县

辽、金初岩州及倚郭石城县。皇统三年废州，县来属辽阳。治今辽宁灯塔市东26里铧子镇燕州城。

施国祁谓："'石城'。此下当加注'辽开州开远县，某年更名'。案，注不载始置，似仍辽旧。"④"仍辽旧"很有可能，然则辽之开州，作为连接东京道中心辽阳府与辽丽沿边重镇来远城的枢纽，距离辽阳二百余里，恐不应废入辽阳府。《中国历史地图集》编辑组以为是辽代辽阳府附近之岩州，这一判断是可信的。

按辽岩州辖有倚郭白岩县，而金废岩州置石城县，不知县之改名在何时。

---

① 《纪要》卷7《历代州域形势七》"金"条。
② 《金史》卷2《太祖纪》，天辅七年二月。
③ 《金史》卷24《地理志上》"东京路·东京辽阳府"条。
④ 《金史详校》卷3上。

或在金初岩州由沈州转隶辽阳府之同时,亦改其县名。

澄州

辽海州南海军节度,天庆六年为女真军所攻占,仍其旧。皇统三年降为刺史①,隶曷苏馆路。天德三年,改名澄州。明昌四年改为辽阳府支郡。泰和八年为下等刺史州。贞祐三年为耶律留哥所得,约兴定元年,复为金军所得②。正大三年(1226)陷于蒙古。治今辽宁海城市。

《金志》沈州条载:"明昌四年……(沈州)与通、贵德、澄三州皆隶东京。"海州于金初降为刺史,自不俟明昌四年始为支郡。那么,《金志》提到澄州隶东京之事,必是指改隶也。该年之前,澄州位于辽阳府与曷苏馆路之间,当是曷苏馆路所辖,至该年废曷苏馆路,始来隶于辽阳府。

金初统支郡三:铜、耀、嫔州。辖县一:临溟县。皇统三年,废铜州为析木县,废嫔州为镇,属海州,省耀州为镇,入辰州汤池县。泰和八年,海州辖县二:临溟、析木县。

1. 临溟县

辽临溟县,金因之。倚郭。

2. 析木县

辽、金初铜州及倚郭析木县。皇统三年废州,县来属海州。治今辽宁海城市东南44里析木镇析木城。

沈州

辽沈州昭德军节度,天庆六年女真得之,仍其旧。明昌四年,降为刺史,为辽阳府支郡。泰和八年为中等刺史州。约贞祐三年,蒲鲜万奴叛,沈州遂不再为金所有。治今辽宁沈阳市。

金初统支郡三:贵德、集、广州。辖县一,乐郊县。皇统三年,废广州为

---

① 《金史·地理志》未载海州(澄州)降节度为刺史事。按《金史》卷125《文艺上·蔡松年传附子珪传》:蔡珪于海陵贞元、正隆间,"除澄州军事判官"。知海州(澄州)降为刺史,事在正隆以前。可能与天德三年改州名同时。但更有可能的,是在皇统三年。
② 《元史》卷149《耶律留哥传》:"乙亥,留哥破东京",澄州亦为所得。次年,留哥部下"乞奴、金山、青狗、统古与等推耶厮不僭帝号于澄州,国号辽"。然"方阅月,其元帅青狗叛归于金",不久,"留哥引蒙古军数千适至,得兄独剌并妻姚里氏,户二千。鸦儿引败军东走",留哥应在此时复夺东京、澄州等,此应即《元史》卷119《木华黎传》所载金贞祐四年"拔苏、复、海三州",及卷147《史天祥传》所称"拔盖、金、苏、复等州"之事(海州为金前期之州名,金末应称澄州,苏州亦已废,金末于其地复置金州)。然俟留哥东向平叛,退据辽东半岛南端的金军复出而据澄州矣。

章义县,入本州;废辽州为辽滨县,兴州为邑楼县,双州为双城县,来属;集州废为奉集县入贵德州。明昌四年降刺史,支郡贵德州与沈州同隶辽阳府。章宗时又废双城县。泰和八年,沈州辖县四:乐郊、章义、辽滨、邑楼县。

1. 乐郊县

辽乐郊县,金因之。倚郭。

2. 章义县

辽、金初广州及倚郭昌义县。皇统三年废州,县来属。改昌义为章义,或在废广州、县改属沈州时。治今辽宁沈阳市西南67里彰驿站镇[①]。

3. 辽滨县

辽、金初辽州始平军节度及倚郭辽滨县。皇统三年废州,县来属。治今辽宁新民市东北51里公主屯镇辽滨塔古城。

4. 邑楼县

辽、金初兴州中兴军节度及倚郭常安县。皇统三年废州,改常安县为邑楼县,来属。治今辽宁铁岭县西南53里新台子镇懿路村城址。

《金志》未载废兴州之时,参同属沈州之章义、辽滨、双城等县,兴州亦应在皇统三年降县来属。

(废)双城县

辽、金初霍州保安军节度及倚郭霍城县,金初因之。皇统三年废州,县来属。治今辽宁沈阳市北70里沈北新区石佛寺街道石佛寺村畔古城址。章宗朝废县。

贵德州

辽贵德州,宁远军节度。天庆六年女真得之,降为刺史,为沈州支郡。明昌四年,改为辽阳府支郡。泰和八年为下等刺史州。约贞祐三年,蒲鲜万奴叛,金失贵德州。治今辽宁抚顺市区高尔山。

据《金志》沈州条:"(沈州)辽太宗时(置)军曰兴辽,后为昭德军,置节度。明昌四年改为刺史,与通、贵德、澄三州皆隶东京。"知贵德州先为沈州支郡,后于明昌四年因沈州降刺史郡而转隶辽阳府,并非于该年始为他州支郡[②]。

[①] 《汇篇》第175页称,金之章义县,虽由辽广州而降,然金曾重筑城于辽广州附近,徙州于新城,故两代广州之址不同。

[②] 《金史》卷91《温迪罕移室懑传》载:移室懑"除贵德州刺史",事在正隆四年前,则贵德州降为刺史,远在明昌四年之前,此可与《地理志》"东京路·贵德州"条"国初"降等之说互证。

金初辖县一：贵德县。皇统三年，集州降为奉集县来属。泰和八年，辖县二：贵德、奉集县。

1. 贵德县

辽贵德县，金因之。倚郭。

2. 奉集县

辽、金初集州及倚郭奉集县。金初为沈州支郡。皇统三年废州，县来属。治今辽宁沈阳市东南55里苏家屯区陈相街道奉集堡。

（废）衍州

辽衍州，刺史。天庆六年为女真军所得①，仍旧，为辽阳府支郡。皇统三年废州为宜丰县，隶辽阳府。治今辽宁辽阳县西南60里唐马寨镇古城。

按衍州为辽阳府支郡，虽未见史籍有直接记载。然而从衍州于皇统三年省为县，入辽阳府来看，又从其位置近于辽阳，而周边并无其他节度州来看，皆可知该州在金初应为辽阳之支郡。

皇统三年前，辖县一：宜丰县。

（废）岩州

辽岩州，刺史。天庆六年女真得之，仍旧，但由沈州改隶辽阳府。皇统三年废州为石城县，隶辽阳府。治今辽宁灯塔市东26里铧子镇燕州城。

岩州在辽虽为沈州之支郡，但其皇统三年废县后入辽阳府，则该年之前，或应已为辽阳之支郡。

皇统三年前，辖县一：石城县。

（废）铜州

辽铜州，天庆六年女真得之，仍为铜州，且为海州支郡。皇统三年废州为析木县，隶海州。治今辽宁海城市东南44里析木镇析木城。

皇统三年前，辖县一：析木县。

---

① 《金史》卷28《太祖纪》：收国二年五月，"斡鲁等败永昌，挞不野擒永昌以献，戮之于军。东京州县及南路系辽女直皆降"。《辽史》卷28《天祚皇帝纪二》：天庆六年五月，"女直军攻下沈州，复陷东京，擒高永昌"。则东京附近衍、岩、海、铜、耀、嫔、辰、卢州，沈州附近的广、集、贵德州，以及"系辽女直"所在的辽东半岛宁、苏、复州，皆应降于是年，即辽东京道中部、南部地至天庆六年入金。其西面近中京道诸州，及北面咸州外围诸州则稍晚。

（废）耀州

辽耀州,天庆六年女真得之,仍为耀州,亦袭辽制,为海州支郡。皇统三年废州为神乡镇,隶辰州汤池县。治今辽宁大石桥市金桥街道岳州村。

据王寂记载:"汤池县,本辽时铁州……隶耀州,今神乡镇也。"①据其文意,汤池县曾隶于耀州,应非金代而是辽代之事。然辽时耀州为海州支郡,本身不应再辖有支郡,寂误述前代事耳。《金志》盖州汤池县条:"镇一（原注：神乡）。"则金代耀州废为镇之后,入汤池县。其废州之时,应是皇统三年辽东诸州大规模省并之时。

皇统三年前,辖县一：岩渊县。

（废）嫔州

辽嫔州,刺史。天庆六年女真得之,仍旧,并袭辽制为海州支郡。皇统三年废州为新昌镇,隶海州临溟县。

嫔州,金初马扩使北,尚有嫔州之记载②。知由辽入金而此州得以保留。《元一统志》谓："南海府,金改海州,又改澄州,又废嫔州为新昌镇入焉。"③《金志》澄州临溟县下亦载有新昌镇。

治今辽宁海城市东北30里甘泉镇向阳寨。

不辖县。

（废）广州

辽广州,天庆六年女真得之,仍为广州,刺史,为沈州之支郡。皇统三年废州为章义县,隶沈州。治今辽宁沈阳市西南67里彰驿站镇。

入金后,距广州较近之节镇（或府）即沈州,后废为县,又入沈州,知皇统三年前,广州已是沈州支郡。

皇统三年前,辖县一：昌义县。

（废）集州

辽集州,天庆六年女真得之,仍为集州,刺史,为沈州之支郡。皇统三年废

---

① （金）王寂：《鸭江行部志》,见贾敬颜《五代宋金元人边疆行记十三种疏证稿》,第184页。
② 《会编》卷4《政宣上帙四》,宣和二年(1120,即金天辅四年)十一月二十九日条引马扩《茆斋自叙》云："自过嫔、辰州、东京以北,绝少羊、面,每晨及夕,各以射到禽兽荐饭。"
③ 《元一统志》卷2《辽阳等路行中书省》"辽阳路·古迹"条。

节镇甚至都统司驻地,不仅数量较之辽末更多,军事中心不明确,而且在隶属关系上,也难以安排——金代女真内地以节度使为长的路,虽属高层区划,却未见下辖节镇者。金廷遂将曷苏馆路新址周围的节度州降等属之,使曷苏馆路为半岛唯一的军事中心。距曷苏馆路新址不远的辰州,便因此降为刺史,与原先下辖的卢州,一同成为曷苏馆路之属州。而在半岛南部,节度复州、苏州亦降为刺史,隶于曷苏馆路。此次调整,使半岛政区格局顿显明朗,即以曷苏馆路为中心,南有复州、苏州,北有辰州、卢州,同为该路所辖。至皇统三年,南面之苏州废为县,入复州,而其北,降海州节度为刺史,来隶曷苏馆路。

宁州建置既更为曷苏馆路,则其下不再辖县。这不仅是与曷苏馆建置相同的蒲裕、速频、胡里改等路的通例,并且原先宁州的属县(按辽代宁州以新安县为倚郭)亦不知踪影,不见于《金志》之载。那么我们便可以肯定,皇统三年废卢州而得的熊岳县,并非归曷苏馆路辖下,而是入辰州境。

或许是金中期熟女真与州县汉人已无明显区别,更重要的是,山东既在金境内,辽东海道的防控便非攸关之事,金廷遂有明昌四年罢曷苏馆路之举,其地并入复州。然而曷苏馆一旦罢废,辽东半岛至辽阳府之间,便无军事重镇,即使对于军事地位一般的地区而言,这种军事控制的过分薄弱,仍然是不合时宜的。若使辰、复等州隶于辽阳府,由于同年贵德、沈州已拨隶辽阳,则辽阳府一镇,辖境之南北纵深逾千里,这当然也不是一种合理的政区空间构造。辰州之升节镇,正是为了填补曷苏馆路废罢以后留下的管理真空。大安(1209—1211)以后诸方势力在东北混战,而辽东半岛得以坚守十七年,甚至在东京陷落后,仍维持了七年,且其间盖州守将的活动频繁。金末兴定元年,温迪罕达建策坚守辽东,提请宣宗遣子"濮王守纯行省盖州,驻兵合思罕"[1],此亦是在辰州(盖州)建立新的半岛军事中心的意义的体现。

辰州重升为节镇之后,不仅接替了曷苏馆路在辽东半岛的军事中心作用,而且还部分继承了曷苏馆路的行政层级——之所以说是"部分继承",是因盖州(辰州)并未像曷苏馆路一般,自成一路。不过,在某些场合,盖州处理本镇事务有相当大的独立性。《金史·百官志》载各留守司、总管府建制:

> 大兴府:尹一员,正三品。……知法三员,从八品。女直一员,汉人二员,掌律令格式、审断刑名。女直教授一员。东京、北京、上京、河东东西路、山东东西路、大名、咸平、临潢、陕西统军司、西南招讨司、西北路招

---

[1]《金史》卷104《温迪罕达传》。

讨司、婆速路、曷懒路、速频、蒲与、胡里改、隆州、泰州、盖州并同此。①

当然，速频以后，诸路置节度使而非尹，故而"并同此"一语，并不意味着东京之下，置官与大兴府全部相同，大略等同而已。值得注意的是，所有这些中原、旧辽之地与女真内地的路治所在的京、府、州，以盖州缀于其末，可知，此州的地位，与中原之节镇，颇有不同。

除《百官志》之外，《选举志》亦载：

（大定）十三年，以策、诗取士，始设女直国子学，诸路设女直府学，以新进士为教授。国子学策论生百人，小学生百人。府州学二十二，中都、上京、胡里改、恤频、合懒、蒲与、婆速、咸平、泰州、临潢、北京、冀州、开州、丰州、西京、东京、盖州、隆州、东平、益都、河南、陕西置之。②

上述记载中，盖州与冀州、开州一同，与其他路治所在府、州（甚或路，如河南、陕西）并列，为一"路"之府学所在。不过，盖州与后二州尚有不同。以上所载中都以下诸府、州，并无冀州所在的河北东路治所河间府，及开州所在的大名府路治所大名府，此二路之女真府学，不在总管府而在冀、开二州，这或许是此两路屯驻猛安谋克最多之处，在此二州。而盖州却是在东京之外另置女真府学，这从某个角度反映了盖州及其在辽东半岛的辖境，相对于东京路有一定的独立性。

金初辖县二：建安、汤池县。皇统三年，废卢州为熊岳县来属。明昌四年，辰州升节度，复州来隶。同年，迁治于汤池县，增置秀岩县。泰和四年，废秀岩县。八年，统支郡一：复州。辖县三：汤池、建安、熊岳县。贞祐四年，复置秀岩县。

1. 汤池县

辽末铁州，金初废为汤池县，隶辰州。治今辽宁大石桥市东南34里汤池镇。明昌四年后，为辰州（盖州）倚郭。

2. 建安县

金袭辽制，为建安县，且为辰州倚郭。治今辽宁盖州市。明昌四年，辰州迁治于汤池县。

3. 熊岳县

辽、金初卢州及倚郭熊岳县。皇统三年废州，县来属辰州。治今辽宁营口

---

① 《金史》卷57《百官志三》"大兴府"条。
② 《金史》卷51《选举志一》"女直学"条。

市西南114里鲅鱼圈区熊岳镇。

按卢州废于何时,《金志》无载。然金初以王政为"卢州渤海军谋克"①,知金初初下卢州,未废建置。至天会十三年,尚称"卢州熊岳县"②,则废州在此后。而王寂于明昌二年至此,只称熊岳县而不称卢州③,州已废明矣。此间,最有可能的只有皇统三年辽东政区大调整之时。

(复置)秀岩县

金前期为大宁镇,明昌四年升为秀岩县,泰和四年复废为镇,贞祐四年又升县④。治今辽宁岫岩满族自治县⑤。

复州

辽复州,怀远军节度。天庆六年女真得之,仍旧。天会七年降为刺史,为曷苏馆路属州。明昌四年后,为辰州(盖州)支郡。泰和八年为下等刺史州。治今辽宁瓦房店市西北55里复州城镇。

按《金志》,复州为"辽怀远军节度,明昌四年降为刺史"。然而,明昌四年之前,可见的关于复州的长官,多为刺史⑥。唯有大定二十年(1180)前后,独吉义"迁迭剌部族节度使、复州防御使,改卓鲁部族节度使、河南路统军都监"⑦。然则,"迭剌部族节度使、复州防御使"二职,应有实职与遥授之分。笔者疑"复州防御使"为遥授也。不然,大定间复州之等第再三变动,殊难理解。

同样,明昌以后所出现的一例"同知怀远军节度事",恐亦是遥授。任此职者为纥石烈桓端,《金史·纥石烈桓端传》载:

（泰和南征）军还,除同知怀远军节度事,权术典乣详稳。大安三年,西京行省选充合扎万户,遥授同知清州防御事,改兴平军节度副使,遥授

---

① 《金史》卷128《循吏·王政传》。
② 《金史》卷23《五行志》:"熙宗天会十三年五月,甘露降于卢州熊岳县。"
③ 《鸭江行部志》,《五代宋金元人边疆行记十三种疏证稿》,第192页。
④ 《金史》卷24《地理志上》"东京路·盖州·秀岩县"条;卷12《章宗纪四》,泰和四年六月戊申。
⑤ 见贾敬颜:《王寂〈鸭江行部志〉疏证稿》,《五代宋金元人边疆行记十三种疏证稿》,第212页;鞍山市岫岩满族博物馆:《辽宁岫岩镇辽金遗址》,《北方文物》2004年第3期,第56页。
⑥ 《金史》卷72《海里传》:海陵时,"历复州、滦州刺史"。卷8《世宗纪下》:大定二十二年九月己丑,同知东京留守事裔"谪复州刺史"。卷66《宗室·齐传》,大定中授同知复州军州事,此是刺史州之同知也。又卷121《伯德梅和尚传》,和尚"积劳特迁官二阶,除复州刺史,明昌初,为西北路副招讨"。
⑦ 《金史》卷86《独吉义传》。

显德军节度副使,徙辽东路宣抚司都统。①

显然,"木典纥详稳"这一军职,为桓端当时的实职,而"同知怀远军节度事"则只能为遥授。并且其下"同知清州防御事"、"兴平军节度副使"、"显德军节度副使"三职,明载是"遥授",皆是"合扎万户"任上的虚衔,这也可与桓端大安三年以前的履历相参照。事实上,明昌四年以后之复州,仍应是刺史州②。

由此可知,复州之等第,自海陵朝至明昌四年,迄无变化,一直是刺史州。复州等第变化,应发生在曷苏馆路南迁辽东半岛的天会七年。《金志》所载"明昌四年降为刺史",或应作"天会七年降为刺史"。

金初辖县一:永宁县。皇统三年,废苏州为化成县,来属。大定七年,更永宁为永康。泰和八年,辖县二:永康、化成县。贞祐四年,升化成县为金州。复州辖县一:永康县。

1. 永康县

金袭辽制,为永宁县,且为复州倚郭。大定七年,更名永康县。

2. 化成县

辽县,金初为苏州倚郭。皇统三年废州,县入复州。贞祐四年重置金州,复为倚郭。治今辽宁大连市东北46里金州区。

(废)卢州

辽卢州,天庆六年女真得之,仍为卢州刺史,为辰州支郡。天会七年改隶曷苏馆路。皇统三年废州为熊岳县,隶辰州。治今辽宁营口市鲅鱼圈区东南28里熊岳镇。

皇统三年前,辖县一:熊岳县。

(废)宁州

辽宁州,天庆六年女真得之,仍为宁州观察,属咸州路。天会七年,曷苏馆路移治于此,州遂废。治今辽宁省瓦房店市西北70里永宁镇。

金境东北各猛安谋克路,其治所皆不置州,曷苏馆路亦同。故天会七年徙曷苏馆路治此之后,宁州当废。此后该州遂未见于史籍。

---

① 《金史》卷103《纥石烈桓端传》。
② 明昌四年后复州刺史可见一例。《金史》卷98《完颜纲传》:"贞祐四年,纲子权复州刺史安和上书讼父冤。"

天会七年前,辖县一:新安县。

新安县

辽县,金初仍旧。倚郭。天会七年废州,县同废。

(废)苏州—(后置)金州

辽苏州,安复军节度。天庆六年女真得之,仍旧。天会七年降为刺史州,隶曷苏馆路。皇统三年废州为化成县,隶复州。贞祐四年,复升为金州、刺史,隶盖州。兴定二年升为防御。治今辽宁大连市金州区。

皇统三年前及贞祐四年后,辖县一:化成县。

(后置)岩州

兴定三年以辽阳府石城县灵岩寺置,为辽东行省驻地。正大三年为蒙军攻陷。治今辽宁辽阳市东南50里安平街道①。

《奉天通志》载,金之岩州,与辽岩州不在同地,然又以为,金岩州或因辽衍州而得名②,遂以其地为辽之衍州。此说为贾敬颜所袭用③。然则,辽之衍州入金自为宜丰县,而金岩州以石城县之灵岩寺置,石城则为辽代岩州,故金岩州自与辽代之岩州相系,也恐与辽衍州无涉。

兴定三年以后,辖县二:东安、石城县。

1. 东安县

兴定三年置,倚郭。

2. 石城县

辽岩州,金初因之。皇统三年废州为石城县,属辽阳府,兴定三年来属岩州。

第七节 婆速路州县沿革

天庆五年(1115),金袭辽制置保州路,然该年仅辖有开州、来远城。旋废

---

① 王绵厚:《辽代"衍州"与"鹤野"探考——兼论东京曷术馆女真部》,见陈述主编:《辽金史论集》第3辑,书目文献出版社,1987年,第134—135页。
② 王树楠等撰,东北文史丛书编辑委员会点校:《奉天通志》卷55《沿革五·统部五》"金·辽阳府·石城县"条,东北文史丛书编辑委员会出版,沈阳古旧书店发行,1983年。
③ 贾敬颜:《王寂〈鸭江行部志〉疏证稿》:"金末署行省之岩州,乃因以宜丰县为倚郭之衍州而获称者。"见《五代宋金元人边疆行记十三种疏证稿》,第171页。

开州。天辅中(1117—1123)置婆速路,以万户领之,管理保州路以西聚居的女真。约天会八年(1130),置婆速路统军司,撤销保州路,其地并入婆速路。天德三年(1151),改置婆速路都总管,辖婆速府、来远城。大定二十二年(1182),升来远城为来远军。章宗朝又升为来远州。

泰和八年(1208),统府一、节度州一:婆速府、来远州(另参见前图17)。

婆速府

辽开州至鸭绿江之间,亦为女真聚居之地,辽天庆五年女真军攻克之①。天辅中置婆速府,或为万户路。天会八年或稍后,置统军司。天德三年,改置都总管。兴定元年(1217),陷于蒲鲜万奴、耶律留哥。治今辽宁丹东市东北24里九连城镇②。

辖支郡一:来远州。

婆速府之建置较之其他诸猛安谋克构成的路有所不同。按《金志》载此政区名为"婆速府路"。然则于《金史》其他各处,则皆称"婆速路"。知婆速城所在,则称"婆速府",而治于该城之都总管所辖之境,则称"婆速路",由婆速路都总管兼婆速府尹。此不仅由《地理志》所说"贞元元年与曷懒路总管并为尹,兼本路兵马都总管"得到印证,且可从贞祐二年(1214)纥石烈桓端以"同知婆速路兵马都总管行府事"得到启示③。桓端所行"府"事,乃婆速府之事,即都总管缺,则以同知都总管兼管婆速府之事,实质上等同于都总管兼府尹。

婆速路之政区统辖体系亦颇异于其他猛安谋克路。蒲裕、胡里改、曷懒等路所在处,为女真人祖居之处,辽代本无州县,故入金以后,仅以猛安谋克置路,亦无支郡。而婆速路境内,却置有来远城(军、州)。这应是一种其他统县政区都不存在的现象。金弃守保州以后,自辽以来地位冲要的来远州更成为边境最前哨的据点,而婆速路则是金丽边境防御之腹地,两者的区位特点相结合,遂成此特殊的统辖模式。而由"婆速路同知都总管兼来远军事兵马"④,可见制度设计中结合前哨与腹地的努力。

---

① 《金史》卷135《外国·高丽传》载,取开州在收国元年十一月,卷2《太祖纪》则载于该年十二月。
② 《汇篇》,第180页。
③ 《金史》103《纥石烈桓端传》。
④ 《金史》卷57《百官志三》"诸总管府"条。

来远州

辽来远城。天庆六年女真得之①,仍旧。大定二十二年,升为来远军。章宗朝升为来远州。泰和八年为下等刺史州。治今辽宁丹东市沿江某地。

来远由军升州,不知其时。然按《金志》所载,已称"来远州",则升州应在《金志》所断的泰和八年前。

不辖县。

第八节 北京路州县沿革

天辅六年(1122),金取辽中京大定府,仍置中京路,治中京大定府。辖中京大定府及高、泽、松山、恩、惠、榆、武安、北安八州。天辅七年改中京路为奚路。同年,克宜、锦②、严、乾、显、海北、成、川、豪、懿、来、隰、迁、润、茂十五州,来属。宜州旋叛金。升显州为广宁府,废豪、成州。后废迁州③。天会二年(1124)改为六部路。同年,克利、潭、宜、建州及兴中府,来属。约天会五年,复改为中京路。八年,废乾州。天眷二年(1139),废恩州。皇统三年(1143),废高、泽、松山、惠、榆、武安、北安、潭、海北、严、润、隰、茂十三州。天德三年(1151),改宜州为义州,来州为宗州。贞元元年(1153),改为北京路。大定六年(1166),废川州。承安二年(1197),置全州,复置惠州、川州。三年,复置高州。五年,置兴州。泰和四年,再废惠州、高州、川州。六年,改宗州为瑞州。大安(1209—1211)至至宁(1213)间,再置高州。

泰和八年(1208),辖府三、州八(其中节度州六、刺史州二):大定府、广宁府、兴中府、兴州、义州、锦州、瑞州、全州、懿州、利州、建州(另参见图18)。

北京大定府

辽中京大定府,金天辅六年取之④,仍为中京大定府。贞元元年更为北

---

① 据《高丽史》载,辽天庆六年,辽保州、来远城守将弃城遁,高丽军旋入保州,而来远城应立即为东进的女真军所据。事悉卷14《世家十四·睿宗三》,睿宗十二年三月辛卯。
② 按《金史·地理志》"北京路·锦州"条:"旧隶兴中府,后来属。"锦州既为节镇,则所谓"隶兴中府"者,隶于兴中府"路"也。兴中府路即辽西路,为金初转运司路。《金志》既以都总管等军事路为纲,此处又阑入转运司路之分划,实属不伦。
③ 迁州之废虽在金初,而不得其时,唯知在天辅七年十一月之后。此见下文来州条。
④ 《金史》卷2《太祖纪》,天辅六年"正月癸酉,都统呆克高、恩、回纥三城。乙亥,取中京,遂下泽州"。

图 18　泰和八年(1208)北京路、东北路、临潢府路政区

京。泰和八年为中等京府。贞祐三年,为蒙军攻占①。治今内蒙古宁城县西34里大明镇城址。

金天辅六年,统支郡八:高、泽、松山、恩、惠、榆、武安、北安州。辖县四:大定、长兴、富庶、金源县。七年,升高州为节度。天会二年,金克利、潭州,隶大定府为支郡。天眷二年,废恩州。皇统三年,废高、松山、泽、惠、榆、北安州为三韩、松山、神山、惠和、和众、兴化县,来属。废潭州。又废武安州为县,属川州。大定六年废川州,武安县来属;七年,改武安县名为武平。承安二年,置惠州,神山县割隶惠州,仍以惠州为大定府支郡。三年,复置高州,三韩、武平、松山县割隶高州。五年,复置兴州,以兴化县割隶兴州。泰和四年,再废高州,三韩、武平、松山、静封县来属;废惠州,复以神山县来属。大安、至宁(1213)间再置高州,复割三韩县隶高州,且以高州为大定支郡。泰和八年,大定府统支郡一:利州。辖县十一:大定、长兴、富庶、三韩、松山、神山、惠和、金源、和众、武平、静封县。

按辽末尚有文定、劝农、升平、归化四县,不见于《金志》,或即废于金初也。而辽大定府属之神水县,入金则割隶锦州矣。

1. 大定县

辽大定县,金因之。倚郭。

2. 长兴县

辽长兴县,金因之。倚郭。

3. 富庶县

辽富庶县,金因之。治今辽宁喀左县北55里公营子镇公营子古城。

4. 松山县

辽、金初松山州及倚郭松山县,皇统三年废州,县来属。承安三年改隶高州,泰和四年罢州,县仍隶大定府。治今内蒙古赤峰市西南50里城子乡城子村古城址。

5. 神山县

辽、金初泽州及倚郭神山县,皇统三年废州,县来属。承安二年以县置惠州,泰和四年罢州,仍为神山县,复隶大定府。治今河北平泉县西南22里南五十家子镇会州城村。

6. 惠和县

辽、金初惠州及倚郭惠和县,皇统三年废州,县来属。治今辽宁建平县北

---

① 元好问《遗山先生文集》卷30《龙山赵氏(振玉)新茔之碑》;刘祁《故北京路行六部尚书史公(秉直)神道碑铭并序》,《金文最》卷109。

130 里北二十家子镇周家湾。

7. 金源县

辽县,金因之。治今辽宁建平县东北 102 里喀喇沁镇。

8. 和众县

辽、金初榆州及倚郭和众县,皇统三年废州,县来属。治今辽宁凌源市西 14 里城关街道十八里堡古城址。

9. 武平县

辽、金初武安州及倚郭沃野县,皇统三年废州,更县名为武安,属川州。大定六年废川州,县来属大定府。七年更名为武平县。治今内蒙古敖汉旗东 55 里丰收乡白塔子村古城址。

武安县之属川州,不载于《金志》。然据《金史·窝斡传》载:大定二年,金将"谋衍屯懿州庆云县,及屯川州武平县"①。称"武平"者,史臣以此后所改之名称之,然武安所在,确近乎川州(治宜民县)。《窝斡传》之载,亦属可信,武安曾属川州,废川州后方来属大定府。《金志》漏载一次改隶过程。

10. 静封县

承安二年置,隶全州。次年改隶高州。泰和四年废州,县来隶大定府。治今内蒙古赤峰市南 30 里文钟镇一带②。

11. 三韩县

辽、金初高州及倚郭三韩县。皇统三年废州,县来属大定府。承安三年复升为高州,泰和四年复废。大安至贞祐初,再置高州。治今内蒙古赤峰市东北 87 里太平地镇哈拉木头村遗址。

(废)泽州、(废)惠州

辽泽州,金天辅六年克之③,仍为泽州,刺史,为大定府支郡。皇统三年废为神山县④。承安二年以县置惠州,泰和四年罢州,仍为神山县,复隶大定府。

---

① 《金史》卷 133《叛臣·窝斡传》。
② 据《东北历代疆域史》,静封县"在松山县遗址东五十里"(第 202 页)。由松山遗址所在的今城子乡城子村向东 50 里,应在文钟镇一带。
③ 《辽史》卷 29《天祚皇帝纪三》,保大二年正月乙亥;《金史》卷 2《太祖纪》,天辅六年正月乙亥。
④ 《元一统志》卷 2《辽阳等路行中书省》"大宁路·古迹"条谓:"废泽州。金天辅元年罢州。"其误令人骇异。按金至天辅六年方攻克泽州,天会六年,尚因"与北京泽州同",于河东泽州名前加"南"字,如何能于天辅元年即废州? 至天德三年,"南泽州"去"南"字,显然此时"北京泽州"已不存。参松山、惠、榆、武安、高等州例,泽州之废亦在皇统三年。《元一统志》同卷"大宁路·建置沿革"条谓惠州"金天辅五年罢州",亦大误。

治今河北平泉县西南 22 里南五十家子镇会州城村。

辽泽州为大定府支郡,至金初,泽州周边之府或节镇,唯有大定,故其归属,亦无可疑处。至承安二年复升惠州,归属亦同。

金初泽州辖县一:神山县。承安二年至泰和四年间,惠州辖县二:神山、滦阳县。

(废)滦阳县

承安二年置,隶惠州。泰和四年与州同废。治今河北迁西县西北 50 里汉儿庄乡汉儿庄村①。

(废)松山州

辽松山州,金天辅六年克之②,仍为松山州,刺史,为大定府支郡。天辅七年升为观察州,皇统三年废为松山县,隶大定府。治今内蒙古赤峰市西南 50 里城子乡城子村古城址。

皇统三年之前,辖县一:松山县。

(废)恩州

辽恩州,刺史。金天辅六年克之,仍旧,为大定府支郡。天眷二年废州为恩化镇③,属大定府大定县。治今内蒙古喀喇沁旗东 64 里西桥镇七家村城址。

不辖县。

(废)惠州

辽惠州,刺史。金天辅元年克之④,仍旧,为大定府支郡。皇统三年废为惠和县,属大定府。治今辽宁建平县北 130 里北二十家子镇周家湾。

皇统三年前,辖县一:惠和县。

---

① (清)宋琬纂修,张朝琮续修:康熙《永平府志》(《四库全书存目丛书》史部第 213 册)卷 10《古迹》"金·滦阳县"条:"金滦阳县在今汉儿庄。"
② 据上引《辽史·天祚皇帝纪三》及《金史·太祖纪》,大定府及高、恩、泽、北安州在天辅六年正月、二月,则辽中京道的中、西大部,即于此两月间没于金,松山、榆、武安等州之入金,应差相同时。
③ 《金史·地理志》仅载大定府大定县下有恩化镇,而不详其沿革。据《元一统志》卷 2《辽阳等路行中书省》"大宁路·古迹"条:"废恩州。金天眷二年废恩州为恩化镇,入大定县。其故城为传舍。"按天眷二年东、中京地区未见有其他降州为县之例,恩州很可能也是废于皇统三年。然则金代恩州之沿革既仅见于《元一统志》,故只能暂从其说。
④ 《金史》卷 2《太祖纪》,天辅元年十二月甲子,"拔显州,乾、懿、豪、徽、成、川、惠等州皆降"。

(废)榆州

辽榆州,金天辅六年克之,仍为榆州,刺史,为大定府支郡。皇统三年废为和众县,属大定府。治今辽宁凌源市西南4里城关街道十八里堡古城址。

皇统三年前,辖县一:和众县。

利州

辽利州,观察。金天会二年得之①,仍旧,为大定府支郡。皇统三年降为刺史②。泰和八年为下等刺史州。贞祐二年为蒙军攻拔③。治今辽宁喀喇沁左翼蒙古族自治县治(大城子街道)。

金初辖县一:阜俗县。皇统三年,废潭州为龙山县,来属。泰和八年,辖县二:阜俗、龙山县。

1. 阜俗县

辽阜俗县,金因之。倚郭。

2. 龙山县

辽、金初潭州及倚郭龙山县。皇统三年废州,县来属。治今辽宁喀喇沁左翼蒙古族自治县西南60里白塔子镇白塔子村古城址。

(废)潭州

辽潭州,金天会二年得之,仍为潭州,刺史,隶大定府为支郡④。皇统三年废州为龙山县,隶利州。治今辽宁喀喇沁左翼蒙古族自治县西南60里白塔子镇白塔子村古城址。

---

① 按《辽史》卷29《天祚皇帝纪三》,保大四年九月,建州降金。《金史》卷3《太宗纪》,天会元年二月,来、隰、迁、润州降金。卷80《赤盏晖传》,该年十月,宜、锦州降。利、潭州遂失东面之屏障。再据《金史·太宗纪》,天会二年(即辽保大四年)十月,降而复叛的兴中府,再为金人所克。利、潭州遂失东北面兴中府、建州的遮蔽。利、潭二州之陷落,应与金人克兴中、建州差相同时。
② 《大金吊伐录》之《回宋主书》(见金少英校补《大金吊伐录校补》第72条):"天会四年三月日,大金固伦尼伊拉齐贝勒左副元帅致书于大宋皇帝阙下:……今差利州管内观察使、银青荣禄……萧仲恭、朝议大夫……赵伦充回谢使,副,谨奉书陈达以闻。不宣。"则金初天会四年尚承辽制,以利州为观察。其降刺史,应在皇统三年中京路诸州大举废、降之时。
③ 《元史》卷147《史天祥传》:贞祐二年,"略地高州,拔惠和、金源、和众、龙山、利、建、富庶等十五城,惟大宁固守不下"。此后,利州虽数见于《元史》之载,却是在蒙军与割据锦州的张致之间争夺,与金无关。
④ 辽潭州为大定支郡。金初,潭州周边的府或节镇,唯大定府较近,且大定、利、潭、榆等府、州构成一个空间分布较密集的建置群,故金初潭州亦隶于大定,应无疑义。

皇统三年前,辖县一:龙山县。

(复置)高州

辽高州,金天辅六年克之,仍为观察。次年升为节度。皇统三年废州为三韩县,属大定府。承安三年复置高州刺史,为全州支郡。泰和四年再废。大安、至宁间,再置高州,为大定府支郡。贞祐二年陷于蒙古。治今内蒙古赤峰市东北87里太平地镇哈拉木头村遗址。

按高州自皇统三年、泰和四年两次废为县,《金志》皆有载。唯泰和四年以后则有缺漏。按金末贞祐二年高州为蒙军所克,此事在《元史》中多次出现①,亦见于元好问为赵振玉所作碑铭,故此州应存在于金末,当置于卫绍王大安、至宁间②。因高州四面,唯其北全州、其南大定府可统支郡,相较而言,其属大定府更有可能。不仅因大定之境域,由东、南、西包围高州,且《元史·地理志》亦系高州于大宁路之下③,元高州之归属,或系沿袭金末之制。故知卫绍王重置高州后,当为大定之支郡。

金初辖县一:三韩县。承安三年复置后,辖县四:三韩、武平、松山、静封县。金末再置,辖县一:三韩县。

金末高州辖县不明,然承安三年至泰和四年间曾属高州之松山、武平、静封诸县,未见改隶高州之记载,故暂定以辽代以来高州治所三韩一县隶之,余俟考。

(废)武安州

辽武安州,观察。金天辅元年克之,仍旧,为大定府支郡。皇统三年废为武安县,属川州。治今内蒙古敖汉旗东55里丰收乡白塔子村古城址。

皇统三年前,辖县一:沃野县。

按武安州之辖县,在辽末为沃野,皇统三年废州,则为武安县。其改名在

---

① 然《元史》诸处所载克高州事,非在同年。卷149《郭宝玉传》谓在至宁元年(即贞祐元年);卷1《太祖纪》及卷119《木华黎传》、卷147《史天祥传》皆谓在贞祐二年。而卷147《史天倪传》、卷149《移剌捏儿传》则谓在贞祐三年。按郭宝玉、史天倪、移剌捏儿三人传记中所述较笼统,或将此前、此后数年之事,系于一年之内。其可信度不如《太祖纪》、《木华黎传》。蒙军下高州,应在贞祐二年。
② 《遗山先生文集》卷30《龙山赵氏(振玉)新茔之碑》。按此碑记载,贞祐元年史天倪降蒙,木华黎命其驻军高州。则该年高州虽陷于蒙古,然则金末曾重建此州则无疑。《元史》卷193《忠义一·攸哈剌拔都传》载:"金末,避地大宁。国兵至,出保高州富庶寨,射猎以食。屡夺大营孳畜,又射死其追者。国王木华黎率兵攻寨,寨破,奔高州。"事在贞祐元年末蒙军围燕京之前,知贞祐元年必已有高州。
③ 《元史》卷59《地理志二》"辽阳等处行中书省·山北辽东道肃政廉访司·大宁路"条。

何时,未详,或在废州时以州名冠于县也。

兴州

辽北安州,金天辅六年得之①,仍为北安州兴化军刺史,为大定府支郡。皇统三年废为兴化县。承安五年,置兴州宁朔军节度。泰和八年为下等节度州②。贞祐二年弃之。治今河北隆化县城隆化镇下洼子村土城子古城。

金初辖县一:兴化县。承安五年复置后,辖县二:兴化、利民县。泰和三年,置宜兴县。四年,废利民县。泰和八年,兴州辖县二:兴化、宜兴。

1. 兴化县

辽兴化县,金初因之。皇统三年废兴州,县隶大定府。承安五年复隶兴州。倚郭。

2. 宜兴县

泰和三年置。治今河北滦平县东北17里大屯满族乡兴洲村③。

(废)利民县

承安五年置。泰和四年废。治今河北滦平县东北47里金沟屯镇滦河沿村④。

广宁府

辽显州,奉先军节度。金天辅元年克之,旋弃,七年又克之⑤,升为广宁府,隶南路。天会十年南路改治东京辽阳府,改称东南路,广宁遂隶东南路,十四年东南路又改称东京路,广宁隶东京路。天德二年改隶咸平路。大定中复改隶东京路。泰和元年又改隶北京路。八年为下等散府。贞祐三年,为蒙军所克⑥。治今辽宁北镇市。

---

① 《辽史》卷29《天祚皇帝纪三》,保大二年二月"己亥,金师败奚王霞末于北安州,遂降斯城"。亦可见《金史》卷2《太祖纪》,天辅六年二月己亥。
② 《金史·地理志》缺载兴州之等第。按兴州泰和末户口仅逾万五千,远较锦、懿等州为少,而后二者亦仅下等节镇而已。故知兴州之等第应为"下"。
③ 其地据郑绍宗考证。见《辽北安州考》,《辽金史论集》第1辑,第206—207页。后田淑华等又曾对该城址予以详细调查,见田淑华、白光:《承德地区辽金时代古城址调查综述》,《辽金史论集》第10辑,第139页。
④ 此亦据郑绍宗说,见《辽北安州考》,《辽金史论集》第1辑,第205页。
⑤ 《金史》卷2《太祖纪》,天辅元年十二月甲子、七年正月庚辰。
⑥ 《元史》卷1《太祖纪》,太祖十年八月。

广宁之升府，其形势异于他府。检金初散府极少，且皆袭辽、宋之旧，若黄龙府、兴中府、济南府即是，而广宁府在辽为州，入金始升府，其缘由，《金史》却未提及。据《北征纪实》："辽东有显州者，虏之名郡也，去金人巢穴所谓阿脂川颇近，金人初欲徙国，籍燕地所得臣民仪物，立都于显州而已。"①广宁之区位，东北依女真内地，西南可窥汉地，西扼旧辽上京、中京道核心区，实为形胜之地。参《金志》所载天辅七年置枢密院于广宁府之事，则知《北征纪实》所载，应非虚语，至少一度有都广宁之考虑。其初升府者，实不得以后世"散府"目之。唯金初形势一变再变，其议遂寝。

金初辖县二：山东、奉玄县。统支郡一：茂州。天会八年，改奉玄县名为钟秀，同年乾州降为闾阳县来属。皇统三年废钟秀县、茂州。大定二十九年，更山东县名为广宁，又置望平县，辖县三：广宁、望平、闾阳县。

1. 广宁县

辽山东县，金初为广宁府倚郭。大定二十九年更名为广宁县。

2. 望平县

大定二十九年置。治今辽宁黑山县东北55里姜屯镇古城子。

按广宁府之治所及望平县之所在，《金志》所述较有条理，广宁县条云："旧名山东县。"即辽显州之属县山东。该条未述及显州（广宁府）何时迁治，则应在天辅七年建广宁府之时，已在山东县立治。而望平县则是"大定二十九年升梁渔务置"，未尝与广宁（原山东）县有混淆。然而因金人王寂之记载，引发了后人的小小疑惑。王寂称："望平本广宁府倚郭山东县也。朝廷以广宁距章义县三百余里，路当南北之冲，旧无郡邑，乃改山东为望平，治梁鱼务，以适公私之使。"②此说显然否定了《金志》山东县即广宁县前身之说。然而，其自身却有矛盾之处：既然望平县本是山东县，此处怎可说"旧无郡邑"？贾敬颜以为，"此迁移后之望平县也"③。其意似望平县原在梁鱼务，后迁至山东县。然则望平之迁，实未见于他处，且仍不能释望平是山东、则广宁县即不可能是山东之疑。张博泉释云："疑广宁、望平原皆属山东县，大定二十九年更名山东县为广宁县同时，又析升山东县为望平易治于梁鱼务，故寂将望平县沿革系之于山东县。"④此说是。由此，知《金志》所载实无误：广宁县为山东县更名而来，望平则为大定二十九年新置，其或本属山东县之境，然断非与山东县同治也。其

---

① 《会编》卷18《政宣上帙十八》，宣和五年九月六日条引《北征纪实》。
②③ 《王寂〈辽东行部志〉疏证稿》，《五代宋金元人边疆行记十三种疏证稿》，第257页。
④ 《辽东行部志注释》，第6页。

址亦据张博泉之说。

3. 闾阳县

辽乾州及倚郭奉陵县,金天会八年废州,改县名为闾阳,来属广宁府。先治今辽宁北镇市内观音阁街道观音洞。大定二十九年,徙治今辽宁北镇市西南56里闾阳驿镇闾阳驿村①。

闾阳县本乾州降县改名来属,王寂释废州之因云:"本朝以其县(州)去广宁府五里,降州为县。"乾州本在辽显州之东七里②,金初东迁州治十余里,于山东县旧址建广宁府,乾州遂在府西南5里,两个统县政区治所愈益靠近,又不像辽代那样,有奉陵之地位,故被废。王寂又称其所到的闾阳,为"闾阳新县",则闾阳必曾迁址无疑,《金志》阙载耳。关于其迁治时间及新治所在,寂称:"去岁又以县非驿路,移东南六十里旧南川寨为县治。"③寂明昌元年巡辽东,故迁址之时在大定二十九年。联系到同属广宁府的山东县之更名、望平县之新置、钟秀县之废罢,可知章宗于该年甫登基之时,即对连接辽东、西的重镇广宁进行了规模很大的政区调整,使新的政区分布格局在空间上更显均衡,更重要的是,与其交通枢纽地位相切合。

(废)钟秀县

辽奉玄县,金天会八年改为钟秀县。皇统三年废。治今辽宁北镇市北镇街道北镇庙。

《金志》虽载改县名之时,却未记录废县之时。按《金史·百官志》:公主县号有"钟秀"④,而此县名,似仅见于金。虽说县废之后,其名仍可用为封号,然则初定封号之时,此县应尚在。按金初详定官制,在熙宗天眷元年⑤,则钟秀县当废于天眷以后。或者皇统三年东北政区大调整之中,该县亦废。

(废)茂州

辽头下茂州。金天辅七年克之,仍为茂州,皇统三年废。治今辽宁凌海市金城街道以东南。

茂州在辽为头下州,但极少见于史籍。然至金初,据张棣及洪皓所载,皆

---

① 《王寂〈辽东行部志〉疏证稿》,《五代宋金元人边疆行记十三种疏证稿》,第268页。
② 《宣和乙巳奉使行程录》,《五代宋金元人边疆行记十三种疏证稿》,第239页。
③ 《辽东行部志》,《五代宋金元人边疆行记十三种疏证稿》,第268页。
④ 《金史》卷55《百官志一》,"六部·吏部"条。
⑤ 《金史》卷4《熙宗纪》,天眷元年八月甲寅朔。

有"茂州",而《金志》不载。金初,金军克茂州应与克来、隰、润等州同在天辅七年。其废应在皇统三年洪皓归国之后。又东北政区之大调整——尤其是广宁府至平州之间沿海通道的政区大调整——正在皇统三年,故茂州之废,亦当在此年。由于该州在辽向为头下,且史籍多未提及者,必因规模不广。入金废头下州,亦不至于等第甚高,应为刺史州,按其所在(见辽代部分考辨),应属显州(广宁府)。

不辖县。

(废)乾州

辽乾州,广德军节度。金天辅元年克之,旋弃,七年又克之①,仍旧。天会八年废州为闾阳县,隶广宁府。治今辽宁北镇市内观音阁街道观音洞。

辖县一:奉陵县。支郡一:海北州。

按辽乾州旧辖四县,奉陵以外,尚有延昌、灵山、司农三县。金之灵山,与辽代灵山已非同地,且相隔颇远。延昌、司农二县则不知去向。疑三县在金初即废。

兴中府

辽兴中府,金天会二年克之②,仍为兴中府,为散府。泰和八年为下等散府。贞祐三年陷于蒙军③。治今辽宁朝阳市。

金初辖县二:兴中、安德县。皇统三年,建州来属,为支郡。大定七年,改安德县名为永德。泰和四年,废川州,宜民县来属。八年,统支郡一:建州。县三:兴中、永德、宜民县。

按辽末兴中府有营丘、象雷、闾山县,入金未见,应废于金初得兴中之时。

1. 兴中县

辽兴中县,金因之,倚郭。

2. 永德县

辽安德州及倚郭安德县,金初废州,以县属兴中。大定七年改县名为永德。治今辽宁朝阳县南90里二十家子镇五十家子古城。

---

① 《金史》卷2《太祖纪》,天辅元年十二月甲子、七年正月庚辰。
② 天辅七年(辽保大三年)二月,兴中府一度降金,旋叛。至天会二年十月再为金军所克。见《辽史》卷29《天祚皇帝纪三》,保大三年二月乙酉朔,癸巳,保大四年十月;《金史》卷2《太祖纪》、卷3《太宗纪》。
③ 《元史》卷1《太祖纪》,太祖十年二月。

3. 宜民县

辽川州宜民县,金初为川州倚郭。大定六年废川州,县改属懿州。承安二年复置川州,仍以宜民隶川州为倚郭。泰和四年复废川州,以县属兴中府。治今辽宁北票市东北 76 里黑城子镇黑城子古城。

建州

辽建州保静军节度,天会二年九月降金①,仍旧。皇统三年降为刺史,为兴中府支郡。泰和八年为下等刺史州。贞祐三年为蒙军所下。治今辽宁朝阳市西南六十里大平房镇黄花滩古城址。

《金志》载建州为刺史。然该州在金初应仍为节度。《大金吊伐录》多处载有"保静军节度"②。辽境内原有建州保静军,故金天会中诸"保静军节度",应即指建州节度,实不必借用宋境内宿州保静军之军额。又《金史·王政传》,政于"天眷元年迁保静军节度使"③。元遗山撰王庭筠《墓碑》,载庭筠曾祖王永寿"辽天庆中迁盖州之熊岳,遂占籍焉。永寿之长子政,事金朝,官至金吾卫上将军、建州保静军节度使。保静之中子遵古,字元仲,正隆五年进士"④。将《金史》与《墓碑》相参,知建州于天眷元年仍为保静军节度。疑是熙宗皇统三年东北政区大调整之时,将建州降为刺史,为兴中之支郡。

统县一:永霸县。

永霸县

辽永霸县,金因之,倚郭。

(废)川州

辽川州,金天辅元年克之,旋弃,七年又克之⑤,仍为长宁军节度。天会中

---

① 《辽史》卷 29《天祚皇帝纪三》。
② 《大金吊伐录》之《两路元帅府差官问罪书》(天会四年八月十四日,见金少英校补《大金吊伐录校补》第 84 条,《会编》卷 58 载此书于靖康元年十月十八日条)、《元帅府书(以黄河为界)》(同年八月,第 102 条)、《宋主回书(许割黄河为界)》(靖康元年十一月二十二日,第 103 条)皆载金"保静军节度使杨天吉"。同书《元帅府与宋书(兵近都城)》(天会四年闰(十一)月三日,第 107 条)、《与宋主书》(闰(十一)月十三日,第 111 条)、《行府与楚书》(天会五年三月二十三日,第 172 条)、《天会四年冬元帅伐宋师次高平先遣乌凌噶思谋天使入汴送书至五年二月六日废宋少主桓为庶人实录》(载闰十一月二日事,第 188 条)皆载"保静军节度使萧庆"。
③ 《金史》卷 128《循吏·王政传》。
④ 《遗山先生文集》卷 16《王黄华墓碑》。
⑤ 《金史》卷 2《太祖纪》,天辅元年十二月甲子、七年正月庚辰。

降为刺史①,为懿州支郡。大定六年废州。承安二年复置,仍为刺史,为懿州支郡。泰和四年复废。治今辽宁北票市东北 76 里黑城子镇黑城子古城。

川州之境,近于兴中府及懿、义二节镇。考量各种因素,其于金初降等后,应隶懿州。这从该州大定六年初次省废后,原属之宜民、同昌二县入懿州,或即可见。再回溯至辽末,川州治所由咸康徙于宜民,即已可见此州的中心已经北移,远兴中府而近懿、宜二州矣。至金初天辅元年十二月、二年十二月、七年正月金军三克川州,皆与攻克懿州差相同时,由金军用兵方向来看,是川、懿二州密切相关,而与宜(义)州无甚关联,这对川州此后的归属当有一定影响。由此知金初以来,川州与懿州的关系最为密切,其降等后属懿州,较为合理。当然,若要作确定的判断,尚需新材料的支持。

自辽至金初,川州向为节度,后虽于天会中降为刺郡,然亦辖县不少,并非小郡。然大定初,川州成为金军与窝斡叛军交战的核心地带。大定二年,"窝斡攻懿州不克,遂残破川州"②。据说战后人民"残灭几尽,由是复降为县"③,遂以川州土地及余民,并入同样受创颇重的懿州。至承安中,大约人口已得部分恢复,且懿州辖境,东西未免过于狭长,遂又分置川州。至泰和四年,复大举省并辽西州、县④,相邻的惠、川、高三州被废,而大定、兴中府及义州则不同程度地扩大了辖境。

金初辖县二:宜民、同昌县。皇统三年废武安州为武安县,来属,辖县三:宜民、同昌、武安县。承安二年复置川州,辖县三:宜民、同昌、徽川县。

(废)徽川县

承安二年,以徽川寨置县,隶川州。泰和四年,与州同废。治今辽宁阜新县城北 83 里的旧庙镇四家子村西 6 里古城址。

《金史》虽未载徽川寨、徽川县之因革,然推断其为辽代之徽州,应大致无误。其地正在辽、金川州与懿州之间。《金志》兴中府宜民县条载:"承安二年复置川州,改徽川寨为徽川县。为懿州支郡。泰和四年罢州及徽川县来属。"又《元一统志》云:"承安二年复置川州,治宜民县,仍升徽川寨为徽川县以隶之。"⑤当信此说。是知该县甫置而复废,与川州重置而罢的过程相同。

---

① 《辽东行部志》,《五代宋金元人边疆行记十三种疏证稿》,第 272 页。
② 《金史》卷 133《叛臣·窝斡传》。
③ 《辽东行部志》,《五代宋金元人边疆行记十三种疏证稿》,第 272 页。
④ 《金史》卷 12《章宗纪四》,泰和四年六月戊申。
⑤ 《大元一统志》卷 2《辽阳等路行中书省》"大宁路·建置沿革"条。

义州

辽宜州，金天会二年得之①，仍为宜州崇义军节度，天德三年改名义州②。泰和八年为下等节度州。贞祐三年降蒙③。治今辽宁义县。

金初辖县一：弘政县。天会八年，海北州来属。皇统三年，废海北州为开义县，属义州。泰和四年，同昌县自川州来属。八年，义州辖县三：弘政、开义、同昌县。

1. 弘政县

辽弘政县，金因之。倚郭。

2. 开义县

辽、金初海北州及倚郭开义县，皇统三年废州，县来属。治今辽宁义县东南42里七里河镇开州村。

3. 同昌县

辽、金初成州及倚郭同昌县。金天辅七年克成州，即废为县，属川州。大定六年改属懿州，承安二年复属川州，泰和四年来属义州。治今辽宁阜新蒙古自治县西北50里红帽子镇西红帽子村古城址。

（废）海北州

辽海北州，金天辅七年克之④，仍为海北州，刺史，为乾州支郡，天会八年

---

① 金初次克宜州在天辅七年正月，次月宜州叛金。至次年（天会二年）十一月再攻下。见《辽史》卷29《天祚皇帝纪三》，保大三年正月庚辰、二月癸巳；《金史》卷2《太祖纪》，天辅七年正月庚辰、二月癸巳；卷3《太宗纪》，天会二年十一月癸未。

② 在《金史》中，对该州之名的记载颇为混乱，即不同时期都出现"义"、"宜"二名皆曾使用，天德三年前、后皆然。如《纪》中虽数次提到金初之"宜州"，然于卷68《冶诃传附子阿鲁补》中则称"义州"："与仆虺攻下义州。"卷80《赤盏晖传》亦同。而在天德三年之后，卷6《世宗纪上》载，大定元年十一月丙申，世宗"次义州"。然卷133《叛臣·移剌窝斡传》则称，大定二年，窝斡党"括里将犯韩州，闻元帅兵至，不战遁去，将转趋懿、宜州"，则与《地理志》、《世宗纪》相矛盾。按《金史》诸《传》，往往不顾地名改动，前名、后名混用之，此不仅见于义州，隆州亦是如此。当从《志》、《传》。又据《云麓漫钞》卷8载：绍兴十二年，"朱公弁亦以使事还，乃言在燕及宜州时与英远倡酬……向来节次奉使，侍郎司马朴见在真定府，枢密宇文虚中一行人见在会宁府，尚书洪皓见在幽州混同江之东王涉左丞私第，教导子弟，尚书崔纵于宜州身亡，副使郭元明见在宜州，侍郎魏行可于兴中府身亡，副使郭元迈、尚书张邵、副使杨宪并官属崔渊等，并在宜州"。则至少可以证明，天德三年前称宜州，与《金史·地理志》同。

③ 《元史》卷149《王珣传》："(珣)义州开义人。……初，河朔兵动。……乃召诸乡人，谕以保亲族之计。……旬月之间，招集遗民至十余万。岁乙亥，太师木华黎略地奚霫，珣率吏民出迎。承制以珣为元帅，兼领义、川二州事。"贞祐四年，张致据锦州叛蒙，义州曾在蒙军与张致军之间易手。

④ 《金史》卷2《太祖纪》，天辅七年正月"庚辰，宜、锦、乾、显、成、川、豪、懿等州皆降"。隶于乾州的海北州，亦应于该年没于金。此前在天辅元年十二月攻克显州之后，乾、懿、豪、徽等州亦曾降金，或是金军转移攻势，得而旋弃。

改属义州。皇统三年废为开义县,属义州。治今辽宁义县东南42里七里河镇开州村。

因金军克宜州,迟至天会二年。故海北州于天辅七年与乾州同入金,应仍沿用辽制,仍属乾州。至天会八年省废乾州后,海北遂转隶义州为支郡。皇统三年,省海北州为县,入义州。乾州省废之后,与海北相近之府或节镇,南有锦州,北有义州,而东有广宁府。因广宁府在医巫闾山之东,海北州在其山之西,天会八年既然对这一带的政区进行调整,或会因势利导,使海北西属。又义、锦二州相比,无论辽、金,海北与锦州的关系向未见于记载,故可推测,当时海北改隶义州为支郡,后更省州为县,并入义州。

皇统三年前,辖县一:开义县。

锦州

辽锦州,金天辅七年得之①,仍为锦州临海军节度。泰和八年为下等节度州。贞祐二年降蒙②。治今辽宁锦州市。

金初辖县三:永乐、安昌、神水县。统支郡一:严州。皇统三年,废严州为兴城县,属锦州,又废神水县为镇。大定二十九年复升神水为县。泰和八年,锦州辖县四:永乐、安昌、兴城、神水县。

1. 永乐县

辽永乐县,金因之。倚郭。

2. 安昌县

辽安昌县,金因之。治今辽宁葫芦岛市西北67里暖池塘镇安昌岘古城。

3. 兴城县

辽严州及倚郭兴城县。金初因之。皇统三年废州,县来属锦州。治今辽宁兴城市西南20里曹庄镇四城子。

按《金志》系兴城县于兴中府下,然又称"皇统三年废州,隶锦州,有桃花岛"。桃花岛所在的兴城,其地在锦州之东南,如何能与锦州西北之兴中府相连?故应属锦州无疑。上溯至皇统三年之前,严州亦应如辽之旧,为锦州支郡。

4. 神水县

辽神水县,隶大定府,金改属锦州。皇统三年废为镇。大定二十九年复

---

① 《辽史》卷29《天祚皇帝纪三》:保大三年正月庚辰;《金史》卷2《太祖纪》天辅七年正月庚辰。
② 《元史》卷1《太祖纪》:太祖九年十月,"锦州张鲸杀其节度使,自立为临海王,遣使来降"。贞祐四年(蒙古太祖十一年),张鲸弟张致据锦州叛蒙,当年被蒙军平服。

升。治今辽宁朝阳市南。

(废)严州

辽严州,金天辅七年克之,仍为严州,刺史,为锦州支郡。皇统三年废为兴城县,属锦州。治今辽宁兴城市西南20里曹庄镇四城子。

皇统三年前,辖县一：兴城县。

瑞州

辽来州,归德军节度。金天辅七年得之①,仍旧。天德三年,更名宗州。泰和六年改名瑞州。八年为下等节度州。贞祐三年降蒙②。治今辽宁绥中县西南50里前卫镇。

金初辖县一：来宾县。统支郡三：润州、隰州、迁州。旋废迁州为镇。皇统三年,又废润州为海阳县、隰州为海滨县,来属。明昌六年(1195),来宾县更名为宗安县,泰和六年,复更名为瑞安县。八年,瑞州辖县三：瑞安、海阳、海滨县。

按辽之来州统支郡三：隰、迁、润州。迁州在天辅七年降金后,于同年十一月复得一见："迁、润、来、隰四州人徙于沈州。"③此后即不见踪迹,唯据《金志》之载,海阳县有迁民镇,应即废迁州及倚郭迁民县后所置,然不知废州之时。很可能是在此次迁徙四州民之后,本来地狭民寡的迁州,因势被废。当然,亦有可能是废于皇统三年政区大调整之时。唯不见确切记载,难以断言。

1. 瑞安县

辽来宾县,金因之。明昌六年,更名为宗安,泰和六年复更名瑞安。倚郭。

2. 海阳县

辽及金初润州及倚郭海阳县,皇统三年废州,县来属。治今河北秦皇岛市西北郊海阳镇。

3. 海滨县

辽及金初隰州及倚郭海滨县,皇统三年废州,县来属。治今辽宁兴城市西

---

① 《辽史》卷29《天祚皇帝纪三》：保大三年二月乙酉朔,来、隰、迁、润降金;《金史》卷2《太祖纪》天辅七年二月乙酉朔所载同。
② 《元史》卷1《太祖纪》：自太祖九年(金贞祐二年)十月锦州降蒙,十年二月,北京、兴中府亦相继降蒙,瑞州应于同年陷蒙。再次年,张致叛蒙,"略平、滦、瑞、利、义、懿、广宁等州"(《元史》卷119《木华黎传》)。显然,为张致所攻的诸州,包括瑞州在内,此前应已在蒙军控制之下。
③ 《金史》卷74《宗望传》。据同书卷71《阇母传》载,徙此四州民,为避平州张觉之锋芒也。卷3《太宗纪》系于天会元年十一月己巳。

南70里东辛庄镇东关站。

（废）润州

辽润州，金天辅七年得之，仍为润州，刺史，隶来州为支郡。皇统三年废州为海阳县，隶来州。治今河北秦皇岛市海阳镇。

皇统三年前，辖县一：海阳县。

（废）㵣州

辽㵣州，金天辅七年得之，仍为㵣州，刺史，隶来州为支郡。皇统三年废州为海滨县，隶来州。治今辽宁兴城市西南70里东辛庄镇东关站。

皇统三年前，辖县一：海滨县。

懿州

辽懿州，宁昌军节度。金天辅元年克之，旋弃，七年又克之①，仍旧。为下等节度州。贞祐二年陷蒙②。治今辽宁阜新县东北100里塔营子镇塔营子村古城址。

辽懿州治于宁昌县，检《金志》，该县已无迹可寻，亦无一语及于州治迁徙之事，应是天辅七年攻克之后，即徙治顺安县并废宁昌县。

金初辖县二：顺安、灵山县。天会中，以川州为支郡。皇统三年，废祺州为庆云县，来属。大定六年川州废，宜民、同昌二县来属，庆云由懿州改属咸平府。承安二年宜民、同昌县复隶川州，仍以川州为懿州支郡。泰和四年废川州。懿州仍辖县二：顺安、灵山县。

皇统三年庆云之属懿州，《金志》不载。然《金史·窝斡传》载：大定二年，金将"谋衍屯懿州庆云县，及屯川州武平县"③。知庆云先属懿州。但是，因为正隆（1156—1161）末、大定初窝斡之变，对辽东、西交界的数州造成较大破坏，乱平之后，金廷遂对这一区域的政区进行调整。川州被废，其原统宜民、同昌二县入懿州。懿州辖境原本东西跨度大而南北向较窄，西部增益二县，更形狭长。由是，将东部之庆云县划入咸平府。懿州原本治所（顺安县）偏在西面，经此一变，遂为居中之势。然承安以后西部宜民、同昌二县复割出，州治又成偏

---

① 《金史》卷2《太祖纪》，天辅元年十二月甲子、七年正月庚辰。
② 《金史》卷14《宣宗纪上》，贞祐二年十二月乙卯。
③ 《金史》133《叛臣·窝斡传》。

西之势。

1. 顺安县

辽顺安县,金因之,且置为倚郭。

2. 灵山县

金初置,治所在今辽宁彰武县东部。

按辽之乾州灵山县,与金懿州灵山县非在同处,且相距颇远(辨见上文辽乾州灵山县条)。金之灵山因缺乏确切记载,难详其所在。唯王寂曾提到"寄宿于灵山县之佛寺"①。王寂是由懿州至庆云县途中经过灵山,然亦未载灵山与懿州、庆云之距离。推原其行程,乃是早发懿州,夕宿灵山佛寺,次日行未竟日而至庆云,似灵山较近于庆云。然则此佛寺又未必在灵山县治。故仅能略知其县治在两处之间,当今彰武县东部地。

全州

承安二年置全州盘安军节度,泰和八年为下等节度州。贞祐二年弃之。治今内蒙古翁牛特旗。

《金志》谓:"承安元年十月改丰州铺为安丰县,隶临潢府,二年置全州盘安军节度使治。"②丰州铺、安丰县,即辽代上京道之丰州。其遗址在今内蒙古翁牛特旗治所乌丹城,有元泰定二年(1325)所立《全宁路新建儒学记碑》为证③。

承安二年辖县三:安丰、卢川、静封县。承安三年,静封县改隶高州,且以高州为全州支郡。后卢川割隶临潢。泰和四年废高州。八年,全州辖县一:安丰县。

安丰县

辽丰州,金初废为丰州铺,明昌七年(按该年十一月方改元承安)升置安丰县,隶临潢府,二年置全州,以安丰为倚郭。

---

① 《辽东行部志》,《五代宋金元人边疆行记十三种疏证稿》,第 284 页。
② 《金史》卷 24《地理志上》"全州·安丰县"条。按同书卷 129《佞幸·胥持国传》:"承安三年,御史台劾奏右司谏张复亨、右拾遗张嘉贞、同知安丰军节度使事赵枢……皆趋走权门。"按此"安丰",为节度军额,非宋境沿淮以六安县所置之安丰军。施国祁以为:"全州磐安军,节度使,治安丰县,或承安始立时曾名安丰耶?"(见《金史详校》卷 10)这一可能亦未可排除。俟再考。
③ 贾敬颜:《沈括〈熙宁使契丹图抄〉疏证稿》,《五代宋金元人边疆行记十三种疏证稿》,第 160 页。三上次男《金代女真研究》,第 490 页)、外山军治(李东源译:《金朝史研究》,黑龙江朝鲜民族出版社,1988 年,第 344 页)、张博泉《金史简编》第 311 页)等持相同意见。

第九节　临潢府路州县沿革

天辅四年(1120)袭辽制置上京路,治上京临潢府。辖临潢府及永、庆、祖、怀州。同年克龙化、降圣州,来属,旋废。天会二年(1124)置会平州,旋废。八年,改祖州为奉州。天眷元年(1138)以后,改称北京路。皇统三年(1143),废永、奉、怀州。天德二年(1151),改称临潢府路。承安元年(1196)废,承安末复置。大安(1209—1211)以后废路入北京(大定府)路。

泰和八年(1208),统府一、刺史州一:临潢府、庆州(另参见前图18)。

临潢府

辽上京临潢府,金初天辅四年五月克之①,仍称上京,实为陪都。天眷元年改称北京。天德二年,去北京之号,为总管府。泰和八年为下等总管府。大安以后,临潢府(总管府)路并入北京路,为散府。贞祐二年(1214)弃之。治今内蒙古巴林左旗南1里波罗城。

临潢去京号,《金史》未载其时。然《地理志》称"天德二年改北京为临潢府路",大略可知在天德二年。又海陵贞元元年(1153)迁都大兴府,遂"改燕京为中都,府曰大兴,汴京为南京,中京为北京"②,却无"北京为临潢府"之说,知临潢早于此前已降为总管府,不俟该年同时调整。至于《地理志》称"大定后罢路,并入大定府路"之说显误,因罢临潢都总管路实在大安以后。

金初辖县二:临潢、长泰县。天会八年,以庆州为支郡。皇统三年,废永州为长宁县,来属。明昌七年(1196),置安丰县,次年,安丰改隶全州。后全州卢川县来属。泰和元年又置宁塞县。八年,临潢府统支郡一:庆州。辖县五:临潢、长泰、长宁、卢川、宁塞县。

1. 临潢县

辽临潢县,金因之。倚郭。

2. 长泰县

辽长泰县,金因之。倚郭。

按长泰县在辽为倚郭,县治在京城内偏西处,笔者于辽代部分长泰县条考辨甚详。其在金代未见徙治之说。或以《金志》长泰县条未如临潢县条一

---

① 《金史》卷2《太祖纪》。
② 《金史》卷5《海陵纪》,贞元元年三月乙卯。

般下注"倚"字,而以为非倚郭也。然此非否定长泰县倚郭地位之明据。虽然《金志》于大兴府辖下大兴、宛平二县皆注"倚",于开封府辖下开封、祥符二县各注"东附郭"、"西附郭",然于大同府属下大同、云中二县,却仅注大同为"倚",以区别于云中等县。然则云中实为双附郭之一也。可知《金志》于附郭县之注释,不仅体例不一,且不乏漏落。故其于长泰县未注"倚",实未可偏信。

3. 长宁县

辽、金初永州及倚郭长宁县。皇统三年废州,县来属临潢府。治今内蒙古翁牛特旗东北250里新苏莫苏木巴彦诺尔古城。

4. 卢川县

承安二年置,隶全州,后割隶临潢府。治今内蒙古巴林右旗东南24里大板镇友爱古城。

按卢川县"以黑河铺升",且境内"有潢河",并曾隶全州。知该县在临潢南面,潢河(今西拉木伦河)以北,临近黑河(今查干木伦河),综合考量诸要素,其址应即辽之黑河州,今之友爱古城①。

5. 宁塞县

泰和元年置。治今内蒙古扎鲁特旗西北140里格日朝鲁苏木一带。

《金史》未能提供宁塞县所在的大致方位。顾祖禹以为,在临潢东南②。其说不知所本。由"宁塞"之名来看,知其地近边。又该县置于泰和元年,将这一事实与金代中期加强边备的过程相合,则置此县之因由,亦略可知。金自世宗朝始,注目北境边防,调整泰州、临潢边堡体系。至章宗明昌中升置桓、净、昌、抚等州以加固西北边线,承安中大规模用兵于临潢、泰州以北,征伐合底忻、山只昆等部,至承安四年,用兵告一段落。次年,"西北路招讨使独吉思忠言,各路边堡墙隍,西自坦舌,东至胡烈公,几六百里,向以起筑匆遽,并无女墙副堤。近令修完,计工七十五万,止役戍军,未尝动民,今已毕功"③。西北、东北境已经宁定,由边墙、边堡构筑起来的防御体系也已完成,又次年(即泰和元年),遂有宁塞之置。此举正应出于连接诸边堡与内地且便于供给的意图,是北部防线的加固工程接近尾声时政区设置上与此相配合的一次调整。

---

① 闵宣化以为,卢川县址应在"黑河与潢河之汇流处"之四方城,亦可备一说。见〔法〕闵宣化著,冯承钧译:《东蒙古辽代旧城探考记》,中华书局,2004年,第64、66页。
② 《纪要》卷18《北直九》"万全都指挥使司·附考·废宁塞县"条。张博泉沿用此说,见《东北历代疆域史》,第204页。
③ 《金史》卷11《章宗纪三》,承安五年九月己未。

很难想象,当时宁塞县的建置,会是在临潢以东南无关痛痒之处。笔者以为,《中国历史地图集》置之于今扎鲁特旗格日朝鲁苏木一带,其位置是较为合适的。

庆州

辽兴平军节度,天辅四年攻下,天会八年降为刺史州,以"玄宁"为军号,为临潢府支郡。贞祐二年弃之。治今内蒙古巴林右旗北175里索博日嘎镇白塔子村古城。

庆州在辽为节度州,军额先后为玄宁、大安、兴平。入金,则降为刺郡,并以该州在辽代最初的军额为其军号。然《金志》却未载其降刺郡之时。按《金史·李三锡传》:"诏废齐国,择吏三十人与俱行,三锡在选中。还为庆州刺史。"①伪齐废后,陕西地入金,则金境内有两个庆州。然陕西之庆州却为节度,故李三锡所任之"庆州",自是临潢周边之庆州。可知该州于天会末已降为刺郡。而在天辅、天会间,在原辽代上京、东京道境域内,可知的较大规模的政区调整,在天会八年。建肇州,废乾州,改祖州之名,易怀州、广宁府之军额,改庆州孝安县名,皆在该年。庆州降等,以及倚郭玄宁县改名为朔平,应在同时。

金初辖县二:玄德、孝安县。天会八年,改玄德县名为朔平,孝安县名为庆民。皇统三年,废庆民县,庆州辖县一:朔平县。

朔平县

辽及金初玄德县,天会八年改县名为朔平。倚郭。

(废)庆民县

辽及金初孝安县,天会八年改县名为庆民。皇统三年废。治今内蒙古林西县东北118里五十家子镇大城村古城址。

(废)会平州

金天会二年置,旋废。治今内蒙古东乌珠穆沁旗一带(见辽代部分上京道"周特城"条)。

《金史·习古乃传》载:"徙辽降人于泰州,时暑未可徙,习古乃请姑处之岭西。习古乃筑新城于契丹周特城,诏置会平州。"据《太宗纪》,命名事在天会二

---

① 《金史》卷75《李三锡传》。

年四月,则筑城在此前不久,应是同年事①。此上京者,乃辽上京临潢府。会平州在临潢府附近,而《金志》"上京路"条误以上京为金之上京会宁府。按女真内地当时既未置府,亦未有"上京"之号,会平州当与此无关。王可宾已详辨《金志》之误②,此不赘。然其后再未为史籍所提及。按天会二年筑此州者,暂处将徙泰州之辽降人耳。俟一二年后,降人即东迁矣,故会平州建置亦废矣。

不辖县。

(废)永州

辽永州永昌军观察,金天辅四年攻下③,天辅七年升置节度。皇统三年废为长宁县,隶临潢府。治今内蒙古翁牛特旗东北250里新苏莫苏木巴彦诺尔古城。

皇统三年前,辖县一:长宁县。

(废)奉州

辽祖州天成(城)军节度。金天辅四年克之。天会八年改州名为奉州。皇统三年废。治今内蒙古巴林左旗林东镇西南44里林东镇石房子村古城。

皇统三年前,辖县不详,或仍辽制,辖县二:长霸,咸宁。

1. (废)长霸县

辽长霸县,金初仍旧,为倚郭。皇统三年废。

2. (废)咸宁县

辽咸宁县,金初仍旧,为倚郭。皇统三年废。

(废)怀州

辽怀州奉陵军节度。金天辅四年克之。天会八年改军额为奉德军。皇统

---

① 《金史》卷72《习古乃传》;卷3《太宗纪》,天会二年四月戊午。
② 王可宾:《金上京新证》,《北方文物》2000年第2期,第87页。
③ 《金史》卷2《太祖纪》:天辅四年五月壬戌,金军下上京之后,"分兵攻庆州"。《契丹国志》(卷11《天祚皇帝中》)、《亡辽录》(《会编》卷21《政宣上帙二十一》,宣和七年正月条引)则系之于天辅三年(辽天庆九年)夏。《亡辽录》谓:"天庆九年夏,金人攻陷上京路。祖州,则太祖阿保机之天膳堂;怀州,则太宗德光之崇元殿;庆州,则望圣、神仙、坤仪三殿;乾州,则凝神、宜福殿;显州,则安元、安圣殿……焚烧略尽。"则金军攻克"上京路"祖、怀、庆等州,前后相隔不久,而与上京临潢府及祖、怀等州相近的永州,其陷落应差相同时。唯《契丹国志》、《亡辽录》系年较金史早一年。本书系年从《金史》,故定于天辅四年。

三年废。治今内蒙古巴林右旗东北 105 里幸福之路苏木浩特艾里嘎查。

辖县不详,或仍辽制,辖县二:扶余、显理县。皇统三年后皆废。

1.(废)扶余县

辽扶余县,金初仍旧,为倚郭。皇统三年废。

2.(废)显理县

辽显理县,金初仍旧。皇统三年废。治今内蒙古巴林右旗北境。

第十节　东北路州县沿革

天辅五年(1121)置泰州路,治泰州。仅辖泰州。熙宗朝(1135—1149)析置乌古迪烈统军司辖境。大定五年(1165)合乌古迪烈路置东北路,仍治泰州。承安三年(1198),徙治新泰州(长春县)。泰和(1201—1208)初,由新泰州徙治金山县。泰和八年还治新泰州。贞祐二年(1214)徙治肇州。

泰和八年,辖节度州一:泰州(另参见前图18)。

(废)泰州

辽泰州,金天辅元年克之①,天辅五年置泰州都统②。天德三年(1151),置德昌军节度。大定二十五年,降泰州为防御。治今黑龙江泰来县西北 56 里塔子城镇古城。承安三年,迁州于长春县。

《金志》载:"泰州,德昌军节度使。辽时本契丹二十部族牧地,海陵正隆间,置德昌军,隶上京,大定二十五年罢之。承安三年复置于长春县,以旧泰州为金安县,隶焉。"看似极尽详备,而事实上却是无一语不需补充说明甚或校正。以下分条述之。

所谓"辽时本契丹二十部族牧地,海陵正隆间,置德昌军,隶上京",其意似不容误解:其地辽时为牧地,金正隆(1156—1161)间置节度州。然辽代已置泰州,至金初天辅五年,徙猛安谋克力户屯于泰州,仍置都统司③,泰州建置是

---

① 《辽史》卷28《天祚皇帝纪二》,天庆七年正月;《金史》卷2《太祖纪》,天辅元年正月。
② 按金初女真内地未置路,应自立于各路之外,而辽代近于女真内地的东北路长春、宁江、泰诸州,应与女真内地相同,未划入他路,"收国二年,分鸭挞、阿懒所迁谋克二千户,以银术可为谋克,屯宁江州"(《金史》卷72《银术可传》),即是明证。天辅五年置泰州路,泰州有所归属。天春元年置上京路,长春、宁江州方入上京路矣。
③ 《金史》卷71《婆卢火传》:"天辅五年,摘取诸路猛安中万余家,屯田于泰州,婆卢火为都统。"

延续的,海陵时固然多次出现"泰州路"①,直至世宗大定初,该路尚存②,向为金山以东、临潢以北防御鞑靼的重镇。实未见先废州再俟海陵朝重新建置之背景及必要性。而关于该州在海陵正隆以前的记载,在《金史》中亦未尝绝迹③。那么,《金志》所谓"置德昌军"是否指泰州置为"德昌军节度"?事实正是如此。

这正是泰州不同于金其他诸州之处:在金代前期,泰州有州之称,而无州之实,它在等级、等第方面,也与普通的州不同。虽然辽代已置德昌军节度于此,然经辽末金初之战争,此地已无普通之民户。不过,太祖时期,已非常重视泰州的区位,有意将之建设为北部边防重镇。太祖先遣宗雄"与蒲家奴按视泰州地土,宗雄包其土来奏曰:'其土如此,可种植也。'上从之。由是徙万余家屯田泰州,以宗雄等言其地可种艺也"④。由是可知,泰州于金初恐已成丘墟,金廷经过郑重其事的考察、决策,遂遣婆卢火率万户屯于泰州一带,对该地进行重新开发。然而,由于泰州的新居民,主要是女真人的猛安谋克,其次是降户构成的乣军等,从人口组成上看,接近于辽代的边城。在该地采用的管理方式,与女真内地的蒲裕、胡里改诸"路"相同——直接以"路"统猛安谋克的方式,不再经过州这一层。由此,"泰州",只是一个名称,它相当于"胡里改"、"蒲裕"、"速频"等,整体作为一个地名是可以的,"州"本身却没有意义。这也是为什么在海陵以前,泰州未出现州一级的官员,却不乏一路都统、万户、猛安之例的原因。而对属县的管理,可能也一直沿用了金初的制度,由猛安、谋克之主管者兼任。或者退一步说,在泰州,路、州两级机构合一。当然,辽代所置的"德昌军节度",在金初也已废弃。

海陵朝重"置德昌军",貌似恢复辽代建制,但并未改变路实州虚的事实。蒲裕、胡里改、速频、曷懒、婆速等"路"于海陵朝改置都总管或节度使,然却仍以"路"的面目出现。泰州与上述诸路类同,虽置节度使,然事实上也是"路"之

---

① 至婆卢火之后,太宗、熙宗、海陵朝,"泰州路"建置未尝断绝。天会十年七月甲午,"赈泰州路戍边户"(卷3《太宗纪》)。婆卢火之子剖叔,于"天眷二年为泰州副都统"(卷71《婆卢火传》)。同在天眷中,完颜撒改"从军泰州路,军帅以撒改为万户,领银术可等猛安,戍北边,数有战功"(卷91《完颜撒改传》)。至天德二年,又"省并中京、东京、临潢、咸平、泰州等路节镇及猛安谋克"(卷44《兵志》"兵制"条)。纥石烈志宁之"父撒八,海陵时赐名怀忠,为泰州路颜河世袭谋克,转猛安"(《金史》卷87《纥石烈志宁传》)。
② 《金史》卷6《世宗纪上》,大定二年闰二月"庚寅,诏平章政事移剌元宜泰州路规措边事"。又见卷132《逆臣·完颜元宜传》。
③ 不仅太宗至熙宗朝泰州颇为常见,即便是海陵朝,亦不乏其例。如天德四年二月"戊子,次泰州",四月"壬辰,上自泰州如凉陉"(《金史》卷5《海陵纪》)。
④ 《金史》卷73《宗雄传》。

节度而不是"州"之节度。也正因如此,除《金志》"隶上京"之说以外,史籍迄未出现泰州归属于其他路的记载,因为,泰州本身自成一路。

需要对《金志》进行修正的是,"置德昌军"之时,并非在正隆中,而应在天德三年。作此判断,间接的根据,是蒲裕等路改都勃堇、万户、统军为总管、节度使,皆在天德三年,知该年曾有猛安谋克的高层管理机构统一改置的举措,泰州路应不例外。直接的证据则是,约在贞元中即有"德昌军节度使"隈可①。

《金志》所谓"大定二十五年罢之","所"罢"者何?若仅考虑该处记载,答案似乎是很明确的:废罢的当然是"泰州"之建置,否则也不会有"承安三年复置于长春县"之事。然则此说却又有问题。在大定二十五年至承安三年间,仍多有泰州之记载。如大定二十五年,"遣使临潢、泰州劝农"②;明昌六年(1195),"临潢、泰州属部叛",完颜安国讨平之③;"明昌间,有司建议,自西南、西北路,沿临潢达泰州,开筑壕堑以备大兵"④;明昌七年,"特满群牧契丹陀锁、德寿反,泰州军击败之"⑤。如此,其间泰州又何尝废罢,又何需待承安三年复置?然则泰州于大定二十五年确乎有建置上的变化。据《金史》载,夹谷石里哥"明昌五年进士,泰州防御判官"⑥;而伯德梅和尚于"明昌初,为西北路副招讨,改泰州防御使"⑦。如此则大定二十五年的建置变化不难把握,是泰州由节度降为防御矣。

泰州既未废于大定二十五年,故也并不存在承安三年复置之事,只是治所发生了变迁。按《金志》称:"大定二十五年废(泰)州,承安三年复置",显是误载。而《地理志》"长春县"条所说长春县"承安三年来属",并被置为首县,则是可以采信的。

金初至承安三年,不辖县。

金代泰州前后辖县情况,《金志》也未予清晰的描述。仅载长春县始"隶肇州,承安三年来属",该年又"以旧泰州为金安县,隶焉","旧有金安县,承安三年置,寻废"。合此二条,知承安三年以后,以长春为倚郭,且以旧泰州为金安县,后又废金安县。然而,该年以前是否有辖县,显然从《金志》无法直接得到

---

① 《金史》卷66《隈可传》:"(天德)四年,出为昭德军节度使。……改德昌军节度使。"
② 《金史》卷8《世宗纪下》,大定二十五年五月癸卯。
③ 《金史》卷94《完颜安国传》。
④ 《金史》卷95《张万公传》。
⑤ 《金史》卷10《章宗纪二》,承安元年十一月戊子。
⑥ 《金史》卷103《夹谷石里哥传》。
⑦ 《金史》卷121《忠义一·伯德梅和尚传》。

答案。

辽代泰州辖乐康、兴国二县,此二县皆未见于金承安三年以后,除长春县系由他州划入,仅知有金安县。而金初至承安三年,如上文所述,泰州实为以猛安谋克为基础的建置,近乎边城,而与内地之州不同,故而,州不辖县,实属正常。事实上,在承安三年之前,泰州属下,仅金山一县[①]曾于金初一见。金山原是辽代泰州属县,辽末天庆六年(1116),以县升置静州,《金史·呆传》称:"天辅元年,呆以兵一万攻泰州,下金山县。"[②]金山升州后仅一年即没于金,大约自攻克之时起,金即废静州而存县,用辽天庆六年以前之制。但再次见于记载,已在较晚之时。《金史·百官志》载,诸宗室将军,"中都、上京……临潢、泰州、金山等处置,属大宗正府"[③]。此"金山"与中都、泰州等并列,想必不至于指纵贯数千里的大兴安岭山脉,而应是政区名。然《百官志》所载,应是泰和制度。又,在泰和元年,遂有东北路招讨司"分司金山"——事实上应当是由泰州徙置金山之举[④]。也就是说,《金史》再载金山县,已在泰和以后。再据泰州金初即废倚郭县之事实,金山县亦应同废于金初,而于承安三年与金安县同置也。故而,承安三年以前之泰州,并无属县。

泰州

辽长春州,韶阳军节度。金天辅元年克之[⑤],仍旧[⑥]。天眷元年划属上京路。天德二年废州为长春县,隶肇州。承安三年,迁泰州于长春县,复升泰州为德昌军节度。泰和八年,为下等节度州[⑦]。贞祐二年弃之。治今吉林白城市东南55里德顺乡城四家子古城。

金初至天德二年,长春州辖县一:长春县。承安三年,泰州辖县三:长春、金安、金山县。泰和四年废金安县。八年,泰州辖县二:长春、金山县。

---

① 研究者有混同金山县与金安县者,景爱已辨其误(《辽金泰州考》,《辽金史论集》第 1 辑,第 190 页),此不赘。
② 《金史》卷 76《呆传》。又,卷 72《娄室传》、卷 73《宗雄传》、卷 76《宗干传》皆载该年下"金山县"事。
③ 《金史》卷 55《百官志一》"大宗正府"条。
④ 《金史》卷 44《兵志》"禁军之制"条。
⑤ 《辽史》卷 28《天祚皇帝纪二》,天庆七年正月。
⑥ 按长春州入金后是否仍为节镇,抑或降等,《金史》不载。《会编》卷 31 载靖康元年(金天会四年)正月二十四日金帅斡离不回宋书,有"韶阳军节度使耶律忠"(《大金吊伐录》所载斡离不《遣计议使副及回谢书》所载同,见金少英校补《大金吊伐录校补》第 54 条)。是金袭辽制,仍以长春州为韶阳军节度。
⑦ 泰州之户口虽未于《地理志》中载明,然在以非猛安谋克户计的"上、中、下"之等第系列中,北境显然不能与中原地区相比,故各州、府绝大部分皆为下等,遑论近北边之泰州。

1. 长春县

辽长春州及倚郭长春县,金天德二年废州,县属肇州。承安三年改隶泰州,为倚郭。

2. 金山县

辽静州,金初降为金山县,隶泰州,旋废。承安三年复置。金大安(1209—1211)至贞祐(1213—1216)初弃之,治今内蒙古乌兰浩特市北15里乌兰哈达镇前公主陵屯"公主岭一号古城"。

金山县废于金初而复置于承安三年,见上文泰州条。然其不见于《金志》,是否其建置于泰和八年已废,故为后人忽视呢?这种可能性并不大。固然,招讨司于泰和元年自金山徙回泰州,是因"北边无事",不必紧张如前。然而金廷对此有清醒的认识,这只是暂时的宁定,于是,"其副招讨仍置于边"。所谓"边"者,应还是指前此招讨司所在的金山县。笔者以为,金山无名于后世,恐是因为大安以后蒙古连续大举扰边,最接近边境的金山县首先受到巨大冲击,早早被放弃,并成为蒙古部落自由活动的范围,此后才是贞祐二年泰州残破,泰州军东迁至肇州,泰州之地被弃。可以说,泰州并非全境于在贞祐二年以后改变归属、撤销建制,而是逐步失地。首先沦陷的金山,遂未为后世所注目。

(废)金安县

承安三年迁泰州,以原州治为金安县。泰和四年废[①]。

第十一节 西南路州县沿革

金天辅中(1117—1123)承辽制,置西南路招讨司,治丰州,统丰、云内、宁边、东胜四州。天会三年(1125),割四州之地与西夏。四年,复夺丰、云内、东胜州,并复置宁边州于近里。皇统九年(1149)升丰州为天德府。大定元年(1161)复降为丰州天德军节度。十八年置净州。

泰和八年(1208),统州五(节度州二、刺史州三):丰、云内、宁边、东胜、净州(另参见图19)。

丰州

辽丰州,金天辅六年得之,仍为丰州天德军节度,为西南路招讨司驻地。

---

① 《金史》卷12《章宗纪四》,泰和四年六月戊申。

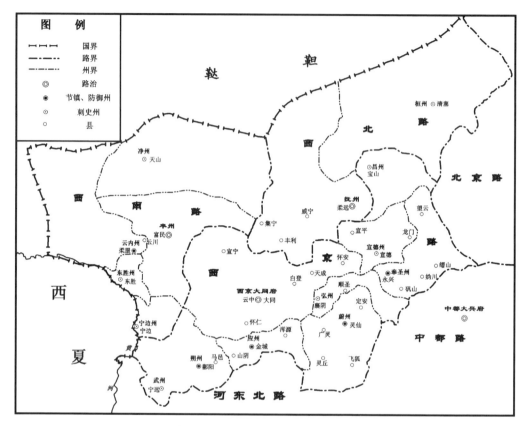

图 19　泰和八年(1208)西京路、西南路、西北路政区

天会三年，许割丰州与西夏，四年，复夺之。皇统九年升为天德府。大定元年复降为丰州天德军节度。泰和八年为下等节度州。至宁元年(1213)陷落。治今内蒙古呼和浩特市东 40 里巴彦街道白塔村古城。

丰州之地，辽末金初颇多周折。先是，天辅六年(宋宣和四年)，宋将徐徽言攻克丰州，旋弃去①。同年，金招降丰州成功②，仍以辽降将守之。天会二年辽天祚帝一度在西境发动反攻，夺取丰州。然旋即战败，复失其地于金③。至天会三年，粘罕遣人"使夏国，许割天德、云内、武州及河东兜厮喇、曷童、野鹊、神崖、榆林、保大、裕民八馆，河西金肃、清河(当作河清)二军"④。事实上，

---

① 《宋史》卷 447《忠义二·徐徽言传》。
② 《金史》卷 2《太祖纪》，天辅六年四月戊戌。
③ 《契丹国志》卷 12《天祚皇帝下》，金天会二年(辽保大四年)秋。
④ 《会编》卷 25《政宣上帙二十五》，宣和七年十二月。

准备割出的地区,在黄河以东部分还应包括开远军节度使辖区(治云内州)的东胜州①,黄河以西则尚有宁边州。然而,天会四年夏人依约占领这一地区后,粘罕却毁约夺回。

"皇统九年升为天德总管府",是熙宗将普通都总管路的建制应用于招讨司路,故依例升路治为府。而"大定元年降为天德军节度使",则表现世宗重新强调近边的招讨司路与内地都总管路之不同。然都总管路与招讨司路职能或有别,而层级则无异,上文已述,此不赘。

金末丰州陷落的具体时间不详。《元史·太祖纪》载,金大安三年(1211)十月,蒙军"分徇云内、东胜、武、朔等州,下之"②。《元史·木华黎传》载,金崇庆元年(1212),蒙军"攻云中、九原诸郡,拔之"③。又《石抹明安传》载:崇庆元年至贞祐元年(1213),蒙军"定云中东、西两路"④,此两路,应正是指西南、西北招讨司辖境。至贞祐二年,战事已集中于大同以南,除东胜州、宁边二州外,基本不见西南路诸州的踪迹,故蒙军克西南、西北两路大部,应在贞祐元年,即至宁元年也。据元好问为完颜陈和尚所作碑铭,"贞祐中,年二十余,北兵破丰州,执之而北","时陈和尚留丰州……陈和尚在北岁余,托以省母,乞还。大帅以卒监之至丰,乃与斜烈劫杀监卒,夺马奉其母南奔。大兵觉,合骑追之,由他路得免"⑤。所谓"贞祐中",应即贞祐元年,即至宁元年也。且"北兵"克丰州之后,再未放弃,"大帅"遣卒监押陈和尚赴州,正因当时丰州在蒙军控制之下。

天辅中辖县一:富民县。大定十八年,净州来属。泰和八年统支郡一:净州。辖县一:富民县。

按辽丰州有振武县,在金为镇,不知废于何时,或金初已废。

富民县

辽富民县,金初因之。倚郭。

净州

大定十八年置,为丰州支郡。泰和八年为下等刺史州。大安三年陷于蒙

---

① 《元史》卷58《地理志一》"河东山西道宣慰使司·大同路"条:"东胜州……金初属西夏,后复取之。"即指天会三、四年之反复也。
② 《元史》卷1《太祖纪》,太祖六年冬。
③ 《元史》卷119《木华黎传》。
④ 《元史》卷150《石抹明安传》。
⑤ 《遗山先生文集》卷27《赠镇南军节度使(完颜)良佐碑》。《金史》卷133《完颜陈和尚传》同。

军。治今内蒙古四子王旗西北40里吉生太镇城卜子。

按《金志》,大定十八年以榷场置天山县并净州,此榷场者,与鞑靼贸易之所也。而升州之后,该地仍为易于殖产的"互市所在"①。泰和八年,金遣卫王永济"受(鞑靼之)贡于净州",当年章宗崩,卫王继位,至大安二年,卫王"欲俟帝(铁木真)再入贡,就进场害之"②。由此知,净州实当金西境与鞑靼交接之前冲地带。在大安三年云内、东胜、武、朔等州纷纷陷落之时,净州恐亦不得免矣。

按《清一统志》:"净州故城,在归化城东北,阴山之后。……旧《志》:元曰净州路,明初废,在大同府西北四百二十里。"又称:"旧净州,在昌州之西,丰州之北,其地当在(四子王)旗西北,与喀尔喀接界之处。"③《中国历史地图集》定于四子王旗吉生太乡城卜子一带④。

辖县一:天山县。

天山县

大定十八年与州同置。倚郭。

云内州

辽云内州,金天辅六年得之⑤,仍为云内州开远军节度。天会三年割与西夏,四年夺回。泰和八年为下等节度州。大安中降为防御。约贞祐元年陷于蒙军。治今内蒙古托克托县东北65里古城镇。

云内自辽以来,即为节镇,且为辽、金西南路西部的军事中心,至少在金章宗明昌(1190—1195)、承安(1196—1200)间,曾为西南路招讨副使驻地。约泰和初,犹有移剌福僧任"同知开远军节度事"⑥。然至大安三年,云内州已降为防御⑦。察泰和至大安间西面形势,唯大安三年蒙、夏两军分别攻金,为足以

---

① 《遗山先生文集》卷27《恒州刺史马君(庆祥)神道碑》:"又迁静州之天山,天山占籍今四世矣。此地近接边堡,互市所在,于殖产为易。""静州"者,应作"净州"。
② 《元史》卷1《太祖纪》,太祖五年庚午春。
③ 《嘉庆重修一统志》卷541《四子部落》"古迹·旧净州"条。
④ 《中国历史地图集》第6册《宋辽金时期》图册《西京路》图(第51页)。又见王颋《完颜金行政地理》第103页。
⑤ 据《金史》卷2《太祖纪》,天辅六年四月戊戌。据《契丹国志》卷12《天祚皇帝下》,金天会二年(辽保大四年)秋,天祚一度反攻,"取天德军、东胜、宁边、云内等州",旋败于武州,所得之地复失。
⑥ 《金史》卷104《移剌福僧传》:"徙横海军(节度副使),转同知开远军节度事,签北京临潢按察事。……大安初,改沃州(刺史)。"按察司始置于章宗承安四年(1199),福僧签按察,应在泰和间(1201—1208)。
⑦ 《金史》卷102《完颜弼传》。

促成政区调整的变故。同时发生的,尚有东胜州之升节镇,使西南路西境的政区格局发生较大变化。

就在云内州降为防御的同一年,蒙军一度攻克该州(唯不知在降等之前抑或之后)①,旋又弃去。但到了贞祐初,又受蒙军围攻②,应于贞祐元年被攻下,故自此遂无音讯。

天辅中,统支郡二:东胜、宁边州。辖县二:柔服、宁仁县。天会中置裕民县。皇统九年废裕民县。大定中废宁仁县。二十九年置云川县。泰和八年统支郡二:东胜州、宁边州。辖县二:柔服、云川县。大安三年,东胜州升节度,宁边州改隶东胜州宁远军节度,云内遂无支郡。

1. 柔服县

辽柔服县,金因之。倚郭。

2. 云川县

天会中置裕民县,皇统九年废。大定二十九年复置云川县。治今内蒙古土默特右旗一带。

《金志》云:"(云川县)本曷董馆,后升裕民县,皇统元年复废为曷董馆,大定二十九年复升。""裕民"、"曷董馆"二地,是我们探知金云川县大致方位的关键。据《会编》记载:

> 初,粘罕遣撒卢拇使夏国,许割天德、云内、武州及河东兜厮喇、曷童、野鹊、神崖、榆林、保大、裕民八馆,河西金肃、清河(当作河清)二军,约入寇麟、府,以牵河东之势。至是,夏人由金肃、清河(河清)军渡河,取天德、云内、河东八馆及武州,以应粘罕之约,尽陷其地。
>
> 粘罕复夺所割与夏国天德、云内等地。《节要》曰:"金人初欲攻辽,虑独力不能胜之,遂于海上许燕云,以结朝廷……又欲入寇中国,亦虑独不能胜,遂许割地以结夏人。至是既见中国之易,又复取先所割天德、云内、河东八馆、武州,惟金肃、河清二军在大河之西,不能取之。"③

---

① 《元史》卷1《太祖纪》,太祖六年十月。
② 《金史》卷102《完颜弼传》:"(大安三年)谪为云内州防御使。贞祐初,宣宗驿召弼赴中都。是时云内已受兵,弼善马槊,与数骑突出,由太原出泽、潞,将从清、沧赴阙。"完颜弼赴中都,应在贞祐元年十月蒙军攻围中都之后。而又在次年四月迁汴之前。云内州之陷落,或在贞祐元年底。
③ 《会编》卷25《政宣上帙二十五》,宣和七年十二月;卷48《靖康中帙二十三》,靖康元年六月十八日。又,《松漠纪闻》卷1载:"黄头女真者,皆山居,号合苏馆女真(原注:合苏馆,河西亦有之,有八馆,在黄河东,今皆属金人,与金粟城、五花城隔河相近,二城八馆,旧属契丹,今属夏人,金人约以兵取关中,以三城八馆报之。后背约再取八馆,而三城在河南,屡争不得)"。洪皓所谓河西之"合苏馆",显然正应是"曷董馆"之误。

据上，天会二年（宋宣和七年）金承诺割与西夏之地，包括两部分。其一是黄河以西之金肃、河清军，其二是天德、云内以及"河东八馆"之地，大体在黄河以东。后者既然从天德军（丰州）往南直至武州，其实还应包括辽末之东胜州与宁边州西部。两处以黄河为界。而最终金人背誓，夏人只得到河西二军（事实上还应有宁边州）。河东八馆既与天德、云内、武州相连称，那么自然应在丰州以西、自云内至武州一带。今所见与八馆之所在相关的说法有二。顾祖禹称："武州有八馆地，辽置馆舍于此，因名。宋靖康初，夏人因辽人内侵，乘虚画取河外武州等八馆地，即此。"① 然"河外武州等八馆"之说，恐是想当然耳。笔者疑其误将"武州"与"河东八馆"连读耳，至于置之于"河外"，则更与《会编》等所说不同。从金代升曷董馆（既以"裕民"为县名，则亦当包括裕民馆之地）置云川县，隶于云内州，可知此二馆在金云内州境内。系八馆于武州，显然是不符合事实的。《契丹国志》则称："有八馆，在黄河东，与金粟城、五花城隔河相近。"② 则大约近实。与上引《志》文"辽置馆舍于此"相联系，知河东八馆者，或是辽沿河套东北角黄河以北、以东列置之传舍中规模最大者，连成一条河套北面由西向东、又折向南面的控制线，与河西的金肃（粟）、五花二城（另外应有河清军与宁边州）隔河响应，控扼交通要道，联系河东各州，于用兵、馈饷等大有作用，故夏人得之而后快。但八馆之地终被金夺还。大约在稍后置裕民县。县之置，是金初金夏边境调整的一个结果。而皇统九年废县，大定二十九年复升，仍与金夏关系之变迁有关。

金既以"河东八馆"其中之二（裕民、曷董）置云川县，知此县治所、境域，必然靠近黄河。度其地当在今土默特右旗，极近金夏边境。至于具体位置则不详。《清一统志》亦仅提及"在归化城西南"而已③。

（废）宁仁县

辽宁仁县，金初因之。大定后废。治今内蒙古土默特右旗以东南黄河北岸。

宁边州

辽宁边州，金天辅六年得之，仍为宁边州刺史。治今内蒙古准格尔旗东南63里龙口镇哈日敖包一带。天会三年割与夏，遂徙治今内蒙古清水河县西南

---

① 《纪要》卷44《山西六·大同府》"武州城"条。
② 《契丹国志》卷26《诸蕃记》"黄头女真"条。
③ 《嘉庆重修一统志》卷160《归化城六厅》"古迹·云川故城"条。

68里窑沟乡城湾梁①。泰和八年为下等刺史州。初为云内州支郡,大安三年改为东胜州支郡,贞祐三年复改隶镇西军(治岚州),四年升为防御。兴定三年(1219)前后失于蒙古。

辽、金宁边州治所不同,而《金志》不及此。按《清一统志》,金宁边州"元省,其地半入武州,半入东胜州",其境在河以东,而辽之宁边州以河西之唐隆镇升置,与金之宁边州显非同地。其徙于河东,当在金初。按金于天辅六年遣"阇母、娄室招降天德、云内、宁边、东胜等州,获阿疏而还"②,然因隔河之故,此后对河套东北角地区的控制并不巩固。至天会二年,因其地之偏远,遂割与西夏。天会四年粘罕复夺河东之地,然黄河以西的金肃、河清二军以及宁边州之地未能取回。金遂重建宁边州于黄河以东。

宁边州初隶于云内州开远军节度,此固无疑。当云内州于大安三年降为防御而同年东胜州升宁远军节度之后,则改隶于宁远军。贞祐三年复改隶镇西军,次年升为防御,相当于独为一镇。但是《金史·古里甲石伦传》载,石伦于兴定三年"召同知宁边军节度使姚里鸦鹘,与之议兵,竟不听命"③。后人遂以为,宁边州在金末"不止防御",而是最终升为节度,《金志》阙载耳④。然据《金史·伯德窊哥传》载:

> 贞祐五年,东胜州已破,窊哥与姚里鸦胡、姚里鸦儿招集义军,披荆棘,复立州事。河东北路行元帅府承制除窊哥武义将军、宁远军节度副使,姚里鸦胡武义将军、节度判官,姚里鸦儿武义将军、观察判官。窊哥等以恩不出朝廷,颇怀觖望,纵兵剽掠。兴定元年,诏窊哥遥授武州刺史、权节度使,姚里鸦胡权同知节度使事,姚里鸦儿权节度副使,各迁官两阶。兴定三年,窊哥特迁三官,遥授同知晋安府事,寻真授东胜军节度使。⑤

贞祐五年重立东胜州事,伯德窊哥先被任命为宁远军节度副使,稍后权节度使,寻真授东胜军节度。此三次任命,皆是就同一节度州而言,即东胜州宁远军节度,至于武义将军、武州刺史等衔,不是虚衔就是遥授。而姚里鸦胡,也

---

① 据《中国历史地图集》第6册《宋辽金时期》图册《西京路》图(第51页)。按《嘉庆重修一统志》卷148《宁武府》"古迹·宁边旧城"条称:"在偏关县东。"然金代宁边州既由辽之宁边州东徙,仍保留守边之职,则不应如此偏南、偏东,距离黄河如此之远。
② 《金史》卷2《太祖纪》,天辅六年四月戊戌。
③ 《金史》卷111《古里甲石伦传》。
④ 《金史详校》卷3上。
⑤ 《金史》卷122《忠义二·伯德窊哥传》。

步窊哥之后,由宁远军节度判官升权同知节度使,此人无疑就是《金史·古里甲石伦传》的"同知宁边军节度使姚里鸦鹘",石伦《传》所提到的"宁边军",乃是"宁远军"之误。于是知金末升节镇的,不是宁边州,而是东胜州。

宁边州北有东胜州为屏障,南有武州为之捍御,而东胜州、武州皆陷失于兴定三年。故而,宁边州之失,或亦在兴定三年。

金初不辖县,正隆三年(1158)置倚郭宁边县,辖县一。泰和八年同。

宁边县

正隆三年置,倚郭。

东胜州

辽东胜州,金天辅六年得之,仍为东胜州刺史。天会三年割与西夏,四年夺回。泰和八年为下等刺史州。大安中升为宁远军节度。兴定三年为蒙军攻陷。治今内蒙古托克托县。

东胜在金末为节度,如上文宁边州条所述,见于《金史·伯德窊哥传》,事在贞祐五年(即兴定元年)。然则其初宁远军节度之时,当在云内州降为防御之时,即大安中。如此,则宁边州方有所属。何以节镇由云内移至东胜?疑是该年蒙古大举攻金、夏,亦频频攻扰金西南、西京、河东沿边诸州之时,金廷临时作出的调整。这次调整改变了西南路西境之政区格局:北部的云内州降为防御,仅领本州,而原开远军节度辖区中部的东胜州,因控扼河套东北角,形势更为重要,遂升为节镇,在云内、东胜、宁边三州居中调度。而云内较东胜更早陷落,也证明此次徙镇是有效的。

东胜在金末数度遭到蒙军攻击。大安三年蒙军第一次大举南侵之时,东胜即被攻破①。至兴定元年,蒙军再破东胜州,毁而弃之,经伯德窊哥"披荆棘,复立州事",其建置得以延续。但仅历两年,蒙军最终攻陷东胜州②。

天辅中辖县一:东胜县。泰和八年同。大安三年东胜州升节度,统支郡一:宁边州。贞祐三年,宁边州改隶镇西军节度(治岚州),东胜州统县一:东胜县。

东胜县

辽榆林县,金初改名东胜。倚郭。

---

① 《元史》卷1《太祖纪》,太祖六年十月。
② 《金史》卷122《忠义二·伯德窊哥传》,卷15《宣宗纪中》,兴定三年九月甲辰。

（废）天德军

辽天德军,金天会末废。治今内蒙古乌拉特前旗东北38里额尔登布拉格苏木三里城一带。

据《松漠纪闻》：金天会十年（1132,宋绍兴二年）,耶律余睹"谋诛西军之在云中者,尽约云中、河东、河北、燕京郡守之契丹、汉儿,令诛女真之在官、在军者。天德知军伪许之,遣其妻来告。"[1]此条记载及"天德知军"之称,在《契丹国志》、《大金国志》、《要录》中皆见载[2]。可知天德军在入金之初仍存。然则,河西之地既尽割与夏,天德军探入夏境以北,偏远难守,故不得不废罢。废军之时,当距金天会十年不久,或在天会末年。

不辖县。

第十二节　西北路州县沿革

金初天辅中（1117—1123）承辽制,置西北路招讨司,治桓州境内燕子城,统桓州。大定八年（1168）徙治桓州。明昌三年（1192）置抚州,七年徙治抚州。同年置昌州,隶西北路。后昌州改隶西京路。崇庆元年（1212）以后,侨置西北路于内地。

泰和八年（1208）,统州二（节度州一、刺史州一）：抚、桓州（另参见前图19）。

抚州

明昌三年置抚州,刺史,为桓州支郡。明昌七年（该年十一月改元承安）之后,为西北路招讨司治所。承安二年（1197）升为镇宁军节度。泰和八年为下等节度州。大安三年（1211）陷蒙。治今河北张北县。

按辽旧置头下抚州,为道宗女特里之头下州。《金志》抚州条载："辽秦国大长公主建为州,章宗明昌三年复置,刺史。"柔远县条载："大定十年置于燕子城,隶宣德州,明昌三年来属。"知辽代头下抚州应于金初废为燕子城。然州虽废而地位仍然重要,金代前期长期驻西北路招讨司于燕子城。至大定十年置

---

[1] （宋）洪皓：《松漠纪闻》卷1。
[2] 《契丹国志》卷19《耶律余睹传》；《大金国志》卷7《纪年·太宗文烈皇帝五》,天会十年秋；《要录》卷58,绍兴二年秋。

柔远县，即在辽抚州基址之上。后又于明昌三年置州，仍用辽代旧名。

抚州治所柔远县之前身燕子城，向来是西北路重地，金前期一直是西北路招讨司驻地，故正隆(1156—1161)末契丹撒八反金之时，金户部员外郎曹望之"转致甲仗八万，自洺州输燕子城"①。明昌七年复迁招讨司至此、次年升节镇，与明昌末北击阻䩻、北境军事中心由桓州移至抚州有关。明昌六年十月，"命尚书左丞夹谷衡行省于抚州"②，次年二月，衡返京述职，遂未再归于北境③。十月，金廷改遣"签书枢密院事完颜匡行院于抚州"，次年三月，复"命尚书户部侍郎温昉佩金符，行六部尚书于抚州"④，为匡主馈饷⑤。此次金廷频频遣出重臣经略西北路，皆以抚州为中心，与招讨司旧治桓州无关。至五月，遂"升抚州为镇宁军"⑥。承安三年北境粗安，完颜匡归朝，行院遂罢。西北路之中心则未因此次经略之结束再离开抚州。

抚州陷蒙之时，据《金史·卫绍王纪》，在大安三年十一月之前⑦。而《元史》则载，太祖七年(金崇庆元年)正月，"帝破昌、桓、抚等州"⑧。据元遗山《毛氏宗支石记》："大安三年，北兵攻桓州，刺史以力不支，议降。公不从。城陷，自缢于军资库，寿五十八。崇庆元年，以殁身王事，赠宣武将军、同知桓州军州事。"⑨则桓州陷蒙在大安三年。抚、昌二州应与桓州同陷。

明昌三年，辖县二：柔远、集宁县。明昌四年，置丰利县。承安二年，置威宁县，且以桓州、昌州为支郡。后昌州改隶西京路。泰和八年，统支郡一：桓州。辖县四：柔远、集宁、丰利、威宁县。

1. 柔远县

大定十年(1170)以燕子城置，隶宣德州，明昌三年来属抚州，为倚郭。

2. 集宁县

明昌三年置。治今内蒙古察哈尔右翼前旗东北47里巴音塔拉镇土城

---

① 《金史》卷92《曹望之传》。
② 《金史》卷10《章宗纪二》，明昌六年十月乙亥。
③ 《金史》卷10《章宗纪二》：承安元年二月丁卯，"左丞衡至自军前"。卷94《夹谷衡传》："洎还入朝，闻父忧去，上亟召回，起复本职。承安二年，出为上京留守。""本职"者，左丞也，起复后初未离京，稍后"出"为上京留守。
④ 《金史》卷10《章宗纪二》，承安元年十月庚戌、二年三月壬午。
⑤ 《金史》卷98《完颜匡传》。
⑥ 《金史》卷10《章宗纪二》，承安二年五月庚辰。
⑦ 《金史》卷13《卫绍王纪》：大安三年十一月"是时，德兴府、弘州、昌平、怀来、缙山、丰润、密云、抚宁、集宁，东过平、滦，南至清、沧，由临潢过辽河，西南至忻、代，皆归大元。初，徒单镒请徙桓、昌、抚百姓入内地。上信梁镗议，以责镒曰：'是自蹙疆土也。'及大己定三州，上悔之。"
⑧ 《元史》卷1《太祖纪》，太祖七年正月；卷121《速不台传》、卷150《石抹明安传》皆载在"壬申"年。
⑨ 《遗山先生文集》卷34。

子村①。

3. 丰利县

明昌四年置。治今内蒙古兴和县西南。

按金丰利县所在，除《金志》"明昌四年以泥泺置，有盖里泊"一语，尚有两处记载可作参考。《嘉庆一统志》称："金丰利县，元废，在兴和西大同天成卫边界。"②即今河北张北县西面、天镇县以北。而《元史·太祖纪》则称："（六年）二月，帝自将南伐，败金将定薛于野狐岭，取大水泺、丰利等县。"③当时所攻取者或不止丰利一县，然独独提及丰利，则该县近于大水泺无疑。储大文《独石长城形制》称："大水泺即威宁海。"④即后世元以后集宁海，今之黄旗海也。丰利既近于威宁海，则当于今兴和以西南求之，与集宁、威宁皆不远也⑤。

4. 威宁县

承安二年置。治今内蒙古兴和县西北40里民族团结乡台基庙村⑥。

桓州

天辅七年置桓州威远军节度，大定八年徙西北路招讨使驻此。明昌七年降为刺史，招讨司亦迁至抚州。承安二年为抚州支郡。大安三年陷蒙。初治今内蒙古正蓝旗西北7里四郎城，明昌七年后徙治今正蓝旗西南45里黑城子示范区太平古城。

按《金志》昌州条："天辅七年降（昌州）为建昌县，隶桓州。"则当时已置桓州。然则金于天辅六年方克西京，仍忙于追击辽天祚帝，奔波于西京路、西南路地区。故桓州之置，至早在天辅七年。该年在西京、西南路地区可能有一次政区调整，昌州之废、桓州之置，即是这次调整的一部分。

金代的桓州，成为北部防线在辽的基础上大幅南缩后的前哨要地，故而置为节镇以重其地位。然而，正因其太接近新的边界，不太适宜作为一路之中枢，故招讨司驻于其南面的燕子城 该城当时应属桓州而非宣德州，以使西

---

① 据《中国历史地图集》第6册《宋辽金时期》图册《西京路》图（第51页）"春市场"定点。《纪要》卷18《北直九·万全都指挥使司》"集宁城"条称："在兴和西百五十里。"
② 《嘉庆重修一统志》卷548《牧厂·正黄等四旗牧厂》"古迹·丰利旧县"条。
③ 《元史》卷1《太祖纪》，太祖六年二月。
④ （清）储大文：《存研楼文集》（《文渊阁四库全书》本）卷6《独石长城形制》。
⑤ 《中国历史地图集》金、元图定盖里泊于狗泺附近，今太仆寺旗旗哈夏图淖日一带。如此则丰利县与昌州极近，当昌州后来转隶于奉圣州之时，丰利县的归属将很尴尬。按明代图集中，集宁海子又标"圪儿海"，应即"盖里泊"也。
⑥ 弎莫勒：《金元威宁县城考》，《内蒙古社会科学（汉文版）》1987年第6期，第68页。

北路的辖境与西京路有所界分。至大定八年,世宗巡金莲川,其地在燕子城之北,大约因这种形势不便于保证车驾安全,故命招讨司迁于近边之桓州。但边情并不因为皇帝的巡幸而好转,相反,在世宗朝,北部形势正逐渐失控,故而才有大定二十一年以后东北路、临潢路的大修边堡,而后有明昌、承安间遣出多位尚书省、枢密院重臣赴临潢、西北路镇压阻𩨨。西北路的边情依然故我,那么招讨司最合适的驻地就仍然不会是桓州。阻卜之事暂时了结之后复徙招讨司于燕子城(时已置为抚州),也就是理所当然了。而大定八年为了加强招讨司新驻地的力量——进而加强对皇帝的保护——而北徙的猛安谋克,至招讨司回迁后不久的承安二年,也相应徙回。《金志》称,该年"拨西北路招讨司所管梅坚必刺、王敦必刺、拿怜术花速、宋葛斜忒浑四猛安以隶"抚州,应该是表示对三十年前那次兵员布置调整之恢复,而非新的改拨。

桓州之治所曾经迁徙。据元人王恽记载,桓州有新、旧两处,相距三十里①。《纪要》亦有"相去三十里"之说,且曰,"南为新城,北为故城"②。以两处记载与今地之方位、里程与遗址相对照,旧桓州可定于"正蓝旗人民政府北面约五里的四郎城",而其南50余里的黑城子示范区第四分场略北的旧太平古城,则应是新桓州所在③。

金初辖两县:倚郭某县与建昌县。后皆废。明昌三年辖支郡一:抚州。明昌七年置倚郭清塞县。同年桓州降为刺史,遂无支郡。辖县一:清塞县。

桓州于天辅末初置之时,应有倚郭县之置。并另辖有建昌县。然则此二县后皆不见记载,倚郭县甚至其名不传。应是不久即废,如此则正常的县级建置仅余天会以后所置之录事司耳(此外则有燕子、北羊等军城)。至明昌七年招讨司回迁抚州,又导致了桓州建置的变化。最直接的影响是该年桓州由节镇降为刺郡(当时桓、抚、昌三州也经历了无节镇统辖而直隶于西北路招讨司的特殊阶段)。而这一变化又导致该州不再有资格维持录事司的建置,而需改置司候司。桓州正应在降等之同时又徙治于北面,并按规定置司候司,此即后

---

① (元)王恽:《秋涧集》卷80《中堂事记上》。
② 《纪要》卷18《北直九·万全都指挥使司》"万全都指挥使司·桓州城"条。
③ 旧桓州之址,见李逸友:《金西北路三方铜印考释》,陈述主编:《辽金史论集》第1辑,第415页。李逸友且提到,新桓州应在黑城子种畜场之古城。而特木尔在《金代旧桓州城址考略》一文中提到,"这一古城非常狭小……城址东西宽210米,南北长270米",而东面的旧太平古城,"呈正方形,边长约600米",形制较大,应是"旧桓州"所在(见《内蒙古文物考古》1999年第2期,第50页)。从形制上考虑,特木尔以旧太平镇古城为桓州是可以成立的。但这一古城应非旧桓州,而是新桓州。不仅是因为旧城在北新城在南,并且即使是"较大"的太平镇古城,其边长600米的形制也距金代节度州治的规模相去较远,而与桓州降为刺史后的新城的规模相符。

来被称为"新桓州"之地。原录事司,则改置为清塞县。而这一改置,又导致了极特殊的现象:倚郭县清塞与州治(司候司)相隔三十里之远(以今四郎城与旧太平之距离衡之,则为50余里)。

清塞县

明昌七年置,倚郭。治今内蒙古正蓝旗西北7里四郎城。

按《金志》载,清塞于"明昌四年以罢录事司置"。然则桓州由节镇降刺郡,在明昌七年,焉得于三年之前即罢录事司?知"四年"当为"七年"之误。

第二章　金代京府州县沿革(中)

第一节　中都路州县沿革

金天会三年(1125)置燕京路,治燕京析津府,统析津府及蓟、易、涿、顺、檀州,并废经、景二州。十年,罢南京路(原治平州),以平、滦、营三州来属。皇统二年(1142)废营州。天德三年(1151),置通州,来属。贞元元年(1153)更燕京析津府为中都大兴府,燕京路改为中都路。二年,废檀州,雄、霸、保、安、遂、安肃州及信安军自河北东路来属。大定七年(1167),废信安军。承安三年(1198)置盈州,旋废。泰和四年(1204),废遂州。贞祐二年(1214),复置遂州。元光元年(1222),置镇安府。

泰和八年,统府一、州十二(节度州三、刺史州九):大兴府,通、蓟、易、涿、顺、平、滦、雄、霸、保、安、安肃州(另参见图 20)。

又,天会三年置南京路于平州,辖平、滦、营三州。天会十年废入燕京路。

中都大兴府

辽南京析津府,又称燕京。金天辅七年(1123)克之,以其地归宋。宋置燕山府永清军节度。天会三年再取其地,废宋建置[①],仍用辽"燕京"称号。贞元元年更为中都大兴府,为首都。泰和八年为上等京府。贞祐二年金迁都南京

---

① 在《金史》中,金初之燕京亦尝被称为"燕山",如天会三年,金军"自南京入燕山"(卷3《太宗纪》,天会三年十月甲辰)。然"燕山"之称,皆出现于天会三年伐宋前后,此仍因宋之故名而称之,并非金沿用"燕山府"、"燕山路"之建制。卷74《宗望传》:宗望等"自燕山路伐宋。……郭药师降。遂取燕山府……宗望请以(药师)为燕京留守"("燕京留守"之职,卷82《郭药师传》所载同)。则仍以辽之"燕京"为此城之京号,至于府号,则亦应用辽"析津"之名。析津见于《金史》者如:卷28《礼志一》"郊"条:"皇统间,熙宗巡幸析津。"又,卷36《礼志九》"受尊号礼"条:"皇统元年正月二日,太师宗干率百僚上表,请上皇帝尊号,凡三请,诏允。七日,遣上京留守奭告天地社稷,析津尹宗强告太庙。"至海陵贞元元年"改析津府为大兴府"之前,未见有更府号之记载,由是知金初克燕以来,向用"析津"之府号,京、府号皆仍辽旧。

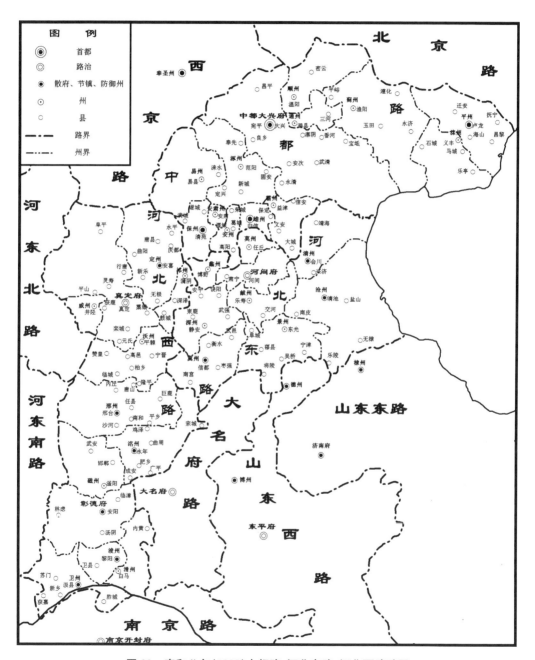

图 20　泰和八年(1208)中都路、河北东路、河北西路政区

开封府。贞祐三年大兴府陷于蒙军①。治今北京市区。

燕京，原是辽南京的别称。天辅七年，金军攻克辽南京路后，以其地归宋。宋置燕山府路。至金天会三年伐宋，先得该府及所属各州，仍用辽代京号、府名，称燕京析津府。金初袭辽制而不用宋制，或是因宋得山前一府六州以后，未尝视燕山为陪都，而金初则以燕京为经略河北之基地，南境之政治、军事中心，故仍冠以京号，如此则袭用辽的一套制度，较为适宜。而当时金仍以平州为南京，故析津不得再用此京号，仅称燕京。

至于《金志》所载"开泰元年更为永安析津府"，施国祁等误以为燕京曾改名"永安府"，刘浦江先生已指出，"永安"只是地名，而非府名，或说，并非正式的政区名。燕京之地，在辽会同元年（938）称"南京析津府"，此京号、府名一直沿用到金贞元元年更名"中都大兴府"②。此不赘。

天会三年统支郡五：檀、顺、蓟、易、涿州。辖县十：析津、宛平、安次、漷阴、永清、香河、武清、昌平、良乡、潞县。天德三年，升潞县置通州，仍为析津府支郡。贞元元年，改析津县为大兴县。二年，废檀州。大定十二年，置宝坻县。承安三年以宝坻县升置盈州，另划香河、武清入焉。旋废盈州，三县仍属大兴府。泰和八年，大兴府统支郡五：顺、蓟、易、涿、通州。辖县十：大兴、宛平、安次、漷阴、永清、宝坻、香河、武清、昌平、良乡县。贞祐二年，升通州为防御。大兴府统支郡四、辖县十。

1. 大兴县

辽析津县，金初仍旧。贞元元年更名大兴。倚郭。

《金志》载，析津县更名为大兴在贞元二年，较府名、京号之更改有一年之差。刘浦江先生指出，此处贞元"二"年为"元"年之误③。

据《元一统志》，大兴县所管，为"郭下东界"④，县为府之东附郭也。

2. 宛平县

辽宛平县，金因之。倚郭。

---

① 按蒙军克中都之事，大致过程是：贞祐二年六月，成吉思汗令"三摸合、石抹明安与斫答等围中都"（《元史》卷1《太祖纪》，太祖九年六月）。八月，合围。次年春，各路援中都之金军近二十万溃败，自此"内外不通"（《杂记》乙集卷19《边防二·鞑靼款塞》）。五月，蒙军克中都。这一过程，虽可分见于金、元诸史，甚至宋人之记载。然《金史·宣宗纪》却仅仅提及贞祐二年五月宣宗南迁，八月皇太子南逃，次年五月中都破，于其过程几无一语及之。
② 《金中都永安考》，《历史研究》2008年第1期，第183—189页。
③ 同上书，第189页。
④ 《元一统志》卷1《中书省》"大都路·建置沿革·大兴县"条。

3. 安次县

辽安次县,金因之。治今河北廊坊市西 24 里九州镇。

4. 潞阴县

辽潞阴县,金因之。治今北京市东南 70 里通州区潞县镇。

5. 永清县

辽永清县,金因之。治今河北永清县。

6. 宝坻县

大定十二年置。治今天津市东北 132 里宝坻区。

宝坻县升香河县新仓镇置,并划取原香河县东偏四乡万五千家置。该镇自唐末以来,因榷盐而繁盛,辽初置镇,金大定中遂置县①。至承安三年,又升置盈州,辖宝坻、香河、武清三县。然旋即废州,仍为县。

7. 香河县

辽香河县,金因之。承安三年割隶盈州,寻复隶大兴。治今河北香河县。

8. 武清县

辽武清县,金因之。承安三年割隶盈州,寻复隶大兴。治今天津市西北 93 里武清区大孟庄镇大程庄。

9. 昌平县

辽昌平县,金因之。治今北京市西北 80 里昌平区城南街道旧县村。

10. 良乡县

辽良乡县,金因之。治今北京市西南 85 里房山区良乡镇。

通州

天德三年,升析津府潞县置通州,刺史,为析津府支郡。泰和八年为下等刺史州。贞祐二年升为防御。三年,陷蒙。治今北京市东 42 里通州区。

按《金志》,初置通州在天德三年,其等第为刺史,至金末兴定二年(1218)方升防御。《金史》载,毛硕曾于天德二年之前任通州防御使,海陵朝另有白彦敬任同样职事②。不过,此二处通州,应是南京路之通州,即皇统八年之前、天德三年以后的浚州。

升潞县置通州,可看作是迁都大兴的准备工作之一。因潞县是南方供漕

---

① (金)刘晞颜:《创建宝坻县碑》(大定十二年),《金文最》卷 69。
② 《金史》卷 92《毛硕传》、卷 84《白彦敬传》。

中都的主要通道——运河——入京的门户,故或由通州刺史"兼领漕事"①。正隆南侵之前,海陵又造战船于通州②。此外,尚有"中都东北都巡检使"置于通州,"分管大兴、漷阴、昌平、通、顺、蓟、盈州盗贼事"③。从各方面来看,通州实为畿辅之东门。故而贞祐二年蒙军攻围中都之时,金遂置行元帅府于通州,以右副元帅蒲察七斤驻此④。三年正月,七斤降蒙,州亦为蒙军所占。

由金末通州的情况来看,迟至兴定二年方升防御,显然是不可能的。王颋先生以为,"兴定"为"贞祐"之误,升防御在贞祐二年。此说是。完颜阿邻于宣宗即位后"迁通州防御使,宣宗迁汴,阿邻改同知河间府事、兼清州防御使"⑤。知贞祐二年通州已升防御。此既是因通州之地位重要——置行帅府于此,或是证明,又以此酬上年末通州坚守之功⑥。

天德三年辖县二:潞、三河县。泰和八年同。

1. 潞县

辽潞县,金因之。初属析津府,天德三年置通州,县倚郭。

2. 三河县

辽蓟州三河县,金因之。金初属蓟州。天德三年割隶通州。治今河北三河市。

蓟州

辽蓟州,天辅七年克之,以州归宋。天会三年再夺其地,仍为蓟州,刺史。泰和八年为中等刺史州。贞祐二年陷蒙。治今天津市蓟县。

贞祐元年,蒙军分三路进袭,左路攻陷蓟州,旋还师⑦。次年复大举入侵。

---

① 《金史》卷97《康元弼传》。
② 《金史》卷5《海陵纪》:正隆四年二月丁未"造船于通州。……(十月)乙亥,猎于近郊,观造船于通州。"卷79《徐文传》:"海陵谋伐宋,改行都水监,监造战船于通州。"卷89《苏保衡传》:"海陵治兵伐宋,与徐文等造舟于通州,海陵猎近郊,因至通州视工作。"
③ 《金史》卷57《百官志三》:"诸府镇兵马等职"。
④ 《金史》卷14《宣宗纪上》:贞祐三年正月"丁丑,右副元帅蒲察七斤以其军降于大元"。卷108《侯挚传》:"时(贞祐三年)元帅蒲察七斤以通州叛,累遣谍者间挚。"卷122《忠义二·完颜六斤传》:"改通州军事判官,以功迁本州刺史。顷之,元帅右都监蒲察七斤执之以去。"关于蒲察七斤之职务,诸处所载有异,然无论是副元帅或元帅右都监,皆可领行元帅府也。而七斤显由通州叛去。然完颜六斤升任长吏之时,通州应已升防御也,"本州刺史"或有误。
⑤ 《金史》卷103《完颜阿邻传》。施国祁以为"通本刺史州,兴定三年改,未南渡前不合豫书防御"(《金史详校》卷8下),似对《地理志》过于信任。
⑥ 《金史》卷121《忠义一·王晦传》:"贞祐初,中都戒严。……通州围急,晦攻牛栏山以解通州之围。"又《大金国志》卷24《纪年·宣宗皇帝上》:贞祐二年正月,"自去岁十一月至今岁正月,(蒙军)凡破九十余郡。惟大名、真定、青、郓、邳、海、沃、顺、通州,有兵坚守,不能破"。
⑦ 《元史》卷1《太祖纪》,太祖八年秋。

"下古北口,攻蓟、云、顺等州,所过迎降,得汉军数万,遂围中都。乙亥,中都降。"①蓟州陷蒙,发生于贞祐二年六月蒙军复围中都至次年五年克中都的过程中,但较中都陷落早一年。此后遂不知所终,应为蒙军长期据守。

天会三年辖县四:渔阳、玉田、三河、遵化县。天德三年,三河县割隶通州。大定二十七年置永济、平峪二县。又曾有黎豁县,不知置、废之详。泰和八年辖县五:渔阳、玉田、遵化、永济、平峪县。大安初改永济县名为丰闰。

1. 渔阳县

辽渔阳县,金因之。倚郭。

2. 玉田县

辽玉田县,金因之。治今河北玉田县。

3. 遵化县

辽景州及倚郭遵化县,天会三年复夺自宋,废州,县属蓟州。治今河北遵化市。

景州之废,《金志》未载其时。或以为在皇统二年,与平属营州同废。然而参照河北东路景州条"国初升(永静军)为景州"之说,可知金初燕京所属之景州已不存,故河北永静军所升之州,可用此名。可以想见,景州于天辅七年由辽入金再归宋,两年后金攻宋,首得幽属诸州,遂废景州为遵化县,隶蓟州。同年被废的,还有相邻的经州——其入宋以后,宋人重筑玉田县且升置为州②。除了天辅七年金军短暂保有燕京所属诸州之时尚有景州,此后景、经二州在金未尝存在过。是故,此二州入金后遂不见载。

4. 丰闰县

大定二十七年置永济县,大安初改名丰闰县。治今河北唐山市西北45里丰润区。

《金志》称:"(蓟州)旧又有永济县,大定二十七年以永济务置,未详何年

---

① 《元史》卷153《王檝传》。又《金史》卷121《忠义一·术甲法心传》:"贞祐二年,为提控,与同知顺州军州事温迪罕咬查剌俱守密云县。法心家属在蓟州,大元兵得之。……盘安军节度判官蒲察纥舍与鸡泽县令温迪罕十方奴同守蓟州,众溃而出,纥舍、十方奴死之。"知蒙军于攻占中都前陷蓟州。

② 《大金国志》卷40引《许奉使行程录》:"玉田县……自甲辰年,金人杂契人直入城劫掳,每边人告急,四月之内凡三至,尽屠军民,一火而去。宣抚使王安中创筑此县,后改为经州。"贾敬颜疏《行程录》,则以为"经州"乃"新州"之误。然据《宋史》卷90《地理志六》"燕山府路·经州"条,实以"经州"为是。又《会编》卷23《政宣上帙二十三》宣和七年十一月二十八日条引《北征纪实》:"本朝与辽人文移,皆在两界对境,谓之关报。金人灭辽,河朱代州如故事,而燕山府即玉田县筑一州,曰清州,以对平州,相与通使之正路也。"是以经州为"清州"。按宋自有清州,在原宋辽边界处,隔界壕与辽境相望,无由又于燕山府之北再置清州也。

废。"又载:"(丰润)泰和间置。"钱大昕与施国祁皆已指出,永济县即丰润县之前身,曾于大安初改名耳①。又,钱、施引元代《丰闰县记》及明代《清类天文分野之书》,以为金县当作"丰闰",至明洪武中始改"闰"为"润"。

5. 平峪县

大定二十七年置平峪县,治今北京市东北132里平谷区。

(附)黎豁县

置、废之年及治所皆不详。

易州

辽易州,金天辅六年(1122,宋宣和四年)入宋。天会三年金夺得其地,仍为易州,刺史。泰和八年为下等刺史州。兴定二年陷蒙。治今河北易县。

按涿、易两州在辽末金初的归属,与燕京路其他一府四州之地不同,其于天辅七年按宋金双方的约定划为宋境之前,已为宋有——此前一年辽将郭药师、高凤分别以涿、易二州降宋②。其入宋较燕京及檀、景、蓟、顺四州早一年,并且事实上未经辽—金—宋之间两次易手。

金末,易州先曾于贞祐元年为蒙军所破③。蒙军退后,复为金守。直至兴定二年蒙军出紫荆口,张柔败降,并为蒙军下雄、易、安、保诸州④。至兴定三年,易州叛蒙,其军据西山马头寨⑤。次年封建九公之时,以易州为易水公靖安民辖境⑥。然则旋为张柔所镇压,此一反复,为时甚短。

另需指出,贞祐以后易州之治所,应已移至旁近山寨,故中都经略副使贾瑀攻杀中都经略使苗道润之后,张柔上奏:"贾瑀攻易州寨,杀刺史马信及其裨校,夺所佩金符而去。"⑦是知易州守将已徙于山寨矣。然不知其寨何在,或即西山马头寨也。重立州治而徙于山寨,在金末甚为常见,无须赘言。

---

① 《廿二史考异》卷84《金史一》:"按元至元七年孙庆瑜撰《丰闰县记》云:金大定间,改永济务为县;大安初避东海郡侯讳,更名曰丰闰。史不知丰闰即永济之改名,而分而为二,乃以丰闰为泰和间置,又谓永济已废而未得其年,皆误之甚也。"《金史详校》卷3上略同。
② 《契丹国志》卷82《郭药师传》。又见《会编》卷9《政宣上帙九》宣和四年九月二十三日,卷10《政宣上帙十》同年九月二十九日条。
③ 《元史》卷153《王檝传》。
④ 《遗山先生文集》卷33《顺天府营建记》。
⑤ 《元史》卷147《张柔传》。
⑥ 《金史》卷118《靖安民传》。
⑦ 《金史》卷118《苗道润传》。

天会三年辖县二：易、涞水县。辽末易州尝有容城县，金初废。泰和八年仍辖县二。

1. 易县

辽易县，金因之。倚郭。

2. 涞水县

辽涞水县，金因之。治今河北涞水县。

涿州

辽涿州，金天辅六年（1122，宋宣和四年）入宋。天会三年金夺得其地，仍为涿州，刺史。泰和八年为中等刺史州。兴定四年陷蒙。治今河北涿州市。

蒙军初次下涿州在贞祐元年十月①，此后遂围攻燕京，俟年底和议成而退师。贞祐三年春蒙军再次围攻燕京，涿州尝遣师勤王②。兴定二年，"河北行省以苗道润军隶涿州刺史李瘸驴"③，并以瘸驴"权中都路经略使"④。次年瘸驴降蒙⑤，然则兴定四年封建九公之时，以"涿、易、安肃、保州，君氏川……东安寨隶"易水公靖安民，知李瘸驴上一年只是叛去，而非举城降敌也。然兴定中中都周边诸州是否尚在原治所，实未可知。当时易州有可能辟山寨而居，涿州亦然，易水公靖安民于兴定四年底被杀之时，即居于山寨⑥。安民死后，涿州遂不知所终矣。

或以为涿州于金末升为节镇，其证据是"规措所"于"癸未年七月二十一日"所造的"涿州节度使印"⑦。癸未年，当金元光二年（1223），当时涿州应已入蒙矣，且以干支纪年而不用年号，显是蒙古时期的习惯。因此，涿州升节度，

---

① 《金史》卷14《宣宗纪上》，贞祐元年十月甲寅。《元史》卷1《太祖纪》载于该年（即至宁元年）七月。又见《元史》卷119《木华黎传》、卷153《王檝传》。
② 《建炎以来朝野杂记》乙集卷19《边防二·鞑靼款塞》。
③ 《金史》卷15《宣宗纪中》：兴定二年八月庚子朔。
④ 《金史》卷118《靖安民传》。
⑤ 李瘸驴降蒙一事，《金史》卷118《张甫传》系于兴定二年，然据同卷《靖安民传》，尚有兴定三年李瘸驴与靖安民分任中都东、西路经略使之事，故瘸驴降蒙应在三年。
⑥ 《金史》卷15《宣宗纪中》：兴定四年十一月丁亥朔，"易水公靖安民为其下所杀"。卷118《靖安民传》："大元兵围安民所居山寨，守寨提控马豹等以安民妻子及老弱出降……安民及经历官郝端不肯从，遂遇害。"
⑦ 景爱《金代官印综述》："河北省定县征集有'涿州节度使之印'，印背刻有癸未年款。据此可知，涿州为节度州。……癸未为金宣宗元光二年（公元一二二三年），此印表明，金代后期涿州由原来的刺史州升为节度州。"见氏编：《金代官印集》，第247页。

非在金末,而在蒙古时期。"规措所"虽然始置于金①,然在元初也曾经建置②,并且蒙元"规措所"之始置可能早在灭金之前。

笔者注意到,另有一方官印与上述"涿州节度使印"有某些类似之处。这方"兴中总管都元帅府印"同样是"规措所造",并且同样是用干支纪年:"乙酉年十一月初一。"③乙酉年,即金正大二年(1225),当时兴中府陷蒙已十年。并且都元帅曾是金代最高军事长官之衔。不过,金后期虽然多以各种元帅府官衔"借"与各等军官,置行元帅府,但以"都元帅"衔授予总管,金之夸大其制,尚不至于到如此地步。这只能发生在中原官制尚未起到重要作用、可以任凭降将索要官名的蒙古前期。无独有偶,"总管都元帅"之官名,另有一例,即成吉思汗九年(金贞祐二年,1214)吾也而之任"北京总管都元帅"④。可见,蒙古攻金之时,确乎借用了金的各种机构名目,有时甚至更有夸大、授予更为任意,如"规措所"及"总管都元帅"即是,并且大致也起着与金同类机构相近的作用。同样由"规措所造"的"涿州节度使印",显然也与"兴中总管都元帅府印"一般,铸造于蒙古占领涿州的时期。涿州升节度,非在金代,而应是涿州入蒙以后之事。

天会三年辖县三:范阳、固安、新城县。大定六年置定兴县。大定二十九年置万宁县,明昌二年(1191)更万宁县名为奉先县。泰和八年,辖县五:范阳、固安、新城、定兴、奉先县。

按辽涿州尚有归义县,与新城同城而治,入金省焉。

---

① 《遗山先生文集》卷20《通奉大夫钧州刺史行尚书省参议张(汝翼)君神道碑铭》:"兴定二年考满,授同知泗州防御使事、军前行户工部事,俄改行部为规措所,就充规措使。……五年……寻改灵璧军前规措使,充便宜总帅府经历官。""规措"者,筹措也,"规措所"这一机构的建置并非始于兴定二年,泰和中,即有孟奎"充宜差规措所官"(《金史》卷104《孟奎传》)。同在章宗朝,武都"充宜差北京路规措官,都拘括逸官钱百万"(《金史》卷128《循吏·武都传》)。兴定元年,乌古论长寿"充宜差巩州规措官"(《金史》卷103《乌古论长寿传》)。此外尚有专为"京兆府、耀州三白渠公事"而置的"规措官"(《金史》卷57《百官志三》"诸转运泉谷等职"条)。而作为动词的"规措"则更为常见,此不赘。要之,章宗以来的"规措官"、"规措所官",多主地方计会,此与兴定二年之后由行六部所改的规措所主官"规措使"大体相同。并且,同样是因身朝廷赋予的特殊使命而临时成立的机构、临时派遣的官员——大约仅有"京兆府、耀州、三白渠公事"之"规措官"是固定的建制。只不过金末的规措所权力应更为全面,可能为行省、行院等地方军事部门提供全方位的后勤服务,且因战事长期延续而在任时间较长。

② 元世祖前至元十二年(1275)正月己亥,"置云南诸路规措所,以赡思丁为使。"(《元史》卷8《世祖纪五》)前至元二十年十二月丙午,"罢云南造卖金箔规措"。两者应为同一机构。前至元二十二年二月壬戌,"中书省臣卢世荣请立规措所,经营钱谷,秩五品,所用官吏以善贾为之,勿限白身人。帝从之"(《元史》卷12《世祖纪九》)。元代"规措所"之性质,与金代相近,所理多为财事。但蒙元之规措所,亦未必始自前至元十二年,其攻金之时,在新占领地沿用金之机构名,极为正常。

③ 《金代官印集》,第104页上。

④ 《元史》卷120《吾也而传》。

1. 范阳县

辽范阳县,金因之。倚郭。

2. 固安县

辽固安县,金因之。治今河北固安县。

3. 新城县

辽新城县,金因之。治今河北高碑店市东南28里新城镇。

4. 定兴县

大定六年置①。治今河北定兴县。

5. 奉先县

大定二十九年置万宁县,明昌二年更名奉先县。治今北京市房山区城关街道②。

顺州

辽顺州,刺史。金天辅七年得之,以州归宋。天会三年再夺其地,仍旧。泰和八年为下等刺史州。贞祐二年陷蒙。治今北京市东北67里顺义区。

崇庆元年(1212),"大军屯顺州,毁城,忽不知所在"③,金军遂再次保有顺州。贞祐元年秋,蒙军大入,至次年春,"河北郡县尽拔,唯中都、通、顺、真定、清、沃、大名、东平、德、邳、海州十一城不下"④。然至贞祐二年十月,蒙军最终攻拔顺州⑤。

金初辖县一：怀柔县。贞元二年,废檀州为密云县,隶顺州。明昌六年,

---

① 《金史·地理志》:"大定六年以范阳县黄村置,割涞水、易县近民属之。"据(金)张廷玉《大金朝散大夫前德州安德县令兼管勾常平仓骑都尉汾阳县开国男食邑三百户赐紫金鱼袋致仕郭公碑铭(并序)》:"公讳济忠,字子正,其先易县河内里人也。大定六年,黄甫村南置定兴县,拨而隶焉,今为涿川定兴人。"(见(清)张主敬等修,杨晨纂:《定兴县志》卷17《金石志二》,光绪十六年,《中国方志丛书》华北地方第200号)又宋人程卓《使金录》(见《续修四库全书》第423册)载:"过人白沟河,亦名巨马河。二十里宿定兴县巨川驿。定兴,旧黄村,金人建为县。""黄甫村"者,当即黄村。两处所载,与《金志》无异。而据行程,定兴之治所,无疑即今之定兴县。
② 《纪要》卷11《北直二》"顺天府·房山县"条:"(在涿)州西北四十里。……明昌二年,改为奉先县。元至元二十七年,改为房山县,属涿州。"即1997年房山区政府所在地城关街道,该年后区政府迁至良乡镇附近。
③ 《大金国志》卷23《纪年·东海郡侯下》,崇庆元年十二月四日。
④ 《元史》卷1《太祖纪》,太祖八年秋。《大金国志》卷24《纪年·宣宗皇帝上》贞祐二年正月条亦称:"自去岁十一月至今岁正月,凡破九十余郡。惟大名、真定、青、郓、邳、海、沃、顺、通州,有兵坚守,不能破。"又,《遗山先生文集》卷18《通奉大夫礼部尚书赵公(思文)神道碑》曰:贞祐元年,"燕都受围,惟顺州坚守"。
⑤ 《金史》卷14《宣宗纪上》,贞祐二年十月丁酉;卷121《忠义一·王晦传》。

更怀柔县名为温阳。泰和八年,辖县二:温阳、密云县。

1. 温阳县

辽怀柔县,金初因之。明昌六年更名温阳。倚郭。

2. 密云县

辽檀州及倚郭密云县,金初因之。贞元二年废州,县入顺州。治今北京市密云县。

(废)檀州

辽檀州,刺史。金天辅七年得之,以州归宋。天会三年复夺得,仍旧。贞元二年废州。治今北京市密云县。

《金志》不载废檀州之年,然天会末尚有"(知)檀州军州事"①。废州当在天眷以后。此后燕京—中都路经历较大调整者,在贞元二年,雄、霸、保、安、遂、安肃等州由河北路来属。境域既广,辖州既多,檀州仅辖一县,确乎不必再虚占郡额,故省为县耳。

顾祖禹提到,密云县"后复为檀州,以密云县并入"②。此说恐是受《元史》中数度出现"檀州"③的影响。按《金史》、《大金国志》等,金于末期并未复置檀州。《元史》记载蒙古攻金时期的"檀州",恐是以元代之州称金末之县,甚至是以金初之名称呼金末建置。正如《元史》也提到蒙军于贞祐二年攻取了景州④,我们不必因此以为金末也复置了景州。又"下古北口,攻蓟、云、顺等州,所过迎降,得汉军数万,遂围中都"⑤,从古北口至中都,下"蓟、云、顺"州,"云"州者何? 也正是密云县,而非同年由大同府怀仁县升置的云州。此皆撰《元史》者随意"升降"耳。如果一定认为密云县于金末复升州,那么,应当是升为檀州呢,还是升为云州? 此处姑不取金末升檀州之说。

贞元二年前,辖县一:密云县。

辽檀州又有行唐县,为辽初掠定州行唐县民置,其人口规模或不甚大,金初河北真定府既有行唐县,故省檀州行唐县。

---

① 《金史》卷128《循吏·王政传》。
② 《纪要》卷11《北直二》"顺天府·密云县"条。
③ 《元史》卷150《石抹明安传》:甲辰年(贞祐二年),"帝复命明安及三合拔都,将兵由古北口徇景、蓟、檀、顺诸州。"又卷179《萧拜住传》:"因攻取平、滦、檀、顺、深、冀等州,及昌平红螺、平顶诸寨,又两败金兵于邦君甸,授檀州军民元帅。"
④ 《元史》卷150《石抹明安传》。
⑤ 《元史》卷153《王檝传》。

（废）盈州

承安三年以大兴府宝坻县升置。旋废州，仍为宝坻县。治今天津市宝坻区。

承安三年，辖宝坻、香河、武清三县。

平州

辽平州辽兴军节度。金初天辅七年得之，仍为平州，升为南京，军额改为兴平军，天会三年置南京路都统司于此。天会四年去京号。天会十年废南京路，改属燕京路。泰和八年为中等节度州。贞祐三年陷蒙。治今河北卢龙县。

天辅七年正月平州降金，三月即升为南京①，当时辽兴军节度所属仅三州（平、营、滦），又因其地事实上由"南京留守"张觉割据，而金政权实际上未掌控此地，故未见专置一路。同年张觉叛金附宋，至天会二年金军终克南京②，三年，遂置南京路都统司于此，大军由此南下攻宋，平州一时为伐宋之基地。不久之后，对河北之地的占领已经巩固，黄河以南，又以附庸伪齐为其缓冲区，平州作为攻宋的基地，其历史使命便告完成，华北的中心已转移至形势更紧要的燕京，金遂于天会十年罢平州路。同年平、滦、营三州入燕京路。

"兴平"之军额最早见于熙宗朝后期。完颜宗永、完颜隈可与唐括德温皆曾于皇统中任兴平军节度使③。估计辽人的嘉名"辽兴"被改为"兴平"，应当在平州降金之初，即天辅七年。另外，天会二年金再克平州前后，有李瞻者，曾任"兴平府判官"④。或平州升南京之同时，曾同时升州为府？然"兴平府"仅此一见，暂且存疑。

金末蒙军南侵，平州先于大安三年（1211）被攻破⑤，又于贞祐元年秋陷落⑥，此二次，皆于蒙军退后收复。至贞祐三年，南迁至平州的临潢、全庆两军兵变，且举平州降蒙⑦。自此金遂无平州矣。

---

① 《金史》卷2《太祖纪》。
② 《金史》卷2《太祖纪》：天辅七年五月甲寅，"南京留守张觉据城叛"。同书卷3《太宗纪》：天会元年十一月，张觉兵败，平州降金。然其部张敦固复据城叛金，直至次年六月方才平定。
③ 《金史》卷65《始祖以下诸子·宗永传》、卷66《始祖以下诸子·隈可传》、卷120《世戚·唐括德温传》。
④ 《金史》卷128《循吏·李瞻传》。
⑤ 《金史》卷13《卫绍王纪》：大安三年十一月，"德兴府、弘州……集宁，东过平、滦，南至清、沧，由临潢过辽河，西南至忻、代，皆归大元"。
⑥ 《元史》卷1《太祖纪》，太祖八年秋。
⑦ 《金史》卷112《完颜合达传》。又见《元史》卷1《太祖纪》，太祖十年八月；卷147《史天倪传》。

天辅七年统支郡二：营州、滦州。辖县三：卢龙、望都、安喜县。天会二年置清州，为平州支郡。旋废清州。皇统二年废营州，以倚郭广宁县来属。大定七年更望都县名为海山，更安喜县为迁安。大定二十九年置抚宁县，并改广宁县名为昌黎。泰和八年，统支郡一：滦州。辖县五：卢龙、海山、迁安、抚宁、昌黎县。

1. 卢龙县

辽卢龙县，金因之。倚郭。

2. 海山县

辽望都县，金因之。大定七年更名海山。治今河北卢龙县南30里木井镇。

3. 迁安县

辽安喜县，金因之。大定七年更名迁安。先治今河北迁安市东北20里上射庄乡一带，金初徙治今迁西县东北7里旧城乡，大定七年复徙今迁安市。

《清一统志》："《县志》：'安喜故城，在（迁安）县西北七十里。'《府志》：'安喜故城，在今（迁安）县东北二十里。'"[①]后者为辽安喜县城所在，而前者应是金初所迁。至大定七年以后，县名"迁安"，应是于该年再次迁县的表征。此后遂治于今迁安市矣。

4. 昌黎县

辽营州及倚郭广宁县，金初因之。皇统二年废州，县来属。大定二十九年，更名昌黎。治今河北昌黎县。

5. 抚宁县

大定二十九年置。治今河北秦皇岛市抚宁区。

滦州

辽滦州，刺史。金天辅七年得之，仍旧。泰和八年为中等刺史州。贞祐三年陷蒙。治今河北滦县。

《金志》称：滦州于"辽为永安军，天辅七年因置节度使"。按辽之滦州为刺史州，"永安"为其刺史军号，并非节度军额，故金初无可"因"者。滦州升置节度事，唯见于此，今不取。

---

① 《嘉庆一统志》卷19《永平府二》"古迹·令支故城"条。

滦州与平州一样，先后在大安三年①、贞祐元年两次陷落②，而后收复。至贞祐三年平州陷蒙之后，滦州亦失。故而，该年张致据锦州叛蒙，"略平、滦、瑞、利、义、懿、广宁等州"③，知滦州当时已为蒙军所占。

天辅七年辖县三：义丰、石城、马城县。天会二年升石城县置清州。旋废州为县，仍属滦州。大定末置乐亭县属之。泰和八年，辖县四：义丰、石城、马城、乐亭县。

1. 义丰县

辽义丰县，金因之。倚郭。

2. 石城县

辽石城县，天会二年升置清州，旋废州，复为石城县，仍属滦州。治今河北唐山市东17里开平区。

3. 马城县

辽马城县，金因之。治今河北滦南县东北35里马城镇。

4. 乐亭县

大定末置乐亭县④，治今河北乐亭县。

（废）营州

辽营州，金天辅七年得之，仍为营州，刺史⑤。皇统二年废州。治今河北昌黎县。

皇统二年前，辖县一：广宁县。

（废）清州

辽石城县，天会二年升置清州，天会三年废州。治今河北开平县。

置州之时，自然应在天辅七年金以燕属诸州还宋之后。石城原来就处于燕京通向平州并通过榆关进入东京路的通道上，后者一直是女真内地与中原相联系的主要交通线。燕地既入宋，则石城更是金东境最接近宋、金边界的县。两要素相加，使得石城成为直接处理宋金沟通之所在。升州之背景，便是

---

① 《金史》卷13《卫绍王纪》：大安三年十一月，"德兴府、弘州……集宁，东过平、滦，南至清、沧，由临潢过辽河，西南至忻、代，皆归大元"。
② 《元史》卷1《太祖纪》，太祖八年秋。
③ 《元史》卷119《木华黎传》。
④ 《纪要》卷17《北直八》，"永平府·乐亭县"条。
⑤ 《金史》卷90《贾少冲传》："中天眷二年进士。刘筈欲以妹妻之，少冲辞不就，曰：富贵当自致之。调营州军事判官。"则营州当时为刺史州。

因为其于两国交往中所处的"口岸"地位。可以说，燕属一府六州归属的改变，造就了金初的清州。

不过，天辅七年二月宋、金划定燕属、平属之间的两国边境①之后，平州实为张觉所割据。虽然金并未因为张觉的割据而放弃使用这条通道②，也应当已体会到石城的重要性，但其时金、宋之交往是否会依托张觉势力控制之下的石城通道，还是颇为可疑的。故而笔者认为，升置清州应在天会二年五月最终克平州之时。当时，金政权不仅直接控制了平属三州，并且在当年正月已开始加强东北内地至平州的交通线的建设："始自京师至南京每五十里置驿。"③东部这一通道的地位更为突出，这进一步强化了石城升州的动力。当天会三年宋使许亢宗进入金国之界，乃曰："州原是石城县，金国新改为清州。"④

除许亢宗的记载之外，清州尚可见于《宣和录》：靖康二年（1127，金天会五年），金人自宋汴京"般运器物，自阳武九十里渡黄河，入北清州，径趋金国"⑤。之所以强调"北清州"，正是因为它是金人至"北界"之后的第一站。然自此而后，此清州便无踪影。该州之废，应在天会三年侵入宋境后不久，至迟不过天会七年河北大致平定之时。此时，清州作为"口岸"的特殊地位不再，故仍废为县。

天会三年前，辖县一：石城县。

雄州

宋雄州，防御。金天会五年克之⑥，仍旧。天会七年升置永定军节度使，属河北东路。贞元二年割隶中都路。泰和八年为中等节度州。元光中陷蒙。治今河北雄县。

---

① 《金史》卷2《太祖纪》：天辅七年二月戊申，"诏平州官与宋使同分割所与燕京六州之地"。
② 《金史》卷133《叛臣·张觉传》："太祖每收城邑，往往徙其民以实京师，民心多不安，故时立爱因降表曾言之。及以燕京与宋而迁其人，独以空城与之。迁者道出平州，故觉因之以作乱。天辅七年五月，左企弓、虞仲文、曹勇义、康公弼赴广宁，过平州，觉使人杀之于栗林下，遂据南京叛入于宋。"张觉之叛，正因劫夺由燕京经平州北行的汉民而爆发。是可知在张觉据平州时期，金人仍时常经行此通道。
③ 《金史》卷3《太宗纪》，天会二年正月丁丑。当时金已控制平州的外围，张敦固率叛军困守城内而已。
④ 《宣和乙巳奉使行程录》（贾敬颜《五代宋金元人边疆行记十三种疏证稿》，第227—229页）："第七程，自三河县六十里至蓟州……第八程，自蓟州七十里至玉田县，县之东北去景州一百二十里。……第十程，自韩城镇五十里至北界清州。……（过界）四十里至清州会食，各相劳问。州元是石城县，金国新改为名。"
⑤ 《会编》卷83《靖康中帙五十八》，靖康二年二月二十四日条引无名氏《宣和录》。
⑥ 《金史》卷3《太宗纪》：天会五年九月辛亥，"雄州降"。

贞祐元年,成吉思汗亲率大军攻陷雄州①。金军虽于不久之后收复雄州,但此后雄州陷入两方的激烈争夺中。贞祐三年,"雄、霸、文安、清、沧诸城,皆望风归附"于蒙军②。旋又为金军夺回。兴定二年,张柔败降蒙古,且为蒙军下雄、易等州③。至兴定三年,金廷任李瘸驴为中都东路经略使,"雄、霸以东皆隶之",则雄州又为金所有矣。同年李瘸驴降蒙,次年金廷封建九公,雄州又在高阳公张甫辖境之内④。塘泺密布的雄州,在金、蒙双方之间至少经历了三轮循环易手。不过其最后入蒙的时间却难以确定。直至元光元年,河间公移剌众家奴不能守其境,乃徙驻张甫辖境内的信安军,各当一面,当时信安两面的雄、霸或仍为金守。然则此后便不再有张甫及其辖境的信息。可以想见,大约在元光中,其境之大部,包括雄州在内,已失于蒙军。

天会七年统支郡二:霸州、信安军;辖县三:归信、容城、保定县。大定七年废信安军。泰和八年容城县改隶安州,统支郡一:霸州。辖县二:归信、保定县。

1. 归信县

宋归信县,金初仍旧。倚郭。

2. 保定县

宋保定军,金初天会五年至七年降为保定县,隶雄州。治今河北文安县西北35里新镇镇。

据《宋史·地理志》记载:"保定军,同下州……宣和七年,废保定军为保定县,隶莫州,知县事仍兼军使,寻依旧。"⑤宋之保定军先是"同下州"即与州同级的统县政区,再降为以知县兼军使之"军",则降为与县同级的军,这与《金史》"宋保定军,后废为县"之记载是相符的,只不过是隶于莫州还是隶于雄州的问题。但是,需要注意《宋志》中"寻依旧"之说法。宣和七年(1125)已是北宋之末了,此后保定"依旧"为"同下州"之军,又在何时呢?如果《宋志》记载不误的话,只有在宣和七年底至靖康元年(1126)了。事实上,正是在北宋剩下的一载有余的时间内,保定军再一次由县级政区升为统县政区。《大金吊伐录》

---

① 《元史》卷1《太祖纪》:太祖八年秋,"帝与皇子拖雷为中军,取雄、霸……莱、沂等郡"。又见卷153《王檝传》。
② 《元史》卷153《王檝传》。然据《杂记》乙集卷19《边防二·鞑靼款塞》条载,"惟燕南雄、霸数州,乃三关旧地,塘泺深阻,鞑兵不能入"。非不能入,应是入而复被逐出。疑该年雄、霸等州曾在双方之间易手。
③ 《遗山先生文集》卷33《顺天府营建记》。
④ 《金史》卷118《张甫传》。
⑤ 《宋史》卷86《地理志二》"河北东路·保定军"条。

所载天会四年(宋靖康元年)金向宋索取的两河之地统县政区名录中,保定军赫然在列①,可知保定军于靖康元年"依旧"确是事实。

那么,北宋末的保定军又何以在一年之间废而又置,变动如此频繁呢?据《会编》载:宣和七年,童贯上奏:"燕山已抚定,旧边悉成内地",故而请求将"安肃军改为安肃县,知县事兼安肃军使,隶保州;永宁军依旧为博野县,知县事兼永宁军使,隶祁州;保定军改为保定县,知县事兼保定军使,隶莫州"②。安肃、永宁、保定三军层级下降,乃是童贯自以为"旧边"成"内地",故自撤藩篱之结果。这一举动因前此七天金廷下诏伐宋(宋边将已探知此讯而宋廷未信之)③,后此二十七天(十一月二十一日)南侵大军进入宋境④而显得极为唐突。敌师突然南下之时,一切弥补措施都成为必要。恢复保定等军的建置,便成为弥补措施之一,在宣和七年十一月二十一日至靖康元年十一月二十二日这一年间推出。

如上,保定在入金之初已复升为统县政区是可以肯定的。《金志》"宋保定军,后废为县"之说,其"后",应指金初而非宋末,即天会五年攻克保定⑤或天会七年建河北两路之时。

霸州

宋霸州,防御。金天会五年克之⑥。天会七年降为刺史,属河北东路,为雄州支郡。贞元二年割隶中都路。泰和八年为下等刺史州。元光中陷蒙⑦。先治今河北文安县,大定二十九年徙治今霸州市。

金初辖县二:文安、大城县。大定七年降信安军为县,隶霸州。大定二十九年置益津县,州徙治益津。泰和八年,辖县四:益津、文安、大城、信安县。元光元年以信安县置镇安府。霸州辖县三。

---

① 《大金吊伐录》之《宋主与河北河东敕》(天会四年十一月二十二日)、《枢密院告谕两路指挥》(同月二十九日),见金少英校补《大金吊伐录校补》第104、106条。
② 《会编》卷22《政宣上帙二十二》,宣和七年十月二十四日条。
③ 《金史》卷3《太宗纪》,天会三年十月甲辰。
④ 《会编》卷22《政宣上帙二十二》,宣和七年十一月二十一日条。
⑤ 《会编》卷71《靖康中帙四十六》,靖康元年十二月四日条:"(相州)大元帅府传檄诸郡,起兵勤王。……'右札付知中山府陈延康遘……知霸州辛刺史彦宗、知保定军高刺史公翰……知清州等准此。'檄书行……人人欣喜,冒雪以行,悉达,唯中山、庆源二府被围,不得通。"知天会四年末,包括保定在内的大部分河北府、州、军,仍为宋守。至天会五年七月,"两河州郡,外无应援,内复自乱,于是为贼乘而取之,如俯拾遗物。惟中山、庆源、保、莫、祁、洺、冀、磁、相、绛,久而陷之。"(《会编》卷111《炎兴下帙十一》,建炎元年七月十六日条引《金虏节要》)至此则保定已陷矣。
⑥ 霸州陷金之时未详。按上条注文,至天会五年七月,宋应已失霸州。
⑦ 霸州兴定四年同为张甫辖境,其去向应与雄州同。

1. 益津县

大定二十九年置益津县。徙州治此。治今河北霸州市。

按《太平寰宇记》，后周、宋初霸州倚郭"永清县……即古益津关地"①。永清县于宋景祐元年(1034)与文安县合并，称文安县，但州、县仍治于原永清县治。至皇祐元年(1049)复徙文安县旧址，州亦随之徙治②。金所置之益津县，仍在益津关，即宋皇祐二年所废弃的州、县治——永清之旧址。而《金志》称霸州乃"辽益津郡"，误。后周显德六年(959)前该地虽为辽所有，然未有郡治之置也。而该年之后则为周、宋所有，未尝入辽。若称"辽益津关"，则勉强可以成立。

2. 文安县

宋文安县。金初因之，仍为霸州治。大定二十九年州徙治益津县。治今河北文安县。

3. 大城县

宋大城县。金因之。治今河北大城县。

4. 信安县

大定七年降信安军为县，隶霸州。元光元年升为镇安府。治今河北霸州市东北44里信安镇。

(废)信安军—(后置)镇安府

宋信安军。金天会五年克之，仍旧，属河北东路。大定七年降为信安县，隶霸州。元光元年，升置镇安府。正大六年陷蒙。治今河北霸州市东北44里信安镇。

《金志》："元光元年四月升(信安县)为镇安府，所以重高阳公张甫也。"《金史·移剌众家奴传》则称："元光元年，移屯信安，本张甫境内。张甫因奏：'信安本臣北境，地当冲要，乞权改为府以重之。'诏改信安为镇安府。是岁，与甫合兵，复取河间府及安、蠡、献三州，与张甫皆迁金紫光禄大夫。二年，众家奴及张甫同保镇安，各当一面，别遣总领提控孙汝楫、杨寿，提控袁德、李成分保外垣，遂全镇安。"③知当时信安之升府，实欲借助当地塘泺纵

---

① 《太平寰宇记》卷67《河北道十六》，"霸州·永清县"条。
② 《元丰九域志》卷2《河北路·东路》"霸州"条："景祐元年省永清县入文安，徙文安县为州治。皇祐元年复徙旧地。""徙文安县"者，文安县址徙于废永清县之址。"复徙旧地"者，文安县徙回景祐元年之前本县原址。
③ 《金史》卷118《移剌众家奴传》，同卷《张甫传》所载略同。

横之地形特色,建立原中都路地区最后之堡垒。元光二年众家奴又向金廷建议,募人由镇安西北走海路直抵辽东,"以通中外",可见,以此为基地,甚至还有重新打通辽东与南京之联系的希望。当然,此后每况愈下,这一企图未得实现。但信安毕竟凭借其特殊的地形,坚守至正大六年,成为原中都路最后失陷的城池①。

不辖县。

保州

宋保州,军事。金天会五年克之②,仍旧。天会七年升置顺天军节度③,属河北东路。贞元二年,割属中都路。泰和八年为中等节度州。约兴定四年陷蒙。治今河北保定市。

金末,保州先于贞祐元年为蒙军所陷④。然贞祐三年春蒙军再次围攻燕京,又有保州勤王之师出焉⑤。兴定二年,蒙将张柔陷保州⑥,旋复为金军所夺。至兴定四年,保州入易水公靖安民封域,然当年十月靖安民为叛卒所杀,保州陷蒙应在不久之后⑦。

天会七年,统支郡三:安州、遂州、徐州。辖县一:保塞县。天德三年,改徐州名安肃州。大定十六年更保塞县名为清苑县,二十八年置满城县。泰和

---

① 《元史》卷152《杨杰只哥传》。
② 天会三年,金曾攻保州,不克。直至天会五年九月,方才攻拔。《金史》卷80《斜卯阿里传》:天会四年,"再伐宋,至保州、中山,累破之"。同卷《赤盏晖传》亦称:天会四年"再举伐宋,攻下保州、真定,晖皆与焉。进围汴"围汴事在当年十一月,克保州应在此前。但是,直至当年十二月四日相州大元帅府府札下河北州军,保州仍在坚守。《会编》卷71《靖康中帙四十六》,靖康元年十二月四日条:"(相州)大元帅府传檄诸郡,起兵勤王。……'右札付知中山府陈延遘……知保州葛刺史逢、知霸州辛刺史彦宗……知清州等准此。'檄书行……人人欣喜,冒雪以行,悉达,唯中山、庆源二府被围,不得通。"显然保州仍在宋军控制之下。故斜卯阿里、赤盏晖二《传》所叙次第,颇为可疑。直至天会五年九月,保州最终被金军攻克(《金史》卷3《太宗纪》,天会五年九月辛亥)。
③ 按《宋史·地理志》,保州为宋初太平兴国六年所置。元好问《顺天府营建记》(《遗山先生文集》卷33)称:"清苑置于隋开皇末,历唐五代为郑州属县,宋境与辽接,故改为保塞……金朝既都燕,升县为州,州仍以保名,县则复清苑之号,且置顺天度一军。"似谓保州于宋只是保塞县而已,至金始升州。此说误。
④ 《元史》卷1《太祖纪》,太祖八年秋;卷153《王檝传》。
⑤ 《建炎以来朝野杂记》乙集卷19《边防二·鞑靼款塞》。
⑥ 《遗山先生文集》卷33《顺天府营建记》。
⑦ 《金史》卷118《靖安民传》。又,元好问《顺天府营建记》载:"岁丁亥,(张柔)乃移军顺天,以遏信安行剽之党。时顺天为芜城十五年矣。"丁亥,为金正大四年(1227),则顺天始为"芜城"之时,当在贞祐元年(1213),此非指蒙军占据顺天已十五载,应是指保州于贞祐元年初次为蒙军所克,城池被毁。此亦可见,后金之守保州者,或亦是据守山寨,别为州治。

四年废遂州为遂城县,隶保州。八年,保州统支郡二:安州、安肃州。辖县三:清苑、满城、遂城县。贞祐二年复置遂州,仍为保州支郡,且以中山府永平县新置完州来隶。保州统支郡四,辖县二。

1. 清苑县

宋保塞县,金初仍旧,大定十六年更名清苑。倚郭。

2. 满城县

大定二十八年置。治今河北满城县略西①。

按满城为唐、五代旧县,石晋以后,因处于辽与中原政权之边境,双方多次激烈争夺该县之地。至辽统和十五年(997)满城县治所在的县境南部最终为宋所得,辽遂不复置满城县(见上文辽代部分南京道泰州条),而宋亦因其地近边而未存留此县。至金,原满城县南、北境复合,却长期未尝置县。与政区密布的河北地区其他部分相比,这一地区县级政区建置颇显空旷。故金中期乃复置此县,唯其治所,较唐、五代县治偏南。

3. 遂城县

泰和四年废遂州,以倚郭遂城县属保州。贞祐二年复升置遂州。治今河北徐水区西22里遂城镇②。

安州

宋顺安军,金天会五年取之③。天会七年升置安州④,刺史,隶河北东路,为保州支郡。贞元二年改隶中都路。泰和八年为下等刺史州。约元光二年最终陷蒙。初治今河北高阳县东南24里庞口镇旧城村,大定二十八年徙治今安新县安州镇。泰和八年,徙治今安新县。

贞祐元年秋,蒙军首次破安州⑤,旋弃之。兴定二年,蒙将张柔下安州⑥。然复为金所得,兴定四年二月入河间公移剌众家奴之封域。至"兴定末,(众家奴)所部州县皆不可守",安州亦再失于蒙军。元光元年,众家奴与高阳公张甫

---

① 《纪要》卷12《北直三》"保定府·满城故城"条:"金大定二十八年,改置县于塔院村,在今县西二里。明废为柴厂,寻移今治。"
② 《纪要》卷12《北直三》"保定府·遂城废城"条:"(安肃)县西二十五里。"即今徐水县西遂城镇也。
③ 《金史》卷3《太宗纪》,天会五年九月辛亥。
④ 《金史·地理志》。又,《会编》卷132《炎兴下帙三十二》,建炎三年闰八月二十四日条引《金虏节要》:"改安肃军为徐州,广信军为遂州,威胜军为沁州,顺安军为安州。"
⑤ 《金史》卷123《忠义三·徒单航传》;《元史》卷1《太祖纪》,太祖八年秋。
⑥ 《遗山先生文集》卷33《顺天府营建记》。

合军,复取安州①。然元光二年以后,众家奴一军遂无音讯,疑安州亦于是岁终为蒙军所克。

金初辖县一:高阳。大定二十八年置葛城县。泰和四年置渥城县。八年正月,高阳县改隶莫州,四月,复来隶。同年,容城县由雄州来隶。安州辖县四:渥城、高阳、葛城、容城县。贞祐二年,容城县改隶安肃州。

1. 渥城县

泰和四年置,八年,州自葛城来治。治今河北安新县②。

2. 高阳县

宋高阳县,金初因之,仍为顺安军、安州倚郭。大定二十八年州徙治葛城县,高阳仍属安州。泰和八年正月改隶莫州,四月,复隶安州。治今河北高阳县东南24里庞口镇旧城村③。

3. 葛城县

大定二十八年置,州自高阳来治。泰和八年徙州于渥城县。县仍属安州。治今河北安新县西南23里安州镇④。

4. 容城县

宋容城县,金初仍旧,属雄州。泰和八年改隶安州。贞祐二年复割隶安肃州。初在巨马河北辽末容城县址,即今河北定兴县东南25里北田乡一带,天会中徙治今容城县。

辽宋对峙之时,宋之雄州有容城县,辽之易州亦有容城县。辽之容城是故地(即宋容城)被后周夺回后,割涿州新城县西南境重置。金天辅六年易州降宋后,宋置容城于巨马河北原辽代县治,而废雄州境内之容城⑤,县当隶于雄州,此即顾祖禹所谓"以北容城并入南容城"⑥,许亢宗所说"旧容城县附雄州归信县寄里,自壬寅年冬,于河北岸创筑容城县新垒",亦似以容城县为雄州所隶。若然,雄州在巨马河以北领有一县,颇可体现宋人使政区边界与自然界限"犬牙相入"的作风,以达"以内制外"之效。至天会五年金克雄州,乃废巨马河

---

① 《金史》卷118《移剌众家奴传》。
② 《纪要》卷12《北直三》"保定府·渥城故城"条:"即今县(新安县)治。"亦即今河北安新县。
③ 《纪要》卷12《北直三》"保定府·高阳城"条:"(高阳)县东二十五里。……唐宋以来,县皆治此。明洪武三年,河溢县圮,始迁今治。"
④ 《纪要》卷12《北直三》"保定府·葛城废县"条:"今(安)州治。"即今之安州镇也。
⑤ 《宣和乙巳奉使行程录》(贾敬颜:《五代宋金元人边疆行记十三种疏证稿》,第218页):"旧容城县附雄州归信县寄里,自壬寅年冬,于河北岸创筑容城县新垒。""河北岸"之"新垒",应即辽末容城县所在。应是该县城池已于辽末毁败,故宋于原地增筑。也有可能是沿用辽代城址,而许亢宗误以为新创之城。
⑥ 《纪要》卷12《北直三》"保定府·容城县"条。祖禹谓北容城并入南容城在金初,则可商榷。

北易州(已于两年前入金)之容城县,仍以其境归涿州,而于巨马河南另立容城县,隶于雄州①。

(废)广信军—(后置)遂州

宋广信军。金天会五年得之,仍旧。天会七年升置遂州,刺史,属河北东路,为保州支郡。贞元二年改隶中都路。泰和四年废州,倚郭遂城县划属保州。贞祐二年复置州,仍为保州支郡。兴定元年最终陷蒙。治今河北徐水县西22里遂城镇。

宋之广信军,与安肃、永宁、保定等军一样,曾废于宣和七年底。然与后三者废于童贯之动议不同,广信军之废是出于蔡攸的提议。据载,当时金已全境动员,即将侵宋,"警报既密,蔡攸惧动外廷之议,惟务遮蔽,方示人以闲暇",理由与童贯废保定等军相同,"今既得燕山,而景、蓟为外藩,则安肃、保信在内地,无所用之,当复废为县",遂将素有"铜梁门,铁遂城"之称的边塞雄镇安肃军、广信军废为梁门、遂城县。废军之必然后果,是减少驻军,削弱防御力量。废军之当月,金军入宋境②。据《宋史·地理志》记载,此后遂城县"寻复"为广信军。它应与安肃、保定等军相同,复置于宣和七年十一月底至靖康元年十一月底。天会五年(1127,宋建炎元年)五月,金军克广信军③。与童贯、蔡攸竞相自毁长城之举相反,金得广信、安肃军之地,并不因为它们已是"内地"而废军为县,反而旋即升州④,于这些要害地带建置更高等级的政区,强化防御力量。但至泰和四年,复降广信军为遂城县。该县在贞祐元年被蒙军攻占⑤,或可证明当时降州为县之举并不明智。蒙军弃守、金军再次入据后,复升为州,亦未能守御得较周边州郡更为长久一些,至兴定元年最终被攻克⑥。

辖县一: 遂城县。

---

① 几乎在整个北宋时期,容城皆与归信同为雄州倚郭,只有到宣和四年之后,方徙治巨马河北。顾祖禹明辨辽容城(即北宋末宣和四年以后之容城)与宋容城,却不辨宋容城与金容城,以为两者同址。见《纪要》卷12《北直三》"保定府·容城县"条、"容城故城"条。
② 《会编》卷23《政宣上帙二十三》,宣和七年十一月条。废军之诏,下于十一月,而蔡攸上奏建议废军,当在此前不久。
③ 《金史》卷3《太宗纪》,天会五年五月庚寅朔。
④ 《金史·地理志》;《会编》卷132《炎兴下帙三十二》,建炎三年闰八月二十四日条引《金房节要》。
⑤ 《元史》卷1《太祖纪》,太祖八年秋;卷149《刘伯林传》。
⑥ 《元史》卷1《太祖纪》,太祖十二年八月;卷119《木华黎传》。

安肃州

宋安肃军。金天会五年得之①,天会七年升置徐州②,刺史,属河北东路,为保州支郡。天德三年改名安肃州。贞元二年改隶中都路。泰和八年为下等刺史州。兴定四年终陷蒙③。治今河北徐水县。

辖县一：安肃县。

安肃县

宋安肃县,金仍旧。倚郭。

第二节　河北东路州县沿革

天会七年(1129)置河北东路,治河间府。统河间府与雄、霸、保、莫、冀、深六州,及信安军。且升永宁军为宁州、顺安军为安州、广信军为遂州、安肃军为徐州、乐寿县为寿州属之。十年,清州自伪齐来隶本路。天德三年(1151),更徐州为安肃州、宁州为蠡州、寿州为献州。贞元二年(1154),沧、景二州自山东东路来属,雄、霸、保、安、遂、安肃州及信安军割属中都路。大安中(1209—1211),改景州为观州。

泰和八年(1208),统府一、州八(节度州二、防御州一、刺史州五)：河间府,蠡、莫、献、冀、深、清、沧、景州(另参见前图20)。

河间府

宋河间府,瀛海军节度。金天会五年得之,仍旧。天会七年为河北东路总管府。泰和八年为中等总管府。元光二年(1223)终陷蒙。治今河北河

---

① 《会编》卷74《靖康中帙四十九》,靖康二年(即金天会五年)正月十三日,"知河间府黄潜善……知安肃军王澈будут以本州兵至大元帅府";卷76《靖康中帙五十一》,靖康二年正月十八日引《中兴日历》："王澈将安肃军二千人前去郓州驻札。"则当时宋军尚能守安肃,失守当在天会五年正月之后。据《金史》卷81《伯德特离补传》："攻安肃军,河间、雄、保等兵十余万来救,特离补率所部先战,大军继之,大破其兵,遂拔安肃。"知金军攻拔安肃之时,应在攻取雄、保等州——同年九月之前。安肃州或与多数河北州郡一同失陷于天会五年七月。
② 是安肃与广信同于宣和七年十一月废军为县。其县名,《会编》称"梁门"(见上文遂州条),而《宋史·地理志》称"安肃"。不过,在该年底或次年,宋复置安肃军之后,其倚郭县名"安肃"则无疑。金初仍旧,而两年后升军为徐州,《会编》称"以境有徐河"故也(卷132《炎兴下帙三十二》,建炎三年闰八月二十四日条引《金房军要》原注)。
③ 金末安肃州之去向大体同于保州。先于贞祐元年秋为蒙军所下,后弃之。兴定四年入易水公靖安民封域。同年安民被杀,安肃州亦当陷蒙。

间市。

河间府为金天会三年冬至四年春第一次侵宋时要求对方割让的三镇(中山、河间、太原)之一①。不过,该年因金军围汴而签订的城下之盟,俟金军退去之后,宋便反悔,采取了坚决抵抗的态度②。这直接导致了四年冬金第二次侵宋并灭亡北宋的军事行动。当年十一月宋再次"许割三镇"甚至"画河为界"的方案,因闰十一月汴京沦陷,十二月徽、钦二宗被金军扣押而变得毫无意义——要求以割地来避免灭国不成,北宋实际上已经灭亡而使谈判主体不存在了。而应该割让的地方,只要稍有力量,即行坚守抵抗,金军只有凭军力一州一县地攻打。河间坚守至天会五年十一月终被攻克③,并在天会七年九月金军基本平服河北大部之后,成为河北东路首府④。

金末之河东、河北,是金、蒙双方争夺最激烈之地,河间府亦莫能外,曾多次受攻。其中贞祐元年(1213)、贞祐三年、兴定五年(1221)曾三次被蒙军攻陷而复为金所收复,终在元光二年陷于蒙古,河北封建诸公无力再行收复⑤。

天会五年,统支郡三:宁州、莫州、寿州。辖县二:河间、肃宁县。天德三年,改宁州为蠡州,寿州为献州。泰和八年,统支郡三:蠡州、莫州、献州。辖县二:河间、肃宁县。

1. 河间县

宋河间县,金仍旧。倚郭。

2. 肃宁县

宋肃宁城,金天会七年改置肃宁县⑥。治今河北肃宁县。

---

① 《会编》卷26《靖康中帙一》:靖康元年正月七日,金军"犯京师";九日,"割三镇"。
② 《会编》卷43《靖康中帙十八》。同年三月十六日,"诏河北(、河东)三帅固守三镇"。
③ 《会编》卷114《炎兴下帙十四》,建炎元年十一月二十五日。
④ 《大金国志》卷5《纪年·太宗文烈皇帝三》,天会七年九月。
⑤ 《元史》卷1《太祖纪》,太祖八年(金贞祐元年)秋,"帝与皇子拖雷为中军,取雄、霸、莫、安、河间……等郡"。二年,河间复受攻(《遗山先生文集》卷17《朝列大夫同知河间府事张公(公著)墓表》)。三年,"河间被围……会久雨,(蒙军)乃解去"(《金史》卷128《循吏·赵重福传》)。然该年稍后河间又为蒙军所攻克,复叛,被蒙军所平服(《元史》卷153《王檝传》)。至四年二月,方由金将张开收复(《金史》卷14《宣宗纪上》,贞祐四年二月)。兴定四年,以河间府为河间公移剌众家奴之封域,然至次年,众家奴"所部州县皆不可守"。元光元年,遂移屯高阳公张甫境内之信安,同年与张甫合兵取河间。次年,"众家奴及张甫同保镇安,各当一面",而其本人所封的河间又不守矣(《金史》卷118《移剌众家奴传》)。
⑥ 《会编》卷132《炎兴下帙三十二》,建炎三年闰八月二十四日条引《金房节要》:"(金)枢密院:……改安肃军为徐州……乐寿县为寿州,肃宁城为肃宁县。"

蠡州

宋永宁军，金天会五年克之，七年升为宁州，刺史，隶河北东路，为河间府支郡。天德三年更名蠡州。泰和八年为下等刺史州。元光二年陷蒙。治今河北蠡县。

北宋末宣和七年(1125,金天会三年)，曾因"收复"燕属诸州而夸示疆域进展的宋廷，废河北沿边诸军为县，靖康元年(1126)时局危急之时，复置诸军(可见上文中都路雄州保定县条)，其中也包括永宁军。金天会五年攻克①之后，仍北宋之制而为军。至天会七年，则升州耳②。

贞祐元年，蠡州曾于蒙军突然南下之时陷落③，此后在河朔日益加剧的乱局中，蠡州曾为叛军所据，于贞祐四年方为金所收复④。兴定元年，复陷于蒙军⑤。后收复，至四年，入河间公移剌众家奴之封域。次年，复陷。元光元年移剌众家奴与张甫合兵收复⑥。元光二年，众家奴不能守其地，蠡州终陷蒙。

天会五年辖县一：博野县。泰和八年同。

博野县

宋博野县，金仍旧。倚郭。

莫州

宋莫州，防御。金天会六年克之⑦，仍旧。七年，降为刺史，隶河北东路，为河间府支郡。泰和八年，为下等刺史州。贞祐二年，降为鄚亭县，隶河间府。兴定四年复置，元光二年终陷蒙。先治任丘县，即今河北任丘市。兴定四年复置后，徙治鄚亭县，即今河北任丘市东北44里莫州镇⑧。

---

① 《金史》卷3《太宗纪》，天会五年九月辛亥。
② 《会编》卷132《炎兴下帙三十二》，建炎三年闰八月二十四日条引《金虏节要》。
③ 《元史》卷1《太祖纪》，太祖八年(金贞祐元年)秋。
④ 《金史》卷118《苗道润传》："兴定元年，诏道润恢复中都，以山东兵益之。道润奏：'去年十一月，臣遣总领张子明招降蠡州独吉七斤。近日，河北东路兵马都总管移剌铁哥移军蠡州，袭破子明军，杀数百人，子明亦被创……'"独吉七斤者，显是女真人，而金将曾"招降"之，则七斤本是守军，因形势混乱而叛据蠡州者，至贞祐四年为苗道润遣将收服。
⑤ 《元史》卷1《太祖纪》，太祖十二年八月。其后金军应在不久之后复取蠡州。按《金史》卷118《苗道润传》：兴定二年，"右丞侯挚乞以保、蠡、完三州隶真定，而蠡州旧受移剌众家奴节制，一旦改隶真定，恐因而交争"。时蠡州又已为金所有。
⑥ 《金史》卷118《移剌众家奴传》。
⑦ 《金史》卷81《王伯龙传》。
⑧ 《纪要》卷13《北直四·河间府》"莫州城"条："(任丘)县北三十里。"

因乱世之中,变化纷纭,记录亦少,关于贞祐以后莫州是否降等、辖县几何、去向如何,皆难以探究。《金志》称,莫州于"贞祐二年五月降为鄚亭县"。这应当是上一年蒙军南下之时曾攻陷莫州①的缘故。因州城残破,且原仅辖一县,故废州为县,且徙新治,是故易名耳。此鄚亭县者,应即元代之莫亭县。由元代莫亭县曾省入河间县②推知,金贞祐二年废州之时,鄚亭或亦入河间府。

然而此后州应复置。至兴定四年封建九公,以"雄、莫、霸州,高阳、信安……安次县隶高阳公张甫"③。莫赫然复为州矣。至元代,则仍有莫州,《元史·地理志》未详何时置,应即复置于金末也。复置之时,或即在兴定四年封建之时,而复置州的同时,也复置任丘县,然仍治于鄚亭。入元,莫州辖二县、治莫亭之制,应当是袭金末之旧。而莫州之失,应在元光二年张甫退据一隅,固守信安前后④。

天会六年辖县一:任丘县。泰和八年正月,高阳县自安州来属,同年四月,复隶安州。仍辖任丘一县。贞祐二年废莫州。兴定四年复置后辖县二:鄚亭、任丘县。

任丘县

宋任丘县,金仍旧。倚郭。贞祐二年废。兴定四年后莫州治鄚亭,复置任丘县,仍为莫州属县。

(后置)鄚亭县

贞祐二年置,隶河间府。兴定四年改隶莫州,为倚郭。

献州

宋乐寿县,隶河间府。天会七年升为寿州⑤,刺史,隶河北东路,为河间府支郡。天德三年更名献州。泰和八年为下等刺史州。元光二年陷蒙。治今河北献县。

献州初于贞祐元年为蒙军攻破⑥,后弃去。贞祐三年复为蒙军所下,次

---

① 《元史》卷1《太祖纪》,太祖八年秋。
② 《元史》卷58《地理志一》"中书省·燕南河北道肃政廉访司·河间路·莫州"条。
③ 《金史》卷118《张甫传》。
④ 《金史》卷118《移剌众家奴传》:"(元光)二年,众家奴及张甫同保镇安,各当一面,别遣总领提控孙汝楫、杨寿,提控袁德、李成分保外垣,遂全镇安。"疑张甫当时与移剌众家奴尽其全力,收缩至信安(镇安府)周围,而周边之地已尽失矣。
⑤ 《会编》卷132《炎兴下帙三十二》,建炎三年闰八月二十四日条引《金虏节要》。
⑥ 《元史》卷1《太祖纪》,太祖八年秋。

年,金复取献州①。兴定四年,州在河间公移剌众家奴封域内。兴定末,众家奴"所部州县皆不可守",献州亦失。元光元年与张甫合力,一度收复献州。然次年众家奴与甫军仅能保守镇安府一隅矣②。献州最终当失于元光二年。

天会七年辖县一:乐寿县。大定七年(1167),增置交河县。泰和八年,辖县二:乐寿、交河县。

1. 乐寿县

宋乐寿县,隶河间府。金天会七年建寿州,以乐寿县为倚郭。

2. 交河县

大定七年置。治今河北泊头市西南48里交河镇③。

冀州

宋冀州,安武军节度。金天会六年克之④,仍旧,隶河北东路。泰和八年,为上等节度州。兴定四年降蒙⑤。治今河北冀州市。

天会六年,统支郡一:深州。辖县五:信都、南宫、衡水、武邑、枣强县。泰和八年同。

1. 信都县

宋信都县,金仍旧。倚郭。

2. 南宫县

宋南宫县,金仍旧。治今河北南宫市西郊南、北旧城村之间⑥。

3. 衡水县

宋衡水县,金仍旧。治今河北衡水市西南12里郑家河沿镇旧城村⑦。

---

① 《金史》卷14《宣宗纪上》,贞祐四年二月,"同知观州军州事张开复河间府、沧、献等州并属县十有三"。知此前献州又为蒙军所占,时间应在贞祐三年五月蒙军攻克中都之后。
② 《金史》卷118《移剌众家奴传》。
③ 《嘉庆一统志》卷22《河间府二》"建置沿革·交河县":"在府东南一百十里。……西南至阜城县治四十五里。"
④ 《会编》卷118《炎兴下帙十八》,建炎二年九月十二日。
⑤ 贞祐元年秋,蒙军曾下冀州而弃去(见《元史》卷1《太祖纪》,太祖八年秋)。兴定四年,冀州入恒山公武仙封域(《金史》卷118《武仙传》)。同年,为蒙军所陷(《元史》卷151《王义传》)。另需指出的是,冀州城大约久已不可守,早已荒弃,兴定四年蒙军陷冀州之时,州治于水寨矣。(《金史》卷118《张甫传》:"兴定三年,及真定不守,甫复奏:'权元帅右都监柴茂保冀州水寨,孤立无援,若不益兵,非臣之所知也。'")
⑥ 《纪要》卷14《北直五·真定府》"南宫旧城"条:"县西北三里……(成化)十六年,迁于城东三里之飞凤冈……即今县也。"
⑦ 《纪要》卷14《北直五·真定府》"衡水故城"条:"县西南十五里。旧县治此。……前朝永乐五年大水,城坏,移县于范家瞳。景泰初,创筑城垣。成化十八年,又为大水所圮,寻复修筑,即今治也。"

4. 武邑县

宋武邑县,金仍旧。治今河北武邑县。

5. 枣强县

宋枣强县,金仍旧。金初治今河北枣强县东 30 里王常乡前旧县村①,天会十年,徙治今枣强县。

深州

宋深州,防御。天会五年克之②,七年,降为刺史,隶河北东路,为冀州支郡。泰和八年为上等刺史州。元光二年陷蒙。治今河北深州市南 27 里大堤镇贾城西村略东③。

贞祐元年,蒙军初次下深州④,旋弃去。贞祐三年,"红袄贼周元儿陷深、祁州、束鹿、安平、无极等县,真定帅府以计破之"⑤,夺回深州。然因蒙军已于同年五月破中都,其势力深入河北,深州亦于不久后陷蒙。贞祐四年,金军复夺深州⑥。兴定二年再陷蒙⑦,旋复为金所得,兴定四年入河间公移剌众家奴封域。元光二年终陷蒙⑧。

天会五年辖县五:静安、束鹿、武强、饶阳、安平县。泰和八年同。

1. 静安县

宋静安县,金仍旧。倚郭。

2. 束鹿县

宋束鹿县,金仍旧。治今河北辛集市东北 35 里旧城镇⑨。

---

① 《嘉庆一统志》卷 49《冀州一》"古迹·枣强故城"条:"旧《志》:金天会四年,河溢城圮。十年,迁于县西北三十里刘马村,即今治。"
② 金初下深州之时不详。按北宋末深州周边诸州府,河间府、祁州、赵州陷于天会五年,冀州坚守至天会六年。深州可能较早陷落,故未能因长期坚守而受到关注。据《会编》卷 111《炎兴下帙十一》,天会五年七月条:"金入寇,两河州郡……为贼乘而取之,如俯拾遗物。惟中山、庆源、保、莫、祁、洺、冀、磁、相、绛,久而陷之。"深州不在"久而陷之"之列,至五年七月应已陷于金。
③ 《纪要》卷 14《北直五·真定府》"静安废县"条:"在今(深)州南二十五里。……《城邑考》:州旧城,永乐十年,滹沱、漳水决溢,城坏,因徙治。"为水所坏之城,在贾村西与城东村之间。
④ 《元史》卷 1《太祖纪》,太祖八年秋。
⑤ 《金史》卷 14《宣宗纪上》,贞祐三年九月乙亥。
⑥ 《金史》卷 14《宣宗纪上》,贞祐四年闰七月辛卯。
⑦ 《元史》卷 151《王义传》。
⑧ 《金史》卷 118《移剌众家奴传》。
⑨ 《嘉庆一统志》卷 14《保定府三》"古迹·束鹿故城"条:"明天启二年……移治。……故城在今县北三十五里。今有旧城集。"

3. 武强县

宋武强县,金仍旧。治今河北武强县西南23里周家窝乡旧城村①。

4. 饶阳县

宋饶阳县,金仍旧。治今河北饶阳县。

5. 安平县

宋安平县,金仍旧。治今河北安平县。

清州

宋清州,军事。天会五年克之②。七年,升为防御。八年,属伪齐大名府路③。天会十年以后,割属金河北东路④。泰和八年为中等防御州。兴定四年降蒙。治今河北青县。

贞祐三年蒙军围燕京前夕,清州被攻破⑤。次年金收复之⑥。兴定四年,以清州入沧海公王福封域。同年福以其地降于张林,其后入蒙⑦。

天会五年辖县一:乾宁县。贞元元年,改乾宁县名为会川。大定六年,兴济县由沧州来隶。明昌四年(1193),置靖海县。泰和八年,清州辖县三:会川、兴济、靖海县。

1. 会川县

宋乾宁县。金初仍旧。贞元元年改名会川。倚郭。

2. 兴济县

贞元二年置,属沧州,大定六年改属清州。治今河北沧县北40里兴济镇⑧。

---

① 《嘉庆一统志》卷53《深州一》"古迹·武强故城"条:"故城在县西南二十五里。"
② 金初下清州之时不详。其或与深州差相同时。
③ 天会七年二月,金任命刘豫为"知东平府事,京东京西淮南等路安抚使,兼诸路马步军都总管",时清州已在刘豫"节制"之下(见《大金吊伐录》之《差刘豫节制诸路总管安抚晓告诸处文字》,见金少英校补《大金吊伐录校补》第202条),天会八年后遂入伪齐境。
④ 清州由伪齐割还金,见李昌宪:《试论伪齐国的疆域与政区》,《中国史研究》2007年第4期,第149页。《大金国志》卷10《纪年·熙宗孝成皇帝二》,天眷二年春,追溯天会中挞懒建议取伪齐国新河以北之地,"时粘罕用事,不得行。挞懒再四言之,始取清州,聊慰其意"。按粘罕于天会十年九月任"国论右勃极烈兼都元帅"(《金史》卷3《太宗纪》,天会十年九月庚午),卒于天会十五年七月(《金史》卷4《熙宗纪》,天会十五年七月辛巳),则金取清州之事,在其间耳。
⑤ 《元史》卷1《太祖纪》,太祖十年四月。
⑥ 《金史》卷14《宣宗纪上》:贞祐四年四月癸巳,"张开奏复清州等十有一城"。
⑦ 《金史》卷118《王福传》。按张林先割据益都一带,后于兴定三年降宋。则兴定四年清州在名义上入宋。然兴定五年张林复叛宋投蒙(见《宋史》卷40《宁宗纪四》,嘉定十四年十一月),蒙古以林为"行山东东路益都、沧、景、滨、棣等州都元帅府事"(《元史》卷1《太祖纪》,太祖十六年十一月),当时张林已无清州矣。疑王福降于张林后不久,清州旋被蒙军夺走。即清州降张林、入蒙,皆在兴定四年。
⑧ 《嘉庆一统志》卷25《天津府二》"古迹·兴济故县"条:"在青县东南三十里。"

按《宋史·地理志》无兴济县。《金志》：兴济县"本隶沧州，大定六年来属"，未载其始置之时。《明一统志》、顾祖禹《纪要》皆称，兴济县置于宋大观中(1107—1110)①。然而，不仅是《宋史·地理志》没有记载，并且公认作于政和年间(1111—1118)的欧阳忞《舆地广记》，亦无此县。故而，兴济县始置于大观中的说法，大为可疑。《清一统志》则持金初置县之说②，更为可信。那么，该县具体应置于何时？应置于海陵贞元元年迁中都前后。当时中都路、河北路因首都迁来而发生了大规模的政区调整。后来的兴济县所在，作为御河之岸的一个转运站③，其重要性于当时也被突出，因而置县，不难理解。

3. 靖海县

明昌四年置。治今天津市静海区④。

沧州

宋沧州横海军节度。天会七年，金得沧州⑤，仍旧。八年，予伪齐，属大名府路⑥。十五年伪齐废，再入金，仍其旧，隶大名府路。天德二年废大名府路，改隶山东东路。贞元二年又改隶河北东路⑦。泰和八年为上等节度州。兴定四年，为宋所得。治今河北沧县东南32里旧州镇⑧。

其地恰处诸方势力交争的山东、河北、中都路交界处，故易手频繁。贞祐元年，蒙军兵锋直指海滨，下沧州⑨。该年蒙军虽弃去此城，然贞祐三年蒙军攻破中都后，复占此城，并"置行司于沧州以镇之"⑩。次年二月，为金将张开

---

① 《明一统志》卷2《河间府》"建置沿革·兴济县"条："在府城东一百八十里，宋为范桥镇地，大观初升为兴济县。金初属沧州，大定中改属清州。"《纪要》卷13《北直四》"河间府·兴济县"条："宋清州范桥镇地。大观初，改置兴济县。金初属沧州。大定六年，改属清州。"
② 《嘉庆一统志》卷25《天津府二》"古迹·兴济故县"条："金初置县，属沧州，大定六年，改属清州。"
③ 按《金史》卷27《河渠志》，兴济县官后来于泰和六年"管勾漕河事"，任责"催检纲运，营护堤岸"，以使漕运通畅。
④ 《金史·地理志》："靖海，明昌四年以清州窝子口置。"《嘉庆一统志》卷25《天津府一》"古迹·窝子口"条："今静海县治。"
⑤ 《会编》卷121《炎兴下帙二十一》，建炎三年二月九日。
⑥ 沧、景、清、滨、棣、博、德等州，于《金志》中，属河北东路及山东东、西路，而在伪齐则属大名府路，见上揭李昌宪文，《中国史研究》2007年第4期，第149页。上述诸州伪齐时隶大名府，下文不再出注。
⑦ 废伪齐后，大名府辖境应仍其旧，金置统军司镇于此。天德二年废大名府统军司，统军司原"所辖民户，分隶旁近总管府"(《金史》卷26《地理志下》"大名府路·大名府"条)。当时沧州必是就近划入山东东路。至贞元二年，方再次改隶(《金史》卷25《地理志中》"河北东路·沧州"条："贞元二年来属")。该年由山东东路划沧、景、滨入河北东路，是因同年将河北东路北部的雄、霸、保、安、遂、安肃六州划归中都路，故在南部稍益其他。
⑧ 《明一统志》卷2《河间府》"古迹·沧州故城"条："在今州治东南四十里。"
⑨ 《金史》卷14《宣宗纪上》，贞祐元年十一月癸未。
⑩ 《元史》卷153《王檝传》。

所收复①。兴定四年,入沧海公王福封域。然王福于同年降于张林②。因当时张林依附于宋,沧州名义上成为宋之境土③。

天会十五年,统支郡二:景州、滨州;辖县五:清池、无棣、盐山、南皮、乐陵县。贞元二年,置兴济县。滨州改隶益都府。泰和八年,统支郡一:景州;辖县五,同天会中。大安中,景州改为观州。

1. 清池县

宋清池县。金仍旧。倚郭。

2. 无棣县

宋无棣县。金仍旧。治今山东庆云县东 20 里常家镇④。

3. 盐山县

宋盐山县。金仍旧。治今河北黄骅市南 41 里旧城镇⑤。

4. 南皮县

宋南皮县。金仍旧。治今河北南皮县。

5. 乐陵县

宋乐陵县。金仍旧。治今河北盐山县西南 47 里千童镇⑥。

---

① 《金史》卷 14《宣宗纪上》,贞祐四年二月。
② 《金史》卷 118《王福传》。
③ 至此,诸种力量争夺沧州的过程并未结束,而是愈加复杂。宋嘉定十四年(金兴定五年)十月,张林向宋廷报捷,"复沧州"(《宋史》卷 40《宁宗纪四》,嘉定十四年十月癸丑。张林何以占夺沧州以后一年有余方向宋廷报告此事,原因不详)。然而当年十一月,张林便以其地降蒙,成为蒙古的"行山东东路益都、沧、景、滨、棣等州都元帅府事"(《元史》卷 1《太祖纪》,太祖十六年十一月)。但是张林自此受到京东宋将或附宋力量的猛攻(《宋史》卷 40《宁宗纪四》记载,宋知济南府种赟等攻张林于青州,林遁去;卷 476《叛臣中·李全传上》则谓是李全攻张林,将之逐出青州。大约种赟与李全曾合兵攻之)。其不仅立即失去了盘踞多年的益都(青州),沧州亦为宋所夺。此事虽未见史籍有直接记载。然据《宋史·李全传》载,嘉定十六年(金元光二年),李全攻金之邳州败还,"欲还楚州,会滨、棣有乱,乃引兵趋山东"。知原属张林所有的滨、棣两州,现为李全所有。故可推知,沧州亦应在元光元年为李全攻占。但同年稍后,蒙军席卷南来,"攻取益都诸城,略沧、棣,得户七千",蒙被耶律天祐"兼沧、棣州达鲁花赤","时金盐山卫镇盐场未下,天祐以计克之"(《元史》卷 193《忠义一·耶律忒末传附子天祐》)。沧州自此为蒙军所据。而此前宋、蒙双方及当地各派力量激烈争夺沧州的过程,宋、金、蒙三方在沧州一带势力盘结交错的形势,至此终结。
④ 《嘉庆一统志》卷 25《天津府二》"古迹·无棣故城"条:"《(无棣)县志》:'有故城在其县西北二十里。'去庆云正二十里,则即周为保顺军,宋为无棣者也。"去庆云二十里,去无棣复二十里。正今日常家之地。
⑤ 《纪要》卷 13《北直四》"河间府·盐山县"条:"旧城在今县东北三十五里。明洪武九年,移治香鱼镇,即今治。"
⑥ 《嘉庆一统志》卷 176《武定府》"关隘·旧县镇"条:"在乐陵县西北三十里。明置巡司。"又,同卷"古迹·乐陵旧城"条:"又有故县,在县西北二十五里,盖即宋时所徙之咸平镇也。"明、清乐陵,即今乐陵。其西北二十五里、三十里,正今盐山县南之旧县,今千童镇也。

景州

宋永静军,金天会七年得之,予伪齐。伪齐升为景州①。天会十五年废伪齐,入金,仍其旧,隶大名府路,为沧州支郡。天德二年废大名府路,改隶山东东路。贞元二年又改隶河北东路。泰和八年为上等刺史州。大安中改名观州。兴定四年入宋。治今河北东光县。

贞祐元年,蒙军下观州,旋弃去②。贞祐四年,攻观州而未下③。至兴定四年,入沧海公王福封域。同年王福降张林,观州遂为宋地④。其后去向,同于沧州。

天会十五年辖县六:东光、阜城、将陵、吴桥、蓨、宁津县。泰和八年同。

按宁津置于金,却不知始置之时,其最早见载于大定二十八年⑤。吴桥在宋为镇,亦于金升置县,同样不详升县之时。历代总志亦皆称"金置"。《光绪吴桥县志》则称:"(吴桥之地)景福元年隶景州。后周时置保顺军。宋太祖开宝三年以沧、隶(棣)二州界保顺、吴桥二之地益焉,隶于沧州。金世宗初年庆(废)保顺军,始以吴桥镇地置吴桥县,隶河间府景州。"⑥其中误处不一,而关于世宗初废保顺军、置吴桥县之说亦属无根之谈,不取。

按吴桥之置县,应在伪齐阜昌中(1130—1137)。刘豫乃永静军阜城人,故得势后升军为州。吴桥、宁津二县亦在当时升置,极可理解。或许正因置于伪齐中,较受忽略,故后世不知其始置之确切年份。

至于蓨县由冀州划入景州,则应与金、齐划界时以旧河为界有关。蓨县恰在旧河以南,故划归相邻的景州,隶属伪齐。

1. 东光县

宋东光县。金仍旧。倚郭。

2. 阜城县

宋阜城县。金仍旧。治今河北阜城县。

---

① 关于伪齐升置景州,见上揭李昌宪文,《中国史研究》2007年第4期,第149页。
② 《金史》卷14《宣宗纪上》:贞祐元年十一月癸未,"大元兵徇观州,刺史高守约死之"。
③ 《金史》卷103《完颜霆传》。
④ 《金史》卷118《王福传》。
⑤ 《金史》卷49《食货志四》:为加强盐运管理,大定二十八年"五月,创巡捕使,山东、沧、宝坻各二员,解、西京各一员。山东则置于潍州、招远县,沧置于深州及宁津县……"此处"深"恐当作"清"。一是因深州与沧州不相邻,更不属沧州;二是深州距漕路与海皆远,无由置巡捕。
⑥ (清)冯庆杨、倪昌燮修撰:《光绪吴桥县志》(《中国地方志集成·河北府县志辑》第44册)卷10《杂记·辨·安陵辨》。

3. 将陵县

宋将陵县。金仍旧。治今山东德州市。

4. 吴桥县

伪齐升置吴桥县。金仍旧。治今河北吴桥县东20里铁城镇。

5. 宁津县

伪齐升置宁津县。金仍旧。治今山东宁津县①。

6. 蓨县

宋蓨县，隶冀州。金天会八年后隶永静军。治今河北景县。

第三节 河北西路州县沿革

天会七年(1129)置河北西路，治真定府，统真定府及洺、相、磁、祁、浚、卫六州。并降庆源府为赵州、信德府为邢州、中山府为定州，升井陉县为威州属之。皇统八年(1148)，改浚州为通州。天德三年(1151)，改赵州为沃州，通州仍为浚州。明昌三年(1192)，升相州为彰德府，滑州自大名府路来属。大安元年(1209)，升定州为中山府。贞祐二年(1214)，置完州，属之。三年，置林、辉州，属之。兴定三年(1219)，置镇宁州。

泰和八年(1208)，统府二、州十(其中节度州三、防御州二、刺史州五)：真定、彰德府，威、沃、邢、洺、磁、定、祁、浚、卫、滑州(另参见前图20)。

真定府

宋真定府，成德军节度。金天会四年攻克②，仍旧。天会七年为河北西路总管府③。泰和八年为上等总管府。正大三年(1226)终陷蒙。治今河北正定县。

金末之真定府坚守甚久。贞祐元年蒙军突然大举南下时，河北府、州未陷者，据说仅真定府与清、沃二州④。贞祐二年秋，蒙军复围中都，周边州郡亦有

---

① 《嘉庆一统志》卷21《河间府一》"建置沿革·宁津县"条："宋熙宁六年省(临津县)入南皮县，金改置宁津县，属景州。"金以后未尝徙治，即今县。《纪要》卷13《北直四·河间府》"宁津故城"条："县西南二十五里，县初治此。邑《志》云：'金初置临津县。天会六年，圮于水，因迁今治，改曰宁津县。'"此说恐不可信。因天会六年之前，永静军、沧州、德州等地，皆未入金，金无由置县。
② 《会编》卷57《靖康中帙二十二》，靖康元年十月六日。《宋史》卷23《钦宗纪》，靖康元年十月丁酉。然《金史》卷3《太宗纪》系于同年(天会四年)九月。
③ 《大金国志》卷5《纪年·太宗文烈皇帝三》，天会七年九月。
④ 《元史》卷1《太祖纪》：太祖八年秋，蒙军分三路南侵，"河北郡县尽陷，唯中都、通、顺、真定、清、沃、大名、东平、德、邳、海州十一城不下"。但事实上此十一城，仅有真定等三处属于河北路。《金史》卷102《仆散安贞传》所载略同。

陷落者，真定府官吏遂弃城而去①。不过，可能金之守军未尽逃去，未见该年真定陷蒙。贞祐三年，蒙军"进兵真定，所属部邑无不款附。而真定帅武仙，固守不下"②，蒙军只得退去。此后，武仙固守真定逾五年，直至兴定四年被封为恒山公之后，以所部降蒙，真定遂暂时入蒙③。然至正大二年二月，武仙复叛蒙投金④，于是"并山郡县反为金"⑤——原恒山公府所辖的沿太行山地区，以真定府为首，大多随之投金。三月，蒙军克真定⑥。五月，宋将彭义斌攻占真定⑦。七月，蒙军攻杀义斌，复下真定⑧。次年，武仙反攻，复成功占据真定。同年稍后，蒙将史天泽又逐武仙，真定终为蒙军所据⑨。真定在金蒙的反复激烈争夺中，至正大三年方陷落，成为黄河以北诸重镇之中抵抗最激烈者，这应当归功于金将武仙在河北西路的活动。

天会四年，统支郡二：威州、赵州。辖县八：真定、藁城、平山、栾城、获鹿、行唐、灵寿、元氏县。天德三年，改赵州为沃州。明昌四年置阜平县。泰和八年，统支郡二：威州、沃州。辖县九：真定、藁城、平山、栾城、获鹿、行唐、灵寿、元氏、阜平县。兴定三年升获鹿县为镇宁州。

---

① 《遗山先生文集》卷24《苏彦远墓铭》："(苏车，字彦远)升真定酒使司监，羡及百分。贞祐二年八月朔，当满替，明日，府官吏以兵至弃城，而彦远守职如故。事定，以羡余进四阶，城守三阶，循资一阶，授归德下邑主簿。"
② 《元史》卷147《史天倪传》。
③ 《金史》卷16《宣宗纪下》，兴定四年八月丙戌。同卷载，该年十一月乙巳，"诏柴茂权元帅左都监，盖仁贵摄右都监，同行元帅府于真定"。然则武仙降蒙后，与史天倪同驻于真定，柴茂恐不得据有真定矣。
④ 《元史》卷1《太祖纪》，太祖二十年二月。《金史》卷17《哀宗纪上》，夏四月辛卯朔，恒山公武仙自真定府来奔。
⑤ 《遗山先生文集》卷29《千户乔公(惟忠)神道碑铭》。
⑥ 此次蒙军占领真定，经过一次反复。蒙军来攻时，武仙弃真定奔西山抱犊寨，蒙军入据真定，武仙突袭真定，复据有之，蒙古守将肖乃台奔藁城，迟明，兵势复振，又袭取真定。见《元史》卷120《肖乃台传》。《遗山先生文集》卷30《龙山赵氏(振玉)新茔之碑》载在同年八月。
⑦ 《宋史》卷476《叛臣中·李全传上》。
⑧ 《遗山先生文集》卷26《东平行台严公神道碑》；《元史》卷148《严实传》。《龙山赵氏(振玉)新茔之碑》载在同年六月。
⑨ 《元史》卷193《忠义一·耶律忒末传附子天祐》："乙酉，金降将武仙据真定以叛，杀守将史天倪。……会天倪弟天泽还自北京，遇诸满城，合蒙古诸军南与贼战，走武仙，复真定。……明年，仙复犯真定，天泽潜师出藁城，忒末与其妻石抹氏及家孥在真定者，皆陷焉。"则正大三年，武仙确曾成功收复真定，而《金史·哀宗纪》不载此事；《武仙传》在正大二年武仙弃真定之后至正大五年间，其经历亦是一片空白。仅《元史》卷155《史天泽传》中稍露端倪，不过亦过于含糊："击仙败之，仙奔双门，遂复真定。未几，宋大名总管彭义斌阴与仙合。……(天泽)缚义斌，斩之。……未几，仙复令谍者结死士于城中大历寺为内应，夜斩关而入，据此城。"两个"未几"之后，即是次年之事矣。最后需提及，此后真定府周边犹有某些山寨为抗蒙者长期占据，至正大八年方被蒙军平服，见《元史》卷151《杜丰传》。

1. 真定县

宋真定县。金仍旧。倚郭。

2. 藁城县

宋藁城县。金仍旧。治今河北石家庄市藁城区。

3. 平山县

宋平山县。金仍旧。治今河北平山县。

4. 栾城县

宋栾城县。金仍旧。治今河北石家庄市栾城区西北6里栾城镇西董铺村①。

5. 获鹿县

宋获鹿县。金仍旧。兴定三年升为镇宁州。治今河北石家庄市鹿泉区。

《金志》载：获鹿县"兴定三年三月升为镇宁州"。《武仙传》亦称：兴定四年，武仙"封恒山公，以中山、真定府、沃、冀、威、镇宁、平定州，抱犊寨，栾城、南宫县隶焉"。升置"镇宁州"之说，应无可怀疑。不过，元遗山所作《西宁州同知张公(荣祖)之碑》却称：

> 公讳荣祖，字孝先，姓张氏，世为获鹿人。……贞祐改元之明年，六飞南狩，真定幕府得用便宜拜官，取乡曲之誉，辟监军(按：即荣祖之叔父张升)为本县尉。及县改西宁州，迁县令。未几，改代，为今经略使史侯所倚信，累功至监军、兼行西宁州事，被檄招集未附，为叛者所胁，偃蹇不屈，竟及于难。②

似金末获鹿县乃是升"西宁州"而非"镇宁州"。然则细辨《碑》文，则大可疑焉。

遗山此《碑》，述至庚戌年(1250，张荣祖卒年)，当为该年以后所作。壬子年(1252，宪宗蒙哥二年)，忽必烈因河南不靖，请于蒙哥，以史天泽为经略使③。则《碑》文之作，更应推至1252年之后。"经略使史侯"者，即天泽也。张升"辟监军为本县尉"之事，真定尚在金；而"为今经略使史侯所倚信"，真定已在蒙。"改代"者，非指金之亡，而是指真定府及"西宁州"由金入蒙，应即指兴定四年(1220)蒙军克真定府之事。"为叛者所胁"者，当发生于正大二年或

---

① 《嘉庆一统志》卷28《正定府二》"古迹·关县故城"条："在栾城县北……《魏书·地形志》：'栾城县，太和十一年分平棘县置，治关城。'……《县志》：'故城在今县北十里董保邱。元末兵毁，明初移今治。'"

② 《遗山先生文集》卷30《西宁州同知张公(荣祖)之碑》。

③ 《元史》卷155《史天泽传》。

三年武仙复入真定之时。诸事皆可一一复原。不过，自金兴定、正大间至蒙哥之初，已二三十年，加之金末政区变动频繁，后世记载则乏，遗山或已不详当时由获鹿县所升之州，竟称何州。遂指兴定四年前后金所据、蒙古所据之州，皆曰"西宁"。据《元史·地理志》载：获鹿县，"太宗在潜邸改西宁州，既即位七年，复为获鹿县，隶真定"。"西宁州"之名，应是入蒙后为窝阔台（金正大六年称汗）所改，在金，则仍应是"镇宁州"。

6. 行唐县

宋行唐县。金仍旧。治今河北行唐县。

7. 灵寿县

宋灵寿县。金仍旧。治今河北灵寿县。

8. 元氏县

宋元氏县。金仍旧。治今河北元氏县。

9. 阜平县

明昌四年置。治今河北阜平县。

威州

宋井陉县，隶真定府①。金天会四年得之。七年，升置威州，刺史，隶河北西路，为真定府支郡。泰和八年为下等刺史州。兴定四年陷蒙②。治今河北井陉县北16里威州镇③。

天会七年，辖县一：井陉县。泰和八年同。

井陉县

宋井陉县，属真定府。金仍旧。天会七年后为威州倚郭。

---

① 《宋史》卷86《地理志二》"真定府·井陉县"条："八年复置（井陉县），徙治天威军，即县治置军使，隶府。"天威军为县级之军也。入金则无此等军，为普通之县。
② 贞祐二年，武仙"保威州西山"（《金史》卷118《武仙传》）。至三年，蒙军"进兵真定，所属部邑无不款附，而真定帅武仙，固守不下"（《元史》卷147《史天倪传》），而当武仙攻守真定之时，威州"款附"蒙军矣。至四年七月，金军方收复之（《金史》卷14《宣宗纪上》，贞祐四年七月癸丑朔，卷102《必兰阿鲁带传》）。兴定元年复陷蒙（《元史》卷147《史天倪传》），后收复，至四年，入武仙封域（《金史》卷118《武仙传》）。然自该年武仙降蒙后，未见再有威州属金之记载。
③ 《嘉庆一统志》卷28《正定府》"古迹·天威故城"条："在井陉县东北五十里。《宋史·地理志》：'复置井陉县，徙治天威军，即县治置军使，隶真定府。'……旧《志》：'元宪宗二年……徙井陉县治天长，而此城废。'今谓之威州城，又名威州堡，亦曰井陉店。今县治，即古天长镇。"略言之：宋复置井陉县之后至元宪宗二年，井陉县治今威州镇，而明、清井陉县治今天长镇。两者相去恰五十里。

沃州

宋庆源府,庆源军节度。天会五年克之①。天会七年降为赵州②,刺史,隶河北西路,为真定府支郡。天德三年改名沃州。泰和八年为上等刺史州。兴定四年升威胜军节度③。正大四年陷蒙。治今河北赵县。

由于真定府的遮蔽,沃州在金末陷落较晚,在贞祐元年之后东、西面诸郡饱受蒙军蹂躏之时,沃州却坚守至兴定元年方为蒙军首次攻下④,不久又收复,至兴定四年入恒山公武仙封域,沃州随之降蒙⑤。正大二年武仙叛蒙投金之时,沃州又随之"反正",随即为蒙军攻克⑥。在正大三年武仙的突然反攻中,沃州又为金有,然至次年,终为蒙军所据⑦。

天会五年,辖县七:平棘、临城、高邑、赞皇、宁晋、柏乡、隆平县。泰和八年同。

1. 平棘县

宋平棘县。金仍旧。倚郭。

2. 临城县

宋临城县。金仍旧。治今河北临城县。

3. 高邑县

宋高邑县。金仍旧。治今河北高邑县。

4. 赞皇县

宋赞皇县。金仍旧。治今河北赞皇县。

5. 宁晋县

宋宁晋县。金仍旧。治今河北宁晋县。

6. 柏乡县

宋柏乡县。金仍旧。治今河北柏乡县。

---

① 《金史》卷3《太宗纪》,天会五年十二月丙寅。
② 《会编》卷132《炎兴下帙三十二》,建炎三年闰八月二十四日条引《金虏节要》:"枢密院:……去中山、庆源、信德、河中府名,复旧州名。"
③ 见《完颜金行政地理》,第175页。
④ 《元史》卷147《史天倪传》。
⑤ 《金史》卷118《武仙传》。
⑥ 《元史》卷147《史天泽传》、卷150《肖乃台传》。据《遗山先生文集》30《龙山赵氏(振玉)新茔之碑》,蒙军下赵州事,在该年八月。
⑦ 《元史》卷193《忠义一·耶律忒末传附子天祐》。包括此《传》在内,《元史》中多称金末贞祐、兴定中之沃州为"赵州"。据《遗山先生文集》卷30《龙山赵氏(振玉)新茔之碑》,沃州于正大二年入蒙后,仍升为庆源军节度。估计州名由"沃"改"赵",亦在此年。故《元史》中提及金末之沃州,多称"赵州",是误以后世之名,称前代之政区。

7. 隆平县

宋隆平县。金仍旧。治今河北隆尧县。

（后置）镇宁州

兴定三年升真定府获鹿县置，刺史。同年河北西路经略使权治此。兴定四年陷蒙①。治今河北石家庄市鹿泉区。

辖县一：获鹿县。

彰德府

宋相州，彰德军节度。金天会六年克之②，仍旧，隶河北西路。明昌三年升为彰德府。泰和八年为下等散府。正大二年陷蒙。治今河南安阳市。

贞祐元年秋，蒙军大举南下河朔，于次年正月陷彰德府③，旋弃去。此后直至兴定三年，蒙军两次攻陷彰德而弃之④。后因严实附宋，州亦为宋军所控制。至次年三月，金取彰德⑤。兴定五年蒙军再取之⑥。正大二年，因武仙叛蒙，彰德府亦再次入金。但不久之后，真定复为蒙军所陷，金终失彰德⑦。

天会七年统支郡一：磁州。辖县四：安阳、汤阴、临漳、林虑县。泰和八年同。贞祐三年升林虑县为林州，仍为彰德府支郡。兴定三年升林州为节镇。

---

① 获鹿升州，正因武仙暂居此。升州之后虽为经略使治所，然一县之地，又是"权"治之处，不当为防御、节度，自成一镇，仍是隶真定也。其于兴定四年武仙降蒙后为蒙军所据，正大二年武仙叛蒙之时，元遗山虽有"并山郡县反为金"之语，然今日毕竟未见镇宁州又如何在金、蒙之间反复，故以兴定四年为其最终入蒙之时。
② 天会四年正月先曾破相州（《会编》卷26《靖康中帙一》，靖康元年正月一日），次月和议成而弃去。天会六年九月复取之（《会编》卷119《炎兴下帙十九》，建炎二年九月十五日；《宋史》卷25《高宗纪二》，建炎二年十一月壬寅）。
③ 《金史》卷14《宣宗纪上》，贞祐二年正月辛未。
④ 《金史》卷14《宣宗纪上》，贞祐三年十一月庚辰（卷122《陀满斜烈传》系于贞祐四年），"元兵复取彰德"。卷15《宣宗纪中》，兴定三年十一月"己亥，大元兵徇彰德府"。
⑤ 《遗山先生文集》卷26《东平行台严公神道碑》；《元史》卷148《严实传》。按《宋史》卷476《叛臣中·李全传上》载，兴定三年（按严实《神道碑》、《元史·严实传》等皆载严实归宋在兴定二年）严实"举魏、博、恩、德、怀、卫、开、相九州来归（宋）"，应是借此机会，宋派遣其他军队——很可能是张林——接管了相州。兴定四年三月金军攻彰德，林、实未能救，城陷（《东平行台严公神道碑》）。同年秋严实附蒙之时，所部虽仍以彰德为首（《元史》卷1《太祖纪》，太祖十五年秋），然而事实上该州应仍在金军手中。
⑥ 《元史》卷193《忠义一·耶律忒末传》。据卷147《史天祥传》，因兴定四年武仙之降，此后蒙军得以夺取攻陷真定府所遮蔽的邢、磁、相（彰德府）三州。
⑦ 《遗山先生文集》卷29《千户乔公（惟忠）神道碑铭》：正大二年武仙叛蒙后，张柔会诸道兵进攻武仙，蒙军"遂入镇州，武仙奔，公（乔惟忠）会诸军追之，馘首甚众，遂会攻彰德"。该年冬，蒙军取彰德（《元史》卷148《严实传》）。

1. 安阳县

宋安阳县。金仍旧。倚郭。

2. 汤阴县

宋汤阴县。金仍旧。治今河南汤阴县。

3. 临漳县

宋临漳县。金仍旧。治今河北临漳县西南 18 里张村集乡三皇庙①。

4. 林虑县

宋林虑县。金仍旧。贞祐三年升为林州。治今河南林州市。

按《金志》：林虑县，"旧林虑镇，贞祐三年十月升为林州"。林虑在宋已为县，未见金废、置该县之记载，有金一代，相州（彰德府）当始终有林虑县。

磁州

宋磁州，团练。金天会七年克之②，降为刺史，隶河北西路，为相州支郡。泰和八年为中等刺史州。正大二年陷蒙。治今河北磁县。

贞祐元年秋，蒙军首次陷磁州③，旋弃去。兴定元年，蒙军再克磁州④，然又未久据。后为金将严实所有。兴定二年，磁州随严实附宋。四年，又随之降蒙⑤。然当时磁州事实上已为宋将所控制，在同年武仙降蒙后，蒙军方得以南下，于兴定五年取之⑥。正大二年四月，宋将彭义斌取磁州⑦。同年七月，蒙军击杀义斌，终得磁州⑧。

天会七年，辖县三：滏阳、武安、邯郸县。泰和八年同。

1. 滏阳县

宋滏阳县。金仍旧。倚郭。

---

① 《嘉庆一统志》卷 197《彰德府二》"古迹·临漳故城"条："故城在今县西南十八里旧县村，明洪武十八年避漳水患，因移理王店。"
② 据《会编》卷 114《炎兴下帙十四》，建炎元年（金天会五年）十二月，金军"徇地山东……趣磁、信德，皆降之"。然则据《金史》卷 3《太宗纪》，"挞懒遣兵徇下磁州、信德府"在次年六月己未。后又有反复。至天会七年六月，金军终克磁州（《会编》卷 130《炎兴下帙三十》；建炎三年六月二十八日，"磁州叛附金"）。
③ 《金史》卷 14《宣宗纪上》，贞祐二年正月辛未。
④ 《金史》卷 15《宣宗纪中》，兴定元年十月乙丑。又见《元史》卷 147《史天倪传》。
⑤ 《遗山先生文集》卷 26《东平行台严公神道碑》。《元史》卷 1《太祖纪》，太祖十五年秋；卷 148《严实传》。
⑥ 《元史》卷 193《忠义一·耶律忒末传》。
⑦ 《金史》卷 114《白华传》。
⑧ 《遗山先生文集》卷 26《东平行台严公神道碑》。

2. 武安县

宋武安县。金仍旧。治今河北武安市。

3. 邯郸县

宋邯郸县。金仍旧。治今河北邯郸市。

邢州

宋信德府,安国军节度。金天会六年克之①。七年,降为邢州②,仍为安国军节度。泰和八年为上等节度州。正大二年陷蒙。治今河北邢台市。

邢州于贞祐元年秋首次陷落③,旋收复。贞祐三年,蒙军围攻中都前后,分军别出,再陷邢州。次年三月,金复之④。兴定元年,蒙军复陷邢⑤,旋为金收复。兴定五年,再降蒙⑥。正大二年二月,收复,旋复为蒙军所据⑦。四月,宋将彭义斌攻占邢州⑧。同年八月,终为蒙军所得⑨。

天会六年,辖县八:邢台、尧山、内丘、平乡、任、沙河、南和、巨鹿县。七年,更尧山县为唐山县。泰和八年仍辖县八。

1. 邢台县

宋邢台县。金仍旧。倚郭。

2. 唐山县

宋尧山县,金天会六年仍旧。七年更名唐县。治今河北隆尧县西南10里山口镇。

---

① 《金史》卷3《太宗纪》,天会六年六月己未。
② 《会编》卷132《炎兴下帙三十二》,建炎三年闰八月二十四日条引《金虏节要》:"枢密院:……去中山、庆源、信德、河中府名,复旧州名。"
③ 《元史》卷1《太祖纪》,太祖八年秋。
④ 《金史》卷14《宣宗纪上》,贞祐四年三月庚辰,"复邢州捷至"。然史未载邢州此前曾于何时陷落。据形势度测,应在蒙军围攻中都前后。
⑤ 《元史》卷147《史大倪传》。
⑥ 《元史》卷193《忠义一·耶律忒末传》:"岁辛巳,太师木华黎统领诸道兵马,承制加忒末洺州等路征行元帅,与(其子)天祐略邢、洺、磁、相、怀、孟,招花马刘元帅,有功。"然同书卷1《太祖纪》则系于太祖十五年(金兴定四年)冬。
⑦ 《元史》卷150《何实传》:"武仙复叛,据邢。实帅师五千围之,立云梯,先士卒登堞,横槊突之,城破,武仙走,逐北四十里,大破之。"事在二年二月武仙叛蒙后不久。
⑧ 《金史》卷114《白华传》。
⑨ 《遗山先生文集》30《龙山赵氏(振玉)新茔之碑》。另需指出,蒙军以外的各方势力,在邢州一带的活动至此并未完全结束。据《元史》卷147《史天倪传附弟天安》,正大七年,"宋聚兵邢之西山,声言为仙援"。检之有关史料,未见当时宋之力量北进至太行山之侧。此宋兵者何来哉? 应是彭义斌之余部之聚于河北山寨者,或其他声称附宋的地方武力。此后,这一带仍有抗蒙的地方武装,至金亡后的天兴三年,蒙军攻破邢州任县固城山寨,方始消匿(《元史》卷151《王义传》)。

3. 内丘县
宋内丘县。金仍旧。治今河北内丘县。

4. 平乡县
宋平乡县。金仍旧。治今河北平乡县西南 29 里平乡镇。

5. 任县
宋任县。金仍旧。治今河北任县。

6. 沙河县
宋沙河县。金仍旧。治今河北沙河市北 19 里沙河城镇。

7. 南和县
宋南和县。金仍旧。治今河北南和县。

8. 巨鹿县
宋巨鹿县。金仍旧。治今河北巨鹿县。

洺州

宋洺州，防御。金天会六年克之①，仍旧，隶河北西路。泰和八年为上等防御州。正大二年陷蒙。治今河北永年县东南 50 里广府镇。

洺州先陷于贞祐元年秋②，旋复。兴定元年，蒙军复下洺州，寻又弃去③。兴定五年，又陷蒙④。正大二年四月，宋将彭义斌夺洺州⑤。七月蒙军攻杀义斌，尽复所失山东地⑥，洺州最终陷蒙。

天会六年，辖县六：永年、肥乡、鸡泽、曲周、宗城、成安县。大定七年（1167）置广平县。泰和八年，辖县七。金末又置新安、洺水县。

1. 永年县
宋永年县，金仍旧。倚郭。

2. 广平县
大定七年置。治今河北广平县。

---

① 《会编》卷 116《炎兴下帙十六》，建炎二年三月二十六日。
② 《元史》卷 1《太祖纪》，太祖八年秋。
③ 《元史》卷 151《王义传》。
④ 按《遗山先生文集》卷 26《东平行台严公神道碑》，严实由附宋改为附蒙，"所部彰德、大名、磁、洺、恩、博、滑、浚等州户三十万来归"。《元史》卷 1《太祖纪》，太祖十五年秋，及卷 58《地理志一》、卷 148《严实传》所载略同。然而，当时洺州实未在严实控制之下。直至兴定五年蒙军攻逐金东平行省蒙古纲，洺州孤立无援，方为蒙军所下，见《元史》卷 119《木华黎传》。
⑤ 《金史》卷 114《白华传》。
⑥ 《遗山先生文集》卷 26《东平行台严公神道碑》。

3. 宗城县

宋宗城县，隶大名府。金天会七年改隶洺州。治今河北威县东 48 里枣园乡邵固村①。

4. 成安县

宋成安县，隶大名府。金天会七年改隶洺州。治今河北成安县。

5. 肥乡县

宋肥乡县，金仍旧。治今河北肥乡县。

6. 鸡泽县

宋鸡泽县。金仍旧。天会七年，治今河北鸡泽县②。

7. 曲周县

宋曲周县。金仍旧。治今河北曲周县。

(后置)新安县

金末置。治今河北邯郸市肥乡区西北 27 里辛安镇镇③。

按《金志》，洺州除有新安县外，本州肥乡县下又有新安镇，应即新安县之前身，《金志》两载之，误。而洺州新安县又未见他处载及。应是置于金末贞祐以后，不久而废者。《金志》为其列目而不作任何注解，恐是不知其置废始末，唯知金曾有此县。然既置于末年，亦不当列目耳。本州洺水县亦同。

(后置)洺水县

金末置。治今河北威县北 63 里七级镇中古城村。

定州

宋中山府，定武军节度。金天会六年克之④。七年，降为定州，仍定武军

---

① 《嘉庆一统志》卷 33《广平府二》"古迹·广宗故城"条："(广宗)隋改县名曰宗城……宋政和间，秦坦《宗城新修庙学记略》：'宗城，旧治雄州(川)。避河之冲，崇宁四年始迁邵固。虽属大名，而去甘陵不三十里。'今(金)改属洺州。"

② (金)董师中：《鸡泽县重修庙学碑》(承安四年，载《金文最》卷 78)："国朝天会初，王师伐宋，围洺，县为土贼占据，民庐公舍，焚荡无余。抚定后，寄治于北台头村，至今因之。后之来者，姑务增修廨宇，完治城郭而已。"《嘉庆一统志》卷 33《广平府二》"古迹·鸡泽故城"条所称"大定元年，始移今治"。清鸡泽县，即今县治也，距台头村极近。故"后之来者""完治城郭"，应即指于台头村西北近处营建城郭，而"至今因之"一说，亦可得成立。

③ 《嘉庆一统志》卷 33《广平府二》"关隘·新安镇"条："在肥乡县西。……《县志》：'在县西二十里。有堡。'"

④ 《会编》卷 116《炎兴下帙十六》，建炎二年三月七日。

节度①,隶河北西路。大安元年,升为中山府。正大二年陷蒙。治今河北定州市。

定州升为中山府在何年,《金志》未载。据《金史》,大安元年,完颜永功"判中山府事",高竑"以王傅同知府事"②,为"中山府"之首次出现。知中山府应与西京路德兴府一样,升置于大安元年。

金末,中山府于贞祐元年首次陷蒙③,旋复。兴定元年,再次为蒙军所破④,旋弃去。兴定三年春,蒙军再下中山⑤。同年,中山府叛蒙,复为蒙将张柔等平服⑥。兴定四年春,金将武仙在河北大举反攻,中山府应武仙叛蒙,但同年又随其降蒙⑦。正大二年,武仙叛蒙,中山复应之⑧。不久,为蒙将史天泽攻克⑨,最终入蒙。

天会六年,统支郡一:祁州。辖县七:安喜、新乐、无极、永平、望都、曲阳、唐县。大定十八年以前改望都县为庆都县。泰和八年,仍统支郡一,辖县七。贞祐二年,升永平县为完州。

1. 安喜县

宋安喜县。金仍旧。倚郭。

2. 新乐县

宋新乐县。金仍旧。治今河北新乐市东北23里承安镇⑩。

3. 无极县

宋无极县。金仍旧。治今河北无极县。

4. 永平县

宋北平军(县级)及北平县⑪。金天会六年仍旧。天会七年,废军,改县名

---

① 《会编》卷132《炎兴下帙三十二》,建炎三年闰八月二十四日条引《金房节要》:"枢密院:……去中山、庆源、信德、河中府名,复旧州名。"
② 《金史》卷85《世宗诸子·永功传》、卷100《高竑传》。
③ 《金史》卷14《宣宗纪上》,贞祐二年正月辛未。
④ 《金史》卷15《宣宗纪中》,兴定元年十月乙卯。
⑤ 《元史》卷1《太祖纪》,太祖十四年春。
⑥ 《元史》卷147《张柔传》、卷148《董俊传》。
⑦ 见《元史》卷148《董俊传》。由此,同年武仙封恒山公之时,其封域之内有中山矣(见《金史》卷118《武仙传》)。
⑧ 《元史》卷1《太祖纪》,太祖二十年"二月,武仙以真定叛,杀史天倪。董俊判官李全亦以中山叛"。此李全于金末蒙初长期在中山任职,非活跃于山东两淮之李全也。
⑨ 《元史》卷155《史天泽传》。
⑩ 《元丰九域志》卷2《河北路·东路》"定州·新乐县"条:"州西南五十里。"
⑪ 《宋史》卷86《地理志二》"河北路·东路·定州·北平军"条:"即北平县治置军使,隶州。"此县级之军也。

为永平①。贞祐二年升为完州。治今河北顺平县。

5. 庆都县

宋望都县②。金初仍旧。大定十八年以前改县名为庆都③。治今河北望都县。

6. 曲阳县

宋曲阳县。金仍旧。治今河北曲阳县。

7. 唐县

宋唐县。金仍旧。治今河北唐县。

祁州

宋祁州,团练。天会五年克之④。七年,降刺史,隶河北西路,为定州支郡。泰和八年为中等刺史州。兴定四年陷蒙。治今河北安国市。

贞祐元年秋陷蒙⑤、收复之后,祁州于贞祐三年为红袄军周元儿部攻陷,不久,金真定帅府攻杀周元儿⑥,收复祁州。兴定三年,蒙军再次攻陷祁州⑦,不久又为金军收复⑧。兴定四年,祁州守将董俊降蒙⑨,蒙军终克祁州。

天会五年,辖县三:蒲阴、鼓城、深泽县。泰和八年同。

1. 蒲阴县

宋蒲阴县。金仍旧。倚郭。

2. 鼓城县

宋鼓城县。金仍旧。治今河北晋州市。

3. 深泽县

宋深泽县。金仍旧。治今河北深泽县。

(后置)完州

贞祐二年以中山府永平县升置,刺史,为保州支郡。兴定二年陷蒙。治今

---

① 《会编》卷132《炎兴下帙三十二》,建炎三年闰八月二十四日条引《金虏节要》:"枢密院:……改安肃军为徐州……北平军为永平县。"
② "庆都"前身为"望都",《金志》未载。据嘉定四年使金的宋人程卓《使金录》载,"庆都县,旧望都县也"。
③ "望都"见于《金史》卷89《梁肃传》:"天眷二年,擢进士第,调平遥县主簿,迁望都、绛县令。"其任望都之时,应在皇统中。庆都最早见于大定十八年,见《金史》卷7《世宗纪中》,大定十八年三月丁未。
④ 《金史》卷3《太宗纪》,天会五年九月辛亥。
⑤ 《金史》卷14《宣宗纪上》,贞祐二年正月辛未。
⑥ 《金史》卷14《宣宗纪上》,贞祐三年九月乙亥。
⑦ 《元史》卷1《太祖纪》,太祖十四年春。
⑧ 《金史》卷16《宣宗纪下》:兴定四年四月癸亥,"祁州经略使段增顺破叛贼甄全于唐县"。
⑨ 《郝文忠公陵川文集》卷35《左副元帅祁阳贾侯(辅)神道碑铭》序,《北京图书馆古籍珍本丛刊》第91册。

河北顺平县。

兴定二年,中都路经略使苗道润死,"右丞侯挚乞以保、蠡、完三州隶真定,而蠡州旧受移剌众家奴节制,一旦改隶真定,恐因而交争"①,则保、完二州应同在一镇,不比蠡州,原属河间府,故金廷欲割出另属而恐移剌众家奴不满。联系到贞祐二年中都受围之事,大约完州在贞祐二年建置以后,与同年复置的遂州一起,在兴定四年隶于保州,以加强中都西南重镇保州的力量②。

辖县一: 永平县。

浚州

宋浚州,平川军节度。天会五年克之③,仍旧。七年,降为防御,隶河北西路。皇统八年,改名通州。天德三年复为浚州。泰和八年,为中等防御州。正大八年陷蒙④。治今河南浚县⑤。

天会五年,辖县二: 黎阳、卫县。泰和八年同。

1. 黎阳县

宋黎阳县。金仍旧。倚郭。

2. 卫县

宋卫县。金仍旧。治今河南浚县西南47里卫贤镇。

卫州

宋卫州,防御。金天会四年克之⑥,仍旧,隶河北西路。明昌三年升为河平军节度。泰和八年为下等节度州。开兴元年(1232)陷蒙。初治今河南卫辉市,大定二十六年徙治今河南辉县市,二十八年复旧。贞祐三年徙治今河南延

---

① 《金史》卷118《苗道润传》。
② 据《金史·苗道润传》:兴定元年,"道润与顺天军节度使李琛不相能,两军士兵因之相攻,琛遣兵攻满城、完州,道润军拒战,杀琛兄荣及弟明等"。知苗道润死前,确实控制着完州。也正因金末完州隶于保州,故刘祁称高夔是"保州永平人"(《归潜志》卷5,中华书局,1983年,第53页)。次年,完州为张柔所破,遂入蒙(见《元史》卷147《张柔传》)。
③ 《金史》卷3《太宗纪》,天会五年十二月丙寅。
④ 《元史》卷152《杨杰只哥传》。然据《元史》卷1《太祖纪》、《遗山先生文集》卷26《东平行台严公神道碑》等记载,严实于兴定四年降蒙时,其所辖有浚州。不过,此记载恐是夸大。按《金史》卷15《宣宗纪中》,兴定三年八月乙酉,"命枢密遣官简岭外诸军之武健者,养之彰德、邢、洺、卫、浚、怀、孟等城"。卷16《宣宗纪下》: 兴定四年四月乙丑,以彰德、卫、辉、滑、浚诸州隶河南路转运司",则兴定四年,浚州实为金有。
⑤ 《纪要》卷16《北直七》"大名府·黎阳废县"条。
⑥ 《金史》卷128《李瞻传》。天眷三年宋师北伐,中路岳飞军一部曾渡河复卫州,旋弃去(《大金国志》卷11《纪年·熙宗孝成皇帝三》,天眷三年秋)。

津县西北36里榆林乡宜村东北古城址①。

卫州作为渡河直插开封的通道所在,于金末屡遭蒙军攻围,可谓饱受创伤。贞祐元年秋,处于河北路最西南的卫州,亦未能幸免于难,曾被蒙军攻克②,旋被放弃。此后金军在河北、河东与蒙军全力争夺,卫州处于其北方诸重镇的掩蔽之下,加之有附宋之严实军作为它与蒙军活跃地带的障碍,有六七年之久未受兵燹。至兴定四年严实、武仙相继降蒙,卫州以北门户大开,自此频频遭袭。当年即为蒙军攻下③,旋又为金所得。其收复时间不详,然在元光二年(1223)应已在金控制之下④。金军能收复卫州,一方面与金军重视其形势,主动力争卫州有关。另一方面,也要部分归因于兴定至正大初附宋力量在河朔的发展。其间附宋、降蒙、拥金三股地方武装在其北面的剧斗,使得蒙军兵锋暂未及于卫州。

正大二年,武仙以所部叛蒙,宋将彭义斌部则西进大名,夹击附蒙力量,但却迅速遭到挫败。由此,卫州形势危矣。当年被攻克⑤。寻又为金军收复⑥。不过,随着武仙势力在河东的伸展,克太原,下平阳,卫州北面复有所遮蔽,一度转危为安。至正大七年,形式再度逆转,武仙复失河东中、北部诸重镇,又被迫退至卫州,但金军仍在卫州重挫蒙军。虽然最终失利,失去了"旧卫州",但保住了"新卫州"⑦,亦算是颇可称道。然而,开兴元年正月,当蒙军由河中渡河南来,河南形势最为危急之时,金卫州守将却弃城而遁,新卫州亦陷蒙⑧,遂使开封正北遭受严重威胁。同年底,哀宗以京城难守,欲孤注一掷,"恢复"河朔,遂"亲征"往攻卫州。然则,弃之容易,收复则难矣。俟蒙军入据之后,即于

---

① 《纪要》卷49《河南四·卫辉府》"卫州新城"条:"在(胙城)县西南。"据《大河报》2007年1月26日第A21版《黄河故道考古又有重大发现 延津"吴起城"原是古渡口城址》,金末卫州新城(宜村),在延津县榆林乡沙门村东北2公里处。
② 《元史》卷1《太祖纪》,太祖八年秋。
③ 《元史》卷119《木华黎传》:"武仙举真定来降。至溢阳,金邢州节度使武贵迎降。破天平寨,定河北卫、怀、孟州。"真定一降,蒙军南下,势如破竹矣。
④ 金何时再得卫州,未见记载。《金史》卷118《郭文振传》载,元光二年,文振不能守辽州,徙军于孟,再徙卫。然不复能军,"迄正大间,寓于卫而已"。又《元史》卷147《史天倪传》,癸未年(元光二年)蒙军攻河卫,大败于金军。
⑤ 《元史》卷120《肖乃台传》、卷155《史天泽传》。
⑥ 《金史》卷118《武仙传》,仙于正大五年复封恒山公,治卫州。
⑦ 《金史》卷17《哀宗纪上》,正大七年八月,"大元兵围武仙于旧卫州。冬十月,平章合达、副枢蒲阿引兵救卫州。卫州围解"。据《金史》卷123《完颜陈和尚传》,以及《遗山先生文集》卷27《赠镇南军节度使(完颜)良佐碑》,此战金军获得大胜。然据《元史》卷155《史天泽传》,再战,仙败,蒙军得(旧)卫州。
⑧ 《金史》卷17《哀宗纪上》,开兴元年正月"壬辰,卫州节度使完颜斜捻阿不弃城走汴"。

城内外屯重兵,大败金军于卫州城外①。北征无望,迫使哀宗唯有南下一途,由归德而蔡,不旋踵而亡国。

金代卫州曾数次徙治。先因宋之旧,治汲县。至大定二十六年,因河患城圮,徙于共城②。二十八年复故。至贞祐三年,复"徙治于宜村新城",此即所谓"新卫州",而原州治汲县,则相应被称为"旧卫州"③。

天会四年,辖县四:汲、新乡、共城、获嘉县。大定二十九年,改共城县为河平县。明昌三年,改河平县为苏门县。同年,又因升节度,滑州自大名府路来隶,为卫州支郡。泰和八年,胙城县由开封府来隶。卫州统支郡一:滑州。辖县五:汲、新乡、获嘉、胙城、苏门县。贞祐三年,苏门县升置辉州,仍为卫州支郡。

1. 汲县

宋汲县。金仍旧。倚郭。大定二十六年因避河患,州迁于共城县,二十八年迁回。贞祐五年迁州于胙城,汲县仍为属县。治今河南卫辉市。

2. 新乡县

宋新乡县。金仍旧。治今河南新乡市。

3. 苏门县

宋共城县,大定二十九年改县名为河平,明昌三年再改为苏门。贞祐三年升为辉州。治今河南辉县市。

---

① 《金史》卷113《白撒传》:"(正大)九年正月……初,大兵破卫州,宣宗南迁移州治于宜村渡,筑新城于河北岸,去河不数步,惟北面受敌,而以石包之,岁屯重兵于此,大兵屡至,不能近。至是弃之,随为大兵所据。……明年正月朔,次黄陵冈……遂命白撒攻卫州,上驻兵河上……凡攻三日不克。"又据《元史》卷122《桀直腽鲁华传附子撒吉思卜华》:"金宣宗之徙都于汴也,立河平军于新卫以自固,恃为北门。撒吉思卜华数攻之,不拔。壬辰正月,太宗自白坡济河而南……会其(卫州)节度使斜捻阿卜弃卫入汴,撒吉思卜华遂据而有之。十二月,义宗自黄陵冈济河,谋复之。撒吉思卜华与其将白撒战白公庙五日夜,俘斩万计,余众尽溃。"卫州之失,直接导致金最后反击的失败。

② 《金史·地理志》。然卷8《世宗纪下》则载:大定二十六年八月"戊寅,尚书省奏,河决,卫州坏。命户部侍郎王寂、都水少监汝嘉徙卫州胙城县"。按《纪》之记载,不仅与《地理志》所称"徙于共城"不符,且据《地理志》记载,当时胙城属开封府,卷27《河渠志》亦载,大定二十七年二月,"以南京府及所属延津、胙城、杞县、长垣,归德府及所属宋城、宁陵、虞城……四府、十六州之长贰皆提举河防事,四十四县之令佐皆管勾河防事。"可证胙城不属卫,《纪》之载,误矣。而卷97《康元弼传》更详载卫州迁治共城、回迁汲县之始末:"大定二十七年(按当作二十六年),河决曹濮间……先是,卫州为河所坏,增筑苏门以寓州治。水既退,民不乐迁,欲复归卫。于是,遣元弼按视,还言治故城便,遂复其旧。"苏门,"本共城,大定二十九年改为河平,避显宗讳也。明昌三年改为今名"(《地理志》)。

③ 《金史》卷17《哀宗纪上》:正大七年八月,"大元兵围武仙于旧卫州"。卷23《五行志》:"(正大)七年十二月,新卫州北三里许,有影在沙上,如旧卫州城状,寺塔宛然,数日乃灭。"卷112《移剌蒲阿传》:正大八年十二月,"北兵济自汉江,两省军人邓州,议所从出……蒲阿麓曰:'汝但知南事,于北事何知。……汝等更勿似大昌原、旧卫州、扇车回纵出之。'"

4. 获嘉县

宋获嘉县。金仍旧。治今河南获嘉县。

5. 胙城县

宋胙城县，隶滑州。天会七年改隶开封府①。海陵时改隶滑州，泰和七年复隶开封府，八年，又改隶卫州。贞祐五年为卫州倚郭。治今河南延津县北38里胙城乡。

此处需一辨金末贞祐三年后卫州治所与胙城县治的问题。《金志》的说法是："（卫州本）治汲县，以滑州为支郡。大定二十六年八月以避河患，徙于共城。二十八年复旧治。贞祐二年七月城宜村，三年五月徙治于宜村新城，以胙城为倚郭。"这其中的表述颇值体味。前两处州治，一称"治汲县"，一称"徙于共城"。与金末"徙治于宜村新城，以胙城为倚郭"，笔法是不同的。而事实也有所不同。金之府、节镇与防御、刺史州，由于郭内置录事司、司候司，因此倚郭县与州可以不同城。而极端一点的，所谓的倚郭县，其治所甚至与州城相去几十里——但仍不失其"倚郭"，因为州城在该县境内——比如泗州，又如桓州。而《金志》关于宜村新城与胙城的关系的表述，如果照字面直接理解，那么，贞祐三年以后的卫州，情况与泗、桓二州是相同的：倚郭胙城县，与州治相去二十里。卫州有了宜村"新城"，而胙城县却仍在原来的治所。也正因这个缘故，《金志》载卫州徙宜村在贞祐三年，而州以胙城为倚郭却在贞祐五年（即兴定元年），应非误"三"为"五"，而是事实。《金史》诸处提及宜村，只是说卫州徙此，却从未提及胙城县。但包括《纪要》及《清一统志》等后世方志，却附会出胙城曾徙于宜村一说，甚至生造出后世徙回旧治（今胙城乡）之事②。元亦有录事司之置，明代，州自有辖域而不置倚郭，然元以后人却已不能理解州与倚郭县治所相去甚远的事实，故有种种疑惑，且对于某些州、县前世之沿革终不能有令人信服的考释。

滑州

宋滑州，武成军节度。金天会六年克之③。八年，入伪齐。天眷二年（1139）还宋，次年复取之。为刺郡，隶汴京路，为开封府支郡。大定六年改隶

---

① 后随开封府入伪齐。天眷二年交割与宋后，宋升置胙城军（《要录》卷127，绍兴九年四月壬戌）。次年入金，复为县。

② 《纪要》卷49《河南四》"卫辉府·胙城县"条；《嘉庆一统志》卷200《卫辉府二》"古迹·胙城故城"条："《县志》：'……金贞祐中，又徙治宜村。元泰定甲子，仍属华里店。'"

③ 《宋史》卷25《高宗纪二》，建炎二年二月甲子，"金人犯滑州，宗泽遣张挥救之，战死"，宋遂失滑州（《金史》卷3《太宗纪》系于天会五年（宋建炎元年）十二月丙寅）。同年四月戊午，宗泽遣将收复滑州。旋复失之。

大名府路，为大名府支郡。明昌三年又割入河北西路，为卫州支郡。泰和八年为下等刺史州。正大八年陷蒙。治今河南滑县东南10里城关镇。

金末滑州先于贞祐元年为蒙军所克①，旋复。据严实《神道碑》等记载，兴定四年，实以"所部彰德、大名、磁、洺、恩、博、滑、浚等州户三十万"降蒙②。然则此说实甚夸张。据《金史》诸处记载，当时滑州实为金军所控制。如该年四月，将"彰德、卫、辉、滑、浚诸州"，由河北西路改"隶河南路转运司"③。同年七月，因沧海公王福降于张林，东平帅府请求兴兵讨王福，"乞益河南步卒七千、骑兵五百，滑、浚、卫州资助刍粮，先定赏格，以待有功"④。此二处记载相对照，不仅可知严实并未据有滑州，且可知，因滑、浚、卫等州至兴定四年尚未受到蒙军及附蒙势力的频频攻击，大异于河北其他州郡。故该年金廷在河北、河东残破的大部分地区"封建九公"、各令守御残存诸州且收复已失之地时，相对比较稳定富庶的滑、浚、卫诸州，便划入河南，维持原有的正常管理。滑州的再次陷落，也就是最终入蒙，要在正大八年蒙军准备大举侵入河南、予金最后一击之时⑤。

天眷三年，辖县一⑥：白马县。海陵时，胙城县自开封府来属。大定六年，内黄县自大名府来属。泰和七年，胙城县复改隶开封府。八年，滑州辖县二：白马、内黄县。

1. 白马县

宋白马县。金仍旧。倚郭。

2. 内黄县

宋内黄县，隶大名府。金初仍旧。大定六年，改隶滑州。治今河南内黄县。

（后置）辉州

贞祐三年，升卫州苏门县置辉州，刺史⑦，仍为卫州支郡。兴定四年，又置

---

① 《金史》卷14《宣宗纪上》，贞祐二年正月辛未。
② 《遗山先生文集》卷26《东平行台严公神道碑》。《元史》卷1《太祖纪》太祖十五年秋条、卷58《地理志一》、卷148《严实传》所载略同。
③ 《金史》卷16《宣宗纪下》，兴定四年四月乙丑。
④ 《金史》卷118《王福传》。
⑤ 《元史》卷152《杨杰只哥传》。
⑥ 按宋滑州尚有韦城县，顾祖禹以为，该县金时圮于水，故废（《纪要》卷16《北直七》"大名府·韦城废县"条）。然《金史》既未载，废于水患之说似未见于直接记载，似应废于伪齐时。
⑦ 《金史》卷122《忠义二·从坦传》，从坦于"兴定二年，改辉州刺史，权河平军节度使、孟州经略使"。由此记载可知：(1)辉州为刺郡；(2)辉州与卫州（河平军）仍有密切关系，应是卫州支郡；(3)当时虽仍有节镇，有刺郡，但起主要作用的是经略使这种地方武职，原有的节镇—刺郡的统辖体系可能不起关键作用。

山阳县属之。开兴元年陷蒙。治今河南辉县市。

（后置）山阳县

兴定四年置。治今河南辉县市西南 51 里峪河镇重泉村①。

按《金志》于卫州苏门县、胙城县条分别提到兴定四年山阳县来隶。然则该年苏门为辉州倚郭，胙城为卫州倚郭，岂有一州两属之理？当从《金志》"山阳县"条，县隶于辉州也。

（后置）林州

贞祐三年升林虑县置林州，刺史。兴定三年升节镇。正大二年陷蒙。治今河南林州市。

辖县二：林虑、辅岩县。

（后置）辅岩县

兴定三年置。治今河南安阳县西 46 里水冶镇②。

第四节　大名府路州县沿革

熙宗天会十五年（1137）置，治大名府，统大名府及恩、濮、澶、沧、景、滨、棣、博、德九州。皇统四年（1144），改澶州为开州。天德二年（1150）罢路，大名府及恩、濮、开、博、德州并入山东西路，沧、景、滨、棣州并入山东东路。正隆二年（1157）复置大名府路，仍治大名府，统大名府及恩、濮、开州。大定六年（1166），滑州自南京路来属。明昌三年（1192），滑州割属河北西路。

泰和八年（1208），统府一、刺史州三：大名府，恩、濮、开州（另参见图 21）。

大名府

宋北京大名府，天雄军节度。金天会六年克之，去京号，仍为大名府，天雄

---

① 《金志》"河东南路·怀州·山阳县"条："兴定四年以修武县重泉村为山阳县，隶辉州。"《嘉庆一统志》卷 200《卫辉府二》"古迹·山阳废县"条："在辉县西南七十里。"其地今仍称重泉村也。
② 《金志》：辅岩，"本水治（冶）村，兴定三年置"。《嘉庆一统志》卷 197《彰德府二》"古迹·辅岩故城"条："水冶镇，在（安阳）县西四十里，即故（辅岩）县。"

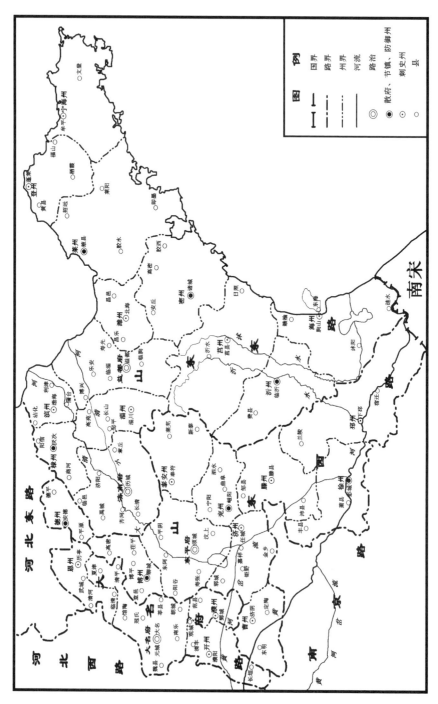

图 21 泰和八年(1208)山东东路、山东西路、大名府路政区

军节度。八年,予伪齐。伪齐于此建都①。天会十年(伪齐阜昌三年),刘豫徙都汴京②,仍以大名府为北京③,为大名府路安抚使治所。天会十五年废伪齐,去京号,仍为大名府,置统军司,为一路首府。天德二年罢统军司,隶山东西路④。正隆二年置总管府,仍为一路首府。泰和八年为上等总管府。正大元年(1224)入宋。治今河北大名县东北12里大街乡境⑤。

大名府楔入山东、河北、河南之间,地势冲要,熙宗朝于此置统军司,正因其区位之重要。也正由此故,它受到金末诸方势力的极端重视、激烈争夺。金将它视作由河南、河北南部出兵收复中都河北的基地,蒙古以其为东进南下的跳板,固不待言。而宋亦因山东豪杰的纷纷归附而信心大增,希冀能由大名出河北、河东,抑或由北面开辟一条包围河南的战线。其于贞祐三年(1215)十二月首次陷蒙⑥之后,迄未宁定。蒙军旋即退出,金军复入大名。四年十二月,蒙军再克大名,复弃去⑦。兴定以后,争夺尤烈。兴定元年(1217)十二月,蒙军再克大名⑧,金军直至四年四月方予收复⑨。同年六月,复为蒙军所克⑩,后又为金所收复。至正大元年六月,宋将彭义斌西进,金大名守臣苏椿以城降⑪。

---

① 《宋史》卷26《高宗纪三》,建炎四年九月戊申。
② 《宋史》卷27《高宗纪四》,绍兴二年四月庚寅;《会编》卷181《炎兴下帙八十一》,绍兴七年十一月十八日条:"(阜昌)三年夏四月,迁都于汴。"《金史》卷77《刘豫传》载在阜昌二年。
③ 《会编》卷181《炎兴下帙八十一》,绍兴七年十一月十八日条引杨尧弼《伪豫传》:"九月十三日到京,以归百郦琼为静难军节度使、知拱州,刘光时为北京大名府副总管。"
④ 《金志》:大名府"先置统军司,天德二年罢,以其所辖民户分隶旁近总管府"。据《会编》卷245《炎兴下帙一百四十五》,绍兴三十一年十一月二十八日条范成大《揽辔录》:"河东西路(按当作山东西路),东平府为首,大名府、滕阳、泰安二军,济、恩(原注:徐、濮)、开、滑、邳、宿、兖、博、德一州,总六十三县属焉。"《揽辔录》虽成于大定中,然关于总管路分划的方式,应保留了正隆以前的旧貌。
⑤ 《纪要》卷16《北直七》"大名府"条:"前朝洪武三十一年,漳河泛溢,城沦于水,因迁今治,在旧城西八里。"今大名府东8里之大街乡,其周边北门口北、北门口西、前东门口、后东门口、后南门口等村,标示着金元大名府的大致方位。
⑥ 《金史》卷14《宣宗纪上》,贞祐三年十二月乙巳。《遗山先生文集》卷28《潞州录事毛君(字伯朋)墓表》。
⑦ 《金史》卷14《宣宗纪上》,贞祐四年十二月丙寅。
⑧ 《元史》卷1《太祖纪》,太祖十二年冬;卷119《木华黎传》。
⑨ 《金史》卷16《宣宗纪下》,兴定四年四月戊辰。颇疑兴定元年蒙军下大名后复弃去,而为地方武装所据。按《遗山先生文集》卷30《冠氏赵侯(天锡)先茔碑》,宣宗迁汴后,"大名、东平皆为大有力者所割据"。然未载是何"有力者"所据。检《遗山先生文集》卷26《东平行台严公神道碑》,兴定四年七月,严实以"所部彰德、大名、磁、洺、恩、博、滑、浚等州户三十万"降蒙。虽则大名已于同年六月为蒙军所攻克,但是严实或曾据有大名,即是此处所谓"大有力者"。
⑩ 《金史》卷16《宣宗纪下》,兴定四年六月丁丑。
⑪ 《宋史》卷40《宁宗纪四》,嘉定十七年六月壬辰。

次年七月，义斌被攻杀，大名终降蒙①。

天会十五年，统支郡三：恩州、濮州、澶州。辖县十一：元城、大名、魏、冠氏、南乐、馆陶、夏津、朝城、清平、莘、内黄县。皇统四年，改澶州为开州。大定六年，内黄县改隶滑州。泰和八年，统支郡三，辖县十。

1. 元城县

宋元城县。金仍旧。倚郭。

2. 大名县

宋大名县。金初仍旧。且徙县为倚郭。

宋之大名县，政和六年(1116)徙治南乐镇，即今河北大名县西南13里旧治乡②。而《金志》所载之大名县，不仅为倚郭，且其原治所南乐镇，已划入同府南乐县，故知其已自北宋末之治所，徙归府城。其徙治之时，应在天会八年(阜昌元年)伪齐建都大名之时。作为都城，仅一倚郭，格局未免过小。且大名倚郭之县向来有二，仅在十余年前，方将大名县徙离府城，罢其倚郭地位，故当时增置大名县为倚郭，既有必要，又有其基础。也正因改变于伪齐时期，故《金志》不详其徙县之时也。

3. 魏县

宋魏县。金仍旧。治今河北魏县西南37里北皋镇后魏村③。

4. 冠氏县

宋冠氏县。金仍旧。治今山东冠县。

5. 南乐县

宋南乐县，属开德府。金初仍为南乐县，属大名府。治今河南南乐县。

---

① 《元史》卷120《肖乃台传》：正大二年，肖乃台"引兵出太行山东，遇宋将彭义斌，与战，败之，追至火炎山，破其营，擒义斌斩之。至大名，守将苏元帅以城降"。按《金史》卷17《哀宗上》，正大二年五月丁丑，"苏椿自大名来奔，诏置椿许州"。岂大名之沦陷在此之前耶？然则卷111《古里甲石伦传》则称："大元军入(许州)城，擒苏椿，问以大名南奔之事，椿曰：'我本金朝人，无力故降，我归国得为大官，何谓反耶！'""苏椿，大名人，初守大名，归顺于大元，正大二年九月，自大名奔汴，诏置许州，至是(按指天兴元年许州陷蒙)，见杀。"先是七月义斌被杀，再是同月大名先降蒙，是后苏椿于九月出奔，次第如此也。《纪》谓苏椿五月奔汴，必误。此外，《元史》卷153《高宣传》载，蒙军于正大六年再攻大名，克之。此说恐误。据同书卷152《王珍传》，苏椿降蒙后，蒙古一直以梁仲、王珍镇守大名，直至天兴年。未见其再为金所夺。
② 《宋史》卷86《地理志二》"河北路·东路·大名府·大名县"条：大名，"政和六年，徙治南乐镇"。且其于大名府诸县中，列于莘县之后，非倚郭也。《嘉庆一统志》卷35《大名府一》"古迹·南乐镇"条："在大名县南。政和六年，(大名县)移治南乐镇，今(金)仍徙县入府郭，南乐仍为镇，属南乐县。元至元九年，复为县治。今仍附府郭，此废。按《名胜志》：县故城距今治十三里。"
③ 《纪要》卷16《北直七》"大名府·废魏县城"条："县南三十里。……明初复为漳河所冲啮，始迁今治。"

其县之改隶,《金志》不载。应是伪齐时划属大名,而金沿之也。

6. 馆陶县

宋馆陶县,金仍旧。治今山东冠县西北 40 里北馆陶镇。

7. 夏津县

宋夏津县,金仍旧。治今山东夏津县。

8. 朝城县

宋朝城县,隶开德府。金初仍为朝城县,属大名府。治今山东莘县西南 43 里朝城镇。

9. 清平县

宋清平县,金仍旧。治今山东高唐县西南 35 里清平镇。

10. 莘县

宋莘县,金仍旧。治今山东莘县。

恩州

宋恩州,军事,属河北东路。金天会六年克之①。八年,予伪齐,隶大名府路。天会十五年废伪齐,仍为恩州,刺史,为大名府支郡,隶大名府路(统军司)。天德二年改隶山东西路。正隆二年复隶大名府路。泰和八年为中等刺史州。贞祐元年秋,蒙军陷恩州②,旋弃去。此后遂为地方武装所据,贞祐四年,金军收复之③。兴定元年,蒙军又陷之④。后为严实所据⑤。正大元年,宋将彭义斌得之⑥。二年七月彭义斌被攻杀,恩州陷蒙。初治今河北清河县西 7 里宋贝州城遗址。伪齐阜昌元年(1130,金天会八年)后,治今山东武

---

① 《金史》卷 3《太宗纪》,天会六年三月己酉。
② 《元史》卷 1《太祖纪》,太祖八年秋。
③ 《金史》卷 14《宣宗纪上》:贞祐四年三月己巳,"沧州经略副使张文破赵福,复恩州"。赵福者,未见于他处,应是金末乘乱割据者。
④ 《元史》卷 150《何实传》:兴定元年,"实帅师四千,取燕南、齐西之地,首击邢州,徇赵郡,取魏邺,下博关,袭曹、濮、恩、德、泰安、济宁,势如破竹"。
⑤ 《遗山先生文集》卷 26《东平行台严公神道碑》:兴定四年七月,严实以"所部彰德、大名、磁、洺、恩、博、滑、浚等州户三十万"降蒙。
⑥ 《元史》卷 1《太祖纪》:太祖十九年夏,"宋大名总管彭义斌侵河北,史天倪与战于恩州,败之"。当时义斌虽败,然恩州应在其手。不过,在正大初,恩州为几种势力所争夺。据《遗山先生文集》卷 30《五翼都总领豪士信公之碑》,"辛巳春,(信亨祚,字光祖)归特进公于青崖……壬午,守曹州,不解甲逾三年。事定,还帐下。公破黄山,取恩州,先登陷陈,光祖之功为多。东平食尽,公与义斌连和。"由此推算,严实曾于正大元年(甲申)至二年初,夺回恩州。至二年四月,严实降于义斌,恩州复为义斌所有。同年五月,李全攻彭义斌恩州,为义斌所败(《宋史》卷 476《叛臣中·李全传上》)。

城县①。

天会十五年,辖县四:清河、历亭、武城、临清县。泰和八年同。

1. 历亭县

宋历亭县。金仍旧。伪齐阜昌元年倚郭。治今山东武城县。

2. 武城县

宋武城县。金仍旧。治今山东武城县西南35里老城镇。

3. 清河县

宋清河县,倚郭。金初仍旧。伪齐阜昌元年,州徙治历亭县。清河县仍属之。治今河北清河县西7里宋贝州城遗址。

4. 临清县

宋临清县,隶大名府,治今河北临西县。伪齐阜昌元年,徙治今山东临清市西南12里青年路街道东旧县,且改隶恩州。金仍旧。

按宋临清县治于今临清"西四十里卫河西岸,宋建炎中,河决,移治于今州西南十里卫河南岸"②。河决、县徙之时,因同于旧恩州即清河县被"河水垫溺"之时,即伪齐阜昌元年(即宋建炎四年)。而县由大名改隶恩州,显然亦在徙治之同时。

濮州

宋濮州,团练,属京东西路。天会六年克之③。八年,予伪齐,属大名府路。天会十五年废伪齐,仍为濮州,降刺史,为大名府支郡,隶大名府路(统军司)。天德二年改隶山东西路。正隆二年复隶大名府路。泰和八年为下等刺史州。正大三年陷蒙④。治今山东鄄城县北23里旧城镇⑤。

天会十五年,辖县四:鄄城、范、临濮、雷泽县。贞元二年(1154),省临濮、

---

① 按《宋史》卷85《地理志二》"恩州"条,宋恩州治清河县,即今清河县贝州城遗址。大定五年金人王堪所作《清河县重修庙学碑》(《金文最》卷62)载:"清河即宋之贝州也,后改'贝'为'恩'。逮齐阜昌初,为河水垫溺,因徙治历亭,而清河遂有[为]属邑。"知阜昌元年,州徙治历亭,即今武城县。

② 《纪要》卷34《山东五》"东昌府·临清废县"条。

③ 《会编》卷119《炎兴下帙十九》,建炎二年十一月十五日;《宋史》卷25《高宗纪二》,建炎二年十一月乙未;《金史》卷3《太宗纪》,天会六年十一月乙未。

④ 贞祐元年陷蒙(《元史》卷1《太祖纪》贞祐元年秋)后,州复归金。兴定元年复为蒙军所陷(《元史》卷150《何实传》),后弃去。至兴定四年为严实攻下,入蒙。后又为金军收复。至正大三年,再陷蒙(《遗山先生文集》卷26《东平行台严公神道碑》)。

⑤ 《纪要》卷34《山东五》"东昌府·鄄城废县"条:"州东二十里。……自唐以后,皆为州郡治。明初,省县入州。正统末,州城为河所圮。景泰二年,徙州于王村,即今治也。"

雷泽二县。泰和八年,濮州辖县二:鄄城、范县。

1. 鄄城县

宋鄄城县。金仍旧。倚郭。

2. 范县

宋范县。金仍旧。治今河南范县东南 40 里张庄乡旧城村①。

(废)临濮县

宋临濮县。金初仍旧。贞元二年废。治今山东鄄城县西南 33 里临濮镇②。

(废)雷泽县

宋雷泽县。金初仍旧。贞元二年废。治今山东菏泽市东北 52 里胡集镇③。

开州

宋开德府,镇宁军节度,属河北东路。天会六年克之④。八年,予伪齐。伪齐废府,降为澶州⑤,属大名府。天会十五年废伪齐,仍为澶州,刺史,为大名府支郡,隶大名府路(统军司)。皇统四年改名开州。天德二年改隶山东西路。正隆二年复隶大名府路。泰和八年为中等刺史州。兴定四年陷蒙⑥。治今河南濮阳市。

---

① 《纪要》卷 34《山东五》"东昌府·范城"条:"(范)县东南二十五里。……明初洪武二十五年,为河所圮,因徙今治。"明范县,今山东阳谷县西南古城镇。其东南二十五里,即今范县旧城村。
② 《纪要》卷 34《山东五》"东昌府·临濮"条:"州南七十里。……金废为临濮镇。"明濮州,今濮阳市濮城镇。临濮正在其南六十里。
③ 《纪要》卷 34《山东五》"东昌府·雷泽城"条:"州东南九十里。……金省为镇。"胡集正在今濮阳市濮城镇东南九十里。
④ 《会编》卷 119《炎兴下帙十九》,建炎二年十一月十五日;《宋史》卷《高宗纪二》,建炎二年十一月乙未。
⑤ 《会编》卷 195《炎兴下帙九十五》:绍兴九年五月,"复南京归德府为应天府,许州为应[颍]昌府,陈州为淮宁府,颍州为顺昌府,寿州为寿春府,曹州为兴仁府,渭州为平凉府,庆州为庆阳府,延州为延安府。州府之名,自陷伪之后经金人及刘豫更改者,今复其旧"。从当时还宋的河南、陕西地的情况即可发现,伪齐将北宋时所升的府,全部降为州。由此推知,同样升府于宋而天眷二年未尝还宋的开德府(原澶州),也不能例外。
⑥ 开州先于贞祐元年陷蒙(《元史》卷 1《太祖纪》贞祐元年秋),旋复。此后可能入严实之手,故严实于兴定二年附宋时,有"魏、博、恩、德、怀、卫、开、相九州"(《宋史》卷 476《叛臣中·李全传上》),不过,到严实兴定四年降蒙时,已无开州,应于此期间复为金所夺。至兴定四年六月"丁丑,大元遣杨在攻下大名,又攻开州及东明、长垣等县"(《金史》卷 16《宣宗纪下》)。至次月严实降蒙,蒙军应以其地并入严实控制之区域,至正大二年,曾随严实降于彭义斌、参与攻杀彭义斌而辗转于宋、蒙间,然未再入金。

天会十五年，辖县三：濮阳、观城、清丰县①。泰和八年，长垣县自开封府来属，辖县四：濮阳、观城、清丰、长垣县。

1. 濮阳县

宋濮阳县。金仍旧。倚郭。

2. 清丰县

宋清丰县。金仍旧。治今河南清丰县。

3. 观城县

宋观城县。金仍旧。治今山东莘县西南84里观城镇。

4. 长垣县

宋长垣县，隶开封府。金仍旧。泰和八年，改隶开州。治今河南长垣县东北42里苗寨乡东旧城村②。

第五节　西京路州县沿革

约天辅七年(1123)置西京路，治西京大同府。统大同府及弘、奉圣、儒、归化、朔、武、应、蔚八州，并废可汗、昌州。天会二年(1124)，朔、武州入宋。三年，复夺还二州。皇统元年(1141)，废儒州。大定七年(1167)，更归化州为宣化州，八年，又更名宣德州。后昌州由西北路来隶。大安元年(1209)，升奉圣州为德兴府。崇庆元年(1212)置镇州。贞祐二年(1214)置云、忠、成、定安、浑源六州。三年，置固州。

泰和八年(1208)，统府一、州八(其中节度州四、刺史州四)③：大同府，弘、奉圣、昌、宣德、朔、武、应、蔚州(另参见前图19)。

西京大同府

辽西京大同府，金天辅六年攻克，仍为西京大同府，置留守司兼都部署，为西京路治所。泰和八年为中等京府。贞祐四年，失于蒙古。治今山西大同市。

---

① 按天会六年澶州入金时，辖县七：濮阳、观城、临河、清丰、卫南、朝城、南乐县。而《金志》仅载其中濮阳、清丰、观城三县。卫南、临河县之废，及朝城、南乐之改属，《金志》不载，应是伪齐之初，因都于大名，进行过政区调整，卫南、临河县遂废，并划朝城、南乐入大名府。

② 《纪要》卷16《北直七》"大名府·长垣故城"条："县东北三十五里。……宋复改匡城为长垣县。金初，迁县于柳冢村，在今县城东北七里。"明长垣，即今长垣。金长垣之地，在今苗寨乡柳冢略东，即东旧城也。

③ 按《金志》"西京路"条："西京路，府二，领节镇七，刺郡八。"因计西南、西北两路三节度州、四刺史州在内。

按金之西京大同府,不仅京号府名沿辽代之旧,且建制亦同,以留守兼兵马都部署,合乎陪都之规模。然《金志》载:"天德二年,改置本路都总管府,后更置留守司。"此说可谓语无伦次。若迟至天德二年(1150)之后方置留守司。则天辅七年至天会初韩企先之为西京留守①,天会七年高庆裔以西京留守兼山西兵马都部署②,当作何解?此后任"西京留守"者亦不绝于史。

西京大同府之建置,在金代非常稳定,未见有明显变动。但金末西京失于何时,则乏直接记载。按蒙军自大安中入寇,西北、西南路首当其冲,桓、抚、昌、东胜、云内等州立陷。其次即是西京周边。德兴府、弘州不久亦陷落。至崇庆元年秋,蒙军第一次围攻西京,不克而退③。

贞祐中,西京的局势极度动荡,它可能遭受了蒙军的多次侵袭,并引发内部冲突④。不过,它仍坚守数年⑤。西京之失,大约在贞祐四年。该年三月,完颜伯嘉上奏称,"今山西已不守"⑥,其或一路已失太半,连同首府西京大同府并已沦陷。故而兴定元年(1217)正月,"诏中都、西京、北京等路策论进士及武举人权试于南京、东平、婆速、上京等四路"⑦,这应是西京失陷的后果。至于贞祐四年以程琢"同知西京留守事,兼领一路义军",以及兴定二年有"西京路经略使刘铎"⑧,皆是西京失守以后,为收复此城而任命者,犹如中都失陷以

---

① 《金史》卷78《韩企先传》:"宗翰为都统经略山西,表署西京留守。"则企先应是西京的第一任留守,其任职时间应始于天辅七年或此后不久。此后,任职西京留守者不绝:高庆裔继韩企先,宗贤继高庆裔,继宗贤者应为撒离喝(呆),此后是昂。

② 《要录》卷28,建炎三年秋,"通事高庆裔为大同尹、山西兵马都部署"。《会编》卷132《炎兴下帙三十二》:建炎三年闰八月二十四日,"粘罕以通事高庆裔知云中府、兼西京留守、(山)西路兵马都部署"。《金史》卷105《任熊祥传》亦称"西京留守高庆裔"。

③ 《元史》卷1《太祖纪》,太祖七年秋。关于此次围攻,《金史》无直接记载,但在卷13《卫绍王纪》中提到,大安三年十一月,西京留守"纥石烈胡沙虎(执中)弃西京,走还京师"。卷101《抹捻尽忠传》载:"及执中自紫荆关走还中都,诏(西京按察使)尽忠为左副元帅兼西京留守。以保全西京功进官三阶⋯⋯未几,拜尚书右丞,行省西京。贞祐初,进拜左丞。诏曰:'卿总领行省,镇抚陪京,守御有功,人民攸赖⋯⋯'二年五月,自西京入朝。"卷128《武都传》亦载:"大安三年,充宣差行六部侍郎,以劳迁本路按察使,行西南路六部尚书,佐元帅抹捻尽忠备御西京,有劳。"知大安二年底、崇庆元年的蒙军攻势之下,胡沙虎虽弃城走,但西京军民在按察使抹捻尽忠率领下,击退蒙军。

④ 《金史》卷102《田琢传》:贞祐二年十月,田琢"招集西京荡析百姓,得万余人,皆愿徙河南"。卷14《宣宗纪上》:贞祐三年三月壬午,"西京军民变,遣官抚谕之"。该年,蒙军遍袭西京、中都、河东、河北、山东诸路州县,西京大同府亦不能免于兵灾,数以万计的百姓"荡析",应即蒙军袭击的结果,而非"军民变"所致。相反,"军民变"很有可能是金、蒙军队大战于西京的过程中引发的。

⑤ 《金史》卷56《百官志二》,"随处交钞库抄纸坊"条:"使,从八品(原注:贞祐二年,设于上京、西京、北京、东平、大名⋯⋯等府)。卷14《宣宗纪上》:贞祐三年八月庚子,"太祖御容至自西京,奉安于启圣宫"。则自贞祐三年下半年,金仍据有西京。然恐"奉迁御容"正是即将弃守西京的前兆。

⑥ 《金史》卷100《完颜伯嘉传》。

⑦ 《金史》卷15《宣宗纪中》,兴定元年正月乙未。

⑧ 《金史》卷100《完颜伯嘉传》、卷118《靖安民传》。

后,反而新置中都路、中都南路、中都东路、中都西路经略使。

金初统支郡一:弘州。辖县七:大同、云中、宣德、怀安、天成、长清、怀仁县。大定七年,改长清县为白登县,八年,改宣德县为宣宁县。泰和八年,仍统支郡一:弘州。辖县七:大同、云中、宣宁、怀安、天成、白登、怀仁县。贞祐二年,升怀仁县为云州,为大同支郡。

1. 大同县

辽大同县,金因之。倚郭。

2. 云中县

辽云中县,金因之。倚郭。

3. 宣宁县

辽德州及倚郭宣德县,金初废州,仍置宣德县。大定八年改宣宁县。治今内蒙古凉城县东北50余里麦胡图镇境内。

按金初天辅六年仍有德州。"德州复叛,胡石改以兵五千克其城。从娄室击败敌兵二万于归化之南,并降归化。从取居庸关,并燕之属县及其山谷诸屯。"[1]金军取归化在天辅六年九月,下居庸关在当年十二月[2],知金军再下德州,亦在该年。而此后西京之德州遂未见载,疑即废于再克之时。

4. 怀安县

辽怀安县,金因之。治今河北怀安县东南38里头百户镇旧怀安。

5. 天成县

辽天成县,金因之。治今山西天镇县。

6. 白登县

辽长清县,金初因之。大定七年改白登县。治今山西阳高县东南21里大白登镇。

7. 怀仁县

辽怀仁县,金因之。贞祐二年升为云州。治今山西怀仁县。

弘州

辽弘州,金天辅六年得之,仍为弘州刺史。泰和八年为下等刺史州。贞祐三年陷于蒙古。治今河北阳原县。

---

[1] 《金史》卷66《宗室·胡石改传》。
[2] 《金史》卷2《太祖纪》,天辅六年九月乙丑、十二月。

弘州初次失陷，在大安三年①。当时蒙军大举南下，西北路、西京路东部与中都路西部大片地区沦陷。不久之后蒙军撤退，大部分州县为金军收复，弘州亦在其列。故又有贞祐二年置阳门县属弘州之事。然县始置不久，州已不可守矣。据《金史·田琢传》，该年弘州刺史魏用袭同知忠顺军（蔚州）节度使事田琢，魏用兵败而死，琢"复遣沈思忠、宫楫招弘州、蔚州百姓，得五万余人，可充军者万五千人，分屯蔚州诸隘，皆愿得沈思忠为将。诏加思忠顺天军节度副使，提控弘、蔚州军马，宫楫副之。顷之，西山诸隘皆不能守。琢移军沃州"。大约贞祐三年，弘、蔚二州皆不守矣。

金初辖县三：永宁、顺圣、矾山县。大定七年改永宁为襄阴。明昌三年（1191），割矾山县隶奉圣州。泰和八年，辖县二：襄阴、顺圣县。贞祐二年，置阳门县。

1. 襄阴县

辽永宁县，金因之。大定七年改襄阴。倚郭。

2. 顺圣县

辽顺圣县，金因之。治今河北阳原县东北 62 里东城镇。

（后置）阳门县

贞祐二年升顺圣县阳门镇置。治今河北万全区西南 34 里郭磊庄镇阳门堡村②。

（后置）云州

贞祐二年以大同府怀仁县置，为大同府之支郡。治今山西怀仁县。约贞祐四年失于蒙古。

云州距大同极近，置后当仍为大同所辖。金末云州失陷之时，唯见于《元史·王檝传》："甲戌，授宣抚使，兼行尚书六部事。从三合拔都、太傅猛安率兵南征，下古北口，攻蓟、云、顺等州，所过迎降，得汉军数万，遂围中都。"③按甲戌者，贞祐二年也，即云州始置之年。然按古北口—蓟、云、顺州—中都的进军路线来看，则《王檝传》之云州非大同附近之云州明矣。或《元史》撰者误以密云县为云州耳。其陷蒙之时，应与大同府接近，约在贞祐四年。

辖县一：怀仁县。

---

① 《金史》卷 13《卫绍王纪》，大安三年十一月。
② 《纪要》卷 18《北直九》"万全都指挥使司·阳门废县"条："在（宣府）镇西百二十里。"
③ 《元史》卷 153《王檝传》。

奉圣州

辽奉圣州,金天辅六年得之①,仍为奉圣州武定军节度。大安元年,升为德兴府。至宁元年(1213)终陷蒙②。治今河北涿鹿县。

金初统支郡二:归化州、儒州。辖县四:永兴、望云、龙门、怀来县。皇统元年废儒州为缙山县,属奉圣州。大定七年更归化州为宣化,八年复更名宣德。明昌三年,矾山县由弘州来隶,龙门县改隶宣德州。六年,更怀来县为妫川县。后昌州来隶,为奉圣州支郡。泰和八年统支郡二:宣德州、昌州。辖县五:永兴、妫川、缙山、望云、矾山县。大安三年,更永兴县为德兴县。崇庆元年,缙山县升镇州(防御),不再隶于德兴府。

1. 永兴县

辽永兴县,金初因之。大安三年更名德兴。倚郭。

2. 妫川县

辽可汗州及附郭怀来县。金天辅七年废州,以县属奉圣州。明昌六年,更名为妫川县。治今河北怀来县东南28里。

按辽之可汗州入金后不知所终。考虑到金天辅六年克可汗州③之后,曾于接近奉圣州的西北路辖区实行过一次政区调整,废可汗州为县,或亦在此时。

又,明昌六年之后,仍有称县为"怀来"者,如《金史》载大安三年事:"是时,德兴府、弘州、昌平、怀来、缙山……皆归大元。"④此因元代又复改妫川为怀来,史臣所用县名,乃元代之名。

3. 缙山县

辽儒州及倚郭缙山县,金初因之。皇统元年废州,县来属。崇庆元年升为镇州。治今北京市延庆县。

4. 望云县

辽望云县,金因之。治今河北赤城县西北31里云州乡。

---

① 《金史》卷2《太祖纪》,天辅六年九月丁丑。
② 德兴府先曾于大安三年陷落。据《金史》卷13《卫绍王纪》,德兴府于大安三年十一月已陷。《元史》卷1《太祖纪》系于太祖六年(金大安三年)九月。卷119《木华黎传》载在同年。次年(即金崇庆元年)再次陷落。此据《元史·太祖纪》,七年"九月,察罕克奉圣州"。又次年,金至宁元年七月,又攻拔德兴府。《元史》卷150《耶律阿海传》亦载癸酉年下德兴。蒙军侵金之初,对于某些要冲之地,旋得旋弃,俟后有必要则再次攻拔之。而德兴府为蒙古进攻中都的必由之路,故受兵燹亦最频。
③ 《金史》卷2《太祖纪》:天辅六年十二月丁亥,"次妫州"。则当时已克可汗州,而史臣仍以五代旧名呼之耳。
④ 《金史》卷13《卫绍王纪》,大安三年十一月。

5. 矾山县

辽矾山县，属奉圣州。金仍置县，且于天辅七年割属弘州。明昌三年，复改隶奉圣州。治今河北涿鹿县东南48里矾山镇古城村。

按矾山于金初之改隶，应与可汗州之废为怀来县同年，在天辅七年也。

昌州

辽头下昌州。金天辅七年降为建昌县，隶桓州。明昌七年复置，属西北路招讨司。后改隶奉圣州。大安三年陷蒙①。治今河北沽源县西116里九连城镇九连城村古城址。

《辽史》不载昌州，然《金志》谓"天辅七年降（昌州）为建昌县"，则辽末实有昌州。至明昌七年复置之后，据《金志》记载，隶于抚州。然则该年抚州仍是刺史郡，无从辖有同级的政区。疑当时暂由西北路招讨司兼管，后抚州于承安二年（1197）升置节度，昌州方隶于抚州。而后不久复改隶奉圣州。改隶之时间当在《金志》所断的泰和八年之前，至于改隶之原因，或是因为昌州所在之狗泺，原有西京盐司之置，为西京路的重要财源，不宜隶于军事为先的西北路招讨司。

辖县一：宝山县。

宝山县

明昌七年置，倚郭。

按昌州于明昌七年"以狗泺复置"，此处原无县也。故其倚郭宝山县，亦当于同年新置。

宣德州

辽归化州，金天辅六年得之②，仍为归化州，大定七年更名宣化，八年更名宣德。泰和八年为下等刺史州。至宁元年陷蒙③。治今河北张家口市东南58里宣化区。

金初辖县一：文德县。大定十年柔远县来属。大定二十九年更文德为宣

---

① 昌州陷蒙之时，同桓、抚州。
② 《金史》卷2《太祖纪》，天辅六年九月乙丑。
③ 《元史》卷1《太祖纪》，太祖八年七月，"克宣德府，遂攻德兴府"。"宣德府"当作"宣德州"。卷150《耶律阿海传》亦系于此年。然卷119《木华黎传》系于辛未年，即太祖六年、金大安三年。按《金史》卷13《卫绍王纪》：大安三年十一月，"右副元帅胡沙虎请兵二万屯宣德"，则该年宣德尚未失也。《木华黎传》恐误。

德。明昌三年龙门县来隶,柔远县割隶抚州。承安二年置宣平县。泰和八年,辖县三:宣德、龙门、宣平县。

1. 宣德县

辽文德县,金初因之。大定二十九年更名宣德。倚郭。

2. 宣平县

承安二年置。治今河北怀安县东 40 里左卫镇景泉堡①。

3. 龙门县

辽龙门县,金初仍旧,属奉圣州。明昌三年改隶宣德州。治今河北赤城县西南 51 里龙关镇。

《金志》载,龙门县"国初隶弘州,后来属(奉圣州)"。按龙门县之所在,与奉圣、宣德(即金初之归化)皆近,而与弘州不相连属,即或金初用兵之特殊时期一度由弘州代管,不久应还隶于奉圣也。

(废)儒州—(后置)镇州

辽儒州,金天辅六年克之,仍为儒州刺史,为奉圣州支郡。皇统元年废为缙山县,入奉圣州。崇庆元年复升缙山县置镇州,为防御。至宁元年陷于蒙军。治今北京市延庆县。

缙山县在升州之前,即曾于大安三年陷落②,俟蒙军退而复得。崇庆元年升县为州,且一举置为防御,因该年为阻击蒙军入侵中都,于此置行元帅府故也③。次年,又以完颜纲行省于此④。然在至宁元年蒙军复入之际,完颜纲大败于城下⑤,防御使术虎高琪弃州而去,此后金遂不复有此州。

辖县一:缙山县。

(废)可汗州

辽可汗州,金天辅六年克之,次年废为怀来县,入奉圣州。

---

① 据《纪要》卷 18《北直九》"万全都指挥使司·宣平废县"条:"在(万全左)卫西十里。本文德县之大新镇。……元仍曰宣平县,属宣德府,移治于辛南庄。"知金宣平县在今左卫镇西十里,而元之宣平在今万全县东北宣平堡。
② 《金史》卷 13《卫绍王纪》,大安三年十一月。
③ 《金史》卷 106《术虎高琪传》:"升缙山县为镇州,以高琪为防御使,权元帅右都监。"《金史》卷 124《忠义四·毕资伦传》载:"崇庆元年,改缙山为镇州,术虎高琪为防御使、行元帅府事。"
④ 《金史》卷 98《完颜纲传》:"至宁元年,纲行省事于缙山。"卷 106《术虎高琪传》:"至宁元年八月,尚书左丞完颜纲将兵十万行省于缙山。"
⑤ 《金史》卷 98《完颜纲传》。

辖县一：怀来县。

朔州

辽朔州，顺义军节度。金初天辅六年克之。天会二年为宋所得。宋升为朔宁府。天会三年金复夺之，仍降为朔州顺义军节度。泰和八年为中等节度州。贞祐四年弃守。治今山西朔州市。

辽末金初山后朔、武、应、蔚四州的归属，变更较繁，在此需略作梳理。阿骨打天辅六、七年间，宋曾为取得山后诸州事，与金展开艰难的谈判。移交之时大体谈妥，却逢阿骨打殂，宋人遂"不及取三州"①。当时宗翰曾劝说金太宗，勿割山后地与宋，但太宗最终答应以顺义军一镇二州（朔、武）之地与宋，此天会元年十一月之事②。当时，应、蔚、朔三州之地已叛金投宋。次年，宋急遣兵将占领朔州。但金军却以武力重新占领诸州，叛金的长吏或被逐或被杀，宋军也被击败逐回。大约在此之后不久，宋军才正式与金交涉，完成了对朔、武二州的接管。此应是天会二年末之事③。宋即升朔州为朔宁府④。

天会三年，当宋还在为取回应、蔚二州而忙于与金交涉时，金这一边却已定议，即刻准备南侵。聚粮屯军之地正是在位处山前、山后交界地带且极近于宋境的蔚州⑤。当年十二月，宋历经艰难、耗时四年之久才取得的朔宁府、武

---

① 《会编》卷18《政宣上帙十八》，宣和五年六月二十一日。按"三州"指朔、应、蔚。
② 《金史》卷3《太宗纪》，天会元年十一月癸亥；卷74《宗翰传》。
③ 关于应、蔚、朔三州在天会元年叛金投宋之事，于《会编》卷19《政宣上帙十九》，宣和六年八月条有所反映。同卷同年九月癸丑条引《北征纪实》曰："其（金）国初立，未暇抚治山后，故朔、应、蔚三州守臣皆通我，我又招降之，改（朔州）曰朔宁军，遣河东李嗣本以兵戍焉。……是冬粘罕归云中，因来治此，于是房将率反，以归金人。金人亦以兵至，嗣本大败，狼狈仅脱。朔、应、蔚乃复归金人。"知朔州（以及武州）应在天会二年八月与应、蔚二州一同被金夺回。宋遣李嗣本镇朔州，也被视为不合条款的接管，故未尝承认。但此后金正式向宋移交朔、武二州，宋复遣孙翊守朔州。至于《大金国志》卷3《纪年·太宗文烈皇帝一》天会三年十一月条称"是时，河东边外宋朝虽得朔、武、蔚、应四州，而未尽得云中之地，故旧边尚不失备"，则不符合事实。除了天会元年至二年间应、蔚州守臣一度附宋，宋始终未尝直接控制此二州并置军设备。
④ 上引《会编》卷19载，宣和六年九月癸丑引《北征纪实》，称朔州投宋，宋"改曰朔宁军"，复为金所取，不久正式移交，令"孙翊"守之。而《宋史》卷446《忠义一·孙益传》："宣和末，以福州观察使知朔宁府。"则《北征纪实》所载之"孙翊"、"朔宁府"，则无疑即《北征纪实》所称之"朔宁军"，即朔州也。又《宋史》卷447《忠义二·徐徽言传附孙昂》："孙昂亦引刀欲自刺，金人拥至军前，不屈而死。……昂父翊，宣和末知朔宁府，救太原，死于阵。"《会编》卷21《政宣上帙二十一》宣和七年二月引童贯《贺耶律氏灭亡表》："昨遵奉睿训，措置边事，抚定燕山府、涿、易、檀、顺、景蓟州，及河东路先取朔宁府、武州，与大金议计交割。……旧酋初欲南来，先遣杂类并边у掠，累次为朔宁府、武州、太[火]山、宁化军将佐杀败。"则宋确曾于宣和六年得朔州后升之为朔宁府，宣和七年复为金所取，仍复旧。"朔宁府"存在时间既短，故《金史》《宋史》之《地理志》，皆未留下痕迹。
⑤ 《会编》卷22《政宣上帙二十二》：宣和七年十月二十一日，"中山府奏探报：……金人于蔚州并飞狐县等处屯泊聚军马，收集粮草，皆称欲来侵犯边界"。

州,一朝之间重又被金夺取①。金旋即降朔宁府为朔州,复辽之旧耳。

金末朔州尝三次为蒙军所下。大安三年,蒙军突然南侵,尝攻陷"云内、东胜、武、朔等州"②。蒙军退而金复据此州。然至宁元年复失之,当年为金将吴僧哥收复。至贞祐四年,周边诸城被蒙军所占,朔州孤城难守,遂弃州,"迁其民南行"③,州亦不知其终,当为蒙军所稳据。

天会三年统支郡一：武州。辖县二：鄯阳、马邑县。泰和八年同。贞祐二年置广武县,并升马邑县置固州,为朔州支郡,同年忠州来隶。三年,割广武县入代州。

1. 鄯阳县

辽鄯阳县,金因之。倚郭。

2. 马邑县

辽马邑县,金因之。贞祐二年升为固州,为朔州支郡。治今山西朔州市东32里神头镇马邑村。

(后置)广武县

贞祐二年置。贞祐三年割隶代州。治今山西朔州市东南65里南榆林乡旧广武④。

按广武县之置,《金志》不载,仅提及"贞祐三年七月,尝割朔州广武县隶代州"。按广武始置不见载,应是其建置较迟、已近金末之故。考西京路所属,曾于贞祐二年大举升置政区,升大同怀仁县为云州,升弘州阳门镇为阳门县,升朔州马邑县为固州,升应州山阴县为忠州、浑源县为浑源州。广武之置,亦应在此年也。

武州

辽武州,刺史。金初天辅六年克之。次年与宋,天会三年复夺之,仍旧。泰和八年为下等刺史州。兴定三年陷蒙。治今山西五寨县北30里小河头镇大武州。

武州虽只是朔州之支郡,然处西南路、西京路与河东北路之间,处于蒙军进入金腹地的通道之上,故争夺尤为激烈。大安三年(1211),蒙军首次大举南

---

① 《金史》卷3《太宗纪》,天会三年十二月庚子。《会编》卷23《政宣上帙二十三》,宣和七年十二月八日。
② 《元史》卷1《太祖纪》,太祖六年十月。
③ 《金史》卷122《忠义二·吴僧哥传》。
④ 《纪要》卷44《山西六》"大同府·广武城"条:"广武城,《志》云：在(马邑)县南八十里,盖与代州接界,今广武驿以此名。"又称:"《志》云：县城东南五十里雁门关下有广武驿。"今朔州东南之旧广武是也。

下，道出金境之西偏，由套外东南行，"分徇云内、东胜、武、朔等州，下之"①。贞祐元年，"分兵三道：命皇子术赤、察合台、窝阔台为右军，循太行而南，取保、遂、安肃……忻、代、武等州而还"②。"屡经残毁"的武州，次年复遭蒙军围攻，"死战二十七昼夜不能拔，乃退，时贞祐二年二月也"。金廷认为武州无法坚守，遂徙其军民至岢岚州③。然则旋又遣完颜久住为武州刺史，如旧城守。当年十一月，蒙军复来，克武州④。至兴定三年八月，蒙军第四次，也是最后一次攻克武州⑤。如此再三的攻克、残毁、放弃，武州在兴定中应如当时华北的许多州县一样，设治于山寨之中。

天会三年，辖县一：宁远县。泰和八年同。

宁远县

辽宁远县，金因之。倚郭。

(后置)固州

贞祐二年升朔州马邑县置，为朔州支郡。贞祐四年陷蒙。治今山西朔州市东 32 里神头镇马邑村。

辖县一：马邑县。

(后置)忠州

贞祐二年以应州河阴县升置，为朔州支郡。始治今山西山阴县东南 25 里古城镇。同年徙治代州界。

按河阴升忠州之时，应州已入蒙，故忠州当不再隶于应州，而应就近隶于朔州。唯当年即"徙其民于太和岭南"⑥，则已入代州界也。其新治具体所在不可知矣。亦不知是否因迁治而脱离朔州，转辖代州。

辖县一：山阴县。

应州

辽应州，彰国军节度。金初天辅六年克之，仍旧。泰和八年为下等节度

---

① 《元史》卷 1《太祖纪》，太祖六年十月。
② 《元史》卷 1《太祖纪》，太祖八年秋。
③ 《金史》卷 123《忠义三·杨沃衍传》。
④ 《金史》卷 121《忠义一·久住传》。
⑤ 《金史》卷 15《宣宗纪中》：兴定三年八月壬申，"大元兵下武州，军事判官郭秀死之"。
⑥ 《金史》卷 104《斡勒合打传》。

州。贞祐元年陷蒙。治今山西应县。

按《金史·兵志》：金代之招讨司，"西北路者置于应州，西南路者置于桓州"①。应州在桓州之西南800里，焉有西北路招讨驻应州而西南路驻桓州之理？此显为误载。后人或调换两者，即以西南路驻应州，西北路驻桓州，故而直接得出应州"军兵隶西南路招讨司"之说②。然上文已证，西南路治所向为丰州。而应州在西京路内地，与西南路全然无涉。

贞祐元年，蒙军破应州、朔州。朔州旋为吴僧哥所收复，而应州则下落不明③。约贞祐三四年间，曾有"副统李鹏飞诬杀彰国军节度使牙改"一案；至贞祐四年三月，河东北路宣抚使完颜伯嘉任命斡勒合打为彰国军节度使、宣抚副使④。然则合打彰国军之职为遥领，而宣抚副使为实也⑤。或应州在贞祐元年之后，终未收复也。

天辅六年，辖县三：金城、河阴、浑源县。大定七年改河阴县为山阴。泰和八年，辖县三：金城、山阴、浑源县。贞祐二年升山阴县为忠州、浑源县为浑源州。然此时应州已失陷，忠、浑源二州分隶于朔、蔚二州。

1. 金城县

辽金城县，金因之。倚郭。

2. 山阴县

辽河阴县，金初因之，大定七年改为山阴。贞祐二年升为忠州。治今山西山阴县东南25里古城镇。

3. 浑源县

辽河阴县，金初因之。贞祐二年升为浑源州。治今山西浑源县。

蔚州

辽蔚州，忠顺军节度。金初天辅六年克之⑥，仍旧⑦。泰和八年为下等节度州。贞祐三年陷蒙。治今河北蔚县。

贞祐二年十月，同知忠顺军节度使事田琢，"遣沈思忠、宫楫招弘州、蔚州

---

① 《金史》卷44《兵志》"禁军之制"条。
② 《金史详校》卷3上。
③ 《金史》卷122《忠义二·吴僧哥传》。
④ 《金史》卷100《完颜伯嘉传》。
⑤ 《金史》卷104《斡勒合打传》。
⑥ 据《金史》卷2《太祖纪》，天辅六年十月，蔚州降金后复叛，旋复降。
⑦ 《金史》卷90《贾少冲传》："中天眷二年进士……调营州军事判官，迁定安令。蔚州刺史恃贵不法……"蔚州自辽至金末，向为节镇，长吏称"刺史"仅见于此，未有他证，姑置之。

百姓,得五万余人,可充军者万五千人,分屯蔚州诸隘,皆愿得沈思忠为将。诏加思忠顺天军节度副使,提控弘、蔚州军马,宫楫副之。顷之,西山诸隘皆不能守"①。此大约是贞祐三年事,其后,田琢率军南屯浚州,蔚州则再无音讯。

天辅六年,辖县五:灵仙、广灵、灵丘、定安、飞狐县。泰和八年同。贞祐二年,升灵丘县为成州、定安县为定安州,皆为蔚州支郡。同年以应州浑源县置州,来属蔚州。

1. 灵仙县

辽灵仙县,金因之。倚郭。

2. 广灵县

辽广灵县,金因之。治今山西广灵县。

3. 灵丘县

辽灵丘县,金因之。贞祐二年四月升为成州,为蔚州支郡。治今山西灵丘县。

4. 定安县

辽定安县,金因之。贞祐二年四月升为定安州,为蔚州支郡。治今河北蔚县东北58里西合营镇小枣堡东。

5. 飞狐县

辽飞狐县,金因之。治今河北涞源县。

(后置)成州

贞祐二年以蔚州灵丘县升,为蔚州支郡。贞祐四年改隶代州,旋陷蒙。治今山西灵丘县。

按成州贞祐四年之改隶,是因蔚州已于上年陷蒙,故无所属而南隶代州耳。此亦可见该州在蔚州陷落后尚为金守。然恐亦未能久。

辖县一:灵丘县。

(后置)定安州

贞祐二年以蔚州定安县升,为蔚州支郡。贞祐四年改隶代州,旋陷蒙。治今河北蔚县东北58里西合营镇小枣堡东。

辖县一:定安县。

---

① 《金史》卷102《田琢传》。

(后置)浑源州

贞祐二年以应州浑源县升置。为蔚州支郡。贞祐四年之后终陷蒙。治今山西浑源县。

浑源升州时,应州既已失于蒙古,则浑源当另有归属。据赵秉文为刘从益所作《遗爱碑》称,从益为"蔚之浑源人"①。秉文任官甚久,主文多年,浑源何属,当不致混淆。按浑源自后唐立县之后,向属应州,从未与蔚州有从属关系。但在贞祐元年应州失陷之后,浑源州则当就近隶于蔚州矣。刘从益卒于章宗后期至宣宗朝初年,秉文作碑之时,应在贞祐二年浑源立州且改隶蔚州之后也。

按贞祐二年浑源立州之后,金、蒙交战不断,浑源旋失。至贞祐四年为金将程琢所收复。不久之后,金廷令程琢"屯代北,扼太和岭"。当时河东前线诸大员或奏报程琢听命扼守太和岭,"拒战甚力",或论其聚保五台,"盘桓于忻、代、定、襄间,恣为侵扰"②。但无论如何,程琢军已南徙至河东路北境,其主要活动已退出山西。也就是说,浑源州之地虽由程琢收复,但旋即又被放弃。

辖县一:浑源县。

第六节 河东北路州县沿革

天会七年(1129),置河东北路,治太原府,统太原府,忻、汾、石、代、岚、宪六州,及平定、火山、宁化、岢岚、保德军。天眷二年(1139),麟府路废,麟州、晋宁军来属。三年宋军据代、石、岚州及保德军,旋复入金。天德三年(1151),改宪州名管州。大定十八年(1178),废麟州。二十二年,升平定军为平定州、火山军为火山州、宁化军为宁化州、岢岚军为岢岚州、保德军为保德州、晋宁军为晋宁州。二十四年,改火山州为隩州、晋州为葭州。贞祐三年(1215)置坚州。四年,置台州。兴定二年(1218)置孟州,葭州改属延安府。四年置晋、皋州。五年以后,又置兴州。

泰和八年(1208),统府一、州十二(节度州三、刺史州九):太原府,忻、平定、汾、石、葭、代、隩、宁化、岚、岢岚、保德、管州(另参见图22)。

---

① (金)赵秉文:《闲闲老人滏水文集》卷12《故叶令刘君遗爱碑》。
② 《金史》卷100《完颜伯嘉传》。

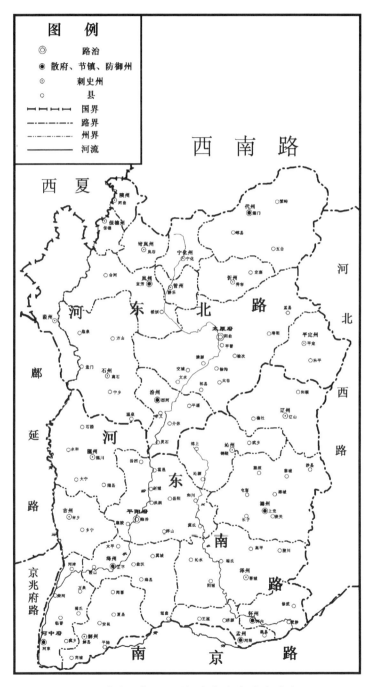

图 22　泰和八年(1208)河东北路、河东南路政区

又，天会十五年袭伪齐之旧，置麟府路，治府州，统府、麟、丰州及晋宁军。天眷二年，废路。府、丰州陷于夏，麟州、晋宁军入河东北路。

太原府

宋太原府，河东军节度。金天会四年克之①，仍旧。天会七年建河东北路都总管治此，并改军额为"武勇"。泰和八年为上等总管府。兴定四年入晋阳公封域。正大七年(1230)终陷蒙。治今山西太原市。

自贞祐元年至正大七年，金蒙在十八年间反复争夺太原，该城也在双方之间多次易手。这个激烈的争战过程也是当时河东南、北路整体形势的写照。就像金灭北宋之时，攻克太原，由山西至汴梁的进军道路便通畅了。蒙古发源地偏西，大同—太原一线更是蒙军入中原最常采用的路线，是故，太原自蒙军入侵之初，便常受攻击。贞祐元年秋蒙军首次大举南侵两河，"命皇子术赤、察合台、窝阔台为右军，循太行而南，取保、遂、安肃……怀、孟，掠泽、潞、辽、沁、平阳、太原、吉、隰，拔汾、石、岚、忻、代、武等州而还；皇弟哈撒儿及斡陈那颜、拙赤駙、薄刹为左军，遵海而东，取蓟州、平、滦、辽西诸郡而还；帝与皇子拖雷为中军，取雄、霸、莫……登、莱、沂等郡"②。太原受兵，实已在次年春蒙军北返之时。不同于平阳、泽、潞等被蒙军攻陷，此次太原城则在猝不及防遭受攻击之时，逃过一劫，蒙军仅能掠其野而未陷其城③。贞祐四年、兴定元年复围攻之，皆不克④。至兴定二年，终于首次攻破太原府⑤。

兴定三年六月，金将唐括狗儿一度收复太原，但是金军实际占据的时间应当不长，便又为蒙军所逐出。以至于同年十月，金宣宗又诏张开、郭文振等设

---

① 自天会三年十二月金西路宗翰军围太原(《金史》卷3《太宗纪》，天会三年十二月戊午)，其间经历天会四年宋廷许割三镇、又悔吝不与的反复，围城十月，终于天会四年九月陷金(《金史》卷3《太宗纪》，天会四年九月丙寅)。宗翰军遂全师南下，与东路宗望军合兵攻汴城，灭北宋。
② 《元史》卷1《太祖纪》，太祖八年秋。
③ 按《元史》卷149《郭宝玉传》载："癸酉，从木华黎取永清，破高州，降北京、龙山，复帅抄马从锦州出燕南，破太原、平阳诸州县。"所谓"太原、平阳诸州县"者，当指河东南、北路部分州县。太原当时则未陷落。贞祐二年蒙军攻太原不下，应发生于蒙军北归途中，此由《遗山先生文集》卷18《嘉议大夫陕西东路转运使刚敏王公(扩)神道碑铭》所载可证。与太原相同，河东路大部分州县首次陷蒙，皆应在贞祐二年春。此可与汾、岚、平阳、绛、泽诸府州参见。下文河东两路其他州有类似情况者，不再出注。
④ 贞祐四年十二月壬申，蒙军"攻太原"；至兴定元年九月"丁酉，薄太原城，攻交城、清源"。皆未果(见《金史》卷14《宣宗纪上》、卷15《宣宗纪中》)。兴定元年十二月，蒙军急攻太原，仍未下(见《金史》卷122《忠义二·乌古论德升传》)。仅曾于贞祐三年攻破府辖平晋县而已(《中州集》卷7"王万钟")。至于《金史》卷111《古里甲石伦传》载石伦于兴定二年四月上奏言"去岁北兵破太原"，不知其详。
⑤ 《金史》卷15《宣宗纪中》，兴定二年九月乙亥；又见卷122《忠义二·乌古论德升传》。

法收复太原。然而事实上太原自此长期被蒙军所控制①。兴定四年金在河东北路所立的晋阳公郭文振,不久就难以承受蒙军的压力,南退至卫、孟,"不可以为军"矣②。而名义上在晋阳公封域之内的太原府③,此后数年,仍在蒙军手中。

正当蒙军逐渐清理太原周边金军坚守的堡寨的工作接近完成之时,正大二年,武仙叛蒙对两河的蒙军带来极为巨大的冲击。虽然在正大三年,武仙已大体被逐出其原先占领的河北大部,但却向河东发展。正大四年五月,武仙突袭成功,击杀蒙古守将攸哈剌拔都,收复太原④。

但在此次收复以后,太原又无闻于《金史》矣。据《元史》载:"(太祖)命其(拔都)表弟王七十复立太原。己丑,攻凤翔府,中砲死。哈剌拔都长子忙兀台,嗣镇太原。"⑤王七十仅能"复立"府事,而非自武仙手中"复夺"太原。虽则正大五年金复封武仙为恒山公,立府事于卫州,然此后武仙的活动仍集中于河东两路。如六年"复取平定、孟、五台、阜平"⑥,皆太原府以北、以东之地,虽然平定等州,旋得旋失,但可知太原当时仍为武仙基地之一,其攻势咄咄逼人,蒙军无如之何。武仙旋又攻占潞州。自此,其所遭遇的反击渐强。不久,蒙军收复潞州。武仙退至卫州,反遭蒙军围攻。虽蒙完颜合达等解围,但武仙此后形势危殆,再无力经营河东。太原最终陷蒙,应是正大七年武仙自潞州退军之前。

天会七年,统支郡二:忻州、平定军。统县十:阳曲、太谷、平晋、清源、榆

---

① 《金史》卷15《宣宗纪中》,兴定三年六月戊子、十月丁酉。据同书卷118《郭文振传》,该年文振"与张开合坚、台州兵复取太原",至兴定五年,"诏分辽、潞粟赈太原饥民,(上党公)张开不与"。似乎兴定三年之后,金军又据有太原。然则据《元史》卷193《攸哈剌拔都传》,自兴定二年"太原新破",至正大四年,蒙将攸哈剌拔都一直控制着太原。其间仅在辛巳(金兴定五年)"三月,金兵攻寿阳县王胡庄……擣太原之虚,由西门俘获哈剌拔都家属。哈剌拔都闻之,径趋西山,复夺以还"。同年五月,"金赵权府率兵三万围太原,哈剌拔都将骑三十,出西门,令骑曳柴扬尘,声言曰:'国兵三万至矣。'金兵惧,溃去"。即,金军虽经过多次努力,但仅有兴定五年曾一度突袭成功,旋又退出。据《金史》卷122《忠义二·赵益传》载:"晋阳公郭文振署为寿阳令,壮兵榆次重原寨。遂帅众收复太原,夜登其城,斩馘甚众,所获马仗不可计,护老幼二万余口以出。升太原治中,复擢同知府事、兼招抚使。元光元年八月,大元兵大至,攻城益急,知不可支,乃自焚其府库,杀妻子,沉其符印于井,遂自杀。"与《元史·攸哈剌拔都传》对看,可知赵益即是《拔都传》所谓的"赵权府",辛巳年三月在寿阳发动的攻势、同月突入太原、五月再攻太原,皆由赵益所主导。然而赵益实未能据有其城,只是在三月"护老幼二万余口以出"——顺带俘获了拔都的家属——而已,此后未能复入太原。至于元光元年"大元兵大至,攻城益急"指的是何"城",笔者判断是金军另立的府事,即"重原寨"。
② 《金史》卷118《郭文振传》。
③ 《金史》卷118《郭文振传》:兴定四年,"封晋阳公,河东北路皆隶焉"。
④⑤ 《元史》卷193《攸哈剌拔都传》。
⑥ 《遗山先生文集》卷34《樊侯(天胜)寿冢记》。

次、祁、文水、交城、寿阳、孟县。大定二十二年升平定军为平定州。二十九年，置徐沟县。泰和八年，统支郡二：忻州、平定州。辖县十一：阳曲、太谷、平晋、清源、榆次、祁、文水、交城、寿阳、孟、徐沟。贞祐四年废平晋县。兴定元年复置平晋县。二年，置孟州，孟县割隶孟州，寿阳县割隶平定州。同年，升平定州为防御，旋仍降为刺史，来隶。

另，兴定二年太原府治及部分属县陷蒙之后，兴定四年，置晋州，辖所余清源、徐沟、榆次、祁、寿阳县。

1. 阳曲县

宋阳曲县。金仍旧。倚郭。

2. 太谷县

宋太谷县。金仍旧。治今山西太谷县。

3. 平晋县

宋平晋县。金仍旧。贞祐四年废。兴定元年复置。治今山西太原市东南约 25 里小店区北畔村南面①。

4. 清源县

宋清源县。金仍旧。兴定四年，改隶晋州②。治今山西清徐县。

5. 徐沟县

大定二十九年升置。兴定四年，改隶晋州。治今山西清徐县东南 32 里徐沟镇。

6. 榆次县

宋榆次县。金仍旧。兴定四年，改隶晋州。治今山西晋中市。

7. 祁县

宋祁县。金仍旧。兴定四年，改隶晋州。治今山西祁县。

8. 文水县

宋文水县。金仍旧。治今山西文水县。

---

① 《元丰九域志》卷 4《河东路》"太原府"条："（太平兴国）九年于平晋县置监务。咸平四年升为永利监。……永利，府东南二十二里。"即今太原市东南 22 里也。又《纪要》卷 40《山西二》"太原府·平晋城"条："（太原）县东北二十里。"明太原县，今太原市晋源镇也。合而断之，在今小店区北畔村以南。

② 参《完颜金行政地理》，第 194—195 页。清源、祁、太谷、徐沟、榆次、寿阳、孟县，自兴定四年置晋州，皆隶于晋州。此举是因太原当时已失守，而上述诸县尚为金晋阳公郭文振所有，为便于管理诸县而新置晋州也。按《元史》卷 58《地理志一》"中书省·河东山西道肃政廉访司·冀宁路·祁县"条："旧隶晋州，后州废，隶太原路"，即沿金之旧也。此晋州者，显非蒙古时期以河北鼓城县所置者，而是金末由太原府寿阳县所置者。于是自寿阳至祁县之间的清源、太谷、徐沟、榆次诸县隶晋州，此无可疑。然孟县却非属晋州，下有论焉。

9. 交城县

宋交城县。金仍旧。治今山西交城县。

10. 寿阳县

宋寿阳县。金仍旧。兴定二年割隶平定州。四年，隶晋州。治今山西寿阳县。

11. 孟县

宋孟县。金仍旧。兴定二年，以县升置孟州。治今山西孟县。

忻州

宋忻州，团练。金天会二年克之①。七年，降刺史②，隶河东北路，为太原府支郡。泰和八年为下等刺史州。大安三年(1211)，蒙军陷忻州，旋弃去③。贞祐二年、兴定元年皆曾陷蒙而复得，至兴定二年复为蒙军攻克④。正大四年金曾短暂收复之，旋又陷蒙⑤。治今山西忻州市。

天会二年，辖县二：秀容、定襄县。泰和八年同。

1. 秀容县

宋秀容县。金仍旧。倚郭。

2. 定襄县

宋定襄县。金仍旧。治今山西定襄县。

平定州

宋平定军。天会四年克之⑥，仍旧。天会七年隶河东北路，为太原府支郡。大定二十二年升平定州⑦，刺史。泰和八年为中等刺史州。兴定二年升

---

① 《宋史》卷22《徽宗纪四》，宣和七年十二月己酉。
② 按天会七年河东路曾有大规模政区调整，忻州降等亦应在此时。
③ 《金史》卷13《卫绍王纪》：大安三年"十一月……德兴府……抚宁、集宁，东过平、滦，南至清、沧，由临潢过辽河，西南至忻、代，皆归人元"。
④ 贞祐二年蒙军陷忻州，见上文太原府条注。《金史》卷15《宣宗纪中》：兴定元年二月己未，蒙军又"徇忻、代"。又据《元史》卷119《木华黎传》、卷151《石抹孛迭儿传》，次年，蒙军终克忻州。
⑤ 《遗山先生文集》卷34《樊侯(天胜)寿冢记》："丙戌之春，吾侯方从征淮海，常山军取太原及吾州。……吾侯……与(常)山军斗，转战逐比[北]，不旬日而东山平。""常山"者，恒山公武仙也。"吾州"者，忻州也，因元好问为忻州秀容人，樊天胜为忻州定襄人，故称。"吾侯"即樊天胜与武仙军转战逐北，将武仙逐出忻州。然武仙克太原在正大四年，得忻州又被逐，亦应在四年，元遗山系于"丙戌"即正大三年，误。
⑥ 《金史》卷3《太宗纪》，天会四年十月。
⑦ 此据《金史·地理志》。《志》所载本路晋宁、火山、岢岚、宁化、保德州皆升置于大定二十二年，而独平定军"大定二年升为州"者，显非平定与晋宁等军州升军时间有异，而是《金志》该条于"二年"之前漏去"二十"。

防御,同年仍降刺史。兴定四年,入恒山公武仙封域。同年陷蒙。正大六年,金复之,旋又陷①。治今山西平定县。

天会四年,辖县二:平定、乐平县。泰和八年同。兴定四年,乐平县升置皋州。

1. 平定县

宋平定县。金仍旧。倚郭。

2. 乐平县

宋乐平县。金仍旧。兴定四年升置皋州。治今山西昔阳县。

(后置)晋州

兴定四年,以太原府寿阳县西张寨升置②。同年稍后入晋阳公封域。元光元年(1222)陷蒙③。

按兴定四年,太原实已陷蒙。晋州之置,为管理原属太原府而当时仍为金军所控制的东南部诸县。某种程度上,晋州替代了太原府履行相关的管理职责。

辖县六:寿阳、榆次、清源、徐沟、太谷、祁县。

(后置)孟州

兴定二年,以太原府孟县升置,为刺史州。兴定四年入晋阳公封域④。元

---

① 兴定元年,平定州兵变(《金史》卷100《完颜伯嘉传》)。同年四月戊午,兵变平(《金史》卷15《宣宗纪中》)。兴定四年,"武仙封恒山公,以中山……平定州,抱犊寨,栾城、南宫县隶焉"。同年武仙降蒙。正大三年复反蒙投金,然当时平定州或未随仙叛蒙。至正大六年,武仙"复取平定、孟、五台、阜平"(《遗山先生文集》卷34《樊侯(天胜)寿冢记》),旋又失之。
② 《金史》卷118《郭文振传》:"兴定……四年,诏升乐平县为皋州,寿阳县西张寨为晋州,从文振之请也。"
③ 《金史》卷122《忠义二·赵益传》载:"晋阳公郭文振署为寿阳令,驻兵榆次重原寨。……元光元年八月,大元兵大至,攻城益急,知不可支,乃自焚其府库,杀妻子,沉其符印于井,遂自杀。"赵益令寿阳,且守重原寨。重原陷落,寿阳亦当陷于此时。
④ 《金史·地理志》:孟县,"兴定中升为州,听绛州元帅府节制,置刺史,寻复"。其义应释为:孟县本是太原府属县,故隶于乌古论德升之太原帅府。但兴定二年太原失陷,孟县无所属,遂置孟州,刺史,隶绛州元帅府。后置晋阳公府,任责收复太原,孟州又改属晋阳公府,与太原府同属也。"寻复"者,并非指其复降为县也。升州之时,参《金史》卷15《宣宗纪中》兴定二年十一月甲申"诏河东南路隰、吉等州听绛州元帅府节制",可判断孟县亦于当时绛州元帅府调整管区之时,升州隶之。《元史》卷58《地理志一》"中书省·河东山西道肃政廉访司·冀宁路·孟州"条:"孟州(下),本孟县,金升为州,元因之。"则此州由金入元未废也。

光元年陷蒙。正大六年一度为金收复,旋复陷蒙①。治今山西盂县。

辖县一:盂县。

(后置)皋州

兴定四年升平定州乐平县置。元光二年陷蒙。治今山西昔阳县。

按兴定四年置皋州,从晋阳公郭文振之请也。至元光二年,"辽州不能守,徙其军于盂州"②。如此则辽州北面的皋州,亦无可守矣。知皋州亦当陷于同年。

辖县一:乐平县。

汾州

宋汾州,军事。金天会四年克之③,七年,升为汾阳军节度,隶河东北路。泰和八年为上等节度州。贞祐二年蒙军克汾州,旋弃去④。兴定二年再陷蒙⑤。治今山西汾阳市。

天会七年,统支郡一:石州。辖县五:西河、孝义、介休、平遥、灵石县。贞元元年(1153),晋宁军来属。大定二十二年,升晋宁军为晋宁州,二十四年改晋宁州为葭州。泰和八年,统支郡二:石州、葭州。辖县五:西河、孝义、介休、平遥、灵石县。贞祐三年,灵石县改隶霍州,四年,复隶汾州。同年,石州温泉县改隶汾州。

---

① 《元史》卷119《木华黎传》:元光元年七月,蒙军"道云中,攻下孟州四蹄寨,迁其民于州。拔晋阳义和寨,进克三清岩,入霍邑山堡,迁其人于赵城县。薄青龙寨,金平阳公胡天作拒守,裨将察罕住、监军王和开壁降,迁天作于平阳"。自大同(云中)、太原府(晋阳)、霍州(霍邑)、平阳府,进军之次第甚为明显,而"孟州四蹄寨"夹于大同与太原之间,殊为不伦,"孟州"显然"盂州"之误也。此中华本《元史》已校(见第2954页)。由此知,盂州当时亦已陷蒙,故蒙军迁四蹄寨民入州。至正大六年,武仙一度收复盂州(《遗山先生文集》卷34《樊侯(天胜)寿冢记》),然旋即被蒙军夺回。
② 《金史》卷118《郭文振传》。
③ 《会编》卷57《靖康中帙三十二》,靖康元年十月十日。
④ 《遗山先生文集》卷27《广威将军郭君(珇)墓表》:"贞祐初,中夏被兵。二年之春,兵北归,既破平阳,取道太原,分军西六州。……汾、石、岚、管无不屠灭,唯岢岚无所得而还。"而据《元史》卷1《太祖纪》,太祖八年秋,"命皇子术赤、察合台、窝阔台为右军,循太行而南,取保、遂、安肃……怀、孟、掠泽、潞、辽、沁、平阳、太原、吉、隰,拔汾、石、岚、忻、代,武等州而还"。《墓表》所载贞祐二年汾州陷蒙与《元史·太祖纪》所述拔汾州,应指同一事件。《元史》将攻陷汾州系于太祖八年秋,事实上只是该年秋天开始了这次大规模军事行动,克汾州则在次年返军时。此又可与上文太原府相印证。
⑤ 据《遗山先生文集》卷22《阳曲令周君墓表》,此次蒙军陷汾州,"实兴定二年九月六日也"。《金史》卷122《忠义二·兀颜讹出虎传》亦载,讹出虎任"汾阳军节度使、兼经略使。兴定二年九月,城破死焉"。另可见《元史》卷119《木华黎传》、卷151《石抹勃迭儿传》。至兴定四年,上党公张开曾攻汾州,败归(《元史》卷151《杜丰传》、卷193《忠义一·李伯温传附子守正》)。

1. 西河县

宋西河县。金仍旧。倚郭。

2. 孝义县

宋孝义县。金仍旧。治今山西孝义市。

3. 介休县

宋介休县。金仍旧。治今山西介休市。

4. 平遥县

宋平遥县。金仍旧。治今山西平遥县。

5. 灵石县

宋灵石县。金仍旧。贞祐三年割隶霍州,四年,复隶汾州。治今山西灵石县。

石州

宋石州,军事。金天会五年克之①,为刺史州。七年,隶河东北路,为汾州支郡。天眷三年宋克石州,旋复入金②。泰和八年为上等刺史州。贞祐二年,蒙军陷石州,旋弃去。兴定二、三年,复两次攻陷石州,亦弃而不守③。兴定四年,隶郭文振晋阳公府。元光二年,蒙军终陷石州④。治今山西吕梁市离石区。

天会五年辖县四:离石、方山、温泉、平夷县。皇统二年(1142),定胡、临泉二县自晋宁军来属。明昌六年(1195),更定胡县名为孟门、平夷县名为宁

---

① 金取石州至少两次。《金史》卷3《太宗纪》:天会四年十月,"石州降"。是金军第二次伐宋时,西路宗翰军于南下途中破石州。而《靖炎两朝见闻录》(见《续修四库全书》第423册)卷上则载,至天会五年正月,宋"两河坚守,累月,(金)止得石州"。《宋史》卷23《钦宗纪》:靖康元年正月壬辰,"遣聂昌、耿南仲、陈过庭出割两河地,民坚守不奉诏,凡累月,止得石州"。不知五年正月"止得石州",是否即指四年十月石州降金之事? 然而此次金得石州之后,大约被河东宋军收复,故《金史·太宗纪》又载,天会五年五月,"娄室降解、绛、慈、隰、石、河中、岢岚、宁化、保德、火山诸城"。

② 《会编》卷204《炎兴下帙一百四》:绍兴十年八月二十三日,"河东统制王忠植克石州"。此后石州遂无音耗。据《金史》卷77《宗弼传》:"宋岳飞、韩世忠分据河南郡要害,复出兵涉河东,驻岚、石、保德之境,以相牵制。……河南平,时天眷三年也。上使使劳问宗弼以下将士,凡有功军士三千,并加忠勇校尉。攻岚、石、保德皆克之。……上幸燕京,宗弼见于行在所。居再旬,宗弼还军……宗弼已启行四日,召还。……越五日,宗弼还军,进伐淮南,克庐州。"金再克庐州,在皇统元年正月,按宗弼之行程,金攻岚、石等州,应在天眷三年底。

③ 《元史》卷151《石抹孛迭儿传》:"戊寅,从定太原、忻、代、平阳、吉、隰、岢岚、汾、石、绛州、河中、潞、泽、辽、沁。"卷147《史天祥传》:"己卯,权兵马都元帅,蒙古、汉军、黑军并听节制。下河东、平阳、河中、岢岚、绛、石、隰、吉、廓等八十余城。"检卷1《太祖纪》,十三年戊寅、十四年己卯,皆有木华黎率军攻河东,攻克多个州府之事。其未载攻陷石州事,应有疏漏。

④ 兴定五年,文振请以所统岚、管、陕、石、宁化、保德诸州与葭州刺史古里甲蒲察分治。金廷从之。旋又以石州归隶文振之晋阳公府。其失陷当在元光二年郭文振不能守辽州、南退至卫州之时。见《金史》卷118《郭文振传》。

乡。泰和八年，辖县六：离石、方山、温泉、宁乡、孟门、临泉县。贞祐四年，温泉县改隶汾州。

1. 离石县

宋离石县。金仍旧。倚郭。

2. 方山县

宋方山县。金仍旧。治今山西方山县①。贞祐四年徙治今方山县东北 31 里积翠乡②。

3. 孟门县

宋定胡县，隶晋宁军。金初仍旧。皇统二年，改隶石州③。明昌六年，更县名为孟门④。治今山西柳林县西北 31 里孟门镇。

4. 温泉县

宋温泉县，隶隰州，金初改隶石州⑤。贞祐四年改隶汾州。治今山西交口县东北 52 里温泉乡⑥。

5. 临泉县

宋临泉县，隶晋宁军。金初仍旧。皇统二年，改隶石州⑦。贞祐四年，隶汾州。治今山西临县西南 37 里石白头乡曹峪坪村一带⑧。

6. 宁乡县

宋平夷县。金仍旧。明昌六年，改为宁乡县。治今山西中阳县。

葭州

宋晋宁军。天会七年克之⑨，仍旧，以之为府州支郡。八年，予伪齐。伪

---

① 据《元一统志》卷 1《中书省》"太原路·古迹·废方山县"条："唐初为方山县。……宋因之。金泰和间置方州，元初改为方山县。"若金中期曾升置方州，岂不见于金、元《史》？姑置之。
② 《金史·地理志》：方山县"贞祐四年徙治于积翠山"。《纪要》卷 42《山西四》"汾州府·方山城"条："贞祐三年，徙县于积翠山。山盖在故县北。"今方山县仍有积翠山，积翠乡亦以此得名。
③ 《元一统志》卷 4《陕西等处行中书省》"延安路·建置沿革·葭州"条："(宋时)谓刂为军，名曰晋宁，以临泉倚郭，定胡为属邑。金初为夏人所践。皇统二年复立军治，仍隶河东路，而临泉、定胡还属石州。"
④ 此据《金史·地理志》。《元一统志》卷 1《中书省》"太原路·古迹·废孟门县"条则以为改名在明昌七年。然本州平夷县同于明昌六年更名。姑从《地理志》。
⑤ 《金史》卷 72《娄室传》："宗翰定太原，娄室取汾、石二州，及其属县温泉、方山、离石。"事在天会四年九月。按温泉县在宋隶隰州，《娄室传》既称其为"汾、石"之属县，应是攻克之初即划入石州，此因该县初下之际，隰州尚未攻克。
⑥ 《嘉庆一统志》卷 144《汾州府》"古迹·温泉故城"条："今为温泉镇，在(孝义)县西九十里高唐山西。"
⑦ 参《元一统志》卷 4《陕西等处中书省》"延安路·建置沿革"条。
⑧ 《嘉庆一统志》卷 144《汾州府》"古迹·临泉故城"条："在县西四十里……至元十六年移今治。"
⑨ 《会编》卷 120《炎兴下帙二十》：建炎三年正月二十一日，"折可求以麟、府州，晋宁军叛附金"。

齐以之属麟府路。天会十五年废伪齐,仍隶麟府路。天眷二年改隶河东北路,为岚州支郡。贞元元年(1153)改为汾州支郡①。大定二十二年升为晋宁州。二十四年改葭州。泰和八年为下等刺史州。兴定二年改隶延安府②。四年,隶晋阳公府。五年陷蒙,同年收复。元光二年,终陷蒙③。治今陕西佳县。

金初辖县二:定胡、临泉县。皇统二年,割二县属石州④。泰和八年,不辖县。兴定三年后,置葭芦、吴堡、弥川、通秦四县。后又置太和、建宁二县⑤。

(后置)葭芦县

宋葭芦寨,州治于此。金仍旧。兴定三年后升置葭芦县。仍倚郭。

(后置)吴堡县

宋吴堡寨,隶晋宁军定胡县。金初仍旧。皇统二年割定胡县隶石州,吴堡寨遂为州直辖。兴定三年后升置吴堡县。治今陕西吴堡县东北4里吴

---

① 《金史·地理志》:"本晋宁军,贞元元年隶汾州。"按北宋末府、麟、晋宁军为一体,即所谓"麟府路",治府州。天眷二年府州陷于西夏,麟府路废,至贞元元年晋宁军改隶汾州,其间应就近隶于岚州。
② 《金史·地理志》:"兴定二年五月以河东残破,改隶延安府。"是该年汾州陷蒙,葭州遂无所附,故改隶河西之延安府。
③ 按崇庆以后,西夏数次攻葭州,不克(参《金史》卷133《西夏传》,崇庆元年;卷116《内族承立传》,兴定二年)。兴定四年,以河东北路封晋阳公郭文振(《金史》卷118《郭文振传》,葭州在其中。五年十月,蒙军克葭州,金寓州治于州北石子山(《金史》卷112《完颜合达传》,据《元史》卷1《太祖纪》、卷119《木华黎传》,亦系于太祖十六年辛巳十月,然《大金国志》卷25《纪年·宣宗皇帝下》系于十一月)。据《金史》卷16宣宗纪下》,兴定五年闰十二月辛卯,金复葭州。此后无闻。其最终陷蒙,应在元光二年郭文振投师卫、孟之时。
④ 宋晋宁军之境有黄河两岸之地。金割河东定胡、临泉二县属石州,则晋宁军仅辖河西之地也。
⑤ 此六县《金史》不载。《元一统志》卷4《陕西等处行中书省》"延安路·建置沿革"条:"葭州……贞元元年隶汾阳军节度。管八寨……正大三年改隶鄜延路。元领吴堡、弥川、通秦、葭芦四县,后又益以太和、建宁。国朝收附后,至元六年并通秦、弥川、葭芦入州,并太和入神木,建宁入府谷来属。"其改隶鄜延路之时,《元一统志》谓在"正大三年",事实上应如《金史·地理志》所载,在兴定二年(即改隶延安府之时)。据《金史》卷15《宣宗纪中》,兴定三年闰三月戊午,"夏人破葭州之通秦砦";四月乙酉,"夏人据通秦寨,提控纳合买住击败之";四月辛卯,"夏人犯通秦砦,元帅完颜合达出兵安寨堡,以捣其巢"。卷112《完颜合达传》亦载:兴定三年"四月,夏人犯通秦寨"。则当时尚未由寨升置通秦县,四县之置在兴定三年之后也。而建宁、太和二县之置,更在其后,或在元光中。又《元一统志》卷4《陕西等处行中书省》"延安路·古迹"条又载各县沿革:故通秦、弥川二县,"皆晋宁州寨地……金末并置县,国朝至元初二县入州";葭芦县,"金既置葭州,未又置县。国朝至元六年并入州";故太和县,"本神木寨地,初置县,国朝至元六年并入神木寨";故建宁县,"本宋之银城县寨地,初置县,国朝至元六年并入府谷县";吴堡县,"……金时定胡为夏人所夺,以吴堡隶通秦寨。厥后又升为县,属葭州。国朝收复后,至元元年之"。通秦、弥川、葭芦(卢)、太和、建宁等县于至元六年省废,亦可参《元史》卷60《地理志三》"陕西等处行中书省·延安路·葭州"条。

堡城。

(后置)弥川县

宋弥川寨,隶麟州。金初仍旧。大定十八年改隶晋宁军。兴定三年后升置弥川县。治今陕西神木县西南 96 里花石崖镇凉水井①。

(后置)通秦县

宋通秦寨。金初仍旧。兴定三年后升置通秦县。治今陕西佳县西北 33 里通镇②。

(后置)太和县

宋太和寨,隶麟州。金初仍旧。大定十八年,麟州废,寨属晋宁军③。兴定三年后升置太和县。治今陕西神木县西南 64 里乔岔滩乡太和峁村④。

(后置)建宁县

宋建宁寨,隶麟州。金初仍旧。大定十八年转隶晋宁军。兴定三年后升置建宁县。治今陕西府谷县西北 64 里新民镇新城川⑤。

代州

宋代州,防御。天会三年克之⑥。七年,升震武军节度。天眷三年入宋,旋复⑦。泰和八年为中等节度州。大安三年,蒙军陷代州,旋弃去⑧。贞祐二

---

① 《宋史》卷 89《地理志五》"河东路·晋宁军"条:"弥川寨……东至黄河六十里……北至麟州大和寨三十里。"《纪要》卷 57《陕西六》"延安府·弥川寨"条:"(神木)县西南八十里。"
② 《宋史》卷 89《地理志五》"河东路·晋宁军"条:"通秦寨……东至黄河二十九里。"《嘉庆一统志》卷 239《榆林府一》"古迹·通秦旧县"条:"(通秦)寨在(葭)州北稍西五十里。"
③ 《元一统志》卷 4《陕西等处行中书省》"延安路·建置沿革"条:神木县"金皇统八年,以麟府地陷西夏,不曾复立。国朝收附后,创立云州于古麟州神木寨,隶延安路。至元六年,废州为神木县。"按《大金国志》卷 17《纪年·世宗圣明皇帝中》:大定十八年"九月,西夏遣将蒲鲁合野来攻麟州……戊子,麟州城陷,夏人房金帛子女数万,毁城而去"。此后,原麟州之地虽仍归金,而州及所属二县由此而废,下辖各寨则入晋宁军矣。
④ 《宋史》卷 89《地理志五》"河东路·麟州"条:"大和砦……东至神木寨五十五里。"《嘉庆一统志》卷 239《榆林府一》"古迹·太和旧县"条:"有旧县城在(神木县)西南五十五里。"
⑤ 《纪要》卷 57《陕西六》"延安府·建宁堡"条:"(府谷)县西北七十里。"
⑥ 《宋史》卷 22《徽宗纪四》,宣和七年十二月己酉。
⑦ 《宋史》卷 29《高宗纪六》:绍兴十年秋,宋"知代州王忠植举兵复石、代等十一州"。《金史》卷 77《宗弼传》:"宋岳飞、韩世忠分据河南州郡要害,复出兵涉河东,驻岚、石、保德之境,以相牵制。……时暑,宗弼还军于汴,岳飞等军皆退去,河南平,时天眷三年也。"
⑧ 《金史》卷 13《卫绍王纪》:大安三年"十一月……德兴府……抚宁、集宁,东过平、滦,南至清、沧,由临潢过辽河,西南至忻、代,皆归大元。"

年再下之,又弃。兴定元年,复克之①,旋又属金。兴定二年终陷蒙②。治今山西代县。

天会七年,统支郡二:火山军、宁化军。辖县四:雁门、崞、五台、繁畤县。大定二十二年,火山、宁化二军皆升州。二十四年,更火山州名为隩州。泰和八年,统支郡二:隩州、宁化州。辖县四:雁门、崞、五台、繁畤县。贞祐三年,广武县自朔州来属。同年,以繁畤县升置坚州。次年,以五台县升置台州。二州仍隶代州,为支郡③。代州统支郡四:隩州、宁化州、坚州、台州。辖县三:雁门、崞、广武县。

---

① 贞祐四年,蒙军又曾攻代州,金代州经略使奥屯丑和尚被擒。然未知代州是否被攻克。见《金史》卷122《忠义二·奥屯丑和尚传》。至兴定元年,蒙军复"徇忻、代"(《金史》卷15《宣宗纪中》,兴定元年二月己未)。

② 《金史》卷15《宣宗纪中》:兴定二年八月乙卯,"大元兵收代州"。《遗山先生文集》卷22《阳曲令周君墓表》亦载,该年约八月,"雁门破",应意味着代州之失陷。亦可见《元史》卷1《太祖纪》太祖十三年八月、卷119《木华黎传》及卷151《石抹孛迭儿传》。兴定二年之后蒙军占据代州的另一有力证据是,金代州支郡隩州,"兴定二年九月改隶岚州",恰在蒙军该年八月"收代州"之初也。然而此后仍可见一些记载,似乎说明代州仍为金所控制。如《金史·宣宗纪中》:兴定二年十月甲子,"诏河东北路忻、代、宁化、东胜诸州并受岚州帅府节制"。这恐怕是以"收复"为目的所作的任命。又《元史》卷121《抄思传》:"抄思年二十五,即从征伐,破代、石二州,不避矢石,每先登焉。雁门之战,屡捷。会太宗命睿宗平金,抄思执锐以从,与金兵战,所向无前。壬辰,兵次钧州,金兵垒于三峰山……岁戊申正月卒,年四十四。"首先从诸事件的前后衔接来看,蒙军破代、石及雁门之战,似与正大八年拖雷(即"睿宗")由宋境绕道攻金河南及开兴元年三峰山之战相距甚近;其次从抄思戊申年(1248)四十四岁上推,其二十五岁时,当是金正大六年(1229),而当时抄思还参与了蒙军攻夺代州的战役,这可以说明至少正大六年,金仍据有代州。不过,应当是《抄思传》记载过于简略——略去了抄思在雁门之战与三峰山之战间的大段经历——并且戊申年四十四岁之说应是误载。与上引《阳曲令周君墓表》相对照,《抄思传》所记载的"雁门之役",应就是《墓表》所载"雁门破",发生在兴定二年而非正大六年。笔者颇疑"四十四"应是"五十四"之误,若改正此误,则破代州之时间,《抄思传》所载便不致与其他史载相悖。再引一例以助于说明兴定二年代州已归北。《遗山先生文集》卷35《朝元观记》载:"初,国兵以庚辰冬攻破绛阳及解梁属邑,思问侨寓云朔间。当是时,崞山军节度阎侯德刚经画略定,境内休息。"按"云朔"之地(略当金西京路),早在贞祐四年已陷蒙。兴定四年(庚辰)绛、解被兵之时,思问是北上至蒙军占领区避兵。而"崞山军"当时亦算是"云朔"之地,颇可说明其地亦已入蒙。"崞山军"者何地? 未见载于诸史。然《元史》卷58《地理志一》"河东山西道肃政廉访司·冀宁路"条:"崞州,下。本崞县,元太祖十四年升崞州。"又据《金史·地理志》,代州崞县境内有崞山,则"崞山军"必然就是崞县之军额——正因该度州并非由金而置,且金于兴定二年后从未"收复"过此地,故《金史》无"崞州"、"崞山军"之记载。崞州始置于元太祖十四年即金兴定二年,恰是蒙军最后陷代州之年。崞县金属代州,且在州治之南。兴定四年时蒙军在崞州已"经画略定,境内休息",甚至有人从金境来避兵,可知金蒙战线在当时已更往南移。至于崞州以北的代州,更应是蒙军稳固占领之地——至于武仙在正大六年反攻夺得代州东南部的五台,几可视作意外。

③ 《金史》卷100《完颜伯嘉传》:"(贞祐四年)六月,斡勒合打奏:'……遥授太原治中、权坚州刺史完颜斜烈私离边面……'七月,伯嘉改知归德府事,合打改武宁军节度使。……初,河东行省胥鼎奏:'完颜伯嘉屡言:同知西京留守兼台州刺史完颜琢可倚之以复山西,朝廷迁官赐姓,令屯代北,扼太和岭。……'"知坚、台二州,皆刺史州,当上隶于代州震武军也。

1. 雁门县

宋雁门县。金仍旧。倚郭。

2. 崞县

宋崞县。金仍旧。治今山西原平市北 35 里崞阳镇。

3. 五台县

宋五台县。金仍旧。贞祐四年升为台州。治今山西五台县。

4. 繁畤县

宋繁畤县。金仍旧。贞祐三年升为坚州。治今山西繁峙县。

隩州

宋火山军。金天会五年克之①，仍旧。七年，隶河东北路，为代州支郡。大定二十二年升为火山州。二十四年更名隩州②。泰和八年为下等刺史州。兴定二年改隶岚州。兴定三年蒙军克隩州③，寻弃去。四年，再克之④，又弃。同年隶晋阳公府。元光二年陷蒙⑤。初治今山西河曲县东南 50 里旧县乡，兴定四年徙治今河曲县⑥。

金初不辖县。贞元元年置河曲县。泰和八年，辖县一：河曲县。

河曲县

贞元元年置。倚郭。

宁化州

宋宁化军。金天会五年克之⑦，仍旧。七年，隶河东北路，为代州支郡。

---

① 《金史》卷 3《太宗纪》，天会五年五月庚寅朔。
② 《金史·地理志》未载更州名之具年。《元一统志》卷 1《中书省》"太原路·古迹·旧隩州"条："(北宋时)升为火山军，隶代州。金大定二十四年改为隩州。"又据本路火山州及南京路颍顺州，山东路之滕阳州、城阳州之例，改名应在大定二十四年无疑。
③ 《元史》卷 119《木华黎传》、卷 149《刘伯林传》。
④ 《金史》卷 16《宣宗纪下》，兴定四年五月癸卯。
⑤ 隩州陷蒙之时不详。兴定五年，晋阳公郭文振"请以所统岚、管、隩、石、宁化、保德诸州与葭州刺史古里甲蒲察分治"，隩州犹在金。岚、管、隩、石、宁化、保德诸州，皆应于元光二年郭文振退军孟州之时沦陷。
⑥ 《金史·地理志》："(兴定)四年以残破，徙治于黄河滩许父寨。"《嘉庆一统志》卷 152《保德州》"古迹·河曲故城"条："在河曲县东南七十里。"《纪要》卷 42《山西二》"太原府·河曲城"条："旧城在今县东北八十里。金兴定二年，尝以隩州改隶岚州。四年，以旧城残破，徙治于黄河滩许父寨。明初因之。"《纪要》所谓"东北"，参《一统志》，应作"东南"，而金兴定四年之后州治于许父寨，即明、清、今之河曲县。
⑦ 《金史》卷 3《太宗纪》，天会五年五月庚寅朔。

大定二十二年升为宁化州。泰和八年为下等刺史州。兴定二年改为岚州支郡①。四年隶晋阳公府。元光二年陷蒙②。治今山西宁武县西南 89 里化北屯乡宁化村③。

金初不辖县。大定二十二年,置宁化县。泰和八年,辖县一:宁化县。

宁化县

大定二十二年置④,倚郭。

(后置)坚州

贞祐三年升代州繁畤县置,仍为代州支郡。兴定二年改隶岚州⑤。兴定三年陷蒙⑥。治今山西繁峙县。

辖县一:繁畤县。

(后置)台州

贞祐四年升代州五台县置,仍为代州支郡。兴定二年改隶岚州。兴定三年陷蒙。正大六年收复,旋又失⑦。治今山西五台县。

辖县一:五台县。

岚州

宋岚州,军事。天会五年克之⑧。七年,升为镇西军节度,隶河东北路。天眷三年宋克岚州,旋复入金⑨。泰和八年为下等节度州。贞祐二

---

① 此同隩州,因代州震武军于兴定二年陷蒙之故。
② 宁化州陷蒙之时不详。兴定五年,晋阳公郭文振"请以所统岚、管、隩、石、宁化、保德诸州与葭州刺史古里甲蒲察分治",宁化州犹在金。应与隩州同,皆在元光二年郭文振退军孟州之时沦陷。
③ 《纪要》卷 40《山西二》"太原府·宁化城"条:"(静乐)县北八十里。"
④ 按《金史·地理志》不载宁化县始置之时,参周边诸州、军在北宋末不辖县者,其于金始置倚郭县之时,亦各不相同。火山军于贞元元年置河曲县,保德军于大定十一年置保德县,故无从参照。据上引《纪要》"太原府·宁化城"条,"金大定二十二年,升为州,仍置县为州治"。虽未提出证据,但却是仅见的说法。姑从,俟考。
⑤ 因该年代州陷蒙也。按代州支郡隩州于同年改隶岚州镇西军,则坚、台二州当同样改隶。
⑥ 《金史》卷 118《郭文振传》:"(兴定三年十月)与张开合坚、台州兵复取太原。"则坚、台二州尚为金有。其后不知所终矣。按该年金军收复太原后,旋被逐出,太原以北之坚、台州,恐当年即陷蒙。
⑦ 参上文太原府条。
⑧ 《金史》卷 3《太宗纪》,天会五年五月庚寅朔。
⑨ 见上文石州条。

年,蒙军陷岚州,同年弃去①。元光二年终陷蒙②。治今山西岚县北22里岚城镇③。

天会七年,统支郡三:宪州、岢岚军、保德军。辖县三:宜芳、合河、楼烦县。天眷二年废麟府路,麟州、晋宁军来属。天德三年,改宪州为管州。贞元元年,晋宁军改隶汾州。大定十八年,废麟州。二十二年,升岢岚军为岢岚州、保德军为保德州。泰和八年,统支郡三:管州、岢岚州、保德州。辖县三:宜芳、合河、楼烦县。兴定二年,坚、台、宁化三州自代州来属。兴定末至元光初,升合河县为兴州,仍为岚州支郡。

1. 宜芳县

宋宜芳县。金仍旧。倚郭。

2. 合河县

宋合河县。金仍旧。兴定末或元光初升兴州。治今山西兴县。

3. 楼烦县

宋楼烦县。金仍旧。治今山西娄烦县东北13里娄烦镇旧娄烦④。

岢岚州

宋岢岚军。天会五年克之⑤,仍旧。七年,隶河东北路,为岚州支郡。大定二十二年,升为岢岚州⑥。泰和八年为下等刺史州。贞祐三年,升防御。四年,升节镇,同年复降为防御。兴定二年,蒙军陷岢岚⑦,旋弃去。三年,终陷蒙⑧。治今山西岢岚县。

天会五年,辖县一:岚谷县。泰和八年同。

---

① 《元史》卷1《太祖纪》:太祖八年秋,蒙军南侵,后"拔汾、石、岚、忻、代、武等州而还"。然还军已是次年春夏之交,岚州亦在贞祐二年蒙军北归途中沦陷。据《金史》卷14《宣宗纪上》,贞祐二年三月壬辰,"大元兵下岚州,镇西军节使乌古论仲温死之"。而《遗山先生文集》卷27《广威将军郭君(珺)墓表》则载:贞祐二年四月,蒙军北归,"既破平阳,取道太原,分军西六州,汾、石、岚、管无不屠火"。
② 见上文宁化州条。
③ 《元丰九域志》卷4《河东路》"岚州"条:"东至本州界二十五里,自界首至宪州二十里。……北至本州界四十五里,自界首至岢岚军四十五里。"由此可推知今地也。
④ 《嘉庆一统志》卷150《忻州》"古迹·楼烦故城"条:"在静乐县南七十里。"元省县之后,至民国方重置,仍治原址。至1958年徙治今地。
⑤ 《金史》卷3《太宗纪》,天会五年五月庚寅朔。
⑥ 此据《金史·地理志》。其所载岢岚升州之年份,与本路诸军如宁化、火山、晋宁、保德等无异,较为可信。按《元一统志》卷1《中书省》"太原路·古迹·岢岚废城"条:"金大定十二年改(岢岚军)为岢岚州。"恐误。
⑦ 《元史》卷150《石抹也先传》、卷151《石抹孛迭儿传》。
⑧ 《元史》卷1《太祖纪》,太祖十四年秋。

岚谷县

宋岚谷县。金仍旧。倚郭。

保德州

宋保德军。天会五年克之①,仍旧。七年,隶河东北路,为岚州支郡。天眷三年宋克保德军,旋复入金②。大定二十二年,升为保德州③。泰和八年为下等刺史州。元光元年,升为防御。元光二年终陷蒙④。治今山西保德县。

金初不辖县。大定十一年,置保德县。泰和八年,辖县一:保德县。

保德县

大定十一年置。倚郭。

管州

宋宪州,军事。天会五年克之⑤,为刺史州。七年,隶河东北路,为岚州支郡。天德三年,更名管州。泰和八年为下等刺史州。兴定三年,升防御。元光二年终陷蒙⑥。治今山西静乐县。

天会五年,辖县一:静乐县。泰和八年同。

静乐县

宋静乐县。金仍旧。倚郭。

（后置）兴州

兴定五年至元光二年间,升岚州合河县置,仍为岚州支郡。元光二年陷蒙。治今山西兴县。

按兴州之置,《金志》不载。据《元史·地理志》,州为金末升合河县而

---

① 《金史》卷3《太宗纪》,天会五年五月庚寅朔。
② 见上文石州条。
③ 此据《金史·地理志》。
④ 见上文宁化、岚等州条。
⑤ 《金史》卷80《突合速传》:"汴京平,诸将西趣陕津,略定河东郡县。突合速取宪州。……孛堇浓瑰术鲁等攻保德,未下,突合速进兵助击,梯冲并进,遂克其城。孛堇乌谷攻石州,屡败。……突合速……令诸军去马战,尽殪之。"则金取宪州,与其克保德军、石州差相同时。按卷3《太宗纪》,天会五年五月庚寅朔,"娄室降解、绛、慈、隰、石、河中、岢岚、宁化、保德、火山诸城"。则克宪州或亦在天会五年五月。
⑥ 见上文宁化、岚等州条。

置①。按《金史》所载,直至兴定五年最后提到岚州所管诸州②,亦未有兴州之信息,故推知是此后所置。

辖县一:合河县。

(废)麟州

宋麟州,镇西军节度。天会七年降金,仍旧。次年属伪齐,后隶麟府路。十五年,金复夺其地,降为刺史③,仍隶麟府路,为府州支郡。天眷二年,入河东北路,为岚州支郡④。大定十八年陷于西夏⑤。后复其地而废州、县,地入晋宁军⑥。治今陕西神木县北28里店塔镇杨城村⑦。

天会十五年至大定十八年,辖县一:新秦县。

新秦县

宋新秦县。金仍旧。倚郭。

(废)府州

宋府州,靖康军节度。天会七年降金⑧。次年属伪齐。十五年,金复夺其地⑨。天眷二年,陷于西夏⑩。治今陕西府谷县。

天会十五年至天眷二年,统支郡三:麟州、丰州、晋宁军。辖县一:府

---

① 《元史》卷58《地理志一》"河东山西道肃政廉访司·冀宁路·兴州"条。
② 《金史》卷118《郭文振传》:兴定五年郭文振"请以所统岚、管、隩、石、宁化、保德诸州与葭州刺史古里甲蒲察分治"之事。
③ 按宋代诸州之等第,入金后即经调整,以适合金代较为齐整的节镇统刺郡的制度。府、麟、丰州及晋宁军虽当一路,然其境域其实有限,故入金应降麟州为刺郡,以府州一节镇以统其余二州一军,镇、路合而为一。若非如此,天会六年金升岚州为镇西军节度,则其境内以镇西为军额者有二矣。
④ 此为该年府州陷于西夏,当就近改隶耳。
⑤ 《大金国志》卷17《纪年·世宗圣明皇帝中》:大定十八年"九月,西夏遣将蒲鲁合野来攻麟州……戊子,麟州城陷,夏人虏金帛子女数万,毁城而去"。按《元一统志》以为"金皇统八年,以麟州地陷四夏,不曾复立〈神木县〉"(卷4《陕西等处行中书省》"延安路·建置沿单·神木县"条),误。麟州之陷,迟至大定中。
⑥ 《金史》虽未直接提到金复麟州地,然《金史·地理志》载,河东北路葭州辖有太和寨、神木寨、弥川寨原属麟州。又金末曾置弥川、太和、建宁县,亦皆故麟州地也。知金复得麟州地,并入晋宁军。
⑦ 《明一统志》卷36《延安府》"古迹·麟州城"条:"在神木县北四十里。"
⑧ 《会编》卷120《炎兴下帙二十》:建炎三年正月二十一日,"折可求以麟、府州,晋宁军叛附于金人"。《金史》卷3《太宗纪》系于天会七年二月戊辰。
⑨ 《会编》卷182《炎兴下帙八十二》:绍兴七年十一月十八日,"金废废齐后差除:折可求依旧麟府路安抚使"。知金人以府州、麟州之地赐伪齐。至此则夺归己有。
⑩ 《宋史》卷29《高宗纪六》:绍兴九年春,"夏人陷府州"。同书卷486《外国二·西夏传二》:"(绍兴)九年,夏人陷府州。"

谷县。

府谷县

宋府谷县。金仍旧。倚郭。

(废)丰州

宋丰州,军事。天会七年降金,仍为府州支郡。次年属伪齐。十五年,金复夺其地。天眷二年,陷于西夏①。治今内蒙古准格尔旗西南 51 里纳日松镇二长渠古城②。

不辖县。

第七节　河东南路州县沿革

天会七年(1129),置河东南路,治平阳府,统平阳府及慈、绛、解、孟四州,降河中府为蒲州、隆德府为潞州,改隰州为南隰州、辽州为南辽州、怀州为南怀州、泽州为南泽州,升威胜军为沁州,属之。天眷三年(1140),宋取南怀州,同年复入金。天德元年(1153),升蒲州为河中府。三年,改慈州为耿州,南隰州仍为隰州,南辽州复为辽州,南怀州复为怀州,南泽州复为泽州。明昌元年(1190),改耿州为吉州。贞祐三年(1215)置霍、荣、崇州。四年,废崇州。兴定二年(1218),升绛州为晋安府。四年置翼州。五年置蒲州,复置崇州。元光二年(1223)置毂、勋州。兴定二年河东南路徙治晋安府。

泰和八年(1208),统府二、州十(节度州三、防御州一、刺史州六):平阳、河中府,隰、吉、绛、解、潞、辽、沁、怀、泽、孟州(另参见前图 22)。

平阳府

宋平阳府,建雄军节度。金天会四年克之③。七年,置河东南路总管府于此。泰和八年为上等总管府。贞祐二年,蒙军陷平阳,旋弃去④。兴定二年陷

---

① 与府州同降。此后之去向,亦同府州。至天眷二年,丰州南面之府州陷夏,金亦不得保其丰州矣。
② 按《元丰九域志》卷 4《河东路》"丰州"条:"东南至本州界三里,自界首至府州百二十一里。"今二长渠古城东南至府谷县约 105 里,约当丰州故址。
③ 《会编》卷 59《靖康中帙三十四》,靖康元年十月二十四日。
④ 《遗山先生文集》卷 27《广威将军郭君(瑀)墓表》:"贞祐初,中夏被兵。二年之春,兵北归,既破平阳,取道太原,分军西六州。"又见《元史》卷 1《太祖纪》,太祖八年秋;卷 149《郭宝玉传》。

蒙。同年徙总管府于晋安府,降平阳为散府①。兴定三年收复②。兴定四年,为平阳公府境域。兴定五年陷蒙,旋又收复③。元光元年又陷蒙④。正大四年(1227),金再复平阳,同年最终陷蒙⑤。治今山西临汾市。

天会七年,统支郡二:南隰州、慈州。辖县十:临汾、襄陵、洪洞、赵城、霍邑、汾西、岳阳、神山、和川、冀氏县。天德三年,改南隰州为隰州、慈州为耿州。大定七年(1167),改神山县为浮山县。明昌元年,改耿州为吉州。泰和八年,平阳府仍统支郡二:隰州、吉州。辖县十:临汾、襄陵、洪洞、赵城、霍邑、汾西、岳阳、浮山、和川、冀氏县。贞祐三年,升霍邑县置霍州,并割赵城、汾西县属之。兴定四年,复改浮山县为忠孝县。五年,置蒲州,来属。

1. 临汾县

宋临汾县。金仍旧。倚郭。

2. 襄陵县

宋襄陵县。金仍旧。治今山西襄汾县西北31里襄陵镇⑥。

3. 洪洞县

宋洪洞县。金仍旧。治今山西洪洞县。

4. 赵城县

宋赵城县,即县置庆祚军(县级)。金仍为赵城县,废军。贞祐三年,割隶

---

① 平阳失守,应在兴定二年十月。《金史》卷15《宣宗纪中》、卷122《忠义二·从坦传》皆系于该年十月癸丑。又按《金史·地理志》:"兴定二年十二月,以残破,降(平阳)为散府。"此时平阳已失陷,金徙河东南路总管府于晋安府,而遥降平阳为散府,仍俟收复。
② 《金史》卷118《胡天作传》;《元史》卷193《忠义一·李伯温传》。
③ 《金史》卷16《宣宗纪下》:兴定五年五月壬寅,"陕西元帅完颜赛不遣使来献晋安、平阳之捷"。同书卷113《完颜赛不传》:"(兴定)五年五月,奉诏引兵救河东,战屡捷,复晋安、平阳二城。"知平阳、晋安皆为当年战事中甫陷蒙而复为金所得。
④ 《金史》卷118《胡天作传》。
⑤ 《金史》卷111《纥石烈牙吾塔传》、《元史》卷193《忠义一·李伯温传附子守忠》,皆载该年金军复平阳,后者且旦言事在四月。然皆未提到其后不久蒙军复陷之。据《金史》卷17《哀宗纪上》,"(正大四年)二月,蒲阿、牙吾塔复平阳。……三月……大元兵复下平阳。"《元史·李守忠传》载金军复平阳之事甚详,相较之下更为可信,故《金史·哀宗纪上》谓金复平阳在二月,三月又复陷于蒙,时间上是有问题的。然而后者所载该年金得平阳而复失之事,则应无可疑。又,《元史》卷193《忠义一·攸哈剌拔都传》载:"丁亥五月,奸人夜献太原东门于武仙,仙引военныe人,哈剌拔都鏖战。仙兵大至,诸将自城外呼曰:'攸哈剌拔都,汝当出!'哈剌拔都曰:'真定史天倪,平阳李守忠,隰州田雄,皆失守矣,我又弃太原,将何面目见主上及国王乎!家属任公等所俘,哈剌拔都誓与城同存亡。'"由此记载可知,金于平阳失陷后五年再次夺城,是武仙叛蒙后集结金在河北的力量转入河东作大范围的反攻的一部分;又可知,该年失平阳后,直至五月,蒙军仍未夺回此城,再证《金史·哀宗纪上》所载,该年三月"大元兵复下平阳"之说有误。
⑥ 《嘉庆一统志》卷138《平阳府一》"古迹·襄陵故城"条:"(宋)又移治晋桥,即今治。"金襄陵,即清襄陵。至1954年,襄陵、汾城二县合并,襄陵旧治遂为镇。

霍州。治今山西洪洞县北 28 里赵城镇①。

5. 霍邑县

宋霍邑县。金仍旧。贞祐三年升置霍州。治今山西霍州市。

6. 汾西县

宋汾西县。金仍旧。贞祐三年,割隶霍州。治今山西汾西县。

7. 岳阳县

宋岳阳县。金仍旧。治今山西古县东北 4 里岳阳镇②。

8. 浮山县

宋神山县。金初仍旧。大定七年,更县名为浮山。兴定四年,复更名为忠孝。治今山西浮山县。

9. 和川县

宋和川县。金仍旧。治今山西安泽县北 27 里和川镇③。

10. 冀氏县

宋冀氏县。金仍旧。治今山西安泽县东南 27 里冀氏镇④。

隰州

宋隰州,团练。金天会五年克之⑤,降刺史州。天会七年改名南隰州⑥,隶河东南路,为平阳府支郡。天德三年仍为隰州。泰和八年为上等刺史州。贞祐二年,蒙军陷隰州,旋弃去。兴定元年、二年、三年,皆陷而弃之⑦。兴定

---

① 《元丰九域志》卷 4《河东路》"晋州·赵城县"条:"在州北八十五里。"
② 《元丰九域志》卷 4《河东路》"晋州·岳阳县"条:"州东北九十五里。"《嘉庆一统志》卷 138《平阳府一》"古迹·岳阳故城"条:"在今岳阳县东。"按其体例,应是清代岳阳县略东之处。清岳阳治所同今。
③ 《嘉庆一统志》卷 138《平阳府一》"古迹·和川故城"条:"在岳阳县东北九十里……今为和川镇。"
④ 《嘉庆一统志》卷 138《平阳府一》"古迹·冀氏故城"条:"在岳阳县东南一百二十里……今名冀氏镇。"
⑤ 《金史·太宗纪》:天会五年五月,"娄室降解、绛、慈、隰、石、河中、岢岚、宁化、保德、火山诸城"。
⑥ 改名事《金史》系于天会六年。然疑其有误。如河中降府为州,《金史·地理志》系于天会六年,而据《会编》卷 132《炎兴下帙三十二》,建炎三年闰八月二十四日条引《金房节要》:"枢密院:河间府为河北东路,真定府为河北西路,平阳府为河东南路,太原府为河东北路。去中山、庆源、信德、河中府名,复旧州名。"按《会编》所引中山、庆源、信德等府,同时降为州,皆在天会七年(即建炎三年),《金史·地理志》亦皆系于天会七年,河中亦不当例外。又,如沁州,本宋威胜军,据《金史·地理志》,天会六年升沁州。然据《会编》卷 132《炎兴下帙三十二》,建炎三年闰八月二十四日条,升州实在天会七年。颇疑《金史·地理志》本卷关于"天会六年"众多州、军的调整,如河中府、隆德府降为州,威胜军升为州,辽、泽州之改名,皆应系于天会七年。下文依此,不赘。
⑦ 《金史》卷 15《宣宗纪中》,兴定元年九月辛卯,"大元兵徇隰州及汾西县"。同卷兴定二年八月戊辰,"大元兵收隰州"。又见《元史》卷 150《石抹也先传》、卷 151《石抹孛迭儿传》。兴定三年,蒙军再下河东平阳、河中、岢岚、绛、石、隰、吉、廓等八十余城,此见《元史》卷 147《史天祥传》。《遗山先生文集》卷 29《信武曹君(元)阡表》亦载:"兴定己卯秋八月二十四日,将适终阳,遘疾终于途,春秋四十四。……君殁之两月,(隰)州乃陷。"则隰州于兴定三年十月再次沦陷。

四年,隶胡天作平阳公府①。同年再陷蒙②。兴定五年,金收复之,旋复陷③。正大四年,金又复之,然同年隰州终陷蒙④。治今山西隰县。

天会五年,辖县五:隰川、蒲、大宁、永和、石楼县。泰和八年同。兴定五年,置仵城县。同年割蒲、大宁二县置蒲州。

1. 隰川县

宋隰川县。金仍旧。倚郭。

2. 蒲县

宋蒲县。金仍旧。兴定五年升为蒲州。治今山西蒲县。

3. 大宁县

宋大宁县。金仍旧。兴定五年,改隶蒲州。治今山西大宁县。

4. 永和县

宋永和县。金仍旧。治今山西永和县。

5. 石楼县

宋石楼县。金仍旧。治今山西石楼县。

(后置)仵城县

兴定五年置。治今山西隰县西南45里午城镇。

吉州

宋慈州,团练。金天会五年克之⑤,降刺史。七年,隶河东南路,为平阳府支郡。天德三年更为耿州。明昌元年复更为吉州。泰和八年为下等刺史州。贞祐二年,蒙军陷吉州,旋弃去。兴定二年、三年,复两次陷蒙而后复⑥。兴定

---

① 《金史》卷118《胡天作传》。
② 《元史》卷193《攸哈剌拔都传》:"庚辰二月……木华黎由葭州渡河西行,哈剌拔都迎之,道破隰州及悬窑、地洞诸寨。"
③ 《元史》卷119《木华黎传》:"(辛巳)冬十月……金兵大败,斩七千级,获马八百。合达走保延安。围之,旬日不下,乃南徇洛川,克鄜州。……闻金复取隰州,以轩成为经略使,于是复由丹州渡河围隰,克之,留合卫统蒙古军镇石、隰间,以田雄权元帅府事。"则兴定五年金将轩成曾据隰州而后为蒙军所逐。又据《木华黎传》,壬午年十月,"以(石)天应权河东南北路陕右关西行台,平阳李守忠、太原攸哈剌拔都、隰州田雄,并受节制"。蒙军仍稳据隰州也。
④ 《元史》卷193《攸哈剌拔都传》:"丁亥五月,奸人夜献太原东门于武仙。……哈剌拔都曰:以'真定史天倪,平阳李守忠,隰州田雄,皆失守矣,我又弃太原,将何面目见主上及国王乎!'"然则隰州复陷蒙,则未见其时,亦当与平阳府之失同年而稍后。
⑤ 《会编》卷111《炎兴下帙十一》:建炎元年七月七日,"金人陷慈州,即时抚谕而去"。金人虽"去",然慈州却未再为宋所有。又,《金史》卷3《太宗纪》则系于天会五年五月。
⑥ 《元史》卷150《石抹也先传附子查剌》:"戊寅,从木华黎攻平阳、太原、隰、吉、岢岚、关西诸郡,下之。"按该年平阳、太原皆曾被蒙军攻陷,则隰州亦曾于该年陷蒙,应当可信。又据《元史》卷1《太祖纪》,太祖十四年(金兴定三年)秋,"木华黎克岢岚、吉、隰等州,进攻绛州,拔其城"。则吉州于兴定三年复陷蒙。

四年,为平阳公府辖域①。元光元年终陷蒙②。治今山西吉县。

辖县二:吉乡、乡宁县。泰和八年同。

1. 吉乡县

宋吉乡县。金倚之。倚郭。

2. 乡宁县

天会中置③。治今山西乡宁县。

(后置)霍州

贞祐三年以平阳府霍邑县升置。兴定元年升为镇定军节度,旋复为刺郡④。兴定二年,陷蒙⑤,旋复。兴定四年复陷⑥。元光二年收复,同年终陷蒙⑦。治

---

① 《金史》卷118《胡天作传》。
② 《金史》卷16《宣宗纪下》:元光元年五月,"大元兵屯隰、吉、翼等州"。同书卷112《完颜合达传》:"(元光元年)五月,上言:'顷河中安抚司报,北将按察儿率兵入隰、吉、翼州。'"与平阳之沦陷差相同时,吉州亦陷蒙矣。
③ 《金史·地理志》不载置县年份。按宋慈州原有乡宁县,熙宁中省。既有此建置传统,乡宁或即金天会五年初克慈州之时所复置。
④ 《金史·地理志》载:"兴定元年七月升为节镇,军曰镇定。"未载其后仍降为刺史之事。按《金史》卷122《忠义二·移剌阿里合传》:"兴定间累迁霍州刺史。兴定四年正月,移霍州治好义堡。大元兵至,阿里合力战不能敌,兵败被执。"同书卷16《宣宗纪下》:兴定四年春正月丁酉,"大元兵下好义堡,霍州刺史移剌阿里合等死之"。则兴定中霍州以刺史为长,却未见"镇定军节度使"之载,可知霍州复降为刺郡。
⑤ 贞祐四年,蒙军曾"略霍、吉、隰三州"(《金史》卷108《胥鼎传》,该年正月),然应是掠其郊野及属县耳,州治应未下。《金史》卷14《宣宗纪上》:贞祐四年二月己亥,"大元兵攻下霍山诸隘"。亦指此事也。至兴定二年,蒙军"自西京由大和岭入河东,攻太原、忻、代、泽、潞、汾、霍等州,悉降之,下平阳"(《元史》卷119《木华黎传》),此霍州升置以来首次陷蒙。
⑥ 《金史》卷16《宣宗纪下》:兴定四年春正月"丁酉,大元兵下好义堡,霍州刺史移剌阿里合等死之"。
⑦ 《金史》卷16《宣宗纪下》:元光二年"夏四月癸酉朔,复霍州汾西县。……乙卯,权平阳公史咏复霍州及洪洞县"。然此后便不知霍州之下落。按元光元年蒙军攻陷平阳,俘金平阳公胡天作之后,金以史咏"权平阳公",翌年春,金结集力量,以史咏为首,试图收复平阳及周边地区。是时,晋阳公郭文振受命"应援史咏复河东"(同书卷118《郭文振传》);上党公张开亦遣禹显"扼龙猪谷,夹攻败之,擒元帅韩光国,获辎重甲仗甚众,追至祁县而还,所历州县悉复之"(卷123《忠义三·禹显传》);又,河中行省完颜伯嘉亦"率陕西精锐与平阳公史咏共复河东"(卷100《完颜伯嘉传》)。收复霍州,是当年反攻的重要成果之一。不过,据卷122《忠义二·王佐传》载:"元光二年七月,因(蒙军元帅崔)环出猎杀之,率军民数万请命,加龙虎卫上将军、元帅右监军、兼知平阳府事。佐与平阳公史咏素不协,请徙沁州玉女寨,诏从之,仍令听上党公完颜开节制。是岁七月,救襄垣,中流矢卒。"王佐乃是胡天作旧部、降霍州后守霍州者。据此文所载,霍州降金、王佐徙沁及战死襄垣,皆在该年七月,显有误。霍州之降,应早于七月。并且,王佐以霍州降金,正是《宣宗纪下》提及的"史咏复霍州"之事。又《王佐传》于行文中为霍州此后的去向埋下伏笔——佐率军徙沁州玉女寨,显然是放弃了霍州,以避开据有汾州、可轻易出兵攻击霍州的蒙古力量。另外,卷118《胡天作传》载:"(元光元年胡)天作死后,宣宗以同知平阳府事史咏权行平阳公府事,后封平阳公。……未几,咏乞内徙,徙其军于解州、河中府",《宣宗纪》》系其事于元光二年五月甲子,迟于郭文振誓师怀、孟三日。于是知该年春史咏主持的反攻并无明显的效果,收复了某些地区,但因实力大大受损且无法固守新复之地,以至于较反攻前大幅南退,不敢撄蒙军之锋。根据这种形势,关于霍州,更可作此推断:在收复以后不久,金即放弃了霍州。

今山西霍州市①。

贞祐三年，辖县四：霍邑、赵城、汾西、灵石县。四年，复以灵石还汾州。霍州辖县三。

(后置)蒲州

兴定五年，升隰州蒲县置蒲州，刺史，仍为平阳府支郡。元光元年陷蒙②。治今山西蒲县。

辖县二：蒲、大宁县。

河中府

宋河中府，护国军节度，属永兴军路。金天会六年克之③。次年降为蒲州，防御，划入河东南路。天德元年，仍升为河中府，护国军节度。贞元二年(1154)，陕西统军使由京兆府徙河中府，正隆六年(1161)罢④。大定五年，置陕西元帅府于河中，七年罢元帅府⑤。泰和六年置陕西安抚司于此⑥。八年为上等散府。兴定三年陷蒙⑦，旋弃去。元光元年复陷蒙，旋复⑧。二年，再

---

① 按上引《金史》卷122《忠义二·移剌阿里合传》，兴定四年避兵锋迁好义堡而旋陷蒙。入蒙后仍治于原霍州城。
② 《金史》卷122《忠义二·王佐传》："兴定中聚兵数千人，权领霍州事。平阳胡天作承制加忠勇校尉，赵城丞，迁霍邑令，同知蒲州军事、权招抚副使、蒲州经略使。诏迁宣武将军，遥授宝昌军节度副使。大元兵取青龙堡，佐被获。"取青龙堡在克平阳府前后，即元光元年也。则蒲州已于此前陷落，故王佐避于青龙堡。
③ 金军先曾于天会五年五月克河中，见《会编》卷104《炎兴下帙四》，建炎元年五月十六日。后弃去。至天会六年二月，再次攻克而据有之，见《金史》卷3《太宗纪》，天会六年二月。
④ 《金史》卷87《徒单合喜传》："天德二年，为元帅左都监，陕西统军使。贞元二年，以本官兼河中尹。正隆六年，为西蜀道兵马都统。"
⑤ 《金史》卷《地理志下》"河东南路·河中府"条："大定五年置陕西元帅府。"同书卷87《徒单合喜传》亦提到，"（大定）五年，置陕西路统军使，兼京兆尹。元帅府移治河中府。卷6《世宗纪上》系其事于大定五年七月。罢元帅府之时，上引数处皆未提及，应在七年合喜"入为枢密副使"之时。
⑥ 《金史》卷99《徒单镒传》。"(泰和)六年，徙知河中府，兼陕西安抚使。"
⑦ 《元史》卷151《石抹孛迭儿传》谓蒙军陷河中在兴定二年。然据同书147《史天祥传》，在兴定三年。又《金史》卷15《宣宗纪上》：兴定二年十二月己亥朔，"以御史中丞完颜伯嘉权参知政事、元帅左监军，行河中府尚书省、元帅府，控制河东南、北路便宜从事"；三年三月丁未，"谕枢密院议晋安、东平、河中诸郡备兵之策"；八月戊辰，"遣礼部尚书杨云翼祭社稷，翰林侍读学士赵秉文祭后土于河中府"；九月庚戌，"命行省胥鼎领兵赴河中"。此后至元光元年，则无音讯。以上数条记载，皆是兴定三年以前金据有河中的表现。直至胥鼎救河中，大约未能成功，致其陷蒙。此足证河中之首次陷落，必在兴定三年九月之后。
⑧ 元光元年金、蒙对河中府的激烈争夺，其过程于诸处记载中颇显含混，需作一整理。据《元史》卷119《木华黎传》："(壬午)冬十月，过晋至绛，拔荣州胡瓶堡，所至望风归附。河中久为金有，至是复来归。……乃以天应权河东南北路陕右关西行台，平阳李守忠、太原攸哈剌拔都、隰州田雄，并受节制。"由"河中久为金守"之说，可知兴定三年蒙军陷河中之后，弃而不守，故又为金军所（转下页）

陷蒙,不久又夺还,且置行省于河中,旋罢行省而置元帅府①。正大八年终陷蒙②。治今山西永济市西南23里蒲州镇③。

天会七年,统县七：河东、荣河、虞乡、万泉、临晋、河津、猗氏县。泰和八年同。贞祐三年,升荣河县置荣州,并割河津、万泉县隶之。

1. 河东县

宋河东县。金仍旧。倚郭。

2. 荣河县

宋荣河县,并置庆成军(县级)于县。金废庆成军,仍为荣河县。贞祐三年升置荣州。治今山西万荣县西57里荣河镇④。

3. 虞乡县

宋虞乡县。金仍旧。治今山西永济市东32里虞乡镇⑤。

4. 万泉县

宋万泉县。金仍旧。贞祐三年,割隶荣州。治今山西万荣县西南16里万

(接上页)据。而元光元年十月河中"复来归",应即《金史》卷16《宣宗纪下》所载元光元年十月壬午"河中府万户孙仲威执其安抚使阿不罕胡鲁剌据城叛"之事。《元史》卷1《太祖纪》亦载："冬十月,金河中府来附,以石天应为兵马都元帅守之。"显然,仲威叛后,即刻送款蒙古矣。然据《金纪》,石天应尚未抵达,仲威已为"金陕西行省遣将讨平"。此后,据《金史》卷122《忠义二·侯小叔传》载："(元光元年)小叔尽护农民入城,以家财赏战士。河中围解,迁治中,安抚如故。……十二月,诏权元帅右都监,便宜从事。……顷之,枢密院遣都监论议与小叔议兵事,小叔出城与议论会,石天应乘之取河中府,作浮桥通陕西。小叔驻乐于李山寨,众兵毕会,夜半坎城以登……天应……死于双门门。小叔烧绝浮桥,抚定其众。"知十月之后,石天应曾围攻河中,不克,仍屯军于近处。至十二月袭占河中。不久,侯小叔复偷城得手,袭杀石天应而再据此城。据《金史》卷16《宣宗纪下》,元光二年正月乙巳,"大元兵下河中府,权元帅右都监侯小叔复之"。小叔得城之时,在元光十二月底,金廷得讯,则在二年正月初。而《元史》卷149《石天应传》系天应之死于元年九月,显误。

① 据《金史》卷122《忠义二·侯小叔传》,元光二年正月,"大元军骑十万围河中",城遂破,小叔战死。《金史》卷16《宣宗纪下》：同年四月甲子,"以完颜伯嘉权参知政事,行尚书省于河中府"；五月丙午,金"复河中府及荣州"；六月甲午,"诏罢河中行省,置元帅府"。其间,又"徙权平阳公史咏兵于解州、河中府"(五月甲子),由平阳一带将实力后撤,充实河中的防守。
② 元光二年收复之后,"河中今为无人之境"(《金史》卷109《陈规传》),然此后八年之中,河中防御甚严,直至正大八年,窝阔台亲自率师围攻,"(太宗三年)十二月乙未,拔之"(《元史》卷2《太宗纪》,又见《金史》卷111《内族讹可传》)。
③ 《纪要》卷41《山西三》"平阳府·河东废县"条："今州治。……唐武德……三年,还治河东。自是常为州郡治。……明初,省县入州。"金河中府、河东县治所,即明清蒲州、蒲州府治所。至1958年废县,其地降为蒲州镇。
④ 《纪要》卷41《山西三》"平阳府·荣河县"条："在(蒲)州北百二十里。东北至河津县九十里,西至陕西韩城县三十里,东南至临晋县六十里。"金荣河,与明、清荣河同治。其县于1954年方并入万荣县,原治在降为镇。
⑤ 《嘉庆一统志》卷140《蒲州府一》"建置沿革·虞乡县"条："在府东六十里。"即今虞乡镇治所在。

泉乡①。

5. 临晋县

宋临晋县。金仍旧。治今山西临猗县西南42里临晋镇②。

6. 河津县

宋河津县③。金仍旧。贞祐三年，割隶荣州。治今山西河津市。

7. 猗氏县

宋猗氏县。金仍旧。治今山西临猗县。

(后置)荣州

贞祐三年，升河中府荣河县置荣州，刺史，仍为河中府支郡。元光元年陷蒙。元光二年复④。正大八年终陷蒙⑤。治今山西万荣县西南57里荣河镇。

辖县三：荣河、河津、万泉县。

绛州

宋绛州，防御。天会六年克之⑥，次年升置绛阳军节度，隶河东南路。泰和八年，为上等节度州。贞祐二年陷蒙⑦，旋复⑧。兴定二年，升晋安府，徙河

---

① 《嘉庆一统志》卷140《蒲州府一》"建置沿革·万泉县"条："在府东北一百六十里。"即今蒲州镇东北145里、万荣县万泉乡治所在也。
② 《嘉庆一统志》卷140《蒲州府一》"建置沿革·临晋县"条："在府东北七十里。"即今蒲州镇东北70里、临猗县临晋镇治所在也。
③ 《宋史》卷87《地理志三》载河中府有龙门而无河津。然据《宋会要辑稿》方域6之16，"绍兴元年四月八日，通判建昌军庄绰言：'窃见大观中忌讳日广，君、主、龙、天、万年、万寿之类，县邑称呼名字例皆改易……欲乞应缘避前项众字所更县邑乡村寺院等名，并令如故。'进奏院供到元避字去处，海州龙苴巡检等处，诏并令改正，更有似比去处，令所属申尚书省。进奏院状：……河中府龙门县改为河津县。"改龙门为河津，乃大观间事。金得其地，仍名河津。宋绍兴元年，金天会九年也，其地在金，而宋遥改之。
④ 《金史》卷112《完颜合达传》："(元光)五月，(合达)上言：'顷河中安抚司报，北将按察儿率兵入隰、吉、翼州，浸及荣、解之境。'"同书卷16《宣宗纪下》：元光元年十月乙未，"大元兵下荣州之胡壁堡及临晋"。荣州应陷于其间。至次年五月丙午，方"复河中府及荣州"。
⑤ 荣州之陷，诸史无载。按其南之河中陷于正大八年，其东解州亦同陷于正大八年。故推知。
⑥ 《会编》卷117《炎兴下帙十七》：建炎二年五月二十一日，"金人陷绛州"。
⑦ 据《遗山先生文集》卷19《内翰冯公(璧)神道碑铭》、卷34《东平贾氏千秋录后记》，早在大安三年，蒙军曾攻绛州，河中守贾益谦发兵救之，得免。至"贞祐之乱明年，绛城失守"(段成己：《绛阳军节度使靳公(和)神道碑》，《全辽金文》，第3567页)。
⑧ 至贞祐三年，金"绛、解二州，仅能城守，村落之民皆尝被兵"(《金史》卷122《忠义二·从坦传》)。虽"仅能城守"，但毕竟已收复矣。

东南路总管府治此①。同年又陷蒙,又复②。兴定三年再陷③,又复。四年,隶平阳公府④。同年复陷蒙⑤。五年,再复⑥。元光元年陷蒙⑦。正大三年复⑧。四年,终陷蒙⑨。治今山西新绛县。

天会七年,统支郡一:解州。辖县七:正平、曲沃、稷山、翼城、太平、垣曲、绛县。泰和八年仍同。贞祐三年,解州升节度,绛州遂无支郡。兴定四年,升翼城县置翼州,并割垣曲、绛县隶之,以翼州为晋安支郡。又置平水县,隶晋安府。

1. 正平县

宋正平县。金仍旧。倚郭。

2. 曲沃县

宋曲沃县。金仍旧。治今山西曲沃县。

3. 稷山县

宋稷山县。金仍旧。治今山西稷山县。

4. 翼城县

宋翼城县。金仍旧。兴定四年升置翼州。治今山西翼城县。

5. 太平县

宋太平县。金仍旧。治今山西襄汾县西南32里汾城镇⑩。

6. 垣曲县

宋垣曲县。金仍旧。兴定四年割隶翼州。治今山西垣曲县东南60里古

---

① 《金史》卷15《宣宗纪中》,兴定二年十二月己亥朔,"升绛州为晋安府、总管河东南路兵,降平阳为散府"。
② 《元史》卷151《石抹孛迭儿传》:"戊寅,从定太原、忻、代、平阳、吉、隰、岢岚、汾、石、绛州……"《金史》卷15《宣宗纪中》:兴定二年十月己酉,"大元兵徇绛、潞"。卷123《忠义三·陀满胡土门传》:"(兴定二年十月,)晋安失守,死者几百万人,遂失河东。"
③ 《元史》卷1《太祖纪》:太祖十四年"秋,木华黎克岢岚、吉、隰等州,进攻绛州,拔其城,屠之"。亦见同书119《木华黎传》。《金史》卷15《宣宗纪中》系于该年十二月戊午;卷122《忠义二·粘割贞传》载于同年十一月。
④ 《金史》卷118《胡天作传》。
⑤ 《遗山先生文集》卷35《朝元观记》:"国兵以庚辰冬攻破绛阳及解梁属邑。"
⑥ 《金史》卷16《宣宗纪下》:兴定五年五月壬寅,"陕西元帅完颜赛不遣使来献晋安、平阳之捷"。同书卷114《完颜赛不传》:"(兴定)五年五月,奉诏引兵救河东,战屡捷,复晋安、平阳二城。"
⑦ 《金史》卷16《宣宗纪下》:元光元年七月庚戌,"大元将按察儿以其众屯晋安、冀州之境"。又《元史》卷149《刘伯林传附子黑马》:"癸未,从国王木华黎攻凤翔,不克,回屯绛州。"知元光二年绛州仍为蒙军据有。
⑧ 《金史》卷17《哀宗纪上》:正大三年八月,"移剌蒲阿复曲沃及晋安"。《元史》卷150《刘亨安传》:"丙戌岁,金将移剌副枢复绛州,城陷,死之。"
⑨ 收复之后,晋安即无闻矣。按《金史》卷17《哀宗纪上》,正大三年八月移剌蒲阿收复晋安之后,次年二月,又复平阳。然至三月,平阳复为蒙军所夺。绛州亦应于正大四年复陷蒙。
⑩ 《纪要》卷41《山西三》"平阳府·太平县"条:"在府西南九十里。东至翼城县百十里,东南至曲沃县八十里,南至绛州五十五里。"1914年改太平县为汾城县,建国后其境并入襄陵县,治所省为镇。

城镇①。

7. 绛县

宋绛县。金仍旧。兴定四年割隶翼州。治今山西绛县。

(后置)平水县

兴定四年七月置。治今山西襄汾县南贾镇一带②。

解州

宋解州,防御,隶永兴军路。天会五年克之③,升解梁军节度。天会七年隶河东南路。旋废为刺史,为绛州支郡④。泰和八年为上等刺史州。贞祐三年升为宝昌军节度,后改军额为兴宝⑤。兴定四年陷蒙,于平陆县复建州事。正大八年终陷蒙⑥。先治解县,即今山西运城市西南35里解州镇。兴定四年

---

① 《纪要》卷41《山西三》"平阳府·垣曲县"条:"(绛)州东南二百三十里。西南至解州平陆县百八十里,东至河南济源县百七十里,南至河南渑池县一百二十里。"即在今垣曲县古城镇地。按垣曲县至民国仍治于今古城镇。1959年方徙。

② 按《金史·地理志》:平水县,"兴定四年七月徙置汾河之西,从平阳公胡天作之请也"。则原有平水县,兴定四年为徙治耳。然《金史》卷118《胡天作传》则称:"天作请以晋安府之翼城县为翼州,以垣曲、绛县隶焉。置平水军于汾河之西,朝廷皆从之。"若此,则县为兴定四年新置。按平水未见史载,显是新置,应以《胡天作传》为准。其址无考。按其地当在金绛州之境、汾水之西,与平阳府之"平山"、"平水"无关。汾水经绛州处,流向为北—南方向,为正平县城以北河段,若选其交通便利,又距太平、正平等县有一定距离处,则应在今南贾镇附近。

③ 《金史》卷3《太宗纪》,天会五年五月。

④ 按《金史·地理志》:解州,"宋庆成军防御,国初置解梁郡军,后废为刺郡。贞祐三年复升为节镇"。称"解梁郡、军",即是升节度之意,郡名、军额皆"解梁"。而贞祐三年"复升"节镇,更证明金初攻克解州之后曾升置节度。据《金史》卷89《苏保衡传》:"调解州军事判官。左监军撒离喝驻军陕西,辟幕府,参议军事,累官同知兴中尹。天德间,缮治中都"。检同书卷4《熙宗纪》天眷三年五月丙子条,及卷77《宗弼传》、卷84《杲(撒离喝)传》,撒离喝任右监军。故《苏保衡传》所载"左监军",为"右监军"之误,任职之始,在天会十四年。则解州降刺史州,亦应在天会中。其为"解梁军节度"不过数年。

⑤ 《金史·地理志》:解州"贞祐三年复升为节镇,军名宝昌"。《金史》卷122《忠义二·从坦传》等亦载有"宝昌军节度"。不过,据同书卷18《哀宗纪下》,天兴元年十一月丙寅,"河、解元帅权兴宝军节度使赵伟袭据陕州以叛"。卷116《徒单兀典传》亦载赵伟是"兴宝军节度使"。据赵伟任职"河、解元帅",且于该年试图收复解州来看,此"兴宝军节度"者,应即指解州。"宝昌"、"兴宝"之"宝",皆指解池之盐也。此是金西境重要的财源,至金末,仍"惟令宝昌军节度使从宜规画盐池之利,以实二州"(《金史·从坦传》)。

⑥ 早在贞祐三年,解州即已受蒙军攻击,"绛、解二州,仅能城守,村落之民皆尝被兵"(《金史》卷122《忠义二·从坦传》)。然州城仍能坚守。又据《遗山先生文集》卷35《朝元观记》:"国兵以庚辰冬攻破绛阳及解梁属邑。"其实不仅解州属县于兴定四年冬陷蒙,而州治所在解县亦陷,故该年徙治于平陆县(《金史·地理志》)。至元光元年,"北将按察儿率兵入隰、吉、翼州,浸及荣、解之境"(《金史》卷112《完颜合达传》),蒙军兵锋一度又逼近解州(平陆)。不过,次年因平阳陷蒙、平阳公府残余力量退守解州(《金史》卷118《张开传》、《胡天作传》),强化了该州的守御力量。其后解州虽无音讯,但据天兴元年河、解元帅赵伟"攻解州不能下"(《金史》卷116《徒单兀典传》)之记载,解州陷蒙,应是不久前之事,金蒙战线尚在解州南、陕州北,金本以为收复解州尚有望也。推测解州(平陆)陷蒙,应与正大八年蒙军攻陷河中差相同时。

徙治平陆县,即今山西平陆县西南18里张村镇老城村①。

天会五年,辖县六:解、平陆、芮城、夏、安邑、闻喜县。泰和八年同。

1. 解县

宋解县。金仍旧。倚郭,治今山西运城市西南解州镇。

2. 平陆县

宋平陆县,隶陕州。金天会五年克之,改隶解州②。兴定四年后为倚郭,治今山西平陆县西南张村镇老城村。

3. 芮城县

宋芮城县,隶陕州。金天会五年克之,改隶解州。治今山西芮城县。

4. 夏县

宋夏县,隶陕州。金天会五年克之,改隶解州。治今山西夏县。

5. 安邑县

宋安邑县。金仍旧。治今山西运城市西北郊安邑街道。

6. 闻喜县

宋闻喜县。金仍旧。治今山西闻喜县。

潞州

宋隆德府,昭德军节度。金天会四年克之③。七年,降为潞州,改军额为昭义④,隶河东南路。泰和八年为上等节度州。贞祐二年蒙军首次陷潞州,旋弃去。兴定二年,蒙军再下潞州⑤,复弃去。兴定四年,入上党公封域⑥。兴

---

① 《金史·地理志》:"兴定四年徙治平陆县。"按金至民国,平陆治今老城村,1959年没于三门峡水库。
② 按金于天会五、六年两次攻克陕州,皆在夺得之后不久复失,直至天会八年终得陕州,同年割其地与齐。然陕州地跨黄河两岸,其在黄河北岸的平陆、芮城、夏三县,大约在天会六年后仍为金所据,并转隶北邻之解州。此后金齐以河为界,此三县仍属解州而为金之境土。
③ 按《会编》卷40《靖康中帙十五》,靖康元年二月二十一日,金军首次克隆德府。同书卷44,三月二十四日,宋将姚古复之。卷58《靖康中帙三十三》,同年十月十七日,金军再陷隆德府。
④ 按《会编》卷132《炎兴下帙三十二》,建炎三年闰八月二十四日条引《金虏节要》:"枢密院:……去中山、庆源、信德、河中府名,复旧州名。"即天会七年曾有降府为州的政区调整之举。然上举名录中并无隆德府,或漏载也。按《金史·地理志》:"宋隆德府上党郡昭德军节度使。天会六年,节度使兼潞南辽沁观察处置使。"按改辽南为南辽南在天会七年,故《金志》必然误"七年"为"六年"。且"天会六年"以后十余字,颇令人疑惑。因节度兼观察处置使,乃节镇一支郡体系应有之义,本不必强调。此处特别提及者,或隐含以下信息:其一,明确指出昭义镇范围;其二,降府为节镇在该年;其三,去宋制而复用唐制,复以"昭义"为军额亦在天会七年。
⑤ 《元史》卷119《木华黎传》。《金史》卷15《宣宗纪中》:兴定二年十一月甲申,"大元兵收潞州,元帅右监军纳合蒲刺都、参议官修起居注王良臣死之"。又《元史》卷149《刘伯林传》谓,兴定三年蒙军又破潞州,未见他处记载,疑是兴定二年事之误载。
⑥ 《金史》卷118《张开传》。

定五年复陷蒙①。正大元年,金复之②。四年又陷蒙③。六年,复之。七年终陷蒙④。治今山西长治市。

天会七年,统支郡二:南辽州、沁州。辖县八:上党、壶关、屯留、长子、潞城、襄垣、黎城、涉县。天德三年,复改南辽州为辽州。泰和八年统支郡二:辽州、沁州。辖县同天会七年。贞祐三年,升涉县置崇州,并割黎城县隶之,崇州仍为潞州之支郡。四年,崇州废,两县仍来隶潞州。同年泽州来隶。兴定五年,复以涉、黎城二县置崇州。元光二年,置縠州,为潞之支郡。

1. 上党县

宋上党县。金仍旧。倚郭。

2. 壶关县

宋壶关县。金仍旧。治今山西壶关县。

3. 屯留县

宋屯留县。金仍旧。治今山西屯留县。

4. 长子县

宋长子县。金仍旧。治今山西长子县。

5. 潞城县

宋潞城县。金仍旧。治今山西潞城市。

---

① 《遗山先生文集》卷29《故帅阁侯(珍)墓表》:"壬午三月,东平行台严公偕国兵略地上党,公选懦不能军,乘夜溃围而遁。载之醉不及从。明日,父老请载之主州事,遂以城降。"按《元史》卷147《史天倪传》:"辛巳,金怀州元帅王荣、潞州元帅裴守谦、泽州太守王珍皆以城降。"潞州既与怀、泽同降,则当在辛巳(兴定五年)。《阁侯墓表》系于壬午(元光元年),应是误载。
② 《金史》卷17《哀宗纪上》:正大元年九月,"枢密判官移剌蒲阿复泽、潞"。
③ 史不载正大元年之后潞州再次陷蒙之时。按正大三年,金军曾由移剌蒲阿主持,发起一轮反攻,先下晋安府,次年二月,又复平阳。此次进击,即以泽、潞等州为基地。然次月,平阳复为蒙军所陷。随着蒙军攻势的推进,泽、潞应同失于正大四年。
④ 《金史》卷17《哀宗纪上》:正大六年"八月,移剌蒲阿再复泽、潞";卷112《移剌蒲阿传》:"(正大六年)八月丙申,蒲阿再复潞州。"《元史》卷119《木华黎传附孙塔思》:"庚寅秋九月,叛将武仙围潞州,太宗命塔思救之……是夜五鼓,金将移剌瓦来袭,我帅与战不利,退守沁南。贼还攻潞州,城陷,主将任务死之。冬十月,帝亲征,遣万户因只吉台与塔思复取潞州,仙夜遁。"庚寅岁,金正大七年。《元史》卷193《忠义一·任志传》亦系金复潞州于庚寅。除却收复潞州的金将是武仙还是移剌蒲阿的问题,关于金军收复潞州的时间,金、元二《史》也有矛盾,一谓正大六年,一谓七年。而《元史》卷122《按扎尔传》更有相当混乱的记载:"岁庚寅,字鲁由云中围卫州,金将武仙恐,退保潞东十余里原上,字鲁驰至沁南,未立鼓,纥石烈引兵袭其后,字鲁战失利,辎重人口皆陷没。"参同书《塔思传》,知"卫州"应是"潞州"之误,字鲁两年前已死,应是其子"塔思"之误,地名、人名皆误矣。《金史·哀宗纪》载正大六、七年移剌蒲阿用兵之事次第甚明:正大六年八月蒲阿复泽、潞,"十月,移剌蒲阿东还",正大七年"十月,平章合达、副枢蒲阿引兵救卫州"。金得潞州,显然在正大六年。而蒙军收复潞州并进而围攻卫州,却应在正大七年,在合达、蒲阿由陕西引军来救掠前。《元史》塔思、任志两《传》皆误。而《按扎尔传》更误将正大七年史天泽等围攻卫州之事,与塔思正大六年围攻潞州之事相混矣。

6. 襄垣县

宋襄垣县。金仍旧。治今山西襄垣县。

7. 黎城县

宋黎城县。金仍旧。贞祐三年改隶崇州,四年复来隶。兴定五年复隶崇州。治今山西黎城县。

8. 涉县

宋涉县。金仍旧。贞祐三年升置崇州,四年复废为县。兴定五年复升置崇州。治今河北涉县。

辽州

宋辽州,天会四年克之①。七年改名南辽州,隶河东南路,为潞州支郡。天德三年仍名辽州。泰和八年,为中等刺史州。贞祐二年首次陷蒙,旋复。兴定二年复陷蒙②,旋又收复。兴定四年,入晋阳公封域③。元光二年陷蒙。治今山西左权县。

天会四年,辖县四:辽山、榆社、和顺、平城县。贞元二年废平城县。泰和八年,辖县三:辽山、榆社、和顺县。贞祐四年以旧平城县置仪城县。

1. 辽山县

宋辽山县。金仍旧。倚郭。

2. 榆社县

宋榆社县。金仍旧。治今山西榆社县。

3. 和顺县

宋和顺县。金仍旧。治今山西和顺县。

(废)平城县—(后置)仪城县

宋平城县。金初仍旧。贞元二年废。贞祐四年复置县,改名仪城县。治今山西和顺县西 80 里横岭镇仪城村④。

---

① 《金史》卷3《太宗纪》,天会四年十月。
② 《元史》卷151《石抹孛迭儿传》。
③ 《金史》卷118《郭文振传》:兴定四年,文振封晋阳公,"河东北路皆隶焉"。然其实又不仅限于"河东北路",还包括河东南路之辽州。文振在贞祐四年之前已为辽州刺史,兴定四年封公后,辽州仍为其有。《郭文振传》载,兴定五年"诏分辽、潞粟赈太原饥民,张开不与,文振奏其事",似乎辽州在张开辖下,但元光二年又有"辽州不能守,徙其(文振)军于孟州"之记载,则辽州原为文振公府所在。且同卷《张开传》中,所辖亦未有辽州,辽州当属文振。
④ 《纪要》卷43《山西五》"辽州·平城废县"条:"州西北七十里。"今仪城村,实在今左权县西北80里。

沁州

宋威胜军。天会四年克之①。七年，升沁州，隶河东南路，为潞州支郡。泰和八年，为中等刺史州。贞祐二年陷蒙，旋复。兴定二年陷蒙②，不久又复。兴定四年，入上党公封域③。元光二年，升为义胜军节度。正大六年，终陷蒙④。治今山西沁县。

天会四年，辖县四：铜鞮、武乡、沁源、绵上县。泰和八年辖县同。元光二年，升沁源县置毂州。

1. 铜鞮县

宋铜鞮县。金仍旧。倚郭。

2. 武乡县

宋武乡县。金仍旧。治今山西武乡县东南10里故县乡⑤。

3. 沁源县

宋沁源县。金仍旧。元光二年升置毂州。治今山西沁源县。

4. 绵上县

宋绵上县。金仍旧。治今山西沁源县西北55里郭道镇棉上村⑥。

(后置)崇州

贞祐三年以潞州涉县升置，为潞州支郡。四年仍废为县。兴定五年复升置崇州。元光二年陷蒙⑦。治今山西涉县。

辖县二：涉、黎城县。

(后置)毂州

元光二年以沁州沁源县升置。正大六年陷蒙⑧。治今山西沁源县。

---

① 据《会编》卷40《靖康中帙十五》，靖康元年二月，金军陷威胜军。据同书卷44，三月，宋将姚古复威胜军。据《宋史》卷23《钦宗纪》，靖康元年十月丙辰，金人再陷威胜军。
② 《元史》卷151《石抹孛迭儿传》。
③ 《金史》卷118《张开传》。
④ 《元史》卷151《杜丰传》："己丑，以本部取沁州，由是铜鞮、武乡、襄垣、绵上、沁源诸县皆下。"
⑤ 武乡向治今故县乡，至1947年方迁今治。
⑥ 《元丰九域志》卷4《河东路》"威胜军·绵上县"条："军西北一百里。"今测之，棉上实在宋威胜军(今沁县)西约八十里。今属沁源县。
⑦ 按《金史》卷118《郭文振传》，元光二年，文振不能守辽州，乃退军卫州。至此，崇州失北面辽州之遮蔽，同时其南潞州亦已陷于蒙军严实部，亦无从守御矣。故疑当失于元光二年。
⑧ 见上文沁州条注。

辖县一：沁源县。

怀州

宋怀州，防御，隶河北西路。天会四年克之①。七年，改名南怀州，并升为沁南军节度，隶河东南路。天眷三年宋复南怀州，同年仍为金有②。天德三年，复为怀州。泰和八年为上等节度州。贞祐二年，蒙军陷怀州③，旋弃去。兴定五年，怀州降蒙，旋又复④。正大二年，蒙军又克怀州而弃去⑤。天兴元年(1232)终陷蒙⑥。治今河南沁阳市。

天会七年，统支郡一：南泽州。辖县三：河内、修武、武陟县。天德三年，改南泽州为泽州。泰和八年，统支郡一：泽州。辖县同天会中。贞祐四年，泽州改隶潞州，怀州遂无支郡。

1. 河内县

宋河内县。金仍旧。倚郭。

2. 修武县

宋修武县。金仍旧。治今河南修武县。

3. 武陟县

宋武陟县。金仍旧。治今河南武陟县西南5里大虹桥乡老城村⑦。

---

① 《会编》卷61《靖康中帙三十六》，靖康元年十一月六日。
② 按《大金国志》卷11《纪年·熙宗孝成皇帝三》，天眷三年秋，岳飞曾遣梁兴渡河复怀、卫州，垣曲、王屋县。不久，飞率军南退，怀、卫地复入金。《宋史》卷23《钦宗纪》则系于靖康元年闰十一月甲午。
③ 《元史》卷1《太祖纪》：太祖八年秋，蒙古右军"取保、遂……怀、孟……而还"。《金史》卷14《宣宗纪上》：贞祐二年正月乙未，"元兵徇怀州，沁南军节度使宋扆死之"。亦可见卷121《忠义一·宋扆传》。知去岁秋蒙军南侵之后，至该年春，乃破怀、孟。
④ 《元史》卷147《史天倪传》："辛巳，金怀州元帅王荣、潞州元帅裴守谦、泽州太守王珍皆以城降。"又同书卷193《忠义一·耶律忒末传》："岁辛巳，太师木华黎统领诸道兵马，承制加忒末洺州等路征行元帅，与(其子)天祐略邢、洺、磁、相、怀、孟，招花马刘元帅，有功。"然其后则又为金所有，侯正大二年蒙军再取之。
⑤ 《元史》卷120《肖乃台传》：正大二年，肖乃台"与蒙古不花徇河北怀、孟、卫"。
⑥ 《金史》卷113《赤盏合喜传》："正大八年十一月，邓州驰报大元兵破嶢峰关，由金州东下。……院官同奏：'北军冒万里之险，历二年之久，方入武休，其劳苦已极。为吾计者，以兵屯睢、郑、昌武、归德及京畿诸县，以大将守洛阳、潼关、怀、孟等处，严兵备之。'"则怀、孟皆在金。然至次年(天兴元年)，西面，蒙军攻克河中，由此渡河，直指开封。东面，卫州亦降蒙。则怀、孟无从保守，应在该年降蒙。
⑦ 《纪要》卷49《河南四》"怀庆府·武陟县"条："在府东一百里。"自唐至清，其治所未变。至1945年以后始迁。

泽州

宋泽州，刺史①。金天会四年克之②，仍旧。天会七年，改称南泽州，隶河东南路，为怀州支郡。天德三年，复名泽州。泰和八年为上等刺史州。贞祐二年蒙军首次攻陷泽州，随即弃去③。贞祐四年，改隶潞州昭义军节度。兴定二年，蒙军再陷泽州④，复弃去。四年，入上党公张开封域⑤。五年，泽州降蒙⑥。元光元年，金军收复之⑦，同年改隶孟州。元光二年，升为忠昌军节度。正大元年，又陷蒙⑧。同年收复之⑨。四年，又陷⑩。六年再复之，七年终陷蒙⑪。治今山西晋城市。

有金一代，泽州之归属数变，而《金史》之记载又颇为混乱。如《金志》将泽州条置于绛州之下，似泰和八年泽州曾上隶于绛。又提到，其于"贞祐四年隶潞州昭义军，后又改隶孟州。元光二年升为节镇，军曰忠昌。"则其于泰和八年以后之归属，先隶绛，贞祐四年改隶潞，后又改隶孟，终升节镇。而《金史·必兰阿鲁带传》则称："泽州旧隶昭义军，近年改隶孟州。……（贞祐四年）诏泽州复隶昭义军。"其所载贞祐四年之前泽州之归属，由潞州转为孟州，又未见于《金志》。若以《传》所载来补充《志》之记载，那么仅是泰和八年至元光元年间，泽州上隶之节镇，即经历了绛—潞—孟—潞—孟之复杂变化。至于该州在金前、中期的归属，由上引史料尚未可知。

笔者以为，上述《志》、《传》之记载，皆存在极大错误。《志》之问题在于，泽

---

① 《宋史》卷86《地理志二》"河东路·泽州条"条未载其等第，按同书卷168《职官志八》"合班之制"条及《元丰九域志》卷4《河东路》"泽州"条载，为刺史。
② 《会编》卷63《靖康中帙三十八》，靖康元年十一月一日。
③ 《元史》卷1《太祖纪》：太祖八年秋，"掠泽、潞……而还"。然系于该年秋者，因蒙军出兵在当时，至于还军，已在次年春，故攻陷泽州，实在贞祐二年二月。李俊民《庄靖集》卷8《泽州图记》载："贞祐甲戌二月初一日丙申，郡城失守，虐焰燎空，雉堞毁圮，室庐扫地，市井成墟，千里萧条，阒其无人。"
④ 《元史》卷119《木华黎传》、卷151《石抹孛迭儿传》有载。《金史》卷15《宣宗纪中》兴定二年十月己酉条载，"大元兵攻泽州"，而未提及是否攻下。
⑤ 《金史》卷118《张开传》。
⑥ 《元史》卷147《史天倪传》：辛巳年，"金怀州元帅王荣、潞州元帅裴守谦、泽州太守王珍皆以城降"。
⑦ 《金史》卷16《宣宗纪下》，元光元年七月丙辰；卷118《张开传》。
⑧ 史书未载此次陷蒙具体时间，唯《金史·张开传》载，"正大间，潞州不守，开居南京，部曲离散"。既有正大元年九月移剌蒲阿收复泽、潞之事，则张开失潞州，当在正大元年正月与八月间。潞既陷蒙，泽州失其屏障，遂亦陷。
⑨ 《金史》卷17《哀宗纪上》：正大元年九月，"枢密判官移剌蒲阿复泽、潞"。
⑩ 可参上文潞州条。
⑪ 据《金史》卷17《哀宗纪上》：正大六年"八月，移剌蒲阿再复泽、潞"。泽州最终陷蒙，应与潞州同，在正大七年。

州条应置于怀州而非绛州之下。事实上,泽州隶于绛州之说,从未见于他处①。早在天会六年河东局势初定、各州建立节镇—刺郡的统辖体系之时,泽州即隶于怀州。这一归属关系的确定,在该年泽州改名南泽州、怀州升为节度且亦改名南怀州之同时,是河东统县政区大幅调整、建立规整的统辖体系的部分反映。怀—泽之间统辖关系的确立,最可靠的证据是同年潞州"节度使兼潞、南辽、沁观察处置使"②。早在唐、五代节镇为政区实体的时期,泽州非属潞,即属怀。金天会六年潞州既不辖泽州,那么后者只可能是怀州沁南军节度之支郡。

此后,这一归属关系长期未变。据《金史·李仲略传》:"以亲病求侍。特授泽州刺史,以便禄养。先是,晏领沁南军节度使,泽于怀为支郡,父子相继,乡人荣之。"③据同卷《李晏传》,仲略任泽州,在明昌六年,当时泽州仍为怀州支郡。明昌中《潞州儒学碑》也提及此事,曰"泽今为覃怀支郡",然同时又说,"而旧隶上党"④。不过我们不必以为所谓"旧"者,指金代某个时期。《碑》文作者只不过远引唐、五代之制,以拉近潞州与其长吏"尚书李公"的关系而已。而泽州"今"隶于怀,倒是无可怀疑的。

同样,《金史·必兰阿鲁带传》称:"泽州旧隶昭义军,近年改隶孟州。"也是大有问题。此所谓"旧"者,在金代实在找不出一个确切的时期与之相对应,应当也是上溯到唐、五代。那么,阿鲁带《传》又何须提及数百年前之旧制?笔者以为,当时阿鲁带强调的是:因泽州以南太行山之界隔,泽州与其南面的怀州联系较难,而与北面的潞州构成一个统一的军事区,则较利于防御⑤。故而,阿鲁带举藩镇割据时期的区域分划为例,说明泽、潞一体的合理性。则此所谓

---

① 在金中期的大定二十三年,绛州"所部则州有二,所隶则县一十有三"(张之纲:《绛州复建州衙南门记》,载《全辽金文》,第1810页)。二州,即绛、解,十三县,恰是当时绛、解二州辖县之总数。当时绛州不统泽州明矣。此虽不能证明通代之情况,然该年泽州不隶于绛,至明昌仍未隶于绛(当时泽州为怀州支郡,见毛麾:《潞州儒学碑》(明昌中),载《金文最》卷77),此后也未见有任何原因令泽州改隶绛州。
② 《金史·地理志》"河东路·潞州条"。按施国祁《金史详校》卷3下载:"'兼潞南辽沁节度使。''南'下当加'泽'。"以为潞州尚辖有南泽州,此说未见实据。
③ 《金史》卷96《李仲略传》。按同卷《李晏传》:仲略之父李晏"明昌六年归老,得疾。诏除其子左司员外郎仲略为泽州刺史,以便侍养"。
④ (金)毛麾:《潞州儒学碑》(明昌中)(载《金文最》卷77),其文曰:"前礼部尚书、翰林学士承旨李公领怀州节度,既告致政,不数月,复起领潞州节度。公泽之高平人,泽今为覃怀支郡,而旧隶上党。二除皆衣锦宠命,舆论与嘉焉。"
⑤ 《金史》卷102《必兰阿鲁带传》:"泽州旧隶昭义军,近年改隶孟州,阿鲁带奏:'泽州城郭坚完,器械具备,若屯兵数千,臣能保守之。今闻议迁于青莲寺山寨,距州既远,地形狭隘,所容无几。一旦有急,所保者少,所遗者多,徒弃名城以失太行之险,则沁南、昭义不通问矣。'诏泽州复隶昭义军。"

"旧"者,亦与《潞州儒学碑》同,其"旧"远矣。

至于贞祐四年之前泽州曾隶孟州之说,则显为误载。不仅阿鲁带《传》下文中再未提及泽州隶孟之事,其他史籍亦未见此说。更重要的是,金代孟州始终为防御州。金制,防御州不辖支郡。只有在形势极端恶化之后,这一制度才可能受到重大冲击,作出必要的调整。贞祐四年以前,形势尚未至于如此程度。然至元光元年,调整的必要性便出现了。该年,蒙将严实陷潞州,且徙潞州民于真定①,该年,泽州为金军收复后,遂失其上隶之节镇。而其于贞祐四年之前所上隶的怀州,亦已于兴定五年降蒙。环顾四周,仅有其南面的防御州孟州,尚可暂供倚托,故金廷令泽州隶于孟州。然即使是这种情形之下,防御州辖支郡之特例亦未得以长久维持,次年泽州遂自成一镇。

天会四年,辖县六:晋城、端氏、陵川、阳城、高平、沁水县。泰和八年辖县同。元光二年,以阳城县升置勋州,为泽州之支郡。

1. 晋城县

宋晋城县。金仍旧。倚郭。

2. 端氏县

宋端氏县。金仍旧。治今山西沁水县东 63 里端氏镇。

3. 陵川县

宋陵川县。金仍旧。治今山西陵川县。

4. 阳城县

宋阳城县。金仍旧。元光二年升为勋州。治今山西阳城县。

5. 高平县

宋高平县。金仍旧。治今山西高平市。

6. 沁水县

宋沁水县。金仍旧。治今山西沁水县。

(后置)勋州

元光二年,升泽州阳城县置勋州,刺史,为泽州支郡。正大四年陷蒙②。治今山西阳城县。

---

① 《遗山先生文集》卷 29《故帅阁侯(珍,字载之)墓表》。
② 按勋州陷蒙之时未见史载。当正大元年移刺蒲阿收复泽州之后,至正大四年,金保有泽、潞,则勋州亦当在金。唯四年泽、潞陷蒙之后,勋州恐亦无从保全。

辖县一：阳城县。

孟州

宋孟州，河阳三城节度，隶京西北路。天会四年克之①。天会七年，降为防御，改隶河东南路。泰和八年为上等防御州。贞祐二年首次陷蒙②，旋复。兴定五年再陷蒙，元光元年复③。正大二年，蒙军复陷孟州，随即弃去④。天兴元年终陷蒙⑤。初治今河南孟州市南15里河雍街道张庄以南。大定十二年迁治今孟州市。兴定中复迁张庄以南故城⑥。

天会四年，辖县四：河阳、王屋、济源、温县。泰和八年同。元光元年，泽州来隶。统支郡一：泽州。二年，泽州升节度。孟州复无支郡。

1. 河阳县

宋河阳县。金仍旧。倚郭。

2. 王屋县

宋王屋县。金仍旧。治今河南济源市西64里王屋镇⑦。

3. 济源县

宋济源县。金仍旧。治今河南济源市。

4. 温县

宋温县。金仍旧。治今河南温县。

---

① 《会编》卷57《靖康中帙三十二》，靖康元年十月十日。
② 见上文怀州条。
③ 《元史》卷193《忠义一·耶律忒末传》："岁辛巳，太师木华黎统领诸道兵马，承制加忒末洺州等路征行元帅，与(其子)天祐略邢、洺、磁、相、怀、孟，招花马刘元帅，有功。"然至次年，金晋阳公郭文振不能守辽州，"徙其军于孟州"(《金史》卷118《郭文振传》)，则孟州复为金所有，应是上年所复。
④ 《元史》卷120《肖乃台传》：正大二年，肖乃台"与蒙古不花徇河北怀、孟、卫"。
⑤ 参上文怀州条。
⑥ 《元史》卷58《地理志一》"中书省·怀庆路·孟州"条："孟州……金大定中为河水所害，北去故城十五里筑今城，徙治焉。故城谓之下孟州，新城谓之上孟州。元初治下孟州。宪宗八年，复立上孟州。"《纪要》卷49《河南四》"怀庆府·河阳城"条："旧城……金大定中，城为河水所坏，筑城徙治，土人谓之上孟州。兴定中，复治故城，土人谓之下孟州。元初，复治上孟州，即今治也，而故城为下孟镇。"知其城金初沿用北宋治所，在今孟州市南15里，大定中迁今孟州市，兴定中复迁回故治，且为元所沿用，直至蒙哥八年，方又迁今治。按《金史》卷27《河渠志》，大定"十一年，河决王村，南京孟、卫州界明多被其害。十二年正月，尚书省奏：'检视官言，水东南行，其势甚大……'"。则大定十一年河决，至次年检视完毕，徙治当在十二年。
⑦ 《纪要》卷49《河南四》"怀庆府·王屋城"条："在(济源)县西八十里。……会昌中，(王屋县)仍属怀州。宋属河南府。金属孟州。元省入济源县。"

（后置）翼州

兴定四年以晋安府翼城县升置，为刺史州。元光元年升为翼安军节度①。同年陷蒙。治今山西翼城县。

辖县三：翼城、垣曲、绛县。

---

① 《金史·地理志》：翼州于"元光二年升为节镇"。恐误，"二"当作"元"。按绛州（晋安府）于兴定二年之后处于每年沦陷—收复的恶劣境中，至元光元年陷蒙后，金在短期之内不复能夺回，迟至正大三年方才短暂收复。翼州应于元光元年晋安府陷蒙后即升节镇，以取代晋安之地位。据《金史》卷16《宣宗纪下》载：元光元年五月戊申朔，"大元兵屯隰、吉、翼等州"。同书卷112《完颜合达传》亦载："（五月）北将按察儿率兵入隰、吉、翼州，浸及荣、解之境，今时已暑，犹无回意，盖将蹂吾禾麦。"然则此次蒙军恐不止于蹂践禾麦而去，而是欲长据此地。翼州后无闻矣，应于元光元年陷蒙后，再未入金。

第三章　金代京府州县沿革(下)

第一节　南京路州县沿革

天眷三年(1140),置汴京路,治汴京开封府。统开封、归德、河南、顺昌、淮宁、颍昌六府,拱、滑、单、亳、蔡、郑、顺、汝、曹九州及颍顺军。皇统元年(1141),陕州来隶。二年,邓、唐州来隶。降淮宁府为陈州、颍昌府为许州、顺昌府为颍州。天德三年(1151),改拱州为睢州、顺州为嵩州。贞元元年(1153),改汴京路为南京路,寿州自山东西路来属。正隆六年(1161),寿、陈、蔡、许、邓、唐、陕州入宋。大定二年(1162)复取寿、陈、蔡、许、邓、陕州。三年,邓州入宋,五年,复得邓、唐州。六年,泗、宿州自山东西路来属,滑州划属大名府路。二十二年,升颍顺军为颍顺州。二十四年,改颍顺州为钧州。泰和六年(1206),寿、泗州入宋,旋复。八年置息、裕州,曹州划属山东西路。贞祐三年(1215),置延、韶、陶州,徐、邳州自山东西路来属,同年废陶州。兴定元年(1217),改河南府为金昌府,升中京。五年,置永州。元光二年,商州自南京路来隶。正大三年(1226),置申州。

泰和八年,统府三,州十九(节度州三、防御州八、刺史州八):开封、归德、河南府,睢、单、寿、泗、宿、亳、颍、陈、蔡、息、郑、许、钧、嵩、汝、邓、唐、裕、陕州(另参见图23)。

又,正大四年,宋之盱眙降金,金据之六年,至天兴元年(1232),金将复以城降宋①。同年,楚州一度附金,然这仅仅是名义上的归附,金未能直接控制

---

① 《宋史》卷476《叛臣中·李全传上》:宝庆三年,"(张)惠、(范)成进……即日渡淮输款,以盱眙附卢鼓椎于泗州。金兵至,开门接之,诸军不战皆降"。盱眙于该年入金之后,迄未为宋夺回,直至天兴元年,金将以盱眙军降宋,宋"赦盱眙,改为招信军"(《宋史》卷41《理宗纪一》,绍定五年冬十月戊子)。

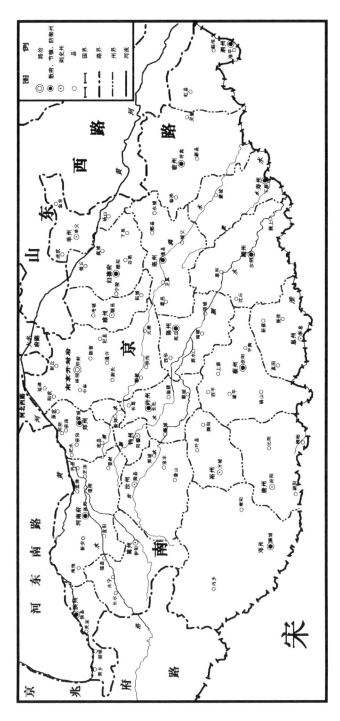

图 23 泰和八年(1208)南京路政区

楚州,且于同年复失之①。正大八年,宋淮阴县降金,金改为镇淮府。旋又弃去②。金末这些州、军、县在金境内的存在,是与屡次宋金和议所划定的界线不相符的暂时的、特殊的状态,故不为立目,附于此叙之。

南京开封府

宋都城东京开封府,天会四年(1126)被金军攻陷,五年立伪楚,为其都城。同年仍归宋。天会八年复为金攻克,同年立伪齐,以城予之。天会十五年金复夺之。天眷二年予宋,三年,又夺还,以为陪都,称汴京开封府,都元帅治此,且置行台尚书省、留守司于此。皇统九年,都元帅迁上京。天德二年,又置本路都总管府于此,以留守司兼领。贞元元年,改汴京为南京③。泰和八年为上等京府。贞祐二年,迁首都于南京。天兴二年陷蒙。治今河南省开封市。

天会四年金首次攻克汴京之后④,次年册张邦昌为楚帝,以城予伪楚,邦

---

① 《金史》卷17《哀宗纪上》:正大三年十一月己巳,"楚州王义深、张惠、范成进以城降,封四人为郡王,辛未,改楚州为平淮府"。卷114《白华传》载楚州来附之始末:"(正大)三年五月……时夏全自楚州来奔。十一月庚申,集百官议和宋。上问全所以来。华奏:'全初在盱眙,从宋帅刘卓往楚州。州人讹言刘大帅来,欲屠城中北人耳。众军怒杀卓,以城来归,全终不自安,跳走盱眙。盱眙不纳,城下索妻孥,又不从,计无所出,乃狼狈而北,只求自免,无他虑也。'……全至后,盱眙、楚州王义深、张惠、范成进相继以城降。诏改楚州为平淮府,以全为金源郡王、平淮府都总管,惠临淄郡王,义深东平郡王,成进胶西郡王。和宋议寝。四年,李全陷楚州,众皆谓盱眙不可守。"检《宋史》,宝庆二年十一月未有楚州降金之事,唯于卷476《叛臣中·李全传上》载,宝庆三年二月,夏全在楚州攻逐宋制置使刘琸,后投盱眙,为张惠等所拒,穷而投金。六月,楚州将王义深等戮李全兄李福,函其首送临安。八月,张惠、范成进以盱眙降金。十月,李全归楚州,王义深投金。与《金史·白华传》相参,知宝庆三年六月,王义深等一面邀功于宋,一面归附于金,以图抗衡李全。此事《宋史》未及,是其疏误也。但《金史》所载楚州来附之事,其实仅仅是名义上归附于金,附金同时却未叛宋。而金升楚州为平淮府,亦是"遥改"而已,其力实未至于控制楚州。故李全入楚,金亦无如之何,至李全败,楚州复入宋。
② 《金史》卷17《哀宗纪上》:"(正大八年)五月,李全妻杨妙真以全陷没于宋,构浮梁楚州北,欲复宋雠。遣合达、蒲阿屯桃源界激河口,以备侵轶。宋八里庄人拒其主将,纳合达、蒲阿。诏改八里庄为镇淮府。"据《宋史》卷476《叛臣中·李全传上》:绍定四年六月"甲子,复大战,淮安遂平,议乘胜复淮阴,兵未行,淮阴降金"。淮阴入金,实有其事。金得淮阴,突入淮河之南,故升府以重其地。据《归潜志》:"南渡后,屡兴师伐宋……最后,盱眙军改为镇淮府,以军成之费粮数万,未几亦弃去。""未几弃去",也应是事实,则《金史》不载;至于镇淮府以盱眙军改,则未见他处记载,且与上引《金史·哀宗纪》所载相悖,不取。
③ 《金史》卷5《海陵纪》,贞元元年二月乙卯。
④ 《金史》卷3《太宗纪》,天会四年闰十一月丙辰。《会编》卷69《靖康中帙四十四》,靖康元年闰十一月二十五日。

昌旋避位,城仍为宋有①。天会八年二月,金再取汴京②。九月,伪齐立,以城予伪齐,伪齐改为汴京,降为陪都③。天会十年(阜昌三年),刘豫徙都汴京④。天会十五年金废伪齐,置行台尚书省于汴京⑤。天眷元年,行台徙燕京⑥,定议以汴京归宋,次年完成交割⑦。天眷三年,金人背约南攻,开封即刻降金⑧。自此成为金的南境——后来是全国——的政治中心。

贞祐二年金迁都南京之后,金、蒙二军在河北、河东、陕西、山东胶着近二十年,至正大末,周边地区已基本陷落,但自贞祐末开始构筑的黄河防线,防御尚属坚固,蒙军始终难以突破。正大八年,蒙军入饶风关,自宋境内绕道出金、房州,于三峰山歼灭金主力后,分攻河南诸郡⑨,至开兴元年(1232)三月,蒙军围攻南京,近月不能下,遂于当年四月签订和议而退⑩。天兴元年(即开兴元年,四月改元)十二月,宋蒙联军围攻南京,金哀宗先其由归德赴蔡,次年正月南京降蒙。又一年而金亡。

天眷三年,统支郡二:拱州、滑州。辖县十七:开封、祥符、阳武、咸平、太

---

① 《大金吊伐录》之《册大楚皇帝文》(见金少英校补《大金吊伐录校补》第163条)作于天会五年三月七日。据《会编》卷87《靖康中帙六十二》,三月二十八日,金军退,向伪楚交割汴京;卷89《靖康中帙六十四》,四月一日,金人去绝。卷92《靖康中帙六十七》,四月十日,张邦昌避位;十一日,孟太后垂帘听政。卷101《炎兴下帙一》,五月一日,高宗即位于南京应天府。卷109《炎兴下帙九》,高宗以宗泽"知开封府、兼东京留守"。
② 《宋史》卷25《高宗纪二》,建炎二年正月壬辰,"金人犯东京,宗泽遣将击却之"。卷26《高宗纪三》,建炎四年二月丁亥,"金人陷汴京"。《会编》卷137《炎兴下帙三十七》,建炎四年二月十四日,河北签军首领聂渊袭得汴京,留守上官悟死难,"自此京城遂陷失"。
③ 《会编》卷181《炎兴下帙八十一》,绍兴七年十一月十八日引杨尧弼《伪豫传》:"以东京为汴京,改南京为归德府。"《金史》卷77《刘豫传》、《大金国志》卷6《纪年·太宗文烈皇帝四》,天会八年九月九日条略同。此说是也。按《会编》卷141《炎兴下帙四十一》,建炎四年七月二十七日条称,"以东京为汴京,改西京归德府为南京";《大金国志》卷31《齐国刘豫录》则载"以汴京为西京,以归德为南京",皆与事实不符。
④ 《宋史》卷27《高宗四》,绍兴二年四月庚寅;《会编》卷181《炎兴下帙八十一》,绍兴七年十一月十八日条:"三年夏四月,迁都于汴。"
⑤ 《金史》卷4《熙宗纪》,天会十五年十一月丙午;《会编》卷182《炎兴下帙八十二》,绍兴七年十一月十八日条引《金废刘豫指挥》。
⑥ 《金史》卷4《熙宗纪》,天眷元年九月丁酉。
⑦ 《金史》卷4《熙宗纪》,天眷元年八月己卯,"以河南地与宋",此遣使赴宋通告及商讨还地事宜之时。《会编》卷192《炎兴下帙九十二》,绍兴九年(天眷二年)正月,"金人以东、西、南三京,寿春府,宿、亳、单、曹州及陕西、京西地归于有司"。此为定议还地及双方确定交割事宜之时。《会编》卷194《炎兴下帙九十四》,绍兴九年三月四日,"王伦交割京师",此为完成交割之时。陕西、河南地此后陆续交割,直至次年金人背盟重占河南陕西止。
⑧ 《会编》卷200《炎兴下帙一百》,绍兴十年五月十一日条。
⑨ 《元史》卷115《睿宗传》。
⑩ 《金史》卷17《哀宗纪上》,天兴元年三月壬寅,"大元兵攻汴城";四月丁卯,"汴京解严"。卷113《赤盏合喜传》。

康、中牟、雍丘、鄢陵、尉氏、扶沟、陈留、延津、封丘、考城、长垣、东明、胙城县。天德三年,改拱州为睢州。又海陵时,胙城县改隶滑州,考城县改隶曹州。大定六年,滑州改隶大名府路。二十九年,改咸平县为通许县。又,大定中,改雍丘县为杞县。明昌五年(1194),东明县改隶曹州。泰和七年,胙城县复由滑州来隶。八年,长垣县改隶开州,胙城县改隶卫州。是年,开封统支郡一:睢州。辖县十三:开封、祥符、阳武、通许、太康、中牟、杞、鄢陵、尉氏、扶沟、陈留、延津、封丘县。贞祐三年,升延津县为延州,并割阳武县隶延州。兴定二年,置洧川县。正大中,置兰阳县。

1. 开封县

宋开封县,金因之。东附郭。

2. 祥符县

宋祥符县,金因之。西附郭。

3. 阳武县

宋阳武县,金初因之。贞祐三年割隶延州。治今河南原阳县。

4. 通许县

宋咸平县,金初因之。大定二十九年更名为通许县。治今河南通许县。

5. 太康县

宋太康县,金因之。治今河南太康县。

按"泰"、"太"虽通,然作为政区名,似不应假借。该县历代皆作太康,《金史》诸处亦皆作"太康",唯《地理志》作"泰康",似应正之。

6. 中牟县

宋中牟县,金因之。治今河南中牟县。

7. 杞县

宋雍丘县,金初因之。大定中更名杞县。治今河南杞县。

按《金志》:"宋雍丘县,杞国也。正隆后更今名。"施国祁曰:"正隆当作大定。……非正隆更名也,当是大定十四年后避讳所改。"[1]按大定十四年金世宗改名"雍"。国祁之说是。

8. 鄢陵县

宋鄢陵县,金因之。治今河南鄢陵县。

9. 尉氏县

宋尉氏县,金因之。治今河南尉氏县。

---

[1] 《金史详校》卷3上。

10. 扶沟县

宋扶沟县,金因之。治今河南扶沟县。

11. 陈留县

宋陈留县,金因之。治今河南开封市东南34里祥符区陈留镇。

12. 延津县

宋延津县,金因之。贞祐三年升为延州。治今河南延津县西北15里石婆固乡老仪门①。

13. 封丘县

宋封丘县,金因之。初治今河南封丘县,明昌五年徙治今封丘县西南30里荆隆宫乡西南②。

(后置)洧川县

兴定二年置,治今河南长葛市东20里古桥乡黄岗③。

(后置)兰阳县

正大中置兰阳县,属开封府④。治今河南兰考县东北10里城关乡老韩陵村⑤。

睢州

宋拱州保庆军节度。天会八年攻克,予伪齐。天会十五年金复夺之。天眷二年予宋。天眷三年金再夺其地,仍为拱州⑥,军事,隶汴京路,为开封府支郡。天德三年更名为睢州。大定二十二年改为刺史。泰和八年为下等刺史

---

① 《嘉庆一统志》卷200《卫辉府二》"古迹·酸枣故城"条。
② 《元史》卷59《地理志二》"河南江北等处行中书省·河南江北道肃政廉访司·汴梁路·封丘"条原注:"金大定中河水湮没,迁治于新城。元初,新城又为河水所坏,乃复因故城之遗址稍加完葺而迁治焉。"似是大定中实曾迁治而《金志》未载。其新治,王颋定于荆隆宫西南。然据《金史》卷10《章宗纪二》:明昌五年八月"壬子,河决阳武故堤,灌封丘而东"。则迁治在明昌五年。施国祁提到:"案河灌封邱在明昌五年,元志微伪,本志亦失载迁治事。"(见《金史详校》卷3上)
③ 《纪要》卷47《河南二》"开封府·洧川县"条:"金始置洧川县,旧治在今县南十里。"
④ 按《金史·地理志》"曹州·东明县"条:"避河患,徙(东明县于)河北冤句故地。后以故县为兰阳、仪封。"虽未详兰阳县始置之时,然应与仪封同时置,即在正大中。
⑤ 《嘉庆一统志》卷187《开封府二》"古迹·东昏故城"条:"旧治东北五里,明洪武元年,迁今治。"又《纪要》卷47《河南二》"开封府·韩陵城"条:"在县东北五十里。《志》云:元时徙县治此。"颇疑祖禹所引旧《志》,误"五里"或"十里"为"五十里",且误金之始治地为元代新徙之治。因诸《志》未尝提及金末至元尝迁县址也。
⑥ 《宋史》卷29《高宗纪六》:绍兴九年三月己亥,"废拱州";然同卷同年五月丙戌条又称,"金人陷拱州,守臣王愭死之"。《会编》卷200《炎兴下帙一百》,绍兴十年五月十三日条亦称"金人陷拱州"。则天眷二年拱州入宋后,废而复置矣。

州。开兴元年陷蒙①。治今河南睢县。

天眷三年,辖县二:襄邑、柘城县。后考城县来隶。泰和八年辖县三:襄邑、柘城、考城县。正大中置仪封县。

1. 襄邑县

宋襄邑县,金仍旧。倚郭。

2. 柘城县

宋柘城县,金仍旧。治今河南柘城县②。

3. 考城县

宋考城县,隶开封府。金正隆以前改隶曹州,后改属睢州。治今河南民权县东北 35 里王桥乡王庄一带③。

(后置)仪封县

正大中置。治今河南兰考县东北 70 里南彰镇宋庄④。

---

① 《金史》卷 17《哀宗纪上》,天兴元年二月壬子朔。当时年号尚称开兴,至四月始改元焉。
② 《嘉庆一统志》卷 194《归德府二》"古迹·柘县故城"条:"在柘城县北……嘉靖中始筑今城。"则在今柘城县北不远。
③ 《纪要》卷 50《河南五》"归德府·考城县"条:明考城县在"(睢)州东北九十里,西南至开封府杞县九十里,北至直隶东明县百二十里,东至山东曹县七十里",约在今葛岗略北(据《嘉庆一统志》卷 194《归德府二》"古迹·考城故城"条,明考城县于清乾隆四十八年没于水,"在黄河北岸")。而金考城故城更在"(明考城)县东南五里……明正统十三年,以黄患徙今治"。
④ 金、元仪封县之始置、治所,争议颇多。《金史·地理志》"曹州·东明县"条:"避河患,徙(东明县于)河北冤句故地。后以故县为兰阳、仪封。"其意以仪封为金代所置。而《嘉庆一统志》卷 187《开封府二》"古迹·仪封故城"条却称:"金废东明县为通安堡。元至大元年,于此置县。"然《金史》卷 17《哀宗纪上》天兴元年八月戊子条尚有"前仪封令魏璠"。且元人王恽《秋涧集》卷 39《睢州仪封县创建庙学记》有说焉:"仪封县,金正大间割考、东明、襄三邑地,立治于黄陵之通安堡,以古仪城在焉,故名。考之,仪即春秋卫之边邑,其为孔铎顿次封人请见之处,谅无疑矣。兵后县废。岁壬子,国家经略河南,移理于通安南平城里。"其中"兵后县废"之意,当指县城丘墟,而其建置则仍在,否则,壬子年应是"复置"而非"移理"。简而言之,金正大中置仪封县,治通安堡。蒙古宪宗二年,移治通安堡南平城里。《一统志》大误。至于金、元仪封县之治所,按《创建庙学记》所载,亦可梳理清楚。金末县治于原通安堡。通安堡者,如《金史·地理志》"睢州·考城县"条所载,"黄陵冈,元光二年改为通安堡",在考城县与东明县接界之处,并非像《嘉庆一统志》所寓意的那样,是明昌五年东明县治所在。《纪要》卷 47《河南府二》"开封府·黄陵冈"条:"(仪封)县东北五十里"。孙文耀、张奂庭定于今"兰考县南彰乡宋庄黄陵冈塞河功完碑附近"(《金末明初仪封城址考辨》,《开封教育学院学报》1988 年第 1 期,第 46 页),应当是合适的。然而却未注意王恽所说的壬子岁"移理于通安南平城里"之事,或以为通安堡与平城里甚近,故而认为元仪封县亦在黄陵冈,直至"1389 年迁白楼"(按即明、清仪封县治,今兰考县仪封镇)。事实上,黄陵冈离明、清仪封五十里,而元代仪封城在"(明仪封)县北十七里"(《纪要》卷 47《河南府二》"开封府·仪封县"),这之间的矛盾,正是要通过对金、元之间仪封徙治的正确理解,方能解释。即,蒙古壬子岁之徙治,由旧通安堡至平城里,即移动距离达到近四十里,从今兰考县南彰镇宋庄,西南迁徙至今葡萄架乡韩湘坡村。

(后置)延州

贞祐三年,以开封府延津县升置延州,并割开封府阳武、郑州原武二县隶之,仍为开封府支郡①。天兴二年陷蒙。治今河南延津县西北15里石婆固乡老仪门。

辖县三:延津、原武、阳武县。

按《金史》两处提到"延州原武县"②,则置延州之时亦割郑州之原武县入焉。而阳武在延津、原武两县之间,应亦划属延州也。施国祁曰:"(延)'州'下当加'以原武、阳武隶焉'。"③说是。

归德府

宋南京应天府归德军节度,为陪都。天会七年克之④。次年予伪齐,伪齐废其京号,改府名为归德,改军额为宣武⑤。天会十五年复夺之。天眷二年还宋⑥。天眷三年又夺还⑦,仍伪齐之制,为归德府,宣武军节度,隶汴京路。泰和八年为中等散府。天兴二年陷蒙。治今河南商丘市西南14里睢阳区。

金末,归德府是守御最坚固的极少数州府之一。直至开兴元年二、三月间,当河南各地纷纷陷落之时,归德府尚为金守⑧。蒙军自二月围攻至五月,迄未能下⑨。它也是最晚被蒙军攻克的州府之一,天兴二年五月,哀宗迁归德,蒙军复攻归德,又大败⑩。归德最终陷落,已是天兴二年十二月⑪,距宋、

---

① 《金史》卷14《宣宗纪上》:贞祐四年三月乙丑,有"延州刺史温撒可喜"。又卷126《文艺下·王若虚传》,正大中,若虚"转延州刺史"。则延州为刺郡,上隶于开封府也。
② 《金史》卷15《宣宗纪中》:兴定元年五月壬辰,"延州原武县雨雹伤稼";卷23《五行志》:"兴定元年,五月乙丑,河南大风,吹府门署以去。延州原武县雹伤稼。"
③ 《金史详校》卷3上。
④ 按《宋史》卷25《高宗纪二》,建炎三年九月壬子。《大金国志》卷5《纪年·太宗文烈皇帝三》系于同年六月。
⑤ 按《会编》卷181《炎兴下帙八十一》绍兴七年十一月十八日条引《伪豫传》,伪齐得应天府后,即废京号,改府名为归德。改节度军额"归德军"为"宣武军",亦当在伪齐阜昌元年也(宋建炎四年,金天会八年)。又据《会编》卷182《炎兴下帙八十二》绍兴七年十一月十八日条所载"金房废齐后差除",载"赵买臣依旧南京副总管"。此南京者,必是归德府也。知伪齐后亦以归德府为南京。
⑥ 据《会编》卷195《炎兴下帙九十五》,绍兴九年五月条,宋复改归德府为应天府,仍为南京。
⑦ 《会编》卷200《炎兴下帙一百》,绍兴十年五月十四日条。
⑧ 《元史》卷119《木华黎传附孙塔斯》。
⑨ 《金史》卷17《哀宗纪上》,天兴元年二月乙丑,"大元兵攻归德"。卷116《石盏女鲁欢传》:正大九年(正月已改元开兴,四月复改天兴)二月"乙丑,大元将忒木觯率真定、信安、大名、东平、益都诸军来攻(归德)……大兵昼夜攻城……城得不拔。……五月,围城稍缓"。蒙军竟无功而退。
⑩ 《元史》卷155《史天泽传》。
⑪ 《元史》卷152《石天禄传》。

蒙联军攻克蔡州、金政权灭亡不到一月。

天眷三年,统支郡二:单州、曹州。辖县五:宋城、宁陵、下邑、虞城、谷熟县。贞元元年,寿州来隶。又,海陵时,楚丘县来隶。承安五年(1200),改宋城县为睢阳县。泰和六年,寿州升防御。八年,曹州改隶山东西路。归德府统支郡一:单州。辖县六:睢阳、宁陵、下邑、虞城、谷熟、楚丘。兴定元年,楚丘县改隶单州,砀山县自单州来属。五年,砀山、下邑县划属永州。又,兴定中,废虞城县。

1. 睢阳县

宋宋城县,金初因之,承安五年改名睢阳。倚郭。

2. 宁陵县

宋宁陵县,金因之。先治今河南宁陵县南 10 里程楼乡吕庄一带,大定二十二年徙治今宁陵县略南①。

3. 下邑县

宋下邑县,金因之。兴定五年划属永州。治今河南夏邑县。

4. 虞城县

宋虞城县,金初因之,兴定中废。治今河南虞城县北 25 里利民镇朱庄一带②。

《金志》未载废虞城县事。按《元史·地理志》:"虞城,下。金圮于水。元宪宗二年始复置县。"③按单州砀山即于兴定五年因河患而迁治,虞城之邻县下邑,亦深受水患。虞城因水而废,亦应在同年。

5. 谷熟县

宋谷熟县,金因之。治今河南虞城县西南 33 里谷熟镇④。

6. 楚丘县

宋楚丘县,金因之,改隶曹州。海陵时复隶归德府。兴定元年又改隶单

---

① 《元丰九域志》卷1《四京》"南京·宁陵县"条:"(南)京西五十五里。"据《嘉庆一统志》卷 194《归德府二》"古迹·宁陵旧城"条,大定二十二年徙治后,宁陵县在清代治所"南关外,俗呼宁王城",即今宁陵县略南。
② 《嘉庆一统志》卷194《归德府二》"古迹·虞县故城"条:"在虞城县西南。……《县志》:明嘉靖十年改筑今城。故城在县西南三里。"明虞城县,今利民镇。故金虞城县在利民西南三里许。
③ 《元史》卷 58《地理志一》"中书省·济宁路·虞城"条。《嘉庆一统志》卷 193《归德府一》"建置沿革·虞城县"条:"金属归德府,后废,元初复置。"
④ 《元丰九域志》卷1《四京》"南京·谷熟县"条:"(南)京东南四十里。"宋人程卓《使金录》载:"早顿谷熟县,四十五里至南京。"即是今谷熟镇地也。

州。治今山东曹县东南 40 里安蔡楼镇楚天集一带①。

单州

宋单州。金天会七年得之②，次年予伪齐。天会十五年复夺之。天眷二年还宋。天眷三年又夺还，仍为单州，军事，隶汴京路，为应天府支郡。大定二十二年改为刺史。泰和八年为中等刺史州。贞祐四年升为防御。兴定五年陷蒙。治今山东单县③。

金末贞祐四年初，州为红袄军郝定所据④。但同年五月，金徐州行院仆散安贞"遣兵讨郝定，连战皆克，杀九万人，降者三万余，郝定仅以身免"，同年稍后，完颜阿邻擒郝定⑤。单州复为金所控制。至兴定五年，终为蒙军严实部所下⑥。

天眷三年，辖县四：单父、成武、鱼台、砀山县。泰和八年辖县同。兴定元年，砀山县改隶归德府，楚丘县自归德府来属。

1. 单父县

宋单父县，金因之。倚郭。

2. 成武县

宋成武县，金因之。治今山东成武县。

---

① 《元丰九域志》卷 1《四京》"南京·楚丘县"条："(南)京东北七十里。"《纪要》卷 33《山东四》"兖州府下·楚丘城"条："(曹)县东南四十里。"则在今楚天集一带。
② 按单州于天会五年首次为金军攻夺，然此后宋金双方争夺此州，至天会七年始尘埃落定，为金所有。《金史》卷 3《太宗纪》，天会五年五月庚寅朔，"迪虎下单州"；然据《大金国志》卷 5《纪年·太宗文烈皇帝三》，至天会七年正月，"山东诸州，惟济、单、兴仁、广济等州，以水阻得存"，至六月方取单州。《宋史》卷 25《高宗纪二》载单州失陷在建炎三年(金天会七年)九月壬子。要之，"阻水"之单州，其具体去向虽湮没于金初战乱之时华北众多州县的得得失失，然大体上曾经宋金双方激烈争夺，约天会七年九月最终为金所得。
③ 《纪要》卷 32《山东三》"兖州府上·单父城"条："在今城南半里。……宋以后因之。明嘉靖二年，黄河水溢，旧城垫没，六年徙今治。"
④ 《金史》卷 14《宣宗纪上》："(贞祐四年)夏四月己丑……遣官鞫单州防御使仆散倬之罪，罢其城单州之役。……辛丑，侯挚言：'红袄贼掠临沂、费县之境，官军败之。获其党讯之，知其渠贼郝定僭号署官，已陷滕、兖、单诸州，莱芜、新泰等十余县。'时道路不通，宰臣请谕挚为备。仍诏枢密招捕。"卷 108《侯挚传》所载略同。按《地理志》，单州升防御在同年二月，至四月，金廷因某事遣人鞫防御使仆散倬，而事实上单州已为郝定所下，金廷因"道路不通"而未及得到消息。则知郝定占单州，在二月至四月间。
⑤ 《金史》卷 102《仆散安贞传》、卷 103《完颜阿邻传》。
⑥ 蒙军下单州之时间，诸处史料所载略有不同。《遗山先生文集》卷 26《东平行台严公神道碑》载此事在兴定四年下半年(七月以后)。《元史》卷 119《木华黎传》、卷 147《史天祥传》皆载于同年。而此后遂未见金军复单州。《金史》卷 25《地理志中》及卷 16《宣宗纪下》兴定五年二月丙辰朔条，皆载"置招抚司"于单州。至兴定五年六月辛亥，"单州招抚刘琼乞移河南粮济其军"(《金史·宣宗纪下》)之后，这个机构便再无音讯。联系到同年四月，蒙古纲以粮尽而弃东平，改行省于邳州，则知刘琼以同样原因弃此州而去，严实部应于兴定五年得单州也。

3. 鱼台县

宋鱼台县，金因之。治今山东鱼台县西南 35 里鱼城镇①。

4. 砀山县

宋砀山县，金因之。兴定元年改隶归德府，兴定五年又改隶永州。初治今安徽砀山县，兴定五年迁治今河南永城市东北 75 里条河乡鱼山。

按后世《史》、《志》多处提到金代砀山县之迁治或废县之事。《纪要》持"迁治"说："（砀县故城）在今县东三里，故砀（山）县治。唐、宋以来因之。金兴定中，圮于河，迁虞山南保安镇。"②《元史·地理志》则认为金末砀山县被废③。《嘉庆一统志》亦同《元志》："（砀山县于）金兴定元年，改属归德府，五年，改属永州，寻为水圮，县废，元宪宗七年复置。"④检《金史》，至天兴二年（金亡之前一年），尚有严禄"为从宜，在砀山数年"⑤，知《元志》及《嘉庆一统志》之载不确，应从《纪要》迁治之说。其新治在"鱼山"，故而天兴二年之"鱼山从宜"严禄，《金史》称其"在砀山数年"，因鱼山即为砀山治也⑥。

那么，迁治应在何年？ 如上所引数处，无论"迁治"说还是"废县"说，皆以为在金末兴定中，《嘉庆一统志》更明确提及在兴定五年，如此似不应有争议。然则元人王鹗却提到："金大定间，水沉其城隅，逼民以迁于鱼山，由是人不得安食者有年矣。岁在丁巳（1257，宪宗七年），行台严公道经是县，慨然有兴复之意，俾赵君守正是县。"⑦重筑县治在元宪宗七年，与《元志》、《一统志》皆同，然迁至鱼山之时，却大不同——大定与兴定，相差三十至六十年。是否元代之《记》较之明、清之《志》更为可信呢？笔者以为，应是王鹗听闻有误。《金史》其实提供了证据，说明迁治确在兴定五年。

据《金史·食货志》载：兴定五年，"集庆军节度使温迪罕达言：'亳州户旧六万，自南迁以来，不胜调发，相继逃去，所存者曾无十一，砀山、下邑，野无居

---

① 《嘉庆一统志》卷 183《济宁州》"建置沿革·鱼台县"条："在州南一百十里……西北至金乡县治五十里。"同卷"城池·鱼台县城"条："本朝乾隆二十二年，城圮于水，移建董家店。"按里距，宋、金旧城在鱼城镇。

② 《纪要》卷 29《南直十一》"徐州·砀县故城"条。

③ 《元史》卷 58《地理志一·中书省·济宁路》"砀山县"条："砀山，金为水荡没。元宪宗七年始复置县治，隶东平路。"

④ 《嘉庆一统志》卷 100《徐州府》"建置沿革·砀山县"条。

⑤ 《金史》卷 119《完颜仲德传》。

⑥ 《金史》卷 18《哀宗纪下》，天兴二年四月壬午"鱼山从宜严禄叛归涟水"；卷 119《完颜仲德传》："（严）禄已为从宜，在砀山数年，又得士心。"按《嘉庆一统志》卷 100《徐州府一·山川》"虞山"条："虞山，在砀山县东南五十里，一名鱼山，接河南永城县界。"其地，即今河南永城市东北条河乡鱼山。

⑦ （元）王鹗：《创建宣圣庙记》，载《全元文》卷 245。

民矣！'"《温迪罕达传》亦称："是岁(兴定五年)大水,砀山、下邑野无居民。"①其"野无居民",与王鹗所称"逼民以迁于鱼山"若合符节。迁治在兴定而非大定,恐无可怀疑矣。

河南府

宋西京河南府,伪齐于天会十一年得之,仍旧。天会十五年,金复夺其地。天眷二年,以地还宋。三年,复为金所夺,去京号,仍为河南府,隶汴京路。皇统二年置德昌军节度。泰和八年为中等散府。兴定元年升为中京,改府名为金昌。天兴二年陷蒙。治今河南洛阳市。

金军初下河南府,在天会四年十一月克汴之前②。向伪楚交割河南地以后,金军退出,然河南府却仍由金临时委派的官员驻守。天会五年三月,宋将翟兴入据河南府③。自此,宋与金—齐之间对河南府的激烈争夺持续数年。当年十二月,金军复入西京④。天会六年三月,金人焚西京而去,翟兴、翟进复入守之⑤,然金人仍屯兵于西京之野。四月,翟进斫营未克,退出西京,金人复入据,寻又弃去⑥。此后与翟进争夺河南府的是土贼流寇,至金天会七年五月,翟兴复从土贼杨进处夺得河南府⑦。然则孤军作战的翟兴,形势每况愈下,荒芜的西京城难以防守,只得择取要地建山寨以守之。天会十年二月,伪齐军会合金军,合攻翟兴伊阳山寨。兴战殁,河南府失守,伪齐遂打通了河南、陕西地的交通线⑧,仍以河南府为西京。至天会十一年正月,宋军反攻,宋将翟琮收复西京,擒伪齐西京留守孟邦雄⑨。然则金、伪齐在河南的形势已趋

---

① 《金史》卷46《食货志一》"户口"条、卷104《温迪罕达传》。
② 《金史》卷3《太宗纪》,天会四年十一月乙亥。
③ 《会编》卷86《靖康中帙五十一》,靖康二年三月十九日,"翟兴入西京,斩(金)河南尹高世由"。
④ 《宋史》卷24《高宗纪一》,建炎元年十二月癸亥,"粘罕犯汜水关,西京留守孙昭远遣将拒之,战殁,昭远引兵南遁",宋遂弃西京。而《会编》卷114《炎兴下帙十四》,则系于十一月二十七日条。
⑤ 《宋史》卷25《高宗纪二》,建炎二年三月丁酉,"粘罕焚西京去"。《会编》卷116《炎兴下帙十六》,建炎二年三月十九日,"翟兴、翟进……收复西京"。
⑥ 《宋史》卷25《高宗纪二》,建炎二年四月乙丑,"兀室复入西京,寻弃去"。《会编》卷117《炎兴下帙十七》,建炎二年五月八日条述四月之事:"翟进攻兀室,余睹于西京,失利。……进败出城,贼复据之。……知粘罕由平陆渡河北归,故复弃西京。"
⑦ 《会编》卷129《炎兴下帙二十九》,建炎三年五月十二日。
⑧ 《大金国志》卷7《纪年·太宗文烈皇帝五》,天会十年春:"时陕西五路尽为大金所取,割属刘豫。豫居东平,以翟兴屯西京,东西路阻,豫每遣人之陕西,则假道于金……故力请于粘罕,期必破兴。……兴兵既出,众寡不敌,遂力战而死。兴之余军无能复振。时二月也。"
⑨ 《宋史》卷27《高宗纪四》,绍兴三年正月丁巳朔。(伪齐)李杲卿:《赠通侍大夫徐州观察使知河南军府事兼西京留守河南府路安抚使马步军总管兼管内劝农使孟公(邦雄)墓志铭》(阜昌四年),《金文最》卷109。

稳，宋无力扭转局势。同年八月，翟琮弃守西京①，其地终落入金、齐之手。

天眷二年还地与宋后，天眷三年，金复夺之②。同年宋师北伐，岳飞军于七月收复河南府③。此后，宋对河南的占据，并未像大多数州军一样，随着同月岳飞军还师而放弃，当年八月，还击退了金军的一次进攻。然而至九月，失去主力大军支持的守城军终无力抵挡金军的攻势，黯然撤离④。河南复为金所有。由于金自有其京都体系，故废河南府"西京"之号，为散府⑤。

正隆六年海陵南侵之际，宋师在反击过程中夺得河南府，然此次占领可能是象征性的，并且所据时间极短，此后便在无声无息中放弃，不俟大定初金军大举兴兵收复⑥。

金末之中京金昌府，先曾于开兴元年二月陷落⑦。三月，蒙军退，金将任守真"复立府事"⑧。至天兴二年六月，最终沦陷⑨。

天眷三年，统支郡一：顺州⑩。统县九：洛阳、渑池、登封、孟津、永安、新安、偃师、寿安、巩县。皇统二年，汝州降刺史，为河南府支郡。天德三年，改顺州为嵩州。贞元元年，改永安县为芝田县。约大定七年，改寿安县为宜阳县。泰和八年，统支郡二：嵩州、汝州。辖县九：洛阳、渑池、登封、孟津、芝田、新

---

① 《宋史》卷27《高宗纪四》，绍兴三年五月丙辰，"以翟琮为河南府孟汝郑州镇抚使"；八月己丑，"翟琮率兵突围，奔襄阳"。
② 《会编》卷200《炎兴下帙一百》，绍兴十年五月十一日，金军陷河南府。
③ 《宋史》卷29《高宗纪六》，绍兴十年七月癸卯；《会编》卷204《炎兴下帙一百四》，绍兴十年七月二日。
④ 《宋史》卷29《高宗纪六》，绍兴十年八月壬午，"李成犯西京，李兴击却之"；九月戊申，"金人复入西京，李兴弃城去"。
⑤ 伪齐以河南府为西京，阜昌四年有前举孟邦雄之例，金废齐之时则有关师古之例。《会编》卷182《炎兴下帙八十二》绍兴七年十一月十八日条引"天会十五年十一月日金房废齐后差除"，有"关师古召到京，依旧知西京"的记载。"依旧"者，依伪齐之旧也。此"西京"者，自是伪齐之西京河南府。知伪齐得河南府后，始终以为西京，直至入金后始废其陪都地位。
⑥ 《宋史》卷32《高宗纪九》，绍兴三十一年十二月丁未，"杜隐等入河南府"。杜隐者何许人也？据《会编》卷247《炎兴下帙一百四十七》，绍兴三十一年十二月九日条："武钜收复河南府。新除果州团练使、知均州、兼管内安抚使、节制忠义军武钜申：昨遣乡兵总辖杜隐，前去会合卢氏县乡军，收复州县。今月十四日据本官申，收复了嵩州及长水，永宁、福昌三县，抚定了当，委是胜捷。又报：昨遣杜隐等将带人兵，及卢氏县、高[嵩]州等处忠义人，前去收复河南府。去后今据卢氏县差人前来走报，于十二月九日收复河南府了当。"依托于乡兵的胜捷显然并不可靠。此后，关于宋对河南府的占领、撤出无一语及之，恐怕未有剧烈的战事，追随宋军的乡兵们即已弃守河南府矣。
⑦ 《大金国志》卷26《纪年·义宗皇帝》，天兴元年二月。
⑧ 《金史》卷111《强伸传》。
⑨ 《金史》卷18《哀宗纪下》，天兴二年六月壬午；卷111《强伸传》。
⑩ 按伪齐时，又曾置南城军，其地在巩县西南。见李昌宪：《试论伪齐国的疆域与政区》，《中国史研究》2007年第4期，第152页。其废应与镇汝、临汝等军同，在天眷二年宋复得河南之时。次年地入金，亦未再置。

安、偃师、宜阳、巩县。贞祐三年,升渑池县为韶州、孟津县为陶州,皆刺史,仍为河南府支郡。同年废陶州,孟津县仍来属。

1. 洛阳县

宋洛阳县,金仍旧,并省河南县入焉。倚郭。

2. 渑池县

宋渑池县,金仍旧。金末升韶州,仍为河南府支郡。治今河南渑池县。

按渑池升州之事,《金史》无载。《元史·地理志》载:"(黾池)金升为韶州,置黾池、司候司。"顾祖禹亦采其说①。

3. 登封县

宋登封县,金仍旧,并省颖阳县入焉②。治今河南登封市。

4. 孟津县

伪齐孟津县。金仍旧。贞祐三年升为陶州,寻复旧。治今河南孟津县东57里会盟镇新花园一带③。

北宋河南府有河清县而无孟津县,河清之废与孟津之置,在伪齐或金。天眷三年金再夺河南地,金将李成"引军入孟津"④,则孟津县在当时应已建置。据金人冯长吉记载:"河清所从来远矣。在京洛为畿内,视其河山之胜,土地之腴,川泽林薮之富,人民风俗之淳,自汉迄唐为名县,迨宋徙县治白波,城废为墟。国家抚有天下,以其地限河,俾隶孟州之济源。"⑤既因"限河"即地在河以北而划入济源县,明显是由天会八年金与伪齐以黄河为界而导致的局部调整。按唐河清县治(即长吉所谓"城废为墟"者)与宋河清县治白坡,皆在黄河以北。前者"以其地限河"而划归济源,后者亦不应例外,即,宋之河清县,正是因为金、齐以河为界,统县政区辖境无从跨越黄河两岸而致。然则由于原河清县所管治的地区,于河防、济渡方面的重要地位,伪齐遂于河之南岸置孟津县,并为

---

① 《元史》卷59《地理志二》"河南江北等处行中书省·河南江北道肃政廉访司·河南府路,陕州,黾池县"条注。《纪要》卷48《河南三》"河南府·渑池县"条。其或于贞祐三年与延州、陶州同时升置。
② 《金史详校》卷3上:"《广记》有颖阳,此志无,当省入此。"按北宋时颖阳县曾于"熙宁二年省入登封,元祐二年,复置"(《宋史》卷85《地理志一》,"京西路·北路·河南府·颖阳县"条),故金初复省入登封,亦在情理之中。
③ 《纪要》卷48《河南三》"河南府·孟津旧县"条:"在(孟津)县东二十里。……金人徙置孟津县于此。明朝嘉靖中,又徙今治,仍置孟津巡简[检]司于旧县治。旧《志》:县北去孟县三十里。"明孟津县,今孟津县会盟镇老城也。距老城约二十里而北距孟县(今孟州市)三十里,在今会盟镇新花园一带。
④ 《金史》卷77《李成传》。
⑤ 《济源县重修岱岳庙记》(大定十五年),《金文最》卷23。

金所沿袭,且入金后又将黄河以北包括宋故河清县治白坡镇在内的区域划入孟津县,以便于其管治渡口及堤防①。

概而言之,河清之废与孟津之置应差相同时,即天会八年伪齐建立之初、其与金划河为界之时。至金末,又有"河清县"的记载出现②。然这一记载,应是误载耳。"孟津"之名,自金而后未尝易耳。

5. 芝田县

宋永安县,因陵寝所在,即县置永安军(县级)③,天眷三年废军,仍为永安县④。贞元元年,更为芝田⑤。治今河南巩义市西南15里芝田镇。

6. 新安县

宋新安县,金仍旧。治今河南新安县。

7. 偃师县

宋偃师县,金仍旧。治今河南偃师市。

8. 宜阳县

宋寿安县,金初仍旧,约大定七年⑥,改名宜阳。治今河南宜阳县。

---

① 《金史》卷27《河渠志》:"(大定)十三年三月,以尚书省请修孟津、荥泽、崇福埽堤以备水患";"(大定二十七年二月)以南京府及所属延津……虞城,河南府及孟津,河中府及河东……四府、十六州之长、贰皆提举河防事,四十四县之令、佐皆管勾河防事。"足见其于河防方面之重要程度。此外,此地又是黄河重要的渡口。《金史》卷111《乌林答胡土传》载:"正大九年正月戊子,北兵以河中一军由洛阳东四十里白坡渡河。白坡故河清县,河有石底,岁旱水不能寻丈。国初以三千骑由此路趋汴,是后县废为镇,宣宗南迁,河防上下千里,常以此路为忧,每冬日命洛阳一军戍之。河中破,有言此路可徒涉者,已而果然。北兵既渡,夺河阴宜舟以济诸军。"而卷104《斡勒合打传》载合打以"权同签枢密院事守河清",正《胡土传》所说"常以此路为忧"的事实。金初由此渡河灭北宋,而金灭蒙军又由此渡河攻金,可见这个重要的渡口,自然而然的也是一个军事要地。

② 《金史》卷17《哀宗纪上》,天兴元年正月丙戌,"大元兵既定河中,由河清县白坡渡河"。

③ 《宋史》卷21《徽宗纪三》,政和三年三月戊辰,"升永安县为永安军"。《宋会要辑稿》礼24之2,政和三年四月"二日,诏奉议郎张思永添差充永安军使,应副园陵事,候事毕日罢"。永安之长吏称"军使"者,知其为县级之军。伪齐时,仍以永安为军,见下引孟邦雄《墓志铭》。

④ 在金,未见县级之军的稳定存在。这类政区在由宋入金后,都立即被改为普通的县。

⑤ 芝田本为永安县辖下之乡名,如李昊卿所作孟邦雄《墓志铭》载,邦雄于阜昌四年七月"葬于永安军芝田乡苏村之原"。更名乃因中都大兴府有"永安"为地名,遂改去境内诸以"永安"为名之县、坊。此可见元好问《续夷坚志》(中华书局,2006年)卷3"永安钱"条。

⑥ 《金史·地理志》"河南府"条称:"《正隆郡志》有寿安县,《纪》、《录》皆无",则知其改名于正隆以后。按"寿安"最迟见于大定二年(《金史》卷86《蒲察斡论传》),"宜阳"最早见于大定二十六年((金)焦郁于大定二十六年所作《武德将军韦公碣》称:"公因游历宜阳、永宁两县……置菁田一千余顷。"知宜阳之名于大定二十六年之前若干年已存,见《金文最》卷90),寿安改宜阳,必在大定中。施国祁曰:"《蒲察斡论传》:'(大定二年)宋人据寿安县。'《集礼·县主号》:'大定七年改寿安为庆云。'殆废于是年耶? 又《广记》寿安县有锦屏山、鹿蹄山,此志二山在宜阳县下。宜阳当即寿安改立。""寿安县主"之号改为"庆云县主",固因大定七年连续出现"庆云环日"(《金史》卷6《世宗纪上》,大定七年闰七月己卯、八月辛亥),且全境内原有庆云县,但既已废去"寿安县主"之名,亦应是该县已废。故从国祁之说。

9. 巩县

宋巩县,金仍旧。治今河南巩义市东北 14 里站街镇老城村。

嵩州

宋伊阳县,隶河南府。伪齐置顺州①。金天会十五年夺其地,仍旧。天眷二年还宋,三年复夺还,隶汴京路,军事,为河南府支郡。天德三年,改名嵩州。大定二十二年改为刺史。泰和八年为中等刺史州。天兴元年陷蒙②。治今河南嵩县。

天眷三年,辖县四:伊阳、福昌、永宁、长水县。泰和八年辖县同。

1. 伊阳县

宋伊阳县,属河南府。伪齐改属顺州,为倚郭,金仍旧。

2. 永宁县

宋永宁县,属河南府。伪齐改属顺州,金仍旧。治今河南洛宁县。

3. 福昌县

宋福昌县,属河南府。伪齐改属顺州,金仍旧。治今河南宜阳县西 58 里韩城镇福昌村③。

4. 长水县

宋长水县,属河南府。伪齐改属顺州,金仍旧。治今河南洛宁县西 39 里长水乡。

汝州

宋汝州,陆海军节度。伪齐于天会十一年得之。天会十五年,金夺其地。天眷二年还宋。三年,复夺之,隶汴京路。皇统二年降为军事,为河南府支郡。大定二十二年改为刺史。泰和八年为上等刺史州。贞祐三年升防御。天兴二年陷蒙。治今河南汝州市。

---

① 李昌宪先生已指出,伪齐阜昌四年已有顺州,见《伪齐疆域政区考》,《中国史研究》2007 年第 4 期,第 151 页。
② 《元史》卷 2《太宗纪》,太宗四年正月蒙军入河南,至二月,已"下商、虢、嵩、汝、陕、洛、许、郑、陈、亳、颍、寿、睢、永等州"。《大金国志》卷 26《纪年·义宗皇帝》:天兴元年二月,"大军传令添兵围城,河南路陈、许、嵩、隐[陕]、商、虢皆陷,驱其壮士攻汴"。
③ (金)李纯甫:《嵩州福昌县崇真观记》(《金辽金文》,第 2625 页):"紫府李冲霄以书来谒,曰:'连昌之东,十里而近,有镇曰韩城,当伊洛之冲,大聚落也。'""连昌"者,福昌之雅称也,其东路韩城镇 10 里稍近,即今韩城西 10 余里之福昌也。

汝州先于天会五年十二月陷金①。六年二月，金迁汝州民于河北②，弃其地而去，汝州在一种没有管治的情况下为民间武装所占，直至次年七月为宋将翟兴攻克③。此后，翟兴退居河南府、汝州接界处的伊阳山寨，应仍能维持对汝州的控制——直至天会十年二月翟兴为金—齐联军攻杀、伊阳山寨失陷为止④。同年底宋夺回汝州，次年二月复陷于金军⑤，仍归伪齐矣。

天眷二年，金以河南地还宋。三年，复夺回其地，汝州于五月陷落⑥。闰六月，岳飞军复取汝州，但次月退军之后，州复为金所有⑦。后于正隆六年侵宋时，宋军复北上取汝州，寻复为金所取⑧。此后一年多，汝州于两方之间反复易手，终在大定二年九月后复归金⑨。

贞祐四年，蒙军由关中破潼关，"陷汝州等郡，抵汴京而还"⑩。此后金大幅加强了潼关的防御，金、蒙的激战基本局限于河以北、关以西。直至开兴元年正月三峰山之战以后，蒙军方突入河南，同月袭破汝州⑪，"以张宣差者管州事"。蒙军去，三月，金钧州溃卒来，袭得其城而据之。蒙军旋复来，

---

① 《金史》卷3《太宗纪》，天会五年十二月己卯；《会编》卷114《炎兴下帙十四》，建炎元年十二月二十四日。
② 《金史》卷3《太宗纪》，天会六年二月癸未。
③ 《会编》卷130《炎兴下帙三十》，建炎三年七月九日，"翟兴攻败王俊，克汝州。王俊聚众据汝州。……兴按辔入城。"
④ 《大金国志》卷7《纪年·太宗文烈皇帝五》，天会十年春。
⑤ 《会编》卷154《炎兴下帙五十四》，绍兴二年十二月一日，宋"牛皋、李横及金人战于汝州，克汝州"；卷155，绍兴三年二月，金军全线反扑，"牛皋奔于西京"，汝州当失于此时。
⑥ 《金史》卷77《宗弼传》。
⑦ 《宋史》卷28《高宗纪五》，绍兴十年六月丙申、七月壬戌。
⑧ 《宋史》卷32《高宗纪九》，绍兴三十一年十二月丁未，"吴拱遣统领牛宏入汝州"；乙卯，"金人复破汝州，牛宏败走"。
⑨ 《要录》卷196，绍兴三十二年正月癸酉，"初，京西制置使吴拱闻汝州陷，遣统制官王宣领所部往节制诸军，是日，至汝州之土门，而敌骑已去矣"。同卷，同年二月壬寅，金来攻汝州，为王宣所败；己酉，再战，两败俱伤；壬子，王宣遂自汝州退军。此后，又有一次反复。据《金史》卷86《孛术鲁定方传》："大定二年，宋人陷汝州，河南统军使宗尹遣定方将兵四千往取。汝州东南及北面皆山林险阻，不可以骑军战。是时，宋兵从鸦路出没，定方至襄城，得敌虚实，遂牒谕汝州属县曰……既而定方引兵趋鸦路，宋人闻之，果弃城遁去。定方至鲁山境……击败之，遂复汝州。"此事在《世宗纪》中见于大定二年九月癸亥。而《会编》卷239《炎兴下帙一百三十九》，绍兴三十一年十一月十六日条则载："隆兴元年，王宣……由邓州南阳县鸦路取鲁山，攻汝州，破城。"按隆兴元年宋得复汝州者，仅见于此，"隆兴元年"应是"绍兴三十二年"之误。合《金史》、《会编》诸处记载，可以勾勒出大定二年二月之后，汝州再入宋、复入金的过程：自二月王宣弃汝州后不久，复领兵二万，由邓州经鸦路，成功袭占汝州，至九月，金军终重占汝州。
⑩ 《元史》卷1《太祖纪》，太祖十一年（金贞祐四年）秋。《金史》卷14《宣宗纪上》系于同年十月戊辰，"大元兵徇汝州"。然《大金国志》卷25《纪年·宣宗皇帝下》则系于贞祐三年八月，《建炎以来朝野杂记》乙集卷19《边防二·韃靼款塞》亦同。
⑪ 《元史》卷2《太宗纪》，太宗四年正月壬寅。

攻下其城，又弃城而去。金将姬汝作招集散亡，复守汝州。此后蒙军数度来攻，未能得志。至次年八月，汝州内乱，汝作为部下所杀。同年，蒙军终攻占汝州①。

天眷三年，辖县五：梁、鲁山、宝丰、襄城、叶县。皇统二年，郏城县自许州来隶。泰和七年，割襄城隶许州。八年，割叶县隶裕州，汝州辖县四：梁、鲁山、宝丰、郏城县。

1. 梁县

宋梁县，金仍旧。倚郭。

2. 鲁山

宋鲁山县，金仍旧②。治今河南鲁山县。

3. 宝丰县

宋宝丰县，金仍旧。治今河南宝丰县。

4. 郏城县

宋郏县，隶颍昌府。金皇统二年改为郏城县③，隶汝州。治今河南郏县。

（后置）韶州

约金末贞祐三年，以河南府渑池县建韶州，刺史，仍为河南府支郡。天兴二年陷蒙。治今河南渑池县。

辖县一：渑池县。

（后置）陶州

贞祐三年，以河南府孟津县建陶州，同年废，仍以县属河南府。治今河南孟津县东57里会盟镇新花园一带。

辖县一：孟津县。

---

① 《金史》卷123《忠义三·姬汝作传》。
② 按鲁山县于宋建炎中翟兴守河南府时升为镇汝军，伪齐仍为军。天眷二年入宋，降为鲁山县。天眷三年地入金，仍为县。见王曾瑜：《岳飞和南宋前期政治与军事研究》，第120页；李昌宪：《试论伪齐国的疆域与政区》，《中国史研究》2007年第4期，第152页。
③ 按赵秉文《郏县文庙创建讲堂记》（载《全辽金文》，第2375页）称："及明昌改元，尝诏天下兴学。刺郡以上，官为修建，诸县听从士庶自愿建立，着为定令。……汝州郏县……"似此县于金仍称"郏"。然《金史》所载"郏城"者颇多。金前期如熙宗朝，刘长言"自汝州郏城酒监擢省郎"（卷105《范拱传》）；后期如李无党为"郏城"人（卷128《循吏·王浩传》）。虽有称"郏"者，然往往是"襄、郏"并称（卷112《完颜合打传》、卷123《忠义三·姬汝作传》），即襄城、郏城之省称也。应以"郏城"为是。

寿州

宋寿春府,忠正军节度。天会七年金得其半,仍置寿春府。次年予伪齐,降为寿州。天眷二年还宋,宋复升为寿春府。皇统元年复为金所夺,次年又降州,军事,隶山东西路,为徐州支郡。贞元元年改属南京路,为归德府支郡。正隆六年宋夺得寿州。大定二年复入金。大定二十二年改为刺史。泰和六年升防御,同年入宋,旋复。天兴二年入宋。同年复立州治于今安徽蒙城县,旋复入宋。治今安徽凤台县。

由于北宋时寿春府境跨淮河两岸,南宋与金、伪齐划淮为界(包括初期两方实际控制线亦在淮河一线)后,南北遂皆置寿春府、寿州,且宋人有时也称北境寿州为寿春府,这使得史书关于双方争夺"寿春"的记载非常混乱,或需稍作梳理。

金初克寿春府在天会七年十月①,此"寿春府"者,实指淮河以北府治所在的下蔡县,至于本府淮河以南的安丰、寿春等县,当时仍为宋守,宋寿春府"于本府安丰县寄治"②,应即从此时始。次年淮北寿春(治下蔡)予伪齐,伪齐降为寿州③。金天会八年至十四年间,宋与伪齐之间多次争夺"寿春",皆指宋寄治于安丰县的寿春府(或称之"南寿春")④。至于淮河以北伪齐境内的寿州

---

① 《金史》卷3《太宗纪》,天会七年十月"丁酉,阿里、当海、大臭破敌于寿春。己亥,安抚使马世元以城降"。《宋史》卷25《高宗纪二》,建炎三年十月戊戌,"金人陷寿春府"。《会编》卷132《炎兴下帙三十二》建炎三年十月二十三日。
② 《宋会要辑稿》方域6之17,绍兴九年四月十八日枢密院言。
③ 《大金国志》卷6《纪年·太宗文烈皇帝四》:天会八年九月九日,"豫降南京为归德府,改东京为汴京,升东平府为东京,去淮宁、颍昌、顺昌、兴仁、寿春府名,复旧州名"。《宋史》卷29《高宗纪六》载:绍兴八年正月"辛丑,伪齐知寿州宋超率兵民来归";九年八月"乙亥,遣前知宿州赵荣、知寿州王威俱还金国"。亦可证此。
④ 《宋史》卷27《高宗纪四》:绍兴二年三月,"知寿春府陈卞及钤辖陈宝等举兵复顺昌府,寻引兵归,为伪齐所逐,并寿春失之"。此伪齐首次得宋之寿春府(治安丰)。《会编》卷150《炎兴下帙五十》系于同年四月。同年七月戊寅,宋"知庐州王亨复安丰、寿春县"。天会十二年四月,宋"知寿春府罗兴叛降伪齐"(《宋史》卷27《高宗纪四》,绍兴四年四月),伪齐第二次得南寿春。同年十月,又为宋夺回。《会编》卷164《炎兴下帙六十四》:绍兴四年十月三十日,宋将"仇念克寿春府"。而《宋史》卷27《高宗纪四》,绍兴四年十月乙巳条则有更详尽的说明:"仇念遣将孙晖击金人于寿春,败之,复霍丘、安丰二县。"安丰即是寿春府也,伪齐复失之矣。然不久,伪齐借金人之力,第三次攻得寿春,至当年十一月,"刘光世统制王晟等率兵夜入南寿春府袭金人,败之,执伪齐府王靖"(《宋史》卷27《高宗纪四》,绍兴四年十一月己巳),然袭击成功而未占据,其地遂为伪齐所有。直至绍兴六年(金天会十四年)七月,宋"刘光世复寿春"(《宋史》卷28《高宗纪五》,绍兴六年七月),方又夺回。十月,伪齐军来攻,不下,同月刘猊犯定远县,大败于藕塘,"刘光世遣王德及沂中追麟至南寿春而还"(《宋史》卷28《高宗纪五》,绍兴六年十月甲辰)。伪齐三得宋之寿春而终失之于天会十四年七月。同年十二月辛丑,宋遂"城南寿春府",以加固防御;次年九月又"以庐州、寿春府民遭邮琼掳掠,蠲租税一年"(《宋史》卷28《高宗纪五》,绍兴六年十二月辛丑,七年九月戊寅)。宋巩固了对南寿春的占据。

（治下蔡），在天会八年之后，宋大体遵循不主动越淮攻击伪齐的原则，故少有触及。直至金天会十四年伪齐南侵失败、宋军反攻时，曾乘势一击，却不克而返①。

天眷二年金归还河南地，寿州亦在其中，宋遂合并淮北寿州与淮南寿春府境，治淮北之下蔡，且仍称寿春府，大体恢复了北宋的状态，只是沿袭伪齐寿州之北界，将蒙城划入境内②。皇统元年，金夺回寿春府，甚至连原先"南寿春"治所安丰、属县霍丘，亦为金所得③。该年和议定，宋金复以淮河为界，宋再得"南寿春"，遂废寿春府之建置，以安丰、霍丘、寿春三县置安丰军。金据有北面的下蔡、蒙城，仍为寿春府。边界既立，熙宗遂于皇统二年改革官制，整齐政区，寿春降为州，亦当在此时④。此后每逢宋、金大战，位处淮北要冲之地的金寿州，便会发生归属的改变。如正隆南侵之时，寿州失于宋，宋仍升为寿春府，然次年又为金收复⑤。至宋开禧（1206，金泰和六年）北伐之际，寿州曾坚守逾月，且大败城下敌军，故升为防御⑥。后于六月为宋军攻拔，至北伐无功，宋军退师，复为金有⑦。

金末之寿州，辗转于宋、金、蒙之间。尤其是隔淮相望的宋人，对于寿州最显热衷。元光二年（1223），宋人一度攻入寿州，为守将所击却⑧。正大三年，宋人曾"掠寿州境"⑨，却未尝据有寿州。天兴元年正月，蒙军于三峰山战胜

---

① 《宋史》卷28《高宗纪五》，绍兴六年十一月癸丑。
② 《宋史》卷29《高宗纪六》，绍兴九年四月壬申，"移寿春府治淮北旧城"。《会编》卷195《炎兴下帙九十五》，绍兴九年五月，"复南京归德府为应天府……寿州为寿春府。……州之名自陷伪之后，经金人及刘豫更改者，今复其旧"。《宋会要辑稿》方域6之17："蒙城县，旧隶亳州，绍兴九年来隶（寿春府）……（绍兴九年）六月十六日，寿春府言，乞将蒙城县依旧隶本府。从之。""依旧"者，显然袭伪齐之旧。
③ 《宋史》卷29《高宗纪六》，绍兴十一年正月丁巳，金陷寿春。《会编》卷205《炎兴下帙一百五》，绍兴十一年正月十七日，金陷寿春府。《金史》卷79《孔彦舟传》："下安丰、霍丘。"
④ 下文河南、陕西等地，其政区于"金初"作出调整者，大多应在皇统二年。
⑤ 在金正隆南侵与宋隆兴北伐阶段，变化如下：《宋史》卷32《高宗纪九》，绍兴三十一年十二月甲子，"金颍、寿二州巡检高显以寿春府来降"。四日后，"以寿春县为寿春府，淮北寿春府为下蔡县"（《宋会要辑稿》方域6之17，然《辑稿》载此事于绍兴三十二年十二月二十九日，误，三十二年当金大定二年，宋又复失北境寿州之地），以南境安丰军与北境寿州合并，复置寿春府也。大定二年，金复寿州（《金史》卷94《襄传》）。
⑥ 《金史》卷12《章宗纪四》，泰和六年六月辛亥朔，"宋将李爽以兵围寿州，刺史徒单羲拒守，逾月不能下。……壬戌，平章政事揆报寿州之捷。戊辰，诏升寿州为防御……以徒单羲为防御使"。
⑦ 在宋开禧北伐及金泰和六年反攻阶段，变化如下：《金史》卷12《章宗纪四》，宋将李爽自泰和六年（宋开禧二年）五月围攻寿州，不克，六月二日（壬子）大败于城下。《宋史》卷38《宁宗纪二》，开禧二年六月丁卯，"建康副都统田琳复寿春府"。此事亦见于《大金国志》卷21《纪年·章宗皇帝下》泰和六年六月条，然《金史》不载。然则开禧北伐旋即失败，寿州仍复旧观耳。
⑧ 《金史》卷16《宣宗纪下》，元光二年九月庚子朔。
⑨ 《金史》卷17《哀宗纪上》，正大三年五月己未。

后,下河南十余州,其中即有寿州①。然则蒙军或弃而不居,至天兴二年八月,终为宋所得②。同月,金复立州事于蒙城③,而州(下蔡)在金亡后长期为宋所据。

寿州之归属,据《金志》:"宋隶寿春府。贞元元年来属(归德府)。"此说前、后两句在逻辑上并无联系。前句之意是,其地在北宋时属寿春府境,指其空间位置。后句则指出,金贞元后上隶于归德府,仅指其行政上的隶属关系。这一记载所表述的贞元元年至泰和六年寿州的归属,毋庸置疑。金正隆六年(1161,宋绍兴三十一年),居于金境的崔陟、孙淮夫等上奏宋中书、枢密的札子指出:"金人极边往往无兵,都在近里州县屯驻,遇一州或有急难,邻州虽有兵,亦不辄便救援。且如去年十二月间,寿州有贼,寿州关报南京告急,其南京千户候月余,承东京都统文字,摘那二三百,方始起发。"④真切反映了当时归德府对寿州的军事领导——这也是金代盛时都统(在大部分路是都总管府)、府或节镇,刺史州在军事上的逐层统辖关系的经典说明。不过,在贞元元年之前,寿州上级单位是何节镇(府)?环顾寿州周边颍、亳、宿诸州,皆为防御州,再外层的蔡州、归德府、徐州、邳州、泗州,亦仅归德府与徐州是府、镇。按金制,防御州虽不隶于节镇或府,却也没有下辖刺郡之例,故而,寿州在转隶归德府之前,为山东西路武宁军节度(徐州)之支郡。其与徐州不相连(中隔防御宿州),并不妨碍后者在金前期成为它的上级——正如它在贞元元年后成为宣武军(治归德府)的飞地一样。

天眷三年,辖县二:下蔡、蒙城县。泰和八年辖县同。元光二年,颍上县自颍州来隶。

1. 下蔡县

宋下蔡县,为寿春府属县。金仍为下蔡县,皇统二年立为寿州治。

---

① 《元史》卷2《太宗纪》,四年正月壬寅;又见卷123《阔阔不花传》。
② (元)王鹗:《汝南遗事》卷2,天兴二年八月己卯,哀宗与赴宋借粮的内族阿固岱言,"今乘困敝,据我寿、泗",则当时寿州为宋所有。《金史》卷18《哀宗纪下》,天兴二年八月条作"今乘我疲敝,据我寿州。"
③ 《汝南遗事》卷2,天兴二年八月癸未。
④ 《会编》卷230《炎兴下帙一百三十》,绍兴三十一年七月二十一日引"元祐进士乙科、元符党人朝奉郎崔陟、孙淮夫、梁叟"《上两府札子》。按崔陟等于天眷二年金还宋河南地之后,返本贯应天府省亲,不意金突然开战,陟等遂长居不得返,其于金之制度有相当了解。《札子》中所谓"南京"者,显是站在宋人的立场上,指北宋之南京应天府、金之归德府;而"东京"则是指开封府,正隆末河南路统军司所在地。所谓"南京千户"者,并非不合制度:金贵官多领猛安(千户)。在金,领有猛安是出身、地位高贵的表征,与其任官时下辖军队的人数并无直接关系。因其领有猛安而称"千户",不能算是一种对事实的歪曲。然崔陟等以"千户"即千夫长之类微渺之武官身份描述归德府之主管官员,顺应宋人的理解并显示鄙薄之意,毕竟易导致误解。

2. 蒙城县

宋蒙城县，隶亳州。金仍为蒙城县，隶寿州。天兴二年为寿州治①。治今安徽蒙城县。

泗州

宋泗州，军事。金皇统二年得之，仍为泗州，升防御，属山东西路。正隆六年，宋复泗州，旋弃之。同年又据之，大定四年复为金所有。六年，改属南京路，泰和六年，复入宋，旋复。八年为中等防御州。正大八年归杨妙真。治今江苏盱眙县西北8里淮河镇城根村一带。

天会七年正月，金军曾陷泗州，然旋即退去。不久，宋军复据泗州②。同年二月，金任命刘豫节制"扬、真、楚、泗、泰、沂、海、徐、滨、棣、沧、德、博、淄、青、恩、清等州，袭庆、东平、开德、大名等府，睢阳、高邮、天长等军"③，但事实上，当时的"节制司"及后来的伪齐，都未能稳固占领泗州④。直至金废伪齐之初，泗州仍为宋所有⑤。伪齐废后，金归河南又夺河南，其间于皇统元年占领泗州，又弃去⑥。金最终是通过次年正月确立的以淮为界的和议，得到了泗州⑦。

---

① 据《汝南遗事》卷2：天兴二年八月癸未，"寿州元帅楚玒奏：臣昨奉诏，与经历官高鉴复立寿州事于蒙城（原注：玒，蒙城土豪，鉴，字君锱，辽阳人，正大元年词赋进士，前蒙城县令。县废，鉴为敌所掳，比归，玒已完复，授元帅职，让鉴，鉴不受，遂奏以为经历官矣）"。所谓"县废"者，疑指天兴元年蒙军攻克寿州，兼下蒙城，县址为所毁，不应指县之建置为金廷所废也。故而稍后楚玒受诏于蒙城复立州事。
② 《宋史》卷25《高宗纪二》，建炎三年正月丙午，"金人至泗州"。《大金国志》卷5《纪年·太宗文烈皇帝三》，天会七年（即建炎元年三年）正月，"取淮阳、泗、楚等州"。攻占这些州、军，发生于金军孤军南下追击高宗的过程中，故而旋即撤出。同年三月，"水贼邵青入泗州"，然至建炎四年五月，以楚、泗州及涟水军为镇抚使赵立之辖区，故知泗州已为宋所控制（《宋史》卷25《高宗纪二》，建炎三年三月壬寅、四年五月乙丑）。
③ 《大金吊伐录》之《差刘豫节制诸路总管安晓告诸处文字》，见《大金吊伐录校补》第202条。
④ 《会编》卷149《炎兴下帙四九》，绍兴元年1月二十四日，"刘豫置招受司于泗州"。然其前其后，泗州皆为宋守，《宋史》之《纪》、《传》中，所见多矣。随举数例：如建炎四年五月，以赵立为楚泗州涟水军镇抚使（卷26《高宗纪三》，该月乙丑）；绍兴三年，宋廷"命户部侍郎姚舜明诣泗州，总领钱粮"（卷364《韩世忠传》）；该年二月"乙卯，刘光世遣郦琼等屯兵泗州为李横声援"（卷27《高宗纪四》）。因建炎间、绍兴初的江淮间濠泗等地，乃是众土豪、流民、散兵云集乌合之地，虽然对宋廷表示臣服，但宋廷对此的控制并不稳固，疑此"招受司"者，乃是置于泗州北境，伪齐或乘ため势力于此交争之际曾占有该州部分。
⑤ 《会编》卷186《炎兴下帙八十六》，绍兴八年十一月二十五日条引王庶《第一札子》："若以淮为界，则我今日所有之地。而淮之外，亦有见今州县所治，如泗州、涟水军是也。"
⑥ 《会编》卷206《炎兴下帙一百六》，绍兴十一年十月，"金人陷泗州，又陷楚州……金人果引去"。
⑦ 《会编》卷208《炎兴下帙一百八》，绍兴十二年正月，"割泗唐邓商州入于金国。和议既定，画淮河中流为界，故泗州与唐、邓、商州皆系割还金人之地"。

正隆六年海陵南侵之际,宋军立即反攻,当年九月,收复泗州,又退出①。十一月底,完颜亮被杀,宋军全面反攻,至十二月复入泗州②,此次入据之后,宋人守泗州近三年,直至隆兴二年(1164)九月,州复入金③。

开禧二年,宋军北伐,又取泗州。然此次占领泗州的时间很短。四月,宋得泗州,六月,赦于泗州④,至十月,已全面退回淮南⑤。据宋人曹彦约所说:"开禧冒昧用兵,不知兵法,取泗州,上表未已,旋复陷没。"⑥此次宋据有泗州,应不过三个月。兴定五年,宋军曾偷袭成功,再夺泗州,然又被立即夺回⑦。正大八年,泗州终于脱离金的控制,投降杨妙真⑧。不过此地与宋相邻,不久

---

① 《宋史》卷32《高宗纪九》,绍兴三十一年九月壬辰;亦见《会编》卷231《炎兴下帙一百三十一》,绍兴三十一年九月二十四日。宋军退出泗州时间不详,应是次月金军推进至淮南之时,宋军全线退却,划江自守矣。淮南且不能保,自不能顾及淮北之泗州。
② 《宋史》卷32《高宗纪九》,绍兴三十一年十二月癸丑。
③ 有相当多的材料说明,金大定元年(宋绍兴三十一年)底至四年(宋隆兴二年)九月,由宋军占据泗州。此次反攻后,宋尝"复取海、泗、唐、邓、陈、蔡、许、汝、嵩、寿等十州",至次年二月,"宋但得四州而已",即海、泗、唐、邓四州(《大金国志》卷16《纪年·世宗圣明皇帝上》,大定二年二月)。隆兴元年正月,宋张浚以枢密使都督江淮诸军,"始(绍兴三十二年)公尝命诸将筑泗州两城,至是而毕,隐然为关塞重镇……(四月)命李显忠出濠州,趋灵壁;邵宏渊出泗州,趋虹县"。五月,两军溃于符离,遂退,然张浚犹"留真、扬,大饬两淮守备,命魏胜守海州,陈敏守泗州"(《晦庵先生朱文公文集》卷95上《少师保信军节度使魏国公致仕赠太保张公(浚)行状上》,四部丛刊初编本)八月,金帅纥石烈志宁挟符离之胜,"以求复海、泗、唐、邓四州地及岁币"(《宋史》卷33《孝宗纪一》,隆兴元年八月戊寅)。二年正月,"昨为南宋所侵地,我已渐取了,止唐、邓、海、泗尚在彼"(《金史详校》卷6《交聘表》大定四年正月丁酉条校文引《御侮录》所载"金帅大怀忠"语)。直至七月,宋命海、泗州撤戍(《宋史》卷33《孝宗纪一》,隆兴二年七月乙巳),准备交割两州。九月十五,金军突然进入泗州,"民有不及南渡者,或刖其足,海州归正人亦多被害"(楼钥《攻媿集》卷92《观文殿学士钱公(端礼)行状》)。泗州遂再次入金。然而,《金史》卷87《仆散忠义传》的一段记载却令人不解:"(忠义)使左副元帅志宁移牒宋枢密使张浚,其略曰:'可还所侵本朝内地……如必欲抗衡,请会兵相见。'宋宣抚使张浚复书志宁曰:'疆场之一彼一此,兵家之或胜或负,何常之有,当置勿道。谨遣官僚,敬造麾下议之。'是时,已复泗、寿、邓州,请隳其城,迁其民于宿、亳、蔡州,上曰:'三州本吾土也,得之则已。'"是时宋方城泗州,即将由此北上恢复,怎么可能已为金有?必是《仆散忠义传》误将次年之事提前至本年。
④ 《宋史》卷38《宁宗纪二》开禧二年四月丁丑、六月丁卯。又岳珂《愧郯录》卷12《开禧复泗州敕》云:"开禧二年六月十七日都省札子泗州官吏军民耆等……"
⑤ 《金史》卷93《仆散揆传》。
⑥ 《昌谷集》卷6《上庙堂书》,文渊阁四库全书本。
⑦ 《金史》卷117《时青传》、卷124《毕资伦传》等谓宋将时青破泗州西城。《时青传》载:"兴定五年正月二十五日夜,青袭破泗州西城。"而《宋史》卷476《叛臣中·李全传上》谓全袭破泗州西城,因当时时青为李全部将。全《传》载,嘉定十二年李全谋袭泗州东城,"时青、夏全咸愿以长枪三千人从"。两年后袭西城,或仍以李全为主将,由时青执行。同年二月(《金史》卷16《宣宗纪下》,兴定五年二月丙子,金"复泗州",李全等仓皇南逃。
⑧ 《金史》卷114《白华传》。按上年李全叛宋,该年(宋绍定四年)正月败死,杨妙真托庇于蒙古,仍割据山东(《宋史》卷476《叛臣中·李全传上》),亦可视作当时的政权之一。

即为宋所据，直至金末天兴二年之后①。

关于泗州之治所，亦极需一辨。泗州于北宋有东、西二城②，二者俱在淮北，距淮仅一里③。两者之间相距极近，故至明初合为一城④，上溯至北宋，两城应是夹汴对峙⑤，两者皆算是州治所在，有本州相关官署及江淮荆浙向京师转运物质的仓廒，然州衙应在东城，欧阳修载：泗州守张某"治常丰仓西门……然后曰：吾亦有所休乎？乃筑州署之东城上，为先春亭"⑥。州守职余所休之处，正应近于州衙。

北宋泗州的奇特之处，还在于倚郭盱眙县所在，与州治分离。不过，亦极近于州，与州隔淮相望。南宋周必大称："盱眙隶泗州，州在淮北，其县治即淮阴，故都梁号淮南第一山。"⑦"淮阴"者，非谓古之淮阴县，而是指淮水之南岸。《清一统志》亦载："在今县东北……《县志》：盱眙故城在县东北盱眙山之麓，淮水之滨。"⑧大体可如此推测泗州及其治所的关系的变化：在唐，州治于淮河北岸之临淮，与淮河南岸的盱眙县相对，故《太平寰宇记》载："南至淮水一里，与盱眙分界。"⑨意指州治临淮县以淮河与盱眙县分界。入宋，临淮县北徙，因盱眙距州甚近，改以盱眙为州治，原临淮县沿淮之地，亦并入盱眙，此后盱眙县之辖境，便兼有淮河两岸之地。但州城与倚郭县城毕竟为淮河所分隔，不相连属，这种情况在宋代甚为罕见。为加强州与倚郭县之联系，北宋于淮上建有浮桥：

> 东坡先生……舟次泗上，偶作词云："何人无事，燕坐空山，望长桥上，灯火闹。使君还。"太守刘士彦，本出法家，山东木强人也。闻之，亟谒东坡云："知有新词。学士名满天下，京师便传。在法：泗州夜过长桥者，徒

---

① 《汝南遗事》卷2，天兴二年八月己卯，哀宗言："今乘困敝，据我寿、泗。"
② 《欧阳修全集》卷39《泗州先春亭记》（景祐三年）："筑州署之东城上，为先春亭，以临淮水而望西山。"秦观有诗题为《泗州东城晚望》，见《淮海集》卷10，徐培均笺注：《淮海集笺注》，上海古籍出版社，2000年。
③ 《太平寰宇记》卷16《河南道十六》"泗州·州境"条："南至淮水一里。"
④ 《嘉庆一统志》卷134《泗州》"古迹·泗州故城"条。
⑤ （清）查慎行：《苏诗补注》（文渊阁四库全书本）卷18《泗州僧伽塔》"泗州"条注："泗州夹河为城，古盱眙县在淮岸北，今城镇淮泗之冲。"所谓"河"者，应即汴河，而所谓"古盱眙县在淮岸北"者，不知"古盱眙"为何代之盱眙也。
⑥ 上引《泗州先春亭记》。
⑦ （宋）周必大：《文忠集》卷19《跋东坡诗帖》（绍熙四年作），文渊阁四库全书本。
⑧ 《嘉庆一统志》卷134《泗州》"古迹·盱眙故城"。
⑨ 上引《太平寰宇记》"泗州·州境"条。

二年,况知州邪?切告收起,勿以示人。"①

此长桥连接淮水两岸,至为紧要,故北宋时甚至立法严禁夜过长桥,足见其受重视之程度②。两宋之交,泗州仍有浮桥以通两岸③,宋军尝驻守此桥,以防敌军南侵。直至绍兴十一年(1141)因和议而割出泗州之前,此桥既是连接州城、倚郭县治之陆路通道,更是连接宋在淮河南、北领土的要冲。

金皇统二年之后,泗州长期成为金之领土,但同时原泗州在淮南的部分,包括原倚郭盱眙县在内,却仍在宋境。按当时金所行之制,府、州置录事司或司候司以掌管州城,虽然大部分府、州仍有倚郭县之置,但州城与倚郭县城之连接更不如宋之前那么紧密。在这种新制之下,泗州虽立于北宋原址,而其新倚郭淮平,则被置于州城以外甚远之处。至于南宋,固然保留了原泗州淮南之地,然州城在北,淮河以南的盱眙、招信等县,便无州、军以统之。为与该地的战略地位和南宋的沿淮防御战线相匹配④,绍兴十一年之后,便先后有天长军、盱眙军、招信军之置。北宋之泗州,至金、南宋期间便以淮为界,分为两个统县政区。而在淮河以北,泗州东、西双城并峙的情况却依然如故,直至金末⑤。

那么,《金志》所称泗州淮平县为"旧盱眙县,明昌六年以宋有盱眙军,故更",当作何解?笔者以为,这是一条错误的记载。若从县境而非县治的角度看,金淮平县为"旧盱眙县"之说勉强可以成立,因北宋废临淮县之后,沿淮而北,亦盱眙县所辖之地。然则其意似就县治而言,谓入金前后,泗州淮北部分

---

① (宋)王明清:《挥麈录》后录卷7"东坡舟次泗上"条,上海书店出版社,2001年。楼钥:《攻媿集》卷73《跋东坡行香子词》(四部丛刊初编本)引此条,"京师便传"之前有"一出则",此为得当。
② 又,宋初曾有马匹渡淮之禁。据《宋会要辑稿》方域13之19:"太宗太平兴国八年九〔月〕,诏:'国家同文共轨,四海一家,方苏归化之人,岂禁代劳之畜?其泗州浮桥,今后应有马经过,不得更有禁止。并下沿淮州军准此。'先是,江浙未平,马有渡淮之禁,至是,用赞善大夫阙衡言,而有是命。"亦可由此见泗州浮桥于沟通南北之重要程度。
③ (宋)吕颐浩:《忠穆集》(文渊阁四库全书本)卷1《上边事备御十策·控浮桥》:"臣契勘泗州、寿春府各有浮桥。除寿春府浮桥因大水漂坏,未曾修治外,朝廷已差兵防守泗州浮桥矣。"
④ (宋)程俱:《北山集》(文渊阁四库全书本)卷36《寄李丞相札子》(建炎元年):"窃闻泗州建府,实为控扼之地。然泗州城在淮北,切恐淮之南岸,不可无城以置仓场库务、军营官府。所有北城,谅须亦有措置。况今已是深夏,不日秋凉,愿惜分阴,如救焚溺。"可以肯定的是,建炎以后,尤其是割出泗州淮北部分的绍兴十二年之后,位于淮河南岸的盱眙,宋军定有大规模的部署以强化防御。
⑤ 隆兴元年北伐前夕,张浚"命诸将筑泗州两城,至是而毕,隐然为关塞重镇"(《少师保信军节度使魏国公致仕赠太保张公(浚)行状上》)。宋嘉定十二年,李全曾策划袭击两城而未能成功:"嘉定十二年十一月,大雨雪,淮水冰合。全请于制府曰:'每恨泗州阻水,今如平地矣,请取东西城自效。'制府遣就盱眙刘琸议,琸集诸将燕会,时青、夏全咸愿以长枪三千人从。夜半度淮,潜向泗之东城,将踏濠冰傅城下,掩金人不备。俄城上荻炬数百齐举,遥谓曰:'贼李三!汝欲偷城耶?'"两年后又有时青袭破金泗州西城之事。

有盱眙县之置,并且一直延续到明昌六年方改县名为"淮平",则为谬说。盱眙县既未尝治于淮北,则与金之淮平县,自然没有直接的传承关系。后者应是金皇统二年之后新置,非与旧盱眙县同地改名而来。此其一。又,当时淮平县治在泗州以西二十里①,虽是倚郭,实未与州城同在一地,其州、县分治之情况,较之北宋更为明显。

至于《清一统志》所谓:"宋绍兴二十一年,泗水地入于金,因析临淮县地,置淮平县,后亦入于金,侨名于盱眙县,为泗州治。明昌六年,改曰淮平。"②则更是不知所云。绍兴二十一年,宋金间并未发生什么变故。而即使是在宋、金有冲突的其他年份——比如绍兴十一年、三十一年——也未出现"泗水地入于金",宋却以更在北面的临淮县分置淮平县的情况。淮平之置,在金不在宋,且不应"侨名"盱眙,明矣。

另外,在宋绍兴末(金大定初)对金反攻及隆兴北伐之时,金之泗州曾经短期徙治。绍兴三十一年十二月,宋复泗州,金守将蒲察徒穆据泗州北境之虹县,"称泗州居之",即暂时侨治泗州于虹县也。至隆兴元年(1163)五月宋军攻陷虹县,徒穆降,"侨置泗州"亦不存于金③。至次年九月泗州再次归金,遂仍复大定以前之治所。

皇统二年,辖县三:淮平、虹、临淮县。泰和八年辖县同。兴定二年,置睢宁、淮滨县。元光二年,废淮滨县。

1. 淮平县

约皇统二年置,倚郭。治今江苏盱眙县西南20里兴隆乡黄岗村一带。

上文已说明,泗州之州、倚郭县其治非在一处,倚郭淮平县,在州西二十里。

2. 虹县

宋虹县,金仍旧,大定元年至四年,泗州曾暂治于此。治今安徽泗县④。

3. 临淮县

宋临淮县,金仍旧。治今江苏泗洪县东南62里临淮镇。

---

① 《嘉庆一统志》卷134《泗州》"古迹·淮平故城"条。
② 《嘉庆一统志》卷134《泗州》"古迹·淮平故城"条。
③ 《文忠集》(文渊阁四库全书本)卷164《龙飞录》:隆兴元年正月"丙辰,盱眙报:富察特默领兵据虹县。特穆,故泗守也,自失其地,即寓宿州,睥睨故疆而不可得,既陷虹县,遂称泗州居之"。特穆"失其地"之时,即在绍兴三十一年宋军攻占泗州之日。当时宋亦尝复虹县,后反为徒穆所据,此所谓徒穆"陷虹县"也。又《宋史》卷33《孝宗纪一》,隆兴元年五月庚子"复虹县,金知泗州蒲察徒穆及同知泗州大周仁降",则自绍兴三十一年底至隆兴五年五月宋北伐之师再次攻陷虹县止,虹县为泗州之治共一年半。
④ 据《嘉庆一统志》卷134《泗州》"建置沿革·泗州"条,清康熙中州城圮,乾隆四十二年以虹县为州治,即今泗县也。

《元丰九域志》载：临淮"在州北六十里"①。《清一统志》谓，该地在清"名临淮旧镇"②，即今泗洪县临淮镇。

（后置）睢宁县

兴定二年置，治今江苏睢宁县③。

（后置）淮滨县

兴定二年置，元光二年废，治今江苏宿迁市东 61 里宿城区屠园乡④。

宿州

宋宿州，保静军节度。金天会七年得之，次年予伪齐⑤，仍为保静军节度⑥。天会十五年复夺之。天眷二年还宋。次年又夺还⑦。皇统二年降为防御，属山东西路。大定三年为宋师所克，旋夺还⑧。大定六年改属南京路。泰和八年为中等防御州⑨。贞祐三年升为保静军节度。天兴元年为国安用所据，同年复归金。三年，入宋。治今安徽宿州市。

至金末天兴元年，宿州曾为国安用所据⑩，而国安用当时为杨妙真、李璮党羽，李璮则附于蒙古。不过，该年国安用以徐、邳、宿三州降金⑪，宿州遂又

---

① 《元丰九域志》卷 5《淮南路·东路》"泗州·临淮县"条。
② 《嘉庆一统志》卷 134《泗州》"古迹·临淮故城"条。
③ 《嘉庆一统志》卷 120《徐州府一》"建置沿革·睢宁县"条，县治所在即清睢宁县，亦今睢宁县。
④ 按《嘉庆一统志》卷 93《淮安府一》"建置沿革·桃源县"条，金末置、废之淮滨县，即元至元十四年以后之桃园县，亦即明、清之桃源县。今为屠园乡。
⑤ 史未详载该年金得宿州之事实。然自上年底李成由宿州叛逃后，宿州即无音讯。而当年二月三日，金人突袭高宗于扬州，高宗继续南奔（见《会编》卷 121《炎兴下帙二十一》建炎三年二月三日条引《维扬巡幸记》）。当此时，宿州应为金人所下，而后未尝恢复。至次年（天会八年）金以其地予伪齐。再次年，刘豫得以"置招受司于宿州"矣（《会编》卷 149《炎兴下帙四十九》，绍兴元年十月二十四日条）。
⑥ 《金史》卷 128《循吏·王政传》："天眷元年，迁保静军节度使。"其时甫废伪齐，而尚未还地与宋，宿州为保静军，应是金沿用伪齐之制也。
⑦ 该年宿州在宋、金之间曾有反复。据《宋史》卷 29《高宗纪六》，绍兴十年闰六月丙戌条载，宋复宿州，知此前宿州曾为金所攻下。同卷绍兴十年八月丁亥条载，"杨沂中自宿州夜袭柳子镇，军溃，遂自寿春府渡淮归，金人屠宿州"。自此，州在金境。
⑧ 大定三年（宋隆兴元年），宋师分两路北伐，分别攻破泗州虹县与宿州灵壁之后，又攻占宿州。然此次宋据宿州，仅有七日，便为金军所败，弃宿州南逃。参《金史》卷 6《世宗纪上》，大定三年五月丙午、癸丑；《宋史》卷 33《孝宗纪一》，隆兴元年五月丙午、甲寅。
⑨ 《金史》卷 121《忠义一·王维翰传》载，约在章宗承安中，维翰"除同知保静军节度使事"。然世宗朝、宣宗初，宿州皆为防御州（可见卷 86《乌延查剌传》、卷 87《纥石烈志宁传》、卷 94《夹谷清臣传》、卷 103《完颜铁哥传》），疑章宗时宿州曾短期升为保静军节度，后复为防御。然无他据，姑置之。
⑩ 《金史》卷 117《徒单益都传》。
⑪ 《金史》卷 17《哀宗纪上》，天兴元年七月乙未；卷 117《国用安传》。

为金军牢牢控制①。其陷落应在天兴三年正月宋蒙合兵攻陷蔡州、金政权灭亡之后。据《元史·地理志》："宿州……金亡，宋复(取)之。"②

天眷三年辖县四：符离、临涣、灵壁、蕲县。泰和八年辖县同。

1. 符离县

宋符离县，金仍旧。倚郭。

2. 临涣县

宋临涣县，金仍旧。治今安徽濉溪县西南63里临涣镇③。

3. 灵壁县

宋灵壁县，金仍旧。治今安徽灵壁县。

4. 蕲县

宋蕲县，金仍旧。治今安徽宿州市南45里蕲县镇。

亳州

宋亳州，集庆军节度。金天会七年得之④。八年，予伪齐。十五年夺还，天眷二年还宋，次年复夺之⑤，隶汴京路。皇统二年降为防御。泰和八年为上等防御州。贞祐三年升为集庆军节度。天兴三年归宋。治今安徽亳州市。

金末天兴元年五月，亳州兵变降蒙，蒙古改为顺天府⑥。然至次年四月，乘降蒙的叛军出征之际，亳州又"反正"归金。八月，叛军复攻占亳州。至天兴三年，终为宋所克⑦。

天眷三年辖县六：谯、鹿邑、卫真、城父、酂、永城县。泰和八年同。兴定五年，以永城升置永州，为亳州支郡，并划酂县隶永州。

---

① 《金史》卷117《国用安传》，天兴元年八月，宿州尚为金守。卷116《蒲察官奴传》，天兴二年，令河北溃军至徐、宿、陈三州就粮。卷113《完颜赛不传》，天兴二年七月，完颜赛不会徐、宿、灵壁兵攻国安用之源州，败还。

② 《元史》卷59《地理志二》"河南江北等处行中书省·河南江北道肃政廉访司·归德府·宿州"条。

③ 《纪要》卷21《南直三》"凤阳府·临涣城"条称，城在宿州"西南九十 里"。"西南"当作"西北"。今之宿州至临涣镇，实距为81里。

④ 据《宋史》卷23《钦宗纪》，靖康元年闰十一月甲辰，金人曾下亳州，时为攻克汴京前夕。次年金人退师，遂弃之。然至天会七年，其周边府、州如应天府、宿州等皆为金军所下，则亳州势不能独完。

⑤ 《会编》卷200《炎兴下帙一百》，绍兴十年五月二十日；《宋史》卷29《高宗纪六》，绍兴十年五月癸巳。两个月后，宋张俊一度收复亳州，然仅越两日而弃之，见《宋史·高宗纪六》，绍兴十年闰六月戊戌、庚子。

⑥ 《金史》卷117《粘哥荆山传》。据《元史》卷2《太宗纪》，太宗四年正月"壬寅，攻钧州，克之，获金将合达，遂下商、虢、嵩、汝、陕、洛、许、郑、陈、亳、颍、寿、睢、永等州"。检《荆山传》，则该年正月挟三峰山之胜东来的蒙军实未尝下亳州，至五月亳州方主动归降。

⑦ 《金史》卷117《粘哥荆山传》、《王宾传》；《中州集》卷7"王亳州宾"。又《元史》卷59《地理志二》"河南江北等处行中书省·河南江北道肃政廉访司·归德府·亳州"条载："亳州……金亡，宋复之"。

1. 谯县

宋谯县,金仍旧。倚郭。

2. 鹿邑县

宋鹿邑县,金仍旧。治今河南鹿邑县西 110 里辛集镇鹿邑城①。

3. 卫真县

宋卫真县,金仍旧。治今河南鹿邑县②。

4. 城父县

宋城父县,金仍旧。治今安徽亳州市东南 62 里城父镇③。

5. 酂县

宋酂县,金仍旧。兴定五年划属永州。治今河南永城市西 47 里酂城镇④。

6. 永城县

宋永城县,金仍旧。兴定五年升置永州。治今河南永城市。

(后置)永州

兴定五年,以亳州永城县升置永州,并划归德府下邑、砀山及亳州酂三县隶之。天兴元年入蒙⑤。治今河南永城市。

辖县四:永城、下邑、砀山、酂县。

颍州

宋顺昌府,顺昌军节度。金天会八年得之,与伪齐。天会十五年夺回。天眷二年还宋,三年复夺之。皇统二年降为颍州,防御。泰和八年为下等防御州。天兴三年陷蒙。治今安徽阜阳市。

天会八年,金克顺昌府⑥。然则此后顺昌之归属颇多反复。当年七月,宋在河南的残余力量立即恢复顺昌⑦。不久,宋复失顺昌于伪齐,九月,齐降府

---

① 《纪要》卷 50《河南五》,"归德府·鹿邑县"条:"(归德)府南百二十里,东至江南亳州百三十里。"
② 《元丰九域志》卷 5《淮南路·东路》"亳州·卫真县"条:"(亳)州西六十里。"即今鹿邑县。
③ 《元丰九域志》卷 5《淮南路·东路》"亳州·城父县"条:"(亳)州东南七十里。"即今城父镇。
④ 《元丰九域志》卷 5《淮南路·东路》"亳州·酂县"条:"(亳)州东八十里。"即今酂城镇。
⑤ 《金史》卷 117《徒单益都传》:天兴元年正月,"徐、邳义胜军总领侯进、杜政、张兴率本军降大兵于永州",则当时永州应为蒙军所陷。
⑥ 《金史》卷 3《太宗纪》,天会八年正月庚申。
⑦ 《宋史》卷 26《高宗纪三》,建炎四年七月乙巳。

为颍州①。天会十年三月,宋复顺昌,旋又失之②。

天眷二年,金以河南地还宋,次年,宋接收颍州,仍升为顺昌府③。天眷三年,金背盟攻河南、陕西地,却在顺昌城下两次败于宋将刘锜④。不过,宋人得胜之后,却作战略上的全面撤退。刘锜旋即得令还镇太平州,从淮北一气退到江南⑤,金人复入顺昌。

颍州再入宋,在正隆六年。该年海陵南征,宋在反攻过程中攻克之⑥。然次年二月,又弃其地于金⑦。

金末,金军守颍州甚固,直至天兴二年六月,颍州尚在金的控制之下⑧。其入于蒙,应在天兴三年正月金亡之后。

天眷三年辖县四:汝阴、颍上、泰和、沈丘县。泰和八年辖县同。元光二年划颍上县隶寿州。

1. 汝阴县

宋汝阴县,金仍旧。倚郭。

2. 颍上县

宋颍上县,金仍旧。元光二年改隶寿州。治今安徽颍上县北31里古城乡⑨。

3. 泰和县

宋泰和县,金仍旧。治今安徽太和县北11里旧县镇⑩。

---

① 《大金国志》卷6《纪年·太宗文烈皇帝四》,天会八年九月九日。《金史》卷77《刘豫传》。此后,在宋则仍称顺昌,在金则称颍州。
② 《宋史》卷27《高宗纪四》,绍兴二年三月。据《会编》卷155《炎兴下帙五十五》,绍兴三年正月,"金人陷顺昌府"。然未见宋人于上年三月后再得之,如何又复失之,更待此时再次收复?疑《会编》此处"顺昌"乃"颍昌"之误。《会编》卷154载,绍兴二年十二月牛皋、李横等收复颍昌府。此无关顺昌事。
③ 《会编》卷195《炎兴下帙九十五》,绍兴九年五月。
④ 《会编》卷200《炎兴下帙 百 》,绍兴十年五月二十六日,卷201《炎兴下帙 百 》,同年六月十一日。
⑤ 《宋史》卷366《刘锜传》。
⑥ 《宋史》卷32《高宗纪九》,绍兴三十一年十一月乙酉;《会编》卷239《炎兴下帙一百三十九》,绍兴三十一年十一月八日。
⑦ 《宋史》卷32《高宗纪九》,绍兴三十二年二月辛亥。
⑧ 《汝南遗事》卷1。据《元史》卷2《太宗纪》,太宗四年正月"下商、虢、嵩、汝、陕、洛、许、郑、陈、亳、颍、寿、睢、永等州",疑其误载,或仅是一时攻克颍州而旋即放弃。
⑨ 《元丰九域志》卷1《京西路·北路》"颍州·颍上县"条:"(颍)州东一百一十七里。"《嘉庆一统志》卷128《颍州府一》"建置沿革·颍上县"条:"在府东南一百二十里。"即今颍上县古城也。
⑩ 《嘉庆一统志》卷128《颍州府一》"建置沿革·太和县"条:"在(颍州)府西北八十里。"即今太和县北旧城。

4. 沈丘县

宋沈丘县，金仍旧。治今安徽临泉县①。

陈州

宋淮宁府，镇安军节度。天会八年降伪齐，降为陈州②。天眷二年金还河南地与宋，宋仍升陈州为淮宁府③。天眷三年，金复夺之④。皇统二年仍降陈州，防御，隶汴京路。正隆六年十一月，海陵南侵之际，陈州降宋⑤。然次年，复为金所取⑥。泰和八年为下等防御州。天兴二年升为金兴军节度。同年陷蒙。治今河南淮阳县。

金末天兴元年，自邓州扑向开封的蒙军攻陷开封南面的陈州，并及"京畿诸邑，所至残毁"⑦。州、县事由是不立。至该年七月，方复立陈州、项城县⑧。不久，"聚流亡数十万口……京城危困之民望而归者不绝，遂指以为东南生路"，陈州亦由此于次年初升为金兴军节度⑨。然而在兵火中复聚的陈州之民，又经历了次年四月的兵变与此后的惨祸。陈州都尉李顺儿叛金，"送款于崔立"⑩。城中人杀顺儿，举城逃蔡，被蒙军追及，杀戮殆尽⑪。金应无陈州矣。当年八月，"命陈、颍军京食于息"⑫，"陈、颍军"者，应是此前从陈、颍跟随哀宗至蔡州之部队，而非当时尚驻于陈、颍者。

天眷三年，辖县五：宛丘、项城、南顿、商水、西华县。泰和八年辖县同。

---

① 《元丰九域志》卷1《京西路·北路》"颍州·沈丘县"条："（颍）州西一百一十里。"即今临泉县。
② 据《会编》卷115《炎兴下帙十五》，建炎二年二月十九日条，金天会六年曾取淮宁府，焚掠而去，府复为宋守。至天会八年，淮宁府终降伪齐（《大金国志》卷5《纪年·太宗文烈皇帝三》，天会八年九月。然《会编》卷143及《宋史》卷26《高宗纪三》系于该年十月），伪齐降府为陈州（《大金国志》卷6《纪年·太宗文烈皇帝四》，天会八年九月九日；《金史》卷77《刘豫传》）。
③ 《会编》卷195《炎兴下帙九十五》，绍兴九年五月。
④ 据《宋史》卷29《高宗纪六》，绍兴十年五月，金人入陈州（《会编》卷201《炎兴下帙一百一》，绍兴十年六月十一日条引杨汝翼《顺昌战胜破贼录》，载此事在五月十八日）。闰六月，为岳飞所逐（《宋史》卷29《高宗纪六》，绍兴十年闰六月丙申；《会编》卷204《炎兴下帙一百四》，绍兴十年闰六月二十四日）。然次月，宋军班师南归，遂弃陈州与金（《宋史》卷29《高宗纪六》，绍兴十年七月壬戌）。
⑤ 《宋史》卷32《高宗纪九》，绍兴三十一年十一月癸酉。《会编》卷247《炎兴下帙一百四十七》则系于同年十二月十五日。
⑥ 《宋史》卷32《高宗纪九》，绍兴三十二年三月戊午。
⑦ 《归潜志》卷11《录大梁事》。
⑧ 《金史》卷117《国用安传》。应是旧州、县已残破，当时皆重建于异地。
⑨ 《金史》卷119《粘葛奴申传》。
⑩ 《金史》卷18《哀宗纪下》，天兴二年四月庚寅。
⑪ 《金史》卷119《粘葛奴申传》。
⑫ 《汝南遗事》卷3，天兴二年八月丁酉。

1. 宛丘县

宋宛丘县,金仍旧。倚郭。

2. 项城县

宋宛丘县,金仍旧。治今河南沈丘县①。

3. 南顿县

宋南顿县,金仍旧。治今河南项城市西15里南顿镇②。

4. 商水县

宋商水县,金仍旧。治今河南商水县③。

5. 西华县

宋西华县,金仍旧。治今河南西华县④。

蔡州

宋蔡州,淮康军节度。金天会八年克之⑤。予伪齐⑥。天会十五年夺还。天眷二年以地还宋。三年,又克之⑦,仍为蔡州,皇统二年降为防御。正隆六年,宋向河南全面反攻,两度入据蔡州,大定二年又失之⑧。泰和六年宋北伐,又曾攻占蔡州一部(州治未下),旋即复被逐出⑨。泰和八年升为镇南军节度。天兴二年,哀宗迁于蔡州。天兴三年陷蒙。治今河南汝南县。

正大八年三峰山之役后,蒙军席卷东来,"略定河南,诸郡皆降,惟汴京、归

---

① 《元丰九域志》卷1《京西路·北路》"陈州·项城县"条:"(陈)州东南七十里。"
② 《太平寰宇记》卷10《河南道十·陈州》"南顿县"条:"(陈州)南七十里。"即今项城市南顿镇。
③ 《太平寰宇记》卷10《河南道十·陈州》"商水县"条:"(陈州)西南八十里。"《元丰九域志》卷1《京西路·北路》"陈州·商水县"条所载同。《嘉庆一统志》卷191《陈州府一》"建置沿革·商水县"条:"在(陈州)府西南七十里。"同卷"古迹·澺水故城"条:"即今商水县治……隋置县,宋改今名。"亦即今商水县。
④ 《元丰九域志》卷1《京西路·北路》"陈州·西华县"条:"州西八十里。"《嘉庆一统志》卷191《陈州府一》"建置沿革·西华县"条:"在(陈州)府西北八十里。"今西华县也。
⑤ 据《金史》卷3《太宗纪》,天会六年二月癸亥条,金军克蔡。同月癸未,金弃蔡州,并迁其民于河北。宋人遂得再入据。据《大金国志》卷5《纪年·太宗文烈皇帝三》,天会七年十月条,金军即攻蔡州而为宋军所败。直至八年二月宋弃蔡州(《会编》卷137《炎兴下帙三十七》,建炎四年二月十九日),金人方得据有之,旋与伪齐。
⑥ 至天会十四年(宋绍兴六年,伪齐阜昌七年),岳飞率军北伐,攻克蔡州。不久,因孤军无援而退。州复入伪齐。见《宋史》卷28《高宗纪五》,绍兴六年八月、九月壬午。
⑦ 天眷三年五月,金兴师南侵,夺还蔡州。至六月,州又为岳飞军所得。次月,岳飞突然班师,又弃其地于金矣。见《宋史》卷28《高宗纪五》,绍兴十年六月、七月壬戌。
⑧ 《宋史》卷32《高宗纪九》,绍兴三十一年十月丙寅,"赵撙复蔡州";十一月癸酉,"赵撙引兵去蔡州,南渡";十二月己亥朔,"赵撙夜袭蔡州,复入其城";三十二年二月乙丑,"赵撙弃蔡州"。
⑨ 《金史》卷122《纥石烈鹤寿传》:"六年,宋人围蔡州……迟明,宋人解围去……已而,宋兵复据新蔡、新息、襃信三县,鹤寿皆复取之。"

德、蔡州未下"①。其至在金政权存在的最后两年中，蔡州仍得以保全。在汴京无法安身的哀宗，遂于天兴二年六月迁蔡②。蒙军蹑其踪而来，于当年十月，会同宋军合围蔡州③。天兴三年正月己酉，蔡州破，金亡④。

天眷三年辖县十：汝阳、遂平、上蔡、西平、确山、平舆、新息、真阳、褒信、新蔡县。泰和八年，以新息、真阳、褒信、新蔡四县置息州，仍为蔡之支郡。蔡州统支郡一：息州。辖县六：汝阳、遂平、上蔡、西平、确山、平舆县。

1. 汝阳县

宋汝阳县，金仍旧。倚郭。

2. 遂平县

宋遂平县，金仍旧。治今河南遂平县。

3. 上蔡县

宋上蔡县，金仍旧。治今河南上蔡县。

4. 西平县

宋西平县，金仍旧。治今河南西平县。

5. 确山县

宋确山县，金仍旧。治今河南确山县。

6. 平舆县

宋平舆县，金仍旧。治今河南平舆县。

息州

泰和八年置息州，刺史，为蔡州支郡。天兴三年陷蒙⑤。治今河南息县。

辖县四：新息、真阳、褒信、新蔡县。

1. 新息县

宋新息县，金仍旧。初属蔡州，泰和八年建息州，为倚郭。

---

① 《元史》卷119《木华黎传附孙塔斯》。
② 《金史》卷18《哀宗纪下》，天兴二年六月己亥。金末迁蔡后所存时间虽短，然其间蔡州亦尝有某些类似京城的机构。据卷110《李献甫传》："天兴元年，充行六部员外郎……以功迁镇南军节度副使、兼右警巡使，死于蔡州之难。"献甫以蔡州（镇南军）之副职兼任"右警巡使"，应在次年六月哀宗迁蔡之后。"警巡使"，是主管京城行政与治安之机构，当时蔡州以"车驾"所在，故仿京城，有左、右警巡使之建置也。
③ 《金史》卷18《哀宗纪下》：天兴二年九月"辛亥，大元兵筑长垒围蔡城"。《宋史》卷41《理宗纪一》，绍定六年十月，"江海领襄军从大元兵合围金主于蔡州"。
④ 《金史》卷18《哀宗纪下》；(元) 杨弘道：《小亨集》(文渊阁四库本)卷6《祭刘副总管文》。
⑤ 按《金史》卷119《完颜娄室传》，天兴三年正月"十三日，举城南迁，宋人焚州楼橹。州人老幼渡淮南行，入罗山，委曲之信阳。北兵见火起，追及之，无有免者"。知息州官民南迁降宋，其地未入宋。

2. 真阳县

宋真阳县,金仍旧。初属蔡州,泰和八年来隶。治今河南正阳县。

3. 褒信县

宋褒信县,金仍旧。初属蔡州,泰和八年来隶,治今河南息县东北65里包信镇①。

4. 新蔡县

宋新蔡县,金仍旧②。初属蔡州,泰和八年来隶。治今河南新蔡县。

郑州

宋郑州,奉宁军节度,金天会六年克之③,八年,予伪齐。十五年夺回。天眷二年以地与宋,三年复夺还④,仍旧。皇统二年降防御。泰和八年为中等防御州。天兴元年陷蒙⑤。治今河南郑州市。

天眷三年辖县七:管城、荥阳、密、河阴、荥泽、氾水、原武县。泰和八年辖县同。贞祐三年,割原武县属延州。四年,改管城县名为故市县。

1. 管城县

宋管城县,金仍旧。贞祐四年更名故市⑥。倚郭。

2. 荥阳县

宋荥阳县,金仍旧。治今河南荥阳市。

3. 密县

宋密县,属河南府。金仍为密县,改属郑州。治今河南新密市。

---

① 《纪要》卷50《河南五》"汝宁府·褒信城"条:"在(息)县东北七十里……元省为镇。"汝宁府,即金蔡州。"包信"即"褒信"。

② 新蔡曾于伪齐时置临汝军,天眷二年,宋仍废军为新蔡县。见李昌宪:《试论伪齐国的疆域与政区》,《中国史研究》2007年第4期,第152页。

③ 早在天会四年十一月,金军初次攻克郑州(《金史》卷3《太宗纪》,天会四年十一月乙亥条,《大金国志》卷4《纪年·太宗文烈皇帝二》系此事于同年闰十一月)。此后,此州在宋、金双方间数度易手:天会四年金军下郑州不久,或旋即弃之,故宋人得以入守。俟天会五年十二月,再为金人攻陷(《会编》卷114《炎兴下帙十四》,建炎元年十二月八日;《宋史》卷25《高宗纪二》系于次年即建炎二年正月辛丑)。天会六年二月,为金人占据不久的郑州又"叛入于宋",然即刻又为金军所下(《金史》卷3《太宗纪》,天会六年二月癸未)。至此尘埃落定,郑州入金。

④ 按《金史》卷77《宗弼传》,天眷三年五月,"河南平",金夺郑州。同年闰六月,宋岳飞复郑州,七月岳飞班师,郑州仍归金有(《宋史》卷29《高宗纪六》,绍兴十年六月丁酉、七月壬戌)。

⑤ 《金史》卷17《哀宗纪上》,开兴元年正月甲午。《元史》卷2《太宗纪》,太宗四年正月甲午。

⑥ 《金志》:管城,"贞祐四年更名故市"。据《元一统志》卷2《河南江北等处行中书省》"汴梁路·建置沿革·郑州·管城县"条:"管城县……金贞祐二年……改县为洧州。又作故市县。至国朝戊戌岁复立郑州,仍为管城县,在郭。"其意似为贞祐二年改郑州为洧州,其后复改管城县为故市县,至金亡四年之后的1238年,复改州、县为原名。然则《金史》、《元史》等多载及郑州而未见洧州。故仍从《金志》,仅录其改县名之事。

4. 河阴县

宋河阴县,属孟州。金仍为河阴县,改属郑州。治今河南荥阳市东北40里广武镇霸王城一带①。

5. 荥泽县

宋荥泽县,金仍旧。治今河南郑州市西北37里古荥镇郑庄②。

6. 汜水县

宋汜水县,属孟州。金仍为汜水县,改属郑州。治今河南荥阳市西35里汜水镇。

7. 原武县

宋原武县,金仍旧。贞祐三年,划属延州。治今河南原阳县西南35里原武镇。

许州

宋颍昌府,忠武军节度。金天会六年克之③。八年,予伪齐,齐降府为许州,昌武军节度④。十五年夺回⑤。天眷二年以地与宋,宋仍改许州为颍昌府⑥。三年,复夺还⑦。皇统二年复降为许州,昌武军节度。正隆六年海陵南侵,宋军反击,于是年底得颍昌府,大定二年仍为金夺回⑧。泰和八年为下等

---

① 《元丰九域志》卷1《京西路·北路》"孟州·河阴县"条:"州东北一百六十二里"。然据《嘉庆一统志》卷187《开封府二》"古迹·河阴故城"条:"在荥泽县西。"明荥泽,今郑州古荥镇。而《纪要》卷47《河南二》"开封府·河阴旧城"条,金河阴县"在(明河阴)县东"。明河阴县,今荥阳广武镇。知金代河阴在今广武镇以东,古荥镇以西,且当汴河口(上引《嘉庆一统志》"河阴故城"条),约在今近黄河之霸王城一带。而《元丰九域志》所载里距,与实际里距似相差甚远。

② 《嘉庆一统志》卷187《开封府二》"古迹·荥泽故城"条:"在今荥泽县北五里。"则应在今之古荥镇北五里求之,故定于郑庄。

③ 据《会编》卷72《靖康中帙四十七》,靖康元年十二月十六日条,天会四年,金军克汴城之后,又下颍昌府。旋弃去。至天会六年,复陷颍昌(《宋史》卷25《高宗纪二》,建炎二年正月)。天会八年,宋一度收复颍昌(《大金国志》卷5《纪年·太宗文烈皇帝三》,天会八年四月)。寻又失之。

④ 降府为州,事见《金史》卷77《刘豫传》。又《会编》卷181《炎兴下帙八十一》,绍兴七年十一月十一日条载"天会十五年十一月日金房废齐后差除",有"伪齐户部员外郎韩元英许州节度副使",知伪齐时许州为节镇。

⑤ 其间,宋军又曾于天会十年收复颍昌(《宋史》卷27《高宗纪四》,绍兴二年正月甲子;《会编》卷154《炎兴下帙五十四》系于绍兴元年十二月一日)。然再度陷失于援助伪齐的金军(《宋史》同卷,绍兴二年三月己巳)。

⑥ 《会编》卷195《炎兴下帙九十五》,绍兴九年五月。

⑦ 天眷三年五月,州复陷金,闰六月又为宋夺回(《宋史》卷29《高宗纪六》,绍兴十年闰六月壬辰;《会编》卷204《炎兴下帙一百四》,绍兴十年闰六月二十日)。七月宋军班师,仍归金有。

⑧ 《金史》卷87《纥石烈志宁传》。又见《大金国志》卷16《纪年·世宗圣明皇帝上》,大定二年二月,"正隆之渝盟也,宋复取海、泗、唐、邓、陈、蔡、许、汝、嵩、寿等十州。至是,宋但得(海、泗、唐、邓)四州而已"。

节度州。开兴元年陷蒙①。治今河南许昌市。

天眷三年,统支郡一:颍顺军。辖县六:长社、郾城、长葛、临颍、郏、舞阳县。皇统二年,郏城县割隶汝州。大定二十二年,升颍顺军为颍顺州。二十四年,改颍顺州为钧州。泰和七年,襄城县自汝州来属。八年,割舞阳隶裕州。许州统支郡一:钧州。辖县五:长社、郾城、长葛、临颍、襄城县。

1. 长社县

宋长社县,金仍旧。倚郭。

2. 郾城县

宋郾城县,金仍旧。治今河南漯河市郾城区。

3. 长葛县

宋长葛县,金仍旧。治今河南长葛市东北13里老城镇。

4. 临颍县

宋临颍县,金仍旧。治今河南临颍县。

5. 襄城县

宋襄城县,属汝州。金仍旧。泰和七年,改隶许州。治今河南襄城县。

钧州

宋阳翟县,伪齐升为颍顺军②,金天会十五年夺回。天眷二年还宋。三年,复夺得,隶汴京路,为许州支郡。大定二十二年,升为颍顺州,刺史。二十四年改名钧州,仍为许州支郡。泰和八年为中等刺史州。开兴元年陷蒙③。治今河南禹州市。

天眷三年,辖县二:阳翟、新郑县。泰和八年同。

1. 阳翟县

宋阳翟县,隶颍昌府。金仍为阳翟县,划归颍顺军,倚郭。

2. 新郑县

宋新郑县,隶郑州。金仍为新郑县,改属颍顺军。治今河南新郑市。

---

① 据《金史》卷17《哀宗纪上》,开兴元年正月庚戌,及《归潜志》卷11《录大梁事》,许州兵变,以城降蒙。
② 天会十一年,宋军一度占领颍顺军,旋退出。见《宋史》卷27《高宗纪四》,绍兴三年正月庚申。至三月己巳,李横败走,颍顺应于此时复归伪齐。
③ 《金史》卷17《哀宗纪上》,开兴元年正月丁酉,"大元兵及两省军战钧州之三峰山,两省军大溃,合达、陈和尚、杨沃衍走钧州,城破,皆死之"。

邓州

宋邓州,武胜军节度。金皇统二年得之①,仍旧,隶汴京路。正隆六年,宋军攻占邓州,旋弃去②。同年复攻克③。大定二年,宋军弃城退走④。大定三年,宋复袭得邓州,至大定五年,方据新定和议,再割邓州入金⑤。天兴二年降宋⑥。治今河南邓州市。

皇统二年,统支郡一:唐州。辖县三:穰城、南阳、内乡县。泰和八年,置裕州,来隶。统支郡二:唐州、裕州。辖县同皇统二年。正大三年,以南阳置申州,又置新野、顺阳、淅川三县隶邓州。

据《元史·地理志》,金末邓州"领穰县、南阳、内乡、淅川、顺阳五县。元初以淅川、顺阳省入内乡"⑦。这与《金志》所反映的迄金亡邓州仍仅三县的情况是大不相同的。在两处记载之中,应以《元志》为可信。因据《宋史》记载,金天兴二年邓帅移剌瑗降宋之时,辖下共"县五,镇二十二"⑧。虽未具载县名,但可以肯定的是,除穰城、内乡二旧县之外,有新野、顺阳、淅川三新置之县。后三者不仅见

---

① 金初曾多次攻打邓州,皆为宋所夺还。《金史》卷3《太宗纪》,天会六年正月丙戌朔,"银术可取邓州";二月癸未,"迁洛阳、襄阳、颍[颖]昌、汝、郑、均、房、唐、邓、陈、蔡之民于河北"。《会编》卷115《炎兴下帙十五》建炎二年正月二十七日条亦称,"焚邓州,尽城北迁"。金弃其城而去矣。邓复为宋守。至天会十一年,伪齐曾攻陷邓州(《会编》卷155《炎兴下帙五十五》,绍兴三年六月十八日)。次年七月,岳飞复取之(《宋史》卷27《高宗纪四》,绍兴四年七月壬戌)。直至皇统二年,方据和议划淮为界,邓州遂由宋入金(《会编》卷208《炎兴下帙一百八》,绍兴十二年正月)。
② 《宋史》卷32《高宗纪九》,绍兴三十一年十月丁巳,"武钜遣将荀琛复邓州"。然十一月宋将昝朝复攻占邓州,知其间宋曾弃邓州。
③ 《会编》卷246《炎兴下帙一百三十九》,绍兴三十一年十二月一日,"吴拱等收复邓州……十二月六日,番贼弃城逃遁,收复邓州了当";七日,"金人知邓州录事高通以邓州来归"。《宋史》卷32《高宗纪九》系于同年十二月甲辰(六日)。
④ 《会编》卷239《炎兴下帙一百三十九》,绍兴三十一年十一月十六日条引"京西王宣军统制赵晟录到京西战功":三十二年闰二月"十五日,降旨班师,星夜起发邓州"。
⑤ 大定三年,纥石烈志宁尚"以书求海、泗、唐、邓四州地"于宋(《宋史》卷33《孝宗纪一》,隆兴元年八月戊寅),足见邓州已于该年八月以前为宋所得。据《会编》卷239《炎兴下帙一百三十九》,绍兴三十一年十一月十六日条引"京西王宣军统制赵晟录到京西战功":"隆兴元年,王宣除荆南都统制,替李道。参知政事汪澈督视襄阳军马,宣按边,经由邓州南阳县鸦路取鲁山,攻汝州,破城"。宋再得邓州,当在王宣由鸦路取汝州之前。至大定四年正月,唐、邓、海、泗州仍在宋(《金史》卷61《交聘表中》)。隆兴二年,孝宗"命虞允文弃唐、邓,允文不奉诏",宋仍据有邓州(《宋史》卷33《孝宗纪一》,隆兴二年六月壬申)。最终于"乾道间奉旨割唐、邓与虏人"(上引《会编》卷239引"京西王宣军统制赵晟录到京西战功"),应是指隆兴二年所定和议规定邓州仍归金,在下一年才最终实施,正式交割。
⑥ 《金史》卷118《武仙传》,天兴二年五月,金邓州守将移剌瑗以州降宋。
⑦ 《元史》卷59《地理志二》"河南江北等处行中书省·河南江北道肃政廉访司·南阳府·邓州"条。
⑧ 《宋史》卷412《孟珙传》。

之于《元志》，且屡见于《金史·武仙传》①。《宋史·孟珙传》更有"金顺阳令李英以县降"之记载。至于此三县建置之时，应正与正大三年以南阳置申州同时。邓州为南界重镇，然仅辖三县，南阳割出之后，更仅余二县，几不成州，故置新野等三县以隶之，此三县者，皆前代已有而后省废者，置县自有一定的基础。

1. 穰城县

宋穰县，金皇统二年改为穰城县。倚郭。

2. 南阳县

宋南阳县，金仍旧。正大三年升置申州，仍为邓州支郡。治今河南南阳市。

3. 内乡县

宋内乡县，金仍旧。治今河南西峡县。

(后置)新野县

正大三年置。治今河南新野县。

(后置)顺阳县

宋顺阳县。金皇统二年省。正大三年复置。治今河南淅川县②。

(后置)淅川县

宋淅川县。金皇统二年省。正大三年复置。治今河南淅川县南50里马蹬镇③。

唐州

宋唐州，团练。皇统二年得之④，降为军事，隶汴京路，为邓州支郡。正隆

---

① 《金史》卷118《武仙传》："徙军邓州，仰给于邓州总帅移剌瑗。邓州仓廪亦乏，乃分军新野、顺阳、淅川就食民家……仙自顺阳入邓州……还顺阳……邓州粮尽，瑗终疑仙。五月，瑗举城降宋。嵩之益知仙军虚实，使孟珙率兵五千袭仙军于顺阳……孟珙虽败仙去，仙惧宋兵复来，七月，徙淅川之石穴。是时，哀宗在蔡州，遣近侍兀颜责仙赴难……众未及应，即令戒行李。取淅川溯流而上。"知天兴中顺阳、淅川二县实是武仙的势力范围。

② 《纪要》卷51《河南六》"南阳府·顺阳城"条："(淅川)县东北三十里……金省入穰县，仍曰顺阳镇。……《括地志》云：顺阳在穰西一百四十里。"按此里距，其地即今淅川县。《元丰九域志》卷1《京西路·南路》"邓州"条：淅川县，邓"州西二百里"；顺阳县，"州西南一百二十里"。无论往正西还是西南，百二十里、二百里皆已远逾邓州界，疑淅川当作"州西百里"，顺阳则应在"州西(北)百二十里"。

③ 《嘉庆一统志》卷211《南阳府二》"古迹·淅川故城"条："在今淅川县东三十里……金天兴二年，武善(仙)自顺阳徙治淅川，元初省入内乡。明成化六年，始移今治……《县志》：淅川故城，今名马蹬城。"明成化六年后淅川县，今老城镇也。马蹬镇在其东南近四十里，应即"淅川故城"即金淅川县治也。

④ 金天会六年首次攻克唐州，旋弃去，见《会编》卷115《炎兴下帙十五》，建炎二年二月"三日陷唐，十八日陷蔡，十九日陷陈州，焚掠而去"。又据《金史》卷3《太宗纪》，天会六年二月癸未，"迁洛阳、襄阳、颍[颍]昌、汝、郑、均、房、唐、邓、陈、蔡之民于河北"。尽俘其民北去，则其初未尝试图久据也。天会十一年至十四年，伪齐又两度攻下唐州而复失之。《大金国志》卷6《纪年·太宗文烈皇帝四》，天会十一年十月，"邓、随、襄、郢、唐、信阳皆入伪齐"。次年五月，岳飞收复唐州(《会编》卷159《炎兴下帙五十九》，绍兴四年五月)。天会十四年四月，伪齐复陷唐州(《宋史》卷28《高宗纪五》，绍兴六年四月甲辰)，至迟在当年十一月伪齐南侵失败、退师之时，又为宋所得，惜未见乎史。直至绍兴十二年，方据和议割入金，见《会编》卷208《炎兴下帙一百八》，绍兴十二年正月。

六年,宋夺之。大定五年,复还与金。二十二年改为刺史。泰和八年为中等刺史州。金末天兴二年,宋军克唐州①。治今河南唐河县。

在正隆—大定初的宋、金战争中,唐、邓归属亦略同,然唐州入宋境的时间甚至比邓州还长。唐、邓同于绍兴三十一年(1161,金正隆六年)十月为宋所取,弃去后又于十一月袭得,三十二年(金大定二年)闰二月又弃邓州,"班师,由邓至唐",则当时唐州未为宋放弃,且成为中路军北进的前沿基地。直至乾道元年(1165,金大定五年),方根据隆兴二年(金大定四年)的和议再割与金②。

皇统二年辖县五:泌阳、湖阳、比阳、桐柏、方城县。泰和八年升方城置裕州。唐州辖县四:泌阳、比阳、湖阳、桐柏县。贞祐元年废湖阳县。兴定五年废桐柏县。

1. 泌阳县

宋泌阳县,金仍旧。倚郭。

2. 比阳县

宋比阳县,金仍旧。治今河南泌阳县③。

3. 湖阳县

宋比阳县,金仍旧。贞祐元年废。治今河南唐河县南65里湖阳镇④。

4. 桐柏县

宋桐柏县,金仍旧。兴定五年废。治今河南省桐柏县。

《金志》:"大定十年始置正官,兴定五年六月废。"之所以如此,因其地偏远贫穷,故其民事略。因其地近宋,故军务重。未"置正官"者,疑以军官兼理民事。

裕州

宋方城县,隶唐州。金初仍旧。泰和八年升置裕州,刺史,为邓州支郡。

---

① 《金史》卷18《哀宗纪下》,天兴二年八月乙酉。
② 《会编》卷239《炎兴下帙一百三十九》,绍兴三十一年十一月十六日条引"京西王宣军统制赵晟录到京西战功":"乾道间奉旨割唐、邓与虏人。"
③ 《纪要》卷51《河南六》"南阳府·比阳废县"条:"即今(唐县)治……天祐三年,朱全忠徙州治泌阳,而以比阳县属焉。宋、金因之。元至元三年,复移州治比阳,以泌阳县省入,而改比阳为泌阳县。明初省县入州,又改州为县。"
④ 《纪要》卷51《河南六》"南阳府·湖阳城"条:"(唐)县南九十里。"较今之里距过远。

且割汝州叶县、许州舞阳县隶之。正大四年升为防御。天兴元年陷蒙①。治今河南方城县。

金末杨弘道《裕州防御使题名记》载：

> 泰和六年，晋既渝盟，沿淮上下，增益屯戍。于是改曰裕州，置刺史。国制，刺史职五品，受约束于大镇，而不得专。是州县之名虽殊，其施为举措亦无以大异。今主上即位之四年，有司再以为言，乃更刺史为防御使，首以某官莅之……至大五年五月五日，淄川杨某记。②

该《题名记》较详细地记载了升置裕州及升为防御的原因与过程，然有数处需要说明。其一，所谓"晋"者，即指宋也，以南北朝况宋—金耳。其二，《题名记》述泰和六年之事，是指明泰和六年战争对升置裕州一事的影响，并不证明建州亦在泰和六年。而对置州始末之阐述，亦可用以驳斥《元一统志》裕州置于泰和二年③之说。其三，最需指明的是，文末纪年曰"至大"，是一个离奇的错误。按弘道生活于金元之际，据《小亨集》文渊阁四库本提要，其在正大元年（1224）已仕于金，后辗转于宋、蒙之间，然则无论如何，其迟至元至大五年（1312）方作此《记》，可谓骇人听闻。其文中既论泰和事，又谈金代刺史、防御制度，此《记》之作，无疑亦是金末，"至大"应是"正大"之误④。由刺史而防御，则自为一镇，不再"受约束于大镇"矣。此后，则"裕州防御使"见载多矣⑤。

泰和八年后，辖县三：方城、叶、舞阳县。

1. 方城县

宋方城县，隶唐州，金初仍旧。泰和八年置裕州，为倚郭。

2. 叶县

宋叶县，隶汝州，金初仍旧。泰和八年置裕州，来属。治今河南叶县西南

---

① 据《金史》卷112《移剌蒲阿传》，正大九年（1232）正月蒙军由宋境均、房而来，路经申、裕二州，皆降之。同月三峰山之战以后，大约蒙军主力继续向东，金将复入守裕州。然同年十一月，裕州复降蒙矣（《金史》卷118《武仙传》）。
② 杨弘道：《小亨集》卷6。
③ 《元一统志》卷3《河南江北等处行中书省》"南阳府·建置沿革·裕州"条及同卷"方城县"条。
④ 王颋《完颜金行政地理》"裕州"条径改"正大"（第266页），是。
⑤ 《金史》卷118《武仙传》载：天兴元年十一月，"沈丘尉曹政承制召兵西山，裕州防御使李天祥不用命，政斩之以徇"。卷120《外戚·徒单四喜传》：天兴二年正月汴京崔立之变，有"（陈州门）门帅裕州防御使阿不罕斜合"。杨弘道《小亨集》卷2《赠裕州防御》："皇帝二载岁乙酉，八月花川堕天狗（原注：田瑞据巩州反）……借筹功大克渠魁，失马过轻伤利口（原注：防御时为行省郎中，陕西和买马在巩州，城降，多为将士掠取之，坐此而罢）"此诗追溯了正大之初"裕州防御"的功绩，而作诗之时，自然应在正大四年之后。

31里旧县乡①。

3. 舞阳县

宋舞阳县,隶颍昌府,金初仍旧,隶许州。泰和八年置裕州,来属。治今河南舞阳县②。

(后置)申州

正大三年以南阳县升置申州,并置镇平县以隶之。天兴二年降宋③。治今河南南阳市。

按申州之置,《金志》无载。然《元史·地理志》称,南阳县"金升为申州"④。《宋史》载,金天兴二年,移剌瑗以邓州降宋,于是"申州安抚张林"亦降⑤。元好问所作夹谷土剌《神道碑铭》载:"(正大)三年,召为户部郎中。初置申州,辍公为刺史。"⑥施国祁曾列举了数位金末任职于申州者,足证此州为金末正大中所置,且指出镇平县亦南阳升置申州之时所置⑦。

辖县二:南阳、镇平县。

镇平县

正大三年置。治今河南镇平县。

陕州

宋陕州保平军节度。金天会八年得之,予伪齐。天会十五年夺还,天眷二年归宋。皇统元年,再入金,次年降为防御,隶汴京路。大定元年十一月,宋军再克陕州⑧,大定二年二月,金复取之⑨。泰和八年为下等防御州。贞

---

① 《嘉庆一统志》卷211《南阳府二》"古迹·叶县故城"条:"在今叶县南三十里,名旧县店……元至元中,移治昆阳,而此城废。"
② 《嘉庆一统志》卷211《南阳府二》"古迹·舞阳故城"条:"金时又移今治。"
③ 前此曾于正大九年正月陷蒙(见《金史》卷112《移剌蒲阿传》)。后蒙军东进,申州复为金守。至天兴二年七月遂降宋矣(《宋史》卷412《孟珙传》)。
④ 《元史》卷59《地理志二》"河南江北等处中书省·河南江北道肃政廉访·南阳府"条。
⑤ 《宋史》卷412《孟珙传》。
⑥ 《遗山先生文集》卷20《资善大夫武宁军节度使夹谷公神道碑铭》。
⑦ 《金史详校》卷3上:"房周卿、齐寿之、张昉亦刺申州,王国纲、王鄂皆同知申州。西夏王立之,申州人。《蒲阿传》:申、裕两州已降元。《郭德海传》:癸巳取申、唐二州。又《合达传》:会大军于镇平。又宋《理纪》,淳祐五年四月,钤辖王云袭邓州镇平县。"
⑧ 《金史》卷6《世宗纪上》,大定元年(即正隆六年,海陵见弑于两日前)十一月丁酉。《宋史》卷32《高宗纪九》,绍兴三十一年十一月丙戌。
⑨ 《金史》卷6《世宗纪上》,大定二年二月丁巳。

祐二年升为西安军节度①。天兴二年降蒙。治今河南三门峡市城区西北陕县老城。

金首次下陕州，在天会五年四月②。旋即退出，于天会六年二月复取之③。次月，复为宋所夺④。天会八年正月金又下陕州⑤，同年入伪齐之境。天眷二年还地与宋，三年复兴兵夺之。然而宋军对陕州的守御却是异常强固，天眷三年，曾击退金军的两次进犯⑥。是后弃去，然于皇统元年又入据，同年又弃去⑦。

陕州的重要，是因其负有守御潼关以东关洛通道之责。金末，蒙军先于贞祐四年由陕西"过潼关，出陕州，由三门、集津渡河北去"。虽未由陕州向东攻打河南，但却使金廷大为惊恐，自此大力强化潼关的防御，尽布精锐于潼关—陕州一带⑧。直至开兴元年正月，蒙军成功绕道宋境，突入河南。金之重兵被迫撤守潼关，空群南下，与蒙军决战。然而，"蒙军知潼关焚弃，长驱至陕"⑨，自此得以在陕西、河南之间自由出没。而陕州亦于次年二月降蒙⑩。九月，新任陕州行省完颜仲德再立州事于山寨⑪。十一月，金河解元帅赵伟兵变，劫杀

---

① 《金史·地理志》未载金末陕州之节度军额。据卷113《完颜赛不传》："(兴定二年)四月，进兼西南等路招讨使、西安军节度使、陕州管内观察使。"又卷104《乌林答与传》："贞祐二年，知东平府事、权宣抚副使。改西安军节度使……坐前在陕州市物亏直，降郑州防御使。"西安军显然即陕州之军额。
② 《金史》卷3《太宗纪》，天会五年"四月乙酉，克陕府，取虢州"。
③ 《会编》卷115《炎兴下帙十五》，建炎二年二月。
④ 《宋史》卷25《高宗纪二》，建炎二年三月。
⑤ 《会编》卷136《炎兴下帙三十六》，建炎四年正月十四日。
⑥ 《宋史》卷29《高宗纪六》，绍兴十年十月"辛卯，金人犯陕州，吴琦率兵迎击，败之"；"十一月丁未，金将合喜复犯陕州，吴琦击却之"。
⑦ 《宋史》卷29《高宗纪六》，绍兴十一年九月壬子，宋将郭浩"入陕州"；癸亥，"(吴)璘自腊家城受诏班师，杨政、郭浩皆引军还"；十月，"邵隆复陕州"。自上年十一月之后，宋弃陕州不知在何时。而九十月间，先取陕州，弃之，又取之，因主持者不一也。郭浩刚刚调任金州，由此北上入陕西(见《宋史》卷367《郭浩传》、《杨政传》)，先下华州，再入陕州。而邵隆则于商州近十年，此次由商州北进，先取虢，后入陕，两者出发地、终点相近，但邵隆与郭浩军非同部，受班之诏影响不一，故在此间，进退亦非一致。唯班师诏最终必定起了作用，至年底，邵隆亦应退出陕州。
⑧ 《金史》卷108《胥鼎传》。又卷14《宣宗纪上》，贞祐四年十月己未，"招射生猎户练习武艺知山径者分屯陕、虢要地。命元帅左监军必兰阿鲁带守潼关，遥授知归德府事完颜仲元军卢氏。大元兵攻潼关，西安军节度使泥厖古蒲鲁虎战没……乙丑……命参知政事徒单思忠提控镇抚京师，移剌周剌阿不屯关、陕。"是先曾加强关防，然仍为蒙军攻陷，致节度使战殁。是后更增加兵力，巩固防御，于陕州、灵宝皆置总帅，后又置"阌乡行省"，专备潼关，作为"自黄河洛阳、三门、析津，东至邳州之源雀镇，东西长二千余里"(《宋季三朝政要笺证》卷1，绍定元年)的黄河防线之一端。
⑨ 《金史》卷116《徒单兀典传》。
⑩ 《大金国志》卷26《纪年·义宗皇帝》，天兴元年二月。
⑪ 《金史》卷119《完颜仲德传》。

行省而据陕州,并于次年三月降蒙①。

皇统元年,辖县四:陕、灵宝、湖城、阌乡县。泰和八年同。贞祐二年,虢州来隶。

1. 陕县

宋陕县,金仍旧。倚郭。

2. 灵宝县

宋灵宝县,金仍旧。治今河南灵宝市东北38里大王镇老城村。

3. 湖城县

宋湖城县,金仍旧。治今灵宝市西北12里焦村镇姚家城村一带②。

4. 阌乡县

宋阌乡县,金仍旧。治今灵宝市西北84里豫灵镇南城子③。

第二节　山东东路州县沿革

天会十五年(1137)置山东东路,治益都府,统益都、济南府及潍、滨、沂、密、海、棣、淄、莱、登州与宁海、城阳军。天眷三年(1140),宋取海州。皇统元年(1141),复海州,得涟水军。二年,废涟水军。天德二年(1150),废大名府路,沧、景、滨、棣州来属。贞元二年(1154),沧、景州改属河北东路。正隆六年(1161),宋又取海州。大定四年(1164),复得海州。二十二年,升城阳军为城阳州、宁海军为宁海州。二十四年,改城阳州为莒州。

泰和八年(1208),统府二、州十一(其中节度州二、防御州二、刺史州七):益都、济南府,潍、滨、沂、密、海、莒、棣、淄、莱、登、宁海州(另参见前图21)。

益都府

宋青州,镇海军节度。天会七年得之④,仍旧。次年予伪齐。天会十五年

---

① 《金史》卷18《哀宗纪下》,天兴元年十一月丙寅,"河、解元帅权兴宝军节度使赵伟袭据陕州以叛,杀行省阿不罕奴十剌以下凡二十一人"。卷116《徒单兀典传》:"(赵伟)入城劫杀(行省)阿不罕奴十剌……因诬奏:'奴十剌等欲反,臣诛之矣。'朝廷知其冤而莫敢诘,就授伟元帅左监军,兼西安军节度使,行总帅府事……以明年三月降大兵。"
② 《嘉庆一统志》卷220《陕州一》"古迹·湖城故城"条:"在阌乡县东四十里。"清阌乡县,今灵宝县阳平镇阌乡村,其东四十里,当今姚家城村地。
③ 《嘉庆一统志》卷220《陕州一》"古迹·阌乡故城"条:"在今阌乡县西……《县志》:故城在县西四十里。"即今阌乡村以西四十里,当今南城子地。
④ 天会六年正月九日,金克青州,寻弃去(《会编》卷114《炎兴下帙十四》)。七年正月甲申,金再克青州,焚毁而去,宋刘洪道入守;三月丁未,刘洪道弃青州;七月壬辰,刘洪道复青州;闰八月,刘洪道南奔,宋终失青州(《宋史》卷25《高宗纪二》)。

复夺之,升益都府,山东东路都总管治此。泰和八年为上等总管府。兴定三年(1219)入宋。治今山东青州市。

据《金志》,青州"宋镇海军,国初仍旧置军,置南青州节度使,后升为总管府"。此说极可疑。首先,加"南"字,皆为区别另一同名之州,然在金原无青州,故无此必要。其次,《金志》所谓"国初"者,不外乎天会八年以前,以及天会十五年至熙宗朝。然则青州已于天会七年三月许予刘豫"节制",却至天会七年闰八月才真正获取,随即转手予刘豫,次年成为伪齐领土,此间既无必要,也无余暇改名。而天会十五年夺伪齐山东地,即刻置山东两路总管,其中山东东路治所,即在青州。按当时制度,一路总管所在,即需升府。故而,该年青州即已升为益都府,那么"南青州"又该出现在什么时候呢?总之,这是一个不应存在的政区名①。

以红袄军为始的山东民间武装在金末极度活跃,藉此,宋亦将其势力伸入山东,长期发挥其影响力,加之又有蒙军的不断侵入,金末山东的政治军事形势及政区在不同势力间的归属,变迁极为复杂。益都府正是其中的"佼佼者"。贞祐元年(1213)秋蒙军大举南下,它与大部分河北、河东、山东的州府一般,被蒙军所攻克②,并旋即弃去。至次年,红袄杨安儿逼近益都。金遣仆散安贞至益都,败安儿于城东,暂时保住一路的中心城市③。但蒙军频频南下势不可挡,红袄军的发展势头,在宋政权的支持下,亦已骎骎大矣。贞祐三年、兴定元年,蒙军又两克益都④,两次弃去,随后,初附宋的李全,遣军袭得益都。虽然在金山东招抚副使黄掴阿鲁答的反攻下,李全退出益都⑤。但此州屡屡失陷,

---

① 施国祁即认为,"南青州未详,疑有伪",见《金史详校》卷3上。
② 《元史》卷1《太祖纪》,太祖八年秋。然则蒙军自该年秋一路南下,四处攻劫,至山东时,约已至次年。故《金史》卷14《宣宗纪上》载,贞祐二年正月乙酉,"大元兵徇益都府"。
③ 《金史》卷102《仆散安贞传》。
④ 《元史》卷151《张荣传》;《金史》卷14《宣宗纪上》,兴定元年十二月庚戌。又《金史》卷112《完颜合达传》载,贞祐四年"十二月,大元兵徇地博兴、乐安、寿光,东涉潍州之境,蒙古纲遣合达率兵屡战于寿光、临淄"。《元史》卷150《石抹也先传附子查剌》:"戊寅,从木华黎攻平阳、太原、隰、吉、岢岚、关西诸郡,下之。遂攻益都,久不下,及降,众欲屠其城。"似蒙军于兴定二年亦曾攻陷益都。然则兴定二、三年,先由田琢固守益都,后经张林之手降宋,恐未至于降蒙也。
⑤ 按《宋史》卷476《叛臣中·李全传上》:"(季)先遂以李全五千人附忠皎,合兵攻克海州,粮援不继,退屯东海。全分兵袭破莒州,擒全守蒲察李家,别将于洋克密州,兄福克青州,始授全武翼大夫、京东副总管……嘉定十一年五月己丑,(李)全军至涟水。"按嘉定十一年,金兴定二年也。李福克青州在此前。又,《金史》卷15《宣宗纪中》,兴定元年七月乙巳,"宋人及土寇攻海州,经略使击破其众"。此应即《宋史·李全传》所谓李全等"合兵攻克海州,粮援不继,退屯东海"之事。推知李福克青州(益都府),事在兴定元年七月至兴定二年五月之间。又据《元史》卷148《严实传》:"戊寅,(严实)权长清令。宋取益都,乘胜而西。"更可确定李福下益都在兴定二年。其退出益都之事,未见史载,应在兴定二年五月"甲戌,招抚副使黄掴阿鲁答袭破李全于莒县及日照县之南,三道击之,追奔四十里"之时,此次大挫于阿鲁答,正应是李全南下投宋之直接动因,而其南下之时,弃其原先所下部分府州县,其中包括益都府。

形势甚显严峻。金遂于兴定二年遣功勋卓著的田琢守此重镇。孰料其所倚重的益都治中张林,次年竟逐主将而据有此城,六月,"张林以青、莒、密、登、莱、潍、淄、滨、棣、宁海、济南十二州来归(宋)……秋,授林武翼大夫、京东安抚兼总管"①。自此,益都府入宋。

然而此后益都的归属仍是变迁不定。宋对益都的控制是间接的,不仅取决于张林的忠诚,并且因张林事实上受制于李全,故而也有赖于李全与张林的关系。长年致力于割据称雄的李全,对张林的态度过于跋扈,导致后者于兴定五年底举全境降蒙②。元光元年(1222),李全趁机攻取了张林所据益都等诸府州③,并在蒙军的频频攻击下,坚守益都四年④。至正大三年(1226),蒙军集诸路兵马围攻益都,李全死守近年,于次年降蒙⑤。自此,益都名义上入蒙,但按照蒙古的惯例,任由李氏割据山东,直至世宗中统三年(1262),李全之子李璮叛蒙且失败,才收归元廷直接控制⑥。由金而宋、而蒙元,中原府、州"经历"之曲折,几无逾于益都者矣。

天会十五年,统支郡一:潍州。辖县六:益都、临朐、寿光、博兴、临淄、乐安县。贞元二年滨州来隶。泰和八年统支郡二:潍州、滨州;辖县同天会十五年。贞祐四年置穆陵县。

1. 益都县

宋益都县。金仍旧。倚郭。

2. 临朐县

宋临朐县。金仍旧。治今山东临朐县。

3. 寿光县

宋寿光县。金仍旧。治今山东寿光市。

---

① 《宋史》卷 476《叛臣中·李全传上》。
② 《元史》卷 119《木华黎传》,辛巳(金兴定五年)五月,"京东安抚使张琳皆来降,以琳行山东东路益都、沧、景、滨、棣等州都元帅府事"。然按卷 1《太祖纪》,张林降于同年十一月。当以《纪》为是。
③ 《宋史》卷 476《叛臣中·李全传上》:嘉定十五年(金元光元年),"(李)全攻(张)林急,林走,全遂入青州"。又卷 40《宁宗纪四》,嘉定十五年五月"壬戌,知济南府种赟等攻张林于青州,林遁去"。应是李全与种赟等合兵攻张林。此后李全又进而北上,攻取沧、景、滨、棣等州。
④ 《元史》卷 149《移剌捏儿传》:"癸未,从帝征河西……师还,复从木华黎攻益都。"癸未,元光二年也。又同书卷 120《吾也而传》:"二十年,从木华黎围益都。越二年,下三十余城。"卷 147《张柔传》:乙酉,张柔"分遣惟忠、宋演略彰德,徇齐鲁";聂福坚略青、魏、山东。
⑤ 据《宋史·李全传》,其于宝庆二年(金正大三年)三月受围,"在围一年",降于次年四月。《元史》卷 119《木华黎传附子博啰》则载,正大三年七月围全于青州,次年四月降之。
⑥ 《元史》卷 5《世祖纪二》:中统三年二月"己丑,李璮反"同年七月"甲戌,李璮穷蹙,入大明湖,投水中不即死,获之"。在该年之前,蒙主虽于益都置宣抚使,然驻军领民则属李璮,平李璮乱后,方"分益都军民为二,董文炳领军,撒吉思治民"(卷 4《世祖纪一》,中统元年五月乙未、四年十月庚申)。

4. 博兴县

宋博兴县。金仍旧。治今山东博兴县。

5. 临淄县

宋临淄县。金仍旧。治今山东淄博市东北53里临淄区齐都镇。

6. 乐安县

宋千乘县,伪齐改乐安。金仍旧。治今山东广饶县。

改县名之事,《金志》不载,是伪齐已改,入金已然。按《元丰九域志》,宋青州千乘县有"新、清河二镇",检《金志》,此二镇在乐安,故知宋千乘即为金乐安县也。

(后置)穆陵县

贞祐四年置。治今山东沂水县东北80里马站镇穆陵关①。

潍州

宋潍州,团练。天会七年克之②。八年,予伪齐。十五年复取之。仍为潍州,军事,隶山东东路,为益都府支郡。大定二十二年改为刺史。泰和八年为中等刺史州。兴定元年陷蒙,旋复。兴定三年入宋,开兴元年(1232)又降金,天兴二年(1233)终入蒙。治今山东潍坊市。

潍州位处红袄源起与最为活跃的胶州半岛,加之蒙军不断加强介入,使之得以列入金末蒙古时期最动荡的地区。经贞祐元年秋蒙军攻下此州③、打破了金的强力统治之后,红袄突兴。次年,杨安儿以莱州为基地,攻下宁海,又攻潍州,虽于当年底为金山东统军使仆散安贞所镇压,然则这一带的红袄势力仍不可小觑,安儿之余众潜伏于此,以俟时再举。嗣后,金之山东未尝一日安宁,而李全亦是在贞祐二年十二月起事于潍州④。虽则蒙军于贞祐四年曾掠潍州之境,次年又一度克下潍州⑤。然而对山东东部——包括潍州——政治形势直接影响最大的力量,却是红袄军出身的地方势力,其他本地势力(如先前为

---

① 《嘉庆一统志》卷171《青州府二》"古迹·穆陵废县"条:"在临朐县南。金贞祐四年,升临朐之穆陵关置县。"
② 按《金史》卷3《太宗纪》,天会六年正月癸卯,金军曾克潍州。事亦见于《会编》卷114《炎兴下帙十四》,建炎二年正月九日。后弃去。至天会七年正月,再陷潍州,焚掠而去(《会编》卷120,建炎三年正月六日)。七月,终克潍州(《会编》卷130,建炎三年七月九日)。
③ 《元史》卷1《太祖纪》,太祖八年秋。
④ 《宋史纪事本末》卷87《李全之乱》。
⑤ 《金史》卷112《完颜合达传》:贞祐四年"十二月,大元徇地博兴、乐安、寿光,东涉潍州之境,蒙古纲遣合达率兵屡战于寿光、临淄"。《元史》卷1《太祖纪》:太祖十二年(金兴定元年)冬,蒙军"定益都、淄、登、莱、潍、密等州"。

金政权作战的张林)与金、宋、蒙三方,皆以他们为中心,或打击,或拉拢,争取发展各自在山东的势力。

不过,恰恰是金末这个最混乱时期的最混乱地区——山东东部,元人所编的《宋史》《金史》,皆乏完整的记录,《元史》亦是各自零星、随意载之。且相关各正史之记载,误处数不胜数,致后人难有清晰准确的认识。潍州的去向,很典型地体现了山东东部的混乱现象,极需就此作一梳理。

可以确知的一点是,兴定三年是转折点。该年"六月,金元帅张林以青、莒、密、登、莱、潍、淄、滨、棣、宁海、济南十二州来归"①。似因张林的投诚,宋几乎一举获得了金山东东路全境。然则,潍州恐非由张林携之入宋,此前不久,是李全攻占此州,此后,也一直为李全所掌控。张林投宋时所有,据《宋史·贾涉传》载,只有青州(益都府)与"滨、棣、淄州",附宋后不久,张林"又取济、沂等州"。至于潍州,则是同年稍前贾涉遣李全所攻取②。《金史》也"无意"间透露:兴定三年,田琢上奏,"潍州刺史致仕独吉世显能招集猛安余众及义军,却李全,保潍州"③。李全取潍,即在此之后,应发生于张林逐田琢、据益都之时。当张林据有青州而未下定决心投宋之时,李"全还潍州上冢,揣知林意,乃薄兵青州城下,陈说国家威德,劝林早附"④。当时潍州为谁所据,不言而喻。

自兴定三年之后,潍州长期与金脱离关系。虽然李全长期活跃于宋境,先是事业日进,独大于楚州,其后附蒙叛宋,最后引兵攻宋而死。然而他的根本,其实在山东。正大三年李全终以益都降蒙之后,蒙军立即"屯济、兖、潍、沂、莒以备宋"⑤,其得以入潍、沂等州,实由李全之降。而蒙廷亦不为已甚,在李全立誓反宋之后,"授山东、淮南行省,得专制山东"⑥,潍州虽有蒙军屯驻,但仍在李全割据的范围之内。至正大八年,李全攻宋被杀,杨妙真携子李璮返山东,潍州仍为其所有。

李全死后,其部下国安用迅速崭露头角,在山东南部海、沂等州拥有相当大的控制权。开兴元年,国安用与蒙军反目,转而投金,并与杨妙真争城夺地。杨妙真被迫从海州退出,改居益都。形势有利于国安用一方。天兴二年安用

---

① 《宋史》卷476《叛臣中·李全传上》。
② 《宋史》卷403《贾涉传》。
③ 《金史》卷102《田琢传》。
④ 《宋史》卷476《叛臣中·李全传上》。
⑤ 《元史》卷119《木华黎传附子博啰》。
⑥ 《宋史》卷477《叛臣下·李全传下》。

劝金哀宗迁海州："山东富庶甲天下，臣略有其地，东连沂、海，西接徐、邳，南扼盱、楚，北控淄、齐。"①其意似已拥有"全齐之地"，自然言过其实，然则其势力已渗透到山东各处，拥有相当多的州县，则无可疑。潍州虽与其基地海州不相连，但当时亦已在其控制之下。而其降金受封，亦使得潍州在名义上再次入金。

但随着天兴二年正月之后哀宗迁归德、迁蔡，蒙军也随之加强了东面的攻势，国安用的形势每况愈下，并随着形势的恶化两度易主。先因缺粮，就宋之招，从宋服色。旋即受蒙军之攻，被困涟水，不得已降蒙。于是《元史》记载，该年十二月，"金人以海、沂、莱、潍等州降"②。此所谓"金人"者，正是国安用及其部属。而王鹗的记载则是"兖王用安亦以海、沂、涟、邳数州降敌"③。合两处记载判断，知此前国安用实据有山东东部的大部分州县，两处提及其降蒙，各仅记载其中一部分。而通过国安用在开兴元年至天兴二年的短暂归附，金自兴定三年失潍州后，在即将覆亡之际，又一度将其纳入境内④。

天会十五年，辖县三：北海、昌邑、昌乐县。泰和八年辖县同。

1. 北海县

宋北海县。金仍旧。倚郭。

2. 昌邑县

宋昌邑县。金仍旧。治今山东昌邑市。

3. 昌乐县

宋昌乐县。金仍旧。治今山东昌乐县北 8 里城关街道黄埠村⑤。

滨州

宋滨州，军事，隶河北东路。金天会六年得之⑥。八年，予伪齐，属大名府路。天会十五年夺还，仍旧，为沧州支郡。天德二年废大名府路，改隶山东东

---

① 《金史》卷 117《国用安传》。按此人"先名安用"，开兴元年降金，"锡姓完颜，附属籍，改名用安"。则或称国安用，或称完颜用安。《金史》以"国用安"称之，颇不伦也。下文皆用其原名"国安用"。
② 《元史》卷 2《太宗纪》，太宗五年十二月。
③ 《汝南遗事》卷 4，天兴二年十一月。
④ 天兴二年潍州随国安用降蒙后，即入益都路，为杨妙真、李璮之封域。可参《元史》卷 58《地理志一》"中书省·山东东西道宣慰司·益都路·潍州"条。
⑤ 《纪要》卷 35《山东六》"青州府·昌乐故城"条："在县西北十里。宋昌乐县治此，后徙今治。"
⑥ 据《宋史》卷 25《高宗纪二》，建炎二年十一月，"滨州贼盖进陷棣州，守臣姜刚之死之"。此后遂无滨州之记载。《金史》卷 82《萧王家奴传》："滨州贼葛进聚众数万临淄，宇董照里以骑兵二千讨之，王家奴领谋克先登力战，大破其众。明年，攻沧州，宋兵拒战，复从照里击走之。"则金军应是击破盖进（葛进）后，夺得滨州，时间也同样在攻破沧州的前一年，即天会六年。

路。贞元二年划沧州入河北东路，滨州改为益都府支郡。大定二十二年改为刺史。泰和八年为中等刺史州。贞祐元年为蒙军所陷，旋复。兴定三年入宋。治今山东滨州市西北24里滨北街道。

贞祐元年秋，蒙军下滨州①，旋弃去。至兴定元年，复陷滨州②，同年，金将王福复之③。兴定三年，为张林所得，并随之入宋④。兴定五年张林降蒙，李全夺得滨州。后遂为李全所据⑤。

天会十五年，辖县三：渤海、招安、蒲台县。明昌三年(1192)，增置利津县。六年，改招安县名为沾化。泰和八年，辖县四：渤海、沾化、蒲台、利津县。

1. 渤海县

宋渤海县。金仍旧。倚郭。

2. 沾化县

宋招安县，金初仍旧。明昌六年，更名沾化。治今山东滨州市沾化区西57里古城镇⑥。

3. 蒲台县

伪齐置。金仍旧。治今山东滨州市市区东南老蒲城⑦。

4. 利津县

明昌三年置。治今山东利津县。

济南府

宋济南府，兴德军节度。金天会六年得之⑧，仍旧。八年，予伪齐。同年，

---

① 《元史》卷1《太祖纪》，太祖八年秋。
② 《金史》卷15《宣宗纪中》，兴定元年十一月丙戌。
③ 《金史》卷118《王福传》。
④ 按《金史》卷118《王福传》，兴定元年王福复滨州后，以部将"(张)聚摄棣州防御使，(王)进摄滨州刺史"，"久之，福与聚有隙，聚以棣州附于益都张林"。按张林逐田琢而据益都，在兴定三年，则张聚以棣州降林，亦是兴定三年事。不过据卷102《田琢传》所载，兴定二年八月张聚据棣州，且攻取滨州，益都田琢攻逐聚而取二州。兴定三年，张林逐田琢据益都，遂并据滨、棣，同年二州又随张林附宋矣。张聚失二州，事在张林据益都之前，是张聚未尝附张林也。《王福传》误。
⑤ 《宋史》卷476《叛臣中·李全传上》：嘉定十六年(金元光二年)，李全"欲还楚州，会滨、棣有乱，乃引兵趋山东"。正大三年蒙军攻李全，大约在李全降前，已克滨、棣，故二州此后不在李全势力范围内。《元史》卷58《地理志一》"中书省·山东东西道肃政廉访司·济南路·棣州"条："元初，滨、棣自为一道。"此即滨州非属李璮益都路行省之明证。
⑥ 《纪要》卷31《山东二》"济南府·沾化县"条："(滨)州西北六十里。西南至阳信县五十里。"
⑦ 《纪要》卷31《山东二》"济南府·蒲台县"条："州南三十里。"
⑧ 《会编》卷119《炎兴下帙十九》，建炎二年十一月二十二日。《宋史》卷24《高宗纪》系于同年十二月甲申。

伪齐改军额为兴平①。天会十五年复夺之,仍为济南府,复改军额为兴德②。泰和八年为上等散府。兴定四年陷蒙。治今山东济南市。

贞祐元年秋蒙军取而弃之③以后,济南于兴定三年被李全军所破④,旋又为金军所收复⑤。兴定四年,蒙军再破济南⑥。自此,济南不复为金所有⑦。

天会十五年,统支郡一:淄州。辖县七:历城、临邑、章丘、禹城、长清、济阳、齐河县。泰和八年同。大安元年(1209),改济阳县名为清阳,贞祐元年复改济阳。

1. 历城县

宋历城县。金仍旧。倚郭。

2. 临邑县

宋临邑县。金仍旧。治今山东临邑县。

3. 章丘县

宋章丘县。金仍旧。治今山东章丘区西北22里绣惠镇。

4. 禹城县

---

① 《金史》卷77《刘豫传》:"齐国建,以济南为兴平军,麟为节度使、开府仪同三司、梁国公。"
② 《金志》:济南府"初置兴德军节度使"。应指金初即天会十五年已称"兴德",仍宋之旧也。《大金国志》卷38《京府州军》亦载济南府为"兴德军"节度。废伪齐之前,金自有兴平军节度(平州),天会十五年夺伪齐之地,遂改济南为兴德军,以免与平州军额相同。
③ 《元史》卷1《太祖纪》,太祖八年秋。
④ 《宋史》卷40《宁宗纪四》,嘉定十二年七月癸亥,"李全引兵至齐州,知州王赟以城降"。又《大金国志》卷25《纪年·宣宗皇帝下》:兴定三年"秋七月,宋李全攻我齐州,守臣王赟降之"。
⑤ 自兴定三年蒙古纲请划济南入东平行省,济南之去向,便不见于《金史》,如上所述,检对《宋史》,便知同年李全军攻克济南矣。再检《元史》卷148《严实传》:"戊寅,权长清令。(蔚按:己卯,)宋取益都,乘胜而西,行台檄实备刍粮为守御计。实出督租,比还,而长清破,俄以兵复之。有潜于行台者,谓实与宋有谋,行台以兵围之,实挈家避青崖。宋因以实为济南治中,分兵四出,所至无不下。"长清在济南府治之西,宋军兵锋及于长清,仅是自"益都乘胜而西"是不够的,济南也应为宋军所克,故知长清之守御战在兴定三年七月之后。后严实收复长清,"行台以兵围之"。此事颇可玩味:东平行台既可围长清,何以不攻济南?笔者以为,此时济南已为金东平行台所收复,宋军已向西退却矣。严实为行台所迫降宋之后,作为宋在山东西北部的代理人,被任命为"济南治中",但济南应仍为金所有。兴定四年七月木华黎攻克济南后,严实谒之于军门请降(《元史》卷119《木华黎传》、卷148《严实传》),却绝未提到严实曾在济南抗击之事,亦可知兴定四年蒙军是从金军手中夺得济南,以故金军立即作出反应,由黄陵冈遣军二人来袭济南。于《元史》卷58《地理志一》中,济南与东平各成一路,此即蒙古得济南非由严实之故。
⑥ 《元史》卷119《木华黎传》:"武仙举真定来降……遣蒙古不花分兵略定河北卫、怀、孟州,入济南。严实籍所隶相、魏、磁、洺、恩、博、滑、浚等州户三十万,诣军门降。"按卷1《太祖纪》,武仙降蒙在太祖十五年(金兴定四年)秋,又据卷148《严实传》,严实降蒙在七月。知木华黎克济南亦在七月也。
⑦ 兴定五年,济南复为宋所有。据《宋史》卷40《宁宗纪四》,嘉定十四年十月甲寅,"京东、河北节制司言复沧州,复以齐州为济南府,兖州为袭庆府"。知济南当时为宋所有。宋有沧、兖、济南之地,应是同年及上年张林攻王福以及李全向西扩张的结果。或在正大三年蒙军围攻李全于益都的同时,济南府亦为所破,最终入蒙。据卷150《张荣传》,金正大三年,张荣以济南府周边章丘、邹平、济阳、长山、辛市、蒲台、新城及淄州之地纳款于蒙古,蒙古并济南与之,荣遂为"山东行尚书省,兼兵马都元帅,知济南府事",领有济南府直至世祖中统以后。

宋禹城县。金仍旧。治今山东禹城市。

5. 长清县

宋长清县。金仍旧。治今山东济南市西南52里长清区。

6. 济阳县

金天会七年置①。大安元年，改县名为清阳。贞祐元年，复改为济阳②。治今山东济阳县。

7. 齐河县

金天会七年置③。治今山东齐河县。

淄州

宋淄州，军事。金天会六年克之④。八年，予伪齐。天会十五年复夺之，仍为淄州，军事，隶山东东路，为济南府支郡。大定二十二年改为刺史。泰和八年为中等刺史州。兴定三年入宋⑤。治今山东淄博市西南40里淄川区。

---

① （金）何弼：《创修县衙记》（天眷元年）："析临邑封圻之半，即其地为济阳县，而标竿之名移于职方氏，实天会七年冬十月七日也。"载（清）胡德琳修，何明礼纂：《济阳县志》（乾隆三十年刊本，《中国方志丛书》华北地方第387号）卷10《艺文志》。
② （元）于钦：《齐乘》（收入《宋元方志丛刊》，中华书局，1990年）卷3《郡邑》"济南路·济阳县"条："金初，刘豫割章邱之摽竿镇，及临邑封圻之半，置济阳县，属济南。大定六年，避金主允济讳，改曰清阳。允济遇弑，复旧名。""大定六年"显为"大安元年"之误。
③ （金）张穆仲：《新修县城记》（天会八年）："逮我节制相公来守是邦……乃天会七年夏五月，我公安抚京东、淮南等路，河北诸509，亦在节制。移镇东平，寅奉台奉[命]，畀都钤公留知济南军府事……乃分章邱、临邑、禹城、长清之地，创建二新邑，以相纲维。"载《济阳县志》卷10《艺文志》。按"节制相公"者，即刘豫也。析章丘等四县所建二新邑，即济阳与齐河。济阳以章丘与临邑置，齐河以禹城、长清置。故知齐河县之置，亦在"天会七年冬十月七日"。《齐乘》卷3《郡邑》"德州·齐河县"条载："齐河县，本宋济南之耿济镇……金刘豫家此镇，僭位后置为县，属济南。大定八年始城之。"此表述略有不当，因建县之时，刘豫虽已节制山东河南诸路，却尚未僭位。然大体无误也。但自明之后，于齐河之沿革即不甚了然。《明一统志》卷22《山东布政司》"济南府·建置沿革·齐河县"条注："金大定中置为县。"《纪要》卷31《山东二》"济南府·齐河县"条："本禹城县之齐河镇。金大定八年，置县。"《嘉庆一统志》卷162《济南府一》"沿革表"条：齐河县，"金大定八年析置"；同卷"建置沿革"条："金大定八年，始置齐河县。"转相沿袭，皆误以"城"齐河之时，为始置县之时也。
④ 《会编》卷119《炎兴下帙十九》，建炎二年十一月二十二日，"知济南府刘豫、权知淄州李某附于金人"。
⑤ 据《元史》卷1《太祖纪》，太祖八年秋。另见《金史》卷121《忠义一·齐鹰扬传》。《金史》卷15《宣宗纪中》，兴定元年十月辛未、十一月己丑，蒙军两克淄州，不知是否同一事件的重复表述。不过，直至兴定三年，金还保有淄州。据《金史》卷102《田琢传》，兴定三年，"守兖州观察判官梁昱摄淄州刺史，率军民力田，征科有度，馈饷不乏，保全淄州，土贼不敢发"。然则同年张林"以青、莒、密、登、莱、潍、淄、滨、棣、宁海、济南十二州"降宋（《宋史》卷476《叛臣中·李全传上》），金遂失淄州。不过，此后这一带民间武装在宋、蒙之间摇摆，蒙军也不忘时来袭扰。如元光二年，即曾攻下淄州（《元史》卷149《移剌捏儿传》）。至正大三年，据有此地的张荣降蒙，淄州遂入蒙（《元史》卷150《张荣传》），并与济南府一同长期为张荣之封域。

天会十五年,辖县四:淄川、长山、邹平、高苑县。

1. 淄川县

宋淄川县。金仍旧。倚郭。

2. 长山县

宋长山县。金仍旧。治今山东邹平县东 25 里长山镇。

3. 邹平县

宋邹平县。金仍旧。治今山东邹平县。

4. 高苑县

宋高苑县。金仍旧。治今山东高青县东南 29 里高城镇。

沂州

宋沂州,防御。金天会七年克之①。次年予伪齐。天会十五年复夺其地,仍旧。泰和八年为上等防御州。贞祐二年陷蒙,旋复。兴定元年,蒙军再下沂州,随即弃去。兴定五年入宋。开兴元年复降金。天兴二年陷蒙。治今山东临沂市。

贞祐二年,蒙军攻沂州②,旋即退出。至兴定元年十一月,再克沂州,又弃去,至十二月"大元兵复攻沂州,官民弃城遁"③。遂为民间武装所据,然至次年,即为金将田琢收复。兴定三年,沂州又为红袄军所据,旋为金将燕宁所克④。燕宁于"兴定四年封东莒公,益都府路皆隶焉"⑤,沂州即在其封境之内。然而兴定三年田琢为张林所逐,后者当年附宋,并攻克沂州⑥;兴定五年燕宁又战死。金军在山东难以立足矣,沂州大约再未为金所有,而在其后转入李全之手,并由李全、杨妙真转归国安用所有,开兴元年随国安用之附金而入金,并于天兴二年再因国安用降蒙而入蒙⑦(可见上文潍州条)。

---

① 《宋史》卷 25《高宗纪二》,建炎三年九月丙辰。
② 沂州实破于贞祐二年三月三日,见元好问《中州集》卷 7"王万钟"条。此次下沂州,与《元史》卷 1《太祖纪》所载贞祐元年秋"帝与皇子拖雷为中军,取雄、霸、莫……登、莱、沂等郡"实为一事,只是《元纪》将此次出兵后半年的成效略述于此条。
③ 《金史》卷 15《宣宗纪中》,兴定元年十一月庚寅、十二月己未。
④ 《金史》卷 102《田琢传》:兴定三年,"沂州注子堌王公喜构宋兵据沂州,防御使徒单福定徒跣脱走,百姓溃散。琢奏:'去岁顾王二尝据沂州,邳州总领提控纳合六哥前为同知沂州防御事,招集余众攻取之,百姓归心。可用六哥取沂州。今方在行省侯挚麾下,乞发还,取便道进讨。'制可。既而莒州提控燕宁复沂州,王公喜复保注子堌"。顾王二,不知何许人,亦应是红袄。则兴定二、三年间,红袄军曾二度克沂州。
⑤ 《金史》卷 118《燕宁传》。
⑥ 《宋史》卷 403《贾涉传》。
⑦ 此后为李璮之封域。《元史》卷 58《地理志一》"中书省·山东东西道宣慰司·益都路·沂州"条。

天会十五年，辖县二：临沂、费县。泰和八年同。

1. 临沂县

宋临沂县。金仍旧。倚郭。

2. 费县

宋费县。金仍旧。治今山东费县。

密州

宋密州，安化军节度。金天会七年克之①。八年予伪齐。十五年复夺之，仍旧。兴定二年入宋。治今山东诸城市。

贞祐元年蒙军攻陷密州并屠城②，金在当地的统治体系完全被摧毁，此后数年间，金军的主要任务便是应对此起彼伏的红袄军的活动。胶西重镇密州，由此在两者之间反复易手。贞祐二年，杨安儿部方郭三据密州，为金将仆散安贞破逐③。此后，便是倚宋而立的李全，屡窥密州。兴定元年底蒙军忽又东来，再破密州④，守土之金军由此溃散，李全立即做出反应，袭取密州⑤，次年四月，金军败全，复密州⑥。然至九月，再为李全所据⑦。金自此失此州⑧。此后，密州由李全而李璮，迄未易主⑨。

天会十五年，统支郡二：海州、城阳军。辖县四：诸城、安丘、高密、胶西县。皇统元年，涟水军来属。二年，废涟水军为县，入海州。大定二十二年，升城阳军为城阳州，仍为密州支郡。二十四年，又改城阳州名为莒州。泰和八

---

① 天会五年五月，金军曾下密州（《金史》卷3《太宗纪》，天会五年五月），后弃去。七年闰八月，再陷密州（《会编》卷131《炎兴下帙三十一》，建炎三年闰八月十四日）。
② 《元史》卷1《太祖纪》，太祖八年秋。
③ 《金史》卷102《仆散安贞传》。
④ 《金史》卷15《宣宗纪中》，兴定元年十二月"辛酉，（蒙军）下密州，节度使完颜宇死之"。
⑤ 《宋史》卷476《叛臣中·李全传上》："全分兵袭破莒州，擒金守蒲察李家，别将于洋克密州，兄福克青州。"事在宋嘉定十一年（金兴定二年）四月之前。
⑥ 《金史》卷15《宣宗纪中》，兴定二年四月壬子；卷108《侯挚传》。
⑦ 《金史》卷15《宣宗纪中》，兴定二年九月庚寅。《宋史·李全传上》：嘉定十一年秋，李全"分兵袭密州，擒黄掴，械至楚城"。至于《李全传》所载，次年六月"金元帅张林以青、莒、密、登、莱、潍、淄、滨、棣、宁海、济南十二州来归"，这份名单应是将李全所据诸州亦列入其中。
⑧ 《金史》卷102《田琢传》载琢于兴定三年所上奏章："前莳氏主簿张亚夫尝权行部官，主饷密州，委曲购得粮二万斛，兵储乃足，行至高密，征他州兵拒李全。"诏"张亚夫迁一官，密州观察判官"。奏章所说拒李全事，自然发生于上年。至于张亚夫本年任"密州观察判官"，恐需因此承担恢复本州之职责。除此条所载，实未见密州再入金。
⑨ 《元史》卷58《地理志一》"中书省·山东东西道宣慰司"条载：胶州即墨县，"宋、金皆隶莱州，元太祖二十二年来属"；密州"宋为临海军，复为密州。元初因之，以胶西、高密属胶州"。置胶州并导致莱、密二州辖县变化，应皆在太祖二十二年，亦即金正大四年也。正是在此年，李全降蒙，蒙廷遂得作出此番调整。这亦可视作密州向来属于李全之证据。

年,密州统支郡二：海州、莒州。辖县四：诸城、安丘、高密、胶西县。

1. 诸城县

宋诸城县。金仍旧。倚郭。

2. 安丘县

宋安丘县。金仍旧。治今山东安丘市。

3. 高密县

宋高密县。金仍旧。治今山东高密市。

4. 胶西县

宋胶西县。金仍旧。治今山东胶州市。

海州

宋海州,团练。天会六年克之①。八年,予伪齐②。十五年复夺之。天眷三年,宋取之,皇统元年复为金有③,降军事,隶山东东路,为密州支郡。正隆六年,宋复海州④。大定四年,复弃去⑤。大定二十二年改为刺史。泰和八年为中等刺史州。兴定四年,为李全所据。开兴元年,海州降金。天兴二年入宋。治今江苏连云港市西南10里海州区。

贞祐元年,蒙军全面侵金,亦未能因其偏在一隅而逃脱了贞祐元年蒙军之蹂躏⑥。蒙军虽攻而不下,但该州既处宋金边境线上,又是民间武装最为活跃的金末山东与南宋联系的枢纽,此后甚受李全等红袄军余部之重视。据姬志真载,贞祐中,"有大寇据海州"。虽未具指"大寇"为何,然以当时山东形势度之,应是李全无疑。这与李全"攻克海州,粮援不继,退屯东海"⑦的记载是相符的。兴定二年,李全再围海州,未能得志。至兴定四年,终如

---

① 《金史》卷80《斜卯阿里传》。
② 天会九年,海州一度降宋。见《会编》卷149《炎兴下帙四十九》,绍兴元年十二月十四日。后复不知所终,应是不久后即为伪齐夺回。
③ 《宋史》卷29《高宗纪六》,绍兴十年闰六月丁酉,"韩世忠遣统制王胜、王权攻海州,克之"。同卷绍兴十一年六月癸未条,"(张)俊以海州城不可守,毁之,迁其民"。
④ 《会编》卷230《炎兴下帙一百三十》,绍兴三十一年八月一日。
⑤ 据《金史》卷65《斡者传附孙璋》,"宋人弃海州遁去……五年,宋人约和"。宋弃海州之时不详。按同书卷61《交聘表中》,大定四年正月,唐、邓、海、泗四州尚在宋,故其事应在大定四年正月至年底定和议之前。
⑥ 姬志真:《无为抱道素德真人夏公道行碑记》,《全辽金文》,第3537页。
⑦ 《宋史》卷476《叛臣中·李全传上》,事在嘉定十一年五月之前。

愿攻克海州①，这是宋以李全为代理，在山东获得持续进展的开始。

自此，李全便长期据有海州。正大四年，李全虽降蒙，然仍有其地。八年，李全攻宋身死，杨妙真等仍据有海州。至开兴元年，国安用降金，海州遂再为金所有。然随天兴二年安用先附宋后降蒙，复失之②。

皇统元年，辖县四：朐山、怀仁、东海、沭阳县。二年，废涟水军为县，来属③。大定七年，改怀仁县为赣榆县。泰和八年，辖县五：朐山、赣榆、东海、沭阳、涟水县。兴定元年，东海、涟水二县失于宋。

1. 朐山县

宋朐山县。金仍旧。倚郭。

2. 赣榆县

宋怀仁县。金初仍旧。大定七年改名赣榆。治今江苏赣榆区西北12里赣马镇④。

3. 东海县

宋东海县。金仍旧。治今江苏连云港市东南10里海州区南城街道⑤。

---

① 《宋史》卷40《宁宗纪四》，嘉定十三年八月甲申。又同年三月，有"红袄贼于忙儿袭据海州"，为金军破逐，见《金史》卷16《宣宗纪下》，兴定四年三月壬子。另需指出，李全攻下东海县、涟水县，皆在兴定元年，早于克海州三年。《金史》卷15《宣宗纪中》，兴定元年五月癸巳，"宋人取涟水县"；七月乙酉，"宋人袭破东海县"。不过据《宋史》卷476《叛臣中·李全传上》载："全合军与(完颜)霆交战，又败……全得收余众保东海……出没岛屿。"当时李全尚未附宋，不应称"宋人"，故疑在贞祐中，李全先曾克东海，后流徙于沿海。至兴定元年，复借宋之水师取东海而据之。后东海、涟水皆为李全所控制。《宋史·李全传》又载，正大七年(宋绍定三年)李全反宋，宋廷下诏称："海州、涟水军、东海县等处有为逆守城壁者，举城来降，当各推恩。"知兴定元年之后的十余年，东海一直受李全的直接控制，与海州同。

② 《宋史》卷88《地理志四》"淮南路·东路·海州"条载："建炎间，入于金，绍兴七年复。隆兴初，割以畀金，隶山东路，以涟水县来属。嘉定十二年复。宝庆末，李全据之。绍定四年(正大八)，全死，又复。端平二年，徙治东海县。淳祐十二年，全子璮又据之，治朐山。景定二年，璮降，置西海州。"此条记载误处非一。宋既未尝于绍兴七年复海州，更不俟隆兴元年方割海州予金。涟水来属不应系于隆兴。绍定四年李全死后，宋亦未能立即得到海州，而是到绍定六年(金天兴二年)国安用象征性地"从宋衣冠"，才暂时得到。即便如此，宋仍未能直接控制海州。安用同年又"以海、沂、涟、邳数州"降蒙(《汝南遗事》卷4，天兴二年十一月)，《元史》亦载，海州降矣(卷2《太宗纪》，太宗五年十二月)。但海州事实上却未入蒙。次年安用复叛蒙，并被蒙军攻杀。宋大约乘此乱时，夺得了海州，此即《宋史·地理志》所谓"绍定四年，全死，又复"。绍定四年，即金正大八年，宋复海州实际上是在三年之后的金天兴三年。又，据《元史》卷206《叛臣·李璮传》，迟至蒙古宪宗七年，"(蒙哥)命璮归取涟、海数州。璮遂发兵攻拔涟水相连四城，大张克捷之功"。宪宗七年，即宋宝祐五年，非淳祐十二年也。

③ 天会六年海州初次入金，但涟水军却迟迟未为金所有。据《金史》卷80《斜卯阿里传》和《宋史》卷370《吕祉传》，天会十二年，金一度攻克涟水而旋失之。十三、十四年，金、齐两度犯涟水，皆无功而返(《宋史》卷28《高宗纪五》，绍兴五年十月乙丑、六年三月壬午)。迟至皇统元年，即宋绍兴十二年，方握和议割涟水予金。

④ 《元丰九域志》卷5《淮南路·东路》"海州·怀仁县"条："州北八十里。"

⑤ 《纪要》卷22《南直四》"淮安府·东海废县"条："州东十九里。"今连云港市海州区东19里，正是南城镇之地。

4. 沭阳县

宋沭阳县。金仍旧。治今江苏沭阳县。

《金志》不载沭阳县。"海州"条载州辖"县五",其下却仅列四县。具目所缺者,即沭阳县也。《金史·纥石烈执中传》载:泰和六年五月,"宋益兵转趋沭阳,谋克三合伏卒五十人篁竹中,伺宋兵过,突出击之,杀十数人,追至县城,宋兵不敢出"①,知金实有沭阳县,而于泰和六年一度为宋所据也。

5. 涟水县

宋涟水军及倚郭涟水县。金皇统二年废军,仍为涟水县。治今江苏涟水县。

莒州

宋密州莒县,伪齐升置城阳军②。金天会十五年夺其地,仍旧,隶山东东路,为密州支郡。大定二十二年,升为城阳州,刺史。二十四年,更名莒州。泰和八年为中等刺史州。兴定三年入宋③。治今山东莒县。

天会十五年,辖县三:莒、日照、沂水县。泰和八年同。

1. 莒县

宋莒县,属密州。伪齐以县升城阳军,金初仍旧,倚郭。

2. 日照县

伪齐置,属城阳军。金仍旧。治今山东日照市东港区。

县未见于北宋,《金志》又不载其始置之时。应即伪齐所"创立州县十余额"④之一。

3. 沂水县

宋沂水县,属沂州。伪齐改属城阳军,金仍旧。治今山东沂水县。

---

① 《金史》卷132《逆臣·纥石烈执中传》。又,卷108《侯挚传》亦载,兴定二年九月,挚上奏,建议"择沭阳之地可以为营屯者,分兵护逻"。
② 伪齐有城阳军,见李昌宪:《试论伪齐国的疆域与政区》,《中国史研究》2007年第4期,第150页。
③ 《宋史》卷476《叛臣中·李全传上》:嘉定十二年六月,"金元帅张林以青、莒、密、登、莱、潍、淄、滨、棣、宁海、济南十二州归宋"。如上所述,青、莒等"十二州"(实列十一州),其中颇有属李全而非由张林所据者。在张林附宋之前,李全已率军往来于海、沂与潍州之间,此三州往来的通道,必经莒州,故可推知,莒州当时亦已被李全所占据。正大四年,李全既降蒙,蒙军遂得以"屯济、兖、潍、沂、莒以备宋"(《元史》卷119《木华黎传附子博啰》)。然蒙人屯军于此,为暂时之现象。此后,李全、李璮父子实先后据有此州,中统三年世祖平李璮之后,仍入益都路(见《元史》58《地理志一》"中书省·山东东西道宣慰司·益都路·莒州"条)。
④ (金)王炎:《福山县令题名记》,《金文最》卷22。

（废）涟水军

宋涟水军。金皇统元年得之。次年，废军①，存涟水县。治今江苏涟水县。

辖县一：涟水县。

棣州

宋棣州，防御，属河北东路。天会六年克之②。次年予伪齐，属大名府路。天会十五年夺还，仍旧。天德二年，改隶山东东路。泰和八年为上等防御州。兴定三年入宋。治今山东惠民县。

贞祐元年，蒙军下棣州③，旋弃去。兴定元年，蒙军再陷滨州④，同年为金将王福所收复⑤。兴定二年，王福部将张聚割据棣州，金将田琢讨平张聚，复棣州⑥。三年，琢部下张林逐琢而据有其地，同年附宋⑦，棣州遂入宋⑧。

天会十五年，辖县三：厌次、商河、阳信县。泰和八年同。

1. 厌次县

宋厌次县。金仍旧。倚郭。

2. 商河县

宋商河县。金仍旧。治今山东商河县。

3. 阳信县

宋阳信县。金仍旧。治今山东阳信县。

---

① 检《宋史》卷88《地理志四》"淮南路·东路·安东州"条："本涟水军……绍兴五年废为县。三十二年，复为军。"绍兴五年者，金天会十三年也。然据《金志》，"本涟水军，皇统二年降为县，来属"，则皇统元年入金之时，仍有涟水军。是宋绍兴五年废涟水军之后，于绍兴十一年（金皇统元年）以前又复置，直至次年初入金，仍有涟水军。当绍兴三十二年宋将魏胜收复涟水县之时，金已无涟水军，而宋又升置军。不久复入金，又废军。
② 《宋史》卷25《高宗纪二》：建炎二年十一月，"滨州贼盖进陷棣州，守臣姜刚之死之"。同年底，金将萧王家奴破盖进（《金史》卷82《萧王家奴传》），棣州应于此时入金。
③ 《元史》卷1《太祖纪》，太祖八年秋。
④ 《金史》卷15《宣宗纪中》，兴定元年十一月丙戌。
⑤ 《金史》卷118《王福传》。
⑥ 《金史》卷102《田琢传》。
⑦ 《宋史》卷476《叛臣中·李全传上》。
⑧ 兴定五年十一月，张林又以沧、景、滨、棣诸州降蒙（《元史》卷1《太祖纪》，太祖十六年十一月）。棣州旋为李全所夺。元光元年，蒙军曾掠沧、棣诸州，然未克之（《元史》卷193《忠义一·耶律忒末传附子天祐》）。至元光二年（宋嘉定十六年）底，"滨、棣有乱，(李全)乃引兵趋山东"（《宋史·李全传上》），知当时棣州仍为李全所据。正大三年蒙军围攻李全于益都，先克棣州。后遂脱出李全、李璮之势力范围。可参上文滨州条。

莱州

宋莱州，防御。天会七年得之①。八年，予伪齐。十五年，复夺之，仍为莱州，升为定海军节度，隶山东东路。泰和八年为上等节度州。兴定三年入宋。治今山东莱州市。

贞祐元年，莱州亦陷于蒙军。俟蒙军弃去，金军复入②。然次年，即为红袄军杨安儿所据。同年，金将仆散安贞复莱州，并击杀安儿③。兴定元年，蒙军再克莱州④，复弃去。二年，莱州民曲贵据州附宋，为金军讨平⑤。三年，李全攻克莱州，复为金军所收复⑥。然而同年，莱州又为当地民间武装所据，并同益都张林附宋⑦。金自此失莱州⑧。

天会十五年，统支郡二：登州、宁海军。辖县五：掖、莱阳、即墨、胶水、招远县。大定二十二年，升宁海军为宁海州，仍隶莱州。泰和八年，莱州统支郡二：登州、宁海州。辖县五，同天会十五年。

1. 掖县

宋掖县。金仍旧。倚郭。

2. 莱阳县

宋莱阳县。金仍旧。治今山东莱阳市。

---

① 《会编》卷130《炎兴下帙三十》，建炎三年七月九日。
② 《元史》卷1《太祖纪》，太祖八年秋。
③ 《金史》卷102《仆散安贞传》。据同书卷130《列女·相琪妻传》，红袄军下莱州在贞祐三年八月，"三年"当作"二年"。
④ 《元史》卷119《木华黎传》、卷151《石抹孛迭儿传》。
⑤ 《金史》卷15《宣宗纪中》，兴定二年五月辛巳。
⑥ 《金史》卷15《宣宗纪中》，兴定三年六月甲戌，"李全寇日照、博兴，纥石烈万奴败之；寇即墨，完颜僧寿又败之，复莱州"。则前此在李全的全面攻势中，莱州为所占，至此收复。
⑦ 《金史》卷102《田琢传》：兴定三年，"于海、牟佐据莱州，（田）琢遣（张）林分兵讨之。林既得兵，伺琢出，即率众噪入府中"，遂逐田琢而据益都。于海、牟佐等未见载，当是当地势力起而割据者。张林既割据自雄，与金廷不两立矣。可以想见，必不至于遵循田琢的计划，出兵征莱，而是与莱州的力量结成同盟，共同附宋，故该年六月随张林归宋之名单有莱州（《宋史·李全传上》）。当然也存在另一可能，即于海、牟佐本即李全部下。
⑧ 如上注所言，若于海等为李全所遣，则兴定三年之后莱州为李全所据。无论如何，至迟在兴定五年张林降蒙、李全用兵逐之以后，莱州属李全矣。元光二年，蒙军一度攻下莱州（《元史》卷149《移剌捏儿传》），然复弃去。正大三年，蒙军围攻李全于益都，复"掠登、莱"（《元史》卷151《杜丰传》）。俟李全降蒙，州仍归全所有。全死，开兴元年为国安用之势力范围，次年安用降蒙，莱州复入蒙（《元史》卷2《太宗纪》，太宗五年十二月），仍归李璮所有。故《元史》卷58《地理志一》"山东东西道肃政廉访司·般阳府路·莱州"条称，莱州"元初属益都路"，在李璮之封域内，中统三年李璮叛元，被平服，五年，莱州入淄莱路。

3. 即墨县

宋即墨县。金仍旧。治今山东即墨市。

4. 胶水县

宋胶水县。金仍旧。治今山东平度市。

5. 招远县

伪齐置招远县①。金仍旧。治今山东招远市。

登州

宋登州,防御。金天会七年得之②。次年予伪齐。十五年复夺之,仍为登州,降军事,隶山东东路,为莱州支郡。大定二十二年改为刺史。泰和八年为中等刺史州。兴定三年入宋③。治今山东蓬莱市。

天会十五年,辖县四：蓬莱、黄、栖霞、福山县。泰和八年同。

1. 蓬莱县

宋蓬莱县。金仍旧。倚郭。

2. 黄县

宋黄县。金仍旧。治今山东龙口市东39里石良镇黄城。

3. 栖霞县

伪齐阜昌二年(1131)置。金仍旧。治今山东栖霞市。

栖霞县之始置,按金人李纯甫所说,在伪齐"阜昌初"④。又据王炎称："宁海升郡于东,栖霞创县于西,福山之号,于是乎建。"⑤《元史·地理志》亦称："伪齐以登州之两水镇为福山县,杨疃镇为栖霞县。"⑥是栖霞、福山同时置也。福山县建于阜昌二年,故知栖霞县亦为同年所置。

---

① 《齐乘》卷3《郡邑》"般阳府路·莱州·招远县"条："招远县,州东北百二十里。本掖县地,有罗山。金人初置罗峰镇,后升招远县,属莱州。"未详其始置之时。后《志》皆以为伪齐时置。如《明一统志》卷25《登州府》"建置沿革·招远县"条："唐宋以来为罗峰镇,金始置招远县,属莱州。"《嘉庆一统志》卷173《登州府》"建置沿革·招远县"条："金天会二年,刘豫析置招远县。"刘豫所置,应无误。伪齐时所置县,《金志》不详其始置之年,此其体例也。然天会二年之说,显然有误。或天会十二年耶？姑俟再考。
② 诸史不载金克登州之年,按莱州之陷在天会七年,登州或于同年陷金。
③ 按金末登州之去向,略同于莱州。
④ 《栖霞县建学庙碑》："登之栖霞,濒海之墟。阜昌初,薙荆榛而县焉。"载《金文最》卷81。
⑤ 《福山县令题名记》,《金文最》卷22。
⑥ 《元史》卷58《地理志一》"山东东西道肃政廉访司·般阳府路·登州·福山县"条注。

4. 福山县

伪齐阜昌二年置福山县①。金仍旧。治今山东烟台市西南23里福山区。

宁海州

伪齐阜昌二年升登州牟平县置宁海军②。金天会十五年夺还其地，仍旧，隶山东东路，为莱州支郡。大定二十二年，升置宁海州，刺史。兴定三年入宋③。治今山东烟台市东南53里牟平区。

天会十五年，辖县二：牟平、文登县。泰和八年同。

1. 牟平县

宋牟平县，属登州。入金，改属宁海军，倚郭。

2. 文登县

宋文登县，属登州。入金，改属宁海军。治今山东威海市文登区。

第三节　山东西路州县沿革

天会十五年(1137)置山东西路，治东平府，统东平府，济、徐、德州及滕阳、泰安军。并升置淮阳军为邳州，降袭庆府为兖州，属之。皇统二年(1142)寿、泗、宿州来属。天德二年(1150)，废大名府路，大名府及恩、濮、开、博、德州来属。贞元元年(1153)，寿州改属南京路。正隆二年(1157)，割大名府及恩、开、濮州置大名府路。六年，泗州入宋。大定三年(1163)，宿州失于宋，旋夺还。四年，夺还泗州。六年，泗、宿州改属南京路。二十二年，升滕阳军为滕阳州、泰安军为泰安州。二十四年，滕阳州改为滕州。泰和八年(1208)，曹州自南京路来属。贞祐三年(1215)，徐州、邳州划属南京路。天兴二年(1233)，置源州属之。

泰和八年，统府一、州九(节度州二、防御州二、刺史州五)：东平府，济、曹、徐、邳、滕、博、兖、泰安、德州(另参见前图21)。

---

① 《齐乘》卷3《郡邑》"般阳府路·登州·福山县"条："福山县……旧为两水镇，属登州。金伪齐阜昌二年，置福山县，属登州。"金人张邦彦于皇统九年(1149)所作《增修金堆院碑》称，"县曰福山，阜昌时所置，旧为镇，曰两水……两水之为县也，垂二十年。"而王炎于贞元元年(1153)所作《福山县令题名记》则称："福山之兴，迄于今二十余载。"则《齐乘》福山县置于阜昌二年(1131)之说，正相合也。
② 《金史·地理志》："本宁海军，大定二十二年升为州。"据《福山县令题名记》，"宁海升郡于东，栖霞创县于西，福山之号，于是乎建"，则宁海军与福山县同置于阜昌二年。
③ 金末蒙初，宁海州之去向略同于莱州。

东平府

宋东平府，天平军节度。金天会六年克之①。八年，以其地予伪齐，升为东京②。天会十五年夺还，去京号，仍为东平府、天平军节度，为山东西路都总管府驻地。泰和八年为上等总管府。兴定五年(1221)陷蒙。治今山东东平县。

金末之东平，作为山东西部之会府，不仅是金、蒙交争的焦点之一，自兴定三、四年间山东东部诸地方势力纷纷附宋之后，也成为宋军的必争之地，以打通西进之路。东平府虽在贞祐元年幸免于蒙军铁蹄，然在兴定四年之后，则诸方力量交斗于此矣。先是，李全于四年攻东平，败归③。年底，蒙军围攻东平，亦不克，俟次年金军粮尽而退，蒙将严实遂得入东平④。

天会十五年，统支郡一：济州。辖县六：须城、东阿、阳谷、中都、寿张、平阴县。贞元元年，改中都县为汶阳县。泰和八年，曹州来属。改汶阳县为汶上县。统支郡二：济州、曹州。辖县六：须城、东阿、阳谷、汶上、寿张、平阴县。

1. 须城县

宋须城县。金仍旧。倚郭。

2. 东阿县

宋东阿县。金仍旧。初治今山东东平县西北60里旧县乡，伪齐阜昌四年(1133，金天会十一年)徙治今东阿县南27里鱼山镇旧城村⑤。

---

① 《会编》卷119《炎兴下帙十九》，建炎二年十二月十日。
② 《会编》卷141《炎兴下帙四十一》：建炎四年七月二十七日，"升东平府为东京，以东京为汴京"。《大金国志》卷6《纪年·太宗文烈皇帝四》：天会八年九月九日，"立刘豫于大名府，国号大齐……豫由此不居北京，复还东平……改东京为汴京，升东平府为东京"。
③ 《宋史》卷476《叛臣中·李全传上》。
④ 蒙军围攻东平事，见《金史》卷16《宣宗纪下》，兴定四年十一月。又《元史》卷119《木华黎传》有详细记载："庚辰……围东平，以实权山东西路行省，戒之曰：'东平粮尽，必弃城走，汝伺其去，即入城安辑之，勿苦郡县以败事也。'留梭鲁忽秃以蒙古军三千屯守之。辛巳四月，东平粮尽，金行省忙古奔汴……实入城，建行省，抚其民。"《金史》卷102《蒙古纲传》："兴定五年……燕宁战死……燕宁死而纲势孤矣。纲奏请移军于河南……于是，纲改兼静难军节度使，行省邳州。自此山东事势去矣。"金遂失东平。至正大二年四月，严实败于宋将彭义斌，以城降。至七月，严实阵前倒戈，击杀彭义斌，遂"尽复所失山东地"。正大三年，东平再次入蒙(见《遗山先生文集》卷26《东平行台严公神道碑》)。
⑤ 《纪要》卷33《山东四》"兖州府下·东阿故城"条："太平兴国二年徙治利仁镇。绍兴三年金人徙治于新桥镇。明朝洪武八年，又徙今治。"明东阿县治，即今平阴县东阿镇。又同卷"兖州府下·南谷镇"条："县南十二里。以在谷城南也。宋开宝中，移县治焉。又南十八里曰利仁镇，太平兴国中所置县治也，今ис县马驿置于此。县北十里新桥镇，金人徙县治此，元因之。"东阿镇南十八里利仁镇，即今东平县旧县乡治所在。此北宋与金初东阿治所，绍兴三年(金天会十一年，伪齐阜昌四年)徙治新桥镇。东阿镇北十里新桥镇(《嘉庆一统志》卷179《泰安府一》"关隘·新桥镇"条则称"在县北八里")，即今东阿县旧城村。

3. 阳谷县

宋阳谷县。金仍旧。治今山东阳谷县。

4. 汶上县

宋中都县。金初仍旧。贞元元年更县名为汶阳。泰和八年复更名汶上。治今山东汶上县。

按贞元更名,为避免与中都(大兴府)同名①。

5. 寿张县

宋寿张县。金仍旧。初治今山东梁山县西北 15 里寿张集镇,大定七年移于今阳谷县西南 25 里李台镇祝口村,大定十九年复徙回今寿张集镇②。

6. 平阴县

宋平阴县。金仍旧。治今山东平阴县。

济州

宋济州,防御。金天会七年克之③。八年,予伪齐。十五年,复夺还,降军事,隶山东西路,为东平府支郡。大定二十二年改为刺史。泰和八年为中等刺史州。兴定五年陷蒙。治今山东济宁市。

作为上年秋蒙军徇地山东、河北的结果,济州先曾于贞祐二年正月为蒙军所破④,旋弃去。贞祐三年以后,完颜弼宣抚山东西路,驻东平,蒙古纲复行省于东平,济州得到东平的遮蔽,得保无事。然约兴定三、四年间,济州为附宋之张林所克⑤,为山东附宋势力所据。至兴定五年,蒙古以降将石珪为"济、兖、单三州兵马都总管、山东路行元帅,佩金虎符,便宜从事"。但济州应在该年附宋诸势力(李全、张林、石珪)的纷争中为金军所据。在蒙古纲自东平南退之

---

① 元好问:《续夷坚志》卷 3《永安钱》:"海陵天德初,上宅于燕,建号中都,易析津府为大兴……乃取长安例,地名永安,改东平中都县曰汝阳[汶阳]。"
② 《金史·地理志》:"大定七年河水坏城,迁于竹口镇,十九年复旧治。"《纪要》卷 33《山东四》"兖州府下·寿张故城"条:"在今县东南五十里……金人大定七年河水坏城,乃迁于今县西十五里之竹口镇。十九年复还旧治。"明寿张县,今阳谷县寿张镇。镇东南五十里,今梁山县寿张集乡治所在。镇西十五里,今阳谷县李台镇祝口村也。
③ 金克济州之时,无直接记载。《金史》卷 80《赤盏晖传》:"从攻泗州,克之。还屯汶阳,破贼众于梁山泺,获舟千余。移军攻济州,既败敌兵,因傅城谕以祸福,乃举城降。晖约束军士,无秋毫犯,自是曹、单等州皆闻风而下。"当时赤盏晖参与攻克诸州,次序是泗、济、曹、单。检上文,克泗州在天会七年正月,下曹、单在同年九月(《宋史》卷 25《高宗纪二》,建炎三年九月壬子,"金人陷单州、兴仁府")。则金克济州,亦在同年,唯不知在何月。
④ (金)崔禧:《应奉翰林文字赠济州刺史李公碑铭》,《全辽金文》,第 2634 页。
⑤ 《宋史》卷 403《贾涉传》。

后,"(石)珪与严实分据,收辑济、兖、沂、滕、单诸州"①。济州由此入蒙。

天会十五年,辖县五:巨野、任城、郓城、金乡、嘉祥县。天德二年废巨野县,州徙治任城。泰和八年,辖县四:任城、郓城、金乡、嘉祥县。

1. 任城县

宋任城县,属济州。金初仍旧。天德二年,为倚郭。

2. 郓城县

宋郓城县。金仍旧。初治今山东郓城县东16里张营镇略西南。大定六年,徙治今郓城县②。

3. 金乡县

宋金乡县。金仍旧。治今山东金乡县。

4. 嘉祥县

伪齐置。金仍旧。初治今山东巨野县东22里麒麟镇小屯村一带。正隆元年,徙治今山东嘉祥县城东偏洪山村。大定十五年,再徙今嘉祥县③。

嘉祥之始置,据《纪要》,在"皇统中"④。然金人鹿汝弼称,"废齐阜昌间,始建嘉祥县"⑤。则金之嘉祥县,应是沿伪齐之旧也。

(废)巨野县

宋巨野县。金初仍旧。天德二年废。治今山东巨野县⑥。

曹州

宋兴仁府,彰信军节度,隶京东西路。金天会七年克之⑦。八年,予伪齐。伪齐降府为曹州,仍为节度⑧,隶归德府路。天会十五年,金夺还其地。天眷

---

① 《元史》卷193《忠义一·石珪传》。
② 《金史·地理志》:郓城县于"大定六年五月徙治盘沟村,以避河决"。其大定以前治所,据《纪要》卷33《山东四》"兖州府下·郓城旧县"条,在"县东十六里",即今郓城县东张营镇西南约3里处。
③ 《嘉庆一统志》卷183《济宁州》"古迹·嘉祥故城"条:"在嘉祥县西二十五里,即宋吕里县之山口镇。金置县于此……正隆初,县圮于水,徙治横山之南。大定十五年,又徙于萌山之下,即今治也。"同卷"山川·萌山"条:萌山"在嘉祥县东北……稍东为横山、独坐山、柏山,皆在城外,而山麓相接"。今萌山在县东南,柏山在东北。大体这些"相接"之山,自今嘉祥东南,东北向延伸。其中横山在柏山稍西,旧城在其南,应即今洪山村。
④ 《纪要》卷33《山东四》"兖州府下·嘉祥县"条。
⑤ 《成氏葬祖先坟茔碑》(承安四年),《金文最》卷86。
⑥ 《嘉庆一统志》卷181《曹州府一》"古迹·巨野旧城"条:"在巨野县南。旧《志》:元至正八年,济宁路当河水之冲,徙路于济州,徙巨野于城北邢家务。盖即今县治。"依其语境,当在今巨野县城略南。
⑦ 《金史》卷2《太宗纪》,天会七年九月。
⑧ 《大金国志》卷6《纪年·太宗文烈皇帝四》,天会八年九月九日,"去淮宁、颍昌、顺昌、兴仁、寿春府名,复旧州名"。《金史》卷77《刘豫传》所载略同。由府降州后,节度仍旧。如施宜生"以罪北走齐,上书陈取宋之策,齐以为大总管府议事官。失意于刘麟,左迁彰信军节度判官。齐国废,擢为太常博士"(《金史》卷79《施宜生传》)。可知至伪齐末,曹州仍为节度。

二年(1139),以地还宋,宋仍升兴仁府①。天眷三年复夺还②,仍为曹州,降军事③,隶汴京路,为归德府支郡。大定二十二年改为刺史。泰和八年,为中等刺史州。同年改隶山东西路,为东平府支郡。正大三年(1226)陷蒙④。初治今山东菏泽市定陶区西南28里马集镇郭庄略南左城。大定八年,徙治今山东菏泽市⑤。

---

① 《会编》卷195《炎兴下帙九十五》,绍兴九年五月,"复南京归德府为应天府……曹州为兴仁府……州府之名自陷伪之后,经金人及刘豫更改者,今复其旧"。
② 《会编》卷200《炎兴下帙一百》,绍兴十年五月十八日,兴仁府降金。
③ 《金史》卷86《李师雄传》:"齐废,为汴京马军都虞候,历知宁海军、曹州刺史。皇统二年,为武胜军节度使。"知金废伪齐之初,曹州即已降为军事,故以刺史为长。另,同书卷66《始祖以下诸子·合住传》:"(合住孙)余里也……从宗望伐宋,以功迁真定府路安抚使、兼曹州防御使。"曹州与真定府路并无关系,此处所谓"兼"者,实遥领也,虚衔也。由遥领之制,应从宋制,军事州亦可有防御使。
④ 《金史》卷122《忠义二·马骧传》,贞祐三年四月,蒙军克曹州。同书卷14《宣宗纪上》,贞祐四年正月庚午,"大元兵收曹州"。兴定元年,蒙军又"袭曹、濮、恩、德、泰安、济宁,势如破竹"(《元史》卷150《何实传》)。兴定四年,蒙将严实又"进攻曹、濮、单三州,皆下之"(《遗山先生文集》卷26《东平行台严公神道碑》)。五年七月,蒙将石珪又"领兵破曹州"(《元史》卷193《忠义一·石珪传》)。在多次为蒙军攻克之后,理所当然的是,曹州又为金军所收复,这样才可能有下一次的沦陷。这些收复之事皆不见史载——直至兴定五年陷蒙后,《金史》卷16《宣宗纪下》终于提到,元光元年十月癸未,金"复曹州"。然自此之后,曹州便无下落。检《元史·严实传》:"初,彰德既下,又破水栅,带孙怒其反复,驱老幼数万欲屠之……继破濮州,复欲屠之……其后于曹、楚丘、定陶、上党皆然。"克彰德,在正大二年,下濮州在三年。则曹州之最终陷蒙,迟于濮州,但大约也在正大三年。按曹之周边,东平府及济、单州早已为蒙军所陷,当年濮州又陷,曹州暴露在严实兵锋之下,形势极危殆,恐难以长久支持。据《元史》卷58《地理志一》"中书省·燕南河北道肃政廉访司·济宁路·曹州"条:"金复为曹州。元初隶东平路总管府。至元二年,直隶省部。"大略可知,曹州是严实破彭义斌之后恢复并扩张其在京东、河北领地时,被其攻陷,并入其封域。
⑤ 《金史·地理志》:"大定八年(曹州)城为河所没,迁州治于古乘氏县。《纪要》卷33《山东四》"兖州府下·曹县"条:"隋析置济阴县,为曹州治。唐、宋因之。金人徙州治乘氏故县,仍置济阴为附郭"。金前期之曹州城、济阴县城,沿唐、宋之旧也。同卷"济阴城"条:"(曹)县西北六十里……自隋以后,州郡始皆治此。城西去黄河十里,金大定二十八年,圮于水。"按其里距,其地当在今定陶县马集镇左城。至于新州治,"古乘氏县"所在,据《嘉庆一统志》卷181《曹州府一》"古迹·乘氏故城"条:"今州治。"亦即今菏泽市。除新、旧州治及济阴县治所在,关于迁治的另一个问题是迁徙时间。《金史·地理志》谓,在大定八年。同书卷6《世宗纪上》亦载:人定八年"六月,河决李固渡,水入曹州"。卷27《河渠志》:"大定八年六月,河决李固渡,水溃曹州城"。皆可证照。迁治当稍迟于六月。然则,上引《纪要》却有以为州城圮、迁治乘氏在大定二十八年(除"济阴城"条外,同卷"曹城"条系于大定二十七年,"乘氏城"条系于二十八年)。这或是惑于《金史》卷97《康元弼传》所载:"大定二十七年,河决曹濮间,濒水者多垫溺。朝廷遣元弼往视,相其地如盎,而城在盎中,河易为害,请命于朝使之徙。卒即筑于北原,曹人赖焉。"然据《金史》卷9《章宗纪一》及《河渠志》,黄河再次决于曹州,在章宗大定二十九年五月,且此次水势不及大定八年之时。至于康元弼于二十八年出使,主要是检核二十六年大水对卫州城的破坏程度、是否需要迁卫州治(《金史·河渠志》)。至于巡视曹州,恐是顺道附带的任务。最后的结果是卫州不需迁治,而曹州反需迁徙。然而细检《康元弼传》,此次曹州迁治,不过是从"盎中"即谷地迁至北面不远处的高地,而非从宋济阴迁至古乘氏。《纪要》大误。

天会七年辖县五：济阴、定陶、乘氏、南华、楚丘县①。贞元二年，废南华县。海陵时，楚丘县割隶归德府，考城县自开封府来隶。大定六年，废乘氏县。后考城县割隶睢州。明昌五年(1194)，东明县来属。泰和八年，辖县三：济阴、定陶、东明县。

1. 济阴县

宋济阴县。金初仍旧。倚郭。大定八年，徙济阴县于原乘氏县治。仍为倚郭。

2. 定陶县

宋广济军及所属定陶县。金天会七年克之，废军存县。治今山东菏泽市定陶区西北4里滨河街道田楼村一带②。

3. 东明县

宋东明县，隶开封府。金初仍旧。明昌五年，改隶曹州。初治今河南兰考县东北20里爪营乡黄窑村一带。明昌五年，徙治今山东东明县东南29里东明集镇③。

(废)南华县

宋南华县，金初仍旧。贞元二年废④。治今山东东明县东北13里菜园集

---

① 又，北宋曹州有宛亭县，入金无闻。据《元丰九域志》卷1《京东路·西路》"曹州·宛亭县"条，其地在"州西三十五里"。校注云："冯〈校〉：'案《通鉴》卷二百五十二注引《志》文作四十五里。'"当以四十五里为是。地在今东明县西45里庄寨镇白茅村一带。其于宋、金时之沿革，按《嘉庆一统志》卷181《曹州府一》"古迹·冤句故城"条："在菏泽县西南……金圮于河。"《纪要》卷33《山东四》"兖州府下·冤句城"条说同。然宛亭不闻于金。又按宋、金历次河患，于宛亭所在，威胁最大的应是天会六年(宋建炎二年冬)杜充决黄河之时。疑宛亭即为当时沦河，遂废县。当时曹州尚未入金，故此处宛亭不列入。
② 《嘉庆一统志》卷181《曹州府一》"古迹·定陶故城"条："在定陶县西北四里……明洪武四年，徙于今治地。"
③ 《金史·地理志》："初隶南京，后避河患，徙河北冤句故地。"未详徙置及改隶之时。然则可以肯定的是，徙治、改隶应在同时。县东北移，远离开封而近曹州，故以改隶为便。按《金史·河渠志》，影响到东明县的河决有两次。先是大定十一年河决王村，次年正月，尚书省奏："检视官言，水东南行，其势甚大。可自河阴广武山循河而东，至原武、阳武、东明等县，孟、卫等州增筑堤岸，日役夫万一千，期以六十日毕。"至明昌五年八月，"河决阳武故堤，灌封丘而东"，威胁到东明县。然则其间的大定十六年，尚称"南京东明县"((金) 释自觉：《怀州明月山大明禅院记》(大定十六年)，(清) 袁通纂修，方履籛编辑：《河内县志》卷21《金石志下》，道光五年刊本，《中国方志丛书》华北地方第475号)。则东明徙治、改隶曹州在此后，即应在明昌五年也。此前之治所，据《嘉庆一统志》卷187《开封府二》"古迹·东昏故城"条："在兰阳县东北二十里。"约今河南兰考县东北20里黄窑村一带。明昌五年以后之治所，据《嘉庆一统志》卷35《大名府一》"古迹·东明故城"条："在今东明县界。金时东明以河患，徙河北冤句故地，今曰南东明集，在县南三十里。"即今东明县东明集镇也。
④ 濮州临濮县，废于贞元二年，与临濮相近的南华，疑是贞元二年同废。按《文献通考》卷320《舆地考六·古豫州》"宋·曹州"条："唐复为曹州……建炎三年，没于金。金隶河南路，而宛亭、南华、乘氏三县，皆为黄河水湮废，乃以东明县来属。"然则宛亭、南华、乘氏三县之废，以及东明县之割属曹州，非同时也。

乡西台集村①。

（废）乘氏县

宋乘氏县，金初沿之。大定六年废②。治今山东菏泽市，即大定八年以后之济阴县治也。

徐州

宋徐州，武宁军节度。金天会七年克之③。八年，予伪齐。十五年，复夺还，仍旧，隶山东西路。泰和八年为下等节度州。贞祐三年划属南京路。天兴二年入蒙。治今江苏徐州市。

在金末的战争形势中，徐州处在一个较有利的位置：迟至天兴间蒙军才攻入河南，则徐州西北有保障；东平府坚守至兴定五年，滕州更迟至正大四年方陷于蒙军，故徐州之北面长期有所遮蔽，兴定五年后，则金之山东部队退至徐州一带，兵力相当集中；其南面距宋境有相当距离，宋之力量，攻势难及于此；其东虽有红袄军和山东附宋力量的活动，但并非最活跃的地带。故而，徐州境内之激烈战事，自开兴元年（1232）方始④，且以地方武装之交斗以及兵变为主。如天兴元年六月，金义胜军总领张兴作乱，逐徐州行省徒单益都，招国安用入徐州⑤。七月，国安用又以徐州降金，州遂为金所直接控制。二年十月，通过兵变，安用再得徐州，次月，以州降蒙⑥。然国安用旋即复附宋反蒙，

---

① （清）李卫等修：《雍正畿辅通志》（雍正十三年，《文渊阁四库全书》本）卷54《古迹》"大名府·西台"条："在东明县东北十里，即唐南华县。"亦即宋南华县耳。地在今东明县东北西台集。
② 废乘氏县之时，据《嘉庆一统志》卷181《曹州府一》"建置沿革·菏泽县"条："金大定六年县废。"《纪要》卷33《山东四》"兖州府下·乘氏城"条所载同。然则此说不见于前史，不知传抄何种史籍而来。若大定六年废，不知何以两年之后复徙济阴县及曹州治此。此中颇有可疑处。其县之废，很有可能在伪齐，故《金志》不载。然未见他处确载，未敢断言。姑从《纪要》等说，待考。
③ 《宋史》卷25《高宗纪二》，建炎三年正月庚子，"粘罕陷徐州"。
④ 《金史》卷102《仆散安贞传》：贞祐元年秋蒙军大举入侵，"河北州郡未破者，惟真定……徐、邳、海州而已"。至兴定二年，"红袄贼攻彭城之胡材寨，徐州兵讨败之"；三年，"徐州总领纳合六哥大破红袄贼于狄山"（同书卷15《宣宗纪中》，兴定二年十二月甲寅、三年十□月甲寅），元光元年，"红袄贼袭徐州之十八里寨，又袭古城、桃园，官军破之"（卷16《宣宗纪下》，元光二年七月戊辰）。正大元年以前徐州之战事，如此而已。所谓"红袄贼"，显是李全之众。然李全等附宋力量，其势力范围主要是自涟水、海州顺着沿海通道向北发展至沧州，相对来说，徐州是较为"偏远"之地，其力难及。
⑤ 《金史》卷117《徒单益都传》。
⑥ 《金史》卷17《哀宗纪上》，天兴元年七月乙未，"乙未，宿州帅众僧奴称国安用降"。自此，国安用居邳州、涟水，王德全据徐州，名义上归金节制，事实上则自行其是。十一月，国安用攻徐州，不克（同书卷117《国用安传》）。二年正月，金遣完颜仲德行省徐州，逐渐掌握了对徐州的控制权。六月，完颜仲德赴蔡（卷119《完颜仲德传》）。七月，完颜赛不继任。十月，徐州兵变，引源州（同年由沛县升置）叛将攻陷城，旋降蒙（卷113《完颜赛不传》）。降蒙之时间，据《汝南遗事》卷4，在该年十一月。

据徐州而守之。至天兴三年正月,蒙军终克徐州①。

天会十五年,统支郡二:邳州、滕阳军。辖县三:彭城、萧、丰县。皇统二年,寿州来隶。贞元元年,寿州割属南京路。大定二十二年,升滕阳军为滕阳州。二十四年,改滕阳军为滕州。泰和八年,统支郡二:邳州、滕州。辖县三:彭城、萧、丰县。元光二年置永固县。

1. 彭城县

宋彭城县。金仍旧。倚郭。

2. 萧县

宋萧县。金仍旧。治今安徽萧县西北10里龙城镇小李庄一带②。

3. 丰县

宋丰县。金仍旧。治今江苏丰县。

(后置)永固县

元光二年(1223)升彭城县厥堌镇置永固县。治今安徽萧县西南31里永堌镇。

邳州

宋淮阳军。金天会七年克之③。次年,予伪齐。天会十五年复夺还,升置邳州④,军事,隶山东西路,为徐州支郡。大定二十二年改为刺史。泰和八年为中等刺史州。贞祐三年改隶南京路。天兴二年入蒙。治今江苏睢宁县西北

---

① 据《金史》卷113《完颜赛不传》:"(天兴二年)十月甲申,诘旦,(源州叛将麻琮)袭破徐州……麻琮乃遣人以州降大元。"然对次年正月,"闻大兵围沛,用安往救之,败走徐州。会移兵攻徐,用安投水死"(卷117《国用安传》)。沛县,当时已升源州。国安用既据徐州,又救源州,知源州叛金、徐州降蒙后,一度皆为国用所有,天兴二年十一月源州降蒙,也不过是名义上的,直接控制二州者,仍是安用。至天兴三年遂为蒙军攻取。然徐州旋又归宋所有。据《元史》卷59《地理志二》"河南江北等处行中书省·河南江北道肃政廉访司·归德府"条:"徐州……金亡,宋复之。"
② 《纪要》卷29《南直十一》"徐州·萧城"条:"在县西北十里……唐时县治北城,自宋以来治南城。明亦为萧县治,城周仅四里。万历五年,圮于水,乃迁治于三台山南麓,即今治也。"
③ 《宋史》卷25《高宗纪二》,建炎三年正月丙午,"金兵执淮阳守臣李宽"。
④ 《金史》卷77《王伯龙传》:"进攻徐州,伯龙复先登,充徐、宿、邳三路军马都统。败高托山之众十五万余于清河。进击韩世忠于邳州,走之,与大军会于宿迁,追世忠至扬州。还攻泗州。"据《宋史》卷25《高宗纪二》,建炎三年正月"丙午,粘罕陷徐州……御营平寇左将军韩世忠军溃于沭阳,其将张遇死,世忠奔盐城。金兵执淮阳守臣李宽,杀转运副使李跂,以骑兵三千取彭城,间道趣淮甸。戊申,至泗州"。可知,从伯龙参与"进攻徐州",直至"还攻泗州",皆是天会七年(宋建炎三年)事。伯龙"充徐、宿、邳三路军马都统",在该月克淮阳之后,似淮阳军升置邳州在天会七年。然而据《会编》卷181《炎兴下帙八十一》绍兴七年十一月十八日条引杨尧弼《伪豫传》:阜昌六年八月,刘豫"以弟复知济南府,观知淮阳军",则伪齐时犹是淮阳军耳。故知《金史·王伯龙传》误以后世政区系先世之事。据《金史》卷77《温迪罕蒲里特传》载:皇统元年,"邳州土贼啸聚,几二十万,蒲里特军三千分为数队,急攻之。贼溃去"。知邳州之始置,应在天会十五年金自伪齐夺还山东之初。

50里古邳镇。

金末邳州之去向，在兴定以前，与徐州同。元光二年，邳州兵变，叛军杀行省蒙古纲，降宋。然同年复为金所攻下①。天兴元年，徐州兵变之后，徐、宿、邳三州相继送款海州，"皆归（国）安用"②。既而国安用降金，而邳州仍为所据，天兴二年，又随安用附宋、降蒙。金遂失邳州③。

天会十五年，辖县三：下邳、宿迁、承县。明昌六年，更承县名曰兰陵。泰和八年辖县三：下邳、宿迁、兰陵县。元光二年废宿迁县。

1. 下邳县

宋下邳县。金仍旧，倚郭。

2. 宿迁县

宋宿迁县，隶淮阳军。金升军置邳州，仍属邳州。元光二年废。治今江苏宿迁市宿城区古城街道④。

3. 兰陵县⑤

宋承县，属沂州。金天会十五年划属邳州。明昌六年更名兰陵。先治今山东枣庄市东南20里峄城区，贞祐四年徙治今枣庄市东南29里峄城区吴林

---

① 《金史》卷102《蒙古纲传》："（元光二年）八月辛未朔，邳州从宜经略使纳合六哥、都统金山颜俊率沂州军士百余人人行省，杀纲及僚属于省署，遂据州反……顷之，邳州卒逃归，诣总帅（纥石烈）牙吾塔许，六哥已结李全为助……十月壬辰，牙吾塔围邳州，急攻之。红袄贼高显等杀六哥，函首以献。"卷16《宣宗纪下》，元光二年八月辛未朔条所载略同。并可参同书卷111《纥石烈牙吾塔传》及《遗山先生文集》卷20《通奉大夫钧州刺史行尚书省参议张（汝翼）君神道碑铭》。
② 《金史》卷117《国用安传》。
③ 国安用于天兴二年先附宋，后降蒙，年底，又附宋。三年正月，遂为蒙军攻杀（《金史》卷117《国用安传》）。据《元史》卷152《王珍传》："国安用据徐、邳，珍从太尔及阿术鲁攻拔之。"则天兴三年国安用被杀之时，邳州亦陷蒙。且徐、邳连称，二州皆应陷于天兴三年正月。然而《元史》卷147《张柔传》以及卷150《张荣传》，皆称蒙军克邳州在乙未年（1235）。据《元史》卷59《地理志二》"河南江北等处行中书省·河南江北道肃政廉访司·归德府"条："邳州……宋置淮阳军，金复为邳州。金亡，宋暂有之。"颇疑蒙军天兴三年正月克徐、邳、源州之后弃去，乃为宋所据，次年三州复为蒙军攻克。
④ 《嘉庆一统志》卷101《徐州府二》"建置沿革·宿迁县"条："宝应元年，避讳改（宿预）为宿迁"；"古迹·宿预故城"条："在宿辽县东南……明万历中，又移今治，南去故城二里。"故城即今宿城区南部古城街道。
⑤ 据《纪要》卷32《山东三》"兖州府上·峄县"条："兴定中，置峄州，治焉"。（清）岳濬等修：《乾隆山东通志》（《文渊阁四库全书》本）卷3《建置志》"峄县"条亦称金兴定中置峄州，却未见于《金志》，不知此说出自何处。按《齐乘》卷3《郡邑》"益都路·峄州"条："国朝升峄州。"检元人李灏所作《王宏墓碑铭》（己酉，海迷失后称制元年）："次子瑾……岁丁丑，勾充山东路行六部外郎……岁辛卯，提领沂、滕、峄三州事。"丁丑，正大四年，李全、张荣皆已为蒙之"山东行省"，沂州原属李全，全于该年降蒙，遂为蒙境。滕州原为金守，李全降后，同年为蒙军攻克。由区位看来，王瑾应是供职于李全部下。辛卯，金正大八年，此时邳州虽仍在金，疑邳州境内远在州治之北的兰陵县，亦已为蒙军或李全所陷，遂由代表山东这一地区蒙古力量的李全，升县置州。故而，《齐乘》"国朝升峄州"之说为确，《纪要》以下，其说皆不足取。

街道前土楼河村①。

滕州

宋滕县，隶徐州。伪齐升置滕阳军②。天会十五年夺还，仍旧，隶山东西路，为徐州支郡。大定二十二年，升为滕阳州，刺史。二十四年，更名滕州。泰和八年为上等刺史州。贞祐三年改为兖州支郡。正大四年陷蒙③。治今山东滕州市。

天会十五年，辖县三：滕阳、邹、沛县。大定二十四年，改滕阳县为滕县。泰和八年，辖县三：滕、邹、沛县。天兴元年，升沛县为源州。

1. 滕县

宋滕县。金天会七年得之，仍旧。伪齐改为滕阳县。金天会十五年仍为滕阳县。大定二十四年，复改为滕县④。倚郭。

2. 邹县

宋邹县，隶兖州。伪齐划属滕阳军。金仍旧。治今山东邹城市。

3. 沛县

宋沛县，隶徐州。伪齐划属滕阳军。金仍旧。天兴元年，升置源州⑤。治

---

① 《金史·地理志》：兰陵，"本承县，明昌六年更名，贞祐四年三月徙治土娄村"。《嘉庆一统志》卷166《兖州府二》"古迹·承县故城"条："峄县西北一里……《寰宇记》：'汉故城在今（承）县西一里。唐武德四年移今治。'金贞祐四年，徙治土楼村。"则唐、宋承县治，即金兰陵县治，清峄县仍治此，今为枣庄市峄城区。金贞祐四年以后的兰陵县治，则在今峄城区东南8里的前土楼河村。

② 《金史·地理志》：滕州，"本宋滕阳军，大定二十二年升为滕阳州"。然李昌宪先生已考得，滕阳军置于伪齐，至迟于阜昌七年已建。见《试论伪齐国的疆域与政区》，《中国史研究》2007年第4期，第151页。

③ 《金史》卷14《宣宗纪上》，贞祐四年四月辛丑，侯挚言："红袄……渠贼郝定僭号设官，已陷滕、兖、单诸州"。则贞祐四年，滕州曾为红袄军郝定部所据。兴定元年，为东平行省讨平（《金史》卷103《完颜霆传》）。兴定四年，蒙军曾"破单、胜、兖三州"（《元史》卷147《史天祥传》），"胜州"者，当作"滕州"。后弃去。至正大四年，"滕州尚为金守"，然该年李全降蒙，滕州亦无所遮蔽，遂为蒙军所破（《元史》卷119《木华黎传附子博啰》）。

④ 《金史·地理志》：滕县，"旧名滕阳，大定二十四年更"。然则，在宋亦称滕县。此所谓"旧"者，当指伪齐以后。在伪齐升滕县置滕阳军的同时，亦改县名为滕阳，金初仍旧。俟大定二十四年更州名之时，复改县名曰"滕"。

⑤ 《金史》卷119《完颜仲德传》："（天兴）二年正月，车驾至归德，以仲德行尚书省于徐州。既至，遣人与国用安通问。沛县卓翼、孙璧冲者初投用安，用安封翼为东平郡王，璧冲博平公，升沛县为源州。已而翼、璧冲来归，仲德界之旧职，令统河北诸砦、行源州帅府事"。知沛县升置源州，大略与国安用以郡王之名封卓翼同时。按同书卷117《国用安传》："上复遣（因）世英、（高）天祐……郡王宣、世ંગ宣、大信牌、玉兔鹘鞓带各十，听同盟可赐者赐。"安用遂大封部下诸将，"十郡王者，李明德、封仙、张瑀、张友、卓翼、康琮、杜政、吴歪头、王德全、刘安国也"。又卷17《哀宗纪上》，天兴元年七月乙未，"遣近侍直长因世英等持诏封安用为兖王，行京东等路尚书省事，赐姓完颜，改名用安"。卷18《哀宗纪下》，天兴元年十一月壬戌，"制使因世英以用安不赴援，还。至宿州西，遇大元兵，死之"。知国安用封十郡王之时，亦即升沛县为源州之时，在天兴元年七月至十一月间。

今江苏省沛县。

(后置)源州

天兴元年以沛县升置。天兴二年陷蒙。治今江苏沛县。

天兴元年国安用升置源州,以部将卓翼主之。然天兴二年翼即投金之徐州行省完颜仲德。源州似由国安用领属之地,变作金直接控制之地①。然则卓翼随即调离源州,不久源州遂又属安用矣。该年十一月安用降蒙,则源州亦应随其入蒙②。

辖县一:沛县。

博州

宋博州,防御,属河北东路。金天会六年克之③。八年,予伪齐,仍为博州,防御,隶大名府路。十五年废伪齐,仍旧④。天德二年改属山

---

① 《金史》卷119《完颜仲德传》:"(天兴)二年正月,车驾至归德,以仲德行尚书省于徐州。……沛县卓翼、孙璧冲者初投用安……已而翼、璧冲来归,仲德界之旧职,令统河北诸寨、行源州帅府事。"
② 《金史》卷113《完颜赛不传》:"(天兴)二年七月,复诏行尚书省事于徐州。既至,以州乏粮,遣郎中王万庆令徐、宿、灵璧兵取源州,令元帅郭恩统之。九月,恩至源州城下,败绩而还。再命卓翼攻丰县,破之。初,郭恩以败为耻,托疾不行,乃密与河北诸叛将郭野驴辈谋归国安用……初,源、徐交攻,郭野驴者每辞疾不行,赛不遂授野驴徐州节度副使,兼防城都总领,实羁之也。野驴既见徐州空虚,乃约源州叛将麻琮内外相应。十月甲申,诘旦,袭破徐州……麻琮乃遣人以州降大元。"天兴二年七月之后,源州究竟何属,未有史籍直接提及。然据上述记载称赛不命郭恩攻源州,又命卓翼攻丰县,知翼已调离源州而至徐州,且源州又脱出金之控制。又谓郭野驴心属安用,而最终引源州兵攻破徐州,则源州已复投国安用无疑,麻琮即是安用之部(颇疑"麻琮"即是《金史·国用安传》所载"十郡王"之一的"康琮")。而当时安用尚未再次降蒙,但与金则已离心矣,故与金徐州行省直接冲突,夺得源州,故当时源州守将麻琮被金视作"叛将"。至十一月,则安用再降蒙,上引麻琮"以州降大元"者,亦与安用之降同步,源州名义上成为蒙境。但按蒙古当时的惯例,事实上仍归安用控制。是故,该年底安用附宋之后,源、徐二州遂遭蒙军攻击。至三年正月,源州破(《金史》卷117《国用安传》、《元史》卷150《张荣传》)。
③ 金军下博州之时未见载。然据《会编》卷118《炎兴下帙十八》,建炎二年十月十八日,"马扩率兵攻清平,不克,还行在。先是,马扩以节制应援兵马使集诸军,欲大举收复陷没河北州郡。师次馆陶,闻冀州已陷,金人犯博州,皆彷徨不敢进……马以事不可济,乃由济南以归"。此后博州遂无闻。应是在此次"金人犯博州"之后,即告沦陷。
④ 按《金史》诸《传》所载,绝大多数皆称博州长官为"防御使"。且由卷79《郦琼传》所载"齐国废,以为博州防御使",知由宋入伪齐,再至金,博州等第未变。然有两处例外。卷82《郑建充传》载,"齐国建,累迁博州团练使,知宁州"。卷91《庞迪传》载,"天眷元年,除永兴军路兵马都总管兼知京兆府,徙临洮尹,兼熙秦路兵马都总管……官制行,吏部以武功大夫、博州团练使特授定远大将军。(皇统)七年,除庆阳尹"。两处例外,原因相似:伪齐承宋制,节度—防御—团练—刺史体系,实为官员某类虚衔之所系,与州的实际等第无关。天眷元年颁新官制,金亦引入宋、伪齐之制,故而庞迪虽历任兵马都总管、府尹等重要的地方实职(即至少不低于节度使),却无碍于其虚衔仅为"团练"。故而,这两处例外并不说明博州等第数经变迁。

东西路①。泰和八年为上等防御州。兴定三年入宋②。治今山东聊城市。

天会十五年,辖县五:聊城、堂邑、博平、高唐、茌平县。泰和八年同。

1. 聊城县

宋聊城县。金仍旧。倚郭。

2. 堂邑县

宋堂邑县。金仍旧。治今山东聊城市西38里堂邑镇③。

3. 博平县

宋博平县。金仍旧。治今山东茌平县西26里博平镇④。

4. 高唐县

宋高唐县。金仍旧。治今山东高唐县。

5. 茌平县

伪齐置。金仍旧。治今山东茌平县⑤。

兖州

宋袭庆府,泰宁军节度。天会六年取之⑥。八年,予伪齐。十五年复

---

① 博州伪齐时改属大名府路(李昌宪:《试论伪齐国的疆域与政区》,《中国史研究》2007年第4期,第149页),《金史·地理志》系之于山东西路,然不载入金后的归属改变。据《元史》卷58《地理志一》"中书省·燕南河北道肃政廉访司·东昌路"条:"东昌路,唐博州,宋隶河北东路,金隶大名府,元初隶东平路。"所谓"金隶大名府",虽然未能准确描述博州在金代的最后归属,但可以填补《金志》的疏略:金天会十五年得伪齐之山东,大名路之地,博州仍属大名路。至天德二年废大名路统军司,遂就近改隶山东西路。正隆二年又置大名路都总管府,原伪齐大名府路的大片地区,却未能再归大名路所辖,博州即是其中之一。
② 贞祐元年秋,蒙军陷博州(《元史》卷1《太祖纪》,太祖八年秋),旋弃去。兴定元年,蒙军再陷博州(《金史》卷15《宣宗纪中》,兴定元年十一月丙戌),又弃去。至兴定三年,宋遣李全取海、密、宁海、登、莱等州,于是,"青州守张林以滨、棣、淄州降,又取济、沂等州,自是恩、博、景、德至邢、洺十余州相继请降"(《宋史》卷403《贾涉传》)。检《遗山先生文集》卷26《东平行台严公神道碑》可知,博州应是随严实附宋。兴定四年,严实降蒙,州又随之入蒙。至正大元年,在博州应当有一场宋、蒙力量之间的剧斗,即彭义斌的西进之师与据守山东西北与大名路的严实部发生激烈冲突,遗山称之为"甲申之兵"(《遗山先生文集》卷32《博州重修学记》)。正大二年严实败,降于义斌,州应随之暂时复宋,然至七月,义斌被击杀,则博州再属蒙。
③ 《纪要》卷34《山东五》"东昌府·堂邑县"条:"府西四十里。"
④ 《纪要》卷34《山东五》"东昌府·博平县"条:"府东北四十里。"今博平镇,距聊城市(明东昌府)38里。
⑤ 《纪要》卷34《山东五》"东昌府·茌平县"条:"府东北七十里。北至高唐州六十里……唐属博州。贞观初,省入聊城。金天会中,刘豫复置茌平县。"
⑥ 《大金国志》卷5《纪年·太宗文烈皇帝三》,天会六年十二月。

取其地,降为兖州①,仍为泰宁军节度。泰和八年为中等节度州。兴定四年陷蒙②。治今山东济宁市兖州区西北28里颜店镇故县村③。

天会十五年,统支郡一:泰安军。辖县四:嶫阳、曲阜、泗水、龚县。大定二十二年,升泰安军为泰安州。二十九年,改龚县名为宁阳县。泰和八年,统支郡一:泰安州,辖县四:嶫阳、曲阜、泗水、宁阳县。

1. 嶫阳县

宋嶫阳县。金仍旧。倚郭。

2. 曲阜县

宋仙源县。天会七年改名曲阜④。治今山东曲阜市鲁城街道古城村。

3. 泗水县

宋泗水县。金仍旧。治今山东泗水县。

4. 宁阳县

宋龚县。金初仍旧。大定二十九年,更名宁阳。治今山东宁阳县。

泰安州

宋奉符县。伪齐阜昌二年(1131)升置泰安军⑤。金天会十五年夺还,隶

---

① 《会编》卷181《炎兴下帙八十一》绍兴七年十一月十八日条引《伪豫传》:"阜昌二年……十月,以弟益守汴京,李俦知袭庆府。"又引《伪豫传》:"阜昌六年……冬十月……知袭庆府李俦骂劾丞相张昂"。则伪齐应始终有袭庆府。《大金国志》卷5《纪年·太宗文烈皇帝四》,天会八年九月九日伪齐立国时"去淮宁、颍昌、顺昌、兴仁、寿春府名,复旧州名"。所废诸府中,无袭庆府。故知伪齐未废府为兖州,再次入金始废也。又,大定二十年滕州佛堂给碑钤"沇州之印"(《金代官印集》,文物出版社,1991年,第19页下,"沇州之印";第247页"附录·金代官印综述"),按沇州应即兖州也。
② 《金史》卷14《宣宗纪上》,贞祐四年四月辛丑,侯挚言:"红袄……渠贼郝定僭号署官,已陷滕、兖、单诸州"。兴定元年,为东平行省讨平(《金史》卷103《完颜霆传》)。兴定四年,蒙军曾"破单、胜[滕]、兖三州"(《元史》卷147《史天祥传》)。自此金未能再有兖州。至兴定五年,宋"以齐州为济南府,兖州为袭庆府"(《宋史》卷40《宁宗纪四》,嘉定十四年十月甲寅),知宋一度曾收复兖州,此应是李全势力西扩的结果。但同年略早,蒙古已任命由李全部下来降的石珪为"济、兖、单三州总管"(《元史》卷1《太祖纪》,太祖十六年五月),经过石珪与严实的共同经略,同年兖州应入蒙。至石珪死后,兖州遂为严实之势力范围。"先是,(严)实之所缘凡五十余城",至天兴二年,"惟德、兖、济、单隶东平"(《元史》卷148《严实传》),知兖州为严实所有已颇久。
③ 《纪要》卷32《山东三》"兖州府上·嶫阳县"条:"宋大观四年,避宣圣讳,改曰瑕县,寻又改曰嶫阳,以山为名。"同卷"兖州府上·瑕丘城"条:"府西二十五里……宋为嶫阳县治。洪武十八年,改筑府城,因移县于今治。"
④ 《金史·地理志》未详改县名之时。据《乾隆山东通志》卷9《古迹志》"兖州府·曲阜县·仙源城"条:"在县东八里……真宗大中祥符……五年,改曲阜为仙源县……金天会七年,复名曲阜,县治如故。至明正德九年,始徙今治。"
⑤ (金)李守纯:《泰安州重修宣圣庙碑》(大定二十三年)(载《金文最》卷73):"奉符(县),废齐阜昌之初,改为军,曰泰安。本朝开国六十有八年,升之为州。"则如宁海州以及福山、栖霞等县,皆置于"阜昌初",即阜昌二年也。

山东西路,为兖州支郡。大定二十二年升泰安州,刺史。泰和八年为上等刺史州。贞祐中升为泰安军节度①。兴定五年陷蒙②。先治今山东泰安市区南隅旧镇,伪齐阜昌二年徙治今泰安市③。

天会十五年,辖县三：奉符、莱芜、新泰县。泰和八年同。

1. 奉符县

宋奉符县,隶袭庆府。伪齐以县升置泰安军,倚郭。金仍旧。

2. 莱芜县

宋莱芜县,隶袭庆府。伪齐改隶泰安军。金仍旧。治今山东莱芜市。

3. 新泰县

宋新泰县,属沂州。伪齐改隶泰安军。金仍旧。治今山东新泰市。

德州

宋德州,军事。天会六年克之④,升防御⑤。八年予伪齐,隶大名府路。十五年废伪齐,仍旧。天德二年改属山东西路⑥。泰和八年为上等防御州。

---

① 《金史》卷65《麻颇传附玄孙惟镕》："贞祐三年,破红袄贼于大沫堌,惟镕入自北门,诸军继进,生获刘二祖,功最。迁泰安军节度副使。"卷15《宣宗纪中》,兴定三年十二月,"泰安军副使张天翼为贼张林所执以归宋,縻之楚州,至是逃归"。"泰安军"不载于《金史·地理志》,应即泰安州升节度后之军额。其升节度之时,应在贞祐元年秋蒙军下泰安州、金军收复后之事,约贞祐二年也。

② 贞祐元年秋,蒙军下泰安州(《元史》卷1《太祖纪》,太祖八年秋),弃去。四年,红袄军郝定部克泰安州(《金史》卷14《宣宗纪上》,贞祐四年四月辛丑)。兴定元年,金收复之(《金史》卷103《完颜霆传》)。同年,蒙军下泰安(《元史》卷150《何实传》),又弃去。兴定五年,金东平行省蒙古纲"以提控孙邦佐世居泰安,众心所属,遂署招抚使"(《金史》卷102《蒙古纲传》),试图稳守东平府东线。然而同年稍前,据守泰安境内天胜寨的东莒公燕宁战死,稍后,东平粮尽,纲亦自东平徙治省于邳州,"山东事势去矣",泰安应于当年陷蒙。

③ 《纪要》卷31《山东二》"济南府·奉符废县"条："今州治……宋开宝五年,移县治岱岳镇,即今州治也。大中祥符初,改县曰奉符,又筑新城,在今州东南三里,而以岱岳镇为旧城。金置泰安州,复还旧治。"不过徙治之时,恐非以县置州之时,而与伪齐阜昌以县置军同时。

④ 《大金国志》卷5《纪年·太宗文烈皇帝三》,天会六年十一月。

⑤ 《金史》卷82《萧恭传》："宗望伐宋……至中山,宋兵出战,恭先以所部击败之。经山东,及渡淮,袭康王,皆在军中。师还,帅府承制授德州防御使,奚人之屯滨、棣间者皆隶焉。改棣州防御使。"由上文有萧恭任德州防御使的同时统滨、棣奚军,知其为实职也。其随师还之时,约天会七八年间,且在八年九月伪齐立、金以德州予伪齐之前。则知德州升防御在金军自宋夺得德州之后不久。

⑥ 其隶属关系同博州。然按《金史》卷74《宗望传附子》："文乃造兵仗,使家奴斡敌画阵图。家奴重喜诣河北东路上变,府遣总管判官字特驰往德州捕文……是夜,文知本府使至,意其事觉,乃与合住、忽里等俱亡去。河间府使奏文事。"据《金史》卷7《世宗纪中》,完颜文谋反在大定十二年。张帆以为,遣人捕完颜文、上奏告变,皆出河北东路,且德州既称河间为"本府",则德州当时应属河北东路,此后方改属山东(见《金朝路制再探讨》,《燕京学报》新12期,2002年5月,第104页)。施国祁亦以为,"文防御德州,属山东西路,而称河北东路河间府为本府,则当时必有割据(隶)事,《地志》失详"。说是。然据范成大《揽辔录》所载,大定十年德州实已属山东东 (转下页)

兴定三年入宋①。治今山东德州市陵城区②。

天会十五年，辖县三：安德、平原、德平县。泰和八年同。

1. 安德县

宋安德县。金仍旧。倚郭。

2. 平原县

宋平原县。金仍旧。治今山东平原县。

3. 德平县

宋德平县。金仍旧。治今山东临邑县东北63里德平镇。

第四节　京兆府路州县沿革

皇统二年(1142)置京兆府路，治京兆府，统京兆、凤翔府及商、醴、耀、华、虢、邠、同州。天德三年(1151)，改醴州为乾州③。正隆六年(1161)，宋复取华州。大定二年(1162)，金复华州。二十七年，重置凤翔路之后，凤翔府划归凤翔路，邠州划属庆原路。元光二年(1223)，商州改隶南京路。

泰和八年(1208)，统府一、州六(节度州一、防御州一、刺史州四)：京兆府，商、虢、乾、同、耀、华州(另参见图24)。

(接上页)路，其所载虽为转运司路，然则金之转运司作为主司财计，辅助都总管管治之机构，其辖区或可包有两个都总管路，却似无由与都总管路有一二州之出入，故此记载亦应反映都总管路的情况。何故至十二年德州反属河北，甚不可解。又未见改隶河北、复归隶山东之明确记载，故无法断定《文传》将德州与河北东路(河间府)相联系是出于政区方面的隶属关系还是其他原因。姑置待考。

① 兴定元年，蒙军陷德州(《元史》卷150《何实传》)，后弃去，金军仍据之。兴定三年(宋嘉定十四年)，宋淮东制置贾涉"遣李全以万人取海州，复取密、潍。王琳以宁海州归，遂收登、莱二州。青州守张林以滨、棣、淄州降，又取济、沂等州。自是恩、博、景、德至邢、洺十余州相继请降"(《宋史》卷403《贾涉传》)。在严实降蒙后，应积极参与攻打德州，故此后德州隶严实。据《元史》卷148《严实传》：甲午岁(金天兴三年)，"先是，实之所统凡五十余城，至是惟德、兖、济、单、棣、东平"。

② 《纪要》卷31《山东二》"济南府·陵县"条："汉置安德县……隋为德州治。唐、宋因之。洪武七年，省安德县，寻改陵县治此，属济南府。"同卷"故德州城"条："即今县治……城周二十余里，明初改置今县。"即今德州陵城区。

③ 《会编》卷245《炎兴下帙一百四十五》，绍兴三十一年十一月二十八日丙申条引范成大《揽辔录》：京兆府路以"京兆府为首，凤翔府，商、乾、耀、华、虢、邠、同七州，总五十七县属焉"。据《宋史》卷34《孝宗纪二》，乾道六年闰五月"戊子，遣范成大等使金求陵寝地，且请更定受书礼"；六月，"范成大至自金"。则范成大使金在宋乾道六年，即金大定十年，其所载二府七州之区划，正应是皇统二年至大定二十七年间的状态。其间该路所辖府、州、军之变化，大约仅有宋之醴州于金天德三年改称乾州。

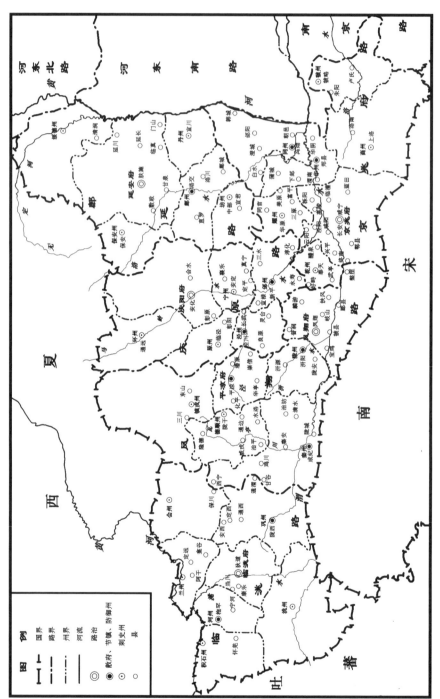

图 24 泰和八年(1208)京兆府路、凤翔路、鄜延路、庆原路、临洮路政区

京兆府

宋京兆府，永兴军节度。天会七年（1129）克之①。九年，予伪齐，齐仍置永兴军路经略安抚司②。天会十五年夺还。天眷二年（1139）予宋。三年，复夺还③，仍为京兆府，永兴军路经略安抚司治此④。皇统二年，置京兆府路都总管于此。泰和八年为上等总管府。兴定五年（1221），蒙军陷京兆府⑤，旋弃去。正大八年（1231），金弃京兆府，蒙军据之⑥。治今陕西西安市。

---

① 据《会编》卷115《炎兴下帙十五》，建炎二年正月十三日，金军陷长安。此事《金史》卷3《太宗纪》系于同年（天会六年）二月癸未。又据《会编》卷116，至建炎二年三月，"娄宿残长安，鼓行而西，跨凤翔府、汧、陇，不浃旬，降秦州，熙河陇右大震"；四月，"史斌据长安，吴玠擒斌，克长安，又克华州"。则先是娄宿弃长安西去，盗史斌入据，再后则由宋将吴玠收复。九月十三日，金军又陷长安（《会编》卷118）。然不久，又弃去。故至天会七年十月，再有克京兆之记载（《金史》卷3《太宗纪》，天会七年十月丙子朔，《大金国志》卷5《纪年·太宗文烈皇帝三》则系于九月）。后虽有金军屯此，但其占据并不牢固。天会八年京兆府曾叛金，被平服，京兆以外，"陕西城邑已降定者辄复叛"（《金史》卷72《娄室传》）。直至同年九月金于富平之战取胜之后，其于陕西六路已占地区方逐渐平静，并迅速占领其余州县。
② 《宋史》卷26《高宗纪三》，绍兴元年六月，"粘罕既得陕西地，悉与伪齐"。齐仍承宋制，于京兆置安抚司（参李昌宪：《试论伪齐国的疆域与政区》，《中国史研究》2007年第4期，第153—154页），又曾置"陕西诸路节制使"（《金史》卷79《张中孚传》）。
③ 《金史》卷4《熙宗纪》，天眷三年五月丙子，"诏元帅府复取河南、陕西地"；六月，"陕西平"。《宋史》卷29《高宗纪六》，绍兴十年五月癸巳，"金人陷永兴军"。
④ 《金史》卷91《庞迪传》："天眷元年，除永兴军路兵马都总管兼知京兆府。"则天会十五年金废伪齐之后，天眷二年以陕西还宋之前，永兴军路仍旧。至于该年已称"兵马都总管"，则显属以后代制述前代事。检同书卷79《张中彦传》："（中彦）帅秦几十年，改泾原路经略使知平凉府。朝廷以河南、陕西赐宋，中孚以官守随例当留关中。熙河经略使慕洧谋入夏，将窥关、陕，中彦与环庆赵彬会两路兵讨之，洧败入于夏。"则张中彦在伪齐时为经略使，天会十五年陕西入金，仍为经略使。且当时熙河帅应称经略使。改称都总管者，应在皇统二年之后。
⑤ 贞祐四年，蒙军由鄜延入，攻破潼关（《遗山先生文集》卷18《内相文献杨公（云翼）神道碑铭》）。其中一部围攻京兆，然不克（《金史》卷103《完颜阿邻传》）。至兴定五年底，蒙军再由鄜延入，方首次攻破京兆（《金史》卷16《宣宗纪下》：兴定五年"十二月辛亥朔，以大元兵下潼关、京兆，诏省院议之。"）。
⑥ 按《金史》卷17《哀宗纪上》，正大四年七月，"大元兵自凤翔徇京兆，关中大震"。同书卷111《撒合辇传》、《纥石烈牙吾塔传》亦载蒙军"自凤翔入京兆"。当时或是入境而未陷其府治。《元史》卷2《太宗纪》：太宗二年春，"遣兵围京兆。金主帅师来援，败之，寻拔其城"。然则此应是误载。窝阔台二年，金正大七年也。据《金史·纥石烈牙吾塔传》：正大七年正月大昌原之战，副枢密移剌蒲阿、总帅牙吾塔率金军取胜，解庆阳之围。牙吾塔仍率军屯京兆，知京兆仍为金有。"蒲阿等既解庆阳之围，志气骄满，乃遣还，谓使者曰：'我已准备军马，可战斗来。'语甚不逊，斡骨栾以此言上闻，太宗皇帝大怒，至应州，以九日飞天，即亲统大兵入陕西。八年，迁居民于河南，弃京兆东还。"是知窝阔台未尝于七年克京兆，显是次年蒙军大举入陕西之后，金军方弃城而东。此亦可由《金史》其他诸处所载得证。卷17《哀宗纪上》：正大八年四月，"两行省弃京兆，迁居民于河南，留庆山奴守之"；九月丙申，"庆山奴弃京兆东还"。卷112《移剌蒲阿传》："八年正月，北军入陕西，凤翔破，两行省弃京兆而东。"卷119《完颜娄室传》："正大八年，庆山奴弃京兆。"蒙军遂占京兆。知《元纪》所载窝阔台二年春围京兆、拔其城之事，当系于三年春。

皇统二年,统支郡三:商州、虢州、醴州。辖县十二:长安、咸宁、兴平、泾阳、临潼、蓝田、云阳、高陵、终南、栎阳、鄠、咸阳县。皇统六年,乾祐县自宋境洋州割入金。天德三年,改醴州为乾州。贞元二年(1154)废乾祐县。泰和四年废咸宁县,寻复。八年,统支郡三:商州、虢州、乾州。辖县十二,同皇统二年。贞祐二年(1214),虢州转为陕州支郡。三年,商州划为华州支郡。

1. 长安县

宋长安县。金仍旧。倚郭。

2. 咸宁县

宋樊川县。伪齐改名咸宁。泰和四年废,寻复。倚郭。

按《宋史·地理志》:"樊川,次赤。旧万年县,宣和七年改。"①则《金史·地理志》所谓咸宁县"本万年,后更名",指该县北宋时称"万年",金未尝用此。然《金志》却未载该县曾称"樊川"之事,是其疏误。以《金志》之体例,所谓"后更名某某"而不载具年者,多发生在伪齐。樊川亦当更名于是时。

3. 兴平县

宋兴平县。金仍旧。治今陕西兴平市。

4. 泾阳县

宋泾阳县。金仍旧。治今陕西泾阳县。

5. 临潼县

宋临潼县。金仍旧。治今陕西西安市东北55里临潼区。

6. 蓝田县

宋蓝田县。金仍旧。治今陕西蓝田县。

7. 云阳县

宋云阳县,隶耀州。金天眷三年改隶京兆府。治今陕西泾阳县北25里云阳镇②。

8. 高陵县

宋高陵县。金仍旧。治今陕西高陵区。

9. 终南县

宋终南县,即县置清平军(县级),隶耀州③。伪齐废军,仍为终南县。金

---

① 《宋史》卷87《地理志三》,"永兴军路·京兆府·樊川县"条。
② 《嘉庆一统志》卷228《西安府二》"古迹·云阳故城"条:"在(泾阳)县北三十里。今云阳镇东有旧城址。"
③ 《宋史》卷87《地理志三》"永兴军路·耀州·清平军"条:"本凤翔府盩厔县清平镇。大观元年,升为军,复置终南县,隶京兆府。清平军使兼知终南县,专管勾上清太平宫。"知清平军是出于宗教目的而置的县级之军,上隶于耀州。

天眷三年改隶京兆府。治今陕西周至县东27里终南镇①。

10. 栎阳县

宋栎阳县。金仍旧。治今陕西西安市东北87里临潼区栎阳街道②。

11. 鄠县

宋鄠县。金仍旧。治今陕西户县。

12. 咸阳县

宋咸阳县。金仍旧。治今陕西咸阳市东北12里渭阳街道渭西村以东一带③。

(废)乾祐县

宋乾祐县,隶洋州。皇统六年,割入金。贞元二年废④。治今陕西柞水县⑤。

商州

宋商州,军事。皇统二年割入金⑥,仍为军事州,隶京兆府路,为京兆府支郡。正隆六年入宋⑦,大定三年复夺还⑧。二十二年改为刺史。泰和八年为下等刺史州。贞祐三年改为华州支郡。贞祐四年升防御。元光二年改隶南京

---

① 《嘉庆一统志》卷228《西安府二》"古迹·终南故城"条:"清平军城,在今(盩厔)县东二十五里。"
② 《嘉庆一统志》卷228《西安府二》"古迹·广阳故城"条:"武德元年,改(广阳)为栎阳……至元初,并栎阳入临潼……栎阳城在临潼县北五十里,今废为镇。"
③ 《嘉庆一统志》卷228《西安府二》"古迹·咸阳故城"条:"在今咸阳县东。唐初徙置,即古杜邮亭也。……唐故城在渭河北杜邮馆西……明洪武四年,县丞孔文郁移治今所。杜邮馆在县东五里。"由城东侧东推五里许,即渭西村以东一带。
④ 《宋史》卷30《高宗纪七》,绍兴十六年二月辛丑,"割金州丰阳县、洋州乾祐县畀金人"。据《金史·地理志》,丰阳县割入商州后,废于贞元二年;乾祐废为镇,地入京兆府咸宁县,然未知废县具体时间。按海陵贞元二年曾有大规模的政区调整,涉及金境多个路分,乾祐情形与丰阳相近(如近宋境、倚秦岭、人口较少等)或亦与丰阳之废同时。
⑤ 《纪要》卷54《陕西三》"西安府下·乾祐废县"条:"(镇安)县北七十里。"即今镇安县北58里,柞水县治所在乾佑镇。
⑥ 按宋守商州甚固,至天会十年,商州始叛附伪齐(《会编》卷150《炎兴下帙五十》,绍兴二年二月)。四月,宋收复之(《宋史》卷27《高宗纪四》,绍兴二年四月)。次年正月,金复陷商州(《会编》卷155《炎兴下帙五十五》,绍兴三年正月)。四月,伪齐将董震以商州来归(《宋史》卷27《高宗纪四》,绍兴三年四月丁亥)。是后,商州仍长期在宋境。天眷三年金人背盟南攻后,虽曾于皇统元年攻下商州,旋又为宋所复(《宋史》卷29《高宗纪六》,绍兴十一年正月戊辰、二月癸酉)。终通过次年的和议,割取商州北境大部(《会编》卷208《炎兴下帙一百八》,绍兴十二年正月;《要录》卷146,绍兴十二年八月)。
⑦ 《会编》卷236《炎兴下帙一百三十六》,绍兴三十一年十月二十日,"王彦克商州"。
⑧ 《金史》卷6《世宗纪上》:大定三年四月,"取商、虢、环州,宋所侵一十六州至是皆复"。

路。正大四年,蒙军陷商州,寻弃去①。开兴元年(1232),蒙军复陷商州②。同年金军复立商州,寻复陷③。治今陕西商洛市。

皇统二年,辖县三:上洛、洛南、商洛县。皇统六年,丰阳县由宋境金州来隶。贞元二年,废商洛、丰阳县。泰和八年,辖县二:上洛、洛南县。

1. 上洛县

宋上洛县。金仍旧。倚郭。

2. 洛南县

宋洛南县。金仍旧。治今陕西洛南县。

(废)商洛县

宋商洛县。金初仍旧。贞元二年废。治今陕西丹凤县西北14里商镇镇④。

(废)丰阳县

宋丰阳县,隶金州⑤。皇统六年,割入金⑥,隶商州。贞元二年废。治今陕西山阳县⑦。

虢州

宋虢州,军事。天会十一年,伪齐取之⑧。十五年,金夺之。天眷二年还

---

① 《金史》卷17《哀宗纪上》,正大四年十二月,"大元兵下商州"。而卷112《移剌蒲阿传》则载:"正大四年十二月,河朔军突入商州,残朱阳、卢氏。蒲阿逆战至灵宝东,遇游骑十余,获一人,余即退,蒲阿辄以捷闻。"应是蒙军游骑自河东突袭商州,克之,然金之大军来逆战,蒙军即退去。
② 据《元史》卷2《太祖纪》,太宗四年正月蒙军入河南,相继"下商、虢、嵩、汝、陕、洛、许、郑、陈、亳、颍、寿、睢、永等州"。《大金国志》卷26《纪年·义宗皇帝》:天兴元年春,"大军传令添兵围城,河南路陈、许、嵩、隐〔陕〕、商、虢皆陷,驱其壮士攻汴"。
③ 《金史》卷116《徒单兀典传》:天兴元年"五月,总帅副点检颜盏领军复立商州,总帅、华州人王某立虢州"。然周边诸州尽陷,商、虢亦无从久守。
④ 《嘉庆一统志》卷246《商州直隶州》"古迹·商洛故城"条:"商洛镇,在州东八十五里。"即今商镇地。
⑤ 北宋时,丰阳本隶商州。因绍兴十二年定议割商州北半部予金,南面丰阳仍留宋境,遂于次年(金皇统三年)入金州。《宋史》卷89《地理志五》"利州路·金州"条:"(绍兴)十三年,(金州)隶利州路,又以商州上津、丰阳两县来属。"
⑥ 《宋史》卷30《高宗纪七》,绍兴十六年二月辛丑,"割金州丰阳县、洋州乾祐县畀金人"。
⑦ 《嘉庆一统志》卷246《商州直隶州》"古迹·丰阳故城"条:"今山阳县治。"
⑧ 天会五年四月,金曾取虢州,旋弃之(《金史》卷3《太宗纪》,天会五年四月乙酉)。六年十二月,金复取虢,次年正月又为宋将邵隆夺回(《会编》卷119《炎兴下帙十九》,建炎二年十二月十五日;卷120《炎兴下帙二十》,建炎三年正月十二日)。天会九年,宋河南统制董先击逐邵隆,取商、虢二州,次年六月,"知商州军事董先叛附于伪齐"(《宋史》卷26《高宗纪三》,绍兴元年六月;卷27,绍兴二年二月),史虽未载虢州之去向,然可推断,其亦应随商州附齐。天会十一年四月,伪齐将董震、董先等又以商、虢、陕州降宋;同月,伪齐又陷虢州(《宋史》卷27《高宗纪四》,绍兴三年四月丁亥、丙申)。此后伪齐遂据有之。

宋。三年，又取之。皇统元年，宋复虢州。二年，划归金①，仍为军事州，隶京兆府路，为京兆府支郡。正隆六年，宋复虢州②。大定三年金复夺还③。二十二年改为刺史。泰和八年为下等刺史州。贞祐二年改隶陕州西安军节度。开兴元年，蒙军陷虢州。同年金军复立虢州，寻复陷④。治今河南灵宝市⑤。

皇统二年，辖县四：虢略、卢氏、朱阳、栾川县。贞元二年废朱阳、栾川县。正隆中复置朱阳县。泰和八年，辖县三：虢略、卢氏、朱阳县。

1. 虢略县

宋虢略县。金仍旧。倚郭。

2. 卢氏县

宋卢氏县。金仍旧。治今河南卢氏县。

3. 朱阳县

宋朱阳县。金仍旧。海陵贞元二年废，正隆中复置⑥。治今河南灵宝市西南52里朱阳镇⑦。

(废)栾川县

宋栾川县。金仍旧。海陵贞元二年废。治今河南栾川县。

乾州

宋醴州，军事。金天会七年克之⑧。九年，予伪齐。十五年，复夺之。

---

① 天会十五年金废伪齐，虢州暂为金有。至天眷二年、三年，虢州随陕西地还宋，又复为金所夺。皇统元年宋军反攻，于八月复虢州（《会编》卷206，绍兴十一年八月三十日；《宋史》卷29《高宗纪六》系于同年九月乙丑）。此后，史不载其去向，应是次年宋金议和之时，复割入金。
② 《会编》卷238《炎兴下帙一百三十八》，绍兴三十一年十一月一日。
③ 《金史》卷6《世宗纪上》：大定三年四月，"取商、虢、环州，宋所侵一十六州至是皆复"。
④ 见上商州条。
⑤ 《纪要》卷48《河南三》"河南府·恒农城"条："在(灵宝)县西南三十里……五代及宋皆为虢州。建隆初，改(弘农)县曰常农。至道三年，又改曰虢略。金亦以虢州治虢略县。元至元八年，废虢州，并虢略入灵宝。"《嘉庆一统志》卷221《陕州直隶州二》"关隘·虢略关"条："在灵宝县南，即故虢略县，后省为镇，旧设巡司。"知元以后虢略省为镇，隶灵宝县，而灵宝则沿金之旧，治于今灵宝市东北老城村。至1959年，灵宝县徙治虢略镇。
⑥ 《金史·地理志》：朱阳，"海陵时尝废，后复置"。何年废，何年复置？皆无确载。检京兆府商州丰阳、商洛，及同属虢州的栾川县，皆废于海陵贞元二年，废朱阳当在同年。又《会编》卷238《炎兴下帙一百三十八》绍兴三十一年十一月己巳朔条载，"十月丁卯，(宋)收复朱阳县"。《宋史》卷32《高宗纪九》亦载：绍兴三十一年十月丁卯，"任天锡复朱阳县"。或当时金已复置朱阳县。由《金史·地理志》"后复置"这样模糊的说法来看，复置之时，亦当在海陵朝，大约在正隆中。
⑦ 《纪要》卷48《河南三》"河南府·朱阳城"条："在虢州城西南五十里。"即今灵宝市西南50余里朱阳镇也。
⑧ 《金史》卷72《娄室传》："遂降定安堡、渭平寨及鄜、坊二州……娄室攻乾州，已筑甬道，列炮具，而州降。遂进兵克邠州，军于京兆。"按当时"乾州"当称"醴州"。金军下鄜、坊在天会七年四月，克邠州在同年。则克醴州，在该年四月至年底之间。

天眷二年还宋,次年兴师夺还①。皇统二年为军事州,隶京兆府路,为京兆府支郡。天德三年,更名乾州。大定二十二年改为刺史。泰和八年为中等刺史州。元光元年,蒙军陷乾州,旋弃去。正大八年,终陷蒙②。治今陕西乾县。

皇统二年,辖县四:奉天、醴泉、武功、好畤县。大定二十九年改武功为武亭。泰和八年,辖县四:奉天、醴泉、武亭、好畤县。

1. 奉天县

宋奉天县。金仍旧。倚郭。

2. 醴泉县

宋醴泉县。金仍旧。治今陕西礼泉县东 29 里西张堡镇故县村③。

3. 武亭县

宋武功县。金初仍旧。大定二十九年改名武亭。治今陕西武功县西北 21 里武功镇④。

4. 好畤县

宋好畤县。金仍旧。治今陕西永寿县西南 26 里店头镇城门村⑤。

同州

宋同州,定国军节度⑥。天会八年克之⑦,次年予伪齐。天会十五年夺还。天眷二年予宋,天眷三年复夺之,仍旧。皇统二年,隶京兆府路。泰和八

---

① 按天眷三年六月,宋军一度攻克醴州(《会编》卷 202《炎兴下帙一百二》,绍兴十年六月十六日)。然同月,"陕西平"(《金史》卷 4《熙宗纪》),则金军旋又夺还醴州矣。
② 《元史》卷 1《太祖纪》,太祖十七年春,"木华黎军克乾、泾、邠、原等州"。后退军弃城。至正大八年,乾州以北的邠、原等州,以及更北面的庆阳府等最终为蒙军所得,而乾州以南的京兆府,亦于该年为金军所弃,由蒙军占领。故知乾州亦于此年最终陷蒙。
③ 《嘉庆一统志》卷 228《西安府二》"古迹·礼泉故县"条:"宋(醴泉)县在今县东稍南三十里,元末始移于今治。"
④ 《嘉庆一统志》卷 247《乾州直隶州》"古迹·武功故城"条:"今县治。"按武功县自北周以后即治此。徙今治在建国后。
⑤ 《寰宇记》卷 31《关西道七》"乾州·好畤县"条:"(乾州)西北三十五里。"今测乾县西北至城门村 38 里。
⑥ 《金史·地理志》载:"宋冯翊郡定国军节度,治冯翊。后改安国军节度使。"其意谓金改同州定国军为安国军。然则安国军自有邢州。必不至于两州军额相同。金代同州仍当作"定国军"为是。施国祁已辨其非,见《金史详校》卷 3 下。
⑦ 金首次陷同州,在天会五年十二月(见《会编》卷 114《炎兴下帙一百十四》,建炎元年十二月十九日)。《金史》卷 3《太宗纪》、《大金国志》卷 5《纪年·太宗文烈皇帝三》,则系于天会六年二月。然据《会编》卷 115 所载,六年二月十九日,宋鄜延经略司收复同州矣。至天会八年正月,金军复陷同州(《宋史》卷 26《高宗纪三》,建炎四年正月)。

年为中等节度州。元光元年,蒙军破同州①,旋弃去。窝阔台八年(1236)陷蒙②。治今陕西大荔县③。

皇统二年,统州一:耀州。辖县六:冯翊、朝邑、白水、郃阳、澄城、韩城县。泰和八年同。贞祐三年,以韩城县置桢州,且以郃阳县隶之。

1. 冯翊县

宋冯翊县。金仍旧。倚郭。

2. 朝邑县

宋朝邑县。金仍旧。治今陕西大荔县东29里朝邑镇④。

3. 白水县

宋白水县。金仍旧。治今陕西白水县。

4. 郃阳县

宋郃阳县。金仍旧。贞祐三年,改隶桢州。治今陕西合阳县。

5. 澄城县

宋澄城县。金仍旧。治今陕西澄城县。

6. 韩城县

宋韩城县。金仍旧。贞祐三年,升置桢州。治今陕西韩城市。

耀州

宋耀州,感德军节度。金天会八年克之⑤。次年,予伪齐。十五年,夺还。天眷二年予宋。次年复夺之。皇统二年,降为军事,隶京兆府路,为同州支郡。大定二十二年改为刺史。泰和八年,为上等刺史州。窝阔台八年陷蒙。治今陕西铜川市西南40里耀州区。

皇统二年,辖县五:华原、同官、美原、三原、富平县。泰和八年同。

---

① 《金史》卷16《宣宗纪下》:元光元年"十一月丁未,大元兵徇同州,定国军节度使李复亨、同知定国军节度使讹可皆自尽"。又据《归潜志》卷6"李巩"条,李复亨"兴定末坐监试进士失取人,出镇同州。未几,北兵攻城陷"。"未几"者,实已在次年,即元光元年也。
② 蒙军虽正大七年攻陷韩城(《元史》卷2《太宗纪》,太宗二年十二月),然未见其陷同州之记载。而《归潜志》卷6"吾古孙仲端"条则载,同州至天兴元年十二月尚为金所有,故疑其在窝阔台八年蒙古所招降"秦、巩等二十余州"之列。
③ 金代同州治冯翊县,元省入州。至清雍正十三年,升同州为府,复于府治置大荔县(《嘉庆一统志》卷243《同州府一》"建置沿革·大荔县"条)。清至今大荔,与金代冯翊同治也。
④ (伪齐)赵抃:《饶益寺藏春坞记》(天会十一年):"左冯(即同州所治之冯翊县)之东南,逾三十里,县曰朝邑。"载《金文最》卷35。又《纪要》卷54《陕西三》"西安府下·朝邑县"条:"(同)州东三十里。"即今朝邑镇所在也。
⑤ 《金史》卷3《太宗纪》,天会八年九月"癸亥,宗辅等败宋张浚军于富平。耀州降"。

1. 华原县

宋华原县。金仍旧。倚郭。

2. 同官县

宋同官县。金仍旧。治今陕西铜川市内印台区城关街道①。

3. 美原县

宋美原县。金仍旧。治今陕西富平县东北 55 里美原镇②。

4. 三原县

宋三原县。金仍旧。治今陕西三原县东北 31 里陵前镇大寨村一带③。

5. 富平县

宋富平县。金仍旧④。治今陕西富平县东北 10 里城关镇旧县村⑤。

（后置）桢州

贞祐三年，升同州韩城县置桢州，刺史。蒙古窝阔台八年入蒙⑥。治今陕西韩城市。

辖县二：韩城、郃阳县。

华州

宋华州镇潼军节度。金天会八年克之⑦。次年予伪齐。十五年夺还。天

---

① 《元丰九域志》卷3《陕西路·永兴军路》"耀州·同官县"条："(耀)州东北五十里。"即今铜川县印台区城关街道所治。至民国，仍治此。
② 《嘉庆一统志》卷228《西安府二》"古迹·美原故城"条："美原故城，在富平县东北六十里。"元省入富平县。
③ 《元丰九域志》卷3《陕西路·永兴军路》"耀州·三原县"条："(耀)州南五十里。"《嘉庆一统志》卷228《西安府二》"古迹·三原故城"条："故城在今县东北三十里。"
④ 富平县，《金史·地理志》不载。施国祁云："耀州下失载富平县。"又称："(金志原文)'镇二'，此后当加'富平'。案《宋志》：永兴军路耀州富平县。《元志》：奉元路富平县。《遗山先生文集》《朝散胡公碑》有富平主簿。考此州下不见改革，不应脱载。"见《金史详校》卷3上、卷3下。说是。
⑤ 《嘉庆一统志》卷228《西安府二》"古迹·富平故城"条："唐开元中，处于今县东北十里……元至元初，为都尔苏所残破，守将张思道遂依窑桥之险为县，即今治也。"
⑥ 按《元史》卷60《地理志三》"陕西等处行中书省·奉元路·同州·冯翊县"条："韩城县，金曰桢州。至元元年，州废。"则贞祐元年置桢州后，直至入蒙仍在，未尝废于金也。
⑦ 据《宋史》卷24《高宗纪一》建炎元年十二月庚辰条载，金于天会五年十二月首次陷华州。《金史》卷3《太宗纪》、《大金国志》卷5《纪年·太宗文烈皇帝三》，皆系于天会六年二月。至天会六年四月，吴玠复华州(《会编》卷116《炎兴下帙一百十六》，建炎二年四月)。天会中金最终克华州，应在八年九月富平战后。

眷二年归地与宋。三年，复夺之。皇统元年，宋复华州，旋弃去①。二年，降防御，隶京兆府路。正隆六年，宋复取华州②。大定二年，金复取之③。泰和八年为中等防御州。贞祐三年升金安军节度。窝阔台八年陷蒙。治今陕西渭南市华州区。

皇统二年，辖县五：郑、华阴、下邽、蒲城、渭南县。泰和八年同。贞祐三年，统支郡一：商州。四年，商州升防御。华州遂无支郡。

1. 郑县

宋郑县。金仍旧。倚郭。

2. 华阴县

宋华阴县。金仍旧。治今陕西华阴市。

3. 下邽县

宋下邽县。金仍旧。治今陕西渭南市北50里临渭区下吉镇④。

4. 蒲城县

宋蒲城县。金仍旧。治今陕西蒲城县。

5. 渭南县

宋渭南县。金仍旧。治今陕西渭南市。

第五节　凤翔路州县沿革

大定二十七年（1187）置凤翔路，治凤翔府，统凤翔、平凉府及秦、陇、德顺、镇戎州⑤。贞祐四年（1216）置恒、西宁州。

泰和八年（1208），统府二、州四（防御州二、刺史州二）：凤翔、平凉府，德顺、镇戎、秦、陇州（另参前文图24）。

---

① 《宋史》卷29《高宗纪六》：绍兴十一年九月壬子，"郭浩复华州，入陕州"，癸亥，"璘白腊家城受诏班师，杨政、郭浩皆引军还"。仅占领华州十一日便弃城退军。
② 《会编》卷240《炎兴下帙一百四十》，绍兴三十一年十一月十七日。
③ 大定中金复取华州，未知确时。然《要录》卷199，绍兴三十二年五月，"三大将之出也……金州路得商、虢、陕、华州，凡四郡"。当时，华州应仍在宋也。然于同月，金"败宋兵于华州"（《金史》卷6《世宗纪上》，大定二年五月丁巳）。金收复华州，应即此时。
④ 《纪要》卷53《陕西二》"西安府二·下邽城"条："在县北五十里。"
⑤ 宋有秦凤路。金仅得其北部凤翔府及秦、陇二州，赐予伪齐。至天眷元年以陕西予宋，皇统初复夺回者，仍此一府二州地，次年陕西作四路划分，原秦凤路入金的部分，分别入熙秦、京兆府两路。其中凤翔府划入京兆府路，秦、陇二州则并入熙秦路。大定二十七年之凤翔路，由三路之地新置：熙秦路东部秦、陇、德顺、镇戎四州，京兆府路之凤翔府，及庆原路之平凉府。此凤翔路较之北宋秦凤路，整体向北平移。

凤翔府

宋凤翔府,凤翔军节度,隶秦凤路。金天会八年(1130)克之①。次年予伪齐。十五年夺还。天眷二年(1139)以地还宋,次年复夺还,降为岐州。皇统二年(1142),复升凤翔府,改军额为"天兴"②,隶京兆府路③。大定十九年,复改军额为"凤翔"。大定二十七年,置凤翔路,都总管治此。泰和八年为中等总管府。正大八年(1231)陷蒙④。治今陕西凤翔县。

皇统二年,辖县九:天兴、宝鸡、虢、扶风、岐山、普润、麟游、盩厔、郿县。大定十九年,改天兴县为凤翔县。泰和八年仍辖县九。贞祐四年,升盩厔县为恒州,且以郿县隶之。

1. 凤翔县

宋天兴县。金初仍旧。大定十九年,更名凤翔县。倚郭。

2. 宝鸡县

宋宝鸡县。金仍旧。治今陕西宝鸡市。

---

① 《会编》卷115《炎兴下帙十五》,建炎二年正月二十八日,金军首次陷凤翔。《金史》卷3《太宗纪》系于天会六年(即宋建炎二年)二月。《宋史》卷25《高宗纪二》则系于三月。按《会编》既于卷115载正月克凤翔,又于卷116载,三月二十六日,"娄宿至秦州,熙河偏将刘惟辅杀其帅黑峰大王,娄宿遁走。娄宿残兵长安,鼓行而西,跨凤翔府、汧、陇,不浃旬降秦州"。系金陷秦州于三月,则不确。三月二十六日,应是刘惟辅于熙河路巩州击败娄宿军之时。至于娄宿自京兆府西行"不浃旬"至秦州,且攻下秦州,则应在正月。又《宋纪》载,金军下秦州在正月,对照《会编》所载娄宿军之行程,下秦州应在下凤翔之后,故保失凤翔,应当在正月。故当从《会编》卷115,克凤翔在正月。三月败于巩州,娄宿仍东还。据《宋史》卷369《曲端传》,建炎二年春,凤翔已为义军收复。至天会八年九月,金获胜于富平,终克凤翔府(《金史》卷3《太宗纪》,天会八年九月乙丑)。
② 《金史·地理志》:"宋扶风郡凤翔军节度。皇统二年升为府,军名天兴。"凤翔在宋即为府,《金志》未载其于何时降州。按《会编》卷195《炎兴下帙九十五》,绍兴九年五月条所载伪齐降府为州之名单,并无凤翔,应是天眷三年金重新夺得凤翔后,以其非路治所在,故降为州,如河中府之例也。然至皇统二年,原宋、齐凤路已被分拆入熙秦、京兆府两路,岐州更不可能为路治,何以升府,其故不详。推测当时金以其地当金陕西、宋四川之冲,驻重兵守之,故升府以重之。而这又与当时废凤翔一路,形势有所矛盾。至大定中,终又重置凤翔路,使行政区划与军事形势相合。
③ 《会编》卷245《炎兴下帙一百四十五》绍兴三十一年十一月二十八日丙申条引范成大《揽辔录》。以下关于皇统二年陕西各州属何路,若不出注,皆据《揽辔录》。
④ 据《金史》卷16《宣宗纪下》,元光元年十二月己丑,蒙军曾攻凤翔。又据《元史》卷1《太祖纪》,太祖十七年春,"攻凤翔,不下";卷149《刘伯林传附子黑马》,蒙军因攻凤翔不克,于金元光二年回屯绛州。再检照《金史》卷123《忠义三·杨沃衍传》,元光二年,蒙军攻凤翔还,道出保安,为沃衍所破。而《元史》卷120《吾也而传》、卷149《移剌捏儿传》,皆称该年克凤翔。误耳。至正大四年七月,蒙军灭西夏之后,"自凤翔徇京兆,关中大震"(《金史》卷17《哀宗纪上》,正大四年七月),然未明确提到克凤翔,可能只是经由凤翔直趋京兆耳。至正大七年"翱翔京兆、同、华之间,破南山砦栅六十余所"(《金史》卷114《白华传》),终在八年二月攻破凤翔(《元史》卷2《太宗纪》,正大八年二月),金京兆行省对陕西局势极度悲观,遂弃京兆,退守河南。

3. 虢县

宋虢县。金仍旧。治今陕西宝鸡东 44 里陈仓区。

4. 扶风县

宋扶风县。金天眷三年改名扶兴。皇统二年，仍名扶风。治今陕西扶风县。

5. 岐山县

宋岐山县。金仍旧。治今陕西岐山县。

6. 普润县

宋普润县。金仍旧。治今陕西麟游县西北 76 里酒房镇万家城村①。

7. 麟游县

宋麟游县。金仍旧。治今陕西麟游县。

8. 盩厔县

宋盩厔县。金仍旧。贞祐四年，升为恒州。治今陕西周至县。

9. 郿县

宋郿县。金仍旧。贞祐四年，割隶恒州。治今陕西眉县。

（后置）恒州

贞祐四年，以凤翔府盩厔县升置，刺史②，为凤翔府支郡。正大八年陷蒙。治今陕西周至县。

辖县二：盩厔、郿县。

平凉府

宋渭州，平凉军节度，泾原路经略安抚司治此。金天会八年克之③。次年予伪齐。十五年夺还。天眷二年还宋。宋升置平凉府。三年，金又夺还，仍为

---

① 《太平寰宇记》卷 30《关西道六》"凤翔府·普润县"条："（府）北七十里。"今凤翔县直北七十里，即万家城。

② 《金史》卷 17《哀宗纪上》，正大元年正月庚子，"秘书监、权吏部侍郎蒲察合住改恒州刺史"。同书卷 129《蒲察合住传》："蒲察合住，以吏起身，久为宣宗所信，声势烜赫……其子充护卫，先逐出之。继而合住为恒州刺史，需次近县。后大兵入陕西，关中震动。或言合住赴恒州为北走计，朝廷命开封羁其亲属。"《金史》知恒州为刺史也。

③ 《金史》卷 3《太宗纪》，天会八年十一月丁未，"渭州降"。

平凉府①，平凉军节度，泾原路治②。皇统二年，隶庆原路。大定二十七年，改隶凤翔路③。泰和八年，为中等散府。正大八年陷蒙④。治今甘肃平凉市。

皇统二年，统支郡一：原州。辖县五：平凉、潘原、崇信、华亭、安化县。大定七年，更安化县名为化平。大定二十七年，德顺州、镇戎州来隶，原州转隶泾州。泰和八年，统支郡二：德顺、镇戎州。辖县五：平凉、潘原、崇信、华亭、化平县。贞祐四年，德顺州升为防御。

1. 平凉县

宋平凉县。金仍旧。倚郭。

2. 潘原县

宋潘原县。金仍旧。治今甘肃平凉市东南36里四十里铺镇上湾⑤。

3. 崇信县

宋崇信县。金仍旧。治今甘肃崇信县。

4. 华亭县

宋华亭县。金仍旧。治今甘肃华亭县。

5. 化平县

宋安化县。金初仍旧。大定七年更名化平。治今宁夏泾源县⑥。

---

① 《金史·地理志》："宋渭州陇西郡平凉军节度。旧为军，后置陕西西路转运司、陕西东西路提刑司。"按其文意，似非连续。"旧为军"之后，当有"某年升平凉府"之文。皇统二年以前此政区在《金史》中既有载为"渭州"者，亦有载为"平凉府"者。如前文多处提到，《金史》撰者缺乏史家所必需的时间观念，往往以后世政区名称前世之政区，或者相反，故诸处所载，皆不足为据。检《会编》卷195《炎兴下帙九十五》，绍兴九年五月，"复南京归德府为应天府，许州为应（颍）昌府，陈州为淮宁府，颍州为顺昌府，寿州为寿春府，曹州为兴仁府，渭州为平凉府，庆州为庆阳府，延州为延安府。州府之名自陷伪之后，经金人及刘豫更改者，今复其旧"。至天眷二年（宋绍兴九年）金还宋陕西地以后，方有平凉府之确载。然则对平凉府而言，"复其旧"之说值得质疑。检《宋史》，不仅《地理志》载，直至北宋末，仍为渭州，且其他各部分，亦无"平凉府"的记载。则绍兴九年宋复得陕西之后，乃是因恢复原北宋各府建置的同时，顺势升渭州为府耳。天眷三年入金后，遂因其旧。否则便很难理解，皇统二年路分调整之后，渭州不再是路治所在，政治地位下降，又非如凤翔府乃唐代升置、人口繁庶、军事地位重要，何以反而升府？
② 《金史》卷79《张中孚传》："天会八年，睿宗以左副元帅次泾州，中孚率其将吏来降，睿宗以为镇洮军节度使，知渭州，兼泾原路经略安抚使。"同卷《张中彦传》："帅秦凡十年，改泾原路经略使知平凉府。朝廷以河南、陕西赐宋，中孚以官守随例当留关中。"则伪齐及天会十五年废伪齐之初，泾原路仍治渭州。
③ 平凉府改隶凤翔路，《金史·地理志》系于大定二十六年。施国祁已辨其误，见《金史详校》卷3下。
④ 《元史》卷121《按竺迩传》。
⑤ 《纪要》卷58《陕西七》"平凉府·潘原城"条："在府东四十里。"
⑥ 《元丰九域志》卷3《陕西路·秦凤路》"渭州·安化县"条："州西南七十里。"其地在清置化平川直隶厅，民国改县。1950年改泾源县。

德顺州

宋德顺军,隶泾原路。金天会八年克之①。次年予伪齐。十五年,复夺之。天眷二年还宋,次年又夺还。皇统二年,升德顺州,军事,为巩州通远军之支郡,隶熙秦路②。大定二年,宋复德顺州,同年,弃去③。二十二年改为刺史。二十七年,改为平凉府之支郡,隶凤翔路④。泰和八年为上等刺史州。贞祐四年,升防御,同年又升陇安军节度。正大四年陷蒙⑤。旋复。窝阔台八年(1236)终陷蒙⑥。治今宁夏隆德县⑦。

---

① 《金史》卷84《杲传》:"从平陕西,撒离喝徇地自渭以西,降德顺军,又降泾原路镇戎军,进平熙河。"按金军克镇戎军,在天会八年十一月(《金史》卷3《太宗纪》,天会八年十一月戊申,"宋泾原路统制张中孚、知镇戎军李彦琦以众降"),则德顺之降,亦差相同时。

② 按皇统二年之后,德顺州周围有平凉府及泾、巩州为节镇,可辖支郡。据《揽辔录》,皇统二年之后,平凉府、泾州入庆原路,德顺州则隶熙秦路,如此,皇统二年至大定二十七年间,该州只可能是巩州之支郡。

③ 据《金史》卷5《海陵纪》,正隆六年十月癸亥,"宋人攻秦州腊家城、德顺州,克之"。然则此说未见于他处。《宋史》卷32《高宗纪九》载,绍兴三十一年(即金正隆六年)十月甲子,"吴璘遣统制吴挺、向起等及金人战于德顺军之治平砦,败之",未言宋军复取德顺军也。据《宋纪》,绍兴三十二年(即金大定二年)二月乙卯,宋"兴元都统制姚仲攻巩州不下,退守甘谷城,遂引兵围德顺军";至三月戊申,宋方攻克德顺。疑是宋军攻德顺之军事行动自上年十月以来,在其后半年反复进行,故《金纪》遂将攻克之结果,系于围攻开始之时。此后,金军多次攻击德顺,宋军损失颇重。至大定二年十二月下旬,宋弃德顺州(《宋史》卷32《高宗纪九》,绍兴三十二年十二月丙寅)。次年正月,金军复入据之(《金史》卷6《世宗纪上》,大定三年正月癸丑)。

④ 按《金史·地理志》置德顺州于凤翔之后,其意以为该州乃凤翔之支郡。然则,德顺与凤翔本不接境,其间相隔平凉府。在金,虽有徐州、归德府先后"遥控"寿州之例,然而在寿州,则周边尽为防御州,遥隶于大郡则属正常。而在德顺,其东与平凉府接界,且大定二十七年置凤翔之前,德顺、镇戎向与凤翔分在两路,向无上隶下辖之关系,该年之后,仍无必要建立起"飞地"式的统辖关系。

⑤ 按元光元年八月,"夏人入德顺"(《金史》卷16《宣宗纪下》,元光元年八月癸巳),然亦未载金军收复之事。疑夏人仅是侵入德顺之境,而非攻占州城。蒙军陷德顺,据《金史》卷17《哀宗纪上》,在正大四年三月(《金纪》作"德顺府",误)《元史》卷1《太祖纪》则系于同年(太祖二十二年,即金正大四年)四月。它若《金史》卷111《纥石烈牙吾塔传》、卷123《忠义三·爱申传》、《元史》卷121《按竺迩传》,皆载于正大四年。《元史》卷121《速不台传》谓丙戌年(即金正大三年)蒙军下德顺州。当误。应是正大三年开始的攻势持续至次年,蒙军陷德顺在次年耳。而《中州集》卷9"马辙卿"条载于正大五年,亦恐较实际沦陷之时迟一年。《大金国志》卷26《纪年·义宗皇帝》更载在正大六年,其误更甚。

⑥ 《元史》卷1《太祖纪》:"二十二年丁亥春,帝留兵攻夏王城,自率师渡河攻积石州。二月,破临洮府。三月,破洮、河、西宁二[三]州。……夏四月……拔德顺等州,德顺节度使爱申、进士马肩龙死焉。……秋七月壬午,不豫。己丑,崩于萨里川哈老徒之行宫。"该年为金正大四年也。同书卷121《速不台传》载在正大三年:"丙戌,攻下撒里畏吾、特勒、赤闵等部,及德顺、镇戎、兰、会、洮、河诸州,得牝马五千匹,悉献于朝。丁亥,闻太祖崩,乃还。"由蒙军克德顺在正大四年来看,下其他诸州,应同在四年。后兰、会仍然坚守至窝阔台八年,则知速不台退军后,所得之州,为金军所复。以下临洮、镇戎、洮、河、兰、会、西宁等州,同此。

⑦ 《纪要》卷58《陕西七》"平凉府·陇干废县"条:"今(静宁)州治。"《嘉庆一统志》卷258《平凉府一》"建置沿革·静宁州"条,静宁州辖隆德一县,其地即金德顺州、陇干县治所。

皇统二年,辖县一:陇干县。大定二十二年,置县六:水洛、威戎、隆德、通边、静边、治平县。旋废静边县。泰和八年,辖县六:陇干、水洛、威戎、隆德、通边、治平县。贞祐四年,治平县改隶西宁州。

1. 陇干县

宋陇干县。金仍旧。倚郭。

2. 水洛县

宋水洛城。金初仍旧。大定二十二年置县①。治今甘肃庄浪县②。

3. 威戎县

宋威戎堡城。金初仍旧。大定二十二年置县③。治今甘肃静宁县东南35里威戎镇④。

4. 隆德县

宋隆德寨。金初仍旧。大定二十二年置县。治今宁夏西吉县东南34里硝河乡隆德堡⑤。

5. 通边县

宋通边寨。金初仍旧。大定二十二年置县。治今甘肃庄浪县东北48里通化乡通边村⑥。

6. 治平县

宋治平寨。金初仍旧。大定二十二年置县。贞祐四年,改隶西宁州。治今甘肃静宁县东南54里治平乡⑦。

(废)静边县

宋静边寨,金初仍旧。大定二十二年置县。旋仍废为寨。治今甘肃静宁

---

① 《金史·地理志》不载水洛置县之时。按大定二十二年,陕西边地升寨置县者甚多,如秦州之西宁,绥德州之清涧,会州之保川,兰州之龛谷、阿干、定远诸县皆是。同年又升置镇戎、保安、绥德、积石州。此因金夏关系恶化后,金所作的战略调整的表现。则水洛及其他《金志》不载明始置时间之诸县,大多应当于该年。
② 《元丰九域志》卷3《陕西路·秦凤路》"德顺军·水洛城"条:"(德顺)军西南一百里。"即金陇干县(今隆德县)西南百里,今庄浪县治水洛镇。
③ 始置时间应同水洛县,在大定二十二年。《金史》卷150《任天宠传》:"明昌二年进士,调考城主簿,再迁威戎县令。县故堡寨,无文庙学舍,天宠以废署建。"至明昌中,置县始十年,故制度草创耳。
④ 《纪要》卷58《陕西七》"平凉府·威戎城"条:"在(静宁)州西南四十里。"
⑤ 《元丰九域志》卷3《陕西路·秦凤路》"德顺军·隆德堡"条:"(德顺)军西六十里。"
⑥ 《元丰九域志》卷3《陕西路·秦凤路》"德顺军·通边寨"条:"(德顺)军西南五十五里。"
⑦ 《元丰九域志》卷3《陕西路·秦凤路》"德顺军·治平寨"条:"(德顺)军西一百四十里。"今实在隆德县西南120里。

县东南 32 里古城乡①。

镇戎州

宋镇戎军，隶泾原路。天会八年克之②。次年予伪齐。十五年，复夺之。天眷二年还宋，次年又夺还，仍旧。皇统二年，为巩州通远军之支郡，隶熙秦路。大定二年，宋复镇戎军，同年，弃去③。二十二年，升镇戎州，刺史。大定二十七年，改为平凉府之支郡，隶凤翔路④。泰和八年为下等刺史州。正大四年陷蒙，旋复，窝阔台八年终陷蒙⑤。治今宁夏固原市⑥。

金初不辖县。大定二十二年，置东山、三川县。泰和八年，辖县二。

1. 东山县

宋东山寨。金初仍旧。大定二十二年置县。治今宁夏固原市东北 45 里河川乡大堡子⑦。

2. 三川县

宋三川寨。金初仍旧。大定二十二年置县。治今固原市西北 38 里中河乡红崖堡⑧。

秦州

宋秦州，雄武军节度，秦凤路经略安抚司治此。金天会九年克之，予伪齐。天会十二年，宋克秦州，旋弃去。次年宋又克之，复弃去。天眷二年，以地还宋。次年复夺之。皇统元年，宋再克秦州，旋又退走。金仍为秦州，置

---

① 《宋史》卷 87《地理志三》"陕西路·秦凤路·镇戎军·静边寨"条："东至德顺军七十里，西至第十七堡三十五里，南至威戎堡三十里，北至隆德寨五十里。"
② 《金史》卷 3《太宗纪》，天会八年十一月戊申，"宋泾原路统制张中孚、知镇戎军李彦琦以众降"。
③ 《宋史》卷 32《高宗纪九》，绍兴三十二年二月丙寅，"姚仲遣副将赵铨攻下镇戎军"。金复取镇戎，史不载其时。同年二月甲寅，"金人犯镇戎军"；五月壬寅，"姚仲及金人战于原州北岭，败绩"。卷 33《孝宗纪一》：绍兴三十二年六月乙未，"金人屠原州"。至此，宋军北上受阻，已占领的镇戎军应亦很快放弃，集中力量守御德顺州，并向西面的熙河路发展。总之，在该年十二月弃德顺州之前，宋军已失镇戎军。
④ 其隶属同德顺州。
⑤ 《元史》卷 121《速不台传》："丙戌，攻下撒里畏吾、特勤、赤闵等部，及德顺、镇戎、兰、会、洮、河诸州。"上文德顺州条已指出，蒙军克德顺在正大四年。镇戎与德顺同陷，亦应在此年。镇戎复为金军所得，又于窝阔台八年陷蒙，此亦见德顺州条。
⑥ 《纪要》卷 58《陕西七》"平凉府·固原州"条："宋置镇戎军。金改镇戎州。元改开成路。至治中，降为州。明初，复废为县。弘治十五年，改置固原州。"
⑦ 《九域志》卷 3《陕西路·秦凤路》"镇戎军·东山寨"条："（镇戎）军东四十五里。"
⑧ 《九域志》卷 3《陕西路·秦凤路》"镇戎军·三川寨"条："（镇戎）军西三十五里。"

秦凤路经略安抚司于此①。二年，废秦凤路，秦州降防御，划入熙秦路。正隆六年（1161），宋克秦州。大定二年，复弃之。大定二十七年，改隶凤翔路。泰和八年为下等防御州。贞祐三年，升为镇远军节度，后复为防御。元光二年（1223），复升节度②。蒙古窝阔台八年（1236）降蒙③。治今甘肃天水市④。

秦州、凤翔府当川、陕之要冲，宋、金有战事，必及于秦州。金初天会至皇统二年，战事尤其频繁，易手频频。金军首次陷秦州，在天会六年正月⑤。然其一部为宋军破于巩州，金西进主力遂向东退却，宋镇戎军守将曲端"乘其退，遂下兵秦州"⑥。此后数年，金军西进之势被遏制。因秦州位居川、陕之中，天会七年（宋建炎三年）宋宣抚处置使张浚西行整军，即驻此⑦。次年富平战败，"浚退保秦州，陕西大震"⑧。金人乘胜来攻秦州，至天会九年（宋绍兴元年）克之⑨，遂以其地予刘豫。然而，伪齐很难有效守御此州，此后被宋军多次夺回，伪齐仍需靠金军之力复取之。

天会十二年（宋绍兴四年），宋西路军乘仙人关之捷，整军北上，首克凤、秦、陇三州。然此次北伐至此便乏进展。十一月，宋军仍在秦州腊家城与金人作战⑩，此后便无讯息，大约又退师回蜀，秦州亦失矣。同年秋，金与伪齐联军由两淮来侵，为了对其形成牵制，西路宋军于次年再次出师。天会十三年二

---

① 《金史》卷79《张中彦传》："王师下饶风关，得金、洋诸州，以中彦领兴元尹，抚辑新附。师还，代彦琦为秦凤经略使。"金人破饶风关，在天会十一年（宋绍兴三年）。
② 《金史·地理志》："元光二年四月升为节镇，军曰镇远，后罢，贞祐三年复置。"然则贞祐三年在前，元光二年在后。自然是始置于贞祐而复置于元光。
③ 据宋子贞所作《中书令耶律公神道碑》（载《全元文》卷8）："金国既亡，唯秦、巩等二十余州连岁不下。"秦州等陕西部分地区，为金境最后陷蒙者，直至金亡之后数年，尚据城抗蒙。窝阔台七年，皇子阔端征秦、巩，至次年，秦州最终降蒙（《元史》卷2《太宗纪》，七年春、八年十月）。
④ 《金史》卷79《张中彦传》："王师下饶风关，得金、洋诸州，以中彦领兴元尹，抚辑新附。师还，代彦琦为秦凤经略使。秦州当要冲，而城不可守。中彦徙治北山，因险为垒，今秦州是也。"饶风关之战在天会十一年（宋绍兴三年，伪齐阜昌四年），则该年或稍后，秦州由今天水市区移治北郊。
⑤ 《宋史》卷25《高宗纪二》，建炎二年正月，"金人陷秦州，经略使李复降"。
⑥ 《宋史》卷369《曲端传》。
⑦ 《宋史》卷25《高宗纪二》，建炎三年十一月，"张浚至秦州"；卷26，建炎四年二月，"张浚自秦州引兵入援"。
⑧ 《宋史》卷26《高宗纪三》，建炎四年十月庚午朔。
⑨ 绍兴元年秦州之陷金，历经反复。先是，正月己酉，金人攻秦州，为吴玠击退。后吴玠复南退，金军得秦州。至十月癸巳，宋熙河经略使关师古复秦州（《宋史》卷26《高宗纪三》、卷368《王彦传》），然不久又弃之。至绍兴二年，秦州又为金所据："时(吴)玠在河池，金人用叛将李彦琪驻秦州，睨仙人关以缀玠。"（《宋史》卷366《吴玠传》）
⑩ 《宋史》卷27《高宗纪四》，绍兴四年四月丙戌、十一月壬子。然绍兴三年，吴璘已被任命为"荣州防御使、知秦州，节制阶、文"（《宋史》卷366《吴璘传》，以示宋收复陕西之打算。

月,宋军再克秦州①。然又同于上年之情形,其后遂无闻。可以想见,牵制的目的达到,东路敌军退却,而西路宋军亦归蜀矣。至于秦州,此后数年,随着金废伪齐,易手于齐——金之间。

天眷二年,金决议还地予宋。然而宋人对此举尚有疑惑。当时吴璘即提醒蜀帅胡世将,"金人反复难信,惧有他变。今我移军陕右,蜀口空虚,敌若自南山要我陕右军,直捣蜀口,我不战自屈矣。"世将亦以为:"当外固欢和,内修守御。今日分兵,当使陕、蜀相接,近兵官贺仔谍知撒离喝密谋曰:'要入蜀不难,弃陕西不顾,三五岁南兵必来主之,道路吾已熟知,一发取蜀必矣。'敌情如是,万一果然,则我当为伐谋之备,仙人关未宜遽废,鱼关仓亦宜积粮。"最终定议,吴璘"仅以牙校三队赴秦州,留大军守阶、成山寨,戒诸将毋得撤备"②。史未载次年金背盟之后秦州的下落,但是很明显,宋西路兵力配置的这一形势,结果必然是:当金军重入陕西之时,宋军即刻撤回蜀中,秦州自然被放弃。但又过一年,即金皇统元年,在挫败金军入蜀企图后,宋军乘胜反攻,再克秦州。但旋即撤出,秦州遂再次入金③。

正隆六年,完颜亮率师南侵之初,宋军立即还以颜色,在西路攻下秦州④,并据之逾一年。自绍兴元年失秦州之后,以此次占领时间最长。直至次年十二月,方又弃去⑤。自此,唯有兴定四年(1220)时,为报复上年金师南侵,宋军曾进入陕西,攻打秦州。然为金军击退,旋即退回四川⑥。

皇统二年,辖县三:成纪、清水、陇城县。正隆中,置秦安县。大定二十二年,置冶坊、西宁、甘谷、鸡川县。泰和八年,辖县八:成纪、清水、陇城、秦安、冶坊、西宁、甘谷、鸡川县。贞祐四年,升西宁县置西宁州,又以甘谷、鸡川县划隶之,为秦州支郡。

---

① 《宋史》卷28《高宗纪五》,绍兴五年二月丁亥。同书卷367《杨政传》:"绍兴五年,金人攻淮,玠命政帅帅乘机牵制。至秦川,战而拔。"
② 《宋史》卷366《吴璘传》。
③ 《会编》卷206《炎兴下帙一百六》,绍兴十一年九月九日。《宋史》卷29《高宗纪六》:绍兴十一年九月"辛亥,吴璘拔秦州。……癸亥,璘自腊家城受诏班师,杨政、郭浩皆引军还"。此次宋占秦州十二日即弃去。
④ 《会编》卷231《炎兴下帙一百三十一》,绍兴三十一年九月"二十五日甲午,吴璘收复秦州";卷234,同年十月"十三日,四州宣抚使吴璘奏收复秦州"。
⑤ 《金史》卷87《徒单合喜传》:"复德顺州。宋之守秦州者,亦自退。"按宋弃德顺州在金大定二年(宋绍兴三十二年)十二月,则弃秦州亦在当月。
⑥ 《金史》卷16《宣宗纪下》:兴定四年九月壬寅,"宋人屯皂郊堡,行军提控完颜益都击败之";"甲寅,宋人出秦州,及夏人来侵"。《大金国志》卷25《纪年·宣宗皇帝下》:兴定四年九月,"宋程信引兵趋秦州"。然其后迄无音讯,因在不久之后退师,亦未能攻克秦州。

1. 成纪县

宋成纪县。金仍旧。倚郭。

2. 冶坊县

大定二十二年置①。治今甘肃清水县北 35 里黄门乡王店村②。

3. 清水县

宋清水县。金仍旧。治今甘肃清水县。

4. 陇城县

宋陇城县。金仍旧。治今甘肃天水市东南 35 里麦积区城区马跑泉一带。

5. 秦安县

正隆中置③。治今甘肃秦安县。

6. 西宁县

大定二十二年置④。贞祐四年升置西宁州。治今甘肃会宁县翟家所乡张城堡村⑤。

7. 甘谷县

大定二十二年置。贞祐四年改隶西宁州。治今甘肃甘谷县北 62 里大庄乡城子村⑥。

8. 鸡川县

大定二十二年置。贞祐四年改隶西宁州。治今甘肃通渭县东南鸡川镇⑦。

(后置)西宁州

贞祐四年以秦州西宁县升置。正大四年陷蒙,旋复。窝阔台八年陷蒙。

---

① 宋秦州置冶坊堡。其于金升置之时,《金史·地理志》不载。应在大定二十二年与德顺、镇戎州水洛、威戎等县同置。李嗣周《中议大夫西京路转运使焦公墓碑》(承安四年):"谪秦州冶坊县令,几六年,方改太[大]名府推官,后入为左三都司正。未几,主上新即位。"(载《金文最》卷86)。推测焦某任冶坊之时间,正当大定二十二年前后。或其为该县首任县令。
② 《嘉庆一统志》卷 275《秦州二》"古迹·冶坊故城"条:"在清水县北四十里。"
③ 《纪要》卷 59《陕西八》"巩昌府·秦安县"条:"宋为纳甲城。金正隆中,置秦安县,属秦州。"未知其所据,姑从之。
④ 《元一统志》卷 4《陕西等处行中书省》"会州·古迹·废西宁县"条:"本秦州甘泉堡。金大定二十二年升为县,有司言延安府已有甘泉县,改为西宁县。"
⑤ 《嘉庆一统志》卷 256《巩昌府二》"古迹·西宁旧城"条:"在今县东三十里。"
⑥ 《纪要》卷 59《陕西八》"巩昌府·甘谷城"条:"在(通渭)县东五十里。"又《元丰九域志》卷 3《陕西路·秦凤路》"秦州"条:"甘谷(城),州西北一百八十五里";"鸡川(寨),州北二百里"。甘谷显然在鸡川之西南,而鸡川则在今通渭县之东北,是知甘谷只可能在今通渭县之南或东南,不可能在其东。今通渭以南(略偏东)45 里,城子村是其地也(今属甘谷县大庄乡)。
⑦ 《嘉庆一统志》卷 275《秦州二》"古迹·鸡川废县"条:"在秦安县西北七十里。"

治今甘肃会宁县翟家所乡张城堡村。

辖县四：西宁、甘谷、鸡川、治平县。

陇州

宋陇州，防御，属秦凤路。金天会八年克之①，予伪齐。十二年，宋复陇州，旋弃去②。天会十五年金废齐，夺回陇州。天眷二年予宋，三年复夺回。皇统元年，宋复陇州，旋弃去③。金仍为陇州，防御。次年，划入熙秦路。正隆六年，宋复陇州。大定二年，金复之④。大定二十七年，改隶凤翔路。泰和八年为下等防御州。窝阔台八年陷蒙⑤。治今陕西千阳县西北5里城关镇毗芦寺以西⑥。

皇统二年辖县三：汧阳、汧源、吴山县。大定二十七年，废吴山县。泰和八年，置陇安县。辖县三：汧阳、汧源、陇安县。贞祐四年，复置吴山县。

1. 汧阳县

宋汧阳县。金仍旧，倚郭。

2. 汧源县

宋汧源县。金仍旧。治今陕西陇县⑦。

3. 陇安县

宋陇安县。伪齐废为寨。泰和八年复置县⑧。治今陕西宝鸡市陈仓区香

---

① 金军首次破陇州，在天会六年二月（《会编》卷115《炎兴下帙十五》，建炎二年二月），旋因退师而弃之（见上文秦州条）。至天会八年富平战胜之后，方得攻下。具体时间，应在天会八年九月下凤翔之后，次年正月来攻秦州之前。
② 《宋史》卷27《高宗纪四》，绍兴四年四月丙戌，吴玠"复秦、凤、陇三州"；十一月壬子，吴玠班师。
③ 《宋史》卷29《高宗纪六》：绍兴十一年九月"壬子，杨政克陇州。……癸亥，（吴）璘自腊家城受诏班师，杨政、郭浩皆引军还"。
④ 《会编》卷232《炎兴下帙一百三十二》，绍兴三十一年九月三十日，宋军克陇州。其复失陇州，应在大定二年十二月弃秦州前后。
⑤ 按陇州陷蒙，未见载，应在窝阔台八年降蒙的秦、巩等二十余州之列。
⑥ 宋陇州治汧源县，据《金史·地理志》所载，金代陇州徙治汧阳，然未载其徙治之时，应是伪齐时所徙。当时陇州西南方山原尚为宋所控制，徙治汧阳，略近于方山原，便于争胜之故。汧阳县，"宋徙县于今县西五里。明嘉靖二十六年，以水患又移今治"（《纪要》卷55《陕西四》"凤翔府·汧阳故城"条）。明汧阳县与今县同治。则宋、金汧阳，在今县西5里毗芦寺略西。
⑦ 《纪要》卷55《陕西四》"凤翔府·汧源废城"条："在州治东南。……宋仍为陇州治。明初省。"元以后，陇州仍治汧源，与宋同。至明，则倚郭汧源县省入州，故宋、金汧源县治，即明之陇州、今之陇县。
⑧ 宋陇州有陇安县。《金史·地理志》："陇安，泰和八年以陇安寨升。"则金曾废陇安县而复置之。废县之时，《金史·地理志》不载。顾祖禹以为在"金初"（《纪要》卷55《陕西四》"凤翔府·陇安城"条），应即在伪齐时。

泉镇一带①。

（复置）吴山县

宋吴山县。金初仍旧。大定二十七年废。贞祐中复置②。治今陕西宝鸡市西北 36 里陈仓区县功镇③。

第六节　鄜延路州县沿革

皇统二年(1142)置鄜延路，治延安府，统延安府、鄜、坊、丹州及保安、绥德军④。大定二十二年(1182)，升保安军为保安州，绥德军为绥德州。明昌二年(1191)，西夏陷鄜、坊州，旋弃去。

泰和八年(1208)，统府一、州五（其中节度州一、刺史州四）：延安府，丹、保安、绥德、鄜、坊州（另参前图 24）。

延安府

宋延安府，彰武军节度，鄜延路经略安抚司驻此。金天会八年(1130)克之⑤。次年予伪齐。伪齐降为延州。十五年，金复夺之。天眷二年(1139)还宋，宋复升为延安府⑥。三年，金复夺回，仍为延安府。皇统二年置鄜延路都

---

① 《元丰九域志》卷 3《陕西路·秦凤路》"陇州·陇安县"条："州南八十五里。"今香泉镇，在陇县南 85 里。
② 《金史·地理志》无吴山县，而汧源县下有吴山镇。按丘处机《学仙记》："大定初年之间，陇州一宦族李原通，安贫乐道，一日自言为吴山县土地。"（载《金文最》卷 35）则大定初吴山县尚存，而至《金史·地理志》所断之泰和八年已废。废县之时，当在陕西政区发生重大调整的大定二十七年。又据《元史》卷 60《地理志三》"陕西等处行中书省·巩昌等处总帅府·陇州"条："陇州（中）……宋、金置防御使。旧领四县。元至元七年，省吴山、陇安入汧源。"则大约在贞祐四年陕西再次有重大政区变动时，复置吴山县。
③ 《元丰九域志》卷 3《陕西路·秦凤路》"陇州·吴山县"条："州南八十七里。"今县功，在陇县南 92 里。
④ 金自天会八年得鄜延路之境土，沿宋之旧，至金末未有改变。《会编》卷 245《炎兴下帙一百四十五》，绍兴三十一年十一月二十八日条引范成大《揽辔录》载金大定十年鄜延路辖一府"三州总一十九县"，而军则略去不计矣。
⑤ 据《会编》卷 114《炎兴下帙十四》，建炎二年正月九日（即金天会六年），金军首次攻陷延安，随即弃去。同年十一月十二日，再取延安府（《会编》卷 119），然又弃之。故天会七年，夏人"檄延安府言：'大金割鄜延以隶本国，须当理索，敢违拒者，发兵诛之'"（《宋史》卷 486《外国二·西夏传二》）。当然这一宣言不足以令宋之守将弃守。直至天会八年九月富平战败后，金军即刻乘胜攻陷延安（《宋史》卷 26《高宗纪三》，建炎四年九月辛酉）。
⑥ 《会编》卷 195《炎兴下帙九十五》，绍兴九年五月，"复南京归德府为应天府……延州为延安府。州府之名自陷伪之后，经金人及刘豫更改者，今复其旧"。知伪齐曾降延安府为延州，天眷二年还其地予宋，宋即恢复了府的建置。

总管府于此。泰和八年为下等总管府。窝阔台八年(1236)陷蒙①。治今陕西延安市。

皇统二年,统支郡三:丹州、保安军、绥德军。县七:肤施、延川、延长、临真、甘泉、敷政、门山县。大定二十二年,升保安军为保安州,绥德军为绥德州。泰和八年,统支郡三:丹州、保安州、绥德州。辖县七,同皇统二年。

1. 肤施县

宋肤施县。金仍旧。倚郭。

2. 延川县

宋延川县。金仍旧。治今陕西延川县。

3. 延长县

宋延长县。金仍旧。治今陕西延长县。

4. 临真县

宋临真县。金仍旧。治今陕西延安市东南100里宝塔区临镇镇②。

5. 甘泉县

宋甘泉县。金仍旧。治今陕西甘泉县。

6. 敷政县

宋敷政县。金仍旧。治今陕西甘泉县西北61里下寺湾镇阎家沟村③。

---

① 金末,鄜延路正当蒙军惯常使用的自河东葭州渡河入侵陕西的孔道上,故易受攻击。同时,该路与西夏之境,亦有很长的界线,金末西夏的不断入侵,更导致此地战事频繁。贞祐二年秋冬之交,"夏人攻庆原、延安、积石州";次年十月,夏人再"攻保安及延安"(《金史》卷134《外国上·西夏传》)。再次年,则是蒙军首次来攻延安(《金史》卷14《宣宗纪上》,贞祐四年八月丙子),虽未攻陷延安,却经由鄜延路,南下破潼关(《遗山先生文集》卷18《内相文献杨公(云翼)神道碑铭》)。至兴定五年,蒙、夏联军直接以陕西为目标,大举来侵,十月入陕西,至十一月,克绥德、保安、鄜、坊、丹州,鄜延路几乎全境沦陷(《元史》卷1《太祖纪》,太祖十六年十月;《元史》卷119《木华黎传》;《大金国志》卷25《纪年·宣宗皇帝下》兴定五年十一月),唯"延安孤埔,仅得保全"(《金史》卷113《白撒传》)。金军据守此坚城,虽未能阻止蒙军数度过河袭陕西,但毕竟起了很大的牵制作用。木华黎甚至为此良叹:"吾奉命专征,不数年取辽西、辽东、山东、河北,不劳余力;前攻天平、延安,今攻凤翔皆不下,岂吾命将尽耶!"至于《元史》卷149《移剌捏儿传》所谓"壬午……丹、延十余城皆降",则元光元年蒙军曾下延安府。此说不见他处,应是误载,或其意为,蒙军当时曾下延安府某些属县。至正大二年,延安尚为金坚守(《金史》卷112《完颜合达传》:"延安既残毁,合达令于西路买牛付主者,招集散亡,助其耕垦,自是延安之民稍复耕稼之利。")延安最终于何时陷落,未见史载。据《元史》卷2《太宗纪》,窝阔台八年十月,"招谕秦、巩等二十余州,皆降"。当时陕西西部秦、巩等州,共仅十余,同时,鄜延路诸州的最终陷落,在《金史》、《元史》中竟然皆无记载,应即在此次降顺诸州之列。

② 《元丰九域志》卷3《陕西路·永兴军路》"延州·临真县"条:"州东南一百一十里。"

③ 《元丰九域志》卷3《陕西路·永兴军路》"延州·敷政县"条:"州西九十里。"又《嘉庆一统志》卷234《延安府二》"古迹·敷政故城"条:"故城在(安塞县)西南一百二十里。"今阎家沟在延安市西南82里、安塞县西南105里。

7. 门山县

宋门山县。金仍旧。治今陕西延长县东南 77 里雷赤镇门山村①。

丹州

宋丹州,军事。金天会八年克之②。次年予伪齐。十五年,复夺之。天眷二年还宋。三年,复夺回,仍为丹州,军事。皇统二年隶鄜延路,为延安府支郡。大定二十二年改为刺史。泰和八年为中等刺史州。兴定五年(1121),蒙军陷丹州,复弃去。窝阔台八年,终陷蒙③。治今陕西宜川县。

皇统二年,辖县一:宜川县。泰和八年同。

宜川县

宋宜川县。金仍旧。倚郭。

保安州

宋保安军。金天会八年克之④。次年予伪齐。十五年复夺还。天眷二年以地还宋。三年,复夺回,仍旧。皇统二年隶鄜延路,为延安府支郡。大定二十二年,升为保安州,刺史。泰和八年为下等刺史州。兴定五年,蒙军克保安,旋弃去。窝阔台八年终陷蒙⑤。治今陕西志丹县。

金初保安军不辖县。大定二十二年升置保安州,遂置倚郭保安县。泰和八年,辖县一:保安县。

保安县

大定二十二年置。倚郭。

---

① 《元丰九域志》卷 3《陕西路·永兴军路》"延州·门山县"条:"州东南一百八十里。"今门山西北至延安市 160 里。
② 《会编》卷 118《炎兴下帙十八》,建炎二年九月十三日,"(金军)焚丹州"。则是金军于天会六年克丹州后,毁而弃之。应是天会八年富平战后,攻克延安府前后,方再据有丹州。
③ 《元史》卷 1《太祖纪》,太祖十六年十月。又同书卷 119《木华黎传》载:"(辛巳年十月,)合达走保延安,围之旬日,不下,乃南徇洛川,克鄜州。……遂降坊州,大飨士卒。闻金复取隰州,以轩成为经略使,于是复由丹州渡河围隰,克之。留合丑统蒙古军镇石、隰间,以田雄权元帅府事。"则木华黎攻延安不下,全军退返河东,虽已攻克丹州,亦弃而不顾矣。《元史》卷 149《移剌捏儿传》所谓"壬午……丹、延十余城皆降",则丹州或曾于元光元年陷蒙。然亦复弃去。其最终陷落,应在蒙古窝阔台八年,与延安府陷蒙差相同时。
④ 《宋史》卷 26《高宗纪三》,建炎四年九月辛酉,"金人陷延安府,执吕世存,又陷保安军"。
⑤ 先是夏人屡侵保安之境。其于明昌二年曾攻保安州(据《大金国志》卷 19《纪年·章宗皇帝上》),然未下。至宁元年"六月,夏人犯保安州,杀刺史,犯庆阳府,杀同知府事"(《金史》卷 13《卫绍王纪》),然或未攻陷州城。贞祐三年再攻保安不克(《金史》卷 134《外国上·西夏传》),至兴定五年十月,遂结蒙军同来,终攻破保安(《元史》卷 1《太祖纪》,太祖十六年十月),旋又弃城去。其最终陷蒙,应即蒙军破延安之时,在蒙古窝阔台八年。

绥德州

宋绥德军。金天会八年克之①。次年予伪齐。十五年夺还。天眷二年还宋。三年,复夺回,仍旧。皇统二年隶鄜延路,为延安府支郡。大定二十二年,升为绥德州,刺史。泰和八年为下等刺史州。兴定五年,蒙军克绥德,旋弃去。窝阔台八年终陷蒙②。治今陕西绥德县。

金初,绥德军不辖县。大定二十二年升州之后,置清涧县。泰和八年辖县一:清涧县。正大中(1224—1231),置绥德、米脂、嗣武、绥平、怀宁、定戎、义合七县③。州辖县八。

清涧县
大定二十二年置。治今陕西清涧县。

(后置)绥德县
正大中置,为倚郭。

(后置)米脂县
正大中置,治今陕西米脂县。

(后置)嗣武县
正大中置,治今陕西榆林市东南110里榆阳区镇川镇石崖底村④。

(后置)绥平县
正大中置,治今陕西子洲县西南67里何家集镇⑤。

---

① 《金史》卷3《太宗纪》,天会六年十一月乙未,"绥德军降"。然其后金军复退,绥德仍当为宋所取。至天会八年则与延安同下。
② 兴定五年十一月,蒙、夏联军克绥德,后弃去(《元史》卷119《木华黎传》;《大金国志》卷25《纪年·宣宗皇帝下》兴定五年十一月)。其最终陷落,当在窝阔台八年,延安陷蒙前后。《金史》卷124《忠义四·郭虾蟆传》。天兴三年,"绥德州帅汪世显"欲与会州守将郭虾蟆共谋,攻破巩昌,虾蟆不从,世显乃率本部攻据巩昌,并以城降蒙。而《元史》卷155《汪世显传》则未提到他任"绥德州帅"之事,只说"仕金,屡立战功,官至镇远军节度使、巩昌便宜总帅"。杨奂所作《总帅汪义武王世显神道碑》(载《全辽金文》第2809页)亦载,正大六年之后,汪世显便长期在巩昌府任职,未见此前曾任绥德。绥德存否,应与汪世显无关。
③ 《元史》卷60《地理志三》"陕西诸道行御史台、陕西等处行中书省·延安路"条:"绥德州……金为州,领八县。归附后,并嗣武入米脂,绥平入怀宁。至元四年并定戎入米脂,怀宁入青涧。又并义合、绥德入本州。""归附"前之八县,除清涧早在大定二十二年已置,其余各县不见载于《金史·地理志》,必因其置于金末乱世,撰史者不详其沿革,知其应置于金末,且最有可能是置于留至后世的信息极为不详的正大间。
④ 《嘉庆一统志》卷250《绥德直隶州》"古迹·嗣武故城"条:"在(米)县西北四十里。"
⑤ 《嘉庆一统志》卷250《绥德直隶州》"古迹·绥平旧县"条:"在(清涧)县西北一百里。"

(后置)怀宁县

正大中置,治今陕西子洲县东南 46 里淮宁湾镇①。

(后置)定戎县

正大中置,治今陕西子洲县西北 7 里双湖峪镇张寨村②。

(后置)义合县

正大中置,治今陕西绥德县东 38 里义合镇③。

鄜州

宋鄜州,保大军节度。金天会七年克之④。九年,隶伪齐。十五年夺还。天眷二年还地予宋。三年夺还,仍旧⑤。皇统二年隶鄜延路。泰和八年为下等节度州。兴定五年,蒙军克之,旋弃。窝阔台八年终陷蒙⑥。治今陕西富县。

又据《大金国志》载,章宗明昌二年,西夏曾陷鄜、坊二州,旋弃去⑦。然未见其他史籍记载此事,《大金国志》此说,值得怀疑。姑置之。

皇统二年,统支郡一:坊州。辖县四:洛交、直罗、鄜城、洛川县。泰和八年同。

1. 洛交县

宋洛交县。金仍旧。倚郭。

---

① 《宋史》卷 87《地理志三》"永兴军路·绥德军·怀宁寨"条:"东至绥德军四十里,西至绥平寨四十里,南至青涧城七十里。"今淮宁湾,东北路绥德县 33 里,南至清涧县 76 里。
② 金定戎县,即北宋及金前、中期克戎寨。《宋史》卷 87《地理志三》"永兴军路·绥德军·克戎寨"条:"东至绥德军六十里,西至临夏寨三十里,南至怀宁寨六十里。"即今子洲县略西北之张寨村。
③ 《宋史》卷 87《地理志三》"永兴军路·绥德军·义合寨"条:"西至绥德军四十里。"
④ 《宋史》卷 25《高宗纪二》,建炎三年三月己丑,"金人陷鄜州"。自此年余,鄜州应一直为金军所控制。至次年宋军一度收复鄜州(《宋史》卷 26,建炎四年七月丁未)。然在富平战后,本路诸州皆陷,鄜州亦不例外。
⑤ 《金史·地理志》:鄜州,"宋洛交郡康定军节度,国初因之,置保大军节度使"。此说误。按鄜州在宋向来是"保大军节度使",此可见于《宋史》卷 87《地理志三》、《元丰九域志》卷 3《陕西路·永兴军路》等处。故金代鄜州为保大军节度,仅是沿宋之旧。
⑥ 兴定五年,蒙军曾破鄜州(《金史》卷 16《宣宗纪下》,兴定五年闰十二月辛巳朔;卷 122《纥石烈鹤寿传》),后弃去,鄜州仍为金有。如《金史》卷 107《张行信传》载:"元光元年正月,迁保大军节度使,兼鄜州管内观察使。"又《宣宗纪下》载,元光元年二月甲辰,"诏除延安、鄜、坊、丹、葭、绥德税租,仍令有司偿其粟直,不足者许补官。"则当时鄜、坊等州仍在金。鄜州应于窝阔台八年与本路其他州县一同陷蒙。
⑦ 《大金国志》卷 19《纪年·章宗皇帝上》。

2. 直罗县

宋直罗县。金仍旧。治今陕西富县西 70 里直罗镇①。

3. 鄜城县

宋鄜城县。金仍旧。治今陕西洛川县东南 52 里土基镇富城村②。

4. 洛川县

宋洛川县。金仍旧。治今陕西洛川县东北 34 里旧县镇③。

坊州

宋坊州,军事。金天会七年克之④。九年,隶伪齐。十五年夺还。天眷二年还地予宋。三年夺还,仍为军事州。皇统二年隶鄜延路,为鄜州支郡。大定二十二年改为刺史。泰和八年为中等刺史州。兴定五年,蒙军克之,旋弃去。窝阔台八年终陷蒙⑤。治今陕西黄陵县西南郊马家山一带⑥。

皇统二年,辖县二:中部、宜君县。泰和八年辖县同。

1. 中部县

宋中部县。金仍旧。倚郭。

2. 宜君县

宋宜君县。金仍旧。治今陕西宜君县。

第七节　庆原路州县沿革

皇统二年(1142)置庆原路,治庆阳府,统庆阳、平凉府,环、泾、原州及定边

---

① 《元丰九域志》卷 3《陕西路·永兴军路》"鄜州·直罗县"条:"州西九十里。"
② 《元丰九域志》卷 3《陕西路·永兴军路》"鄜州·鄜城县"条:"州东一百二十里。"《纪要》卷 57《陕西六》"延安府·鄜城废县"条:"在(洛川)县东南七十里。"今富城村西北至洛川县直距 52 里,至富县 97 里。
③ 《元丰九域志》卷 3《陕西路·永兴军路》"鄜州·洛川县"条:"州东南六十五里。"《嘉庆一统志》卷 249《鄜州直隶州》"建置沿革·洛川县"条:"乾隆三十一年,移治于凤栖堡。"同卷"古迹·洛川故城"条:"在今洛川县东北。"知宋金元洛川一直治于旧县镇,至清乾隆中,始西南徙至今县。故县在今县东北,且距富县 65 里(今测直距约 48 里),即今旧县镇也。
④ 《金史》卷 3《太宗纪》,天会七年四月,"蒲察、娄室取鄜、坊二州"。
⑤ 兴定五年底,蒙军破坊州(《大金国志》卷 25《纪年·宣宗皇帝下》兴定五年十一月),后弃去。其应于窝阔台八年与鄜州同陷蒙。
⑥ 《嘉庆一统志》卷 249《鄜州直隶州》"古迹·中部故城"条:"有坊州城,今在县西南;又南城在县南四里;又故城在县西南十里;又上城在县东北一百八十步。"依其笔法,此"坊州城"者,在县城西南郊,距县甚近。

军,且改宁州为西宁州属之①,废怀德军。六年,废定边军。天德三年(1151),复改西宁州为宁州。大定二十七年(1187),平凉府割隶凤翔路,邠州自京兆府路来属。

泰和八年(1208),统府一、州五(节度州二,刺史州三):庆阳府,环、宁、邠、泾、原州(另参前图24)。

庆阳府

宋庆阳府,庆阳军节度,环庆路经略安抚司治此。金天会十年(1132)克之②。以地予伪齐,伪齐降为庆州、安国军节度。十五年夺还,改为定安军节度。天眷二年(1139)还予宋,宋仍升为庆阳府③。次年,金复夺之④,仍为府。皇统二年,置庆原路都总管治此。泰和八年为中等总管府。正大八年(1231)陷蒙⑤。治今甘肃庆城县。

皇统二年,统支郡三:环州、西宁州、定边军。辖县三:安化、彭原、合水县。皇统六年废定边军。天德三年,改西宁州为宁州。泰和八年,统支郡二:环州、宁州。辖县三,同皇统二年。

---

① 宋之环庆路仅辖一府四州一军:庆阳府、邠州、宁州、醴州、环州、定边军。伪齐之环庆、泾原二路,其辖境沿宋之旧。辖境本甚狭,不应再割出州、军,改隶他路。只是在皇统二年并六路为四,环庆与伪齐泾原路大部合并,其境东拓甚多,故割邠、醴州隶京兆府路。同样,宋时泾原路狭小,无故不当割出属州,只有在皇统二年并路之时,才可能将德顺、镇戎二军割出。经过该年大规模的区划调整之后,形成了庆阳、平凉二府,定边一军,环、宁、泾、原四州之辖境。据《会编》卷245《炎兴下帙一百四十五》,绍兴三十一年十一月二十八日条引范成大《揽辔录》载,至金大定十年范成大使金之时,庆原路又已失其北边地,废定边军矣。又,范成大载庆原路"庆阳府为首,平凉、环庆泾原四州,总十九县属焉"。然则既有"庆阳府",不应再出现庆阳府的前身"庆州"。而宋、伪齐时代环庆路下辖之宁州却未曾出现在范成大所载金陕西各路,此"庆"州应是"宁"州之误。
② 《宋史》卷27《高宗纪四》:绍兴二年二月,"金人陷庆阳府,执杨可升,降之"。《金史》卷3《太宗纪》则系于天会九年(即宋绍兴元年)十月。
③ 关于北宋末、金初庆阳降州、升府及节度军额之变,《金史·地理志》载:"宋安化郡庆阳军节度。本庆州军事,国初改安国军,后置定安军节度使兼总管,皇统二年置总管府。"这一记载显然非常模糊,需另加梳理。按《会编》卷195《炎兴下帙九十五》,绍兴九年五月,"复南京归德府为应天府……庆州为庆阳府,延州为延安府。州府之名自陷伪之后,经金人及刘豫更改者,今复其旧。"知伪齐降庆阳府为州,天眷二年宋得地后,复升为府。次年,庆阳入金,金仍沿宋制。至于《地理志》所称"后置定安军节度使兼总管,皇统二年置总管府",应理解为天会十五年至天眷二年、天眷三年至皇统元年为环庆路"总管"(实际上应当仍称"经略安抚使")所驻,至皇统二年则置庆原路总管府于此。至于军额,所谓"国初改安国军",准确地说,其实应当在伪齐时改军额为"安国"。天会十五年金收归其地,因河北邢州已有"安国"之军额,故复改为"定安"。
④ 夺还庆阳,在天眷三年十月,见《宋史》卷29《高宗纪六》,绍兴十年十月庚辰。
⑤ 自正大五年之后,蒙军多次围攻庆阳。可见《金史》卷111《纥石烈牙吾塔》(正大五年围城),《大金国志》卷26(正大六年三月围城),《金史》卷17《哀宗纪上》、卷112《移剌蒲阿传》、卷114《白华传》(正大六年十月围城,七年正月围解)。至正大八年京兆行省弃陕西遁归河南,蒙军终攻拔庆阳,见《元史》卷121《按竺迩传》。

1. 安化县

宋安化县。金仍旧。倚郭。

2. 彭原县

宋彭原县。金仍旧。治今甘肃庆阳市北17里彭原乡①。

3. 合水县

宋合水县。金仍旧。治今甘肃合水县东北47里老城镇②。

环州

宋环州,军事,隶环庆路。金天会九年得之③,予伪齐。十五年夺还。天眷二年还宋,次年复夺还,仍为环州,军事。皇统二年隶庆原路,为庆阳府支郡。大定二年,宋取环州,次年复为金所夺④。二十二年改为刺史。泰和八年为上等刺史州。正大八年陷蒙⑤。治今甘肃环县。

皇统二年,辖县一：通远县。泰和八年同。

通远县

宋通远县。金仍旧。倚郭。

宁州

宋宁州,兴宁军节度,隶环庆路。天会八年克之⑥。次年,以地予伪齐。十五年夺还。天眷二年还予宋。次年复夺还。皇统二年改名西宁州,降军事,隶庆原路,为庆阳府支郡。天德三年复为宁州⑦。大定二十二年改为刺史。泰和八年为中等刺史州。正大八年陷蒙⑧。治今甘肃宁县。

金初辖县四：定安、定平、真宁、襄乐县。大定七年,改定安名为安定。泰和八年仍辖县四。

---

① 《元丰九域志》卷3《陕西路·永兴军路》"庆州·彭原县"条："州西南八十里。"今彭原距庆城县直距67里。
② 《元丰九域志》卷3《陕西路·永兴军路》"庆州·合水县"条："州东南四十五里。"
③ 《金史》卷3《太宗纪》,天会九年十月,"慕洧以环州降"。
④ 《宋史》卷32《高宗纪九》,绍兴三十二年三月戊申,"(吴璘)遣将严忠取环州";卷33《孝宗纪一》：隆兴元年四月,"金人拔环州"。
⑤ 史未载蒙军陷环州之时。然则至正大八年,庆阳路诸州皆陷,环州亦当陷于正大八年。
⑥ 天会八年九月宋军战败于富平之后,宁州以西的泾州、渭州,陷于十一月。宁州应陷于其前。
⑦ 河北东路永宁军于天会七年升宁州,金夺回陕西后,皇统二年遂改陕西之宁州为西宁州。至天德三年河北宁州改为蠡州,此陕西"西宁州"遂改回"宁州"。《金史·地理志》：宁州于"天德二年去'西'字,为刺郡","二"应作"三"。
⑧ 《元史》卷121《按竺迩传》。

1. 安定县

宋定安县。金初仍旧。大定七年,更名安定①。倚郭。

2. 定平县

宋定平县,隶邠州。金初改隶西宁州。治今甘肃宁县南 52 里中村乡政平村②。

3. 真宁县

宋真宁县。金初仍旧。治今甘肃正宁县西南 47 里宫河镇代店村一带③。

4. 襄乐县

宋襄乐县。金初仍旧。治今甘肃宁县东北 45 里湘乐镇④。

(废)定边军

宋定边军,隶环庆路。金天会九年克之⑤,予伪齐。天会十五年夺还。天眷二年还宋。次年复夺回,仍旧。皇统二年隶庆原路,为庆阳府支郡。六年,以北部地予夏,余地遂废入环州⑥。治今陕西吴起县西北 60 里铁边城镇⑦。

皇统二年至六年,辖县一:定边县。

(废)定边县

宋定边县,金初仍旧。皇统六年,定边军地入夏,县遂废。

邠州

宋邠州,静难军节度,隶环庆路。金天会八年克之⑧。九年予伪齐。十五

---

① 因与蔚州定安县重名,故改。
② 《元丰九域志》卷 3《陕西路·永兴军路》"宁州·定平县"条:"州南六十里。"
③ 《元丰九域志》卷 3《陕西路·永兴军路》"宁州·真宁县"条:"州东南七十里。"今代店距宁县 66 里。
④ 《元丰九域志》卷 3《陕西路·永兴军路》"宁州·襄乐县"条:"州东五十里。"
⑤ 早在天会六年,夏人即乘乱袭取定边军(《宋史》卷 486《外国二·西夏传二》),然又为宋所夺回。此后金得定边军,应与环州差相同时,而后者降金,在天会九年十月。
⑥ 定边军入夏,见《金史·地理志》:"皇统六年,以德威城、西安州、定边军等沿边地赐夏国。"又《金史·地理志》,环州有定边寨,应即定边军所废。
⑦ 《纪要》卷 57《陕西六》"庆阳府·定边城"条:"(庆阳)府北二百六十里。"今铁边城镇南距庆城县 220 里。
⑧ 据《金史》卷 81《蒲察胡盏传》:"(天会)七年,取邠州。"同书卷 72《娄室传》:"(乾)州降。遂进兵克邠州,军于京兆。"按金取乾州在天会七年,则金军首次克邠,亦应在天会七年。然随着次年大量宋军向陕西中部集结,金军被迫放弃了邠州,事应在天会七年底。至次年正月,"金人犯邠州,曲端遣泾原路副总管吴玠拒战,败之于彭原"(《宋史》卷 26《高宗纪三》),则当时宋军已得邠州。至八年九月富平之战,张浚坐镇邠州;战败后,"张浚斩环庆经略使赵哲于邠州"(《宋史》卷 26《高宗纪三》,建炎四年九月癸亥,十月庚午朔)。但全军溃散后,张浚即于十月退至秦州,邠州应在十月至年底,为金军所得。至次年正月,金军遂来攻秦州矣。

年复夺之。天眷二年予宋,次年又夺还,仍旧。皇统二年,隶京兆府路。大定二十七年割隶庆原路。泰和八年为中等节度州。大安三年(1211)陷于夏,旋复①。元光元年(1222),蒙军陷邠州,旋弃去。正大八年终陷蒙②。治今陕西彬县。

皇统二年,辖县五:新平、淳化、宜禄、永寿、三水县。泰和八年同。

1. 新平县

宋新平县。金仍旧。倚郭。

2. 淳化县

宋淳化县。金仍旧。治今陕西淳化县。

3. 宜禄县

宋宜禄县。金仍旧。治今陕西长武县③。

4. 永寿县

宋永寿县,隶醴州。金初改隶邠州。治今陕西永寿县西北5里监军街道永寿坊村④。

5. 三水县

宋三水县。金仍旧。治今陕西旬邑县北15里太村镇南宫村⑤。

泾州

宋泾州,彰化军节度,隶泾原路。金天会八年克之⑥。次年予伪齐。十五

---

① 《金史》卷110《韩玉传》、《中州集》卷8"韩内翰玉"皆系于大安三年。然据《遗山先生文集》卷17《寄庵先生墓碑》:"(寄庵先生李某字平父于)至宁元年春,迁同知静难军节度使事,时西北兵已动,先生以邠城颓圮为忧,谋之州将,为浚筑计,不合,欲闻之朝,俄改同知许昌军节度使事。比到许下,闻夏人入寇,邠已陷,官属房而西矣。"然在大安三年之后,次年夏军再陷邠州,此说未见他处,《碑》或误。

② 《元史》卷1《太祖纪》,太祖十七年春。又《大金国志》卷25《纪年·宣宗皇帝下》:元光元年九月,"大军自去年收复[服]陕西,至是,凤翔、邠、泾及山南一带堡寨皆陷"。然其后又弃之,故至止大八年,又克邠州(《元史》卷121《按竺迩传》)。

③ 《纪要》卷54《陕西三》"西安府下·长武县"条:"(州)西北八十里。西北至平凉府泾州七十里。……唐贞观二年……复置宜禄县,属邠州。宋、金因之。元废。明万历十一年,于旧宜禄城置县,曰长武。"

④ 《元丰九域志》卷3《陕西路·永兴军路》"邠州·永寿县"条:"州南六十里。三乡,麻亭、常宁二寨。"今永寿坊村在彬县南72里。

⑤ 《元丰九域志》卷3《陕西路·永兴军路》"邠州·三水县"条:"州东北六十里。"《嘉庆一统志》卷248《邠州直隶州》"古迹·三水故城"条:"隋大业初,县自邠州西北十五里,移于今县北十五里半川府后之陇川堡。"今南宫村西南至彬县51里,南去旬邑县(即明、清三水县,1914年改三水为旬邑)15里。

⑥ 《金史》卷3《太宗纪》:天会八年"十一月甲辰,宗辅下泾州"。

年夺还。天眷二年予宋，次年复夺还①，仍旧。皇统二年，隶庆原路。泰和八年为中等节度州。大安三年，夏人陷泾州，旋为金收复②。元光元年，蒙军陷泾州，旋弃去。正大八年终陷蒙③。治保定（泾川）县，即今甘肃泾川县西北 5 里城关镇贾家庄略东④。元光二年徙治长武县，即今泾川县东北 44 里泾明乡长武城村⑤。

皇统二年，辖县四：保定，长武，良原，灵台县。大定七年，改保定名为泾川。大定二十七年，原州来隶。泰和八年，统支郡一：原州。辖县四：泾川、长武、良原、灵台县。

1. 泾川县

宋保定县。金初仍旧。大定七年更名泾川。倚郭。元光二年州徙治长武⑥。

2. 长武县

宋保定县。金仍旧。元光二年后为倚郭。

3. 良原县

宋良原县。金仍旧。治今甘肃灵台县西北 83 里梁原乡。

4. 灵台县

宋灵台县。金仍旧。治今甘肃灵台县。

原州

宋原州，军事，隶泾原路。金天会九年克之⑦。同年予伪齐。十五年夺还。天眷二年予宋，次年复夺还，为军事。皇统二年，隶庆原路，为平凉府支

---

① 《金史》卷 84《杲传》："天眷三年（五月），宗弼复取河南。……撒离喝留诸将屯环庆，独以轻骑取泾州。六月，败宋兵于泾州。"则取泾州在五六月间。
② 《金史》卷 110《韩玉传》、《中州集》卷 8"韩内翰玉"皆系于大安三年。而《金史》卷 134《西夏传》系于至宁元年十二月，当误。
③ 《元史》卷 1《太祖纪》，太祖十七年春。《大金国志》卷 25《纪年·宣宗皇帝下》：元光元年九月，"蒙古军自去年收复[服]陕西，至是，凤翔、邠、泾及山南一带堡寨皆陷"。后又弃去。正大八年，又克泾州，州叛蒙，复被平服（《元史》卷 121《按竺迩传》）。
④ 《纪要》卷 58《陕西七》"平凉府·泾川废县"条："即州治。……旧在州北五里，泾州治焉。洪武三年，县废，州移今治。"
⑤ 《嘉庆一统志》卷 272《泾州直隶州一》"古迹·长武废县"条："在州东七十里，接陕西邠州长武县界。"
⑥ 按徙治长武者，应是上年泾川为蒙军所陷之故。
⑦ 《宋史》卷 26《高宗纪三》，绍兴元年正月壬子，"张中孚以原州叛降于金"。《金史》卷 3《太宗纪》则系于天会八年（即宋建炎四年）十一月戊申。

郡。大定二年,宋克原州,同年复为金所取①。二十二年改为刺史。二十七年,改为泾州支郡②。泰和八年为上等刺史州。元光元年,蒙军陷原州,旋弃去。正大八年终陷蒙③。治今甘肃镇原县④。

皇统二年,辖县二:临泾、彭阳县。泰和八年同。

1. 临泾县

宋临泾县。金仍旧。倚郭。

2. 彭阳县

宋彭阳县。金仍旧。治今甘肃镇原县东南53里太平镇彭阳村⑤。

(废)怀德军

宋怀德军,隶泾原路。金天会八年克之⑥。次年予伪齐。天会十五年夺还。天眷二年还宋。次年夺还。皇统二年废⑦。治今宁夏固原市北西北78里黄铎堡镇⑧。

不辖县。

---

① 《宋史》卷32《高宗纪九》,绍兴三十二年闰二月丙子,"姚仲遣将复原州"。同书卷33《孝宗纪一》:绍兴三十二年六月乙未晦,"金人屠原州"。《金史》卷6《世宗纪》则系于大定二年七月丁酉。
② 《金史·地理志》:原州,"大定二十七年为泾州支郡",然未载及该年之前,原州隶何府、镇。按皇统二年新组的庆原路,有庆阳、平凉二府,及泾州彰化军节度,可领支郡。按《地理志》之意,皇统大定间原州显然不属泾州,至大定二十七年方来隶。又大定二十七年因新建凤翔路而导致许多府、州的归属改变,但无必要改变府、节镇与支郡的关系——除非支郡与上属的府、镇,经此调整被划到不同路分。在该年界调整中,被划到邻路从而与原州分属两者是平凉府,故可肯定,原州在大定二十七年之前,本是平凉府之支郡。也正因平凉原有的唯一支郡被划出,同时经调整后同在一路的巩州对于其在东北远方的德顺、镇戎两个支郡的控制非常不便,故顺势将德顺、镇戎二州划归平凉府。陕西中部,由此格局大改。
③ 《元史》卷1《太祖纪》,太祖十七年春。又《大金国志》卷25《纪年·宣宗皇帝下》:元光元年九月,"蒙古军自去年收复[服]陕西,至是,凤翔、邠、泾及山南一带堡寨皆陷"。其后弃去。至正大八年,又克原州(《元史》卷121《按竺迩传》)。
④ 《纪要》卷58《陕西七》"平凉府·镇原县"条:"元初,改今(金)(原)州曰镇原州,属巩昌路。至元七年,省州治临泾县入。明初,改州为县。"
⑤ 《元丰九域志》卷3《陕西路·秦凤路》"原州·彭阳县"条:"州东六十里。"今永寿坊村在彬县南72里。《纪要》卷58《陕西七》"平凉府·彭阳城"条:"金仍为彭阳县。元至元七年,省入镇原州。"
⑥ 《宋史》卷366《吴玠传》:"(建炎)四年春,升泾原路马步军副总管。金帅娄宿与撒离喝长驱入关,端遣玠拒于彭原店,而拥兵邠州为援。金兵来攻,玠击败之……金人整军复战,玠军败绩。端退屯泾原,劾玠违节度,降武显大夫,罢总管,复知怀德军。"知天会八年(宋建炎四年)怀德军尚在宋。其失陷当在九月宋军败于富平之后。又《西夏书事》卷34绍兴三年、夏正德七年八月条载,靖康中,夏曾攻破怀德军,置军戍之,金立伪齐,命夏割还怀德军予齐。然则据《宋史·吴玠传》所载,至少怀德军由夏转手于伪齐一说,似失实也。
⑦ 《金史》卷91《庞迪传》:"齐国建,泾原路经略使张中孚举迪权知怀德军、兼沿边安抚使。……改知镇戎军、沿边安抚使。"知伪齐时怀德军仍在。其废当在皇统二年陕西政区调整之时。
⑧ 王颋《完颜金行政地理》,第229页。

第八节 临洮路州县沿革

皇统二年(1142)置熙秦路,治临洮府,统临洮府,兰、巩、陇、会、秦、洮、河、西安州及积石、镇戎军,并升德顺军为德顺州属之。皇统六年,废西安州。正隆六年(1161),宋取洮、兰、秦、陇州。大定二年(1162),宋取德顺、巩、会、河州及镇戎、积石军。同年,金收复河州及秦、陇、德顺州及镇戎军。三年,收复洮、会州及积石军①。大定二十二年,升积石军为积石州,升镇戎军为镇戎州。二十七年,改熙秦路为临洮路,秦、陇、德顺、镇戎州划入凤翔路。贞祐四年(1216),置定西州。正大三年(1226),置金州。

泰和八年(1208),统府一、州六(节度州一、防御州一、刺史州四):临洮府,兰、巩、会、洮、河、积石州(另参前图24)。

临洮府

宋熙州,镇洮军节度,熙河路经略安抚司治此。金天会十二年(1134)降伪齐②。伪齐改为德顺军节度③。十五年金复夺之。天眷二年(1139)予宋,同

---

① 据范成大《揽辔录》(《会编》卷245《炎兴下帙一百四十五》,绍兴三十一年十一月二十八日条引)所载,大定十年熙秦路以"临洮府为首,兰、巩、陇、会、秦、洮、河七州,积石、镇戎、德顺三军,总十六县属焉"。此区域较之宋、伪齐之熙河路,少西北境之西宁、乐、廓州(事实上另有积石军割出)。然增泾原路西部德顺、镇戎二军,以及秦凤路西部秦、陇二州。增加的州、军,无疑是皇统二年由邻路割入者。而少去的州,皆入西夏。西宁、乐、廓三州在熙宗天会十五年与积石州一同割入西夏。而出现于大定十年范成大所载政区名录中的"积石军",则是皇统以后于旧河州之地新置者。因上述入夏之地,其割出皆早于皇统二年,故而,该年陕西划四路之时确定的熙秦路的辖境,大致正如范成大所载。唯宋之德顺州,早在皇统二年已升为州,《揽辔录》仍归之于"军",误。

② 先是,熙州于天会八年十二月降金(《金史》卷3《太宗纪》,天会八年十二月壬辰)。次年六月,"熙河统制关师古、洮东安抚郭玠同讨熙州叛兵,连败之"(《宋史》卷26《高宗纪三》,绍兴元年六月癸巳),遂收复熙州。此后,宋仅能固守熙秦。如天会十年"金人侵熙、秦,关师古击败之"(《宋史》卷26,绍兴二年十二月己亥)。然至天会十二年,熙河路经略使关师古叛附伪齐(《会编》卷157《炎兴下帙五十七》,绍兴四年二月十四日),宋遂失熙州。

③ 《金史·地理志》:"宋旧熙州临洮郡镇洮军节度,后更为德顺军,皇统二年置总管府。"按赵秉文《滏水集》卷12《史少中碑》:"会宋灭,皇朝抚定河朔,安抚司辟举监北京内东仓,迁冀州南宫令、泾州观察推官、德顺军节度掌书记,京兆泾阳令、河南新安令。……公在新安时,李成帅河南。"(此据文渊阁四库本,四部丛刊《闲闲老人滏水文集》同卷此《碑》阙"京兆泾阳令、河南新安令"之记载,于是后文"公在新安时"便不知所云)"德顺州"显为"德顺军"之误。而《金史》卷79《李成传》:"宗弼再取河南……河南平,宗弼奏成为河南尹,都管押本路兵马。"李成"帅河南"之时,即在天眷三年,则上溯至史良臣任德顺军节度掌书记之时,应在天会十五年之前。知改熙州为德顺军节度,在伪齐时。

年熙州降夏,旋为宋所收复①。次年,金又夺还之。皇统二年升临洮府,置熙秦路都总管府。大定二年为宋所取,次年收复②。大定二十七年改熙秦路为临洮路,仍治此。泰和八年为中等总管府。正大四年陷蒙,旋复。窝阔台八年(1236)终陷蒙③。治今甘肃临洮县。

皇统二年,统支郡三:洮州、兰州、积石军。辖县一:狄道县。大定二十二年,升积石军为积石州。泰和八年,置康乐、当川县。统支郡三:洮州、兰州、积石州。辖县三:狄道、康乐、当川县。

1. 狄道县

宋狄道县。金仍旧。倚郭。

2. 康乐县

泰和八年置④。治今甘肃康乐县。

3. 当川县

泰和八年置。治今康乐县西北17里流川乡党川铺⑤。

洮州

宋洮州,团练,隶熙河路。天会九年克之,同年,宋复之⑥。十二年,洮州

---

① 《会编》卷192《炎兴下帙九十二》,绍兴九年正月,"熙河路经略使慕容洮叛附于夏国。慕容洮以熙河附于夏,环庆路经略使赵彬追及,与洮战,败之,复熙河路。洮遂奔夏国"。时在宋接管陕西、河南前后。
② 《宋史》卷32《高宗纪九》,绍兴三十二年五月己未,"吴璘遣将得熙州"。此后复失熙州之时,史未载,仅知至大定三年四月,"宋所侵一十六州,至是皆复"(《金史》卷6《世宗纪上》)。推测应在该年正月吴璘弃德顺州退返四川、"道为金人所邀"之时(《宋史》卷33《孝宗纪一》)。
③ 贞祐以后,宋、夏曾数次攻围临洮,皆不克。如贞祐三年十月,夏人深入临洮,后败退(《金史》卷134《外国上·西夏传》);兴定二年四月,宋攻临洮,败归(同书卷113《赤盏合喜传》);同年,夏人攻临洮,败归(同书卷103《乌古论长寿传》)。至正大四年五月,终为蒙军所破。后弃去,窝阔台八年入蒙,此可见德顺州条。
④ 按即宋康乐寨。金前、中期仍为康乐寨。《金史详校》卷3下,"案《宋志》,作康乐寨。《遗山先生集》《蒲察公铭》有康乐知寨(在泰和前)。《关中金石记》《重修州学碑》,泰和改元立,亦称綦,志略载升县月年。"今检《遗山先生文集》卷20《资善大夫集庆军节度使蒲察公(元衡)神道碑铭(并引)》载:"福山亲卫卫出身,官镇国上将军、临洮路康乐知寨。公则康乐之弟子也。康乐爱公风骨不凡,度能起家,使应童子举,年十一登科,移籍太学。弱冠擢泰和三年策论进士第。"则福山知康乐寨,亦应在章宗朝。再检金人刘忠于泰和元年所作《绥德州重修儒学碑》((清)孔繁扑修、高维岳纂:《绥德州志》卷8《艺文志》,光绪三十一年刊本,《中国方志丛书》华北地方第298号),撰者于承安五年任康乐寨知寨(原文"寨"皆作"塞")。知升县在此后。其升置之时,或与陇州陇安县同,在泰和八年也。
⑤ 《元丰九域志》卷3《陕西路·秦凤路》"熙州·当川堡"条:"州西四十里。"今党川铺东南直距临洮县37里。
⑥ 《金史》卷3《太宗纪》,天会九年正月癸丑,"宗弼、阿卢补抚定巩、洮、河、乐、西宁、兰、廓、积石等州。"至十二月,宋"阶州安抚孙注复洮州"(《宋史》卷26《高宗纪三》)。

降伪齐,降军事①。十五年,金夺还。天眷二年予宋。次年又夺还。皇统二年仍为军事②,隶熙秦路,为临洮府支郡。正隆六年,复入宋③。大定三年,金复取之④。二十二年改为刺史。泰和八年为下等刺史州。正大四年陷蒙⑤。治今甘肃临潭县⑥。

不辖县。

兰州

宋兰州,军事,隶熙河路。金天会九年克之⑦,予伪齐。十五年,复夺还。天眷二年予宋。次年又夺还。皇统二年为军事,临洮府支郡,隶熙秦路。正隆六年,复入宋⑧。大定三年,金复取之⑨。二十二年改为刺史。泰和八年为上等刺史州。正大四年陷蒙⑩,旋复。窝阔台八年陷蒙⑪。治今甘肃兰州市。

天会十五年辖县一:兰泉县。皇统二年废兰泉县。大定二十二年置阿干、龛谷、定远三县。泰和八年辖县三:阿干、龛谷、定远县。正大三年,以龛谷县升置金州,并划定远县属之。

1. 阿干县

大定二十二年置。治今甘肃兰州市南32里七里河区阿干镇⑫。

---

① 《宋史》卷27《高宗纪四》,绍兴四年四月甲午,"关师古叛,以洮、岷二州降伪齐"。
② 《金史·地理志》:"洮州,下,宋尝置团练。刺史。旧军事。"虽其所述模糊混乱,但大体仍可得知,其在宋为团练,天会十二年之后,先后为军事、刺史。军事为宋、伪齐特有之等第,金皇统二年定制后仍沿用之,至大定二十二年始与刺史并为一等。故洮州应于入伪齐后降军事,大定二十二年方改为刺史。
③ 《会编》卷231《炎兴下帙一百三十一》,绍兴三十一年九月二十七日。
④ 金复洮州,其时应与复临洮府同。
⑤ 《元史》卷1《太祖纪》,太祖二十二年三月。
⑥ 《嘉庆一统志》卷255《巩昌府一》"建置沿革·洮州厅"条:"宋大观二年收复,仍曰洮州。……乾隆十三年,改为洮州厅。"至1913年则改为临潭县。
⑦ 《金史》卷3《太宗纪》,天会九年正月癸丑,"宗弼、阿卢补抚定巩、洮、河、乐、西宁、兰、廓、积石等州"。同年十一月,兰州叛金,旋被平服(《金史》卷80《赤盏晖传》)。
⑧ 《会编》卷232《炎兴下帙一百三十二》,绍兴三十一年九月二十九日。
⑨ 金复兰州,应与临洮府、洮州等同。
⑩ 《元史》卷121《按竺迩传》。又《元一统志》卷4《陕西等处行中书省》"兰州·建置沿革"条:"大定二十二年升龛谷、阿干、定远为县。正大三年州陷河西,以龛谷为金州治所,定远属焉。""河西"者,显指西夏也。然则正大三年蒙古兴兵攻夏,次年亡之,西夏何得有暇攻兰州也?今不取"陷河西"之说。唯大定二十二年置县则是。
⑪ 正大四年陷蒙后,金军又复得之,见上文德顺州条。《金史》卷124《忠义四·郭虾蟆传》,会州陷蒙在丙申年十月,则兰州入蒙亦在同年,即窝阔台八年。
⑫ 《纪要》卷60《陕西九》"临洮府·阿干城"条:"在(兰)州南四十五里。"

2. 龛谷县

大定二十二年置。正大三年升置金州。治今甘肃榆中县东南14里小康营乡南北关村①。

3. 定远县

大定二十二年置。正大三年改隶金州。治今甘肃榆中县西北32里定远镇②。

(废)兰泉县

宋兰泉县,倚郭。皇统二年废③。

积石州

金天眷二年,宋析河州地置积石军④。次年,金夺还。皇统二年隶熙秦路,为临洮府支郡。大定二年为宋所取,次年收复⑤。二十二年升为积石州,刺史。二十七年,隶临洮路。泰和八年为下等刺史州。正大四年陷蒙⑥。治今甘肃积石山县西北35里大河家镇长宁驿村古城⑦。

天眷二年不辖县。大定二十二年置怀羌县。泰和八年州辖县一:怀羌县。

怀羌县

大定二十二年置。治今甘肃夏河县麻当乡桥沟村一带⑧。

---

① 《纪要》卷60《陕西九》"临洮府·龛谷城"条:"(金)县南二十里。"即今榆中县南,今直距约14里。
② 《纪要》卷60《陕西九》"临洮府·定远城"条:"在(金)县西北四十里。"即今榆中县西北。今定远镇与榆中县直距32里。
③ 《元一统志》卷4《陕西等处行中书省》"兰州·古迹·兰泉废城"条:"宋崇宁三年复之,置兰泉县。金时废。"其废应在皇统二年陕西政区调整之时。
④ 金天会十五年,将宋旧积石军之地予夏,军遂废。然其后又重置矣。废而又置的过程,《金史·地理志》无一言及之,然其所载积石军下辖所有县(怀羌)、城(循化、大通、来羌)、堡(通津、临滩、来同),无非北宋河州所辖者。知金中、后期之积石军、积石州,实为北宋末及金初积石军入夏之后所重置者。重置于何时,史未详。据《金史》卷72《仲传》:"天德元年,摄其兄活女济州万户,部内称治。除滨州刺史,以母忧去官。起复知积石军事,转同知河南尹。正隆六年,伐宋,为神勇军副都总管。"知正隆元年前后金复有积石军。此前金既将积石之地予夏,熙宗、海陵朝,未知有何必要重置此政区。唯天眷二年陕西地复归宋之时,积石、湟、廓之地已入夏,较旧境少其西北边地,在宋,或者仍有再置之动机。
⑤ 《宋史》卷32《高宗纪九》,绍兴三十二年二月癸卯,宋"复积石军"。其复失积石军之时,应与熙州同。
⑥ 积石州近金、夏边境,故贞祐以后亦数为夏军所攻,皆不克。如贞祐二年八至十月,夏人即曾攻之,次年正月,复来攻(《金史》卷134《外国上·西夏传》)。然皆未能克之。至正大四年蒙军来攻,遂一举克之(《元史》卷121《竺迩传》)。
⑦ 崔永红:《金、夏积石州考》,《西北史地》1996年第2期,第57页。
⑧ 怀羌县,宋怀羌城,隶河州。按《宋史》卷87《地理志三》:循化城"东至怀羌城四十五里"。据《嘉庆一统志》卷253《兰州府二》"关隘·循化厅"条:"即故循化城"。其地在今夏河县东北44里八角城古遗址。其东45里处,今夏河县麻当乡桥沟一带。

(后置)金州

正大三年升兰州龛谷县置①,刺史。窝阔台八年陷蒙②。治今甘肃省榆中县东南 14 里小康营乡南北关村。

辖县二：龛谷,定远。

(废)乐州

宋乐州,向德军节度,隶熙河路。金天会九年克之③,予伪齐。十五年割予夏④。州遂废。治今青海海东市乐都区西 3 里碾伯镇大古城⑤。

不辖县。

(废)廓州

宋廓州,防御,隶熙河路。金天会九年克之,予伪齐。十五年割予夏。州遂废。治今青海化隆县西南 52 里群科镇古城村⑥。

不辖县。

(废)西宁州

宋西宁州,宾德军节度,隶熙河路。金天会九年克之,予伪齐。十五年割予夏。州遂废。治今青海西宁市⑦。

不辖县。

---

① 《元一统志》卷 4《陕西等处行中书省》"兰州·建置沿革"条："正大三年(兰)州陷河西,以龛谷为金州治所,定远属焉。"
② 见上文兰州条。
③ 《金史》卷 3《太宗纪》,天会九年正月癸丑,"宗弼、阿卢补抚定巩、洮、河、乐、西宁、兰、廓、积石等州"。
④ 天会十四年,西夏自伪齐夺得乐州,又取西宁州(《西夏书事》卷 34)。至天会十五年金废伪齐后,承认既成事实,"以旧积石地与夏人"(《金史》卷 91《移剌成传附结什角》),则积石军、乐州、西宁州以及位处这三个州、军之间的廓州,于天会十五年正式入夏矣。《金史》卷 78《刘筈传》亦载,"初,以河外三州赐夏人",至皇统七年,"或言秦之在夏者数千人,皆愿来归","河外三州"者,即指西宁、乐、廓三州也,另包括积石军。可参杨蕤《夏金疆界考论》,《北方文物》2005 第 2 期,第 97 页。
⑤ 《嘉庆一统志》卷 270《西宁府二》"古迹·乐都故城"条："故乐都故城,在西宁卫东,碾伯堡西二里。"碾伯堡,即今乐都县。
⑥ 《宋史》卷 87《地理志三》：廓州"南至黄河不及里"。《纪要》卷 64《陕西十三》"陕西行都指挥使司下·廓州城"条："(西宁)镇南百八十里。"
⑦ 《嘉庆一统志》卷 270《西宁府二》"古迹·西平郡故城"条："今西宁县治。……宋改西宁州。"

（废）积石军

宋积石军，隶熙河路。金天会九年克之，予伪齐。十五年割予夏。军遂废。治今青海贵德县治所在河阴镇①。

不辖县。

巩州

宋巩州，军事，隶熙河路。金天会九年克之②，予伪齐。十五年夺还。天眷二年予宋。次年，复夺还。皇统二年，升为通远军节度，隶熙秦路。大定二年，宋复巩州③。次年复入金④。泰和八年为下等节度州。至宁元年（1213）入夏，旋弃去⑤。正大二年，巩州叛金，旋被抚定⑥。正大六年，升巩昌府⑦。窝阔台七年陷蒙⑧。治今甘肃陇西县。

皇统二年，废宁远、永宁二县。统支郡四：会州、西安州、德顺州、镇戎军。辖县一：陇西县。皇统六年废西安州。贞元二年（1154），置通渭、通西、安西、定西四县。大定二十二年，升镇戎军为镇戎州。二十七年，德顺州、镇戎州改隶凤翔路。泰和八年，统支郡一：会州。辖县五：陇西、通渭、通西、安西、定西县。贞祐四年，升定西县为定西州，为巩州支郡，又割安西、通西县隶定西州。

---

① 崔永红：《金、夏积石州考》，《西北史地》1996 年 2 期，第 56 页。
② 《金史》卷 3《太宗纪》，天会九年正月癸丑，"宗弼、阿卢补抚定巩、洮、河、乐、西宁、兰、廓、积石等州"。
③ 《宋史》卷 33《孝宗纪一》，绍兴三十二年七月戊戌。
④ 同临洮府。
⑤ 《金史》卷 121《忠义一·夹谷守中传》："至宁末，移彰化军，未行，夏兵数万入巩州。守中乘城备守，兵少不能支，城陷。……守中益坚，遂载而西。"至兴定四年，夏宋联军会于巩州城下，"攻城不克"（《宋史》卷 40《宁宗纪四》，嘉定十三年九月丁未）。
⑥ 《金史》卷 112《完颜合达传》系于正大二年八月；卷 124《忠义四·郭虾蟆传》则载于正大元年。当从前者。
⑦ 据元人杨奂所作《总帅汪义武王世显神道碑》（载《全辽金文》，第 2809 页），正大六七年间，巩州升巩昌府。据《金史》卷 119《完颜仲德传》，"（正大）六年，移知巩昌府"。则升府在六年。
⑧ 《金史》卷 124《忠义四·郭虾蟆传》载，天兴三年，汪世显攻破巩昌，且降蒙。然世显据巩昌、降蒙，应非同年之事。《元史》卷 2《太宗纪》，太宗七年十一月，蒙将"阔端攻石门，金便宜都总帅汪世显降"。此应是巩昌降蒙的确切时间。《太宗纪》又载，八年冬，"诏招谕秦、巩等二十余州，皆降"。然则其前，以巩昌降蒙的汪世显，已于该年秋随阔端入蜀，"取宋关外数州"，故太宗八年谕降诸州，实不应包括巩州在内。杨奂所作《总帅汪义武王世显神道碑》载："（正大）九年，（金便宜总帅完颜）仲德勤王东下，公拜便宜总帅。……明年，京城变，郡县风靡，公独为之坚守。越三年，犹安堵如故，而外攻不弛。"（见《全辽金文》，第 2809 页）若自"京城变"即天兴二年崔立以汴京降蒙计，"越三年"应是窝阔台八年。然或"三年"应是自正大九年计。

1. 陇西县

宋陇西县。金仍旧。倚郭。

2. 通渭县

贞元二年置。治今甘肃通渭县。

3. 通西县

贞元二年置①。贞祐四年割隶定西州。治今甘肃陇西县北 64 里通安驿镇②。

4. 定西县

贞元二年置。贞祐四年升置定西州。治今甘肃定西市西南 34 里香泉镇寨子③。

5. 安西县

贞元二年置。贞祐四年割隶定西州。治今甘肃定西市④。

(废)宁远县

宋宁远县。皇统二年废。治今甘肃武山县⑤。

(废)永宁县

宋永宁县。皇统二年废。治今甘肃漳县南 65 里石川镇⑥。

会州

宋会州,军事,隶泾原路。金天会八年克之⑦。次年予伪齐。十五年夺

---

① 据赵秉文:《闲闲老人滏水文集》卷11《姬平叔墓表》:"中大定二十五年进士第,调唐州司侯。……改巩州通西会[令]。"知大定末已有通西县。然县之始置,或在大定之前。据《揽辔录》所载正隆以前政区:"曰熙秦路:临洮府为首,兰、巩、陇、会、秦、洮、河七州,积石、镇戎、德顺三军,总十六县属焉。"正隆六年,以上府、州、军,除巩州以外,辖县分别为:临洮府一,陇州三,秦州四,河州二,德顺军一,兰、会、洮三州及镇戎、积石二军不辖县,合计十一县,则巩州当时辖县五,恰为《金史·地理志》所载之数,即《地理志》未载置县确年之通西、定西、安西、通渭四县,皆置于正隆以前。最有可能是与河州枹罕县之置同时,即在贞元二年。
② 《元丰九域志》卷3《陕西路·秦凤路》"通远军·通西寨"条:"军北八十里。"《宋史》卷87《地理志三》"巩州·通西寨"条:"北至定西寨四十八里。"
③ 《元丰九域志》卷3《陕西路·秦凤路》"通远军·定西城"条:"军北一百二十二里。"《宋史》卷87《地理志三》"巩州·定西城"条:"南至通西寨四十六里,北至安西城二十七里。"
④ 《嘉庆一统志》卷256《巩昌府二》"古迹·安西故城"条:"今安定县治。"
⑤ 《嘉庆一统志》卷256《巩昌府二》"古迹·宁远旧城"条:"今宁远县治。"该县于民国初改名武山。
⑥ 《元丰九域志》卷3《陕西路·秦凤路》"通远军·永宁寨"条:"军南一百二十里。"今石川乡治在陇西县南 112 里。
⑦ 按会州陷金,史未载。应在其东镇戎、德顺军陷落之后,而在其西、南兰、巩等州陷落之前。按《金史》卷3《太宗纪》,天会九年正月癸丑,"宗弼、阿卢补抚定巩、洮、河、乐、西宁、兰、廓、积石等州"。其中未有会州,则知会州与巩州等非同时陷落,当在此前不久,约天会八年底。

还。天眷二年还宋。次年复夺之。皇统二年，仍为军事，为巩州支郡，隶熙秦路。大定二年，宋克会州。三年，金复夺之①。二十二年改为刺史。二十三年，大部失于西夏，仍于会川城置会州②。泰和八年为上等刺史州。兴定四年(1220)，复为西夏所陷。元光二年(1223)，又夺还③。正大四年陷蒙，旋复取之。窝阔台八年终陷蒙④。先治敷文县，即今甘肃靖远县⑤，大定二十三年，徙治会川城，即今会宁县西北121里郭城驿镇新堡子村西郭虾蟆城⑥。

皇统二年，辖县一：敷文县。大定二十二年，废倚郭敷文县，置保川县为属县。辖县一：保川县。泰和八年同。

金代会州辖县及州治所在的问题，至今仍未得到解决。所以如此者，因《金志》所载既简且谬，其他史籍亦多语焉不详之故。《金志》于"会州"条径称："上刺史。宋前旧名汝遮。户八千九百一十八。县一（原注：旧有会川城），寨二，关一。保川。寨二（原注：平西、通安）。关一（原注：会安，旧作会宁）。"正文及注三十余字，充斥着谬误、疏漏及问题。其误处，是以会州为北宋汝遮城。宋之汝遮城乃是宋至金前期安西城之前身，此乃《宋史·地理志》所明载者。安西城至金贞元二年升置安西县，隶巩州，与金代会州全无关系。其疏漏处，一是完全略过北宋所置敷文县不提，二是略过保川县之沿革，三是回避了大定二十三年会州陷夏、迁治之事。至于因此而带来的问题，首先是敷文县废于何时，其次在于保川县与敷文县是何关系，其三，则是大定二十三年前后会州新、旧治所与敷文、保川两县之关系。除迁州之事前文已及，其他问题，尚需

---

① 《宋史》卷32《高宗纪九》，绍兴三十二年三月戊午，宋"忠义军统制、知兰州王宏拔会州"。据《建炎以来朝野杂记》乙集卷19《边防二·西夏扣关》："已而，(夏人)与金人合夺我会州(原注：绍兴三十二年)。"则宋于得会州之同年失之。
② 《元一统志》卷4《陕西等处行中书省》"会州·建置沿革"条："金大定二十二年……明年陷于河西，侨治州之西南一百里会川城，名新会州。"知大定二十三年州治及州境北部陷夏，遂迁治于旧会川城。《元史》卷60《地理志三》"陕西等处行中书省·巩昌等处总帅府·会州"条亦有陷夏之记载，唯未载其年份。而《金志》则不及此。又，"新会州"亦为当时俗称，而于正式文件中，则仍称会州，此可见于《金史》诸处。大定二十三年夏陷会州之事，亦可见姚牮：《西夏何时陷金之会州》，《西北史地》1996年第1期，第58页。
③ 兴定二年，夏人即曾攻金会州，为金军所败(《金史》卷103《乌古论长寿传》)。至四年，陷会州(卷16《宣宗纪下》，兴定四年八月庚午)。元光二年，"(郭)虾蟆与巩州元帅田瑞取收会州。……夏人震恐，乃出降。盖会州为夏人所据近四年，至是复焉"(卷124《忠义四·郭虾蟆传》)。
④ 正大四年陷蒙而复得之事，见上文德顺州条。此后，据《元史》卷121《按竺迩传》，蒙军取会州在甲午年，然据《金史》卷124《忠义四·郭虾蟆传》，事在丙申(即窝阔台八年)十月。会州陷蒙之时，当从《金史》。
⑤ 《嘉庆一统志》卷252《兰州府一》"建置沿革·靖远县"条："元符二年收复，仍置会州，属泾原路。崇宁三年，置倚郭县，曰敷川。金大定二十二年，改县曰保川。""敷川"应为"敷文"，以及敷文县与保川县并非同地，此详下文。然宋及金前期会州即清之今靖远县，则应无疑。
⑥ 见《西夏何时陷金之会州》，《西北史地》1996年第1期，第57页。

一一理清头绪。

其中敷文县之废及保川县之置,可据《元一统志》所载而定:"崇宁三年置敷川[文]县,金大定二十二年置保川县,而旧县名并废矣。"①又称:保川县,"宋元符三年复之,筑保川城。金大定二十二年置县"②。则知保川县乃是升保川城而置,保川城者,即《宋史·地理志》所载秦州"堡川城"也。而"旧(敷文)县"正是废于大定二十二年置保川县之时。

无论是据《金志》的记载,还是上引《元一统志》所提到的废敷文、置保川在同年,都给研究者一种直觉,即保川即敷文之后身,两者同地,为州治所在。在大定二十二年,会州及其辖县所发生的变动,不过是倚郭县发生改变。然则,进一步考究,可发现事实远非如此简单。

《元一统志》又载:

> 宋元符三年复之,筑保川城。金大定二十二年置县。明年会州陷于河西,迁州治于会川城,而县属如故。金末兵乱地荒。……废保川县。有二乡及会宁镇、会川城。宋元符三年收复会州,筑保川城。至金大定二十二年,户有三千三百五十一,遂升为县。金末兵废。③

用"县属如故"而非"县亦迁焉"、"仍治焉"等说法,其实已透露出这种信息:保川县只是一般的属县,而非会州倚郭县,在迁州前后,保川县治未变。而这也是上引文未提到保川"升为县"至"金末兵废"之间的任何变动之缘故——事实上,它确实未发生建置沿革的变化。也正因为保川并非倚郭,而是偏处本州最南部,当西夏陷旧会州之时,才得以逃过劫难,一切"如故"。

其实由金之旧、新会州,及保川县治所在之地,亦可推知州、县之间的关系。会州迁址前、后,州治当今何地,上文已述,先在靖远县,后徙郭虾蟆城。而保川县之所在,由《宋史·地理志》秦州堡川城"东至甘泉堡一十八里……北至会川城一百二十里"之记载可知,"堡川城"与"会川城"(即金新会州)相隔甚远,保川之地,即今之会宁县治④。

上引文也明确指出,保川升县之由,是民户数达到一定规模。相反,我们

---

① 《元一统志》卷4《陕西等处行中书省》"会州·建置沿革"条。
②③ 《元一统志》卷4《陕西等处行中书省》"兰州·古迹"条。
④ 在《元一统志》多条记载中,从未提到保川是金代新会州之倚郭县。《元史》卷60《地理志三》"陕西等处行中书省·巩昌等处总帅府·会州"条,中华书局本句读如下:"会州(下)……宋ія敷文县,金置宝[保]川县,陷于河西,侨治州西南百里会川城,名新会州。"其实,应于"宝[保]川县"后以句号断之,以明"陷于河西"者是会州而非保川县,则不致引起误会。然明以降,自《纪要》、《嘉庆一统志》之后,迄未见对保川县与金代新会州作出区别者。

也可以推断,同年倚郭敷文县之废,正是因为民户数少。与兰、镇戎、积石、绥德等其他不置倚郭县的陕西沿边之州一样,金保留会州之建置,也首重其军事功能,州治之人口主要是军人,民户数少,故至大定二十二年,终废敷文县。

如此即可对上面提到的诸多问题作出解答:大定二十二年之前,金仍沿宋制,会州治于敷文县。该年废敷文,于州之南境、本州人口最为密集的保川城另置保川县。次年,会州陷于夏,州治迁会川城,仍不置倚郭县,以保川为属县。至窝阔台八年蒙军攻陷会州之时,州境残毁,保川县遂废,此即上引《元一统志》所谓"金末兵废"之意。

保川县

大定二十二年置。治今甘肃会宁县。

(废)敷文县

宋敷文县。金初仍旧,倚郭。大定二十二年废。治今甘肃靖远县。

(后置)定西州

贞祐四年,升巩州定西县置定西州,刺史,为巩州支郡。窝阔台八年陷蒙①。治今甘肃定西市西南 34 里香泉镇寨子。

辖县三:定西、安西、通西县。

(废)西安州

宋西安州,军事,隶泾原路。金天会八年克之。次年予伪齐。天会十五年夺还。天眷二年还宋。次年复夺回,仍旧。皇统二年为巩州支郡,隶熙秦路。六年,以其地予夏,遂废②。治今宁夏海原县西北 30 里西安镇③。

---

① 陷蒙之时同兰州。又据《金史》卷 16《宣宗纪下》,兴定四年九月庚子,"夏人入定西州"。然同书卷 134《外国上·西夏传》载该月之事如下:"陷西宁州,遂攻定西,乌古论长寿击却之。乃袭巩州。""陷"与"攻",显然书法不同。仅称"攻",则是攻而不下。故可知《宣宗纪》所称"夏人入定西州",只不过是夏军进入定西州境,而非攻克州治。此不过是贞祐以后夏人多次攻围定西州的事实之一,但定西从未沦于夏军。
② 《宋史》卷 23《钦宗纪》,靖康元年(即金天会四年)九月,"夏人陷西安州"。然大约不久之后,宋之边将便已收复了西安州。故金为伪楚、西夏划界时,楚境由东向西,经西安州"秋山堡、绥戎堡、锹镢川口、中路堡"(《大金吊伐录》之《与楚计会陕西地书》),天会五年三月二十七日,见金少英校补《大金吊伐录校补》第 175 条),大致仍维持宋、夏之边境。至"皇统六年,以德威城、西安州、定边军等沿边地赐夏国"(《金史·地理志》)。
③ 《纪要》卷 58《陕西七》"平凉府·西安千户所"条:"(固原)州西北二百三十里。本夏人南牟会新城。宋元符元年,得其地,建西安州于此,仍属渭州。金皇统间,地入于夏。元省。明置今所。"《嘉庆一统志》卷 259《平凉府二》"关隘·西安州营"条:"在固原州西北二百十里,即故西安州。"在今为西安镇也。

河州

宋河州,军事,隶熙河路。金天会九年克之①,予伪齐。十五年夺还。天眷二年还宋,次年又夺还。皇统二年升防御,隶熙秦路。大定二年宋复之,又为金所取②。泰和八年为下等防御州。贞祐四年,升为平西军节度。正大四年陷蒙,旋复。窝阔台八年终陷蒙。治今甘肃临夏县东北 21 里新集镇古城村③。

皇统二年废枹罕县。辖县一:宁河县。贞元二年复置枹罕县。泰和八年,辖县二:枹罕、宁河县。

1. 枹罕县

伪齐置枹罕县。皇统二年废。贞元二年复置④。倚郭。

2. 宁河县

宋宁河县。金仍旧。治今甘肃和政县⑤。

---

① 《金史》卷 3《太宗纪》,天会九年正月。
② 《宋史》卷 32《高宗纪九》,绍兴三十二年二月庚子,宋"兴州统领惠逢等复河州"。闰二月癸酉,"金人破河州,屠其城"。
③ 《嘉庆一统志》卷 253《兰州府二》"古迹枹罕·故城"条:"枹罕废县,在河州西。有西古城,在州西二十里,相传宋时筑。"今古城村,在临夏市(清代河州)西南 25 里。
④ 按《金史·地理志》:枹罕县,"国初废,贞元二年复置"。检《宋史》卷 87《地理志三》"河州"条:"熙宁六年,置枹罕县,九年省。"未见该县于北宋末重置也。而至金初又复废,必曾于伪齐重置此县。
⑤ 《元丰九域志》卷 3《陕西路·秦凤路》"河州·宁河寨"条:"州东南四十五里。"《宋史·地理志三》"河州"条:"崇宁四年,升宁河寨为县。"今和政县在临夏县古城村(宋、金河州)以东南 49 里。

第四章　金代政区断代

皇统二年(1142)，宋金战争告终，签订和议，以淮陇为界，陕西、河南入金，金之疆域初定。故该年实为其疆域、政区最具代表性的年份。然则该年及次年，熙宗又对陕西诸路及东京、中京路大量政区进行调整。在陕西，是并原宋、齐之六路为四路，高层政区边界大幅变化，路—州之统辖关系变动剧烈。而在东京、中京路，则是大量州县的省并。金境各地，分别得辽、宋。经此两年，不同地区在路、州、县三级，规模、统辖模式，皆趋一致。也正因皇统三年仍有大规模的改制，故本章将第一个断面，置于该年，更确切地说，应在该年末。

另一个标志性的年代，自然是《金志》所断的章宗泰和八年(1208)。《金志》以此为断，自然是元人撰《金史》时，仍能看到这一年的政区状况与人口数据。另一方面，这个时间截点，可认为金政权较为安定、强势的年代的终结点。两年之后，金蒙战争突然爆发，且金长期处于劣势，军事上的疲于奔命，伴随着政区建置的频繁变更。故泰和八年亦可视作金政权调整境内行政区划的风格的转折点：由从容布置，转向以应付迫在眉睫的危机为目的而作毫无规律的变动。

当然，自皇统至泰和，政区调整向未停止，然皇统、泰和间，格局变动较大者，仍历历可数。少数年份明显较其他年份更为突出，都是因为有影响极大的政治事件，推动了政区的相应变动。如贞元二年(1154)河北东路与中都路之间边界的巨大调整，事出海陵徙都燕京。大定二十二年(1182)，南京、山东、河东、陕西等原宋境内作为统县政区的军，普遍升为州，是为整齐政区制度，不应忽略的是，与该年政区变动同步的，还有对全境猛安谋克的户籍调查与迁徙。毫不夸张地说，这是世宗试图重新规划国土与国民关系的表现。大定二十七年，因为陕西之中心地区重置凤翔路，牵动了原有四路的区划调整。此事之动因，与其说是防宋，不如说是应对数年以来金—夏关系的恶化。而章宗明昌至泰和之间，则是对西北路、北京路与临潢府路的政区进行连续的调整，这与金对北边鞑靼诸部的战争与金界壕的加固增修同步，至泰和四年，该区域政区变动达到高峰，标志着北境的部署告一段落。

对于上述历次较大幅度的调整,若在大定二十七年至明昌中再定一个时间断面,应当说是合理的。前此后此,政区调整的动因有明显的区别。大定二十七年之前,皆出于国内整齐制度之必要。而章宗朝的调整,则为应对新兴的外部力量,故频频对边境政区设置作出改变,以适应防御的需要。本章拟于世宗、章宗朝之交的大定二十九年,作一断面,以凸显前、后两个时期的对照。

第一节 皇统三年政区

首都:上京会宁府。

陪都六:东京辽阳府、中京大定府、北京临潢府、燕京析津府、西京大同府、汴京开封府。

上京路

统县政区四。其中府一、节度州一、防御州二。

县四。

上京会宁府:会宁县。

宁江州:混同县。

肇州:始兴县。

长春州:长春县。

济州路

统县政区二。其中节度州一、刺史州一。

县二。

济州:利涉县。

信州:武昌县。

蒲裕路

胡里改路

曷懒路

耶懒路

婆速路

统县政区二。其中府一、城一。
婆速府。
　　　来远城。

东京路

统县政区六。其中府一、节度州三、刺史州二。
县十九。
东京辽阳府：辽阳、鹤野、宜丰、石城县。
沈州：乐郊、章义、辽滨、邑楼、双城县。
　　贵德州：贵德、奉集县。
咸州：咸平、东平、新兴、清安、荣安、归仁县。
　　韩州：柳河县。

曷苏馆路

统县政区三，皆刺史州。
县七。
　　辰州：建安、汤池、熊岳县。
　　复州：永宁、化成县。
　　海州：临溟、析木县。

中京路

统县政区十。其中府三、节度州四、刺史州三。
县三十一。
中京大定府：大定、长兴、富庶、金源、三韩、松山、神山、惠和、和众、兴化县。
　　利州：阜俗、龙山县。
广宁府：山东、闾阳县。
宜州：弘政、开义县。
锦州：永乐、安昌、兴城县。
来州：来宾、海阳、海滨县。
懿州：顺安、灵山、庆云县。

川州：宜民、同昌、武安县。
兴中府：兴中、安德县。
建州：永霸县。

北京路

统县政区二。其中府一、刺史州一。
县四。
北京临潢府：临潢、长泰、长宁县。
庆州：朔平县。

泰州路

统县政区一，无等第。
泰州。

西南路

统县政区四。其中节度州二、刺史州二。
县五。
丰州：富民县。
云内州：柔服、宁仁、裕民县。
宁边州。
东胜州：东胜县。

西北路

统县政区一，节度州。
桓州。

燕京路

统县政区八。其中府一、节度州一、刺史州六。
县二十八。
燕京析津府：析津、宛平、安次、漷阴、永清、香河、武清、昌平、良乡、潞县。
蓟州：渔阳、玉田、三河、遵化县。
易州：易、涞水县。
涿州：范阳、固安、新城县。

顺州：怀柔县。

檀州：密云县。

平州：卢龙、望都、安喜、广宁县。

滦州：义丰、石城、马城县。

河北东路

统县政区十四。其中府一、节度州三、防御州一、刺史州（军）九。县二十五。

河间府：河间、肃宁县。

宁州：博野县。

莫州：任丘县。

寿州：乐寿县。

冀州：信都、南宫、衡水、武邑、枣强县。

深州：静安、束鹿、武强、饶阳、安平县。

清州：乾宁县。

雄州：归信、容城、保定县。

霸州：文安、大城县。

信安军。

保州：保塞县。

安州：高阳县。

遂州：遂城县。

徐州：安肃县。

河北西路

统县政区十一。其中府一、节度州三、防御州二、刺史州四。县五十三。

真定府：真定、藁城、平山、栾城、获鹿、行唐、灵寿、元氏县。

威州：井陉县。

赵州：平棘、临城、高邑、赞皇、宁晋、柏乡、隆平县。

邢州：邢台、唐山、内丘、平乡、任、沙河、南和、巨鹿县。

洺州：永年、肥乡、鸡泽、曲周、宗城、成安县。

相州：安阳、汤阴、临漳、林虑县。

磁州：滏阳、武安、邯郸县。

定州：安喜、新乐、无极、永平、望都、曲阳、唐县。
  祁州：蒲阴、鼓城、深泽县。
  浚州：黎阳、卫县。
  卫州：汲、新乡、共城、获嘉县。

大名府路

统县政区十。其中府一、节度州一、防御州三、刺史州五。
县四十七。
大名府：元城、大名、魏、冠氏、南乐、馆陶、夏津、朝城、清平、莘、内黄县。
  恩州：清河、历亭、武城、临清县。
  濮州：鄄城、范、临濮、雷泽县。
  澶州：濮阳、观城、清丰县。
沧州：清池、无棣、盐山、南皮、乐陵县。
  景州：东光、阜城、将陵、吴桥、蓨、宁津县。
  滨州：渤海、招安、蒲台县。
  棣州：厌次、商河、阳信县。
  博州：聊城、堂邑、博平、高唐、茌平县。
  德州：安德、平原、德平县。

西京路

统县政区八。其中府一、节度州四、刺史州三。
县二十七。
西京大同府：大同、云中、宣德、怀安、天成、长清、怀仁县。
  弘州：永宁、顺圣、矾山县。
奉圣州：永兴、望云、龙门、怀来、缙山县。
  归化州：文德县。
朔州：鄯阳、马邑县。
  武州：宁远县。
应州：金城、河阴、浑源县。
蔚州：灵仙、广灵、灵丘、定安、飞狐县。

河东北路

统县政区十四。其中府一、节度州三、刺史州(军)十。

县三十五。

太原府：阳曲、太谷、平晋、清源、榆次、祁、文水、交城、寿阳、盂县。

　　忻州：秀容、定襄县。

　　平定军：平定、乐平县。

汾州：西河、孝义、介休、平遥、灵石县。

　　石州：离石、方山、温泉、平夷、定胡、灵泉县。

代州：雁门、崞、五台、繁畤县。

　　火山军。

　　宁化军。

岚州：宜芳、合河、楼烦县。

　　宪州：静乐县。

　　麟州：新秦县。

　　晋宁军。

　　岢岚军：岚谷县。

　　保德军。

河东南路

统县政区十二。其中府一、节度州三、防御州二，刺史州六。

县六十六。

平阳府：临汾、襄陵、洪洞、赵城、霍邑、汾西、岳阳、神山、和川、冀氏县。

　　南隰州：隰川、蒲、大宁、永和、石楼县。

　　慈州：吉乡、乡宁县。

　　蒲州：河东、荣河、虞乡、万泉、临晋、河津、猗氏县。

绛州：正平、曲沃、稷山、翼城、太平、垣曲、绛县。

　　解州：解、平陆、芮城、夏、安邑、闻喜县。

潞州：上党、壶关、屯留、长子、潞城、襄垣、黎城、涉县。

　　南辽州：辽山、榆社、和顺、平城县。

　　沁州：铜鞮、武乡、沁原、绵上县。

南怀州：河内、修武、武陟县。

　　南泽州：晋城、端氏、陵川、阳城、高平、沁水县。

　　孟州：河阳、王屋、济源、温县。

汴京路

统县政区十九。其中府三、节度州二、防御州六、刺史州(军)八。
县一百零四。
汴京开封府：开封、祥符、阳武、咸平、太康、中牟、雍丘、鄢陵、尉氏、扶沟、陈留、延津、封丘、考城、长垣、东明、胙城县。
  拱州：襄邑、柘城县。
  滑州：白马县。
归德府：宋城、宁陵、下邑、虞城、谷熟县。
  单州：单父、成武、鱼台、砀山县。
  曹州：济阴、定陶、乘氏、南华、楚丘县。
  亳州：谯、鹿邑、卫真、城父、酂、永城县。
  颍州：汝阴、颍上、泰和、沈丘县。
  陈州：宛丘、项城、南顿、商水、西华县。
  蔡州：汝阳、遂平、上蔡、西平、确山、平舆、新息、真阳、褒信、新蔡县。
  郑州：管城、荥阳、密、河阴、荥泽、汜水、原武县。
  许州：长社、郾城、长葛、临颍、舞阳县。
  颍顺军：阳翟、新郑县。
河南府：洛阳、渑池、登封、孟津、永安、新安、偃师、寿安、巩县。
  顺州：伊阳、福昌、永宁、长水县。
  汝州：梁、鲁山、宝丰、襄城、郏城、叶县。
  邓州：穰城、南阳、内乡县。
  唐州：泌阳、湖阳、比阳、桐柏、方城县。
  陕州：陕、灵宝、湖城、阌乡县。

山东东路

统县政区十三。其中府二、节度州二、防御州一、刺史州(军)六。
县四十五。
益都府：益都、临朐、寿光、博兴、临淄、乐安县。
  潍州：北海、昌邑、昌乐县。
  沂州：临沂、费县。
密州：诸城、安丘、高密、胶西县。
  海州：朐山、怀仁、东海、沭阳、涟水县。

城阳军：莒、日照、沂水县。
济南府：历城、临邑、章丘、禹城、长清、济阳、齐河县。
　　　淄州：淄川、长山、邹平、高苑县。
莱州：掖、莱阳、即墨、胶水、招远县。
　　　登州：蓬莱、黄、栖霞、福山县。
　　　宁海军：牟平、文登县。

山东西路

统县政区十一。其中府一、节度州二、防御州二、刺史州(军)五。
县三十六。
东平府：须城、东阿、阳谷、中都、寿张、平阴县。
　　　济州：巨野、任城、郓城、金乡、嘉祥县。
徐州：彭城、萧、丰县。
　　　邳州：下邳、宿迁、承县。
　　　滕阳军：滕阳、邹、沛县。
　　　寿州：下蔡、蒙城县。
　　　泗州：淮平、虹、临淮县。
　　　宿州：符离、临涣、灵壁、蕲县。
兖州：嵫阳、曲阜、泗水、龚县。
　　　泰安军：奉符、莱芜、新泰县。

京兆府路

统县政区九。其中府二、节度州二、防御州一、刺史州四。
县五十三。
京兆府：长安、咸宁、兴平、泾阳、临潼、蓝田、云阳、高陵、终南、栎阳、鄠、咸阳县。
　　　商州：上洛、洛南、商洛县。
　　　虢州：虢略、卢氏、朱阳、栾川县。
　　　醴州：奉天、醴泉、武功、好畤县。
同州：冯翊、朝邑、白水、郃阳、澄城、韩城县。
　　　耀州：华原、同官、美原、三原、富平县。
　　　华州：郑、华阴、下邽、蒲城、渭南县。
凤翔府：天兴、宝鸡、虢、扶风、岐山、普润、麟游、鳌屋、郿县。

邠州：新平、淳化、宜禄、永寿、三水县。

鄜延路

统县政区六。其中府一、节度州一、刺史州（军）四。
县十四。
延安府：肤施、延川、延长、临真、甘泉、敷政、门山县。
　　　丹州：宜川县。
　　　保安军。
　　　绥德军。
鄜州：洛交、直罗、鄜城、洛川县。
　　　坊州：中部、宜君县。

庆原路

统县政区七。其中府二、节度州一、刺史州（军）四。
县二十。
庆阳府：安化、彭原、合水县。
　　　环州：通远县。
　　　西宁州：定安、定平、真宁、襄乐县。
　　　定边军：定边县。
泾州：保定、长武、良原、灵台县。
平凉府：平凉、潘原、崇信、华亭、安化县。
　　　原州：临泾、彭阳县。

熙秦路

统县政区十二。其中府一、节度州一、防御州三、刺史州（军）七。
县十一。
临洮府：狄道县。
　　　洮州。
　　　兰州。
　　　积石军。
巩州：陇西县。
　　　会州：敷文县。
　　　西安州。

德顺州：陇干县。
镇戎军。
河州：宁河县。
秦州：成纪、清水、陇城县。
陇州：汧阳、汧源、吴山县。

第二节　大定二十九年政区

首都：中都大兴府。
陪都五：上京会宁府、东京辽阳府、北京大定府、西京大同府、南京开封府。

上京路

统县政区二。其中府一、防御州一。
县五。
上京会宁府：会宁、宜春、曲江县。
　肇州：始兴、长春县。

隆州路

统县政区二。其中节度州一、刺史州一。
县二。
隆州：利涉县。
　信州：武昌县。

蒲裕路

胡里改路

曷懒路

速频路

婆速路

统县政区二。其中府一、军一。
婆速府。
　　　来远军。

咸平路

统县政区二。其中府一、刺史州一。
县九。
咸平府：平郭、铜山、新兴、清安、荣安、归仁、庆云县。
　　韩州：临津、柳河县。

东京路

统县政区三。其中府一、节度州一、刺史州一。
县十一。
东京辽阳府：辽阳、鹤野、宜丰、石城县。
沈州：乐郊、章义、辽滨、邑楼、双城县。
　　贵德州：贵德、奉集县。

曷苏馆路

统县政区三。皆为刺史州。
县七。
　　辰州：建安、汤池、熊岳县。
　　复州：永康、化成县。
　　澄州：临溟、析木县。

北京路

统县政区九。其中府三、节度州四、刺史州二。
县三十二。
北京大定府：大定、长兴、富庶、金源、三韩、松山、神山、惠和、和众、兴化、武平县。
　　利州：阜俗、龙山县。
广宁府：广宁、望平、闾阳县。
义州：弘政、开义县。
锦州：永乐、安昌、兴城、神水县。

宗州：来宾、海阳、海滨县。
懿州：顺安、灵山、宜民、同昌县。
兴中府：兴中、永德县。
　　建州：永霸县。

临潢府路

统县政区二。其中府一、刺史州一。
县四。
临潢府：临潢、长泰、长宁县。
　　庆州：朔平县。

东北路

统县政区一，防御。
泰州。

西南路

统县政区五。其中节度州二、刺史州三。
县六。
丰州：富民县。
　　净州：天山县。
云内州：柔服、云川县。
　　宁边州：宁边县。
　　东胜州：东胜县。

西北路

统县政区一，节度州。
桓州。

中都路

统县政区十四。其中府一、节度州三、刺史州十。
县四十八。
中都大兴府：大兴、宛平、安次、漷阴、永清、香河、武清、昌平、良乡、宝坻县。

通州：潞、三河县。
蓟州：渔阳、玉田、遵化、永济、平峪县。
易州：易、涞水县。
涿州：范阳、固安、新城、定兴、万宁县。
顺州：怀柔、密云县。
平州：卢龙、海山、迁安、昌黎、抚宁县。
滦州：义丰、石城、马城、乐亭县。
雄州：归信、容城、保定县。
霸州：益津、文安、大城、信安县。
保州：清苑、满城县。
安州：高阳、葛城县。
遂州：遂城县。
安肃州：安肃县。

河北东路

统县政区九。其中府一、节度州二、防御州一、刺史州五。县二十九。

河间府：河间、肃宁县。
蠡州：博野县。
莫州：任丘县。
献州：乐寿、交河县。
冀州：信都、南宫、衡水、武邑、枣强县。
深州：静安、束鹿、武强、饶阳、安平县。
清州：会川、兴济县。
沧州：清池、无棣、盐山、南皮、乐陵县。
景州：东光、阜城、将陵、吴桥、蓨、宁津县。

河北西路

统县政区十一。其中府一、节度州三、防御州三、刺史州四。县五十四。

真定府：真定、藁城、平山、栾城、获鹿、行唐、灵寿、元氏县。
威州：井陉县。
沃州：平棘、临城、高邑、赞皇、宁晋、柏乡、隆平县。

邢州：邢台、唐山、内丘、平乡、任、沙河、南和、巨鹿县。
洺州：永年、肥乡、鸡泽、曲周、宗城、成安、广平县。
相州：安阳、汤阴、临漳、林虑县。
磁州：滏阳、武安、邯郸县。
定州：安喜、新乐、无极、永平、庆都、曲阳、唐县。
祁州：蒲阴、鼓城、深泽县。
浚州：黎阳、卫县。
卫州：汲、新乡、河平、获嘉县。

大名府路

统县政区五。其中府一、刺史州四。
县二十二。
大名府：元城、大名、魏、冠氏、南乐、馆陶、夏津、朝城、清平、莘县。
恩州：清河、历亭、武城、临清县。
濮州：鄄城、范县。
开州：濮阳、观城、清丰县。
滑州：白马、胙城、内黄县。

西京路

统县政区八。其中府一、节度州四、刺史州三。
县二十八。
西京大同府：大同、云中、宣宁、怀安、天成、白登、怀仁县。
弘州：襄阴、顺圣、矾山县。
奉圣州：永兴、望云、龙门、怀来、缙山县。
宣德州：宣德、柔远县。
朔州：鄯阳、马邑县。
武州：宁远县。
应州：金城、山阴、浑源县。
蔚州：灵仙、广灵、灵丘、定安、飞狐县。

河东北路

统县政区十三。其中府一、节度州三、刺史州九。
县三十八。

太原府：阳曲、太谷、平晋、清源、榆次、祁、文水、交城、寿阳、孟、徐沟县。
　　忻州：秀容、定襄县。
　　平定州：平定、乐平县。
汾州：西河、孝义、介休、平遥、灵石县。
　　石州：离石、方山、温泉、平夷、定胡、灵泉县。
　　葭州。
代州：雁门、崞、五台、繁畤县。
　　隩州：河曲县。
　　宁化州：宁化县。
岚州：宜芳、合河、楼烦县。
　　管州：静乐县。
　　岢岚州：岚谷县。
　　保德州：保德县。

河东南路

统县政区十二。其中府二、节度州三、防御一、刺史州六。
县六十五。
平阳府：临汾、襄陵、洪洞、赵城、霍邑、汾西、岳阳、浮山、和川、冀氏县。
　　隰州：隰川、蒲、大宁、永和、石楼县。
　　耿州：吉乡、乡宁县。
河中府：河东、荣河、虞乡、万泉、临晋、河津、猗氏县。
绛州：正平、曲沃、稷山、翼城、太平、垣曲、绛县。
　　解州：解、平陆、芮城、夏、安邑、闻喜县。
潞州：上党、壶关、屯留、长子、潞城、襄垣、黎城、涉县。
　　辽州：辽山、榆社、和顺县。
　　沁州：铜鞮、武乡、沁原、绵上县。
怀州：河内、修武、武陟县。
　　泽州：晋城、端氏、陵川、阳城、高平、沁水县。
　　孟州：河阳、王屋、济源、温县。

南京路

统县政区二十一。其中府三、节度州二、防御州八、刺史州八。
县一百零九。

南京开封府：开封、祥符、阳武、通许、太康、中牟、杞、鄢陵、尉氏、扶沟、陈留、延津、封丘、长垣、东明县。

睢州：襄邑、柘城、考城县。

归德府：宋城、宁陵、下邑、虞城、谷熟、楚丘县。

单州：单父、成武、鱼台、砀山县。

曹州：济阴、定陶县。

寿州：下蔡、蒙城县。

泗州：淮平、虹、临淮县。

宿州：符离、临涣、灵壁、蕲县。

亳州：谯、鹿邑、卫真、城父、鄿、永城县。

颍州：汝阴、颍上、泰和、沈丘县。

陈州：宛丘、项城、南顿、商水、西华县。

蔡州：汝阳、遂平、上蔡、西平、确山、平舆、新息、真阳、褒信、新蔡县。

郑州：管城、荥阳、密、河阴、荥泽、氾水、原武县。

许州：长社、郾城、长葛、临颍、舞阳县。

钧州：阳翟、新郑县。

河南府：洛阳、渑池、登封、孟津、芝田、新安、偃师、宜阳、巩县。

嵩州：伊阳、福昌、永宁、长水县。

汝州：梁、鲁山、宝丰、襄城、郏城、叶县。

邓州：穰城、南阳、内乡县。

唐州：泌阳、湖阳、比阳、桐柏、方城县。

陕州：陕、灵宝、湖城、阌乡县。

山东东路

统县政区十三。其中府二、节度州二、防御州二、刺史州七。

县五十一。

益都府：益都、临朐、寿光、博兴、临淄、乐安县。

潍州：北海、昌邑、昌乐县。

滨州：渤海、招安、蒲台县。

沂州：临沂、费县。

密州：诸城、安丘、高密、胶西县。

海州：朐山、赣榆、东海、沭阳、涟水县。

莒州：莒、日照、沂水县。

棣州：厌次、商河、阳信县。
济南府：历城、临邑、章丘、禹城、长清、济阳、齐河县。
  淄州：淄川、长山、邹平、高苑县。
莱州：掖、莱阳、即墨、胶水、招远县。
  登州：蓬莱、黄、栖霞、福山县。
  宁海州：牟平、文登县。

山东西路

统县政区九。其中府一、节度州二、防御州二、刺史州四。

县三十五。

东平府：须城、东阿、阳谷、汶阳、寿张、平阴县。
  济州：巨野、任城、郓城、金乡、嘉祥县。
徐州：彭城、萧、丰县。
  邳州：下邳、宿迁、承县。
  滕州：滕、邹、沛县。
  博州：聊城、堂邑、博平、高唐、茌平县。
  兖州：嵫阳、曲阜、泗水、宁阳县。
  泰安州：奉符、莱芜、新泰县。
  德州：安德、平原、德平县。

京兆府路

统县政区七。其中府一、节度州一、防御州一、刺史州四。

县三十七。

京兆府：长安、咸宁、兴平、泾阳、临潼、蓝田、云阳、高陵、终南、栎阳、鄠、咸阳县。
  商州：上洛、洛南县。
  虢州：虢略、卢氏、朱阳县。
  乾州：奉天、醴泉、武亭、好畤县。
同州：冯翊、朝邑、白水、郃阳、澄城、韩城县。
  耀州：华原、同官、美原、三原、富平县。
  华州：郑、华阴、下邽、蒲城、渭南县。

凤翔路

统县政区六。其中府二、防御州二、刺史州二。
县三十二。
凤翔府：凤翔、宝鸡、虢、扶风、岐山、普润、麟游、鳌屋、郿县。
平凉府：平凉、潘原、崇信、华亭、化平县。
　　德顺州：陇干、水洛、威戎、隆德、通边、治平县。
　　镇戎军：东山、三川县。
　秦州：成纪、清水、陇城、秦安、冶坊、西宁、甘谷、鸡川县。
　陇州：汧阳、汧源县。

鄜延路

统县政区六。其中府一、节度州一、刺史州四。
县十六。
延安府：肤施、延川、延长、临真、甘泉、敷政、门山县。
　　丹州：宜川县。
　　保安州：保安县。
　　绥德州：清涧县。
　鄜州：洛交、直罗、鄜城、洛川县。
　　坊州：中部、宜君县。

庆原路

统县政区六。其中府一、节度州二、刺史州三。
县十九。
庆阳府：安化、彭原、合水县。
　　环州：通远县。
　　宁州：安定、定平、真宁、襄乐县。
　邠州：新平、淳化、宜禄、永寿、三水县。
　泾州：泾川、长武、良原、灵台县。
　　原州：临泾、彭阳县。

熙秦路

统县政区七。其中府一、节度州一、防御州一、刺史州四。

县十三。

临洮府：狄道县。

　　　　洮州。

　　　　兰州：阿干、龛谷、定远县。

　　　　积石州：怀羌县。

巩州：陇西、通渭、通西、安西、定西县。

　　　　会州：保川县。

河州：枹罕、宁河县。

第三节　泰和八年政区

首都：中都大兴府。

陪都五：上京会宁府、东京辽阳府、北京大定府、西京大同府、南京开封府。

上京路

统县政区二。其中府一、防御州一。

县四。

上京会宁府：会宁、宜春、曲江县。

　　肇州：始兴县。

隆州路

统县政区二。其中节度州一、刺史州一。

县二。

隆州：利涉县。

　　信州：武昌县。

蒲裕路

胡里改路

曷懒路

速频路

婆速路

　　统县政区二。其中府一、刺史州一。
　　婆速府。
　　　　来远州。

咸平路

　　统县政区二。其中府一、刺史州一。
　　县十。
　　咸平府：平郭、铜山、新兴、清安、荣安、归仁、庆云、玉山县。
　　　　韩州：临津、柳河县。

东京路

　　统县政区六。其中府一、节度州一、刺史州四。
　　县十七。
　　东京辽阳府：辽阳、鹤野、宜丰、石城县。
　　　　澄州：临溟、析木县。
　　　　沈州：乐郊、章义、辽滨、邑楼县。
　　　　贵德州：贵德、奉集县。
　　盖州：汤池、建安、熊岳县。
　　　　复州：永康、化成县。

北京路

　　统县政区十一。其中府三、节度州六、刺史州二。
　　县三十五。
　　北京大定府：大定、长兴、富庶、金源、三韩、松山、神山、惠和、和众、武平、静封县。
　　　　利州：阜俗、龙山县。
　　兴州：兴化、宜兴县。
　　义州：弘政、开义、同昌县。
　　锦州：永乐、安昌、兴城、神水县。

瑞州：瑞安、海阳、海滨县。
广宁府：广宁、望平、闾阳县。
兴中府：兴中、永德、宜民县。
　　　建州：永霸县。
全州：安丰县。
懿州：顺安、灵山县。

临潢府路

统县政区二。其中府一、刺史州一。
县六。
临潢府：临潢、长泰、长宁、卢川、宁塞县。
　　　庆州：朔平县。

东北路

统县政区一、节度州。
县二。
泰州：长春、金山县。

西南路

统县政区五。其中节度州二、刺史州三。
县六。
丰州：富民县。
　　　净州：天山县。
云内州：柔服、云川县。
　　　宁边州：宁边县。
　　　东胜州：东胜县。

西北路

统县政区二。其中节度州一、刺史州一。
县五。
抚州：柔远、集宁、丰利、威宁县。
　　　桓州：清塞县。

中都路

统县政区十三。其中府一、节度州三、刺史州九。

县四十九。

中都大兴府：大兴、宛平、安次、漷阴、永清、香河、武清、昌平、良乡、宝坻县。

通州：潞、三河县。

蓟州：渔阳、玉田、遵化、永济、平峪县。

易州：易、涞水县。

涿州：范阳、固安、新城、定兴、奉先县。

顺州：温阳、密云县。

平州：卢龙、海山、迁安、昌黎、抚宁县。

滦州：义丰、石城、马城、乐亭县。

雄州：归信、保定县。

霸州：益津、文安、大城、信安县。

保州：清苑、满城、遂城县。

安州：渥城、高阳、葛城、容城县。

安肃州：安肃县。

河北东路

统县政区九。其中府一、节度州二、防御一、刺史州五。

县三十。

河间府：河间、肃宁县。

蠡州：博野县。

莫州：任丘县。

献州：乐寿、交河县。

冀州：信都、南宫、衡水、武邑、枣强县。

深州：静安、束鹿、武强、饶阳、安平县。

清州：会川、兴济、靖海县。

沧州：清池、无棣、盐山、南皮、乐陵县。

景州：东光、阜城、将陵、吴桥、蓨、宁津县。

河北西路

统县政区十二。其中府二、节度州三、防御州二、刺史州五。
县五十八。
真定府：真定、藁城、平山、栾城、获鹿、行唐、灵寿、元氏、阜平县。
　　威州：井陉县。
　　沃州：平棘、临城、高邑、赞皇、宁晋、柏乡、隆平县。
邢州：邢台、唐山、内丘、平乡、任、沙河、南和、巨鹿县。
　　洺州：永年、肥乡、鸡泽、曲周、宗城、成安、广平县。
彰德府：安阳、汤阴、临漳、林虑县。
　　磁州：滏阳、武安、邯郸县。
定州：安喜、新乐、无极、永平、庆都、曲阳、唐县。
　　祁州：蒲阴、鼓城、深泽县。
　　浚州：黎阳、卫县。
卫州：汲、新乡、苏门、获嘉、胙城县。
　　滑州：白马、内黄县。

大名府路

统县政区四。其中府一、刺史州三。
县二十。
大名府：元城、大名、魏、冠氏、南乐、馆陶、夏津、朝城、清平、莘县。
　　恩州：清河、历亭、武城、临清县。
　　濮州：鄄城、范县。
　　开州：濮阳、观城、清丰、长垣县。

西京路

统县政区九。其中府一、节度州四、刺史州四。
县二十九。
西京大同府：大同、云中、宣宁、怀安、天成、白登、怀仁县。
　　弘州：襄阴、顺圣县。
奉圣州：永兴、望云、缙山、妫川、矾山县。
　　昌州：宝山县。
　　宣德州：宣德、龙门、宣平县。

朔州：鄯阳、马邑县。
　　武州：宁远县。
应州：金城、山阴、浑源县。
蔚州：灵仙、广灵、灵丘、定安、飞狐县。

河东北路

统县政区十三。其中府一、节度州三、刺史州九。
县三十八。
太原府：阳曲、太谷、平晋、清源、榆次、祁、文水、交城、寿阳、盂、徐沟县。
　　忻州：秀容、定襄县。
　　平定州：平定、乐平县。
汾州：西河、孝义、介休、平遥、灵石县。
　　石州：离石、方山、温泉、宁乡、孟门、灵泉县。
　　葭州。
代州：雁门、崞、五台、繁畤县。
　　隩州：河曲县。
　　宁化州：宁化县。
岚州：宜芳、合河、楼烦县。
　　管州：静乐县。
　　岢岚州：岚谷县。
　　保德州：保德县。

河东南路

统县政区十二。其中府二、节度州三、防御州一、刺史州六。
县六十五。
平阳府：临汾、襄陵、洪洞、赵城、霍邑、汾西、岳阳、浮山、和川、冀氏县。
　　隰州：隰川、蒲、大宁、永和、石楼县。
　　吉州：吉乡、乡宁县。
河中府：河东、荣河、虞乡、万泉、临晋、河津、猗氏县。
绛州：正平、曲沃、稷山、翼城、太平、垣曲、绛县。
　　解州：解、平陆、芮城、夏、安邑、闻喜县。
潞州：上党、壶关、屯留、长子、潞城、襄垣、黎城、涉县。
　　辽州：辽山、榆社、和顺县。

沁州：铜鞮、武乡、沁原、绵上县。
怀州：河内、修武、武陟县。
泽州：晋城、端氏、陵川、阳城、高平、沁水县。
孟州：河阳、王屋、济源、温县。

南京路

统县政区二十二、其中府三、节度州三、防御州八、刺史州八。

县一百零五。

南京开封府：开封、祥符、阳武、通许、太康、中牟、杞、鄢陵、尉氏、扶沟、陈留、延津、封丘县。

睢州：襄邑、柘城、考城县。

归德府：睢阳、宁陵、下邑、虞城、谷熟、楚丘县。

单州：单父、成武、鱼台、砀山县。

寿州：下蔡、蒙城县。

泗州：淮平、虹、临淮县。

宿州：符离、临涣、灵壁、蕲县。

亳州：谯、鹿邑、卫真、城父、鄼、永城县。

颍州：汝阴、颍上、泰和、沈丘县。

陈州：宛丘、项城、南顿、商水、西华县。

蔡州：汝阳、遂平、上蔡、西平、确山、平舆县。

息州：新息、真阳、褒信、新蔡县。

郑州：管城、荥阳、密、河阴、荥泽、氾水、原武县。

许州：长社、郾城、长葛、临颍、襄城县。

钧州：阳翟、新郑县。

河南府：洛阳、渑池、登封、孟津、芝田、新安、偃师、宜阳、巩县。

嵩州：伊阳、福昌、永宁、长水县。

汝州：梁、鲁山、宝丰、郏城县。

邓州：穰城、南阳、内乡县。

唐州：泌阳、比阳、桐柏、湖阳县。

裕州：方城、叶、舞阳县。

陕州：陕、灵宝、湖城、阌乡县。

山东东路

统县政区十三。其中府二、节度州二、防御州二、刺史州七。
县五十二。
益都府：益都、临朐、寿光、博兴、临淄、乐安县。
　　潍州：北海、昌邑、昌乐县。
　　滨州：渤海、沾化、蒲台、利津县。
　　沂州：临沂、费县。
密州：诸城、安丘、高密、胶西县。
　　海州：朐山、赣榆、东海、沭阳、涟水县。
　　莒州：莒、日照、沂水县。
　　棣州：厌次、商河、阳信县。
济南府：历城、临邑、章丘、禹城、长清、济阳、齐河县。
　　淄州：淄川、长山、邹平、高苑县。
莱州：掖、莱阳、即墨、胶水、招远县。
　　登州：蓬莱、黄、栖霞、福山县。
　　宁海州：牟平、文登县。

山东西路

统县政区十。其中府一、节度州二、防御州二、刺史州五。
县三十八。
东平府：须城、东阿、阳谷、汶上、寿张、平阴县。
　　济州：巨野、任城、郓城、金乡、嘉祥县。
　　曹州：济阴、定陶、东明县。
徐州：彭城、萧、丰县。
　　邳州：下邳、宿迁、兰陵县。
　　滕州：滕、邹、沛县。
　　博州：聊城、堂邑、博平、高唐、茌平县。
兖州：嵫阳、曲阜、泗水、宁阳县。
　　泰安州：奉符、莱芜、新泰县。
　　德州：安德、平原、德平县。

京兆府路

统县政区七。其中府一、节度州一、防御州一、刺史州四。
县三十七。
京兆府：长安、咸宁、兴平、泾阳、临潼、蓝田、云阳、高陵、终南、栎阳、鄠、咸阳县。
  商州：上洛、洛南县。
  虢州：虢略、卢氏、朱阳县。
  乾州：奉天、醴泉、武亭、好畤县。
同州：冯翊、朝邑、白水、郃阳、澄城、韩城县。
  耀州：华原、同官、美原、三原、富平县。
华州：郑、华阴、下邽、蒲城、渭南县。

凤翔路

统县政区六。其中府二、防御州二、刺史州二。
县三十三。
凤翔府：凤翔、宝鸡、虢、扶风、岐山、普润、麟游、鳌屋、郿县。
平凉府：平凉、潘原、崇信、华亭、化平县。
  德顺州：陇干、水洛、威戎、隆德、通边、治平县。
  镇戎州：东山、三川县。
秦州：成纪、清水、陇城、秦安、冶坊、西宁、甘谷、鸡川县。
  陇州：汧阳、汧源、陇安县。

鄜延路

统县政区六。其中府一、节度州一、刺史州四。
县十六。
延安府：肤施、延川、延长、临真、甘泉、敷政、门山县。
  丹州：宜川县。
  保安州：保安县。
  绥德州：清涧县。
鄜州：洛交、直罗、鄜城、洛川县。
  坊州：中部、宜君县。

庆原路

统县政区六。其中府一、节度州二、刺史州三。
县十九。
庆阳府：安化、彭原、合水县。
　环州：通远县。
　宁州：安定、定平、真宁、襄乐县。
邠州：新平、淳化、宜禄、永寿、三水县。
泾州：泾川、长武、良原、灵台县。
　原州：临泾、彭阳县。

熙秦路

统县政区七。其中府一、节度州一、防御州一、刺史州四。
县十五。
临洮府：狄道、康乐、当川县。
　洮州。
　兰州：阿干、龛谷、定远县。
　积石州：怀羌县。
巩州：陇西、通渭、通西、安西、定西县。
　会州：保川县。
　河州：枹罕、宁河县。

第四节　关于全国政区数之变化的简单分析

以下对皇统、大定末、泰和末三个时期的统县政区（府、州、军、城）及县数作一整理，以观诸时期政区调整之成果（见下表）。

表15　皇统三年(1143)、大定二十九年(1189)与泰和八年(1208)全国各级政区数比较*

政　　区	皇统三年	大定二十九年	泰和八年
路	28	30	29
统县政区（府州军城）	186	179	184
县	636	672	691

表 16 皇统三年、大定二十九年与泰和八年各路统县政区与县数比较*

路名	统县政区数			县数		
	皇统三年	大定二十九年	泰和八年	皇统三年	大定二十九年	泰和八年
上京路	4	2	2	4	5	4
济(隆)州路	2	2	2	2	2	2
蒲裕路	0	0	0	0	0	0
胡里改路	0	0	0	0	0	0
曷懒路	0	0	0	0	0	0
耶懒(速频)路	0	0	0	0	0	0
婆速路	2	2	2	0	0	0
东京路	6	3	6	19	11	17
曷苏馆路	3	3	—	7	7	—
咸平路	—	2	2	—	9	10
中京(北京)路	10	9	11	31	32	35
北京(临潢府)路	2	2	2	4	4	6
泰州(东北)路	1	1	1	0	0	2
西南路	4	5	5	5	6	6
西北路	1	1	2	0	0	5
燕京(中都)路	8	14	13	28	48	49
河北东路	14	9	9	25	29	30
河北西路	11	11	12	53	54	58
大名府路	7	5	4	47	22	20
西京路	8	8	9	27	28	29
河东北路	14	13	13	35	38	38
河东南路	12	12	12	66	65	65
汴(南)京路	19	21	22	104	109	105
山东东路	13	13	13	45	51	52

续　表

路名	统县政区数			县数		
	皇统三年	大定二十九年	泰和八年	皇统三年	大定二十九年	泰和八年
山东西路	11	9	10	36	35	38
京兆府路	9	7	7	53	37	37
鄜延路	6	6	6	14	16	16
庆原路	7	6	6	20	19	19
熙秦（临洮府）路	12	7	7	11	13	15
凤翔路	—	6	6	—	32	33
全国总数	186	179	184	636	672	691

* 乌古迪烈路置于熙宗朝，至大定五年，与泰州路合为东北路。然不知皇统三年是否已置。

对不同时期全国统县政区及县的总数的统计，可以发现皇统三年到泰和八年六十五年间，金境内的州路、州、县三级，其数变动并不大。路、州的数字变化几可忽略，而县的缓慢、平稳增长，或可反映境内人口和生产力发展的迹象——若说相对于辽、北宋末年的恢复，可能更为合适。虽说这些数字掩盖了政区界限的变化，比如路界变动，州在不同的路之间划拨，但这同样不在多数。据上表能得出的结论，大概只有一个：金的政区制度比较稳定。毕竟，绝大多数政区是承辽、宋之旧。而这七十年境内并无剧烈动荡，故而政区体系也并未被推向混乱的境地。

但稳定也仅限于这六十五年。金首尾百三十年，初期与辽、宋争战三十年，末期的金蒙战争又二十年，这首、尾两段，则呈现出与六十五年的稳定期截然不同的政区建置的剧烈变动。在战争持续进行的时期，大量政区在不同政权之间频繁转手，故而本节不便于在其间的某个年份给出一个断面。但以其中几个路为例，或可一睹变动之烈。

辽末东京道，府、州、军、城可考者五十六，具体如下（详见辽代部分"天祚天庆三年辽政区"）：

辽阳、黄龙、率宾府，咸、信、苏、复、辰、海、同、银、通、韩、乌、遂、开、宾、祥、宁江、辽、祺、益、双、岩、广、沈、衍、铜、贵德、兴、集、卢、铁、宁、肃、茂、安、威、胜、荣、耀、嫔、归、吉、渌、保、定、宣、乾、显、海北、懿、卫州，怀化军，来远、顺化城。

上述五十六府、州、军、城，至皇统二年，仅余三十四个。其中十八个在辽天庆四年(1114)至天会初的金军的征伐过程中废罢：

率宾府，通、乌、遂、显、开、宾、祥、益、宁、铁、威、胜、归、吉、渌、卫州，顺化城。

另有保、定、宣州与怀化军，因在鸭绿江以东，故已划予高丽。

至皇统三年，再废同、银、辽、祺、双、岩、广、衍、铜、兴、集、卢、肃、茂、安、荣、耀、嫔、海北十九州。是年之后，遂仅余辽阳府及济、咸、信、苏、复、辰、海、韩、宁江、沈、贵德、乾、懿州，来远城，共17府、州、城，分属上京、济州、东京、曷苏馆、婆速府五路。此为金初政区变动最剧烈的时段和地区。

再以金末金、蒙反复争夺历时最长的河东两路为例。泰和八年，河东北路有府、州十三，河东南路为十二。大安三年(1211)之后，战火延及河东，蒙军倏忽来去，金军的机动力远为不如，既难得到会战的机会，赴援亦不易，只能一面以精锐部队布防重地，一面采划地自守之策。两路遂不断分州置县，以期尽量集中当地资源，进行长期守御。自贞祐三年(1215)至元光二年(1223)不到十年，河东北路新置六州，河东南路增七州。若计入政区等级和等第的升迁——如州升府，刺史州升节度州——政区变动的幅度更大。同时，原有府、州则不断陷蒙、夺回、再陷落、又夺回，反复易手。政区的变动与控制线的屡进屡退相始终，共同勾勒出金末社会的动荡。

主要参考文献

一、辽代部分

1. 史籍(按编、纂者姓名拼音排序)

(明)毕恭:《辽东志》,辽海丛书本。

(元)孛兰肸等撰,赵万里辑:《元一统志》,中华书局,1966年。

(宋)晁公武:《郡斋读书志》,上海古籍出版社,1990年。

(清)陈汉章:《辽史索隐》,《二十五史三编》第8分册,岳麓书社,1994年。

(宋)陈振孙:《直斋书录解题》,上海古籍出版社,1987年。

(清)顾祖禹:《读史方舆纪要》,中华书局,2005年。

(清)和珅、梁国治等:《钦定热河志》,文渊阁四库全书本。

(宋)洪皓:《松漠纪闻》,丛书集成初编本。

(宋)洪皓:《松漠纪闻续》,丛书集成初编本。

〔朝〕金宗瑞:《高丽史节要》,东京:学习院东洋文化研究所刊行(蓬龙文库本),1960年。

(清)觉罗石麟等:《山西通志》,台北:台湾商务印书馆,1986年。

(宋)李焘:《续资治通鉴长编》,中华书局,1992年。

(清)李鸿章、黄彭年:《畿辅通志》,上海:商务印书馆,1934年。

(清)李慎儒:《辽史地理志考》,二十五史刊行委员会编:《二十五史补编》,中华书局,1955年。

(宋)李心传:《建炎以来系年要录》,中华书局,1988年。

(宋)李攸:《宋朝事实》,中华书局,1955年。

(清)李有棠:《辽史纪事本末》,中华书局,1983年。

(清)厉鹗:《辽史拾遗》,张舜徽主编:《二十五史三编》第8分册。

(后晋)刘昫等:《旧唐书》,中华书局,1975年。

(元)马端临:《文献通考》,中华书局,1986年。

（清）穆彰阿等：《大清一统志》，四部丛刊续编本。
（宋）欧阳忞：《舆地广记》，四川大学出版社，2003年。
（宋）欧阳修：《新五代史》，中华书局，1974年。
（清）钱大昕：《廿二史考异》，《嘉定钱大昕全集》第3册，江苏古籍出版社，1997年。
（清）钱大昕：《十驾斋养新录》，《嘉定钱大昕全集》第7册，江苏古籍出版社，1997年。
（清）施国祁：《金史详校》，台北：新文丰出版公司印行，1984年。
（宋）司马光：《资治通鉴》，中华书局，1956年。
（宋）宋祁等：《新唐书》，中华书局，1974年。
（元）苏天爵编：《元文类》，上海古籍出版社，1993年。
（宋）苏辙：《苏辙集》，中华书局，1990年。
（元）脱脱：《宋史》，中华书局，1977年。
（元）脱脱：《金史》，中华书局，1975年。
（元）脱脱：《辽史》，中华书局，1974年。
（宋）王存：《元丰九域志》，中华书局，1987年。
（宋）王钦若等编：《册府元龟》，中华书局，1989年。
（宋）王应麟：《玉海》，江苏古籍出版社、上海书店影印本，1987年。
（宋）王禹偁：《小畜集》，四部丛刊初编本。
（唐）魏徵、令狐德棻：《隋书》，中华书局，1973年。
［朝］徐居正：《东国通鉴》，1921年重印宽文七年（1667）京都松柏堂刻本。
（宋）徐梦莘：《三朝北盟会编》，上海古籍出版社，1987年。
（清）徐松：《宋会要辑稿》，中华书局，1957年。
（宋）薛居正：《旧五代史》，中华书局，1976年。
（清）杨宾：《柳边纪略》卷四附，续修四库全书本，上海古籍出版社，1999年。
（清）杨复吉：《辽史拾遗补》，续修四库全书本，上海古籍出版社，1999年。
（宋）叶隆礼：《契丹国志》，上海古籍出版社，1985年。
［朝］佚名：《朝鲜史略》，文渊阁四库全书本。
（清）于敏申等编：《钦定日下旧闻考》，北京古籍出版社，1985年。
（宋）余靖：《武溪集》，文渊阁四库全书本。

（宋）宇文懋昭撰，崔文印校证：《大金国志》，中华书局，1986年。

（金）元好问撰，姚奠中主编，李正民增订：《元好问全集》，山西古籍出版社，2004年。

（金）元好问：《中州集》，中华书局，1959年。

（宋）乐史：《太平寰宇记》，中华书局，2007年。

（宋）曾公亮：《武经总要》，文渊阁四库全书本、解放军出版社和辽沈书社1988年影印明唐福春刻本。

（宋）曾巩：《隆平集》，文渊阁四库全书本。

（清）张穆：《蒙古游牧记》，上海：商务印书馆，1939年再版。

（宋）赵彦卫：《云麓漫钞》，中华书局，1996年。

[朝]郑麟趾等编：《高丽史》，奎章阁藏本。

（宋）周煇撰，刘永翔校注：《清波杂志》，中华书局，1994年。

2. 今人论著（按发表年代排序）

[日]松井等：《渤海之扶余府及辽之黄龙府考》，《史学杂志》21编2号，1910年2月。

[日]松井等：《满洲辽代的疆域》，"南满洲铁道株式会社"著作，白鸟库吉监修：《满鲜历史地理》第2卷，东京：丸善株式会社刊本，1913年发行，1940年再版。

[日]池内宏：《辽圣宗之女真征伐》，《史学杂志》26编6号，1915年6月。

[日]和田清：《论定安国》，《东洋学报》6卷1号，1916年2月。

[日]池内宏：《辽代混同江考》，《东洋学报》6卷1号，1916年2月。

[日]池内宏：《铁利考》，《满鲜历史地理研究报告》第3册，1916年12月。

[日]箭内亘：《蒙古史研究》，东京：刀江书院发行，1930年。

[日]和田清：《论丰州天德军的位置》，《史林》16卷2号，1931年4月。

[日]箭内亘著，陈捷、陈清泉译：《元朝怯薛及斡耳朵考》，上海：商务印书馆，1933年。

[日]白鸟库吉著，方壮猷译：《东胡民族考》，上海：商务印书馆，1934年。

姚从吾：《说阿保机时代的汉城》，《国学季刊》第5卷第1期，1935年。

[日]津田左右吉著，陈清泉译：《渤海史考》，长沙：商务印书馆，1939年。

陈述：《头下考（上）》，《历史语言研究所集刊》第8本，1939年。

金毓黻：《东北通史》上编卷五，台北：乐天出版社翻印1941年三台东北大学石印本，1971年。

〔日〕池内宏：《关于辽金时代贵德州之位置》，《东方学》2号，1949年11月。

姚从吾：《阿保机与后唐使臣姚坤会见谈话集录》，《台湾大学文史哲学报》1953年第5期。

〔日〕和田清：《兀惹考》，《东洋学报》第38卷第1号，1955年6月。

〔日〕岛田正郎：《祖州城》，中泽印刷株式会社，1956年。

〔日〕岛田正郎：《辽代的中京城址》，《考古学杂志》41卷2号，1956年1月。

〔日〕长泽和俊：《关于辽代的西北路经营》，《史学杂志》66编8号，1957年8月。

罗继祖：《辽史校勘记》，上海人民出版社，1958年。

刘谦、许道龄：《关于古懿州城址的讨论（两篇）》，《考古通讯》1958年第1期。

李文信、许道龄：《关于辽代懿州城的讨论》，《考古通讯》1958年第8期。

王国维：《观堂集林》，中华书局，1959年。

李学智：《辽代之兀惹城及曷苏馆考》（上、下），《大陆杂志》20卷第8、9期，1960年4月30日、5月15日。

锷士：《跋黑龙江泰来县塔子城出土的辽大安残刻》，《考古》1960年第8期。

陈述：《契丹社会经济史稿》，三联书店，1963年。

〔日〕津田左右吉：《津田左右吉全集》，东京：岩波书店发行，1964年。

〔日〕岛田正郎：《辽朝北面中央官制的特色》，《大陆杂志》第29卷第12期，1964年。

金毓黻：《渤海国志长编》，台北：华文书局股份有限公司据辽阳金氏千华山馆刊本影印，1969年。

宋史座谈会编：《宋史研究集》，台北："国立"编译馆中华丛书编审委员会出版，1977年。

张正明：《契丹史略》，中华书局，1979年。

中央民族学院编辑组编：《〈中国历史地图集〉东北地区资料汇篇》，中央民族学院编辑组出版，1979年。

孙秀仁：《黑龙江历史考古述论》，《社会科学战线》1979年第1期。

刘凤翥,干志耿,孙进己:《辽朝北界考》,《北方论丛》1979年第5期。

巴林左旗文化馆:《辽上京遗址》,《文物》1979年第5期。

赵铁寒:《辽史地理志州军方位考实》,《食货》(复刊)1979年第9卷第3、4期。

谭其骧:《辽后期迁都中京考实》,《中华文史论丛》1980年第2辑。

段一平:《韩州四治三迁考》,《社会科学战线》1980年第2期。

林西县文化馆:《辽饶州故城调查记》,《考古》1980年第6期。

金渭显:《契丹的东北政策——契丹与高丽女真之关系研究》,台北:华世出版社,1981年。

张博泉、苏金源、董玉瑛:《东北历代疆域史》,吉林人民出版社,1981年。

贾敬颜:《东北古地理古民族丛考》,《文史》第12辑,1981年9月。

张柏忠、孙进己:《辽代春州考》,《内蒙古文物考古》创刊号,1981年。

金殿士:《辽祺州访察记》,《社会科学辑刊》1981年第2期。

陈述:《跋北京出土辽张俭墓志铭》,《文史》第12辑,1981年。

冯永谦:《辽代祺州探考记》,《辽宁师院学报(社会科学版)》1981年第3期。

谭其骧主编:《中国历史地图集》,中国地图出版社,1982年。

辽宁省考古、博物馆学会《会刊》编辑部编:《辽宁省考古、博物馆学会成立大会会刊》,会刊编辑组,沈阳,1982年。

张泰湘:《唐代渤海率宾府辨》,《历史地理》第2辑,上海人民出版社,1982年。

冯永谦、姜念思:《辽代饶州调查记》,《东北考古与历史》第1辑,文物出版社,1982年。

景爱:《关于呼伦贝尔古边壕的时代》,《社会科学战线》1982年第1期。

冯永谦、姜念思:《宁城县黑城古城址调查》,《考古》1982年第2期。

金殿士:《辽代安德州今地考》,《社会科学辑刊》1982年第2期。

姜念思、冯永谦:《辽代永州调查记》,《文物》1982年第7期。

景爱:《关于呼伦贝尔古边壕的探索》,《历史地理》第3辑,上海人民出版社,1983年。

孙秀仁:《黑龙江地区辽金考古与历史研究的主要收获》,《北方文物》1983年第1期。

向南、杨若薇:《辽代经济机构试探》,《文史》第17辑,中华书局,1983年6月。

佟家江:《契丹首次改辽年代考》,《民族研究》1983第4期。

舒焚:《辽朝中期的改革》,《武汉师范学院学报(哲学社会科学版)》1983年第5期。

傅乐焕:《辽史丛考》,中华书局,1984年。

[日]三上次男著,金启孮译:《金代女真研究》,黑龙江人民出版社,1984年。

张博泉:《金史简编》,辽宁人民出版社,1984年。

张博泉:《辽东行部志注释》,黑龙江人民出版社,1984年。

舒焚:《辽史稿》,湖北人民出版社,1984年。

杨树森:《辽史简编》,辽宁人民出版社,1984年。

赵其昌:《辽代玉河县考》,《北京史苑》第1辑,1984年。

陈得芝:《辽代的西北路招讨司》,中国社会科学院历史研究所编:《宋辽金史论丛》第1辑,中华书局,1985年。

历史研究编辑部编:《辽金史论文集》,辽宁人民出版社,1985年。

中国地名学研究会:《地名学研究》,辽宁人民出版社,1986年。

李健才:《东北史地考略》,吉林文史出版社,1986年。

冯永谦:《辽代头下州探索》,《北方文物》1986年第4期。

谭其骧:《长水集》,人民出版社,1987年。

陈述主编:《辽金史论集》第1辑,上海古籍出版社,1987年。

陈述主编:《辽金史论集》第2辑,书目文献出版社,1987年。

陈述主编:《辽金史论集》第3辑,书目文献出版社,1987年。

李宇峰:《阜新地区的辽代古城址》,《辽金契丹女真史研究》1987年第1期。

王德忠:《辽朝对东丹国的统治政策及其评价》,《昭乌达蒙族师专学报》1987年第2期。

孙进己、王欣等编:《契丹史论著汇编》,辽宁省社会科学院历史研究所出版,1988年。

景爱:《金上京城的水陆交通》,《北方文物》1988年第4期。

孙进己、冯永谦主编:《东北历史地理》,黑龙江人民出版社,1989年。

中国辽金史学会编:《辽金史论集》第4辑,书目文献出版社,1989年。

曹显征:《辽中期徙都中京原因管窥》,《昭乌达蒙族师专学报(汉文哲学社会科学版)》1989年第2期。

程妮娜:《金初府、州、县考略》,《北方文物》1989年第3期。

杨福瑞:《辽朝徙民置州考论》,《昭乌达蒙族师专学报(汉文哲学社会科学版)》1990年第3期。

杨保隆:《辽代渤海人的逃亡和迁徙》,《民族研究》1990年第4期。

向南:《辽史地理志补正》,《社会科学辑刊》1990年第5期。

陈述主编:《辽金史论集》第5辑,文津出版社,1991年。

魏良弢:《西辽史纲》,人民出版社,1991年。

杨若薇:《契丹王朝政治军事制度研究》,中国社会科学出版社,1991年。

贲鹤龄:《内蒙古库伦旗发现辽代灵安州城址》,《考古》1991年第6期。

杨树森:《〈辽史·地理志〉所记辽朝北界辨误》,《东北师范大学学报(哲学社会科学版)》1991年第4期。

王曾瑜:《辽朝官员的实职和虚衔初探》,《文史》第34辑,中华书局,1992年。

纪兵、刘国有主编:《阜新辽金史研究》,香港:新天出版社,1992年。

[日]田村实造:《辽代的移民政策和州县制的建立》,刘俊文等编:《日本学者研究中国史论著选译》,中华书局,1993年。

嵇训杰:《〈辽史·地理志〉校读记》,《文史》第37辑,1993年。

李锡厚:《辽朝的边防》,《中国边疆史地研究》1993年第2期。

韩滨娜:《略论辽代地方行政区划制度》,《东北师大学报(哲学社会科学版)》1993年第2期。

樊文礼:《辽代的丰州、天德军和西南面招讨司》,《内蒙古大学学报(哲学社会科学版)》1993年第3期。

冯家昇:《辽史初校》,《二十五史三编》第8分册,岳麓书社,1994年。

冯永谦:《北方史地研究》,《东北亚研究》丛书,中州古籍出版社,1994年。

冯永谦:《辽上京道州县丛考》,《辽金史论集》第8辑,吉林文史出版社,1994年。

冯永谦:《辽代部分州县今地考》,《北方文物》1994年第4期。

庞志国、刘红宇:《金代东北主要交通路线研究》,《北方文物》1994年第4期。

李锡厚:《头下与辽金"二税户"》,《文史》第38辑,中华书局,1994年。

林荣贵:《辽朝经营与开发北疆》,中国社会科学出版社,1995年。

纪兵、刘国有主编:《阜新辽金史研究》第2辑,阜新市辽金元契丹女真蒙古族历史考古研究会,1995年。

张柏忠:《辽代的西辽河水道与木叶山、永、龙化、降圣州考》,《历史地理》第 12 辑,上海人民出版社,1995 年。

李逸友:《〈辽史〉丰州天德军条正误》,《内蒙古文物考古》1995 年第 1 期。

都兴智、田立坤:《辽秦德昌墓志考》,《辽海文物学刊》1995 年第 2 期。

陈相伟:《吉林省辽金考古综述》,《北方文物》1995 年第 4 期。

李锡厚:《〈辽史〉与辽史研究》,《中国社会科学院研究生学报》1995 年第 5 期。

[日] 高井康典行:《辽朝对燕云十六州的统治和藩镇体制》,《早稻田大学纪要·哲学史学卷》21 号,1995 年。

项春松:《辽代历史与考古》,内蒙古人民出版社,1996 年。

[日] 高井康典行:《契丹国与东京道》,《史滴》18 卷,1996 年。

郭珉:《辽长春州建置于何时》,《北方文物》1996 年第 2 期。

邵国田:《辽代武安州城址调查》,《内蒙古文物考古》1997 年第 1 期。

周振鹤:《中华文化通志·地方行政制度志》,上海人民出版社,1998 年。

[德] 傅海波、[英] 崔瑞德编,史卫民等译:《剑桥中国辽西夏金元史》,中国社会科学出版社,1998 年。

陈士平:《望海屯——金肇州》,《北方文物》1998 年第 1 期。

林西县文物管理所:《辽饶州及长乐临河安民三县调查》,《内蒙古文物考古》1998 年第 1 期。

林荣贵:《北宋与辽并立时期的疆域格局》,《中国边疆史地研究》1998 年第 3 期。

冯永谦:《辽史地理志考补——中京道、南京道、西京道失载之州军》,《北方文物》1998 年第 3 期。

冯永谦:《辽史地理志考补——上京道、东京道失载之州军》,《社会科学战线》1998 年第 4 期。

杨富学、邓浩:《略论辽朝的西疆经略》,《社会科学辑刊》1998 年第 4 期。

刘浦江:《辽金史论》,辽宁大学出版社,1999 年。

张修桂、赖青寿:《〈辽史·地理志〉平议》,《历史地理》第 15 辑,上海人民出版社,1999 年。

[日] 高井康典行:《辽朝斡鲁朵的存在形态》,《内陆亚细亚史研究》14 号,1999 年。

林荣贵:《北宋与辽的边疆经略》,《中国边疆史地研究》2000 年第 1 期。

王可宾:《金上京新证》,《北方文物》2000 年第 2 期。

刘浦江：《辽朝的头下制度与头下军州》，《中国史研究》2000年第3期。

占·达木林斯荣：《辽祖州遗址考疑》，《昭乌达蒙族师专学报（汉文哲学社会科学版）》2000年第6期。

占·达木林斯荣：《辽祖州考》，《内蒙古社会科学（汉文版）》2000年第9期。

张修桂、赖青寿等：《辽史地理志汇释》，安徽教育出版社，2001年。

李锡厚：《临潢集》，河北大学出版社，2001年。

郭珉、董玉芬：《辽泰州始建年代析略》，《北方文物》2001年第1期。

武玉环：《论辽与高丽的关系及辽的东部边疆政策》，《吉林大学社会科学学报》2001年第4期。

阎凤梧主编：《全辽金文》，山西古籍出版社，2002年。

梁万龙：《〈大契丹国东京太傅相公墓志铭并序〉考释》，《内蒙古大学学报（人文社会科学版）》2002年第3期。

李锡厚、白滨：《辽金西夏史》，上海人民出版社，2003年。

王颋：《松漠记地——〈辽史〉〈地理志〉资料源流及评价》，《驾泽抟云——中外关系史地研究》，南方出版社，2003年。

关树东：《辽朝州县制度中的"道""路"问题探研》，《中国史研究》2003年第2期。

王宏北：《辽灭金兴与阿骨打建国》，《黑龙江民族丛刊》2003年第4期。

杨蕤：《历史上的夏辽疆界考》，《内蒙古社会科学（汉文版）》2003年第6期。

都兴智：《辽金史研究》，人民出版社，2004年。

贾敬颜：《五代宋金元人边疆行记十三种疏证稿》，中华书局，2004年。

[法]闵宣化著，冯承钧译：《东蒙古辽代旧城探考记》，中华书局，2004年。

程妮娜：《辽代女真属国、属部研究》，《史学集刊》2004年第2期。

鞍山市岫岩满族博物馆：《辽宁岫岩镇辽金遗址》，《北方文物》2004年第3期。

孙冬虎：《北宋诗人眼中的辽境地理与社会生活》，《北方论丛》2005年第3期。

贾鸿恩、李俊义：《辽萧孝恭萧孝资墓志铭考释》，《北方文物》2006年第1期。

田广林：《辽朝镇东关考》，《社会科学战线》2006年第4期。

[日]岛田正郎著，何天明译：《大契丹国——辽代社会史研究》，内蒙古

人民出版社,2007年。

康鹏:《辽代五京体制研究》,北京大学博士论文(未刊),2007年11月。

韩世明主编:《辽金史论集》第10辑,中国社会科学出版社,2007年。

傅林祥:《辽朝州县制度新探》,《历史地理》第22辑,上海人民出版社,2007年。

赵永春:《辽金时期的黄龙府》,《北方文物》2007年第1期。

陶晋生:《宋辽关系史研究》,中华书局,2008年。

刘浦江:《松漠之间:辽金契丹女真史研究》,中华书局,2008年。

冯永谦、孙文政编:《辽金史论集》第11辑,吉林文史出版社,2008年。

刘浦江:《金中都永安考》,《历史研究》2008年第1期。

杨福瑞:《辽朝推行州县制过程考述》,《内蒙古社会科学(汉文版)》2008年第4期。

刘凤翥、唐彩兰、青格勒编著:《辽上京地区出土的辽代碑刻汇辑》,社会科学文献出版社,2009年。

辛蔚:《辽代玺印研究》,暨南大学出版社,2009年。

陈刚:《辽上京兴建的历史背景及其都城规划思想》,东北师范大学硕士论文(未刊),2009年。

辽金契丹女真史学会编,孙建华主编:《辽金史论集》第11辑,内蒙古大学出版社,2009年。

辽宁省辽金契丹女真史研究会编:《辽金历史与考古》第1辑,辽宁教育出版社,2009年。

康鹏:《辽代西南面安抚使司研究》,《隋唐辽宋金元史论丛》第1辑,紫禁城出版社,北京,2009年。

辽宁省辽金契丹女真史研究会编:《辽金历史与考古》第2辑,辽宁教育出版社,2010年。

向南、张国庆、李宇峰辑注:《辽代石刻文续编》,辽宁人民出版社,2010年。

赵姝:《辽代官印汇考》,辽宁大学出版社,2010年。

王曾瑜:《辽金军制》,河北大学出版社,2011年。

二、金代部分

1. 史籍(按编、纂者姓名拼音排序)

(元)孛兰肸等撰,赵万里辑:《元一统志》,中华书局,1966年。

（清）曹廷杰：《东三省舆地图说》，清光绪著易堂铅印本。
（宋）曹彦约：《昌谷集》，文渊阁四库全书本。
（清）长顺修，李桂林等撰，李澍田等点校：《吉林通志》，吉林文史出版社，1986年。
（宋）陈东：《靖炎两朝见闻录》，续修四库全书本。
（清）陈汉章：《辽史索隐》，《二十五史三编》第8分册。
（宋）程俱：《北山集》，四部丛刊续编本。
（宋）程俱：《北山集》，文渊阁四库全书本。
（宋）程卓：《使金录》，续修四库全书本。
（清）储大文：《存研楼文集》，文渊阁四库全书本。
（宋）范成大撰，孔凡礼点校：《范成大笔记六种》，中华书局，2002年。
（清）冯庆杨、倪昌燮：《光绪吴桥县志》，《中国地方志集成·河北府县志辑》第44册，上海书店，2006年。
（清）顾祖禹：《读史方舆纪要》，中华书局，2005年。
（元）郝经：《郝文忠公陵川文集》，《北京图书馆古籍珍本丛刊》第91册，书目文献出版社，1991年。
（宋）洪皓：《鄱阳集》，文渊阁四库全书本。
（宋）洪皓：《松漠纪闻》，丛书集成初编本。
（清）胡德琳修，何明礼纂：《济阳县志》，乾隆三十年刊本，《中国方志丛书》华北地方第387号。
（清）孔繁扑修，高维岳纂：《绥德州志》，光绪三十一年刊本，《中国方志丛书》华北地方第298号。
（宋）李焘：《续资治通鉴长编》，中华书局，1992年。
（金）李俊民：《庄靖集》，山西古籍出版社，2006年。
（清）李卫等：《（雍正）畿辅通志》，雍正十三年，义渊阁四库全书本。
（明）李贤等：《明一统志》，三秦出版社影印明天顺五年刻本，1990年。
（宋）李心传：《建炎以来朝野杂记》，中华书局，2000年。
（宋）李心传：《建炎以来系年要录》，中华书局，1988年。
（金）刘祁撰，崔文印点校：《归潜志》，中华书局，1997年。
（元）刘应李原编，詹友谅改编，郭声波整理：《大元混一方舆胜览》，四川大学出版社，2003年。
（宋）楼钥：《攻媿集》，四部丛刊初编本。
（宋）吕颐浩：《忠穆集》，文渊阁四库全书本。

（元）马端临：《文献通考》，中华书局，1986年。
（清）穆彰阿、潘锡恩等：《大清一统志》，上海古籍出版社，2007年。
（宋）欧阳修著，李逸安点校：《欧阳修全集》，中华书局，2001年。
（清）钱大昕：《廿二史考异》，《嘉定钱大昕全集》第3册，江苏古籍出版社，1997年。
（宋）秦观著，徐培均笺注：《淮海集笺注》，上海古籍出版社，2000年。
（宋）确庵、耐庵编，崔文印笺证：《靖康稗史笺证》，中华书局，2010年。
（清）施国祁：《金史详校》，台北：新文丰出版股份有限公司，1984年。
（宋）史愿：《亡辽录》，文渊阁四库全书本。
（明）宋濂：《元史》，中华书局，1976年。
（清）宋琬纂修，张朝琮续修：《（康熙）永平府志》，四库全书存目丛书本。
（元）苏天爵编：《元文类》，上海古籍出版社，1993年。
（清）屠寄：《黑龙江舆图》，辽海丛书本，辽沈书社，1984年。
（清）屠寄：《蒙兀儿史记》，《元史二种》，上海古籍出版社、上海书店出版社，1989年。
（元）脱脱：《宋史》，中华书局，1985年。
（元）脱脱：《金史》，中华书局，1975年。
（元）脱脱：《辽史》，中华书局，1974年。
（宋）王存：《元丰九域志》，中华书局，1987年。
（元）王鹗：《汝南遗事》，四部丛刊初编本。
（金）王寂：《辽东行部志》，贾敬颜：《五代宋金元人边疆行记十三种疏证稿》，中华书局，2004年。
（金）王寂：《鸭江行部志》，贾敬颜：《五代宋金元人边疆行记十三种疏证稿》。
（金）王寂撰，张博泉注释：《辽东行部志注释》，黑龙江人民出版社，1984年。
（宋）王明清：《挥麈录》，上海书店出版社，2001年。
（金）王若虚撰，李定乾校注：《滹南遗老集校注》，辽海出版社，2006年。
（元）王恽：《秋涧集》，四部丛刊初编本。
（清）吴广成：《西夏书事》，台北：广文出版社，1968年。
（宋）谢深甫等编：《庆元条法事类》，燕京大学图书馆1948年刻本。
（宋）徐梦莘：《三朝北盟会编》，上海古籍出版社，1987年。
（清）徐松：《宋会要辑稿》，中华书局，1957年。

（宋）许亢宗：《宣和乙巳奉使行程录》，贾敬颜：《五代宋金元人边疆行记十三种疏证稿》。

（金）杨弘道：《小亨集》，文渊阁四库全书本。

（宋）叶隆礼：《契丹国志》，上海古籍出版社，1985年。

（金）佚名编，金少英校补：《大金吊伐录校补》，中华书局，2001年。

（元）佚名撰，王瑞来笺证：《宋季三朝政要笺证》，中华书局，2010年。

（清）游智开：《永平府志》，《中国地方志集成·河北府县志辑》第18册，上海书店，2006年。

（元）于钦：《齐乘》，《宋元方志丛刊》，中华书局，1990年。

（宋）宇文懋昭撰，崔文印校证：《大金国志校证》，中华书局，1986年。

（金）元好问：《遗山先生文集》，四部丛刊初编本。

（金）元好问：《中州集》，中华书局，1959年。

（金）元好问撰，常振国点校：《续夷坚志》，中华书局，2006年。

（宋）乐史：《太平寰宇记》，中华书局，2007年。

（清）袁通纂修，方履篯编辑：《河内县志》卷21《金石志下》，道光五年刊本，《中国方志丛书》华北地方第475号。

（清）岳濬等：《（乾隆）山东通志》，文渊阁四库全书本。

（清）查慎行：《苏诗补注》，文渊阁四库全书本。

（清）张金吾：《金文最》，中华书局，1990年。

（金）张玮等：《大金集礼》，丛书集成初编本。

（清）张主敬等修，杨晨纂：《定兴县志》，光绪十六年，《中国方志丛书》华北地方第200号。

（金）赵秉文：《闲闲老人滏水文集》，四部丛刊初编本。

（宋）赵彦卫：《云麓漫钞》，中华书局，1996年。

（清）赵翼著，王树民校证：《廿二史札记校证》，中华书局，1984年。

〔朝〕郑麟趾等：《高丽史》，奎章阁藏本。

（宋）周必大：《文忠集》，文渊阁四库全书本。

（宋）朱熹：《晦庵先生朱文公文集》，四部丛刊初编本。

2. 今人论著（按发表年代排序）

［日］白鸟库吉监修：《满洲历史地理》第2卷，东京：丸善株式会社刊本，1913年发行，1940年再版。

［日］池内宏：《辽代混同江考》，《满鲜史研究》中世第1册，1933年。

金毓黻：《东北通史》，台北：乐天出版社翻印，1941年。

〔日〕和田清:《兀惹考》,《东洋学报》第 38 卷第 1 号,1955 年 6 月。

〔日〕津田左右吉:《津田左右吉全集》第 12 卷,东京:岩波书店,1964 年。

罗福颐:《满洲金石志》,台北:艺文印书馆,1976 年。

华泉:《完颜忠神道碑与金代的恤品路》,《文物》1976 年第 4 期。

丁崑健:《元代行省制度之形成及其职权》,台北:私立中国文化学院史学研究所博士论文,1977 年。

《中国历史地图集》中央民族学院编辑组编:《〈中国历史地图集〉东北地区资料汇篇》,中央民族学院编辑组出版,1979 年。

孙秀仁:《塔子城古城和辽代大安七年石刻》,《黑龙江古代文物》,黑龙江人民出版社,1979 年。

金源:《肇州考》,《社会科学战线》1980 年第 1 期。

秦佩珩:《金都上京故城遗址沿革考略》,《史学月刊》1980 年第 2 期。

孙秀仁:《肇东八里城为元肇州故城考》,《北方论丛》1980 年第 3 期。

孙秀仁:《再论绰尔城(塔子城)历史地理诸问题》,《求是学刊》1980 年第 4 期。

景爱:《关于金代蒲与路的考察》,《文史》第 10 辑,中华书局,1980 年。

张博泉、苏金源、董玉瑛:《东北历代疆域史》,吉林人民出版社,1981 年。

贾敬颜:《东北古地理古民族丛考》,《文史》第 12 辑,中华书局,1981 年。

谭其骧主编:《中国历史地图集》,中国地图出版社,1982 年。

郭毅生:《率宾府、恤品路和开元城》,《历史地理》第 2 辑,上海人民出版社,1982 年。

王树楠等撰,东北文史丛书编辑委员会点校:《奉天通志》,东北文史丛书编辑委员会出版,沈阳古旧书店发行,1983 年。

张博泉:《金史简编》,辽宁人民出版社,1984 年。

〔日〕三上次男著,金启孮译:《金代女真研究》,黑龙江人民出版社,1984 年。

吴泰:《试论金国归宋河南、陕西地的目的》,《中国史研究》1985 年第 3 期。

张博泉:《金史论稿》,吉林文史出版社,1986 年。

李健才:《金元肇州考》,《北方文物》1986 年第 2 期。

景爱:《金上京的行政建置与历史沿革》,《求是学刊》1986 年第 5 期。

谭其骧:《长水集》,人民出版社,1987 年。

吴文衔、张泰湘、魏国忠：《黑龙江古代简史》，北方文物杂志社，1987年。

陈述主编：《辽金史论集》第1辑，上海古籍出版社，1987年。

王绵厚：《辽代"衍州"与"鹤野"探考——兼论东京曷苏馆女真部》，陈述主编：《辽金史论集》第3辑，书目文献出版社，1987年。

刘庆：《金代女真官制的演变道路》，《民族研究》1987年第2期。

张柏忠：《金代泰州、肇州考》，《社会科学战线》1987年第4期。

忒莫勒：《金元威宁县城考》，《内蒙古社会科学（汉文版）》1987年第6期。

［日］外山军治著，李东源译：《金朝史研究》，黑龙江朝鲜民族出版社，1988年。

孙文耀、张夬庭：《金末明初仪封城址考辨》，《开封教育学院学报》1988年第1期。

景爱：《金上京城的水陆交通》，《北方文物》1988年第4期。

李涵：《金初汉地枢密院试析》，中国辽金史学会编：《辽金史论集》第4辑，书目文献出版社，1989年。

程妮娜：《金初府、州、县考略》，《北方文物》1989年第3期。

景爱：《金代行省考》，《历史地理》第9辑，上海人民出版社，1990年。

赵永春：《金国归宋河南、陕西地的目的新探》，《北方文物》1990年第1期。

景爱：《金上京》，三联书店，1991年。

景爱编：《金代官印集》，文物出版社，1991年。

何俊哲、张达昌、于国石：《金朝史》，中国社会科学出版社，1992年。

王景义：《略论金代肇州》，《北方文物》1992年第1期。

杨中华：《金代肇州考》，《黑龙江民族丛刊》1992年第3期。

贾敬颜：《东北古代民族古代地理丛考》，中国社会科学出版社，1993年。

董克昌：《金廷的内迁外徙及其性质》，《黑龙江民族丛刊》1993年第2期。

王曾瑜：《金朝后期的军事机构和军区设置》，《河北学刊》1993年第5期。

李英魁：《金代胡里改路》，《北方文物》1994年第3期。

鲁西奇：《金末行省考述》，《湖北大学学报（哲学社会科学版）》1995年第1期。

林文：《从出土官印看金朝疆界》，《北文文物》1995年第4期。

王曾瑜：《金代军制》，河北大学出版社，1996年。

穆鸿利、黄凤岐主编：《辽金史论集》第7辑，中州古籍出版社，1996年。

李健才：《关于金代泰州、肇州地理位置的再探讨》，《北方文物》1996年第 1 期。

姚军:《西夏何时陷金之会州》,《西北史地》1996 年第 1 期。

崔永红:《夏、金积石州考》,《西北史地》1996 年第 2 期。

王国志:《金宜春故城考辨》,《黑龙江史志》1996 年第 5 期。

李之勤:《天水麦积山石窟的题记、碑刻与宋金利州路、凤翔路间的分界线》,《中国历史地理论丛》1997 年第 1 期。

陈士平:《望海屯——金肇州》,《北方文物》1998 年第 1 期。

那海洲、胡龙滨:《塔虎城为金肇州旧址考》,《北方文物》1998 年第 2 期。

刘浦江:《关于金朝开国史的真实性质疑》,《历史研究》1998 年第 6 期。

刘浦江:《辽金史论》,辽宁大学出版社,1999 年。

程妮娜:《金代政治制度研究》,吉林大学出版社,1999 年。

特木尔:《金代旧桓州城址考略》,《内蒙古文物考古》1999 年第 2 期。

程妮娜:《金朝前期军政合一的统治机构都元帅府初探》,《吉林大学社会科学学报》1999 年第 3 期。

韩光辉:《金代防刺州城市司候司研究》,《北京社会科学》1999 年第 4 期。

韩光辉:《金代都市警巡院研究》,《北京大学学报》(哲社版)1999 年第 5 期。

韩光辉:《金代诸府节镇城市录事司研究》,《文史》2000 年第 3 辑。

程妮娜:《金代京、都制度探析》,《社会科学辑刊》2000 年第 3 期。

张晖宇、王禹浪:《金代黑龙江地区的行政建制述略》,《哈尔滨师专学报》2000 年第 7 期。

阎凤梧主编:《全辽金文》,山西古籍出版社,2002 年。

王曾瑜:《岳飞和南宋前期政治与军事研究》,河南大学出版社,2002 年。

张帆:《金朝路制再探讨》,侯仁之主编:《燕京学报》新 12 期,北京大学出版社,2002 年。

王可宾:《金上京新证》,《北方文物》2002 年第 2 期。

李锡厚、白滨:《辽金西夏史》,上海人民出版社,2003 年。

康鹏:《金代转运司路研究》,北京大学硕士论文,2003 年。

王宏北:《辽灭金兴与阿骨打建国》,《黑龙江民族丛刊》2003 年第 4 期。

贾敬颜:《五代宋金元人边疆行记十三种疏证稿》,中华书局,2004 年。

都兴智:《辽金史研究》,人民出版社,2004 年。

[法]闵宣化著,冯承钧译:《东蒙古辽代旧城探考记》,中华书局,2004 年。

杨清华：《金章宗时期的行省建置》，《鞍山师范学院学报》2004年第1期。

鞍山市岫岩满族博物馆：《辽宁岫岩镇辽金遗址》，《北方文物》2004年第3期。

王颋：《完颜金行政地理》，香港天马出版有限公司，2005年。

杨蕤：《夏金疆界考论》，《北方文物》2005年第2期。

樊恒发：《关于金代肇州地理位置的探讨》，《博物馆研究》2006年第2期。

余蔚：《两宋政治地理格局的比较研究》，《中国社会科学》2006年第6期。

李昌宪：《中国行政区划通史·宋西夏卷》，复旦大学出版社，2007年。

郭威：《金代县制研究》，吉林大学硕士论文，2007年。

姚朔民：《宋金的宣抚使》，韩世明主编：《辽金史论集》第9辑，中国社会科学出版社，2007年。

韩世明主编：《辽金史论集》第10辑，中国社会科学出版社，2007年。

李昌宪：《试论伪齐国的疆域与政区》，《中国史研究》2007年第4期。

刘浦江：《松漠之间：辽金契丹女真史研究》，中华书局，2008年。

冯永谦、孙文政编：《辽金史论集》第11辑，吉林文史出版社，2008年。

刘浦江：《〈契丹地理之图〉考略》，北京大学中国古代史研究中心编：《邓广铭教授百年诞辰纪念论文集》，中华书局，2008年。

李昌宪：《金初原辽地的路制与路级政区试探》，《邓广铭教授百年诞辰纪念论文集》，中华书局，2008年。

刘浦江：《金中都永安考》，《历史研究》2008年第1期。

陈志英：《金代东北地区转运司建制考》，《兰州学刊》2008年第5期。

辽宁省辽金契丹女真史研究会编：《辽金历史与考古》第1辑，辽宁教育出版社，2009年。

杨清华：《金朝行省制度研究》，吉林大学博士论文，2009年。

吴建伟：《试论金朝对山西的经营》，《中国地方志》2009年第2期。

周峰：《试论金朝对西部边疆的经略——以西夏和西辽为中心》，《东北史地》2009年第4期。

刘肃勇：《论金朝完颜亮迁都》，《辽宁大学学报（哲学社会科学版）》2009年第5期。

图书在版编目(CIP)数据

中国行政区划通史·辽金卷/周振鹤主编;余蔚著.—2版.—上海:复旦大学出版社,2017.9
(2021.11重印)
ISBN 978-7-309-12700-3

Ⅰ.中… Ⅱ.①周…②余… Ⅲ.①政区沿革-历史-中国
②政区沿革-历史-中国-辽金时代 Ⅳ.K928.2

中国版本图书馆 CIP 数据核字(2016)第 283036 号

中国行政区划通史·辽金卷(第二版)
周振鹤 主编 余 蔚 著
出 品 人/严 峰
责任编辑/史立丽

复旦大学出版社有限公司出版发行
上海市国权路579号 邮编:200433
网址:fupnet@fudanpress.com http://www.fudanpress.com
门市零售:86-21-65102580 团体订购:86-21-65104505
出版部电话:86-21-65642845
浙江新华数码印务有限公司

开本 787×1092 1/16 印张 60.5 字数 1001 千
2021 年 11 月第 2 版第 2 次印刷

ISBN 978-7-309-12700-3/K·600
定价:160.00 元

如有印装质量问题,请向复旦大学出版社有限公司出版部调换。
版权所有 侵权必究